六法は三省堂

ケータイ
Assist 六法
アシスト

学習初日から読める「1冊目」の法令集

三省堂編修所 編

●法律学習を志す、すべての学習者に朗報！●

本書は、法学部生・他学部法学履修者・法律系国家資格志願者など、すべての法律学習者のアシスト・ツールです。実際の条文を素材として、その内容を上手に読み解くコツをつかんでもらいます。

近年、法律は長文化・カッコ書きの多用・煩雑な読替規定の増加によって読みにくさに拍車がかかり、法律のプロでさえ悲鳴を上げています。これを読み解くには、それなりの工夫が必要です。

(1) 法令冒頭の目次を一覧してその法律の全体像をつかむ

多くの法律には、冒頭に目次がついています。これを一覧することで、その**法律の全体構造を把握**しやすくなります。本書では、原則として、編・章単位に絞り込んだ目次を掲載しました。

(2) キーワードらしき単語にマーカーをしてみる

条文のキーワードらしく見える言葉にマーカーをつけていくと、概略を把握しやすくなります。本書では、色ゴチック・**黒ゴチック**・傍点を適宜使い分けつつ、キーワードが目に飛び込みやすいようにしてあります。また、難読漢字には適宜ルビ（ふりがな）を振っています。

(3) 条文中のカッコ書きは本体と分けて読む

カッコ書きが多数出現する条文は、いったんカッコ書きを外し、**条文の骨格部分**をつかんでしまうのが得策です。会社法の次の条文を見てみましょう。まずは条文の原文をそのまま示します。

> **（株主による招集の請求）**
> **第297条**　総株主の議決権の100分の3（これを下回る割合を定款で定めた場合にあっては、その割合）以上の議決権を6箇月（これを下回る期間を定款で定めた場合にあっては、その期間）前から引き続き有する株主は、取締役に対し、株主総会の目的である事項（当該株主が議決権を行使することができる事項に限る。）及び招集の理由を示して、株主総会の招集を請求することができる。

この条文からカッコ書きを外すと、次のようになります。

> **（株主による招集の請求）**
> **第297条**　総株主の議決権の100分の3【1】以上の議決権を6箇月【2】前から引き続き有する株主は、取締役に対し、株主総会の目的である事項【3】及び招集の理由を示して、株主総会の招集を請求することができる。

こんなに読みやすくなりました。そして、条文の骨格をつかんだ後はカッコ書きをしっかり確認できるよう、本書では、【1】【2】【3】にあるカッコ書きの内容を脚注の形で、該当ページの下に明示しています。なお、カッコ書きにも、キーワードにゴチック・傍点処理を施しています。併せて参考にしてください。

カッコ書きの中にさらにカッコ書き（多重カッコ＝入れ子）が存在する場合、本書では、残されたカッコ書きに薄いアミ掛けをして読みやすくしてあります。また、脚注化するとかえってわかりにくいカッコ書きは、本文に残したまま、同様に薄いアミ掛けをしました。

なお、三省堂が刊行する各種の六法では、収録法令全般にわたってカッコ書きアミ掛け表示を採用しています。

(4) 読替規定は「何を何と読み替えるのか」を落ち着いて把握する

ある条文を別の場面に準用（流用）する際の読替規定は、見落とすとまずいことがあります。民法の次の条文を見てみましょう。

> **（婚姻の取消し等の規定の準用）**
> **第808条**　第747条〔中略〕の規定は、縁組について準用する。この場合において、第747条第2項中「3箇月」とあるのは、「6箇月」と読み替えるものとする。

民法第747条は、詐欺・強迫によって婚姻をした者は、その婚姻を**取り消すよう裁判所に請求**でき、その出訴期間を**3箇月以内**としています。この規定を養子縁組に準用するのが、民法第808条です。

ただし、養子縁組取消請求の出訴期間は、**3箇月**以内でなく6箇月以内となります。このことを示すため、民法第808条は、「第747条第2項中『3箇月』とあるのは、『6箇月』と読み替えるものとする」という規定を置いているのです。これが読替規定です。

このように、読替規定をしっかり把握することは、とても大切です。本書では、**読み替えられる元の字句を黒下線**で、読み替えた後の字句を色下線で示しました。「◯◯を××と読み替える」という具合です。

本書を活用して条文の読み方をマスターすれば、法律学習の際に六法を参照する心理的なハードルがグンと低くなることでしょう。

本書が少しでも学習のお役に立てれば幸いです。

三省堂編修所

●この六法の特長●

80

民　法

法律番号：明治 29 年法律第 89 号
最終改正：令和 5 年法律第 53 号

法令目次を掲載して全体像を把握しやすく。煩雑を避けるため編・章までとし、節・款・目は省略。

目次

色ゴチック・黒ゴチック・傍点を駆使して、条文中のキーワードを浮き彫りに。

81

第 2 章　人

第 1 節　権利能力

第 3 条　私権の享有は、出生に始まる。
2　外国人は、法令又は条約の規定により禁止される場合を除き、私権を享有する。

第 2 節　意思能力

第 3 条の 2　法律行為の当事者が意思表示をした時に意思能力を有しなかったときは、その法律行為は、無効とする。

第 3 節　行為能力

（成年）
第 4 条　年齢 18 歳をもって、成年とする。
（未成年者の法律行為）
第 5 条　未成年者が法律行為をするには、その法定代理人の同意を得なければならない。ただし、単に権利を得、又は義務を免れる法律行為については、この限りでない。
2　前項の規定に反する法律行為は、取り消すことができる。
3　第 1 項の規定にかかわらず、法定代理人が目的を定めて処分を許した財産は、その目的の範囲内において、未成年者が自由に処分することができる。目的を定めないで処分を許した財産を処分するときも、同様とする。
（未成年者の営業の許可）
第 6 条　一種又は数種の営業を許された未成年者は、その営業に関しては、成年者と同一の行為能力を有する。
2　前項の場合において、未成年者がその営業に堪えることができない事由があるときは、その法定代理人は、第 4 編（親族）の規定に従い、その許可を取り消し、又はこれを制限することができる。
（後見開始の審判）
第 7 条　精神上の障害により事理を弁識する能力を欠く常況にある者については、家庭裁判所は、本人、配偶者、4 親等内の親族、未成年後見人、未成年後見監督人、保佐人、保佐監督人、補助人、補助監督人又は検察官の請求により、後見開始の審判をすることができる。
（成年被後見人及び成年後見人）
第 8 条　後見開始の審判を受けた者は、成年被後見人とし、これに成年後見人を付する。
（成年被後見人の法律行為）
第 9 条　成年被後見人の法律行為は、取り消すことができる。ただし、日用品の購入その他日常生活に関する行為については、この限りでない。
（後見開始の審判の取消し）
第 10 条　第 7 条に規定する原因が消滅したときは、家庭裁判所は、本人、配偶者、4 親等内の親族、後見人 [1]、後見監督人 [2] 又は検察官の請求により、後見開始の審判を取り消さなければならない。
（保佐開始の審判）
第 11 条　精神上の障害により事理を弁識する能力が著しく不十分である者については、家庭裁判所は、本人、配偶者、4 親等内の親族、後見人、後見監督人、補助人、補助監督人又は検察官の請求により、保佐開始の審判をすることができる。ただし、第 7 条に規定する原因がある者については、この限りでない。

[1]　未成年後見人及び成年後見人をいう。以下同じ。
[2]　未成年後見監督人及び成年後見監督人をいう。以下同じ。

脚注番号を大きく表示して、カッコ書きの見落としを防止。

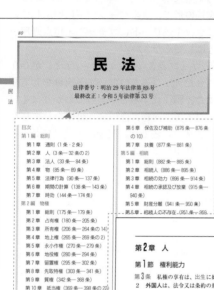

●この六法の特長●

「何を何と読み替えるのか」を黒下線と色下線で区別して明示し、読替内容を一目瞭然に。

条数の数字を大きく表示することで、目的の条文を見つけやすく。

民法

（子の監護をすべき者の同意のない縁組等の取消し）

第806条の3　第797条第2項の規定に違反した縁組は、縁組の同意をしていない者から、その取消しを家庭裁判所に請求することができる。ただし、その者が追認をしたとき、又は養子が15歳に達した後6箇月を経過し、若しくは追認をしたときは、この限りでない。

2　前条第2項の規定は、詐欺又は強迫によって第797条第2項の同意をした者について準用する。

（養子が未成年者である場合の無許可縁組の取消し）

第807条　第798条の規定に違反した縁組は、養子、その実方の親族又は養子に代わって縁組の承諾をした者から、その取消しを家庭裁判所に請求することができる。ただし、養子が、成年に達した後6箇月を経過し、又は追認をしたときは、この限りでない。

（婚姻の取消し等の規定の準用）

第808条　第747条及び第748条の規定は、縁組について準用する。この場合において、第747条第2項中「3箇月」とあるのは、「6箇月」と読み替えるものとする。

2　第769条及び第816条の規定は、縁組の取消しについて準用する。

第3款　縁組の効力

（嫡出子の身分の取得）

第809条　養子は、縁組の日から、養親の嫡出子の身分を取得する。

（養子の氏）

第810条　養子は、養親の氏を称する。ただし、婚姻によって氏を改めた者については、婚姻の際に定めた氏を称すべき間は、この限りでない。

第4款　離縁

（協議上の離縁等）

第811条　縁組の当事者は、その協議で、離縁をすることができる。

2　養子が15歳未満であるときは、その離縁は、養親と養子の離縁後にその法定代理人となるべき者との協議でこれをする。

3　前項の場合において、養子の父母が離婚しているときは、その協議で、その一方を養子の離縁後にその親権者となるべき者と定めなければならない。

4　前項の協議が調わないとき、又は協議をすることができないときは、家庭裁判所は、同項の父若しくは母又は養親の請求によって、協議に代わる審判をすることができる。

5　第2項の法定代理人となるべき者がないときは、家庭裁判所は、養子の親族その他の利害関係人の請求によって、養子の離縁後にその未成年後見人となるべき者を選任する。

6　縁組の当事者の一方が死亡した後に生存当事者が離縁をしようとするときは、家庭裁判所の許可を得て、これをすることができる。

（夫婦である養親と未成年者との離縁）

第811条の2　養親が夫婦である場合において未成年者と離縁をするには、夫婦が共にしなければならない。ただし、夫婦の一方がその意思を表示することができないときは、この限りでない。

（婚姻の規定の準用）

第812条　第738条、第739条及び第747条の規定は、協議上の離縁について準用する。この場合において、同条第2項中「3箇月」とあるのは、「6箇月」と読み替えるものとする。

行政不服…

法律番号：平成2…
最終改正：令和…

目次

第1章　総則

（目的等）

第1条　この法律は、行政庁の違法又は不当な処分その他公権力の行使に当たる行為に関し、国民が簡易迅速かつ公正な手続の下で広く行政庁に対する不服申立てをすることができるための制度を定めることにより、国民の権利利益の救済を図るとともに、行政の適正な運営を確保することを目的とする。

2　行政庁の処分その他公権力の行使に当たる行為[1]に関する不服申立てについては、他の法律に特別の定めがある場合を除くほか、この法律の定めるところによる。

（処分についての審査請求）

第2条　行政庁の処分に不服がある者は、第4条及び第5条第2項の定めるところにより、審査請求をすることができる。

…の定めがある場合を除くほか、次の各号に掲げる場合の区分に応じ、当該各号に定める行政庁に対してするものとする。

一　処分庁等[4]に上級行政庁がない場合又は処分庁等が主任の大臣若しくは宮内庁長官若しくは内閣府設置法（平成11年法律第89号）第49条第1項若しくは第2項若しくは国家行政組織法（昭和23年法律第120号）第3条第2項に規定する庁の長である場合　当該処分庁等

二　宮内庁長官又は内閣府設置法第49条第1項若しくは第2項若しくは国家行政組織法第3条第2項に規定する庁の長が処分庁等の上

[1]　以下単に「処分」という。

[2]　法令に基づく申請に対して何らの処分をもしないことをいう。以下同じ。

[3]　条例に基づく処分については、条例

[4]　処分をした行政庁（以下「処分庁」という。）又は不作為に係る行政庁（以下「不作為庁」という。）をいう。以下同じ。

法律番号など脚注化に向かない要素は、本文中に残したまま、アミ掛け表示で明確化。

カッコ書きを脚注に移動し、条文の骨格とカッコ書きの読み分けをカンタンに。多重カッコ書き（入れ子）はアミ掛け表示。

ケータイ Assist 六法／目次

本書の収録法令と記載内容について

※本書収録の法令は、各法令題名の次に「最終改正」として記載した改正法の内容を反映しています。公布基準での収録のため、一部に未施行の内容が含まれている場合があります。

※附則・別表等は省略しました。

※レイアウトの都合上、ごく一部に表記が官報と異なる場合があります。例刑事訴訟法第345条の3：条文中の3段組の表について、「上段＝〔原規定〕、中段＝〔読替前〕、下段＝〔読替後〕」と表示。

※本書は年度版ではありません。今後の法改正に対応して本書の改訂版が刊行されるかどうかは、未定です。あらかじめご了承ください。

日本国憲法

公布：昭和 21 年 11 月 3 日
施行：昭和 22 年 5 月 3 日

目次

日本国民は、正当に選挙された国会における代表者を通じて行動し、われらとわれらの子孫のために、諸国民との協和による成果と、わが国全土にわたつて自由のもたらす恵沢を確保し、政府の行為によつて再び戦争の惨禍が起ることのないやうにすることを決意し、ここに主権が国民に存することを宣言し、この憲法を確定する。そもそも国政は、国民の厳粛な信託によるものであつて、その権威は国民に由来し、その権力は国民の代表者がこれを行使し、その福利は国民がこれを享受する。これは人類普遍の原理であり、この憲法は、かかる原理に基くものである。われらは、これに反する一切の憲法、法令及び詔勅を排除する。

日本国民は、恒久の平和を念願し、人間相互の関係を支配する崇高な理想を深く自覚するのであつて、平和を愛する諸国民の公正と信義に信頼して、われらの安全と生存を保持しようと決意した。われらは、平和を維持し、専制と隷従、圧迫と偏狭を地上から永遠に除去しようと努めてゐる国際社会において、名誉ある地位を占めたいと思ふ。われらは、全世界の国民が、ひとしく恐怖と欠乏から免かれ、平和のうちに生存する権利を有することを確認する。

われらは、いづれの国家も、自国のことのみに専念して他国を無視してはならないのであつて、政治道徳の法則は、普遍的なものであり、この法則に従ふことは、自国の主権を維持し、他国と対等関係に立たうとする各国の責務であると信ずる。

日本国民は、国家の名誉にかけ、全力をあげてこの崇高な理想と目的を達成することを誓ふ。

第1章　天皇

[天皇の地位、国民主権]

第1条　天皇は、日本国の象徴であり日本国民統合の象徴であつて、この地位は、主権の存する日本国民の総意に基く。

[皇位の継承]

第2条　皇位は、世襲のものであつて、国会の議決した**皇室典範**の定めるところにより、これを継承する。

[天皇の国事行為と内閣の責任]

第3条 天皇の国事に関するすべての行為には、内閣の助言と承認を必要とし、内閣が、その責任を負ふ。

[天皇の権能の限界、天皇の国事行為の委任]

第4条 天皇は、この憲法の定める国事に関する行為のみを行ひ、国政に関する権能を有しない。

② 天皇は、法律の定めるところにより、その国事に関する行為を委任することができる。

[摂政]

第5条 皇室典範の定めるところにより摂政を置くときは、摂政は、**天皇の名で**その国事に関する行為を行ふ。この場合には、前条第1項の規定を準用する。

[天皇の任命権]

第6条 天皇は、**国会の指名**に基いて、内閣総理大臣を任命する。

② 天皇は、**内閣の指名**に基いて、最高裁判所の長たる裁判官を任命する。

[天皇の国事行為]

第7条 天皇は、内閣の助言と承認により、国民のために、左の国事に関する行為を行ふ。

一 **憲法改正**、法律、政令及び条約を公布すること。

二 国会を召集すること。

三 衆議院を解散すること。

四 国会議員の総選挙の施行を公示すること。

五 **国務大臣**及び法律の定めるその他の官吏の任免並びに全権委任状及び大使及び公使の信任状を認証すること。

六 **大赦**、特赦、減刑、刑の執行の免除及び復権を認証すること。

七 **栄典**を授与すること。

八 批准書及び法律の定めるその他の外交文書を認証すること。

九 外国の大使及び公使を接受すること。

十 儀式を行ふこと。

[皇室の財産授受の制限]

第8条 皇室に財産を譲り渡し、又は皇室が、財産を譲り受け、若しくは賜与することは、**国会の議決**に基かなければならない。

第2章 戦争の放棄

[戦争の放棄、軍備及び交戦権の否認]

第9条 日本国民は、正義と秩序を基調とする国際平和を誠実に希求し、国権の発動たる戦争と、武力による威嚇又は武力の行使は、国際紛争を解決する手段としては、永久にこれを放棄する。

② 前項の目的を達するため、陸海空軍その他の戦力は、これを保持しない。国の交戦権は、これを認めない。

第3章 国民の権利及び義務

[日本国民の要件]

第10条 日本国民たる要件は、**法律**でこれを定める。

[基本的人権の享有と本質]

第11条 国民は、すべての基本的人権の享有を妨げられない。この憲法が国民に保障する基本的人権は、**侵すことのできない永久の権利**として、現在及び将来の国民に与へられる。

[自由・権利の保持義務、濫用の禁止、利用の責任]

第12条 この憲法が国民に保障する自由及び権利は、国民の不断の努力によつて、これを保持しなければならない。又、国民は、これを濫用してはならないのであつて、常に**公共の福祉**のためにこれを利用する責任を負ふ。

[個人の尊重、生命・自由・幸福追求の権利の尊重]

第13条 すべて国民は、個人として尊重される。生命、自由及び幸福追求に対する国民の権利については、**公共の福祉**に反しない限り、立法その他の国政の上で、最大の尊重を必要とする。

[法の下の平等、貴族制度の否認、栄典の限界]

第14条 すべて国民は、法の下に平等であつて、人種、信条、性別、社会的身分又は門地により、政治的、経済的又は社会的関係において、差別されない。

② 華族その他の**貴族の制度**は、これを認めない。

③ 栄誉、勲章その他の**栄典の授与**は、いかなる特権も伴はない。栄典の授与は、現にこれを有し、又は将来これを受ける者の1代に限り、その効力を有する。

[公務員の選定罷免権、公務員の性質、普通選挙・秘密投票の保障]

第15条 公務員を**選定**し、及びこれを**罷免**することは、国民固有の権利である。

② すべて公務員は、**全体の奉仕者**であつて、一部の奉仕者ではない。

③ 公務員の選挙については、成年者による普通選挙を保障する。

④ すべて選挙における投票の秘密は、これを侵してはならない。選挙人は、その選択に関し公的にも私的にも責任を問はれない。

[請願権]

第16条 何人(なんぴと)も、損害の救済、公務員の罷免、法律、命令又は規則の制定、廃止又は改正その他の事項に関し、平穏に請願する権利を有し、何人も、かかる請願をしたためにいかなる差別待遇も受けない。

[国及び公共団体の賠償責任]

第17条 何人(なんぴと)も、**公務員の不法行為**により、損害を受けたときは、法律の定めるところにより、国又は公共団体に、その賠償を求めることができる。

[奴隷的拘束及び苦役からの自由]

第18条 何人(なんぴと)も、いかなる**奴隷的拘束**も受けない。又、犯罪に因る処罰の場合を除いては、その**意に反する苦役**に服させられない。

[思想及び良心の自由]

第19条 思想及び良心の自由は、これを侵してはならない。

[信教の自由、国の宗教活動の禁止]

第20条 信教の自由は、何人(なんぴと)に対してもこれを保障する。いかなる宗教団体も、国から特権を受け、又は政治上の権力を行使してはならない。

② 何人も、宗教上の行為、祝典、儀式又は行事に参加することを強制されない。

③ 国及びその機関は、宗教教育その他いかなる**宗教的活動**もしてはならない。

[集会・結社・表現の自由、検閲の禁止、通信の秘密]

第21条 集会、結社及び言論、出版その他一切の表現の自由は、これを保障する。

② 検閲は、これをしてはならない。通信の秘密は、これを侵してはならない。

[居住・移転・職業選択の自由、外国移住・国籍離脱の自由]

第22条 何人(なんぴと)も、**公共の福祉**に反しない限り、居住、移転及び職業選択の自由を有する。

② 何人も、外国に移住し、又は国籍を離脱する自由を侵されない。

[学問の自由]

第23条 学問の自由は、これを保障する。

[家族生活における個人の尊厳と両性の平等]

第24条 婚姻は、**両性の合意**のみに基いて成立し、夫婦が同等の権利を有することを基本として、相互の協力により、維持されなければならない。

② 配偶者の選択、財産権、相続、住居の選定、離婚並びに婚姻及び家族に関するその他の事項に関しては、法律は、個人の尊厳と両性の本質的平等に立脚して、制定されなければならない。

[生存権、国の生存権保障義務]

第**25**条 すべて国民は、健康で文化的な最低限度の生活を営む権利を有する。

② 国は、すべての生活部面について、社会福祉、社会保障及び公衆衛生の向上及び増進に努めなければならない。

[教育を受ける権利、教育を受けさせる義務、義務教育の無償]

第**26**条 すべて国民は、法律の定めるところにより、その能力に応じて、ひとしく教育を受ける権利を有する。

② すべて国民は、法律の定めるところにより、その保護する子女に普通教育を受けさせる義務を負ふ。**義務教育**は、これを無償とする。

[勤労の権利・義務、勤労条件の基準、児童酷使の禁止]

第**27**条 すべて国民は、勤労の**権利**を有し、**義務**を負ふ。

② 賃金、就業時間、休息その他の**勤労条件に関する基準**は、法律でこれを定める。

③ **児童**は、これを酷使してはならない。

[勤労者の団結権・団体交渉権その他団体行動権]

第**28**条 勤労者の**団結**する権利及び**団体交渉**その他の団体行動をする権利は、これを保障する。

[財産権]

第**29**条 財産権は、これを侵してはならない。

② 財産権の内容は、**公共の福祉**に適合するやうに、**法律**でこれを定める。

③ 私有財産は、正当な補償の下に、これを**公共のために用ひる**ことができる。

[納税の義務]

第**30**条 国民は、法律の定めるところにより、納税の義務を負ふ。

[法定手続の保障]

第**31**条 何人(なんぴと)も、法律の定める手続によらなければ、その生命若しくは自由を奪はれ、又はその他の**刑罰**を科せられない。

[裁判を受ける権利]

第**32**条 何人(なんぴと)も、裁判所において裁判を受ける権利を奪はれない。

[逮捕に対する保障]

第**33**条 何人(なんぴと)も、**現行犯**として逮捕される場合を除いては、権限を有する司法官憲が発し、且つ理由となつてゐる犯罪を明示する令状によらなければ、逮捕されない。

[抑留・拘禁に対する保障]

第**34**条 何人(なんぴと)も、理由を直ちに告げられ、且つ、直ちに弁護人に依頼する権利を与へられなければ、抑留又は拘禁されない。又、何人も、正当な理由がなければ、拘禁されず、要求があれば、その理由は、直ちに本人及びその弁護人の出席する**公開の法廷**で示されなければならない。

[住居侵入・捜索・押収に対する保障]

第**35**条 何人(なんぴと)も、その住居、書類及び所持品について、侵入、捜索及び押収を受けることのない権利は、第33条の場合を除いては、正当な理由に基いて発せられ、且つ捜索する場所及び押収する物を明示する令状がなければ、侵されない。

② 捜索又は押収は、権限を有する司法官憲が発する各別の令状により、これを行ふ。

[拷問及び残虐な刑罰の禁止]

第36条 公務員による**拷問**及び**残虐な刑罰**は、絶対にこれを禁ずる。

[刑事被告人の諸権利]

第37条 すべて刑事事件においては、被告人は、公平な裁判所の迅速な公開裁判を受ける権利を有する。

② 刑事被告人は、すべての証人に対して審問する機会を充分に与へられ、又、公費で自己のために強制的手続により証人を求める権利を有する。

③ 刑事被告人は、いかなる場合にも、資格を有する弁護人を依頼することができる。被告人が自らこれを依頼することができないときは、**国**でこれを附する。

[不利益な供述の強要禁止、自白の証拠能力]

第38条 何人(なんぴと)も、自己に不利益な供述を強要されない。

② 強制、拷問若しくは脅迫による自白又は不当に長く抑留若しくは拘禁された後の自白は、これを証拠とすることができない。

③ 何人も、自己に**不利益な唯一の証拠**が本人の自白である場合には、有罪とされ、又は刑罰を科せられない。

[刑罰法規の不遡及、二重処罰の禁止]

第39条 何人(なんぴと)も、**実行の時に適法**であつた行為又は**既に無罪**とされた行為については、刑事上の責任を問はれない。又、**同一の犯罪**について、重ねて刑事上の責任を問はれない。

[刑事補償]

第40条 何人(なんぴと)も、**抑留又は拘禁**された後、**無罪の裁判**を受けたときは、法律の定めるところにより、国にその補償を求めることができる。

第4章 国会

[国会の地位、立法権]

第41条 国会は、国権の最高機関であつて、国の唯一の立法機関である。

[両院制]

第42条 国会は、衆議院及び参議院の両議院でこれを構成する。

[両議院の組織]

第43条 両議院は、全国民を代表する選挙された議員でこれを組織する。

② 両議院の議員の定数は、法律でこれを定める。

[議員及び選挙人の資格]

第44条 両議院の議員及びその選挙人の資格は、法律でこれを定める。但し、人種、信条、性別、社会的身分、門地、教育、財産又は収入によつて差別してはならない。

[衆議院議員の任期]

第45条 衆議院議員の任期は、4年とする。但し、衆議院解散の場合には、その期間満了前に終了する。

[参議院議員の任期]

第46条 参議院議員の任期は、6年とし、3年ごとに議員の半数を改選する。

[選挙に関する事項の法定]

第47条 選挙区、投票の方法その他両議院の議員の選挙に関する事項は、法律でこれを定める。

[両議院議員兼職禁止]

第48条 何人(なんぴと)も、同時に**両議院の議員**たることはできない。

[議員の歳費]

第49条 両議院の議員は、法律の定めるところにより、国庫から相当額の歳費を受ける。

[議員の不逮捕特権]

第50条 両議院の議員は、法律の定める場合を除いては、国会の会期中逮捕されず、会期前に逮捕された議員は、その議院の要求があれば、会期中これを釈放しなければならない。

［議員の発言・表決の無責任］

第51条　両議院の議員は、議院で行つた演説、討論又は表決について、院外で責任を問はれない。

［常会］

第52条　国会の常会は、毎年1回これを召集する。

［臨時会］

第53条　内閣は、国会の臨時会の召集を決定することができる。いづれかの議院の総議員の4分の1以上の要求があれば、内閣は、その召集を決定しなければならない。

［衆議院の解散、特別会、参議院の緊急集会］

第54条　衆議院が解散されたときは、解散の日から40日以内に、衆議院議員の総選挙を行ひ、その選挙の日から30日以内に、国会を召集しなければならない。

②　衆議院が解散されたときは、参議院は、同時に閉会となる。但し、内閣は、国に緊急の必要があるときは、参議院の緊急集会を求めることができる。

③　前項但書の緊急集会において採られた措置は、臨時のものであつて、次の国会開会の後10日以内に、衆議院の同意がない場合には、その効力を失ふ。

［議員の資格争訟］

第55条　両議院は、各々（おのおの）その議員の資格に関する争訟を裁判する。但し、議員の議席を失はせるには、出席議員の3分の2以上の多数による議決を必要とする。

［定足数・表決］

第56条　両議院は、各々（おのおの）その総議員の3分の1以上の出席がなければ、議事を開き議決することができない。

②　両議院の議事は、この憲法に特別の定（さだめ）のある場合を除いては、出席議員の過半数でこれを決し、可否同数のときは、議長の決するところによる。

［会議の公開、秘密会］

第57条　両議院の会議は、公開とする。但し、出席議員の3分の2以上の多数で議決したときは、秘密会を開くことができる。

②　両議院は、各々（おのおの）その会議の記録を保存し、秘密会の記録の中で特に秘密を要すると認められるもの以外は、これを公表し、且つ一般に頒布しなければならない。

③　出席議員の5分の1以上の要求があれば、各議員の表決は、これを会議録に記載しなければならない。

［役員の選任、議院規則、懲罰］

第58条　両議院は、各々（おのおの）その議長その他の役員を選任する。

②　両議院は、各々その会議その他の手続及び内部の規律に関する規則を定め、又、院内の秩序をみだした議員を懲罰することができる。但し、議員を除名するには、出席議員の3分の2以上の多数による議決を必要とする。

［法律案の議決、衆議院の優越］

第59条　法律案は、この憲法に特別の定（さだめ）のある場合を除いては、両議院で可決したとき法律となる。

②　衆議院で可決し、参議院でこれと異なつた議決をした法律案は、衆議院で出席議員の3分の2以上の多数で再び可決したときは、法律となる。

③　前項の規定は、法律の定めるところにより、衆議院が、両議院の協議会を開くことを求めることを妨げない。

④　参議院が、衆議院の可決した法律案を受け取つた後、国会休会中の期

間を除いて60日以内に、議決しないときは、衆議院は、参議院がその法律案を否決したものとみなすことができる。

[衆議院の予算先議と優越]

第60条　予算は、さきに衆議院に提出しなければならない。

② 予算について、参議院で衆議院と異なつた議決をした場合に、法律の定めるところにより、両議院の協議会を開いても意見が一致しないとき、又は参議院が、衆議院の可決した予算を受け取つた後、国会休会中の期間を除いて30日以内に、議決しないときは、衆議院の議決を国会の議決とする。

[条約の国会承認と衆議院の優越]

第61条　条約の締結に必要な国会の承認については、前条第2項の規定を準用する。

[議院の国政調査権]

第62条　両議院は、各々（おのおの）国政に関する調査を行ひ、これに関して、証人の出頭及び証言並びに記録の提出を要求することができる。

[国務大臣の議院出席]

第63条　内閣総理大臣その他の国務大臣は、両議院の1に議席を有すると有しないとにかかはらず、何時でも議案について発言するため議院に出席することができる。又、答弁又は説明のため出席を求められたときは、出席しなければならない。

[弾劾裁判所]

第64条　国会は、罷免の訴追を受けた裁判官を裁判するため、両議院の議員で組織する弾劾裁判所を設ける。

② 弾劾に関する事項は、法律でこれを定める。

第5章　内閣

[行政権と内閣]

第65条　行政権は、内閣に属する。

[内閣の組織]

第66条　内閣は、法律の定めるところにより、その首長たる内閣総理大臣及びその他の国務大臣でこれを組織する。

② 内閣総理大臣その他の国務大臣は、文民でなければならない。

③ 内閣は、行政権の行使について、国会に対し連帯して責任を負ふ。

[内閣総理大臣の指名、衆議院の優越]

第67条　内閣総理大臣は、国会議員の中から国会の議決で、これを指名する。この指名は、他のすべての案件に先だつて、これを行ふ。

② 衆議院と参議院とが異なつた指名の議決をした場合に、法律の定めるところにより、両議院の協議会を開いても意見が一致しないとき、又は衆議院が指名の議決をした後、国会休会中の期間を除いて10日以内に、参議院が、指名の議決をしないときは、衆議院の議決を国会の議決とする。

[国務大臣の任免]

第68条　内閣総理大臣は、国務大臣を任命する。但し、その過半数は、国会議員の中から選ばれなければならない。

② 内閣総理大臣は、任意に国務大臣を罷免することができる。

[衆議院の内閣不信任]

第69条　内閣は、衆議院で不信任の決議案を可決し、又は信任の決議案を否決したときは、10日以内に衆議院が解散されない限り、総辞職をしなければならない。

[内閣総理大臣の欠缺（けんけつ）、総選挙後の総辞職]

第70条　内閣総理大臣が欠けたとき、

又は衆議院議員総選挙の後に初めて**国会の召集**があつたときは、内閣は、総辞職をしなければならない。

[総辞職後の内閣の職務]

第**71**条　前2条の場合には、内閣は、あらたに**内閣総理大臣**が任命されるまで引き続きその職務を行ふ。

[内閣総理大臣の職務]

第**72**条　内閣総理大臣は、内閣を代表して**議案**を国会に提出し、一般国務及び外交関係について国会に報告し、並びに行政各部を指揮監督する。

[内閣の事務]

第**73**条　内閣は、他の一般行政事務の外、左の事務を行ふ。

一　**法律**を誠実に執行し、国務を総理すること。

二　外交関係を処理すること。

三　条約を締結すること。但し、事前に、時宜によつては事後に、国会の承認を経ることを必要とする。

四　法律の定める基準に従ひ、官吏に関する事務を掌理すること。

五　予算を作成して国会に提出すること。

六　この憲法及び法律の規定を実施するために、政令を制定すること。但し、政令には、特にその法律の委任がある場合を除いては、**罰則**を設けることができない。

七　大赦、特赦、減刑、刑の執行の免除及び復権を決定すること。

[法律・政令の署名・連署]

第**74**条　法律及び政令には、すべて**主任の国務大臣**が署名し、**内閣総理大臣**が連署することを必要とする。

[国務大臣の訴追]

第**75**条　国務大臣は、その**在任中**、内閣総理大臣の同意がなければ、訴追されない。但し、これがため、訴追の権利は、害されない。

第6章　司法

[司法権、裁判所、特別裁判所の禁止、裁判官の独立]

第**76**条　すべて**司法権**は、最高裁判所及び法律の定めるところにより設置する下級裁判所に属する。

②　特別裁判所は、これを設置することができない。行政機関は、**終審**として裁判を行ふことができない。

③　すべて裁判官は、その**良心に従ひ独立**してその職権を行ひ、この憲法及び法律にのみ拘束される。

[裁判所の規則制定権]

第**77**条　**最高裁判所**は、訴訟に関する手続、弁護士、裁判所の内部規律及び司法事務処理に関する事項について、規則を定める権限を有する。

②　検察官は、最高裁判所の定める規則に従はなければならない。

③　最高裁判所は、**下級裁判所**に関する規則を定める権限を、下級裁判所に委任することができる。

[裁判官の身分保障]

第**78**条　裁判官は、**裁判**により、心身の故障のために職務を執ることができないと決定された場合を除いては、**公の弾劾**によらなければ罷免されない。裁判官の懲戒処分は、行政機関がこれを行ふことはできない。

[最高裁判所の構成等]

第**79**条　最高裁判所は、その長たる裁判官及び法律の定める員数のその他の裁判官でこれを構成し、その長たる裁判官以外の裁判官は、内閣でこれを**任命**する。

②　最高裁判所の裁判官の任命は、その任命後初めて行はれる**衆議院議員総選挙**の際国民の審査に付し、その後10年を経過した後初めて行はれる衆議院議員総選挙の際更に審査に付し、その後も同様とする。

③　前項の場合において、投票者の多数が裁判官の**罷免を可**とするときは、その裁判官は、罷免される。
④　審査に関する事項は、法律でこれを定める。
⑤　最高裁判所の裁判官は、**法律の定める年齢**に達した時に退官する。
⑥　最高裁判所の裁判官は、すべて定期に相当額の報酬を受ける。この報酬は、在任中、これを減額することができない。

［下級裁判所の裁判官・任期・定年・報酬］
第80条　下級裁判所の裁判官は、**最高裁判所の指名**した者の名簿によつて、内閣でこれを任命する。その裁判官は、任期を10年とし、再任されることができる。但し、**法律の定める年齢**に達した時には退官する。
②　下級裁判所の裁判官は、すべて定期に相当額の報酬を受ける。この報酬は、在任中、これを減額することができない。

［法令等の合憲性審査権］
第81条　**最高裁判所**は、一切の法律、命令、規則又は処分が憲法に適合するかしないかを決定する権限を有する**終審裁判所**である。

［裁判の公開］
第82条　裁判の**対審**及び**判決**は、公開法廷でこれを行ふ。
②　裁判所が、裁判官の**全員一致**で、公の秩序又は善良の風俗を害する虞（おそれ）があると決した場合には、対審は、公開しないでこれを行ふことができる。但し、**政治犯罪**、出版に関する犯罪又はこの憲法第3章で保障する国民の権利が問題となつてゐる事件の対審は、常にこれを公開しなければならない。

第7章　財政

［財政処理の権限］
第83条　国の財政を処理する権限は、国会の議決に基いて、これを行使しなければならない。

［課税の要件］
第84条　あらたに**租税**を課し、又は現行の租税を**変更**するには、法律又は法律の定める条件によることを必要とする。

［国費支出と国の債務負担］
第85条　国費を支出し、又は国が債務を負担するには、**国会の議決**に基くことを必要とする。

［予算の作成と国会の議決］
第86条　**内閣**は、毎会計年度の予算を作成し、国会に提出して、その審議を受け議決を経なければならない。

［予備費］
第87条　予見し難い予算の不足に充てるため、国会の議決に基いて予備費を設け、**内閣の責任**でこれを支出することができる。
②　すべて予備費の支出については、内閣は、事後に国会の承諾を得なければならない。

［皇室財産・皇室費用］
第88条　すべて皇室財産は、国に属する。すべて皇室の費用は、予算に計上して国会の議決を経なければならない。

［公の財産の支出利用の制限］
第89条　公金その他の公の財産は、**宗教上**の組織若しくは団体の使用、便益若しくは維持のため、又は公の支配に属しない慈善、教育若しくは博愛の事業に対し、これを支出し、又はその利用に供してはならない。

［決算、会計検査院］
第90条　国の収入支出の決算は、すべて毎年**会計検査院**がこれを検査し、

内閣は、次の年度に、その検査報告とともに、これを国会に提出しなければならない。

② 会計検査院の組織及び権限は、法律でこれを定める。

[財政状況の報告]

第91条 内閣は、国会及び国民に対し、定期に、少くとも毎年1回、国の財政状況について報告しなければならない。

第8章 地方自治

[地方自治の基本原則]

第92条 地方公共団体の組織及び運営に関する事項は、地方自治の本旨に基いて、法律でこれを定める。

[地方公共団体の機関とその直接選挙]

第93条 地方公共団体には、法律の定めるところにより、その議事機関として議会を設置する。

② 地方公共団体の長、その議会の議員及び法律の定めるその他の吏員は、その地方公共団体の住民が、直接これを選挙する。

[地方公共団体の権能]

第94条 地方公共団体は、その財産を管理し、事務を処理し、及び行政を執行する権能を有し、法律の範囲内で条例を制定することができる。

[特別法の住民投票]

第95条 1の地方公共団体のみに適用される特別法は、法律の定めるところにより、その地方公共団体の住民の投票においてその過半数の同意を得なければ、国会は、これを制定することができない。

第9章 改正

[憲法改正の手続]

第96条 この憲法の改正は、各議院の総議員の3分の2以上の賛成で、国会が、これを発議し、国民に提案してその承認を経なければならない。この承認には、特別の国民投票又は国会の定める選挙の際行はれる投票において、その過半数の賛成を必要とする。

② 憲法改正について前項の承認を経たときは、天皇は、国民の名で、この憲法と一体を成すものとして、直ちにこれを公布する。

第10章 最高法規

[基本的人権の本質]

第97条 この憲法が日本国民に保障する基本的人権は、人類の多年にわたる自由獲得の努力の成果であつて、これらの権利は、過去幾多の試錬に堪へ、現在及び将来の国民に対し、侵すことのできない永久の権利として信託されたものである。

[憲法の最高法規性、条約・国際法規の遵守]

第98条 この憲法は、国の最高法規であつて、その条規に反する法律、命令、詔勅及び国務に関するその他の行為の全部又は一部は、その効力を有しない。

② 日本国が締結した条約及び確立された国際法規は、これを誠実に遵守することを必要とする。

[憲法尊重擁護義務]

第99条 天皇又は摂政及び国務大臣、国会議員、裁判官その他の公務員は、この憲法を尊重し擁護する義務を負ふ。

第11章 補則

[施行期日]

第100条 この憲法は、公布の日から起算して6箇月を経過した日から、これを施行する。

② この憲法を施行するために必要な法律の制定、参議院議員の選挙及び国会召集の手続並びにこの憲法を施

行するために必要な準備手続は、前項の期日よりも前に、これを行ふことができる。

[国会に関する経過規定]

第101条　この憲法施行の際、参議院がまだ成立してゐないときは、その成立するまでの間、衆議院は、国会としての権限を行ふ。

[第1期参議院議員の任期]

第102条　この憲法による第1期の参議院議員のうち、その半数の者の任期は、これを3年とする。その議員は、法律の定めるところにより、これを定める。

[公務員に関する経過規定]

第103条　この憲法施行の際現に在職する国務大臣、衆議院議員及び裁判官並びにその他の公務員で、その地位に相応する地位がこの憲法で認められてゐる者は、法律で特別の定をした場合を除いては、この憲法施行のため、当然にはその地位を失ふことはない。但し、この憲法によつて、後任者が選挙又は任命されたときは、当然その地位を失ふ。

行政手続法

法律番号：平成5年法律第88号
最終改正：令和5年法律第63号

目次

第1章　総則

（目的等）

第1条　この法律は、**処分**、**行政指導**及び**届出**に関する手続並びに**命令等**を定める手続に関し、共通する事項を定めることによって、行政運営における公正の確保と透明性【1】の向上を図り、もって国民の権利利益の保護に資することを目的とする。

2　処分、行政指導及び届出に関する手続並びに命令等を定める手続に関しこの法律に規定する事項について、**他の法律に特別の定め**がある場合は、その定めるところによる。

（定義）

第2条　この法律において、次の各号に掲げる用語の意義は、当該各号に定めるところによる。

一　法令　法律、法律に基づく命令【2】、条例及び地方公共団体の執行機関の規則【3】をいう。

二　処分　行政庁の処分その他公権力の行使に当たる行為をいう。

三　申請　法令に基づき、行政庁の許可、認可、免許その他の自己に対し何らかの利益を付与する処分【4】を求める行為であって、当該行為に対して行政庁が諾否の応答をすべきこととされているものをいう。

四　不利益処分　行政庁が、法令に基づき、特定の者を名あて人として、直接に、これに義務を課し、又はその権利を制限する処分をいう。ただし、次のいずれかに該当するものを除く。

イ　事実上の行為及び事実上の行為をするに当たりその範囲、時期等を明らかにするために法令上必要とされている手続としての処分

ロ　申請により求められた許認可等を拒否する処分その他申請に基づき当該申請をした者を名あて人としてされる処分

ハ　名あて人となるべき者の同意の下にすることとされている処

【1】　行政上の意思決定について、その内容及び過程が国民にとって明らかであることをいう。第46条において同じ。

【2】　告示を含む。

【3】　規程を含む。以下「**規則**」という。

【4】　以下「**許認可等**」という。

分
ニ　許認可等の効力を失わせる処分であって、当該許認可等の基礎となった事実が消滅した旨の届出があったことを理由としてされるもの
五　行政機関　次に掲げる機関をいう。
イ　法律の規定に基づき内閣に置かれる機関若しくは内閣の所轄の下に置かれる機関、宮内庁、内閣府設置法（平成11年法律第89号）第49条第1項若しくは第2項に規定する機関、国家行政組織法（昭和23年法律第120号）第3条第2項に規定する機関、会計検査院若しくはこれらに置かれる機関又はこれらの機関の職員であって法律上独立に権限を行使することを認められた職員
ロ　地方公共団体の機関【1】
六　行政指導　行政機関がその任務又は所掌事務の範囲内において一定の行政目的を実現するため特定の者に一定の作為又は不作為を求める指導、勧告、助言その他の行為であって処分に該当しないものをいう。
七　届出　行政庁に対し一定の事項の通知をする行為【2】であって、法令により直接に当該通知が義務付けられているもの【3】をいう。
八　命令等　内閣又は行政機関が定める次に掲げるものをいう。
イ　法律に基づく命令【4】又は規則
ロ　審査基準【5】
ハ　処分基準【6】
ニ　行政指導指針【7】

（適用除外）
第3条　次に掲げる処分及び行政指導については、次章から第4章の2までの規定は、適用しない。
一　国会の両院若しくは一院又は議会の議決によってされる処分
二　裁判所若しくは裁判官の裁判により、又は裁判の執行としてされる処分
三　国会の両院若しくは一院若しくは議会の議決を経て、又はこれらの同意若しくは承認を得た上でされるべきものとされている処分
四　検査官会議で決すべきものとされている処分及び会計検査の際にされる行政指導
五　刑事事件に関する法令に基づいて検察官、検察事務官又は司法警察職員がする処分及び行政指導
六　国税又は地方税の犯則事件に関する法令【8】に基づいて国税庁長官、国税局長、税務署長、国税庁、国税局若しくは税務署の当該職員、税関長、税関職員又は徴税吏員【9】がする処分及び行政指導並

【1】　議会を除く。
【2】　申請に該当するものを除く。
【3】　自己の期待する一定の法律上の効果を発生させるためには当該通知をすべきこととされているものを含む。
【4】　処分の要件を定める告示を含む。次条第2項において単に「命令」という。
【5】　申請により求められた許認可等をするかどうかをその法令の定めに従って判断するために必要とされる基準をいう。以下同じ。
【6】　不利益処分をするかどうか又はどのような不利益処分とするかについてその法令の定めに従って判断するために必要とされる基準をいう。以下同じ。
【7】　同一の行政目的を実現するため一定の条件に該当する複数の者に対し行政指導をしようとするときにこれらの行政指導に共通してその内容となるべき事項をいう。以下同じ。
【8】　他の法令において準用する場合を含む。
【9】　他の法令の規定に基づいてこれらの

びに金融商品取引の犯則事件に関する法令【1】に基づいて証券取引等監視委員会、その職員【2】、財務局長又は財務支局長がする処分及び行政指導

七　学校、講習所、訓練所又は研修所において、教育、講習、訓練又は研修の目的を達成するために、学生、生徒、児童若しくは幼児若しくはこれらの保護者、講習生、訓練生又は研修生に対してされる処分及び行政指導

八　刑務所、少年刑務所、拘置所、留置施設、海上保安留置施設、少年院又は少年鑑別所において、収容の目的を達成するためにされる処分及び行政指導

九　公務員【3】又は公務員であった者に対してその職務又は身分に関してされる処分及び行政指導

十　外国人の出入国、出入国管理及び難民認定法（昭和26年政令第319号）第61条の2第1項に規定する難民の認定、同条第2項に規定する補完的保護対象者の認定又は帰化に関する処分及び行政指導

十一　専ら人の学識技能に関する試験又は検定の結果についての処分

十二　相反する利害を有する者の間の利害の調整を目的として法令の規定に基づいてされる裁定その他の処分【4】及び行政指導

十三　公衆衛生、環境保全、防疫、保安その他の公益に関わる事象が発生し又は発生する可能性のある現場において警察官若しくは海上保安官又はこれらの公益を確保するために行使すべき権限を法律上直接に与えられたその他の職員によってされる処分及び行政指導

十四　報告又は物件の提出を命ずる処分その他その職務の遂行上必要な情報の収集を直接の目的としてされる処分及び行政指導

十五　審査請求、再調査の請求その他の不服申立てに対する行政庁の裁決、決定その他の処分

十六　前号に規定する処分の手続又は第3章に規定する聴聞若しくは弁明の機会の付与の手続その他の意見陳述のための手続において法令に基づいてされる処分及び行政指導

2　次に掲げる命令等を定める行為については、第6章の規定は、適用しない。

一　法律の施行期日について定める政令

二　恩赦に関する命令

三　命令又は規則を定める行為が処分に該当する場合における当該命令又は規則

四　法律の規定に基づき施設、区間、地域その他これらに類するものを指定する命令又は規則

五　公務員の給与、勤務時間その他の勤務条件について定める命令等

六　審査基準、処分基準又は行政指導指針であって、法令の規定により若しくは慣行として、又は命令等を定める機関の判断により公にされるもの以外のもの

3　第1項各号及び前項各号に掲げるもののほか、地方公共団体の機関が

職員の職務を行う者を含む。

【1】 他の法令において準用する場合を含む。

【2】 当該法令においてその職員とみなされる者を含む。

【3】 国家公務員法（昭和22年法律第120号）第2条第1項に規定する国家公務員及び地方公務員法（昭和25年法律第261号）第3条第1項に規定する地方公務員をいう。以下同じ。

【4】 その双方を名宛人とするものに限る。

する**処分**【1】及び**行政指導**、地方公共団体の機関に対する**届出**【2】並びに地方公共団体の機関が**命令等**を定める行為については、次章から第6章までの規定は、適用しない。

（国の機関等に対する処分等の適用除外）

第4条　国の機関又は地方公共団体若しくはその機関に対する**処分**【3】及び**行政指導**並びにこれらの機関又は団体がする**届出**【4】については、この法律の規定は、適用しない。

2　次の各号のいずれかに該当する法人に対する処分であって、当該法人の監督に関する法律の特別の規定に基づいてされるもの【5】については、次章及び第3章の規定は、適用しない。

一　法律により直接に設立された法人又は特別の法律により特別の設立行為をもって設立された法人

二　特別の法律により設立され、かつ、その設立に関し行政庁の認可を要する法人のうち、その行う業務が国又は地方公共団体の行政運営と密接な関連を有するものとして政令で定める法人

3　行政庁が法律の規定に基づく試験、検査、検定、登録その他の行政上の事務について当該法律に基づきその全部又は一部を行わせる者を指定した場合において、その指定を受けた者【6】又は職員その他の者が当該事務に従事することに関し公務に従事する職員とみなされるときは、その指定を受けた者に対し当該法律に基づいて当該事務に関し監督上される処分【7】については、次章及び第3章の規定は、適用しない。

4　次に掲げる命令等を定める行為については、第6章の規定は、適用しない。

一　国又は地方公共団体の機関の設置、所掌事務の範囲その他の組織について定める命令等

二　皇室典範（昭和22年法律第3号）第26条の皇統譜について定める命令等

三　公務員の礼式、服制、研修、教育訓練、表彰及び報償並びに公務員の間における競争試験について定める命令等

四　国又は地方公共団体の予算、決算及び会計について定める命令等【8】並びに国又は地方公共団体の財産及び物品の管理について定める命令等【9】

【1】　その根拠となる規定が条例又は規則に置かれているものに限る。

【2】　前条第7号の通知の根拠となる規定が条例又は規則に置かれているものに限る。

【3】　これらの機関又は団体がその固有の資格において当該処分の名あて人となるものに限る。

【4】　これらの機関又は団体がその固有の資格においてすべきこととされているものに限る。

【5】　当該法人の解散を命じ、若しくは設立に関する認可を取り消す処分又は当該法人の役員若しくは当該法人の業務に従事する者の解任を命ずる処分を除く。

【6】　その者が法人である場合にあっては、その役員

【7】　当該指定を取り消す処分、その指定を受けた者が法人である場合におけるその役員の解任を命ずる処分又はその指定を受けた者の当該事務に従事する者の解任を命ずる処分を除く。

【8】　入札の参加者の資格、入札保証金その他の国又は地方公共団体の契約の相手方又は相手方になろうとする者に係る事項を定める命令等を除く。

【9】　国又は地方公共団体が財産及び物品を貸し付け、交換し、売り払い、譲与し、信託し、若しくは出資の目的とし、又はこれらに私権を設定することについて定める命令等であって、これらの行為の相手方又は相手方になろうとする者に係る事項を定めるものを除く。

五　会計検査について定める命令等
六　国の機関相互間の関係について定める命令等並びに地方自治法（昭和22年法律第67号）第2編第11章に規定する国と普通地方公共団体との関係及び普通地方公共団体相互間の関係その他の国と地方公共団体との関係及び地方公共団体相互間の関係について定める命令等【1】
七　第2項各号に規定する法人の役員及び職員、業務の範囲、財務及び会計その他の組織、運営及び管理について定める命令等【2】

第2章　申請に対する処分

（審査基準）

第5条　行政庁は、審査基準を定めるものとする。

2　行政庁は、審査基準を定めるに当たっては、許認可等の性質に照らしてできる限り具体的なものとしなければならない。

3　行政庁は、行政上**特別の支障**があるときを除き、法令により申請の提出先とされている機関の事務所における備付けその他の適当な方法により審査基準を公にしておかなければならない。

（標準処理期間）

第6条　行政庁は、申請がその事務所に到達してから当該申請に対する処分をするまでに通常要すべき標準的な期間【3】を定めるよう努めるとともに、これを定めたときは、これらの当該申請の提出先とされている機関の事務所における**備付け**その他の適当な方法により公にしておかなければならない。

（申請に対する審査、応答）

第7条　行政庁は、申請がその事務所に到達したときは遅滞なく当該申請の審査を開始しなければならず、かつ、申請書の記載事項に不備がないこと、申請書に必要な書類が添付されていること、申請をすることができる期間内にされたものであることその他の法令に定められた申請の**形式上の要件に適合しない申請**については、速やかに、申請をした者【4】に対し相当の期間を定めて当該申請の補正を求め、又は当該申請により求められた許認可等を拒否しなければならない。

（理由の提示）

第8条　行政庁は、申請により求められた許認可等を**拒否する処分**をする場合は、申請者に対し、同時に、当該処分の理由を示さなければならない。ただし、法令に定められた許認可等の要件又は公にされた審査基準が数量的指標その他の**客観的指標**により明確に定められている場合であって、当該申請がこれらに**適合しないこと**が申請書の記載又は添付書類その他の申請の内容から明らかであるときは、申請者の求めがあったときにこれを示せば足りる。

2　前項本文に規定する**処分を書面で**

【1】　第1項の規定によりこの法律の規定を適用しないこととされる処分に係る命令等を含む。

【2】　これらの法人に対する処分であって、これらの法人の解散を命じ、若しくは設立に関する認可を取り消す処分又はこれらの法人の役員若しくはこれらの法人の業務に従事する者の解任を命ずる処分に係る命令等を除く。

【3】　法令により当該行政庁と異なる機関が当該申請の提出先とされている場合は、併せて、当該申請が当該提出先とされている機関の事務所に到達してから当該行政庁の事務所に到達するまでに通常要すべき標準的な期間

【4】　以下「申請者」という。

するときは、同項の理由は、書面により示さなければならない。

（情報の提供）

第9条　行政庁は、申請者の求めに応じ、当該申請に係る審査の進行状況及び当該申請に対する処分の時期の見通しを示すよう努めなければならない。

2　行政庁は、申請をしようとする者又は申請者の求めに応じ、申請書の記載及び添付書類に関する事項その他の申請に必要な情報の提供に努めなければならない。

（公聴会の開催等）

第10条　行政庁は、申請に対する処分であって、**申請者以外の者の利害を考慮**すべきことが当該法令において許認可等の要件とされているものを行う場合には、必要に応じ、公聴会の開催その他の適当な方法により当該申請者以外の者の意見を聴く機会を設けるよう努めなければならない。

（複数の行政庁が関与する処分）

第11条　行政庁は、申請の処理をするに当たり、**他の行政庁**において同一の申請者からされた関連する申請が審査中であることをもって自らすべき許認可等をするかどうかについての審査又は判断を**殊更**（ことさら）**に遅延**させるようなことをしてはならない。

2　1の申請又は同一の申請者からされた相互に関連する複数の申請に対する処分について**複数の行政庁が関与**する場合においては、当該複数の行政庁は、必要に応じ、**相互に連絡**をとり、当該申請者からの説明の聴取を共同して行う等により審査の促進に努めるものとする。

第3章　不利益処分

第1節　通則

（処分の基準）

第12条　行政庁は、処分基準を定め、かつ、これを公にしておくよう努めなければならない。

2　行政庁は、処分基準を定めるに当たっては、不利益処分の性質に照らしてできる限り具体的なものとしなければならない。

（不利益処分をしようとする場合の手続）

第13条　行政庁は、**不利益処分**をしようとする場合には、次の各号の区分に従い、この章の定めるところにより、当該不利益処分の名あて人となるべき者について、当該各号に定める意見陳述のための手続を執らなければならない。

一　次のいずれかに該当するとき　聴聞

イ　**許認可等を取り消す**不利益処分をしようとするとき。

ロ　イに規定するもののほか、名あて人の**資格又は地位を直接にはく奪**する不利益処分をしようとするとき。

ハ　名あて人が法人である場合におけるその**役員の解任**を命ずる不利益処分、名あて人の**業務に従事する者の解任**を命ずる不利益処分又は名あて人の**会員である者の除名**を命ずる不利益処分をしようとするとき。

ニ　イからハまでに掲げる場合以外の場合であって行政庁が**相当**と認めるとき。

二　前号イからニまでのいずれにも該当しないとき　弁明の機会の付与

2　次の各号のいずれかに該当すると

きは、前項の規定は、適用しない。

一　公益上、**緊急**に不利益処分をする必要があるため、前項に規定する意見陳述のための手続を執ることができないとき。

二　法令上**必要とされる資格**がなかったこと又は失われるに至ったことが判明した場合に必ずすることとされている不利益処分であって、その資格の不存在又は喪失の事実が裁判所の判決書又は決定書、一定の職に就いたことを証する当該任命権者の書類その他の客観的な資料により直接証明されたものをしようとするとき。

三　施設若しくは設備の設置、維持若しくは管理又は物の製造、販売その他の取扱いについて遵守すべき事項が法令において**技術的な基準をもって明確**にされている場合において、専ら当該基準が充足されていないことを理由として当該基準に従うべきことを命ずる不利益処分であってその不充足の事実が計測、実験その他客観的な認定方法によって確認されたものをしようとするとき。

四　納付すべき金銭の額を確定し、一定の額の**金銭の納付**を命じ、又は金銭の給付決定の取消しその他の**金銭の給付を制限**する不利益処分をしようとするとき。

五　当該不利益処分の性質上、それによって課される義務の内容が**著しく軽微**なものであるため名あて人となるべき者の意見をあらかじめ聴くことを要しないものとして政令で定める処分をしようとするとき。

(不利益処分の理由の提示)

第14条　行政庁は、**不利益処分**をする場合には、その**名あて人**に対し、同時に、当該不利益処分の理由を示さなければならない。ただし、当該理由を示さないで処分をすべき**差し迫った必要**がある場合は、この限りでない。

2　行政庁は、前項ただし書の場合においては、当該名あて人の所在が判明しなくなったときその他処分後において理由を示すことが困難な事情があるときを除き、**処分後相当の期間内**に、同項の理由を示さなければならない。

3　不利益処分を**書面でする**ときは、前2項の理由は、書面により示さなければならない。

第2節　聴聞

(聴聞の通知の方式)

第15条　行政庁は、聴聞を行うに当たっては、聴聞を行うべき期日までに相当な期間をおいて、不利益処分の**名宛人**となるべき者に対し、次に掲げる事項を書面により通知しなければならない。

一　予定される不利益処分の**内容**及び根拠となる**法令**の条項

二　不利益処分の**原因**となる事実

三　聴聞の**期日**及び**場所**

四　聴聞に関する事務を所掌する組織の名称及び所在地

2　前項の書面においては、次に掲げる事項を教示しなければならない。

一　聴聞の期日に**出頭**して**意見**を述べ、及び**証拠書類**又は証拠物【1】を提出し、又は聴聞の期日への出頭に代えて**陳述書**及び証拠書類等を提出することができること。

二　聴聞が終結する時までの間、当該不利益処分の原因となる事実を証する**資料の閲覧**を求めることができること。

【1】　以下「**証拠書類等**」という。

3　行政庁は、不利益処分の名宛人となるべき者の**所在が判明しない場合**においては、第1項の規定による通知を、公示の方法によって行うことができる。

4　前項の**公示の方法による通知**は、不利益処分の名宛人となるべき者の氏名、第1項第3号及び第4号に掲げる事項並びに当該行政庁が同項各号に掲げる事項を記載した書面をいつでもその者に交付する旨【1】を総務省令で定める方法により**不特定多数の者が閲覧**することができる状態に置くとともに、公示事項が記載された書面を当該行政庁の**事務所の掲示場に掲示**し、又は公示事項を当該事務所に設置した**電子計算機の映像面に表示したものの閲覧**をすることができる状態に置く措置をとることによって行うものとする。この場合においては、当該措置を開始した日から2週間を経過したときに、当該通知がその者に到達したものとみなす。

(代理人)

第16条　前条第1項の通知を受けた者【2】は、代理人を選任することができる。

2　代理人は、各自、当事者のために、**聴聞に関する一切の行為**をすることができる。

3　代理人の資格は、書面で証明しなければならない。

4　代理人がその資格を失ったときは、当該代理人を選任した当事者は、書面でその旨を行政庁に届け出なければならない。

【1】　以下この項において「公示事項」という。
【2】　同条第4項後段の規定により当該通知が到達したものとみなされる者を含む。以下「当事者」という。

(参加人)

第17条　第19条の規定により**聴聞を主宰する者**【3】は、必要があると認めるときは、当事者以外の者であって当該不利益処分の根拠となる法令に照らし当該不利益処分につき**利害関係**を有するものと認められる者【4】に対し、当該聴聞に関する手続に参加することを求め、又は当該聴聞に関する手続に参加することを許可することができる。

2　前項の規定により当該聴聞に関する手続に参加する者【5】は、代理人を選任することができる。

3　前条第2項から第4項までの規定は、前項の代理人について準用する。この場合において、同条第2項及び第4項中「当事者」とあるのは、「参加人」と読み替えるものとする。

(文書等の閲覧)

第18条　**当事者**及び当該不利益処分がされた場合に自己の利益を害されることとなる**参加人**【6】は、聴聞の**通知**があった時から聴聞が**終結**する時までの間、行政庁に対し、当該事案についてした調査の結果に係る**調書**その他の当該不利益処分の原因となる事実を証する資料の閲覧を求めることができる。この場合において、行政庁は、第三者の利益を害するおそれがあるときその他**正当な理由**があるときでなければ、その閲覧を拒むことができない。

2　前項の規定は、当事者等が聴聞の期日における**審理の進行に応じて必要となった資料**の閲覧を更に求めることを妨げない。

【3】　以下「主宰者」という。
【4】　同条第2項第6号において「関係人」という。
【5】　以下「参加人」という。
【6】　以下この条及び第24条第3項において「当事者等」という。

3　行政庁は、前2項の閲覧について日時及び場所を指定することができる。

（聴聞の主宰）

第19条　聴聞は、**行政庁が指名する職員**その他政令で定める者が主宰する。

2　次の各号のいずれかに該当する者は、聴聞を主宰することができない。
　一　当該聴聞の当事者又は参加人
　二　前号に規定する者の配偶者、4親等内の親族又は同居の親族
　三　第1号に規定する者の代理人又は次条第3項に規定する補佐人
　四　前3号に規定する者であった者
　五　第1号に規定する者の後見人、後見監督人、保佐人、保佐監督人、補助人又は補助監督人
　六　参加人以外の関係人

（聴聞の期日における審理の方式）

第20条　主宰者は、最初の聴聞の期日の冒頭において、**行政庁の職員**に、予定される不利益処分の**内容**及び根拠となる法令の条項並びにその原因となる**事実**を聴聞の期日に出頭した者に対し説明させなければならない。

2　**当事者**又は**参加人**は、聴聞の期日に出頭して、意見を述べ、及び証拠書類等を提出し、並びに主宰者の許可を得て行政庁の職員に対し質問を発することができる。

3　前項の場合において、当事者又は参加人は、**主宰者の許可**を得て、補佐人とともに出頭することができる。

4　**主宰者**は、聴聞の期日において必要があると認めるときは、当事者若しくは参加人に対し質問を発し、意見の陳述若しくは証拠書類等の提出を促し、又は行政庁の職員に対し説明を求めることができる。

5　主宰者は、当事者又は参加人の一部が出頭しないときであっても、聴聞の期日における審理を行うことができる。

6　聴聞の期日における**審理**は、行政庁が公開することを相当と認めるときを除き、公開しない。

（陳述書等の提出）

第21条　当事者又は参加人は、聴聞の期日への**出頭に代えて**、主宰者に対し、聴聞の期日までに**陳述書**及び証拠書類等を提出することができる。

2　主宰者は、聴聞の期日に出頭した者に対し、その求めに応じて、前項の陳述書及び証拠書類等を示すことができる。

（続行期日の指定）

第22条　主宰者は、聴聞の期日における審理の結果、なお**聴聞を続行**する必要があると認めるときは、さらに新たな期日を定めることができる。

2　前項の場合においては、当事者及び参加人に対し、あらかじめ、次回の聴聞の期日及び場所を書面により通知しなければならない。ただし、聴聞の期日に出頭した当事者及び参加人に対しては、当該聴聞の期日においてこれを告知すれば足りる。

3　第15条第3項及び第4項の規定は、前項本文の場合において、当事者又は参加人の所在が判明しないときにおける通知の方法について準用する。この場合において、同条第3項及び第4項中「不利益処分の名宛人となるべき者」とあるのは「当事者又は参加人」と、同項中「とき」とあるのは「とき（同一の当事者又は参加人に対する2回目以降の通知にあっては、当該措置を開始した日の翌日）」と読み替えるものとする。

（当事者の不出頭等の場合における聴聞の終結）

第23条　主宰者は、当事者の全部若しくは一部が**正当な理由なく**聴聞の

期日に出頭せず、かつ、第21条第1項に規定する陳述書若しくは証拠書類等を提出しない場合、又は参加人の全部若しくは一部が聴聞の期日に出頭しない場合には、これらの者に対し改めて意見を述べ、及び証拠書類等を提出する機会を与えることなく、聴聞を終結することができる。

2　主宰者は、前項に規定する場合のほか、当事者の全部又は一部が聴聞の期日に出頭せず、かつ、第21条第1項に規定する陳述書又は証拠書類等を提出しない場合において、これらの者の聴聞の期日への出頭が相当期間引き続き見込めないときは、これらの者に対し、期限を定めて陳述書及び証拠書類等の提出を求め、当該期限が到来したときに聴聞を終結することとすることができる。

（聴聞調書及び報告書）

第24条　主宰者は、聴聞の審理の経過を記載した調書を作成し、当該調書において、不利益処分の原因となる事実に対する当事者及び参加人の陳述の要旨を明らかにしておかなければならない。

2　前項の調書は、聴聞の期日における審理が行われた場合には**各期日ごとに**、当該審理が行われなかった場合には**聴聞の終結後速やかに**作成しなければならない。

3　主宰者は、聴聞の終結後速やかに、不利益処分の原因となる事実に対する**当事者等の主張に理由があるか**どうかについての意見を記載した報告書を作成し、第1項の調書とともに**行政庁に提出**しなければならない。

4　当事者又は参加人は、第1項の調書及び前項の報告書の閲覧を求めることができる。

（聴聞の再開）

第25条　行政庁は、聴聞の終結後に生じた事情にかんがみ必要があると認めるときは、主宰者に対し、前条第3項の規定により提出された報告書を返戻（へんれい）して聴聞の再開を命ずることができる。第22条第2項本文及び第3項の規定は、この場合について準用する。

（聴聞を経てされる不利益処分の決定）

第26条　行政庁は、不利益処分の決定をするときは、第24条第1項の**調書の内容**及び同条第3項の報告書に記載された**主宰者の意見**を十分に参酌してこれをしなければならない。

（審査請求の制限）

第27条　**この節の規定に基づく処分又はその不作為**については、審査請求をすることができない。

（役員等の解任等を命ずる不利益処分をしようとする場合の聴聞等の特例）

第28条　第13条第1項第1号ハに該当する不利益処分に係る聴聞において第15条第1項の通知があった場合におけるこの節の規定の適用については、名あて人である法人の役員、名あて人の業務に従事する者又は名あて人の会員である者【1】は、同項の通知を受けた者とみなす。

2　前項の不利益処分のうち名あて人である法人の役員又は名あて人の業務に従事する者【2】の解任を命ずるものに係る聴聞が行われた場合においては、当該処分にその名あて人が従わないことを理由として法令の規定によりされる当該役員等を解任する不利益処分については、第13条第1項の規定にかかわらず、行政庁は、当該役員等について聴聞を行うことを要しない。

【1】　当該処分において解任し又は除名すべきこととされている者に限る。

【2】　以下この項において「役員等」という。

第3節　弁明の機会の付与

（弁明の機会の付与の方式）

第29条　弁明は、行政庁が口頭ですることを認めたときを除き、弁明を記載した書面【1】を提出してするものとする。

2　弁明をするときは、証拠書類等を提出することができる。

（弁明の機会の付与の通知の方式）

第30条　行政庁は、弁明書の提出期限【2】までに相当な期間をおいて、不利益処分の名あて人となるべき者に対し、次に掲げる事項を書面により通知しなければならない。

一　予定される不利益処分の内容及び根拠となる法令の条項

二　不利益処分の原因となる事実

三　弁明書の提出先及び提出期限【3】

（聴聞に関する手続の準用）

第31条　第15条第3項及び第4項並びに第16条の規定は、弁明の機会の付与について準用する。この場合において、第15条第3項中「第1項」とあるのは「第30条」と、同条第4項中「第1項第3号及び第4号」とあるのは「第30条第3号」と、第16条第1項中「前条第1項」とあるのは「第30条」と、「同条第4項後段」とあるのは「第31条において準用する第15条第4項後段」と読み替えるものとする。

第4章　行政指導

（行政指導の一般原則）

第32条　行政指導にあっては、行政指導に携わる者は、いやしくも当該行政機関の任務又は所掌事務の範囲を逸脱してはならないこと及び行政指導の内容があくまでも相手方の任意の協力によってのみ実現されるものであることに留意しなければならない。

2　行政指導に携わる者は、その相手方が行政指導に従わなかったことを理由として、不利益な取扱いをしてはならない。

（申請に関連する行政指導）

第33条　申請の取下げ又は内容の変更を求める行政指導にあっては、行政指導に携わる者は、申請者が当該行政指導に従う意思がない旨を表明したにもかかわらず当該行政指導を継続すること等により当該申請者の権利の行使を妨げるようなことをしてはならない。

（許認可等の権限に関連する行政指導）

第34条　許認可等をする権限又は許認可等に基づく処分をする権限を有する行政機関が、当該権限を行使することができない場合又は行使する意思がない場合においてする行政指導にあっては、行政指導に携わる者は、当該権限を行使し得る旨を殊更（ことさら）に示すことにより相手方に当該行政指導に従うことを余儀なくさせるようなことをしてはならない。

（行政指導の方式）

第35条　行政指導に携わる者は、その相手方に対して、当該行政指導の趣旨及び内容並びに責任者を明確に示さなければならない。

2　行政指導に携わる者は、当該行政指導をする際に、行政機関が許認可等をする権限又は許認可等に基づく処分をする権限を行使し得る旨を示すときは、その相手方に対して、次に掲げる事項を示さなければならない。

【1】　以下「弁明書」という。
【2】　口頭による弁明の機会の付与を行う場合には、その日時
【3】　口頭による弁明の機会の付与を行う場合には、その旨並びに出頭すべき日時及び場所

一　当該権限を行使し得る**根拠となる法令**の条項
二　前号の条項に規定する要件
三　当該権限の行使が前号の要件に適合する理由

3　行政指導が口頭でされた場合において、その相手方から前２項に規定する事項を記載した**書面の交付を求められた**ときは、当該行政指導に携わる者は、行政上特別の支障がない限り、これを交付しなければならない。

4　前項の規定は、次に掲げる行政指導については、適用しない。
一　相手方に対しその場において完了する行為を求めるもの
二　既に文書【1】又は電磁的記録【2】によりその相手方に通知されている事項と同一の内容を求めるもの

（複数の者を対象とする行政指導）

第36条　同一の行政目的を実現するため一定の条件に該当する**複数の者**に対し行政指導をしようとするときは、行政機関は、あらかじめ、事案に応じ、行政指導指針を定め、かつ、行政上特別の支障がない限り、これを公表しなければならない。

（行政指導の中止等の求め）

第36条の2　法令に違反する行為の是正を求める行政指導【3】の相手方は、当該行政指導が当該法律に規定する**要件に適合しない**と思料するときは、当該行政指導をした行政機関に対し、その旨を申し出て、当該行政指導の中止その他必要な措置をとることを求めることができる。ただし、当該行政指導がその相手方について弁明その他**意見陳述のための手続**を経てされたものであるときは、この限りでない。

2　前項の申出は、次に掲げる事項を記載した**申出書**を提出してしなければならない。
一　申出をする者の氏名又は名称及び住所又は居所
二　当該行政指導の内容
三　当該行政指導がその根拠とする法律の条項
四　前号の条項に規定する要件
五　当該行政指導が前号の要件に適合しないと思料する理由
六　その他参考となる事項

3　当該行政機関は、第１項の規定による申出があったときは、必要な調査を行い、当該行政指導が当該法律に規定する要件に適合しないと認めるときは、当該行政指導の中止その他必要な措置をとらなければならない。

第4章の2　処分等の求め

第36条の3　何人(なんぴと)も、法令に違反する事実がある場合において、その是正のためにされるべき**処分又は行政指導**【4】**がされていない**と思料するときは、当該処分をする権限を有する行政庁又は当該行政指導をする権限を有する行政機関に対し、その旨を申し出て、当該処分又は行政指導をすることを求めることができる。

2　前項の申出は、次に掲げる事項を記載した**申出書**を提出してしなければならない。
一　申出をする者の氏名又は名称及び住所又は居所

【1】　前項の書面を含む。
【2】　電子的方式、磁気的方式その他人の知覚によっては認識することができない方式で作られる記録であって、電子計算機による情報処理の用に供されるものをいう。
【3】　その根拠となる規定が法律に置かれているものに限る。
【4】　その根拠となる規定が法律に置かれているものに限る。

二　法令に違反する事実の内容
三　当該処分又は行政指導の内容
四　当該処分又は行政指導の根拠となる法令の条項
五　当該処分又は行政指導がされるべきであると思料する理由
六　その他参考となる事項

3　当該行政庁又は行政機関は、第1項の規定による申出があったときは、必要な調査を行い、その結果に基づき必要があると認めるときは、当該処分又は行政指導をしなければならない。

第5章　届出

（届出）

第37条　届出が届出書の記載事項に不備がないこと、届出書に必要な書類が添付されていることその他の法令に定められた**届出の形式上の要件に適合**している場合は、当該届出が法令により当該届出の提出先とされている機関の事務所に到達したときに、当該届出をすべき手続上の義務が履行されたものとする。

第6章　意見公募手続等

（命令等を定める場合の一般原則）

第38条　命令等を定める機関【1】は、**命令等**を定めるに当たっては、当該命令等がこれを定める根拠となる法令の趣旨に適合するものとなるようにしなければならない。

2　命令等制定機関は、命令等を定めた後においても、当該命令等の規定の**実施状況、社会経済情勢の変化**等を勘案し、必要に応じ、当該命令等の内容について検討を加え、その適正を確保するよう努めなければならない。

（意見公募手続）

第39条　命令等制定機関は、**命令等**を定めようとする場合には、当該命令等の案【2】及びこれに関連する資料をあらかじめ**公示**し、意見【3】の提出先及び意見の提出のための期間【4】を定めて広く一般の意見を求めなければならない。

2　前項の規定により公示する命令等の案は、具体的かつ明確な内容のものであって、かつ、当該命令等の題名及び当該命令等を定める根拠となる法令の条項が明示されたものでなければならない。

3　第1項の規定により定める**意見提出期間**は、同項の公示の日から起算して30日以上でなければならない。

4　次の各号のいずれかに該当するときは、**第1項の規定**は、適用しない。

一　公益上、**緊急**に命令等を定める必要があるため、第1項の規定による手続【5】を実施することが困難であるとき。
二　納付すべき金銭について定める法律の制定又は改正により必要となる当該金銭の額の算定の基礎となるべき金額及び率並びに算定方法についての命令等その他当該**法律の施行に関し必要な事項**を定める命令等を定めようとするとき。
三　予算の定めるところにより金銭の給付決定を行うために必要となる当該金銭の額の算定の基礎となるべき金額及び率並びに算定方法その他の事項を定める命令等を定

【1】　閣議の決定により命令等が定められる場合にあっては、当該命令等の立案をする各大臣。以下「**命令等制定機関**」という。
【2】　命令等で定めようとする内容を示すものをいう。以下同じ。
【3】　情報を含む。以下同じ。
【4】　以下「**意見提出期間**」という。
【5】　以下「**意見公募手続**」という。

めようとするとき。

四　法律の規定により、内閣府設置法第49条第1項若しくは第2項若しくは国家行政組織法第3条第2項に規定する委員会又は内閣府設置法第37条若しくは第54条若しくは国家行政組織法第8条に規定する機関【1】の議を経て定めることとされている命令等であって、相反する利害を有する者の間の利害の調整を目的として、法律又は政令の規定により、これらの者及び公益をそれぞれ代表する委員をもって組織される委員会等において審議を行うこととされているものとして政令で定める命令等を定めようとするとき。

五　他の行政機関が**意見公募手続を実施**して定めた命令等と実質的に同一の命令等を定めようとするとき。

六　法律の規定に基づき法令の規定の適用又は準用について必要な技術的読替えを定める命令等を定めようとするとき。

七　命令等を定める根拠となる法令の規定の削除に伴い当然必要とされる当該命令等の廃止をしようとするとき。

八　他の法令の制定又は改廃に伴い当然必要とされる規定の整理その他の意見公募手続を実施することを要しない軽微な変更として政令で定めるものを内容とする命令等を定めようとするとき。

（意見公募手続の特例）

第40条　命令等制定機関は、命令等を定めようとする場合において、30日以上の意見提出期間を定めることができない**やむを得ない理由**があるときは、前条第3項の規定にかかわらず、30日を下回る意見提出期間を定めることができる。この場合においては、当該命令等の案の公示の際その理由を明らかにしなければならない。

2　命令等制定機関は、**委員会等の議**を経て命令等を定めようとする場合【2】において、当該委員会等が**意見公募手続に準じた手続**を実施したときは、同条第1項の規定にかかわらず、自ら意見公募手続を実施することを要しない。

（意見公募手続の周知等）

第41条　命令等制定機関は、**意見公募手続を実施**して命令等を定めるに当たっては、必要に応じ、当該意見公募手続の実施について周知するよう努めるとともに、当該意見公募手続の実施に関連する情報の提供に努めるものとする。

（提出意見の考慮）

第42条　命令等制定機関は、意見公募手続を実施して命令等を定める場合には、意見提出期間内に当該命令等制定機関に対し提出された当該命令等の案についての意見【3】を十分に考慮しなければならない。

（結果の公示等）

第43条　命令等制定機関は、**意見公募手続を実施**して命令等を定めた場合には、当該命令等の公布【4】と同時期に、次に掲げる事項を公示しなければならない。

一　命令等の題名

二　命令等の案の公示の日

三　提出意見【5】

【1】　以下「委員会等」という。

【2】　前条第4項第4号に該当する場合を除く。

【3】　以下「提出意見」という。

【4】　公布をしないものにあっては、公にする行為。第5項において同じ。

【5】　提出意見がなかった場合にあっては、その旨

四　提出意見を考慮した結果【1】及びその理由

2　命令等制定機関は、前項の規定にかかわらず、必要に応じ、同項第3号の提出意見に代えて、当該提出意見を整理又は要約したものを公示することができる。この場合においては、当該公示の後遅滞なく、当該提出意見を当該命令等制定機関の事務所における備付けその他の適当な方法により公にしなければならない。

3　命令等制定機関は、前2項の規定により提出意見を公示し又は公にすることにより第三者の利益を害するおそれがあるとき、その他正当な理由があるときは、当該提出意見の全部又は一部を除くことができる。

4　命令等制定機関は、意見公募手続を実施したにもかかわらず命令等を定めないこととした場合には、その旨【2】並びに第1項第1号及び第2号に掲げる事項を速やかに公示しなければならない。

5　命令等制定機関は、第39条第4項各号のいずれかに該当することにより意見公募手続を実施しないで命令等を定めた場合には、当該命令等の公布と同時期に、次に掲げる事項を公示しなければならない。ただし、第1号に掲げる事項のうち命令等の趣旨については、同項第1号から第4号までのいずれかに該当することにより意見公募手続を実施しなかった場合において、当該命令等自体から明らかでないときに限る。

一　命令等の題名及び趣旨

二　意見公募手続を実施しなかった旨及びその理由

（準用）

第44条　第42条の規定は第40条第2項に該当することにより命令等制定機関が自ら意見公募手続を実施しないで命令等を定める場合について、前条第1項から第3項までの規定は第40条第2項に該当することにより命令等制定機関が自ら意見公募手続を実施しないで命令等を定めた場合について、前条第4項の規定は第40条第2項に該当することにより命令等制定機関が自ら意見公募手続を実施しないで命令等を定めないこととした場合について準用する。この場合において、第42条中「当該命令等制定機関」とあるのは「委員会等」と、前条第1項第2号中「命令等の案の公示の日」とあるのは「委員会等が命令等の案について公示に準じた手続を実施した日」と、同項第4号中「意見公募手続を実施した」とあるのは「委員会等が意見公募手続に準じた手続を実施した」と読み替えるものとする。

（公示の方法）

第45条　第39条第1項並びに第43条第1項【3】、第4項【4】及び第5項の規定による公示は、電子情報処理組織を使用する方法その他の情報通信の技術を利用する方法により行うものとする。

2　前項の公示に関し必要な事項は、総務大臣が定める。

第7章　補則

（地方公共団体の措置）

第46条　地方公共団体は、第3条第3項において第2章から前章までの

【1】　意見公募手続を実施した命令等の案と定めた命令等との差異を含む。

【2】　別の命令等の案について改めて意見公募手続を実施しようとする場合にあっては、その旨を含む。

【3】　前条において読み替えて準用する場合を含む。

【4】　前条において準用する場合を含む。

規定を適用しないこととされた**処分**、**行政指導**及び**届出**並びに**命令等**を定める行為に関する手続について、この法律の規定の趣旨にのっとり、行政運営における公正の確保と透明性の向上を図るため必要な措置を講ずるよう努めなければならない。

国家賠償法

法律番号：昭和 22 年法律第 125 号

[公務員の不法行為と賠償責任、求償権]

第1条 国又は公共団体の**公権力の行使**に当る公務員が、その**職務を行うについて**、故意又は過失によつて違法に他人に**損害**を加えたときは、国又は公共団体が、これを賠償する責に任ずる。

② 前項の場合において、公務員に**故意又は重大な過失**があつたときは、国又は公共団体は、その公務員に対して求償権を有する。

[営造物の設置管理の瑕疵と賠償責任、求償権]

第2条 道路、河川その他の**公の営造物**の設置又は管理に**瑕疵**があつたために他人に損害を生じたときは、国又は公共団体は、これを**賠償**する責に任ずる。

② 前項の場合において、他に損害の**原因について責**に任ずべき者があるときは、国又は公共団体は、これに対して求償権を有する。

[賠償責任者、求償権]

第3条 前 2 条の規定によつて**国又は公共団体が損害を賠償**する責に任ずる場合において、公務員の選任若しくは監督又は公の営造物の設置若しくは管理に当る者と公務員の俸給、給与その他の費用又は公の営造物の設置若しくは管理の費用を負担する者とが異なるときは、**費用を負担する者**もまた、その損害を賠償する責に任ずる。

② 前項の場合において、損害を賠償した者は、内部関係でその損害を**賠償する責任ある者**に対して求償権を有する。

[民法の適用]

第4条 国又は公共団体の損害賠償の責任については、前 3 条の規定によるの外、民法の規定による。

[他の法律の適用]

第5条 国又は公共団体の損害賠償の責任について民法以外の他の法律に**別段の定**があるときは、その定めるところによる。

[相互保証]

第6条 この法律は、外国人が被害者である場合には、**相互の保証**があるときに限り、これを適用する。

行政不服審査法

法律番号：平成 26 年法律第 68 号
最終改正：令和 5 年法律第 63 号

目次

第 1 章　総則

（目的等）

第 1 条　この法律は、行政庁の**違法**又は**不当**な処分その他公権力の行使に当たる行為に関し、国民が簡易迅速かつ公正な手続の下で広く行政庁に対する不服申立てをすることができるための制度を定めることにより、国民の権利利益の救済を図るとともに、行政の適正な運営を確保することを目的とする。

2　行政庁の処分その他公権力の行使に当たる行為【1】に関する不服申立てについては、**他の法律に特別の定め**がある場合を除くほか、この法律の定めるところによる。

（処分についての審査請求）

第 2 条　行政庁の処分に不服がある者は、第 4 条及び第 5 条第 2 項の定めるところにより、審査請求をすることができる。

【1】 以下単に「**処分**」という。

（不作為についての審査請求）

第 3 条　法令に基づき行政庁に対して処分についての申請をした者は、当該申請から相当の期間が経過したにもかかわらず、行政庁の不作為【2】がある場合には、次条の定めるところにより、当該不作為についての審査請求をすることができる。

（審査請求をすべき行政庁）

第 4 条　審査請求は、法律【3】に特別の定めがある場合を除くほか、次の各号に掲げる場合の区分に応じ、当該各号に定める行政庁に対してするものとする。

一　処分庁等【4】に**上級行政庁がない**場合又は処分庁等が**主任の大臣**若しくは**宮内庁長官**若しくは内閣府設置法（平成 11 年法律第 89 号）第 49 条第 1 項若しくは第 2 項若しくは国家行政組織法（昭和 23 年法律第 120 号）第 3 条第 2 項に規定する庁の 1 である場合　当該処分庁等

二　**宮内庁長官**又は内閣府設置法第 49 条第 1 項若しくは第 2 項若しくは国家行政組織法第 3 条第 2 項に規定する庁の**長が処分庁等の上**

【2】 法令に基づく申請に対して何らの処分をもしないことをいう。以下同じ。
【3】 条例に基づく処分については、条例
【4】 処分をした行政庁（以下「**処分庁**」という。）又は不作為に係る行政庁（以下「**不作為庁**」という。）をいう。以下同じ。

級行政庁である場合　宮内庁長官又は当該庁の長
三　主任の大臣が処分庁等の上級行政庁である場合【1】　当該主任の大臣
四　前3号に掲げる場合以外の場合　当該処分庁等の最上級行政庁

（再調査の請求）
第5条　行政庁の処分につき処分庁以外の行政庁に対して審査請求をすることができる場合において、**法律に再調査の請求をすることができる旨の定め**があるときは、当該処分に不服がある者は、処分庁に対して再調査の請求をすることができる。ただし、当該処分について第2条の規定により審査請求をしたときは、この限りでない。
2　前項本文の規定により再調査の請求をしたときは、当該再調査の請求についての決定を経た後でなければ、**審査請求**をすることができない。ただし、次の各号のいずれかに該当する場合は、この限りでない。
一　当該処分につき再調査の請求をした日【2】の翌日から起算して3月を経過しても、処分庁が当該再調査の請求につき決定をしない場合
二　その他再調査の請求についての決定を経ないことにつき正当な理由がある場合

（再審査請求）
第6条　行政庁の処分につき**法律に再審査請求をすることができる旨の定め**がある場合には、当該処分についての審査請求の裁決に不服がある者は、再審査請求をすることができる。
2　再審査請求は、**原裁決**【3】又は**当該処分**【4】を対象として、前項の法律に定める行政庁に対してするものとする。

（適用除外）
第7条　次に掲げる処分及びその不作為については、第2条及び第3条の規定は、適用しない。
一　国会の両院若しくは一院又は議会の議決によってされる処分
二　裁判所若しくは裁判官の裁判により、又は裁判の執行としてされる処分
三　国会の両院若しくは一院若しくは議会の議決を経て、又はこれらの同意若しくは承認を得た上でされるべきものとされている処分
四　検査官会議で決すべきものとされている処分
五　当事者間の法律関係を確認し、又は形成する処分で、法令の規定により当該処分に関する訴えにおいてその法律関係の当事者の一方を被告とすべきものと定められているもの
六　刑事事件に関する法令に基づいて検察官、検察事務官又は司法警察職員がする処分
七　国税又は地方税の犯則事件に関する法令【5】に基づいて国税庁長官、国税局長、税務署長、国税庁、国税局若しくは税務署の当該職員、税関長、税関職員又は徴税吏員【6】がする処分及び金融商品取引の犯

【1】　前2号に掲げる場合を除く。
【2】　第61条において読み替えて準用する第23条の規定により不備を補正すべきことを命じられた場合にあっては、当該不備を補正した日
【3】　再審査請求をすることができる処分についての審査請求の裁決をいう。以下同じ。
【4】　以下「原裁決等」という。
【5】　他の法令において準用する場合を含む。
【6】　他の法令の規定に基づいてこれらの職員の職務を行う者を含む。

則事件に関する法令【1】に基づいて証券取引等監視委員会、その職員【2】、財務局長又は財務支局長がする処分

八　学校、講習所、訓練所又は研修所において、教育、講習、訓練又は研修の目的を達成するために、学生、生徒、児童若しくは幼児若しくはこれらの保護者、講習生、訓練生又は研修生に対してされる処分

九　刑務所、少年刑務所、拘置所、留置施設、海上保安留置施設、少年院又は少年鑑別所において、収容の目的を達成するためにされる処分

十　外国人の出入国又は帰化に関する処分

十一　専ら人の学識技能に関する試験又は検定の結果についての処分

十二　この法律に基づく処分【3】

2　国の機関又は地方公共団体その他の公共団体若しくはその機関に対する処分で、これらの機関又は団体がその**固有の資格**において当該処分の相手方となるもの及びその不作為については、この法律の規定は、適用しない。

（特別の不服申立ての制度）

第8条　前条の規定は、同条の規定により**審査請求をすることができない処分**又は**不作為**につき、別に法令で当該処分又は不作為の性質に応じた不服申立ての制度を設けることを妨げない。

【1】　他の法令において準用する場合を含む。

【2】　当該法令においてその職員とみなされる者を含む。

【3】　第5章第1節第1款の規定に基づく処分を除く。

第2章　審査請求

第1節　審査庁及び審理関係人

（審理員）

第9条　第4条又は他の法律若しくは条例の規定により審査請求がされた行政庁【4】は、審査庁に所属する職員【5】のうちから第3節に規定する審理手続【6】を行う者を**指名**するとともに、その旨を審査請求人及び処分庁等【7】に**通知**しなければならない。ただし、次の各号の**いずれかに掲げる機関が審査庁**である場合若しくは条例に基づく処分について**条例に特別の定めがある場合**又は第24条の規定により**当該審査請求を却下**する場合は、この限りでない。

一　内閣府設置法第49条第1項若しくは第2項又は国家行政組織法第3条第2項に規定する委員会

二　内閣府設置法第37条若しくは第54条又は国家行政組織法第8条に規定する機関

三　地方自治法（昭和22年法律第67号）第138条の4第1項に規定する委員会若しくは委員又は同条第3項に規定する機関

2　審査庁が前項の規定により指名する者は、次に掲げる者以外の者でなければならない。

一　審査請求に係る処分若しくは当該処分に係る再調査の請求についての決定に関与した者又は審査請求に係る不作為に係る処分に関与し、若しくは関与することとなる

【4】　第14条の規定により引継ぎを受けた行政庁を含む。以下「**審査庁**」という。

【5】　第17条に規定する名簿を作成した場合にあっては、当該名簿に記載されている者

【6】　この節に規定する手続を含む。

【7】　審査庁以外の処分庁等に限る。

者
二　審査請求人
三　審査請求人の配偶者、4親等内の親族又は同居の親族
四　審査請求人の代理人
五　前2号に掲げる者であった者
六　審査請求人の後見人、後見監督人、保佐人、保佐監督人、補助人又は補助監督人
七　第13条第1項に規定する利害関係人

3　審査庁が第1項各号に掲げる機関である場合又は同項ただし書の特別の定めがある場合においては、別表第1の上欄に掲げる規定の適用については、これらの規定中同表の中欄に掲げる字句は、それぞれ同表の下欄に掲げる字句に読み替えるものとし、第17条、第40条、第42条及び第50条第2項の規定は、適用しない。

4　前項に規定する場合において、審査庁は、必要があると認めるときは、その職員【1】に、前項において読み替えて適用する第31条第1項の規定による**審査請求人**若しくは第13条第4項に規定する**参加人の意見の陳述を聴かせ**、前項において読み替えて適用する第34条の規定による**参考人の陳述を聴かせ**、同項において読み替えて適用する第35条第1項の規定による**検証をさせ**、前項において読み替えて適用する第36条の規定による第28条に規定する**審理関係人に対する質問をさせ**、又は同項において読み替えて適用する第37条第1項若しくは第2項の規定による**意見の聴取を行わせることができる**。

【1】　第2項各号（第1項各号に掲げる機関の構成員にあっては、第1号を除く。）に掲げる者以外の者に限る。

（法人でない社団又は財団の審査請求）
第10条　法人でない社団又は財団で代表者又は管理人の定めがあるものは、その名で**審査請求**をすることができる。

（総代）
第11条　**多数人が共同**して審査請求をしようとするときは、3人を超えない総代を互選することができる。

2　共同審査請求人が総代を互選しない場合において、**必要**があると認めるときは、第9条第1項の規定により指名された者【2】は、総代の互選を命ずることができる。

3　総代は、各自、他の共同審査請求人のために、**審査請求の取下げ**を除き、当該審査請求に関する一切の行為をすることができる。

4　総代が選任されたときは、共同審査請求人は、総代を通じてのみ、前項の行為をすることができる。

5　共同審査請求人に対する**行政庁の通知**その他の行為は、2人以上の総代が選任されている場合においても、1人の総代に対してすれば足りる。

6　共同審査請求人は、**必要**があると認める場合には、総代を解任することができる。

（代理人による審査請求）
第12条　審査請求は、代理人によってすることができる。

2　前項の代理人は、各自、審査請求人のために、当該審査請求に関する一切の行為をすることができる。ただし、審査請求の取下げは、**特別の委任**を受けた場合に限り、することができる。

（参加人）
第13条　利害関係人【3】は、**審理員の**

【2】　以下「審理員」という。
【3】　審査請求人以外の者であって審査請求に係る処分又は不作為に係る処分の

許可を得て、当該審査請求に参加することができる。

2　審理員は、必要があると認める場合には、利害関係人に対し、当該審査請求に参加することを求めることができる。

3　審査請求への参加は、代理人によってすることができる。

4　前項の代理人は、各自、第1項又は第2項の規定により当該審査請求に参加する者【1】のために、当該審査請求への参加に関する一切の行為をすることができる。ただし、審査請求への参加の取下げは、特別の委任を受けた場合に限り、することができる。

（行政庁が裁決をする権限を有しなくなった場合の措置）

第14条　行政庁が審査請求がされた後法令の改廃により当該審査請求につき裁決をする権限を有しなくなったときは、当該行政庁は、第19条に規定する審査請求書又は第21条第2項に規定する審査請求録取書及び関係書類その他の物件を新たに当該審査請求につき裁決をする権限を有することとなった行政庁に引き継がなければならない。この場合において、その引継ぎを受けた行政庁は、速やかに、その旨を審査請求人及び参加人に通知しなければならない。

（審理手続の承継）

第15条　審査請求人が死亡したときは、相続人その他法令により審査請求の目的である処分に係る権利を承継した者は、審査請求人の地位を承継する。

2　審査請求人について合併又は分割【2】があったときは、合併後存続する法人その他の社団若しくは財団若しくは合併により設立された法人その他の社団若しくは財団又は分割により当該権利を承継した法人は、審査請求人の地位を承継する。

3　前2項の場合には、審査請求人の地位を承継した相続人その他の者又は法人その他の社団若しくは財団は、書面でその旨を審査庁に届け出なければならない。この場合には、届出書には、死亡若しくは分割による権利の承継又は合併の事実を証する書面を添付しなければならない。

4　第1項又は第2項の場合において、前項の規定による届出がされるまでの間において、死亡者又は合併前の法人その他の社団若しくは財団若しくは分割をした法人に宛ててされた通知が審査請求人の地位を承継した相続人その他の者又は合併後の法人その他の社団若しくは財団若しくは分割により審査請求人の地位を承継した法人に到達したときは、当該通知は、これらの者に対する通知としての効力を有する。

5　第1項の場合において、審査請求人の地位を承継した相続人その他の者が2人以上あるときは、その1人に対する通知その他の行為は、全員に対してされたものとみなす。

6　審査請求の目的である処分に係る権利を譲り受けた者は、審査庁の許可を得て、審査請求人の地位を承継することができる。

（標準審理期間）

第16条　第4条又は他の法律若しくは条例の規定により審査庁となるべき行政庁【3】は、審査請求がその事

根拠となる法令に照らし当該処分につき利害関係を有するものと認められる者をいう。以下同じ。

【1】　以下「参加人」という。

【2】　審査請求の目的である処分に係る権利を承継させるものに限る。

【3】　以下「審査庁となるべき行政庁」と

務所に**到達**してから当該審査請求に対する**裁決**をするまでに通常要すべき標準的な期間を定めるよう努めるとともに、これを定めたときは、当該審査庁となるべき行政庁及び関係処分庁【1】の事務所における備付けその他の適当な方法により公にしておかなければならない。

（審理員となるべき者の名簿）

第17条　審査庁となるべき行政庁は、審理員となるべき者の名簿を作成するよう努めるとともに、これを作成したときは、当該審査庁となるべき行政庁及び関係処分庁の事務所における備付けその他の適当な方法により公にしておかなければならない。

第2節　審査請求の手続

（審査請求期間）

第18条　処分についての審査請求は、**処分があったことを知った日の翌日**から起算して3月【2】を経過したときは、することができない。ただし、**正当な理由**があるときは、この限りでない。

2　処分についての審査請求は、**処分**【3】**があった日の翌日**から起算して1年を経過したときは、することができない。ただし、**正当な理由**があるときは、この限りでない。

3　次条に規定する審査請求書を郵便又は民間事業者による信書の送達に関する法律（平成14年法律第99号）第2条第6項に規定する一般信書便事業者若しくは同条第9項に規定する特定信書便事業者による同条第2項に規定する信書便で提出した場合における前2項に規定する期間【4】の計算については、送付に要した日数は、算入しない。

（審査請求書の提出）

第19条　審査請求は、他の法律【5】に**口頭**ですることができる旨の定めがある場合を除き、政令で定めるところにより、審査請求書を提出してしなければならない。

2　**処分**についての審査請求書には、次に掲げる事項を記載しなければならない。

一　審査請求人の氏名又は名称及び住所又は居所

二　審査請求に係る処分の内容

三　審査請求に係る処分【6】があったことを知った年月日

四　審査請求の趣旨及び理由

五　処分庁の教示の有無及びその内容

六　審査請求の年月日

3　**不作為**についての審査請求書には、次に掲げる事項を記載しなければならない。

一　審査請求人の氏名又は名称及び住所又は居所

二　当該不作為に係る処分についての申請の内容及び年月日

三　審査請求の年月日

4　審査請求人が、法人その他の社団若しくは財団である場合、総代を互選した場合又は代理人によって審査請求をする場合には、審査請求書に

いう。

【1】当該審査請求の対象となるべき処分の権限を有する行政庁であって当該審査庁となるべき行政庁以外のものをいう。次条において同じ。

【2】当該処分について再調査の請求をしたときは、当該再調査の請求についての決定があったことを知った日の翌日から起算して1月

【3】当該処分について再調査の請求をしたときは、当該再調査の請求についての決定

【4】以下「**審査請求期間**」という。

【5】条例に基づく処分については、条例

【6】当該処分について再調査の請求についての決定を経たときは、当該決定

は、第２項各号又は前項各号に掲げる事項のほか、その代表者若しくは管理人、総代又は代理人の**氏名**及び**住所**又は**居所**を記載しなければならない。

5　処分についての審査請求書には、第２項及び前項に規定する事項のほか、次の各号に掲げる場合においては、当該各号に定める事項を記載しなければならない。

一　第５条第２項第１号の規定により再調査の請求についての決定を経ないで審査請求をする場合　**再調査の請求をした年月日**

二　第５条第２項第２号の規定により再調査の請求についての決定を経ないで審査請求をする場合　**その決定を経ないことについての正当な理由**

三　審査請求期間の経過後において審査請求をする場合　**前条第１項ただし書又は第２項ただし書に規定する正当な理由**

（口頭による審査請求）

第20条　口頭で審査請求をする場合には、前条第２項から第５項までに規定する事項を陳述しなければならない。この場合において、陳述を受けた行政庁は、その陳述の内容を録取し、これを陳述人に**読み聞かせて**誤りのないことを確認しなければならない。

（処分庁等を経由する審査請求）

第21条　**審査請求をすべき行政庁**が処分庁等と異なる場合における審査請求は、処分庁等を経由してすることができる。この場合において、審査請求人は、**処分庁等に審査請求書を提出**し、又は処分庁等に対し第19条第２項から第５項までに規定する事項を**陳述**するものとする。

2　前項の場合には、処分庁等は、直ちに、審査請求書又は審査請求録取書【1】を**審査庁となるべき行政庁**に送付しなければならない。

3　第１項の場合における審査請求期間の計算については、**処分庁に審査請求書を提出**し、又は処分庁に対し当該事項を**陳述した時**に、処分についての審査請求があったものとみなす。

（誤った教示をした場合の救済）

第22条　審査請求をすることができる処分につき、処分庁が誤って**審査請求をすべき行政庁でない行政庁**を審査請求をすべき行政庁として教示した場合において、その教示された行政庁に書面で審査請求がされたときは、当該行政庁は、速やかに、審査請求書を処分庁又は審査庁となるべき行政庁に送付し、かつ、その旨を審査請求人に通知しなければならない。

2　前項の規定により**処分庁**に審査請求書が送付されたときは、処分庁は、速やかに、これを審査庁となるべき行政庁に送付し、かつ、その旨を審査請求人に通知しなければならない。

3　第１項の処分のうち、再調査の請求をすることができない処分につき、処分庁が誤って**再調査の請求をすることができる旨を教示**した場合において、当該処分庁に再調査の請求がされたときは、**処分庁**は、速やかに、再調査の請求書【2】又は再調査の請求録取書【3】を審査庁となるべき行

【1】　前条後段の規定により陳述の内容を録取した書面をいう。第29条第１項及び第55条において同じ。

【2】　第61条において読み替えて準用する第19条に規定する再調査の請求書をいう。以下この条において同じ。

【3】　第61条において準用する第20条後段の規定により陳述の内容を録取した書面をいう。以下この条において同じ。

政庁に送付し、かつ、その旨を再調査の請求人に通知しなければならない。

4　再調査の請求をすることができる処分につき、処分庁が誤って**審査請求をすることができる旨を教示しなかった場合**において、当該処分庁に再調査の請求がされた場合であって、**再調査の請求人から申立て**があったときは、処分庁は、速やかに、再調査の請求書又は再調査の請求録取書及び関係書類その他の物件を審査庁となるべき行政庁に送付しなければならない。この場合において、その送付を受けた行政庁は、速やかに、その旨を再調査の請求人及び第61条において読み替えて準用する第13条第1項又は第2項の規定により当該再調査の請求に参加する者に通知しなければならない。

5　前各項の規定により審査請求書又は再調査の請求書若しくは再調査の請求録取書が**審査庁となるべき行政庁に送付**されたときは、初めから審査庁となるべき行政庁に審査請求がされたものとみなす。

(審査請求書の補正)

第23条　審査請求書が第19条の規定に違反する場合には、審査庁は、**相当の期間**を定め、その期間内に不備を補正すべきことを命じなければならない。

(審理手続を経ないでする却下裁決)

第24条　前条の場合において、審査請求人が同条の**期間内に不備を補正しない**ときは、審査庁は、次節に規定する審理手続を経ないで、第45条第1項又は第49条第1項の規定に基づき、裁決で、当該審査請求を却下することができる。

2　審査請求が不適法であって**補正することができないことが明らかな**ときも、前項と同様とする。

(執行停止)

第25条　**審査請求**は、処分の効力、処分の執行又は手続の続行を妨げない。

2　処分庁の**上級行政庁**又は**処分庁**である審査庁は、必要があると認める場合には、審査請求人の**申立て**により又は**職権**で、処分の効力、処分の執行又は手続の続行の全部又は一部の停止その他の措置【1】をとることができる。

3　処分庁の上級行政庁又は処分庁の**いずれでもない審査庁**は、必要があると認める場合には、審査請求人の**申立て**により、処分庁の意見を聴取した上、執行停止をすることができる。ただし、処分の効力、処分の執行又は手続の続行の全部又は一部の**停止以外の措置**をとることはできない。

4　前2項の規定による審査請求人の**申立て**があった場合において、処分、処分の執行又は手続の続行により生ずる**重大な損害**を避けるために**緊急の必要**があると認めるときは、審査庁は、執行停止をしなければならない。ただし、**公共の福祉に重大な影響**を及ぼすおそれがあるとき、又は本案について**理由がない**とみえるときは、この限りでない。

5　審査庁は、前項に規定する**重大な損害**を生ずるか否かを判断するに当たっては、損害の回復の困難の程度を考慮するものとし、損害の性質及び程度並びに処分の内容及び性質をも勘案するものとする。

6　第2項から第4項までの場合において、処分の効力の停止は、処分の効力の停止以外の措置によって**目的を達する**ことができるときは、する

【1】以下「執行停止」という。

ことができない。

7　執行停止の**申立て**があったとき、又は**審理員**から第40条に規定する執行停止をすべき旨の意見書が提出されたときは、審査庁は、速やかに、執行停止をするかどうかを決定しなければならない。

(執行停止の取消し)

第26条　執行停止をした後において、執行停止が**公共の福祉に重大な影響**を及ぼすことが明らかとなったとき、その他**事情**が**変更**したときは、審査庁は、その執行停止を取り消すことができる。

(審査請求の取下げ)

第27条　審査請求人は、裁決があるまでは、いつでも審査請求を取り下げることができる。

2　審査請求の取下げは、書面でしなければならない。

第3節　審理手続

(審理手続の計画的進行)

第28条　審査請求人、参加人及び処分庁等【1】並びに審理員は、簡易迅速かつ公正な審理の実現のため、審理において、**相互に協力**するとともに、審理手続の計画的な進行を図らなければならない。

(弁明書の提出)

第29条　**審理員**は、審査庁から指名されたときは、直ちに、審査請求書又は審査請求録取書の写しを処分庁等に送付しなければならない。ただし、処分庁等が審査庁である場合には、この限りでない。

2　**審理員**は、相当の期間を定めて、処分庁等に対し、弁明書の提出を求めるものとする。

3　処分庁等は、前項の弁明書に、次の各号の区分に応じ、当該各号に定める事項を記載しなければならない。

一　処分についての審査請求に対する弁明書　**処分の内容及び理由**

二　不作為についての審査請求に対する弁明書　**処分をしていない理由並びに予定される処分の時期、内容及び理由**

4　処分庁が次に掲げる書面を保有する場合には、前項第1号に掲げる弁明書にこれを添付するものとする。

一　行政手続法(平成5年法律第88号)第24条第1項の調書及び同条第3項の**報告書**

二　行政手続法第29条第1項に規定する**弁明書**

5　**審理員**は、処分庁等から弁明書の提出があったときは、これを審査請求人及び参加人に送付しなければならない。

(反論書等の提出)

第30条　**審査請求人**は、前条第5項の規定により送付された弁明書に記載された事項に対する反論を記載した書面【2】を提出することができる。この場合において、審理員が、反論書を提出すべき相当の期間を定めたときは、その期間内にこれを提出しなければならない。

2　**参加人**は、審査請求に係る事件に関する意見を記載した書面【3】を提出することができる。この場合において、審理員が、意見書を提出すべき相当の期間を定めたときは、その期間内にこれを提出しなければならない。

3　審理員は、審査請求人から**反論書**の提出があったときはこれを参加人及び処分庁等に、参加人から**意見書**の提出があったときはこれを審査請

【1】　以下「審理関係人」という。

【2】　以下「反論書」という。

【3】　第40条及び第42条第1項を除き、以下「意見書」という。

求人及び処分庁等に、それぞれ送付しなければならない。

（口頭意見陳述）

第31条　**審査請求人**又は**参加人の申立て**があった場合には、審理員は、当該申立てをした者【1】に口頭で審査請求に係る事件に関する意見を述べる機会を与えなければならない。ただし、当該申立人の所在その他の事情により当該意見を述べる機会を与えることが**困難**であると認められる場合には、この限りでない。

2　前項本文の規定による意見の陳述【2】は、審理員が期日及び場所を指定し、全ての審理関係人を招集してさせるものとする。

3　口頭意見陳述において、**申立人**は、審理員の許可を得て、補佐人とともに出頭することができる。

4　口頭意見陳述において、**審理員**は、申立人のする陳述が**事件に関係のない事項**にわたる場合その他相当でない場合には、これを制限することができる。

5　口頭意見陳述に際し、**申立人**は、**審理員の許可**を得て、審査請求に係る事件に関し、処分庁等に対して、質問を発することができる。

（証拠書類等の提出）

第32条　**審査請求人**又は**参加人**は、証拠書類又は証拠物を提出することができる。

2　**処分庁等**は、当該処分の理由となる**事実を証する書類**その他の物件を提出することができる。

3　前2項の場合において、審理員が、証拠書類若しくは証拠物又は書類その他の物件を提出すべき**相当の期間**を定めたときは、その期間内にこれを提出しなければならない。

（物件の提出要求）

第33条　**審理員**は、審査請求人若しくは参加人の申立てにより又は職権で、書類その他の物件の所持人に対し、相当の期間を定めて、その物件の提出を求めることができる。この場合において、審理員は、その提出された物件を留め置くことができる。

（参考人の陳述及び鑑定の要求）

第34条　審理員は、審査請求人若しくは参加人の申立てにより又は職権で、適当と認める者に、参考人としてその知っている事実の陳述を求め、又は鑑定を求めることができる。

（検証）

第35条　**審理員**は、審査請求人若しくは参加人の申立てにより又は職権で、必要な場所につき、検証をすることができる。

2　審理員は、審査請求人又は参加人の申立てにより前項の検証をしようとするときは、あらかじめ、その日時及び場所を当該申立てをした者に通知し、これに立ち会う機会を与えなければならない。

（審理関係人への質問）

第36条　**審理員**は、審査請求人若しくは参加人の申立てにより又は職権で、審査請求に係る事件に関し、審理関係人に質問することができる。

（審理手続の計画的遂行）

第37条　**審理員**は、審査請求に係る事件について、審理すべき事項が**多数**であり又は錯綜（そう）しているなど事件が**複雑**であることその他の事情により、迅速かつ公正な審理を行うため、第31条から前条までに定める審理手続を計画的に遂行する必要があると認める場合には、期日及び場所を指定して、審理関係人を招集し、あらかじめ、これらの審理手続の申立

【1】　以下この条及び第41条第2項第2号において「申立人」という。
【2】　以下「口頭意見陳述」という。

てに関する意見の聴取を行うことができる。

2　**審理員**は、審理関係人が遠隔の地に居住している場合その他**相当**と認める場合には、政令で定めるところにより、審理員及び審理関係人が**音声の送受信により通話**をすることができる方法によって、前項に規定する意見の聴取を行うことができる。

3　**審理員**は、前2項の規定による意見の聴取を行ったときは、遅滞なく、第31条から前条までに定める**審理手続の期日**及び**場所**並びに第41条第1項の規定による審理手続の**終結の予定時期**を決定し、これらを審理関係人に通知するものとする。当該予定時期を変更したときも、同様とする。

（審査請求人等による提出書類等の閲覧等）

第38条　**審査請求人**又は**参加人**は、第41条第1項又は第2項の規定により**審理手続が終結するまでの間**、審理員に対し、提出書類等【1】の閲覧【2】又は当該書面若しくは当該書類の写し若しくは当該電磁的記録に記録された事項を記載した書面の交付を求めることができる。この場合において、審理員は、**第三者の利益を害するおそれ**があると認めるとき、その他**正当な理由**があるときでなければ、その閲覧又は交付を拒むことができない。

2　**審理員**は、前項の規定による閲覧をさせ、又は同項の規定による交付をしようとするときは、当該閲覧又は交付に係る提出書類等の提出人の意見を聴かなければならない。ただし、審理員が、その必要がないと認めるときは、この限りでない。

3　審理員は、第1項の規定による閲覧について、**日時**及び**場所**を指定することができる。

4　第1項の規定による交付を受ける審査請求人又は参加人は、政令で定めるところにより、実費の範囲内において政令で定める額の**手数料**を納めなければならない。

5　審理員は、経済的困難その他**特別の理由**があると認めるときは、政令で定めるところにより、前項の手数料を**減額**し、又は**免除**することができる。

6　地方公共団体【3】に所属する行政庁が審査庁である場合における前2項の規定の適用については、これらの規定中「**政令**」とあるのは、「条例」とし、国又は地方公共団体に所属しない行政庁が審査庁である場合におけるこれらの規定の適用については、これらの規定中「政令で」とあるのは、「審査庁が」とする。

（審理手続の併合又は分離）

第39条　**審理員**は、必要があると認める場合には、数個の審査請求に係る審理手続を併合し、又は併合された数個の審査請求に係る審理手続を分離することができる。

（審理員による執行停止の意見書の提出）

第40条　**審理員**は、必要があると認める場合には、審査庁に対し、**執行停止**をすべき旨の意見書を提出することができる。

【1】　第29条第4項各号に掲げる書面又は第32条第1項若しくは第2項若しくは第33条の規定により提出された書類その他の物件をいう。次項において同じ。

【2】　電磁的記録（電子的方式、磁気的方式その他人の知覚によっては認識することができない方式で作られる記録であって、電子計算機による情報処理の用に供されるものをいう。以下同じ。）にあっては、記録された事項を審査庁が定める方法により表示したものの閲覧

【3】　都道府県、市町村及び特別区並びに地方公共団体の組合に限る。以下同じ。

（審理手続の終結）

第41条 審理員は、必要な審理を終えたと認めるときは、審理手続を終結するものとする。

2 前項に定めるもののほか、審理員は、次の各号のいずれかに該当するときは、審理手続を終結することができる。

一 次のイからホまでに掲げる規定の相当の期間内に、当該イからホまでに定める物件が提出されない場合において、更に一定の期間を示して、当該物件の提出を求めたにもかかわらず、当該提出期間内に当該物件が提出されなかったとき。

イ 第29条第2項 弁明書

ロ 第30条第1項後段 反論書

ハ 第30条第2項後段 意見書

ニ 第32条第3項 証拠書類若しくは証拠物又は書類その他の物件

ホ 第33条前段 書類その他の物件

二 申立人が、正当な理由なく、口頭意見陳述に出頭しないとき。

3 審理員が前2項の規定により審理手続を終結したときは、速やかに、審理関係人に対し、審理手続を終結した旨並びに次条第1項に規定する審理員意見書及び事件記録【1】を審査庁に提出する予定時期を通知するものとする。当該予定時期を変更したときも、同様とする。

（審理員意見書）

第42条 審理員は、審理手続を終結したときは、遅滞なく、審査庁がすべき裁決に関する意見書【2】を作成しなければならない。

2 審理員は、審理員意見書を作成したときは、速やかに、これを事件記録とともに、審査庁に提出しなければならない。

第4節 行政不服審査会等への諮問

第43条 審査庁は、審理員意見書の提出を受けたときは、次の各号のいずれかに該当する場合を除き、審査庁が主任の大臣又は宮内庁長官若しくは内閣府設置法第49条第1項若しくは第2項若しくは国家行政組織法第3条第2項に規定する庁の長である場合にあっては行政不服審査会に、審査庁が地方公共団体の長【3】である場合にあっては第81条第1項又は第2項の機関に、それぞれ諮問しなければならない。

一 審査請求に係る処分をしようとするときに他の法律又は政令【4】に第9条第1項各号に掲げる機関若しくは地方公共団体の議会又はこれらの機関に類するものとして政令で定めるもの【5】の議を経るべき旨又は経ることができる旨の定めがあり、かつ、当該議を経て当該処分がされた場合

二 裁決をしようとするときに他の法律又は政令【6】に第9条第1項各号に掲げる機関若しくは地方公共団体の議会又はこれらの機関に類するものとして政令で定めるものの議を経るべき旨又は経ることができる旨の定めがあり、かつ、

【1】 審査請求書、弁明書その他審査請求に係る事件に関する書類その他の物件のうち政令で定めるものをいう。同条第2項及び第43条第2項において同じ。

【2】 以下「審理員意見書」という。

【3】 地方公共団体の組合にあっては、長、管理者又は理事会

【4】 条例に基づく処分については、条例

【5】 以下「審議会等」という。

【6】 条例に基づく処分については、条例

当該議を経て裁決をしようとする場合

三　第46条第3項又は第49条第4項の規定により審議会等の議を経て裁決をしようとする場合

四　**審査請求人**から、行政不服審査会又は第81条第1項若しくは第2項の機関【1】への諮問を希望しない旨の申出がされている場合【2】

五　審査請求が、行政不服審査会等によって、国民の権利利益及び行政の運営に対する影響の程度その他当該事件の性質を勘案して、諮問を要しないものと認められたものである場合

六　審査請求が不適法であり、却下する場合

七　第46条第1項の規定により審査請求に係る処分【3】の全部を取り消し、又は第47条第1号若しくは第2号の規定により審査請求に係る事実上の行為の全部を撤廃すべき旨を命じ、若しくは撤廃することとする場合【4】

八　第46条第2項各号又は第49条第3項各号に定める措置【5】をとることとする場合【6】

【1】以下「行政不服審査会等」という。
【2】参加人から、行政不服審査会等に諮問しないことについて反対する旨の申出がされている場合を除く。
【3】法令に基づく申請を却下し、又は棄却する処分及び事実上の行為を除く。
【4】当該処分の全部を取り消すこと又は当該事実上の行為の全部を撤廃すべき旨を命じ、若しくは撤廃することについて反対する旨の意見書が提出されている場合及び口頭意見陳述においてその旨の意見が述べられている場合を除く。
【5】法令に基づく申請の全部を認容すべき旨を命じ、又は認容するものに限る。
【6】当該申請の全部を認容することについて反対する旨の意見書が提出されている場合及び口頭意見陳述においてその旨の意見が述べられている場合を除く。

2　前項の規定による諮問は、審理員意見書及び事件記録の写しを添えてしなければならない。

3　第1項の規定により諮問をした審査庁は、**審理関係人**【7】に対し、当該諮問をした旨を通知するとともに、審理員意見書の写しを送付しなければならない。

第5節　裁決

（裁決の時期）

第44条　審査庁は、行政不服審査会等から諮問に対する**答申**を受けたとき【8】は、遅滞なく、裁決をしなければならない。

（処分についての審査請求の却下又は棄却）

第45条　処分についての審査請求が**法定の期間経過後**にされたものである場合その他不適法である場合には、審査庁は、裁決で、当該審査請求を却下する。

2　処分についての審査請求が**理由がない**場合には、審査庁は、裁決で、当該審査請求を棄却する。

3　審査請求に係る処分が違法又は不当ではあるが、これを取り消し、又は撤廃することにより**公の利益に著しい障害**を生ずる場合において、審査請求人の受ける損害の程度、その損害の賠償又は防止の程度及び方法その他一切の事情を考慮した上、処分を取り消し、又は撤廃することが**公共の福祉に適合しない**と認めるときは、審査庁は、裁決で、当該審査

【7】処分庁等が審査庁である場合にあっては、審査請求人及び参加人
【8】前条第1項の規定による諮問を要しない場合（同項第2号又は第3号に該当する場合を除く。）にあっては審理員意見書が提出されたとき、同項第2号又は第3号に該当する場合にあっては同項第2号又は第3号に規定する議を経たとき

請求を棄却することができる。この場合には、審査庁は、裁決の主文で、当該処分が**違法**又は**不当**であることを宣言しなければならない。

（処分についての審査請求の認容）

第46条　処分【1】についての審査請求が**理由がある場合**【2】には、審査庁は、裁決で、当該処分の全部若しくは一部を取り消し、又はこれを変更する。ただし、審査庁が処分庁の上級行政庁又は処分庁の**いずれでもない**場合には、当該処分を**変更**することはできない。

2　前項の規定により法令に基づく申請を却下し、又は棄却する処分の全部又は一部を取り消す場合において、次の各号に掲げる審査庁は、**当該申請に対して一定の処分をすべき**ものと認めるときは、当該各号に定める措置をとる。

一　処分庁の**上級行政庁**である審査庁　当該処分庁に対し、当該処分をすべき旨を命ずること。

二　**処分庁**である審査庁　当該処分をすること。

3　前項に規定する一定の処分に関し、第43条第1項第1号に規定する議を経るべき旨の定めがある場合において、審査庁が前項各号に定める措置をとるために必要があると認めるときは、審査庁は、当該定めに係る審議会等の議を経ることができる。

4　前項に規定する定めがある場合のほか、第2項に規定する一定の処分に関し、他の法令に関係行政機関との協議の実施その他の手続をとるべき旨の定めがある場合において、審査庁が同項各号に定める措置をとるために必要があると認めるときは、審査庁は、当該手続をとることができる。

【1】　事実上の行為を除く。以下この条及び第48条において同じ。

【2】　前条第3項の規定の適用がある場合を除く。

第47条　**事実上の行為**についての審査請求が**理由がある場合**【3】には、審査庁は、裁決で、当該事実上の行為が違法又は不当である旨を宣言するとともに、次の各号に掲げる審査庁の区分に応じ、当該各号に定める措置をとる。ただし、審査庁が処分庁の**上級行政庁以外の審査庁**である場合には、当該事実上の行為を変更すべき旨を命ずることはできない。

一　**処分庁以外**の審査庁　当該処分庁に対し、当該事実上の行為の全部若しくは一部を撤廃し、又はこれを変更すべき旨を命ずること。

二　**処分庁**である審査庁　当該事実上の行為の全部若しくは一部を撤廃し、又はこれを変更すること。

（不利益変更の禁止）

第48条　第46条第1項本文又は前条の場合において、審査庁は、審査請求人の不利益に当該処分を変更し、又は当該事実上の行為を変更すべき旨を命じ、若しくはこれを**変更することはできない**。

（不作為についての審査請求の裁決）

第49条　不作為についての審査請求が当該不作為に係る処分についての**申請から相当の期間が経過しない**でされたものである場合その他不適法である場合には、審査庁は、裁決で、当該審査請求を却下する。

2　不作為についての審査請求が**理由がない**場合には、審査庁は、裁決で、当該審査請求を棄却する。

3　不作為についての審査請求が**理由がある**場合には、審査庁は、裁決で、当該不作為が違法又は不当である旨

【3】　第45条第3項の規定の適用がある場合を除く。

を宣言する。この場合において、次の各号に掲げる審査庁は、当該申請に対して**一定の処分をすべきもの**と認めるときは、当該各号に定める措置をとる。

一　不作為庁の上級行政庁である審査庁　当該不作為庁に対し、当該処分をすべき旨を命ずること。

二　不作為庁である審査庁　当該処分をすること。

4　審査請求に係る不作為に係る処分に関し、第43条第1項第1号に規定する議を経るべき旨の定めがある場合において、審査庁が前項各号に定める措置をとるために必要があると認めるときは、審査庁は、当該定めに係る審議会等の議を経ることができる。

5　前項に規定する定めがある場合のほか、審査請求に係る不作為に係る処分に関し、他の法令に関係行政機関との協議の実施その他の手続をとるべき旨の定めがある場合において、審査庁が第3項各号に定める措置をとるために必要があると認めるときは、審査庁は、当該手続をとることができる。

（裁決の方式）

第50条　裁決は、次に掲げる事項を記載し、審査庁が記名押印した裁決書によりしなければならない。

一　主文

二　事案の概要

三　審理関係人の主張の要旨

四　理由【1】

2　第43条第1項の規定による行政不服審査会等への諮問を要しない場合には、前項の裁決書には、審理員意見書を**添付**しなければならない。

3　審査庁は、**再審査請求をすることができる裁決**をする場合には、裁決書に再審査請求をすることができる旨並びに再審査請求をすべき行政庁及び再審査請求期間【2】を記載して、これらを教示しなければならない。

（裁決の効力発生）

第51条　裁決は、**審査請求人**【3】に送達された時に、その効力を生ずる。

2　裁決の送達は、送達を受けるべき者に裁決書の謄本を送付することによってする。ただし、送達を受けるべき者の所在が知れない場合その他裁決書の謄本を送付することができない場合には、公示の方法によってすることができる。

3　公示の方法による送達は、審査庁が裁決書の**謄本を保管**し、いつでもその送達を受けるべき者に交付する旨を総務省令で定める方法により**不特定多数の者が閲覧することができる状態に置く**とともに、その旨が記載された書面を当該審査庁の事務所の**掲示場に掲示**し、又はその旨を当該事務所に設置した**電子計算機の映像面に表示したものの閲覧をすることができる状態に置く措置**をとることにより行うものとする。この場合において、当該措置を開始した日の翌日から起算して2週間を経過した時に裁決書の謄本の**送付**があったものと**みなす**。

4　審査庁は、裁決書の謄本を参加人及び処分庁等【4】に**送付**しなければならない。

【1】　第1号の主文が審理員意見書又は行政不服審査会等若しくは審議会等の答申書と異なる内容である場合には、異なることとなった理由を**含む**。

【2】　第62条に規定する期間をいう。

【3】　当該審査請求が処分の相手方以外の者のしたものである場合における第46条第1項及び第47条の規定による裁決にあっては、審査請求人及び処分の相手方

【4】　審査庁以外の処分庁等に**限る**。

（裁決の拘束力）

第52条　裁決は、**関係行政庁**を拘束する。

2　**申請に基づいてした処分**が手続の違法若しくは不当を理由として裁決で取り消され、又は**申請を却下**し、若しくは**棄却した処分**が裁決で取り消された場合には、処分庁は、裁決の趣旨に従い、改めて申請に対する処分をしなければならない。

3　法令の規定により公示された処分が裁決で取り消され、又は変更された場合には、処分庁は、当該処分が取り消され、又は変更された旨を公示しなければならない。

4　法令の規定により処分の相手方以外の利害関係人に通知された処分が裁決で取り消され、又は変更された場合には、処分庁は、その通知を受けた者【1】に、当該処分が取り消され、又は変更された旨を通知しなければならない。

（証拠書類等の返還）

第53条　審査庁は、裁決をしたときは、速やかに、第32条第1項又は第2項の規定により提出された**証拠書類**若しくは**証拠物**又は書類その他の物件及び第33条の規定による提出要求に応じて提出された書類その他の物件をその提出人に返還しなければならない。

第3章　再調査の請求

（再調査の請求期間）

第54条　再調査の請求は、処分があったことを知った日の翌日から起算して3月を経過したときは、することができない。ただし、**正当な理由**があるときは、この限りでない。

2　再調査の請求は、処分があった日の翌日から起算して1年を経過したときは、することができない。ただし、**正当な理由**があるときは、この限りでない。

（誤った教示をした場合の救済）

第55条　**再調査の請求をすることができる処分**につき、処分庁が誤って再調査の請求をすることができる旨を教示しなかった場合において、審査請求がされた場合であって、**審査請求人から申立て**があったときは、審査庁は、速やかに、審査請求書又は審査請求録取書を処分庁に送付しなければならない。ただし、審査請求人に対し**弁明書**が送付された後においては、この限りでない。

2　前項本文の規定により審査請求書又は審査請求録取書の**送付を受けた処分庁**は、速やかに、その旨を審査請求人及び参加人に通知しなければならない。

3　第1項本文の規定により審査請求書又は審査請求録取書が**処分庁に送付されたとき**は、初めから処分庁に再調査の請求がされたものとみなす。

（再調査の請求についての決定を経ずに審査請求がされた場合）

第56条　第5条第2項ただし書の規定により**審査請求**がされたときは、同項の再調査の請求は、取り下げられたものとみなす。ただし、処分庁において当該審査請求がされた日以前に**再調査の請求に係る処分**【2】を**取り消す**旨の第60条第1項の決定書の謄本を発している場合又は再調査の請求に係る**事実上の行為を撤廃**している場合は、当該審査請求【3】が取り下げられたものとみなす。

【1】　審査請求人及び参加人を除く。

【2】　事実上の行為を除く。

【3】　処分（事実上の行為を除く。）の一部を取り消す旨の第59条第1項の決定がされている場合又は事実上の行為の一部が撤廃されている場合にあっては、その部分に限る。

(3月後の教示)

第57条 処分庁は、再調査の請求がされた日【1】の翌日から起算して**3月を経過**しても当該再調査の請求が係属しているときは、遅滞なく、当該処分について直ちに審査請求をすることができる旨を書面でその再調査の請求人に教示しなければならない。

(再調査の請求の却下又は棄却の決定)

第58条 再調査の請求が**法定の期間経過後**にされたものである場合その他**不適法**である場合には、処分庁は、決定で、当該再調査の請求を却下する。

2 再調査の請求が**理由がない**場合には、処分庁は、決定で、当該再調査の請求を棄却する。

(再調査の請求の認容の決定)

第59条 **処分**【2】についての再調査の請求が**理由がある**場合には、処分庁は、決定で、当該処分の全部若しくは一部を取り消し、又はこれを変更する。

2 **事実上の行為**についての再調査の請求が**理由がある**場合には、処分庁は、決定で、当該事実上の行為が違法又は不当である旨を宣言するとともに、当該事実上の行為の全部若しくは一部を撤廃し、又はこれを変更する。

3 処分庁は、前2項の場合において、**再調査の請求人の不利益**に当該処分又は当該事実上の行為を変更することはできない。

(決定の方式)

第60条 前2条の決定は、主文及び理由を記載し、処分庁が記名押印した決定書によりしなければならない。

2 処分庁は、前項の決定書【3】に、再調査の請求に係る処分につき**審査請求をすることができる旨**【4】並びに審査請求をすべき行政庁及び審査請求期間を記載して、これらを教示しなければならない。

(審査請求に関する規定の準用)

第61条 第9条第4項、第10条から第16条まで、第18条第3項、第19条【5】、第20条、第23条、第24条、第25条【6】、第26条、第27条、第31条【7】、第32条【8】、第39条、第51条及び第53条の規定は、再調査の請求について準用する。この場合において、別表第2の上欄に掲げる規定中同表の中欄に掲げる字句は、それぞれ同表の下欄に掲げる字句に読み替えるものとする。

第4章 再審査請求

(再審査請求期間)

第62条 再審査請求は、原裁決があったことを知った日の翌日から起算して1月を経過したときは、することができない。ただし、**正当な理由**があるときは、この限りでない。

2 再審査請求は、原裁決があった日の翌日から起算して1年を経過したときは、することができない。ただし、**正当な理由**があるときは、この限りでない。

【1】 第61条において読み替えて準用する第23条の規定により不備を補正すべきことを命じた場合にあっては、当該不備が補正された日

【2】 事実上の行為を除く。

【3】 再調査の請求に係る処分の全部を取り消し、又は撤廃する決定に係るものを除く。

【4】 却下の決定である場合にあっては、当該却下の決定が違法な場合に限り審査請求をすることができる旨

【5】 第3項並びに第5項第1号及び第2号を除く。

【6】 第3項を除く。

【7】 第5項を除く。

【8】 第2項を除く。

(裁決書の送付)

第63条　第66条第1項において読み替えて準用する第11条第2項に規定する**審理員**又は第66条第1項において準用する第9条第1項各号に掲げる機関である**再審査庁**【1】は、原裁決をした行政庁に対し、原裁決に係る裁決書の送付を求めるものとする。

(再審査請求の却下又は棄却の裁決)

第64条　再審査請求が**法定の期間経過後**にされたものである場合その他**不適法**である場合には、再審査庁は、裁決で、当該再審査請求を却下する。

2　再審査請求が**理由がない**場合には、再審査庁は、裁決で、当該再審査請求を棄却する。

3　再審査請求に係る**原裁決**【2】が**違法**又は**不当**である場合において、当該審査請求に係る**処分**が違法又は不当のいずれでもないときは、再審査庁は、裁決で、当該再審査請求を棄却する。

4　前項に規定する場合のほか、再審査請求に係る原裁決等が違法又は不当ではあるが、これを取り消し、又は撤廃することにより**公の利益に著しい障害**を生ずる場合において、再審査請求人の受ける損害の程度、その損害の賠償又は防止の程度及び方法その他一切の事情を考慮した上、原裁決等を取り消し、又は撤廃することが**公共の福祉に適合しない**と認めるときは、再審査庁は、裁決で、当該再審査請求を棄却することができる。この場合には、再審査庁は、裁決の主文で、当該原裁決等が違法又は不当であることを宣言しなければならない。

(再審査請求の認容の裁決)

第65条　**原裁決等**【3】についての再審査請求が**理由がある場合**【4】には、再審査庁は、裁決で、当該原裁決等の全部又は一部を取り消す。

2　**事実上の行為**についての再審査請求が**理由がある場合**【5】には、裁決で、当該事実上の行為が違法又は不当である旨を宣言するとともに、処分庁に対し、当該事実上の行為の全部又は一部を撤廃すべき旨を命ずる。

(審査請求に関する規定の準用)

第66条　第2章【6】の規定は、再審査請求について準用する。この場合において、別表第3の上欄に掲げる規定中同表の中欄に掲げる字句は、それぞれ同表の下欄に掲げる字句に読み替えるものとする。

2　再審査庁が前項において準用する第9条第1項各号に掲げる機関である場合には、前項において準用する第17条、第40条、第42条及び第50条第2項の規定は、適用しない。

【1】　他の法律の規定により再審査請求がされた行政庁(第66条第1項において読み替えて準用する第14条の規定により引継ぎを受けた行政庁を含む。)をいう。以下同じ。

【2】　審査請求を却下し、又は棄却したものに限る。

【3】　事実上の行為を除く。

【4】　前条第3項に規定する場合及び同条第4項の規定の適用がある場合を除く。

【5】　前条第4項の規定の適用がある場合を除く。

【6】　第9条第3項、第18条(第3項を除く。)、第19条第3項並びに第5項第1号及び第2号、第22条、第25条第2項、第29条(第1項を除く。)、第30条第1項、第41条第2項第1号イ及びロ、第4節、第45条から第49条まで並びに第50条第3項を除く。

第5章　行政不服審査会等

第1節　行政不服審査会

第1款　設置及び組織

（設置）

第67条　**総務省**に、行政不服審査会【1】を置く。

2　審査会は、この法律の規定によりその権限に属させられた事項を処理する。

（組織）

第68条　審査会は、委員9人をもって組織する。

2　委員は、非常勤とする。ただし、そのうち3人以内は、常勤とすることができる。

（委員）

第69条　委員は、審査会の権限に属する事項に関し公正な判断をすることができ、かつ、法律又は行政に関して優れた識見を有する者のうちから、**両議院の同意**を得て、総務大臣が任命する。

2　委員の任期が満了し、又は欠員を生じた場合において、国会の閉会又は衆議院の解散のために**両議院の同意を得ることができない**ときは、総務大臣は、前項の規定にかかわらず、同項に定める資格を有する者のうちから、委員を任命することができる。

3　前項の場合においては、任命後最初の国会で両議院の事後の承認を得なければならない。この場合において、両議院の事後の承認が得られないときは、総務大臣は、直ちにその委員を罷免しなければならない。

4　委員の任期は、**3年**とする。ただし、補欠の委員の任期は、前任者の残任期間とする。

5　委員は、**再任**されることができる。

6　委員の任期が満了したときは、当該委員は、後任者が任命されるまで**引き続きその職務を行う**ものとする。

7　総務大臣は、委員が**心身の故障**のために職務の執行ができないと認める場合又は委員に職務上の義務違反その他委員たるに適しない**非行**があると認める場合には、両議院の同意を得て、その委員を罷免することができる。

8　委員は、職務上知ることができた秘密を漏らしてはならない。その職を退いた後も同様とする。

9　委員は、在任中、政党その他の**政治的団体の役員**となり、又は積極的に**政治運動**をしてはならない。

10　常勤の委員は、在任中、総務大臣の許可がある場合を除き、報酬を得て他の職務に従事し、又は営利事業を営み、その他**金銭上の利益**を目的とする業務を行ってはならない。

11　委員の給与は、別に法律で定める。

（会長）

第70条　審査会に、会長を置き、委員の互選により選任する。

2　会長は、会務を**総理**し、審査会を**代表**する。

3　会長に事故があるときは、あらかじめその指名する委員が、その職務を代理する。

（専門委員）

第71条　審査会に、専門の事項を調査させるため、専門委員を置くことができる。

2　専門委員は、学識経験のある者のうちから、総務大臣が任命する。

3　専門委員は、その者の任命に係る当該専門の事項に関する**調査が終了**したときは、解任されるものとする。

4　専門委員は、**非常勤**とする。

【1】以下「**審査会**」という。

（合議体）

第72条　審査会は、委員のうちから、審査会が指名する者３人をもって構成する**合議体**で、審査請求に係る事件について調査審議する。

２　前項の規定にかかわらず、**審査会が定める場合**においては、委員の全員をもって構成する合議体で、審査請求に係る事件について調査審議する。

（事務局）

第73条　審査会の事務を処理させるため、審査会に事務局を置く。

２　事務局に、事務局長のほか、所要の職員を置く。

３　事務局長は、会長の命を受けて、局務を掌理する。

第２款　審査会の調査審議の手続

（審査会の調査権限）

第74条　審査会は、必要があると認める場合には、審査請求に係る事件に関し、審査請求人、参加人又は第43条第１項の規定により審査会に諮問をした審査庁【1】に**その主張を記載した書面**【2】又は**資料の提出**を求めること、適当と認める者にその知っている事実の**陳述**又は**鑑定**を求めることその他必要な調査をすることができる。

（意見の陳述）

第75条　審査会は、**審査関係人の申立て**があった場合には、当該審査関係人に口頭で意見を述べる機会を与えなければならない。ただし、審査会が、その必要がないと認める場合には、この限りでない。

２　前項本文の場合において、**審査請求人又は参加人**は、審査会の許可を得て、補佐人とともに出頭することができる。

（主張書面等の提出）

第76条　**審査関係人**は、審査会に対し、主張書面又は資料を提出することができる。この場合において、審査会が、主張書面又は資料を提出すべき相当の期間を定めたときは、その期間内にこれを提出しなければならない。

（委員による調査手続）

第77条　審査会は、必要があると認める場合には、その指名する委員に、第74条の規定による**調査をさせ**、又は第75条第１項本文の規定による**審査関係人の意見の陳述を聴かせる**ことができる。

（提出資料の閲覧等）

第78条　**審査関係人**は、審査会に対し、審査会に提出された主張書面若しくは資料の閲覧【3】又は当該主張書面若しくは当該資料の写し若しくは当該電磁的記録に記録された事項を記載した書面の交付を求めることができる。この場合において、審査会は、**第三者の利益を害するおそれ**があると認めるとき、その他**正当な理由**があるときでなければ、その閲覧又は交付を拒むことができない。

２　審査会は、前項の規定による閲覧をさせ、又は同項の規定による交付をしようとするときは、当該閲覧又は交付に係る主張書面又は資料の提出人の意見を聴かなければならない。ただし、審査会が、その必要がないと認めるときは、この限りでない。

３　審査会は、第１項の規定による閲

【1】 以下この款において「**審査関係人**」という。

【2】 以下この款において「**主張書面**」という。

【3】 電磁的記録にあっては、記録された事項を審査会が定める方法により表示したものの閲覧

覧について、日時及び場所を指定することができる。

4　第1項の規定による交付を受ける審査請求人又は参加人は、政令で定めるところにより、実費の範囲内において政令で定める額の手数料を納めなければならない。

5　審査会は、経済的困難その他特別の理由があると認めるときは、政令で定めるところにより、前項の手数料を減額し、又は免除することができる。

（答申書の送付等）

第79条　審査会は、諮問に対する答申をしたときは、答申書の写しを審査請求人及び参加人に送付するとともに、答申の内容を公表するものとする。

第3款　雑則

（政令への委任）

第80条　この法律に定めるもののほか、審査会に関し必要な事項は、政令で定める。

第2節　地方公共団体に置かれる機関

第81条　地方公共団体に、執行機関の附属機関として、この法律の規定によりその権限に属させられた事項を処理するための機関を置く。

2　前項の規定にかかわらず、地方公共団体は、当該地方公共団体における不服申立ての状況等に鑑み同項の機関を置くことが不適当又は困難であるときは、条例で定めるところにより、事件ごとに、執行機関の附属機関として、この法律の規定によりその権限に属させられた事項を処理するための機関を置くこととすることができる。

3　前節第2款の規定は、前2項の機関について準用する。この場合において、第78条第4項及び第5項中「政令」とあるのは、「条例」と読み替えるものとする。

4　前3項に定めるもののほか、第1項又は第2項の機関の組織及び運営に関し必要な事項は、当該機関を置く地方公共団体の条例【1】で定める。

第6章　補則

（不服申立てをすべき行政庁等の教示）

第82条　行政庁は、審査請求若しくは再調査の請求又は他の法令に基づく不服申立て【2】をすることができる処分をする場合には、処分の相手方に対し、当該処分につき不服申立てをすることができる旨並びに不服申立てをすべき行政庁及び不服申立てをすることができる期間を書面で教示しなければならない。ただし、当該処分を口頭でする場合は、この限りでない。

2　行政庁は、利害関係人から、当該処分が不服申立てをすることができる処分であるかどうか並びに当該処分が不服申立てをすることができるものである場合における不服申立てをすべき行政庁及び不服申立てをすることができる期間につき教示を求められたときは、当該事項を教示しなければならない。

3　前項の場合において、教示を求めた者が書面による教示を求めたときは、当該教示は、書面でしなければならない。

（教示をしなかった場合の不服申立て）

第83条　行政庁が前条の規定による

【1】　地方自治法第252条の7第1項の規定により共同設置する機関にあっては、同項の規約

【2】　以下この条において「不服申立て」と総称する。

教示をしなかった場合には、当該処分について不服がある者は、当該処分庁に不服申立書を提出することができる。

2　第19条【1】の規定は、前項の不服申立書について準用する。

3　第1項の規定により不服申立書の提出があった場合において、当該処分が**処分庁以外の行政庁**に対し審査請求をすることができる処分であるときは、処分庁は、速やかに、当該不服申立書を当該行政庁に送付しなければならない。当該処分が他の法令に基づき、処分庁以外の行政庁に不服申立てをすることができる処分であるときも、同様とする。

4　前項の規定により**不服申立書が送付**されたときは、初めから当該行政庁に審査請求又は当該法令に基づく不服申立てがされたものとみなす。

5　第3項の場合を除くほか、第1項の規定により**不服申立書が提出**されたときは、初めから当該処分庁に審査請求又は当該法令に基づく不服申立てがされたものとみなす。

（情報の提供）

第84条　審査請求、再調査の請求若しくは再審査請求又は他の法令に基づく不服申立て【2】につき裁決、決定その他の処分【3】をする権限を有する行政庁は、**不服申立てをしようとする者**又は**不服申立てをした者**の求めに応じ、不服申立書の記載に関する事項その他の不服申立てに必要な情報の提供に努めなければならない。

（公表）

第85条　不服申立てにつき裁決等をする権限を有する行政庁は、当該行政庁がした裁決等の内容その他当該行政庁における**不服申立ての処理状況**について公表するよう努めなければならない。

（政令への委任）

第86条　この法律に定めるもののほか、この法律の実施のために必要な事項は、政令で定める。

（罰則）

第87条　第69条第8項の規定に違反して秘密を漏らした者は、1年以下の拘禁刑又は50万円以下の罰金に処する。

【1】　第5項第1号及び第2号を除く。
【2】　以下この条及び次条において「不服申立て」と総称する。
【3】　同条において「**裁決等**」という。

行政事件訴訟法

法律番号：昭和37年法律第139号
最終改正：令和5年法律第79号

目次

第1章　総則

（この法律の趣旨）

第1条　行政事件訴訟については、**他の法律に特別の定め**がある場合を除くほか、この法律の定めるところによる。

（行政事件訴訟）

第2条　この法律において「行政事件訴訟」とは、抗告訴訟、当事者訴訟、民衆訴訟及び機関訴訟をいう。

（抗告訴訟）

第3条　この法律において「抗告訴訟」とは、行政庁の**公権力の行使**に関する不服の訴訟をいう。

2　この法律において「処分の取消しの訴え」とは、行政庁の処分その他公権力の行使に当たる行為【1】の取消しを求める訴訟をいう。

3　この法律において「裁決の取消しの訴え」とは、審査請求その他の不服申立て【2】に対する行政庁の**裁決、決定**その他の行為【3】の取消しを求める訴訟をいう。

4　この法律において「無効等確認の訴え」とは、処分若しくは裁決の**存否**又はその**効力の有無**の確認を求める訴訟をいう。

5　この法律において「不作為の違法確認の訴え」とは、行政庁が法令に基づく**申請**に対し、相当の期間内に何らかの処分又は裁決をすべきであるにかかわらず、これをしないことについての違法の確認を求める訴訟をいう。

6　この法律において「義務付けの訴え」とは、次に掲げる場合において、行政庁がその**処分**又は**裁決をすべき旨**を命ずることを求める訴訟をいう。

一　行政庁が一定の**処分をすべきであるにかかわらず**これがされないとき【4】。

二　行政庁に対し一定の処分又は裁決を求める旨の法令に基づく申請又は審査請求がされた場合において、当該行政庁がその**処分又は裁決をすべきであるにかかわらず**これがされないとき。

7　この法律において「差止めの訴え」とは、行政庁が一定の処分又は裁決をすべきでないにかかわらずこれがされようとしている場合において、

【1】　次項に規定する裁決、決定その他の行為を除く。以下単に「**処分**」という。
【2】　以下単に「**審査請求**」という。
【3】　以下単に「**裁決**」という。
【4】　次号に掲げる場合を除く。

行政庁がその**処分又は裁決**をしてはならない旨を命ずることを求める訴訟をいう。

(当事者訴訟)

第4条 この法律において「当事者訴訟」とは、当事者間の法律関係を確認し又は形成する処分又は裁決に関する訴訟で法令の規定によりその法律関係の**当事者の一方を被告**とするもの及び公法上の法律関係に関する確認の訴えその他の**公法上の法律関係**に関する訴訟をいう。

(民衆訴訟)

第5条 この法律において「民衆訴訟」とは、国又は公共団体の機関の法規に適合しない**行為の是正**を求める訴訟で、選挙人たる資格その他**自己の法律上の利益**にかかわらない資格で提起するものをいう。

(機関訴訟)

第6条 この法律において「機関訴訟」とは、国又は公共団体の**機関相互間**における権限の存否又はその行使に関する紛争についての訴訟をいう。

(この法律に定めがない事項)

第7条 行政事件訴訟に関し、この法律に定めがない事項については、民事訴訟の例による。

第2章　抗告訴訟

第1節　取消訴訟

(処分の取消しの訴えと審査請求との関係)

第8条 **処分の取消しの訴え**は、当該処分につき法令の規定により**審査請求**をすることができる場合においても、直ちに提起することを妨げない。ただし、法律に当該処分についての審査請求に対する**裁決を経た後**でなければ処分の取消しの訴えを提起することができない旨の定めがあるときは、この限りでない。

2　前項ただし書の場合においても、次の各号の1に該当するときは、**裁決を経ないで**、処分の取消しの訴えを提起することができる。

一　審査請求があつた日から**3箇月を経過**しても裁決がないとき。

二　処分、処分の執行又は手続の続行により生ずる**著しい損害**を避けるため**緊急の必要**があるとき。

三　その他裁決を経ないことにつき**正当な理由**があるとき。

3　第1項本文の場合において、当該処分につき**審査請求**がされているときは、裁判所は、その審査請求に対する**裁決があるまで**【1】、訴訟手続を中止することができる。

(原告適格)

第9条 **処分の取消しの訴え**及び**裁決の取消しの訴え**【2】は、当該処分又は裁決の取消しを求めるにつき法律上の利益を有する者【3】に限り、提起することができる。

2　裁判所は、処分又は裁決の相手方以外の者について前項に規定する法律上の利益の有無を判断するに当たつては、当該処分又は裁決の根拠となる**法令の規定の文言のみ**によることなく、当該法令の趣旨及び目的並びに当該処分において考慮されるべき利益の内容及び性質を**考慮**するものとする。この場合において、当該法令の趣旨及び目的を考慮するに当たつては、当該法令と目的を共通にする**関係法令**があるときはその趣旨

【1】 審査請求があつた日から3箇月を経過しても裁決がないときは、その期間を経過するまで

【2】 以下「**取消訴訟**」という。

【3】 処分又は裁決の効果が期間の経過その他の理由によりなくなつた後においてもなお処分又は裁決の取消しによつて回復すべき法律上の利益を有する者を含む。

及び目的をも参酌するものとし、当該利益の内容及び性質を考慮するに当たつては、当該処分又は裁決がその根拠となる法令に違反してされた場合に害されることとなる利益の内容及び性質並びにこれが害される態様及び程度をも勘案するものとする。

（取消しの理由の制限）

第10条 取消訴訟においては、自己の法律上の利益に関係のない違法を理由として取消しを求めることができない。

2 処分の取消しの訴えとその処分についての審査請求を棄却した裁決の取消しの訴えとを提起することができる場合には、裁決の取消しの訴えにおいては、処分の違法を理由として取消しを求めることができない。

（被告適格等）

第11条 処分又は裁決をした行政庁【1】が国又は公共団体に所属する場合には、取消訴訟は、次の各号に掲げる訴えの区分に応じてそれぞれ当該各号に定める者を被告として提起しなければならない。

一 処分の取消しの訴え 当該処分をした行政庁の所属する国又は公共団体

二 裁決の取消しの訴え 当該裁決をした行政庁の所属する国又は公共団体

2 処分又は裁決をした行政庁が国又は公共団体に所属しない場合には、取消訴訟は、当該行政庁を被告として提起しなければならない。

3 前2項の規定により被告とすべき国若しくは公共団体又は行政庁がない場合には、取消訴訟は、当該処分又は裁決に係る事務の帰属する国又は公共団体を被告として提起しなければならない。

4 第1項又は前項の規定により国又は公共団体を被告として取消訴訟を提起する場合には、訴状には、民事訴訟の例により記載すべき事項のほか、次の各号に掲げる訴えの区分に応じてそれぞれ当該各号に定める行政庁を記載するものとする。

一 処分の取消しの訴え 当該処分をした行政庁

二 裁決の取消しの訴え 当該裁決をした行政庁

5 第1項又は第3項の規定により国又は公共団体を被告として取消訴訟が提起された場合には、被告は、遅滞なく、裁判所に対し、前項各号に掲げる訴えの区分に応じてそれぞれ当該各号に定める行政庁を明らかにしなければならない。

6 処分又は裁決をした行政庁は、当該処分又は裁決に係る第1項の規定による国又は公共団体を被告とする訴訟について、裁判上の一切の行為をする権限を有する。

（管轄）

第12条 取消訴訟は、被告の普通裁判籍の所在地を管轄する裁判所又は処分若しくは裁決をした行政庁の所在地を管轄する裁判所の管轄に属する。

2 土地の収用、鉱業権の設定その他不動産又は特定の場所に係る処分又は裁決についての取消訴訟は、その不動産又は場所の所在地の裁判所にも、提起することができる。

3 取消訴訟は、当該処分又は裁決に関し事案の処理に当たつた下級行政機関の所在地の裁判所にも、提起することができる。

4 国又は独立行政法人通則法（平成11年法律第103号）第2条第1項に規

【1】 処分又は裁決があつた後に当該行政庁の権限が他の行政庁に承継されたときは、当該他の行政庁。以下同じ。

定する**独立行政法人**若しくは別表に掲げる法人を被告とする取消訴訟は、原告の普通裁判籍の所在地を管轄する高等裁判所の所在地を管轄する地方裁判所【1】にも、提起することができる。

5　前項の規定により**特定管轄裁判所**に同項の取消訴訟が提起された場合であつて、他の裁判所に**事実上及び法律上同一の原因**に基づいてされた処分又は裁決に係る抗告訴訟が係属している場合においては、当該特定管轄裁判所は、当事者の住所又は所在地、尋問を受けるべき証人の住所、争点又は証拠の共通性その他の事情を考慮して、**相当**と認めるときは、**申立て**により又は**職権**で、訴訟の全部又は一部について、当該他の裁判所又は第1項から第3項までに定める裁判所に移送することができる。

（関連請求に係る訴訟の移送）

第13条　取消訴訟と次の各号の1に該当する請求【2】に係る訴訟とが**各別の裁判所に係属**する場合において、**相当**と認めるときは、関連請求に係る訴訟の係属する裁判所は、**申立て**により又は**職権**で、その訴訟を取消訴訟の係属する裁判所に移送することができる。ただし、取消訴訟又は関連請求に係る訴訟の係属する裁判所が**高等裁判所**であるときは、この限りでない。

一　当該処分又は裁決に関連する原状回復又は損害賠償の請求

二　当該処分とともに1個の手続を構成する他の処分の取消しの請求

三　当該処分に係る裁決の取消しの請求

四　当該裁決に係る処分の取消しの請求

五　当該処分又は裁決の取消しを求める他の請求

六　その他当該処分又は裁決の取消しの請求と関連する請求

【1】 次項において「特定管轄裁判所」という。

【2】 以下「関連請求」という。

（出訴期間）

第14条　取消訴訟は、処分又は裁決があつたことを知つた日から6箇月を経過したときは、提起することができない。ただし、**正当な理由**があるときは、この限りでない。

2　取消訴訟は、処分又は裁決の日から1年を経過したときは、提起することができない。ただし、**正当な理由**があるときは、この限りでない。

3　処分又は裁決につき**審査請求をすることができる場合**又は行政庁が誤つて審査請求をすることができる旨を教示した場合において、**審査請求があつたとき**は、処分又は裁決に係る取消訴訟は、その審査請求をした者については、前2項の規定にかかわらず、これに対する裁決があつたことを知つた日から6箇月を経過したとき又は当該裁決の日から1年を経過したときは、提起することができない。ただし、**正当な理由**があるときは、この限りでない。

（被告を誤つた訴えの救済）

第15条　取消訴訟において、原告が故意又は重大な過失によらないで**被告とすべき者を誤つた**ときは、裁判所は、原告の申立てにより、決定をもつて、被告を変更することを許すことができる。

2　前項の決定は、電子決定書【3】を

【3】 民事訴訟法（平成8年法律第109号）第122条において準用する同法第252条第1項の規定により作成された電磁的記録（電子的方式、磁気的方式その他人の知覚によつては認識することができない方式で作られる記録であつて、電子計算機による情報処理の用に供されるものをいう。）をいう。

作成してするものとし、その電子決定書【1】を新たな被告に送達しなければならない。

3　第1項の決定があつたときは、**出訴期間の遵守**については、新たな被告に対する訴えは、最初に訴えを提起した時に提起されたものとみなす。

4　第1項の決定があつたときは、従前の被告に対しては、訴えの取下げがあつたものとみなす。

5　第1項の決定に対しては、不服を申し立てることができない。

6　第1項の申立てを**却下**する決定に対しては、即時抗告をすることができる。

7　上訴審において第1項の決定をしたときは、裁判所は、その訴訟を管轄裁判所に移送しなければならない。

（請求の客観的併合）

第16条　取消訴訟には、**関連請求**に係る訴えを併合することができる。

2　前項の規定により訴えを併合する場合において、取消訴訟の第1審裁判所が**高等裁判所**であるときは、関連請求に係る訴えの被告の同意を得なければならない。被告が異議を述べないで、本案について**弁論**をし、又は弁論準備手続において**申述**をしたときは、同意したものとみなす。

（共同訴訟）

第17条　**数人**は、その数人の請求又はその数人に対する請求が処分又は裁決の取消しの請求と**関連請求**とである場合に限り、共同訴訟人として訴え、又は訴えられることができる。

2　前項の場合には、前条第2項の規定を準用する。

以下この項において同じ。

【1】　同法第122条において準用する同法第253条第2項の規定により裁判所の使用に係る電子計算機（入出力装置を含む。）に備えられたファイルに記録されたものに限る。

（第三者による請求の追加的併合）

第18条　**第三者**は、取消訴訟の口頭弁論の終結に至るまで、その訴訟の当事者の一方を被告として、関連請求に係る訴えをこれに併合して提起することができる。この場合において、当該取消訴訟が**高等裁判所**に係属しているときは、第16条第2項の規定を準用する。

（原告による請求の追加的併合）

第19条　**原告**は、取消訴訟の口頭弁論の終結に至るまで、関連請求に係る訴えをこれに併合して提起することができる。この場合において、当該取消訴訟が**高等裁判所**に係属しているときは、第16条第2項の規定を準用する。

2　前項の規定は、取消訴訟について民事訴訟法第143条の規定の例によることを妨げない。

第20条　前条第1項前段の規定により、処分の取消しの訴えをその処分についての審査請求を棄却した裁決の取消しの訴えに併合して提起する場合には、同項後段において準用する第16条第2項の規定にかかわらず、処分の取消しの訴えの被告の同意を得ることを要せず、また、その提起があつたときは、**出訴期間の遵守**については、処分の取消しの訴えは、裁決の取消しの訴えを提起した時に提起されたものとみなす。

（国又は公共団体に対する請求への訴えの変更）

第21条　裁判所は、取消訴訟の目的たる請求を当該処分又は裁決に係る事務の帰属する国又は公共団体に対する損害賠償その他の請求に**変更**することが**相当**であると認めるときは、請求の基礎に変更がない限り、口頭弁論の終結に至るまで、**原告の申立て**により、決定をもつて、訴えの変更を許すことができる。

2　前項の決定には、第15条第2項の規定を準用する。

3　裁判所は、第1項の規定により訴えの変更を許す決定をするには、あらかじめ、当事者及び損害賠償その他の請求に係る訴えの被告の意見をきかなければならない。

4　訴えの変更を許す決定に対しては、即時抗告をすることができる。

5　訴えの変更を許さない決定に対しては、不服を申し立てることができない。

（第三者の訴訟参加）

第22条　裁判所は、訴訟の結果により**権利を害される第三者**があるときは、当事者若しくはその第三者の**申立て**により又は**職権**で、決定をもつて、その第三者を訴訟に参加させることができる。

2　裁判所は、前項の決定をするには、あらかじめ、当事者及び第三者の意見をきかなければならない。

3　第1項の申立てをした第三者は、その申立てを却下する決定に対して即時抗告をすることができる。

4　第1項の規定により訴訟に参加した第三者については、民事訴訟法第40条第1項から第3項までの規定を準用する。

5　第1項の規定により第三者が参加の申立てをした場合には、民事訴訟法第45条第3項及び第4項の規定を準用する。

（行政庁の訴訟参加）

第23条　裁判所は、処分又は裁決をした行政庁以外の行政庁を訴訟に参加させることが必要であると認めるときは、当事者若しくはその行政庁の**申立て**により又は**職権**で、決定をもつて、その行政庁を訴訟に参加させることができる。

2　裁判所は、前項の決定をするには、あらかじめ、当事者及び当該行政庁の意見をきかなければならない。

3　第1項の規定により訴訟に参加した行政庁については、民事訴訟法第45条第1項及び第2項の規定を準用する。

（釈明処分の特則）

第23条の2　裁判所は、**訴訟関係を明瞭**にするため、必要があると認めるときは、次に掲げる処分をすることができる。

一　**被告**である国若しくは公共団体に所属する**行政庁**又は被告である行政庁に対し、処分又は裁決の内容、処分又は裁決の根拠となる法令の条項、処分又は裁決の原因となる事実その他処分又は裁決の理由を明らかにする資料【1】であつて当該行政庁が保有するものの全部又は一部の提出を求めること。

二　前号に規定する行政庁以外の行政庁に対し、同号に規定する資料であつて当該行政庁が保有するものの全部又は一部の送付を嘱託すること。

2　裁判所は、処分についての審査請求に対する裁決を経た後に取消訴訟の提起があつたときは、次に掲げる処分をすることができる。

一　被告である国若しくは公共団体に所属する行政庁又は被告である行政庁に対し、当該審査請求に係る事件の記録であつて当該行政庁が保有するものの全部又は一部の提出を求めること。

二　前号に規定する行政庁以外の行政庁に対し、同号に規定する事件の記録であつて当該行政庁が保有するものの全部又は一部の送付を

【1】　次項に規定する審査請求に係る事件の記録を除く。

嘱託すること。

(職権証拠調べ)

第24条 裁判所は、必要があると認めるときは、職権で、証拠調べをすることができる。ただし、その証拠調べの結果について、**当事者の意見**をきかなければならない。

(執行停止)

第25条 **処分の取消しの訴え**の提起は、処分の効力、処分の執行又は手続の続行を妨げない。

2 処分の取消しの訴えの提起があつた場合において、処分、処分の執行又は手続の続行により生ずる**重大な損害**を避けるため**緊急の必要**があるときは、裁判所は、**申立て**により、決定をもつて、処分の効力、処分の執行又は手続の続行の全部又は一部の停止【1】をすることができる。ただし、処分の効力の停止は、処分の執行又は手続の続行の停止によつて**目的を達する**ことができる場合には、することができない。

3 裁判所は、前項に規定する**重大な損害**を生ずるか否かを判断するに当たつては、損害の回復の困難の程度を考慮するものとし、損害の性質及び程度並びに処分の内容及び性質をも勘案するものとする。

4 執行停止は、**公共の福祉に重大な影響**を及ぼすおそれがあるとき、又は本案について**理由がない**とみえるときは、することができない。

5 第2項の決定は、疎明に基づいてする。

6 第2項の決定は、**口頭弁論**を経ないですることができる。ただし、あらかじめ、当事者の意見をきかなければならない。

7 第2項の申立てに対する決定に対しては、即時抗告をすることができる。

8 第2項の決定に対する即時抗告は、その決定の執行を**停止する効力**を有しない。

【1】 以下「執行停止」という。

(事情変更による執行停止の取消し)

第26条 執行停止の決定が確定した後に、その**理由が消滅**し、その他事**情が変更**したときは、裁判所は、相手方の**申立て**により、決定をもつて、執行停止の決定を取り消すことができる。

2 前項の申立てに対する決定及びこれに対する不服については、前条第5項から第8項までの規定を準用する。

(内閣総理大臣の異議)

第27条 第25条第2項の申立てがあつた場合には、内閣総理大臣は、裁判所に対し、**異議を述べる**ことができる。執行停止の決定があつた後においても、同様とする。

2 前項の異議には、理由を附さなければならない。

3 前項の**異議の理由**においては、内閣総理大臣は、処分の効力を存続し、処分を執行し、又は手続を続行しなければ、公共の福祉に重大な影響を及ぼすおそれのある事情を示すものとする。

4 第1項の**異議**があつたときは、裁判所は、**執行停止**をすることができず、また、すでに執行停止の**決定**をしているときは、これを取り消さなければならない。

5 第1項後段の異議は、執行停止の決定をした裁判所に対して述べなければならない。ただし、その決定に対する抗告が抗告裁判所に係属しているときは、**抗告裁判所**に対して述べなければならない。

6 内閣総理大臣は、やむをえない場合でなければ、第1項の異議を述べてはならず、また、異議を述べたときは、**次の常会**において国会にこれを報告しなければならない。

（執行停止等の管轄裁判所）

第28条 執行停止又はその決定の取消しの申立ての管轄裁判所は、本案の係属する裁判所とする。

（執行停止に関する規定の準用）

第29条 前4条の規定は、裁決の取消しの訴えの提起があつた場合における執行停止に関する事項について準用する。

（裁量処分の取消し）

第30条 行政庁の**裁量処分**については、裁量権の範囲をこえ又はその濫用があつた場合に限り、裁判所は、その処分を取り消すことができる。

（特別の事情による請求の棄却）

第31条 取消訴訟については、処分又は裁決が**違法**ではあるが、これを取り消すことにより**公の利益に著しい障害**を生ずる場合において、原告の受ける損害の程度、その損害の賠償又は防止の程度及び方法その他**一切の事情を考慮**したうえ、処分又は裁決を取り消すことが**公共の福祉に適合しない**と認めるときは、裁判所は、請求を棄却することができる。この場合には、当該判決の**主文**において、処分又は裁決が違法であることを宣言しなければならない。

2　裁判所は、**相当**と認めるときは、終局判決前に、判決をもつて、処分又は裁決が違法であることを宣言することができる。

3　終局判決に事実及び理由を記載するには、前項の判決を**引用**することができる。

（取消判決等の効力）

第32条 処分又は裁決を**取り消す判決**は、第三者に対しても**効力**を有する。

2　前項の規定は、**執行停止の決定**又は**これを取り消す決定**に準用する。

第33条 処分又は裁決を**取り消す判決**は、その事件について、処分又は裁決をした行政庁その他の関係行政庁を拘束する。

2　申請を**却下**し若しくは**棄却**した処分又は審査請求を**却下**し若しくは**棄却**した**裁決**が判決により**取り消されたとき**は、その処分又は裁決をした行政庁は、判決の趣旨に従い、改めて申請に対する処分又は審査請求に対する裁決をしなければならない。

3　前項の規定は、申請に基づいてした処分又は審査請求を認容した裁決が判決により手続に違法があることを理由として取り消された場合に準用する。

4　第1項の規定は、執行停止の決定に準用する。

（第三者の再審の訴え）

第34条 処分又は裁決を取り消す判決により**権利を害された第三者**で、自己の責めに帰することができない理由により訴訟に参加することができなかつたため**判決に影響を及ぼすべき攻撃又は防御の方法を提出することができなかつたもの**は、これを理由として、確定の終局判決に対し、再審の訴えをもつて、不服の申立てをすることができる。

2　前項の訴えは、確定判決を知つた日から30日以内に提起しなければならない。

3　前項の期間は、不変期間とする。

4　第1項の訴えは、判決が確定した日から1年を経過したときは、提起することができない。

（訴訟費用の裁判の効力）

第35条 国又は公共団体に所属する行政庁が当事者又は参加人である訴訟における**確定した訴訟費用の裁判**

は、当該行政庁が所属する国又は公共団体に対し、又はそれらの者のために、効力を有する。

第2節　その他の抗告訴訟

（無効等確認の訴えの原告適格）

第36条　無効等確認の訴えは、当該処分又は裁決に続く**処分により損害**を受けるおそれのある者その他当該処分又は裁決の無効等の確認を求めるにつき法律上の利益を有する者で、当該処分若しくは裁決の存否又はその効力の有無を前提とする**現在の法律関係に関する訴え**によつて**目的**を達することができないものに限り、提起することができる。

（不作為の違法確認の訴えの原告適格）

第37条　不作為の違法確認の訴えは、処分又は裁決についての申請をした者に限り、提起することができる。

（義務付けの訴えの要件等）

第37条の2　第3条第6項第1号に掲げる場合において、**義務付けの訴え**は、一定の処分がされないことにより重大な損害を生ずるおそれがあり、かつ、その損害を避けるため他に適当な方法がないときに限り、提起することができる。

2　裁判所は、前項に規定する**重大な損害**を生ずるか否かを判断するに当たつては、損害の回復の困難の程度を考慮するものとし、損害の性質及び程度並びに処分の内容及び性質をも勘案するものとする。

3　第1項の**義務付けの訴え**は、行政庁が一定の処分をすべき旨を命ずることを求めるにつき法律上の利益を有する者に限り、提起することができる。

4　前項に規定する法律上の利益の有無の判断については、第9条第2項の規定を準用する。

5　義務付けの訴えが第1項及び第3項に規定する**要件に該当**する場合において、その義務付けの訴えに係る処分につき、行政庁がその**処分をすべき**であることがその処分の根拠となる法令の規定から明らかであると認められ又は行政庁がその処分をしないことがその**裁量権の範囲を超え**若しくはその**濫用**となると認められるときは、裁判所は、行政庁がその処分をすべき旨を命ずる判決をする。

第37条の3　第3条第6項第2号に掲げる場合において、**義務付けの訴え**は、次の各号に掲げる要件のいずれかに該当するときに限り、提起することができる。

一　当該法令に基づく申請又は審査請求に対し**相当の期間内**に何らの処分又は裁決がされないこと。

二　当該法令に基づく申請又は審査請求を**却下**し又は**棄却**する旨の処分又は裁決がされた場合において、当該処分又は裁決が取り消されるべきものであり、又は**無効若しくは不存在**であること。

2　前項の義務付けの訴えは、同項各号に規定する法令に基づく申請又は審査請求をした者に限り、提起することができる。

3　第1項の義務付けの訴えを提起するときは、次の各号に掲げる区分に応じてそれぞれ当該**各号に定める訴え**をその義務付けの訴えに併合して提起しなければならない。この場合において、当該各号に定める訴えに係る訴訟の管轄について他の法律に特別の定めがあるときは、当該義務付けの訴えに係る訴訟の管轄は、第38条第1項において準用する第12条の規定にかかわらず、その定めに従う。

一　第1項第1号に掲げる要件に該

当する場合　同号に規定する処分又は裁決に係る不作為の違法確認の訴え

二　第1項第2号に掲げる要件に該当する場合　同号に規定する処分又は裁決に係る取消訴訟又は無効等確認の訴え

4　前項の規定により併合して提起された義務付けの訴え及び同項各号に定める訴えに係る弁論及び裁判は、分離しないでしなければならない。

5　義務付けの訴えが第1項から第3項までに規定する**要件に該当**する場合において、同項各号に定める訴えに係る**請求に理由がある**と認められ、かつ、その義務付けの訴えに係る処分又は裁決につき、行政庁がその**処分若しくは裁決をすべき**であることがその処分若しくは裁決の根拠となる法令の規定から明らかであると認められ又は行政庁がその処分若しくは裁決をしないことがその**裁量権の範囲を超え**若しくはその**濫用**となると認められるときは、裁判所は、その義務付けの訴えに係る処分又は裁決をすべき旨を命ずる判決をする。

6　第4項の規定にかかわらず、裁判所は、審理の状況その他の事情を考慮して、第3項各号に定める訴えについてのみ終局判決をすることがより**迅速な争訟の解決に資する**と認めるときは、当該訴えについてのみ終局判決をすることができる。この場合において、裁判所は、当該訴えについてのみ終局判決をしたときは、**当事者の意見**を聴いて、当該訴えに係る訴訟手続が完結するまでの間、義務付けの訴えに係る訴訟手続を中止することができる。

7　第1項の義務付けの訴えのうち、行政庁が**一定の裁決をすべき旨**を命ずることを求めるものは、処分についての審査請求がされた場合において、当該処分に係る**処分の取消しの訴え**又は**無効等確認の訴え**を提起することができないときに限り、提起することができる。

(差止めの訴えの要件)

第37条の4　**差止めの訴え**は、一定の処分又は裁決がされることにより重大な損害を生ずるおそれがある場合に限り、提起することができる。ただし、その損害を避けるため他に適当な方法があるときは、この限りでない。

2　裁判所は、前項に規定する**重大な損害**を生ずるか否かを判断するに当たつては、損害の回復の困難の程度を考慮するものとし、損害の性質及び程度並びに処分又は裁決の内容及び性質をも勘案するものとする。

3　**差止めの訴え**は、行政庁が一定の処分又は裁決をしてはならない旨を命ずることを求めるにつき法律上の利益を有する者に限り、提起することができる。

4　前項に規定する法律上の利益の有無の判断については、第9条第2項の規定を準用する。

5　差止めの訴えが第1項及び第3項に規定する**要件に該当**する場合において、その差止めの訴えに係る処分又は裁決につき、行政庁が**その処分若しくは裁決をすべきでない**ことがその処分若しくは裁決の根拠となる法令の規定から明らかであると認められ又は行政庁がその処分若しくは裁決をすることがその**裁量権の範囲を超え**若しくはその**濫用**となると認められるときは、裁判所は、行政庁がその処分又は裁決をしてはならない旨を命ずる判決をする。

(仮の義務付け及び仮の差止め)

第37条の5　**義務付けの訴えの提起**

があつた場合において、その義務付けの訴えに係る処分又は裁決がされないことにより生ずる**償うことのできない損害**を避けるため**緊急の必要**があり、かつ、本案について**理由があるとみえる**ときは、裁判所は、**申立て**により、決定をもつて、仮に行政庁がその処分又は裁決をすべき旨を命ずること【1】ができる。

2　**差止めの訴えの提起**があつた場合において、その差止めの訴えに係る処分又は裁決がされることにより生ずる**償うことのできない損害**を避けるため**緊急の必要**があり、かつ、本案について**理由があるとみえる**ときは、裁判所は、**申立て**により、決定をもつて、仮に行政庁がその処分又は裁決をしてはならない旨を命ずること【2】ができる。

3　仮の義務付け又は仮の差止めは、**公共の福祉に重大な影響**を及ぼすおそれがあるときは、することができない。

4　第25条第5項から第8項まで、第26条から第28条まで及び第33条第1項の規定は、**仮の義務付け**又は**仮の差止め**に関する事項について準用する。

5　前項において準用する第25条第7項の**即時抗告についての裁判**又は前項において準用する第26条第1項の決定により**仮の義務付けの決定が取り消された**ときは、当該行政庁は、当該仮の義務付けの決定に基づいてした処分又は裁決を取り消さなければならない。

（取消訴訟に関する規定の準用）

第38条　**第11条**から第13条まで、第16条から第19条まで、第21条から第23条まで、第24条、**第33条**及び第35条の規定は、取消訴訟以外の抗告訴訟について準用する。

2　**第10条第2項**の規定は、処分の無効等確認の訴えとその処分についての審査請求を棄却した裁決に係る抗告訴訟とを提起することができる場合に、第20条の規定は、処分の無効等確認の訴えをその処分についての審査請求を棄却した裁決に係る抗告訴訟に併合して提起する場合に準用する。

3　第23条の2、**第25条**から第29条まで及び第32条第2項の規定は、無効等確認の訴えについて準用する。

4　**第8条**及び**第10条第2項**の規定は、不作為の違法確認の訴えに準用する。

第3章　当事者訴訟

（出訴の通知）

第39条　当事者間の法律関係を**確認**し又は**形成**する**処分又は裁決に関する訴訟**で、法令の規定によりその法律関係の**当事者の一方を被告**とするものが提起されたときは、裁判所は、当該処分又は裁決をした行政庁にその旨を通知するものとする。

（出訴期間の定めがある当事者訴訟）

第40条　法令に**出訴期間の定め**がある当事者訴訟は、その法令に別段の定めがある場合を除き、**正当な理由**があるときは、その期間を経過した後であつても、これを提起することができる。

2　第15条の規定は、法令に出訴期間の定めがある当事者訴訟について準用する。

（抗告訴訟に関する規定の準用）

第41条　第23条、第24条、第33条第1項及び第35条の規定は**当事者**

【1】以下この条において「仮の義務付け」という。

【2】以下この条において「仮の差止め」という。

訴訟について、第23条の2の規定は当事者訴訟における処分又は裁決の理由を明らかにする**資料の提出**について準用する。

2　第13条の規定は、当事者訴訟とその目的たる請求と関連請求の関係にある請求に係る訴訟とが各別の裁判所に係属する場合における**移送**に、第16条から第19条までの規定は、これらの**訴えの併合**について準用する。

第4章　民衆訴訟及び機関訴訟

(訴えの提起)

第42条　**民衆訴訟**及び**機関訴訟**は、法律に定める場合において、法律に定める者に限り、提起することができる。

(抗告訴訟又は当事者訴訟に関する規定の準用)

第43条　民衆訴訟又は機関訴訟で、処分又は裁決の**取消し**を求めるものについては、第9条及び第10条第1項の規定を除き、取消訴訟に関する規定を準用する。

2　民衆訴訟又は機関訴訟で、処分又は裁決の**無効の確認**を求めるものについては、第36条の規定を除き、無効等確認の訴えに関する規定を準用する。

3　民衆訴訟又は機関訴訟で、前2項に規定する訴訟以外のものについては、第39条及び第40条第1項の規定を除き、当事者訴訟に関する規定を準用する。

第5章　補則

(仮処分の排除)

第44条　行政庁の**処分**その他**公権力の行使**に当たる行為については、民事保全法(平成元年法律第91号)に規定する仮処分をすることができない。

(処分の効力等を争点とする訴訟)

第45条　**私法上の法律関係に関する訴訟**において、処分若しくは裁決の存否又はその効力の有無が争われている場合には、第23条第1項及び第2項並びに第39条の規定を準用する。

2　前項の規定により**行政庁が訴訟に参加**した場合には、民事訴訟法第45条第1項及び第2項の規定を準用する。ただし、攻撃又は防御の方法は、当該処分若しくは裁決の存否又はその効力の有無に関するものに限り、提出することができる。

3　第1項の規定により**行政庁が訴訟に参加した後**において、処分若しくは裁決の存否又はその効力の有無に関する**争いがなくなつた**ときは、裁判所は、参加の決定を取り消すことができる。

4　第1項の場合には、当該**争点**について第23条の2及び第24条の規定を、**訴訟費用の裁判**について第35条の規定を準用する。

(取消訴訟等の提起に関する事項の教示)

第46条　行政庁は、**取消訴訟を提起することができる処分又は裁決**をする場合には、当該処分又は裁決の**相手方**に対し、次に掲げる事項を書面で教示しなければならない。ただし、当該処分を**口頭**でする場合は、この限りでない。

一　当該処分又は裁決に係る取消訴訟の被告とすべき者

二　当該処分又は裁決に係る取消訴訟の出訴期間

三　法律に当該処分についての審査請求に対する裁決を経た後でなければ処分の取消しの訴えを提起することができない旨の定めがあるときは、その旨

2　行政庁は、法律に処分についての

審査請求に対する裁決に対してのみ取消訴訟を提起することができる旨の定めがある場合において、当該処分をするときは、当該処分の相手方に対し、法律にその定めがある旨を書面で教示しなければならない。ただし、当該処分を口頭でする場合は、この限りでない。

3　行政庁は、当事者間の法律関係を確認し又は形成する処分又は裁決に関する訴訟で法令の規定によりその法律関係の当事者の一方を被告とするものを提起することができる処分又は裁決をする場合には、当該処分又は裁決の相手方に対し、次に掲げる事項を書面で教示しなければならない。ただし、当該処分を口頭でする場合は、この限りでない。

一　当該訴訟の被告とすべき者

二　当該訴訟の出訴期間

行政代執行法

法律番号：昭和 23 年法律第 43 号

[本法の適用範囲]

第1条　行政上の義務の履行確保に関しては、**別に法律**で定めるものを除いては、この法律の定めるところによる。

[代執行の要件]

第2条　法律【1】により直接に命ぜられ、又は法律に基き行政庁により命ぜられた行為【2】について**義務者**がこれを履行しない場合、他の手段によつてその履行を確保することが**困難**であり、且つその不履行を放置することが著しく**公益に反する**と認められるときは、当該行政庁は、自ら義務者のなすべき行為をなし、又は第三者をしてこれをなさしめ、その費用を義務者から徴収することができる。

[代執行の手続：戒告・通知]

第3条　前条の規定による処分(代執行)をなすには、相当の履行期限を定め、その期限までに履行がなされないときは、代執行をなすべき旨を、予め文書で戒告しなければならない。

②　義務者が、前項の戒告を受けて、指定の期限までにその義務を履行しないときは、当該行政庁は、代執行令書をもつて、代執行をなすべき**時期**、代執行のために派遣する**執行責任者の氏名**及び代執行に要する**費用**の概算による見積額を義務者に通知する。

③　**非常**の場合又は**危険切迫**の場合において、当該行為の急速な実施について**緊急の必要**があり、前2項に規定する手続をとる暇(いとま)がないときは、その手続を経ないで代執行をすることができる。

[執行責任者の証票携帯呈示義務]

第4条　代執行のために現場に派遣される**執行責任者**は、その者が執行責任者たる本人であることを示すべき証票を携帯し、要求があるときは、何時でもこれを呈示しなければならない。

[費用納付命令]

第5条　代執行に要した**費用の徴収**については、実際に要した費用の額及びその納期日を定め、義務者に対し、文書をもつてその納付を命じなければならない。

[費用の徴収]

第6条　代執行に要した費用は、国税滞納処分の例により、これを徴収することができる。

②　代執行に要した費用については、行政庁は、国税及び地方税に次ぐ順位の先取特権を有する。

③　代執行に要した費用を徴収したときは、その徴収金は、事務費の所属に従い、国庫又は地方公共団体の経済の収入となる。

【1】　法律の委任に基く命令、規則及び条例を含む。以下同じ。

【2】　他人が代つてなすことのできる行為に限る。

行政機関の保有する情報の公開に関する法律

法律番号：平成11年法律第42号
最終改正：令和3年法律第37号

目次

第1章　総則

（目的）

第1条　この法律は、**国民主権**の理念にのっとり、行政文書の開示を請求する権利につき定めること等により、行政機関の保有する情報の**一層の公開**を図り、もって政府の有するその諸活動を**国民に説明する責務**が全うされるようにするとともに、国民の的確な理解と批判の下にある公正で**民主的な行政の推進**に資することを目的とする。

（定義）

第2条　この法律において「行政機関」とは、次に掲げる機関をいう。

一　法律の規定に基づき**内閣**に置かれる機関【1】及び**内閣の所轄**の下に置かれる機関

二　**内閣府、宮内庁**並びに内閣府設置法（平成11年法律第89号）第49条第1項及び第2項に規定する機関【2】

三　国家行政組織法（昭和23年法律第120号）第3条第2項に規定する機関【3】

四　内閣府設置法第39条及び第55条並びに宮内庁法（昭和22年法律第70号）第16条第2項の機関並びに内閣府設置法第40条及び第56条【4】の特別の機関で、政令で定めるもの

五　国家行政組織法第8条の2の施設等機関及び同法第8条の3の特別の機関で、政令で定めるもの

六　**会計検査院**

2　この法律において「行政文書」とは、行政機関の職員が**職務上**作成し、又は取得した**文書**、図画及び電磁的記録【5】であって、当該行政機関の職員が**組織的**に用いるものとして、**当該行政機関が保有**しているものをいう。ただし、次に掲げるものを除く。

一　官報、白書、新聞、雑誌、書籍その他**不特定多数の者に販売**することを目的として発行されるもの

二　公文書等の管理に関する法律

【1】内閣府を除く。

【2】これらの機関のうち第4号の政令で定める機関が置かれる機関にあっては、当該政令で定める機関を除く。

【3】第5号の政令で定める機関が置かれる機関にあっては、当該政令で定める機関を除く。

【4】宮内庁法第18条第1項において準用する場合を含む。

【5】電子的方式、磁気的方式その他人の知覚によっては認識することができない方式で作られた記録をいう。以下同じ。

（平成21年法律第66号）第2条第7項に規定する**特定歴史公文書等**

三　政令で定める研究所その他の施設において、政令で定めるところにより、**歴史的**若しくは**文化的**な**資料**又は**学術研究用の資料**として特別の管理がされているもの【1】

第2章　行政文書の開示

（開示請求権）

第3条　**何人**（なんぴと）も、この法律の定めるところにより、**行政機関の長**【2】に対し、当該行政機関の保有する行政文書の開示を請求することができる。

（開示請求の手続）

第4条　前条の規定による開示の請求【3】は、次に掲げる事項を記載した書面【4】を**行政機関の長**に提出してしなければならない。

一　開示請求をする者の**氏名**又は名称及び**住所**又は居所並びに法人その他の団体にあっては代表者の氏名

二　**行政文書の名称**その他の開示請求に係る行政文書を**特定**するに足りる事項

2　行政機関の長は、開示請求書に**形式上の不備**があると認めるときは、開示請求をした者【5】に対し、相当の期間を定めて、その補正を求めることができる。この場合において、行政機関の長は、開示請求者に対し、**補正の参考となる情報**を提供するよう努めなければならない。

（行政文書の開示義務）

第5条　行政機関の長は、開示請求があったときは、開示請求に係る行政文書に**次の各号に掲げる情報**【6】の**いずれかが記録されている場合を除き**、開示請求者に対し、当該行政文書を開示しなければならない。

一　**個人に関する情報**【7】であって、当該情報に含まれる氏名、生年月日その他の記述等【8】により特定の個人を識別することができるもの【9】又は特定の個人を識別することはできないが、公にすることにより、なお個人の権利利益を害するおそれがあるもの。ただし、次に掲げる情報を除く。

イ　法令の規定により又は慣行として**公にされ**、又は公にすることが**予定**されている情報

ロ　人の生命、健康、生活又は財産を保護するため、**公にすることが必要**であると認められる情報

ハ　当該個人が**公務員等**【10】であ

【1】　前号に掲げるものを除く。

【2】　前条第1項第4号及び第5号の政令で定める機関にあっては、その機関ごとに政令で定める者をいう。以下同じ。

【3】　以下「開示請求」という。

【4】　以下「開示請求書」という。

【5】　以下「開示請求者」という。

【6】　以下「不開示情報」という。

【7】　事業を営む個人の当該事業に関する情報を除く。

【8】　文書、図画若しくは電磁的記録に記載され、若しくは記録され、又は音声、動作その他の方法を用いて表された一切の事項をいう。次条第2項において同じ。

【9】　他の情報と照合することにより、特定の個人を識別することができることとなるものを含む。

【10】　国家公務員法（昭和22年法律第120号）第2条第1項に規定する国家公務員（独立行政法人通則法（平成11年法律第103号）第2条第4項に規定する行政執行法人の役員及び職員を除く。）、独立行政法人等（独立行政法人等の保有する情報の公開に関する法律（平成13年法律第140号。以下「**独立行政法人等情報公開法**」という。）第2条第1項に規定する独立行政法人等をいう。以下同じ。）の役員及び職員、地方公務員法（昭和25年法律第261号）第2条に規定する地方公務員並びに地方独立行政法人（地方独立行政法人法（平成15年法律第118

る場合において、当該情報がその**職務の遂行に係る情報**であるときは、当該情報のうち、当該公務員等の職及び当該職務遂行の内容に係る部分

一の二　個人情報の保護に関する法律（平成15年法律第57号）第60条第3項に規定する行政機関等匿名加工情報【1】又は行政機関等匿名加工情報の作成に用いた同条第1項に規定する保有個人情報から削除した同法第2条第1項第1号に規定する**記述等**若しくは同条第2項に規定する**個人識別符号**

二　**法人**その他の団体【2】に関する情報又は**事業を営む個人**の当該事業に関する情報であって、次に掲げるもの。ただし、人の生命、健康、生活又は財産を保護するため、**公にすることが必要**であると認められる情報を除く。

イ　公にすることにより、当該法人等又は当該個人の権利、競争上の地位その他正当な利益を害するおそれがあるもの

ロ　行政機関の要請を受けて、公にしないとの条件で任意に提供されたものであって、法人等又は個人における通例として公にしないこととされているものその他の当該条件を付することが当該情報の性質、当時の状況等に照らして**合理的**であると認められるもの

三　公にすることにより、国の安全が害されるおそれ、他国若しくは国際機関との信頼関係が損なわれるおそれ又は他国若しくは国際機関との交渉上不利益を被るおそれがあると行政機関の長が認めることにつき**相当の理由**がある情報

四　公にすることにより、**犯罪**の予防、鎮圧又は捜査、**公訴**の維持、**刑の執行**その他の**公共の安全と秩序の維持に支障**を及ぼすおそれがあると行政機関の長が認めることにつき**相当の理由**がある情報

五　国の機関、独立行政法人等、地方公共団体及び地方独立行政法人の内部又は相互間における**審議、検討又は協議に関する情報**であって、公にすることにより、率直な意見の交換若しくは意思決定の中立性が**不当に損なわれる**おそれ、不当に国民の間に**混乱を生じさせる**おそれ又は特定の者に**不当に利益を与え**若しくは**不利益を及ぼす**おそれがあるもの

六　国の機関、独立行政法人等、地方公共団体又は地方独立行政法人が行う事務又は事業に関する情報であって、公にすることにより、**次に掲げるおそれ**その他当該事務又は事業の性質上、当該事務又は事業の適正な遂行に支障を及ぼすおそれがあるもの

イ　監査、検査、取締り、試験又は租税の賦課若しくは徴収に係る事務に関し、正確な事実の把握を困難にするおそれ又は違法若しくは不当な行為を容易にし、若しくはその発見を困難にするおそれ

ロ　契約、交渉又は争訟に係る事務に関し、国、独立行政法人等、

号）第2条第1項に規定する地方独立行政法人をいう。以下同じ。）の役員及び職員をいう。

【1】　同条第4項に規定する行政機関等匿名加工情報ファイルを構成するものに限る。以下この号において「**行政機関等匿名加工情報**」という。

【2】　国、独立行政法人等、地方公共団体及び地方独立行政法人を除く。以下「**法人等**」という。

地方公共団体又は地方独立行政法人の財産上の利益又は当事者としての地位を**不当に害する**おそれ

ハ　調査研究に係る事務に関し、その公正かつ能率的な遂行を不当に阻害するおそれ

ニ　人事管理に係る事務に関し、公正かつ円滑な人事の確保に支障を及ぼすおそれ

ホ　独立行政法人等、地方公共団体が経営する企業又は地方独立行政法人に係る事業に関し、その企業経営上の正当な利益を害するおそれ

（部分開示）

第6条　行政機関の長は、開示請求に係る行政文書の**一部**に**不開示情報**が記録されている場合において、不開示情報が記録されている部分を**容易に区分して除く**ことができるときは、開示請求者に対し、当該部分を除いた部分につき開示しなければならない。ただし、当該部分を除いた部分に**有意の情報**が記録されていないと認められるときは、この限りでない。

2　開示請求に係る行政文書に前条第1号の情報【1】が記録されている場合において、当該情報のうち、氏名、生年月日その他の特定の個人を識別することができることとなる記述等の部分を除くことにより、**公にしても、個人の権利利益が害されるおそれがない**と認められるときは、当該部分を除いた部分は、同号の情報に含まれないものとみなして、前項の規定を適用する。

（公益上の理由による裁量的開示）

第7条　行政機関の長は、開示請求に係る行政文書に**不開示情報**【2】が記録されている場合であっても、公益上特に必要があると認めるときは、開示請求者に対し、当該行政文書を開示することができる。

（行政文書の存否に関する情報）

第8条　開示請求に対し、当該開示請求に係る行政文書が**存在しているか否かを答えるだけで、不開示情報を開示すること**となるときは、行政機関の長は、当該行政文書の存否を明らかにしないで、当該開示請求を拒否することができる。

（開示請求に対する措置）

第9条　行政機関の長は、開示請求に係る行政文書の全部又は一部を開示するときは、その旨の決定をし、開示請求者に対し、その旨及び開示の実施に関し政令で定める事項を書面により通知しなければならない。

2　行政機関の長は、開示請求に係る行政文書の全部を開示しないとき【3】は、開示をしない旨の決定をし、開示請求者に対し、その旨を書面により通知しなければならない。

（開示決定等の期限）

第10条　前条各項の決定【4】は、開示請求があった日から30日以内にしなければならない。ただし、第4条第2項の規定により補正を求めた場合にあっては、当該補正に要した日数は、当該期間に算入しない。

2　前項の規定にかかわらず、行政機関の長は、事務処理上の困難その他**正当な理由**があるときは、同項に規定する期間を30日以内に限り延長することができる。この場合におい

【1】　特定の個人を識別することができるものに限る。

【2】　第5条第1号の2に掲げる情報を除く。

【3】　前条の規定により開示請求を拒否するとき及び開示請求に係る行政文書を保有していないときを含む。

【4】　以下「開示決定等」という。

て、行政機関の長は、開示請求者に対し、遅滞なく、**延長後の期間**及び**延長の理由**を書面により通知しなければならない。

（開示決定等の期限の特例）

第11条　開示請求に係る行政文書が**著しく大量**であるため、開示請求があった日から60日以内にそのすべてについて開示決定等をすることにより**事務の遂行に著しい支障**が生ずるおそれがある場合には、前条の規定にかかわらず、行政機関の長は、開示請求に係る行政文書のうちの**相当の部分**につき当該期間内に開示決定等をし、**残りの行政文書**については相当の期間内に開示決定等をすれば足りる。この場合において、行政機関の長は、同条第1項に規定する期間内に、開示請求者に対し、次に掲げる事項を書面により通知しなければならない。

一　本条を適用する旨及びその**理由**

二　残りの行政文書について開示決定等をする**期限**

（事案の移送）

第12条　行政機関の長は、開示請求に係る行政文書が他の行政機関により作成されたものであるときその他**他の行政機関の長において開示決定等をすることにつき正当な理由**があるときは、当該他の行政機関の長と**協議**の上、当該他の行政機関の長に対し、事案を移送することができる。この場合においては、移送をした行政機関の長は、開示請求者に対し、事案を移送した旨を書面により通知しなければならない。

2　前項の規定により事案が移送されたときは、**移送を受けた行政機関の長**において、当該開示請求についての開示決定等をしなければならない。この場合において、移送をした行政機関の長が移送前にした行為は、移送を受けた行政機関の長がしたものとみなす。

3　前項の場合において、移送を受けた行政機関の長が第9条第1項の**決定**【1】をしたときは、当該行政機関の長は、開示の実施をしなければならない。この場合において、移送をした行政機関の長は、当該開示の実施に**必要な協力**をしなければならない。

（独立行政法人等への事案の移送）

第12条の2　行政機関の長は、開示請求に係る行政文書が独立行政法人等により作成されたものであるときその他**独立行政法人等において**独立行政法人等情報公開法第10条第1項に規定する**開示決定等をすること**につき**正当な理由**があるときは、当該独立行政法人等と**協議**の上、当該独立行政法人等に対し、事案を移送することができる。この場合においては、移送をした行政機関の長は、開示請求者に対し、事案を移送した旨を書面により通知しなければならない。

2　前項の規定により事案が移送されたときは、当該事案については、行政文書を**移送を受けた独立行政法人等が保有する独立行政法人等情報公開法第2条第2項に規定する法人文書**と、開示請求を**移送を受けた独立行政法人等に対する独立行政法人等情報公開法第4条第1項に規定する開示請求**とみなして、独立行政法人等情報公開法の規定を適用する。この場合において、独立行政法人等情報公開法第10条第1項中「第4条第2項」とあるのは「行政機関の保有する情報の公開に関する法律（平成11年法律第42号）第4条第2項」

【1】以下「**開示決定**」という。

と、独立行政法人等情報公開法第17条第1項中「開示請求をする者又は法人文書」とあるのは「法人文書」と、「により、それぞれ」とあるのは「により」と、「開示請求に係る手数料又は開示」とあるのは「開示」とする。

3　第1項の規定により事案が移送された場合において、移送を受けた独立行政法人等が開示の実施をするときは、移送をした行政機関の長は、当該開示の実施に**必要な協力**をしなければならない。

（第三者に対する意見書提出の機会の付与等）

第13条　開示請求に係る行政文書に**国、独立行政法人等、地方公共団体、地方独立行政法人**及び**開示請求者以外の者**【1】に関する情報が記録されているときは、行政機関の長は、開示決定等をするに当たって、当該情報に係る第三者に対し、開示請求に係る行政文書の表示その他政令で定める事項を通知して、意見書を提出する機会を与えることができる。

2　行政機関の長は、次の各号のいずれかに該当するときは、開示決定に先立ち、当該第三者に対し、開示請求に係る行政文書の表示その他政令で定める事項を書面により通知して、意見書を提出する機会を与えなければならない。ただし、当該第三者の所在が判明しない場合は、この限りでない。

一　第三者に関する情報が記録されている行政文書を開示しようとする場合であって、当該情報が第5条第1号ロ又は同条第2号ただし書に規定する情報に該当すると認められるとき。

二　第三者に関する情報が記録されている行政文書を第7条の規定により開示しようとするとき。

3　行政機関の長は、前2項の規定により意見書の提出の機会を与えられた第三者が当該行政文書の開示に**反対の意思を表示した意見書**を提出した場合において、開示決定をするときは、開示決定の日と開示を実施する日との間に少なくとも2週間を置かなければならない。この場合において、行政機関の長は、開示決定後直ちに、当該意見書【2】を提出した第三者に対し、**開示決定をした旨**及びその**理由並びに開示を実施する日**を書面により通知しなければならない。

（開示の実施）

第14条　行政文書の開示は、**文書又は図画**については閲覧又は写しの交付により、**電磁的記録**についてはその種別、情報化の進展状況等を勘案して政令で定める方法により行う。ただし、閲覧の方法による行政文書の開示にあっては、行政機関の長は、当該**行政文書の保存に支障**を生ずるおそれがあると認めるときその他**正当な理由**があるときは、その写しにより、これを行うことができる。

2　開示決定に基づき**行政文書の開示を受ける者**は、政令で定めるところにより、当該開示決定をした行政機関の長に対し、その求める開示の実施の方法その他の政令で定める事項を申し出なければならない。

3　前項の規定による**申出**は、第9条第1項に規定する通知があった日から30日以内にしなければならない。ただし、当該期間内に当該申出をすることができないことにつき**正当な理由**があるときは、この限りでない。

【1】　以下この条、第19条第2項及び第20条第1項において「第三者」という。

【2】　第19条において「反対意見書」という。

4　開示決定に基づき**行政文書の開示を受けた者**は、最初に開示を受けた日から30日以内に限り、行政機関の長に対し、更に開示を受ける旨を申し出ることができる。この場合においては、前項ただし書の規定を準用する。

（他の法令による開示の実施との調整）

第15条　行政機関の長は、他の法令の規定により、何人（なんびと）にも開示請求に係る行政文書が前条第1項本文に規定する方法と**同一の方法**で開示することとされている場合【1】には、同項本文の規定にかかわらず、当該行政文書については、当該同一の方法による開示を行わない。ただし、当該他の法令の規定に**一定の場合には開示をしない旨の定め**があるときは、この限りでない。

2　他の法令の規定に定める開示の方法が縦覧であるときは、当該縦覧を前条第1項本文の閲覧とみなして、前項の規定を適用する。

（手数料）

第16条　**開示請求をする者**又は行政文書の**開示を受ける者**は、政令で定めるところにより、それぞれ、実費の範囲内において政令で定める額の開示請求に係る手数料又は開示の実施に係る手数料を納めなければならない。

2　前項の手数料の額を定めるに当たっては、できる限り**利用しやすい額**とするよう配慮しなければならない。

3　行政機関の長は、経済的困難その他**特別の理由**があると認めるときは、政令で定めるところにより、第1項の手数料を減額し、又は免除することができる。

【1】　開示の期間が定められている場合にあっては、当該期間内に限る。

（権限又は事務の委任）

第17条　行政機関の長は、政令【2】で定めるところにより、この章に定める権限又は事務を当該行政機関の職員に委任することができる。

第3章　審査請求等

（審理員による審理手続に関する規定の適用除外等）

第18条　**開示決定等又は開示請求に係る不作為に係る審査請求**については、行政不服審査法（平成26年法律第68号）第9条、第17条、第24条、第2章第3節及び第4節並びに第50条第2項の規定は、適用しない。

2　開示決定等又は開示請求に係る不作為に係る審査請求についての行政不服審査法第2章の規定の適用については、同法第11条第2項中「第9条第1項の規定により指名された者（以下「審理員」という。）」とあるのは「第4条（行政機関の保有する情報の公開に関する法律（平成11年法律第42号）第20条第2項の規定に基づく政令を含む。）の規定により審査請求がされた行政庁（第14条の規定により引継ぎを受けた行政庁を含む。以下「審査庁」という。）」と、同法第13条第1項及び第2項中「審理員」とあるのは「審査庁」と、同法第25条第7項中「あったとき、又は審理員から第40条に規定する執行停止をすべき旨の意見書が提出されたとき」とあるのは「あったとき」と、同法第44条中「行政不服審査会等」とあるのは「情報公開・個人情報保護審査会（審査庁が会計検査院の長である場合にあっては、別に法律で定める審査会。第50条第1項第4号において同じ。）」と、「受けたとき（前条第1項の規定による諮問を要し

【2】　内閣の所轄の下に置かれる機関及び会計検査院にあっては、当該機関の命令

ない場合（同項第２号又は第３号に該当する場合を除く。）にあっては審理員意見書が提出されたとき、同項第２号又は第３号に該当する場合にあっては同項第２号又は第３号に規定する議を経たとき）」とあるのは「受けたとき」と、同法第50条第１項第４号中「審理員意見書又は行政不服審査会等若しくは審議会等」とあるのは「情報公開・個人情報保護審査会」とする。

（審査会への諮問）

第19条　開示決定等又は開示請求に係る不作為について**審査請求**があったときは、当該審査請求に対する裁決をすべき行政機関の長は、次の各号のいずれかに該当する場合を除き、情報公開・個人情報保護審査会【1】に諮問しなければならない。

一　審査請求が不適法であり、**却下**する場合

二　裁決で、審査請求の全部を認容し、当該審査請求に係る行政文書の**全部を開示**することとする場合【2】

2　前項の規定により諮問をした行政機関の長は、次に掲げる者に対し、諮問をした旨を通知しなければならない。

一　**審査請求人**及び**参加人**【3】

二　**開示請求者**【4】

三　当該審査請求に係る行政文書の開示について**反対意見書を提出した第三者**【5】

（第三者からの審査請求を棄却する場合等における手続等）

第20条　第13条第３項の規定は、次の各号のいずれかに該当する裁決をする場合について準用する。

一　開示決定に対する**第三者**からの審査請求を**却下**し、又は**棄却**する裁決

二　審査請求に係る開示決定等【6】を**変更**し、当該審査請求に係る行政文書を**開示する旨の裁決**【7】

2　**開示決定等**又は**開示請求に係る不作為についての審査請求**については、政令で定めるところにより、行政不服審査法第４条の規定の**特例**を設けることができる。

（訴訟の移送の特例）

第21条　行政事件訴訟法（昭和37年法律第139号）第12条第４項の規定により同項に規定する**特定管轄裁判所**に開示決定等の取消しを求める訴訟又は開示決定等若しくは開示請求に係る不作為に係る審査請求に対する裁決の取消しを求める訴訟【8】が提起された場合においては、同法第12条第５項の規定にかかわらず、他の裁判所に同一又は同種若しくは類似の行政文書に係る開示決定等又は開示決定等若しくは開示請求に係る不作為に係る審査請求に対する裁決に係る抗告訴訟【9】が係属しているときは、当該特定管轄裁判所は、当事者の住所又は所在地、尋問を受

【1】　審査請求に対する裁決をすべき行政機関の長が会計検査院の長である場合にあっては、別に法律で定める審査会

【2】　当該行政文書の開示について反対意見書が提出されている場合を除く。

【3】　行政不服審査法第13条第４項に規定する参加人をいう。以下この項及び次条第１項第２号において同じ。

【4】　開示請求者が審査請求人又は参加人である場合を除く。

【5】　当該第三者が審査請求人又は参加人である場合を除く。

【6】　開示請求に係る行政文書の全部を開示する旨の決定を除く。

【7】　第三者である参加人が当該行政文書の開示に反対の意思を表示している場合に限る。

【8】　次項及び附則第２項において「情報公開訴訟」という。

【9】　同法第３条第１項に規定する抗告訴訟をいう。次項において同じ。

けるべき証人の住所、争点又は証拠の共通性その他の事情を考慮して、**相当**と認めるときは、**申立て**により又は**職権**で、訴訟の全部又は一部について、当該他の裁判所又は同法第12条第1項から第3項までに定める裁判所に移送することができる。

2　前項の規定は、行政事件訴訟法第12条第4項の規定により同項に規定する特定管轄裁判所に開示決定等又は開示決定等若しくは開示請求に係る不作為に係る審査請求に対する裁決に係る抗告訴訟で情報公開訴訟以外のものが提起された場合について準用する。

第4章　補則

（開示請求をしようとする者に対する情報の提供等）

第22条　**行政機関の長**は、開示請求をしようとする者が**容易かつ的確に開示請求**をすることができるよう、公文書等の管理に関する法律第7条第2項に規定するもののほか、当該行政機関が保有する行政文書の特定に資する**情報の提供**その他開示請求をしようとする者の利便を考慮した適切な措置を講ずるものとする。

2　**総務大臣**は、この法律の円滑な運用を確保するため、開示請求に関する総合的な案内所を整備するものとする。

（施行の状況の公表）

第23条　**総務大臣**は、行政機関の長に対し、この法律の施行の状況について報告を求めることができる。

2　**総務大臣**は、毎年度、前項の報告を取りまとめ、その概要を公表するものとする。

（行政機関の保有する情報の提供に関する施策の充実）

第24条　**政府**は、その保有する情報の公開の総合的な推進を図るため、行政機関の保有する情報が適時に、かつ、適切な方法で国民に明らかにされるよう、行政機関の保有する情報の提供に関する施策の充実に努めるものとする。

（地方公共団体の情報公開）

第25条　**地方公共団体**は、この法律の趣旨にのっとり、その保有する情報の公開に関し必要な施策を策定し、及びこれを実施するよう努めなければならない。

（政令への委任）

第26条　この法律に定めるもののほか、この法律の実施のため必要な事項は、政令で定める。

民　法

法律番号：明治29年法律第89号
最終改正：令和5年法律第53号

目次

第1編　総則

第1章　通則

（基本原則）

第1条　私権は、公共の福祉に適合しなければならない。

2　権利の行使及び義務の履行は、信義に従い誠実に行わなければならない。

3　**権利の濫用**は、これを許さない。

（解釈の基準）

第2条　この法律は、個人の尊厳と両性の本質的平等を旨として、解釈しなければならない。

第2章 人

第1節 権利能力

第3条 私権の享有は、出生に始まる。
2 外国人は、法令又は条約の規定により禁止される場合を除き、私権を享有する。

第2節 意思能力

第3条の2 法律行為の当事者が意思表示をした時に意思能力を有しなかったときは、その法律行為は、無効とする。

第3節 行為能力

（成年）
第4条 年齢18歳をもって、成年とする。

（未成年者の法律行為）
第5条 未成年者が法律行為をするには、その法定代理人の同意を得なければならない。ただし、単に権利を得、又は義務を免れる法律行為については、この限りでない。
2 前項の規定に反する法律行為は、取り消すことができる。
3 第1項の規定にかかわらず、法定代理人が目的を定めて処分を許した財産は、その目的の範囲内において、未成年者が自由に処分することができる。目的を定めないで処分を許した財産を処分するときも、同様とする。

（未成年者の営業の許可）
第6条 一種又は数種の営業を許された未成年者は、その営業に関しては、成年者と同一の行為能力を有する。
2 前項の場合において、未成年者がその営業に堪えることができない事由があるときは、その法定代理人は、第4編（親族）の規定に従い、その許可を取り消し、又はこれを制限することができる。

（後見開始の審判）
第7条 精神上の障害により事理を弁識する能力を欠く常況にある者については、家庭裁判所は、本人、配偶者、4親等内の親族、未成年後見人、未成年後見監督人、保佐人、保佐監督人、補助人、補助監督人又は検察官の請求により、後見開始の審判をすることができる。

（成年被後見人及び成年後見人）
第8条 後見開始の審判を受けた者は、成年被後見人とし、これに成年後見人を付する。

（成年被後見人の法律行為）
第9条 成年被後見人の法律行為は、取り消すことができる。ただし、日用品の購入その他日常生活に関する行為については、この限りでない。

（後見開始の審判の取消し）
第10条 第7条に規定する原因が消滅したときは、家庭裁判所は、本人、配偶者、4親等内の親族、後見人【1】、後見監督人【2】又は検察官の請求により、後見開始の審判を取り消さなければならない。

（保佐開始の審判）
第11条 精神上の障害により事理を弁識する能力が著しく不十分である者については、家庭裁判所は、本人、配偶者、4親等内の親族、後見人、後見監督人、補助人、補助監督人又は検察官の請求により、保佐開始の審判をすることができる。ただし、第7条に規定する原因がある者については、この限りでない。

【1】 未成年後見人及び成年後見人をいう。以下同じ。
【2】 未成年後見監督人及び成年後見監督人をいう。以下同じ。

（被保佐人及び保佐人）

第12条 保佐開始の審判を受けた者は、被保佐人とし、これに保佐人を付する。

（保佐人の同意を要する行為等）

第13条 被保佐人が次に掲げる行為をするには、その保佐人の同意を得なければならない。ただし、第9条ただし書に規定する行為については、この限りでない。

一 元本を領収し、又は利用すること。

二 借財又は保証をすること。

三 不動産その他重要な財産に関する権利の得喪を目的とする行為をすること。

四 訴訟行為をすること。

五 贈与、和解又は仲裁合意【1】をすること。

六 相続の承認若しくは放棄又は遺産の分割をすること。

七 贈与の申込みを拒絶し、遺贈を放棄し、負担付贈与の申込みを承諾し、又は負担付遺贈を承認すること。

八 新築、改築、増築又は大修繕をすること。

九 第602条に定める期間を超える賃貸借をすること。

十 前各号に掲げる行為を制限行為能力者【2】の法定代理人としてすること。

2 家庭裁判所は、第11条本文に規定する者又は保佐人若しくは保佐監督人の請求により、被保佐人が前項各号に掲げる行為以外の行為をする場合であってもその保佐人の同意を得なければならない旨の審判をすることができる。ただし、第9条ただし書に規定する行為については、この限りでない。

3 保佐人の同意を得なければならない行為について、保佐人が**被保佐人の利益を害するおそれがない**にもかかわらず同意をしないときは、家庭裁判所は、被保佐人の請求により、保佐人の同意に代わる許可を与えることができる。

4 保佐人の同意を得なければならない行為であって、その同意又はこれに代わる許可を得ないでしたものは、取り消すことができる。

（保佐開始の審判等の取消し）

第14条 第11条本文に規定する**原因が消滅**したときは、家庭裁判所は、本人、配偶者、4親等内の親族、未成年後見人、未成年後見監督人、保佐人、保佐監督人又は検察官の請求により、保佐開始の審判を取り消さなければならない。

2 家庭裁判所は、前項に規定する者の請求により、前条第2項の審判の全部又は一部を取り消すことができる。

（補助開始の審判）

第15条 精神上の障害により事理を弁識する能力が**不十分**である者については、家庭裁判所は、本人、配偶者、4親等内の親族、後見人、後見監督人、保佐人、保佐監督人又は検察官の請求により、補助開始の審判をすることができる。ただし、第7条又は第11条本文に規定する原因がある者については、この限りでない。

2 本人以外の者の請求により補助開始の審判をするには、本人の同意がなければならない。

3 補助開始の審判は、第17条第1

【1】 仲裁法（平成15年法律第138号）第2条第1項に規定する仲裁合意をいう。

【2】 未成年者、成年被後見人、被保佐人及び第17条第1項の審判を受けた被補助人をいう。以下同じ。

項の審判又は第876条の9第1項の審判とともにしなければならない。

（被補助人及び補助人）

第16条 補助開始の審判を受けた者は、被補助人とし、これに補助人を付する。

（補助人の同意を要する旨の審判等）

第17条 家庭裁判所は、第15条第1項本文に規定する者又は補助人若しくは補助監督人の請求により、被補助人が特定の法律行為をするにはその補助人の同意を得なければならない旨の審判をすることができる。ただし、その審判によりその同意を得なければならないものとすることができる行為は、**第13条第1項に規定する行為の一部**に限る。

2 本人以外の者の請求により前項の審判をするには、本人の同意がなければならない。

3 補助人の同意を得なければならない行為について、補助人が被補助人の**利益を害するおそれがない**にもかかわらず同意をしないときは、家庭裁判所は、被補助人の請求により、補助人の同意に代わる許可を与えることができる。

4 補助人の同意を得なければならない行為であって、その同意又はこれに代わる許可を得ないでしたものは、取り消すことができる。

（補助開始の審判等の取消し）

第18条 第15条第1項本文に規定する**原因が消滅**したときは、家庭裁判所は、本人、配偶者、4親等内の親族、未成年後見人、未成年後見監督人、補助人、補助監督人又は検察官の請求により、補助開始の審判を取り消さなければならない。

2 家庭裁判所は、前項に規定する者の請求により、前条第1項の審判の全部又は一部を取り消すことができる。

3 前条第1項の審判及び第876条の9第1項の審判をすべて取り消す場合には、家庭裁判所は、補助開始の審判を取り消さなければならない。

（審判相互の関係）

第19条 後見開始の審判をする場合において、本人が**被保佐人又は被補助人**であるときは、家庭裁判所は、その本人に係る保佐開始又は補助開始の審判を取り消さなければならない。

2 前項の規定は、保佐開始の審判をする場合において本人が**成年被後見人**若しくは**被補助人**であるとき、又は補助開始の審判をする場合において本人が**成年被後見人**若しくは**被保佐人**であるときについて準用する。

（制限行為能力者の相手方の催告権）

第20条 制限行為能力者の相手方は、その制限行為能力者が**行為能力者**【1】となった後、その者に対し、**1箇月以上**の期間を定めて、その期間内にその取り消すことができる行為を追認するかどうかを確答すべき旨の催告をすることができる。この場合において、その者がその期間内に確答を発しないときは、その行為を追認したものとみなす。

2 制限行為能力者の相手方が、制限行為能力者が行為能力者とならない間に、その**法定代理人**、**保佐人**又は**補助人**に対し、その権限内の行為について前項に規定する催告をした場合において、これらの者が同項の期間内に確答を発しないときも、同項後段と同様とする。

3 **特別の方式**を要する行為については、前2項の期間内にその方式を具備した旨の通知を発しないときは、

【1】 行為能力の制限を受けない者をいう。以下同じ。

その行為を取り消したものとみなす。

4　制限行為能力者の相手方は、**被保佐人**又は第17条第1項の審判を受けた**被補助人**に対しては、第1項の期間内にその保佐人又は補助人の追認を得るべき旨の催告をすることができる。この場合において、その被保佐人又は被補助人がその期間内にその追認を得た旨の通知を発しないときは、その行為を取り消したものとみなす。

（制限行為能力者の詐術）

第21条　制限行為能力者が行為能力者であることを信じさせるため詐術（さじゅつ）を用いたときは、その行為を取り消すことができない。

第4節　住所

（住所）

第22条　各人の**生活の本拠**をその者の住所とする。

（居所）

第23条　住所が知れない場合には、居所を**住所**とみなす。

2　日本に住所を有しない者は、その者が日本人又は外国人のいずれであるかを問わず、日本における居所をその者の**住所**とみなす。ただし、準拠法を定める法律に従いその者の住所地法によるべき場合は、この限りでない。

（仮住所）

第24条　ある行為について仮住所を選定したときは、その行為に関しては、その仮住所を**住所**とみなす。

第5節　不在者の財産の管理及び失踪の宣告

（不在者の財産の管理）

第25条　従来の住所又は居所を去った者【1】がその財産の**管理人**【2】を置かなかったときは、家庭裁判所は、利害関係人又は検察官の請求により、その財産の管理について必要な処分を命ずることができる。本人の不在中に管理人の権限が消滅したときも、同様とする。

2　前項の規定による命令後、本人が管理人を置いたときは、家庭裁判所は、その**管理人、利害関係人又は検察官**の請求により、その命令を取り消さなければならない。

（管理人の改任）

第26条　不在者が管理人を置いた場合において、その不在者の生死が明らかでないときは、家庭裁判所は、利害関係人又は検察官の請求により、管理人を改任することができる。

（管理人の職務）

第27条　前2条の規定により家庭裁判所が選任した管理人は、その管理すべき財産の目録を作成しなければならない。この場合において、その費用は、不在者の財産の中から支弁する。

2　不在者の生死が明らかでない場合において、利害関係人又は検察官の請求があるときは、家庭裁判所は、不在者が置いた管理人にも、前項の目録の作成を命ずることができる。

3　前2項に定めるもののほか、家庭裁判所は、管理人に対し、不在者の**財産の保存に必要と認める処分**を命ずることができる。

（管理人の権限）

第28条　管理人は、第103条に規定する権限を超える行為を必要とするときは、**家庭裁判所の許可**を得て、その行為をすることができる。不在

【1】　以下「不在者」という。
【2】　以下この節において単に「管理人」という。

者の生死が明らかでない場合において、その管理人が不在者が定めた権限を超える行為を必要とするときも、同様とする。

（管理人の担保提供及び報酬）

第29条　家庭裁判所は、管理人に財産の管理及び返還について相当の担保を立てさせることができる。

2　家庭裁判所は、管理人と不在者との関係その他の事情により、不在者の財産の中から、相当な報酬を管理人に与えることができる。

（失踪の宣告）

第30条　不在者の生死が7年間明らかでないときは、家庭裁判所は、利害関係人の請求により、失踪の宣告をすることができる。

2　戦地に臨んだ者、沈没した船舶の中に在った者その他死亡の原因となるべき危難に遭遇した者の生死が、それぞれ、戦争が止んだ後、船舶が沈没した後又はその他の危難が去った後1年間明らかでないときも、前項と同様とする。

（失踪の宣告の効力）

第31条　前条第1項の規定により失踪の宣告を受けた者は同項の期間が満了した時に、同条第2項の規定により失踪の宣告を受けた者はその危難が去った時に、死亡したものとみなす。

（失踪の宣告の取消し）

第32条　失踪者が生存すること又は前条に規定する時と異なる時に死亡したことの証明があったときは、家庭裁判所は、本人又は利害関係人の請求により、失踪の宣告を取り消さなければならない。この場合において、その取消しは、失踪の宣告後その取消し前に善意でした行為の効力に影響を及ぼさない。

2　失踪の宣告によって財産を得た者は、その取消しによって権利を失う。ただし、現に利益を受けている限度においてのみ、その財産を返還する義務を負う。

第6節　同時死亡の推定

第32条の2　数人の者が死亡した場合において、そのうちの1人が他の者の死亡後になお生存していたことが明らかでないときは、これらの者は、同時に死亡したものと推定する。

第3章　法人

（法人の成立等）

第33条　法人は、この法律その他の法律の規定によらなければ、成立しない。

2　学術、技芸、慈善、祭祀、宗教その他の公益を目的とする法人、営利事業を営むことを目的とする法人その他の法人の設立、組織、運営及び管理については、この法律その他の法律の定めるところによる。

（法人の能力）

第34条　法人は、法令の規定に従い、定款その他の基本約款で定められた目的の範囲内において、権利を有し、義務を負う。

（外国法人）

第35条　外国法人は、国、国の行政区画及び外国会社を除き、その成立を認許しない。ただし、法律又は条約の規定により認許された外国法人は、この限りでない。

2　前項の規定により認許された外国法人は、日本において成立する同種の法人と同一の私権を有する。ただし、外国人が享有することのできない権利及び法律又は条約中に特別の規定がある権利については、この限りでない。

（登記）

第36条　**法人**及び**外国法人**は、この法律その他の法令の定めるところにより、登記をするものとする。

（外国法人の登記）

第37条　外国法人【1】が日本に事務所を設けたときは、**3週間以内**に、その事務所の所在地において、次に掲げる事項を登記しなければならない。

一　外国法人の設立の**準拠法**

二　**目的**

三　**名称**

四　事務所の**所在場所**

五　**存続期間**を定めたときは、その定め

六　**代表者**の氏名及び住所

2　前項各号に掲げる事項に変更を生じたときは、**3週間以内**に、変更の登記をしなければならない。この場合において、登記前にあっては、その変更をもって第三者に対抗することができない。

3　代表者の職務の執行を停止し、若しくはその職務を代行する者を選任する仮処分命令又はその仮処分命令を変更し、若しくは取り消す決定がされたときは、その登記をしなければならない。この場合においては、前項後段の規定を準用する。

4　前2項の規定により登記すべき事項が外国において生じたときは、登記の期間は、その通知が到達した日から起算する。

5　外国法人が初めて日本に事務所を設けたときは、その事務所の所在地において登記するまでは、第三者は、その法人の成立を否認することができる。

6　外国法人が事務所を移転したときは、旧所在地においては**3週間以内**に移転の登記をし、新所在地においては**4週間以内**に第1項各号に掲げる事項を登記しなければならない。

7　同一の登記所の管轄区域内において事務所を移転したときは、その移転を登記すれば足りる。

8　外国法人の代表者が、この条に規定する登記を怠ったときは、50万円以下の過料に処する。

第38条から第84条まで　削除

第4章　物

（定義）

第85条　この法律において「物」とは、有体物をいう。

（不動産及び動産）

第86条　**土地**及びその**定着物**は、不動産とする。

2　不動産以外の物は、すべて動産とする。

（主物及び従物）

第87条　物の所有者が、その物の**常用**に供するため、自己の所有に属する他の物をこれに附属させたときは、その附属させた物を従物とする。

2　従物は、主物の処分に従う。

（天然果実及び法定果実）

第88条　物の用法に従い収取する産出物を天然果実とする。

2　物の使用の対価として受けるべき金銭その他の物を法定果実とする。

（果実の帰属）

第89条　天然果実は、その元**物から分離**する時に、これを収取する権利を有する者に帰属する。

2　法定果実は、これを収取する権利の**存続期間**に応じて、日割計算によりこれを取得する。

【1】　第35条第1項ただし書に規定する外国法人に限る。以下この条において同じ。

第5章　法律行為

第1節　総則

（公序良俗）
第90条　公の秩序又は善良の風俗に反する法律行為は、無効とする。

（任意規定と異なる意思表示）
第91条　法律行為の当事者が法令中の公の秩序に関しない規定と異なる意思を表示したときは、その意思に従う。

（任意規定と異なる慣習）
第92条　法令中の公の秩序に関しない規定と異なる慣習がある場合において、法律行為の当事者がその慣習による意思を有しているものと認められるときは、その慣習に従う。

第2節　意思表示

（心裡留保）
第93条　意思表示は、表意者がその真意ではないことを知ってしたときであっても、そのためにその効力を妨げられない。ただし、相手方がその意思表示が表意者の真意ではないことを知り、又は知ることができたときは、その意思表示は、無効とする。

2　前項ただし書の規定による意思表示の無効は、善意の第三者に対抗することができない。

（虚偽表示）
第94条　相手方と通じてした虚偽の意思表示は、無効とする。

2　前項の規定による意思表示の無効は、善意の第三者に対抗することができない。

（錯誤）
第95条　意思表示は、次に掲げる錯誤に基づくものであって、その錯誤が法律行為の目的及び取引上の社会通念に照らして重要なものであるときは、取り消すことができる。

一　意思表示に対応する意思を欠く錯誤

二　表意者が法律行為の基礎とした事情についてのその認識が真実に反する錯誤

2　前項第2号の規定による意思表示の取消しは、その事情が法律行為の基礎とされていることが表示されていたときに限り、することができる。

3　錯誤が表意者の重大な過失によるものであった場合には、次に掲げる場合を除き、第1項の規定による意思表示の取消しをすることができない。

一　相手方が表意者に錯誤があることを知り、又は重大な過失によって知らなかったとき。

二　相手方が表意者と同一の錯誤に陥っていたとき。

4　第1項の規定による意思表示の取消しは、善意でかつ過失がない第三者に対抗することができない。

（詐欺又は強迫）
第96条　詐欺又は強迫による意思表示は、取り消すことができる。

2　相手方に対する意思表示について第三者が詐欺を行った場合においては、相手方がその事実を知り、又は知ることができたときに限り、その意思表示を取り消すことができる。

3　前2項の規定による詐欺による意思表示の取消しは、善意でかつ過失がない第三者に対抗することができない。

（意思表示の効力発生時期等）
第97条　意思表示は、その通知が相手方に到達した時からその効力を生ずる。

2　相手方が正当な理由なく意思表示の通知が到達することを妨げたとき

は、その通知は、通常到達すべきであった時に到達したものとみなす。

3　意思表示は、表意者が通知を発した後に**死亡**し、**意思能力を喪失**し、又は**行為能力の制限**を受けたときであっても、そのためにその効力を妨げられない。

(公示による意思表示)

第98条　意思表示は、表意者が**相手方**を知ることができず、又は**その所在**を知ることができないときは、公示の方法によってすることができる。

2　前項の公示は、公示送達に関する民事訴訟法(平成8年法律第109号)の規定に従い、次の各号に掲げる区分に応じ、それぞれ当該各号に定める事項を不特定多数の者が閲覧することができる状態に置くとともに、当該事項が記載された書面を裁判所の掲示場に掲示し、又は当該事項を裁判所に設置した電子計算機【1】の映像面に表示したものの閲覧をすることができる状態に置く措置をとり、かつ、その措置がとられたことを官報に少なくとも1回掲載して行う。ただし、裁判所は、**相当**と認めるときは、官報への掲載に代えて、市役所、区役所、町村役場又はこれらに準ずる施設の掲示場に掲示すべきことを命ずることができる。

一　**書類の公示による意思表示**　裁判所書記官が意思表示を記載した書類を保管し、いつでも相手方に交付すべきこと。

二　**電磁的記録【2】の公示による意思表示**　裁判所書記官が、裁判所の使用に係る電子計算機に備えられたファイルに記録された電磁的記録に記録されている意思表示に係る事項につき、いつでも相手方にその事項を出力することにより作成した書面を交付し、又は閲覧若しくは記録をすることができる措置をとるとともに、相手方に対し、裁判所の使用に係る電子計算機と相手方の使用に係る電子計算機とを電気通信回線で接続した電子情報処理組織を使用して当該措置がとられた旨の通知を発すべきこと。

3　公示による意思表示は、最後に官報に掲載した日又はその掲載に代わる掲示を始めた日から2週間を経過した時に、相手方に到達したものとみなす。ただし、表意者が相手方を知らないこと又はその所在を知らないことについて過失があったときは、到達の効力を生じない。

4　公示に関する手続は、相手方を知ることができない場合には**表意者の住所地**の、相手方の所在を知ることができない場合には**相手方の最後の住所地**の簡易裁判所の管轄に属する。

5　裁判所は、表意者に、公示に関する費用を予納させなければならない。

(意思表示の受領能力)

第98条の2　意思表示の相手方がその意思表示を受けた時に意思能力を有しなかったとき又は未成年者若しくは成年被後見人であったときは、その意思表示をもってその相手方に対抗することができない。ただし、次に掲げる者がその意思表示を知った後は、この限りでない。

一　相手方の法定代理人

二　意思能力を回復し、又は行為能力者となった相手方

【1】　入出力装置を含む。以下この項において同じ。

【2】　電子的方式、磁気的方式その他人の知覚によっては認識することができない方式で作られる記録であって、電子計算機による情報処理の用に供されるものをいう。以下同じ。

第3節　代理

（代理行為の要件及び効果）

第99条　代理人がその権限内において本人のためにすることを示してした意思表示は、本人に対して直接にその効力を生ずる。

2　前項の規定は、第三者が代理人に対してした意思表示について準用する。

（本人のためにすることを示さない意思表示）

第100条　代理人が本人のためにすることを示さないでした意思表示は、自己のためにしたものとみなす。ただし、相手方が、代理人が本人のためにすることを知り、又は知ることができたときは、前条第1項の規定を準用する。

（代理行為の瑕疵）

第101条　代理人が相手方に対してした意思表示の効力が意思の不存在、錯誤、詐欺、強迫又はある事情を知っていたこと若しくは知らなかったことにつき過失があったことによって影響を受けるべき場合には、その事実の有無は、代理人について決するものとする。

2　相手方が代理人に対してした意思表示の効力が意思表示を受けた者がある事情を知っていたこと又は知らなかったことにつき過失があったことによって影響を受けるべき場合には、その事実の有無は、代理人について決するものとする。

3　特定の法律行為をすることを委託された代理人がその行為をしたときは、本人は、自ら知っていた事情について代理人が知らなかったことを主張することができない。本人が過失によって知らなかった事情についても、同様とする。

（代理人の行為能力）

第102条　制限行為能力者が代理人としてした行為は、行為能力の制限によっては取り消すことができない。ただし、制限行為能力者が他の制限行為能力者の法定代理人としてした行為については、この限りでない。

（権限の定めのない代理人の権限）

第103条　権限の定めのない代理人は、次に掲げる行為のみをする権限を有する。

一　保存行為

二　代理の目的である物又は権利の性質を変えない範囲内において、その利用又は改良を目的とする行為

（任意代理人による復代理人の選任）

第104条　委任による代理人は、本人の許諾を得たとき、又はやむを得ない事由があるときでなければ、復代理人を選任することができない。

（法定代理人による復代理人の選任）

第105条　法定代理人は、自己の責任で復代理人を選任することができる。この場合において、やむを得ない事由があるときは、本人に対してその選任及び監督についての責任のみを負う。

（復代理人の権限等）

第106条　復代理人は、その権限内の行為について、本人を代表する。

2　復代理人は、本人及び第三者に対して、その権限の範囲内において、代理人と同一の権利を有し、義務を負う。

（代理権の濫用）

第107条　代理人が自己又は第三者の利益を図る目的で代理権の範囲内の行為をした場合において、相手方がその目的を知り、又は知ることができたときは、その行為は、代理権を有しない者がした行為とみなす。

（自己契約及び双方代理等）

第108条　同一の法律行為について、**相手方の代理人**として、又は当事者**双方の代理人**としてした行為は、代理権を有しない者がした行為とみなす。ただし、債務の履行及び本人があらかじめ許諾した行為については、この限りでない。

2　前項本文に規定するもののほか、代理人と本人との**利益が相反する**行為については、代理権を有しない者がした行為とみなす。ただし、本人があらかじめ許諾した行為については、この限りでない。

（代理権授与の表示による表見代理等）

第109条　第三者に対して他人に代理権を与えた旨を**表示**した者は、その代理権の範囲内においてその他人が第三者との間でした行為について、その責任を負う。ただし、第三者が、その他人が代理権を与えられていないことを知り、又は過失によって知らなかったときは、この限りでない。

2　第三者に対して他人に代理権を与えた旨を表示した者は、その代理権の範囲内においてその他人が第三者との間で行為をしたとすれば前項の規定によりその責任を負うべき場合において、その他人が第三者との間でその**代理権の範囲外**の行為をしたときは、第三者がその行為についてその他人の代理権があると信ずべき正当な理由があるときに限り、その行為についての責任を負う。

（権限外の行為の表見代理）

第110条　前条第１項本文の規定は、代理人がその**権限外の行為**をした場合において、第三者が代理人の権限があると信ずべき正当な理由があるときについて準用する。

（代理権の消滅事由）

第111条　代理権は、次に掲げる事由によって消滅する。

一　本人の死亡

二　代理人の死亡又は代理人が破産手続開始の決定若しくは**後見開始の審判**を受けたこと。

2　委任による代理権は、前項各号に掲げる事由のほか、委任の終了によって消滅する。

（代理権消滅後の表見代理等）

第112条　他人に代理権を与えた者は、代理権の**消滅後**にその代理権の範囲内においてその他人が第三者との間でした行為について、代理権の消滅の事実を知らなかった第三者に対してその責任を負う。ただし、第三者が過失によってその事実を知らなかったときは、この限りでない。

2　他人に代理権を与えた者は、代理権の消滅後に、その代理権の範囲内においてその他人が第三者との間で行為をしたとすれば前項の規定によりその責任を負うべき場合において、その他人が第三者との間でその**代理権の範囲外**の行為をしたときは、第三者がその行為についてその他人の代理権があると信ずべき正当な理由があるときに限り、その行為についての責任を負う。

（無権代理）

第113条　**代理権を有しない者**が他人の代理人としてした契約は、本人がその追認をしなければ、本人に対してその効力を生じない。

2　追認又はその拒絶は、相手方に対してしなければ、その相手方に対抗することができない。ただし、相手方がその事実を知ったときは、この限りでない。

（無権代理の相手方の催告権）

第114条　前条の場合において、相手方は、本人に対し、**相当の期間**を定めて、その期間内に**追認**をするかどうかを確答すべき旨の催告をすることができる。この場合において、本人がその期間内に確答をしないときは、追認を拒絶したものとみなす。

（無権代理の相手方の取消権）

第115条　代理権を有しない者がした契約は、本人が追認をしない間は、相手方が取り消すことができる。ただし、契約の時において代理権を有しないことを相手方が知っていたときは、この限りでない。

（無権代理行為の追認）

第116条　追認は、別段の意思表示がないときは、契約の時にさかのぼってその効力を生ずる。ただし、第三者の権利を害することはできない。

（無権代理人の責任）

第117条　他人の代理人として契約をした者は、自己の代理権を証明したとき、又は本人の追認を得たときを除き、相手方の選択に従い、相手方に対して履行又は損害賠償の責任を負う。

2　前項の規定は、次に掲げる場合には、適用しない。

一　他人の代理人として契約をした者が代理権を有しないことを相手方が知っていたとき。

二　他人の代理人として契約をした者が代理権を有しないことを相手方が過失によって知らなかったとき。ただし、他人の代理人として契約をした者が自己に代理権がないことを知っていたときは、この限りでない。

三　他人の代理人として契約をした者が行為能力の制限を受けていたとき。

（単独行為の無権代理）

第118条　単独行為については、その行為の時において、相手方が、代理人と称する者が代理権を有しないで行為をすることに同意し、又はその代理権を争わなかったときに限り、第113条から前条までの規定を準用する。代理権を有しない者に対しその同意を得て単独行為をしたときも、同様とする。

第4節　無効及び取消し

（無効な行為の追認）

第119条　無効な行為は、追認によっても、その効力を生じない。ただし、当事者がその行為の無効であることを知って追認をしたときは、新たな行為をしたものとみなす。

（取消権者）

第120条　行為能力の制限によって取り消すことができる行為は、制限行為能力者【1】又はその代理人、承継人若しくは同意をすることができる者に限り、取り消すことができる。

2　錯誤、詐欺又は強迫によって取り消すことができる行為は、瑕疵（かし）ある意思表示をした者又はその代理人若しくは承継人に限り、取り消すことができる。

（取消しの効果）

第121条　取り消された行為は、初めから無効であったものとみなす。

（原状回復の義務）

第121条の2　無効な行為に基づく債務の履行として給付を受けた者は、相手方を原状に復させる義務を負う。

2　前項の規定にかかわらず、無効な無償行為に基づく債務の履行として給付を受けた者は、給付を受けた当時その行為が無効であること【2】を

【1】　他の制限行為能力者の法定代理人としてした行為にあっては、当該他の制限行為能力者を含む。

【2】　給付を受けた後に前条の規定により初めから無効であったものとみなされた行為にあっては、給付を受けた当時その行為が取り消すことができるもので

知らなかったときは、その行為によって現に利益を受けている限度において、返還の義務を負う。

3　第1項の規定にかかわらず、行為の時に意思能力を有しなかった者は、その行為によって現に利益を受けている限度において、返還の義務を負う。行為の時に制限行為能力者であった者についても、同様とする。

（取り消すことができる行為の追認）

第122条　取り消すことができる行為は、第120条に規定する者が追認したときは、以後、取り消すことができない。

（取消し及び追認の方法）

第123条　取り消すことができる行為の相手方が確定している場合には、その取消し又は追認は、相手方に対する意思表示によってする。

（追認の要件）

第124条　取り消すことができる行為の追認は、取消しの原因となっていた状況が消滅し、かつ、取消権を有することを知った後にしなければ、その効力を生じない。

2　次に掲げる場合には、前項の追認は、取消しの原因となっていた状況が消滅した後にすることを要しない。

一　法定代理人又は制限行為能力者の保佐人若しくは補助人が追認をするとき。

二　制限行為能力者【1】が法定代理人、保佐人又は補助人の同意を得て追認をするとき。

（法定追認）

第125条　追認をすることができる時以後に、取り消すことができる行為について次に掲げる事実があったときは、追認をしたものとみなす。ただし、異議をとどめたときは、この限りでない。

一　全部又は一部の履行

二　履行の請求

三　更改

四　担保の供与

五　取り消すことができる行為によって取得した権利の全部又は一部の譲渡

六　強制執行

（取消権の期間の制限）

第126条　取消権は、追認をすることができる時から5年間行使しないときは、時効によって消滅する。行為の時から20年を経過したときも、同様とする。

第5節　条件及び期限

（条件が成就した場合の効果）

第127条　停止条件付法律行為は、停止条件が成就した時からその効力を生ずる。

2　解除条件付法律行為は、解除条件が成就した時からその効力を失う。

3　当事者が条件が成就した場合の効果をその成就した時以前にさかのぼらせる意思を表示したときは、その意思に従う。

（条件の成否未定の間における相手方の利益の侵害の禁止）

第128条　条件付法律行為の各当事者は、条件の成否が未定である間は、条件が成就した場合にその法律行為から生ずべき相手方の利益を害することができない。

（条件の成否未定の間における権利の処分等）

第129条　条件の成否が未定である間における当事者の権利義務は、一般の規定に従い、処分し、相続し、若しくは保存し、又はそのために担保を供することができる。

（条件の成就の妨害等）

第130条　条件が成就することによっ

あること

【1】　成年被後見人を除く。

て**不利益**を受ける当事者が故意にその条件の成就を妨げたときは、相手方は、その条件が成就したものとみなすことができる。
2　条件が成就することによって**利益**を受ける当事者が不正にその条件を**成就**させたときは、相手方は、その条件が成就しなかったものとみなすことができる。

（既成条件）
第131条　条件が法律行為の時に既に成就していた場合において、その条件が停止条件であるときはその法律行為は**無条件**とし、その条件が解除条件であるときはその法律行為は**無効**とする。
2　条件が成就しないことが法律行為の時に既に確定していた場合において、その条件が停止条件であるときはその法律行為は**無効**とし、その条件が解除条件であるときはその法律行為は**無条件**とする。
3　前2項に規定する場合において、当事者が条件が成就したこと又は成就しなかったことを**知らない間**は、第128条及び第129条の規定を準用する。

（不法条件）
第132条　不法な条件を付した法律行為は、**無効**とする。不法な行為をしないことを条件とするものも、同様とする。

（不能条件）
第133条　不能の停止条件を付した法律行為は、**無効**とする。
2　不能の解除条件を付した法律行為は、**無条件**とする。

（随意条件）
第134条　停止条件付法律行為は、その条件が単に債務者の意思のみに係るときは、**無効**とする。

（期限の到来の効果）
第135条　法律行為に始期を付したときは、その法律行為の履行は、**期限が到来**するまで、これを請求することができない。
2　法律行為に終期を付したときは、その法律行為の効力は、期限が到来した時に**消滅**する。

（期限の利益及びその放棄）
第136条　期限は、債務者の利益のために定めたものと推定する。
2　期限の利益は、放棄することができる。ただし、これによって相手方の利益を害することはできない。

（期限の利益の喪失）
第137条　次に掲げる場合には、債務者は、期限の利益を主張することができない。
一　債務者が破産手続開始の決定を受けたとき。
二　債務者が**担保**を滅失させ、損傷させ、又は減少させたとき。
三　債務者が担保を供する義務を負う場合において、これを供しないとき。

第6章　期間の計算

（期間の計算の通則）
第138条　期間の計算方法は、法令若しくは裁判上の命令に**特別の定め**がある場合又は法律行為に**別段の定め**がある場合を除き、この章の規定に従う。

（期間の起算）
第139条　**時間**によって期間を定めたときは、その期間は、即時から起算する。
第140条　**日**、**週**、**月**又は**年**によって期間を定めたときは、期間の初日は、算入しない。ただし、その期間が午前0時から始まるときは、この限りでない。

民法

（期間の満了）
第141条 前条の場合には、期間は、その末日の終了をもって満了する。
第142条 期間の末日が日曜日、国民の祝日に関する法律（昭和23年法律第178号）に規定する休日その他の**休日**に当たるときは、その日に取引をしない慣習がある場合に限り、期間は、その翌日に満了する。
（暦による期間の計算）
第143条 **週**、**月**又は**年**によって期間を定めたときは、その期間は、暦に従って計算する。
2 週、月又は年の初めから期間を起算しないときは、その期間は、最後の週、月又は年においてその**起算日に応当**する日の前日に満了する。ただし、月又は年によって期間を定めた場合において、最後の月に応当する日がないときは、その月の末日に満了する。

第7章 時効

第1節 総則

（時効の効力）
第144条 時効の効力は、その起算日にさかのぼる。
（時効の援用）
第145条 時効は、当事者【1】が援用しなければ、裁判所がこれによって裁判をすることができない。
（時効の利益の放棄）
第146条 時効の利益は、あらかじめ放棄することができない。
（裁判上の請求等による時効の完成猶予及び更新）
第147条 次に掲げる事由がある場合には、その事由が終了する【2】までの間は、時効は、完成しない。
一 **裁判上の請求**
二 **支払督促**
三 民事訴訟法第275条第1項の**和解**又は民事調停法（昭和26年法律第222号）若しくは家事事件手続法（平成23年法律第52号）による**調停**
四 **破産手続参加**、**再生手続参加**又は**更生手続参加**
2 前項の場合において、確定判決又は確定判決と同一の効力を有するものによって**権利が確定**したときは、時効は、同項各号に掲げる事由が終了した時から新たにその進行を始める。
（強制執行等による時効の完成猶予及び更新）
第148条 次に掲げる事由がある場合には、その事由が終了する【3】までの間は、時効は、完成しない。
一 **強制執行**
二 **担保権の実行**
三 民事執行法（昭和54年法律第4号）第195条に規定する担保権の実行としての競売の例による**競売**
四 民事執行法第196条に規定する財産開示手続又は同法第204条に規定する**第三者からの情報取得手続**
2 前項の場合には、時効は、同項各号に掲げる事由が**終了**した時から新たにその進行を始める。ただし、申立ての取下げ又は法律の規定に従わ

【1】 消滅時効にあっては、保証人、物上保証人、第三取得者その他権利の消滅について正当な利益を有する者を含む。

【2】 確定判決又は確定判決と同一の効力を有するものによって権利が確定することなくその事由が終了した場合にあっては、その終了の時から6箇月を経過する

【3】 申立ての取下げ又は法律の規定に従わないことによる取消しによってその事由が終了した場合にあっては、その終了の時から6箇月を経過する

ないことによる取消しによってその事由が終了した場合は、この限りでない。

（仮差押え等による時効の完成猶予）

第149条　次に掲げる事由がある場合には、その事由が終了した時から6箇月を経過するまでの間は、時効は、完成しない。

一　**仮差押え**

二　**仮処分**

（催告による時効の完成猶予）

第150条　催告があったときは、その時から6箇月を経過するまでの間は、時効は、完成しない。

2　催告によって時効の完成が猶予されている間にされた再度の催告は、前項の規定による時効の完成猶予の効力を有しない。

（協議を行う旨の合意による時効の完成猶予）

第151条　権利についての協議を行う旨の合意が書面でされたときは、次に掲げる時の**いずれか早い時**までの間は、時効は、完成しない。

一　その合意があった時から**1年**を経過した時

二　その合意において当事者が協議を行う期間【1】を定めたときは、**その期間**を経過した時

三　当事者の一方から相手方に対して協議の続行を拒絶する旨の通知が書面でされたときは、その通知の時から**6箇月**を経過した時

2　前項の規定により時効の完成が猶予されている間にされた再度の同項の合意は、同項の規定による時効の完成猶予の効力を有する。ただし、その効力は、時効の完成が猶予されなかったとすれば時効が完成すべき時から通じて5年を超えることができない。

3　催告によって時効の完成が猶予されている間にされた第1項の合意は、同項の規定による時効の完成猶予の効力を有しない。同項の規定により時効の完成が猶予されている間にされた催告についても、同様とする。

4　第1項の合意がその内容を記録した電磁的記録によってされたときは、その合意は、書面によってされたものとみなして、前3項の規定を適用する。

5　前項の規定は、第1項第3号の通知について準用する。

【1】1年に満たないものに限る。

（承認による時効の更新）

第152条　時効は、権利の承認があったときは、その時から**新たに**その**進行**を始める。

2　前項の承認をするには、相手方の権利についての処分につき**行為能力**の制限を受けていないこと又は**権限**があることを要しない。

（時効の完成猶予又は更新の効力が及ぶ者の範囲）

第153条　第147条又は第148条の規定による時効の完成猶予又は更新は、完成猶予又は更新の事由が生じた当事者及びその承継人の間においてのみ、その効力を有する。

2　第149条から第151条までの規定による時効の完成猶予は、完成猶予の事由が生じた当事者及びその承継人の間においてのみ、その効力を有する。

3　前条の規定による時効の更新は、更新の事由が生じた当事者及びその承継人の間においてのみ、その効力を有する。

第154条　第148条第1項各号又は第149条各号に掲げる事由に係る手続は、時効の利益を受ける者に対してしないときは、その者に通知をした後でなければ、第148条又は第149条の規定による時効の完成猶予又は

更新の効力を生じない。

第155条から第157条まで 削除

（未成年者又は成年被後見人と時効の完成猶予）

第158条 時効の期間の満了前6箇月以内の間に未成年者又は成年被後見人に**法定代理人**がないときは、その未成年者若しくは成年被後見人が行為能力者となった時又は法定代理人が就職した時から**6箇月**を経過するまでの間は、その未成年者又は成年被後見人に対して、時効は、完成しない。

2 未成年者又は成年被後見人がその財産を管理する父、母又は後見人に対して権利を有するときは、その未成年者若しくは成年被後見人が**行為能力者**となった時又は後任の法定代理人が就職した時から**6箇月**を経過するまでの間は、その権利について、時効は、完成しない。

（夫婦間の権利の時効の完成猶予）

第159条 夫婦の一方が他の一方に対して有する権利については、婚姻の解消の時から**6箇月**を経過するまでの間は、時効は、完成しない。

（相続財産に関する時効の完成猶予）

第160条 相続財産に関しては、相続人が確定した時、管理人が選任された時又は破産手続開始の決定があった時から**6箇月**を経過するまでの間は、時効は、完成しない。

（天災等による時効の完成猶予）

第161条 時効の期間の満了の時に当たり、天災その他避けることのできない事変のため第147条第1項各号又は第148条第1項各号に掲げる事由に係る手続を行うことができないときは、その障害が消滅した時から**3箇月**を経過するまでの間は、時効は、完成しない。

第2節 取得時効

（所有権の取得時効）

第162条 **20年間**、所有の意思をもって、平穏に、かつ、公然と他人の物を占有した者は、その所有権を取得する。

2 **10年間**、所有の意思をもって、平穏に、かつ、公然と他人の物を占有した者は、その占有の開始の時に、**善意**であり、かつ、**過失**がなかったときは、その所有権を取得する。

（所有権以外の財産権の取得時効）

第163条 所有権以外の財産権を、自己のためにする意思をもって、平穏に、かつ、公然と行使する者は、前条の区別に従い20年又は10年を経過した後、その権利を取得する。

（占有の中止等による取得時効の中断）

第164条 第162条の規定による時効は、占有者が任意にその**占有を中止**し、又は他人によってその**占有を奪われた**ときは、中断する。

第165条 前条の規定は、第163条の場合について準用する。

第3節 消滅時効

（債権等の消滅時効）

第166条 債権は、次に掲げる場合には、時効によって消滅する。

一 債権者が権利を行使することができることを知った時から5年間行使しないとき。

二 権利を行使することができる時から10年間行使しないとき。

2 債権又は所有権以外の財産権は、権利を行使することができる時から20年間行使しないときは、時効によって消滅する。

3 前2項の規定は、始期付権利又は停止条件付権利の目的物を占有する第三者のために、その**占有の開始の**

時から取得時効が進行することを妨げない。ただし、権利者は、その時効を更新するため、いつでも占有者の承認を求めることができる。

（人の生命又は身体の侵害による損害賠償請求権の消滅時効）

第167条 人の生命又は身体の侵害による損害賠償請求権の消滅時効についての前条第1項第2号の規定の適用については、同号中「10年間」とあるのは、「20年間」とする。

（定期金債権の消滅時効）

第168条 定期金の債権は、次に掲げる場合には、時効によって消滅する。

一 債権者が定期金の債権から生ずる金銭その他の物の給付を目的とする各債権を行使することができることを知った時から10年間行使しないとき。

二 前号に規定する各債権を行使することができる時から20年間行使しないとき。

2 定期金の債権者は、時効の更新の証拠を得るため、いつでも、その債務者に対して承認書の交付を求めることができる。

（判決で確定した権利の消滅時効）

第169条 確定判決又は確定判決と同一の効力を有するものによって確定した権利については、10年より短い時効期間の定めがあるものであっても、その時効期間は、10年とする。

2 前項の規定は、確定の時に弁済期の到来していない債権については、適用しない。

第170条から第174条まで 削除

第2編 物権

第1章 総則

（物権の創設）

第175条 物権は、この法律その他の法律に定めるもののほか、創設することができない。

（物権の設定及び移転）

第176条 物権の設定及び移転は、当事者の意思表示のみによって、その効力を生ずる。

（不動産に関する物権の変動の対抗要件）

第177条 不動産に関する物権の得喪及び変更は、不動産登記法（平成16年法律第123号）その他の登記に関する法律の定めるところに従いその登記をしなければ、第三者に対抗することができない。

（動産に関する物権の譲渡の対抗要件）

第178条 動産に関する物権の譲渡は、その動産の引渡しがなければ、第三者に対抗することができない。

（混同）

第179条 同一物について所有権及び他の物権が同一人に帰属したときは、当該他の物権は、消滅する。ただし、その物又は当該他の物権が第三者の権利の目的であるときは、この限りでない。

2 所有権以外の物権及びこれを目的とする他の権利が同一人に帰属したときは、当該他の権利は、消滅する。この場合においては、前項ただし書の規定を準用する。

3 前2項の規定は、占有権については、適用しない。

第2章 占有権

第1節 占有権の取得

（占有権の取得）

第180条 占有権は、自己のためにする意思をもって物を所持することによって取得する。

（代理占有）

第181条 占有権は、代理人によって取得することができる。

（現実の引渡し及び簡易の引渡し）

第182条　占有権の譲渡は、占有物の引渡しによってする。

2　譲受人又はその代理人が現に占有物を所持する場合には、占有権の譲渡は、当事者の意思表示のみによってすることができる。

（占有改定）

第183条　代理人が自己の占有物を以後本人のために占有する意思を表示したときは、本人は、これによって占有権を取得する。

（指図による占有移転）

第184条　代理人によって占有をする場合において、本人がその代理人に対して以後第三者のためにその物を占有することを命じ、その第三者がこれを承諾したときは、その第三者は、占有権を取得する。

（占有の性質の変更）

第185条　権原の性質上占有者に所有の意思がないものとされる場合には、その占有者が、自己に占有をさせた者に対して所有の意思があることを表示し、又は新たな権原により更に所有の意思をもって占有を始めるのでなければ、占有の性質は、変わらない。

（占有の態様等に関する推定）

第186条　占有者は、所有の意思をもって、善意で、平穏に、かつ、公然と占有をするものと推定する。

2　前後の両時点において占有をした証拠があるときは、占有は、その間継続したものと推定する。

（占有の承継）

第187条　占有者の承継人は、その選択に従い、自己の占有のみを主張し、又は自己の占有に前の占有者の占有を併せて主張することができる。

2　前の占有者の占有を併せて主張する場合には、その瑕疵（かし）をも承継する。

第2節　占有権の効力

（占有物について行使する権利の適法の推定）

第188条　占有者が占有物について行使する権利は、適法に有するものと推定する。

（善意の占有者による果実の取得等）

第189条　善意の占有者は、占有物から生ずる果実を取得する。

2　善意の占有者が本権の訴えにおいて敗訴したときは、その訴えの提起の時から悪意の占有者とみなす。

（悪意の占有者による果実の返還等）

第190条　悪意の占有者は、果実を返還し、かつ、既に消費し、過失によって損傷し、又は収取を怠った果実の代価を償還する義務を負う。

2　前項の規定は、暴行若しくは強迫又は隠匿によって占有をしている者について準用する。

（占有者による損害賠償）

第191条　占有物が占有者の責めに帰すべき事由によって滅失し、又は損傷したときは、その回復者に対し、悪意の占有者はその損害の全部の賠償をする義務を負い、善意の占有者はその滅失又は損傷によって現に利益を受けている限度において賠償をする義務を負う。ただし、所有の意思のない占有者は、善意であるときであっても、全部の賠償をしなければならない。

（即時取得）

第192条　取引行為によって、平穏に、かつ、公然と動産の占有を始めた者は、善意であり、かつ、過失がないときは、即時にその動産について行使する権利を取得する。

（盗品又は遺失物の回復）

第193条　前条の場合において、占有物が盗品又は遺失物であるときは、被害者又は遺失者は、盗難又は遺失の時から2年間、占有者に対してその物の回復を請求することができる。

第194条　占有者が、盗品又は遺失物を、競売若しくは公の市場において、又はその物と同種の物を販売する商人から、善意で買い受けたときは、被害者又は遺失者は、占有者が支払った代価を弁償しなければ、その物を回復することができない。

（動物の占有による権利の取得）

第195条　家畜以外の動物で他人が飼育していたものを占有する者は、その占有の開始の時に善意であり、かつ、その動物が飼主の占有を離れた時から**1箇月以内**に飼主から回復の請求を受けなかったときは、その動物について行使する権利を取得する。

（占有者による費用の償還請求）

第196条　占有者が占有物を返還する場合には、その物の保存のために支出した金額その他の必要費を回復者から償還させることができる。ただし、占有者が**果実**を取得したときは、通常の必要費は、占有者の負担に帰する。

2　占有者が占有物の改良のために支出した金額その他の有益費については、その価格の増加が**現存**する場合に限り、回復者の選択に従い、その支出した金額又は増価額を償還させることができる。ただし、**悪意**の占有者に対しては、裁判所は、回復者の請求により、その償還について相当の期限を許与することができる。

（占有の訴え）

第197条　占有者は、次条から第202条までの規定に従い、占有の訴えを提起することができる。他人のために占有をする者も、同様とする。

（占有保持の訴え）

第198条　占有者がその占有を**妨害**されたときは、占有保持の訴えにより、その妨害の**停止**及び損害の**賠償**を請求することができる。

（占有保全の訴え）

第199条　占有者がその占有を**妨害されるおそれ**があるときは、占有保全の訴えにより、その妨害の**予防**又は損害賠償の**担保**を請求することができる。

（占有回収の訴え）

第200条　占有者がその占有を**奪われ**たときは、占有回収の訴えにより、その物の**返還**及び損害の**賠償**を請求することができる。

2　占有回収の訴えは、占有を侵奪した者の特定承継人に対して提起することができない。ただし、その承継人が侵奪の事実を**知っていた**ときは、この限りでない。

（占有の訴えの提起期間）

第201条　占有保持の訴えは、妨害の**存する間**又はその消滅した後**1年以内**に提起しなければならない。ただし、工事により占有物に損害を生じた場合において、その工事に着手した時から**1年を経過**し、又はその工事が**完成**したときは、これを提起することができない。

2　占有保全の訴えは、妨害の危険の**存する間**は、提起することができる。この場合において、工事により占有物に損害を生ずるおそれがあるときは、前項ただし書の規定を準用する。

3　占有回収の訴えは、占有を奪われた時から**1年以内**に提起しなければならない。

（本権の訴えとの関係）

第202条　占有の訴えは本権の訴えを妨げず、また、本権の訴えは占有の訴えを妨げない。

2　占有の訴えについては、本権に関する理由に基づいて裁判をすることができない。

第3節　占有権の消滅

（占有権の消滅事由）

第203条　占有権は、占有者が占有の意思を放棄し、又は占有物の所持を失うことによって消滅する。ただし、占有者が占有回収の訴えを提起したときは、この限りでない。

（代理占有権の消滅事由）

第204条　代理人によって占有をする場合には、占有権は、次に掲げる事由によって消滅する。

一　本人が代理人に占有をさせる意思を放棄したこと。

二　代理人が本人に対して以後**自己又は第三者のために**占有物を所持する意思を表示したこと。

三　代理人が占有物の所持を失ったこと。

2　占有権は、**代理権の消滅**のみによっては、消滅しない。

第4節　準占有

第205条　この章の規定は、自己のためにする意思をもって財産権の行使をする場合について準用する。

第3章　所有権

第1節　所有権の限界

第1款　所有権の内容及び範囲

（所有権の内容）

第206条　所有者は、**法令の制限内**において、自由にその所有物の使用、収益及び処分をする権利を有する。

（土地所有権の範囲）

第207条　土地の所有権は、**法令の制限内**において、その土地の上下に及ぶ。

第208条　削除

第2款　相隣関係

（隣地の使用）

第209条　土地の所有者は、次に掲げる目的のため必要な範囲内で、隣地を使用することができる。ただし、住家については、その居住者の承諾がなければ、立ち入ることはできない。

一　**境界**又はその付近における**障壁**、**建物**その他の工作物の**築造**、**収去**又は**修繕**

二　境界標の**調査**又は境界に関する**測量**

三　第233条第3項の規定による**枝の切取り**

2　前項の場合には、使用の**日時**、**場所**及び**方法**は、隣地の所有者及び隣地を現に使用している者【1】のために損害が最も少ないものを選ばなければならない。

3　第1項の規定により隣地を使用する者は、あらかじめ、その**目的**、**日時**、**場所**及び**方法**を隣地の所有者及び隣地使用者に通知しなければならない。ただし、あらかじめ通知することが困難なときは、使用を開始した後、遅滞なく、通知することをもって足りる。

4　第1項の場合において、隣地の所有者又は隣地使用者が損害を受けたときは、その償金を請求することができる。

（公道に至るための他の土地の通行権）

第210条　他の土地に囲まれて**公道に通じない土地**の所有者は、公道に至るため、その土地を囲んでいる他の土地を通行することができる。

2　池沼、河川、水路若しくは海を通らなければ公道に至ることができな

【1】以下この条において「隣地使用者」という。

いとき、又は崖があって土地と公道とに著しい高低差があるときも、前項と同様とする。

第211条 前条の場合には、通行の場所及び方法は、同条の規定による通行権を有する者のために**必要**であり、かつ、他の土地のために**損害が最も少ない**ものを選ばなければならない。

2 前条の規定による通行権を有する者は、必要があるときは、**通路を開設**することができる。

第212条 第210条の規定による通行権を有する者は、その通行する他の土地の損害に対して償金を支払わなければならない。ただし、通路の開設のために生じた損害に対するものを除き、1年ごとにその償金を支払うことができる。

第213条 **分割**によって公道に通じない土地が生じたときは、その土地の所有者は、公道に至るため、他の分割者の所有地のみを通行することができる。この場合においては、償金を支払うことを要しない。

2 前項の規定は、土地の所有者がその土地の一部を譲り渡した場合について準用する。

（継続的給付を受けるための設備の設置権等）

第213条の2 土地の所有者は、他の土地に設備を設置し、又は他人が所有する設備を使用しなければ電気、ガス又は水道水の供給その他これらに類する継続的給付【1】を受けることができないときは、継続的給付を受けるため**必要な範囲内**で、他の土地に設備を設置し、又は他人が所有する設備を使用することができる。

2 前項の場合には、設備の設置又は使用の**場所**及び**方法**は、他の土地又は他人が所有する設備【2】のために損害が最も少ないものを選ばなければならない。

3 第1項の規定により他の土地に設備を設置し、又は他人が所有する設備を使用する者は、あらかじめ、その**目的**、**場所**及び**方法**を他の土地等の所有者及び他の土地を現に使用している者に通知しなければならない。

4 第1項の規定による権利を有する者は、同項の規定により他の土地に設備を設置し、又は他人が所有する設備を使用するために当該他の土地又は当該他人が所有する設備がある土地を使用することができる。この場合においては、第209条第1項ただし書及び第2項から第4項までの規定を準用する。

5 第1項の規定により他の土地に設備を設置する者は、その土地の損害【3】に対して償金を支払わなければならない。ただし、1年ごとにその償金を支払うことができる。

6 第1項の規定により他人が所有する設備を使用する者は、その設備の使用を開始するために生じた**損害**に対して償金を支払わなければならない。

7 第1項の規定により他人が所有する設備を使用する者は、その**利益を受ける割合**に応じて、その設置、改築、修繕及び維持に要する費用を負担しなければならない。

第213条の3 分割によって他の土地に設備を設置しなければ継続的給付を受けることができない土地が生じたときは、その土地の所有者は、継続的給付を受けるため、他の分割者の所有地のみに設備を設置すること

【1】 以下この項及び次条第1項において「**継続的給付**」という。

【2】 次項において「**他の土地等**」という。

【3】 前項において準用する第209条第4項に規定する損害を除く。

民法

ができる。この場合においては、前条第５項の規定は、適用しない。

２　前項の規定は、土地の所有者がその土地の一部を譲り渡した場合について準用する。

（自然水流に対する妨害の禁止）

第214条　土地の所有者は、隣地から水が自然に流れて来るのを妨げてはならない。

（水流の障害の除去）

第215条　水流が天災その他避けることのできない事変により低地において閉塞（そく）したときは、高地の所有者は、自己の費用で、水流の障害を除去するため必要な工事をすることができる。

（水流に関する工作物の修繕等）

第216条　他の土地に貯水、排水又は引水のために設けられた工作物の破壊又は閉塞により、自己の土地に損害が及び、又は及ぶおそれがある場合には、その土地の所有者は、当該他の土地の所有者に、工作物の修繕若しくは障害の除去をさせ、又は必要があるときは予防工事をさせることができる。

（費用の負担についての慣習）

第217条　前２条の場合において、費用の負担について別段の慣習があるときは、その慣習に従う。

（雨水を隣地に注ぐ工作物の設置の禁止）

第218条　土地の所有者は、直接に雨水を隣地に注ぐ構造の屋根その他の工作物を設けてはならない。

（水流の変更）

第219条　溝、堀その他の水流地の所有者は、対岸の土地が他人の所有に属するときは、その水路又は幅員を変更してはならない。

２　両岸の土地が水流地の所有者に属するときは、その所有者は、水路及び幅員を変更することができる。ただし、水流が隣地と交わる地点において、自然の水路に戻さなければならない。

３　前２項の規定と異なる慣習があるときは、その慣習に従う。

（排水のための低地の通水）

第220条　高地の所有者は、その高地が浸水した場合にこれを乾かすため、又は自家用若しくは農工業用の余水を排出するため、公の水流又は下水道に至るまで、低地に水を通過させることができる。この場合においては、低地のために損害が最も少ない場所及び方法を選ばなければならない。

（通水用工作物の使用）

第221条　土地の所有者は、その所有地の水を通過させるため、高地又は低地の所有者が設けた工作物を使用することができる。

２　前項の場合には、他人の工作物を使用する者は、その利益を受ける割合に応じて、工作物の設置及び保存の費用を分担しなければならない。

（堰（せき）の設置及び使用）

第222条　水流地の所有者は、堰（せき）を設ける必要がある場合には、対岸の土地が他人の所有に属するときであっても、その堰を対岸に付着させて設けることができる。ただし、これによって生じた損害に対して償金を支払わなければならない。

２　対岸の土地の所有者は、水流地の一部がその所有に属するときは、前項の堰を使用することができる。

３　前条第２項の規定は、前項の場合について準用する。

（境界標の設置）

第223条　土地の所有者は、隣地の所有者と共同の費用で、**境界標**を設けることができる。

（境界標の設置及び保存の費用）
第224条　境界標の設置及び保存の費用は、相隣者が等しい割合で負担する。ただし、測量の費用は、その土地の**広狭に応じて**分担する。

（囲障の設置）
第225条　2棟の建物がその所有者を異にし、かつ、その間に空地があるときは、各所有者は、他の所有者と共同の費用で、その境界に囲障を設けることができる。
2　当事者間に協議が調わないときは、前項の囲障は、板塀又は竹垣その他これらに類する材料のものであって、かつ、高さ2メートルのものでなければならない。

（囲障の設置及び保存の費用）
第226条　前条の囲障の設置及び保存の費用は、相隣者が等しい割合で負担する。

（相隣者の1人による囲障の設置）
第227条　相隣者の1人は、第225条第2項に規定する材料より良好なものを用い、又は同項に規定する高さを増して囲障を設けることができる。ただし、これによって生ずる費用の増加額を負担しなければならない。

（囲障の設置等に関する慣習）
第228条　前3条の規定と異なる慣習があるときは、その慣習に従う。

（境界標等の共有の推定）
第229条　境界線上に設けた境界標、囲障、障壁、溝及び堀は、相隣者の共有に属するものと推定する。

第230条　1棟の建物の一部を構成する境界線上の障壁については、前条の規定は、適用しない。
2　高さの異なる2棟の隣接する建物を隔てる障壁の高さが、低い建物の高さを超えるときは、その障壁のうち低い建物を超える部分についても、前項と同様とする。ただし、防火障壁については、この限りでない。

（共有の障壁の高さを増す工事）
第231条　相隣者の1人は、共有の障壁の高さを増すことができる。ただし、その障壁がその工事に耐えないときは、自己の費用で、必要な工作を加え、又はその障壁を改築しなければならない。
2　前項の規定により障壁の高さを増したときは、その高さを増した部分は、その工事をした者の単独の所有に属する。

第232条　前条の場合において、隣人が損害を受けたときは、その償金を請求することができる。

（竹木の枝の切除及び根の切取り）
第233条　土地の所有者は、隣地の竹木の枝が境界線を越えるときは、その竹木の**所有者**に、その枝を切除させることができる。
2　前項の場合において、竹木が数人の共有に属するときは、**各共有者**は、その枝を**切り取る**ことができる。
3　第1項の場合において、次に掲げるときは、**土地の所有者**は、その枝を**切り取る**ことができる。
一　竹木の所有者に枝を切除するよう**催告**したにもかかわらず、竹木の所有者が**相当の期間内**に切除しないとき。
二　竹木の**所有者**を知ることができず、又はその**所在**を知ることができないとき。
三　**急迫の事情**があるとき。
4　隣地の竹木の根が境界線を越えるときは、その根を切り取ることができる。

（境界線付近の建築の制限）
第234条　建物を築造するには、境界線から50センチメートル以上の距離を保たなければならない。
2　前項の規定に違反して建築をしよ

うとする者があるときは、隣地の所有者は、その建築を中止させ、又は変更させることができる。ただし、建築に着手した時から1年を経過し、又はその建物が完成した後は、損害賠償の請求のみをすることができる。

第235条 境界線から1メートル未満の距離において他人の宅地を見通すことのできる窓又は縁側【1】を設ける者は、目隠しを付けなければならない。

2 前項の距離は、窓又は縁側の最も隣地に近い点から垂直線によって境界線に至るまでを測定して算出する。

（境界線付近の建築に関する慣習）

第236条 前2条の規定と異なる慣習があるときは、その慣習に従う。

（境界線付近の掘削の制限）

第237条 井戸、用水だめ、下水だめ又は肥料だめを掘るには境界線から2メートル以上、池、穴蔵又はし尿だめを掘るには境界線から1メートル以上の距離を保たなければならない。

2 導水管を埋め、又は溝若しくは堀を掘るには、境界線からその深さの2分の1以上の距離を保たなければならない。ただし、1メートルを超えることを要しない。

（境界線付近の掘削に関する注意義務）

第238条 境界線の付近において前条の工事をするときは、土砂の崩壊又は水若しくは汚液の漏出を防ぐため必要な注意をしなければならない。

第2節 所有権の取得

（無主物の帰属）

第239条 所有者のない動産は、所有の意思をもって占有することによって、その所有権を取得する。

【1】 ベランダを含む。次項において同じ。

2 所有者のない不動産は、国庫に帰属する。

（遺失物の拾得）

第240条 遺失物は、遺失物法（平成18年法律第73号）の定めるところに従い公告をした後3箇月以内にその所有者が判明しないときは、これを拾得した者がその所有権を取得する。

（埋蔵物の発見）

第241条 埋蔵物は、遺失物法の定めるところに従い公告をした後6箇月以内にその所有者が判明しないときは、これを発見した者がその所有権を取得する。ただし、他人の所有する物の中から発見された埋蔵物については、これを発見した者及びその他人が等しい割合でその所有権を取得する。

（不動産の付合）

第242条 不動産の所有者は、その不動産に従として付合した物の所有権を取得する。ただし、権原によってその物を附属させた他人の権利を妨げない。

（動産の付合）

第243条 所有者を異にする数個の動産が、付合により、損傷しなければ分離することができなくなったときは、その合成物の所有権は、主たる動産の所有者に帰属する。分離するのに過分の費用を要するときも、同様とする。

第244条 付合した動産について主従の区別をすることができないときは、各動産の所有者は、その付合の時における価格の割合に応じてその合成物を共有する。

（混和）

第245条 前2条の規定は、所有者を異にする物が混和して識別することができなくなった場合について準用する。

（加工）

第246条 他人の動産に工作を加えた者【1】があるときは、その**加工物**の所有権は、材料の所有者に帰属する。ただし、工作によって生じた価格が材料の価格を著しく超えるときは、加工者がその加工物の所有権を取得する。

2 前項に規定する場合において、加工者が**材料の一部**を供したときは、その価格に**工作**によって生じた価格を加えたものが他人の材料の価格を超えるときに限り、加工者がその加工物の所有権を取得する。

（付合、混和又は加工の効果）

第247条 第242条から前条までの規定により物の所有権が消滅したときは、その物について存する他の権利も、消滅する。

2 前項に規定する場合において、物の所有者が、合成物、混和物又は加工物【2】の単独所有者となったときは、その物について存する他の権利は以後その合成物等について存し、物の所有者が合成物等の共有者となったときは、その物について存する他の権利は以後その持分について存する。

（付合、混和又は加工に伴う償金の請求）

第248条 第242条から前条までの規定の適用によって損失を受けた者は、第703条及び第704条の規定に従い、その償金を請求することができる。

第3節 共有

（共有物の使用）

第249条 各共有者は、共有物の全部について、その持分に応じた**使用**をすることができる。

2 共有物を使用する共有者は、別段の合意がある場合を除き、他の共有者に対し、自己の持分を超える使用の対価を償還する義務を負う。

3 共有者は、善良な管理者の注意をもって、共有物の使用をしなければならない。

（共有持分の割合の推定）

第250条 各共有者の持分は、相等しいものと推定する。

（共有物の変更）

第251条 各共有者は、**他の共有者の同意**を得なければ、共有物に変更【3】を加えることができない。

2 共有者が他の共有者を知ることができず、又はその所在を知ることができないときは、裁判所は、共有者の請求により、当該他の共有者以外の他の共有者の同意を得て共有物に変更を加えることができる旨の裁判をすることができる。

（共有物の管理）

第252条 共有物の管理に関する事項【4】は、各共有者の持分の価格に従い、その**過半数**で決する。共有物を使用する共有者があるときも、同様とする。

2 裁判所は、次の各号に掲げるときは、当該各号に規定する他の共有者以外の共有者の請求により、当該他の共有者以外の共有者の持分の価格に従い、その過半数で共有物の管理に関する事項を決することができる旨の裁判をすることができる。

一 共有者が他の共有者を知ることができず、又はその所在を知ること

【1】 以下この条において「加工者」という。

【2】 以下この項において「合成物等」という。

【3】 その形状又は効用の著しい変更を伴わないものを除く。次項において同じ。

【4】 次条第1項に規定する共有物の管理者の選任及び解任を含み、共有物に前条第1項に規定する変更を加えるものを除く。次項において同じ。

とができないとき。

二　共有者が他の共有者に対し相当の期間を定めて共有物の管理に関する事項を決することについて賛否を明らかにすべき旨を催告した場合において、当該他の共有者がその期間内に賛否を明らかにしないとき。

3　前2項の規定による決定が、共有者間の決定に基づいて共有物を使用する共有者に特別の影響を及ぼすべきときは、その承諾を得なければならない。

4　共有者は、前3項の規定により、共有物に、次の各号に掲げる賃借権その他の使用及び収益を目的とする権利【1】であって、当該各号に定める期間を超えないものを設定することができる。

一　樹木の栽植又は伐採を目的とする山林の賃借権等　**10年**

二　前号に掲げる賃借権等以外の土地の賃借権等　**5年**

三　建物の賃借権等　**3年**

四　動産の賃借権等　**6箇月**

5　各共有者は、前各項の規定にかかわらず、保存行為をすることができる。

（共有物の管理者）

第252条の2　共有物の管理者は、共有物の管理に関する行為をすることができる。ただし、共有者の**全員の同意**を得なければ、共有物に変更【2】を加えることができない。

2　共有物の管理者が共有者を知ることができず、又はその所在を知ることができないときは、裁判所は、共有物の管理者の請求により、当該共有者以外の共有者の同意を得て共有物に変更を加えることができる旨の裁判をすることができる。

3　共有物の管理者は、共有者が共有物の管理に関する事項を決した場合には、これに従ってその職務を行わなければならない。

4　前項の規定に違反して行った共有物の管理者の行為は、共有者に対してその効力を生じない。ただし、共有者は、これをもって善意の第三者に対抗することができない。

（共有物に関する負担）

第253条　各共有者は、その持分に応じ、管理の費用を支払い、その他共有物に関する負担を負う。

2　共有者が**1年以内**に前項の義務を履行しないときは、他の共有者は、相当の**償金**を支払ってその者の持分を取得することができる。

（共有物についての債権）

第254条　共有者の1人が共有物について他の共有者に対して有する債権は、その**特定承継人**に対しても行使することができる。

（持分の放棄及び共有者の死亡）

第255条　共有者の1人が、その**持分を放棄**したとき、又は**死亡して相続人がない**ときは、その持分は、他の共有者に帰属する。

（共有物の分割請求）

第256条　各共有者は、いつでも共有物の分割を請求することができる。ただし、**5年を超えない期間内**は分割をしない旨の契約をすることを妨げない。

2　前項ただし書の契約は、更新することができる。ただし、その期間は、更新の時から5年を超えることができない。

第257条　前条の規定は、第229条に規定する共有物については、適用し

【1】以下この項において「賃借権等」という。
【2】その形状又は効用の著しい変更を伴わないものを除く。次項において同じ。

民法

ない。

（裁判による共有物の分割）

第258条 共有物の分割について共有者間に**協議が調わない**とき、又は協議をすることができないときは、その分割を裁判所に請求することができる。

2 裁判所は、次に掲げる方法により、共有物の分割を命ずることができる。

一 共有物の**現物を分割**する方法

二 共有者に債務を負担させて、他の共有者の**持分の全部又は一部を取得**させる方法

3 前項に規定する方法により共有物を分割することができないとき、又は分割によってその価格を著しく減少させるおそれがあるときは、裁判所は、その競売を命ずることができる。

4 裁判所は、共有物の分割の裁判において、当事者に対して、**金銭の支払**、**物の引渡し**、**登記義務の履行**その他の給付を命ずることができる。

第258条の2 共有物の全部又はその持分が相続財産に属する場合において、共同相続人間で当該共有物の全部又はその持分について遺産の分割をすべきときは、当該共有物又はその持分について前条の規定による分割をすることができない。

2 共有物の持分が相続財産に属する場合において、相続開始の時から10年を経過したときは、前項の規定にかかわらず、相続財産に属する共有物の持分について前条の規定による分割をすることができる。ただし、当該共有物の持分について遺産の分割の請求があった場合において、相続人が当該共有物の持分について同条の規定による分割をすることに異議の申出をしたときは、この限りでない。

3 相続人が前項ただし書の申出をする場合には、当該申出は、当該相続人が前条第1項の規定による請求を受けた裁判所から当該請求があった旨の通知を受けた日から2箇月以内に当該裁判所にしなければならない。

（共有に関する債権の弁済）

第259条 共有者の1人が他の共有者に対して共有に関する債権を有するときは、分割に際し、債務者に帰属すべき共有物の部分をもって、その弁済に充てることができる。

2 債権者は、前項の弁済を受けるため債務者に帰属すべき共有物の部分を売却する必要があるときは、その売却を請求することができる。

（共有物の分割への参加）

第260条 共有物について権利を有する者及び各共有者の債権者は、自己の費用で、分割に参加することができる。

2 前項の規定による参加の請求があったにもかかわらず、その請求をした者を参加させないで分割をしたときは、その分割は、その請求をした者に対抗することができない。

（分割における共有者の担保責任）

第261条 各共有者は、他の共有者が分割によって取得した物について、売主と同じく、その持分に応じて担保の責任を負う。

（共有物に関する証書）

第262条 分割が完了したときは、各分割者は、その取得した物に関する証書を保存しなければならない。

2 共有者の全員又はそのうちの数人に分割した物に関する証書は、その物の最大の部分を取得した者が保存しなければならない。

3 前項の場合において、最大の部分を取得した者がないときは、分割者間の協議で証書の保存者を定める。

協議が調わないときは、裁判所が、これを指定する。

4　証書の保存者は、他の分割者の請求に応じて、その証書を使用させなければならない。

（所在等不明共有者の持分の取得）

第262条の2　**不動産**が数人の共有に属する場合において、共有者が**他の共有者**を知ることができず、又は**その所在**を知ることができないときは、裁判所は、共有者の請求により、その共有者に、当該他の共有者【1】の持分を取得させる旨の裁判をすることができる。この場合において、請求をした共有者が2人以上あるときは、請求をした各共有者に、所在等不明共有者の持分を、請求をした各共有者の持分の割合で按（あん）分してそれぞれ取得させる。

2　前項の請求があった持分に係る不動産について第258条第1項の規定による請求又は遺産の分割の請求があり、かつ、所在等不明共有者以外の共有者が前項の請求を受けた裁判所に同項の裁判をすることについて異議がある旨の届出をしたときは、裁判所は、同項の裁判をすることができない。

3　所在等不明共有者の持分が相続財産に属する場合【2】において、相続開始の時から10年を経過していないときは、裁判所は、第1項の裁判をすることができない。

4　第1項の規定により共有者が所在等不明共有者の持分を取得したときは、所在等不明共有者は、当該共有者に対し、当該共有者が取得した持分の時価相当額の支払を請求することができる。

5　前各項の規定は、不動産の使用又は収益をする権利【3】が数人の共有に属する場合について準用する。

（所在等不明共有者の持分の譲渡）

第262条の3　**不動産**が数人の共有に属する場合において、共有者が**他の共有者**を知ることができず、又は**その所在**を知ることができないときは、裁判所は、共有者の請求により、その共有者に、当該他の共有者【4】以外の共有者の全員が特定の者に対してその有する持分の全部を譲渡することを停止条件として所在等不明共有者の持分を当該特定の者に譲渡する権限を付与する旨の裁判をすることができる。

2　所在等不明共有者の持分が相続財産に属する場合【5】において、相続開始の時から10年を経過していないときは、裁判所は、前項の裁判をすることができない。

3　第1項の裁判により付与された権限に基づき共有者が所在等不明共有者の持分を第三者に譲渡したときは、所在等不明共有者は、当該譲渡をした共有者に対し、不動産の時価相当額を所在等不明共有者の持分に応じて按分して得た額の支払を請求することができる。

4　前3項の規定は、不動産の使用又は収益をする権利【6】が数人の共有に属する場合について準用する。

（共有の性質を有する入会権）

第263条　共有の性質を有する入会権については、各地方の慣習に従うほか、この節の規定を適用する。

【1】　以下この条において「所在等不明共有者」という。
【2】　共同相続人間で遺産の分割をすべき場合に限る。
【3】　所有権を除く。
【4】　以下この条において「所在等不明共有者」という。
【5】　共同相続人間で遺産の分割をすべき場合に限る。
【6】　所有権を除く。

（準共有）

第264条　この節【1】の規定は、数人で所有権以外の財産権を有する場合について準用する。ただし、法令に特別の定めがあるときは、この限りでない。

第4節　所有者不明土地管理命令及び所有者不明建物管理命令

（所有者不明土地管理命令）

第264条の2　裁判所は、所有者を知ることができず、又はその所在を知ることができない土地【2】について、必要があると認めるときは、利害関係人の請求により、その請求に係る土地又は共有持分を対象として、所有者不明土地管理人【3】による管理を命ずる処分【4】をすることができる。

2　所有者不明土地管理命令の効力は、当該所有者不明土地管理命令の対象とされた土地【5】にある動産【6】に及ぶ。

3　所有者不明土地管理命令は、所有者不明土地管理命令が発せられた後に当該所有者不明土地管理命令が取り消された場合において、当該所有者不明土地管理命令の対象とされた土地又は共有持分及び当該所有者不明土地管理命令の効力が及ぶ動産の管理、処分その他の事由により所有者不明土地管理人が得た財産について、必要があると認めるときも、することができる。

4　裁判所は、所有者不明土地管理命令をする場合には、当該所有者不明土地管理命令において、所有者不明土地管理人を選任しなければならない。

（所有者不明土地管理人の権限）

第264条の3　前条第4項の規定により所有者不明土地管理人が選任された場合には、所有者不明土地管理命令の対象とされた土地又は共有持分及び所有者不明土地管理命令の効力が及ぶ動産並びにその管理、処分その他の事由により所有者不明土地管理人が得た財産【7】の管理及び処分をする権利は、所有者不明土地管理人に専属する。

2　所有者不明土地管理人が次に掲げる行為の範囲を超える行為をするには、裁判所の許可を得なければならない。ただし、この許可がないことをもって善意の第三者に対抗することはできない。

一　保存行為

二　所有者不明土地等の性質を変えない範囲内において、その利用又は改良を目的とする行為

（所有者不明土地等に関する訴えの取扱い）

第264条の4　所有者不明土地管理命令が発せられた場合には、所有者不明土地等に関する訴えについては、所有者不明土地管理人を原告又は被告とする。

（所有者不明土地管理人の義務）

第264条の5　所有者不明土地管理人は、所有者不明土地等の所有者【8】

【1】　第262条の2及び第262条の3を除く。

【2】　土地が数人の共有に属する場合にあっては、共有者を知ることができず、又はその所在を知ることができない土地の共有持分

【3】　第4項に規定する所有者不明土地管理人をいう。以下同じ。

【4】　以下「所有者不明土地管理命令」という。

【5】　共有持分を対象として所有者不明土地管理命令が発せられた場合にあっては、共有物である土地

【6】　当該所有者不明土地管理命令の対象とされた土地の所有者又は共有持分を有する者が所有するものに限る。

【7】　以下「所有者不明土地等」という。

【8】　その共有持分を有する者を含む。

民法

のために、善良な管理者の注意をもって、その権限を行使しなければならない。

2　数人の者の共有持分を対象として所有者不明土地管理命令が発せられたときは、所有者不明土地管理人は、当該所有者不明土地管理命令の対象とされた共有持分を有する者全員のために、誠実かつ公平にその権限を行使しなければならない。

（所有者不明土地管理人の解任及び辞任）

第264条の6　所有者不明土地管理人がその任務に違反して所有者不明土地等に著しい損害を与えたことその他重要な事由があるときは、裁判所は、利害関係人の請求により、所有者不明土地管理人を解任することができる。

2　所有者不明土地管理人は、正当な事由があるときは、裁判所の許可を得て、辞任することができる。

（所有者不明土地管理人の報酬等）

第264条の7　所有者不明土地管理人は、所有者不明土地等から裁判所が定める額の費用の前払及び報酬を受けることができる。

2　所有者不明土地管理人による所有者不明土地等の管理に必要な費用及び報酬は、所有者不明土地等の所有者【1】の負担とする。

（所有者不明建物管理命令）

第264条の8　裁判所は、**所有者**を知ることができず、又は**その所在**を知ることができない**建物**【2】について、必要があると認めるときは、利害関係人の請求により、その請求に係る建物又は共有持分を対象として、所有者不明建物管理人【3】による管理を命ずる処分【4】をすることができる。

2　所有者不明建物管理命令の効力は、当該所有者不明建物管理命令の対象とされた建物【5】にある動産【6】及び当該建物を所有し、又は当該建物の共有持分を有するための建物の敷地に関する権利【7】に及ぶ。

3　所有者不明建物管理命令は、所有者不明建物管理命令が発せられた後に当該所有者不明建物管理命令が取り消された場合において、当該所有者不明建物管理命令の対象とされた建物又は共有持分並びに当該所有者不明建物管理命令の効力が及ぶ動産及び建物の敷地に関する権利の管理、処分その他の事由により所有者不明建物管理人が得た財産について、必要があると認めるときも、することができる。

4　裁判所は、所有者不明建物管理命令をする場合には、当該所有者不明建物管理命令において、所有者不明建物管理人を選任しなければならない。

5　第264条の3から前条までの規定は、所有者不明建物管理命令及び所有者不明建物管理人について準用す

【1】　その共有持分を有する者を含む。
【2】　建物が数人の共有に属する場合にあっては、共有者を知ることができず、又はその所在を知ることができない建物の共有持分

【3】　第4項に規定する所有者不明建物管理人をいう。以下この条において同じ。
【4】　以下この条において「所有者不明建物管理命令」という。
【5】　共有持分を対象として所有者不明建物管理命令が発せられた場合にあっては、共有物である建物
【6】　当該所有者不明建物管理命令の対象とされた建物の所有者又は共有持分を有する者が所有するものに限る。
【7】　賃借権その他の使用及び収益を目的とする権利（所有権を除く。）であって、当該所有者不明建物管理命令の対象とされた建物の所有者又は共有持分を有する者が有するものに限る。

る。

第5節　管理不全土地管理命令及び管理不全建物管理命令

（管理不全土地管理命令）

第264条の9　裁判所は、所有者による土地の管理が不適当であることによって他人の権利又は法律上保護される利益が侵害され、又は侵害されるおそれがある場合において、必要があると認めるときは、利害関係人の請求により、当該土地を対象として、管理不全土地管理人【1】による管理を命ずる処分【2】をすることができる。

2　管理不全土地管理命令の効力は、当該管理不全土地管理命令の対象とされた土地にある動産【3】に及ぶ。

3　裁判所は、管理不全土地管理命令をする場合には、当該管理不全土地管理命令において、管理不全土地管理人を選任しなければならない。

（管理不全土地管理人の権限）

第264条の10　管理不全土地管理人は、管理不全土地管理命令の対象とされた土地及び管理不全土地管理命令の効力が及ぶ動産並びにその管理、処分その他の事由により管理不全土地管理人が得た財産【4】の管理及び処分をする権限を有する。

2　管理不全土地管理人が次に掲げる行為の範囲を超える行為をするには、裁判所の許可を得なければならない。ただし、この許可がないことをもって善意でかつ過失がない第三者に対抗することはできない。

一　保存行為

二　管理不全土地等の性質を変えない範囲内において、その利用又は改良を目的とする行為

3　管理不全土地管理命令の対象とされた土地の処分についての前項の許可をするには、その所有者の同意がなければならない。

（管理不全土地管理人の義務）

第264条の11　管理不全土地管理人は、管理不全土地等の所有者のために、善良な管理者の注意をもって、その権限を行使しなければならない。

2　管理不全土地等が数人の共有に属する場合には、管理不全土地管理人は、その共有持分を有する者全員のために、誠実かつ公平にその権限を行使しなければならない。

（管理不全土地管理人の解任及び辞任）

第264条の12　管理不全土地管理人がその任務に違反して管理不全土地等に著しい損害を与えたことその他重要な事由があるときは、裁判所は、利害関係人の請求により、管理不全土地管理人を解任することができる。

2　管理不全土地管理人は、正当な事由があるときは、裁判所の許可を得て、辞任することができる。

（管理不全土地管理人の報酬等）

第264条の13　管理不全土地管理人は、管理不全土地等から裁判所が定める額の費用の前払及び報酬を受けることができる。

2　管理不全土地管理人による管理不全土地等の管理に必要な費用及び報酬は、管理不全土地等の所有者の負担とする。

（管理不全建物管理命令）

第264条の14　裁判所は、所有者による建物の管理が不適当であることによって他人の権利又は法律上保護

【1】　第3項に規定する管理不全土地管理人をいう。以下同じ。

【2】　以下「管理不全土地管理命令」という。

【3】　当該管理不全土地管理命令の対象とされた土地の所有者又はその共有持分を有する者が所有するものに限る。

【4】　以下「管理不全土地等」という。

される利益が侵害され、又は侵害されるおそれがある場合において、必要があると認めるときは、利害関係人の請求により、当該建物を対象として、管理不全建物管理人【1】による管理を命ずる処分【2】をすることができる。

2　管理不全建物管理命令は、当該管理不全建物管理命令の対象とされた建物にある動産【3】及び当該建物を所有するための建物の敷地に関する権利【4】に及ぶ。

3　裁判所は、管理不全建物管理命令をする場合には、当該管理不全建物管理命令において、管理不全建物管理人を選任しなければならない。

4　第264条の10から前条までの規定は、管理不全建物管理命令及び管理不全建物管理人について準用する。

第4章　地上権

（地上権の内容）

第265条　地上権者は、他人の土地において工作物又は竹木を所有するため、その土地を使用する権利を有する。

（地代）

第266条　第274条から第276条までの規定は、地上権者が土地の所有者に定期の地代を支払わなければならない場合について準用する。

2　地代については、前項に規定するもののほか、その性質に反しない限り、賃貸借に関する規定を準用する。

（相隣関係の規定の準用）

第267条　前章第1節第2款（相隣関係）の規定は、地上権者間又は地上権者と土地の所有者との間について準用する。ただし、第229条の規定は、境界線上の工作物が地上権の設定後に設けられた場合に限り、地上権者について準用する。

（地上権の存続期間）

第268条　設定行為で地上権の存続期間を定めなかった場合において、別段の慣習がないときは、地上権者は、いつでもその権利を放棄することができる。ただし、地代を支払うべきときは、1年前に予告をし、又は期限の到来していない1年分の地代を支払わなければならない。

2　地上権者が前項の規定によりその権利を放棄しないときは、裁判所は、当事者の請求により、20年以上50年以下の範囲内において、工作物又は竹木の種類及び状況その他地上権の設定当時の事情を考慮して、その存続期間を定める。

（工作物等の収去等）

第269条　地上権者は、その権利が消滅した時に、土地を原状に復してその**工作物**及び**竹木**を収去することができる。ただし、土地の所有者が時価相当額を提供してこれを買い取る旨を通知したときは、地上権者は、**正当な理由**がなければ、これを拒むことができない。

2　前項の規定と異なる慣習があるときは、その慣習に従う。

（地下又は空間を目的とする地上権）

第269条の2　地下又は空間は、工作物を所有するため、**上下の範囲**を定めて地上権の目的とすることができる。この場合においては、設定行為

【1】第3項に規定する管理不全建物管理人をいう。第4項において同じ。
【2】以下この条において「管理不全建物管理命令」という。
【3】当該管理不全建物管理命令の対象とされた建物の所有者又はその共有持分を有する者が所有するものに限る。
【4】賃借権その他の使用及び収益を目的とする権利（所有権を除く。）であって、当該管理不全建物管理命令の対象とされた建物の所有者又はその共有持分を有する者が有するものに限る。

で、地上権の行使のためにその**土地の使用に制限**を加えることができる。

2　前項の地上権は、**第三者**がその土地の使用又は収益をする権利を有する場合においても、その権利又はこれを目的とする権利を有するすべての者の承諾があるときは、設定することができる。この場合において、土地の使用又は収益をする権利を有する者は、その地上権の行使を妨げることができない。

第5章　永小作権

(永小作権の内容)

第270条　永小作人は、**小作料**を支払って他人の土地において耕作又は牧畜をする権利を有する。

(永小作人による土地の変更の制限)

第271条　永小作人は、土地に対して、回復することのできない損害を生ずべき変更を加えることができない。

(永小作権の譲渡又は土地の賃貸)

第272条　永小作人は、その権利を他人に譲り渡し、又はその権利の存続期間内において耕作若しくは牧畜のため土地を賃貸することができる。ただし、設定行為で禁じたときは、この限りでない。

(賃貸借に関する規定の準用)

第273条　永小作人の義務については、この章の規定及び設定行為で定めるもののほか、その性質に反しない限り、賃貸借に関する規定を準用する。

(小作料の減免)

第274条　永小作人は、**不可抗力**により収益について損失を受けたときであっても、小作料の**免除**又は**減額**を請求することができない。

(永小作権の放棄)

第275条　永小作人は、**不可抗力**によって、引き続き3年以上全く収益を得ず、又は5年以上小作料より少ない収益を得たときは、その権利を放棄することができる。

(永小作権の消滅請求)

第276条　永小作人が引き続き2年以上小作料の支払を怠ったときは、土地の所有者は、永小作権の消滅を請求することができる。

(永小作権に関する慣習)

第277条　第271条から前条までの規定と異なる慣習があるときは、その慣習に従う。

(永小作権の存続期間)

第278条　永小作権の存続期間は、20年以上50年以下とする。設定行為で50年より長い期間を定めたときであっても、その期間は、50年とする。

2　永小作権の設定は、更新することができる。ただし、その存続期間は、更新の時から50年を超えることができない。

3　設定行為で永小作権の存続期間を定めなかったときは、その期間は、別段の慣習がある場合を除き、30年とする。

(工作物等の収去等)

第279条　第269条の規定は、永小作権について準用する。

第6章　地役権

(地役権の内容)

第280条　**地役権者**は、設定行為で定めた目的に従い、他人の土地を自己の土地の便益に供する権利を有する。ただし、第3章第1節（所有権の限界）の規定【1】に違反しないものでなければならない。

(地役権の付従性)

第281条　地役権は、要役地【2】の所

【1】　公の秩序に関するものに限る。
【2】　地役権者の土地であって、他人の土

有権に従たるものとして、その所有権とともに移転し、又は要役地について存する他の権利の目的となるものとする。ただし、設定行為に別段の定めがあるときは、この限りでない。

2　地役権は、要役地から分離して譲り渡し、又は他の権利の目的とすることができない。

（地役権の不可分性）

第282条　土地の共有者の1人は、その持分につき、その土地のために又はその土地について存する地役権を消滅させることができない。

2　土地の分割又はその一部の譲渡の場合には、地役権は、その各部のために又はその各部について存する。ただし、地役権がその性質により土地の一部のみに関するときは、この限りでない。

（地役権の時効取得）

第283条　地役権は、継続的に行使され、かつ、外形上認識することができるものに限り、時効によって取得することができる。

第284条　土地の共有者の1人が時効によって地役権を取得したときは、他の共有者も、これを取得する。

2　共有者に対する時効の更新は、地役権を行使する各共有者に対してしなければ、その効力を生じない。

3　地役権を行使する共有者が数人ある場合には、その1人について時効の完成猶予の事由があっても、時効は、各共有者のために進行する。

（用水地役権）

第285条　用水地役権の承役地【1】において、水が要役地及び承役地の需要に比して不足するときは、その各土地の需要に応じて、まずこれを生活用に供し、その残余を他の用途に供するものとする。ただし、設定行為に別段の定めがあるときは、この限りでない。

2　同一の承役地について数個の用水地役権を設定したときは、後の地役権者は、前の地役権者の水の使用を妨げてはならない。

（承役地の所有者の工作物の設置義務等）

第286条　設定行為又は設定後の契約により、承役地の所有者が自己の費用で地役権の行使のために工作物を設け、又はその修繕をする義務を負担したときは、承役地の所有者の特定承継人も、その義務を負担する。

第287条　承役地の所有者は、いつでも、地役権に必要な土地の部分の所有権を放棄して地役権者に移転し、これにより前条の義務を免れることができる。

（承役地の所有者の工作物の使用）

第288条　承役地の所有者は、地役権の行使を妨げない範囲内において、その行使のために承役地の上に設けられた工作物を使用することができる。

2　前項の場合には、承役地の所有者は、その利益を受ける割合に応じて、工作物の設置及び保存の費用を分担しなければならない。

（承役地の時効取得による地役権の消滅）

第289条　承役地の占有者が取得時効に必要な要件を具備する占有をしたときは、地役権は、これによって消滅する。

第290条　前条の規定による地役権の消滅時効は、地役権者がその権利を行使することによって中断する。

地から便益を受けるものをいう。以下同じ。

【1】　地役権者以外の者の土地であって、要役地の便益に供されるものをいう。以下同じ。

（地役権の消滅時効）

第291条　第166条第2項に規定する消滅時効の期間は、継続的でなく行使される地役権については最後の行使の時から起算し、継続的に行使される地役権についてはその行使を妨げる事実が生じた時から起算する。

第292条　要役地が数人の共有に属する場合において、その1人のために時効の完成猶予又は更新があるときは、その完成猶予又は更新は、他の共有者のためにも、その効力を生ずる。

第293条　地役権者がその権利の一部を行使しないときは、その部分のみが時効によって消滅する。

（共有の性質を有しない入会権）

第294条　共有の性質を有しない入会権については、各地方の慣習に従うほか、この章の規定を準用する。

第7章　留置権

（留置権の内容）

第295条　他人の物の占有者は、**その物に関して生じた債権**を有するときは、その債権の弁済を受けるまで、その物を留置することができる。ただし、その債権が**弁済期**にないときは、この限りでない。

2　前項の規定は、占有が不法行為によって始まった場合には、適用しない。

（留置権の不可分性）

第296条　留置権者は、債権の全部の弁済を受けるまでは、留置物の全部についてその権利を行使することができる。

（留置権者による果実の収取）

第297条　留置権者は、留置物から生ずる果実を収取し、他の債権者に先立って、これを自己の債権の弁済に充当することができる。

2　前項の果実は、まず**債権の利息**に充当し、なお残余があるときは**元本**に充当しなければならない。

（留置権者による留置物の保管等）

第298条　留置権者は、善良な管理者の注意をもって、留置物を占有しなければならない。

2　留置権者は、**債務者の承諾**を得なければ、留置物を使用し、賃貸し、又は担保に供することができない。ただし、その物の保存に必要な使用をすることは、この限りでない。

3　留置権者が前2項の規定に違反したときは、債務者は、**留置権の消滅**を請求することができる。

（留置権者による費用の償還請求）

第299条　留置権者は、留置物について必要費を支出したときは、所有者にその**償還**をさせることができる。

2　留置権者は、留置物について有益費を支出したときは、これによる価格の増加が**現存**する場合に限り、所有者の選択に従い、その支出した金額又は増価額を**償還**させることができる。ただし、裁判所は、所有者の請求により、その償還について相当の期限を許与することができる。

（留置権の行使と債権の消滅時効）

第300条　留置権の行使は、債権の消滅時効の進行を妨げない。

（担保の供与による留置権の消滅）

第301条　債務者は、**相当の担保**を供して、留置権の消滅を請求することができる。

（占有の喪失による留置権の消滅）

第302条　留置権は、留置権者が留置物の占有を失うことによって、消滅する。ただし、第298条第2項の規定により留置物を賃貸し、又は質権の目的としたときは、この限りでない。

民法

第8章 先取特権

第1節 総則

（先取特権の内容）

第303条 先取特権者は、この法律その他の法律の規定に従い、その債務者の財産について、他の債権者に先立って自己の債権の弁済を受ける権利を有する。

（物上代位）

第304条 先取特権は、その目的物の売却、賃貸、滅失又は損傷によって債務者が受けるべき金銭その他の物に対しても、行使することができる。ただし、先取特権者は、その払渡し又は引渡しの前に差押えをしなければならない。

2 債務者が先取特権の目的物につき設定した物権の対価についても、前項と同様とする。

（先取特権の不可分性）

第305条 第296条の規定は、先取特権について準用する。

第2節 先取特権の種類

第1款 一般の先取特権

（一般の先取特権）

第306条 次に掲げる原因によって生じた債権を有する者は、債務者の総財産について先取特権を有する。

一 共益の費用

二 雇用関係

三 葬式の費用

四 日用品の供給

（共益費用の先取特権）

第307条 共益の費用の先取特権は、各債権者の共同の利益のためにされた債務者の財産の保存、清算又は配当に関する費用について存在する。

2 前項の費用のうちすべての債権者に有益でなかったものについては、先取特権は、その費用によって利益を受けた債権者に対してのみ存在する。

（雇用関係の先取特権）

第308条 雇用関係の先取特権は、給料その他債務者と使用人との間の雇用関係に基づいて生じた債権について存在する。

（葬式費用の先取特権）

第309条 葬式の費用の先取特権は、債務者のためにされた葬式の費用のうち相当な額について存在する。

2 前項の先取特権は、債務者がその扶養すべき親族のためにした葬式の費用のうち相当な額についても存在する。

（日用品供給の先取特権）

第310条 日用品の供給の先取特権は、債務者又はその扶養すべき同居の親族及びその家事使用人の生活に必要な最後の6箇月間の飲食料品、燃料及び電気の供給について存在する。

第2款 動産の先取特権

（動産の先取特権）

第311条 次に掲げる原因によって生じた債権を有する者は、債務者の特定の動産について先取特権を有する。

一 **不動産の賃貸借**

二 旅館の宿泊

三 旅客又は荷物の運輸

四 動産の保存

五 **動産の売買**

六 種苗又は肥料[1]の供給

七 農業の労務

八 工業の労務

（不動産賃貸の先取特権）

第312条 不動産の賃貸の先取特権

---

[1] 蚕種又は蚕の飼養に供した桑葉を含む。以下同じ。

は、その不動産の**賃料**その他の賃貸借関係から生じた賃借人の債務に関し、賃借人の動産について存在する。

（不動産賃貸の先取特権の目的物の範囲）

第313条　**土地の賃貸人**の先取特権は、その土地又はその利用のための建物に備え付けられた動産、その土地の利用に供された動産及び賃借人が占有するその土地の果実について存在する。

2　**建物の賃貸人**の先取特権は、賃借人がその建物に備え付けた動産について存在する。

第314条　賃借権の譲渡又は転貸の場合には、賃貸人の先取特権は、譲受人又は転借人の動産にも及ぶ。譲渡人又は転貸人が受けるべき金銭についても、同様とする。

（不動産賃貸の先取特権の被担保債権の範囲）

第315条　賃借人の財産のすべてを清算する場合には、賃貸人の先取特権は、前期、当期及び次期の賃料その他の債務並びに前期及び当期に生じた損害の賠償債務についてのみ存在する。

第316条　賃貸人は、第622条の2第1項に規定する敷金を受け取っている場合には、その敷金で**弁済を受けない債権の部分**についてのみ先取特権を有する。

（旅館宿泊の先取特権）

第317条　旅館の宿泊の先取特権は、宿泊客が負担すべき宿泊料及び飲食料に関し、その旅館に在るその宿泊客の手荷物について存在する。

（運輸の先取特権）

第318条　運輸の先取特権は、旅客又は荷物の運送賃及び付随の費用に関し、運送人の占有する荷物について存在する。

（即時取得の規定の準用）

第319条　第192条から第195条までの規定は、第312条から前条までの規定による先取特権について準用する。

（動産保存の先取特権）

第320条　動産の保存の先取特権は、動産の保存のために要した費用又は動産に関する権利の保存、承認若しくは実行のために要した費用に関し、その動産について存在する。

（動産売買の先取特権）

第321条　動産の売買の先取特権は、動産の代価及びその利息に関し、その動産について存在する。

（種苗又は肥料の供給の先取特権）

第322条　種苗又は肥料の供給の先取特権は、種苗又は肥料の代価及びその利息に関し、その種苗又は肥料を用いた後1年以内にこれを用いた土地から生じた果実【1】について存在する。

（農業労務の先取特権）

第323条　農業の労務の先取特権は、その労務に従事する者の最後の1年間の賃金に関し、その労務によって生じた果実について存在する。

（工業労務の先取特権）

第324条　工業の労務の先取特権は、その労務に従事する者の最後の3箇月間の賃金に関し、その労務によって生じた製作物について存在する。

第3款　不動産の先取特権

（不動産の先取特権）

第325条　次に掲げる原因によって生じた債権を有する者は、債務者の特定の不動産について先取特権を有する。

一　不動産の保存

二　不動産の工事

三　不動産の売買

【1】　蚕種又は蚕の飼養に供した桑葉の使用によって生じた物を含む。

(不動産保存の先取特権)

第326条 不動産の保存の先取特権は、不動産の保存のために要した費用又は不動産に関する権利の保存、承認若しくは実行のために要した費用に関し、その不動産について存在する。

(不動産工事の先取特権)

第327条 不動産の工事の先取特権は、工事の設計、施工又は監理をする者が債務者の不動産に関してした工事の費用に関し、その不動産について存在する。

2 前項の先取特権は、工事によって生じた不動産の価格の増加が現存する場合に限り、その増価額についてのみ存在する。

(不動産売買の先取特権)

第328条 不動産の売買の先取特権は、不動産の代価及びその利息に関し、その不動産について存在する。

第3節 先取特権の順位

(一般の先取特権の順位)

第329条 一般の先取特権が互いに競合する場合には、その優先権の順位は、第306条各号に掲げる順序に従う。

2 一般の先取特権と特別の先取特権とが競合する場合には、特別の先取特権は、一般の先取特権に優先する。ただし、**共益の費用**の先取特権は、その利益を受けたすべての債権者に対して優先する効力を有する。

(動産の先取特権の順位)

第330条 **同一の動産**について特別の先取特権が互いに競合する場合には、その優先権の順位は、次に掲げる順序に従う。この場合において、第2号に掲げる動産の保存の先取特権について数人の保存者があるときは、後の保存者が前の保存者に優先する。

一 不動産の賃貸、旅館の宿泊及び運輸の先取特権

二 動産の保存の先取特権

三 動産の売買、種苗又は肥料の供給、農業の労務及び工業の労務の先取特権

2 前項の場合において、第1順位の先取特権者は、その債権取得の時において第2順位又は第3順位の先取特権者があることを知っていたときは、これらの者に対して優先権を行使することができない。第1順位の先取特権者のために物を保存した者に対しても、同様とする。

3 果実に関しては、第1の順位は農業の労務に従事する者に、第2の順位は種苗又は肥料の供給者に、第3の順位は土地の賃貸人に属する。

(不動産の先取特権の順位)

第331条 同一の不動産について特別の先取特権が**互いに競合**する場合には、その優先権の順位は、第325条各号に掲げる順序に従う。

2 同一の不動産について売買が順次された場合には、売主相互間における不動産売買の先取特権の優先権の順位は、売買の前後による。

(同一順位の先取特権)

第332条 同一の目的物について同一順位の先取特権者が数人あるときは、各先取特権者は、その債権額の割合に応じて弁済を受ける。

第4節 先取特権の効力

(先取特権と第三取得者)

第333条 先取特権は、債務者がその目的である**動産**をその第三取得者に引き渡した後は、その動産について行使することができない。

(先取特権と動産質権との競合)

第334条 先取特権と動産質権とが競合する場合には、動産質権者は、第

330条の規定による第1順位の先取特権者と同一の権利を有する。

（一般の先取特権の効力）

第335条 一般の先取特権者は、まず不動産以外の財産から弁済を受け、なお不足があるのでなければ、不動産から弁済を受けることができない。

2 一般の先取特権者は、不動産については、まず特別担保の目的とされていないものから弁済を受けなければならない。

3 一般の先取特権者は、前2項の規定に従って配当に加入することを怠ったときは、その配当加入をしたならば弁済を受けることができた額については、登記をした第三者に対してその先取特権を行使することができない。

4 前3項の規定は、不動産以外の財産の代価に先立って不動産の代価を配当し、又は他の不動産の代価に先立って特別担保の目的である不動産の代価を配当する場合には、適用しない。

（一般の先取特権の対抗力）

第336条 一般の先取特権は、不動産について登記をしなくても、特別担保を有しない債権者に対抗することができる。ただし、登記をした第三者に対しては、この限りでない。

（不動産保存の先取特権の登記）

第337条 不動産の保存の先取特権の効力を保存するためには、保存行為が完了した後直ちに登記をしなければならない。

（不動産工事の先取特権の登記）

第338条 不動産の工事の先取特権の効力を保存するためには、工事を始める前にその費用の予算額を登記しなければならない。この場合において、工事の費用が予算額を超えるときは、先取特権は、その超過額については存在しない。

2 工事によって生じた不動産の増価額は、配当加入の時に、裁判所が選任した鑑定人に評価させなければならない。

（登記をした不動産保存又は不動産工事の先取特権）

第339条 前2条の規定に従って登記をした先取特権は、抵当権に先立って行使することができる。

（不動産売買の先取特権の登記）

第340条 不動産の売買の先取特権の効力を保存するためには、売買契約と同時に、不動産の代価又はその利息の弁済がされていない旨を登記しなければならない。

（抵当権に関する規定の準用）

第341条 先取特権の効力については、この節に定めるもののほか、その性質に反しない限り、抵当権に関する規定を準用する。

第9章 質権

第1節 総則

（質権の内容）

第342条 質権者は、その債権の担保として債務者又は第三者から受け取った物を占有し、かつ、その物について他の債権者に先立って自己の債権の弁済を受ける権利を有する。

（質権の目的）

第343条 質権は、譲り渡すことができない物をその目的とすることができない。

（質権の設定）

第344条 質権の設定は、債権者にその目的物を引き渡すことによって、その効力を生ずる。

（質権設定者による代理占有の禁止）

第345条 質権者は、質権設定者に、自己に代わって質物の占有をさせることができない。

（質権の被担保債権の範囲）

第346条　質権は、元本、利息、違約金、質権の実行の費用、質物の保存の費用及び債務の不履行又は質物の隠れた瑕疵によって生じた損害の賠償を担保する。ただし、設定行為に別段の定めがあるときは、この限りでない。

（質物の留置）

第347条　質権者は、前条に規定する債権の弁済を受けるまでは、質物を留置することができる。ただし、この権利は、自己に対して優先権を有する債権者に対抗することができない。

（転質）

第348条　質権者は、その権利の存続期間内において、自己の責任で、質物について、転質をすることができる。この場合において、転質をしたことによって生じた損失については、不可抗力によるものであっても、その責任を負う。

（契約による質物の処分の禁止）

第349条　質権設定者は、設定行為又は債務の弁済期前の契約において、質権者に弁済として質物の所有権を取得させ、その他法律に定める方法によらないで質物を処分させることを約することができない。

（留置権及び先取特権の規定の準用）

第350条　第296条から第300条まで及び第304条の規定は、質権について準用する。

（物上保証人の求償権）

第351条　他人の債務を担保するため質権を設定した者は、その債務を弁済し、又は質権の実行によって質物の所有権を失ったときは、保証債務に関する規定に従い、債務者に対して求償権を有する。

第2節　動産質

（動産質の対抗要件）

第352条　動産質権者は、継続して質物を占有しなければ、その質権をもって第三者に対抗することができない。

（質物の占有の回復）

第353条　動産質権者は、質物の占有を奪われたときは、占有回収の訴えによってのみ、その質物を回復することができる。

（動産質権の実行）

第354条　動産質権者は、その債権の弁済を受けないときは、正当な理由がある場合に限り、鑑定人の評価に従い質物をもって直ちに弁済に充てることを裁判所に請求することができる。この場合において、動産質権者は、あらかじめ、その請求をする旨を債務者に通知しなければならない。

（動産質権の順位）

第355条　同一の動産について数個の質権が設定されたときは、その質権の順位は、設定の前後による。

第3節　不動産質

（不動産質権者による使用及び収益）

第356条　不動産質権者は、質権の目的である不動産の用法に従い、その使用及び収益をすることができる。

（不動産質権者による管理の費用等の負担）

第357条　不動産質権者は、管理の費用を支払い、その他不動産に関する負担を負う。

（不動産質権者による利息の請求の禁止）

第358条　不動産質権者は、その債権の利息を請求することができない。

（設定行為に別段の定めがある場合等）

第359条　前3条の規定は、設定行為に別段の定めがあるとき、又は担保

民法

不動産収益執行【1】の開始があったときは、適用しない。

（不動産質権の存続期間）

第360条 不動産質権の存続期間は、10年を超えることができない。設定行為でこれより長い期間を定めたときであっても、その期間は、10年とする。

2 不動産質権の設定は、更新することができる。ただし、その存続期間は、更新の時から10年を超えることができない。

（抵当権の規定の準用）

第361条 不動産質権については、この節に定めるもののほか、その性質に反しない限り、次章（抵当権）の規定を準用する。

第4節 権利質

（権利質の目的等）

第362条 質権は、財産権をその目的とすることができる。

2 前項の質権については、この節に定めるもののほか、その性質に反しない限り、前3節（総則、動産質及び不動産質）の規定を準用する。

第363条 削除

（債権を目的とする質権の対抗要件）

第364条 債権を目的とする質権の設定【2】は、第467条の規定に従い、第三債務者にその質権の設定を通知し、又は第三債務者がこれを承諾しなければ、これをもって第三債務者その他の第三者に対抗することができない。

第365条 削除

（質権者による債権の取立て等）

第366条 質権者は、質権の目的である債権を直接に取り立てることができる。

2 債権の目的物が金銭であるときは、質権者は、自己の債権額に対応する部分に限り、これを取り立てることができる。

3 前項の債権の弁済期が質権者の債権の弁済期前に到来したときは、質権者は、第三債務者にその弁済をすべき金額を供託させることができる。この場合において、質権は、その供託金について存在する。

4 債権の目的物が金銭でないときは、質権者は、弁済として受けた物について質権を有する。

第367条及び第368条 削除

第10章 抵当権

第1節 総則

（抵当権の内容）

第369条 抵当権者は、債務者又は第三者が占有を移転しないで債務の担保に供した**不動産**について、他の債権者に先立って自己の債権の弁済を受ける権利を有する。

2 **地上権**及び**永小作権**も、抵当権の目的とすることができる。この場合においては、この章の規定を準用する。

（抵当権の効力の及ぶ範囲）

第370条 抵当権は、抵当地の上に存する**建物**を除き、その目的である不動産【3】に付加して一体となっている物に及ぶ。ただし、設定行為に別段の定めがある場合及び債務者の行為について第424条第3項に規定する詐害行為取消請求をすることができる場合は、この限りでない。

第371条 抵当権は、その担保する債権について**不履行**があったときは、

【1】 民事執行法第180条第2号に規定する担保不動産収益執行をいう。以下同じ。

【2】 現に発生していない債権を目的とするものを含む。

【3】 以下「**抵当不動産**」という。

その後に生じた抵当不動産の果実に及ぶ。

（留置権等の規定の準用）

第372条　第296条、第304条及び第351条の規定は、抵当権について準用する。

第2節　抵当権の効力

（抵当権の順位）

第373条　**同一の不動産**について数個の抵当権が設定されたときは、その抵当権の順位は、登記の前後による。

（抵当権の順位の変更）

第374条　抵当権の順位は、各抵当権者の合意によって**変更**することができる。ただし、**利害関係**を有する者があるときは、その承諾を得なければならない。

2　前項の規定による順位の変更は、その登記をしなければ、その効力を生じない。

（抵当権の被担保債権の範囲）

第375条　抵当権者は、**利息**その他の定期金を請求する権利を有するときは、その満期となった最後の２年分についてのみ、その抵当権を行使することができる。ただし、それ以前の定期金についても、満期後に特別の登記をしたときは、その登記の時からその抵当権を行使することを妨げない。

2　前項の規定は、抵当権者が債務の不履行によって生じた**損害の賠償**を請求する権利を有する場合におけるその最後の２年分についても適用する。ただし、利息その他の定期金と**通算して２年分**を超えることができない。

（抵当権の処分）

第376条　抵当権者は、その抵当権を他の債権の担保とし、又は同一の債務者に対する他の債権者の利益のためにその**抵当権**若しくはその**順位**を譲渡し、若しくは放棄することができる。

2　前項の場合において、抵当権者が数人のためにその抵当権の処分をしたときは、その処分の利益を受ける者の権利の順位は、抵当権の登記にした付記の前後による。

（抵当権の処分の対抗要件）

第377条　前条の場合には、第467条の規定に従い、**主たる債務者**に抵当権の処分を通知し、又は主たる債務者がこれを承諾しなければ、これをもって主たる債務者、保証人、抵当権設定者及びこれらの者の承継人に対抗することができない。

2　主たる債務者が前項の規定により通知を受け、又は承諾をしたときは、抵当権の処分の**利益を受ける者**の承諾を得ないでした弁済は、その受益者に対抗することができない。

（代価弁済）

第378条　抵当不動産について**所有権**又は**地上権**を買い受けた第三者が、抵当権者の請求に応じてその抵当権者にその代価を弁済したときは、抵当権は、その第三者のために消滅する。

（抵当権消滅請求）

第379条　抵当不動産の**第三取得者**は、第383条の定めるところにより、抵当権消滅請求をすることができる。

第380条　主たる債務者、保証人及びこれらの者の承継人は、抵当権消滅請求をすることができない。

第381条　抵当不動産の停止条件付第三取得者は、その停止条件の成否が未定である間は、抵当権消滅請求をすることができない。

（抵当権消滅請求の時期）

第382条　抵当不動産の**第三取得者**は、抵当権の実行としての競売による差押えの効力が発生する前に、抵当権消滅請求をしなければならない。

（抵当権消滅請求の手続）

第383条 抵当不動産の**第三取得者**は、抵当権消滅請求をするときは、**登記をした各債権者**に対し、次に掲げる書面を送付しなければならない。

一 取得の原因及び年月日、譲渡人及び取得者の氏名及び住所並びに抵当不動産の性質、所在及び代価その他取得者の負担を記載した書面

二 抵当不動産に関する登記事項証明書【1】

三 債権者が2箇月以内に抵当権を実行して競売の申立てをしないときは、抵当不動産の第三取得者が第1号に規定する代価又は特に指定した金額を債権の順位に従って弁済し又は供託すべき旨を記載した書面

（債権者のみなし承諾）

第384条 次に掲げる場合には、前条各号に掲げる書面の送付を受けた債権者は、抵当不動産の第三取得者が同条第3号に掲げる書面に記載したところにより提供した同号の代価又は金額を承諾したものとみなす。

一 その債権者が前条各号に掲げる書面の送付を受けた後2箇月以内に抵当権を実行して競売の申立てをしないとき。

二 その債権者が前号の申立てを取り下げたとき。

三 第1号の申立てを却下する旨の決定が確定したとき。

四 第1号の申立てに基づく競売の手続を取り消す旨の決定【2】が確定したとき。

（競売の申立ての通知）

第385条 第383条各号に掲げる書面の送付を受けた債権者は、前条第1号の申立てをするときは、同号の期間内に、債務者及び抵当不動産の譲渡人にその旨を通知しなければならない。

（抵当権消滅請求の効果）

第386条 登記をしたすべての債権者が抵当不動産の第三取得者の提供した代価又は金額を承諾し、かつ、抵当不動産の第三取得者がその承諾を得た代価又は金額を払い渡し又は供託したときは、抵当権は、消滅する。

（抵当権者の同意の登記がある場合の賃貸借の対抗力）

第387条 **登記をした賃貸借**は、その登記前に登記をした抵当権を有するすべての者が同意をし、かつ、その同意の登記があるときは、その同意をした抵当権者に対抗することができる。

2 抵当権者が前項の同意をするには、その抵当権を目的とする権利を有する者その他抵当権者の同意によって**不利益を受けるべき者**の承諾を得なければならない。

（法定地上権）

第388条 土地及びその上に存する建物が**同一の所有者**に属する場合において、その土地又は建物につき抵当権が設定され、その実行により**所有者を異にする**に至ったときは、その建物について、地上権が設定されたものとみなす。この場合において、地代は、当事者の請求により、裁判所が定める。

【1】 現に効力を有する登記事項のすべてを証明したものに限る。

【2】 民事執行法第188条において準用する同法第63条第3項若しくは第68条の3第3項の規定又は同法第183条第1項第2号二に掲げる文書が提出された場合における同条第2項の規定による決定を除く。

民法

（抵当地の上の建物の競売）

第389条 抵当権の設定後に抵当地に**建物が築造**されたときは、抵当権者は、土地とともにその建物を競売することができる。ただし、その優先権は、土地の代価についてのみ行使することができる。

2 前項の規定は、その建物の所有者が抵当地を**占有**するについて抵当権者に**対抗**することができる権利を有する場合には、適用しない。

（抵当不動産の第三取得者による買受け）

第390条 抵当不動産の第三取得者は、その**競売**において買受人となることができる。

（抵当不動産の第三取得者による費用の償還請求）

第391条 抵当不動産の第三取得者は、抵当不動産について**必要費**又は**有益費**を支出したときは、第196条の区別に従い、抵当不動産の代価から、他の債権者より先にその償還を受けることができる。

（共同抵当における代価の配当）

第392条 債権者が同一の債権の担保として数個の不動産につき抵当権を有する場合において、**同時**にその代価を配当すべきときは、その各不動産の価額に応じて、その債権の負担を按分する。

2 債権者が同一の債権の担保として数個の不動産につき抵当権を有する場合において、**ある不動産の代価のみ**を配当すべきときは、抵当権者は、その代価から債権の全部の弁済を受けることができる。この場合において、**次順位**の抵当権者は、その弁済を受ける抵当権者が前項の規定に従い他の不動産の代価から弁済を受けるべき金額を限度として、その抵当権者に代位して抵当権を行使することができる。

（共同抵当における代位の付記登記）

第393条 前条第2項後段の規定により代位によって抵当権を行使する者は、その抵当権の登記にその代位を付記することができる。

（抵当不動産以外の財産からの弁済）

第394条 抵当権者は、抵当不動産の代価から弁済を受けない債権の部分についてのみ、他の財産から弁済を受けることができる。

2 前項の規定は、抵当不動産の代価に先立って他の財産の代価を配当すべき場合には、適用しない。この場合において、他の各債権者は、抵当権者に同項の規定による弁済を受けさせるため、抵当権者に配当すべき金額の供託を請求することができる。

（抵当建物使用者の引渡しの猶予）

第395条 抵当権者に**対抗することができない賃貸借**により抵当権の目的である建物の使用又は収益をする者であって次に掲げるもの【1】は、その建物の競売における買受人の買受けの時から6箇月を経過するまでは、その建物を買受人に引き渡すことを要しない。

一 競売手続の開始前から使用又は収益をする者

二 強制管理又は担保不動産収益執行の管理人が競売手続の開始後にした賃貸借により使用又は収益をする者

2 前項の規定は、買受人の**買受けの時より後**に同項の建物の使用をしたことの対価について、買受人が抵当建物使用者に対し相当の期間を定めてその1箇月分以上の**支払の催告**をし、その相当の期間内に履行がない場合には、適用しない。

【1】 次項において「抵当建物使用者」という。

第3節　抵当権の消滅

（抵当権の消滅時効）

第396条　抵当権は、債務者及び抵当権設定者に対しては、その**担保する債権と同時**でなければ、時効によって消滅しない。

（抵当不動産の時効取得による抵当権の消滅）

第397条　**債務者又は抵当権設定者でない者**が抵当不動産について取得時効に必要な要件を具備する占有をしたときは、抵当権は、これによって消滅する。

（抵当権の目的である地上権等の放棄）

第398条　地上権又は永小作権を抵当権の目的とした地上権者又は永小作人は、その権利を放棄しても、これをもって抵当権者に対抗することができない。

第4節　根抵当

（根抵当権）

第398条の2　抵当権は、設定行為で定めるところにより、一定の範囲に属する**不特定**の債権を極度額の限度において担保するためにも設定することができる。

2　前項の規定による抵当権【1】の担保すべき不特定の債権の範囲は、債務者との**特定の継続的取引契約**によって生ずるものその他債務者との一定の種類の取引によって生ずるものに限定して、定めなければならない。

3　特定の原因に基づいて債務者との間に継続して生ずる債権、手形上若しくは小切手上の請求権又は電子記録債権【2】は、前項の規定にかかわらず、根抵当権の担保すべき債権とすることができる。

（根抵当権の被担保債権の範囲）

第398条の3　根抵当権者は、確定した**元本**並びに**利息**その他の定期金及び債務の不履行によって生じた損害の賠償の**全部**について、極度額を限度として、その根抵当権を行使することができる。

2　債務者との取引によらないで取得する手形上若しくは小切手上の請求権又は電子記録債権を根抵当権の担保すべき債権とした場合において、次に掲げる事由があったときは、その前に取得したものについてのみ、その根抵当権を行使することができる。ただし、その後に取得したものであっても、その事由を知らないで取得したものについては、これを行使することを妨げない。

一　債務者の支払の停止

二　債務者についての破産手続開始、再生手続開始、更生手続開始又は特別清算開始の申立て

三　抵当不動産に対する競売の申立て又は滞納処分による差押え

（根抵当権の被担保債権の範囲及び債務者の変更）

第398条の4　**元本の確定前**においては、根抵当権の担保すべき債権の範囲の変更をすることができる。債務者の変更についても、同様とする。

2　前項の変更をするには、後順位の抵当権者その他の第三者の承諾を得ることを要しない。

3　第1項の変更について元本の確定前に登記をしなかったときは、その変更をしなかったものとみなす。

（根抵当権の極度額の変更）

第398条の5　根抵当権の極度額の変更は、利害関係を有する者の**承諾**を得なければ、することができない。

【1】　以下「根抵当権」という。
【2】　電子記録債権法（平成19年法律第102号）第2条第1項に規定する電子記録債権をいう。次条第2項において同じ。

民法

（根抵当権の元本確定期日の定め）

第398条の6 根抵当権の担保すべき元本については、その確定すべき期日を定め又は変更することができる。

2 第398条の4第2項の規定は、前項の場合について準用する。

3 第1項の期日は、これを定め又は変更した日から5年以内でなければならない。

4 第1項の期日の変更についてその変更前の期日より前に登記をしなかったときは、担保すべき元本は、その変更前の期日に確定する。

（根抵当権の被担保債権の譲渡等）

第398条の7 **元本の確定前**に根抵当権者から債権を取得した者は、その債権について根抵当権を行使することができない。元本の確定前に債務者のために又は債務者に代わって弁済をした者も、同様とする。

2 **元本の確定前**に債務の引受けがあったときは、根抵当権者は、引受人の債務について、その根抵当権を行使することができない。

3 **元本の確定前**に免責的債務引受があった場合における債権者は、第472条の4第1項の規定にかかわらず、根抵当権を引受人が負担する債務に移すことができない。

4 **元本の確定前**に債権者の交替による更改があった場合における更改前の債権者は、第518条第1項の規定にかかわらず、根抵当権を更改後の債務に移すことができない。元本の確定前に債務者の交替による更改があった場合における債権者も、同様とする。

（根抵当権者又は債務者の相続）

第398条の8 **元本の確定前**に根抵当権者について相続が開始したときは、根抵当権は、相続開始の時に存する債権のほか、相続人と根抵当権設定者との合意により定めた相続人が相続の開始後に取得する債権を担保する。

2 **元本の確定前**にその債務者について相続が開始したときは、根抵当権は、相続開始の時に存する債務のほか、根抵当権者と根抵当権設定者との合意により定めた相続人が相続の開始後に負担する債務を担保する。

3 第398条の4第2項の規定は、前2項の合意をする場合について準用する。

4 第1項及び第2項の合意について相続の開始後6箇月以内に登記をしないときは、担保すべき元本は、相続開始の時に確定したものとみなす。

（根抵当権者又は債務者の合併）

第398条の9 **元本の確定前**に根抵当権者について合併があったときは、根抵当権は、合併の時に存する債権のほか、合併後存続する法人又は合併によって設立された法人が合併後に取得する債権を担保する。

2 **元本の確定前**にその債務者について合併があったときは、根抵当権は、合併の時に存する債務のほか、合併後存続する法人又は合併によって設立された法人が合併後に負担する債務を担保する。

3 前2項の場合には、根抵当権設定者は、担保すべき元本の確定を請求することができる。ただし、前項の場合において、その債務者が根抵当権設定者であるときは、この限りでない。

4 前項の規定による請求があったときは、担保すべき元本は、合併の時に確定したものとみなす。

5 第3項の規定による請求は、根抵当権設定者が合併のあったことを知った日から2週間を経過したときは、することができない。合併の日から1箇月を経過したときも、同様とする。

（根抵当権者又は債務者の会社分割）

第398条の10 **元本の確定前**に根抵当権者を分割をする会社とする分割があったときは、根抵当権は、分割の時に存する債権のほか、分割をした会社及び分割により設立された会社又は当該分割をした会社がその事業に関して有する権利義務の全部又は一部を当該会社から承継した会社が分割後に取得する債権を担保する。

2 **元本の確定前**にその債務者を分割をする会社とする分割があったときは、根抵当権は、分割の時に存する債務のほか、分割をした会社及び分割により設立された会社又は当該分割をした会社がその事業に関して有する権利義務の全部又は一部を当該会社から承継した会社が分割後に負担する債務を担保する。

3 前条第3項から第5項までの規定は、前2項の場合について準用する。

（根抵当権の処分）

第398条の11 元本の確定前においては、根抵当権者は、第376条第1項の規定による根抵当権の処分をすることができない。ただし、その根抵当権を他の債権の担保とすることを妨げない。

2 第377条第2項の規定は、前項ただし書の場合において元本の確定前にした弁済については、適用しない。

（根抵当権の譲渡）

第398条の12 **元本の確定前**においては、根抵当権者は、根抵当権設定者の承諾を得て、その根抵当権を譲り渡すことができる。

2 根抵当権者は、その根抵当権を2個の根抵当権に分割して、その一方を前項の規定により譲り渡すことができる。この場合において、その根抵当権を目的とする権利は、譲り渡した根抵当権について消滅する。

3 前項の規定による譲渡をするには、その根抵当権を目的とする権利を有する者の**承諾**を得なければならない。

（根抵当権の一部譲渡）

第398条の13 **元本の確定前**においては、根抵当権者は、根抵当権設定者の承諾を得て、その根抵当権の一部譲渡【1】をすることができる。

（根抵当権の共有）

第398条の14 根抵当権の共有者は、それぞれその債権額の割合に応じて弁済を受ける。ただし、元本の確定前に、これと異なる割合を定め、又はある者が他の者に先立って弁済を受けるべきことを定めたときは、その定めに従う。

2 根抵当権の共有者は、他の共有者の**同意**を得て、第398条の12第1項の規定によりその権利を譲り渡すことができる。

（抵当権の順位の譲渡又は放棄と根抵当権の譲渡又は一部譲渡）

第398条の15 抵当権の順位の譲渡又は放棄を受けた根抵当権者が、その根抵当権の譲渡又は一部譲渡をしたときは、譲受人は、その順位の譲渡又は放棄の利益を受ける。

（共同根抵当）

第398条の16 第392条及び第393条の規定は、根抵当権については、その設定と同時に同一の債権の担保として数個の不動産につき根抵当権が設定された旨の登記をした場合に限り、適用する。

（共同根抵当の変更等）

第398条の17 前条の登記がされている根抵当権の担保すべき債権の範

【1】 譲渡人が譲受人と根抵当権を共有するため、これを分割しないで譲り渡すことをいう。以下この節において同じ。

囲、債務者若しくは極度額の変更又はその譲渡若しくは一部譲渡は、その根抵当権が設定されているすべての不動産について登記をしなければ、その効力を生じない。

2　前条の登記がされている根抵当権の担保すべき元本は、1個の不動産についてのみ確定すべき事由が生じた場合においても、確定する。

（累積根抵当）

第398条の18　数個の不動産につき根抵当権を有する者は、第398条の16の場合を除き、各不動産の代価について、各極度額に至るまで優先権を行使することができる。

（根抵当権の元本の確定請求）

第398条の19　根抵当権設定者は、根抵当権の設定の時から**3年**を経過したときは、担保すべき元本の確定を請求することができる。この場合において、担保すべき元本は、その請求の時から**2週間**を経過することによって確定する。

2　根抵当権者は、いつでも、担保すべき元本の確定を請求することができる。この場合において、担保すべき元本は、その**請求の時**に確定する。

3　前2項の規定は、担保すべき元本の確定すべき期日の定めがあるときは、適用しない。

（根抵当権の元本の確定事由）

第398条の20　次に掲げる場合には、根抵当権の担保すべき元本は、確定する。

一　根抵当権者が抵当不動産について競売若しくは担保不動産収益執行又は第372条において準用する第304条の規定による**差押え**を申し立てたとき。ただし、競売手続若しくは担保不動産収益執行手続の開始又は差押えがあったときに限る。

二　根抵当権者が抵当不動産に対して**滞納処分による差押え**をしたとき。

三　根抵当権者が抵当不動産に対する競売手続の開始又は滞納処分による差押えがあったことを知った時から**2週間**を経過したとき。

四　債務者又は根抵当権設定者が**破産手続開始の決定**を受けたとき。

2　前項第3号の競売手続の開始若しくは差押え又は同項第4号の破産手続開始の決定の効力が消滅したときは、担保すべき元本は、確定しなかったものとみなす。ただし、元本が確定したものとしてその根抵当権又はこれを目的とする権利を取得した者があるときは、この限りでない。

（根抵当権の極度額の減額請求）

第398条の21　元本の確定後においては、根抵当権設定者は、その根抵当権の極度額を、現に存する債務の額と**以後2年間**に生ずべき利息その他の定期金及び債務の不履行による損害賠償の額とを加えた額に減額することを請求することができる。

2　第398条の16の登記がされている根抵当権の極度額の減額については、前項の規定による請求は、そのうちの1個の不動産についてすれば足りる。

（根抵当権の消滅請求）

第398条の22　元本の確定後において現に存する債務の額が根抵当権の**極度額を超える**ときは、他人の債務を担保するためその根抵当権を設定した者又は抵当不動産について所有権、地上権、永小作権若しくは第三者に対抗することができる賃借権を取得した第三者は、その**極度額に相当する金額**を払い渡し又は供託して、その根抵当権の消滅請求をすることができる。この場合において、その払渡し又は供託は、弁済の効力を有する。

2　第398条の16の登記がされている根抵当権は、1個の不動産について前項の消滅請求があったときは、消滅する。

3　第380条及び第381条の規定は、第1項の消滅請求について準用する。

第3編　債権

第1章　総則

第1節　債権の目的

(債権の目的)

第399条　債権は、**金銭**に見積もることができないものであっても、その目的とすることができる。

(特定物の引渡しの場合の注意義務)

第400条　債権の目的が**特定物の引渡**しであるときは、債務者は、その引渡しをするまで、契約その他の債権の発生原因及び取引上の社会通念に照らして定まる善良な管理者の注意をもって、その物を保存しなければならない。

(種類債権)

第401条　債権の目的物を**種類**のみで指定した場合において、法律行為の性質又は当事者の意思によってその品質を定めることができないときは、債務者は、中等の品質を有する物を給付しなければならない。

2　前項の場合において、債務者が物の給付をするのに**必要な行為**を完了し、又は債権者の同意を得てその給付すべき物を指定したときは、以後その物を債権の目的物とする。

(金銭債権)

第402条　債権の目的物が**金銭**であるときは、債務者は、その選択に従い、**各種の通貨**で弁済をすることができる。ただし、特定の種類の通貨の給付を債権の目的としたときは、この限りでない。

2　債権の目的物である特定の種類の通貨が弁済期に**強制通用の効力**を失っているときは、債務者は、**他の通貨**で弁済をしなければならない。

3　前2項の規定は、外国の通貨の給付を債権の目的とした場合について準用する。

第403条　**外国の通貨**で債権額を指定したときは、債務者は、履行地における為替相場により、**日本の通貨**で弁済をすることができる。

(法定利率)

第404条　**利息**を生ずべき債権について別段の意思表示がないときは、その利率は、その利息が生じた**最初の時点**における法定利率による。

2　法定利率は、年3パーセントとする。

3　前項の規定にかかわらず、法定利率は、法務省令で定めるところにより、**3年を1期**とし、1期ごとに、次項の規定により変動するものとする。

4　各期における法定利率は、この項の規定により法定利率に変動があった期のうち直近のもの【1】における**基準割合**と当期における基準割合との差に相当する割合【2】を直近変動期における法定利率に加算し、又は減算した割合とする。

5　前項に規定する「基準割合」とは、法務省令で定めるところにより、各期の初日の属する年の6年前の年の1月から前々年の12月までの各月

【1】　以下この項において「**直近変動期**」という。

【2】　その割合に1パーセント未満の端数があるときは、これを切り捨てる。

民法

における短期貸付けの平均利率【1】の合計を60で除して計算した割合【2】として法務大臣が告示するものをいう。

（利息の元本への組入れ）

第405条 利息の支払が**1年分以上延滞**した場合において、債権者が催告をしても、債務者がその利息を支払わないときは、債権者は、これを元本に組み入れることができる。

（選択債権における選択権の帰属）

第406条 債権の目的が数個の給付の中から**選択**によって定まるときは、その選択権は、債務者に属する。

（選択権の行使）

第407条 前条の選択権は、相手方に対する意思表示によって行使する。

2 前項の意思表示は、相手方の承諾を得なければ、**撤回**することができない。

（選択権の移転）

第408条 債権が弁済期にある場合において、相手方から相当の期間を定めて催告をしても、選択権を有する当事者がその期間内に選択をしないときは、その選択権は、相手方に移転する。

（第三者の選択権）

第409条 第三者が選択をすべき場合には、その選択は、債権者又は債務者に対する意思表示によってする。

2 前項に規定する場合において、第三者が選択をすることができず、又は選択をする意思を有しないときは、選択権は、債務者に移転する。

（不能による選択債権の特定）

第410条 債権の目的である給付の中に**不能**のものがある場合において、その不能が選択権を有する者の**過失**によるものであるときは、債権は、その残存するものについて存在する。

（選択の効力）

第411条 選択は、債権の発生の時にさかのぼってその効力を生ずる。ただし、第三者の権利を害することはできない。

第2節 債権の効力

第1款 債務不履行の責任等

（履行期と履行遅滞）

第412条 債務の履行について確定期限があるときは、債務者は、その期限の**到来**した時から遅滞の責任を負う。

2 債務の履行について不確定期限があるときは、債務者は、その期限の到来した後に**履行の請求を受けた時**又はその期限の到来したことを**知った時**のいずれか早い時から遅滞の責任を負う。

3 債務の履行について期限を定めなかったときは、債務者は、履行の**請求**を受けた時から遅滞の責任を負う。

（履行不能）

第412条の2 債務の履行が契約その他の債務の発生原因及び取引上の社会通念に照らして不能であるときは、債権者は、その債務の履行を請求することができない。

2 契約に基づく債務の履行がその**契約の成立の時に不能**であったことは、第415条の規定によりその履行の不能によって生じた損害の賠償を請求することを妨げない。

（受領遅滞）

第413条 債権者が債務の履行を受けることを拒み、又は受けることができない場合において、その債務の目

【1】 当該各月において銀行が新たに行った貸付け（貸付期間が1年未満のものに限る。）に係る利率の平均をいう。

【2】 その割合に0.1パーセント未満の端数があるときは、これを切り捨てる。

的が**特定物の引渡し**であるときは、債務者は、履行の提供をした時からその引渡しをするまで、自己の財産に対するのと同一の注意をもって、その物を保存すれば足りる。
2　債権者が債務の履行を受けることを拒み、又は受けることができないことによって、その履行の**費用**が増加したときは、その増加額は、債権者の負担とする。

（履行遅滞中又は受領遅滞中の履行不能と帰責事由）

第413条の2　債務者がその債務について**遅滞の責任**を負っている間に当事者双方の責めに帰することができない事由によってその債務の**履行が不能**となったときは、その履行の不能は、債務者の責めに帰すべき事由によるものとみなす。
2　債権者が債務の履行を受けることを拒み、又は受けることができない場合において、**履行の提供**があった時以後に当事者双方の責めに帰することができない事由によってその債務の**履行が不能**となったときは、その履行の不能は、債権者の責めに帰すべき事由によるものとみなす。

（履行の強制）

第414条　債務者が任意に債務の履行をしないときは、債権者は、民事執行法その他強制執行の手続に関する法令の規定に従い、直接強制、代替執行、間接強制その他の方法による履行の強制を裁判所に請求することができる。ただし、債務の性質がこれを許さないときは、この限りでない。
2　前項の規定は、**損害賠償の請求**を妨げない。

（債務不履行による損害賠償）

第415条　債務者がその**債務の本旨**に従った履行をしないとき又は債務の履行が**不能**であるときは、債権者は、これによって生じた損害の賠償を請求することができる。ただし、その債務の不履行が契約その他の債務の発生原因及び取引上の社会通念に照らして**債務者の責め**に帰することができない事由によるものであるときは、この限りでない。
2　前項の規定により損害賠償の請求をすることができる場合において、債権者は、次に掲げるときは、債務の履行に代わる損害賠償の請求をすることができる。
一　債務の履行が**不能**であるとき。
二　債務者がその債務の履行を**拒絶**する意思を明確に表示したとき。
三　債務が契約によって生じたものである場合において、その契約が**解除**され、又は債務の不履行による契約の**解除権**が発生したとき。

（損害賠償の範囲）

第416条　債務の不履行に対する損害賠償の請求は、これによって通常生ずべき損害の賠償をさせることをその目的とする。
2　特別の事情によって生じた損害であっても、当事者がその事情を予見すべきであったときは、債権者は、その賠償を請求することができる。

（損害賠償の方法）

第417条　損害賠償は、別段の意思表示がないときは、金銭をもってその額を定める。

（中間利息の控除）

第417条の2　将来において取得すべき利益についての損害賠償の額を定める場合において、その利益を取得すべき時までの**利息相当額を控除**するときは、その損害賠償の請求権が生じた時点における法定利率により、これをする。
2　将来において負担すべき費用につ

いての損害賠償の額を定める場合において、その費用を負担すべき時までの利息相当額を控除するときも、前項と同様とする。

（過失相殺）

第418条　債務の不履行又はこれによる損害の発生若しくは拡大に関して債権者に過失があったときは、裁判所は、これを考慮して、損害賠償の**責任**及びその**額**を定める。

（金銭債務の特則）

第419条　金銭の給付を目的とする債務の不履行については、その損害賠償の額は、債務者が遅滞の責任を負った最初の時点における法定利率によって定める。ただし、約定利率が法定利率を超えるときは、**約定利率**による。

2　前項の損害賠償については、債権者は、損害の証明をすることを要しない。

3　第1項の損害賠償については、債務者は、不可抗力をもって抗弁とすることができない。

（賠償額の予定）

第420条　当事者は、債務の不履行について損害賠償の額を予定することができる。

2　賠償額の予定は、履行の請求又は解除権の行使を妨げない。

3　違約金は、賠償額の予定と推定する。

第421条　前条の規定は、当事者が金銭でないものを損害の賠償に充てるべき旨を予定した場合について準用する。

（損害賠償による代位）

第422条　債権者が、損害賠償として、その債権の目的である物又は権利の価額の**全部の支払**を受けたときは、債務者は、その物又は権利について当然に債権者に代位する。

（代償請求権）

第422条の2　債務者が、その債務の履行が不能となったのと同一の原因により債務の目的物の代償である権利又は利益を取得したときは、債権者は、その受けた**損害の額の限度**において、債務者に対し、その権利の移転又はその利益の償還を請求することができる。

第2款　債権者代位権

（債権者代位権の要件）

第423条　債権者は、自己の債権を**保全**するため必要があるときは、債務者に属する権利【1】を行使することができる。ただし、債務者の**一身に専属する権利**及び**差押えを禁じられた権利**は、この限りでない。

2　債権者は、その債権の期限が到来しない間は、被代位権利を行使することができない。ただし、保存行為は、この限りでない。

3　債権者は、その債権が**強制執行**により実現することのできないものであるときは、被代位権利を行使することができない。

（代位行使の範囲）

第423条の2　債権者は、被代位権利を行使する場合において、被代位権利の目的が**可分**であるときは、自己の債権の額の限度においてのみ、被代位権利を行使することができる。

（債権者への支払又は引渡し）

第423条の3　債権者は、被代位権利を行使する場合において、被代位権利が**金銭の支払**又は**動産の引渡し**を目的とするものであるときは、相手方に対し、その支払又は引渡しを自己に対してすることを求めることができる。この場合において、相手方が債権者に対してその支払又は引渡

【1】　以下「被代位権利」という。

しをしたときは、被代位権利は、これによって消滅する。

（相手方の抗弁）

第423条の4 債権者が被代位権利を行使したときは、相手方は、**債務者に対して主張することができる抗弁**をもって、債権者に対抗することができる。

（債務者の取立てその他の処分の権限等）

第423条の5 債権者が被代位権利を行使した場合であっても、**債務者**は、被代位権利について、自ら取立てその他の処分をすることを妨げられない。この場合においては、相手方も、被代位権利について、債務者に対して履行をすることを妨げられない。

（被代位権利の行使に係る訴えを提起した場合の訴訟告知）

第423条の6 債権者は、被代位権利の行使に係る訴えを提起したときは、遅滞なく、債務者に対し、訴訟告知をしなければならない。

（登記又は登録の請求権を保全するための債権者代位権）

第423条の7 **登記**又は**登録**をしなければ権利の得喪及び変更を第三者に対抗することができない財産を譲り受けた者は、その譲渡人が第三者に対して有する登記手続又は登録手続をすべきことを請求する権利を行使しないときは、その権利を行使することができる。この場合においては、前3条の規定を準用する。

第3款 詐害行為取消権

第1目 詐害行為取消権の要件

（詐害行為取消請求）

第424条 債権者は、債務者が**債権者を害すること**を知ってした行為の取消しを**裁判所に請求**することができる。ただし、その行為によって利益を受けた者【1】がその行為の時において債権者を害することを**知らなかった**ときは、この限りでない。

2 前項の規定は、財産権を目的としない行為については、適用しない。

3 債権者は、その債権が第1項に規定する行為の前の原因に基づいて生じたものである場合に限り、同項の規定による請求【2】をすることができる。

4 債権者は、その債権が**強制執行**により実現することのできないものであるときは、詐害行為取消請求をすることができない。

（相当の対価を得てした財産の処分行為の特則）

第424条の2 債務者が、その有する財産を処分する行為をした場合において、受益者から**相当の対価**を取得しているときは、債権者は、次に掲げる要件のいずれにも該当する場合に限り、その行為について、詐害行為取消請求をすることができる。

一 その行為が、**不動産の金銭への換価**その他の当該処分による財産の種類の変更により、債務者において隠匿、無償の供与その他の債権者を害することとなる処分【3】をするおそれを現に生じさせるものであること。

二 **債務者**が、その行為の当時、対価として取得した金銭その他の財産について、隠匿等の処分をする意思を有していたこと。

三 **受益者**が、その行為の当時、債務者が隠匿等の処分をする意思を有していたことを**知っていた**こと。

【1】 以下この款において「受益者」という。

【2】 以下「詐害行為取消請求」という。

【3】 以下この条において「隠匿等の処分」という。

(特定の債権者に対する担保の供与等の特則)

第424条の3 債務者がした既存の債務についての担保の供与又は債務の消滅に関する行為について、債権者は、次に掲げる要件のいずれにも該当する場合に限り、詐害行為取消請求をすることができる。

一 その行為が、債務者が**支払不能**【1】の時に行われたものであること。

二 その行為が、債務者と受益者とが**通謀して他の債権者を害する意図**をもって行われたものであること。

2 前項に規定する行為が、**債務者の義務**に属せず、又はその時期が債務者の義務に属しないものである場合において、次に掲げる要件のいずれにも該当するときは、債権者は、同項の規定にかかわらず、その行為について、詐害行為取消請求をすることができる。

一 その行為が、債務者が**支払不能になる前30日以内**に行われたものであること。

二 その行為が、債務者と受益者とが**通謀して他の債権者を害する意図**をもって行われたものであること。

(過大な代物弁済等の特則)

第424条の4 債務者がした債務の消滅に関する行為であって、受益者の受けた給付の価額がその行為によって消滅した債務の額より過大であるものについて、第424条に規定する要件に該当するときは、債権者は、前条第1項の規定にかかわらず、その消滅した債務の額に相当する部分以外の部分については、詐害行為取消請求をすることができる。

(転得者に対する詐害行為取消請求)

第424条の5 債権者は、受益者に対して詐害行為取消請求をすることができる場合において、受益者に移転した財産を転得した者があるときは、次の各号に掲げる区分に応じ、それぞれ当該各号に定める場合に限り、その**転得者**に対しても、詐害行為取消請求をすることができる。

一 その転得者が受益者から転得した者である場合 **その転得者**が、転得の当時、債務者がした行為が債権者を害することを知っていたとき。

二 その転得者が他の転得者から転得した者である場合 **その転得者**及び**その前に転得した全ての転得者**が、それぞれの転得の当時、債務者がした行為が債権者を害することを知っていたとき。

第2目 詐害行為取消権の行使の方法等

(財産の返還又は価額の償還の請求)

第424条の6 債権者は、**受益者**に対する詐害行為取消請求において、債務者がした行為の取消しとともに、その行為によって受益者に移転した財産の返還を請求することができる。受益者がその財産の返還をすることが困難であるときは、債権者は、その価額の償還を請求することができる。

2 債権者は、**転得者**に対する詐害行為取消請求において、債務者がした行為の取消しとともに、転得者が転得した財産の返還を請求することができる。転得者がその財産の返還をすることが困難であるときは、債権

【1】 債務者が、支払能力を欠くために、その債務のうち弁済期にあるものにつき、一般的かつ継続的に弁済することができない状態をいう。次項第1号において同じ。

者は、その価額の償還を請求することができる。

（被告及び訴訟告知）

第424条の7　詐害行為取消請求に係る訴えについては、次の各号に掲げる区分に応じ、それぞれ当該各号に定める者を**被告**とする。

一　受益者に対する詐害行為取消請求に係る訴え　受益者

二　転得者に対する詐害行為取消請求に係る訴え　その詐害行為取消請求の相手方である転得者

2　債権者は、詐害行為取消請求に係る訴えを提起したときは、遅滞なく、**債務者**に対し、訴訟告知をしなければならない。

（詐害行為の取消しの範囲）

第424条の8　債権者は、詐害行為取消請求をする場合において、債務者がした行為の目的が**可分**であるときは、自己の債権の額の限度においてのみ、その行為の取消しを請求することができる。

2　債権者が第424条の6第1項後段又は第2項後段の規定により**価額の償還を請求**する場合についても、前項と同様とする。

（債権者への支払又は引渡し）

第424条の9　債権者は、第424条の6第1項前段又は第2項前段の規定により**受益者又は転得者に対して財産の返還を請求する場合**において、その返還の請求が**金銭の支払**又は**動産の引渡し**を求めるものであるときは、受益者に対してその支払又は引渡しを、転得者に対してその引渡しを、自己に対してすることを求めることができる。この場合において、受益者又は転得者は、債権者に対してその支払又は引渡しをしたときは、債務者に対してその支払又は引渡しをすることを要しない。

2　債権者が第424条の6第1項後段又は第2項後段の規定により**受益者又は転得者に対して価額の償還を請求する場合**についても、前項と同様とする。

第3目　詐害行為取消権の行使の効果

（認容判決の効力が及ぶ者の範囲）

第425条　詐害行為取消請求を認容する確定判決は、債務者及びその全ての債権者に対してもその効力を有する。

（債務者の受けた反対給付に関する受益者の権利）

第425条の2　債務者がした財産の処分に関する行為【1】が取り消されたときは、受益者は、債務者に対し、その財産を取得するためにした反対給付の返還を請求することができる。債務者がその反対給付の返還をすることが**困難**であるときは、受益者は、その価額の償還を請求することができる。

（受益者の債権の回復）

第425条の3　債務者がした債務の消滅に関する行為が取り消された場合【2】において、受益者が債務者から受けた給付を返還し、又はその価額を償還したときは、受益者の債務者に対する債権は、これによって原状に復する。

（詐害行為取消請求を受けた転得者の権利）

第425条の4　債務者がした行為が転得者に対する詐害行為取消請求によって取り消されたときは、その**転得者**は、次の各号に掲げる区分に応じ、それぞれ当該各号に定める権利を行使することができる。ただし、その

【1】　債務の消滅に関する行為を除く。
【2】　第424条の4の規定により取り消された場合を除く。

転得者がその前者から財産を取得するためにした反対給付又はその前者から財産を取得することによって消滅した債権の価額を限度とする。

一　**第425条の2に規定する行為が取り消された場合**　その行為が受益者に対する詐害行為取消請求によって取り消されたとすれば同条の規定により生ずべき受益者の債務者に対する反対給付の返還請求権又はその価額の償還請求権

二　**前条に規定する行為が取り消された場合**【1】　その行為が受益者に対する詐害行為取消請求によって取り消されたとすれば前条の規定により回復すべき受益者の債務者に対する債権

第4目　詐害行為取消権の期間の制限

第426条　詐害行為取消請求に係る訴えは、債務者が債権者を害することを知って行為をしたことを債権者が知った時から2年を経過したときは、提起することができない。行為の時から10年を経過したときも、同様とする。

第3節　多数当事者の債権及び債務

第1款　総則

（分割債権及び分割債務）

第427条　**数人の債権者**又は**債務者**がある場合において、別段の意思表示がないときは、各債権者又は各債務者は、それぞれ等しい割合で権利を有し、又は義務を負う。

第2款　不可分債権及び不可分債務

（不可分債権）

第428条　次款（連帯債権）の規定【2】は、債権の目的がその**性質上不可分**である場合において、**数人の債権者**があるときについて準用する。

（不可分債権者の1人との間の更改又は免除）

第429条　不可分債権者の1人と債務者との間に**更改**又は**免除**があった場合においても、他の不可分債権者は、債務の全部の履行を請求することができる。この場合においては、その1人の不可分債権者がその権利を失わなければ分与されるべき利益を債務者に償還しなければならない。

（不可分債務）

第430条　第4款（連帯債務）の規定【3】は、債務の目的がその**性質上不可分**である場合において、**数人の債務者**があるときについて準用する。

（可分債権又は可分債務への変更）

第431条　**不可分債権が可分債権**となったときは、各債権者は自己が権利を有する部分についてのみ履行を請求することができ、**不可分債務が可分債務**となったときは、各債務者はその負担部分についてのみ履行の責任を負う。

第3款　連帯債権

（連帯債権者による履行の請求等）

第432条　債権の目的がその性質上**可分**である場合において、法令の規定又は当事者の意思表示によって数人が連帯して債権を有するときは、各債権者は、全ての債権者のために全部又は一部の履行を請求することができ、債務者は、全ての債権者のた

【1】　第424条の4の規定により取り消された場合を除く。

【2】　第433条及び第435条の規定を除く。

【3】　第440条の規定を除く。

めに各債権者に対して履行をすることができる。

（連帯債権者の1人との間の更改又は免除）

第433条 連帯債権者の1人と債務者との間に**更改**又は**免除**があったときは、その連帯債権者がその権利を失わなければ分与されるべき利益に係る部分については、他の連帯債権者は、履行を請求することができない。

（連帯債権者の1人との間の相殺）

第434条 債務者が連帯債権者の1人に対して債権を有する場合において、その債務者が相殺を援用したときは、その相殺は、**他の連帯債権者**に対しても、その効力を生ずる。

（連帯債権者の1人との間の混同）

第435条 連帯債権者の1人と債務者との間に混同があったときは、債務者は、**弁済**をしたものとみなす。

（相対的効力の原則）

第435条の2 第432条から前条までに規定する場合を除き、連帯債権者の1人の行為又は1人について生じた事由は、**他の連帯債権者**に対してその効力を生じない。ただし、他の連帯債権者の1人及び債務者が別段の意思を表示したときは、当該他の連帯債権者に対する効力は、その意思に従う。

第4款 連帯債務

（連帯債務者に対する履行の請求）

第436条 債務の目的がその性質上**可分**である場合において、法令の規定又は当事者の意思表示によって数人が連帯して債務を負担するときは、債権者は、その連帯債務者の1人に対し、又は同時に若しくは順次に全ての連帯債務者に対し、全部又は一部の履行を請求することができる。

（連帯債務者の1人についての法律行為の無効等）

第437条 連帯債務者の1人について法律行為の無効又は取消しの原因があっても、**他の連帯債務者**の債務は、その効力を妨げられない。

（連帯債務者の1人との間の更改）

第438条 連帯債務者の1人と債権者との間に更改があったときは、債権は、**全ての連帯債務者**の利益のために消滅する。

（連帯債務者の1人による相殺等）

第439条 連帯債務者の1人が債権者に対して債権を有する場合において、その連帯債務者が相殺を援用したときは、債権は、**全ての連帯債務者**の利益のために消滅する。

2　前項の債権を有する連帯債務者が相殺を援用しない間は、その連帯債務者の**負担部分**の限度において、他の連帯債務者は、債権者に対して債務の履行を拒むことができる。

（連帯債務者の1人との間の混同）

第440条 連帯債務者の1人と債権者との間に混同があったときは、その連帯債務者は、**弁済**をしたものとみなす。

（相対的効力の原則）

第441条 第438条、第439条第1項及び前条に規定する場合を除き、連帯債務者の1人について生じた事由は、**他の連帯債務者**に対してその効力を生じない。ただし、債権者及び他の連帯債務者の1人が別段の意思を表示したときは、当該他の連帯債務者に対する効力は、その意思に従う。

（連帯債務者間の求償権）

第442条 連帯債務者の1人が弁済をし、その他自己の財産をもって**共同の免責**を得たときは、その連帯債務者は、その免責を得た額が自己の負担部分を超えるかどうかにかかわらず、他の連帯債務者に対し、その免責を得るために支出した財産の額【1】のうち各自の負担部分に応じた額の求償権を有する。

2　前項の規定による求償は、弁済その他免責があった日以後の法定利息及び避けることができなかった費用その他の損害の賠償を包含する。

（通知を怠った連帯債務者の求償の制限）

第443条　他の連帯債務者があることを知りながら、連帯債務者の１人が共同の免責を得ることを他の連帯債務者に通知しないで弁済をし、その他自己の財産をもって**共同の免責**を得た場合において、他の連帯債務者は、債権者に対抗することができる事由を有していたときは、その負担部分について、その事由をもってその免責を得た連帯債務者に対抗することができる。この場合において、相殺をもってその免責を得た連帯債務者に対抗したときは、その連帯債務者は、債権者に対し、相殺によって消滅すべきであった債務の履行を請求することができる。

2　弁済をし、その他自己の財産をもって共同の免責を得た連帯債務者が、他の連帯債務者があることを知りながらその免責を得たことを他の連帯債務者に**通知**することを怠ったため、他の連帯債務者が善意で弁済その他自己の財産をもって免責を得るための行為をしたときは、当該他の連帯債務者は、その免責を得るための行為を有効であったものとみなすことができる。

（償還をする資力のない者の負担部分の分担）

第444条　連帯債務者の中に償還をする資力のない者があるときは、その償還をすることができない部分は、求償者及び他の資力のある者の間で、各自の負担部分に応じて**分割して負担**する。

2　前項に規定する場合において、求償者及び他の資力のある者がいずれも**負担部分を有しない者**であるときは、その償還をすることができない部分は、求償者及び他の資力のある者の間で、等しい割合で分割して負担する。

3　前２項の規定にかかわらず、償還を受けることができないことについて求償者に過失があるときは、他の連帯債務者に対して分担を請求することができない。

（連帯債務者の１人との間の免除等と求償権）

第445条　連帯債務者の１人に対して債務の免除がされ、又は連帯債務者の１人のために時効が完成した場合においても、他の連帯債務者は、その１人の連帯債務者に対し、第442条第１項の**求償権**を行使することができる。

第5款　保証債務

第1目　総則

（保証人の責任等）

第446条　保証人は、**主たる債務者**がその債務を履行しないときに、その履行をする責任を負う。

2　保証契約は、書面でしなければ、その効力を生じない。

3　保証契約がその内容を記録した**電磁的記録**によってされたときは、その保証契約は、**書面によってされたものとみなして**、前項の規定を適用する。

（保証債務の範囲）

第447条　保証債務は、主たる債務に

【1】　その財産の額が共同の免責を得た額を超える場合にあっては、その免責を得た額

関する**利息、違約金、損害賠償**その他その債務に従たるすべてのものを包含する。

2　保証人は、その保証債務についてのみ、違約金又は損害賠償の額を**約定**することができる。

（保証人の負担と主たる債務の目的又は態様）

第448条　保証人の負担が債務の目的又は態様において主たる債務より重いときは、これを主たる債務の限度に減縮する。

2　主たる債務の目的又は態様が保証契約の締結後に加重されたときであっても、保証人の負担は加重されない。

（取り消すことができる債務の保証）

第449条　行為能力の制限によって取り消すことができる債務を保証した者は、保証契約の時においてその取消しの原因を**知っていた**ときは、主たる債務の不履行の場合又はその債務の取消しの場合においてこれと同一の目的を有する独立の債務を負担したものと推定する。

（保証人の要件）

第450条　債務者が保証人を立てる**義務**を負う場合には、その保証人は、次に掲げる要件を具備する者でなければならない。

一　行為能力者であること。

二　弁済をする資力を有すること。

2　保証人が前項第２号に掲げる要件を欠くに至ったときは、債権者は、同項各号に掲げる要件を具備する者をもってこれに代えることを請求することができる。

3　前２項の規定は、債権者が保証人を指名した場合には、適用しない。

（他の担保の供与）

第451条　債務者は、前条第１項各号に掲げる要件を具備する保証人を立てることができないときは、他の担保を供してこれに代えることができる。

（催告の抗弁）

第452条　債権者が保証人に債務の履行を請求したときは、保証人は、まず主たる債務者に催告をすべき旨を請求することができる。ただし、主たる債務者が破産手続開始の決定を受けたとき、又はその行方が知れないときは、この限りでない。

（検索の抗弁）

第453条　債権者が前条の規定に従い主たる債務者に催告をした後であっても、保証人が主たる債務者に弁済をする**資力**があり、かつ、**執行が容易**であることを証明したときは、債権者は、まず主たる債務者の財産について執行をしなければならない。

（連帯保証の場合の特則）

第454条　保証人は、主たる債務者と連帯して債務を負担したときは、前２条の権利を有しない。

（催告の抗弁及び検索の抗弁の効果）

第455条　第452条又は第453条の規定により保証人の請求又は証明があったにもかかわらず、債権者が**催告**又は**執行**をすることを怠ったために主たる債務者から全部の弁済を得られなかったときは、保証人は、債権者が直ちに催告又は執行をすれば弁済を得ることができた限度において、その義務を免れる。

（数人の保証人がある場合）

第456条　**数人の保証人**がある場合には、それらの保証人が各別の行為により債務を負担したときであっても、第427条の規定を適用する。

（主たる債務者について生じた事由の効力）

第457条　主たる債務者に対する履行の請求その他の事由による**時効の完成猶予**及び**更新**は、保証人に対しても、その効力を生ずる。

2　保証人は、主たる債務者が主張することができる抗弁をもって債権者に対抗することができる。

3　主たる債務者が債権者に対して相殺権、取消権又は解除権を有するときは、これらの権利の行使によって主たる債務者がその債務を免れるべき限度において、保証人は、債権者に対して債務の履行を拒むことができる。

（連帯保証人について生じた事由の効力）

第458条　第438条、第439条第1項、第440条及び第441条の規定は、主たる債務者と連帯して債務を負担する保証人について生じた事由について準用する。

（主たる債務の履行状況に関する情報の提供義務）

第458条の2　保証人が主たる債務者の委託を受けて保証をした場合において、保証人の請求があったときは、債権者は、保証人に対し、遅滞なく、主たる債務の元本及び主たる債務に関する利息、違約金、損害賠償その他その債務に従たる全てのものについての不履行の有無並びにこれらの残額及びそのうち弁済期が到来しているものの額に関する情報を提供しなければならない。

（主たる債務者が期限の利益を喪失した場合における情報の提供義務）

第458条の3　主たる債務者が期限の利益を有する場合において、その利益を喪失したときは、債権者は、保証人に対し、その利益の喪失を知った時から2箇月以内に、その旨を通知しなければならない。

2　前項の期間内に同項の通知をしなかったときは、債権者は、保証人に対し、主たる債務者が期限の利益を喪失した時から同項の通知を現にするまでに生じた遅延損害金【1】に係る保証債務の履行を請求することができない。

3　前2項の規定は、保証人が法人である場合には、適用しない。

（委託を受けた保証人の求償権）

第459条　保証人が主たる債務者の委託を受けて保証をした場合において主たる債務者に代わって弁済その他自己の財産をもって債務を消滅させる行為【2】をしたときは、その保証人は、主たる債務者に対し、そのために支出した財産の額【3】の求償権を有する。

2　第442条第2項の規定は、前項の場合について準用する。

（委託を受けた保証人が弁済期前に弁済等をした場合の求償権）

第459条の2　保証人が主たる債務者の委託を受けて保証をした場合において、主たる債務の弁済期前に債務の消滅行為をしたときは、その保証人は、主たる債務者に対し、主たる債務者がその当時利益を受けた限度において求償権を有する。この場合において、主たる債務者が債務の消滅行為の日以前に相殺の原因を有していたことを主張するときは、保証人は、債権者に対し、その相殺によって消滅すべきであった債務の履行を請求することができる。

2　前項の規定による求償は、主たる債務の弁済期以後の法定利息及びその弁済期以後に債務の消滅行為をしたとしても避けることができなかった費用その他の損害の賠償を包含する。

【1】　期限の利益を喪失しなかったとしても生ずべきものを除く。

【2】　以下「債務の消滅行為」という。

【3】　その財産の額がその債務の消滅行為によって消滅した主たる債務の額を超える場合にあっては、その消滅した額

3　第１項の求償権は、主たる債務の弁済期以後でなければ、これを行使することができない。

（委託を受けた保証人の事前の求償権）

第460条　保証人は、主たる債務者の**委託**を受けて保証をした場合において、次に掲げるときは、主たる債務者に対して、あらかじめ、求償権を行使することができる。

一　主たる債務者が**破産手続開始の決定**を受け、かつ、債権者がその破産財団の配当に加入しないとき。

二　債務が**弁済期**にあるとき。ただし、保証契約の後に債権者が主たる債務者に許与した期限は、保証人に対抗することができない。

三　保証人が過失なく債権者に弁済をすべき旨の裁判の言渡しを受けたとき。

（主たる債務者が保証人に対して償還をする場合）

第461条　前条の規定により主たる債務者が保証人に対して**償還**をする場合において、債権者が全部の弁済を受けない間は、主たる債務者は、保証人に担保を供させ、又は保証人に対して自己に免責を得させることを請求することができる。

2　前項に規定する場合において、主たる債務者は、供託をし、担保を供し、又は保証人に免責を得させて、その償還の義務を免れることができる。

（委託を受けない保証人の求償権）

第462条　第459条の2第1項の規定は、主たる債務者の委託を受けないで保証をした者が債務の消滅行為をした場合について準用する。

2　主たる債務者の意思に反して保証をした者は、主たる債務者が**現に利益を受けている限度**においてのみ求償権を有する。この場合において、主たる債務者が求償の日以前に相殺の原因を有していたことを主張するときは、保証人は、債権者に対し、その相殺によって消滅すべきであった債務の履行を請求することができる。

3　第459条の2第3項の規定は、前2項に規定する保証人が主たる債務の弁済期前に債務の消滅行為をした場合における求償権の行使について準用する。

（通知を怠った保証人の求償の制限等）

第463条　保証人が主たる債務者の**委託**を受けて保証をした場合において、主たる債務者にあらかじめ通知しないで債務の消滅行為をしたときは、主たる債務者は、債権者に対抗することができた事由をもってその保証人に対抗することができる。この場合において、**相殺**をもってその保証人に対抗したときは、その保証人は、債権者に対し、相殺によって消滅すべきであった債務の履行を請求することができる。

2　保証人が主たる債務者の**委託**を受けて保証をした場合において、主たる債務者が債務の消滅行為をしたことを保証人に**通知**することを怠ったため、その保証人が**善意**で債務の消滅行為をしたときは、その保証人は、その債務の消滅行為を有効であったものとみなすことができる。

3　保証人が債務の消滅行為をした後に主たる債務者が債務の消滅行為をした場合においては、保証人が主たる債務者の**意思に反して**保証をしたときのほか、保証人が債務の消滅行為をしたことを主たる債務者に**通知することを怠った**ため、主たる債務者が善意で債務の消滅行為をしたときも、主たる債務者は、その債務の消滅行為を有効であったものとみなすことができる。

（連帯債務又は不可分債務の保証人の求償権）

第464条　連帯債務者又は不可分債務者の1人のために保証をした者は、他の債務者に対し、その**負担部分**のみについて求償権を有する。

（共同保証人間の求償権）

第465条　第442条から第444条までの規定は、数人の保証人がある場合において、そのうちの1人の保証人が、主たる債務が不可分であるため又は各保証人が全額を弁済すべき旨の特約があるため、その全額又は自己の**負担部分を超える額を弁済**したときについて準用する。

2　第462条の規定は、前項に規定する場合を除き、互いに連帯しない保証人の1人が全額又は自己の負担部分を超える額を弁済したときについて準用する。

第2目　個人根保証契約

（個人根保証契約の保証人の責任等）

第465条の2　一定の範囲に属する**不特定の債務**を主たる債務とする保証契約【1】であって保証人が法人でないもの【2】の保証人は、主たる債務の元本、主たる債務に関する利息、違約金、損害賠償その他その債務に従たる全てのもの及びその保証債務について約定された違約金又は損害賠償の額について、その全部に係る極度額を限度として、その履行をする責任を負う。

2　個人根保証契約は、前項に規定する極度額を定めなければ、その効力を生じない。

3　第446条第2項及び第3項の規定は、個人根保証契約における第1項に規定する極度額の定めについて準用する。

（個人貸金等根保証契約の元本確定期日）

第465条の3　個人根保証契約であってその主たる債務の範囲に**金銭の貸渡し**又は**手形の割引**を受けることによって負担する債務【3】が含まれるもの【4】において主たる債務の**元本の確定すべき期日**【5】**の定め**がある場合において、その元本確定期日がその個人貸金等根保証契約の締結の日から5年を経過する日より後の日と定められているときは、その元本確定期日の定めは、その効力を生じない。

2　個人貸金等根保証契約において**元本確定期日の定めがない場合**【6】には、その元本確定期日は、その個人貸金等根保証契約の締結の日から3年を経過する日とする。

3　個人貸金等根保証契約における元本確定期日の**変更**をする場合において、変更後の元本確定期日がその変更をした日から5年を経過する日より後の日となるときは、その元本確定期日の変更は、その効力を生じない。ただし、元本確定期日の前**2箇月以内**に元本確定期日の変更をする場合において、変更後の元本確定期日が変更前の元本確定期日から5年以内の日となるときは、この限りでない。

4　第446条第2項及び第3項の規定は、個人貸金等根保証契約における元本確定期日の定め及びその変更【7】

【1】　以下「**根保証契約**」という。
【2】　以下「**個人根保証契約**」という。
【3】　以下「**貸金等債務**」という。
【4】　以下「**個人貸金等根保証契約**」という。
【5】　以下「**元本確定期日**」という。
【6】　前項の規定により元本確定期日の定めがその効力を生じない場合を含む。
【7】　その個人貸金等根保証契約の締結の日から3年以内の日を元本確定期日とする旨の定め及び元本確定期日より前の

について準用する。

（個人根保証契約の元本の確定事由）

第465条の4 次に掲げる場合には、個人根保証契約における主たる債務の元本は、確定する。ただし、第1号に掲げる場合にあっては、強制執行又は担保権の実行の手続の開始があったときに限る。

一 債権者が、保証人の財産について、金銭の支払を目的とする債権についての強制執行又は担保権の実行を申し立てたとき。

二 保証人が破産手続開始の決定を受けたとき。

三 主たる債務者又は保証人が死亡したとき。

2 前項に規定する場合のほか、個人貸金等根保証契約における主たる債務の元本は、次に掲げる場合にも確定する。ただし、第1号に掲げる場合にあっては、強制執行又は担保権の実行の手続の開始があったときに限る。

一 債権者が、主たる債務者の財産について、金銭の支払を目的とする債権についての強制執行又は担保権の実行を申し立てたとき。

二 主たる債務者が破産手続開始の決定を受けたとき。

（保証人が法人である根保証契約の求償権）

第465条の5 保証人が**法人**である根保証契約において、第465条の2第1項に規定する**極度額の定めがない**ときは、その根保証契約の保証人の主たる債務者に対する**求償権に係る債務**を主たる債務とする保証契約は、その効力を生じない。

2 保証人が**法人**である根保証契約であってその主たる債務の範囲に**貸金等債務**が含まれるものにおいて、**元本確定期日の定めがない**とき、又は元本確定期日の定め若しくはその変更が第465条の3第1項若しくは第3項の規定を適用するとすればその効力を生じないものであるときは、その根保証契約の保証人の主たる債務者に対する**求償権に係る債務**を主たる債務とする保証契約は、その効力を生じない。主たる債務の範囲にその求償権に係る債務が含まれる根保証契約も、同様とする。

3 前2項の規定は、求償権に係る債務を主たる債務とする保証契約又は主たる債務の範囲に求償権に係る債務が含まれる根保証契約の保証人が**法人**である場合には、適用しない。

第3目 事業に係る債務についての保証契約の特則

（公正証書の作成と保証の効力）

第465条の6 **事業**のために負担した貸金等債務を主たる債務とする保証契約又は主たる債務の範囲に**事業**のために負担する貸金等債務が含まれる根保証契約は、その契約の締結に先立ち、その締結の日前1箇月以内に作成された公正証書で保証人になろうとする者が保証債務を履行する意思を表示していなければ、その効力を生じない。

2 前項の公正証書を作成するには、次に掲げる方式に従わなければならない。

一 保証人になろうとする者が、次のイ又はロに掲げる契約の区分に応じ、それぞれ当該イ又はロに定める事項を公証人に口授（くじゅ）すること。

イ **保証契約**【1】 主たる債務の債権者及び債務者、主たる債務の元本、主たる債務に関する利息、違約金、損害賠償その他そ

日を変更後の元本確定期日とする変更を除く。

【1】 ロに掲げるものを除く。

民法

の債務に従たる全てのものの定めの有無及びその内容並びに主たる債務者がその債務を履行しないときには、その債務の全額について履行する意思【1】を有していること。

ロ　**根保証契約**　主たる債務の債権者及び債務者、主たる債務の範囲、根保証契約における極度額、元本確定期日の定めの有無及びその内容並びに主たる債務者がその債務を履行しないときには、極度額の限度において元本確定期日又は第465条の4第1項各号若しくは第2項各号に掲げる事由その他の元本を確定すべき事由が生ずる時までに生ずべき主たる債務の元本及び主たる債務に関する利息、違約金、損害賠償その他その債務に従たる全てのものの全額について履行する意思【2】を有していること。

二　公証人が、保証人になろうとする者の口述を筆記し、これを保証人になろうとする者に読み聞かせ、又は閲覧させること。

三　保証人になろうとする者が、筆記の正確なことを承認した後、署名し、印を押すこと。ただし、保証人になろうとする者が署名することができない場合は、公証人がその事由を付記して、署名に代えることができる。

四　公証人が、その証書は前3号に掲げる方式に従って作ったものである旨を付記して、これに署名し、印を押すこと。

3　前2項の規定は、保証人になろうとする者が**法人**である場合には、適用しない。

(保証に係る公正証書の方式の特則)

第465条の7　前条第1項の保証契約又は根保証契約の保証人になろうとする者が**口がきけない者**である場合には、公証人の前で、同条第2項第1号イ又はロに掲げる契約の区分に応じ、それぞれ当該イ又はロに定める事項を通訳人の通訳により申述し、又は自書して、同号の口授に代えなければならない。この場合における同項第2号の規定の適用については、同号中「口述」とあるのは、「通訳人の通訳による申述又は自書」とする。

2　前条第1項の保証契約又は根保証契約の保証人になろうとする者が**耳が聞こえない者**である場合には、公証人は、同条第2項第2号に規定する筆記した内容を通訳人の通訳により保証人になろうとする者に伝えて、同号の読み聞かせに代えることができる。

3　公証人は、前2項に定める方式に従って公正証書を作ったときは、その旨をその証書に付記しなければならない。

(公正証書の作成と求償権についての保証の効力)

第465条の8　第465条の6第1項及び第2項並びに前条の規定は、**事業**

【1】保証人になろうとする者が主たる債務者と連帯して債務を負担しようとするものである場合には、債権者が主たる債務者に対して催告をしたかどうか、主たる債務者がその債務を履行することができるかどうか、又は他に保証人があるかどうかにかかわらず、その全額について履行する意思

【2】保証人になろうとする者が主たる債務者と連帯して債務を負担しようとするものである場合には、債権者が主たる債務者に対して催告をしたかどうか、主たる債務者がその債務を履行することができるかどうか、又は他に保証人があるかどうかにかかわらず、その全額について履行する意思

のために負担した貸金等債務を主たる債務とする保証契約又は主たる債務の範囲に**事業**のために負担する貸金等債務が含まれる根保証契約の保証人の主たる債務者に対する**求償権に係る債務**を主たる債務とする保証契約について準用する。主たる債務の範囲にその求償権に係る債務が含まれる根保証契約も、同様とする。

2　前項の規定は、保証人になろうとする者が**法人**である場合には、適用しない。

（公正証書の作成と保証の効力に関する規定の適用除外）

第465条の9　前3条の規定は、保証人になろうとする者が次に掲げる者である保証契約については、適用しない。

一　主たる債務者が法人である場合のその理事、取締役、執行役又はこれらに準ずる者

二　主たる債務者が法人である場合の次に掲げる者

イ　主たる債務者の総株主の議決権【1】の過半数を有する者

ロ　主たる債務者の総株主の議決権の過半数を他の株式会社が有する場合における当該他の株式会社の総株主の議決権の過半数を有する者

ハ　主たる債務者の総株主の議決権の過半数を他の株式会社及び当該他の株式会社の総株主の議決権の過半数を有する者が有する場合における当該他の株式会社の総株主の議決権の過半数を有する者

ニ　株式会社以外の法人が主たる債務者である場合におけるイ、ロ又はハに掲げる者に準ずる者

三　主たる債務者【2】と共同して事業を行う者又は主たる債務者が行う事業に現に従事している主たる債務者の配偶者

（契約締結時の情報の提供義務）

第465条の10　主たる債務者は、**事業**のために負担する債務を主たる債務とする保証又は主たる債務の範囲に**事業**のために負担する債務が含まれる根保証の委託をするときは、委託を受ける者に対し、次に掲げる事項に関する情報を提供しなければならない。

一　財産及び収支の状況

二　主たる債務以外に負担している債務の有無並びにその額及び履行状況

三　主たる債務の担保として他に提供し、又は提供しようとするものがあるときは、その旨及びその内容

2　主たる債務者が前項各号に掲げる事項に関して情報を提供せず、又は事実と異なる情報を提供したために委託を受けた者がその事項について誤認をし、それによって保証契約の申込み又はその承諾の意思表示をした場合において、主たる債務者がその事項に関して情報を提供せず又は事実と異なる情報を提供したことを債権者が知り又は知ることができたときは、保証人は、保証契約を取り消すことができる。

3　前2項の規定は、保証をする者が**法人**である場合には、適用しない。

【1】　株主総会において決議をすることができる事項の全部につき議決権を行使することができない株式についての議決権を除く。以下この号において同じ。

【2】　法人であるものを除く。以下この号において同じ。

第4節　債権の譲渡

（債権の譲渡性）

第466条　債権は、譲り渡すことができる。ただし、その**性質**がこれを許さないときは、この限りでない。

2　当事者が債権の譲渡を**禁止**し、又は**制限**する旨の意思表示【1】をしたときであっても、債権の譲渡は、その効力を妨げられない。

3　前項に規定する場合には、譲渡制限の意思表示がされたことを**知り**、又は**重大な過失**によって知らなかった譲受人その他の第三者に対しては、債務者は、その債務の履行を拒むことができ、かつ、譲渡人に対する**弁済**その他の債務を消滅させる事由をもってその第三者に対抗することができる。

4　前項の規定は、債務者が債務を履行しない場合において、同項に規定する第三者が相当の期間を定めて譲渡人への履行の催告をし、その期間内に履行がないときは、その債務者については、適用しない。

（譲渡制限の意思表示がされた債権に係る債務者の供託）

第466条の2　債務者は、譲渡制限の意思表示がされた金銭の給付を目的とする**債権が譲渡**されたときは、その債権の全額に相当する金銭を債務の履行地【2】の供託所に供託することができる。

2　前項の規定により供託をした債務者は、遅滞なく、譲渡人及び譲受人に供託の通知をしなければならない。

3　第1項の規定により供託をした金銭は、譲受人に限り、還付を請求することができる。

第466条の3　前条第1項に規定する場合において、譲渡人について**破産手続開始の決定**があったときは、譲受人【3】は、譲渡制限の意思表示がされたことを**知り**、又は**重大な過失**によって知らなかったときであっても、債務者にその債権の全額に相当する金銭を債務の履行地の供託所に供託させることができる。この場合においては、同条第2項及び第3項の規定を準用する。

（譲渡制限の意思表示がされた債権の差押え）

第466条の4　第466条第3項の規定は、譲渡制限の意思表示がされた債権に対する強制執行をした差押債権者に対しては、適用しない。

2　前項の規定にかかわらず、譲受人その他の第三者が譲渡制限の意思表示がされたことを知り、又は重大な過失によって知らなかった場合において、その債権者が同項の債権に対する強制執行をしたときは、債務者は、その債務の履行を拒むことができ、かつ、譲渡人に対する弁済その他の債務を消滅させる事由をもって差押債権者に対抗することができる。

（預金債権又は貯金債権に係る譲渡制限の意思表示の効力）

第466条の5　預金口座又は貯金口座に係る預金又は貯金に係る債権【4】について当事者がした譲渡制限の意思表示は、第466条第2項の規定にかかわらず、その譲渡制限の意思表示がされたことを**知り**、又は**重大な過失**によって知らなかった譲受人その他の第三者に対抗することができ

【1】　以下「譲渡制限の意思表示」という。
【2】　債務の履行地が債権者の現在の住所により定まる場合にあっては、譲渡人の現在の住所を含む。次条において同じ。
【3】　同項の債権の全額を譲り受けた者であって、その債権の譲渡を債務者その他の第三者に対抗することができるものに限る。
【4】　以下「預貯金債権」という。

る。

2　前項の規定は、譲渡制限の意思表示がされた預貯金債権に対する強制執行をした差押債権者に対しては、適用しない。

（将来債権の譲渡性）

第466条の6　債権の譲渡は、その意思表示の時に債権が現に発生していることを要しない。

2　債権が譲渡された場合において、その意思表示の時に債権が現に発生していないときは、譲受人は、発生した債権を当然に取得する。

3　前項に規定する場合において、譲渡人が次条の規定による通知をし、又は債務者が同条の規定による承諾をした時【1】までに譲渡制限の意思表示がされたときは、譲受人その他の第三者がそのことを知っていたものとみなして、第466条第3項【2】の規定を適用する。

（債権の譲渡の対抗要件）

第467条　債権の譲渡【3】は、譲渡人が債務者に通知をし、又は債務者が承諾をしなければ、債務者その他の第三者に対抗することができない。

2　前項の通知又は承諾は、確定日付のある証書によってしなければ、債務者以外の第三者に対抗することができない。

（債権の譲渡における債務者の抗弁）

第468条　債務者は、対抗要件具備時までに譲渡人に対して生じた事由をもって譲受人に対抗することができる。

2　第466条第4項の場合における前項の規定の適用については、同項中

【1】　以下「対抗要件具備時」という。
【2】　譲渡制限の意思表示がされた債権が預貯金債権の場合にあっては、前条第1項
【3】　現に発生していない債権の譲渡を含む。

「対抗要件具備時」とあるのは、「第466条第4項の相当の期間を経過した時」とし、第466条の3の場合における同項の規定の適用については、同項中「対抗要件具備時」とあるのは、「第466条の3の規定により同条の譲受人から供託の請求を受けた時」とする。

（債権の譲渡における相殺権）

第469条　債務者は、対抗要件具備時より前に取得した譲渡人に対する債権による相殺をもって譲受人に対抗することができる。

2　債務者が対抗要件具備時より後に取得した譲渡人に対する債権であっても、その債権が次に掲げるものであるときは、前項と同様とする。ただし、債務者が対抗要件具備時より後に他人の債権を取得したときは、この限りでない。

一　対抗要件具備時より前の原因に基づいて生じた債権

二　前号に掲げるもののほか、譲受人の取得した債権の発生原因である契約に基づいて生じた債権

3　第466条第4項の場合における前2項の規定の適用については、これらの規定中「対抗要件具備時」とあるのは、「第466条第4項の相当の期間を経過した時」とし、第466条の3の場合におけるこれらの規定の適用については、これらの規定中「対抗要件具備時」とあるのは、「第466条の3の規定により同条の譲受人から供託の請求を受けた時」とする。

第5節　債務の引受け

第1款　併存的債務引受

（併存的債務引受の要件及び効果）

第470条　併存的債務引受の引受人

は、債務者と連帯して、債務者が債権者に対して負担する債務と**同一の内容の債務**を負担する。

2　併存的債務引受は、**債権者**と引受人となる者との**契約**によってすることができる。

3　併存的債務引受は、**債務者**と引受人となる者との契約によってもすることができる。この場合において、併存的債務引受は、債権者が引受人となる者に対して**承諾**をした時に、その効力を生ずる。

4　前項の規定によってする併存的債務引受は、第三者のためにする契約に関する規定に従う。

（併存的債務引受における引受人の抗弁等）

第471条　引受人は、併存的債務引受により負担した自己の債務について、その効力が生じた時に**債務者**が主張することができた抗弁をもって債権者に対抗することができる。

2　債務者が債権者に対して**取消権**又は**解除権**を有するときは、引受人は、これらの権利の行使によって債務者がその債務を免れるべき限度において、債権者に対して債務の履行を拒むことができる。

第2款　免責的債務引受

（免責的債務引受の要件及び効果）

第472条　免責的債務引受の引受人は債務者が債権者に対して負担する債務と**同一の内容の債務**を負担し、債務者は自己の債務を免れる。

2　免責的債務引受は、**債権者**と引受人となる者との契約によってすることができる。この場合において、免責的債務引受は、債権者が債務者に対してその契約をした旨を通知した時に、その効力を生ずる。

3　免責的債務引受は、**債務者**と引受人となる者が契約をし、債権者が引受人となる者に対して承諾をすることによってもすることができる。

（免責的債務引受における引受人の抗弁等）

第472条の2　引受人は、免責的債務引受により負担した自己の債務について、その効力が生じた時に**債務者**が主張することができた抗弁をもって債権者に対抗することができる。

2　債務者が債権者に対して**取消権**又は**解除権**を有するときは、引受人は、免責的債務引受がなければこれらの権利の行使によって債務者がその債務を免れることができた限度において、債権者に対して債務の履行を拒むことができる。

（免責的債務引受における引受人の求償権）

第472条の3　免責的債務引受の引受人は、債務者に対して**求償権**を取得しない。

（免責的債務引受による担保の移転）

第472条の4　債権者は、第472条第1項の規定により債務者が免れる債務の担保として設定された担保権を引受人が負担する債務に**移す**ことができる。ただし、引受人以外の者がこれを設定した場合には、その**承諾**を得なければならない。

2　前項の規定による担保権の移転は、あらかじめ又は同時に引受人に対してする意思表示によってしなければならない。

3　前2項の規定は、第472条第1項の規定により債務者が免れる債務の保証をした者があるときについて準用する。

4　前項の場合において、同項において準用する第1項の承諾は、**書面**でしなければ、その効力を生じない。

5　前項の承諾がその内容を記録した**電磁的記録**によってされたときは、その承諾は、**書面によってされたものとみなして**、同項の規定を適用する。

第6節　債権の消滅

第1款　弁済

第1目　総則

（弁済）

第473条　債務者が債権者に対して債務の弁済をしたときは、その債権は、消滅する。

（第三者の弁済）

第474条　債務の弁済は、第三者もすることができる。

2　弁済をするについて正当な利益を有する者でない第三者は、債務者の意思に反して弁済をすることができない。ただし、債務者の意思に反することを債権者が知らなかったときは、この限りでない。

3　前項に規定する第三者は、債権者の意思に反して弁済をすることができない。ただし、その第三者が債務者の委託を受けて弁済をする場合において、そのことを債権者が知っていたときは、この限りでない。

4　前3項の規定は、その債務の性質が第三者の弁済を許さないとき、又は当事者が第三者の弁済を禁止し、若しくは制限する旨の意思表示をしたときは、適用しない。

（弁済として引き渡した物の取戻し）

第475条　弁済をした者が弁済として他人の物を引き渡したときは、その弁済をした者は、更に有効な弁済をしなければ、その物を取り戻すことができない。

（弁済として引き渡した物の消費又は譲渡がされた場合の弁済の効力等）

第476条　前条の場合において、債権者が弁済として受領した物を善意で消費し、又は譲り渡したときは、その弁済は、有効とする。この場合において、債権者が第三者から賠償の請求を受けたときは、弁済をした者に対して求償をすることを妨げない。

（預金又は貯金の口座に対する払込みによる弁済）

第477条　債権者の預金又は貯金の口座に対する払込みによってする弁済は、債権者がその預金又は貯金に係る債権の債務者に対してその払込みに係る金額の払戻しを請求する権利を取得した時に、その効力を生ずる。

（受領権者としての外観を有する者に対する弁済）

第478条　受領権者[1]以外の者であって取引上の社会通念に照らして受領権者としての外観を有するものに対してした弁済は、その弁済をした者が善意であり、かつ、過失がなかったときに限り、その効力を有する。

（受領権者以外の者に対する弁済）

第479条　前条の場合を除き、受領権者以外の者に対してした弁済は、債権者がこれによって利益を受けた限度においてのみ、その効力を有する。

第480条　削除

（差押えを受けた債権の第三債務者の弁済）

第481条　差押えを受けた債権の第三債務者が自己の債権者に弁済をしたときは、差押債権者は、その受けた損害の限度において更に弁済をすべき旨を第三債務者に請求することができる。

2　前項の規定は、第三債務者からその債権者に対する求償権の行使を妨げない。

（代物弁済）

第482条　弁済をすることができる

【1】　債権者及び法令の規定又は当事者の意思表示によって弁済を受領する権限を付与された第三者をいう。以下同じ。

民法

者【1】が、債権者との間で、債務者の負担した給付に代えて**他の給付**をすることにより債務を消滅させる旨の契約をした場合において、その弁済者が当該他の給付をしたときは、その給付は、弁済と同一の効力を有する。

（特定物の現状による引渡し）

第483条 債権の目的が**特定物の引渡し**である場合において、契約その他の債権の発生原因及び取引上の社会通念に照らしてその引渡しをすべき時の品質を定めることができないときは、弁済をする者は、その引渡しをすべき時の現状でその物を引き渡さなければならない。

（弁済の場所及び時間）

第484条 弁済をすべき場所について別段の意思表示がないときは、**特定物の引渡し**は債権発生の時にその物が存在した場所において、**その他の弁済**は債権者の現在の住所において、それぞれしなければならない。

2　法令又は慣習により取引時間の定めがあるときは、その取引時間内に限り、弁済をし、又は弁済の請求をすることができる。

（弁済の費用）

第485条 **弁済の費用**について別段の意思表示がないときは、その費用は、債務者の負担とする。ただし、債権者が住所の移転その他の行為によって弁済の費用を増加させたときは、その増加額は、**債権者**の負担とする。

（受取証書の交付請求等）

第486条 弁済をする者は、**弁済と引換え**に、弁済を受領する者に対して受取証書の交付を請求することができる。

2　弁済をする者は、前項の受取証書の交付に代えて、その内容を記録した電磁的記録の提供を請求することができる。ただし、弁済を受領する者に**不相当な負担**を課するものであるときは、この限りでない。

（債権証書の返還請求）

第487条 債権に関する証書がある場合において、弁済をした者が全部の弁済をしたときは、その証書の返還を請求することができる。

（同種の給付を目的とする数個の債務がある場合の充当）

第488条 債務者が同一の債権者に対して同種の給付を目的とする数個の債務を負担する場合において、弁済として提供した給付が全ての債務を消滅させるのに足りないとき【2】は、弁済をする者は、給付の時に、その弁済を充当すべき債務を**指定**することができる。

2　弁済をする者が前項の規定による指定をしないときは、弁済を受領する者は、その受領の時に、その弁済を充当すべき債務を**指定**することができる。ただし、弁済をする者がその充当に対して直ちに**異議**を述べたときは、この限りでない。

3　前２項の場合における弁済の充当の指定は、相手方に対する意思表示によってする。

4　弁済をする者及び弁済を受領する者がいずれも第１項又は第２項の規定による指定をしないときは、次の各号の定めるところに従い、その弁済を充当する。

一　債務の中に弁済期にあるものと弁済期にないものとがあるときは、弁済期にあるものに先に充当する。

二　全ての債務が弁済期にあるとき、又は弁済期にないときは、債務者のために弁済の利益が多いものに先に充当する。

【1】 以下「弁済者」という。

【2】 次条第１項に規定する場合を除く。

三　債務者のために弁済の利益が相等しいときは、弁済期が先に到来したもの又は先に到来すべきものに先に充当する。

四　前2号に掲げる事項が相等しい債務の弁済は、**各債務の額に応じて**充当する。

（元本、利息及び費用を支払うべき場合の充当）

第489条　債務者が1個又は数個の債務について元本のほか利息及び費用を支払うべき場合【1】において、弁済をする者がその債務の全部を消滅させるのに足りない給付をしたときは、これを順次に費用、利息及び元本に充当しなければならない。

2　前条の規定は、前項の場合において、費用、利息又は元本のいずれかの全てを消滅させるのに足りない給付をしたときについて準用する。

（合意による弁済の充当）

第490条　前2条の規定にかかわらず、弁済をする者と弁済を受領する者との間に弁済の充当の順序に関する合意があるときは、その順序に従い、その弁済を充当する。

（数個の給付をすべき場合の充当）

第491条　1個の債務の弁済として数個の給付をすべき場合において、弁済をする者がその債務の全部を消滅させるのに足りない給付をしたときは、前3条の規定を準用する。

（弁済の提供の効果）

第492条　債務者は、弁済の提供の時から、債務を履行しないことによって生ずべき責任を免れる。

（弁済の提供の方法）

第493条　弁済の提供は、債務の本旨に従って現実にしなければならない。ただし、債権者があらかじめその受領を拒み、又は債務の履行について債権者の行為を要するときは、弁済の準備をしたことを**通知**してその受領の**催告**をすれば足りる。

【1】　債務者が数個の債務を負担する場合にあっては、同一の債権者に対して同種の給付を目的とする数個の債務を負担するときに限る。

第2目　弁済の目的物の供託

（供託）

第494条　弁済者は、次に掲げる場合には、債権者のために弁済の目的物を供託することができる。この場合においては、弁済者が供託をした時に、その債権は、**消滅**する。

一　弁済の提供をした場合において、債権者がその**受領を拒んだ**とき。

二　債権者が弁済を**受領**することができないとき。

2　弁済者が債権者を**確知することができない**ときも、前項と同様とする。ただし、弁済者に過失があるときは、この限りでない。

（供託の方法）

第495条　前条の規定による供託は、**債務の履行地**の供託所にしなければならない。

2　供託所について法令に特別の定めがない場合には、裁判所は、弁済者の請求により、供託所の指定及び供託物の保管者の選任をしなければならない。

3　前条の規定により供託をした者は、遅滞なく、債権者に**供託の通知**をしなければならない。

（供託物の取戻し）

第496条　債権者が供託を受諾せず、又は供託を有効と宣告した判決が確定しない間は、弁済者は、供託物を取り戻すことができる。この場合においては、供託をしなかったものとみなす。

2　前項の規定は、供託によって質権

又は抵当権が消滅した場合には、適用しない。

（供託に適しない物等）

第497条　弁済者は、次に掲げる場合には、裁判所の許可を得て、弁済の目的物を競売に付し、その代金を供託することができる。

一　その物が供託に適しないとき。

二　その物について滅失、損傷その他の事由による価格の低落のおそれがあるとき。

三　その物の保存について過分の費用を要するとき。

四　前3号に掲げる場合のほか、その物を供託することが困難な事情があるとき。

（供託物の還付請求等）

第498条　弁済の目的物又は前条の代金が供託された場合には、債権者は、供託物の還付を請求することができる。

2　債務者が債権者の給付に対して弁済をすべき場合には、債権者は、その給付をしなければ、供託物を受け取ることができない。

第3目　弁済による代位

（弁済による代位の要件）

第499条　債務者のために弁済をした者は、債権者に代位する。

第500条　**第467条**の規定は、前条の場合【1】について準用する。

（弁済による代位の効果）

第501条　前2条の規定により債権者に代位した者は、債権の効力及び担保としてその債権者が有していた**一切の権利を行使**することができる。

2　前項の規定による権利の行使は、債権者に代位した者が自己の権利に基づいて債務者に対して求償をすることができる範囲内【2】に限り、することができる。

3　第1項の場合には、前項の規定によるほか、次に掲げるところによる。

一　第三取得者【3】は、**保証人**及び**物上保証人**に対して債権者に代位しない。

二　第三取得者の1人は、各財産の価格に応じて、**他の第三取得者**に対して債権者に代位する。

三　前号の規定は、物上保証人の1人が**他の物上保証人**に対して債権者に代位する場合について準用する。

四　保証人と物上保証人との間においては、その数に応じて、債権者に代位する。ただし、物上保証人が数人あるときは、保証人の負担部分を除いた残額について、**各財産の価格に応じて**、債権者に代位する。

五　第三取得者から担保の目的となっている**財産を譲り受けた者**は、第三取得者とみなして第1号及び第2号の規定を適用し、物上保証人から担保の目的となっている**財産を譲り受けた者**は、物上保証人とみなして第1号、第3号及び前号の規定を適用する。

（一部弁済による代位）

第502条　債権の一部について代位弁済があったときは、代位者は、債権者の同意を得て、その弁済をした**価額に応じて**、債権者とともにその権利を行使することができる。

2　前項の場合であっても、債権者は、

【1】　弁済をするについて正当な利益を有する者が債権者に代位する場合を除く。

【2】　保証人の1人が他の保証人に対して債権者に代位する場合には、自己の権利に基づいて当該他の保証人に対して求償をすることができる範囲内

【3】　債務者から担保の目的となっている財産を譲り受けた者をいう。以下この項において同じ。

単独でその権利を行使することができる。
3　前2項の場合に債権者が行使する権利は、その債権の担保の目的となっている財産の売却代金その他の当該権利の行使によって得られる金銭について、代位者が行使する権利に優先する。
4　第1項の場合において、債務の不履行による**契約の解除**は、債権者のみがすることができる。この場合においては、代位者に対し、その弁済をした価額及びその利息を償還しなければならない。

（債権者による債権証書の交付等）
第503条　代位弁済によって全部の弁済を受けた債権者は、**債権に関する証書**及び自己の占有する**担保物**を代位者に交付しなければならない。
2　債権の一部について代位弁済があった場合には、債権者は、**債権に関する証書**にその代位を記入し、かつ、自己の占有する**担保物**の保存を代位者に監督させなければならない。

（債権者による担保の喪失等）
第504条　弁済をするについて正当な利益を有する者【1】がある場合において、債権者が故意又は過失によってその担保を喪失し、又は減少させたときは、その代位権者は、代位をするに当たって担保の喪失又は減少によって**償還を受けることができなくなる限度**において、その責任を免れる。その代位権者が物上保証人である場合において、その代位権者から担保の目的となっている財産を譲り受けた第三者及びその特定承継人についても、同様とする。
2　前項の規定は、債権者が担保を喪失し、又は減少させたことについて取引上の社会通念に照らして合理的な理由があると認められるときは、適用しない。

【1】以下この項において「代位権者」という。

第2款　相殺

（相殺の要件等）
第505条　2人が互いに同種の目的を有する債務を負担する場合において、双方の債務が**弁済期**にあるときは、各債務者は、その**対当額**について相殺によってその債務を免れることができる。ただし、債務の性質がこれを許さないときは、この限りでない。
2　前項の規定にかかわらず、当事者が相殺を禁止し、又は制限する旨の意思表示をした場合には、その意思表示は、第三者がこれを**知り**、又は**重大な過失**によって知らなかったときに限り、その第三者に対抗することができる。

（相殺の方法及び効力）
第506条　相殺は、当事者の一方から相手方に対する意思表示によってする。この場合において、その意思表示には、**条件**又は**期限**を付することができない。
2　前項の意思表示は、双方の債務が互いに相殺に適するようになった時にさかのぼってその効力を生ずる。

（履行地の異なる債務の相殺）
第507条　相殺は、双方の債務の**履行地**が異なるときであっても、することができる。この場合において、相殺をする当事者は、相手方に対し、これによって生じた損害を賠償しなければならない。

（時効により消滅した債権を自働債権とする相殺）
第508条　時効によって消滅した債権がその消滅以前に相殺に適するようになっていた場合には、その債権者は、**相殺**をすることができる。

民法

（不法行為等により生じた債権を受働債権とする相殺の禁止）

第509条　次に掲げる債務の債務者は、相殺をもって債権者に**対抗**することができない。ただし、その債権者がその債務に係る債権を他人から**譲り受けた**ときは、この限りでない。

一　悪意による不法行為に基づく損害賠償の債務

二　人の生命又は身体の侵害による損害賠償の債務【1】

（差押禁止債権を受働債権とする相殺の禁止）

第510条　債権が差押えを禁じたものであるときは、その債務者は、相殺をもって債権者に対抗することができない。

（差押えを受けた債権を受働債権とする相殺の禁止）

第511条　差押えを受けた債権の第三債務者は、差押え後に取得した債権による相殺をもって差押債権者に対抗することはできないが、差押え前に取得した債権による相殺をもって対抗することができる。

2　前項の規定にかかわらず、差押え後に取得した債権が差押え前の**原因**に基づいて生じたものであるときは、その第三債務者は、その債権による相殺をもって差押債権者に対抗することができる。ただし、第三債務者が差押え後に他人の債権を取得したときは、この限りでない。

（相殺の充当）

第512条　債権者が債務者に対して有する1個又は数個の債権と、債権者が債務者に対して負担する1個又は数個の債務について、債権者が相殺の意思表示をした場合において、当事者が別段の合意をしなかったときは、債権者の有する債権とその負担する債務は、相殺に適するようになった時期の順序に従って、その対当額について相殺によって消滅する。

2　前項の場合において、相殺をする債権者の有する債権がその負担する債務の全部を消滅させるのに足りないときであって、当事者が別段の合意をしなかったときは、次に掲げるところによる。

一　債権者が数個の債務を負担するとき【2】は、第488条第4項第2号から第4号までの規定を準用する。

二　債権者が負担する1個又は数個の債務について元本のほか利息及び費用を支払うべきときは、第489条の規定を準用する。この場合において、同条第2項中「前条」とあるのは、「前条第4項第2号から第4号まで」と読み替えるものとする。

3　第1項の場合において、相殺をする債権者の負担する債務がその有する債権の全部を消滅させるのに足りないときは、前項の規定を準用する。

第512条の2　債権者が債務者に対して有する債権に、1個の債権の弁済として数個の給付をすべきものがある場合における相殺については、前条の規定を準用する。債権者が債務者に対して負担する債務に、1個の債務の弁済として数個の給付をすべきものがある場合における相殺についても、同様とする。

第3款　更改

（更改）

第513条　当事者が従前の債務に代えて、**新たな債務**であって次に掲げるものを発生させる契約をしたときは、従前の債務は、更改によって**消滅**する。

【1】　前号に掲げるものを除く。

【2】　次号に規定する場合を除く。

一　従前の給付の内容について重要な変更をするもの
二　従前の債務者が第三者と交替するもの
三　従前の債権者が第三者と交替するもの

（債務者の交替による更改）

第514条　債務者の交替による**更改**は、債権者と更改後に債務者となる者との契約によってすることができる。この場合において、更改は、債権者が更改前の債務者に対してその契約をした旨を**通知**した時に、その効力を生ずる。

2　債務者の交替による更改後の債務者は、更改前の債務者に対して求償権を取得しない。

（債権者の交替による更改）

第515条　債権者の交替による**更改**は、更改前の債権者、更改後に債権者となる者及び債務者の契約によってすることができる。

2　債権者の交替による更改は、確定日付のある証書によってしなければ、第三者に対抗することができない。

第516条及び第517条　削除

（更改後の債務への担保の移転）

第518条　債権者【1】は、更改前の債務の目的の限度において、その債務の担保として設定された**質権又は抵当権**を更改後の債務に移すことができる。ただし、第三者がこれを設定した場合には、その**承諾**を得なければならない。

2　前項の質権又は抵当権の移転は、あらかじめ又は同時に更改の相手方【2】に対してする意思表示によってしなければならない。

【1】　債権者の交替による更改にあっては、更改前の債権者
【2】　債権者の交替による更改にあっては、債務者

第4款　免除

第519条　債権者が債務者に対して債務を免除する意思を表示したときは、その債権は、**消滅**する。

第5款　混同

第520条　債権及び債務が同一人に帰属したときは、その債権は、**消滅**する。ただし、その債権が第三者の権利の目的であるときは、この限りでない。

第7節　有価証券

第1款　指図証券

（指図証券の譲渡）

第520条の2　指図証券の譲渡は、その証券に譲渡の裏書をして譲受人に交付しなければ、その効力を生じない。

（指図証券の裏書の方式）

第520条の3　指図証券の譲渡については、その指図証券の性質に応じ、手形法（昭和7年法律第20号）中裏書の方式に関する規定を準用する。

（指図証券の所持人の権利の推定）

第520条の4　指図証券の所持人が裏書の連続によりその権利を証明するときは、その所持人は、証券上の権利を適法に有するものと推定する。

（指図証券の善意取得）

第520条の5　何らかの事由により指図証券の占有を失った者がある場合において、その所持人が前条の規定によりその権利を証明するときは、その所持人は、その証券を返還する義務を負わない。ただし、その所持人が悪意又は重大な過失によりその証券を取得したときは、この限りでない。

（指図証券の譲渡における債務者の抗弁の制限）

第520条の6 指図証券の債務者は、その証券に記載した事項及びその証券の性質から当然に生ずる結果を除き、その証券の譲渡前の債権者に対抗することができた事由をもって善意の譲受人に対抗することができない。

（指図証券の質入れ）

第520条の7 第520条の2から前条までの規定は、指図証券を目的とする質権の設定について準用する。

（指図証券の弁済の場所）

第520条の8 指図証券の弁済は、債務者の現在の住所においてしなければならない。

（指図証券の提示と履行遅滞）

第520条の9 指図証券の債務者は、その債務の履行について期限の定めがあるときであっても、その期限が到来した後に所持人がその証券を提示してその履行の請求をした時から遅滞の責任を負う。

（指図証券の債務者の調査の権利等）

第520条の10 指図証券の債務者は、その証券の所持人並びにその署名及び押印の真偽を調査する権利を有するが、その義務を負わない。ただし、債務者に悪意又は重大な過失があるときは、その弁済は、無効とする。

（指図証券の喪失）

第520条の11 指図証券は、非訟事件手続法（平成23年法律第51号）第100条に規定する公示催告手続によって無効とすることができる。

（指図証券喪失の場合の権利行使方法）

第520条の12 金銭その他の物又は有価証券の給付を目的とする指図証券の所持人がその指図証券を喪失した場合において、非訟事件手続法第114条に規定する公示催告の申立てをしたときは、その債務者に、その債務の目的物を供託させ、又は相当の担保を供してその指図証券の趣旨に従い履行をさせることができる。

第2款　記名式所持人払証券

（記名式所持人払証券の譲渡）

第520条の13 記名式所持人払証券【1】の譲渡は、その証券を交付しなければ、その効力を生じない。

（記名式所持人払証券の所持人の権利の推定）

第520条の14 記名式所持人払証券の所持人は、証券上の権利を適法に有するものと推定する。

（記名式所持人払証券の善意取得）

第520条の15 何らかの事由により記名式所持人払証券の占有を失った者がある場合において、その所持人が前条の規定によりその権利を証明するときは、その所持人は、その証券を返還する義務を負わない。ただし、その所持人が悪意又は重大な過失によりその証券を取得したときは、この限りでない。

（記名式所持人払証券の譲渡における債務者の抗弁の制限）

第520条の16 記名式所持人払証券の債務者は、その証券に記載した事項及びその証券の性質から当然に生ずる結果を除き、その証券の譲渡前の債権者に対抗することができた事由をもって善意の譲受人に対抗することができない。

（記名式所持人払証券の質入れ）

第520条の17 第520条の13から前条までの規定は、記名式所持人払証券を目的とする質権の設定について準用する。

【1】 債権者を指名する記載がされている証券であって、その所持人に弁済をすべき旨が付記されているものをいう。以下同じ。

民法

（指図証券の規定の準用）

第520条の18　第520条の8から第520条の12までの規定は、記名式所持人払証券について準用する。

第3款　その他の記名証券

第520条の19　債権者を指名する記載がされている証券であって指図証券及び記名式所持人払証券以外のものは、債権の譲渡又はこれを目的とする質権の設定に関する方式に従い、かつ、その効力をもってのみ、譲渡し、又は質権の目的とすることができる。

2　第520条の11及び第520条の12の規定は、前項の証券について準用する。

第4款　無記名証券

第520条の20　第2款（記名式所持人払証券）の規定は、無記名証券について準用する。

第2章　契約

第1節　総則

第1款　契約の成立

（契約の締結及び内容の自由）

第521条　何人（なんぴと）も、法令に特別の定めがある場合を除き、契約をするかどうかを自由に決定することができる。

2　契約の当事者は、法令の制限内において、契約の内容を自由に決定することができる。

（契約の成立と方式）

第522条　契約は、契約の内容を示してその締結を**申し入れる意思表示**【1】に対して相手方が承諾をしたときに成立する。

2　契約の成立には、法令に特別の定めがある場合を除き、書面の作成その他の方式を具備することを要しない。

【1】以下「申込み」という。

（承諾の期間の定めのある申込み）

第523条　**承諾の期間**を定めてした申込みは、撤回することができない。ただし、申込者が撤回をする権利を留保したときは、この限りでない。

2　申込者が前項の申込みに対して同項の**期間内**に承諾の通知を受けなかったときは、その申込みは、その効力を失う。

（遅延した承諾の効力）

第524条　申込者は、遅延した承諾を新たな申込みとみなすことができる。

（承諾の期間の定めのない申込み）

第525条　承諾の期間を定めないでした申込みは、申込者が承諾の通知を受けるのに**相当な期間**を経過するまでは、撤回することができない。ただし、申込者が撤回をする権利を留保したときは、この限りでない。

2　対話者に対してした前項の申込みは、同項の規定にかかわらず、その**対話が継続**している間は、いつでも撤回することができる。

3　対話者に対してした第1項の申込みに対して対話が継続している間に申込者が承諾の通知を受けなかったときは、その申込みは、その効力を失う。ただし、申込者が対話の終了後もその申込みが効力を失わない旨を表示したときは、この限りでない。

（申込者の死亡等）

第526条　申込者が申込みの通知を発した後に**死亡**し、**意思能力**を有しない常況にある者となり、又は**行為能力**の制限を受けた場合において、申込者がその事実が生じたとすればその申込みは効力を有しない旨の意思を表示していたとき、又はその**相手方**が承諾の通知を発するまでにその事実が生じたことを知ったときは、その申込みは、その効力を有しない。

（承諾の通知を必要としない場合における契約の成立時期）

第527条 申込者の意思表示又は取引上の慣習により承諾の通知を必要としない場合には、契約は、承諾の意思表示と認めるべき事実があった時に成立する。

（申込みに変更を加えた承諾）

第528条 承諾者が、申込みに**条件**を付し、その他**変更**を加えてこれを承諾したときは、その申込みの拒絶とともに新たな申込みをしたものとみなす。

（懸賞広告）

第529条 ある行為をした者に一定の報酬を与える旨を広告した者【1】は、その行為をした者がその広告を知っていたかどうかにかかわらず、その者に対してその報酬を与える義務を負う。

（指定した行為をする期間の定めのある懸賞広告）

第529条の2 懸賞広告者は、その指定した行為をする期間を定めてした広告を撤回することができない。ただし、その広告において撤回をする権利を留保したときは、この限りでない。

2　前項の広告は、その期間内に指定した行為を完了する者がないときは、その効力を失う。

（指定した行為をする期間の定めのない懸賞広告）

第529条の3 懸賞広告者は、その指定した行為を完了する者がない間は、その指定した行為をする期間を定めないでした広告を撤回することができる。ただし、その広告中に撤回をしない旨を表示したときは、この限りでない。

（懸賞広告の撤回の方法）

第530条 前の広告と同一の方法による広告の撤回は、これを知らない者に対しても、その効力を有する。

2　広告の撤回は、前の広告と異なる方法によっても、することができる。ただし、その撤回は、これを知った者に対してのみ、その効力を有する。

（懸賞広告の報酬を受ける権利）

第531条 広告に定めた行為をした者が数人あるときは、最初にその行為をした者のみが報酬を受ける権利を有する。

2　数人が同時に前項の行為をした場合には、各自が等しい割合で報酬を受ける権利を有する。ただし、報酬がその性質上分割に適しないとき、又は広告において1人のみがこれを受けるものとしたときは、抽選でこれを受ける者を定める。

3　前2項の規定は、広告中にこれと異なる意思を表示したときは、適用しない。

（優等懸賞広告）

第532条 広告に定めた行為をした者が数人ある場合において、その優等者のみに報酬を与えるべきときは、その広告は、応募の期間を定めたときに限り、その効力を有する。

2　前項の場合において、応募者中いずれの者の行為が優等であるかは、広告中に定めた者が判定し、広告中に判定をする者を定めなかったときは懸賞広告者が判定する。

3　応募者は、前項の判定に対して異議を述べることができない。

4　前条第2項の規定は、数人の行為が同等と判定された場合について準用する。

【1】以下「懸賞広告者」という。

第2款　契約の効力

（同時履行の抗弁）

第533条　双務契約の当事者の一方は、相手方がその債務の履行【1】を提供するまでは、自己の債務の履行を拒むことができる。ただし、相手方の債務が弁済期にないときは、この限りでない。

第534条及び第535条　削除

（債務者の危険負担等）

第536条　当事者双方の責めに帰することができない事由によって債務を履行することができなくなったときは、債権者は、反対給付の履行を拒むことができる。

2　債権者の責めに帰すべき事由によって債務を履行することができなくなったときは、債権者は、反対給付の履行を拒むことができない。この場合において、債務者は、自己の債務を免れたことによって利益を得たときは、これを債権者に償還しなければならない。

（第三者のためにする契約）

第537条　契約により当事者の一方が第三者に対してある給付をすることを約したときは、その第三者は、債務者に対して直接にその給付を請求する権利を有する。

2　前項の契約は、その成立の時に第三者が現に存しない場合又は第三者が特定していない場合であっても、そのためにその効力を妨げられない。

3　第1項の場合において、第三者の権利は、その第三者が債務者に対して同項の契約の利益を享受する意思を表示した時に発生する。

（第三者の権利の確定）

第538条　前条の規定により第三者の権利が発生した後は、当事者は、これを変更し、又は消滅させることができない。

2　前条の規定により第三者の権利が発生した後に、債務者がその第三者に対する債務を履行しない場合には、同条第1項の契約の相手方は、その第三者の承諾を得なければ、契約を解除することができない。

（債務者の抗弁）

第539条　債務者は、第537条第1項の契約に基づく抗弁をもって、その契約の利益を受ける第三者に対抗することができる。

第3款　契約上の地位の移転

第539条の2　契約の当事者の一方が第三者との間で契約上の地位を譲渡する旨の合意をした場合において、その契約の相手方がその譲渡を承諾したときは、契約上の地位は、その第三者に移転する。

第4款　契約の解除

（解除権の行使）

第540条　契約又は法律の規定により当事者の一方が解除権を有するときは、その解除は、相手方に対する意思表示によってする。

2　前項の意思表示は、撤回することができない。

（催告による解除）

第541条　当事者の一方がその債務を履行しない場合において、相手方が相当の期間を定めてその履行の催告をし、その期間内に履行がないときは、相手方は、契約の解除をすることができる。ただし、その期間を経過した時における債務の不履行がその契約及び取引上の社会通念に照らして軽微であるときは、この限りでない。

【1】債務の履行に代わる損害賠償の債務の履行を含む。

（催告によらない解除）

第542条 次に掲げる場合には、債権者は、前条の催告をすることなく、直ちに契約の解除をすることができる。

一 債務の全部の履行が不能であるとき。

二 債務者がその債務の全部の履行を拒絶する意思を明確に表示したとき。

三 債務の一部の履行が不能である場合又は債務者がその債務の一部の履行を拒絶する意思を明確に表示した場合において、**残存する部分**のみでは契約をした目的を達することができないとき。

四 契約の性質又は当事者の意思表示により、**特定の日時又は一定の期間内**に履行をしなければ契約をした目的を達することができない場合において、債務者が履行をしないでその時期を経過したとき。

五 前各号に掲げる場合のほか、債務者がその債務の履行をせず、債権者が前条の催告をしても契約をした目的を達するのに足りる履行がされる見込みがないことが明らかであるとき。

2 次に掲げる場合には、債権者は、前条の催告をすることなく、直ちに契約の一部の解除をすることができる。

一 債務の一部の履行が不能であるとき。

二 債務者がその債務の一部の履行を拒絶する意思を明確に表示したとき。

（債権者の責めに帰すべき事由による場合）

第543条 債務の不履行が債権者の責めに帰すべき事由によるものであるときは、債権者は、前2条の規定による契約の解除をすることができない。

（解除権の不可分性）

第544条 当事者の一方が数人ある場合には、契約の解除は、その**全員から**又はその**全員に対して**のみ、することができる。

2 前項の場合において、解除権が当事者のうちの**1人について消滅**したときは、他の者についても消滅する。

（解除の効果）

第545条 当事者の一方がその解除権を行使したときは、各当事者は、その相手方を原状に復させる義務を負う。ただし、第三者の権利を害することはできない。

2 前項本文の場合において、**金銭**を返還するときは、その受領の時から利息を付さなければならない。

3 第1項本文の場合において、**金銭以外**の物を返還するときは、その受領の時以後に生じた果実をも返還しなければならない。

4 解除権の行使は、損害賠償の請求を妨げない。

（契約の解除と同時履行）

第546条 **第533条**の規定は、前条の場合について準用する。

（催告による解除権の消滅）

第547条 解除権の行使について期間の定めがないときは、相手方は、解除権を有する者に対し、**相当の期間**を定めて、その期間内に解除をするかどうかを確答すべき旨の催告をすることができる。この場合において、その期間内に解除の通知を受けないときは、解除権は、**消滅**する。

（解除権者の故意による目的物の損傷等による解除権の消滅）

第548条 解除権を有する者が**故意**若しくは**過失**によって契約の目的物を著しく損傷し、若しくは返還することができなくなったとき、又は加工若しくは改造によってこれを他の種類の物に変えたときは、解除権は、**消滅**する。ただし、解除権を有する者がその解除権を有することを知らなかったときは、この限りでない。

第5款　定型約款

（定型約款の合意）

第548条の2　**定型取引**【1】を行うことの**合意**【2】をした者は、次に掲げる場合には、定型約款【3】の個別の条項についても合意をしたものとみなす。

一　定型約款を契約の内容とする旨の合意をしたとき。

二　定型約款を準備した者【4】があらかじめその定型約款を契約の内容とする旨を相手方に表示していたとき。

2　前項の規定にかかわらず、同項の条項のうち、相手方の権利を制限し、又は相手方の義務を加重する条項であって、その定型取引の態様及びその実情並びに取引上の社会通念に照らして第1条第2項に規定する基本原則に反して相手方の利益を一方的に害すると認められるものについては、合意をしなかったものとみなす。

（定型約款の内容の表示）

第548条の3　定型取引を行い、又は行おうとする定型約款準備者は、定型取引合意の前又は定型取引合意の後相当の期間内に相手方から請求があった場合には、遅滞なく、相当な方法でその定型約款の内容を示さなければならない。ただし、定型約款準備者が既に相手方に対して定型約款を記載した書面を交付し、又はこれを記録した電磁的記録を提供していたときは、この限りでない。

2　定型約款準備者が定型取引合意の前において前項の請求を拒んだときは、前条の規定は、適用しない。ただし、一時的な通信障害が発生した場合その他正当な事由がある場合は、この限りでない。

（定型約款の変更）

第548条の4　定型約款準備者は、次に掲げる場合には、定型約款の変更をすることにより、変更後の定型約款の条項について合意があったものとみなし、個別に相手方と合意をすることなく契約の内容を変更することができる。

一　定型約款の変更が、相手方の一般の利益に適合するとき。

二　定型約款の変更が、契約をした目的に反せず、かつ、変更の必要性、変更後の内容の相当性、この条の規定により定型約款の変更をすることがある旨の定めの有無及びその内容その他の変更に係る事情に照らして合理的なものであるとき。

2　定型約款準備者は、前項の規定による定型約款の変更をするときは、その効力発生時期を定め、かつ、定型約款を変更する旨及び変更後の定型約款の内容並びにその効力発生時期をインターネットの利用その他の適切な方法により周知しなければならない。

3　第1項第2号の規定による定型約

【1】ある特定の者が不特定多数の者を相手方として行う取引であって、その内容の全部又は一部が画一的であることがその双方にとって合理的なものをいう。以下同じ。

【2】次条において「**定型取引合意**」という。

【3】定型取引において、契約の内容とすることを目的としてその特定の者により準備された条項の総体をいう。以下同じ。

【4】以下「**定型約款準備者**」という。

款の変更は、前項の効力発生時期が到来するまでに同項の規定による周知をしなければ、その効力を生じない。
4　第548条の2第2項の規定は、第1項の規定による定型約款の変更については、適用しない。

第2節　贈与

（贈与）
第549条　贈与は、当事者の一方がある財産を無償で相手方に与える意思を表示し、相手方が受諾をすることによって、その効力を生ずる。

（書面によらない贈与の解除）
第550条　書面によらない贈与は、各当事者が解除をすることができる。ただし、**履行の終わった部分**については、この限りでない。

（贈与者の引渡義務等）
第551条　贈与者は、贈与の目的である物又は権利を、贈与の目的として特定した時の状態で引き渡し、又は移転することを約したものと推定する。
2　負担付贈与については、贈与者は、その負担の限度において、売主と同じく担保の責任を負う。

（定期贈与）
第552条　定期の給付を目的とする贈与は、贈与者又は受贈者の**死亡**によって、その効力を失う。

（負担付贈与）
第553条　負担付贈与については、この節に定めるもののほか、その性質に反しない限り、双務契約に関する規定を準用する。

（死因贈与）
第554条　贈与者の死亡によって効力を生ずる贈与については、その性質に反しない限り、遺贈に関する規定を準用する。

第3節　売買

第1款　総則

（売買）
第555条　売買は、当事者の一方がある財産権を相手方に移転することを約し、相手方がこれに対してその代金を支払うことを約することによって、その効力を生ずる。

（売買の一方の予約）
第556条　売買の一方の予約は、相手方が売買を完結する意思を表示した時から、売買の効力を生ずる。
2　前項の意思表示について期間を定めなかったときは、予約者は、相手方に対し、**相当の期間**を定めて、その期間内に売買を完結するかどうかを確答すべき旨の催告をすることができる。この場合において、相手方がその期間内に確答をしないときは、売買の一方の予約は、その**効力**を失う。

（手付）
第557条　買主が売主に手付を交付したときは、**買主**はその手付を放棄し、**売主**はその倍額を現実に提供して、契約の解除をすることができる。ただし、その相手方が契約の**履行に着手した後**は、この限りでない。
2　第545条第4項の規定は、前項の場合には、適用しない。

（売買契約に関する費用）
第558条　売買契約に関する費用は、当事者双方が等しい割合で負担する。

（有償契約への準用）
第559条　この節の規定は、売買以外の有償契約について準用する。ただし、その有償契約の性質がこれを許さないときは、この限りでない。

第2款　売買の効力

(権利移転の対抗要件に係る売主の義務)

第560条　売主は、買主に対し、登記、登録その他の売買の目的である権利の移転についての対抗要件を備えさせる義務を負う。

(他人の権利の売買における売主の義務)

第561条　他人の権利【1】を売買の目的としたときは、売主は、その権利を取得して買主に移転する義務を負う。

(買主の追完請求権)

第562条　引き渡された目的物が種類、品質又は数量に関して**契約の内容に適合しない**ものであるときは、買主は、売主に対し、目的物の修補、代替物の引渡し又は不足分の引渡しによる履行の追完を請求することができる。ただし、売主は、買主に不相当な負担を課するものでないときは、買主が請求した方法と異なる方法による履行の追完をすることができる。

2　前項の不適合が**買主の責めに帰すべき事由**によるものであるときは、買主は、同項の規定による履行の追完の請求をすることができない。

(買主の代金減額請求権)

第563条　前条第1項本文に規定する場合において、買主が相当の期間を定めて履行の**追完の催告**をし、その期間内に履行の追完がないときは、買主は、その不適合の程度に応じて代金の減額を請求することができる。

2　前項の規定にかかわらず、次に掲げる場合には、買主は、同項の催告をすることなく、直ちに代金の減額を請求することができる。

一　履行の追完が不能であるとき。

二　売主が履行の追完を拒絶する意思を明確に表示したとき。

三　契約の性質又は当事者の意思表示により、特定の日時又は一定の期間内に履行をしなければ契約をした目的を達することができない場合において、売主が履行の追完をしないでその時期を経過したとき。

四　前3号に掲げる場合のほか、買主が前項の催告をしても履行の追完を受ける見込みがないことが明らかであるとき。

3　第1項の不適合が**買主の責めに帰すべき事由**によるものであるときは、買主は、前2項の規定による代金の減額の請求をすることができない。

(買主の損害賠償請求及び解除権の行使)

第564条　前2条の規定は、第415条の規定による損害賠償の請求並びに第541条及び第542条の規定による解除権の行使を妨げない。

(移転した権利が契約の内容に適合しない場合における売主の担保責任)

第565条　前3条の規定は、売主が買主に移転した権利が契約の内容に適合しないものである場合【2】について準用する。

(目的物の種類又は品質に関する担保責任の期間の制限)

第566条　売主が種類又は品質に関して契約の内容に適合しない目的物を買主に引き渡した場合において、買主がその不適合を知った時から1年以内にその旨を売主に**通知**しないときは、買主は、その不適合を理由として、履行の追完の請求、代金の減額の請求、損害賠償の請求及び契約の解除をすることができない。ただ

【1】　権利の一部が他人に属する場合におけるその権利の一部を含む。

【2】　権利の一部が他人に属する場合においてその権利の一部を移転しないときを含む。

し、売主が引渡しの時にその不適合を**知り**、又は**重大な過失**によって知らなかったときは、この限りでない。

（目的物の滅失等についての危険の移転）

第567条　売主が買主に目的物【1】を引き渡した場合において、その引渡しがあった時以後にその目的物が当事者双方の責めに帰することができない事由によって**滅失**し、又は**損傷**したときは、買主は、その滅失又は損傷を理由として、履行の追完の請求、代金の減額の請求、損害賠償の請求及び契約の解除をすることができない。この場合において、買主は、代金の支払を拒むことができない。

2　売主が契約の内容に適合する目的物をもって、その引渡しの債務の履行を提供したにもかかわらず、買主がその**履行を受けることを拒み**、又は**受けることができない**場合において、その履行の提供があった時以後に当事者双方の責めに帰することができない事由によってその目的物が滅失し、又は損傷したときも、前項と同様とする。

（競売における担保責任等）

第568条　民事執行法その他の法律の規定に基づく**競売**【2】における**買受人**は、第541条及び第542条の規定並びに第563条【3】の規定により、債務者に対し、契約の解除をし、又は代金の減額を請求することができる。

2　前項の場合において、債務者が無資力であるときは、買受人は、代金の配当を受けた債権者に対し、その代金の全部又は一部の返還を請求することができる。

3　前2項の場合において、債務者が物若しくは権利の不存在を知りながら申し出なかったとき、又は債権者がこれを知りながら競売を請求したときは、買受人は、これらの者に対し、損害賠償の請求をすることができる。

4　前3項の規定は、競売の目的物の種類又は品質に関する不適合については、適用しない。

（債権の売主の担保責任）

第569条　債権の売主が債務者の資力を担保したときは、契約の時における資力を担保したものと推定する。

2　弁済期に至らない債権の売主が債務者の将来の資力を担保したときは、弁済期における資力を担保したものと推定する。

（抵当権等がある場合の買主による費用の償還請求）

第570条　買い受けた不動産について契約の内容に適合しない先取特権、質権又は抵当権が存していた場合において、買主が費用を支出してその**不動産の所有権を保存**したときは、買主は、売主に対し、その費用の償還を請求することができる。

第571条　削除

（担保責任を負わない旨の特約）

第572条　売主は、第562条第1項本文又は第565条に規定する場合における担保の責任を負わない旨の特約をしたときであっても、**知りながら告げなかった事実**及び自ら第三者のために設定し又は第三者に譲り渡した権利については、その責任を免れることができない。

（代金の支払期限）

第573条　売買の目的物の引渡しについて期限があるときは、代金の支払についても同一の期限を付したもの

【1】売買の目的として特定したものに限る。以下この条において同じ。

【2】以下この条において単に「競売」という。

【3】第565条において準用する場合を含む。

と推定する。

(代金の支払場所)

第574条　売買の目的物の引渡しと同時に代金を支払うべきときは、その**引渡しの場所**において支払わなければならない。

(果実の帰属及び代金の利息の支払)

第575条　まだ引き渡されていない売買の目的物が**果実**を生じたときは、その果実は、売主に帰属する。

2　買主は、**引渡しの日**から、代金の利息を支払う義務を負う。ただし、代金の支払について期限があるときは、その期限が到来するまでは、利息を支払うことを要しない。

(権利を取得することができない等のおそれがある場合の買主による代金の支払の拒絶)

第576条　売買の目的について権利を主張する者があることその他の事由により、買主がその買い受けた権利の全部若しくは一部を取得することができず、又は失うおそれがあるときは、買主は、その**危険の程度に応じて**、代金の全部又は一部の支払を拒むことができる。ただし、売主が**相当の担保**を供したときは、この限りでない。

(抵当権等の登記がある場合の買主による代金の支払の拒絶)

第577条　買い受けた不動産について**契約の内容に適合しない抵当権の登記**があるときは、買主は、抵当権消滅請求の手続が終わるまで、その代金の支払を拒むことができる。この場合において、売主は、買主に対し、遅滞なく抵当権消滅請求をすべき旨を請求することができる。

2　前項の規定は、買い受けた不動産について契約の内容に適合しない先取特権又は質権の登記がある場合について準用する。

(売主による代金の供託の請求)

第578条　前2条の場合においては、売主は、買主に対して代金の供託を請求することができる。

第3款　買戻し

(買戻しの特約)

第579条　不動産の売主は、売買契約と同時にした買戻しの特約により、買主が支払った**代金**【1】及び**契約の費用**を返還して、売買の解除をすることができる。この場合において、当事者が別段の意思を表示しなかったときは、不動産の**果実**と代金の**利息**とは相殺したものとみなす。

(買戻しの期間)

第580条　買戻しの期間は、10年を超えることができない。特約でこれより長い期間を定めたときは、その期間は、10年とする。

2　買戻しについて期間を定めたときは、その後にこれを**伸長**することができない。

3　買戻しについて期間を定めなかったときは、5年以内に買戻しをしなければならない。

(買戻しの特約の対抗力)

第581条　売買契約と同時に買戻しの特約を登記したときは、買戻しは、第三者に**対抗**することができる。

2　前項の登記がされた後に第605条の2第1項に規定する対抗要件を備えた賃借人の権利は、その残存期間中**1年を超えない期間**に限り、売主に対抗することができる。ただし、売主を害する目的で賃貸借をしたときは、この限りでない。

(買戻権の代位行使)

第582条　売主の債権者が第423条の

【1】　別段の合意をした場合にあっては、その合意により定めた金額。第583条第1項において同じ。

民法

規定により売主に代わって買戻しをしようとするときは、買主は、裁判所において選任した鑑定人の評価に従い、不動産の現在の価額から売主が返還すべき金額を控除した残額に達するまで売主の債務を弁済し、なお残余があるときはこれを売主に返還して、買戻権を消滅させることができる。

（買戻しの実行）

第583条 売主は、第580条に規定する期間内に代金及び契約の費用を提供しなければ、買戻しをすることができない。

2 買主又は転得者が不動産について費用を支出したときは、売主は、第196条の規定に従い、その償還をしなければならない。ただし、有益費については、裁判所は、売主の請求により、その償還について相当の期限を許与することができる。

（共有持分の買戻特約付売買）

第584条 不動産の共有者の1人が買戻しの特約を付してその持分を売却した後に、その不動産の分割又は競売があったときは、売主は、買主が受け、若しくは受けるべき部分又は代金について、買戻しをすることができる。ただし、売主に通知をしないでした分割及び競売は、売主に対抗することができない。

第585条 前条の場合において、買主が不動産の競売における買受人となったときは、売主は、競売の代金及び第583条に規定する費用を支払って買戻しをすることができる。この場合において、売主は、その不動産の全部の所有権を取得する。

2 他の共有者が分割を請求したことにより買主が競売における買受人となったときは、売主は、その持分のみについて買戻しをすることはできない。

第4節 交換

第586条 交換は、当事者が互いに金銭の所有権以外の財産権を移転することを約することによって、その効力を生ずる。

2 当事者の一方が他の権利とともに金銭の所有権を移転することを約した場合におけるその金銭については、売買の代金に関する規定を準用する。

第5節 消費貸借

（消費貸借）

第587条 消費貸借は、当事者の一方が種類、品質及び数量の同じ物をもって返還をすることを約して相手方から金銭その他の物を受け取ることによって、その効力を生ずる。

（書面でする消費貸借等）

第587条の2 前条の規定にかかわらず、書面でする消費貸借は、当事者の一方が金銭その他の物を引き渡すことを約し、相手方がその受け取った物と種類、品質及び数量の同じ物をもって返還をすることを約することによって、その効力を生ずる。

2 書面でする消費貸借の借主は、貸主から金銭その他の物を受け取るまで、契約の解除をすることができる。この場合において、貸主は、その契約の解除によって損害を受けたときは、借主に対し、その賠償を請求することができる。

3 書面でする消費貸借は、借主が貸主から金銭その他の物を受け取る前に当事者の一方が破産手続開始の決定を受けたときは、その効力を失う。

4 消費貸借がその内容を記録した電磁的記録によってされたときは、その消費貸借は、書面によってされたものとみなして、前3項の規定を適用する。

(準消費貸借)

第588条 金銭その他の物を給付する義務を負う者がある場合において、当事者がその物を消費貸借の目的とすることを約したときは、消費貸借は、これによって成立したものとみなす。

(利息)

第589条 貸主は、特約がなければ、借主に対して利息を請求することができない。

2 前項の特約があるときは、貸主は、借主が金銭その他の物を受け取った日以後の利息を請求することができる。

(貸主の引渡義務等)

第590条 第551条の規定は、前条第1項の特約のない消費貸借について準用する。

2 前条第1項の特約の有無にかかわらず、貸主から引き渡された物が種類又は品質に関して契約の内容に適合しないものであるときは、借主は、その物の価額を返還することができる。

(返還の時期)

第591条 当事者が返還の時期を定めなかったときは、貸主は、相当の期間を定めて返還の催告をすることができる。

2 借主は、返還の時期の定めの有無にかかわらず、いつでも返還をすることができる。

3 当事者が返還の時期を定めた場合において、貸主は、借主がその時期の前に返還をしたことによって損害を受けたときは、借主に対し、その賠償を請求することができる。

(価額の償還)

第592条 借主が貸主から受け取った物と種類、品質及び数量の同じ物をもって返還をすることができなくなったときは、その時における物の価額を償還しなければならない。ただし、第402条第2項に規定する場合は、この限りでない。

第6節 使用貸借

(使用貸借)

第593条 使用貸借は、当事者の一方がある物を引き渡すことを約し、相手方がその受け取った物について無償で使用及び収益をして契約が終了したときに返還をすることを約することによって、その効力を生ずる。

(借用物受取り前の貸主による使用貸借の解除)

第593条の2 貸主は、借主が借用物を受け取るまで、契約の解除をすることができる。ただし、書面による使用貸借については、この限りでない。

(借主による使用及び収益)

第594条 借主は、契約又はその目的物の性質によって定まった用法に従い、その物の使用及び収益をしなければならない。

2 借主は、貸主の承諾を得なければ、第三者に借用物の使用又は収益をさせることができない。

3 借主が前2項の規定に違反して使用又は収益をしたときは、貸主は、契約の解除をすることができる。

(借用物の費用の負担)

第595条 借主は、借用物の通常の必要費を負担する。

2 第583条第2項の規定は、前項の通常の必要費以外の費用について準用する。

(貸主の引渡義務等)

第596条 第551条の規定は、使用貸借について準用する。

（期間満了等による使用貸借の終了）

第597条　当事者が使用貸借の期間を定めたときは、使用貸借は、その期間が満了することによって終了する。

2　当事者が使用貸借の期間を定めなかった場合において、使用及び収益の目的を定めたときは、使用貸借は、借主がその目的に従い使用及び収益を終えることによって終了する。

3　使用貸借は、借主の死亡によって終了する。

（使用貸借の解除）

第598条　貸主は、前条第2項に規定する場合において、同項の目的に従い借主が使用及び収益をするのに足りる期間を経過したときは、契約の解除をすることができる。

2　当事者が使用貸借の期間並びに使用及び収益の目的を定めなかったときは、貸主は、いつでも契約の解除をすることができる。

3　借主は、いつでも契約の解除をすることができる。

（借主による収去等）

第599条　借主は、借用物を受け取った後にこれに附属させた物がある場合において、使用貸借が終了したときは、その附属させた物を収去する義務を負う。ただし、借用物から分離することができない物又は分離するのに過分の費用を要する物については、この限りでない。

2　借主は、借用物を受け取った後にこれに附属させた物を収去することができる。

3　借主は、借用物を受け取った後にこれに生じた損傷がある場合において、使用貸借が終了したときは、その損傷を原状に復する義務を負う。ただし、その損傷が借主の責めに帰することができない事由によるものであるときは、この限りでない。

（損害賠償及び費用の償還の請求権についての期間の制限）

第600条　契約の本旨に反する使用又は収益によって生じた損害の賠償及び借主が支出した費用の償還は、貸主が返還を受けた時から1年以内に請求しなければならない。

2　前項の損害賠償の請求権については、貸主が返還を受けた時から1年を経過するまでの間は、時効は、完成しない。

第7節　賃貸借

第1款　総則

（賃貸借）

第601条　賃貸借は、当事者の一方がある物の使用及び収益を相手方にさせることを約し、相手方がこれに対してその賃料を支払うこと及び引渡しを受けた物を契約が終了したときに返還することを約することによって、その効力を生ずる。

（短期賃貸借）

第602条　処分の権限を有しない者が賃貸借をする場合には、次の各号に掲げる賃貸借は、それぞれ当該各号に定める期間を超えることができない。契約でこれより長い期間を定めたときであっても、その期間は、当該各号に定める期間とする。

一　樹木の栽植又は伐採を目的とする山林の賃貸借　10年

二　前号に掲げる賃貸借以外の土地の賃貸借　5年

三　建物の賃貸借　3年

四　動産の賃貸借　6箇月

（短期賃貸借の更新）

第603条　前条に定める期間は、更新することができる。ただし、その期間満了前、土地については1年以内、建物については3箇月以内、動産については1箇月以内に、その更新をしなければならない。

（賃貸借の存続期間）

第604条 賃貸借の存続期間は、50年を超えることができない。契約でこれより長い期間を定めたときであっても、その期間は、**50年**とする。

2 賃貸借の存続期間は、更新することができる。ただし、その期間は、更新の時から50年を超えることができない。

第2款 賃貸借の効力

（不動産賃貸借の対抗力）

第605条 不動産の賃貸借は、これを登記したときは、その不動産について物権を取得した者その他の第三者に対抗することができる。

（不動産の賃貸人たる地位の移転）

第605条の2 前条、借地借家法（平成3年法律第90号）第10条又は第31条その他の法令の規定による**賃貸借の対抗要件**を備えた場合において、その不動産が譲渡されたときは、その不動産の賃貸人たる地位は、その譲受人に移転する。

2 前項の規定にかかわらず、不動産の譲渡人及び譲受人が、賃貸人たる地位を**譲渡人に留保**する旨及びその不動産を**譲受人が譲渡人に賃貸**する旨の合意をしたときは、賃貸人たる地位は、譲受人に移転しない。この場合において、譲渡人と譲受人又はその承継人との間の**賃貸借が終了**したときは、譲渡人に留保されていた賃貸人たる地位は、譲受人又はその承継人に移転する。

3 第1項又は前項後段の規定による**賃貸人たる地位の移転**は、賃貸物である不動産について所有権の移転の登記をしなければ、賃借人に対抗することができない。

4 第1項又は第2項後段の規定により賃貸人たる地位が譲受人又はその承継人に移転したときは、第608条の規定による**費用の償還**に係る債務及び第622条の2第1項の規定による同項に規定する**敷金の返還**に係る債務は、譲受人又はその承継人が承継する。

（合意による不動産の賃貸人たる地位の移転）

第605条の3 不動産の譲渡人が賃貸人であるときは、その賃貸人たる地位は、賃借人の承諾を要しないで、**譲渡人と譲受人との合意**により、譲受人に移転させることができる。この場合においては、前条第3項及び第4項の規定を準用する。

（不動産の賃借人による妨害の停止の請求等）

第605条の4 不動産の賃借人は、第605条の2第1項に規定する**対抗要件**を備えた場合において、次の各号に掲げるときは、それぞれ当該各号に定める請求をすることができる。

一 その不動産の占有を**第三者が妨害**しているとき その第三者に対する**妨害の停止の請求**

二 その不動産を**第三者が占有**しているとき その第三者に対する返還の請求

（賃貸人による修繕等）

第606条 賃貸人は、賃貸物の使用及び収益に必要な修繕をする義務を負う。ただし、賃借人の責めに帰すべき事由によってその修繕が必要となったときは、この限りでない。

2 賃貸人が賃貸物の保存に必要な行為をしようとするときは、賃借人は、これを拒むことができない。

（賃借人の意思に反する保存行為）

第607条 賃貸人が賃借人の意思に反して保存行為をしようとする場合において、そのために賃借人が賃借をした**目的**を達することができなくなるときは、賃借人は、契約の解除をすることができる。

(賃借人による修繕)

第607条の2 賃借物の修繕が必要である場合において、次に掲げるときは、賃借人は、その修繕をすることができる。

一 賃借人が賃貸人に修繕が必要である旨を通知し、又は賃貸人がその旨を知ったにもかかわらず、賃貸人が相当の期間内に必要な修繕をしないとき。

二 急迫の事情があるとき。

(賃借人による費用の償還請求)

第608条 賃借人は、賃借物について賃貸人の負担に属する**必要費**を支出したときは、賃貸人に対し、直ちにその償還を請求することができる。

2 賃借人が賃借物について**有益費**を支出したときは、賃貸人は、賃貸借の終了の時に、第196条第2項の規定に従い、その償還をしなければならない。ただし、裁判所は、賃貸人の請求により、その償還について相当の期限を許与することができる。

(減収による賃料の減額請求)

第609条 耕作又は牧畜を目的とする土地の賃借人は、不可抗力によって賃料より少ない収益を得たときは、その収益の額に至るまで、賃料の減額を請求することができる。

(減収による解除)

第610条 前条の場合において、同条の賃借人は、不可抗力によって引き続き2年以上賃料より少ない収益を得たときは、契約の解除をすることができる。

(賃借物の一部滅失等による賃料の減額等)

第611条 賃借物の一部が滅失その他の事由により使用及び収益をすることができなくなった場合において、それが賃借人の責めに帰することができない事由によるものであるときは、賃料は、その使用及び収益をすることができなくなった部分の割合に応じて、減額される。

2 賃借物の一部が滅失その他の事由により使用及び収益をすることができなくなった場合において、残存する部分のみでは賃借人が賃借をした目的を達することができないときは、賃借人は、契約の解除をすることができる。

(賃借権の譲渡及び転貸の制限)

第612条 賃借人は、賃貸人の承諾を得なければ、その賃借権を**譲り渡し**、又は賃借物を**転貸**することができない。

2 賃借人が前項の規定に違反して第三者に賃借物の使用又は収益をさせたときは、賃貸人は、契約の解除をすることができる。

(転貸の効果)

第613条 賃借人が適法に賃借物を**転貸**したときは、転借人は、賃貸人と賃借人との間の賃貸借に基づく**賃借人の債務の範囲を限度**として、賃貸人に対して転貸借に基づく債務を直接履行する義務を負う。この場合においては、**賃料の前払**をもって賃貸人に対抗することができない。

2 前項の規定は、賃貸人が**賃借人**に対してその権利を行使することを妨げない。

3 賃借人が適法に賃借物を転貸した場合には、賃貸人は、賃借人との間の賃貸借を**合意により解除**したことをもって転借人に対抗することができない。ただし、その解除の当時、賃貸人が賃借人の債務不履行による解除権を有していたときは、この限りでない。

(賃料の支払時期)

第614条 賃料は、動産、建物及び宅地については毎月末に、その他の土地については毎年末に、支払わなければならない。ただし、収穫の季節があるものについては、その季節の後に遅滞なく支払わなければならない。

(賃借人の通知義務)

第615条 賃借物が修繕を要し、又は賃借物について権利を主張する者があるときは、賃借人は、遅滞なくその旨を賃貸人に通知しなければならない。ただし、賃貸人が既にこれを知っているときは、この限りでない。

(賃借人による使用及び収益)

第616条 第594条第1項の規定は、賃貸借について準用する。

第3款 賃貸借の終了

(賃借物の全部滅失等による賃貸借の終了)

第616条の2 賃借物の全部が滅失その他の事由により使用及び収益をすることができなくなった場合には、賃貸借は、これによって終了する。

(期間の定めのない賃貸借の解約の申入れ)

第617条 当事者が賃貸借の期間を定めなかったときは、各当事者は、いつでも解約の申入れをすることができる。この場合においては、次の各号に掲げる賃貸借は、解約の申入れの日からそれぞれ当該各号に定める期間を経過することによって終了する。

一 土地の賃貸借 1年

二 建物の賃貸借 3箇月

三 動産及び貸席の賃貸借 1日

2 収穫の季節がある土地の賃貸借については、その季節の後次の耕作に着手する前に、解約の申入れをしなければならない。

(期間の定めのある賃貸借の解約をする権利の留保)

第618条 当事者が賃貸借の期間を定めた場合であっても、その一方又は双方がその期間内に解約をする権利を留保したときは、前条の規定を準用する。

(賃貸借の更新の推定等)

第619条 賃貸借の期間が満了した後賃借人が賃借物の使用又は収益を継続する場合において、賃貸人がこれを知りながら異議を述べないときは、従前の賃貸借と同一の条件で更に賃貸借をしたものと推定する。この場合において、各当事者は、第617条の規定により解約の申入れをすることができる。

2 従前の賃貸借について当事者が担保を供していたときは、その担保は、期間の満了によって消滅する。ただし、第622条の2第1項に規定する敷金については、この限りでない。

(賃貸借の解除の効力)

第620条 賃貸借の解除をした場合には、その解除は、将来に向かってのみその効力を生ずる。この場合においては、損害賠償の請求を妨げない。

(賃借人の原状回復義務)

第621条 賃借人は、賃借物を受け取った後にこれに生じた損傷【1】がある場合において、賃貸借が終了したときは、その損傷を原状に復する義務を負う。ただし、その損傷が賃借人の責めに帰することができない事由によるものであるときは、この限りでない。

(使用貸借の規定の準用)

第622条 第597条第1項、第599条第1項及び第2項並びに第600条の規定は、賃貸借について準用する。

【1】 通常の使用及び収益によって生じた賃借物の損耗並びに賃借物の経年変化を除く。以下この条において同じ。

第4款　敷金

第622条の2　賃貸人は、敷金【1】を受け取っている場合において、次に掲げるときは、賃借人に対し、その受け取った敷金の額から賃貸借に基づいて生じた賃借人の賃貸人に対する金銭の給付を目的とする**債務の額を控除した残額**を返還しなければならない。

一　賃貸借が終了し、かつ、賃貸物の返還を受けたとき。

二　賃借人が適法に賃借権を譲り渡したとき。

2　賃貸人は、賃借人が賃貸借に基づいて生じた金銭の給付を目的とする債務を履行しないときは、敷金をその債務の弁済に充てることができる。この場合において、賃借人は、賃貸人に対し、敷金をその債務の弁済に充てることを請求することができない。

第8節　雇用

（雇用）

第623条　雇用は、当事者の一方が相手方に対して労働に従事することを約し、相手方がこれに対してその報酬を与えることを約することによって、その効力を生ずる。

（報酬の支払時期）

第624条　労働者は、その約した労働を終わった後でなければ、報酬を請求することができない。

2　期間によって定めた報酬は、その期間を経過した後に、請求することができる。

（履行の割合に応じた報酬）

第624条の2　労働者は、次に掲げる場合には、既にした履行の割合に応じて報酬を請求することができる。

一　使用者の責めに帰することができない事由によって労働に従事することができなくなったとき。

二　雇用が履行の中途で終了したとき。

（使用者の権利の譲渡の制限等）

第625条　使用者は、労働者の承諾を得なければ、その権利を第三者に譲り渡すことができない。

2　労働者は、使用者の承諾を得なければ、自己に代わって第三者を労働に従事させることができない。

3　労働者が前項の規定に違反して第三者を労働に従事させたときは、使用者は、契約の解除をすることができる。

（期間の定めのある雇用の解除）

第626条　雇用の期間が5年を超え、又はその終期が不確定であるときは、当事者の一方は、5年を経過した後、いつでも契約の解除をすることができる。

2　前項の規定により契約の解除をしようとする者は、それが使用者であるときは3箇月前、労働者であるときは2週間前に、その予告をしなければならない。

（期間の定めのない雇用の解約の申入れ）

第627条　当事者が雇用の期間を定めなかったときは、各当事者は、いつでも解約の申入れをすることができる。この場合において、雇用は、解約の申入れの日から2週間を経過することによって終了する。

2　期間によって報酬を定めた場合には、使用者からの解約の申入れは、次期以後についてすることができる。ただし、その解約の申入れは、当期

【1】　いかなる名目によるかを問わず、賃料債務その他の賃貸借に基づいて生ずる賃借人の賃貸人に対する金銭の給付を目的とする債務を担保する目的で、賃借人が賃貸人に交付する金銭をいう。以下この条において同じ。

の前半にしなければならない。

3　6箇月以上の期間によって報酬を定めた場合には、前項の解約の申入れは、3箇月前にしなければならない。

（やむを得ない事由による雇用の解除）

第628条　当事者が雇用の期間を定めた場合であっても、やむを得ない事由があるときは、各当事者は、直ちに契約の解除をすることができる。この場合において、その事由が当事者の一方の過失によって生じたものであるときは、相手方に対して損害賠償の責任を負う。

（雇用の更新の推定等）

第629条　雇用の期間が満了した後労働者が引き続きその労働に従事する場合において、使用者がこれを知りながら異議を述べないときは、従前の雇用と同一の条件で更に雇用をしたものと推定する。この場合において、各当事者は、第627条の規定により解約の申入れをすることができる。

2　従前の雇用について当事者が担保を供していたときは、その担保は、期間の満了によって消滅する。ただし、身元保証金については、この限りでない。

（雇用の解除の効力）

第630条　第620条の規定は、雇用について準用する。

（使用者についての破産手続の開始による解約の申入れ）

第631条　使用者が破産手続開始の決定を受けた場合には、雇用に期間の定めがあるときであっても、労働者又は破産管財人は、第627条の規定により解約の申入れをすることができる。この場合において、各当事者は、相手方に対し、解約によって生じた損害の賠償を請求することができない。

第9節　請負

（請負）

第632条　請負は、当事者の一方がある仕事を完成することを約し、相手方がその仕事の結果に対してその報酬を支払うことを約することによって、その効力を生ずる。

（報酬の支払時期）

第633条　報酬は、仕事の目的物の引渡しと同時に、支払わなければならない。ただし、物の引渡しを要しないときは、第624条第1項の規定を準用する。

（注文者が受ける利益の割合に応じた報酬）

第634条　次に掲げる場合において、請負人が既にした仕事の結果のうち**可分な部分**の給付によって注文者が利益を受けるときは、その部分を仕事の完成とみなす。この場合において、請負人は、注文者が受ける**利益の割合**に応じて報酬を請求することができる。

一　注文者の責めに帰することができない事由によって仕事を完成することができなくなったとき。

二　請負が仕事の完成前に解除されたとき。

第635条　削除

（請負人の担保責任の制限）

第636条　請負人が種類又は品質に関して**契約の内容に適合しない**仕事の目的物を注文者に引き渡したとき【1】は、注文者は、注文者の供した材料の性質又は注文者の与えた指図によって生じた不適合を理由として、履行の追完の請求、報酬の減額の請求、

【1】　その引渡しを要しない場合にあっては、仕事が終了した時に仕事の目的物が種類又は品質に関して契約の内容に適合しないとき

損害賠償の請求及び契約の解除をすることができない。ただし、請負人がその材料又は指図が不適当であることを知りながら告げなかったときは、この限りでない。

（目的物の種類又は品質に関する担保責任の期間の制限）

第637条 前条本文に規定する場合において、注文者がその不適合を知った時から1年以内にその旨を請負人に通知しないときは、注文者は、その不適合を理由として、履行の追完の請求、報酬の減額の請求、損害賠償の請求及び契約の解除をすることができない。

2　前項の規定は、仕事の目的物を注文者に引き渡した時【1】において、請負人が同項の不適合を知り、又は重大な過失によって知らなかったときは、適用しない。

第638条から第640条まで 削除

（注文者による契約の解除）

第641条 請負人が仕事を完成しない間は、注文者は、いつでも損害を賠償して契約の解除をすることができる。

（注文者についての破産手続の開始による解除）

第642条 注文者が破産手続開始の決定を受けたときは、請負人又は破産管財人は、契約の解除をすることができる。ただし、請負人による契約の解除については、仕事を完成した後は、この限りでない。

2　前項に規定する場合において、請負人は、既にした仕事の報酬及びその中に含まれていない費用について、破産財団の配当に加入することができる。

3　第1項の場合には、契約の解除によって生じた損害の賠償は、破産管財人が契約の解除をした場合における請負人に限り、請求することができる。この場合において、請負人は、その損害賠償について、破産財団の配当に加入する。

第10節　委任

（委任）

第643条 委任は、当事者の一方が法律行為をすることを相手方に委託し、相手方がこれを承諾することによって、その効力を生ずる。

（受任者の注意義務）

第644条 受任者は、委任の本旨に従い、善良な管理者の注意をもって、委任事務を処理する義務を負う。

（復受任者の選任等）

第644条の2 受任者は、委任者の許諾を得たとき、又はやむを得ない事由があるときでなければ、復受任者を選任することができない。

2　代理権を付与する委任において、受任者が代理権を有する復受任者を選任したときは、復受任者は、委任者に対して、その権限の範囲内において、受任者と同一の権利を有し、義務を負う。

（受任者による報告）

第645条 受任者は、委任者の請求があるときは、いつでも委任事務の処理の状況を報告し、委任が終了した後は、遅滞なくその経過及び結果を報告しなければならない。

（受任者による受取物の引渡し等）

第646条 受任者は、委任事務を処理するに当たって受け取った金銭その他の物を委任者に引き渡さなければならない。その収取した果実についても、同様とする。

2　受任者は、委任者のために自己の名で取得した権利を委任者に移転し

【1】その引渡しを要しない場合にあっては、仕事が終了した時

なければならない。

（受任者の金銭の消費についての責任）

第647条　受任者は、委任者に引き渡すべき金額又はその利益のために用いるべき金額を**自己のために消費**したときは、その消費した日以後の利息を支払わなければならない。この場合において、なお損害があるときは、その賠償の責任を負う。

（受任者の報酬）

第648条　受任者は、特約がなければ、委任者に対して**報酬を請求**することができない。

2　受任者は、報酬を受けるべき場合には、委任事務を履行した後でなければ、これを請求することができない。ただし、**期間**によって報酬を定めたときは、第624条第2項の規定を準用する。

3　受任者は、次に掲げる場合には、既にした履行の割合に応じて報酬を請求することができる。

一　委任者の責めに帰することができない事由によって委任事務の履行をすることができなくなったとき。

二　委任が履行の中途で終了したとき。

（成果等に対する報酬）

第648条の2　委任事務の履行により得られる成果に対して報酬を支払うことを約した場合において、その成果が引渡しを要するときは、報酬は、その成果の引渡しと同時に、支払わなければならない。

2　第634条の規定は、委任事務の履行により得られる成果に対して報酬を支払うことを約した場合について準用する。

（受任者による費用の前払請求）

第649条　委任事務を処理するについて費用を要するときは、委任者は、受任者の請求により、その前払をしなければならない。

（受任者による費用等の償還請求等）

第650条　受任者は、委任事務を処理するのに**必要**と認められる費用を支出したときは、委任者に対し、その費用及び支出の日以後におけるその利息の償還を請求することができる。

2　受任者は、委任事務を処理するのに**必要**と認められる債務を負担したときは、委任者に対し、**自己に代わって**その弁済をすることを請求することができる。この場合において、その債務が弁済期にないときは、委任者に対し、相当の担保を供させることができる。

3　受任者は、委任事務を処理するため自己に過失なく損害を受けたときは、委任者に対し、その賠償を請求することができる。

（委任の解除）

第651条　委任は、各当事者がいつでもその解除をすることができる。

2　前項の規定により委任の解除をした者は、次に掲げる場合には、相手方の損害を賠償しなければならない。ただし、やむを得ない事由があったときは、この限りでない。

一　相手方に**不利な時期**に委任を解除したとき。

二　委任者が**受任者の利益**【1】をも目的とする委任を解除したとき。

（委任の解除の効力）

第652条　第620条の規定は、委任について準用する。

（委任の終了事由）

第653条　委任は、次に掲げる事由によって終了する。

一　委任者又は受任者の死亡

二　委任者又は受任者が破産手続開

【1】専ら報酬を得ることによるものを除く。

民法

始の決定を受けたこと。

三　受任者が後見開始の審判を受けたこと。

（委任の終了後の処分）

第654条　委任が終了した場合において、**急迫の事情**があるときは、受任者又はその相続人若しくは法定代理人は、委任者又はその相続人若しくは法定代理人が委任事務を処理することができるに至るまで、**必要な処分**をしなければならない。

（委任の終了の対抗要件）

第655条　委任の終了事由は、これを相手方に通知したとき、又は相手方がこれを知っていたときでなければ、これをもってその相手方に対抗することができない。

（準委任）

第656条　この節の規定は、法律行為でない事務の委託について準用する。

第11節　寄託

（寄託）

第657条　寄託は、当事者の一方がある物を保管することを相手方に委託し、相手方がこれを**承諾**することによって、その効力を生ずる。

（寄託物受取り前の寄託者による寄託の解除等）

第657条の2　寄託者は、受寄者が寄託物を**受け取る**まで、契約の解除をすることができる。この場合において、受寄者は、その契約の解除によって損害を受けたときは、寄託者に対し、その賠償を請求することができる。

2　無報酬の受寄者は、寄託物を**受け取る**まで、契約の解除をすることができる。ただし、書面による寄託については、この限りでない。

3　受寄者【1】は、寄託物を受け取るべき時期を経過したにもかかわらず、寄託者が寄託物を引き渡さない場合において、相当の期間を定めてその引渡しの**催告**をし、その期間内に引渡しがないときは、契約の解除をすることができる。

（寄託物の使用及び第三者による保管）

第658条　受寄者は、寄託者の**承諾**を得なければ、寄託物を**使用**することができない。

2　受寄者は、寄託者の承諾を得たとき、又はやむを得ない事由があるときでなければ、寄託物を**第三者に保管**させることができない。

3　再受寄者は、寄託者に対して、その**権限の範囲内**において、**受寄者と同一**の権利を有し、義務を負う。

（無報酬の受寄者の注意義務）

第659条　無報酬の受寄者は、自己の財産に対するのと同一の注意をもって、寄託物を保管する義務を負う。

（受寄者の通知義務等）

第660条　寄託物について**権利を主張する第三者**が受寄者に対して**訴えを提起**し、又は**差押え**、**仮差押え**若しくは**仮処分**をしたときは、受寄者は、遅滞なくその事実を寄託者に通知しなければならない。ただし、寄託者が既にこれを**知っている**ときは、この限りでない。

2　第三者が寄託物について権利を主張する場合であっても、受寄者は、寄託者の指図がない限り、寄託者に対しその寄託物を返還しなければならない。ただし、受寄者が前項の通知をした場合又は同項ただし書の規定によりその通知を要しない場合において、その寄託物をその第三者に引き渡すべき旨を命ずる確定判決【2】があったときであって、その

【1】　無報酬で寄託を受けた場合にあっては、書面による寄託の受寄者に限る。

【2】　確定判決と同一の効力を有するもの

第三者にその寄託物を引き渡したときは、この限りでない。

3　受寄者は、前項の規定により寄託者に対して寄託物を返還しなければならない場合には、寄託者にその寄託物を引き渡したことによって第三者に損害が生じたときであっても、その賠償の責任を負わない。

（寄託者による損害賠償）

第661条　寄託者は、寄託物の性質又は瑕疵によって生じた損害を受寄者に賠償しなければならない。ただし、寄託者が過失なくその性質若しくは瑕疵を知らなかったとき、又は受寄者がこれを知っていたときは、この限りでない。

（寄託者による返還請求等）

第662条　当事者が寄託物の返還の時期を定めたときであっても、寄託者は、いつでもその返還を請求することができる。

2　前項に規定する場合において、受寄者は、寄託者がその時期の前に返還を請求したことによって損害を受けたときは、寄託者に対し、その賠償を請求することができる。

（寄託物の返還の時期）

第663条　当事者が寄託物の**返還の時期を定め**なかったときは、受寄者は、いつでもその返還をすることができる。

2　返還の**時期の定め**があるときは、受寄者は、やむを得ない事由がなければ、その期限前に返還をすることができない。

（寄託物の返還の場所）

第664条　寄託物の返還は、その**保管をすべき場所**でしなければならない。ただし、受寄者が正当な事由によってその物を保管する場所を変更したときは、その**現在の場所**で返還をすることができる。

（損害賠償及び費用の償還の請求権についての期間の制限）

第664条の2　寄託物の一部滅失又は損傷によって生じた損害の賠償及び受寄者が支出した費用の償還は、寄託者が返還を受けた時から**1年以内**に請求しなければならない。

2　前項の損害賠償の請求権については、寄託者が返還を受けた時から**1年を経過**するまでの間は、時効は、完成しない。

（委任の規定の準用）

第665条　第646条から第648条まで、第649条並びに第650条第1項及び第2項の規定は、寄託について準用する。

（混合寄託）

第665条の2　複数の者が寄託した物の種類及び品質が同一である場合には、受寄者は、各寄託者の承諾を得たときに限り、これらを混合して保管することができる。

2　前項の規定に基づき受寄者が複数の寄託者からの寄託物を混合して保管したときは、寄託者は、その寄託した物と同じ数量の物の返還を請求することができる。

3　前項に規定する場合において、寄託物の一部が滅失したときは、寄託者は、混合して保管されている総寄託物に対するその寄託した物の割合に応じた数量の物の返還を請求することができる。この場合においては、損害賠償の請求を妨げない。

（消費寄託）

第666条　受寄者が契約により寄託物を消費することができる場合には、受寄者は、寄託された物と種類、品質及び数量の同じ物をもって返還しなければならない。

2　第590条及び第592条の規定は、

を含む。

民法

前項に規定する場合について準用する。

3　第591条第2項及び第3項の規定は、預金又は貯金に係る契約により金銭を寄託した場合について準用する。

第12節　組合

（組合契約）

第667条　組合契約は、各当事者が**出資**をして共同の事業を営むことを約することによって、その効力を生ずる。

2　出資は、労務をその目的とすることができる。

（他の組合員の債務不履行）

第667条の2　第533条及び第536条の規定は、組合契約については、適用しない。

2　組合員は、他の組合員が組合契約に基づく債務の履行をしないことを理由として、組合契約を解除することができない。

（組合員の1人についての意思表示の無効等）

第667条の3　組合員の1人について意思表示の無効又は取消しの原因があっても、他の組合員の間においては、組合契約は、その効力を妨げられない。

（組合財産の共有）

第668条　各組合員の出資その他の組合財産は、総組合員の共有に属する。

（金銭出資の不履行の責任）

第669条　金銭を出資の目的とした場合において、組合員がその出資をすることを怠ったときは、その利息を支払うほか、損害の賠償をしなければならない。

（業務の決定及び執行の方法）

第670条　組合の業務は、組合員の過半数をもって決定し、各組合員がこれを執行する。

2　組合の業務の決定及び執行は、組合契約の定めるところにより、1人又は数人の組合員又は第三者に委任することができる。

3　前項の委任を受けた者【1】は、組合の業務を決定し、これを執行する。この場合において、業務執行者が数人あるときは、組合の業務は、業務執行者の過半数をもって決定し、各業務執行者がこれを執行する。

4　前項の規定にかかわらず、組合の業務については、総組合員の同意によって決定し、又は総組合員が執行することを妨げない。

5　組合の常務は、前各項の規定にかかわらず、各組合員又は各業務執行者が単独で行うことができる。ただし、その完了前に他の組合員又は業務執行者が異議を述べたときは、この限りでない。

（組合の代理）

第670条の2　各組合員は、組合の業務を執行する場合において、組合員の過半数の同意を得たときは、他の組合員を代理することができる。

2　前項の規定にかかわらず、業務執行者があるときは、業務執行者のみが組合員を代理することができる。この場合において、業務執行者が数人あるときは、各業務執行者は、業務執行者の過半数の同意を得たときに限り、組合員を代理することができる。

3　前2項の規定にかかわらず、各組合員又は各業務執行者は、組合の常務を行うときは、単独で組合員を代理することができる。

（委任の規定の準用）

第671条　第644条から第650条までの規定は、組合の業務を決定し、又は執行する組合員について準用する。

【1】　以下「業務執行者」という。

(業務執行組合員の辞任及び解任)

第672条　組合契約の定めるところにより1人又は数人の組合員に業務の決定及び執行を委任したときは、その組合員は、正当な事由がなければ、辞任することができない。

2　前項の組合員は、正当な事由がある場合に限り、他の組合員の一致によって解任することができる。

(組合員の組合の業務及び財産状況に関する検査)

第673条　各組合員は、組合の業務の決定及び執行をする権利を有しないときであっても、その業務及び組合財産の状況を検査することができる。

(組合員の損益分配の割合)

第674条　当事者が損益分配の割合を定めなかったときは、その割合は、各組合員の出資の価額に応じて定める。

2　利益又は損失についてのみ分配の割合を定めたときは、その割合は、利益及び損失に共通であるものと推定する。

(組合の債権者の権利の行使)

第675条　組合の債権者は、組合財産についてその権利を行使することができる。

2　組合の債権者は、その選択に従い、各組合員に対して損失分担の割合又は等しい割合でその権利を行使することができる。ただし、組合の債権者がその債権の発生の時に各組合員の損失分担の割合を知っていたときは、その割合による。

(組合員の持分の処分及び組合財産の分割)

第676条　組合員は、組合財産についてその**持分を処分**したときは、その処分をもって組合及び組合と取引をした第三者に対抗することができない。

2　組合員は、組合財産である債権について、その持分についての権利を単独で行使することができない。

3　組合員は、清算前に組合財産の分割を求めることができない。

(組合財産に対する組合員の債権者の権利の行使の禁止)

第677条　組合員の債権者は、組合財産についてその権利を行使することができない。

(組合員の加入)

第677条の2　組合員は、その全員の同意によって、又は組合契約の定めるところにより、新たに組合員を加入させることができる。

2　前項の規定により組合の成立後に加入した組合員は、その加入前に生じた組合の債務については、これを弁済する責任を負わない。

(組合員の脱退)

第678条　組合契約で組合の存続期間を定めなかったとき、又はある組合員の終身の間組合が存続すべきことを定めたときは、各組合員は、いつでも脱退することができる。ただし、やむを得ない事由がある場合を除き、組合に不利な時期に脱退することができない。

2　組合の存続期間を定めた場合であっても、各組合員は、やむを得ない事由があるときは、脱退することができる。

第679条　前条の場合のほか、組合員は、次に掲げる事由によって脱退する。

一　死亡

二　破産手続開始の決定を受けたこと。

三　後見開始の審判を受けたこと。

四　除名

(組合員の除名)

第680条　組合員の除名は、正当な事由がある場合に限り、他の組合員の一致によってすることができる。ただし、除名した組合員にその旨を通知しなければ、これをもってその組合員に対抗することができない。

（脱退した組合員の責任等）

第680条の2 脱退した組合員は、その脱退前に生じた組合の債務について、従前の責任の範囲内でこれを弁済する責任を負う。この場合において、債権者が全部の弁済を受けない間は、脱退した組合員は、組合に担保を供させ、又は組合に対して自己に免責を得させることを請求することができる。

2　脱退した組合員は、前項に規定する組合の債務を弁済したときは、組合に対して求償権を有する。

（脱退した組合員の持分の払戻し）

第681条 脱退した組合員と他の組合員との間の計算は、脱退の時における組合財産の状況に従ってしなければならない。

2　脱退した組合員の持分は、その出資の種類を問わず、金銭で払い戻すことができる。

3　脱退の時にまだ完了していない事項については、その完了後に計算をすることができる。

（組合の解散事由）

第682条 組合は、次に掲げる事由によって解散する。

一　組合の目的である事業の成功又はその成功の不能

二　組合契約で定めた存続期間の満了

三　組合契約で定めた解散の事由の発生

四　総組合員の同意

（組合の解散の請求）

第683条 やむを得ない事由があるときは、各組合員は、組合の解散を請求することができる。

（組合契約の解除の効力）

第684条 第620条の規定は、組合契約について準用する。

（組合の清算及び清算人の選任）

第685条 組合が解散したときは、清算は、総組合員が共同して、又はその選任した清算人がこれをする。

2　清算人の選任は、組合員の過半数で決する。

（清算人の業務の決定及び執行の方法）

第686条 第670条第3項から第5項まで並びに第670条の2第2項及び第3項の規定は、清算人について準用する。

（組合員である清算人の辞任及び解任）

第687条 第672条の規定は、組合契約の定めるところにより組合員の中から清算人を選任した場合について準用する。

（清算人の職務及び権限並びに残余財産の分割方法）

第688条 清算人の職務は、次のとおりとする。

一　現務の結了

二　債権の取立て及び債務の弁済

三　残余財産の引渡し

2　清算人は、前項各号に掲げる職務を行うために必要な一切の行為をすることができる。

3　残余財産は、各組合員の出資の価額に応じて分割する。

第13節　終身定期金

（終身定期金契約）

第689条 終身定期金契約は、当事者の一方が、自己、相手方又は第三者の死亡に至るまで、定期に金銭その他の物を相手方又は第三者に給付することを約することによって、その効力を生ずる。

（終身定期金の計算）

第690条 終身定期金は、日割りで計算する。

(終身定期金契約の解除)

第691条　終身定期金債務者が終身定期金の元本を受領した場合において、その終身定期金の給付を怠り、又はその他の義務を履行しないときは、相手方は、元本の返還を請求することができる。この場合において、相手方は、既に受け取った終身定期金の中からその元本の利息を控除した残額を終身定期金債務者に返還しなければならない。

2　前項の規定は、損害賠償の請求を妨げない。

(終身定期金契約の解除と同時履行)

第692条　第533条の規定は、前条の場合について準用する。

(終身定期金債権の存続の宣告)

第693条　終身定期金債務者の責めに帰すべき事由によって第689条に規定する死亡が生じたときは、裁判所は、終身定期金債権者又はその相続人の請求により、終身定期金債権が相当の期間存続することを宣告することができる。

2　前項の規定は、第691条の権利の行使を妨げない。

(終身定期金の遺贈)

第694条　この節の規定は、終身定期金の遺贈について準用する。

第14節　和解

(和解)

第695条　和解は、当事者が互いに譲歩をしてその間に存する**争いをやめる**ことを約することによって、その効力を生ずる。

(和解の効力)

第696条　当事者の一方が和解によって争いの目的である権利を有するものと認められ、又は相手方がこれを有しないものと認められた場合において、その当事者の一方が従来その権利を有していなかった旨の確証又は相手方がこれを有していた旨の確証が得られたときは、その権利は、和解によってその当事者の一方に移転し、又は消滅したものとする。

第3章　事務管理

(事務管理)

第697条　義務なく他人のために事務の管理を始めた者【1】は、その事務の性質に従い、**最も本人の利益に適合**する方法によって、その事務の管理【2】をしなければならない。

2　管理者は、**本人の意思**を知っているとき、又はこれを推知することができるときは、その意思に従って事務管理をしなければならない。

(緊急事務管理)

第698条　管理者は、本人の身体、名誉又は財産に対する**急迫の危害**を免れさせるために事務管理をしたときは、**悪意又は重大な過失**があるのでなければ、これによって生じた損害を賠償する責任を負わない。

(管理者の通知義務)

第699条　管理者は、事務管理を始めたことを遅滞なく本人に通知しなければならない。ただし、本人が既にこれを知っているときは、この限りでない。

(管理者による事務管理の継続)

第700条　管理者は、本人又はその相続人若しくは法定代理人が管理をすることができるに至るまで、事務管理を継続しなければならない。ただし、事務管理の継続が本人の意思に反し、又は本人に不利であることが明らかであるときは、この限りでな

【1】以下この章において「管理者」という。

【2】以下「事務管理」という。

民法

い。

(委任の規定の準用)

第701条　第645条から第647条までの規定は、事務管理について準用する。

(管理者による費用の償還請求等)

第702条　管理者は、本人のために有益な費用を支出したときは、本人に対し、その償還を請求することができる。

2　第650条第2項の規定は、管理者が本人のために有益な債務を負担した場合について準用する。

3　管理者が本人の意思に反して事務管理をしたときは、本人が現に利益を受けている限度においてのみ、前2項の規定を適用する。

第4章　不当利得

(不当利得の返還義務)

第703条　法律上の原因なく他人の財産又は労務によって利益を受け、そのために他人に損失を及ぼした者【1】は、その利益の存する限度において、これを返還する義務を負う。

(悪意の受益者の返還義務等)

第704条　悪意の受益者は、その受けた利益に利息を付して返還しなければならない。この場合において、なお損害があるときは、その賠償の責任を負う。

(債務の不存在を知ってした弁済)

第705条　債務の弁済として給付をした者は、その時において債務の存在しないことを知っていたときは、その給付したものの返還を請求することができない。

(期限前の弁済)

第706条　債務者は、弁済期にない債務の弁済として給付をしたときは、その給付したものの返還を請求することができない。ただし、債務者が錯誤によってその給付をしたときは、債権者は、これによって得た利益を返還しなければならない。

(他人の債務の弁済)

第707条　債務者でない者が錯誤によって債務の弁済をした場合において、債権者が善意で証書を滅失させ若しくは損傷し、担保を放棄し、又は時効によってその債権を失ったときは、その弁済をした者は、返還の請求をすることができない。

2　前項の規定は、弁済をした者から債務者に対する求償権の行使を妨げない。

(不法原因給付)

第708条　不法な原因のために給付をした者は、その給付したものの返還を請求することができない。ただし、不法な原因が受益者についてのみ存したときは、この限りでない。

第5章　不法行為

(不法行為による損害賠償)

第709条　故意又は過失によって他人の権利又は法律上保護される利益を侵害した者は、これによって生じた損害を賠償する責任を負う。

(財産以外の損害の賠償)

第710条　他人の身体、自由若しくは名誉を侵害した場合又は他人の財産権を侵害した場合のいずれであるかを問わず、前条の規定により損害賠償の責任を負う者は、財産以外の損害に対しても、その賠償をしなければならない。

(近親者に対する損害の賠償)

第711条　他人の生命を侵害した者は、被害者の父母、配偶者及び子に対しては、その財産権が侵害されなかった場合においても、損害の賠償

【1】以下この章において「受益者」という。

をしなければならない。

（責任能力）

第712条 未成年者は、他人に損害を加えた場合において、自己の行為の**責任を弁識するに足りる知能**を備えていなかったときは、その行為について賠償の責任を負わない。

第713条 精神上の障害により自己の行為の**責任を弁識する能力を欠く**状態にある間に他人に損害を加えた者は、その賠償の責任を負わない。ただし、**故意**又は**過失**によって一時的にその状態を招いたときは、この限りでない。

（責任無能力者の監督義務者等の責任）

第714条 前2条の規定により責任無能力者がその責任を負わない場合において、その責任無能力者を監督する法定の義務を負う者は、その責任無能力者が第三者に加えた損害を賠償する責任を負う。ただし、監督義務者がその義務を怠らなかったとき、又はその義務を怠らなくても損害が生ずべきであったときは、この限りでない。

2 監督義務者に代わって責任無能力者を監督する者も、前項の責任を負う。

（使用者等の責任）

第715条 ある事業のために他人を使用する者は、被用者がその**事業の執行**について第三者に加えた損害を賠償する責任を負う。ただし、使用者が被用者の**選任**及びその事業の**監督**について相当の注意をしたとき、又は相当の注意をしても損害が生ずべきであったときは、この限りでない。

2 使用者に代わって事業を監督する者も、前項の責任を負う。

3 前2項の規定は、使用者又は監督者から被用者に対する求償権の行使を妨げない。

（注文者の責任）

第716条 注文者は、請負人がその仕事について第三者に加えた損害を賠償する責任を負わない。ただし、**注文又は指図**についてその注文者に過失があったときは、この限りでない。

（土地の工作物等の占有者及び所有者の責任）

第717条 土地の工作物の設置又は保存に**瑕疵**（かし）があることによって他人に損害を生じたときは、その工作物の占有者は、被害者に対してその損害を賠償する責任を負う。ただし、占有者が損害の発生を防止するのに必要な注意をしたときは、所有者がその損害を賠償しなければならない。

2 前項の規定は、竹木の栽植又は支持に瑕疵がある場合について準用する。

3 前2項の場合において、損害の原因について他にその**責任を負う者**があるときは、占有者又は所有者は、その者に対して求償権を行使することができる。

（動物の占有者等の責任）

第718条 動物の占有者は、その**動物**が他人に加えた損害を賠償する責任を負う。ただし、動物の種類及び性質に従い相当の注意をもってその管理をしたときは、この限りでない。

2 占有者に代わって動物を管理する者も、前項の責任を負う。

（共同不法行為者の責任）

第719条 数人が共同の不法行為によって他人に損害を加えたときは、各自が連帯してその損害を賠償する責任を負う。**共同行為者**のうちいずれの者がその損害を加えたかを知ることができないときも、同様とする。

2 行為者を**教唆**した者及び**幇助**（ほう）した者は、共同行為者とみなして、前項の規定を適用する。

（正当防衛及び緊急避難）

第720条 他人の不法行為に対し、自己又は第三者の権利又は法律上保護される利益を防衛するため、やむを得ず加害行為をした者は、損害賠償の責任を負わない。ただし、被害者から不法行為をした者に対する損害賠償の請求を妨げない。

2 前項の規定は、他人の物から生じた急迫の危難を避けるためその物を損傷した場合について準用する。

（損害賠償請求権に関する胎児の権利能力）

第721条 胎児は、損害賠償の請求権については、**既に生まれたものとみなす**。

（損害賠償の方法、中間利息の控除及び過失相殺）

第722条 第417条及び第417条の2の規定は、不法行為による損害賠償について準用する。

2 被害者に過失があったときは、裁判所は、これを考慮して、損害賠償の額を定めることができる。

（名誉毀損における原状回復）

第723条 他人の名誉を毀損した者に対しては、裁判所は、被害者の請求により、損害賠償に代えて、又は損害賠償とともに、名誉を回復するのに適当な処分を命ずることができる。

（不法行為による損害賠償請求権の消滅時効）

第724条 不法行為による損害賠償の請求権は、次に掲げる場合には、時効によって消滅する。

一 被害者又はその法定代理人が損害及び加害者を知った時から3年間行使しないとき。

二 不法行為の時から20年間行使しないとき。

（人の生命又は身体を害する不法行為による損害賠償請求権の消滅時効）

第724条の2 人の生命又は身体を害する不法行為による損害賠償請求権の消滅時効についての前条第1号の規定の適用については、同号中「3年間」とあるのは、「5年間」とする。

第4編 親族

第1章 総則

（親族の範囲）

第725条 次に掲げる者は、**親族**とする。

一 **6親等内**の血族

二 配偶者

三 **3親等内**の姻族

（親等の計算）

第726条 親等は、親族間の世代数を数えて、これを定める。

2 傍系親族の親等を定めるには、その1人又はその配偶者から同一の祖先にさかのぼり、その祖先から他の1人に下るまでの世代数による。

（縁組による親族関係の発生）

第727条 養子と養親及びその血族との間においては、養子縁組の日から、**血族間**におけるのと同一の親族関係を生ずる。

（離婚等による姻族関係の終了）

第728条 姻族関係は、**離婚**によって終了する。

2 夫婦の一方が死亡した場合において、**生存配偶者**が姻族関係を終了させる意思を表示したときも、前項と同様とする。

（離縁による親族関係の終了）

第729条 養子及びその配偶者並びに養子の直系卑属及びその配偶者と養親及びその血族との親族関係は、**離縁**によって終了する。

（親族間の扶け合い）

第730条 直系血族及び同居の親族は、互いに扶け合わなければならない。

第2章　婚姻

第1節　婚姻の成立

第1款　婚姻の要件

（婚姻適齢）
第731条　婚姻は、18歳にならなければ、することができない。
（重婚の禁止）
第732条　配偶者のある者は、**重ねて婚姻**をすることができない。
第733条　削除
（近親者間の婚姻の禁止）
第734条　直系血族又は3親等内の傍系血族の間では、婚姻をすることができない。ただし、**養子**と養方の傍系血族との間では、この限りでない。
2　第817条の9の規定により親族関係が終了した後も、前項と同様とする。
（直系姻族間の婚姻の禁止）
第735条　直系姻族の間では、婚姻をすることができない。第728条又は第817条の9の規定により姻族関係が終了した後も、同様とする。
（養親子等の間の婚姻の禁止）
第736条　養子若しくはその配偶者又は養子の直系卑属若しくはその配偶者と養親又はその直系尊属との間では、第729条の規定により親族関係が終了した後でも、婚姻をすることができない。
第737条　削除
（成年被後見人の婚姻）
第738条　成年被後見人が婚姻をするには、その成年後見人の同意を要しない。
（婚姻の届出）
第739条　婚姻は、戸籍法（昭和22年法律第224号）の定めるところにより届け出ることによって、その効力を生ずる。
2　前項の届出は、当事者双方及び**成年の証人2人以上**が署名した書面で、又はこれらの者から口頭で、しなければならない。
（婚姻の届出の受理）
第740条　婚姻の届出は、その婚姻が第731条、第732条、第734条から第736条まで及び前条第2項の規定その他の法令の規定に違反しないことを認めた後でなければ、**受理**することができない。
（外国に在る日本人間の婚姻の方式）
第741条　外国に在る日本人間で婚姻をしようとするときは、その国に駐在する日本の大使、公使又は領事にその届出をすることができる。この場合においては、前2条の規定を準用する。

第2款　婚姻の無効及び取消し

（婚姻の無効）
第742条　婚姻は、次に掲げる場合に限り、**無効**とする。
一　人違いその他の事由によって当事者間に婚姻をする意思がないとき。
二　当事者が婚姻の届出をしないとき。ただし、その届出が第739条第2項に定める方式を欠くだけであるときは、婚姻は、そのためにその効力を妨げられない。
（婚姻の取消し）
第743条　婚姻は、次条、第745条及び第747条の規定によらなければ、**取り消す**ことができない。
（不適法な婚姻の取消し）
第744条　第731条、第732条及び第734条から第736条までの規定に違反した婚姻は、**各当事者**、その**親族**又は**検察官**から、その取消しを家庭裁判所に請求することができる。ただし、検察官は、当事者の一方が死亡した後は、これを請求することができない。
2　第732条の規定に違反した婚姻については、**前婚の配偶者**も、その取消しを請求することができる。

（不適齢者の婚姻の取消し）
第**745**条　第731条の規定に違反した婚姻は、**不適齢者が適齢に達した**ときは、その取消しを請求することができない。
2　不適齢者は、適齢に達した後、なお**3箇月間**は、その婚姻の取消しを請求することができる。ただし、適齢に達した後に**追認**をしたときは、この限りでない。

第**746**条　削除

（詐欺又は強迫による婚姻の取消し）
第**747**条　**詐欺**又は**強迫**によって婚姻をした者は、その婚姻の取消しを家庭裁判所に請求することができる。
2　前項の規定による取消権は、当事者が、詐欺を発見し、若しくは強迫を免れた後3箇月を経過し、又は追認をしたときは、**消滅**する。

（婚姻の取消しの効力）
第**748**条　婚姻の取消しは、将来に向かってのみその効力を生ずる。
2　婚姻の時においてその取消しの原因があることを**知らなかった当事者**が、婚姻によって財産を得たときは、現に利益を受けている限度において、その返還をしなければならない。
3　婚姻の時においてその取消しの原因があることを**知っていた当事者**は、婚姻によって得た利益の全部を返還しなければならない。この場合において、相手方が善意であったときは、これに対して損害を賠償する責任を負う。

（離婚の規定の準用）
第**749**条　第728条第1項、第766条から第769条まで、第790条第1項ただし書並びに第819条第2項、第3項、第5項及び第6項の規定は、婚姻の取消しについて準用する。

第2節　婚姻の効力

（夫婦の氏）
第**750**条　夫婦は、婚姻の際に定めるところに従い、**夫又は妻**の氏を称する。

（生存配偶者の復氏等）
第**751**条　夫婦の一方が死亡したときは、生存配偶者は、婚姻前の氏に復することができる。
2　第769条の規定は、前項及び第728条第2項の場合について準用する。

（同居、協力及び扶助の義務）
第**752**条　夫婦は同居し、互いに協力し扶助しなければならない。

第**753**条　削除

（夫婦間の契約の取消権）
第**754**条　夫婦間でした契約は、**婚姻中**、いつでも、夫婦の一方からこれを取り消すことができる。ただし、第三者の権利を害することはできない。

第3節　夫婦財産制

第1款　総則

（夫婦の財産関係）
第**755**条　夫婦が、婚姻の届出前に、その財産について別段の契約をしなかったときは、その財産関係は、次款に定めるところによる。

（夫婦財産契約の対抗要件）
第**756**条　夫婦が法定財産制と異なる契約をしたときは、婚姻の届出までにその登記をしなければ、これを夫婦の承継人及び第三者に対抗することができない。

第757条　削除

（夫婦の財産関係の変更の制限等）

第758条　夫婦の財産関係は、婚姻の届出後は、変更することができない。

2　夫婦の一方が、他の一方の財産を管理する場合において、管理が失当であったことによってその財産を危うくしたときは、他の一方は、自らその管理をすることを家庭裁判所に請求することができる。

3　共有財産については、前項の請求とともに、その分割を請求することができる。

（財産の管理者の変更及び共有財産の分割の対抗要件）

第759条　前条の規定又は第755条の契約の結果により、財産の管理者を変更し、又は共有財産の分割をしたときは、その登記をしなければ、これを夫婦の承継人及び第三者に対抗することができない。

第2款　法定財産制

（婚姻費用の分担）

第760条　夫婦は、その資産、収入その他一切の事情を考慮して、**婚姻から生ずる費用**を分担する。

（日常の家事に関する債務の連帯責任）

第761条　夫婦の一方が日常の家事に関して第三者と法律行為をしたときは、他の一方は、これによって生じた債務について、連帯してその責任を負う。ただし、第三者に対し責任を負わない旨を予告した場合は、この限りでない。

（夫婦間における財産の帰属）

第762条　夫婦の一方が**婚姻前**から有する財産及び婚姻中**自己の名**で得た財産は、その特有財産【1】とする。

2　夫婦のいずれに属するか明らかでない財産は、その共有に属するものと推定する。

【1】夫婦の一方が単独で有する財産をいう。

第4節　離婚

第1款　協議上の離婚

（協議上の離婚）

第763条　夫婦は、その協議で、離婚をすることができる。

（婚姻の規定の準用）

第764条　第738条、第739条及び第747条の規定は、協議上の離婚について準用する。

（離婚の届出の受理）

第765条　**離婚の届出**は、その離婚が前条において準用する第739条第2項の規定及び第819条第1項の規定その他の法令の規定に違反しないことを認めた後でなければ、**受理**することができない。

2　離婚の届出が前項の規定に違反して**受理**されたときであっても、離婚は、そのためにその効力を妨げられない。

（離婚後の子の監護に関する事項の定め等）

第766条　父母が協議上の離婚をするときは、子の**監護をすべき者**、父又は母と子との面会及びその他の**交流**、子の監護に要する費用の分担その他の子の監護について必要な事項は、その協議で定める。この場合においては、子の利益を最も優先して考慮しなければならない。

2　前項の協議が調わないとき、又は協議をすることができないときは、**家庭裁判所**が、同項の事項を定める。

3　家庭裁判所は、必要があると認めるときは、前2項の規定による定めを変更し、その他子の監護について相当な処分を命ずることができる。

4　前3項の規定によっては、監護の範囲外では、父母の権利義務に変更を生じない。

(離婚による復氏等)

第767条　婚姻によって氏を改めた夫又は妻は、協議上の離婚によって婚姻前の氏に復する。

2　前項の規定により婚姻前の氏に復した夫又は妻は、離婚の日から**3箇月以内**に戸籍法の定めるところにより届け出ることによって、離婚の際に称していた氏を称することができる。

(財産分与)

第768条　協議上の離婚をした者の一方は、相手方に対して財産の分与を請求することができる。

2　前項の規定による財産の分与について、当事者間に協議が調わないとき、又は協議をすることができないときは、当事者は、**家庭裁判所**に対して協議に代わる処分を請求することができる。ただし、離婚の時から2年を経過したときは、この限りでない。

3　前項の場合には、家庭裁判所は、当事者双方がその協力によって得た財産の額その他一切の事情を考慮して、分与をさせるべきかどうか並びに分与の額及び方法を定める。

(離婚による復氏の際の権利の承継)

第769条　婚姻によって氏を改めた夫又は妻が、第897条第1項の権利を承継した後、協議上の離婚をしたときは、当事者その他の関係人の協議で、その権利を承継すべき者を定めなければならない。

2　前項の協議が調わないとき、又は協議をすることができないときは、同項の権利を承継すべき者は、家庭裁判所がこれを定める。

第2款　裁判上の離婚

(裁判上の離婚)

第770条　夫婦の一方は、次に掲げる場合に限り、離婚の訴えを提起することができる。

一　配偶者に不貞な行為があったとき。

二　配偶者から悪意で遺棄されたとき。

三　配偶者の生死が3年以上明らかでないとき。

四　配偶者が強度の精神病にかかり、回復の見込みがないとき。

五　その他婚姻を継続し難い重大な事由があるとき。

2　裁判所は、前項第1号から第4号までに掲げる事由がある場合であっても、一切の事情を考慮して婚姻の継続を相当と認めるときは、離婚の請求を棄却することができる。

(協議上の離婚の規定の準用)

第771条　第766条から第769条までの規定は、裁判上の離婚について準用する。

第3章　親子

第1節　実子

(嫡出の推定)

第772条　妻が婚姻中に懐胎した子は、当該婚姻における夫の子と推定する。女が**婚姻前**に懐胎した子であって、婚姻が成立した後に生まれたものも、同様とする。

2　前項の場合において、婚姻の成立の日から**200日以内**に生まれた子は、婚姻前に懐胎したものと推定し、婚姻の成立の日から**200日を経過した後又は婚姻の解消若しくは取消しの日から300日以内**に生まれた子は、婚姻中に懐胎したものと推定する。
3　第1項の場合において、女が子を懐胎した時から子の出生の時までの間に**2以上の婚姻**をしていたときは、その子は、その出生の直近の婚姻における夫の子と推定する。
4　前3項の規定により父が定められた子について、第774条の規定によりその父の嫡出であることが否認された場合における前項の規定の適用については、同項中「直近の婚姻」とあるのは、「直近の婚姻（第774条の規定により子がその嫡出であることが否認された夫との間の婚姻を除く。）」とする。

（父を定めることを目的とする訴え）
第773条　第732条の規定に違反して婚姻をした女が出産した場合において、前条の規定によりその**子の父を定めることができない**ときは、**裁判所**が、これを定める。

（嫡出の否認）
第774条　第772条の規定により子の父が定められる場合において、**父又は子**は、子が嫡出であることを否認することができる。
2　前項の規定による**子の否認権**は、親権を行う母、親権を行う養親又は未成年後見人が、子のために行使することができる。
3　第1項に規定する場合において、**母**は、子が嫡出であることを否認することができる。ただし、その否認権の行使が子の利益を害することが明らかなときは、この限りでない。
4　第772条第3項の規定により子の父が定められる場合において、子の懐胎の時から出生の時までの間に母と婚姻していた者であって、子の父以外のもの【1】は、子が嫡出であることを否認することができる。ただし、その否認権の行使が子の利益を害することが明らかなときは、この限りでない。
5　前項の規定による否認権を行使し、第772条第4項の規定により読み替えられた同条第3項の規定により**新たに子の父と定められた者**は、第1項の規定にかかわらず、子が自らの嫡出であることを**否認**することができない。

（嫡出否認の訴え）
第775条　次の各号に掲げる否認権は、それぞれ当該各号に定める者に対する嫡出否認の訴えによって行う。
一　**父の否認権**　子又は親権を行う母
二　**子の否認権**　父
三　**母の否認権**　父
四　**前夫の否認権**　父及び子又は親権を行う母
2　前項第1号又は第4号に掲げる否認権を親権を行う母に対し行使しようとする場合において、親権を行う母がないときは、家庭裁判所は、特別代理人を選任しなければならない。

（嫡出の承認）
第776条　父又は母は、子の出生後において、その嫡出であることを承認したときは、それぞれその否認権を失う。

（嫡出否認の訴えの出訴期間）
第777条　次の各号に掲げる否認権の行使に係る嫡出否認の訴えは、それぞれ当該各号に定める時から3年以内に提起しなければならない。
一　**父の否認権**　父が子の出生を知った時
二　**子の否認権**　その出生の時
三　**母の否認権**　子の出生の時
四　**前夫の否認権**　前夫が子の出生を知った時

第778条　第772条第3項の規定によ

【1】以下「前夫」という。

り父が定められた子について第774条の規定により嫡出であることが否認されたときは、次の各号に掲げる否認権の行使に係る嫡出否認の訴えは、前条の規定にかかわらず、それぞれ当該各号に定める時から1年以内に提起しなければならない。

一　第772条第4項の規定により読み替えられた同条第3項の規定により**新たに子の父と定められた者の否認権**　新たに子の父と定められた者が当該子に係る嫡出否認の裁判が確定したことを知った時

二　**子の否認権**　子が前号の裁判が確定したことを知った時

三　**母の否認権**　母が第1号の裁判が確定したことを知った時

四　**前夫の否認権**　前夫が第1号の裁判が確定したことを知った時

第778条の2　第777条【1】又は前条【2】の期間の満了前**6箇月**以内の間に親権を行う**母**、親権を行う**養親**及び**未成年後見人**がないときは、子は、母若しくは養親の親権停止の期間が満了し、親権喪失若しくは親権停止の審判の取消しの審判が確定し、若しくは親権が回復された時、新たに養子縁組が成立した時又は未成年後見人が就職した時から6箇月を経過するまでの間は、嫡出否認の訴えを提起することができる。

2　**子**は、その父と継続して同居した期間【3】が3年を下回るときは、第777条【4】及び前条【5】の規定にかかわらず、21歳に達するまでの間、嫡出否認の訴えを提起することができる。ただし、子の否認権の行使が父による養育の状況に照らして父の利益を著しく害するときは、この限りでない。

3　第774条第2項の規定は、前項の場合には、適用しない。

4　第777条【6】及び前条【7】に掲げる否認権の行使に係る嫡出否認の訴えは、子が成年に達した後は、提起することができない。

（子の監護に要した費用の償還の制限）

第778条の3　第774条の規定により嫡出であることが否認された場合であっても、子は、父であった者が支出した子の監護に要した費用を償還する義務を負わない。

（相続の開始後に新たに子と推定された者の価額の支払請求権）

第778条の4　相続の開始後、第774条の規定により否認権が行使され、第772条第4項の規定により読み替えられた同条第3項の規定により新たに被相続人がその父と定められた者が相続人として**遺産の分割を請求**しようとする場合において、他の共同相続人が既にその分割その他の処分をしていたときは、当該相続人の遺産分割の請求は、価額のみによる支払の請求により行うものとする。

（認知）

第779条　**嫡出でない子**は、その父又は母がこれを認知することができる。

（認知能力）

第780条　認知をするには、父又は母が未成年者又は成年被後見人であるときであっても、その法定代理人の同意を要しない。

（認知の方式）

第781条　認知は、戸籍法の定めるところにより届け出ることによってする。

【1】　第2号に係る部分に限る。
【2】　第2号に係る部分に限る。
【3】　当該期間が2以上あるときは、そのうち最も長い期間
【4】　第2号に係る部分に限る。
【5】　第2号に係る部分に限る。
【6】　第4号に係る部分に限る。
【7】　第4号に係る部分に限る。

2　認知は、**遺言**によっても、することができる。

(成年の子の認知)

第782条　成年の子は、その承諾がなければ、これを認知することができない。

(胎児又は死亡した子の認知)

第783条　父は、胎内に在る子でも、認知することができる。この場合においては、**母の承諾**を得なければならない。

2　前項の子が出生した場合において、第772条の規定によりその子の父が定められるときは、同項の規定による認知は、その効力を生じない。

3　父又は母は、死亡した子でも、その直系卑属があるときに限り、認知することができる。この場合において、その直系卑属が成年者であるときは、その**承諾**を得なければならない。

(認知の効力)

第784条　認知は、出生の時にさかのぼってその効力を生ずる。ただし、第三者が既に取得した権利を害することはできない。

(認知の取消しの禁止)

第785条　認知をした父又は母は、その認知を取り消すことができない。

(認知の無効の訴え)

第786条　次の各号に掲げる者は、それぞれ当該各号に定める時【1】から**7年以内**に限り、認知について反対の事実があることを理由として、認知の無効の訴えを提起することができる。ただし、第3号に掲げる者について、その認知の無効の主張が子の利益を害することが明らかなときは、この限りでない。

一　**子又はその法定代理人**　子又はその法定代理人が認知を知った時

二　**認知をした者**　認知の時

三　**子の母**　子の母が認知を知った時

2　**子**は、その子を認知した者と認知後に継続して同居した期間【2】が3年を下回るときは、前項【3】の規定にかかわらず、21歳に達するまでの間、認知の無効の訴えを提起することができる。ただし、子による認知の無効の主張が認知をした者による養育の状況に照らして認知をした者の利益を著しく害するときは、この限りでない。

3　前項の規定は、同項に規定する子の法定代理人が第1項の認知の無効の訴えを提起する場合には、適用しない。

4　第1項及び第2項の規定により認知が無効とされた場合であっても、子は、認知をした者が支出した子の**監護に要した費用**を償還する義務を負わない。

(認知の訴え)

第787条　**子**、その**直系卑属**又はこれらの者の**法定代理人**は、認知の訴えを提起することができる。ただし、父又は母の死亡の日から3年を経過したときは、この限りでない。

(認知後の子の監護に関する事項の定め等)

第788条　第766条の規定は、父が認知する場合について準用する。

(準正)

第789条　父が**認知**した子は、その父母の**婚姻**によって嫡出子の身分を取得する。

2　**婚姻中**父母が**認知**した子は、その認知の時から、嫡出子の身分を取得する。

【1】　第783条第1項の規定による認知がされた場合にあっては、子の出生の時

【2】　当該期間が2以上あるときは、そのうち最も長い期間

【3】　第1号に係る部分に限る。

民法

3　前2項の規定は、子が既に死亡していた場合について準用する。

（子の氏）

第790条　嫡出である子は、父母の氏を称する。ただし、子の出生前に父母が離婚したときは、離婚の際における父母の氏を称する。

2　嫡出でない子は、母の氏を称する。

（子の氏の変更）

第791条　子が父又は母と氏を異にする場合には、子は、家庭裁判所の許可を得て、戸籍法の定めるところにより届け出ることによって、その父又は母の氏を称することができる。

2　父又は母が氏を改めたことにより子が父母と氏を異にする場合には、子は、父母の婚姻中に限り、前項の許可を得ないで、戸籍法の定めるところにより届け出ることによって、その父母の氏を称することができる。

3　子が15歳未満であるときは、その法定代理人が、これに代わって、前2項の行為をすることができる。

4　前3項の規定により氏を改めた未成年の子は、成年に達した時から1年以内に戸籍法の定めるところにより届け出ることによって、従前の氏に復することができる。

第2節　養子

第1款　縁組の要件

（養親となる者の年齢）

第792条　20歳に達した者は、養子をすることができる。

（尊属又は年長者を養子とすることの禁止）

第793条　尊属又は年長者は、これを養子とすることができない。

（後見人が被後見人を養子とする縁組）

第794条　後見人が被後見人【1】を養子とするには、家庭裁判所の許可を得なければならない。後見人の任務が終了した後、まだその管理の計算が終わらない間も、同様とする。

【1】　未成年被後見人及び成年被後見人をいう。以下同じ。

（配偶者のある者が未成年者を養子とする縁組）

第795条　配偶者のある者が未成年者を養子とするには、配偶者とともにしなければならない。ただし、配偶者の嫡出である子を養子とする場合又は配偶者がその意思を表示することができない場合は、この限りでない。

（配偶者のある者の縁組）

第796条　配偶者のある者が縁組をするには、その配偶者の同意を得なければならない。ただし、配偶者とともに縁組をする場合又は配偶者がその意思を表示することができない場合は、この限りでない。

（15歳未満の者を養子とする縁組）

第797条　養子となる者が15歳未満であるときは、その法定代理人が、これに代わって、縁組の承諾をすることができる。

2　法定代理人が前項の承諾をするには、養子となる者の父母でその監護をすべき者であるものが他にあるときは、その同意を得なければならない。養子となる者の父母で親権を停止されているものがあるときも、同様とする。

（未成年者を養子とする縁組）

第798条　未成年者を養子とするには、家庭裁判所の許可を得なければならない。ただし、自己又は配偶者の直系卑属を養子とする場合は、この限りでない。

（婚姻の規定の準用）

第799条　第738条及び第739条の規定は、縁組について準用する。

（縁組の届出の受理）
第800条 縁組の届出は、その縁組が第792条から前条までの規定その他の法令の規定に違反しないことを認めた後でなければ、**受理**することができない。

（外国に在る日本人間の縁組の方式）
第801条 外国に在る日本人間で縁組をしようとするときは、その国に駐在する日本の大使、公使又は領事にその届出をすることができる。この場合においては、第799条において準用する第739条の規定及び前条の規定を準用する。

第2款 縁組の無効及び取消し

（縁組の無効）
第802条 縁組は、次に掲げる場合に限り、**無効**とする。
一 人違いその他の事由によって当事者間に縁組をする意思がないとき。
二 当事者が縁組の届出をしないとき。ただし、その届出が第799条において準用する第739条第2項に定める方式を欠くだけであるときは、縁組は、そのためにその効力を妨げられない。

（縁組の取消し）
第803条 縁組は、次条から第808条までの規定によらなければ、取り消すことができない。

（養親が20歳未満の者である場合の縁組の取消し）
第804条 第792条の規定に違反した縁組は、養親又はその法定代理人から、その取消しを家庭裁判所に請求することができる。ただし、養親が、20歳に達した後6箇月を経過し、又は追認をしたときは、この限りでない。

（養子が尊属又は年長者である場合の縁組の取消し）
第805条 第793条の規定に違反した縁組は、各当事者又はその親族から、その取消しを家庭裁判所に請求することができる。

（後見人と被後見人との間の無許可縁組の取消し）
第806条 第794条の規定に違反した縁組は、養子又はその実方の親族から、その取消しを家庭裁判所に請求することができる。ただし、管理の計算が終わった後、養子が追認をし、又は6箇月を経過したときは、この限りでない。
2 前項ただし書の追認は、養子が、成年に達し、又は行為能力を回復した後にしなければ、その効力を生じない。
3 養子が、成年に達せず、又は行為能力を回復しない間に、管理の計算が終わった場合には、第1項ただし書の期間は、養子が、成年に達し、又は行為能力を回復した時から起算する。

（配偶者の同意のない縁組等の取消し）
第806条の2 第796条の規定に違反した縁組は、縁組の同意をしていない者から、その取消しを家庭裁判所に請求することができる。ただし、その者が、縁組を知った後6箇月を経過し、又は追認をしたときは、この限りでない。
2 詐欺又は強迫によって第796条の同意をした者は、その縁組の取消しを家庭裁判所に請求することができる。ただし、その者が、詐欺を発見し、若しくは強迫を免れた後6箇月を経過し、又は追認をしたときは、この限りでない。

（子の監護をすべき者の同意のない縁組等の取消し）
第806条の3 第797条第2項の規定に違反した縁組は、縁組の同意をしていない者から、その取消しを家庭裁判所に請求することができる。ただし、その者が追認をしたとき、又は養子が15歳に達した後6箇月を経過し、若しくは追認をしたときは、この限りでない。
2 前条第2項の規定は、詐欺又は強迫によって第797条第2項の同意をした者について準用する。

（養子が未成年者である場合の無許可縁組の取消し）
第807条 第798条の規定に違反した縁組は、養子、その実方の親族又は養子に代わって縁組の承諾をした者から、その取消しを家庭裁判所に請求することができる。ただし、養子が、成年に達した後6箇月を経過し、又は追認をしたときは、この限りでない。

（婚姻の取消し等の規定の準用）
第808条 第747条及び第748条の規定は、縁組について準用する。この場合において、第747条第2項中「3箇月」とあるのは、「6箇月」と読み替えるものとする。
2 第769条及び第816条の規定は、縁組の取消しについて準用する。

第3款 縁組の効力

（嫡出子の身分の取得）
第809条 養子は、縁組の日から、養親の嫡出子の身分を取得する。

（養子の氏）
第810条 養子は、養親の氏を称する。ただし、婚姻によって氏を改めた者については、婚姻の際に定めた氏を称すべき間は、この限りでない。

第4款 離縁

（協議上の離縁等）
第811条 縁組の当事者は、その協議で、離縁をすることができる。
2 養子が15歳未満であるときは、その離縁は、養親と養子の離縁後にその法定代理人となるべき者との協議でこれをする。
3 前項の場合において、養子の父母が離婚しているときは、その協議で、その一方を養子の離縁後にその親権者となるべき者と定めなければならない。
4 前項の協議が調わないとき、又は協議をすることができないときは、家庭裁判所は、同項の父若しくは母又は養親の請求によって、協議に代わる審判をすることができる。
5 第2項の法定代理人となるべき者がないときは、家庭裁判所は、養子の親族その他の利害関係人の請求によって、養子の離縁後にその未成年後見人となるべき者を選任する。
6 縁組の当事者の一方が死亡した後に生存当事者が離縁をしようとするときは、家庭裁判所の許可を得て、これをすることができる。

（夫婦である養親と未成年者との離縁）
第811条の2 養親が夫婦である場合において未成年者と離縁をするには、夫婦が共にしなければならない。ただし、夫婦の一方がその意思を表示することができないときは、この限りでない。

（婚姻の規定の準用）
第812条 第738条、第739条及び第747条の規定は、協議上の離縁について準用する。この場合において、同条第2項中「3箇月」とあるのは、「6箇月」と読み替えるものとする。

（離縁の届出の受理）

第813条 離縁の届出は、その離縁が前条において準用する第739条第2項の規定並びに第811条及び第811条の2の規定その他の法令の規定に違反しないことを認めた後でなければ、受理することができない。

2 離縁の届出が前項の規定に違反して受理されたときであっても、離縁は、そのためにその効力を妨げられない。

（裁判上の離縁）

第814条 縁組の当事者の一方は、次に掲げる場合に限り、離縁の訴えを提起することができる。

一 他の一方から悪意で遺棄されたとき。

二 他の一方の生死が3年以上明らかでないとき。

三 その他縁組を継続し難い重大な事由があるとき。

2 第770条第2項の規定は、前項第1号及び第2号に掲げる場合について準用する。

（養子が15歳未満である場合の離縁の訴えの当事者）

第815条 養子が15歳に達しない間は、第811条の規定により養親と離縁の協議をすることができる者から、又はこれに対して、離縁の訴えを提起することができる。

（離縁による復氏等）

第816条 養子は、離縁によって縁組前の氏に復する。ただし、配偶者とともに養子をした養親の一方のみと離縁をした場合は、この限りでない。

2 縁組の日から7年を経過した後に前項の規定により縁組前の氏に復した者は、離縁の日から3箇月以内に戸籍法の定めるところにより届け出ることによって、離縁の際に称していた氏を称することができる。

（離縁による復氏の際の権利の承継）

第817条 第769条の規定は、離縁について準用する。

第5款 特別養子

（特別養子縁組の成立）

第817条の2 家庭裁判所は、次条から第817条の7までに定める要件があるときは、養親となる者の請求により、実方の血族との親族関係が終了する縁組【1】を成立させることができる。

2 前項に規定する請求をするには、第794条又は第798条の許可を得ることを要しない。

（養親の夫婦共同縁組）

第817条の3 養親となる者は、配偶者のある者でなければならない。

2 夫婦の一方は、他の一方が養親とならないときは、養親となることができない。ただし、夫婦の一方が**他の一方の嫡出である子**【2】の養親となる場合は、この限りでない。

（養親となる者の年齢）

第817条の4 25歳に達しない者は、養親となることができない。ただし、養親となる夫婦の一方が25歳に達していない場合においても、その者が**20歳**に達しているときは、この限りでない。

（養子となる者の年齢）

第817条の5 第817条の2に規定する請求の時に15歳に達している者は、養子となることができない。特別養子縁組が成立するまでに**18歳に達した者**についても、同様とする。

2 前項前段の規定は、養子となる者が**15歳に達する前**から引き続き養

【1】 以下この款において「**特別養子縁組**」という。

【2】 特別養子縁組以外の縁組による養子を除く。

民法

親となる者に監護されている場合において、15歳に達するまでに第817条の2に規定する請求がされなかったことについてやむを得ない事由があるときは、適用しない。

3　養子となる者が15歳に達している場合においては、特別養子縁組の成立には、その者の同意がなければならない。

（父母の同意）

第817条の6　特別養子縁組の成立には、養子となる者の父母の同意がなければならない。ただし、父母がその意思を表示することができない場合又は父母による虐待、悪意の遺棄その他養子となる者の利益を著しく害する事由がある場合は、この限りでない。

（子の利益のための特別の必要性）

第817条の7　特別養子縁組は、父母による養子となる者の監護が著しく困難又は不適当であることその他特別の事情がある場合において、子の利益のため特に必要があると認めるときに、これを成立させるものとする。

（監護の状況）

第817条の8　特別養子縁組を成立させるには、養親となる者が養子となる者を6箇月以上の期間監護した状況を考慮しなければならない。

2　前項の期間は、第817条の2に規定する請求の時から起算する。ただし、その請求前の監護の状況が明らかであるときは、この限りでない。

（実方との親族関係の終了）

第817条の9　養子と実方の父母及びその血族との親族関係は、特別養子縁組によって終了する。ただし、第817条の3第2項ただし書に規定する他の一方及びその血族との親族関係については、この限りでない。

（特別養子縁組の離縁）

第817条の10　次の各号のいずれにも該当する場合において、養子の利益のため特に必要があると認めるときは、家庭裁判所は、養子、実父母又は検察官の請求により、特別養子縁組の当事者を離縁させることができる。

一　養親による虐待、悪意の遺棄その他養子の利益を著しく害する事由があること。

二　実父母が相当の監護をすることができること。

2　離縁は、前項の規定による場合のほか、これをすることができない。

（離縁による実方との親族関係の回復）

第817条の11　養子と実父母及びその血族との間においては、離縁の日から、特別養子縁組によって終了した親族関係と同一の親族関係を生ずる。

第4章　親権

第1節　総則

（親権者）

第818条　成年に達しない子は、父母の親権に服する。

2　子が養子であるときは、養親の親権に服する。

3　親権は、父母の婚姻中は、父母が共同して行う。ただし、父母の一方が親権を行うことができないときは、他の一方が行う。

（離婚又は認知の場合の親権者）

第819条　父母が協議上の離婚をするときは、その協議で、その一方を親権者と定めなければならない。

2　裁判上の離婚の場合には、裁判所は、父母の一方を親権者と定める。

3　子の出生前に父母が離婚した場合には、親権は、母が行う。ただし、子の出生後に、父母の協議で、父を親権者と定めることができる。
4　父が認知した子に対する親権は、父母の協議で父を親権者と定めたときに限り、父が行う。
5　第1項、第3項又は前項の協議が調わないとき、又は協議をすることができないときは、家庭裁判所は、父又は母の請求によって、協議に代わる審判をすることができる。
6　子の利益のため必要があると認めるときは、家庭裁判所は、子の親族の請求によって、親権者を他の一方に変更することができる。

第2節　親権の効力

(監護及び教育の権利義務)
第820条　親権を行う者は、子の利益のために子の監護及び教育をする権利を有し、義務を負う。

(子の人格の尊重等)
第821条　親権を行う者は、前条の規定による監護及び教育をするに当たっては、子の人格を尊重するとともに、その年齢及び発達の程度に配慮しなければならず、かつ、体罰その他の子の心身の健全な発達に有害な影響を及ぼす言動をしてはならない。

(居所の指定)
第822条　子は、親権を行う者が指定した場所に、その居所を定めなければならない。

(職業の許可)
第823条　子は、親権を行う者の許可を得なければ、職業を営むことができない。
2　親権を行う者は、第6条第2項の場合には、前項の許可を取り消し、又はこれを制限することができる。

(財産の管理及び代表)
第824条　親権を行う者は、子の財産を管理し、かつ、その財産に関する法律行為についてその子を代表する。ただし、その子の行為を目的とする債務を生ずべき場合には、本人の同意を得なければならない。

(父母の一方が共同の名義でした行為の効力)
第825条　父母が共同して親権を行う場合において、父母の一方が、共同の名義で、子に代わって法律行為をし又は子がこれをすることに同意したときは、その行為は、他の一方の意思に反したときであっても、そのためにその効力を妨げられない。ただし、相手方が悪意であったときは、この限りでない。

(利益相反行為)
第826条　親権を行う父又は母とその子との**利益が相反する行為**については、親権を行う者は、その子のために特別代理人を選任することを家庭裁判所に請求しなければならない。
2　親権を行う者が数人の子に対して親権を行う場合において、その**1人と他の子との利益が相反する行為**については、親権を行う者は、その一方のために特別代理人を選任することを家庭裁判所に請求しなければならない。

(財産の管理における注意義務)
第827条　親権を行う者は、自己のためにするのと同一の注意をもって、その管理権を行わなければならない。

(財産の管理の計算)
第828条　子が成年に達したときは、親権を行った者は、遅滞なくその管理の計算をしなければならない。ただし、その子の養育及び財産の管理の費用は、その子の財産の収益と相殺したものとみなす。
第829条　前条ただし書の規定は、無償で子に財産を与える第三者が反対の意思を表示したときは、その財産については、これを適用しない。

（第三者が無償で子に与えた財産の管理）

第830条　無償で子に財産を与える第三者が、親権を行う父又は母にこれを管理させない意思を表示したときは、その財産は、父又は母の管理に属しないものとする。

2　前項の財産につき父母が共に管理権を有しない場合において、第三者が管理者を指定しなかったときは、家庭裁判所は、子、その親族又は検察官の請求によって、その管理者を選任する。

3　第三者が管理者を指定したときであっても、その管理者の権限が消滅し、又はこれを改任する必要がある場合において、第三者が更に管理者を指定しないときも、前項と同様とする。

4　第27条から第29条までの規定は、前2項の場合について準用する。

（委任の規定の準用）

第831条　第654条及び第655条の規定は、親権を行う者が子の財産を管理する場合及び前条の場合について準用する。

（財産の管理について生じた親子間の債権の消滅時効）

第832条　親権を行った者とその子との間に財産の管理について生じた債権は、その管理権が消滅した時から5年間これを行使しないときは、時効によって消滅する。

2　子がまだ成年に達しない間に管理権が消滅した場合において子に法定代理人がないときは、前項の期間は、その子が成年に達し、又は後任の法定代理人が就職した時から起算する。

（子に代わる親権の行使）

第833条　親権を行う者は、その親権に服する子に代わって親権を行う。

第3節　親権の喪失

（親権喪失の審判）

第834条　父又は母による虐待又は悪意の遺棄があるときその他父又は母による**親権の行使**が著しく困難又は不適当であることにより**子の利益を著しく害する**ときは、家庭裁判所は、子、その親族、未成年後見人、未成年後見監督人又は検察官の請求により、その父又は母について、親権喪失の審判をすることができる。ただし、2年以内にその原因が消滅する見込みがあるときは、この限りでない。

（親権停止の審判）

第834条の2　父又は母による**親権の行使**が困難又は不適当であることにより**子の利益を害する**ときは、家庭裁判所は、子、その親族、未成年後見人、未成年後見監督人又は検察官の請求により、その父又は母について、親権停止の審判をすることができる。

2　家庭裁判所は、親権停止の審判をするときは、その原因が消滅するまでに要すると見込まれる期間、子の心身の状態及び生活の状況その他一切の事情を考慮して、2年を超えない範囲内で、親権を停止する期間を定める。

（管理権喪失の審判）

第835条　父又は母による**管理権の行使**が困難又は不適当であることにより**子の利益を害する**ときは、家庭裁判所は、子、その親族、未成年後見人、未成年後見監督人又は検察官の請求により、その父又は母について、管理権喪失の審判をすることができる。

（親権喪失、親権停止又は管理権喪失の審判の取消し）

第836条　第834条本文、第834条の2第1項又は前条に規定する**原因が消滅**したときは、家庭裁判所は、本人又はその親族の請求によって、それぞれ親権喪失、親権停止又は管理権喪失の審判を取り消すことができる。

（親権又は管理権の辞任及び回復）

第837条　親権を行う父又は母は、やむを得ない事由があるときは、家庭裁判所の許可を得て、親権又は管理権を辞することができる。

2　前項の事由が消滅したときは、父又は母は、家庭裁判所の許可を得て、親権又は管理権を回復することができる。

第5章　後見

第1節　後見の開始

第838条　後見は、次に掲げる場合に開始する。

一　未成年者に対して親権を行う者がないとき、又は親権を行う者が管理権を有しないとき。

二　後見開始の審判があったとき。

第2節　後見の機関

第1款　後見人

（未成年後見人の指定）

第839条　未成年者に対して**最後に親権を行う者**は、遺言で、未成年後見人を指定することができる。ただし、管理権を有しない者は、この限りでない。

2　親権を行う父母の一方が管理権を有しないときは、他の一方は、前項の規定により未成年後見人の指定をすることができる。

（未成年後見人の選任）

第840条　前条の規定により未成年後見人となるべき者がないときは、家庭裁判所は、未成年被後見人又はその親族その他の利害関係人の請求によって、**未成年後見人**を選任する。未成年後見人が欠けたときも、同様とする。

2　未成年後見人がある場合においても、家庭裁判所は、必要があると認めるときは、前項に規定する者若しくは未成年後見人の請求により又は**職権**で、更に未成年後見人を選任することができる。

3　未成年後見人を選任するには、未成年被後見人の年齢、心身の状態並びに生活及び財産の状況、未成年後見人となる者の職業及び経歴並びに未成年被後見人との利害関係の有無【1】、未成年被後見人の意見その他一切の事情を考慮しなければならない。

（父母による未成年後見人の選任の請求）

第841条　父若しくは母が親権若しくは管理権を辞し、又は父若しくは母について親権喪失、親権停止若しくは管理権喪失の審判があったことによって未成年後見人を選任する必要が生じたときは、その父又は母は、遅滞なく未成年後見人の選任を家庭裁判所に請求しなければならない。

第842条　削除

（成年後見人の選任）

第843条　家庭裁判所は、後見開始の審判をするときは、**職権**で、成年後見人を選任する。

2　成年後見人が欠けたときは、家庭裁判所は、成年被後見人若しくはそ

【1】　未成年後見人となる者が法人であるときは、その事業の種類及び内容並びにその法人及びその代表者と未成年被後見人との利害関係の有無

の親族その他の利害関係人の請求により又は職権で、成年後見人を選任する。

3 成年後見人が選任されている場合においても、家庭裁判所は、**必要**があると認めるときは、前項に規定する者若しくは成年後見人の請求により又は職権で、更に成年後見人を選任することができる。

4 成年後見人を選任するには、成年被後見人の心身の状態並びに生活及び財産の状況、成年後見人となる者の職業及び経歴並びに成年被後見人との利害関係の有無【1】、成年被後見人の意見その他一切の事情を考慮しなければならない。

(後見人の辞任)

第844条 後見人は、**正当な事由**があるときは、家庭裁判所の許可を得て、その任務を辞することができる。

(辞任した後見人による新たな後見人の選任の請求)

第845条 後見人がその任務を辞したことによって新たに後見人を選任する必要が生じたときは、その後見人は、遅滞なく新たな後見人の選任を家庭裁判所に請求しなければならない。

(後見人の解任)

第846条 後見人に不正な行為、著しい不行跡その他後見の任務に適しない事由があるときは、家庭裁判所は、後見監督人、被後見人若しくはその親族若しくは検察官の請求により又は職権で、これを解任することができる。

(後見人の欠格事由)

第847条 次に掲げる者は、後見人となることができない。

一 **未成年者**

二 家庭裁判所で免ぜられた**法定代理人、保佐人又は補助人**

三 **破産者**

四 被後見人に対して**訴訟**をし、又はした者並びにその配偶者及び直系血族

五 行方の知れない者

第2款 後見監督人

(未成年後見監督人の指定)

第848条 未成年後見人を指定することができる者は、**遺言**で、未成年後見監督人を指定することができる。

(後見監督人の選任)

第849条 家庭裁判所は、**必要**があると認めるときは、被後見人、その親族若しくは後見人の請求により又は職権で、後見監督人を選任することができる。

(後見監督人の欠格事由)

第850条 後見人の配偶者、直系血族及び兄弟姉妹は、後見監督人となることができない。

(後見監督人の職務)

第851条 後見監督人の職務は、次のとおりとする。

一 後見人の事務を監督すること。

二 後見人が欠けた場合に、遅滞なくその選任を家庭裁判所に請求すること。

三 **急迫の事情**がある場合に、必要な処分をすること。

四 後見人又はその代表する者と被後見人との**利益が相反する行為**について被後見人を代表すること。

(委任及び後見人の規定の準用)

第852条 第644条、第654条、第655条、第844条、第846条、第847条、第861条第2項及び第862条の規定は後見監督人について、第

【1】 成年後見人となる者が法人であるときは、その事業の種類及び内容並びにその法人及びその代表者と成年被後見人との利害関係の有無

840条第3項及び第857条の2の規定は未成年後見監督人について、第843条第4項、第859条の2及び第859条の3の規定は成年後見監督人について準用する。

第3節　後見の事務

（財産の調査及び目録の作成）

第853条　後見人は、遅滞なく被後見人の財産の調査に着手し、**1箇月以内**に、その調査を終わり、かつ、その目録を作成しなければならない。ただし、この期間は、家庭裁判所において伸長することができる。

2　財産の調査及びその目録の作成は、後見監督人があるときは、その立会いをもってしなければ、その効力を生じない。

（財産の目録の作成前の権限）

第854条　後見人は、財産の目録の作成を終わるまでは、急迫の必要がある行為のみをする権限を有する。ただし、これをもって善意の第三者に対抗することができない。

（後見人の被後見人に対する債権又は債務の申出義務）

第855条　後見人が、被後見人に対し、債権を有し、又は債務を負う場合において、後見監督人があるときは、財産の調査に着手する前に、これを後見監督人に申し出なければならない。

2　後見人が、被後見人に対し債権を有することを知ってこれを申し出ないときは、その債権を失う。

（被後見人が包括財産を取得した場合についての準用）

第856条　前3条の規定は、後見人が就職した後被後見人が包括財産を取得した場合について準用する。

（未成年被後見人の身上の監護に関する権利義務）

第857条　未成年後見人は、第820条から第823条までに規定する事項について、親権を行う者と同一の権利義務を有する。ただし、親権を行う者が定めた教育の方法及び居所を変更し、営業を許可し、その許可を取り消し、又はこれを制限するには、未成年後見監督人があるときは、その同意を得なければならない。

（未成年後見人が数人ある場合の権限の行使等）

第857条の2　未成年後見人が**数人**あるときは、共同してその権限を行使する。

2　未成年後見人が数人あるときは、家庭裁判所は、職権で、その一部の者について、財産に関する権限のみを行使すべきことを定めることができる。

3　未成年後見人が数人あるときは、家庭裁判所は、職権で、財産に関する権限について、各未成年後見人が単独で又は数人の未成年後見人が事務を分掌して、その権限を行使すべきことを定めることができる。

4　家庭裁判所は、職権で、前2項の規定による定めを取り消すことができる。

5　未成年後見人が数人あるときは、第三者の意思表示は、その1人に対してすれば足りる。

（成年被後見人の意思の尊重及び身上の配慮）

第858条　成年後見人は、成年被後見人の生活、療養看護及び財産の管理に関する事務を行うに当たっては、成年被後見人の意思を尊重し、かつ、その心身の状態及び生活の状況に配慮しなければならない。

（財産の管理及び代表）

第859条　後見人は、被後見人の財産を管理し、かつ、その財産に関する法律行為について被後見人を代表する。
2　第824条ただし書の規定は、前項の場合について準用する。

（成年後見人が数人ある場合の権限の行使等）
第859条の2　成年後見人が**数人**あるときは、家庭裁判所は、職権で、数人の成年後見人が、**共同**して又は**事務を分掌**して、その権限を行使すべきことを定めることができる。
2　家庭裁判所は、職権で、前項の規定による定めを取り消すことができる。
3　成年後見人が数人あるときは、第三者の意思表示は、その1人に対してすれば足りる。

（成年被後見人の居住用不動産の処分についての許可）
第859条の3　成年後見人は、成年被後見人に代わって、その居住の用に供する建物又はその敷地について、売却、賃貸、賃貸借の解除又は抵当権の設定その他これらに準ずる処分をするには、家庭裁判所の許可を得なければならない。

（利益相反行為）
第860条　第826条の規定は、後見人について準用する。ただし、後見監督人がある場合は、この限りでない。

（成年後見人による郵便物等の管理）
第860条の2　家庭裁判所は、成年後見人がその事務を行うに当たって必要があると認めるときは、成年後見人の請求により、信書の送達の事業を行う者に対し、期間を定めて、成年被後見人に宛てた**郵便物**又は民間事業者による信書の送達に関する法律（平成14年法律第99号）第2条第3項に規定する**信書便物**【1】を成年後見人に配達すべき旨を嘱託することができる。
2　前項に規定する嘱託の期間は、6箇月を超えることができない。
3　家庭裁判所は、第1項の規定による審判があった後事情に変更を生じたときは、成年被後見人、成年後見人若しくは成年後見監督人の請求により又は職権で、同項に規定する嘱託を取り消し、又は変更することができる。ただし、その変更の審判においては、同項の規定による審判において定められた期間を伸長することができない。
4　成年後見人の**任務が終了**したときは、家庭裁判所は、第1項に規定する嘱託を取り消さなければならない。

第860条の3　成年後見人は、成年被後見人に宛てた郵便物等を受け取ったときは、これを開いて見ることができる。
2　成年後見人は、その受け取った前項の郵便物等で成年後見人の事務に関しないものは、速やかに成年被後見人に交付しなければならない。
3　成年被後見人は、成年後見人に対し、成年後見人が受け取った第1項の**郵便物等**【2】の閲覧を求めることができる。

（支出金額の予定及び後見の事務の費用）
第861条　後見人は、その就職の初めにおいて、被後見人の生活、教育又は療養看護及び財産の管理のために毎年支出すべき金額を予定しなければならない。
2　後見人が後見の事務を行うために必要な費用は、被後見人の財産の中から支弁する。

（後見人の報酬）
第862条　家庭裁判所は、後見人及び被後見人の資力その他の事情によっ

【1】　次条において「郵便物等」という。

【2】　前項の規定により成年被後見人に交付されたものを除く。

て、被後見人の財産の中から、相当な報酬を後見人に与えることができる。

(後見の事務の監督)

第863条　後見監督人又は家庭裁判所は、いつでも、後見人に対し後見の事務の報告若しくは財産の目録の提出を求め、又は後見の事務若しくは被後見人の財産の状況を調査することができる。

2　家庭裁判所は、後見監督人、被後見人若しくはその親族その他の利害関係人の請求により又は職権で、被後見人の財産の管理その他後見の事務について必要な処分を命ずることができる。

(後見監督人の同意を要する行為)

第864条　後見人が、被後見人に代わって営業若しくは第13条第1項各号に掲げる行為をし、又は未成年被後見人がこれをすることに同意するには、**後見監督人**があるときは、その同意を得なければならない。ただし、同項第1号に掲げる元本の領収については、この限りでない。

第865条　後見人が、前条の規定に違反してし又は同意を与えた行為は、被後見人又は後見人が取り消すことができる。この場合においては、第20条の規定を準用する。

2　前項の規定は、第121条から第126条までの規定の適用を妨げない。

(被後見人の財産等の譲受けの取消し)

第866条　後見人が被後見人の財産又は被後見人に対する第三者の権利を譲り受けたときは、被後見人は、これを取り消すことができる。この場合においては、第20条の規定を準用する。

2　前項の規定は、第121条から第126条までの規定の適用を妨げない。

(未成年被後見人に代わる親権の行使)

第867条　未成年後見人は、未成年被後見人に代わって親権を行う。

2　第853条から第857条まで及び第861条から前条までの規定は、前項の場合について準用する。

(財産に関する権限のみを有する未成年後見人)

第868条　親権を行う者が管理権を有しない場合には、未成年後見人は、財産に関する権限のみを有する。

(委任及び親権の規定の準用)

第869条　第644条及び第830条の規定は、後見について準用する。

第4節　後見の終了

(後見の計算)

第870条　後見人の**任務が終了**したときは、後見人又はその相続人は、2箇月以内にその管理の計算【1】をしなければならない。ただし、この期間は、家庭裁判所において伸長することができる。

第871条　後見の計算は、後見監督人があるときは、その立会いをもってしなければならない。

(未成年被後見人と未成年後見人等との間の契約等の取消し)

第872条　未成年被後見人が成年に達した後後見の計算の終了前に、その者と未成年後見人又はその相続人との間でした契約は、その者が取り消すことができる。その者が未成年後見人又はその相続人に対してした単独行為も、同様とする。

2　第20条及び第121条から第126条までの規定は、前項の場合について準用する。

(返還金に対する利息の支払等)

第873条　後見人が被後見人に返還すべき金額及び被後見人が後見人に返

【1】　以下「**後見の計算**」という。

還すべき金額には、後見の計算が終了した時から、利息を付さなければならない。

2　後見人は、自己のために被後見人の金銭を消費したときは、その消費の時から、これに利息を付さなければならない。この場合において、なお損害があるときは、その賠償の責任を負う。

（成年被後見人の死亡後の成年後見人の権限）

第873条の2　成年後見人は、成年被後見人が死亡した場合において、必要があるときは、成年被後見人の相続人の意思に反することが明らかなときを除き、相続人が相続財産を管理することができるに至るまで、次に掲げる行為をすることができる。ただし、第3号に掲げる行為をするには、家庭裁判所の許可を得なければならない。

一　相続財産に属する特定の財産の保存に必要な行為

二　相続財産に属する債務【1】の弁済

三　その死体の火葬又は埋葬に関する契約の締結その他相続財産の保存に必要な行為【2】

（委任の規定の準用）

第874条　第654条及び第655条の規定は、後見について準用する。

（後見に関して生じた債権の消滅時効）

第875条　第832条の規定は、後見人又は後見監督人と被後見人との間において後見に関して生じた債権の消滅時効について準用する。

2　前項の消滅時効は、第872条の規定により法律行為を取り消した場合には、その取消しの時から起算する。

【1】　弁済期が到来しているものに限る。

【2】　前2号に掲げる行為を除く。

第6章　保佐及び補助

第1節　保佐

（保佐の開始）

第876条　保佐は、保佐開始の審判によって開始する。

（保佐人及び臨時保佐人の選任等）

第876条の2　家庭裁判所は、保佐開始の審判をするときは、職権で、保佐人を選任する。

2　第843条第2項から第4項まで及び第844条から第847条までの規定は、保佐人について準用する。

3　保佐人又はその代表する者と被保佐人との利益が相反する行為については、保佐人は、臨時保佐人の選任を家庭裁判所に請求しなければならない。ただし、保佐監督人がある場合は、この限りでない。

（保佐監督人）

第876条の3　家庭裁判所は、必要があると認めるときは、被保佐人、その親族若しくは保佐人の請求により又は職権で、保佐監督人を選任することができる。

2　第644条、第654条、第655条、第843条第4項、第844条、第846条、第847条、第850条、第851条、第859条の2、第859条の3、第861条第2項及び第862条の規定は、保佐監督人について準用する。この場合において、第851条第4号中「被後見人を代表する」とあるのは、「被保佐人を代表し、又は被保佐人がこれをすることに同意する」と読み替えるものとする。

（保佐人に代理権を付与する旨の審判）

第876条の4　家庭裁判所は、第11条本文に規定する者又は保佐人若しくは保佐監督人の請求によって、被保佐人のために特定の法律行為について保佐人に代理権を付与する旨の審判をすることができる。

2　本人以外の者の請求によって前項の審判をするには、本人の同意がなければならない。

3　家庭裁判所は、第1項に規定する者の請求によって、同項の審判の全部又は一部を取り消すことができる。

（保佐の事務及び保佐人の任務の終了等）

第876条の5　保佐人は、保佐の事務を行うに当たっては、被保佐人の意思を尊重し、かつ、その心身の状態及び生活の状況に配慮しなければならない。

2　第644条、第859条の2、第859条の3、第861条第2項、第862条及び第863条の規定は保佐の事務について、第824条ただし書の規定は保佐人が前条第1項の代理権を付与する旨の審判に基づき被保佐人を代表する場合について準用する。

3　第654条、第655条、第870条、第871条及び第873条の規定は保佐人の任務が終了した場合について、第832条の規定は保佐人又は保佐監督人と被保佐人との間において保佐に関して生じた債権について準用する。

第2節　補助

（補助の開始）

第876条の6　補助は、補助開始の審判によって開始する。

（補助人及び臨時補助人の選任等）

第876条の7　家庭裁判所は、補助開始の審判をするときは、**職権**で、補助人を選任する。

2　第843条第2項から第4項まで及び第844条から第847条までの規定は、補助人について準用する。

3　補助人又はその代表する者と被補助人との**利益が相反する行為**については、補助人は、臨時補助人の選任を家庭裁判所に請求しなければならない。ただし、補助監督人がある場合は、この限りでない。

（補助監督人）

第876条の8　家庭裁判所は、必要があると認めるときは、被補助人、その親族若しくは補助人の請求により又は職権で、補助監督人を選任することができる。

2　第644条、第654条、第655条、第843条第4項、第844条、第846条、第847条、第850条、第851条、第859条の2、第859条の3、第861条第2項及び第862条の規定は、補助監督人について準用する。この場合において、第851条第4号中「被後見人を代表する」とあるのは、「被補助人を代表し、又は被補助人がこれをすることに同意する」と読み替えるものとする。

（補助人に代理権を付与する旨の審判）

第876条の9　家庭裁判所は、第15条第1項本文に規定する者又は補助人若しくは補助監督人の請求によって、被補助人のために**特定の法律行為**について補助人に代理権を付与する旨の審判をすることができる。

2　第876条の4第2項及び第3項の規定は、前項の審判について準用する。

（補助の事務及び補助人の任務の終了等）

第876条の10　第644条、第859条の2、第859条の3、第861条第2項、第862条、第863条及び第876条の5第1項の規定は補助の事務について、第824条ただし書の規定は補助人が前条第1項の代理権を付与する旨の審判に基づき被補助人を代表する場合について準用する。

2　第654条、第655条、第870条、第871条及び第873条の規定は補助人の任務が終了した場合について、第832条の規定は補助人又は補助監督人と被補助人との間において補助に関して生じた債権について準用する。

第7章　扶養

（扶養義務者）

第877条　直系血族及び兄弟姉妹は、互いに扶養をする義務がある。

2　家庭裁判所は、特別の事情があるときは、前項に規定する場合のほか、3親等内の親族間においても扶養の義務を負わせることができる。

3　前項の規定による審判があった後事情に変更を生じたときは、家庭裁判所は、その審判を取り消すことができる。

（扶養の順位）

第878条　扶養をする義務のある者が数人ある場合において、扶養をすべき者の順序について、当事者間に協議が調わないとき、又は協議をすることができないときは、家庭裁判所が、これを定める。扶養を受ける権利のある者が数人ある場合において、扶養義務者の資力がその全員を扶養するのに足りないときの扶養を受けるべき者の順序についても、同様とする。

（扶養の程度又は方法）

第879条　扶養の程度又は方法について、当事者間に協議が調わないとき、又は協議をすることができないときは、扶養権利者の需要、扶養義務者の資力その他一切の事情を考慮して、家庭裁判所が、これを定める。

（扶養に関する協議又は審判の変更又は取消し）

第880条　扶養をすべき者若しくは扶養を受けるべき者の順序又は扶養の程度若しくは方法について協議又は審判があった後事情に変更を生じたときは、家庭裁判所は、その協議又は審判の変更又は取消しをすることができる。

（扶養請求権の処分の禁止）

第881条　扶養を受ける権利は、処分することができない。

第5編　相続

第1章　総則

（相続開始の原因）

第882条　相続は、死亡によって開始する。

（相続開始の場所）

第883条　相続は、被相続人の住所において開始する。

（相続回復請求権）

第884条　相続回復の請求権は、相続人又はその法定代理人が相続権を侵害された事実を知った時から5年間行使しないときは、時効によって消滅する。相続開始の時から20年を経過したときも、同様とする。

（相続財産に関する費用）

第885条　相続財産に関する費用は、その財産の中から支弁する。ただし、相続人の過失によるものは、この限りでない。

第2章　相続人

（相続に関する胎児の権利能力）

第886条　胎児は、相続については、既に生まれたものとみなす。

2　前項の規定は、胎児が死体で生まれたときは、適用しない。

（子及びその代襲者等の相続権）

第887条　被相続人の子は、相続人となる。

2　被相続人の子が、相続の開始以前に死亡したとき、又は第891条の規定に該当し、若しくは廃除によって、その相続権を失ったときは、その者の子がこれを代襲して相続人となる。ただし、被相続人の直系卑属でない者は、この限りでない。

3 前項の規定は、代襲者が、相続の開始以前に死亡し、又は第891条の規定に該当し、若しくは廃除によって、その代襲相続権を失った場合について準用する。

第888条 削除

（直系尊属及び兄弟姉妹の相続権）

第889条 次に掲げる者は、第887条の規定により**相続人**となるべき者がない場合には、次に掲げる順序の順位に従って相続人となる。

一 被相続人の直系尊属。ただし、親等の異なる者の間では、その近い者を先にする。

二 被相続人の兄弟姉妹

2 第887条第2項の規定は、前項第2号の場合について準用する。

（配偶者の相続権）

第890条 被相続人の配偶者は、常に相続人となる。この場合において、第887条又は前条の規定により相続人となるべき者があるときは、その者と同順位とする。

（相続人の欠格事由）

第891条 次に掲げる者は、相続人となることができない。

一 故意に**被相続人**又は相続について**先順位**若しくは**同順位**にある者を死亡するに至らせ、又は至らせようとしたために、刑に処せられた者

二 被相続人の殺害されたことを知って、これを告発せず、又は告訴しなかった者。ただし、その者に是非の弁別がないとき、又は殺害者が自己の配偶者若しくは直系血族であったときは、この限りでない。

三 詐欺又は強迫によって、被相続人が相続に関する**遺言**をし、撤回し、取り消し、又は変更することを妨げた者

四 詐欺又は強迫によって、被相続人に相続に関する**遺言**をさせ、撤回させ、取り消させ、又は変更させた者

五 相続に関する被相続人の遺言書を**偽造**し、**変造**し、**破棄**し、又は**隠匿**した者

（推定相続人の廃除）

第892条 **遺留分を有する推定相続人**【1】が、被相続人に対して虐待をし、若しくはこれに重大な侮辱を加えたとき、又は推定相続人にその他の**著しい非行**があったときは、被相続人は、その推定相続人の廃除を家庭裁判所に請求することができる。

（遺言による推定相続人の廃除）

第893条 被相続人が**遺言**で推定相続人を廃除する意思を表示したときは、遺言執行者は、その遺言が効力を生じた後、遅滞なく、その**推定相続人の廃除**を家庭裁判所に請求しなければならない。この場合において、その推定相続人の廃除は、被相続人の死亡の時にさかのぼってその効力を生ずる。

（推定相続人の廃除の取消し）

第894条 被相続人は、いつでも、推定相続人の廃除の取消しを家庭裁判所に請求することができる。

2 前条の規定は、推定相続人の廃除の取消しについて準用する。

（推定相続人の廃除に関する審判確定前の遺産の管理）

第895条 推定相続人の廃除又はその取消しの請求があった後その審判が確定する前に**相続**が**開始**したときは、

【1】 相続が開始した場合に相続人となるべき者をいう。以下同じ。

家庭裁判所は、親族、利害関係人又は検察官の請求によって、遺産の管理について**必要な処分**を命ずることができる。推定相続人の廃除の遺言があったときも、同様とする。

2　第27条から第29条までの規定は、前項の規定により家庭裁判所が遺産の管理人を選任した場合について準用する。

第3章　相続の効力

第1節　総則

（相続の一般的効力）

第896条　相続人は、**相続開始の時**から、被相続人の財産に属した一切の権利義務を承継する。ただし、被相続人の**一身に専属**したものは、この限りでない。

（祭祀に関する権利の承継）

第897条　**系譜**、**祭具**及び**墳墓**の所有権は、前条の規定にかかわらず、慣習に従って祖先の祭祀を主宰すべき者が承継する。ただし、被相続人の指定に従って祖先の祭祀を主宰すべき者があるときは、その者が承継する。

2　前項本文の場合において慣習が明らかでないときは、同項の権利を承継すべき者は、家庭裁判所が定める。

（相続財産の保存）

第897条の2　**家庭裁判所**は、利害関係人又は検察官の請求によって、いつでも、相続財産の管理人の選任その他の相続財産の保存に必要な処分を命ずることができる。ただし、相続人が1人である場合においてその相続人が相続の単純承認をしたとき、相続人が数人ある場合において遺産の全部の分割がされたとき、又は第952条第1項の規定により相続財産の清算人が選任されているときは、この限りでない。

2　第27条から第29条までの規定は、前項の規定により家庭裁判所が相続財産の管理人を選任した場合について準用する。

（共同相続の効力）

第898条　相続人が**数人**あるときは、相続財産は、その共有に属する。

2　相続財産について共有に関する規定を適用するときは、第900条から第902条までの規定により算定した相続分をもって各相続人の共有持分とする。

第899条　各共同相続人は、その**相続分に応じて**被相続人の権利義務を承継する。

（共同相続における権利の承継の対抗要件）

第899条の2　相続による権利の承継は、遺産の分割によるものかどうかにかかわらず、次条及び第901条の規定により算定した**相続分を超える部分**については、登記、登録その他の対抗要件を備えなければ、第三者に対抗することができない。

2　前項の権利が債権である場合において、次条及び第901条の規定により算定した**相続分を超えて**当該債権を承継した共同相続人が当該債権に係る**遺言の内容**【1】を明らかにして債務者にその**承継の通知**をしたときは、共同相続人の全員が債務者に通知をしたものとみなして、同項の規定を適用する。

第2節　相続分

（法定相続分）

第900条　同順位の相続人が**数人**あるときは、その相続分は、次の各号の定めるところによる。

【1】　遺産の分割により当該債権を承継した場合にあっては、当該債権に係る遺産の分割の内容

一　子及び配偶者が相続人であるときは、子の相続分及び配偶者の相続分は、**各２分の１**とする。

二　配偶者及び直系尊属が相続人であるときは、**配偶者**の相続分は、３分の２とし、**直系尊属**の相続分は、３分の１とする。

三　配偶者及び兄弟姉妹が相続人であるときは、**配偶者**の相続分は、４分の３とし、**兄弟姉妹**の相続分は、４分の１とする。

四　**子**、**直系尊属**又は**兄弟姉妹**が数人あるときは、各自の相続分は、相等しいものとする。ただし、**父母の一方のみを同じくする兄弟姉妹**の相続分は、父母の双方を同じくする兄弟姉妹の相続分の２分の１とする。

（代襲相続人の相続分）

第901条　第887条第2項又は第3項の規定により相続人となる直系卑属の相続分は、その直系尊属が受けるべきであったものと同じとする。ただし、直系卑属が数人あるときは、その各自の直系尊属が受けるべきであった部分について、前条の規定に従ってその相続分を定める。

2　前項の規定は、第889条第2項の規定により**兄弟姉妹の子**が相続人となる場合について準用する。

（遺言による相続分の指定）

第902条　被相続人は、前2条の規定にかかわらず、遺言で、共同相続人の相続分を定め、又はこれを定めることを第三者に委託することができる。

2　被相続人が、共同相続人中の1人若しくは数人の相続分のみを定め、又はこれを第三者に定めさせたときは、他の共同相続人の相続分は、前2条の規定により定める。

（相続分の指定がある場合の債権者の権利の行使）

第902条の2　被相続人が相続開始の時において有した債務の**債権者**は、前条の規定による相続分の指定がされた場合であっても、各共同相続人に対し、第900条及び第901条の規定により算定した**相続分に応じて**その権利を行使することができる。ただし、その債権者が共同相続人の1人に対してその指定された相続分に応じた債務の承継を承認したときは、この限りでない。

（特別受益者の相続分）

第903条　共同相続人中に、被相続人から、**遺贈**を受け、又は婚姻若しくは養子縁組のため若しくは生計の資本として**贈与**を受けた者があるときは、被相続人が相続開始の時において有した財産の価額にその**贈与の価額**を加えたものを相続財産とみなし、第900条から第902条までの規定により算定した相続分の中からその**遺贈**又は**贈与の価額**を控除した**残額**をもってその者の相続分とする。

2　遺贈又は贈与の価額が、相続分の価額に等しく、又はこれを超えるときは、受遺者又は受贈者は、その相続分を受けることができない。

3　被相続人が前2項の規定と異なった意思を表示したときは、その意思に従う。

4　婚姻期間が**20年以上**の夫婦の一方である被相続人が、他の一方に対し、その居住の用に供する建物又はその敷地について遺贈又は贈与をしたときは、当該被相続人は、その遺贈又は贈与について第1項の規定を適用しない旨の意思を表示したものと推定する。

第904条　前条に規定する贈与の価額は、受贈者の行為によって、その目的である財産が滅失し、又はその価格の増減があったときであっても、相続開始の時においてなお原状のままであるものとみなしてこれを定める。

民法

（寄与分）

第904条の2 共同相続人中に、被相続人の事業に関する労務の提供又は財産上の給付、被相続人の療養看護その他の方法により被相続人の財産の維持又は増加について特別の寄与をした者があるときは、被相続人が相続開始の時において有した財産の価額から共同相続人の協議で定めたその者の寄与分を控除したものを相続財産とみなし、第900条から第902条までの規定により算定した相続分に寄与分を加えた額をもってその者の相続分とする。

2 前項の協議が調わないとき、又は協議をすることができないときは、家庭裁判所は、同項に規定する寄与をした者の請求により、寄与の時期、方法及び程度、相続財産の額その他一切の事情を考慮して、寄与分を定める。

3 寄与分は、被相続人が相続開始の時において有した財産の価額から遺贈の価額を控除した残額を超えることができない。

4 第2項の請求は、第907条第2項の規定による請求があった場合又は第910条に規定する場合にすることができる。

（期間経過後の遺産の分割における相続分）

第904条の3 前3条の規定は、相続開始の時から10年を経過した後にする遺産の分割については、適用しない。ただし、次の各号のいずれかに該当するときは、この限りでない。

一 相続開始の時から10年を経過する前に、相続人が家庭裁判所に遺産の分割の請求をしたとき。

二 相続開始の時から始まる10年の期間の満了前6箇月以内の間に、遺産の分割を請求することができないやむを得ない事由が相続人にあった場合において、その事由が消滅した時から6箇月を経過する前に、当該相続人が家庭裁判所に遺産の分割の請求をしたとき。

（相続分の取戻権）

第905条 共同相続人の1人が遺産の分割前にその相続分を第三者に譲り渡したときは、他の共同相続人は、その価額及び費用を償還して、その相続分を譲り受けることができる。

2 前項の権利は、1箇月以内に行使しなければならない。

第3節 遺産の分割

（遺産の分割の基準）

第906条 遺産の分割は、遺産に属する物又は権利の種類及び性質、各相続人の年齢、職業、心身の状態及び生活の状況その他一切の事情を考慮してこれをする。

（遺産の分割前に遺産に属する財産が処分された場合の遺産の範囲）

第906条の2 遺産の分割前に遺産に属する財産が処分された場合であっても、共同相続人は、その全員の同意により、当該処分された財産が遺産の分割時に遺産として存在するものとみなすことができる。

2 前項の規定にかかわらず、共同相続人の1人又は数人により同項の財産が処分されたときは、当該共同相続人については、同項の同意を得ることを要しない。

（遺産の分割の協議又は審判）

第907条 共同相続人は、次条第1項の規定により被相続人が遺言で禁じた場合又は同条第2項の規定により分割をしない旨の契約をした場合を除き、いつでも、その協議で、遺産の全部又は一部の分割をすることができる。

2　遺産の分割について、共同相続人間に協議が調わないとき、又は協議をすることができないときは、各共同相続人は、その全部又は一部の分割を家庭裁判所に請求することができる。ただし、遺産の一部を分割することにより**他の共同相続人の利益を害するおそれ**がある場合におけるその一部の分割については、この限りでない。

（遺産の分割の方法の指定及び遺産の分割の禁止）

第908条　被相続人は、遺言で、遺産の分割の方法を定め、若しくはこれを定めることを第三者に委託し、又は相続開始の時から**5年を超えない期間**を定めて、遺産の分割を禁ずることができる。

2　共同相続人は、**5年以内の期間**を定めて、遺産の全部又は一部について、その分割をしない旨の契約をすることができる。ただし、その期間の終期は、相続開始の時から10年を超えることができない。

3　前項の契約は、5年以内の期間を定めて更新することができる。ただし、その期間の終期は、相続開始の時から10年を超えることができない。

4　前条第2項本文の場合において特別の事由があるときは、**家庭裁判所**は、5年以内の期間を定めて、遺産の全部又は一部について、その分割を禁ずることができる。ただし、その期間の終期は、相続開始の時から10年を超えることができない。

5　家庭裁判所は、5年以内の期間を定めて前項の期間を更新することができる。ただし、その期間の終期は、相続開始の時から10年を超えることができない。

（遺産の分割の効力）

第909条　遺産の分割は、相続開始の時にさかのぼってその効力を生ずる。ただし、第三者の権利を害することはできない。

（遺産の分割前における預貯金債権の行使）

第909条の2　各共同相続人は、遺産に属する**預貯金債権**のうち相続開始の時の債権額の3分の1に第900条及び第901条の規定により算定した当該共同相続人の相続分を乗じた額【1】については、単独でその権利を行使することができる。この場合において、当該権利の行使をした預貯金債権については、当該共同相続人が**遺産の一部の分割**によりこれを取得したものとみなす。

（相続の開始後に認知された者の価額の支払請求権）

第910条　相続の開始後**認知によって相続人となった者**が遺産の分割を請求しようとする場合において、他の共同相続人が既にその分割その他の処分をしたときは、価額のみによる支払の請求権を有する。

（共同相続人間の担保責任）

第911条　各共同相続人は、他の共同相続人に対して、売主と同じく、その相続分に応じて担保の責任を負う。

（遺産の分割によって受けた債権についての担保責任）

第912条　各共同相続人は、その相続分に応じ、他の共同相続人が遺産の分割によって受けた債権について、その分割の時における債務者の資力

【1】　標準的な当面の必要生計費、平均的な葬式の費用の額その他の事情を勘案して預貯金債権の債務者ごとに法務省令で定める額を限度とする。

を担保する。

2　弁済期に至らない債権及び停止条件付きの債権については、各共同相続人は、弁済をすべき時における債務者の資力を担保する。

(資力のない共同相続人がある場合の担保責任の分担)

第913条　担保の責任を負う共同相続人中に償還をする資力のない者があるときは、その償還することができない部分は、求償者及び他の資力のある者が、それぞれその相続分に応じて分担する。ただし、求償者に過失があるときは、他の共同相続人に対して分担を請求することができない。

(遺言による担保責任の定め)

第914条　前3条の規定は、被相続人が遺言で別段の意思を表示したときは、適用しない。

第4章　相続の承認及び放棄

第1節　総則

(相続の承認又は放棄をすべき期間)

第915条　相続人は、自己のために相続の開始があったことを知った時から3箇月以内に、相続について、単純若しくは限定の承認又は放棄をしなければならない。ただし、この期間は、利害関係人又は検察官の請求によって、家庭裁判所において伸長することができる。

2　相続人は、相続の承認又は放棄をする前に、相続財産の調査をすることができる。

第916条　相続人が相続の承認又は放棄をしないで死亡したときは、前条第1項の期間は、その者の相続人が自己のために相続の開始があったことを知った時から起算する。

第917条　相続人が未成年者又は成年被後見人であるときは、第915条第1項の期間は、その法定代理人が未成年者又は成年被後見人のために相続の開始があったことを知った時から起算する。

(相続人による管理)

第918条　相続人は、その固有財産におけるのと同一の注意をもって、相続財産を管理しなければならない。ただし、相続の承認又は放棄をしたときは、この限りでない。

(相続の承認及び放棄の撤回及び取消し)

第919条　相続の承認及び放棄は、第915条第1項の期間内でも、撤回することができない。

2　前項の規定は、第1編（総則）及び前編（親族）の規定により相続の承認又は放棄の取消しをすることを妨げない。

3　前項の取消権は、追認をすることができる時から6箇月間行使しないときは、時効によって消滅する。相続の承認又は放棄の時から10年を経過したときも、同様とする。

4　第2項の規定により限定承認又は相続の放棄の取消しをしようとする者は、その旨を家庭裁判所に申述しなければならない。

第2節　相続の承認

第1款　単純承認

(単純承認の効力)

第920条　相続人は、単純承認をしたときは、無限に被相続人の権利義務を承継する。

(法定単純承認)

第921条　次に掲げる場合には、相続人は、単純承認をしたものとみなす。

一　相続人が相続財産の全部又は一部を処分したとき。ただし、保存行為及び第602条に定める期間を超えない賃貸をすることは、この限りでない。

二　相続人が第915条第1項の**期間内**に限定承認又は相続の放棄をしなかったとき。

三　相続人が、限定承認又は相続の放棄をした後であっても、相続財産の全部若しくは一部を隠匿し、私にこれを消費し、又は悪意でこれを相続財産の目録中に記載しなかったとき。ただし、その相続人が相続の放棄をしたことによって相続人となった者が相続の承認をした後は、この限りでない。

第2款　限定承認

(限定承認)

第922条　相続人は、相続によって得た財産の限度においてのみ被相続人の債務及び遺贈を弁済すべきことを留保して、相続の承認をすることができる。

(共同相続人の限定承認)

第923条　相続人が数人あるときは、限定承認は、共同相続人の全員が共同してのみこれをすることができる。

(限定承認の方式)

第924条　相続人は、限定承認をしようとするときは、第915条第1項の期間内に、相続財産の目録を作成して家庭裁判所に提出し、限定承認をする旨を申述しなければならない。

(限定承認をしたときの権利義務)

第925条　相続人が限定承認をしたときは、その被相続人に対して有した権利義務は、消滅しなかったものとみなす。

(限定承認者による管理)

第926条　限定承認者は、その固有財産におけるのと同一の注意をもって、相続財産の管理を継続しなければならない。

2　第645条、第646条並びに第650条第1項及び第2項の規定は、前項の場合について準用する。

(相続債権者及び受遺者に対する公告及び催告)

第927条　限定承認者は、限定承認をした後5日以内に、すべての相続債権者【1】及び受遺者に対し、限定承認をしたこと及び一定の期間内にその請求の申出をすべき旨を公告しなければならない。この場合において、その期間は、2箇月を下ることができない。

2　前項の規定による公告には、相続債権者及び受遺者がその期間内に申出をしないときは弁済から除斥されるべき旨を付記しなければならない。ただし、限定承認者は、知れている相続債権者及び受遺者を除斥することができない。

3　限定承認者は、知れている相続債権者及び受遺者には、各別にその申出の催告をしなければならない。

4　第1項の規定による公告は、官報に掲載してする。

(公告期間満了前の弁済の拒絶)

第928条　限定承認者は、前条第1項の期間の満了前には、相続債権者及び受遺者に対して弁済を拒むことができる。

(公告期間満了後の弁済)

第929条　第927条第1項の期間が満了した後は、限定承認者は、相続財産をもって、その期間内に同項の申出をした相続債権者その他知れている相続債権者に、それぞれその債権額の割合に応じて弁済をしなければならない。ただし、優先権を有する債権者の権利を害することはできない。

【1】　相続財産に属する債務の債権者をいう。以下同じ。

(期限前の債務等の弁済)

第930条　限定承認者は、弁済期に至らない債権であっても、前条の規定に従って弁済をしなければならない。

2　条件付きの債権又は存続期間の不確定な債権は、家庭裁判所が選任した鑑定人の評価に従って弁済をしなければならない。

(受遺者に対する弁済)

第931条　限定承認者は、前2条の規定に従って各相続債権者に弁済をした後でなければ、受遺者に弁済をすることができない。

(弁済のための相続財産の換価)

第932条　前3条の規定に従って弁済をするにつき相続財産を売却する必要があるときは、限定承認者は、これを競売に付さなければならない。ただし、家庭裁判所が選任した鑑定人の評価に従い相続財産の全部又は一部の価額を弁済して、その競売を止めることができる。

(相続債権者及び受遺者の換価手続への参加)

第933条　相続債権者及び受遺者は、自己の費用で、相続財産の競売又は鑑定に参加することができる。この場合においては、第260条第2項の規定を準用する。

(不当な弁済をした限定承認者の責任等)

第934条　限定承認者は、第927条の公告若しくは催告をすることを怠り、又は同条第1項の期間内に相続債権者若しくは受遺者に弁済をしたことによって他の相続債権者若しくは受遺者に弁済をすることができなくなったときは、これによって生じた損害を賠償する責任を負う。第929条から第931条までの規定に違反して弁済をしたときも、同様とする。

2　前項の規定は、情を知って不当に弁済を受けた相続債権者又は受遺者に対する他の相続債権者又は受遺者の求償を妨げない。

3　第724条の規定は、前2項の場合について準用する。

(公告期間内に申出をしなかった相続債権者及び受遺者)

第935条　第927条第1項の期間内に同項の申出をしなかった相続債権者及び受遺者で限定承認者に知れなかったものは、残余財産についてのみその権利を行使することができる。ただし、相続財産について特別担保を有する者は、この限りでない。

(相続人が数人ある場合の相続財産の清算人)

第936条　相続人が数人ある場合には、家庭裁判所は、相続人の中から、相続財産の清算人を選任しなければならない。

2　前項の相続財産の清算人は、相続人のために、これに代わって、相続財産の管理及び債務の弁済に必要な一切の行為をする。

3　第926条から前条までの規定は、第1項の相続財産の清算人について準用する。この場合において、第927条第1項中「限定承認をした後5日以内」とあるのは、「その相続財産の清算人の選任があった後10日以内」と読み替えるものとする。

(法定単純承認の事由がある場合の相続債権者)

第937条　限定承認をした共同相続人の1人又は数人について第921条第1号又は第3号に掲げる事由があるときは、相続債権者は、相続財産をもって弁済を受けることができなかった債権額について、当該共同相続人に対し、その相続分に応じて権利を行使することができる。

第3節　相続の放棄

(相続の放棄の方式)

第938条　相続の放棄をしようとする

者は、その旨を家庭裁判所に申述しなければならない。

（相続の放棄の効力）

第939条　相続の放棄をした者は、その相続に関しては、初めから相続人とならなかったものとみなす。

（相続の放棄をした者による管理）

第940条　相続の放棄をした者は、その放棄の時に相続財産に属する財産を現に占有しているときは、相続人又は第952条第1項の相続財産の清算人に対して当該財産を引き渡すまでの間、自己の財産におけるのと同一の注意をもって、その財産を保存しなければならない。

2　第645条、第646条並びに第650条第1項及び第2項の規定は、前項の場合について準用する。

第5章　財産分離

（相続債権者又は受遺者の請求による財産分離）

第941条　相続債権者又は受遺者は、相続開始の時から3箇月以内に、相続人の財産の中から相続財産を分離することを家庭裁判所に請求することができる。相続財産が相続人の固有財産と混合しない間は、その期間の満了後も、同様とする。

2　家庭裁判所が前項の請求によって財産分離を命じたときは、その請求をした者は、5日以内に、他の相続債権者及び受遺者に対し、財産分離の命令があったこと及び一定の期間内に配当加入の申出をすべき旨を公告しなければならない。この場合において、その期間は、2箇月を下ることができない。

3　前項の規定による公告は、官報に掲載してする。

（財産分離の効力）

第942条　財産分離の請求をした者及び前条第2項の規定により配当加入の申出をした者は、相続財産について、相続人の債権者に先立って弁済を受ける。

（財産分離の請求後の相続財産の管理）

第943条　財産分離の請求があったときは、家庭裁判所は、相続財産の管理について必要な処分を命ずることができる。

2　第27条から第29条までの規定は、前項の規定により家庭裁判所が相続財産の管理人を選任した場合について準用する。

（財産分離の請求後の相続人による管理）

第944条　相続人は、単純承認をした後でも、財産分離の請求があったときは、以後、その固有財産におけるのと同一の注意をもって、相続財産の管理をしなければならない。ただし、家庭裁判所が相続財産の管理人を選任したときは、この限りでない。

2　第645条から第647条まで並びに第650条第1項及び第2項の規定は、前項の場合について準用する。

（不動産についての財産分離の対抗要件）

第945条　財産分離は、不動産については、その登記をしなければ、第三者に対抗することができない。

（物上代位の規定の準用）

第946条　第304条の規定は、財産分離の場合について準用する。

（相続債権者及び受遺者に対する弁済）

第947条　相続人は、第941条第1項及び第2項の期間の満了前には、相続債権者及び受遺者に対して弁済を拒むことができる。

2　財産分離の請求があったときは、相続人は、第941条第2項の期間の満了後に、相続財産をもって、財産分離の請求又は配当加入の申出をした相続債権者及び受遺者に、それぞれその債権額の割合に応じて弁済をしなければならない。ただし、優先権を有する債権者の権利を害することはできない。

3　第930条から第934条までの規定は、前項の場合について準用する。

（相続人の固有財産からの弁済）

第948条　財産分離の請求をした者及び配当加入の申出をした者は、相続財産をもって全部の弁済を受けることができなかった場合に限り、相続人の固有財産についてその権利を行使することができる。この場合においては、相続人の債権者は、その者に先立って弁済を受けることができる。

（財産分離の請求の防止等）

第949条　相続人は、その固有財産をもって相続債権者若しくは受遺者に弁済をし、又はこれに相当の担保を供して、財産分離の請求を防止し、又はその効力を消滅させることができる。ただし、相続人の債権者が、これによって損害を受けるべきことを証明して、異議を述べたときは、この限りでない。

（相続人の債権者の請求による財産分離）

第950条　相続人が限定承認をすることができる間又は相続財産が相続人の固有財産と混合しない間は、相続人の債権者は、家庭裁判所に対して財産分離の請求をすることができる。

2　第304条、第925条、第927条から第934条まで、第943条から第945条まで及び第948条の規定は、前項の場合について準用する。ただし、第927条の公告及び催告は、財産分離の請求をした債権者がしなければならない。

第6章　相続人の不存在

（相続財産法人の成立）

第951条　相続人のあることが明らかでないときは、相続財産は、法人とする。

（相続財産の清算人の選任）

第952条　前条の場合には、家庭裁判所は、利害関係人又は検察官の請求によって、相続財産の清算人を選任しなければならない。

2　前項の規定により相続財産の清算人を選任したときは、家庭裁判所は、遅滞なく、その旨及び相続人があるならば一定の期間内にその権利を主張すべき旨を公告しなければならない。この場合において、その期間は、**6箇月**を下ることができない。

（不在者の財産の管理人に関する規定の準用）

第953条　第27条から第29条までの規定は、前条第1項の相続財産の清算人【1】について準用する。

（相続財産の清算人の報告）

第954条　相続財産の清算人は、**相続債権者**又は**受遺者**の請求があるときは、その請求をした者に相続財産の状況を報告しなければならない。

（相続財産法人の不成立）

第955条　相続人のあることが明らかになったときは、第951条の法人は、**成立しなかった**ものとみなす。ただし、相続財産の清算人がその権限内でした行為の効力を妨げない。

（相続財産の清算人の代理権の消滅）

第956条　相続財産の清算人の代理権は、相続人が相続の承認をした時に消滅する。

2　前項の場合には、相続財産の清算人は、遅滞なく相続人に対して清算に係る計算をしなければならない。

（相続債権者及び受遺者に対する弁済）

第957条　第952条第2項の公告があったときは、**相続財産の清算人**は、全ての相続債権者及び受遺者に対し、

【1】　以下この章において単に「相続財産の清算人」という。

2箇月以上の期間を定めて、その期間内にその請求の申出をすべき旨を公告しなければならない。この場合において、その期間は、同項の規定により相続人が権利を主張すべき期間として家庭裁判所が公告した期間内に満了するものでなければならない。

2　第927条第2項から第4項まで及び第928条から第935条まで【1】の規定は、前項の場合について準用する。

（権利を主張する者がない場合）

第958条　第952条第2項の期間内に相続人としての権利を主張する者がないときは、相続人並びに相続財産の清算人に知れなかった相続債権者及び受遺者は、その権利を行使することができない。

（特別縁故者に対する相続財産の分与）

第958条の2　前条の場合において、相当と認めるときは、家庭裁判所は、被相続人と生計を同じくしていた者、被相続人の療養看護に努めた者その他被相続人と特別の縁故があった者の請求によって、これらの者に、清算後残存すべき相続財産の全部又は一部を与えることができる。

2　前項の請求は、第952条第2項の期間の満了後3箇月以内にしなければならない。

（残余財産の国庫への帰属）

第959条　前条の規定により処分されなかった相続財産は、国庫に帰属する。この場合においては、第956条第2項の規定を準用する。

【1】第932条ただし書を除く。

第7章　遺言

第1節　総則

（遺言の方式）

第960条　遺言は、この法律に定める方式に従わなければ、することができない。

（遺言能力）

第961条　15歳に達した者は、遺言をすることができる。

第962条　第5条、第9条、第13条及び第17条の規定は、遺言については、適用しない。

第963条　遺言者は、遺言をする時においてその能力を有しなければならない。

（包括遺贈及び特定遺贈）

第964条　遺言者は、包括又は特定の名義で、その財産の全部又は一部を処分することができる。

（相続人に関する規定の準用）

第965条　第886条及び第891条の規定は、受遺者について準用する。

（被後見人の遺言の制限）

第966条　被後見人が、後見の計算の終了前に、後見人又はその配偶者若しくは直系卑属の利益となるべき遺言をしたときは、その遺言は、無効とする。

2　前項の規定は、直系血族、配偶者又は兄弟姉妹が後見人である場合には、適用しない。

第2節　遺言の方式

第1款　普通の方式

（普通の方式による遺言の種類）

第967条　遺言は、自筆証書、公正証書又は秘密証書によってしなければならない。ただし、特別の方式によることを許す場合は、この限りでない。

（自筆証書遺言）

第968条 自筆証書によって遺言をするには、遺言者が、その**全文**、**日付**及び**氏名**を自書し、これに印を押さなければならない。

2 前項の規定にかかわらず、自筆証書にこれと一体のものとして相続財産【1】の全部又は一部の目録を添付する場合には、その目録については、自書することを要しない。この場合において、遺言者は、その目録の毎葉【2】に**署名**し、**印**を押さなければならない。

3 自筆証書【3】中の加除その他の変更は、遺言者が、その場所を指示し、これを変更した旨を**付記**して特にこれに**署名**し、かつ、その変更の場所に**印**を押さなければ、その効力を生じない。

（公正証書遺言）

第969条 **公正証書**によって遺言をするには、次に掲げる方式に従わなければならない。

一 証人2人以上の立会いがあること。

二 遺言者が遺言の趣旨を公証人に口授（くじゅ）すること。

2 前項の公正証書は、公証人法（明治41年法律第53号）の定めるところにより作成するものとする。

3 第1項第1号の証人については、公証人法第30条に規定する証人とみなして、同法の規定【4】を適用する。

（公正証書遺言の方式の特則）

第969条の2 口がきけない者が公正証書によって遺言をする場合には、遺言者は、公証人及び証人の前で、遺言の趣旨を通訳人の通訳により申述し、又は自書して、前条第1項第2号の口授に代えなければならない。

2 公証人は、前項に定める方式に従って公正証書を作ったときは、その旨をその証書に記載し、又は記録しなければならない。

（秘密証書遺言）

第970条 **秘密証書**によって遺言をするには、次に掲げる方式に従わなければならない。

一 遺言者が、その証書に**署名**し、印を押すこと。

二 遺言者が、その証書を封じ、証書に用いた**印章**をもってこれに封印すること。

三 遺言者が、公証人1人及び証人2人以上の前に封書を提出して、自己の遺言書である旨並びにその筆者の氏名及び住所を申述すること。

四 公証人が、その証書を提出した日付及び遺言者の申述を封紙に記載した後、遺言者及び証人とともにこれに署名し、印を押すこと。

2 第968条第3項の規定は、秘密証書による遺言について準用する。

（方式に欠ける秘密証書遺言の効力）

第971条 **秘密証書**による遺言は、前条に定める方式に欠けるものがあっても、第968条に定める方式を具備しているときは、自筆証書による遺言としてその効力を有する。

（秘密証書遺言の方式の特則）

第972条 口がきけない者が秘密証書によって遺言をする場合には、遺言者は、公証人及び証人の前で、その証書は自己の遺言書である旨並びにその筆者の氏名及び住所を通訳人の通訳により申述し、又は封紙に自書して、第970条第1項第3号の申述

【1】 第997条第1項に規定する場合における同項に規定する権利を含む。
【2】 自書によらない記載がその両面にある場合にあっては、その両面
【3】 前項の目録を含む。
【4】 同法第35条第3項の規定を除く。

に代えなければならない。
2　前項の場合において、遺言者が通訳人の通訳により申述したときは、公証人は、その旨を封紙に記載しなければならない。
3　第1項の場合において、遺言者が封紙に自書したときは、公証人は、その旨を封紙に記載して、第970条第1項第4号に規定する申述の記載に代えなければならない。

（成年被後見人の遺言）
第973条　成年被後見人が事理を弁識する能力を一時回復した時において遺言をするには、**医師2人以上の立会い**がなければならない。
2　遺言に立ち会った**医師**は、遺言者が遺言をする時において精神上の障害により事理を弁識する能力を欠く状態になかった旨を遺言書に付記して、これに**署名**し、**印**を押さなければならない。ただし、秘密証書による遺言にあっては、その封紙にその旨の記載をし、署名し、印を押さなければならない。

（証人及び立会人の欠格事由）
第974条　次に掲げる者は、遺言の証人又は立会人となることができない。
一　未成年者
二　推定相続人及び受遺者並びにこれらの配偶者及び直系血族
三　公証人の配偶者、4親等内の親族、書記及び使用人

（共同遺言の禁止）
第975条　遺言は、2人以上の者が同一の証書ですることができない。

第2款　特別の方式

（死亡の危急に迫った者の遺言）
第976条　疾病その他の事由によって**死亡の危急に迫った者**が遺言をしようとするときは、証人3人以上の立会いをもって、その1人に遺言の趣旨を口授（くじゅ）して、これをすることができる。この場合においては、その口授を受けた者が、これを筆記して、遺言者及び他の証人に読み聞かせ、又は閲覧させ、各証人がその筆記の正確なことを承認した後、これに署名し、印を押さなければならない。
2　口がきけない者が前項の規定により遺言をする場合には、遺言者は、証人の前で、遺言の趣旨を通訳人の通訳により申述して、同項の口授に代えなければならない。
3　第1項後段の遺言者又は他の証人が耳が聞こえない者である場合には、遺言の趣旨の口授又は申述を受けた者は、同項後段に規定する筆記した内容を通訳人の通訳によりその遺言者又は他の証人に伝えて、同項後段の読み聞かせに代えることができる。
4　前3項の規定によりした遺言は、遺言の日から20日以内に、証人の1人又は利害関係人から**家庭裁判所**に請求してその確認を得なければ、その効力を生じない。
5　家庭裁判所は、前項の遺言が遺言者の**真意**に出たものであるとの**心証**を得なければ、これを確認することができない。

（伝染病隔離者の遺言）
第977条　伝染病のため行政処分によって交通を断たれた場所に在る者は、警察官1人及び証人1人以上の立会いをもって遺言書を作ることができる。

（在船者の遺言）
第978条　船舶中に在る者は、船長又は事務員1人及び証人2人以上の立会いをもって遺言書を作ることができる。

（船舶遭難者の遺言）
第979条　船舶が遭難した場合において、当該船舶中に在って死亡の危急

に迫った者は、証人2人以上の立会いをもって口頭で遺言をすることができる。

2　口がきけない者が前項の規定により遺言をする場合には、遺言者は、通訳人の通訳によりこれをしなければならない。

3　前2項の規定に従ってした遺言は、証人が、その趣旨を筆記して、これに署名し、印を押し、かつ、証人の1人又は利害関係人から遅滞なく家庭裁判所に請求してその確認を得なければ、その効力を生じない。

4　第976条第5項の規定は、前項の場合について準用する。

（遺言関係者の署名及び押印）

第980条　第977条及び第978条の場合には、遺言者、筆者、立会人及び証人は、各自遺言書に署名し、印を押さなければならない。

（署名又は押印が不能の場合）

第981条　第977条から第979条までの場合において、署名又は印を押すことのできない者があるときは、立会人又は証人は、その事由を付記しなければならない。

（普通の方式による遺言の規定の準用）

第982条　第968条第3項及び第973条から第975条までの規定は、第976条から前条までの規定による遺言について準用する。

（特別の方式による遺言の効力）

第983条　第976条から前条までの規定によりした遺言は、遺言者が普通の方式によって遺言をすることができるようになった時から6箇月間生存するときは、その効力を生じない。

（外国に在る日本人の遺言の方式）

第984条　日本の領事の駐在する地に在る日本人が公正証書又は秘密証書によって遺言をしようとするときは、公証人の職務は、領事が行う。この場合においては、第970条第1項第4号の規定にかかわらず、遺言者及び証人は、同号の印を押すことを要しない。

第3節　遺言の効力

（遺言の効力の発生時期）

第985条　遺言は、**遺言者の死亡の時**からその効力を生ずる。

2　遺言に**停止条件**を付した場合において、その条件が遺言者の死亡後に成就したときは、遺言は、条件が成就した時からその効力を生ずる。

（遺贈の放棄）

第986条　受遺者は、遺言者の死亡後、いつでも、遺贈の放棄をすることができる。

2　遺贈の放棄は、**遺言者の死亡の時**にさかのぼってその効力を生ずる。

（受遺者に対する遺贈の承認又は放棄の催告）

第987条　**遺贈義務者**【1】その他の利害関係人は、受遺者に対し、相当の期間を定めて、その期間内に遺贈の承認又は放棄をすべき旨の催告をすることができる。この場合において、受遺者がその期間内に遺贈義務者に対してその意思を表示しないときは、遺贈を承認したものとみなす。

（受遺者の相続人による遺贈の承認又は放棄）

第988条　受遺者が遺贈の承認又は放棄をしないで死亡したときは、その相続人は、自己の相続権の範囲内で、遺贈の承認又は放棄をすることができる。ただし、遺言者がその遺言に別段の意思を表示したときは、その意思に従う。

（遺贈の承認及び放棄の撤回及び取消し）

第989条　遺贈の承認及び放棄は、**撤回することができない**。

2　第919条第2項及び第3項の規定

【1】　遺贈の履行をする義務を負う者をいう。以下この節において同じ。

は、遺贈の承認及び放棄について準用する。

(包括受遺者の権利義務)

第990条　包括受遺者は、相続人と同一の権利義務を有する。

(受遺者による担保の請求)

第991条　受遺者は、遺贈が弁済期に至らない間は、遺贈義務者に対して相当の担保を請求することができる。停止条件付きの遺贈についてその条件の成否が未定である間も、同様とする。

(受遺者による果実の取得)

第992条　受遺者は、遺贈の履行を請求することができる時から果実を取得する。ただし、遺言者がその遺言に別段の意思を表示したときは、その意思に従う。

(遺贈義務者による費用の償還請求)

第993条　第299条の規定は、遺贈義務者が遺言者の死亡後に遺贈の目的物について費用を支出した場合について準用する。

2　果実を収取するために支出した通常の必要費は、果実の価格を超えない限度で、その償還を請求することができる。

(受遺者の死亡による遺贈の失効)

第994条　遺贈は、遺言者の死亡以前に受遺者が死亡したときは、その効力を生じない。

2　停止条件付きの遺贈については、受遺者がその条件の成就前に死亡したときも、前項と同様とする。ただし、遺言者がその遺言に別段の意思を表示したときは、その意思に従う。

(遺贈の無効又は失効の場合の財産の帰属)

第995条　遺贈が、その効力を生じないとき、又は放棄によってその効力を失ったときは、受遺者が受けるべきであったものは、相続人に帰属する。ただし、遺言者がその遺言に別段の意思を表示したときは、その意思に従う。

(相続財産に属しない権利の遺贈)

第996条　遺贈は、その目的である権利が遺言者の死亡の時において相続財産に属しなかったときは、その効力を生じない。ただし、その権利が相続財産に属するかどうかにかかわらず、これを遺贈の目的としたものと認められるときは、この限りでない。

第997条　相続財産に属しない権利を目的とする遺贈が前条ただし書の規定により有効であるときは、遺贈義務者は、その権利を取得して受遺者に移転する義務を負う。

2　前項の場合において、同項に規定する権利を取得することができないとき、又はこれを取得するについて過分の費用を要するときは、遺贈義務者は、その価額を弁償しなければならない。ただし、遺言者がその遺言に別段の意思を表示したときは、その意思に従う。

(遺贈義務者の引渡義務)

第998条　遺贈義務者は、遺贈の目的である物又は権利を、相続開始の時【1】の状態で引き渡し、又は移転する義務を負う。ただし、遺言者がその遺言に別段の意思を表示したときは、その意思に従う。

(遺贈の物上代位)

第999条　遺言者が、遺贈の目的物の滅失若しくは変造又はその占有の喪失によって第三者に対して償金を請求する権利を有するときは、その権利を遺贈の目的としたものと推定する。

2　遺贈の目的物が、他の物と付合し、

【1】　その後に当該物又は権利について遺贈の目的として特定した場合にあっては、その特定した時

又は混和した場合において、遺言者が第243条から第245条までの規定により合成物又は混和物の単独所有者又は共有者となったときは、その全部の所有権又は持分を遺贈の目的としたものと推定する。

第1000条　削除

（債権の遺贈の物上代位）

第1001条　債権を遺贈の目的とした場合において、遺言者が弁済を受け、かつ、その受け取った物がなお相続財産中に在るときは、その物を遺贈の目的としたものと推定する。

2　金銭を目的とする債権を遺贈の目的とした場合においては、相続財産中にその債権額に相当する金銭がないときであっても、その金額を遺贈の目的としたものと推定する。

（負担付遺贈）

第1002条　**負担付遺贈**を受けた者は、遺贈の目的の価額を超えない限度においてのみ、負担した**義務を履行**する責任を負う。

2　受遺者が遺贈の放棄をしたときは、負担の利益を受けるべき者は、自ら受遺者となることができる。ただし、遺言者がその遺言に別段の意思を表示したときは、その意思に従う。

（負担付遺贈の受遺者の免責）

第1003条　負担付遺贈の目的の価額が相続の限定承認又は遺留分回復の訴えによって減少したときは、受遺者は、その減少の割合に応じて、その負担した義務を免れる。ただし、遺言者がその遺言に別段の意思を表示したときは、その意思に従う。

第4節　遺言の執行

（遺言書の検認）

第1004条　**遺言書の保管者**は、相続の開始を知った後、遅滞なく、これを家庭裁判所に提出して、その検認を請求しなければならない。遺言書の保管者がない場合において、相続人が遺言書を発見した後も、同様とする。

2　前項の規定は、公正証書による遺言については、適用しない。

3　封印のある遺言書は、家庭裁判所において相続人又はその代理人の立会いがなければ、開封することができない。

（過料）

第1005条　前条の規定により遺言書を提出することを怠り、その検認を経ないで遺言を執行し、又は家庭裁判所外においてその開封をした者は、5万円以下の過料に処する。

（遺言執行者の指定）

第1006条　遺言者は、**遺言**で、1人又は数人の遺言執行者を指定し、又はその指定を第三者に委託することができる。

2　遺言執行者の指定の委託を受けた者は、遅滞なく、その指定をして、これを相続人に通知しなければならない。

3　遺言執行者の指定の委託を受けた者がその委託を辞そうとするときは、遅滞なくその旨を相続人に通知しなければならない。

（遺言執行者の任務の開始）

第1007条　遺言執行者が就職を承諾したときは、直ちにその任務を行わなければならない。

2　遺言執行者は、その任務を開始したときは、遅滞なく、遺言の内容を相続人に通知しなければならない。

（遺言執行者に対する就職の催告）

第1008条　相続人その他の利害関係人は、遺言執行者に対し、相当の期間を定めて、その期間内に就職を承諾するかどうかを確答すべき旨の催告をすることができる。この場合において、遺言執行者が、その期間内に相続人に対して確答をしないときは、就職を**承諾**したものとみなす。

（遺言執行者の欠格事由）

第1009条 未成年者及び破産者は、遺言執行者となることができない。

（遺言執行者の選任）

第1010条 遺言執行者がないとき、又はなくなったときは、家庭裁判所は、利害関係人の請求によって、これを選任することができる。

（相続財産の目録の作成）

第1011条 遺言執行者は、遅滞なく、相続財産の目録を作成して、相続人に交付しなければならない。

2 遺言執行者は、相続人の請求があるときは、その立会いをもって相続財産の目録を作成し、又は公証人にこれを作成させなければならない。

（遺言執行者の権利義務）

第1012条 遺言執行者は、遺言の内容を実現するため、相続財産の管理その他遺言の執行に必要な一切の行為をする権利義務を有する。

2 遺言執行者がある場合には、**遺贈の履行**は、遺言執行者のみが行うことができる。

3 第644条、第645条から第647条まで及び第650条の規定は、遺言執行者について準用する。

（遺言の執行の妨害行為の禁止）

第1013条 遺言執行者がある場合には、相続人は、相続財産の処分その他遺言の執行を妨げるべき行為をすることができない。

2 前項の規定に違反してした行為は、無効とする。ただし、これをもって善意の第三者に対抗することができない。

3 前2項の規定は、相続人の債権者【1】が相続財産についてその権利を行使することを妨げない。

（特定財産に関する遺言の執行）

第1014条 前3条の規定は、遺言が相続財産のうち特定の財産に関する場合には、その財産についてのみ適用する。

2 遺産の分割の方法の指定として遺産に属する特定の財産を共同相続人の1人又は数人に承継させる旨の遺言【2】があったときは、遺言執行者は、当該共同相続人が第899条の2第1項に規定する対抗要件を備えるために必要な行為をすることができる。

3 前項の財産が預貯金債権である場合には、遺言執行者は、同項に規定する行為のほか、その預金又は貯金の払戻しの請求及びその預金又は貯金に係る契約の解約の申入れをすることができる。ただし、解約の申入れについては、その預貯金債権の全部が特定財産承継遺言の目的である場合に限る。

4 前2項の規定にかかわらず、被相続人が遺言で別段の意思を表示したときは、その意思に従う。

（遺言執行者の行為の効果）

第1015条 遺言執行者がその権限内において遺言執行者であることを示してした行為は、相続人に対して直接にその効力を生ずる。

（遺言執行者の復任権）

第1016条 遺言執行者は、**自己の責任**で第三者にその任務を行わせることができる。ただし、遺言者がその遺言に別段の意思を表示したときは、その意思に従う。

2 前項本文の場合において、第三者に任務を行わせることについて**やむを得ない事由**があるときは、遺言執行者は、相続人に対してその選任及

【1】 相続債権者を含む。

【2】 以下「**特定財産承継遺言**」という。

び監督についての責任のみを負う。

（遺言執行者が数人ある場合の任務の執行）

第1017条　遺言執行者が数人ある場合には、その任務の執行は、過半数で決する。ただし、遺言者がその遺言に別段の意思を表示したときは、その意思に従う。

2　各遺言執行者は、前項の規定にかかわらず、保存行為をすることができる。

（遺言執行者の報酬）

第1018条　家庭裁判所は、相続財産の状況その他の事情によって遺言執行者の報酬を定めることができる。ただし、遺言者がその遺言に報酬を定めたときは、この限りでない。

2　第648条第2項及び第3項並びに第648条の2の規定は、遺言執行者が報酬を受けるべき場合について準用する。

（遺言執行者の解任及び辞任）

第1019条　遺言執行者がその任務を怠ったときその他正当な事由があるときは、利害関係人は、その解任を家庭裁判所に請求することができる。

2　遺言執行者は、正当な事由があるときは、家庭裁判所の許可を得て、その任務を辞することができる。

（委任の規定の準用）

第1020条　第654条及び第655条の規定は、遺言執行者の任務が終了した場合について準用する。

（遺言の執行に関する費用の負担）

第1021条　遺言の執行に関する費用は、相続財産の負担とする。ただし、これによって遺留分を減ずることができない。

第5節　遺言の撤回及び取消し

（遺言の撤回）

第1022条　遺言者は、いつでも、遺言の方式に従って、その遺言の全部又は一部を撤回することができる。

（前の遺言と後の遺言との抵触等）

第1023条　前の遺言が後の遺言と抵触するときは、その抵触する部分については、後の遺言で前の遺言を撤回したものとみなす。

2　前項の規定は、遺言が遺言後の生前処分その他の法律行為と抵触する場合について準用する。

（遺言書又は遺贈の目的物の破棄）

第1024条　遺言者が故意に遺言書を破棄したときは、その破棄した部分については、遺言を撤回したものとみなす。遺言者が故意に遺贈の目的物を破棄したときも、同様とする。

（撤回された遺言の効力）

第1025条　前3条の規定により撤回された遺言は、その撤回の行為が、撤回され、取り消され、又は効力を生じなくなるに至ったときであっても、その効力を回復しない。ただし、その行為が錯誤、詐欺又は強迫による場合は、この限りでない。

（遺言の撤回権の放棄の禁止）

第1026条　遺言者は、その遺言を撤回する権利を放棄することができない。

（負担付遺贈に係る遺言の取消し）

第1027条　負担付遺贈を受けた者がその負担した義務を履行しないときは、相続人は、相当の期間を定めてその履行の催告をすることができる。この場合において、その期間内に履行がないときは、その負担付遺贈に係る遺言の取消しを家庭裁判所に請求することができる。

第8章　配偶者の居住の権利

第1節　配偶者居住権

（配偶者居住権）

第1028条　被相続人の配偶者【1】は、被相続人の財産に属した建物に**相続開始の時に居住**していた場合において、次の各号のいずれかに該当するときは、その居住していた建物【2】の全部について無償で使用及び収益をする権利【3】を取得する。ただし、被相続人が相続開始の時に居住建物を配偶者以外の者と**共有**していた場合にあっては、この限りでない。

一　遺産の分割によって配偶者居住権を取得するものとされたとき。

二　配偶者居住権が遺贈の目的とされたとき。

2　居住建物が配偶者の財産に属することとなった場合であっても、他の者がその**共有持分**を有するときは、配偶者居住権は、消滅しない。

3　第903条第4項の規定は、配偶者居住権の遺贈について準用する。

（審判による配偶者居住権の取得）

第1029条　遺産の分割の請求を受けた家庭裁判所は、次に掲げる場合に限り、配偶者が配偶者居住権を取得する旨を定めることができる。

一　共同相続人間に配偶者が配偶者居住権を取得することについて**合意**が成立しているとき。

二　配偶者が家庭裁判所に対して配偶者居住権の取得を希望する旨を申し出た場合において、居住建物の所有者の受ける不利益の程度を考慮してもなお配偶者の生活を維持するために**特に必要**があると認めるとき【4】。

（配偶者居住権の存続期間）

第1030条　配偶者居住権の存続期間は、配偶者の**終身の間**とする。ただし、遺産の分割の協議若しくは遺言に別段の定めがあるとき、又は家庭裁判所が遺産の分割の審判において別段の定めをしたときは、その定めるところによる。

（配偶者居住権の登記等）

第1031条　居住建物の所有者は、配偶者【5】に対し、**配偶者居住権の設定の登記**を備えさせる義務を負う。

2　第605条の規定は配偶者居住権について、第605条の4の規定は配偶者居住権の設定の登記を備えた場合について準用する。

（配偶者による使用及び収益）

第1032条　配偶者は、従前の用法に従い、善良な管理者の注意をもって、居住建物の使用及び収益をしなければならない。ただし、従前居住の用に供していなかった部分について、これを居住の用に供することを妨げない。

2　配偶者居住権は、**譲渡**することができない。

3　配偶者は、居住建物の所有者の**承諾**を得なければ、居住建物の**改築**若しくは**増築**をし、又は第三者に居住建物の**使用**若しくは**収益**をさせることができない。

4　配偶者が第1項又は前項の規定に違反した場合において、居住建物の所有者が相当の期間を定めてその是正の催告をし、その期間内に是正がされないときは、居住建物の所有者

【1】　以下この章において単に「**配偶者**」という。
【2】　以下この節において「**居住建物**」という。
【3】　以下この章において「**配偶者居住権**」という。
【4】　前号に掲げる場合を除く。
【5】　配偶者居住権を取得した配偶者に限る。以下この節において同じ。

民法

は、当該配偶者に対する意思表示によって配偶者居住権を消滅させることができる。

（居住建物の修繕等）

第1033条 配偶者は、居住建物の使用及び収益に必要な修繕をすることができる。

2 居住建物の修繕が必要である場合において、配偶者が相当の期間内に必要な修繕をしないときは、居住建物の所有者は、その修繕をすることができる。

3 居住建物が修繕を要するとき【1】、又は居住建物について権利を主張する者があるときは、配偶者は、居住建物の所有者に対し、遅滞なくその旨を通知しなければならない。ただし、居住建物の所有者が既にこれを知っているときは、この限りでない。

（居住建物の費用の負担）

第1034条 配偶者は、居住建物の通常の必要費を負担する。

2 第583条第2項の規定は、前項の通常の必要費以外の費用について準用する。

（居住建物の返還等）

第1035条 配偶者は、配偶者居住権が消滅したときは、居住建物の返還をしなければならない。ただし、配偶者が居住建物について共有持分を有する場合は、居住建物の所有者は、配偶者居住権が消滅したことを理由としては、居住建物の返還を求めることができない。

2 第599条第1項及び第2項並びに第621条の規定は、前項本文の規定により配偶者が相続の開始後に附属させた物がある居住建物又は相続の開始後に生じた損傷がある居住建物の返還をする場合について準用する。

【1】 第1項の規定により配偶者が自らその修繕をするときを除く。

（使用貸借及び賃貸借の規定の準用）

第1036条 第597条第1項及び第3項、第600条、第613条並びに第616条の2の規定は、配偶者居住権について準用する。

第2節 配偶者短期居住権

（配偶者短期居住権）

第1037条 配偶者は、被相続人の財産に属した建物に相続開始の時に無償で居住していた場合には、次の各号に掲げる区分に応じてそれぞれ当該各号に定める日までの間、その居住していた建物【2】の所有権を相続又は遺贈により取得した者【3】に対し、居住建物について無償で使用する権利【4】を有する。ただし、配偶者が、相続開始の時において居住建物に係る配偶者居住権を取得したとき、又は第891条の規定に該当し若しくは廃除によってその相続権を失ったときは、この限りでない。

一 居住建物について配偶者を含む共同相続人間で遺産の分割をすべき場合 遺産の分割により居住建物の帰属が確定した日又は相続開始の時から6箇月を経過する日のいずれか遅い日

二 前号に掲げる場合以外の場合 第3項の申入れの日から6箇月を経過する日

2 前項本文の場合においては、居住建物取得者は、第三者に対する居住建物の譲渡その他の方法により配偶者の居住建物の使用を妨げてはなら

【2】 以下この節において「居住建物」という。

【3】 以下この節において「居住建物取得者」という。

【4】 居住建物の一部のみを無償で使用していた場合にあっては、その部分について無償で使用する権利。以下この節において「配偶者短期居住権」という。

ない。

3　居住建物取得者は、第1項第1号に掲げる場合を除くほか、いつでも配偶者短期居住権の消滅の申入れをすることができる。

（配偶者による使用）

第1038条　配偶者[1]は、従前の用法に従い、善良な管理者の注意をもって、居住建物の使用をしなければならない。

2　配偶者は、居住建物取得者の**承諾**を得なければ、**第三者**に居住建物の**使用**をさせることができない。

3　配偶者が前2項の規定に違反したときは、居住建物取得者は、当該配偶者に対する意思表示によって配偶者短期居住権を**消滅**させることができる。

（配偶者居住権の取得による配偶者短期居住権の消滅）

第1039条　配偶者が居住建物に係る配偶者居住権を取得したときは、配偶者短期居住権は、消滅する。

（居住建物の返還等）

第1040条　配偶者は、前条に規定する場合を除き、配偶者短期居住権が**消滅**したときは、居住建物の返還をしなければならない。ただし、配偶者が居住建物について共有持分を有する場合は、居住建物取得者は、配偶者短期居住権が消滅したことを理由としては、居住建物の返還を求めることができない。

2　第599条第1項及び第2項並びに第621条の規定は、前項本文の規定により配偶者が相続の開始後に附属させた物がある居住建物又は相続の開始後に生じた損傷がある居住建物の返還をする場合について準用する。

【1】配偶者短期居住権を有する配偶者に限る。以下この節において同じ。

（使用貸借等の規定の準用）

第1041条　第597条第3項、第600条、第616条の2、第1032条第2項、第1033条及び第1034条の規定は、配偶者短期居住権について準用する。

第9章　遺留分

（遺留分の帰属及びその割合）

第1042条　**兄弟姉妹以外の相続人**は、遺留分として、次条第1項に規定する遺留分を算定するための財産の価額に、次の各号に掲げる区分に応じてそれぞれ当該各号に定める割合を乗じた額を受ける。

一　**直系尊属**のみが相続人である場合　3分の1

二　前号に掲げる場合以外の場合　2分の1

2　相続人が数人ある場合には、前項各号に定める割合は、これらに第900条及び第901条の規定により算定したその各自の相続分を乗じた割合とする。

（遺留分を算定するための財産の価額）

第1043条　遺留分を算定するための財産の価額は、被相続人が相続開始の時において有した財産の価額にその**贈与した財産の価額**を加えた額から**債務の全額**を控除した額とする。

2　条件付きの権利又は存続期間の不確定な権利は、家庭裁判所が選任した鑑定人の評価に従って、その価格を定める。

第1044条　贈与は、相続開始前の1**年間**にしたものに限り、前条の規定によりその価額を算入する。当事者双方が遺留分権利者に損害を加えることを知って贈与をしたときは、1年前の日より前にしたものについても、同様とする。

2　第904条の規定は、前項に規定する贈与の価額について準用する。

3　相続人に対する贈与についての第1項の規定の適用については、同項中「1年」とあるのは「10年」と、「価額」とあるのは「価額（婚姻若しくは養子縁組のため又は生計の資本として受けた贈与の価額に限る。）」とする。

第1045条　負担付贈与がされた場合における第1043条第1項に規定する贈与した財産の価額は、その目的の価額から負担の価額を控除した額とする。

2　不相当な対価をもってした有償行為は、当事者双方が遺留分権利者に損害を加えることを知ってしたものに限り、当該対価を負担の価額とする負担付贈与とみなす。

（遺留分侵害額の請求）

第1046条　遺留分権利者及びその承継人は、受遺者【1】又は受贈者に対し、**遺留分侵害額**に相当する金銭の支払を請求することができる。

2　遺留分侵害額は、第1042条の規定による遺留分から第1号及び第2号に掲げる額を控除し、これに第3号に掲げる額を加算して算定する。

一　遺留分権利者が受けた遺贈又は第903条第1項に規定する贈与の価額

二　第900条から第902条まで、第903条及び第904条の規定により算定した相続分に応じて遺留分権利者が取得すべき遺産の価額

三　被相続人が相続開始の時において有した債務のうち、第899条の規定により遺留分権利者が承継する債務【2】の額

（受遺者又は受贈者の負担額）

第1047条　受遺者又は受贈者は、次の各号の定めるところに従い、遺贈【3】又は贈与【4】の目的の価額【5】を限度として、遺留分侵害額を負担する。

一　受遺者と受贈者とがあるときは、受遺者が先に負担する。

二　受遺者が複数あるとき、又は受贈者が複数ある場合においてその贈与が同時にされたものであるときは、受遺者又は受贈者がその目的の価額の割合に応じて負担する。ただし、遺言者がその遺言に別段の意思を表示したときは、その意思に従う。

三　受贈者が複数あるとき【6】は、後の贈与に係る受贈者から順次前の贈与に係る受贈者が負担する。

2　第904条、第1043条第2項及び第1045条の規定は、前項に規定する遺贈又は贈与の目的の価額について準用する。

3　前条第1項の請求を受けた受遺者又は受贈者は、遺留分権利者承継債務について弁済その他の債務を消滅させる行為をしたときは、消滅した債務の額の限度において、遺留分権利者に対する意思表示によって第1項の規定により負担する債務を消滅させることができる。この場合において、当該行為によって遺留分権利者に対して取得した求償権は、消滅

【1】　特定財産承継遺言により財産を承継し又は相続分の指定を受けた相続人を含む。以下この章において同じ。

【2】　次条第3項において「**遺留分権利者承継債務**」という。

【3】　特定財産承継遺言による財産の承継又は相続分の指定による遺産の取得を含む。以下この章において同じ。

【4】　遺留分を算定するための財産の価額に算入されるものに限る。以下この章において同じ。

【5】　受遺者又は受贈者が相続人である場合にあっては、当該価額から第1042条の規定による遺留分として当該相続人が受けるべき額を控除した額

【6】　前号に規定する場合を除く。

した当該債務の額の限度において消滅する。

4　受遺者又は受贈者の無資力によって生じた損失は、遺留分権利者の負担に帰する。

5　裁判所は、受遺者又は受贈者の請求により、第1項の規定により負担する債務の全部又は一部の支払につき相当の期限を許与することができる。

（遺留分侵害額請求権の期間の制限）

第1048条　遺留分侵害額の請求権は、遺留分権利者が、相続の開始及び遺留分を侵害する贈与又は遺贈があったことを知った時から1年間行使しないときは、**時効**によって**消滅する**。相続開始の時から10年を経過したときも、同様とする。

（遺留分の放棄）

第1049条　**相続の開始前**における遺留分の放棄は、家庭裁判所の許可を受けたときに限り、その効力を生ずる。

2　共同相続人の1人のした遺留分の放棄は、他の各共同相続人の遺留分に影響を及ぼさない。

第10章　特別の寄与

第1050条　被相続人に対して無償で療養看護その他の労務の提供をしたことにより被相続人の財産の維持又は増加について特別の寄与をした被相続人の親族【1】は、相続の開始後、相続人に対し、特別寄与者の**寄与に応じた額**の金銭【2】の支払を請求することができる。

2　前項の規定による特別寄与料の支払について、当事者間に**協議**が調わないとき、又は協議をすることができないときは、特別寄与者は、家庭裁判所に対して協議に代わる処分を請求することができる。ただし、特別寄与者が相続の開始及び相続人を知った時から**6箇月**を経過したとき、又は相続開始の時から**1年**を経過したときは、この限りでない。

3　前項本文の場合には、家庭裁判所は、寄与の時期、方法及び程度、相続財産の額その他一切の事情を考慮して、特別寄与料の額を定める。

4　特別寄与料の額は、被相続人が相続開始の時において有した財産の価額から遺贈の価額を控除した残額を超えることができない。

5　相続人が数人ある場合には、各相続人は、特別寄与料の額に第900条から第902条までの規定により算定した当該相続人の相続分を乗じた額を負担する。

【1】相続人、相続の放棄をした者及び第891条の規定に該当し又は廃除によってその相続権を失った者を除く。以下この条において「特別寄与者」という。

【2】以下この条において「特別寄与料」という。

商　法〔抄〕

法律番号：明治 32 年法律第 48 号
最終改正：平成 30 年法律第 29 号

目次

第1編　総則

第1章　通則

（趣旨等）

第1条　商人の営業、商行為その他商事については、他の法律に特別の定めがあるものを除くほか、この法律の定めるところによる。

2　商事に関し、この法律に定めがない事項については商慣習に従い、商慣習がないときは、民法（明治 29 年法律第 89 号）の定めるところによる。

（公法人の商行為）

第2条　公法人が行う商行為については、法令に別段の定めがある場合を除き、この法律の定めるところによる。

（一方的商行為）

第3条　当事者の一方のために商行為となる行為については、この法律をその双方に適用する。

2　当事者の一方が 2 人以上ある場合において、その 1 人のために商行為となる行為については、この法律をその全員に適用する。

第2章　商人

（定義）

第4条　この法律において「商人」とは、自己の名をもって商行為をすることを業とする者をいう。

2　店舗その他これに類似する設備によって物品を販売することを業とする者又は鉱業を営む者は、商行為を行うことを業としない者であっても、これを商人とみなす。

（未成年者登記）

第5条　未成年者が前条の営業を行うときは、その登記をしなければならない。

（後見人登記）

第6条　後見人が被後見人のために第 4 条の営業を行うときは、その登記をしなければならない。

2　後見人の代理権に加えた制限は、善意の第三者に対抗することができない。

（小商人）

第7条　第5条、前条、次章、第11条第2項、第15条第2項、第17条第2項前段、第5章及び第22条の規定は、小商人【1】については、適用しない。

第3章　商業登記

（通則）

第8条　この編の規定により登記すべき事項は、当事者の申請により、商業登記法（昭和38年法律第125号）の定めるところに従い、商業登記簿にこれを登記する。

（登記の効力）

第9条　この編の規定により登記すべき事項は、登記の後でなければ、これをもって**善意の第三者に対抗**することができない。登記の後であっても、第三者が**正当な事由**によってその登記があることを**知らなかった**ときは、同様とする。

2　故意又は過失によって不実の事項を登記した者は、その事項が不実であることをもって**善意の第三者に対抗**することができない。

（変更の登記及び消滅の登記）

第10条　この編の規定により登記した事項に変更が生じ、又はその事項が消滅したときは、当事者は、遅滞なく、変更の登記又は消滅の登記をしなければならない。

【1】　商人のうち、法務省令で定めるその営業のために使用する財産の価額が法務省令で定める金額を超えないものをいう。

第4章　商号

（商号の選定）

第11条　商人【2】は、その氏、氏名その他の**名称**をもってその商号とすることができる。

2　商人は、その商号の登記をすることができる。

（他の商人と誤認させる名称等の使用の禁止）

第12条　何人（なんぴと）も、**不正の目的**をもって、他の商人であると誤認されるおそれのある名称又は商号を使用してはならない。

2　前項の規定に**違反**する名称又は商号の使用によって**営業上の利益を侵害**され、又は侵害されるおそれがある商人は、その営業上の利益を侵害する者又は侵害するおそれがある者に対し、その侵害の停止又は予防を請求することができる。

（過料）

第13条　前条第1項の規定に**違反**した者は、100万円以下の過料に処する。

（自己の商号の使用を他人に許諾した商人の責任）

第14条　自己の**商号**を使用して営業又は事業を行うことを**他人に許諾した商人**は、当該商人が当該営業を行うものと**誤認**して当該他人と取引をした者に対し、当該他人と連帯して、当該取引によって生じた債務を弁済する責任を負う。

（商号の譲渡）

第15条　商人の商号は、**営業**とともにする場合又は**営業を廃止**する場合に限り、譲渡することができる。

2　前項の規定による商号の譲渡は、登記をしなければ、**第三者に対抗**することができない。

【2】　会社及び外国会社を除く。以下この編において同じ。

（営業譲渡人の競業の禁止）

第16条　営業を譲渡した商人【1】は、当事者の別段の意思表示がない限り、同一の市町村【2】の区域内及びこれに隣接する市町村の区域内においては、その営業を譲渡した日から20年間は、同一の営業を行ってはならない。

2　譲渡人が同一の営業を行わない旨の特約をした場合には、その特約は、その営業を譲渡した日から30年の期間内に限り、その効力を有する。

3　前2項の規定にかかわらず、譲渡人は、不正の競争の目的をもって同一の営業を行ってはならない。

（譲渡人の商号を使用した譲受人の責任等）

第17条　営業を譲り受けた商人【3】が**譲渡人の商号を引き続き使用**する場合には、その譲受人も、譲渡人の営業によって生じた債務を弁済する責任を負う。

2　前項の規定は、営業を譲渡した後、遅滞なく、譲受人が譲渡人の債務を弁済する**責任を負わない**旨を登記した場合には、適用しない。営業を譲渡した後、遅滞なく、譲受人及び譲渡人から第三者に対しその旨の通知をした場合において、その通知を受けた第三者についても、同様とする。

3　譲受人が第1項の規定により譲渡人の債務を弁済する責任を負う場合には、譲渡人の責任は、営業を譲渡した日後2年以内に請求又は請求の予告をしない債権者に対しては、その期間を経過した時に消滅する。

【1】　以下この章において「**譲渡人**」という。

【2】　特別区を含むものとし、地方自治法（昭和22年法律第67号）第252条の19第1項の指定都市にあっては、区又は総合区。以下同じ。

【3】　以下この章において「**譲受人**」という。

4　第1項に規定する場合において、譲渡人の営業によって生じた債権について、その譲受人にした弁済は、弁済者が**善意**でかつ**重大な過失がない**ときは、その効力を有する。

（譲受人による債務の引受け）

第18条　譲受人が譲渡人の商号を引き続き使用しない場合においても、譲渡人の営業によって生じた**債務を引き受ける**旨の広告をしたときは、譲渡人の債権者は、その譲受人に対して弁済の請求をすることができる。

2　譲受人が前項の規定により譲渡人の債務を弁済する責任を負う場合には、**譲渡人の責任**は、同項の広告があった日後2年以内に請求又は請求の予告をしない債権者に対してはその期間を経過した時に消滅する。

（詐害営業譲渡に係る譲受人に対する債務の履行の請求）

第18条の2　**譲渡人**が譲受人に承継されない債務の債権者【4】を**害することを知って**営業を譲渡した場合には、残存債権者は、その譲受人に対して、承継した財産の価額を限度として、当該債務の履行を請求することができる。ただし、その**譲受人**が営業の譲渡の効力が生じた時において残存債権者を**害することを知らな**かったときは、この限りでない。

2　譲受人が前項の規定により同項の債務を履行する責任を負う場合には、当該責任は、譲渡人が残存債権者を害することを知って営業を譲渡したことを知った時から2年以内に請求又は請求の予告をしない残存債権者に対しては、その期間を経過した時に消滅する。営業の譲渡の効力が生じた日から10年を経過したときも、同様とする。

【4】　以下この条において「**残存債権者**」という。

3　譲渡人について破産手続開始の決定又は再生手続開始の決定があったときは、残存債権者は、譲受人に対して第1項の規定による請求をする権利を行使することができない。

第5章　商業帳簿

第19条　商人の会計は、一般に公正妥当と認められる会計の慣行に従うものとする。

2　商人は、その営業のために使用する財産について、法務省令で定めるところにより、適時に、正確な商業帳簿【1】を作成しなければならない。

3　商人は、帳簿閉鎖の時から10年間、その商業帳簿及びその営業に関する重要な資料を保存しなければならない。

4　裁判所は、申立てにより又は職権で、訴訟の当事者に対し、商業帳簿の全部又は一部の提出を命ずることができる。

第6章　商業使用人

（支配人）

第20条　商人は、**支配人**を選任し、その**営業所**において、その**営業**を行わせることができる。

（支配人の代理権）

第21条　**支配人**は、商人に代わってその営業に関する一切の裁判上又は裁判外の行為をする権限を有する。

2　支配人は、他の使用人を**選任**し、又は**解任**することができる。

3　支配人の代理権に加えた**制限**は、善意の第三者に対抗することができない。

（支配人の登記）

第22条　商人が支配人を選任したときは、その登記をしなければならない。支配人の**代理権の消滅**についても、同様とする。

（支配人の競業の禁止）

第23条　支配人は、**商人の許可**を受けなければ、次に掲げる行為をしてはならない。

一　自ら営業を行うこと。

二　自己又は第三者のためにその商人の営業の部類に属する取引をすること。

三　他の商人又は会社若しくは外国会社の使用人となること。

四　会社の取締役、執行役又は業務を執行する社員となること。

2　支配人が前項の規定に**違反**して同項**第2号に掲げる行為**をしたときは、当該行為によって支配人又は第三者が得た**利益の額**は、商人に生じた損害の額と推定する。

（表見支配人）

第24条　商人の営業所の**営業の主任者**であることを示す**名称**を付した使用人は、当該営業所の営業に関し、一切の裁判外の行為をする権限を有するものとみなす。ただし、相手方が**悪意**であったときは、この限りでない。

（ある種類又は特定の事項の委任を受けた使用人）

第25条　商人の営業に関する**ある種類又は特定の事項の委任**を受けた使用人は、当該事項に関する一切の裁判外の行為をする権限を有する。

2　前項の使用人の代理権に加えた**制限**は、善意の第三者に対抗することができない。

（物品の販売等を目的とする店舗の使用人）

第26条　**物品の販売**等【2】を目的とする**店舗の使用人**は、その店舗に在る物品の販売等をする権限を有するも

【1】　会計帳簿及び貸借対照表をいう。以下この条において同じ。

【2】　販売、賃貸その他これらに類する行為をいう。以下この条において同じ。

のとみなす。ただし、相手方が悪意であったときは、この限りでない。

第7章　代理商

（通知義務）

第27条　代理商【1】は、取引の代理又は媒介をしたときは、遅滞なく、商人に対して、その旨の通知を発しなければならない。

（代理商の競業の禁止）

第28条　代理商は、商人の許可を受けなければ、次に掲げる行為をしてはならない。

一　自己又は第三者のためにその商人の営業の部類に属する取引をすること。

二　その商人の営業と同種の事業を行う会社の取締役、執行役又は業務を執行する社員となること。

2　代理商が前項の規定に違反して同項第1号に掲げる行為をしたときは、当該行為によって代理商又は第三者が得た利益の額は、商人に生じた損害の額と推定する。

（通知を受ける権限）

第29条　物品の販売又はその媒介の委託を受けた代理商は、第526条第2項の通知その他売買に関する通知を受ける権限を有する。

（契約の解除）

第30条　商人及び代理商は、契約の期間を定めなかったときは、2箇月前までに予告し、その契約を解除することができる。

2　前項の規定にかかわらず、やむを得ない事由があるときは、商人及び代理商は、いつでもその契約を解除することができる。

【1】　商人のためにその平常の営業の部類に属する取引の代理又は媒介をする者で、その商人の使用人でないものをいう。以下この章において同じ。

（代理商の留置権）

第31条　代理商は、取引の代理又は媒介をしたことによって生じた債権の弁済期が到来しているときは、その弁済を受けるまでは、商人のために当該代理商が占有する物又は有価証券を留置することができる。ただし、当事者が別段の意思表示をしたときは、この限りでない。

第32条から第500条まで　削除

第2編　商行為

第1章　総則

（絶対的商行為）

第501条　次に掲げる行為は、商行為とする。

一　利益を得て譲渡する意思をもってする動産、不動産若しくは有価証券の有償取得又はその取得したものの譲渡を目的とする行為

二　他人から取得する動産又は有価証券の供給契約及びその履行のためにする有償取得を目的とする行為

三　取引所においてする取引

四　手形その他の商業証券に関する行為

（営業的商行為）

第502条　次に掲げる行為は、営業としてするときは、商行為とする。ただし、専ら賃金を得る目的で物を製造し、又は労務に従事する者の行為は、この限りでない。

一　賃貸する意思をもってする動産若しくは不動産の有償取得若しくは賃借又はその取得し若しくは賃借したものの賃貸を目的とする行為

二　他人のためにする製造又は加工に関する行為

三　電気又はガスの供給に関する行

為
四　運送に関する行為
五　作業又は労務の請負
六　出版、印刷又は撮影に関する行為
七　客の来集を目的とする場屋における取引
八　両替その他の銀行取引
九　保険
十　寄託の引受け
十一　仲立ち又は取次ぎに関する行為
十二　商行為の代理の引受け
十三　信託の引受け

（附属的商行為）

第503条　商人がその**営業のためにする行為**は、商行為とする。
2　商人の行為は、その営業のためにするものと推定する。

（商行為の代理）

第504条　商行為の代理人が**本人のためにすることを示さないで**これをした場合であっても、その行為は、本人に対してその効力を生ずる。ただし、相手方が、代理人が本人のためにすることを**知らなかったとき**は、代理人に対して履行の請求をすることを妨げない。

（商行為の委任）

第505条　商行為の受任者は、委任の本旨に反しない範囲内において、委任を受けていない行為をすることができる。

（商行為の委任による代理権の消滅事由の特例）

第506条　商行為の委任による代理権は、**本人の死亡**によっては、消滅しない。

第507条　削除

（隔地者間における契約の申込み）

第508条　商人である隔地者の間において承諾の期間を定めないで契約の申込みを受けた者が**相当の期間内**に承諾の通知を発しなかったときは、その申込みは、その効力を失う。
2　民法第524条の規定は、前項の場合について準用する。

（契約の申込みを受けた者の諾否通知義務）

第509条　商人が**平常取引**をする者からその営業の部類に属する**契約の申込み**を受けたときは、遅滞なく、契約の申込みに対する諾否の通知を発しなければならない。
2　商人が前項の通知を発することを怠ったときは、その商人は、同項の契約の申込みを承諾したものとみなす。

（契約の申込みを受けた者の物品保管義務）

第510条　商人がその営業の部類に属する**契約の申込み**を受けた場合において、その申込みとともに**受け取った物品**があるときは、その申込みを拒絶したときであっても、申込者の費用をもってその物品を保管しなければならない。ただし、その**物品の価額**がその費用を償うのに足りないとき、又は商人がその**保管によって損害**を受けるときは、この限りでない。

（多数当事者間の債務の連帯）

第511条　**数人の者**がその1人又は全員のために商行為となる行為によって債務を負担したときは、その債務は、各自が連帯して負担する。
2　保証人がある場合において、債務が**主たる債務者の商行為**によって生じたものであるとき、又は**保証が商行為**であるときは、主たる債務者及び保証人が各別の行為によって債務を負担したときであっても、その債務は、各自が連帯して負担する。

（報酬請求権）

第512条　商人がその**営業の範囲内**において他人のために行為をしたとき

は、相当な報酬を請求することができる。

(利息請求権)

第513条 商人間において**金銭の消費貸借**をしたときは、貸主は、法定利息を請求することができる。

2 商人がその**営業の範囲内**において他人のために**金銭の立替え**をしたときは、その立替えの日以後の法定利息を請求することができる。

第514条 削除

(契約による質物の処分の禁止の適用除外)

第515条 民法第349条の規定は、商行為によって生じた債権を担保するために設定した質権については、適用しない。

(債務の履行の場所)

第516条 商行為によって生じた債務の履行をすべき場所がその行為の性質又は当事者の意思表示によって定まらないときは、特定物の引渡しはその行為の時にその物が存在した場所において、その他の債務の履行は債権者の現在の営業所【1】において、それぞれしなければならない。

第517条から第520条まで 削除

(商人間の留置権)

第521条 商人間においてその**双方のために商行為**となる行為によって生じた債権が**弁済期**にあるときは、債権者は、その債権の弁済を受けるまで、その債務者との間における商行為によって自己の占有に属した債務者の所有する物又は有価証券を留置することができる。ただし、当事者の別段の意思表示があるときは、この限りでない。

第522条及び第523条 削除

【1】 営業所がない場合にあっては、その住所

第2章 売買

(売主による目的物の供託及び競売)

第524条 **商人間の売買**において、買主がその目的物の**受領を拒み**、又は**これを受領することができない**ときは、売主は、その物を供託し、又は相当の期間を定めて**催告**をした後に競売に付することができる。この場合において、売主がその物を供託し又は競売に付したときは、遅滞なく買主に対してその旨の通知を発しなければならない。

2 **損傷**その他の事由による**価格の低落のおそれ**がある物は、前項の催告をしないで競売に付することができる。

3 前2項の規定により売買の目的物を**競売**に付したときは、売主は、その代価を供託しなければならない。ただし、その代価の全部又は一部を**代金に充当**することを妨げない。

(定期売買の履行遅滞による解除)

第525条 **商人間の売買**において、売買の性質又は当事者の意思表示により、**特定の日時又は一定の期間内に履行**をしなければ契約をした**目的**を達することができない場合において、当事者の一方が履行をしないでその時期を経過したときは、相手方は、直ちにその履行の請求をした場合を除き、契約の解除をしたものとみなす。

(買主による目的物の検査及び通知)

第526条 **商人間の売買**において、買主は、その売買の目的物を**受領**したときは、遅滞なく、その物を検査しなければならない。

2 前項に規定する場合において、買主は、同項の規定による検査により売買の目的物が**種類**、**品質**又は**数量**に関して契約の**内容に適合しない**こ

とを発見したときは、直ちに売主に対してその旨の通知を発しなければ、その不適合を理由とする履行の追完の請求、代金の減額の請求、損害賠償の請求及び契約の解除をすることができない。売買の目的物が種類又は品質に関して契約の内容に適合しないことを直ちに発見することができない場合において、買主が6箇月以内にその不適合を発見したときも、同様とする。

3　前項の規定は、売買の目的物が種類、品質又は数量に関して契約の内容に適合しないことにつき売主が悪意であった場合には、適用しない。

(買主による目的物の保管及び供託)

第527条　前条第1項に規定する場合においては、買主は、契約の解除をしたときであっても、**売主の費用**をもって売買の目的物を保管し、又は供託しなければならない。ただし、その物について**滅失**又は**損傷**のおそれがあるときは、**裁判所の許可**を得てその物を競売に付し、かつ、その代価を保管し、又は供託しなければならない。

2　前項ただし書の許可に係る事件は、同項の売買の**目的物の所在地を管轄**する地方裁判所が管轄する。

3　第1項の規定により買主が売買の目的物を**競売**に付したときは、遅滞なく、売主に対してその旨の通知を発しなければならない。

4　前3項の規定は、売主及び買主の**営業所**【1】が同一の市町村の区域内にある場合には、適用しない。

第528条　前条の規定は、売主から買主に引き渡した物品が注文した物品と異なる場合における当該売主から買主に引き渡した物品及び売主から買主に引き渡した物品の数量が注文した数量を超過した場合における当該超過した部分の数量の物品について準用する。

【1】 営業所がない場合にあっては、その住所

第3章　交互計算

(交互計算)

第529条　交互計算は、商人間又は商人と商人でない者との間で平常取引をする場合において、一定の期間内の取引から生ずる債権及び債務の総額について相殺をし、その残額の支払をすることを約することによって、その効力を生ずる。

(商業証券に係る債権債務に関する特則)

第530条　手形その他の商業証券から生じた債権及び債務を交互計算に組み入れた場合において、その商業証券の債務者が弁済をしないときは、当事者は、その債務に関する項目を交互計算から除外することができる。

(交互計算の期間)

第531条　当事者が相殺をすべき期間を定めなかったときは、その期間は、6箇月とする。

(交互計算の承認)

第532条　当事者は、債権及び債務の各項目を記載した計算書の承認をしたときは、当該各項目について異議を述べることができない。ただし、当該計算書の記載に錯誤又は脱漏があったときは、この限りでない。

(残額についての利息請求権等)

第533条　相殺によって生じた残額については、債権者は、計算の閉鎖の日以後の法定利息を請求することができる。

2　前項の規定は、当該相殺に係る債権及び債務の各項目を交互計算に組み入れた日からこれに利息を付することを妨げない。

（交互計算の解除）

第534条 各当事者は、いつでも交互計算の解除をすることができる。この場合において、交互計算の解除をしたときは、直ちに、計算を閉鎖して、残額の支払を請求することができる。

第4章 匿名組合

（匿名組合契約）

第535条 **匿名組合契約**は、当事者の一方が**相手方の営業**のために出資をし、その営業から生ずる利益を分配することを約することによって、その効力を生ずる。

（匿名組合員の出資及び権利義務）

第536条 匿名組合員の**出資**は、営業者の財産に属する。

2 匿名組合員は、金銭その他の財産のみをその**出資の目的**とすることができる。

3 匿名組合員は、営業者の**業務を執行**し、又は営業者を**代表**することができない。

4 匿名組合員は、営業者の行為について、**第三者**に対して**権利及び義務**を有しない。

（自己の氏名等の使用を許諾した匿名組合員の責任）

第537条 匿名組合員は、自己の氏若しくは氏名を**営業者の商号中**に用いること又は自己の商号を**営業者の商号**として使用することを**許諾**したときは、その使用以後に生じた債務については、営業者と連帯してこれを弁済する責任を負う。

（利益の配当の制限）

第538条 出資が損失によって減少したときは、その損失をてん補した後でなければ、匿名組合員は、利益の配当を請求することができない。

（貸借対照表の閲覧等並びに業務及び財産状況に関する検査）

第539条 匿名組合員は、営業年度の終了時において、営業者の営業時間内に、次に掲げる請求をし、又は営業者の業務及び財産の状況を検査することができる。

一 営業者の貸借対照表が書面をもって作成されているときは、当該書面の閲覧又は謄写の請求

二 営業者の貸借対照表が電磁的記録【1】をもって作成されているときは、当該電磁的記録に記録された事項を法務省令で定める方法により表示したものの閲覧又は謄写の請求

2 匿名組合員は、重要な事由があるときは、いつでも、裁判所の許可を得て、営業者の業務及び財産の状況を検査することができる。

3 前項の許可に係る事件は、営業者の営業所の所在地【2】を管轄する地方裁判所が管轄する。

（匿名組合契約の解除）

第540条 匿名組合契約で匿名組合の存続期間を定めなかったとき、又はある当事者の終身の間匿名組合が存続すべきことを定めたときは、各当事者は、営業年度の終了時において、契約の解除をすることができる。ただし、6箇月前にその予告をしなければならない。

2 匿名組合の存続期間を定めたか否かにかかわらず、やむを得ない事由があるときは、各当事者は、いつでも匿名組合契約の解除をすることが

【1】 電子的方式、磁気的方式その他人の知覚によっては認識することができない方式で作られる記録であって、電子計算機による情報処理の用に供されるもので法務省令で定めるものをいう。

【2】 営業所がない場合にあっては、営業者の住所地

できる。

（匿名組合契約の終了事由）

第541条　前条の場合のほか、匿名組合契約は、次に掲げる事由によって終了する。

一　匿名組合の目的である事業の成功又はその成功の不能

二　営業者の死亡又は営業者が後見開始の審判を受けたこと。

三　営業者又は匿名組合員が破産手続開始の決定を受けたこと。

（匿名組合契約の終了に伴う出資の価額の返還）

第542条　匿名組合契約が終了したときは、営業者は、匿名組合員にその出資の価額を返還しなければならない。ただし、出資が損失によって減少したときは、その残額を返還すれば足りる。

第5章　仲立営業

（定義）

第543条　この章において「仲立人（なかだちにん）」とは、他人間の商行為の媒介をすることを業とする者をいう。

（当事者のために給付を受けることの制限）

第544条　仲立人は、その媒介により成立させた行為について、当事者のために支払その他の給付を受けることができない。ただし、当事者の別段の意思表示又は別段の慣習があるときは、この限りでない。

（見本保管義務）

第545条　仲立人がその媒介に係る行為について見本を受け取ったときは、その行為が完了するまで、これを保管しなければならない。

（結約書の交付義務等）

第546条　当事者間において媒介に係る行為が成立したときは、仲立人は、遅滞なく、次に掲げる事項を記載した書面【1】を作成し、かつ、署名し、又は記名押印した後、これを各当事者に交付しなければならない。

一　各当事者の氏名又は名称

二　当該行為の年月日及びその要領

2　前項の場合においては、当事者が直ちに履行をすべきときを除き、仲立人は、各当事者に結約書に署名させ、又は記名押印させた後、これをその相手方に交付しなければならない。

3　前2項の場合において、当事者の一方が結約書を受領せず、又はこれに署名若しくは記名押印をしないときは、仲立人は、遅滞なく、相手方に対してその旨の通知を発しなければならない。

（帳簿記載義務等）

第547条　仲立人は、その帳簿に前条第1項各号に掲げる事項を記載しなければならない。

2　当事者は、いつでも、仲立人がその媒介により当該当事者のために成立させた行為について、前項の帳簿の謄本の交付を請求することができる。

（当事者の氏名等を相手方に示さない場合）

第548条　当事者がその氏名又は名称を相手方に示してはならない旨を仲立人に命じたときは、仲立人は、結約書及び前条第2項の謄本にその氏名又は名称を記載することができない。

第549条　仲立人は、当事者の一方の氏名又は名称をその相手方に示さなかったときは、当該相手方に対して自ら履行をする責任を負う。

（仲立人の報酬）

第550条　仲立人は、第546条の手続を終了した後でなければ、報酬を請

【1】以下この章において「結約書」という。

求することができない。
2　仲立人の報酬は、当事者双方が等しい割合で負担する。

第6章　問屋営業

(定義)
第551条　この章において「問屋(といや)」とは、自己の名をもって他人のために物品の販売又は買入れをすることを業とする者をいう。

(問屋の権利義務)
第552条　問屋は、他人のためにした販売又は買入れにより、相手方に対して、自ら権利を取得し、義務を負う。
2　問屋と委託者との間の関係については、この章に定めるもののほか、委任及び代理に関する規定を準用する。

(問屋の担保責任)
第553条　問屋は、委託者のためにした販売又は買入れにつき相手方がその債務を履行しないときに、自らその履行をする責任を負う。ただし、当事者の別段の意思表示又は別段の慣習があるときは、この限りでない。

(問屋が委託者の指定した金額との差額を負担する場合の販売又は買入れの効力)
第554条　問屋が委託者の指定した金額より低い価格で販売をし、又は高い価格で買入れをした場合において、自らその差額を負担するときは、その販売又は買入れは、委託者に対してその効力を生ずる。

(介入権)
第555条　問屋は、取引所の相場がある物品の販売又は買入れの委託を受けたときは、自ら買主又は売主となることができる。この場合において、売買の代価は、問屋が買主又は売主となったことの通知を発した時における取引所の相場によって定める。
2　前項の場合においても、問屋は、委託者に対して報酬を請求することができる。

(問屋が買い入れた物品の供託及び競売)
第556条　問屋が買入れの委託を受けた場合において、委託者が買い入れた物品の受領を拒み、又はこれを受領することができないときは、第524条の規定を準用する。

(代理商に関する規定の準用)
第557条　第27条及び第31条の規定は、問屋について準用する。

(準問屋)
第558条　この章の規定は、自己の名をもって他人のために販売又は買入れ以外の行為をすることを業とする者について準用する。

第7章　運送取扱営業

(定義等)
第559条　この章において「運送取扱人」とは、自己の名をもって物品運送の取次ぎをすることを業とする者をいう。
2　運送取扱人については、この章に別段の定めがある場合を除き、第551条に規定する問屋に関する規定を準用する。

(運送取扱人の責任)
第560条　運送取扱人は、運送品の受取から荷受人への引渡しまでの間にその運送品が滅失し若しくは損傷し、若しくはその滅失若しくは損傷の原因が生じ、又は運送品が延着したときは、これによって生じた損害を賠償する責任を負う。ただし、運送取扱人がその運送品の受取、保管及び引渡し、運送人の選択その他の運送の取次ぎについて注意を怠らなかったことを証明したときは、この限りでない。

（運送取扱人の報酬）

第561条　運送取扱人は、運送品を運送人に引き渡したときは、直ちにその報酬を請求することができる。

2　運送取扱契約で運送賃の額を定めたときは、運送取扱人は、特約がなければ、別に報酬を請求することができない。

（運送取扱人の留置権）

第562条　運送取扱人は、運送品に関して受け取るべき報酬、付随の費用及び運送賃その他の立替金についてのみ、その弁済を受けるまで、その運送品を留置することができる。

（介入権）

第563条　運送取扱人は、自ら運送をすることができる。この場合において、運送取扱人は、運送人と同一の権利義務を有する。

2　運送取扱人が委託者の請求によって船荷証券又は複合運送証券を作成したときは、自ら運送をするものとみなす。

（物品運送に関する規定の準用）

第564条　第572条、第577条、第579条【1】、第581条、第585条、第586条、第587条【2】及び第588条の規定は、運送取扱営業について準用する。この場合において、第579条第2項中「前の運送人」とあるのは「前の運送取扱人又は運送人」と、第585条第1項中「運送品の引渡し」とあるのは「荷受人に対する運送品の引渡し」と読み替えるものとする。

第565条から第568条まで　削除

【1】　第3項を除く。
【2】　第577条及び第585条の規定の準用に係る部分に限る。

第8章　運送営業

第1節　総則

第569条　この法律において、次の各号に掲げる用語の意義は、当該各号に定めるところによる。

一　**運送人**　陸上運送、海上運送又は航空運送の引受けをすることを業とする者をいう。

二　**陸上運送**　陸上における物品又は旅客の運送をいう。

三　**海上運送**　第684条に規定する船舶【3】による物品又は旅客の運送をいう。

四　**航空運送**　航空法（昭和27年法律第231号）第2条第1項に規定する航空機による物品又は旅客の運送をいう。

第2節　物品運送

（物品運送契約）

第570条　物品運送契約は、運送人が**荷送人**からある物品を受け取りこれを運送して**荷受人**に引き渡すことを約し、**荷送人**がその結果に対してその運送賃を支払うことを約することによって、その効力を生ずる。

（送り状の交付義務等）

第571条　荷送人は、運送人の請求により、次に掲げる事項を記載した書面【4】を交付しなければならない。

一　運送品の種類

二　運送品の容積若しくは重量又は包若しくは個品の数及び運送品の記号

三　荷造りの種類

四　荷送人及び荷受人の氏名又は名称

五　発送地及び到達地

【3】　第747条に規定する非航海船を含む。
【4】　次項において「**送り状**」という。

2　前項の荷送人は、送り状の交付に代えて、法務省令で定めるところにより、運送人の承諾を得て、送り状に記載すべき事項を電磁的方法【1】により提供することができる。この場合において、当該荷送人は、送り状を交付したものとみなす。

（危険物に関する通知義務）

第572条　荷送人は、運送品が引火性、爆発性その他の**危険性**を有するものであるときは、その引渡しの前に、運送人に対し、その旨及び当該運送品の品名、性質その他の当該運送品の**安全な運送**に必要な情報を通知しなければならない。

（運送賃）

第573条　運送賃は、到達地における運送品の引渡しと同時に、支払わなければならない。

2　運送品がその性質又は瑕疵（かし）によって滅失し、又は損傷したときは、荷送人は、運送賃の支払を拒むことができない。

（運送人の留置権）

第574条　運送人は、運送品に関して受け取るべき**運送賃、付随の費用**及び**立替金**【2】についてのみ、その弁済を受けるまで、その運送品を留置することができる。

（運送人の責任）

第575条　運送人は、運送品の**受取から引渡しまで**の間にその運送品が滅失し若しくは損傷し、若しくはその滅失若しくは損傷の原因が生じ、又は運送品が延着したときは、これによって生じた損害を賠償する責任を負う。ただし、運送人がその運送品の受取、運送、保管及び引渡しについて注意を怠らなかったことを証明したときは、この限りでない。

（損害賠償の額）

第576条　運送品の滅失又は損傷の場合における損害賠償の額は、その引渡しがされるべき**地**及び**時**における運送品の市場価格【3】によって定める。ただし、市場価格がないときは、その地及び時における**同種類**で**同一の品質**の物品の正常な価格によって定める。

2　運送品の滅失又は損傷のために支払うことを要しなくなった運送賃その他の費用は、前項の損害賠償の額から控除する。

3　前2項の規定は、運送人の故意又は重大な過失によって運送品の滅失又は損傷が生じたときは、適用しない。

（高価品の特則）

第577条　貨幣、有価証券その他の**高価品**については、荷送人が運送を委託するに当たりその種類及び価額を通知した場合を除き、運送人は、その滅失、損傷又は延着について損害賠償の責任を負わない。

2　前項の規定は、次に掲げる場合には、適用しない。

一　物品運送契約の締結の当時、運送品が高価品であることを運送人が知っていたとき。

二　運送人の故意又は重大な過失によって高価品の滅失、損傷又は延着が生じたとき。

（複合運送人の責任）

第578条　陸上運送、海上運送又は航空運送のうち2以上の運送を1の契約で引き受けた場合における運送品

【1】　電子情報処理組織を使用する方法その他の情報通信の技術を利用する方法であって法務省令で定めるものをいう。以下同じ。

【2】　以下この節において「運送賃等」という。

【3】　取引所の相場がある物品については、その相場

の滅失等【1】についての運送人の損害賠償の責任は、それぞれの運送においてその運送品の滅失等の原因が生じた場合に当該運送ごとに適用されることとなる我が国の法令又は我が国が締結した条約の規定に従う。

2　前項の規定は、陸上運送であってその区間ごとに異なる２以上の法令が適用されるものを１の契約で引き受けた場合について準用する。

（相次運送人の権利義務）

第579条　数人の運送人が相次いで陸上運送をするときは、後の運送人は、前の運送人に代わってその権利を行使する義務を負う。

2　前項の場合において、後の運送人が前の運送人に弁済をしたときは、後の運送人は、前の運送人の権利を取得する。

3　ある運送人が引き受けた陸上運送についてその荷送人のために他の運送人が相次いで当該陸上運送の一部を引き受けたときは、各運送人は、運送品の滅失等につき連帯して損害賠償の責任を負う。

4　前３項の規定は、海上運送及び航空運送について準用する。

（荷送人による運送の中止等の請求）

第580条　荷送人は、運送人に対し、運送の中止、荷受人の変更その他の処分を請求することができる。この場合において、運送人は、既にした運送の割合に応じた運送賃、付随の費用、立替金及びその処分によって生じた費用の弁済を請求することができる。

（荷受人の権利義務等）

第581条　荷受人は、運送品が到達地に到着し、又は運送品の全部が滅失したときは、物品運送契約によって生じた荷送人の権利と同一の権利を取得する。

2　前項の場合において、荷受人が運送品の引渡し又はその損害賠償の請求をしたときは、荷送人は、その権利を行使することができない。

3　荷受人は、運送品を受け取ったときは、運送人に対し、運送賃等を支払う義務を負う。

（運送品の供託及び競売）

第582条　運送人は、荷受人を確知することができないときは、運送品を供託することができる。

2　前項に規定する場合において、運送人が荷送人に対し相当の期間を定めて運送品の処分につき指図をすべき旨を催告したにもかかわらず、荷送人がその指図をしないときは、運送人は、その運送品を競売に付することができる。

3　損傷その他の事由による価格の低落のおそれがある運送品は、前項の催告をしないで競売に付することができる。

4　前２項の規定により運送品を競売に付したときは、運送人は、その代価を供託しなければならない。ただし、その代価の全部又は一部を運送賃等に充当することを妨げない。

5　運送人は、第１項から第３項までの規定により運送品を供託し、又は競売に付したときは、遅滞なく、荷送人に対してその旨の通知を発しなければならない。

第583条　前条の規定は、荷受人が運送品の受取を拒み、又はこれを受け取ることができない場合について準用する。この場合において、同条第２項中「運送人が」とあるのは「運送人が、荷受人に対し相当の期間を定めて運送品の受取を催告し、かつ、その期間の経過後に」と、同条第５

【1】　運送品の滅失、損傷又は延着をいう。以下この節において同じ。

項中「荷送人」とあるのは「荷送人及び荷受人」と読み替えるものとする。

(運送人の責任の消滅)

第584条　運送品の損傷又は一部滅失についての運送人の責任は、荷受人が異議をとどめないで運送品を受け取ったときは、消滅する。ただし、運送品に直ちに発見することができない損傷又は一部滅失があった場合において、荷受人が引渡しの日から2週間以内に運送人に対してその旨の通知を発したときは、この限りでない。

2　前項の規定は、運送品の引渡しの当時、運送人がその運送品に損傷又は一部滅失があることを知っていたときは、適用しない。

3　運送人が更に第三者に対して運送を委託した場合において、荷受人が第1項ただし書の期間内に運送人に対して同項ただし書の通知を発したときは、運送人に対する第三者の責任に係る同項ただし書の期間は、運送人が当該通知を受けた日から2週間を経過する日まで延長されたものとみなす。

第585条　運送品の滅失等についての運送人の責任は、運送品の引渡しがされた日【1】から1年以内に裁判上の請求がされないときは、消滅する。

2　前項の期間は、運送品の滅失等による損害が発生した後に限り、合意により、延長することができる。

3　運送人が更に第三者に対して運送を委託した場合において、運送人が第1項の期間内に損害を賠償し又は裁判上の請求をされたときは、運送人に対する第三者の責任に係る同項の期間は、運送人が損害を賠償し又は裁判上の請求をされた日から3箇月を経過する日まで延長されたものとみなす。

【1】 運送品の全部滅失の場合にあっては、その引渡しがされるべき日

(運送人の債権の消滅時効)

第586条　運送人の荷送人又は荷受人に対する債権は、これを行使することができる時から1年間行使しないときは、時効によって消滅する。

(運送人の不法行為責任)

第587条　第576条、第577条、第584条及び第585条の規定は、運送品の滅失等についての運送人の荷送人又は荷受人に対する不法行為による損害賠償の責任について準用する。ただし、荷受人があらかじめ荷送人の委託による運送を拒んでいたにもかかわらず荷送人から運送を引き受けた運送人の荷受人に対する責任については、この限りでない。

(運送人の被用者の不法行為責任)

第588条　前条の規定により運送品の滅失等についての運送人の損害賠償の責任が免除され、又は軽減される場合には、その責任が免除され、又は軽減される限度において、その運送品の滅失等についての運送人の被用者の荷送人又は荷受人に対する不法行為による損害賠償の責任も、免除され、又は軽減される。

2　前項の規定は、運送人の被用者の故意又は重大な過失によって運送品の滅失等が生じたときは、適用しない。

第3節　旅客運送

(旅客運送契約)

第589条　旅客運送契約は、運送人が旅客を運送することを約し、相手方がその結果に対してその運送賃を支払うことを約することによって、その効力を生ずる。

（運送人の責任）
第590条　運送人は、旅客が運送のために受けた損害を賠償する責任を負う。ただし、運送人が運送に関し注意を怠らなかったことを証明したときは、この限りでない。

（特約禁止）
第591条　旅客の生命又は身体の侵害による運送人の損害賠償の責任【1】を免除し、又は軽減する特約は、無効とする。
2　前項の規定は、次に掲げる場合には、適用しない。
一　大規模な火災、震災その他の災害が発生し、又は発生するおそれがある場合において運送を行うとき。
二　運送に伴い通常生ずる振動その他の事情により生命又は身体に重大な危険が及ぶおそれがある者の運送を行うとき。

（引渡しを受けた手荷物に関する運送人の責任等）
第592条　運送人は、旅客から引渡しを受けた手荷物については、運送賃を請求しないときであっても、物品運送契約における運送人と同一の責任を負う。
2　運送人の被用者は、前項に規定する手荷物について、物品運送契約における運送人の被用者と同一の責任を負う。
3　第1項に規定する手荷物が到達地に到着した日から1週間以内に旅客がその引渡しを請求しないときは、運送人は、その手荷物を供託し、又は相当の期間を定めて催告をした後に競売に付することができる。この場合において、運送人がその手荷物を供託し、又は競売に付したときは、遅滞なく、旅客に対してその旨の通知を発しなければならない。
4　損傷その他の事由による価格の低落のおそれがある手荷物は、前項の催告をしないで競売に付することができる。
5　前2項の規定により手荷物を競売に付したときは、運送人は、その代価を供託しなければならない。ただし、その代価の全部又は一部を運送賃に充当することを妨げない。
6　旅客の住所又は居所が知れないときは、第3項の催告及び通知は、することを要しない。

（引渡しを受けていない手荷物に関する運送人の責任等）
第593条　運送人は、旅客から引渡しを受けていない手荷物【2】の滅失又は損傷については、故意又は過失がある場合を除き、損害賠償の責任を負わない。
2　第576条第1項及び第3項、第584条第1項、第585条第1項及び第2項、第587条【3】並びに第588条の規定は、運送人が前項に規定する手荷物の滅失又は損傷に係る損害賠償の責任を負う場合について準用する。この場合において、第576条第1項中「その引渡しがされるべき」とあるのは「その運送が終了すべき」と、第584条第1項中「荷受人が異議をとどめないで運送品を受け取った」とあるのは「旅客が運送の終了の時までに異議をとどめなかった」と、「荷受人が引渡しの日」とあるのは「旅客が運送の終了の日」と、第585条第1項中「運送品の引渡しがされた日（運送品の全部滅失の場合に

【1】　運送の遅延を主たる原因とするものを除く。
【2】　身の回り品を含む。
【3】　第576条第1項及び第3項、第584条第1項並びに第585条第1項及び第2項の規定の準用に係る部分に限る。

あっては、その引渡しがされるべき日)」とあるのは「運送の終了の日」と読み替えるものとする。

(運送人の債権の消滅時効)

第594条 第586条の規定は、旅客運送について準用する。

第9章 寄託

第1節 総則

(受寄者の注意義務)

第595条 商人がその営業の範囲内において寄託を受けた場合には、報酬を受けないときであっても、善良な管理者の注意をもって、寄託物を保管しなければならない。

(場屋営業者の責任)

第596条 旅館、飲食店、浴場その他の客の来集を目的とする場屋における取引をすることを業とする者【1】は、客から寄託を受けた物品の滅失又は損傷については、不可抗力によるものであったことを証明しなければ、損害賠償の責任を免れることができない。

2 客が寄託していない物品であっても、場屋の中に携帯した物品が、場屋営業者が注意を怠ったことによって滅失し、又は損傷したときは、場屋営業者は、損害賠償の責任を負う。

3 客が場屋の中に携帯した物品につき責任を負わない旨を表示したときであっても、場屋営業者は、前2項の責任を免れることができない。

(高価品の特則)

第597条 貨幣、有価証券その他の高価品については、客がその種類及び価額を通知してこれを場屋営業者に寄託した場合を除き、場屋営業者は、その滅失又は損傷によって生じた損害を賠償する責任を負わない。

(場屋営業者の責任に係る債権の消滅時効)

第598条 前2条の場屋営業者の責任に係る債権は、場屋営業者が寄託を受けた物品を返還し、又は客が場屋の中に携帯した物品を持ち去った時【2】から1年間行使しないときは、時効によって消滅する。

2 前項の規定は、場屋営業者が同項に規定する物品の滅失又は損傷につき悪意であった場合には、適用しない。

第2節 倉庫営業

(定義)

第599条 この節において「倉庫営業者」とは、他人のために物品を倉庫に保管することを業とする者をいう。

(倉荷証券の交付義務)

第600条 倉庫営業者は、寄託者の請求により、寄託物の倉荷証券を交付しなければならない。

(倉荷証券の記載事項)

第601条 倉荷証券には、次に掲げる事項及びその番号を記載し、倉庫営業者がこれに署名し、又は記名押印しなければならない。

一 寄託物の種類、品質及び数量並びにその荷造りの種類、個数及び記号

二 寄託者の氏名又は名称

三 保管場所

四 保管料

五 保管期間を定めたときは、その期間

六 寄託物を保険に付したときは、保険金額、保険期間及び保険者の氏名又は名称

七 作成地及び作成の年月日

【1】 以下この節において「場屋営業者」という。

【2】 物品の全部滅失の場合にあっては、客が場屋を去った時

(帳簿記載義務)

第602条 倉庫営業者は、倉荷証券を寄託者に交付したときは、その帳簿に次に掲げる事項を記載しなければならない。

一 前条第1号、第2号及び第4号から第6号までに掲げる事項

二 倉荷証券の番号及び作成の年月日

(寄託物の分割請求)

第603条 倉荷証券の所持人は、倉庫営業者に対し、寄託物の分割及びその各部分に対する倉荷証券の交付を請求することができる。この場合において、所持人は、その所持する倉荷証券を倉庫営業者に返還しなければならない。

2 前項の規定による寄託物の分割及び倉荷証券の交付に関する費用は、所持人が負担する。

(倉荷証券の不実記載)

第604条 倉庫営業者は、倉荷証券の記載が事実と異なることをもって善意の所持人に対抗することができない。

(寄託物に関する処分)

第605条 倉荷証券が作成されたときは、寄託物に関する処分は、倉荷証券によってしなければならない。

(倉荷証券の譲渡又は質入れ)

第606条 倉荷証券は、記名式であるときであっても、裏書によって、譲渡し、又は質権の目的とすることができる。ただし、倉荷証券に裏書を禁止する旨を記載したときは、この限りでない。

(倉荷証券の引渡しの効力)

第607条 倉荷証券により寄託物を受け取ることができる者に倉荷証券を引き渡したときは、その引渡しは、寄託物について行使する権利の取得に関しては、寄託物の引渡しと同一の効力を有する。

(倉荷証券の再交付)

第608条 倉荷証券の所持人は、その倉荷証券を喪失したときは、相当の担保を供して、その再交付を請求することができる。この場合において、倉庫営業者は、その旨を帳簿に記載しなければならない。

(寄託物の点検等)

第609条 寄託者又は倉荷証券の所持人は、倉庫営業者の営業時間内は、いつでも、寄託物の点検若しくはその見本の提供を求め、又はその保存に必要な処分をすることができる。

(倉庫営業者の責任)

第610条 倉庫営業者は、寄託物の保管に関し注意を怠らなかったことを証明しなければ、その滅失又は損傷につき損害賠償の責任を免れることができない。

(保管料等の支払時期)

第611条 倉庫営業者は、寄託物の出庫の時以後でなければ、保管料及び立替金その他寄託物に関する費用【1】の支払を請求することができない。ただし、寄託物の一部を出庫するときは、出庫の割合に応じて、その支払を請求することができる。

(寄託物の返還の制限)

第612条 当事者が寄託物の保管期間を定めなかったときは、倉庫営業者は、寄託物の入庫の日から6箇月を経過した後でなければ、その返還をすることができない。ただし、やむを得ない事由があるときは、この限りでない。

(倉荷証券が作成された場合における寄託物の返還請求)

第613条 倉荷証券が作成されたときは、これと引換えでなければ、寄託

【1】 第616条第1項において「保管料等」という。

物の返還を請求することができない。

（倉荷証券を質入れした場合における寄託物の一部の返還請求）

第614条　倉荷証券を質権の目的とした場合において、質権者の承諾があるときは、寄託者は、当該質権の被担保債権の弁済期前であっても、寄託物の一部の返還を請求することができる。この場合において、倉庫営業者は、返還した寄託物の種類、品質及び数量を倉荷証券に記載し、かつ、その旨を帳簿に記載しなければならない。

（寄託物の供託及び競売）

第615条　第524条第1項及び第2項の規定は、寄託者又は倉荷証券の所持人が寄託物の受領を拒み、又はこれを受領することができない場合について準用する。

（倉庫営業者の責任の消滅）

第616条　寄託物の損傷又は一部滅失についての倉庫営業者の責任は、寄託者又は倉荷証券の所持人が異議をとどめないで寄託物を受け取り、かつ、保管料等を支払ったときは、消滅する。ただし、寄託物に直ちに発見することができない損傷又は一部滅失があった場合において、寄託者又は倉荷証券の所持人が引渡しの日から2週間以内に倉庫営業者に対してその旨の通知を発したときは、この限りでない。

2　前項の規定は、倉庫営業者が寄託物の損傷又は一部滅失につき悪意であった場合には、適用しない。

（倉庫営業者の責任に係る債権の消滅時効）

第617条　寄託物の滅失又は損傷についての倉庫営業者の責任に係る債権は、寄託物の出庫の日から1年間行使しないときは、時効によって消滅する。

2　前項の期間は、寄託物の全部滅失の場合においては、倉庫営業者が倉荷証券の所持人【1】に対してその旨の通知を発した日から起算する。

3　前2項の規定は、倉庫営業者が寄託物の滅失又は損傷につき悪意であった場合には、適用しない。

第618条から第683条まで　削除

第3編　海商〔省略〕

【1】　倉荷証券を作成していないとき又は倉荷証券の所持人が知れないときは、寄託者

会社法

法律番号：平成 17 年法律第 86 号
最終改正：令和 5 年法律第 53 号

目次

第1編　総則

第1章　通則

（趣旨）

第1条　会社の設立、組織、運営及び管理については、他の法律に特別の定めがある場合を除くほか、この法律の定めるところによる。

（定義）

第2条 この法律において、次の各号に掲げる用語の意義は、当該各号に定めるところによる。

一　会社　**株式会社、合名会社、合資会社**又は**合同会社**をいう。

二　外国会社　外国の法令に準拠して設立された法人その他の外国の団体であって、会社と同種のもの又は会社に類似するものをいう。

三　子会社　**会社**がその総株主の議決権の過半数を有する株式会社その他の**当該会社がその経営を支配している法人**として法務省令で定めるものをいう。

三の二　子会社等　次のいずれかに該当する者をいう。

イ　子会社

ロ　会社以外の者がその経営を支配している法人として法務省令で定めるもの

四　親会社　株式会社を子会社とする会社その他の**当該株式会社の経営を支配している法人**として法務省令で定めるものをいう。

四の二　親会社等　次のいずれかに該当する者をいう。

イ　親会社

ロ　株式会社の経営を支配している者【1】として法務省令で定めるもの

五　公開会社　その発行する全部又は一部の株式の内容として譲渡による当該株式の取得について**株式会社の承認**を要する旨の定款の定めを設けていない**株式会社**をいう。

六　大会社　次に掲げる要件のいずれかに該当する株式会社をいう。

イ　最終事業年度に係る貸借対照表【2】に**資本金**として計上した額が**5億円以上**であること。

ロ　最終事業年度に係る貸借対照表の**負債**の部に計上した額の合計額が**200億円以上**であること。

七　取締役会設置会社　**取締役会**を**置く株式会社**又はこの法律の規定により取締役会を置かなければならない株式会社をいう。

八　会計参与設置会社　**会計参与**を**置く株式会社**をいう。

九　監査役設置会社　**監査役**を置く株式会社【3】又はこの法律の規定により監査役を置かなければならない株式会社をいう。

十　監査役会設置会社　**監査役会**を置く株式会社又はこの法律の規定により監査役会を置かなければならない株式会社をいう。

十一　会計監査人設置会社　**会計監査人**を置く株式会社又はこの法律の規定により会計監査人を置かなければならない株式会社をいう。

十一の二　監査等委員会設置会社　**監査等委員会**を置く株式会社をいう。

十二　指名委員会等設置会社　**指名委員会、監査委員会**及び**報酬委員会**【4】を置く株式会社をいう。

十三　種類株式発行会社　剰余金の配当その他の第108条第1項各号に掲げる事項について**内容の異なる2以上の種類の株式**を発行する株式会社をいう。

【1】　法人であるものを除く。

【2】　第439条前段に規定する場合にあっては、同条の規定により定時株主総会に報告された貸借対照表をいい、株式会社の成立後最初の定時株主総会までの間においては、第435条第1項の貸借対照表をいう。ロにおいて同じ。

【3】　その監査役の監査の範囲を会計に関するものに限定する旨の定款の定めがあるものを除く。

【4】　以下「**指名委員会等**」という。

十四　**種類株主総会**　種類株主【1】の総会をいう。

十五　**社外取締役**　株式会社の取締役であって、次に掲げる要件のいずれにも該当するものをいう。

イ　当該株式会社又はその子会社の業務執行取締役【2】若しくは執行役又は支配人その他の使用人【3】でなく、かつ、その就任の前10年間当該株式会社又はその子会社の業務執行取締役等であったことがないこと。

ロ　その就任の前10年内のいずれかの時において当該株式会社又はその子会社の取締役、会計参与【4】又は監査役であったことがある者【5】にあっては、当該取締役、会計参与又は監査役への就任の前10年間当該株式会社又はその子会社の業務執行取締役等であったことがないこと。

ハ　当該株式会社の親会社等【6】又は親会社等の取締役若しくは執行役若しくは支配人その他の使用人でないこと。

ニ　当該株式会社の親会社等の子会社等【7】の業務執行取締役等でないこと。

ホ　当該株式会社の取締役若しくは執行役若しくは支配人その他の重要な使用人又は親会社等【8】の配偶者又は2親等内の親族でないこと。

十六　**社外監査役**　株式会社の監査役であって、次に掲げる要件のいずれにも該当するものをいう。

イ　その就任の前10年間当該株式会社又はその子会社の取締役、会計参与【9】若しくは執行役又は支配人その他の使用人であったことがないこと。

ロ　その就任の前10年内のいずれかの時において当該株式会社又はその子会社の監査役であったことがある者にあっては、当該監査役への就任の前10年間当該株式会社又はその子会社の取締役、会計参与若しくは執行役又は支配人その他の使用人であったことがないこと。

ハ　当該株式会社の親会社等【10】又は親会社等の取締役、監査役若しくは執行役若しくは支配人その他の使用人でないこと。

ニ　当該株式会社の親会社等の子会社等【11】の業務執行取締役等でないこと。

ホ　当該株式会社の取締役若しくは支配人その他の重要な使用人又は親会社等【12】の配偶者又は2親等内の親族でないこと。

十七　**譲渡制限株式**　株式会社がその発行する全部又は一部の株式の内容として**譲渡**による当該株式の取得について**当該株式会社の承認を要する**旨の定めを設けている場

【1】　種類株式発行会社におけるある種類の株式の株主をいう。以下同じ。

【2】　株式会社の第363条第1項各号に掲げる取締役及び当該株式会社の業務を執行したその他の取締役をいう。以下同じ。

【3】　以下「**業務執行取締役等**」という。

【4】　会計参与が法人であるときは、その職務を行うべき社員

【5】　業務執行取締役等であったことがあるものを除く。

【6】　自然人であるものに限る。

【7】　当該株式会社及びその子会社を除く。

【8】　自然人であるものに限る。

【9】　会計参与が法人であるときは、その職務を行うべき社員。ロにおいて同じ。

【10】　自然人であるものに限る。

【11】　当該株式会社及びその子会社を除く。

【12】　自然人であるものに限る。

合における当該株式をいう。

十八　取得請求権付株式　株式会社がその発行する全部又は一部の株式の内容として株主が当該株式会社に対して**当該株式の取得を請求**することができる旨の定めを設けている場合における当該株式をいう。

十九　取得条項付株式　株式会社がその発行する全部又は一部の株式の内容として当該株式会社が**一定の事由が生じたことを条件**として当該株式を取得することができる旨の定めを設けている場合における当該株式をいう。

二十　単元株式数　株式会社がその発行する株式について、**一定の数の株式**をもって株主が株主総会又は種類株主総会において１個の**議決権**を行使することができる１**単元の株式**とする旨の定款の定めを設けている場合における当該一定の数をいう。

二十一　新株予約権　株式会社に対して行使することにより当該株式会社の**株式の交付を受けることが**できる権利をいう。

二十二　新株予約権付社債　新株予約権を付した**社債**をいう。

二十三　社債　この法律の規定により会社が行う割当てにより発生する**当該会社を債務者**とする**金銭債権**であって、第676条各号に掲げる事項についての定めに従い**償還**されるものをいう。

二十四　最終事業年度　各事業年度に係る第435条第２項に規定する計算書類につき第438条第２項の承認【1】を受けた場合における当該各事業年度のうち最も遅いものをいう。

二十五　配当財産　株式会社が**剰余金の配当**をする場合における**配当する財産**をいう。

二十六　組織変更　次のイ又はロに掲げる会社がその組織を変更することにより当該イ又はロに定める会社となることをいう。

イ　株式会社　合名会社、合資会社又は合同会社

ロ　合名会社、合資会社又は合同会社　株式会社

二十七　吸収合併　会社が他の会社とする合併であって、合併により**消滅する会社の権利義務の全部**を**合併後存続**する会社に**承継**させるものをいう。

二十八　新設合併　２以上の会社がする合併であって、合併により消滅する会社の権利義務の全部を合併により**設立する会社に承継**させるものをいう。

二十九　吸収分割　**株式会社**又は**合同会社**がその事業に関して有する権利義務の全部又は一部を**分割後他の会社に承継**させることをいう。

三十　新設分割　１又は２以上の**株式会社**又は**合同会社**がその事業に関して有する権利義務の全部又は一部を分割により**設立する会社に承継**させることをいう。

三十一　株式交換　株式会社がその発行済株式【2】の**全部を他の株式会社**又は**合同会社**に取得させることをいう。

三十二　株式移転　１又は２以上の株式会社がその発行済株式の**全部**を**新たに設立する株式会社**に取得させることをいう。

三十二の二　株式交付　株式会社が

【1】　第439条前段に規定する場合にあっては、第436条第３項の承認

【2】　株式会社が発行している株式をいう。以下同じ。

会社法

他の株式会社をその**子会社**【1】とするために当該他の株式会社の株式を譲り受け、当該株式の譲渡人に対して当該株式の対価として当該株式会社の**株式を交付**することをいう。

三十三　公告方法　会社【2】が公告【3】をする方法をいう。

三十四　電子公告　公告方法のうち、**電磁的方法**【4】により不特定多数の者が公告すべき内容である情報の提供を受けることができる状態に置く措置であって法務省令で定めるものをとる方法をいう。

（法人格）

第3条　会社は、法人とする。

（住所）

第4条　会社の住所は、その本店の所在地にあるものとする。

（商行為）

第5条　会社【5】がその**事業**としてする行為及びその**事業**のためにする行為は、商行為とする。

第2章　会社の商号

（商号）

第6条　会社は、その**名称**を商号とする。

2　会社は、株式会社、合名会社、合資会社又は合同会社の種類に従い、それぞれその商号中に**株式会社**、**合名会社**、**合資会社**又は**合同会社**という文字を用いなければならない。

3　会社は、その商号中に、他の種類の会社であると誤認されるおそれのある文字を用いてはならない。

（会社と誤認させる名称等の使用の禁止）

第7条　会社でない者は、その名称又は商号中に、会社であると誤認されるおそれのある文字を用いてはならない。

第8条　何人（なんぴと）も、不正の目的をもって、他の会社であると誤認されるおそれのある名称又は商号を使用してはならない。

2　前項の規定に違反する名称又は商号の使用によって営業上の利益を侵害され、又は侵害されるおそれがある会社は、その営業上の利益を侵害する者又は侵害するおそれがある者に対し、その侵害の停止又は予防を請求することができる。

（自己の商号の使用を他人に許諾した会社の責任）

第9条　自己の**商号**を使用して事業又は営業を行うことを**他人に許諾した会社**は、当該会社が当該事業を行うものと**誤認**して当該他人と取引をした者に対し、当該他人と連帯して、当該取引によって生じた債務を弁済する責任を負う。

第3章　会社の使用人等

第1節　会社の使用人

（支配人）

第10条　会社【6】は、支配人を選任し、その本店又は支店において、その事業を行わせることができる。

（支配人の代理権）

第11条　支配人は、会社に代わってその事業に関する一切の裁判上又は

【1】　法務省令で定めるものに限る。第774条の3第2項において同じ。
【2】　外国会社を含む。
【3】　この法律又は他の法律の規定により官報に掲載する方法によりしなければならないものとされているものを除く。
【4】　電子情報処理組織を使用する方法その他の情報通信の技術を利用する方法であって法務省令で定めるものをいう。以下同じ。
【5】　外国会社を含む。次条第1項、第8条及び第9条において同じ。
【6】　外国会社を含む。以下この編において同じ。

裁判外の行為をする権限を有する。
2　支配人は、他の使用人を選任し、又は解任することができる。
3　支配人の代理権に加えた制限は、善意の第三者に対抗することができない。

（支配人の競業の禁止）
第12条　支配人は、会社の許可を受けなければ、次に掲げる行為をしてはならない。
一　自ら営業を行うこと。
二　自己又は第三者のために会社の事業の部類に属する取引をすること。
三　他の会社又は商人【1】の使用人となること。
四　他の会社の取締役、執行役又は業務を執行する社員となること。
2　支配人が前項の規定に違反して同項第2号に掲げる行為をしたときは、当該行為によって支配人又は第三者が得た利益の額は、会社に生じた損害の額と推定する。

（表見支配人）
第13条　会社の本店又は支店の事業の主任者であることを示す名称を付した使用人は、当該本店又は支店の事業に関し、一切の裁判外の行為をする権限を有するものとみなす。ただし、相手方が悪意であったときは、この限りでない。

（ある種類又は特定の事項の委任を受けた使用人）
第14条　事業に関するある種類又は特定の事項の委任を受けた使用人は、当該事項に関する一切の裁判外の行為をする権限を有する。
2　前項に規定する使用人の代理権に加えた制限は、善意の第三者に対抗することができない。

【1】会社を除く。第24条において同じ。

（物品の販売等を目的とする店舗の使用人）
第15条　物品の販売等【2】を目的とする店舗の使用人は、その店舗に在る物品の販売等をする権限を有するものとみなす。ただし、相手方が悪意であったときは、この限りでない。

第2節　会社の代理商

（通知義務）
第16条　代理商【3】は、取引の代理又は媒介をしたときは、遅滞なく、会社に対して、その旨の通知を発しなければならない。

（代理商の競業の禁止）
第17条　代理商は、会社の許可を受けなければ、次に掲げる行為をしてはならない。
一　自己又は第三者のために会社の事業の部類に属する取引をすること。
二　会社の事業と同種の事業を行う他の会社の取締役、執行役又は業務を執行する社員となること。
2　代理商が前項の規定に違反して同項第1号に掲げる行為をしたときは、当該行為によって代理商又は第三者が得た利益の額は、会社に生じた損害の額と推定する。

（通知を受ける権限）
第18条　物品の販売又はその媒介の委託を受けた代理商は、商法（明治32年法律第48号）第526条第2項の通知その他の売買に関する通知を受ける権限を有する。

（契約の解除）
第19条　会社及び代理商は、契約の期間を定めなかったときは、2箇月

【2】販売、賃貸その他これらに類する行為をいう。以下この条において同じ。
【3】会社のためにその平常の事業の部類に属する取引の代理又は媒介をする者で、その会社の使用人でないものをいう。以下この節において同じ。

前までに予告し、その契約を解除することができる。

2 前項の規定にかかわらず、やむを得ない事由があるときは、会社及び代理商は、いつでもその契約を解除することができる。

（代理商の留置権）

第20条 代理商は、取引の代理又は媒介をしたことによって生じた債権の弁済期が到来しているときは、その弁済を受けるまでは、会社のために当該代理商が占有する物又は有価証券を留置することができる。ただし、当事者が別段の意思表示をしたときは、この限りでない。

第4章 事業の譲渡をした場合の競業の禁止等

（譲渡会社の競業の禁止）

第21条 **事業を譲渡した会社**【1】は、当事者の別段の意思表示がない限り、**同一の市町村**【2】の区域内及びこれに**隣接する市町村**の区域内においては、その事業を譲渡した日から20年間は、同一の事業を行ってはならない。

2 譲渡会社が同一の事業を行わない旨の特約をした場合には、その特約は、その事業を譲渡した日から30年の期間内に限り、その効力を有する。

3 前2項の規定にかかわらず、譲渡会社は、**不正の競争の目的**をもって同一の事業を行ってはならない。

【1】 以下この章において「**譲渡会社**」という。

【2】 特別区を含むものとし、地方自治法（昭和22年法律第67号）第252条の19第1項の指定都市にあっては、区又は総合区。以下この項において同じ。

（譲渡会社の商号を使用した譲受会社の責任等）

第22条 事業を譲り受けた会社【3】が**譲渡会社の商号**を引き続き使用する場合には、その**譲受会社**も、譲渡会社の事業によって生じた債務を弁済する責任を負う。

2 前項の規定は、事業を譲り受けた後、遅滞なく、譲受会社がその本店の所在地において**譲渡会社の債務を弁済する責任を負わない**旨を登記した場合には、適用しない。事業を譲り受けた後、遅滞なく、譲受会社及び譲渡会社から**第三者**に対しその旨の通知をした場合において、その通知を受けた第三者についても、同様とする。

3 譲受会社が第1項の規定により譲渡会社の債務を弁済する責任を負う場合には、譲渡会社の責任は、事業を譲渡した日後2年以内に請求又は請求の予告をしない債権者に対しては、その期間を経過した時に消滅する。

4 第1項に規定する場合において、**譲渡会社の事業**によって生じた債権について、譲受会社にした弁済は、弁済者が**善意**でかつ**重大な過失**がないときは、その効力を有する。

（譲受会社による債務の引受け）

第23条 譲受会社が譲渡会社の商号を引き続き使用しない場合においても、譲渡会社の事業によって生じた債務を引き受ける旨の広告をしたときは、譲渡会社の債権者は、その譲受会社に対して弁済の請求をすることができる。

2 譲受会社が前項の規定により譲渡会社の債務を弁済する責任を負う場合には、譲渡会社の責任は、同項の

【3】 以下この章において「**譲受会社**」という。

広告があった日後2年以内に請求又は請求の予告をしない債権者に対しては、その期間を経過した時に消滅する。

（詐害事業譲渡に係る譲受会社に対する債務の履行の請求）

第23条の2　譲渡会社が譲受会社に承継されない債務の債権者【1】を害することを知って事業を譲渡した場合には、残存債権者は、その譲受会社に対して、承継した財産の価額を限度として、当該債務の履行を請求することができる。ただし、その譲受会社が事業の譲渡の効力が生じた時において残存債権者を害することを知らなかったときは、この限りでない。

2　譲受会社が前項の規定により同項の債務を履行する責任を負う場合には、当該責任は、譲渡会社が残存債権者を害することを知って事業を譲渡したことを知った時から2年以内に請求又は請求の予告をしない残存債権者に対しては、その期間を経過した時に消滅する。事業の譲渡の効力が生じた日から10年を経過したときも、同様とする。

3　譲渡会社について破産手続開始の決定、再生手続開始の決定又は更生手続開始の決定があったときは、残存債権者は、譲受会社に対して第1項の規定による請求をする権利を行使することができない。

（商人との間での事業の譲渡又は譲受け）

第24条　会社が商人に対してその事業を譲渡した場合には、当該会社を商法第16条第1項に規定する譲渡人とみなして、同法第17条から第18条の2までの規定を適用する。この場合において、同条第3項中「又は再生手続開始の決定」とあるのは、「、再生手続開始の決定又は更生手続開始の決定」とする。

2　会社が商人の営業を譲り受けた場合には、当該商人を譲渡会社とみなして、前3条の規定を適用する。この場合において、前条第3項中「、再生手続開始の決定又は更生手続開始の決定」とあるのは、「又は再生手続開始の決定」とする。

【1】以下この条において「残存債権者」という。

第2編　株式会社

第1章　設立

第1節　総則

第25条　株式会社は、次に掲げるいずれかの方法により設立することができる。

一　次節から第8節までに規定するところにより、発起人が設立時発行株式【2】の全部を引き受ける方法

二　次節、第3節、第39条及び第6節から第9節までに規定するところにより、発起人が設立時発行株式を引き受けるほか、設立時発行株式を引き受ける者の募集をする方法

2　各発起人は、株式会社の設立に際し、設立時発行株式を1株以上引き受けなければならない。

第2節　定款の作成

（定款の作成）

第26条　株式会社を設立するには、発起人が定款を作成し、その全員がこれに署名し、又は記名押印しなければならない。

【2】株式会社の設立に際して発行する株式をいう。以下同じ。

2　前項の定款は、**電磁的記録**【1】をもって作成することができる。この場合において、当該電磁的記録に記録された情報については、法務省令で定める署名又は記名押印に代わる措置をとらなければならない。

（定款の記載又は記録事項）

第27条　株式会社の定款には、**次に掲げる事項**を記載し、又は記録しなければならない。

一　目的

二　商号

三　本店の所在地

四　設立に際して出資される財産の価額又はその最低額

五　発起人の氏名又は名称及び住所

第28条　株式会社を設立する場合には、**次に掲げる事項**は、第26条第1項の定款に記載し、又は記録しなければ、その効力を生じない。

一　金銭以外の財産を出資する者の氏名又は名称、当該財産及びその価額並びにその者に対して割り当てる設立時発行株式の数【2】

二　株式会社の成立後に譲り受けることを約した財産及びその価額並びにその譲渡人の氏名又は名称

三　株式会社の成立により発起人が受ける報酬その他の特別の利益及びその発起人の氏名又は名称

四　株式会社の負担する設立に関する費用【3】

第29条　第27条各号及び前条各号に掲げる事項のほか、株式会社の定款には、この法律の規定により定款の定めがなければその効力を生じない事項及びその他の事項でこの法律の規定に違反しないものを記載し、又は記録することができる。

（定款の認証）

第30条　第26条第1項の定款は、公証人の認証を受けなければ、その効力を生じない。

2　前項の公証人の認証を受けた定款は、株式会社の成立前は、第33条第7項若しくは第9項又は第37条第1項若しくは第2項の規定による場合を除き、これを変更することができない。

（定款の備置き及び閲覧等）

第31条　発起人【4】は、定款を発起人が定めた場所【5】に備え置かなければならない。

2　発起人【6】は、発起人が定めた時間【7】内は、いつでも、次に掲げる請求をすることができる。ただし、第2号又は第4号に掲げる請求をするには、発起人【8】の定めた費用を支払わなければならない。

一　定款が書面をもって作成されているときは、当該書面の閲覧の請求

二　前号の書面の謄本又は抄本の交付の請求

【1】　電子的方式、磁気的方式その他人の知覚によっては認識することができない方式で作られる記録であって、電子計算機による情報処理の用に供されるものとして法務省令で定めるものをいう。第886条の2第3項、第886条の3及び第906条の2第3項を除き、以下同じ。

【2】　設立しようとする株式会社が種類株式発行会社である場合にあっては、設立時発行株式の種類及び種類ごとの数。第32条第1項第1号において同じ。

【3】　定款の認証の手数料その他株式会社に損害を与えるおそれがないものとして法務省令で定めるものを除く。

【4】　株式会社の成立後にあっては、当該株式会社

【5】　株式会社の成立後にあっては、その本店及び支店

【6】　株式会社の成立後にあっては、その株主及び債権者

【7】　株式会社の成立後にあっては、その営業時間

【8】　株式会社の成立後にあっては、当該株式会社

三　定款が電磁的記録をもって作成されているときは、当該電磁的記録に記録された事項を法務省令で定める方法により表示したものの閲覧の請求

四　前号の電磁的記録に記録された事項を電磁的方法であって発起人【1】の定めたものにより提供することの請求又はその事項を記載した書面の交付の請求

3　株式会社の成立後において、当該株式会社の親会社社員【2】がその権利を行使するため必要があるときは、当該親会社社員は、裁判所の許可を得て、当該株式会社の定款について前項各号に掲げる請求をすることができる。ただし、同項第2号又は第4号に掲げる請求をするには、当該株式会社の定めた費用を支払わなければならない。

4　定款が電磁的記録をもって作成されている場合であって、支店における第2項第3号及び第4号に掲げる請求に応じることを可能とするための措置として法務省令で定めるものをとっている株式会社についての第1項の規定の適用については、同項中「本店及び支店」とあるのは、「本店」とする。

第3節　出資

（設立時発行株式に関する事項の決定）

第32条　発起人は、株式会社の設立に際して次に掲げる事項【3】を定めようとするときは、その全員の同意を得なければならない。

一　発起人が割当てを受ける設立時発行株式の数

二　前号の設立時発行株式と引換えに払い込む金銭の額

三　成立後の株式会社の資本金及び資本準備金の額に関する事項

2　設立しようとする株式会社が種類株式発行会社である場合において、前項第1号の設立時発行株式が第108条第3項前段の規定による定款の定めがあるものであるときは、発起人は、その全員の同意を得て、当該設立時発行株式の内容を定めなければならない。

（定款の記載又は記録事項に関する検査役の選任）

第33条　発起人は、定款に第28条各号に掲げる事項についての記載又は記録があるときは、第30条第1項の公証人の認証の後遅滞なく、当該事項を調査させるため、裁判所に対し、検査役の選任の申立てをしなければならない。

2　前項の申立てがあった場合には、裁判所は、これを不適法として却下する場合を除き、検査役を選任しなければならない。

3　裁判所は、前項の検査役を選任した場合には、成立後の株式会社が当該検査役に対して支払う報酬の額を定めることができる。

4　第2項の検査役は、必要な調査を行い、当該調査の結果を記載し、又は記録した書面又は電磁的記録【4】を裁判所に提供して報告をしなければならない。

5　裁判所は、前項の報告について、その内容を明瞭にし、又はその根拠を確認するため必要があると認めるときは、第2項の検査役に対し、更に前項の報告を求めることができる。

6　第2項の検査役は、第4項の報告

【1】　株式会社の成立後にあっては、当該株式会社

【2】　親会社の株主その他の社員をいう。以下同じ。

【3】　定款に定めがある事項を除く。

【4】　法務省令で定めるものに限る。

をしたときは、発起人に対し、同項の書面の写しを交付し、又は同項の電磁的記録に記録された事項を法務省令で定める方法により提供しなければならない。

7　裁判所は、第4項の報告を受けた場合において、第28条各号に掲げる事項【1】を不当と認めたときは、これを変更する決定をしなければならない。

8　発起人は、前項の決定により第28条各号に掲げる事項の全部又は一部が変更された場合には、当該決定の確定後1週間以内に限り、その設立時発行株式の引受けに係る意思表示を取り消すことができる。

9　前項に規定する場合には、発起人は、その全員の同意によって、第7項の決定の確定後1週間以内に限り、当該決定により変更された事項についての定めを廃止する定款の変更をすることができる。

10　前各項の規定は、次の各号に掲げる場合には、当該各号に定める事項については、適用しない。

一　第28条第1号及び第2号の財産【2】について定款に記載され、又は記録された価額の総額が500万円を超えない場合　同条第1号及び第2号に掲げる事項

二　現物出資財産等のうち、市場価格のある有価証券【3】について定款に記載され、又は記録された価額が当該有価証券の市場価格として法務省令で定める方法により算定されるものを超えない場合　当該有価証券についての第28条第1号又は第2号に掲げる事項

三　現物出資財産等について定款に記載され、又は記録された価額が相当であることについて弁護士、弁護士法人、弁護士・外国法事務弁護士共同法人、公認会計士【4】、監査法人、税理士又は税理士法人の証明【5】を受けた場合　第28条第1号又は第2号に掲げる事項【6】

11　次に掲げる者は、前項第3号に規定する証明をすることができない。

一　発起人

二　第28条第2号の財産の譲渡人

三　設立時取締役【7】又は設立時監査役【8】

四　業務の停止の処分を受け、その停止の期間を経過しない者

五　弁護士法人、弁護士・外国法事務弁護士共同法人、監査法人又は税理士法人であって、その社員の半数以上が第1号から第3号までに掲げる者のいずれかに該当するもの

（出資の履行）

第34条　**発起人**は、設立時発行株式の引受け後遅滞なく、その引き受けた設立時発行株式につき、その出資に係る金銭の全額を払い込み、又は

【1】　第2項の検査役の調査を経ていないものを除く。

【2】　以下この章において「**現物出資財産等**」という。

【3】　金融商品取引法（昭和23年法律第25号）第2条第1項に規定する有価証券をいい、同条第2項の規定により有価証券とみなされる権利を含む。以下同じ。

【4】　外国公認会計士（公認会計士法（昭和23年法律第103号）第16条の2第5項に規定する外国公認会計士をいう。）を含む。以下同じ。

【5】　現物出資財産等が不動産である場合にあっては、当該証明及び不動産鑑定士の鑑定評価。以下この号において同じ。

【6】　当該証明を受けた現物出資財産等に係るものに限る。

【7】　第38条第1項に規定する設立時取締役をいう。

【8】　同条第3項第2号に規定する設立時監査役をいう。

その出資に係る金銭以外の財産の全部を給付しなければならない。ただし、発起人全員の同意があるときは、登記、登録その他権利の設定又は移転を第三者に対抗するために必要な行為は、**株式会社の成立後にすることを妨げない**。

2　前項の規定による払込みは、発起人が定めた銀行等【1】の払込みの取扱いの場所においてしなければならない。

（設立時発行株式の株主となる権利の譲渡）

第35条　前条第1項の規定による払込み又は給付【2】をすることにより設立時発行株式の株主となる権利の譲渡は、**成立後の株式会社**に対抗することができない。

（設立時発行株式の株主となる権利の喪失）

第36条　発起人のうち**出資の履行をしていない**ものがある場合には、発起人は、当該出資の履行をしていない発起人に対して、**期日を定め**、その期日までに当該出資の履行をしなければならない旨を通知しなければならない。

2　前項の規定による通知は、同項に規定する期日の2週間前までにしなければならない。

3　第1項の規定による通知を受けた発起人は、同項に規定する期日までに**出資の履行をしないときは**、当該出資の履行をすることにより設立時発行株式の株主となる権利を失う。

（発行可能株式総数の定め等）

第37条　**発起人**は、株式会社が発行することができる株式の総数【3】を定款で定めていない場合には、株式会社の**成立の時**までに、その**全員の同意**によって、定款を変更して発行可能株式総数の定めを設けなければならない。

2　発起人は、発行可能株式総数を定款で定めている場合には、株式会社の成立の時までに、その全員の同意によって、**発行可能株式総数についての定款の変更**をすることができる。

3　**設立時発行株式の総数**は、発行可能株式総数の4分の1を下ることができない。ただし、設立しようとする株式会社が**公開会社でない場合**は、この限りでない。

第4節　設立時役員等の選任及び解任

（設立時役員等の選任）

第38条　**発起人**は、出資の履行が完了した後、遅滞なく、設立時取締役【4】を選任しなければならない。

2　設立しようとする株式会社が監査等委員会設置会社である場合には、前項の規定による設立時取締役の選任は、**設立時監査等委員**【5】である**設立時取締役**とそれ以外の設立時取締役とを区別してしなければならない。

3　次の各号に掲げる場合には、発起人は、出資の履行が完了した後、遅滞なく、当該各号に定める者を選任しなければならない。

一　設立しようとする株式会社が会

【1】　銀行（銀行法（昭和56年法律第59号）第2条第1項に規定する銀行をいう。第703条第1号において同じ。）、信託会社（信託業法（平成16年法律第154号）第2条第2項に規定する信託会社をいう。以下同じ。）その他これに準ずるものとして法務省令で定めるものをいう。以下同じ。

【2】　以下この章において「**出資の履行**」という。

【3】　以下「**発行可能株式総数**」という。

【4】　株式会社の設立に際して取締役となる者をいう。以下同じ。

【5】　株式会社の設立に際して監査等委員（監査等委員会の委員をいう。以下同じ。）となる者をいう。以下同じ。

計参与設置会社である場合　設立時会計参与【1】
二　設立しようとする株式会社が監査役設置会社【2】である場合　設立時監査役【3】
三　設立しようとする株式会社が会計監査人設置会社である場合　設立時会計監査人【4】

4　定款で設立時取締役【5】、設立時会計参与、設立時監査役又は設立時会計監査人として定められた者は、出資の履行が完了した時に、それぞれ設立時取締役、設立時会計参与、設立時監査役又は設立時会計監査人に選任されたものとみなす。

第39条　設立しようとする株式会社が**取締役会設置会社**である場合には、設立時取締役は、3人以上でなければならない。

2　設立しようとする株式会社が監査役会設置会社である場合には、設立時監査役は、3人以上でなければならない。

3　設立しようとする株式会社が監査等委員会設置会社である場合には、設立時監査等委員である設立時取締役は、3人以上でなければならない。

4　第331条第1項【6】、第333条第1項若しくは第3項又は第337条第1項若しくは第3項の規定により**成立後の株式会社の取締役**【7】、**会計参与、監査役又は会計監査人となることができない者**は、それぞれ設立時取締役【8】、設立時会計参与、設立時監査役又は設立時会計監査人【9】となることができない。

5　第331条の2の規定は、設立時取締役及び設立時監査役について準用する。

（設立時役員等の選任の方法）

第40条　設立時役員等の選任は、発起人の議決権の過半数をもって決定する。

2　前項の場合には、**発起人**は、出資の履行をした設立時発行株式1株につき1個の議決権を有する。ただし、単元株式数を定款で定めている場合には、**1単元の設立時発行株式につき1個の議決権**を有する。

3　前項の規定にかかわらず、設立しようとする株式会社が種類株式発行会社である場合において、取締役の全部又は一部の選任について議決権を行使することができないものと定められた種類の設立時発行株式を発行するときは、当該種類の設立時発行株式については、発起人は、当該取締役となる設立時取締役の選任についての議決権を行使することができない。

4　設立しようとする株式会社が監査等委員会設置会社である場合における前項の規定の適用については、同

【1】　株式会社の設立に際して会計参与となる者をいう。以下同じ。
【2】　監査役の監査の範囲を会計に関するものに限定する旨の定款の定めがある株式会社を含む。
【3】　株式会社の設立に際して監査役となる者をいう。以下同じ。
【4】　株式会社の設立に際して会計監査人となる者をいう。以下同じ。
【5】　設立しようとする株式会社が監査等委員会設置会社である場合にあっては、設立時監査等委員である設立時取締役又はそれ以外の設立時取締役。以下この項において同じ。
【6】　第335条第1項において準用する場合を含む。
【7】　監査等委員会設置会社にあっては、監査等委員である取締役又はそれ以外の取締役
【8】　成立後の株式会社が監査等委員会設置会社である場合にあっては、設立時監査等委員である設立時取締役又はそれ以外の設立時取締役
【9】　以下この節において「**設立時役員等**」という。

項中「、取締役」とあるのは「、監査等委員である取締役又はそれ以外の取締役」と、「当該取締役」とあるのは「これらの取締役」とする。

5　第3項の規定は、設立時会計参与、設立時監査役及び設立時会計監査人の選任について準用する。

（設立時役員等の選任の方法の特則）

第41条　前条第1項の規定にかかわらず、株式会社の設立に際して第108条第1項第9号に掲げる事項【1】についての定めがある種類の株式を発行する場合には、設立時取締役【2】の選任は、同条第2項第9号に定める事項についての定款の定めの例に従い、当該種類の設立時発行株式を引き受けた発起人の議決権【3】の過半数をもって決定する。

2　前項の場合には、発起人は、出資の履行をした種類の設立時発行株式1株につき1個の議決権を有する。ただし、単元株式数を定款で定めている場合には、1単元の種類の設立時発行株式につき1個の議決権を有する。

3　前2項の規定は、株式会社の設立に際して第108条第1項第9号に掲げる事項【4】についての定めがある種類の株式を発行する場合について準用する。

（設立時役員等の解任）

第42条　発起人は、株式会社の成立の時までの間、その選任した設立時役員等【5】を解任することができる。

（設立時役員等の解任の方法）

第43条　設立時役員等の解任は、発起人の議決権の過半数【6】をもって決定する。

2　前項の場合には、発起人は、出資の履行をした設立時発行株式1株につき1個の議決権を有する。ただし、単元株式数を定款で定めている場合には、1単元の設立時発行株式につき1個の議決権を有する。

3　前項の規定にかかわらず、設立しようとする株式会社が種類株式発行会社である場合において、取締役の全部又は一部の解任について議決権を行使することができないものと定められた種類の設立時発行株式を発行するときは、当該種類の設立時発行株式については、発起人は、当該取締役となる設立時取締役の解任についての議決権を行使することができない。

4　設立しようとする株式会社が監査等委員会設置会社である場合における前項の規定の適用については、同項中「、取締役」とあるのは「、監査等委員である取締役又はそれ以外の取締役」と、「当該取締役」とあるのは「これらの取締役」とする。

5　第3項の規定は、設立時会計参与、設立時監査役及び設立時会計監査人の解任について準用する。

（設立時取締役等の解任の方法の特則）

第44条　前条第1項の規定にかかわらず、第41条第1項の規定により選任された設立時取締役【7】の解任

【1】　取締役（監査等委員会設置会社にあっては、監査等委員である取締役又はそれ以外の取締役）に関するものに限る。

【2】　設立しようとする株式会社が監査等委員会設置会社である場合にあっては、設立時監査等委員である設立時取締役又はそれ以外の設立時取締役

【3】　当該種類の設立時発行株式についての議決権に限る。

【4】　監査役に関するものに限る。

【5】　第38条第4項の規定により設立時役員等に選任されたものとみなされたものを含む。

【6】　設立時監査等委員である設立時取締役又は設立時監査役を解任する場合にあっては、3分の2以上に当たる多数

【7】　設立時監査等委員である設立時取締

は、その選任に係る発起人の議決権の過半数をもって決定する。

2　前項の規定にかかわらず、第41条第1項の規定により又は種類創立総会【1】若しくは種類株主総会において選任された取締役【2】を株主総会の決議によって解任することができる旨の定款の定めがある場合には、第41条第1項の規定により選任された設立時取締役の解任は、発起人の議決権の過半数をもって決定する。

3　前2項の場合には、発起人は、出資の履行をした種類の設立時発行株式1株につき1個の議決権を有する。ただし、単元株式数を定款で定めている場合には、1単元の種類の設立時発行株式につき1個の議決権を有する。

4　前項の規定にかかわらず、第2項の規定により設立時取締役を解任する場合において、取締役の全部又は一部の解任について議決権を行使することができないものと定められた種類の設立時発行株式を発行するときは、当該種類の設立時発行株式については、発起人は、当該取締役となる設立時取締役の解任についての議決権を行使することができない。

5　前各項の規定は、第41条第1項の規定により選任された設立時監査等委員である設立時取締役及び同条第3項において準用する同条第1項の規定により選任された設立時監査役の解任について準用する。この場合において、第1項及び第2項中「過半数」とあるのは、「3分の2以上に当たる多数」と読み替えるものとする。

（設立時役員等の選任又は解任の効力についての特則）

第45条　株式会社の設立に際して第108条第1項第8号に掲げる事項についての定めがある種類の株式を発行する場合において、当該種類の株式の内容として次の各号に掲げる事項について種類株主総会の決議があることを必要とする旨の定款の定めがあるときは、当該各号に定める事項は、定款の定めに従い、第40条第1項又は第43条第1項の規定による決定のほか、当該種類の設立時発行株式を引き受けた発起人の議決権【3】の過半数をもってする決定がなければ、その効力を生じない。

一　取締役【4】の全部又は一部の選任又は解任　当該取締役となる設立時取締役の選任又は解任

二　監査等委員である取締役又はそれ以外の取締役の全部又は一部の選任又は解任　これらの取締役となる設立時取締役の選任又は解任

三　会計参与の全部又は一部の選任又は解任　当該会計参与となる設立時会計参与の選任又は解任

四　監査役の全部又は一部の選任又は解任　当該監査役となる設立時監査役の選任又は解任

五　会計監査人の全部又は一部の選任又は解任　当該会計監査人となる設立時会計監査人の選任又は解任

2　前項の場合には、発起人は、出資の履行をした種類の設立時発行株式1株につき1個の議決権を有する。ただし、単元株式数を定款で定めて

役を除く。次項及び第4項において同じ。

【1】　第84条に規定する種類創立総会をいう。

【2】　監査等委員である取締役を除く。第4項において同じ。

【3】　当該種類の設立時発行株式についての議決権に限る。

【4】　監査等委員会設置会社の取締役を除く。

いる場合には、1単元の種類の設立時発行株式につき1個の議決権を有する。

第5節　設立時取締役等による調査

第46条　設立時取締役【1】は、その選任後遅滞なく、次に掲げる事項を調査しなければならない。

一　第33条第10項第1号又は第2号に掲げる場合における現物出資財産等【2】について定款に記載され、又は記録された価額が相当であること。

二　第33条第10項第3号に規定する証明が相当であること。

三　出資の履行が完了していること。

四　前3号に掲げる事項のほか、株式会社の設立の手続が法令又は定款に違反していないこと。

2　設立時取締役は、前項の規定による調査により、同項各号に掲げる事項について法令若しくは定款に違反し、又は不当な事項があると認めるときは、発起人にその旨を通知しなければならない。

3　設立しようとする株式会社が指名委員会等設置会社である場合には、設立時取締役は、第1項の規定による調査を終了したときはその旨を、前項の規定による通知をしたときはその旨及びその内容を、設立時代表執行役【3】に通知しなければならない。

【1】　設立しようとする株式会社が監査役設置会社である場合にあっては、設立時取締役及び設立時監査役。以下この条において同じ。

【2】　同号に掲げる場合にあっては、同号の有価証券に限る。

【3】　第48条第1項第3号に規定する設立時代表執行役をいう。

第6節　設立時代表取締役等の選定等

（設立時代表取締役の選定等）

第47条　設立時取締役は、設立しようとする株式会社が取締役会設置会社【4】である場合には、設立時取締役【5】の中から株式会社の設立に際して代表取締役【6】となる者【7】を選定しなければならない。

2　設立時取締役は、株式会社の成立の時までの間、設立時代表取締役を解職することができる。

3　前2項の規定による設立時代表取締役の選定及び解職は、設立時取締役の過半数をもって決定する。

（設立時委員の選定等）

第48条　設立しようとする株式会社が指名委員会等設置会社である場合には、設立時取締役は、次に掲げる措置をとらなければならない。

一　設立時取締役の中から次に掲げる者【8】を選定すること。

イ　株式会社の設立に際して指名委員会の委員となる者

ロ　株式会社の設立に際して監査委員会の委員となる者

ハ　株式会社の設立に際して報酬委員会の委員となる者

二　株式会社の設立に際して執行役となる者【9】を選任すること。

三　設立時執行役の中から株式会社の設立に際して代表執行役となる

【4】　指名委員会等設置会社を除く。

【5】　設立しようとする株式会社が監査等委員会設置会社である場合にあっては、設立時監査等委員である設立時取締役を除く。

【6】　株式会社を代表する取締役をいう。以下同じ。

【7】　以下「**設立時代表取締役**」という。

【8】　次項において「**設立時委員**」という。

【9】　以下「**設立時執行役**」という。

者【1】を選定すること。ただし、設立時執行役が1人であるときは、その者が設立時代表執行役に選定されたものとする。

2　設立時取締役は、株式会社の成立の時までの間、設立時委員若しくは設立時代表執行役を解職し、又は設立時執行役を解任することができる。

3　前2項の規定による措置は、設立時取締役の過半数をもって決定する。

第7節　株式会社の成立

（株式会社の成立）

第49条　株式会社は、その**本店の所在地**において設立の登記をすることによって成立する。

（株式の引受人の権利）

第50条　**発起人**は、株式会社の**成立の時**に、出資の履行をした設立時発行株式の株主となる。

2　前項の規定により株主となる権利の譲渡は、成立後の株式会社に対抗することができない。

（引受けの無効又は取消しの制限）

第51条　民法（明治29年法律第89号）第93条第1項ただし書及び第94条第1項の規定は、設立時発行株式の引受けに係る意思表示については、適用しない。

2　発起人は、株式会社の成立後は、錯誤、詐欺又は強迫を理由として設立時発行株式の引受けの取消しをすることができない。

第8節　発起人等の責任等

（出資された財産等の価額が不足する場合の責任）

第52条　株式会社の成立の時における**現物出資財産等の価額**が当該現物出資財産等について定款に記載され、又は記録された価額【2】に著しく不足するときは、発起人及び設立時取締役は、当該株式会社に対し、連帯して、当該不足額を支払う義務を負う。

2　前項の規定にかかわらず、次に掲げる場合には、発起人【3】及び設立時取締役は、現物出資財産等について同項の義務を負わない。

一　第28条第1号又は第2号に掲げる事項について第33条第2項の検査役の調査を経た場合

二　当該発起人又は設立時取締役がその職務を行うについて注意を怠らなかったことを証明した場合

3　第1項に規定する場合には、第33条第10項第3号に規定する証明をした者【4】は、第1項の義務を負う者と連帯して、同項の不足額を支払う義務を負う。ただし、当該証明者が当該証明をするについて注意を怠らなかったことを証明した場合は、この限りでない。

（出資の履行を仮装した場合の責任等）

第52条の2　**発起人**は、次の各号に掲げる場合には、株式会社に対し、当該各号に定める行為をする義務を負う。

一　第34条第1項の規定による払込みを仮装した場合　払込みを仮装した出資に係る金銭の全額の支払

二　第34条第1項の規定による給付を仮装した場合　給付を仮装した出資に係る金銭以外の財産の全

【1】　以下「**設立時代表執行役**」という。

【2】　定款の変更があった場合にあっては、変更後の価額

【3】　第28条第1号の財産を給付した者又は同条第2号の財産の譲渡人を除く。第2号において同じ。

【4】　以下この項において「**証明者**」という。

部の給付【1】

2　前項各号に掲げる場合には、発起人がその出資の履行を仮装することに関与した発起人又は設立時取締役として法務省令で定める者は、株式会社に対し、当該各号に規定する支払をする義務を負う。ただし、その者【2】がその職務を行うについて注意を怠らなかったことを証明した場合は、この限りでない。

3　発起人が第1項各号に規定する支払をする義務を負う場合において、前項に規定する者が同項の義務を負うときは、これらの者は、連帯債務者とする。

4　発起人は、第1項各号に掲げる場合には、当該各号に定める支払若しくは給付又は第2項の規定による支払がされた後でなければ、出資の履行を仮装した設立時発行株式について、設立時株主【3】及び株主の権利を行使することができない。

5　前項の設立時発行株式又はその株主となる権利を譲り受けた者は、当該設立時発行株式についての設立時株主及び株主の権利を行使することができる。ただし、その者に悪意又は重大な過失があるときは、この限りでない。

（発起人等の損害賠償責任）

第53条　**発起人**、**設立時取締役**又は**設立時監査役**は、株式会社の設立についてその**任務を怠った**ときは、当該株式会社に対し、これによって生じた**損害を賠償する責任を負う**。

2　**発起人**、**設立時取締役**又は**設立時監査役**がその職務を行うについて**悪意**又は**重大な過失**があったときは、当該発起人、設立時取締役又は設立時監査役は、これによって第三者に生じた損害を賠償する責任を負う。

（発起人等の連帯責任）

第54条　**発起人**、**設立時取締役**又は**設立時監査役**が株式会社又は第三者に生じた損害を賠償する責任を負う場合において、**他の発起人**、**設立時取締役**又は**設立時監査役**も当該損害を賠償する責任を負うときは、これらの者は、連帯債務者とする。

（責任の免除）

第55条　第52条第1項の規定により発起人又は設立時取締役の負う義務、第52条の2第1項の規定により発起人の負う義務、同条第2項の規定により発起人又は設立時取締役の負う義務及び**第53条第1項**の規定により発起人、設立時取締役又は設立時監査役の負う責任は、総株主の同意がなければ、**免除**することができない。

（株式会社不成立の場合の責任）

第56条　株式会社が成立しなかったときは、**発起人**は、**連帯して**、株式会社の設立に関してした行為についてその**責任を負い**、株式会社の設立に関して支出した**費用を負担**する。

第9節　募集による設立

第1款　設立時発行株式を引き受ける者の募集

（設立時発行株式を引き受ける者の募集）

第57条　**発起人**は、この款の定めるところにより、設立時発行株式を引き受ける者の**募集**をする旨を定めることができる。

2　**発起人**は、前項の募集をする旨を

【1】　株式会社が当該給付に代えて当該財産の価額に相当する金銭の支払を請求した場合にあっては、当該金銭の全額の支払

【2】　当該出資の履行を仮装したものを除く。

【3】　第65条第1項に規定する設立時株主をいう。次項において同じ。

定めようとするときは、その全員の同意を得なければならない。

（設立時募集株式に関する事項の決定）

第58条 **発起人**は、前条第1項の募集をしようとするときは、その都度、設立時募集株式【1】について**次に掲げる事項**を定めなければならない。

一　設立時募集株式の数【2】

二　設立時募集株式の払込金額【3】

三　設立時募集株式と引換えにする金銭の払込みの期日又はその期間

四　一定の日までに設立の登記がされない場合において、設立時募集株式の引受けの取消しをすることができることとするときは、その旨及びその一定の日

2　発起人は、前項各号に掲げる事項を定めようとするときは、その全員の同意を得なければならない。

3　設立時募集株式の払込金額その他の前条第1項の募集の条件は、当該募集【4】ごとに、均等に定めなければならない。

（設立時募集株式の申込み）

第59条 発起人は、第57条第1項の募集に応じて設立時募集株式の引受けの申込みをしようとする者に対し、次に掲げる事項を通知しなければならない。

一　定款の認証の年月日及びその認証をした公証人の氏名

二　第27条各号、第28条各号、第32条第1項各号及び前条第1項各号に掲げる事項

三　発起人が出資した財産の価額

四　第63条第1項の規定による払込みの取扱いの場所

五　前各号に掲げるもののほか、法務省令で定める事項

2　発起人のうち出資の履行をしていないものがある場合には、発起人は、第36条第1項に規定する期日後でなければ、前項の規定による通知をすることができない。

3　第57条第1項の募集に応じて設立時募集株式の引受けの申込みをする者は、次に掲げる事項を記載した書面を発起人に交付しなければならない。

一　申込みをする者の氏名又は名称及び住所

二　引き受けようとする設立時募集株式の数

4　前項の申込みをする者は、同項の書面の交付に代えて、政令で定めるところにより、発起人の承諾を得て、同項の書面に記載すべき事項を電磁的方法により提供することができる。この場合において、当該申込みをした者は、同項の書面を交付したものとみなす。

5　発起人は、第1項各号に掲げる事項について変更があったときは、直ちに、その旨及び当該変更があった事項を第3項の申込みをした者【5】に通知しなければならない。

6　発起人が申込者に対してする通知又は催告は、第3項第1号の住所【6】

【1】同項の募集に応じて設立時発行株式の引受けの申込みをした者に対して割り当てる設立時発行株式をいう。以下この節において同じ。

【2】設立しようとする株式会社が種類株式発行会社である場合にあっては、その種類及び種類ごとの数。以下この款において同じ。

【3】設立時募集株式1株と引換えに払い込む金銭の額をいう。以下この款において同じ。

【4】設立しようとする株式会社が種類株式発行会社である場合にあっては、種類及び当該募集

【5】以下この款において「**申込者**」という。

【6】当該申込者が別に通知又は催告を受ける場所又は連絡先を発起人に通知し

にあてて発すれば足りる。

7 前項の通知又は催告は、その通知又は催告が通常到達すべきであった時に、到達したものとみなす。

（設立時募集株式の割当て）

第60条 発起人は、申込者の中から設立時募集株式の割当てを受ける者を定め、かつ、その者に割り当てる設立時募集株式の数を定めなければならない。この場合において、発起人は、当該申込者に割り当てる設立時募集株式の数を、前条第3項第2号の数よりも減少することができる。

2 発起人は、第58条第1項第3号の期日【1】の前日までに、申込者に対し、当該申込者に割り当てる設立時募集株式の数を通知しなければならない。

（設立時募集株式の申込み及び割当てに関する特則）

第61条 前2条の規定は、設立時募集株式を引き受けようとする者がその総数の引受けを行う契約を締結する場合には、適用しない。

（設立時募集株式の引受け）

第62条 次の各号に掲げる者は、当該各号に定める設立時募集株式の数について設立時募集株式の引受人となる。

一 申込者 発起人の割り当てた設立時募集株式の数

二 前条の契約により設立時募集株式の総数を引き受けた者 その者が引き受けた設立時募集株式の数

（設立時募集株式の払込金額の払込み）

第63条 設立時募集株式の**引受人**は、第58条第1項第3号の期日又は同号の期間内に、発起人が定めた**銀行等の払込みの取扱いの場所**において、それぞれの設立時募集株式の払込金額の全額の払込みを行わなければならない。

2 前項の規定による払込みをすることにより設立時発行株式の株主となる権利の譲渡は、成立後の株式会社に対抗することができない。

3 **設立時募集株式の引受人**は、第1項の規定による**払込みをしないとき**は、当該払込みをすることにより設立時募集株式の株主となる権利を失う。

（払込金の保管証明）

第64条 第57条第1項の**募集**をした場合には、発起人は、第34条第1項及び前条第1項の規定による払込みの取扱いをした銀行等に対し、これらの規定により払い込まれた金額に相当する金銭の保管に関する証明書の交付を請求することができる。

2 前項の証明書を交付した銀行等は、当該証明書の記載が事実と異なること又は第34条第1項若しくは前条第1項の規定により払い込まれた金銭の返還に関する制限があることをもって成立後の株式会社に対抗することができない。

第2款 創立総会等

（創立総会の招集）

第65条 第57条第1項の**募集**をする場合には、**発起人**は、第58条第1項第3号の期日又は同号の期間の末日のうち最も遅い日以後、遅滞なく、設立時株主【2】の総会【3】を招集しなければならない。

2 発起人は、前項に規定する場合において、**必要**があると認めるときは、

た場合にあっては、その場所又は連絡先

【1】 同号の期間を定めた場合にあっては、その期間の初日

【2】 第50条第1項又は第102条第2項の規定により株式会社の株主となる者をいう。以下同じ。

【3】 以下「創立総会」という。

会社法

いつでも、創立総会を招集することができる。

（創立総会の権限）

第66条 創立総会は、この節に規定する事項及び株式会社の設立の廃止、創立総会の終結その他株式会社の設立に関する事項に限り、決議をすることができる。

（創立総会の招集の決定）

第67条 発起人は、創立総会を招集する場合には、次に掲げる事項を定めなければならない。

一　創立総会の日時及び場所

二　創立総会の目的である事項

三　創立総会に出席しない設立時株主が書面によって議決権を行使することができることとするときは、その旨

四　創立総会に出席しない設立時株主が電磁的方法によって議決権を行使することができることとするときは、その旨

五　前各号に掲げるもののほか、法務省令で定める事項

2　発起人は、設立時株主【1】の数が1000人以上である場合には、前項第3号に掲げる事項を定めなければならない。

（創立総会の招集の通知）

第68条 創立総会を招集するには、発起人は、創立総会の日の2週間【2】前までに、設立時株主に対してその通知を発しなければならない。

【1】 創立総会において決議をすることができる事項の全部につき議決権を行使することができない設立時株主を除く。次条から第71条までにおいて同じ。

【2】 前条第1項第3号又は第4号に掲げる事項を定めたときを除き、設立しようとする株式会社が公開会社でない場合にあっては、1週間（当該設立しようとする株式会社が取締役会設置会社以外の株式会社である場合において、これを下回る期間を定款で定めた場合にあっては、その期間）

2　次に掲げる場合には、前項の通知は、書面でしなければならない。

一　前条第1項第3号又は第4号に掲げる事項を定めた場合

二　設立しようとする株式会社が取締役会設置会社である場合

3　発起人は、前項の書面による通知の発出に代えて、政令で定めるところにより、設立時株主の承諾を得て、電磁的方法により通知を発することができる。この場合において、当該発起人は、同項の書面による通知を発したものとみなす。

4　前2項の通知には、前条第1項各号に掲げる事項を記載し、又は記録しなければならない。

5　発起人が設立時株主に対してする通知又は催告は、第27条第5号又は第59条第3項第1号の住所【3】にあてて発すれば足りる。

6　前項の通知又は催告は、その通知又は催告が通常到達すべきであった時に、到達したものとみなす。

7　前2項の規定は、第1項の通知に際して設立時株主に書面を交付し、又は当該書面に記載すべき事項を電磁的方法により提供する場合について準用する。この場合において、前項中「到達したもの」とあるのは、「当該書面の交付又は当該事項の電磁的方法による提供があったもの」と読み替えるものとする。

（招集手続の省略）

第69条 前条の規定にかかわらず、創立総会は、設立時株主の全員の同意があるときは、招集の手続を経ることなく開催することができる。ただし、第67条第1項第3号又は第

【3】 当該設立時株主が別に通知又は催告を受ける場所又は連絡先を発起人に通知した場合にあっては、その場所又は連絡先

4号に掲げる事項を定めた場合は、この限りでない。

（創立総会参考書類及び議決権行使書面の交付等）

第70条 発起人は、第67条第1項第3号に掲げる事項を定めた場合には、第68条第1項の通知に際して、法務省令で定めるところにより、設立時株主に対し、議決権の行使について参考となるべき事項を記載した書類【1】及び設立時株主が議決権を行使するための書面【2】を交付しなければならない。

2 発起人は、第68条第3項の承諾をした設立時株主に対し同項の電磁的方法による通知を発するときは、前項の規定による創立総会参考書類及び議決権行使書面の交付に代えて、これらの書類に記載すべき事項を電磁的方法により提供することができる。ただし、設立時株主の請求があったときは、これらの書類を当該設立時株主に交付しなければならない。

第71条 発起人は、第67条第1項第4号に掲げる事項を定めた場合には、第68条第1項の通知に際して、法務省令で定めるところにより、設立時株主に対し、創立総会参考書類を交付しなければならない。

2 発起人は、第68条第3項の承諾をした設立時株主に対し同項の電磁的方法による通知を発するときは、前項の規定による創立総会参考書類の交付に代えて、当該創立総会参考書類に記載すべき事項を電磁的方法により提供することができる。ただし、設立時株主の請求があったときは、創立総会参考書類を当該設立時株主に交付しなければならない。

3 発起人は、第1項に規定する場合には、第68条第3項の承諾をした設立時株主に対する同項の電磁的方法による通知に際して、法務省令で定めるところにより、設立時株主に対し、議決権行使書面に記載すべき事項を当該電磁的方法により提供しなければならない。

4 発起人は、第1項に規定する場合において、第68条第3項の承諾をしていない設立時株主から創立総会の日の1週間前までに議決権行使書面に記載すべき事項の電磁的方法による提供の請求があったときは、法務省令で定めるところにより、直ちに、当該設立時株主に対し、当該事項を電磁的方法により提供しなければならない。

（議決権の数）

第72条 設立時株主【3】は、創立総会において、その引き受けた設立時発行株式1株につき1個の議決権を有する。ただし、単元株式数を定款で定めている場合には、1単元の設立時発行株式につき1個の議決権を有する。

2 設立しようとする株式会社が種類株式発行会社である場合において、株主総会において議決権を行使することができる事項について制限がある種類の設立時発行株式を発行するときは、創立総会において、設立時株主は、株主総会において議決権を行使することができる事項に相当する事項に限り、当該設立時発行株式について議決権を行使することがで

【1】 以下この款において「**創立総会参考書類**」という。

【2】 以下この款において「**議決権行使書面**」という。

【3】 成立後の株式会社がその総株主の議決権の4分の1以上を有することその他の事由を通じて成立後の株式会社がその経営を実質的に支配することが可能となる関係にあるものとして法務省令で定める設立時株主を除く。

きる。

3　前項の規定にかかわらず、株式会社の設立の廃止については、設立時株主は、その引き受けた設立時発行株式について議決権を行使することができる。

（創立総会の決議）

第73条　創立総会の決議は、当該創立総会において議決権を行使することができる**設立時株主の議決権の過半数**であって、出席した当該設立時株主の議決権の3分の2以上に当たる多数をもって行う。

2　前項の規定にかかわらず、その発行する全部の株式の内容として**譲渡による当該株式の取得**について当該株式会社の**承認を要する**旨の定款の定めを設ける**定款の変更**を行う場合【1】には、当該定款の変更についての創立総会の決議は、当該創立総会において議決権を行使することができる設立時株主の半数以上であって、当該設立時株主の議決権の3分の2以上に当たる多数をもって行わなければならない。

3　定款を変更してその発行する全部の株式の内容として**第107条第1項第3号に掲げる事項**についての定款の定めを設け、又は当該事項についての定款の変更【2】をしようとする場合【3】には、設立時株主全員の同意を得なければならない。

4　創立総会は、第67条第1項第2号に掲げる事項以外の事項については、決議をすることができない。ただし、定款の変更又は株式会社の設立の廃止については、この限りでない。

【1】　設立しようとする株式会社が種類株式発行会社である場合を除く。

【2】　当該事項についての定款の定めを廃止するものを除く。

【3】　設立しようとする株式会社が種類株式発行会社である場合を除く。

（議決権の代理行使）

第74条　設立時株主は、代理人によってその議決権を行使することができる。この場合においては、当該設立時株主又は代理人は、代理権を証明する書面を発起人に提出しなければならない。

2　前項の代理権の授与は、創立総会ごとにしなければならない。

3　第1項の設立時株主又は代理人は、代理権を証明する書面の提出に代えて、政令で定めるところにより、発起人の承諾を得て、当該書面に記載すべき事項を電磁的方法により提供することができる。この場合において、当該設立時株主又は代理人は、当該書面を提出したものとみなす。

4　設立時株主が第68条第3項の承諾をした者である場合には、発起人は、正当な理由がなければ、前項の承諾をすることを拒んではならない。

5　発起人は、創立総会に出席することができる代理人の数を制限することができる。

6　発起人【4】は、創立総会の日から3箇月間、代理権を証明する書面及び第3項の電磁的方法により提供された事項が記録された電磁的記録を発起人が定めた場所【5】に備え置かなければならない。

7　設立時株主【6】は、発起人が定めた時間【7】内は、いつでも、次に掲

【4】　株式会社の成立後にあっては、当該株式会社。次条第3項及び第76条第4項において同じ。

【5】　株式会社の成立後にあっては、その本店。次条第3項及び第76条第4項において同じ。

【6】　株式会社の成立後にあっては、その株主。次条第4項及び第76条第5項において同じ。

【7】　株式会社の成立後にあっては、その営業時間。次条第4項及び第76条第5項

げる請求をすることができる。
一　代理権を証明する書面の閲覧又は謄写の請求
二　前項の電磁的記録に記録された事項を法務省令で定める方法により表示したものの閲覧又は謄写の請求

（書面による議決権の行使）

第75条　書面による議決権の行使は、議決権行使書面に必要な事項を記載し、法務省令で定める時までに当該議決権行使書面を**発起人に提出**して行う。

2　前項の規定により書面によって行使した議決権の数は、出席した設立時株主の議決権の数に算入する。

3　発起人は、創立総会の日から３箇月間、第１項の規定により提出された議決権行使書面を発起人が定めた場所に備え置かなければならない。

4　設立時株主は、発起人が定めた時間内は、いつでも、第１項の規定により提出された議決権行使書面の閲覧又は謄写の請求をすることができる。

（電磁的方法による議決権の行使）

第76条　電磁的方法による議決権の行使は、政令で定めるところにより、**発起人の承諾**を得て、法務省令で定める時までに議決権行使書面に記載すべき事項を、**電磁的方法**により当該**発起人に提供**して行う。

2　設立時株主が第68条第３項の承諾をした者である場合には、発起人は、正当な理由がなければ、前項の承諾をすることを拒んではならない。

3　第１項の規定により電磁的方法によって行使した議決権の数は、出席した設立時株主の議決権の数に算入する。

4　発起人は、創立総会の日から３箇月間、第１項の規定により提供された事項を記録した電磁的記録を発起人が定めた場所に備え置かなければならない。

5　設立時株主は、発起人が定めた時間内は、いつでも、前項の電磁的記録に記録された事項を法務省令で定める方法により表示したものの閲覧又は謄写の請求をすることができる。

（議決権の不統一行使）

第77条　設立時株主は、その有する議決権を統一しないで行使することができる。この場合においては、創立総会の日の３日前までに、発起人に対してその旨及びその理由を通知しなければならない。

2　発起人は、前項の設立時株主が他人のために設立時発行株式を引き受けた者でないときは、当該設立時株主が同項の規定によりその有する議決権を統一しないで行使することを拒むことができる。

（発起人の説明義務）

第78条　発起人は、創立総会において、設立時株主から特定の事項について説明を求められた場合には、当該事項について必要な説明をしなければならない。ただし、当該事項が創立総会の目的である事項に関しないものである場合、その説明をすることにより設立時株主の共同の利益を著しく害する場合その他正当な理由がある場合として法務省令で定める場合は、この限りでない。

（議長の権限）

第79条　創立総会の議長は、当該創立総会の秩序を維持し、議事を整理する。

2　創立総会の議長は、その命令に従わない者その他当該創立総会の秩序を乱す者を退場させることができる。

において同じ。

（延期又は続行の決議）

第80条 創立総会においてその延期又は続行について決議があった場合には、第67条及び第68条の規定は、適用しない。

（議事録）

第81条 創立総会の議事については、法務省令で定めるところにより、議事録を作成しなければならない。

2 発起人【1】は、創立総会の日から10年間、前項の議事録を発起人が定めた場所【2】に備え置かなければならない。

3 設立時株主【3】は、発起人が定めた時間【4】内は、いつでも、次に掲げる請求をすることができる。

一 第1項の議事録が書面をもって作成されているときは、当該書面の閲覧又は謄写の請求

二 第1項の議事録が電磁的記録をもって作成されているときは、当該電磁的記録に記録された事項を法務省令で定める方法により表示したものの閲覧又は謄写の請求

4 株式会社の成立後において、当該株式会社の親会社社員は、その権利を行使するため必要があるときは、裁判所の許可を得て、第1項の議事録について前項各号に掲げる請求をすることができる。

（創立総会の決議の省略）

第82条 発起人が創立総会の目的である事項について提案をした場合において、当該提案につき設立時株主【5】の全員が書面又は電磁的記録により同意の意思表示をしたときは、当該提案を可決する旨の創立総会の決議があったものとみなす。

2 発起人は、前項の規定により創立総会の決議があったものとみなされた日から10年間、同項の書面又は電磁的記録を発起人が定めた場所に備え置かなければならない。

3 設立時株主は、発起人が定めた時間内は、いつでも、次に掲げる請求をすることができる。

一 前項の書面の閲覧又は謄写の請求

二 前項の電磁的記録に記録された事項を法務省令で定める方法により表示したものの閲覧又は謄写の請求

4 株式会社の成立後において、当該株式会社の親会社社員は、その権利を行使するため必要があるときは、裁判所の許可を得て、第2項の書面又は電磁的記録について前項各号に掲げる請求をすることができる。

（創立総会への報告の省略）

第83条 発起人が設立時株主の全員に対して創立総会に報告すべき事項を通知した場合において、当該事項を創立総会に報告することを要しないことにつき設立時株主の全員が書面又は電磁的記録により同意の意思表示をしたときは、当該事項の創立総会への報告があったものとみなす。

（種類株主総会の決議を必要とする旨の定めがある場合）

第84条 設立しようとする株式会社が種類株式発行会社である場合において、その設立に際して発行するある種類の株式の内容として、株主総会において決議すべき事項について、

【1】 株式会社の成立後にあっては、当該株式会社。次条第2項において同じ。

【2】 株式会社の成立後にあっては、その本店。同条第2項において同じ。

【3】 株式会社の成立後にあっては、その株主及び債権者。次条第3項において同じ。

【4】 株式会社の成立後にあっては、その営業時間。同項において同じ。

【5】 当該事項について議決権を行使することができるものに限る。

当該決議のほか、当該種類の株式の種類株主を構成員とする種類株主総会の決議があることを必要とする旨の定めがあるときは、当該事項は、その定款の定めの例に従い、創立総会の決議のほか、当該種類の設立時発行株式の設立時種類株主【1】を構成員とする種類創立総会【2】の決議がなければ、その効力を生じない。ただし、当該種類創立総会において議決権を行使することができる設立時種類株主が存しない場合は、この限りでない。

（種類創立総会の招集及び決議）

第85条　前条、第90条第1項【3】、第92条第1項【4】、第100条第1項又は第101条第1項の規定により種類創立総会の決議をする場合には、発起人は、種類創立総会を招集しなければならない。

2　種類創立総会の決議は、当該種類創立総会において議決権を行使することができる設立時種類株主の議決権の過半数であって、出席した当該設立時種類株主の議決権の3分の2以上に当たる多数をもって行う。

3　前項の規定にかかわらず、第100条第1項の決議は、同項に規定する種類創立総会において議決権を行使することができる設立時種類株主の半数以上であって、当該設立時種類株主の議決権の3分の2以上に当たる多数をもって行わなければならない。

【1】　ある種類の設立時発行株式の設立時株主をいう。以下この節において同じ。

【2】　ある種類の設立時発行株式の設立時種類株主の総会をいう。以下同じ。

【3】　同条第2項において準用する場合を含む。

【4】　同条第4項において準用する場合を含む。

（創立総会に関する規定の準用）

第86条　第67条から第71条まで、第72条第1項及び第74条から第82条までの規定は、種類創立総会について準用する。この場合において、第67条第1項第3号及び第4号並びに第2項、第68条第1項及び第3項、第69条から第71条まで、第72条第1項、第74条第1項、第3項及び第4項、第75条第2項、第76条第2項及び第3項、第77条、第78条本文並びに第82条第1項中「設立時株主」とあるのは、「設立時種類株主（ある種類の設立時発行株式の設立時株主をいう。）」と読み替えるものとする。

第3款　設立に関する事項の報告

第87条　発起人は、株式会社の設立に関する事項を創立総会に報告しなければならない。

2　発起人は、次の各号に掲げる場合には、当該各号に定める事項を記載し、又は記録した書面又は電磁的記録を創立総会に提出し、又は提供しなければならない。

一　定款に第28条各号に掲げる事項【5】の定めがある場合　第33条第2項の検査役の同条第4項の報告の内容

二　第33条第10項第3号に掲げる場合　同号に規定する証明の内容

第4款　設立時取締役等の選任及び解任

（設立時取締役等の選任）

第88条　第57条第1項の募集をする場合には、設立時取締役、設立時会計参与、設立時監査役又は設立時会

【5】　第33条第10項各号に掲げる場合における当該各号に定める事項を除く。

計監査人の選任は、創立総会の決議によって行わなければならない。

2　設立しようとする株式会社が監査等委員会設置会社である場合には、前項の規定による設立時取締役の選任は、設立時監査等委員である設立時取締役とそれ以外の設立時取締役とを区別してしなければならない。

（累積投票による設立時取締役の選任）

第89条　創立総会の目的である事項が2人以上の設立時取締役【1】の選任である場合には、設立時株主【2】は、定款に別段の定めがあるときを除き、発起人に対し、第3項から第5項までに規定するところにより設立時取締役を選任すべきことを請求することができる。

2　前項の規定による請求は、同項の創立総会の日の5日前までにしなければならない。

3　第72条第1項の規定にかかわらず、第1項の規定による請求があった場合には、設立時取締役の選任の決議については、設立時株主は、その引き受けた設立時発行株式1株【3】につき、当該創立総会において選任する設立時取締役の数と同数の議決権を有する。この場合においては、設立時株主は、1人のみに投票し、又は2人以上に投票して、その議決権を行使することができる。

4　前項の場合には、投票の最多数を得た者から順次設立時取締役に選任されたものとする。

5　前2項に定めるもののほか、第1項の規定による請求があった場合における設立時取締役の選任に関し必要な事項は、法務省令で定める。

（種類創立総会の決議による設立時取締役等の選任）

第90条　第88条の規定にかかわらず、株式会社の設立に際して第108条第1項第9号に掲げる事項【4】についての定めがある種類の株式を発行する場合には、設立時取締役【5】は、同条第2項第9号に定める事項についての定款の定めの例に従い、当該種類の設立時発行株式の設立時種類株主を構成員とする種類創立総会の決議によって選任しなければならない。

2　前項の規定は、株式会社の設立に際して第108条第1項第9号に掲げる事項【6】についての定めがある種類の株式を発行する場合について準用する。

（設立時取締役等の解任）

第91条　第88条の規定により選任された設立時取締役、設立時会計参与、設立時監査役又は設立時会計監査人は、株式会社の成立の時までの間、創立総会の決議によって解任することができる。

第92条　第90条第1項の規定により選任された設立時取締役は、株式会社の成立の時までの間、その選任に係る種類の設立時発行株式の設立時

【1】　設立しようとする株式会社が監査等委員会設置会社である場合にあっては、設立時監査等委員である設立時取締役又はそれ以外の設立時取締役。以下この条において同じ。

【2】　設立時取締役の選任について議決権を行使することができる設立時株主に限る。以下この条において同じ。

【3】　単元株式数を定款で定めている場合にあっては、1単元の設立時発行株式

【4】　取締役（設立しようとする株式会社が監査等委員会設置会社である場合にあっては、監査等委員である取締役又はそれ以外の取締役）に関するものに限る。

【5】　設立しようとする株式会社が監査等委員会設置会社である場合にあっては、設立時監査等委員である設立時取締役又はそれ以外の設立時取締役

【6】　監査役に関するものに限る。

種類株主を構成員とする種類創立総会の決議によって解任することができる。

2　前項の規定にかかわらず、第41条第1項の規定により又は種類創立総会若しくは種類株主総会において選任された取締役を株主総会の決議によって解任することができる旨の定款の定めがある場合には、第90条第1項の規定により選任された設立時取締役は、株式会社の成立の時までの間、創立総会の決議によって解任することができる。

3　設立しようとする株式会社が監査等委員会設置会社である場合における前項の規定の適用については、同項中「取締役を」とあるのは「監査等委員である取締役又はそれ以外の取締役を」と、「設立時取締役」とあるのは「設立時監査等委員である設立時取締役又はそれ以外の設立時取締役」とする。

4　第1項及び第2項の規定は、第90条第2項において準用する同条第1項の規定により選任された設立時監査役について準用する。

第5款　設立時取締役等による調査

（設立時取締役等による調査）

第93条　設立時取締役【1】は、その選任後遅滞なく、次に掲げる事項を調査しなければならない。

一　第33条第10項第1号又は第2号に掲げる場合における現物出資財産等【2】について定款に記載され、又は記録された価額が相当であること。

二　第33条第10項第3号に規定する証明が相当であること。

三　発起人による出資の履行及び第63条第1項の規定による払込みが完了していること。

四　前3号に掲げる事項のほか、株式会社の設立の手続が法令又は定款に違反していないこと。

2　設立時取締役は、前項の規定による調査の結果を創立総会に報告しなければならない。

3　設立時取締役は、創立総会において、設立時株主から第1項の規定による調査に関する事項について説明を求められた場合には、当該事項について必要な説明をしなければならない。

（設立時取締役等が発起人である場合の特則）

第94条　設立時取締役【3】の全部又は一部が発起人である場合には、創立総会においては、その決議によって、前条第1項各号に掲げる事項を調査する者を選任することができる。

2　前項の規定により選任された者は、必要な調査を行い、当該調査の結果を創立総会に報告しなければならない。

第6款　定款の変更

（発起人による定款の変更の禁止）

第95条　第57条第1項の募集をする場合には、発起人は、第58条第1項第3号の期日又は同号の期間の初日のうち最も早い日以後は、第33条第9項並びに第37条第1項及び第2項の規定にかかわらず、定款の変更をすることができない。

【1】　設立しようとする株式会社が監査役設置会社である場合にあっては、設立時取締役及び設立時監査役。以下この条において同じ。

【2】　同号に掲げる場合にあっては、同号の有価証券に限る。

【3】　設立しようとする株式会社が監査役設置会社である場合にあっては、設立時取締役及び設立時監査役

（創立総会における定款の変更）

第96条 第30条第2項の規定にかかわらず、**創立総会**においては、その決議によって、定款の変更をすることができる。

（設立時発行株式の引受けの取消し）

第97条 創立総会において、**第28条各号に掲げる事項を変更**する定款の変更の決議をした場合には、当該創立総会においてその変更に反対した設立時株主は、当該決議後**2週間以内**に限り、その設立時発行株式の引受けに係る意思表示を取り消すことができる。

（創立総会の決議による発行可能株式総数の定め）

第98条 第57条第1項の募集をする場合において、**発行可能株式総数を定款で定めていないときは**、株式会社の成立の時までに、**創立総会の決議**によって、定款を変更して発行可能株式総数の定めを設けなければならない。

（定款の変更の手続の特則）

第99条 設立しようとする会社が種類株式発行会社である場合において、次の各号に掲げるときは、当該各号の種類の設立時発行株式の設立時種類株主全員の同意を得なければならない。

一　ある種類の株式の内容として第108条第1項第6号に掲げる事項についての定款の定めを設け、又は当該事項についての定款の変更【1】をしようとするとき。

二　ある種類の株式について第322条第2項の規定による定款の定めを設けようとするとき。

第100条 設立しようとする株式会社が種類株式発行会社である場合において、定款を変更してある種類の株式の内容として第108条第1項第4号又は第7号に掲げる事項についての定款の定めを設けるときは、当該定款の変更は、次に掲げる設立時種類株主を構成員とする種類創立総会【2】の決議がなければ、その効力を生じない。ただし、当該種類創立総会において議決権を行使することができる設立時種類株主が存しない場合は、この限りでない。

一　当該種類の設立時発行株式の設立時種類株主

二　第108条第2項第5号ロの他の株式を当該種類の株式とする定めがある取得請求権付株式の設立時種類株主

三　第108条第2項第6号ロの他の株式を当該種類の株式とする定めがある取得条項付株式の設立時種類株主

2　前項に規定する種類創立総会において当該定款の変更に反対した設立時種類株主は、当該種類創立総会の決議後2週間以内に限り、その設立時発行株式の引受けに係る意思表示を取り消すことができる。

第101条 設立しようとする株式会社が種類株式発行会社である場合において、次に掲げる事項についての定款の変更をすることにより、ある種類の設立時発行株式の設立時種類株主に損害を及ぼすおそれがあるときは、当該定款の変更は、当該種類の設立時発行株式の設立時種類株主を構成員とする種類創立総会【3】の決

【1】当該事項についての定款の定めを廃止するものを除く。

【2】当該設立時種類株主に係る設立時発行株式の種類が2以上ある場合にあっては、当該2以上の設立時発行株式の種類別に区分された設立時種類株主を構成員とする各種類創立総会。以下この条において同じ。

【3】当該設立時種類株主に係る設立時発

議がなければ、その効力を生じない。ただし、当該種類創立総会において議決権を行使することができる設立時種類株主が存しない場合は、この限りでない。

一　株式の種類の追加

二　株式の内容の変更

三　発行可能株式総数又は発行可能種類株式総数【1】の増加

2　前項の規定は、単元株式数についての定款の変更であって、当該定款の変更について第322条第2項の規定による定款の定めがある場合における当該種類の設立時発行株式の設立時種類株主を構成員とする種類創立総会については、適用しない。

第7款　設立手続等の特則等

（設立手続等の特則）

第102条　設立時募集株式の引受人は、発起人が定めた時間内は、いつでも、第31条第2項各号に掲げる請求をすることができる。ただし、同項第2号又は第4号に掲げる請求をするには、発起人の定めた費用を支払わなければならない。

2　設立時募集株式の**引受人**は、株式会社の**成立の時**に、第63条第1項の規定による払込みを行った設立時発行株式の株主となる。

3　設立時募集株式の引受人は、第63条第1項の規定による払込みを仮装した場合には、次条第1項又は第103条第2項の規定による支払がされた後でなければ、払込みを仮装した設立時発行株式について、設立時株主及び株主の権利を行使することができない。

4　前項の設立時発行株式又はその株主となる権利を譲り受けた者は、当該設立時発行株式についての設立時株主及び株主の権利を行使することができる。ただし、その者に悪意又は重大な過失があるときは、この限りでない。

5　民法第93条第1項ただし書及び第94条第1項の規定は、設立時募集株式の**引受けの申込み**及び割当て並びに第61条の契約に係る意思表示については、適用しない。

6　設立時募集株式の**引受人**は、株式会社の**成立後**又は創立総会若しくは種類創立総会においてその**議決権を行使した後**は、錯誤、詐欺又は強迫を理由として設立時発行株式の引受けの取消しをすることができない。

（払込みを仮装した設立時募集株式の引受人の責任）

第102条の2　設立時募集株式の引受人は、前条第3項に規定する場合には、株式会社に対し、払込みを仮装した払込金額の全額の支払をする義務を負う。

2　前項の規定により設立時募集株式の引受人の負う義務は、総株主の同意がなければ、免除することができない。

（発起人の責任等）

第103条　第57条第1項の募集をした場合における第52条第2項の規定の適用については、同項中「次に」とあるのは、「第1号に」とする。

2　第102条第3項に規定する場合には、払込みを仮装することに関与した発起人又は設立時取締役として法務省令で定める者は、株式会社に対し、前条第1項の引受人と連帯して、同項に規定する支払をする義務を負

行株式の種類が2以上ある場合にあっては、当該2以上の設立時発行株式の種類別に区分された設立時種類株主を構成員とする各種類創立総会

【1】　株式会社が発行することができる1の種類の株式の総数をいう。以下同じ。

会社法

う。ただし、その者【1】がその職務を行うについて注意を怠らなかったことを証明した場合は、この限りでない。

3　前項の規定により発起人又は設立時取締役の負う義務は、総株主の同意がなければ、免除することができない。

4　第57条第1項の募集をした場合において、当該募集の広告その他当該募集に関する書面又は電磁的記録に自己の氏名又は名称及び株式会社の設立を賛助する旨を記載し、又は記録することを承諾した者【2】は、発起人とみなして、前節及び前3項の規定を適用する。

第2章　株式

第1節　総則

（株主の責任）

第104条　株主の責任は、その有する株式の引受価額を限度とする。

（株主の権利）

第105条　**株主**は、その有する株式につき次に掲げる権利その他この法律の規定により認められた権利を有する。

一　剰余金の配当を受ける権利

二　残余財産の分配を受ける権利

三　株主総会における議決権

2　株主に前項第1号及び第2号に掲げる権利の**全部を与えない旨の定款の定め**は、その効力を有しない。

（共有者による権利の行使）

第106条　株式が2以上の者の共有に属するときは、共有者は、当該株式についての権利を行使する者1人を**定め**、株式会社に対し、その者の**氏名**又は名称を**通知**しなければ、当該株式についての権利を行使することができない。ただし、株式会社が当該権利を行使することに同意した場合は、この限りでない。

【1】当該払込みを仮装したものを除く。
【2】発起人を除く。

（株式の内容についての特別の定め）

第107条　株式会社は、その発行する**全部の株式の内容**として次に掲げる事項を定めることができる。

一　譲渡による当該株式の取得について当該株式会社の承認を要すること。

二　当該株式について、株主が当該株式会社に対してその取得を請求することができること。

三　当該株式について、当該株式会社が一定の事由が生じたことを条件としてこれを取得することができること。

2　株式会社は、全部の株式の内容として次の各号に掲げる事項を定めるときは、当該各号に定める事項を定款で定めなければならない。

一　譲渡による当該株式の取得について当該株式会社の承認を要すること　次に掲げる事項

イ　当該株式を譲渡により取得することについて当該株式会社の承認を要する旨

ロ　一定の場合においては株式会社が第136条又は第137条第1項の承認をしたものとみなすときは、その旨及び当該一定の場合

二　当該株式について、株主が当該株式会社に対してその取得を請求することができること　次に掲げる事項

イ　株主が当該株式会社に対して当該株主の有する株式を取得することを請求することができる旨

ロ　イの株式1株を取得するのと

引換えに当該株主に対して当該株式会社の社債【1】を交付するときは、当該社債の種類【2】及び種類ごとの各社債の金額の合計額又はその算定方法

ハ　イの株式1株を取得するのと引換えに当該株主に対して当該株式会社の新株予約権【3】を交付するときは、当該新株予約権の内容及び数又はその算定方法

ニ　イの株式1株を取得するのと引換えに当該株主に対して当該株式会社の新株予約権付社債を交付するときは、当該新株予約権付社債についてのロに規定する事項及び当該新株予約権付社債に付された新株予約権についてのハに規定する事項

ホ　イの株式1株を取得するのと引換えに当該株主に対して当該株式会社の株式等【4】以外の財産を交付するときは、当該財産の内容及び数若しくは額又はこれらの算定方法

ヘ　株主が当該株式会社に対して当該株式を取得することを請求することができる期間

三　当該株式について、当該株式会社が一定の事由が生じたことを条件としてこれを取得することができること　次に掲げる事項

イ　一定の事由が生じた日に当該株式会社がその株式を取得する旨及びその事由

ロ　当該株式会社が別に定める日が到来することをもってイの事由とするときは、その旨

ハ　イの事由が生じた日にイの株式の一部を取得することとするときは、その旨及び取得する株式の一部の決定の方法

ニ　イの株式1株を取得するのと引換えに当該株主に対して当該株式会社の社債【5】を交付するときは、当該社債の種類及び種類ごとの各社債の金額の合計額又はその算定方法

ホ　イの株式1株を取得するのと引換えに当該株主に対して当該株式会社の新株予約権【6】を交付するときは、当該新株予約権の内容及び数又はその算定方法

ヘ　イの株式1株を取得するのと引換えに当該株主に対して当該株式会社の新株予約権付社債を交付するときは、当該新株予約権付社債についてのニに規定する事項及び当該新株予約権付社債に付された新株予約権についてのホに規定する事項

ト　イの株式1株を取得するのと引換えに当該株主に対して当該株式会社の株式等以外の財産を交付するときは、当該財産の内容及び数若しくは額又はこれらの算定方法

（異なる種類の株式）

第108条　株式会社は、次に掲げる事項について**異なる定め**をした内容の異なる2以上の**種類の株式**を発行することができる。ただし、**指名委員会等設置会社**及び**公開会社**は、第9号に掲げる事項についての定めがあ

【1】　新株予約権付社債についてのものを除く。
【2】　第681条第1号に規定する種類をいう。以下この編において同じ。
【3】　新株予約権付社債に付されたものを除く。
【4】　株式、社債及び新株予約権をいう。以下同じ。
【5】　新株予約権付社債についてのものを除く。
【6】　新株予約権付社債に付されたものを除く。

る種類の株式を発行することができない。
一　剰余金の配当
二　残余財産の分配
三　株主総会において議決権を行使することができる事項
四　譲渡による当該種類の株式の取得について当該株式会社の承認を要すること。
五　当該種類の株式について、株主が当該株式会社に対してその取得を請求することができること。
六　当該種類の株式について、当該株式会社が一定の事由が生じたことを条件としてこれを取得することができること。
七　当該種類の株式について、当該株式会社が株主総会の決議によってその全部を取得すること。
八　株主総会【1】において決議すべき事項のうち、当該決議のほか、当該種類の株式の種類株主を構成員とする種類株主総会の決議があることを必要とするもの
九　当該種類の株式の種類株主を構成員とする種類株主総会において取締役【2】又は監査役を選任すること。
2　株式会社は、次の各号に掲げる事項について内容の異なる2以上の種類の株式を発行する場合には、当該各号に定める事項及び発行可能種類株式総数を定款で定めなければならない。

【1】　取締役会設置会社にあっては株主総会又は取締役会、清算人会設置会社（第478条第8項に規定する清算人会設置会社をいう。以下この条において同じ。）にあっては株主総会又は清算人会
【2】　監査等委員会設置会社にあっては、監査等委員である取締役又はそれ以外の取締役。次項第9号及び第112条第1項において同じ。

一　剰余金の配当　当該種類の株主に交付する配当財産の価額の決定の方法、剰余金の配当をする条件その他剰余金の配当に関する取扱いの内容
二　残余財産の分配　当該種類の株主に交付する残余財産の価額の決定の方法、当該残余財産の種類その他残余財産の分配に関する取扱いの内容
三　株主総会において議決権を行使することができる事項　次に掲げる事項
イ　株主総会において議決権を行使することができる事項
ロ　当該種類の株式につき議決権の行使の条件を定めるときは、その条件
四　譲渡による当該種類の株式の取得について当該株式会社の承認を要すること　当該種類の株式についての前条第2項第1号に定める事項
五　当該種類の株式について、株主が当該株式会社に対してその取得を請求することができること　次に掲げる事項
イ　当該種類の株式についての前条第2項第2号に定める事項
ロ　当該種類の株式1株を取得するのと引換えに当該株主に対して当該株式会社の他の株式を交付するときは、当該他の株式の種類及び種類ごとの数又はその算定方法
六　当該種類の株式について、当該株式会社が一定の事由が生じたことを条件としてこれを取得することができること　次に掲げる事項
イ　当該種類の株式についての前条第2項第3号に定める事項
ロ　当該種類の株式1株を取得す

るのと引換えに当該株主に対して当該株式会社の他の株式を交付するときは、当該他の株式の種類及び種類ごとの数又はその算定方法

七　当該種類の株式について、当該株式会社が株主総会の決議によってその全部を取得すること　次に掲げる事項

イ　第171条第1項第1号に規定する取得対価の価額の決定の方法

ロ　当該株主総会の決議をすることができるか否かについての条件を定めるときは、その条件

八　株主総会【1】において決議すべき事項のうち、当該決議のほか、当該種類の株式の種類株主を構成員とする種類株主総会の決議があることを必要とするもの　次に掲げる事項

イ　当該種類株主総会の決議があることを必要とする事項

ロ　当該種類株主総会の決議を必要とする条件を定めるときは、その条件

九　当該種類の株式の種類株主を構成員とする種類株主総会において取締役又は監査役を選任すること　次に掲げる事項

イ　当該種類株主を構成員とする種類株主総会において取締役又は監査役を選任すること及び選任する取締役又は監査役の数

ロ　イの定めにより選任することができる取締役又は監査役の全部又は一部を他の種類株主と共同して選任することとするときは、当該他の種類株主の有する株式の種類及び共同して選任する取締役又は監査役の数

ハ　イ又はロに掲げる事項を変更する条件があるときは、その条件及びその条件が成就した場合における変更後のイ又はロに掲げる事項

ニ　イからハまでに掲げるもののほか、法務省令で定める事項

3　前項の規定にかかわらず、同項各号に定める事項【2】の全部又は一部については、当該種類の株式を初めて発行する時までに、株主総会【3】の決議によって定める旨を定款で定めることができる。この場合においては、その内容の要綱を定款で定めなければならない。

（株主の平等）

第109条　株式会社は、株主を、その有する**株式の内容及び数**に応じて、平等に取り扱わなければならない。

2　前項の規定にかかわらず、**公開会社でない株式会社**は、第105条第1項各号に掲げる権利に関する事項について、株主ごとに異なる取扱いを行う旨を定款で定めることができる。

3　前項の規定による定款の定めがある場合には、同項の株主が有する株式を同項の権利に関する事項について内容の異なる種類の株式とみなして、この編及び第5編の規定を適用する。

（定款の変更の手続の特則）

第110条　定款を変更してその発行する全部の株式の内容として第107条第1項第3号に掲げる事項について

【1】　取締役会設置会社にあっては株主総会又は取締役会、清算人会設置会社にあっては株主総会又は清算人会

【2】　剰余金の配当について内容の異なる種類の種類株主が配当を受けることができる額その他法務省令で定める事項に限る。

【3】　取締役会設置会社にあっては株主総会又は取締役会、清算人会設置会社にあっては株主総会又は清算人会

の定款の定めを設け、又は当該事項についての定款の変更【1】をしようとする場合【2】には、株主全員の同意を得なければならない。

第111条 種類株式発行会社がある種類の株式の発行後に定款を変更して当該種類の株式の内容として第108条第1項第6号に掲げる事項についての定款の定めを設け、又は当該事項についての定款の変更【3】をしようとするときは、当該種類の株式を有する株主全員の同意を得なければならない。

2 種類株式発行会社がある種類の株式の内容として第108条第1項第4号又は第7号に掲げる事項についての定款の定めを設ける場合には、当該定款の変更は、次に掲げる種類株主を構成員とする種類株主総会【4】の決議がなければ、その効力を生じない。ただし、当該種類株主総会において議決権を行使することができる種類株主が存しない場合は、この限りでない。

一 当該種類の株式の種類株主

二 第108条第2項第5号ロの他の株式を当該種類の株式とする定めがある取得請求権付株式の種類株主

三 第108条第2項第6号ロの他の株式を当該種類の株式とする定めがある取得条項付株式の種類株主

【1】 当該事項についての定款の定めを廃止するものを除く。

【2】 株式会社が種類株式発行会社である場合を除く。

【3】 当該事項についての定款の定めを廃止するものを除く。

【4】 当該種類株主に係る株式の種類が2以上ある場合にあっては、当該2以上の株式の種類別に区分された種類株主を構成員とする各種類株主総会。以下この条において同じ。

（取締役の選任等に関する種類株式の定款の定めの廃止の特則）

第112条 第108条第2項第9号に掲げる事項【5】についての定款の定めは、この法律又は定款で定めた取締役の員数を欠いた場合において、そのために当該員数に足りる数の取締役を選任することができないときは、廃止されたものとみなす。

2 前項の規定は、第108条第2項第9号に掲げる事項【6】についての定款の定めについて準用する。

（発行可能株式総数）

第113条 株式会社は、定款を変更して発行可能株式総数についての定めを廃止することができない。

2 定款を変更して発行可能株式総数を減少するときは、変更後の発行可能株式総数は、当該定款の変更が効力を生じた時における発行済株式の総数を下ることができない。

3 次に掲げる場合には、当該定款の変更後の発行可能株式総数は、当該定款の変更が効力を生じた時における発行済株式の総数の4倍を超えることができない。

一 公開会社が定款を変更して発行可能株式総数を**増加**する場合

二 公開会社でない株式会社が定款を変更して**公開会社**となる場合

4 新株予約権【7】の新株予約権者が第282条第1項の規定により取得することとなる株式の数は、発行可能株式総数から発行済株式【8】の総数を控除して得た数を超えてはならない。

【5】 取締役に関するものに限る。

【6】 監査役に関するものに限る。

【7】 第236条第1項第4号の期間の初日が到来していないものを除く。

【8】 自己株式（株式会社が有する自己の株式をいう。以下同じ。）を除く。

（発行可能種類株式総数）

第114条　定款を変更してある種類の株式の発行可能種類株式総数を減少するときは、変更後の当該種類の株式の発行可能種類株式総数は、当該定款の変更が効力を生じた時における当該種類の発行済株式の総数を下ることができない。

2　ある種類の株式についての次に掲げる数の合計数は、当該種類の株式の発行可能種類株式総数から当該種類の発行済株式【1】の総数を控除して得た数を超えてはならない。

一　取得請求権付株式【2】の株主【3】が第167条第2項の規定により取得することとなる同項第4号に規定する他の株式の数

二　取得条項付株式の株主【4】が第170条第2項の規定により取得することとなる同項第4号に規定する他の株式の数

三　新株予約権【5】の新株予約権者が第282条第1項の規定により取得することとなる株式の数

（議決権制限株式の発行数）

第115条　種類株式発行会社が公開会社である場合において、株主総会において議決権を行使することができる事項について制限のある種類の株式【6】の数が発行済株式の総数の2分の1を超えるに至ったときは、株式会社は、直ちに、議決権制限株式の数を発行済株式の総数の2分の1以下にするための必要な措置をとらなければならない。

（反対株主の株式買取請求）

第116条　次の各号に掲げる場合には、**反対株主**は、株式会社に対し、自己の有する当該各号に定める株式を公正な価格で買い取ることを請求することができる。

一　その発行する全部の株式の内容として**第107条第1項第1号に掲げる事項についての定めを設ける定款の変更をする場合**　全部の株式

二　ある種類の株式の内容として**第108条第1項第4号又は第7号に掲げる事項についての定めを設ける定款の変更をする場合**　第111条第2項各号に規定する株式

三　次に掲げる行為をする場合において、ある種類の株式【7】を有する**種類株主に損害を及ぼすおそれがあるとき**　当該種類の株式

イ　**株式の併合又は株式の分割**

ロ　第185条に規定する**株式無償割当て**

ハ　単元株式数についての定款の変更

ニ　当該株式会社の株式を引き受ける者の募集【8】

ホ　当該株式会社の新株予約権を引き受ける者の募集【9】

ヘ　第277条に規定する新株予約権無償割当て

2　前項に規定する「反対株主」とは、次の各号に掲げる場合における当該各号に定める株主をいう。

一　前項各号の行為をするために株

【1】　自己株式を除く。
【2】　第107条第2項第2号への期間の初日が到来していないものを除く。
【3】　当該株式会社を除く。
【4】　当該株式会社を除く。
【5】　第236条第1項第4号の期間の初日が到来していないものを除く。
【6】　以下この条において「**議決権制限株式**」という。
【7】　第322条第2項の規定による定款の定めがあるものに限る。
【8】　第202条第1項各号に掲げる事項を定めるものに限る。
【9】　第241条第1項各号に掲げる事項を定めるものに限る。

主総会【1】の決議を要する場合　次に掲げる株主
イ　当該株主総会に先立って当該行為に**反対**する旨を当該株式会社に対し**通知**し、かつ、当該株主総会において当該行為に**反対**した株主【2】
ロ　当該株主総会において議決権を行使することができない株主
二　前号に規定する場合以外の場合　すべての株主
3　第1項各号の行為をしようとする株式会社は、当該行為が効力を生ずる日【3】の20日前までに、同項各号に定める株式の株主に対し、当該行為をする旨を通知しなければならない。
4　前項の規定による通知は、公告をもってこれに代えることができる。
5　第1項の規定による請求【4】は、効力発生日の20日前の日から効力発生日の前日までの間に、その株式買取請求に係る株式の数【5】を明らかにしてしなければならない。
6　株券が発行されている株式について株式買取請求をしようとするときは、当該株式の株主は、株式会社に対し、当該株式に係る株券を提出しなければならない。ただし、当該株券について第223条の規定による請求をした者については、この限りでない。
7　株式買取請求をした株主は、**株式会社の承諾**を得た場合に限り、その株式買取請求を撤回することができる。
8　株式会社が第1項各号の行為を中止したときは、株式買取請求は、その効力を失う。
9　第133条の規定は、株式買取請求に係る株式については、適用しない。

（株式の価格の決定等）

第117条　株式買取請求があった場合において、株式の価格の決定について、株主と株式会社との間に協議が調ったときは、株式会社は、効力発生日から60日以内にその支払をしなければならない。
2　株式の価格の決定について、効力発生日から30日以内に協議が調わないときは、株主又は株式会社は、その期間の満了の日後30日以内に、裁判所に対し、価格の決定の申立てをすることができる。
3　前条第7項の規定にかかわらず、前項に規定する場合において、効力発生日から60日以内に同項の申立てがないときは、その期間の満了後は、株主は、いつでも、株式買取請求を撤回することができる。
4　株式会社は、裁判所の決定した価格に対する第1項の期間の満了の日後の法定利率による利息をも支払わなければならない。
5　株式会社は、株式の価格の決定があるまでは、株主に対し、当該株式会社が公正な価格と認める額を支払うことができる。
6　株式買取請求に係る株式の買取りは、効力発生日に、その効力を生ずる。
7　株券発行会社【6】は、株券が発行

【1】　種類株主総会を含む。
【2】　当該株主総会において議決権を行使することができるものに限る。
【3】　以下この条及び次条において「**効力発生日**」という。
【4】　以下この節において「**株式買取請求**」という。
【5】　種類株式発行会社にあっては、株式の種類及び種類ごとの数
【6】　その株式（種類株式発行会社にあっては、全部の種類の株式）に係る株券を発行する旨の定款の定めがある株式会社をいう。以下同じ。

されている株式について株式買取請求があったときは、株券と引換えに、その株式買取請求に係る株式の代金を支払わなければならない。

（新株予約権買取請求）

第118条　次の各号に掲げる定款の変更をする場合には、当該各号に定める新株予約権の新株予約権者は、株式会社に対し、自己の有する新株予約権を公正な価格で買い取ることを請求することができる。

一　その発行する全部の株式の内容として第107条第1項第1号に掲げる事項についての定めを設ける定款の変更　全部の新株予約権

二　ある種類の株式の内容として第108条第1項第4号又は第7号に掲げる事項についての定款の定めを設ける定款の変更　当該種類の株式を目的とする新株予約権

2　新株予約権付社債に付された新株予約権の新株予約権者は、前項の規定による請求【1】をするときは、併せて、新株予約権付社債についての社債を買い取ることを請求しなければならない。ただし、当該新株予約権付社債に付された新株予約権について別段の定めがある場合は、この限りでない。

3　第1項各号に掲げる定款の変更をしようとする株式会社は、当該定款の変更が効力を生ずる日【2】の20日前までに、同項各号に定める新株予約権の新株予約権者に対し、当該定款の変更を行う旨を通知しなければならない。

4　前項の規定による通知は、公告をもってこれに代えることができる。

5　新株予約権買取請求は、定款変更日の20日前の日から定款変更日の前日までの間に、その新株予約権買取請求に係る新株予約権の内容及び数を明らかにしてしなければならない。

6　新株予約権証券が発行されている新株予約権について新株予約権買取請求をしようとするときは、当該新株予約権の新株予約権者は、株式会社に対し、その新株予約権証券を提出しなければならない。ただし、当該新株予約権証券について非訟事件手続法（平成23年法律第51号）第114条に規定する公示催告の申立てをした者については、この限りでない。

7　新株予約権付社債券【3】が発行されている新株予約権付社債に付された新株予約権について新株予約権買取請求をしようとするときは、当該新株予約権の新株予約権者は、株式会社に対し、その新株予約権付社債券を提出しなければならない。ただし、当該新株予約権付社債券について非訟事件手続法第114条に規定する公示催告の申立てをした者については、この限りでない。

8　新株予約権買取請求をした新株予約権者は、株式会社の承諾を得た場合に限り、その新株予約権買取請求を撤回することができる。

9　株式会社が第1項各号に掲げる定款の変更を中止したときは、新株予約権買取請求は、その効力を失う。

10　第260条の規定は、新株予約権買取請求に係る新株予約権については、適用しない。

（新株予約権の価格の決定等）

第119条　新株予約権買取請求があっ

【1】以下この節において「**新株予約権買取請求**」という。

【2】以下この条及び次条において「**定款変更日**」という。

【3】第249条第2号に規定する新株予約権付社債券をいう。以下この項及び次条第8項において同じ。

た場合において、新株予約権【1】の価格の決定について、新株予約権者と株式会社との間に協議が調ったときは、株式会社は、定款変更日から60日以内にその支払をしなければならない。

2　新株予約権の価格の決定について、定款変更日から30日以内に協議が調わないときは、新株予約権者又は株式会社は、その期間の満了の日後30日以内に、裁判所に対し、価格の決定の申立てをすることができる。

3　前条第8項の規定にかかわらず、前項に規定する場合において、定款変更日から60日以内に同項の申立てがないときは、その期間の満了後は、新株予約権者は、いつでも、新株予約権買取請求を撤回することができる。

4　株式会社は、裁判所の決定した価格に対する第1項の期間の満了の日後の法定利率による利息をも支払わなければならない。

5　株式会社は、新株予約権の価格の決定があるまでは、新株予約権者に対し、当該株式会社が公正な価格と認める額を支払うことができる。

6　新株予約権買取請求に係る新株予約権の買取りは、定款変更日に、その効力を生ずる。

7　株式会社は、新株予約権証券が発行されている新株予約権について新株予約権買取請求があったときは、新株予約権証券と引換えに、その新株予約権買取請求に係る新株予約権の代金を支払わなければならない。

8　株式会社は、新株予約権付社債券が発行されている新株予約権付社債に付された新株予約権について新株予約権買取請求があったときは、その新株予約権付社債券と引換えに、その新株予約権買取請求に係る新株予約権の代金を支払わなければならない。

（株主等の権利の行使に関する利益の供与）

第120条　株式会社は、何人（なんぴと）に対しても、株主の権利、当該株式会社に係る適格旧株主【2】の権利又は当該株式会社の最終完全親会社等【3】の株主の権利の行使に関し、財産上の利益の供与【4】をしてはならない。

2　株式会社が特定の株主に対して無償で財産上の利益の供与をしたときは、当該株式会社は、株主の権利の行使に関し、財産上の利益の供与をしたものと推定する。株式会社が特定の株主に対して有償で財産上の利益の供与をした場合において、当該株式会社又はその子会社の受けた利益が当該財産上の利益に比して著しく少ないときも、同様とする。

3　株式会社が第1項の規定に違反して財産上の利益の供与をしたときは、当該利益の供与を受けた者は、これを当該株式会社又はその子会社に返還しなければならない。この場合において、当該利益の供与を受けた者は、当該株式会社又はその子会社に対して当該利益と引換えに給付をしたものがあるときは、その返還を受けることができる。

4　株式会社が第1項の規定に違反して財産上の利益の供与をしたときは、

【1】　当該新株予約権が新株予約権付社債に付されたものである場合において、当該新株予約権付社債についての社債の買取りの請求があったときは、当該社債を含む。以下この条において同じ。

【2】　第847条の2第9項に規定する適格旧株主をいう。

【3】　第847条の3第1項に規定する最終完全親会社等をいう。

【4】　当該株式会社又はその子会社の計算においてするものに限る。以下この条において同じ。

当該利益の供与をすることに関与した取締役【1】として法務省令で定める者は、当該株式会社に対して、連帯して、供与した利益の価額に相当する額を支払う義務を負う。ただし、その者【2】がその職務を行うについて注意を怠らなかったことを証明した場合は、この限りでない。

5　前項の義務は、総株主の同意がなければ、免除することができない。

第2節　株主名簿

(株主名簿)

第121条　株式会社は、株主名簿を作成し、これに**次に掲げる事項**【3】を**記載**し、又は記録しなければならない。

一　株主の**氏名**又は名称及び**住所**

二　前号の株主の有する**株式の数**【4】

三　第1号の株主が株式を取得した日

四　株式会社が株券発行会社である場合には、第2号の株式【5】に係る株券の番号

(株主名簿記載事項を記載した書面の交付等)

第122条　前条第1号の株主は、株式会社に対し、当該株主についての株主名簿に記載され、若しくは記録された株主名簿記載事項を記載した書面の交付又は当該株主名簿記載事項を記録した電磁的記録の提供を請求することができる。

2　前項の書面には、株式会社の代表取締役【6】が署名し、又は記名押印しなければならない。

3　第1項の電磁的記録には、株式会社の代表取締役が法務省令で定める署名又は記名押印に代わる措置をとらなければならない。

4　前3項の規定は、株券発行会社については、適用しない。

(株主名簿管理人)

第123条　株式会社は、株主名簿管理人【7】を置く旨を定款で定め、当該事務を行うことを委託することができる。

(基準日)

第124条　株式会社は、一定の日【8】を定めて、基準日において株主名簿に記載され、又は記録されている株主【9】をその**権利を行使することができる者**と定めることができる。

2　基準日を定める場合には、株式会社は、基準日株主が行使することができる権利【10】の内容を定めなければならない。

3　株式会社は、基準日を定めたときは、当該基準日の2週間前までに、当該基準日及び前項の規定により定めた事項を公告しなければならない。ただし、定款に当該基準日及び当該事項について定めがあるときは、この限りでない。

4　基準日株主が行使することができる権利が株主総会又は種類株主総会における議決権である場合には、株式会社は、当該基準日後に株式を取得した者の全部又は一部を当該権利

【1】　指名委員会等設置会社にあっては、執行役を含む。以下この項において同じ。

【2】　当該利益の供与をした取締役を除く。

【3】　以下「**株主名簿記載事項**」という。

【4】　種類株式発行会社にあっては、株式の種類及び種類ごとの数

【5】　株券が発行されているものに限る。

【6】　指名委員会等設置会社にあっては、代表執行役。次項において同じ。

【7】　株式会社に代わって株主名簿の作成及び備置きその他の株主名簿に関する事務を行う者をいう。以下同じ。

【8】　以下この章において「**基準日**」という。

【9】　以下この条において「**基準日株主**」という。

【10】　基準日から3箇月以内に行使するものに限る。

を行使することができる者と定めることができる。ただし、当該株式の基準日株主の権利を害することができない。

5 第1項から第3項までの規定は、第149条第1項に規定する登録株式質権者について準用する。

（株主名簿の備置き及び閲覧等）

第125条 株式会社は、株主名簿をその**本店**【1】に備え置かなければならない。

2 **株主**及び**債権者**は、株式会社の**営業時間内**は、いつでも、次に掲げる請求をすることができる。この場合においては、当該請求の理由を明らかにしてしなければならない。

一 株主名簿が書面をもって作成されているときは、当該書面の閲覧又は謄写の請求

二 株主名簿が電磁的記録をもって作成されているときは、当該電磁的記録に記録された事項を法務省令で定める方法により表示したものの閲覧又は謄写の請求

3 株式会社は、前項の請求があったときは、次のいずれかに該当する場合を除き、これを拒むことができない。

一 当該請求を行う株主又は債権者【2】がその**権利の確保又は行使に関する調査以外の目的**で請求を行ったとき。

二 請求者が当該株式会社の**業務の遂行を妨げ**、又は株主の共同の**利益を害する目的**で請求を行ったとき。

三 請求者が株主名簿の閲覧又は謄写によって知り得た事実を**利益を得て第三者に通報**するため請求を行ったとき。

四 請求者が、**過去2年以内**において、株主名簿の閲覧又は謄写によって知り得た事実を**利益を得て第三者に通報**したことがあるものであるとき。

4 株式会社の親会社社員は、その権利を行使するため必要があるときは、裁判所の許可を得て、当該株式会社の株主名簿について第2項各号に掲げる請求をすることができる。この場合においては、当該請求の理由を明らかにしてしなければならない。

5 前項の親会社社員について第3項各号のいずれかに規定する事由があるときは、裁判所は、前項の許可をすることができない。

（株主に対する通知等）

第126条 株式会社が**株主に対してする通知**又は**催告**は、株主名簿に記載し、又は記録した当該株主の住所【3】にあてて発すれば足りる。

2 前項の通知又は催告は、その通知又は催告が**通常到達すべきであった時**に、到達したものとみなす。

3 株式が2以上の者の共有に属するときは、共有者は、株式会社が株主に対してする通知又は催告を受領する者1人を定め、当該株式会社に対し、その者の氏名又は名称を通知しなければならない。この場合においては、その者を株主とみなして、前2項の規定を適用する。

4 前項の規定による共有者の通知がない場合には、株式会社が株式の共有者に対してする通知又は催告は、そのうちの1人に対してすれば足り

【1】 株主名簿管理人がある場合にあっては、その営業所

【2】 以下この項において「**請求者**」という。

【3】 当該株主が別に通知又は催告を受ける場所又は連絡先を当該株式会社に通知した場合にあっては、その場所又は連絡先

る。

5　前各項の規定は、第299条第1項【1】の通知に際して株主に書面を交付し、又は当該書面に記載すべき事項を電磁的方法により提供する場合について準用する。この場合において、第2項中「到達したもの」とあるのは、「当該書面の交付又は当該事項の電磁的方法による提供があったもの」と読み替えるものとする。

第3節　株式の譲渡等

第1款　株式の譲渡

（株式の譲渡）

第127条　株主は、その有する株式を譲渡することができる。

（株券発行会社の株式の譲渡）

第128条　株券発行会社の株式の譲渡は、当該株式に係る株券を交付しなければ、その効力を生じない。ただし、自己株式の処分による株式の譲渡については、この限りでない。

2　株券の発行前にした譲渡は、株券発行会社に対し、その効力を生じない。

（自己株式の処分に関する特則）

第129条　株券発行会社は、自己株式を処分した日以後遅滞なく、当該自己株式を取得した者に対し、株券を交付しなければならない。

2　前項の規定にかかわらず、公開会社でない株券発行会社は、同項の者から請求がある時までは、同項の株券を交付しないことができる。

（株式の譲渡の対抗要件）

第130条　**株式の譲渡**は、その株式を取得した者の氏名又は名称及び住所を株主名簿に記載し、又は記録しなければ、**株式会社その他の第三者**に対抗することができない。

2　**株券発行会社**における前項の規定の適用については、同項中「株式会社その他の第三者」とあるのは、「株式会社」とする。

（権利の推定等）

第131条　株券の占有者は、当該株券に係る株式についての権利を適法に有するものと推定する。

2　株券の交付を受けた者は、当該株券に係る株式についての権利を取得する。ただし、その者に悪意又は重大な過失があるときは、この限りでない。

（株主の請求によらない株主名簿記載事項の記載又は記録）

第132条　株式会社は、次の各号に掲げる場合には、当該各号の株式の株主に係る株主名簿記載事項を株主名簿に記載し、又は記録しなければならない。

一　株式を発行した場合

二　当該株式会社の株式を取得した場合

三　自己株式を処分した場合

2　株式会社は、株式の併合をした場合には、併合した株式について、その株式の株主に係る株主名簿記載事項を株主名簿に記載し、又は記録しなければならない。

3　株式会社は、株式の分割をした場合には、分割した株式について、その株式の株主に係る株主名簿記載事項を株主名簿に記載し、又は記録しなければならない。

（株主の請求による株主名簿記載事項の記載又は記録）

第133条　株式を当該株式を発行した株式会社以外の者から取得した者【2】は、当該株式会社に対し、当

【1】第325条において準用する場合を含む。

【2】当該株式会社を除く。以下この節において「**株式取得者**」という。

該株式に係る株主名簿記載事項を株主名簿に記載し、又は記録することを請求することができる。

2　前項の規定による請求は、利害関係人の利益を害するおそれがないものとして法務省令で定める場合を除き、その取得した株式の株主として株主名簿に記載され、若しくは記録された者又はその相続人その他の一般承継人と共同してしなければならない。

第134条　前条の規定は、株式取得者が取得した株式が譲渡制限株式である場合には、適用しない。ただし、次のいずれかに該当する場合は、この限りでない。

一　当該株式取得者が当該譲渡制限株式を取得することについて第136条の承認を受けていること。

二　当該株式取得者が当該譲渡制限株式を取得したことについて第137条第1項の承認を受けていること。

三　当該株式取得者が第140条第4項に規定する指定買取人であること。

四　当該株式取得者が相続その他の一般承継により譲渡制限株式を取得した者であること。

（親会社株式の取得の禁止）

第135条　子会社は、その親会社である株式会社の株式【1】を**取得してはならない**。

2　前項の規定は、次に掲げる場合には、適用しない。

一　他の会社【2】の事業の全部を譲り受ける場合において当該他の会社の有する親会社株式を譲り受ける場合

二　**合併後消滅する会社**から親会社株式を承継する場合

三　吸収分割により他の会社から親会社株式を承継する場合

四　新設分割により他の会社から親会社株式を承継する場合

五　前各号に掲げるもののほか、法務省令で定める場合

3　子会社は、**相当の時期**にその有する親会社株式を処分しなければならない。

第2款　株式の譲渡に係る承認手続

（株主からの承認の請求）

第136条　**譲渡制限株式の株主**は、その有する譲渡制限株式を他人【3】に譲り渡そうとするときは、当該株式会社に対し、当該他人が当該譲渡制限株式を取得することについて承認をするか否かの決定をすることを請求することができる。

（株式取得者からの承認の請求）

第137条　**譲渡制限株式を取得した株式取得者**は、株式会社に対し、当該譲渡制限株式を取得したことについて承認をするか否かの決定をすることを請求することができる。

2　前項の規定による請求は、利害関係人の利益を害するおそれがないものとして法務省令で定める場合を除き、その**取得した株式の株主**として株主名簿に記載され、若しくは記録された者又はその相続人その他の一般承継人と共同してしなければならない。

（譲渡等承認請求の方法）

第138条　次の各号に掲げる請求【4】

【1】以下この条において「**親会社株式**」という。
【2】外国会社を含む。
【3】当該譲渡制限株式を発行した株式会社を除く。
【4】以下この款において「**譲渡等承認請求**」という。

会社法

は、当該各号に定める事項を明らかにしてしなければならない。
一　**第136条の規定による請求**　次に掲げる事項
イ　当該請求をする株主が譲り渡そうとする譲渡制限株式の数【1】
ロ　イの譲渡制限株式を譲り受ける者の氏名又は名称
ハ　株式会社が第136条の**承認をしない旨**の決定をする場合において、当該株式会社又は第140条第4項に規定する指定買取人がイの譲渡制限株式を買い取ることを請求するときは、その旨
二　**前条第1項の規定による請求**　次に掲げる事項
イ　当該請求をする株式取得者の取得した譲渡制限株式の数【2】
ロ　イの株式取得者の氏名又は名称
ハ　株式会社が前条第1項の**承認をしない旨**の決定をする場合において、当該株式会社又は第140条第4項に規定する指定買取人がイの譲渡制限株式を買い取ることを請求するときは、その旨

（譲渡等の承認の決定等）

第139条　株式会社が第136条又は第137条第1項の**承認をするか否か**の決定をするには、株主総会【3】の決議によらなければならない。ただし、定款に別段の定めがある場合は、この限りでない。

2　株式会社は、前項の決定をしたときは、譲渡等承認請求をした者【4】に対し、当該決定の内容を通知しなければならない。

（株式会社又は指定買取人による買取り）

第140条　株式会社は、第138条第1号ハ又は第2号ハの請求を受けた場合において、第136条又は第137条第1項の**承認をしない旨**の決定をしたときは、当該譲渡等承認請求に係る譲渡制限株式【5】を**買い取らなければならない**。この場合においては、次に掲げる事項を定めなければならない。
一　対象株式を買い取る旨
二　株式会社が買い取る対象株式の数【6】

2　前項各号に掲げる事項の決定は、株主総会の決議によらなければならない。

3　譲渡等承認請求者は、前項の株主総会において議決権を行使することができない。ただし、当該譲渡等承認請求者以外の株主の全部が同項の株主総会において議決権を行使することができない場合は、この限りでない。

4　第1項の規定にかかわらず、同項に規定する場合には、株式会社は、対象株式の全部又は一部を買い取る者【7】を指定することができる。

5　前項の規定による指定は、株主総会【8】の決議によらなければならない。ただし、定款に別段の定めがある場合は、この限りでない。

【1】　種類株式発行会社にあっては、譲渡制限株式の種類及び種類ごとの数
【2】　種類株式発行会社にあっては、譲渡制限株式の種類及び種類ごとの数
【3】　取締役会設置会社にあっては、取締役会
【4】　以下この款において「**譲渡等承認請求者**」という。
【5】　以下この款において「**対象株式**」という。
【6】　種類株式発行会社にあっては、対象株式の種類及び種類ごとの数
【7】　以下この款において「**指定買取人**」という。
【8】　取締役会設置会社にあっては、取締役会

（株式会社による買取りの通知）

第141条 株式会社は、前条第1項各号に掲げる事項を決定したときは、譲渡等承認請求者に対し、これらの事項を通知しなければならない。

2 株式会社は、前項の規定による通知をしようとするときは、1株当たり純資産額【1】に前条第1項第2号の対象株式の数を乗じて得た額をその本店の所在地の供託所に供託し、かつ、当該供託を証する書面を譲渡等承認請求者に交付しなければならない。

3 対象株式が株券発行会社の株式である場合には、前項の書面の交付を受けた譲渡等承認請求者は、当該交付を受けた日から1週間以内に、前条第1項第2号の対象株式に係る株券を当該株券発行会社の本店の所在地の供託所に供託しなければならない。この場合においては、当該譲渡等承認請求者は、当該株券発行会社に対し、遅滞なく、当該供託をした旨を通知しなければならない。

4 前項の譲渡等承認請求者が同項の期間内に同項の規定による供託をしなかったときは、株券発行会社は、前条第1項第2号の対象株式の売買契約を解除することができる。

（指定買取人による買取りの通知）

第142条 指定買取人は、第140条第4項の規定による指定を受けたときは、譲渡等承認請求者に対し、次に掲げる事項を通知しなければならない。

一 指定買取人として指定を受けた旨

二 指定買取人が買い取る対象株式の数【2】

2 指定買取人は、前項の規定による通知をしようとするときは、1株当たり純資産額に同項第2号の対象株式の数を乗じて得た額を株式会社の本店の所在地の供託所に供託し、かつ、当該供託を証する書面を譲渡等承認請求者に交付しなければならない。

3 対象株式が株券発行会社の株式である場合には、前項の書面の交付を受けた譲渡等承認請求者は、当該交付を受けた日から1週間以内に、第1項第2号の対象株式に係る株券を当該株券発行会社の本店の所在地の供託所に供託しなければならない。この場合においては、当該譲渡等承認請求者は、指定買取人に対し、遅滞なく、当該供託をした旨を通知しなければならない。

4 前項の譲渡等承認請求者が同項の期間内に同項の規定による供託をしなかったときは、指定買取人は、第1項第2号の対象株式の売買契約を解除することができる。

（譲渡等承認請求の撤回）

第143条 第138条第1号ハ又は第2号ハの請求をした譲渡等承認請求者は、第141条第1項の規定による通知を受けた後は、株式会社の承諾を得た場合に限り、その請求を撤回することができる。

2 第138条第1号ハ又は第2号ハの請求をした譲渡等承認請求者は、前条第1項の規定による通知を受けた後は、指定買取人の承諾を得た場合に限り、その請求を撤回することができる。

（売買価格の決定）

第144条 第141条第1項の規定によ

【1】 1株当たりの純資産額として法務省令で定める方法により算定される額をいう。以下同じ。

【2】 種類株式発行会社にあっては、対象株式の種類及び種類ごとの数

る通知があった場合には、第140条第1項第2号の対象株式の売買価格は、株式会社と譲渡等承認請求者との協議によって定める。
2　株式会社又は譲渡等承認請求者は、第141条第1項の規定による通知があった日から20日以内に、裁判所に対し、売買価格の決定の申立てをすることができる。
3　裁判所は、前項の決定をするには、譲渡等承認請求の時における株式会社の資産状態その他一切の事情を考慮しなければならない。
4　第1項の規定にかかわらず、第2項の期間内に同項の申立てがあったときは、当該申立てにより裁判所が定めた額をもって第140条第1項第2号の対象株式の売買価格とする。
5　第1項の規定にかかわらず、第2項の期間内に同項の申立てがないとき【1】は、1株当たり純資産額に第140条第1項第2号の対象株式の数を乗じて得た額をもって当該対象株式の売買価格とする。
6　第141条第2項の規定による供託をした場合において、第140条第1項第2号の対象株式の売買価格が確定したときは、株式会社は、供託した金銭に相当する額を限度として、売買代金の全部又は一部を支払ったものとみなす。
7　前各項の規定は、第142条第1項の規定による通知があった場合について準用する。この場合において、第1項中「第140条第1項第2号」とあるのは「第142条第1項第2号」と、「株式会社」とあるのは「指定買取人」と、第2項中「株式会社」とあるのは「指定買取人」と、第4項及び第5項中「第140条第1項第2号」とあるのは「第142条第1項第2号」と、前項中「第141条第2項」とあるのは「第142条第2項」と、「第140条第1項第2号」とあるのは「同条第1項第2号」と、「株式会社」とあるのは「指定買取人」と読み替えるものとする。

（株式会社が承認をしたとみなされる場合）
第145条　次に掲げる場合には、株式会社は、第136条又は第137条第1項の承認をする旨の決定をしたものとみなす。ただし、株式会社と譲渡等承認請求者との合意により別段の定めをしたときは、この限りでない。
一　株式会社が第136条又は第137条第1項の規定による請求の日から2週間【2】以内に第139条第2項の規定による**通知**をしなかった場合
二　株式会社が第139条第2項の規定による通知の日から40日【3】以内に第141条第1項の規定による通知をしなかった場合【4】
三　前2号に掲げる場合のほか、法務省令で定める場合

第3款　株式の質入れ

（株式の質入れ）
第146条　株主は、その有する株式に質権を設定することができる。
2　株券発行会社の株式の質入れは、当該株式に係る株券を交付しなければ、その効力を生じない。

【1】当該期間内に第1項の協議が調った場合を除く。

【2】これを下回る期間を定款で定めた場合にあっては、その期間
【3】これを下回る期間を定款で定めた場合にあっては、その期間
【4】指定買取人が第139条第2項の規定による通知の日から10日（これを下回る期間を定款で定めた場合にあっては、その期間）以内に第142条第1項の規定による通知をした場合を除く。

（株式の質入れの対抗要件）

第147条　株式の質入れは、その質権者の氏名又は名称及び住所を株主名簿に記載し、又は記録しなければ、株式会社その他の第三者に対抗することができない。

2　前項の規定にかかわらず、株券発行会社の株式の質権者は、継続して当該株式に係る株券を占有しなければ、その質権をもって株券発行会社その他の第三者に対抗することができない。

3　民法第364条の規定は、株式については、適用しない。

（株主名簿の記載等）

第148条　株式に質権を設定した者は、株式会社に対し、次に掲げる事項を株主名簿に記載し、又は記録することを請求することができる。

一　質権者の氏名又は名称及び住所

二　質権の目的である株式

（株主名簿の記載事項を記載した書面の交付等）

第149条　前条各号に掲げる事項が株主名簿に記載され、又は記録された質権者【1】は、株式会社に対し、当該登録株式質権者についての株主名簿に記載され、若しくは記録された同条各号に掲げる事項を記載した書面の交付又は当該事項を記録した電磁的記録の提供を請求することができる。

2　前項の書面には、株式会社の代表取締役【2】が署名し、又は記名押印しなければならない。

3　第1項の電磁的記録には、株式会社の代表取締役が法務省令で定める署名又は記名押印に代わる措置をとらなければならない。

4　前3項の規定は、株券発行会社については、適用しない。

（登録株式質権者に対する通知等）

第150条　株式会社が登録株式質権者に対してする通知又は催告は、株主名簿に記載し、又は記録した当該登録株式質権者の住所【3】にあてて発すれば足りる。

2　前項の通知又は催告は、その通知又は催告が通常到達すべきであった時に、到達したものとみなす。

（株式の質入れの効果）

第151条　株式会社が次に掲げる行為をした場合には、株式を目的とする質権は、当該行為によって当該株式の株主が受けることのできる金銭等【4】について存在する。

一　第167条第1項の規定による取得請求権付株式の取得

二　第170条第1項の規定による取得条項付株式の取得

三　第173条第1項の規定による第171条第1項に規定する全部取得条項付種類株式の取得

四　株式の併合

五　株式の分割

六　第185条に規定する株式無償割当て

七　第277条に規定する新株予約権無償割当て

八　剰余金の配当

九　残余財産の分配

十　組織変更

十一　合併【5】

十二　株式交換

十三　株式移転

【1】　以下「登録株式質権者」という。

【2】　指名委員会等設置会社にあっては、代表執行役。次項において同じ。

【3】　当該登録株式質権者が別に通知又は催告を受ける場所又は連絡先を当該株式会社に通知した場合にあっては、その場所又は連絡先

【4】　金銭その他の財産をいう。以下同じ。

【5】　合併により当該株式会社が消滅する場合に限る。

十四　株式の取得【1】

2　特別支配株主【2】が株式売渡請求【3】により売渡株式【4】の取得をした場合には、売渡株式を目的とする質権は、当該取得によって当該売渡株式の株主が受けることのできる金銭について存在する。

第152条　株式会社【5】は、前条第1項第1号から第3号までに掲げる行為をした場合【6】又は同項第6号に掲げる行為をした場合において、同項の質権の質権者が登録株式質権者【7】であるときは、前条第1項の株主が受けることができる株式について、その質権者の氏名又は名称及び住所を株主名簿に記載し、又は記録しなければならない。

2　株式会社は、株式の併合をした場合において、前条第1項の質権の質権者が登録株式質権者であるときは、併合した株式について、その質権者の氏名又は名称及び住所を株主名簿に記載し、又は記録しなければならない。

3　株式会社は、株式の分割をした場合において、前条第1項の質権の質権者が登録株式質権者であるときは、分割した株式について、その質権者の氏名又は名称及び住所を株主名簿に記載し、又は記録しなければならない。

【1】　第1号から第3号までに掲げる行為を除く。

【2】　第179条第1項に規定する特別支配株主をいう。第154条第3項において同じ。

【3】　第179条第2項に規定する株式売渡請求をいう。

【4】　第179条の2第1項第2号に規定する売渡株式をいう。以下この項において同じ。

【5】　株券発行会社を除く。以下この条において同じ。

【6】　これらの行為に際して当該株式会社が株式を交付する場合に限る。

【7】　第218条第5項の規定による請求により第148条各号に掲げる事項が株主名簿に記載され、又は記録されたものを除く。以下この款において同じ。

第153条　株券発行会社は、前条第1項に規定する場合には、第151条第1項の株主が受ける株式に係る株券を登録株式質権者に引き渡さなければならない。

2　株券発行会社は、前条第2項に規定する場合には、併合した株式に係る株券を登録株式質権者に引き渡さなければならない。

3　株券発行会社は、前条第3項に規定する場合には、分割した株式について新たに発行する株券を登録株式質権者に引き渡さなければならない。

第154条　登録株式質権者は、第151条第1項の金銭等【8】又は同条第2項の金銭を受領し、他の債権者に先立って自己の債権の弁済に充てることができる。

2　株式会社が次の各号に掲げる行為をした場合において、前項の債権の弁済期が到来していないときは、登録株式質権者は、当該各号に定める者に同項に規定する金銭等に相当する金額を供託させることができる。この場合において、質権は、その供託金について存在する。

一　第151条第1項第1号から第6号まで、第8号、第9号又は第14号に掲げる行為　当該株式会社

二　組織変更　第744条第1項第1号に規定する組織変更後持分会社

三　合併【9】　第749条第1項に規定する吸収合併存続会社又は第753条第1項に規定する新設合併

【8】　金銭に限る。

【9】　合併により当該株式会社が消滅する場合に限る。

設立会社
四　株式交換　第767条に規定する株式交換完全親会社
五　株式移転　第773条第1項第1号に規定する株式移転設立完全親会社
3　第151条第2項に規定する場合において、第1項の債権の弁済期が到来していないときは、登録株式質権者は、当該特別支配株主に同条第2項の金銭に相当する金額を供託させることができる。この場合において、質権は、その供託金について存在する。

第4款　信託財産に属する株式についての対抗要件等

第154条の2　株式については、当該株式が信託財産に属する旨を株主名簿に記載し、又は記録しなければ、当該株式が信託財産に属することを株式会社その他の第三者に対抗することができない。
2　第121条第1号の株主は、その有する株式が信託財産に属するときは、株式会社に対し、その旨を株主名簿に記載し、又は記録することを請求することができる。
3　株主名簿に前項の規定による記載又は記録がされた場合における第122条第1項及び第132条の規定の適用については、第122条第1項中「記録された株主名簿記載事項」とあるのは「記録された株主名簿記載事項（当該株主の有する株式が信託財産に属する旨を含む。）」と、第132条中「株主名簿記載事項」とあるのは「株主名簿記載事項（当該株主の有する株式が信託財産に属する旨を含む。）」とする。
4　前3項の規定は、株券発行会社については、適用しない。

第4節　株式会社による自己の株式の取得

第1款　総則

第155条　株式会社は、次に掲げる場合に限り、当該株式会社の株式を取得することができる。
一　第107条第2項第3号イの事由が生じた場合
二　第138条第1号ハ又は第2号ハの請求があった場合
三　次条第1項の決議があった場合
四　第166条第1項の規定による請求があった場合
五　第171条第1項の決議があった場合
六　第176条第1項の規定による請求をした場合
七　第192条第1項の規定による請求があった場合
八　第197条第3項各号に掲げる事項を定めた場合
九　第234条第4項各号【1】に掲げる事項を定めた場合
十　他の会社【2】の事業の全部を譲り受ける場合において当該他の会社が有する当該株式会社の株式を取得する場合
十一　合併後消滅する会社から当該株式会社の株式を承継する場合
十二　吸収分割をする会社から当該株式会社の株式を承継する場合
十三　前各号に掲げる場合のほか、法務省令で定める場合

【1】　第235条第2項において準用する場合を含む。
【2】　外国会社を含む。

第2款　株主との合意による取得

第1目　総則

（株式の取得に関する事項の決定）

第156条　株式会社が株主との合意により**当該株式会社の株式**を有償で取得するには、あらかじめ、株主総会の決議によって、次に掲げる事項を定めなければならない。ただし、第3号の期間は、1年を超えることができない。

一　取得する株式の数【1】

二　株式を取得するのと引換えに交付する金銭等【2】の内容及びその総額

三　株式を取得することができる期間

2　前項の規定は、前条第1号及び第2号並びに第4号から第13号までに掲げる場合には、適用しない。

（取得価格等の決定）

第157条　株式会社は、前条第1項の規定による決定に従い株式を取得しようとするときは、その都度、次に掲げる事項を定めなければならない。

一　取得する株式の数【3】

二　株式1株を取得するのと引換えに交付する金銭等の内容及び数若しくは額又はこれらの算定方法

三　株式を取得するのと引換えに交付する金銭等の総額

四　株式の譲渡しの申込みの期日

2　取締役会設置会社においては、前項各号に掲げる事項の決定は、取締役会の決議によらなければならない。

3　第1項の株式の取得の条件は、同項の規定による決定ごとに、均等に定めなければならない。

（株主に対する通知等）

第158条　株式会社は、株主【4】に対し、前条第1項各号に掲げる事項を通知しなければならない。

2　公開会社においては、前項の規定による通知は、公告をもってこれに代えることができる。

（譲渡しの申込み）

第159条　前条第1項の規定による通知を受けた株主は、その有する株式の譲渡しの申込みをしようとするときは、株式会社に対し、その申込みに係る株式の数【5】を明らかにしなければならない。

2　株式会社は、第157条第1項第4号の期日において、前項の株主が申込みをした株式の譲受けを承諾したものとみなす。ただし、同項の株主が申込みをした株式の総数【6】が同条第1項第1号の数【7】を超えるときは、取得総数を申込総数で除して得た数に前項の株主が申込みをした株式の数を乗じて得た数【8】の株式の譲受けを承諾したものとみなす。

第2目　特定の株主からの取得

（特定の株主からの取得）

第160条　株式会社は、第156条第1項各号に掲げる事項の決定に併せて、同項の株主総会の決議によって、第

【1】　種類株式発行会社にあっては、株式の種類及び種類ごとの数

【2】　当該株式会社の株式等を除く。以下この款において同じ。

【3】　種類株式発行会社にあっては、株式の種類及び数

【4】　種類株式発行会社にあっては、取得する株式の種類の種類株主

【5】　種類株式発行会社にあっては、株式の種類及び数

【6】　以下この項において「**申込総数**」という。

【7】　以下この項において「**取得総数**」という。

【8】　その数に1に満たない端数がある場合にあっては、これを切り捨てるものとする。

158条第1項の規定による通知を特定の株主に対して行う旨を定めることができる。

2　株式会社は、前項の規定による決定をしようとするときは、法務省令で定める時までに、株主【1】に対し、次項の規定による請求をすることができる旨を通知しなければならない。

3　前項の株主は、第1項の特定の株主に自己をも加えたものを同項の株主総会の議案とすることを、法務省令で定める時までに、請求することができる。

4　第1項の特定の株主は、第156条第1項の株主総会において議決権を行使することができない。ただし、第1項の特定の株主以外の株主の全部が当該株主総会において議決権を行使することができない場合は、この限りでない。

5　第1項の特定の株主を定めた場合における第158条第1項の規定の適用については、同項中「株主（種類株式発行会社にあっては、取得する株式の種類の種類株主）」とあるのは、「第160条第1項の特定の株主」とする。

（市場価格のある株式の取得の特則）

第161条　前条第2項及び第3項の規定は、取得する株式が市場価格のある株式である場合において、当該株式1株を取得するのと引換えに交付する金銭等の額が当該株式1株の市場価格として法務省令で定める方法により算定されるものを超えないときは、適用しない。

（相続人等からの取得の特則）

第162条　第160条第2項及び第3項の規定は、株式会社が株主の相続人その他の一般承継人からその相続その他の一般承継により取得した当該株式会社の株式を取得する場合には、適用しない。ただし、次のいずれかに該当する場合は、この限りでない。

一　株式会社が公開会社である場合

二　当該相続人その他の一般承継人が株主総会又は種類株主総会において当該株式について議決権を行使した場合

（子会社からの株式の取得）

第163条　株式会社がその子会社の有する当該株式会社の株式を取得する場合における第156条第1項の規定の適用については、同項中「株主総会」とあるのは、「株主総会（取締役会設置会社にあっては、取締役会）」とする。この場合においては、第157条から第160条までの規定は、適用しない。

（特定の株主からの取得に関する定款の定め）

第164条　株式会社は、株式【2】の取得について第160条第1項の規定による決定をするときは同条第2項及び第3項の規定を適用しない旨を定款で定めることができる。

2　株式の発行後に定款を変更して当該株式について前項の規定による定款の定めを設け、又は当該定めについての定款の変更【3】をしようとするときは、当該株式を有する株主全員の同意を得なければならない。

第3目　市場取引等による株式の取得

第165条　第157条から第160条までの規定は、株式会社が市場において行う取引又は金融商品取引法第27条の2第6項に規定する公開買付け

【1】　種類株式発行会社にあっては、取得する株式の種類の種類株主

【2】　種類株式発行会社にあっては、ある種類の株式。次項において同じ。

【3】　同項の定款の定めを廃止するものを除く。

の方法【1】により当該株式会社の株式を取得する場合には、適用しない。

2　取締役会設置会社は、市場取引等により当該株式会社の株式を取得することを取締役会の決議によって定めることができる旨を定款で定めることができる。

3　前項の規定による定款の定めを設けた場合における第156条第1項の規定の適用については、同項中「株主総会」とあるのは、「株主総会（第165条第1項に規定する場合にあっては、株主総会又は取締役会）」とする。

第3款　取得請求権付株式及び取得条項付株式の取得

第1目　取得請求権付株式の取得の請求

（取得の請求）

第166条　取得請求権付株式の株主は、株式会社に対して、当該株主の有する取得請求権付株式を取得することを請求することができる。ただし、当該取得請求権付株式を取得するのと引換えに第107条第2項第2号ロからホまでに規定する財産を交付する場合において、これらの財産の帳簿価額が当該請求の日における第461条第2項の分配可能額を超えているときは、この限りでない。

2　前項の規定による請求は、その請求に係る取得請求権付株式の数【2】を明らかにしてしなければならない。

3　株券発行会社の株主がその有する取得請求権付株式について第1項の規定による請求をしようとするときは、当該取得請求権付株式に係る株券を株券発行会社に提出しなければならない。ただし、当該取得請求権付株式に係る株券が発行されていない場合は、この限りでない。

（効力の発生）

第167条　株式会社は、前条第1項の規定による請求の日に、その請求に係る取得請求権付株式を取得する。

2　次の各号に掲げる場合には、前条第1項の規定による請求をした株主は、その請求の日に、第107条第2項第2号【3】に定める事項についての定めに従い、当該各号に定める者となる。

一　第107条第2項第2号ロに掲げる事項についての定めがある場合　同号ロの社債の社債権者

二　第107条第2項第2号ハに掲げる事項についての定めがある場合　同号ハの新株予約権の新株予約権者

三　第107条第2項第2号ニに掲げる事項についての定めがある場合　同号ニの新株予約権付社債についての社債の社債権者及び当該新株予約権付社債に付された新株予約権の新株予約権者

四　第108条第2項第5号ロに掲げる事項についての定めがある場合　同号ロの他の株式の株主

3　前項第4号に掲げる場合において、同号に規定する他の株式の数に1株に満たない端数があるときは、これを切り捨てるものとする。この場合においては、株式会社は、定款に別段の定めがある場合を除き、次の各号に掲げる場合の区分に応じ、当該各号に定める額にその端数を乗じて得た額に相当する金銭を前条第1項の規定による請求をした株主に対し

【1】　以下この条において「市場取引等」という。

【2】　種類株式発行会社にあっては、取得請求権付株式の種類及び種類ごとの数

【3】　種類株式発行会社にあっては、第108条第2項第5号

て交付しなければならない。

一　当該株式が市場価格のある株式である場合　当該株式1株の市場価格として法務省令で定める方法により算定される額

二　前号に掲げる場合以外の場合　1株当たり純資産額

4　前項の規定は、当該株式会社の社債及び新株予約権について端数がある場合について準用する。この場合において、同項第2号中「1株当たり純資産額」とあるのは、「法務省令で定める額」と読み替えるものとする。

第2目　取得条項付株式の取得

（取得する日の決定）

第168条　第107条第2項第3号ロに掲げる事項についての定めがある場合には、株式会社は、同号ロの日を株主総会【1】の決議によって定めなければならない。ただし、定款に別段の定めがある場合は、この限りでない。

2　第107条第2項第3号ロの日を定めたときは、株式会社は、取得条項付株式の株主【2】及びその登録株式質権者に対し、当該日の2週間前までに、当該日を通知しなければならない。

3　前項の規定による通知は、公告をもってこれに代えることができる。

（取得する株式の決定等）

第169条　株式会社は、第107条第2項第3号ハに掲げる事項についての定めがある場合において、取得条項付株式を取得しようとするときは、その取得する取得条項付株式を決定しなければならない。

2　前項の取得条項付株式は、株主総会【3】の決議によって定めなければならない。ただし、定款に別段の定めがある場合は、この限りでない。

3　第1項の規定による決定をしたときは、株式会社は、同項の規定により決定した取得条項付株式の株主及びその登録株式質権者に対し、直ちに、当該取得条項付株式を取得する旨を通知しなければならない。

4　前項の規定による通知は、公告をもってこれに代えることができる。

（効力の発生等）

第170条　株式会社は、第107条第2項第3号イの事由が生じた日【4】に、取得条項付株式【5】を取得する。

一　第107条第2項第3号イの事由が生じた日

二　前条第3項の規定による通知の日又は同条第4項の公告の日から2週間を経過した日

2　次の各号に掲げる場合には、取得条項付株式の株主【6】は、第107条第2項第3号イの事由が生じた日に、同号【7】に定める事項についての定めに従い、当該各号に定める者となる。

一　第107条第2項第3号ニに掲げる事項についての定めがある場合

【1】　取締役会設置会社にあっては、取締役会

【2】　同号ハに掲げる事項についての定めがある場合にあっては、次条第1項の規定により決定した取得条項付株式の株主

【3】　取締役会設置会社にあっては、取締役会

【4】　同号ハに掲げる事項についての定めがある場合にあっては、第1号に掲げる日又は第2号に掲げる日のいずれか遅い日。次項及び第5項において同じ。

【5】　同条第2項第3号ハに掲げる事項についての定めがある場合にあっては、前条第1項の規定により決定したもの。次項において同じ。

【6】　当該株式会社を除く。

【7】　種類株式発行会社にあっては、第108条第2項第6号

同号ニの社債の社債権者
二　第107条第2項第3号ホに掲げる事項についての定めがある場合　同号ホの新株予約権の新株予約権者
三　第107条第2項第3号へに掲げる事項についての定めがある場合　同号への新株予約権付社債についての社債の社債権者及び当該新株予約権付社債に付された新株予約権の新株予約権者
四　第108条第2項第6号ロに掲げる事項についての定めがある場合　同号ロの他の株式の株主

3　株式会社は、第107条第2項第3号イの事由が生じた後、遅滞なく、取得条項付株式の株主及びその登録株式質権者【1】に対し、当該事由が生じた旨を通知しなければならない。ただし、第168条第2項の規定による通知又は同条第3項の公告をしたときは、この限りでない。

4　前項本文の規定による通知は、公告をもってこれに代えることができる。

5　前各項の規定は、取得条項付株式を取得するのと引換えに第107条第2項第3号ニからトまでに規定する財産を交付する場合において、これらの財産の帳簿価額が同号イの事由が生じた日における第461条第2項の分配可能額を超えているときは、適用しない。

【1】　同号ハに掲げる事項についての定めがある場合にあっては、前条第1項の規定により決定した取得条項付株式の株主及びその登録株式質権者

第4款　全部取得条項付種類株式の取得

（全部取得条項付種類株式の取得に関する決定）

第171条　全部取得条項付種類株式【2】を発行した種類株式発行会社は、株主総会の決議によって、全部取得条項付種類株式の全部を取得することができる。この場合においては、当該株主総会の決議によって、次に掲げる事項を定めなければならない。
一　全部取得条項付種類株式を取得するのと引換えに金銭等を交付するときは、当該金銭等【3】についての次に掲げる事項
イ　当該取得対価が当該株式会社の株式であるときは、当該株式の種類及び種類ごとの数又はその数の算定方法
ロ　当該取得対価が当該株式会社の社債【4】であるときは、当該社債の種類及び種類ごとの各社債の金額の合計額又はその算定方法
ハ　当該取得対価が当該株式会社の新株予約権【5】であるときは、当該新株予約権の内容及び数又はその算定方法
ニ　当該取得対価が当該株式会社の新株予約権付社債であるときは、当該新株予約権付社債についてのロに規定する事項及び当

【2】　第108条第1項第7号に掲げる事項についての定めがある種類の株式をいう。以下この款において同じ。
【3】　以下この条において「**取得対価**」という。
【4】　新株予約権付社債についてのものを除く。
【5】　新株予約権付社債に付されたものを除く。

該新株予約権付社債に付された新株予約権についてのハに規定する事項

ホ　当該取得対価が当該株式会社の株式等以外の財産であるときは、当該財産の内容及び数若しくは額又はこれらの算定方法

二　前号に規定する場合には、全部取得条項付種類株式の株主に対する取得対価の割当てに関する事項

三　株式会社が全部取得条項付種類株式を取得する日【1】

2　前項第2号に掲げる事項についての定めは、株主【2】の有する全部取得条項付種類株式の数に応じて取得対価を割り当てることを内容とするものでなければならない。

3　取締役は、第1項の株主総会において、全部取得条項付種類株式の全部を取得することを必要とする理由を説明しなければならない。

（全部取得条項付種類株式の取得対価等に関する書面等の備置き及び閲覧等）

第171条の2　全部取得条項付種類株式を取得する株式会社は、次に掲げる日のいずれか早い日から取得日後6箇月を経過する日までの間、前条第1項各号に掲げる事項その他法務省令で定める事項を記載し、又は記録した書面又は電磁的記録をその本店に備え置かなければならない。

一　前条第1項の株主総会の日の2週間前の日【3】

二　第172条第2項の規定による通知の日又は同条第3項の公告の日のいずれか早い日

2　全部取得条項付種類株式を取得する株式会社の株主は、当該株式会社に対して、その営業時間内は、いつでも、次に掲げる請求をすることができる。ただし、第2号又は第4号に掲げる請求をするには、当該株式会社の定めた費用を支払わなければならない。

一　前項の書面の閲覧の請求

二　前項の書面の謄本又は抄本の交付の請求

三　前項の電磁的記録に記録された事項を法務省令で定める方法により表示したものの閲覧の請求

四　前項の電磁的記録に記録された事項を電磁的方法であって株式会社の定めたものにより提供することの請求又はその事項を記載した書面の交付の請求

（全部取得条項付種類株式の取得をやめることの請求）

第171条の3　第171条第1項の規定による全部取得条項付種類株式の取得が法令又は定款に違反する場合において、株主が不利益を受けるおそれがあるときは、株主は、株式会社に対し、当該全部取得条項付種類株式の取得をやめることを請求することができる。

（裁判所に対する価格の決定の申立て）

第172条　第171条第1項各号に掲げる事項を定めた場合には、次に掲げる株主は、取得日の20日前の日から取得日の前日までの間に、裁判所に対し、株式会社による全部取得条項付種類株式の取得の価格の決定の申立てをすることができる。

一　当該株主総会に先立って当該株式会社による全部取得条項付種類株式の取得に反対する旨を当該株式会社に対し通知し、かつ、当該株主総会において当該取得に反対

【1】以下この款において「取得日」という。
【2】当該株式会社を除く。
【3】第319条第1項の場合にあっては、同項の提案があった日

した株主【1】

二　当該株主総会において議決権を行使することができない株主

2　株式会社は、取得日の20日前までに、全部取得条項付種類株式の株主に対し、当該全部取得条項付種類株式の全部を取得する旨を通知しなければならない。

3　前項の規定による通知は、公告をもってこれに代えることができる。

4　株式会社は、裁判所の決定した価格に対する取得日後の法定利率による利息をも支払わなければならない。

5　株式会社は、全部取得条項付種類株式の取得の価格の決定があるまでは、株主に対し、当該株式会社がその公正な価格と認める額を支払うことができる。

（効力の発生）

第173条　株式会社は、取得日に、全部取得条項付種類株式の全部を取得する。

2　次の各号に掲げる場合には、当該株式会社以外の全部取得条項付種類株式の株主【2】は、取得日に、第171条第1項の株主総会の決議による定めに従い、当該各号に定める者となる。

一　第171条第1項第1号イに掲げる事項についての定めがある場合　同号イの株式の株主

二　第171条第1項第1号ロに掲げる事項についての定めがある場合　同号ロの社債の社債権者

三　第171条第1項第1号ハに掲げる事項についての定めがある場合　同号ハの新株予約権の新株予約権者

四　第171条第1項第1号ニに掲げる事項についての定めがある場合　同号ニの新株予約権付社債についての社債の社債権者及び当該新株予約権付社債に付された新株予約権の新株予約権者

（全部取得条項付種類株式の取得に関する書面等の備置き及び閲覧等）

第173条の2　株式会社は、取得日後遅滞なく、株式会社が取得した全部取得条項付種類株式の数その他の全部取得条項付種類株式の取得に関する事項として法務省令で定める事項を記載し、又は記録した書面又は電磁的記録を作成しなければならない。

2　株式会社は、取得日から6箇月間、前項の書面又は電磁的記録をその本店に備え置かなければならない。

3　全部取得条項付種類株式を取得した株式会社の株主又は取得日に全部取得条項付種類株式の株主であった者は、当該株式会社に対して、その営業時間内は、いつでも、次に掲げる請求をすることができる。ただし、第2号又は第4号に掲げる請求をするには、当該株式会社の定めた費用を支払わなければならない。

一　前項の書面の閲覧の請求

二　前項の書面の謄本又は抄本の交付の請求

三　前項の電磁的記録に記録された事項を法務省令で定める方法により表示したものの閲覧の請求

四　前項の電磁的記録に記録された事項を電磁的方法であって株式会社の定めたものにより提供することの請求又はその事項を記載した書面の交付の請求

【1】　当該株主総会において議決権を行使することができるものに限る。

【2】　前条第1項の申立てをした株主を除く。

第5款　相続人等に対する売渡しの請求

（相続人等に対する売渡しの請求に関する定款の定め）

第174条　株式会社は、相続その他の**一般承継**により当該株式会社の株式【1】を取得した者に対し、当該株式を当該株式会社に売り渡すことを請求することができる旨を**定款**で定めることができる。

（売渡しの請求の決定）

第175条　株式会社は、前条の規定による定款の定めがある場合において、次条第1項の規定による請求をしようとするときは、その都度、株主総会の決議によって、次に掲げる事項を定めなければならない。

一　次条第1項の規定による請求をする株式の数【2】

二　前号の株式を有する者の氏名又は名称

2　前項第2号の者は、同項の株主総会において議決権を行使することができない。ただし、同号の者以外の株主の全部が当該株主総会において議決権を行使することができない場合は、この限りでない。

（売渡しの請求）

第176条　株式会社は、前条第1項各号に掲げる事項を定めたときは、同項第2号の者に対し、同項第1号の株式を当該株式会社に売り渡すことを請求することができる。ただし、当該株式会社が相続その他の一般承継があったことを知った日から1年を経過したときは、この限りでない。

2　前項の規定による請求は、その請求に係る株式の数【3】を明らかにしてしなければならない。

3　株式会社は、いつでも、第1項の規定による請求を撤回することができる。

（売買価格の決定）

第177条　前条第1項の規定による請求があった場合には、第175条第1項第1号の株式の売買価格は、株式会社と同項第2号の者との協議によって定める。

2　株式会社又は第175条第1項第2号の者は、前条第1項の規定による請求があった日から20日以内に、裁判所に対し、売買価格の決定の申立てをすることができる。

3　裁判所は、前項の決定をするには、前条第1項の規定による請求の時における株式会社の資産状態その他一切の事情を考慮しなければならない。

4　第1項の規定にかかわらず、第2項の期間内に同項の申立てがあったときは、当該申立てにより裁判所が定めた額をもって第175条第1項第1号の株式の売買価格とする。

5　第2項の期間内に同項の申立てがないとき【4】は、前条第1項の規定による請求は、その効力を失う。

第6款　株式の消却

第178条　株式会社は、自己株式を**消却**することができる。この場合においては、消却する**自己株式の数**【5】を定めなければならない。

2　取締役会設置会社においては、前項後段の規定による決定は、取締役会の決議によらなければならない。

【1】　譲渡制限株式に限る。
【2】　種類株式発行会社にあっては、株式の種類及び種類ごとの数
【3】　種類株式発行会社にあっては、株式の種類及び種類ごとの数
【4】　当該期間内に第1項の協議が調った場合を除く。
【5】　種類株式発行会社にあっては、自己株式の種類及び種類ごとの数

第4節の2　特別支配株主の株式等売渡請求

（株式等売渡請求）

第179条　株式会社の特別支配株主【1】は、当該株式会社の**株主**【2】**の全員**に対し、その有する当該株式会社の**株式の全部**を当該特別支配株主に売り渡すことを請求することができる。ただし、特別支配株主完全子法人に対しては、その請求をしないことができる。

2　特別支配株主は、前項の規定による請求【3】をするときは、併せて、その株式売渡請求に係る株式を発行している株式会社【4】の新株予約権の新株予約権者【5】の全員に対し、その有する対象会社の新株予約権の全部を当該特別支配株主に売り渡すことを請求することができる。ただし、特別支配株主完全子法人に対しては、その請求をしないことができる。

3　特別支配株主は、新株予約権付社債に付された新株予約権について前項の規定による請求【6】をするときは、併せて、新株予約権付社債についての社債の全部を当該特別支配株主に売り渡すことを請求しなければならない。ただし、当該新株予約権付社債に付された新株予約権について別段の定めがある場合は、この限りでない。

（株式等売渡請求の方法）

第179条の2　株式売渡請求は、次に掲げる事項を定めてしなければならない。

一　特別支配株主完全子法人に対して株式売渡請求をしないこととするときは、その旨及び当該特別支配株主完全子法人の名称

二　株式売渡請求によりその有する対象会社の株式を売り渡す株主【7】に対して当該株式【8】の対価として交付する金銭の額又はその算定方法

三　売渡株主に対する前号の金銭の割当てに関する事項

四　株式売渡請求に併せて新株予約権売渡請求【9】をするときは、その旨及び次に掲げる事項

イ　特別支配株主完全子法人に対して新株予約権売渡請求をしないこととするときは、その旨及び当該特別支配株主完全子法人の名称

ロ　新株予約権売渡請求によりその有する対象会社の新株予約権を売り渡す新株予約権者【10】に対して当該新株予約権【11】の対

【1】　株式会社の総株主の議決権の10分の9（これを上回る割合を当該株式会社の定款で定めた場合にあっては、その割合）以上を当該株式会社以外の者及び当該者が発行済株式の全部を有する株式会社その他これに準ずるものとして法務省令で定める法人（以下この条及び次条第1項において「**特別支配株主完全子法人**」という。）が有している場合における当該者をいう。以下同じ。

【2】　当該株式会社及び当該特別支配株主を除く。

【3】　以下この章及び第846条の2第2項第1号において「**株式売渡請求**」という。

【4】　以下「**対象会社**」という。

【5】　対象会社及び当該特別支配株主を除く。

【6】　以下「**新株予約権売渡請求**」という。

【7】　以下「**売渡株主**」という。

【8】　以下この章において「**売渡株式**」という。

【9】　その新株予約権売渡請求に係る新株予約権が新株予約権付社債に付されたものである場合における前条第3項の規定による請求を含む。以下同じ。

【10】　以下「**売渡新株予約権者**」という。

【11】　当該新株予約権が新株予約権付社債に付されたものである場合において、

価として交付する金銭の額又はその算定方法

ハ　売渡新株予約権者に対するロの金銭の割当てに関する事項

五　特別支配株主が売渡株式【1】を取得する日【2】

六　前各号に掲げるもののほか、法務省令で定める事項

2　対象会社が種類株式発行会社である場合には、特別支配株主は、対象会社の発行する種類の株式の内容に応じ、前項第3号に掲げる事項として、同項第2号の金銭の割当てについて売渡株式の種類ごとに異なる取扱いを行う旨及び当該異なる取扱いの内容を定めることができる。

3　第1項第3号に掲げる事項についての定めは、売渡株主の有する売渡株式の数【3】に応じて金銭を交付することを内容とするものでなければならない。

(対象会社の承認)

第179条の3　特別支配株主は、株式売渡請求【4】をしようとするときは、対象会社に対し、その旨及び前条第1項各号に掲げる事項を通知し、その承認を受けなければならない。

2　対象会社は、特別支配株主が株式売渡請求に併せて新株予約権売渡請求をしようとするときは、新株予約権売渡請求のみを承認することはできない。

3　取締役会設置会社が第1項の承認をするか否かの決定をするには、取締役会の決議によらなければならない。

4　対象会社は、第1項の承認をするか否かの決定をしたときは、特別支配株主に対し、当該決定の内容を通知しなければならない。

(売渡株主等に対する通知等)

第179条の4　対象会社は、前条第1項の承認をしたときは、取得日の20日前までに、次の各号に掲げる者に対し、当該各号に定める事項を通知しなければならない。

一　売渡株主【5】　当該承認をした旨、特別支配株主の氏名又は名称及び住所、第179条の2第1項第1号から第5号までに掲げる事項その他法務省令で定める事項

二　売渡株式の登録株式質権者【6】　当該承認をした旨

2　前項の規定による通知【7】は、公告をもってこれに代えることができる。

3　対象会社が第1項の規定による通知又は前項の公告をしたときは、特別支配株主から売渡株主等に対し、株式等売渡請求がされたものとみなす。

前条第3項の規定による請求をするときは、当該新株予約権付社債についての社債を含む。以下この編において「**売渡新株予約権**」という。

【1】 株式売渡請求に併せて新株予約権売渡請求をする場合にあっては、売渡株式及び売渡新株予約権。以下「**売渡株式等**」という。

【2】 以下この節において「**取得日**」という。

【3】 前項に規定する定めがある場合にあっては、各種類の売渡株式の数

【4】 株式売渡請求に併せて新株予約権売渡請求をする場合にあっては、株式売渡請求及び新株予約権売渡請求。以下「**株式等売渡請求**」という。

【5】 特別支配株主が株式売渡請求に併せて新株予約権売渡請求をする場合にあっては、売渡株主及び売渡新株予約権者。以下この節において「**売渡株主等**」という。

【6】 特別支配株主が株式売渡請求に併せて新株予約権売渡請求をする場合にあっては、売渡株式の登録株式質権者及び売渡新株予約権の登録新株予約権質権者（第270条第1項に規定する登録新株予約権質権者をいう。）

【7】 売渡株主に対してするものを除く。

4　第1項の規定による通知又は第2項の公告の費用は、特別支配株主の負担とする。

（株式等売渡請求に関する書面等の備置き及び閲覧等）

第179条の5　対象会社は、前条第1項第1号の規定による通知の日又は同条第2項の公告の日のいずれか早い日から取得日後6箇月【1】を経過する日までの間、次に掲げる事項を記載し、又は記録した書面又は電磁的記録をその本店に備え置かなければならない。

一　特別支配株主の氏名又は名称及び住所

二　第179条の2第1項各号に掲げる事項

三　第179条の3第1項の承認をした旨

四　前3号に掲げるもののほか、法務省令で定める事項

2　売渡株主等は、対象会社に対して、その営業時間内は、いつでも、次に掲げる請求をすることができる。ただし、第2号又は第4号に掲げる請求をするには、当該対象会社の定めた費用を支払わなければならない。

一　前項の書面の閲覧の請求

二　前項の書面の謄本又は抄本の交付の請求

三　前項の電磁的記録に記録された事項を法務省令で定める方法により表示したものの閲覧の請求

四　前項の電磁的記録に記録された事項を電磁的方法であって対象会社の定めたものにより提供することの請求又はその事項を記載した書面の交付の請求

（株式等売渡請求の撤回）

第179条の6　特別支配株主は、第179条の3第1項の承認を受けた後は、取得日の前日までに対象会社の承諾を得た場合に限り、売渡株式等の全部について株式等売渡請求を撤回することができる。

2　取締役会設置会社が前項の承諾をするか否かの決定をするには、取締役会の決議によらなければならない。

3　対象会社は、第1項の承諾をするか否かの決定をしたときは、特別支配株主に対し、当該決定の内容を通知しなければならない。

4　対象会社は、第1項の承諾をしたときは、遅滞なく、売渡株主等に対し、当該承諾をした旨を通知しなければならない。

5　前項の規定による通知は、公告をもってこれに代えることができる。

6　対象会社が第4項の規定による通知又は前項の公告をしたときは、株式等売渡請求は、売渡株式等の全部について撤回されたものとみなす。

7　第4項の規定による通知又は第5項の公告の費用は、特別支配株主の負担とする。

8　前各項の規定は、新株予約権売渡請求のみを撤回する場合について準用する。この場合において、第4項中「売渡株主等」とあるのは、「売渡新株予約権者」と読み替えるものとする。

（売渡株式等の取得をやめることの請求）

第179条の7　次に掲げる場合において、売渡株主が不利益を受けるおそれがあるときは、売渡株主は、特別支配株主に対し、株式等売渡請求に係る売渡株式等の全部の取得をやめることを請求することができる。

一　株式売渡請求が法令に違反する場合

二　対象会社が第179条の4第1項

【1】　対象会社が公開会社でない場合にあっては、取得日後1年

第1号【1】又は第179条の5の規定に違反した場合

三　第179条の2第1項第2号又は第3号に掲げる事項が対象会社の財産の状況その他の事情に照らして著しく不当である場合

2　次に掲げる場合において、売渡新株予約権者が不利益を受けるおそれがあるときは、売渡新株予約権者は、特別支配株主に対し、株式等売渡請求に係る売渡株式等の全部の取得をやめることを請求することができる。

一　新株予約権売渡請求が法令に違反する場合

二　対象会社が第179条の4第1項第1号【2】又は第179条の5の規定に違反した場合

三　第179条の2第1項第4号ロ又はハに掲げる事項が対象会社の財産の状況その他の事情に照らして著しく不当である場合

（売買価格の決定の申立て）

第179条の8　株式等売渡請求があった場合には、売渡株主等は、取得日の20日前の日から取得日の前日までの間に、裁判所に対し、その有する売渡株式等の売買価格の決定の申立てをすることができる。

2　特別支配株主は、裁判所の決定した売買価格に対する取得日後の法定利率による利息をも支払わなければならない。

3　特別支配株主は、売渡株式等の売買価格の決定があるまでは、売渡株主等に対し、当該特別支配株主が公正な売買価格と認める額を支払うことができる。

【1】　売渡株主に対する通知に係る部分に限る。

【2】　売渡新株予約権者に対する通知に係る部分に限る。

（売渡株式等の取得）

第179条の9　株式等売渡請求をした特別支配株主は、取得日に、売渡株式等の全部を取得する。

2　前項の規定により特別支配株主が取得した売渡株式等が譲渡制限株式又は譲渡制限新株予約権【3】であるときは、対象会社は、当該特別支配株主が当該売渡株式等を取得したことについて、第137条第1項又は第263条第1項の承認をする旨の決定をしたものとみなす。

（売渡株式等の取得に関する書面等の備置き及び閲覧等）

第179条の10　対象会社は、取得日後遅滞なく、株式等売渡請求により特別支配株主が取得した売渡株式等の数その他の株式等売渡請求に係る売渡株式等の取得に関する事項として法務省令で定める事項を記載し、又は記録した書面又は電磁的記録を作成しなければならない。

2　対象会社は、取得日から6箇月間【4】、前項の書面又は電磁的記録をその本店に備え置かなければならない。

3　取得日に売渡株主等であった者は、対象会社に対して、その営業時間内は、いつでも、次に掲げる請求をすることができる。ただし、第2号又は第4号に掲げる請求をするには、当該対象会社の定めた費用を支払わなければならない。

一　前項の書面の閲覧の請求

二　前項の書面の謄本又は抄本の交付の請求

三　前項の電磁的記録に記録された事項を法務省令で定める方法により表示したものの閲覧の請求

【3】　第243条第2項第2号に規定する譲渡制限新株予約権をいう。

【4】　対象会社が公開会社でない場合にあっては、取得日から1年間

四　前項の電磁的記録に記録された事項を電磁的方法であって対象会社の定めたものにより提供することの請求又はその事項を記載した書面の交付の請求

第5節　株式の併合等

第1款　株式の併合

（株式の併合）

第180条　株式会社は、**株式の併合**をすることができる。

2　株式会社は、株式の併合をしようとするときは、その都度、株主総会の決議によって、次に掲げる事項を定めなければならない。

一　**併合の割合**

二　株式の併合がその**効力**を生ずる日【1】

三　株式会社が種類株式発行会社である場合には、併合する株式の種類

四　効力発生日における発行可能株式総数

3　前項第4号の発行可能株式総数は、効力発生日における**発行済株式の総数の4倍**を超えることができない。ただし、株式会社が公開会社でない場合は、この限りでない。

4　**取締役**は、第2項の株主総会において、株式の併合をすることを必要とする理由を説明しなければならない。

（株主に対する通知等）

第181条　株式会社は、効力発生日の2週間前までに、株主【2】及びその登録株式質権者に対し、同項各号に掲げる事項を通知しなければならない。

2　前項の規定による通知は、公告をもってこれに代えることができる。

（効力の発生）

第182条　株主は、効力発生日に、その日の前日に有する株式【3】の数に同条第2項第1号の割合を乗じて得た数の株式の株主となる。

2　株式の併合をした株式会社は、効力発生日に、第180条第2項第4号に掲げる事項についての定めに従い当該事項に係る定款の変更をしたものとみなす。

（株式の併合に関する事項に関する書面等の備置き及び閲覧等）

第182条の2　株式の併合【4】をする株式会社は、次に掲げる日のいずれか早い日から効力発生日後6箇月を経過する日までの間、同項各号に掲げる事項その他法務省令で定める事項を記載し、又は記録した書面又は電磁的記録をその本店に備え置かなければならない。

一　第180条第2項の株主総会【5】の日の2週間前の日【6】

二　第182条の4第3項の規定により読み替えて適用する第181条第1項の規定による株主に対する通

【1】　以下この款において「**効力発生日**」という。

【2】　種類株式発行会社にあっては、前条第2項第3号の種類の種類株主。以下この款において同じ。

【3】　種類株式発行会社にあっては、第180条第2項第3号の種類の株式。以下この項において同じ。

【4】　単元株式数（種類株式発行会社にあっては、第180条第2項第3号の種類の株式の単元株式数。以下この項において同じ。）を定款で定めている場合にあっては、当該単元株式数に同条第2項第1号の割合を乗じて得た数に1に満たない端数が生ずるものに限る。以下この款において同じ。

【5】　株式の併合をするために種類株主総会の決議を要する場合にあっては、当該種類株主総会を含む。第182条の4第2項において同じ。

【6】　第319条第1項の場合にあっては、同項の提案があった日

知の日又は第181条第2項の公告の日のいずれか早い日

2　株式の併合をする株式会社の株主は、当該株式会社に対して、その営業時間内は、いつでも、次に掲げる請求をすることができる。ただし、第2号又は第4号に掲げる請求をするには、当該株式会社の定めた費用を支払わなければならない。

一　前項の書面の閲覧の請求

二　前項の書面の謄本又は抄本の交付の請求

三　前項の電磁的記録に記録された事項を法務省令で定める方法により表示したものの閲覧の請求

四　前項の電磁的記録に記録された事項を電磁的方法であって株式会社の定めたものにより提供することの請求又はその事項を記載した書面の交付の請求

（株式の併合をやめることの請求）

第182条の3　株式の併合が法令又は定款に違反する場合において、株主が**不利益**を受けるおそれがあるときは、株主は、株式会社に対し、当該株式の併合をやめることを請求することができる。

（反対株主の株式買取請求）

第182条の4　株式会社が株式の併合をすることにより株式の数に1株に満たない端数が生ずる場合には、反対株主は、当該株式会社に対し、自己の有する株式のうち1株に満たない端数となるものの全部を公正な価格で**買い取る**ことを請求することができる。

2　前項に規定する「反対株主」とは、次に掲げる株主をいう。

一　第180条第2項の株主総会に先立って当該株式の併合に反対する旨を当該株式会社に対し**通知**し、かつ、当該株主総会において当該株式の併合に**反対**した株主【1】

二　当該株主総会において**議決権**を行使することができない株主

3　株式会社が株式の併合をする場合における株主に対する通知についての第181条第1項の規定の適用については、同項中「2週間」とあるのは、「20日」とする。

4　第1項の規定による請求【2】は、効力発生日の20日前の日から効力発生日の前日までの間に、その株式買取請求に係る株式の数【3】を明らかにしてしなければならない。

5　株券が発行されている株式について株式買取請求をしようとするときは、当該株式の株主は、株式会社に対し、当該株式に係る株券を提出しなければならない。ただし、当該株券について第223条の規定による請求をした者については、この限りでない。

6　株式買取請求をした株主は、株式会社の承諾を得た場合に限り、その株式買取請求を撤回することができる。

7　第133条の規定は、株式買取請求に係る株式については、適用しない。

（株式の価格の決定等）

第182条の5　株式買取請求があった場合において、株式の価格の決定について、株主と株式会社との間に協議が調ったときは、株式会社は、効力発生日から60日以内にその支払をしなければならない。

2　株式の価格の決定について、効力発生日から30日以内に協議が調わないときは、株主又は株式会社は、

【1】当該株主総会において議決権を行使することができるものに限る。

【2】以下この款において「**株式買取請求**」という。

【3】種類株式発行会社にあっては、株式の種類及び種類ごとの数

その期間の満了の日後30日以内に、裁判所に対し、価格の決定の申立てをすることができる。

3　前条第6項の規定にかかわらず、前項に規定する場合において、効力発生日から60日以内に同項の申立てがないときは、その期間の満了後は、株主は、いつでも、株式買取請求を撤回することができる。

4　株式会社は、裁判所の決定した価格に対する第1項の期間の満了の日後の法定利率による利息をも支払わなければならない。

5　株式会社は、株式の価格の決定があるまでは、株主に対し、当該株式会社が公正な価格と認める額を支払うことができる。

6　株式買取請求に係る株式の買取りは、効力発生日に、その効力を生ずる。

7　株券発行会社は、株券が発行されている株式について株式買取請求があったときは、株券と引換えに、その株式買取請求に係る株式の代金を支払わなければならない。

（株式の併合に関する書面等の備置き及び閲覧等）

第182条の6　株式の併合をした株式会社は、効力発生日後遅滞なく、株式の併合が効力を生じた時における発行済株式【1】の総数その他の株式の併合に関する事項として法務省令で定める事項を記載し、又は記録した書面又は電磁的記録を作成しなければならない。

2　株式会社は、効力発生日から6箇月間、前項の書面又は電磁的記録をその本店に備え置かなければならない。

3　株式の併合をした株式会社の株主又は効力発生日に当該株式会社の株主であった者は、当該株式会社に対して、その営業時間内は、いつでも、次に掲げる請求をすることができる。ただし、第2号又は第4号に掲げる請求をするには、当該株式会社の定めた費用を支払わなければならない。

一　前項の書面の閲覧の請求

二　前項の書面の謄本又は抄本の交付の請求

三　前項の電磁的記録に記録された事項を法務省令で定める方法により表示したものの閲覧の請求

四　前項の電磁的記録に記録された事項を電磁的方法であって株式会社の定めたものにより提供することの請求又はその事項を記載した書面の交付の請求

【1】　種類株式発行会社にあっては、第180条第2項第3号の種類の発行済株式

第2款　株式の分割

（株式の分割）

第183条　株式会社は、**株式の分割**をすることができる。

2　株式会社は、株式の分割をしようとするときは、その都度、株主総会【2】の決議によって、次に掲げる事項を定めなければならない。

一　株式の分割により増加する株式の総数の株式の分割前の発行済株式【3】の総数に対する**割合**及び当該株式の分割に係る**基準日**

二　株式の分割がその**効力**を生ずる日

三　株式会社が種類株式発行会社である場合には、分割する株式の種類

（効力の発生等）

第184条　**基準日**において株主名簿に

【2】　取締役会設置会社にあっては、取締役会

【3】　種類株式発行会社にあっては、第3号の種類の発行済株式

記載され、又は記録されている株主【1】は、同項第2号の日に、**基準日に有する株式**【2】の数に同条第2項第1号の割合を乗じて得た数の株式を取得する。

2　株式会社【3】は、第466条の規定にかかわらず、**株主総会の決議**によらないで、前条第2項第2号の日における発行可能株式総数をその日の前日の発行可能株式総数に同項第1号の割合を乗じて得た数の範囲内で増加する定款の変更をすることができる。

第3款　株式無償割当て

(株式無償割当て)

第185条　株式会社は、**株主**【4】に対して新たに**払込み**をさせないで当該株式会社の株式の割当て【5】をすることができる。

(株式無償割当てに関する事項の決定)

第186条　株式会社は、**株式無償割当て**をしようとするときは、その都度、次に掲げる事項を定めなければならない。

一　株主に割り当てる**株式の数**【6】又はその数の算定方法

二　当該株式無償割当てがその**効力**を生ずる日

三　株式会社が種類株式発行会社である場合には、当該株式無償割当てを受ける株主の有する株式の種類

2　前項第1号に掲げる事項についての定めは、**当該株式会社以外の株主**【7】**の有する株式**【8】の数に応じて同項第1号の株式を割り当てることを内容とするものでなければならない。

3　第1項各号に掲げる事項の決定は、株主総会【9】の決議によらなければならない。ただし、定款に別段の定めがある場合は、この限りでない。

(株式無償割当ての効力の発生等)

第187条　前条第1項第1号の株式の割当てを受けた株主は、同項第2号の日に、同項第1号の株式の株主となる。

2　株式会社は、前条第1項第2号の日後遅滞なく、株主【10】及びその登録株式質権者に対し、当該株主が割当てを受けた株式の数【11】を通知しなければならない。

第6節　単元株式数

第1款　総則

(単元株式数)

第188条　株式会社は、その発行する株式について、**一定の数の株式**をもって株主が株主総会又は種類株主総会において**1個の議決権**を行使する

【1】　種類株式発行会社にあっては、基準日において株主名簿に記載され、又は記録されている前条第2項第3号の種類の種類株主

【2】　種類株式発行会社にあっては、同項第3号の種類の株式。以下この項において同じ。

【3】　現に2以上の種類の株式を発行しているものを除く。

【4】　種類株式発行会社にあっては、ある種類の種類株主

【5】　以下この款において「**株式無償割当て**」という。

【6】　種類株式発行会社にあっては、株式の種類及び種類ごとの数

【7】　種類株式発行会社にあっては、同項第3号の種類の種類株主

【8】　種類株式発行会社にあっては、同項第3号の種類の株式

【9】　取締役会設置会社にあっては、取締役会

【10】　種類株式発行会社にあっては、同項第3号の種類の種類株主

【11】　種類株式発行会社にあっては、株式の種類及び種類ごとの数

ことができる1単元の株式とする旨を定款で定めることができる。

2　前項の一定の数は、法務省令で定める数を超えることはできない。

3　種類株式発行会社においては、単元株式数は、**株式の種類**ごとに定めなければならない。

（単元未満株式についての権利の制限等）

第189条　単元株式数に満たない数の株式【1】を有する株主【2】は、その有する単元未満株式について、株主総会及び種類株主総会において議決権を行使することができない。

2　株式会社は、単元未満株主が当該単元未満株式について次に掲げる権利以外の権利の全部又は一部を行使することができない旨を定款で定めることができる。

一　第171条第1項第1号に規定する取得対価の交付を受ける権利

二　株式会社による取得条項付株式の取得と引換えに金銭等の交付を受ける権利

三　第185条に規定する株式無償割当てを受ける権利

四　第192条第1項の規定により単元未満株式を買い取ることを請求する権利

五　**残余財産の分配を受ける権利**

六　前各号に掲げるもののほか、法務省令で定める権利

3　株券発行会社は、単元未満株式に係る**株券を発行しない**ことができる旨を定款で定めることができる。

（理由の開示）

第190条　単元株式数を定める場合には、取締役は、当該単元株式数を定める定款の変更を目的とする株主総会において、当該単元株式数を定めることを必要とする理由を説明しなければならない。

（定款変更手続の特則）

第191条　株式会社は、次のいずれにも該当する場合には、第466条の規定にかかわらず、株主総会の決議によらないで、単元株式数【3】を増加し、又は単元株式数についての定款の定めを設ける定款の変更をすることができる。

一　株式の分割と同時に単元株式数を増加し、又は単元株式数についての定款の定めを設けるものであること。

二　イに掲げる数がロに掲げる数を下回るものでないこと。

イ　当該定款の変更後において各株主がそれぞれ有する株式の数を単元株式数で除して得た数

ロ　当該定款の変更前において各株主がそれぞれ有する株式の数【4】

第2款　単元未満株主の買取請求

（単元未満株式の買取りの請求）

第192条　**単元未満株主**は、株式会社に対し、自己の有する単元未満株式を買い取ることを請求することができる。

2　前項の規定による請求は、その請求に係る単元未満株式の数【5】を明らかにしてしなければならない。

3　第1項の規定による請求をした単元未満株主は、**株式会社の承諾**を得た場合に限り、当該請求を撤回する

【1】　以下「**単元未満株式**」という。
【2】　以下「**単元未満株主**」という。
【3】　種類株式発行会社にあっては、各種類の株式の単元株式数。以下この条において同じ。
【4】　単元株式数を定めている場合にあっては、当該株式の数を単元株式数で除して得た数
【5】　種類株式発行会社にあっては、単元未満株式の種類及び種類ごとの数

ことができる。

（単元未満株式の価格の決定）

第193条 前条第１項の規定による請求があった場合には、次の各号に掲げる場合の区分に応じ、当該各号に定める額をもって当該請求に係る単元未満株式の価格とする。

一　当該単元未満株式が市場価格のある株式である場合　当該単元未満株式の市場価格として法務省令で定める方法により算定される額

二　前号に掲げる場合以外の場合　株式会社と前条第１項の規定による請求をした単元未満株主との協議によって定める額

2　前項第２号に掲げる場合には、前条第１項の規定による請求をした単元未満株主又は株式会社は、当該請求をした日から20日以内に、裁判所に対し、価格の決定の申立てをすることができる。

3　裁判所は、前項の決定をするには、前条第１項の規定による請求の時における株式会社の資産状態その他一切の事情を考慮しなければならない。

4　第１項の規定にかかわらず、第２項の期間内に同項の申立てがあったときは、当該申立てにより裁判所が定めた額をもって当該単元未満株式の価格とする。

5　第１項の規定にかかわらず、同項第２号に掲げる場合において、第２項の期間内に同項の申立てがないとき【1】は、１株当たり純資産額に前条第１項の規定による請求に係る単元未満株式の数を乗じて得た額をもって当該単元未満株式の価格とする。

6　前条第１項の規定による請求に係る株式の買取りは、当該株式の代金の支払の時に、その効力を生ずる。

【1】　当該期間内に第１項第２号の協議が調った場合を除く。

7　株券発行会社は、株券が発行されている株式につき前条第１項の規定による請求があったときは、株券と引換えに、その請求に係る株式の代金を支払わなければならない。

第3款　単元未満株主の売渡請求

第194条 株式会社は、**単元未満株主**が当該株式会社に対して単元未満株式売渡請求【2】をすることができる旨を定款で定めることができる。

2　単元未満株式売渡請求は、当該単元未満株主に売り渡す単元未満株式の数【3】を明らかにしてしなければならない。

3　単元未満株式売渡請求を受けた株式会社は、当該単元未満株式売渡請求を受けた時に前項の単元未満株式の数に相当する数の株式を有しない場合を除き、自己株式を当該単元未満株主に売り渡さなければならない。

4　第192条第３項及び前条第１項から第６項までの規定は、単元未満株式売渡請求について準用する。

第4款　単元株式数の変更等

第195条 株式会社は、第466条の規定にかかわらず、取締役の決定【4】によって、定款を変更して単元株式数を減少し、又は単元株式数についての定款の定めを廃止することができる。

2　前項の規定により定款の変更をし

【2】　単元未満株主が有する単元未満株式の数と併せて単元株式数となる数の株式を当該単元未満株主に売り渡すことを請求することをいう。以下この条において同じ。

【3】　種類株式発行会社にあっては、単元未満株式の種類及び種類ごとの数

【4】　取締役会設置会社にあっては、取締役会の決議

た場合には、株式会社は、当該定款の変更の効力が生じた日以後遅滞なく、その株主【1】に対し、当該定款の変更をした旨を通知しなければならない。
3　前項の規定による通知は、公告をもってこれに代えることができる。

第7節　株主に対する通知の省略等

（株主に対する通知の省略）
第196条　株式会社が株主に対してする通知又は催告が5年以上継続して到達しない場合には、株式会社は、当該株主に対する通知又は催告をすることを要しない。
2　前項の場合には、同項の株主に対する株式会社の義務の履行を行う場所は、株式会社の住所地とする。
3　前2項の規定は、登録株式質権者について準用する。

（株式の競売）
第197条　株式会社は、次のいずれにも該当する株式を競売し、かつ、その代金をその株式の株主に交付することができる。
一　その株式の株主に対して前条第1項又は第294条第2項の規定により通知及び催告をすることを要しないもの
二　その株式の株主が継続して5年間剰余金の配当を受領しなかったもの
2　株式会社は、前項の規定による競売に代えて、市場価格のある同項の株式については市場価格として法務省令で定める方法により算定される額をもって、市場価格のない同項の株式については裁判所の許可を得て競売以外の方法により、これを売却することができる。この場合において、当該許可の申立ては、取締役が2人以上あるときは、その全員の同意によってしなければならない。
3　株式会社は、前項の規定により売却する株式の全部又は一部を買い取ることができる。この場合においては、次に掲げる事項を定めなければならない。
一　買い取る株式の数【2】
二　前号の株式の買取りをするのと引換えに交付する金銭の総額
4　取締役会設置会社においては、前項各号に掲げる事項の決定は、取締役会の決議によらなければならない。
5　第1項及び第2項の規定にかかわらず、登録株式質権者がある場合には、当該登録株式質権者が次のいずれにも該当する者であるときに限り、株式会社は、第1項の規定による競売又は第2項の規定による売却をすることができる。
一　前条第3項において準用する同条第1項の規定により通知又は催告をすることを要しない者
二　継続して5年間第154条第1項の規定により受領することができる剰余金の配当を受領しなかった者

（利害関係人の異議）
第198条　前条第1項の規定による競売又は同条第2項の規定による売却をする場合には、株式会社は、同条第1項の株式の株主その他の利害関係人が一定の期間内に異議を述べることができる旨その他法務省令で定める事項を公告し、かつ、当該株式の株主及びその登録株式質権者には、各別にこれを催告しなければならな

【1】　種類株式発行会社にあっては、同項の規定により単元株式数を変更した種類の種類株主

【2】　種類株式発行会社にあっては、株式の種類及び種類ごとの数

い。ただし、当該期間は、3箇月を下ることができない。

2　第126条第1項及び第150条第1項の規定にかかわらず、前項の規定による催告は、株主名簿に記載し、又は記録した当該株主及び登録株式質権者の住所【1】にあてて発しなければならない。

3　第126条第3項及び第4項の規定にかかわらず、株式が2以上の者の共有に属するときは、第1項の規定による催告は、共有者に対し、株主名簿に記載し、又は記録した住所【2】にあてて発しなければならない。

4　第196条第1項【3】の規定は、第1項の規定による催告については、適用しない。

5　第1項の規定による公告をした場合【4】において、第1項の期間内に利害関係人が異議を述べなかったときは、当該株式に係る株券は、当該期間の末日に無効となる。

第8節　募集株式の発行等

第1款　募集事項の決定等

（募集事項の決定）

第199条　株式会社は、その**発行する株式**又はその処分する自己株式を引き受ける者の募集をしようとするときは、その都度、募集株式【5】について**次に掲げる事項**を定めなければならない。

一　募集株式の数【6】

二　募集株式の**払込金額**【7】又はその算定方法

三　金銭以外の財産を出資の目的とするときは、その旨並びに当該財産の内容及び価額

四　募集株式と引換えにする金銭の払込み又は前号の財産の給付の期日又はその期間

五　株式を発行するときは、増加する資本金及び資本準備金に関する事項

2　前項各号に掲げる事項【8】の決定は、株主総会の決議によらなければならない。

3　第1項第2号の**払込金額**が募集株式を引き受ける者に**特に有利な金額**である場合には、取締役は、前項の株主総会において、当該払込金額でその者の募集をすることを必要とする理由を説明しなければならない。

4　種類株式発行会社において、第1項第1号の募集株式の種類が譲渡制限株式であるときは、当該種類の株式に関する募集事項の決定は、当該種類の株式を引き受ける者の募集について当該種類の株式の種類株主を構成員とする種類株主総会の決議を要しない旨の定款の定めがある場合

【1】　当該株主又は登録株式質権者が別に通知又は催告を受ける場所又は連絡先を当該株式会社に通知した場合にあっては、その場所又は連絡先を含む。

【2】　当該共有者が別に通知又は催告を受ける場所又は連絡先を当該株式会社に通知した場合にあっては、その場所又は連絡先を含む。

【3】　同条第3項において準用する場合を含む。

【4】　前条第1項の株式に係る株券が発行されている場合に限る。

【5】　当該募集に応じてこれらの株式の引受けの申込みをした者に対して割り当てる株式をいう。以下この節において同じ。

【6】　種類株式発行会社にあっては、募集株式の種類及び数。以下この節において同じ。

【7】　募集株式1株と引換えに払い込む金銭又は給付する金銭以外の財産の額をいう。以下この節において同じ。

【8】　以下この節において「**募集事項**」という。

を除き、当該種類株主総会の決議がなければ、その効力を生じない。ただし、当該種類株主総会において議決権を行使することができる種類株主が存しない場合は、この限りでない。

5　募集事項は、第1項の募集ごとに、均等に定めなければならない。

（募集事項の決定の委任）

第200条　前条第2項及び第4項の規定にかかわらず、株主総会においては、その決議によって、募集事項の決定を取締役【1】に委任することができる。この場合においては、その委任に基づいて募集事項の決定をすることができる募集株式の数の上限及び払込金額の下限を定めなければならない。

2　前項の払込金額の下限が募集株式を引き受ける者に特に有利な金額である場合には、取締役は、同項の株主総会において、当該払込金額でその者の募集をすることを必要とする理由を説明しなければならない。

3　第1項の決議は、前条第1項第4号の期日【2】が当該決議の日から1年以内の日である同項の募集についてのみその効力を有する。

4　種類株式発行会社において、第1項の募集株式の種類が譲渡制限株式であるときは、当該種類の株式に関する募集事項の決定の委任は、当該種類の株式について前条第4項の定款の定めがある場合を除き、当該種類の株式の種類株主を構成員とする種類株主総会の決議がなければ、その効力を生じない。ただし、当該種類株主総会において議決権を行使することができる種類株主が存しない場合は、この限りでない。

（公開会社における募集事項の決定の特則）

第201条　第199条第3項に規定する場合を除き、**公開会社**における同条第2項の規定の適用については、同項中「株主総会」とあるのは、「取締役会」とする。この場合においては、前条の規定は、適用しない。

2　前項の規定により読み替えて適用する第199条第2項の取締役会の決議によって募集事項を定める場合において、市場価格のある株式を引き受ける者の募集をするときは、同条第1項第2号に掲げる事項に代えて、公正な価額による払込みを実現するために適当な払込金額の決定の方法を定めることができる。

3　公開会社は、第1項の規定により読み替えて適用する第199条第2項の取締役会の決議によって募集事項を定めたときは、同条第1項第4号の期日【3】の2週間前までに、株主に対し、当該募集事項【4】を通知しなければならない。

4　前項の規定による通知は、公告をもってこれに代えることができる。

5　第3項の規定は、株式会社が募集事項について同項に規定する期日の2週間前までに金融商品取引法第4条第1項から第3項までの届出をしている場合その他の株主の保護に欠けるおそれがないものとして法務省令で定める場合には、適用しない。

（株主に株式の割当てを受ける権利を与える場合）

第202条　株式会社は、第199条第1

【1】取締役会設置会社にあっては、取締役会

【2】同号の期間を定めた場合にあっては、その期間の末日

【3】同号の期間を定めた場合にあっては、その期間の初日

【4】前項の規定により払込金額の決定の方法を定めた場合にあっては、その方法を含む。以下この節において同じ。

項の募集において、株主に株式の割当てを受ける権利を与えることができる。この場合においては、募集事項のほか、次に掲げる事項を定めなければならない。

一　株主に対し、次条第2項の申込みをすることにより当該株式会社の募集株式【1】の割当てを受ける権利を与える旨

二　前号の募集株式の引受けの申込みの期日

2　前項の場合には、同項第1号の株主【2】は、その有する株式の数に応じて募集株式の割当てを受ける権利を有する。ただし、当該株主が割当てを受ける募集株式の数に1株に満たない端数があるときは、これを切り捨てるものとする。

3　第1項各号に掲げる事項を定める場合には、募集事項及び同項各号に掲げる事項は、次の各号に掲げる場合の区分に応じ、当該各号に定める方法によって定めなければならない。

一　当該募集事項及び第1項各号に掲げる事項を取締役の決定によって定めることができる旨の定款の定めがある場合【3】　取締役の決定

二　当該募集事項及び第1項各号に掲げる事項を取締役会の決議によって定めることができる旨の定款の定めがある場合【4】　取締役会の決議

三　株式会社が公開会社である場合　取締役会の決議

四　前3号に掲げる場合以外の場合　株主総会の決議

4　株式会社は、第1項各号に掲げる事項を定めた場合には、同項第2号の期日の2週間前までに、同項第1号の株主【5】に対し、次に掲げる事項を通知しなければならない。

一　募集事項

二　当該株主が割当てを受ける募集株式の数

三　第1項第2号の期日

5　第199条第2項から第4項まで及び前2条の規定は、第1項から第3項までの規定により株主に株式の割当てを受ける権利を与える場合には、適用しない。

（取締役の報酬等に係る募集事項の決定の特則）

第202条の2　金融商品取引法第2条第16項に規定する金融商品取引所に上場されている株式を発行している株式会社は、定款又は株主総会の決議による第361条第1項第3号に掲げる事項についての定めに従いその発行する株式又はその処分する自己株式を引き受ける者の募集をするときは、第199条第1項第2号及び第4号に掲げる事項を定めることを要しない。この場合において、当該株式会社は、募集株式について次に掲げる事項を定めなければならない。

一　取締役の報酬等【6】として当該募集に係る株式の発行又は自己株式の処分をするものであり、募集株式と引換えにする金銭の払込み又は第199条第1項第3号の財産の給付を要しない旨

二　募集株式を割り当てる日【7】

【1】　種類株式発行会社にあっては、当該株主の有する種類の株式と同一の種類のもの
【2】　当該株式会社を除く。
【3】　株式会社が取締役会設置会社である場合を除く。
【4】　次号に掲げる場合を除く。
【5】　当該株式会社を除く。
【6】　第361条第1項に規定する報酬等をいう。第236条第3項第1号において同じ。
【7】　以下この節において「**割当日**」という。

2　前項各号に掲げる事項を定めた場合における第199条第2項の規定の適用については、同項中「前項各号」とあるのは、「前項各号（第2号及び第4号を除く。）及び第202条の2第1項各号」とする。この場合においては、第200条及び前条の規定は、適用しない。

3　指名委員会等設置会社における第1項の規定の適用については、同項中「定款又は株主総会の決議による第361条第1項第3号に掲げる事項についての定め」とあるのは「報酬委員会による第409条第3項第3号に定める事項についての決定」と、「取締役」とあるのは「執行役又は取締役」とする。

第2款　募集株式の割当て

（募集株式の申込み）

第203条　株式会社は、第199条第1項の募集に応じて募集株式の**引受けの申込み**をしようとする者に対し、次に掲げる事項を通知しなければならない。

一　株式会社の商号

二　募集事項

三　金銭の払込みをすべきときは、払込みの取扱いの場所

四　前3号に掲げるもののほか、法務省令で定める事項

2　第199条第1項の募集に応じて募集株式の引受けの**申込みをする者**は、次に掲げる事項を記載した書面を株式会社に交付しなければならない。

一　申込みをする者の氏名又は名称及び住所

二　引き受けようとする募集株式の数

3　前項の申込みをする者は、同項の書面の交付に代えて、政令で定めるところにより、**株式会社の承諾**を得て、同項の書面に記載すべき事項を電磁的方法により提供することができる。この場合において、当該申込みをした者は、同項の**書面を交付**したものとみなす。

4　第1項の規定は、株式会社が同項各号に掲げる事項を記載した金融商品取引法第2条第10項に規定する目論見書を第1項の申込みをしようとする者に対して交付している場合その他募集株式の引受けの申込みをしようとする者の保護に欠けるおそれがないものとして法務省令で定める場合には、適用しない。

5　株式会社は、第1項各号に掲げる事項について変更があったときは、直ちに、その旨及び当該変更があった事項を第2項の申込みをした者【1】に通知しなければならない。

6　株式会社が申込者に対してする**通知**又は**催告**は、第2項第1号の住所【2】にあてて発すれば足りる。

7　前項の通知又は催告は、その通知又は催告が**通常到達すべきであった時**に、到達したものとみなす。

（募集株式の割当て）

第204条　株式会社は、申込者の中から募集株式の割当てを受ける者を定め、かつ、その者に割り当てる募集株式の数を定めなければならない。この場合において、株式会社は、当該申込者に割り当てる募集株式の数を、前条第2項第2号の数よりも減少することができる。

2　募集株式が**譲渡制限株式**である場合には、前項の規定による決定は、

【1】　以下この款において「**申込者**」という。

【2】　当該申込者が別に通知又は催告を受ける場所又は連絡先を当該株式会社に通知した場合にあっては、その場所又は連絡先

株主総会【1】の決議によらなければならない。ただし、定款に別段の定めがある場合は、この限りでない。

3 株式会社は、第199条第1項第4号の期日【2】の**前日**までに、申込者に対し、当該申込者に**割り当てる募集株式の数**を通知しなければならない。

4 第202条の規定により株主に株式の割当てを受ける権利を与えた場合において、株主が同条第1項第2号の期日までに前条第2項の申込みをしないときは、当該株主は、募集株式の割当てを受ける権利を失う。

（募集株式の申込み及び割当てに関する特則）

第205条 前2条の規定は、募集株式を引き受けようとする者がその総数の引受けを行う契約を締結する場合には、適用しない。

2 前項に規定する場合において、募集株式が譲渡制限株式であるときは、株式会社は、株主総会【3】の決議によって、同項の契約の承認を受けなければならない。ただし、定款に別段の定めがある場合は、この限りでない。

3 第202条の2第1項後段の規定による同項各号に掲げる事項についての定めがある場合には、定款又は株主総会の決議による第361条第1項第3号に掲げる事項についての定めに係る取締役【4】以外の者は、第203条第2項の申込みをし、又は第1項の契約を締結することができない。

4 前項に規定する場合における前条第3項並びに第206条の2第1項、第3項及び第4項の規定の適用については、前条第3項及び第206条の2第1項中「第199条第1項第4号の期日（同号の期間を定めた場合にあっては、その期間の初日）」とあり、同条第3項中「同項に規定する期日」とあり、並びに同条第4項中「第1項に規定する期日」とあるのは、「割当日」とする。

5 指名委員会等設置会社における第3項の規定の適用については、同項中「定款又は株主総会の決議による第361条第1項第3号に掲げる事項についての定め」とあるのは「報酬委員会による第409条第3項第3号に定める事項についての決定」と、「取締役」とあるのは「執行役又は取締役」とする。

（募集株式の引受け）

第206条 次の各号に掲げる者は、当該各号に定める募集株式の数について募集株式の引受人となる。

一 **申込者** 株式会社の割り当てた募集株式の数

二 **前条第1項の契約により募集株式の総数を引き受けた者** その者が引き受けた募集株式の数

（公開会社における募集株式の割当て等の特則）

第206条の2 公開会社は、募集株式の引受人について、第1号に掲げる数の第2号に掲げる数に対する割合が2分の1を超える場合には、第199条第1項第4号の期日【5】の2週間前までに、株主に対し、当該引受人【6】の氏名又は名称及び住所、当該特定引受人についての第1号に

【1】 取締役会設置会社にあっては、取締役会

【2】 同号の期間を定めた場合にあっては、その期間の初日

【3】 取締役会設置会社にあっては、取締役会

【4】 取締役であった者を含む。

【5】 同号の期間を定めた場合にあっては、その期間の初日

【6】 以下この項及び第4項において「**特定引受人**」という。

掲げる数その他の法務省令で定める事項を通知しなければならない。ただし、当該特定引受人が当該公開会社の親会社等である場合又は第202条の規定により株主に株式の割当てを受ける権利を与えた場合は、この限りでない。

一　当該引受人【1】がその引き受けた募集株式の株主となった場合に有することとなる議決権の数

二　当該募集株式の引受人の全員がその引き受けた募集株式の株主となった場合における総株主の議決権の数

2　前項の規定による通知は、公告をもってこれに代えることができる。

3　第1項の規定にかかわらず、株式会社が同項の事項について同項に規定する期日の2週間前までに金融商品取引法第4条第1項から第3項までの届出をしている場合その他の株主の保護に欠けるおそれがないものとして法務省令で定める場合には、第1項の規定による通知は、することを要しない。

4　総株主【2】の議決権の10分の1【3】以上の議決権を有する株主が第1項の規定による通知又は第2項の公告の日【4】から2週間以内に特定引受人【5】による募集株式の引受けに反対する旨を公開会社に対し通知したときは、当該公開会社は、第1項に規定する期日の前日までに、株主総会の決議によって、当該特定引受人に対する募集株式の割当て又は当該特定引受人との間の第205条第1項の契約の承認を受けなければならない。ただし、当該公開会社の財産の状況が著しく悪化している場合において、当該公開会社の事業の継続のため緊急の必要があるときは、この限りでない。

5　第309条第1項の規定にかかわらず、前項の株主総会の決議は、議決権を行使することができる株主の議決権の過半数【6】を有する株主が出席し、出席した当該株主の議決権の過半数【7】をもって行わなければならない。

【1】　その子会社等を含む。
【2】　この項の株主総会において議決権を行使することができない株主を除く。
【3】　これを下回る割合を定款で定めた場合にあっては、その割合
【4】　前項の場合にあっては、法務省令で定める日
【5】　その子会社等を含む。以下この項において同じ。

第3款　金銭以外の財産の出資

第207条　株式会社は、第199条第1項第3号に掲げる事項を定めたときは、募集事項の決定の後遅滞なく、同号の財産【8】の価額を調査させるため、裁判所に対し、検査役の選任の申立てをしなければならない。

2　前項の申立てがあった場合には、裁判所は、これを不適法として却下する場合を除き、検査役を選任しなければならない。

3　裁判所は、前項の検査役を選任した場合には、株式会社が当該検査役に対して支払う報酬の額を定めることができる。

4　第2項の検査役は、必要な調査を行い、当該調査の結果を記載し、又は記録した書面又は電磁的記録【9】を裁判所に提供して報告をしなければならない。

【6】　3分の1以上の割合を定款で定めた場合にあっては、その割合以上
【7】　これを上回る割合を定款で定めた場合にあっては、その割合以上
【8】　以下この節において「**現物出資財産**」という。
【9】　法務省令で定めるものに限る。

5　裁判所は、前項の報告について、その内容を明瞭にし、又はその根拠を確認するため必要があると認めるときは、第2項の検査役に対し、更に前項の報告を求めることができる。
6　第2項の検査役は、第4項の報告をしたときは、株式会社に対し、同項の書面の写しを交付し、又は同項の電磁的記録に記録された事項を法務省令で定める方法により提供しなければならない。
7　裁判所は、第4項の報告を受けた場合において、現物出資財産について定められた第199条第1項第3号の価額【1】を不当と認めたときは、これを変更する決定をしなければならない。
8　募集株式の引受人【2】は、前項の決定により現物出資財産の価額の全部又は一部が変更された場合には、当該決定の確定後1週間以内に限り、その募集株式の引受けの申込み又は第205条第1項の契約に係る意思表示を取り消すことができる。
9　前各項の規定は、次の各号に掲げる場合には、当該各号に定める事項については、適用しない。
一　募集株式の引受人に割り当てる株式の総数が発行済株式の総数の10分の1を超えない場合　当該募集株式の引受人が給付する現物出資財産の価額
二　現物出資財産について定められた第199条第1項第3号の価額の総額が500万円を超えない場合　当該現物出資財産の価額
三　現物出資財産のうち、市場価格のある有価証券について定められた第199条第1項第3号の価額が当該有価証券の市場価格として法務省令で定める方法により算定されるものを超えない場合　当該有価証券についての現物出資財産の価額
四　現物出資財産について定められた第199条第1項第3号の価額が相当であることについて弁護士、弁護士法人、弁護士・外国法事務弁護士共同法人、公認会計士、監査法人、税理士又は税理士法人の証明【3】を受けた場合　当該証明を受けた現物出資財産の価額
五　現物出資財産が株式会社に対する金銭債権【4】であって、当該金銭債権について定められた第199条第1項第3号の価額が当該金銭債権に係る負債の帳簿価額を超えない場合　当該金銭債権についての現物出資財産の価額
10　次に掲げる者は、前項第4号に規定する証明をすることができない。
一　取締役、会計参与、監査役若しくは執行役又は支配人その他の使用人
二　募集株式の引受人
三　業務の停止の処分を受け、その停止の期間を経過しない者
四　弁護士法人、弁護士・外国法事務弁護士共同法人、監査法人又は税理士法人であって、その社員の半数以上が第1号又は第2号に掲げる者のいずれかに該当するもの

【1】　第2項の検査役の調査を経ていないものを除く。
【2】　現物出資財産を給付する者に限る。以下この条において同じ。
【3】　現物出資財産が不動産である場合にあっては、当該証明及び不動産鑑定士の鑑定評価。以下この号において同じ。
【4】　弁済期が到来しているものに限る。

第4款　出資の履行等

（出資の履行）

第208条　募集株式の**引受人**【1】は、第199条第1項第4号の**期日**又は同号の**期間内**に、株式会社が定めた銀行等の**払込みの取扱いの場所**において、それぞれの募集株式の払込金額の全額を払い込まなければならない。

2　募集株式の**引受人**【2】は、第199条第1項第4号の期日又は同号の期間内に、それぞれの募集株式の払込金額の全額に相当する現物出資財産を給付しなければならない。

3　募集株式の引受人は、第1項の規定による払込み又は前項の規定による給付【3】をする債務と株式会社に対する債権とを相殺することができない。

4　出資の履行をすることにより募集株式の株主となる権利の譲渡は、株式会社に対抗することができない。

5　募集株式の引受人は、**出資の履行をしないときは**、当該出資の履行をすることにより募集株式の株主となる権利を失う。

（株主となる時期等）

第209条　募集株式の**引受人**は、次の各号に掲げる場合には、当該各号に定める日に、出資の履行をした募集株式の株主となる。

一　第199条第1項第4号の期日を定めた場合　**当該期日**

二　第199条第1項第4号の期間を定めた場合　**出資の履行をした日**

2　募集株式の引受人は、第213条の2第1項各号に掲げる場合には、当該各号に定める支払若しくは給付又は第213条の3第1項の規定による支払がされた後でなければ、出資の履行を仮装した募集株式について、株主の権利を行使することができない。

3　前項の募集株式を譲り受けた者は当該募集株式についての株主の権利を行使することができる。ただし、その者に悪意又は重大な過失があるときは、この限りでない。

4　第1項の規定にかかわらず、第202条の2第1項後段の規定による同項各号に掲げる事項についての定めがある場合には、募集株式の引受人は、割当日に、その引き受けた募集株式の株主となる。

第5款　募集株式の発行等をやめることの請求

第210条　次に掲げる場合において、**株主が不利益を受けるおそれがある**ときは、株主は、株式会社に対し、第199条第1項の募集に係る**株式の発行**又は**自己株式の処分**をやめることを請求することができる。

一　当該株式の発行又は自己株式の処分が法令又は定款に違反する場合

二　当該株式の発行又は自己株式の処分が著しく不公正な方法により行われる場合

第6款　募集に係る責任等

（引受けの無効又は取消しの制限）

第211条　民法第93条第1項ただし書及び第94条第1項の規定は、募集株式の引受けの申込み及び割当て並びに第205条第1項の契約に係る意思表示については、適用しない。

2　募集株式の引受人は、第209条第1項の規定により株主となった日から1年を経過した後又はその株式に

【1】　現物出資財産を給付する者を除く。
【2】　現物出資財産を給付する者に限る。
【3】　以下この款において「**出資の履行**」という。

ついて権利を行使した後は、錯誤、詐欺又は強迫を理由として募集株式の引受けの取消しをすることができない。

（不公正な払込金額で株式を引き受けた者等の責任）

第212条　募集株式の引受人は、次の各号に掲げる場合には、株式会社に対し、当該各号に定める額を支払う義務を負う。

一　取締役【1】と通じて著しく不公正な払込金額で募集株式を引き受けた場合　当該払込金額と当該募集株式の公正な価額との差額に相当する金額

二　第209条第1項の規定により募集株式の株主となった時におけるその給付した現物出資財産の価額がこれについて定められた第199条第1項第3号の価額に著しく不足する場合　当該不足額

2　前項第2号に掲げる場合において、現物出資財産を給付した募集株式の引受人が当該現物出資財産の価額がこれについて定められた第199条第1項第3号の価額に著しく不足することにつき善意でかつ重大な過失がないときは、募集株式の引受けの申込み又は第205条第1項の契約に係る意思表示を取り消すことができる。

（出資された財産等の価額が不足する場合の取締役等の責任）

第213条　前条第1項第2号に掲げる場合には、次に掲げる者【2】は、株式会社に対し、同号に定める額を支払う義務を負う。

一　当該募集株式の引受人の募集に関する職務を行った業務執行取締役【3】その他当該業務執行取締役の行う業務の執行に職務上関与した者として法務省令で定めるもの

二　現物出資財産の価額の決定に関する株主総会の決議があったときは、当該株主総会に議案を提案した取締役として法務省令で定めるもの

三　現物出資財産の価額の決定に関する取締役会の決議があったときは、当該取締役会に議案を提案した取締役【4】として法務省令で定めるもの

2　前項の規定にかかわらず、次に掲げる場合には、取締役等は、現物出資財産について同項の義務を負わない。

一　現物出資財産の価額について第207条第2項の検査役の調査を経た場合

二　当該取締役等がその職務を行うについて注意を怠らなかったことを証明した場合

3　第1項に規定する場合には、第207条第9項第4号に規定する証明をした者【5】は、株式会社に対し前条第1項第2号に定める額を支払う義務を負う。ただし、当該証明者が当該証明をするについて注意を怠らなかったことを証明したときは、この限りでない。

4　募集株式の引受人がその給付した現物出資財産についての前条第1項第2号に定める額を支払う義務を負う場合において、次の各号に掲げる者が当該現物出資財産について当該各号に定める義務を負うときは、こ

【1】　指名委員会等設置会社にあっては、取締役又は執行役

【2】　以下この条において「**取締役等**」という。

【3】　指名委員会等設置会社にあっては、執行役。以下この号において同じ。

【4】　指名委員会等設置会社にあっては、取締役又は執行役

【5】　以下この条において「**証明者**」という。

れらの者は、連帯債務者とする。
一　取締役等　第1項の義務
二　証明者　前項本文の義務

（出資の履行を仮装した募集株式の引受人の責任）

第213条の2　**募集株式の引受人**は、次の各号に掲げる場合には、株式会社に対し、当該各号に定める行為をする義務を負う。
一　第208条第1項の規定による払込みを仮装した場合　払込みを仮装した払込金額の全額の支払
二　第208条第2項の規定による給付を仮装した場合　給付を仮装した現物出資財産の給付【1】

2　前項の規定により募集株式の引受人の負う義務は、総株主の同意がなければ、免除することができない。

（出資の履行を仮装した場合の取締役等の責任）

第213条の3　前条第1項各号に掲げる場合には、募集株式の引受人が出資の履行を仮装することに関与した取締役【2】として法務省令で定める者は、株式会社に対し、当該各号に規定する支払をする義務を負う。ただし、その者【3】がその職務を行うについて注意を怠らなかったことを証明した場合は、この限りでない。

2　募集株式の引受人が前条第1項各号に規定する支払をする義務を負う場合において、前項に規定する者が同項の義務を負うときは、これらの者は、連帯債務者とする。

【1】　株式会社が当該給付に代えて当該現物出資財産の価額に相当する金銭の支払を請求した場合にあっては、当該金銭の全額の支払

【2】　指名委員会等設置会社にあっては、執行役を含む。

【3】　当該出資の履行を仮装したものを除く。

第9節　株券

第1款　総則

（株券を発行する旨の定款の定め）

第214条　株式会社は、その株式【4】に係る株券を発行する旨を**定款**で定めることができる。

（株券の発行）

第215条　**株券発行会社**は、株式を発行した日以後遅滞なく、当該株式に係る株券を発行しなければならない。

2　株券発行会社は、株式の併合をしたときは、第180条第2項第2号の日以後遅滞なく、併合した株式に係る株券を発行しなければならない。

3　株券発行会社は、株式の分割をしたときは、第183条第2項第2号の日以後遅滞なく、分割した株式に係る株券【5】を発行しなければならない。

4　前3項の規定にかかわらず、公開会社でない株券発行会社は、株主から請求がある時までは、これらの規定の株券を発行しないことができる。

（株券の記載事項）

第216条　株券には、次に掲げる事項及びその番号を記載し、株券発行会社の代表取締役【6】がこれに署名し、又は記名押印しなければならない。
一　株券発行会社の商号
二　当該株券に係る株式の数
三　譲渡による当該株券に係る株式の取得について株式会社の承認を要することを定めたときは、その旨
四　種類株式発行会社にあっては、

【4】　種類株式発行会社にあっては、全部の種類の株式

【5】　既に発行されているものを除く。

【6】　指名委員会等設置会社にあっては、代表執行役

当該株券に係る株式の種類及びその内容

（株券不所持の申出）

第217条 株券発行会社の株主は、当該株券発行会社に対し、当該株主の有する株式に係る株券の所持を希望しない旨を申し出ることができる。

2 前項の規定による申出は、その申出に係る株式の数【1】を明らかにしてしなければならない。この場合において、当該株式に係る株券が発行されているときは、当該株主は、当該株券を株券発行会社に提出しなければならない。

3 第1項の規定による申出を受けた株券発行会社は、遅滞なく、前項前段の株式に係る株券を発行しない旨を株主名簿に記載し、又は記録しなければならない。

4 株券発行会社は、前項の規定による記載又は記録をしたときは、第2項前段の株式に係る株券を発行することができない。

5 第2項後段の規定により提出された株券は、第3項の規定による記載又は記録をした時において、無効となる。

6 第1項の規定による申出をした株主は、いつでも、株券発行会社に対し、第2項前段の株式に係る株券を発行することを請求することができる。この場合において、第2項後段の規定により提出された株券があるときは、株券の発行に要する費用は、当該株主の負担とする。

（株券を発行する旨の定款の定めの廃止）

第218条 株券発行会社は、その株式【2】に係る株券を発行する旨の定款の定めを廃止する定款の変更をしようとするときは、当該定款の変更の効力が生ずる日の2週間前までに、次に掲げる事項を公告し、かつ、株主及び登録株式質権者には、各別にこれを通知しなければならない。

一 その株式【3】に係る株券を発行する旨の定款の定めを廃止する旨

二 定款の変更がその効力を生ずる日

三 前号の日において当該株式会社の株券は無効となる旨

2 株券発行会社の株式に係る株券は、前項第2号の日に無効となる。

3 第1項の規定にかかわらず、株式の全部について株券を発行していない株券発行会社がその株式【4】に係る株券を発行する旨の定款の定めを廃止する定款の変更をしようとする場合には、同項第2号の日の2週間前までに、株主及び登録株式質権者に対し、同項第1号及び第2号に掲げる事項を通知すれば足りる。

4 前項の規定による通知は、公告をもってこれに代えることができる。

5 第1項に規定する場合には、株式の質権者【5】は、同項第2号の日の前日までに、株券発行会社に対し、第148条各号に掲げる事項を株主名簿に記載し、又は記録することを請求することができる。

第2款 株券の提出等

（株券の提出に関する公告等）

第219条 株券発行会社は、次の各号に掲げる行為をする場合には、当該行為の効力が生ずる日【6】までに当

【1】 種類株式発行会社にあっては、株式の種類及び種類ごとの数

【2】 種類株式発行会社にあっては、全部の種類の株式

【3】 種類株式発行会社にあっては、全部の種類の株式

【4】 種類株式発行会社にあっては、全部の種類の株式

【5】 登録株式質権者を除く。

【6】 第4号の2に掲げる行為をする場合

該株券発行会社に対し当該各号に定める株式に係る株券を提出しなければならない旨を株券提出日の1箇月前までに、公告し、かつ、当該株式の株主及びその登録株式質権者には、各別にこれを通知しなければならない。ただし、当該株式の全部について株券を発行していない場合は、この限りでない。

一　第107条第1項第1号に掲げる事項についての定款の定めを設ける定款の変更　全部の株式【1】

二　株式の併合　全部の株式【2】

三　第171条第1項に規定する全部取得条項付種類株式の取得　当該全部取得条項付種類株式

四　取得条項付株式の取得　当該取得条項付株式

四の二　第179条の3第1項の承認　売渡株式

五　組織変更　全部の株式

六　合併【3】　全部の株式

七　株式交換　全部の株式

八　株式移転　全部の株式

2　株券発行会社が次の各号に掲げる行為をする場合において、株券提出日までに当該株券発行会社に対して株券を提出しない者があるときは、当該各号に定める者は、当該株券の提出があるまでの間、当該行為【4】によって当該株券に係る株式の株主が受けることのできる金銭等の交付を拒むことができる。

一　前項第1号から第4号までに掲げる行為　当該株券発行会社

二　第179条の3第1項の承認　特別支配株主

三　組織変更　第744条第1項第1号に規定する組織変更後持分会社

四　合併【5】　第749条第1項に規定する吸収合併存続会社又は第753条第1項に規定する新設合併設立会社

五　株式交換　第767条に規定する株式交換完全親会社

六　株式移転　第773条第1項第1号に規定する株式移転設立完全親会社

3　第1項各号に定める株式に係る株券は、株券提出日に無効となる。

4　第1項第4号の2の規定による公告及び通知の費用は、特別支配株主の負担とする。

（株券の提出をすることができない場合）

第220条　前条第1項各号に掲げる行為をした場合において、株券を提出することができない者があるときは、株券発行会社は、その者の請求により、利害関係人に対し異議があれば一定の期間内にこれを述べることができる旨を公告することができる。ただし、当該期間は、3箇月を下ることができない。

2　株券発行会社が前項の規定による公告をした場合において、同項の期間内に利害関係人が異議を述べなかったときは、前条第2項各号に定める者は、前項の請求をした者に対し、同条第2項の金銭等を交付することができる。

3　第1項の規定による公告の費用は、

にあっては、第179条の2第1項第5号に規定する取得日。以下この条において「**株券提出日**」という。

【1】　種類株式発行会社にあっては、当該事項についての定めを設ける種類の株式

【2】　種類株式発行会社にあっては、第180条第2項第3号の種類の株式

【3】　合併により当該株式会社が消滅する場合に限る。

【4】　第2号に掲げる行為をする場合にあっては、株式売渡請求に係る売渡株式の取得

【5】　合併により当該株式会社が消滅する場合に限る。

同項の請求をした者の負担とする。

第3款　株券喪失登録

（株券喪失登録簿）

第221条　株券発行会社【1】は、株券喪失登録簿を作成し、これに次に掲げる事項【2】を記載し、又は記録しなければならない。

一　第223条の規定による請求に係る株券【3】の番号

二　前号の株券を喪失した者の氏名又は名称及び住所

三　第1号の株券に係る株式の株主又は登録株式質権者として株主名簿に記載され、又は記録されている者【4】の氏名又は名称及び住所

四　第1号の株券につき前3号に掲げる事項を記載し、又は記録した日【5】

（株券喪失登録簿に関する事務の委託）

第222条　株券発行会社における第123条の規定の適用については、同条中「株主名簿の」とあるのは「株主名簿及び株券喪失登録簿の」と、「株主名簿に」とあるのは「株主名簿及び株券喪失登録簿に」とする。

（株券喪失登録の請求）

第223条　株券を喪失した者は、法務省令で定めるところにより、株券発行会社に対し、当該株券についての株券喪失登録簿記載事項を株券喪失登録簿に記載し、又は記録すること【6】を請求することができる。

（名義人等に対する通知）

第224条　株券発行会社が前条の規定による請求に応じて株券喪失登録をした場合において、当該請求に係る株券を喪失した者として株券喪失登録簿に記載され、又は記録された者【7】が当該株券に係る株式の名義人でないときは、株券発行会社は、遅滞なく、当該名義人に対し、当該株券について株券喪失登録をした旨並びに第221条第1号、第2号及び第4号に掲げる事項を通知しなければならない。

2　株式についての権利を行使するために株券が株券発行会社に提出された場合において、当該株券について株券喪失登録がされているときは、株券発行会社は、遅滞なく、当該株券を提出した者に対し、当該株券について株券喪失登録がされている旨を通知しなければならない。

（株券を所持する者による抹消の申請）

第225条　株券喪失登録がされた株券を所持する者【8】は、法務省令で定めるところにより、株券発行会社に対し、当該株券喪失登録の抹消を申請することができる。ただし、株券喪失登録日の翌日から起算して1年を経過したときは、この限りでない。

【1】　株式会社がその株式（種類株式発行会社にあっては、全部の種類の株式）に係る株券を発行する旨の定款の定めを廃止する定款の変更をした日の翌日から起算して1年を経過していない場合における当該株式会社を含む。以下この款（第223条、第227条及び第228条第2項を除く。）において同じ。

【2】　以下この款において「**株券喪失登録簿記載事項**」という。

【3】　第218条第2項又は第219条第3項の規定により無効となった株券及び株式の発行又は自己株式の処分の無効の訴えに係る請求を認容する判決が確定した場合における当該株式に係る株券を含む。以下この款（第228条を除く。）において同じ。

【4】　以下この款において「**名義人**」という。

【5】　以下この款において「**株券喪失登録日**」という。

【6】　以下「**株券喪失登録**」という。

【7】　以下この款において「**株券喪失登録者**」という。

【8】　その株券についての株券喪失登録者を除く。

2　前項の規定による申請をしようとする者は、株券発行会社に対し、同項の株券を提出しなければならない。
3　第1項の規定による申請を受けた株券発行会社は、遅滞なく、同項の株券喪失登録者に対し、同項の規定による申請をした者の氏名又は名称及び住所並びに同項の株券の番号を通知しなければならない。
4　株券発行会社は、前項の規定による通知の日から2週間を経過した日に、第2項の規定により提出された株券に係る株券喪失登録を抹消しなければならない。この場合においては、株券発行会社は、当該株券を第1項の規定による申請をした者に返還しなければならない。

（株券喪失登録者による抹消の申請）

第226条　株券喪失登録者は、法務省令で定めるところにより、株券発行会社に対し、株券喪失登録【1】の抹消を申請することができる。
2　前項の規定による申請を受けた株券発行会社は、当該申請を受けた日に、当該申請に係る株券喪失登録を抹消しなければならない。

（株券を発行する旨の定款の定めを廃止した場合における株券喪失登録の抹消）

第227条　その株式【2】に係る株券を発行する旨の定款の定めを廃止する定款の変更をする場合には、株券発行会社は、当該定款の変更の効力が生ずる日に、株券喪失登録【3】を抹消しなければならない。

（株券の無効）

第228条　株券喪失登録【4】がされた株券は、株券喪失登録日の翌日から起算して1年を経過した日に無効となる。
2　前項の規定により株券が無効となった場合には、株券発行会社は、当該株券についての株券喪失登録者に対し、株券を再発行しなければならない。

（異議催告手続との関係）

第229条　株券喪失登録者が第220条第1項の請求をした場合には、株券発行会社は、同項の期間の末日が株券喪失登録日の翌日から起算して1年を経過する日前に到来するときに限り、同項の規定による公告をすることができる。
2　株券発行会社が第220条第1項の規定による公告をするときは、当該株券発行会社は、当該公告をした日に、当該公告に係る株券についての株券喪失登録を抹消しなければならない。

（株券喪失登録の効力）

第230条　株券発行会社は、次に掲げる日のいずれか早い日【5】までの間は、株券喪失登録がされた株券に係る株式を取得した者の氏名又は名称及び住所を株主名簿に記載し、又は記録することができない。
一　当該株券喪失登録が抹消された日
二　株券喪失登録日の翌日から起算して1年を経過した日
2　株券発行会社は、登録抹消日後で

【1】　その株式（種類株式発行会社にあっては、全部の種類の株式）に係る株券を発行する旨の定款の定めを廃止する定款の変更をした場合にあっては、前条第2項の規定により提出された株券についての株券喪失登録を除く。
【2】　種類株式発行会社にあっては、全部の種類の株式
【3】　当該株券喪失登録がされた株券に係る株式の名義人が株券喪失登録者であるものに限り、第225条第2項の規定により提出された株券についてのものを除く。
【4】　抹消されたものを除く。
【5】　以下この条において「**登録抹消日**」という。

なければ、株券喪失登録がされた株券を再発行することができない。

3　株券喪失登録者が株券喪失登録をした株券に係る株式の名義人でないときは、当該株式の株主は、登録抹消日までの間は、株主総会又は種類株主総会において議決権を行使することができない。

4　株券喪失登録がされた株券に係る株式については、第197条第1項の規定による競売又は同条第2項の規定による売却をすることができない。

（株券喪失登録簿の備置き及び閲覧等）

第231条　株券発行会社は、**株券喪失登録簿**をその本店【1】に備え置かなければならない。

2　何人（なんぴと）も、株券発行会社の**営業時間内**は、いつでも、株券喪失登録簿【2】について、**次に掲げる請求**をすることができる。この場合においては、当該請求の理由を明らかにしてしなければならない。

一　株券喪失登録簿が書面をもって作成されているときは、当該書面の閲覧又は謄写の請求

二　株券喪失登録簿が電磁的記録をもって作成されているときは、当該電磁的記録に記録された事項を法務省令で定める方法により表示したものの閲覧又は謄写の請求

（株券喪失登録者に対する通知等）

第232条　株券発行会社が株券喪失登録者に対してする通知又は催告は、株券喪失登録簿に記載し、又は記録した当該株券喪失登録者の住所【3】にあてて発すれば足りる。

【1】　株主名簿管理人がある場合にあっては、その営業所

【2】　利害関係がある部分に限る。

【3】　当該株券喪失登録者が別に通知又は催告を受ける場所又は連絡先を株券発行会社に通知した場合にあっては、その場所又は連絡先

2　前項の通知又は催告は、その通知又は催告が通常到達すべきであった時に、到達したものとみなす。

（適用除外）

第233条　非訟事件手続法第4編の規定は、株券については、適用しない。

第10節　雑則

（1に満たない端数の処理）

第234条　次の各号に掲げる行為に際して当該各号に定める者に当該株式会社の株式を交付する場合において、その者に対し交付しなければならない当該株式会社の株式の数に1株に満たない端数があるときは、その端数の合計数【4】に相当する数の株式を競売し、かつ、その端数に応じてその競売により得られた代金を当該者に交付しなければならない。

一　第170条第1項の規定による株式の取得　当該株式会社の株主

二　第173条第1項の規定による株式の取得　当該株式会社の株主

三　第185条に規定する株式無償割当て　当該株式会社の株主

四　第275条第1項の規定による新株予約権の取得　第236条第1項第7号イの新株予約権の新株予約権者

五　合併【5】　合併後消滅する会社の株主又は社員

六　合併契約に基づく設立時発行株式の発行　合併後消滅する会社の株主又は社員

七　株式交換による他の株式会社の発行済株式全部の取得　株式交換をする株式会社の株主

【4】　その合計数に1に満たない端数がある場合にあっては、これを切り捨てるものとする。

【5】　合併により当該株式会社が存続する場合に限る。

八　株式移転計画に基づく設立時発行株式の発行　株式移転をする株式会社の株主
九　株式交付　株式交付親会社【1】に株式交付に際して株式交付子会社【2】の株式又は新株予約権等【3】を譲り渡した者

2　株式会社は、前項の規定による競売に代えて、市場価格のある同項の株式については市場価格として法務省令で定める方法により算定される額をもって、市場価格のない同項の株式については裁判所の許可を得て競売以外の方法により、これを売却することができる。この場合において、当該許可の申立ては、取締役が2人以上あるときは、その全員の同意によってしなければならない。

3　前項の規定により第1項の株式を売却した場合における同項の規定の適用については、同項中「競売により」とあるのは、「売却により」とする。

4　株式会社は、第2項の規定により売却する株式の全部又は一部を買い取ることができる。この場合においては、次に掲げる事項を定めなければならない。
一　買い取る株式の数【4】
二　前号の株式の買取りをするのと引換えに交付する金銭の総額

5　取締役会設置会社においては、前項各号に掲げる事項の決定は、取締役会の決議によらなければならない。

6　第1項から第4項までの規定は、第1項各号に掲げる行為に際して当該各号に定める者に当該株式会社の社債又は新株予約権を交付するときについて準用する。

第235条　株式会社が株式の分割又は株式の併合をすることにより株式の数に1株に満たない端数が生ずるときは、その端数の合計数【5】に相当する数の株式を競売し、かつ、その端数に応じてその競売により得られた代金を株主に交付しなければならない。

2　前条第2項から第5項までの規定は、前項の場合について準用する。

第3章　新株予約権

第1節　総則

（新株予約権の内容）

第236条　株式会社が新株予約権を発行するときは、次に掲げる事項を当該新株予約権の内容としなければならない。
一　当該新株予約権の目的である株式の数【6】又はその数の算定方法
二　当該新株予約権の行使に際して出資される財産の価額又はその算定方法
三　金銭以外の財産を当該新株予約権の行使に際してする出資の目的とするときは、その旨並びに当該財産の内容及び価額
四　当該新株予約権を行使することができる期間
五　当該新株予約権の行使により株式を発行する場合における増加する資本金及び資本準備金に関する

【1】　第774条の3第1項第1号に規定する株式交付親会社をいう。
【2】　同号に規定する株式交付子会社をいう。
【3】　同項第7号に規定する新株予約権等をいう。
【4】　種類株式発行会社にあっては、株式の種類及び種類ごとの数
【5】　その合計数に1に満たない端数が生ずる場合にあっては、これを切り捨てるものとする。
【6】　種類株式発行会社にあっては、株式の種類及び種類ごとの数

会社法

事項
六　譲渡による当該新株予約権の取得について当該株式会社の承認を要することとするときは、その旨
七　当該新株予約権について、当該株式会社が一定の事由が生じたことを条件としてこれを取得することができることとするときは、次に掲げる事項
イ　一定の事由が生じた日に当該株式会社がその新株予約権を取得する旨及びその事由
ロ　当該株式会社が別に定める日が到来することをもってイの事由とするときは、その旨
ハ　イの事由が生じた日にイの新株予約権の一部を取得することとするときは、その旨及び取得する新株予約権の一部の決定の方法
ニ　イの新株予約権を取得するのと引換えに当該新株予約権の新株予約権者に対して当該株式会社の株式を交付するときは、当該株式の数【1】又はその算定方法
ホ　イの新株予約権を取得するのと引換えに当該新株予約権の新株予約権者に対して当該株式会社の社債【2】を交付するときは、当該社債の種類及び種類ごとの各社債の金額の合計額又はその算定方法
ヘ　イの新株予約権を取得するのと引換えに当該新株予約権の新株予約権者に対して当該株式会社の他の新株予約権【3】を交付するときは、当該他の新株予約権の内容及び数又はその算定方法
ト　イの新株予約権を取得するのと引換えに当該新株予約権の新株予約権者に対して当該株式会社の新株予約権付社債を交付するときは、当該新株予約権付社債についてのホに規定する事項及び当該新株予約権付社債に付された新株予約権についてのヘに規定する事項
チ　イの新株予約権を取得するのと引換えに当該新株予約権の新株予約権者に対して当該株式会社の株式等以外の財産を交付するときは、当該財産の内容及び数若しくは額又はこれらの算定方法
八　当該株式会社が次のイからホまでに掲げる行為をする場合において、当該新株予約権の新株予約権者に当該イからホまでに定める株式会社の新株予約権を交付することとするときは、その旨及びその条件
イ　合併【4】　合併後存続する株式会社又は合併により設立する株式会社
ロ　吸収分割　吸収分割をする株式会社がその事業に関して有する権利義務の全部又は一部を承継する株式会社
ハ　新設分割　新設分割により設立する株式会社
ニ　株式交換　株式交換をする株式会社の発行済株式の全部を取得する株式会社
ホ　株式移転　株式移転により設

【1】　種類株式発行会社にあっては、株式の種類及び種類ごとの数
【2】　新株予約権付社債についてのものを除く。
【3】　新株予約権付社債に付されたものを除く。
【4】　合併により当該株式会社が消滅する場合に限る。

会社法

立する株式会社
九　新株予約権を行使した新株予約権者に交付する株式の数に1株に満たない端数がある場合において、これを切り捨てるものとするときは、その旨
十　当該新株予約権【1】に係る新株予約権証券を発行することとするときは、その旨
十一　前号に規定する場合において、新株予約権者が第290条の規定による請求の全部又は一部をすることができないこととするときは、その旨

2　新株予約権付社債に付された新株予約権の数は、当該新株予約権付社債についての社債の金額ごとに、均等に定めなければならない。

3　金融商品取引法第2条第16項に規定する金融商品取引所に上場されている株式を発行している株式会社は、定款又は株主総会の決議による第361条第1項第4号又は第5号ロに掲げる事項についての定めに従い新株予約権を発行するときは、第1項第2号に掲げる事項を当該新株予約権の内容とすることを要しない。この場合において、当該株式会社は、次に掲げる事項を当該新株予約権の内容としなければならない。
一　取締役の報酬等として又は取締役の報酬等をもってする払込みと引換えに当該新株予約権を発行するものであり、当該新株予約権の行使に際してする金銭の払込み又は第1項第3号の財産の給付を要しない旨
二　定款又は株主総会の決議による第361条第1項第4号又は第5号ロに掲げる事項についての定めに係る取締役【2】以外の者は、当該新株予約権を行使することができない旨

4　指名委員会等設置会社における前項の規定の適用については、同項中「定款又は株主総会の決議による第361条第1項第4号又は第5号ロに掲げる事項についての定め」とあるのは「報酬委員会による第409条第3項第4号又は第5号ロに定める事項についての決定」と、同項第1号中「取締役」とあるのは「執行役若しくは取締役」と、同項第2号中「取締役」とあるのは「執行役又は取締役」とする。

（共有者による権利の行使）

第237条　新株予約権が2以上の者の共有に属するときは、共有者は、当該新株予約権についての権利を行使する者1人を定め、株式会社に対し、その者の氏名又は名称を通知しなければ、当該新株予約権についての権利を行使することができない。ただし、株式会社が当該権利を行使することに同意した場合は、この限りでない。

第2節　新株予約権の発行

第1款　募集事項の決定等

（募集事項の決定）

第238条　株式会社は、その発行する新株予約権を**引き受ける者の募集**をしようとするときは、その都度、募集新株予約権【3】について**次に掲げる事項**【4】を定めなければならない。

【1】　新株予約権付社債に付されたものを除く。
【2】　取締役であった者を含む。
【3】　当該募集に応じて当該新株予約権の引受けの申込みをした者に対して割り当てる新株予約権をいう。以下この章において同じ。
【4】　以下この節において「**募集事項**」という。

一　募集新株予約権の内容及び数
二　募集新株予約権と引換えに金銭の払込みを要しないこととする場合には、その旨
三　前号に規定する場合以外の場合には、募集新株予約権の払込金額【1】又はその算定方法
四　募集新株予約権を割り当てる日【2】
五　募集新株予約権と引換えにする金銭の払込みの期日を定めるときは、その期日
六　募集新株予約権が新株予約権付社債に付されたものである場合には、第676条各号に掲げる事項
七　前号に規定する場合において、同号の新株予約権付社債に付された募集新株予約権についての第118条第1項、第179条第2項、第777条第1項、第787条第1項又は第808条第1項の規定による請求の方法につき別段の定めをするときは、その定め

2　募集事項の決定は、株主総会の決議によらなければならない。

3　次に掲げる場合には、**取締役**は、前項の株主総会において、第1号の条件又は第2号の金額で募集新株予約権を引き受ける者の募集をすることを必要とする理由を説明しなければならない。
一　第1項第2号に規定する場合において、金銭の払込みを要しないこととすることが当該者に**特に有利な条件**であるとき。
二　第1項第3号に規定する場合において、同号の払込金額が当該者に**特に有利な金額**であるとき。

4　種類株式発行会社において、募集新株予約権の目的である株式の種類の全部又は一部が譲渡制限株式であるときは、当該募集新株予約権に関する募集事項の決定は、当該種類の株式を目的とする募集新株予約権を引き受ける者の募集について当該種類の株式の種類株主を構成員とする種類株主総会の決議を要しない旨の定款の定めがある場合を除き、当該種類株主総会の決議がなければ、その効力を生じない。ただし、当該種類株主総会において議決権を行使することができる種類株主が存しない場合は、この限りでない。

5　募集事項は、第1項の募集ごとに、均等に定めなければならない。

（募集事項の決定の委任）

第239条　前条第2項及び第4項の規定にかかわらず、株主総会においては、その決議によって、募集事項の決定を取締役【3】に委任することができる。この場合においては、次に掲げる事項を定めなければならない。
一　その委任に基づいて募集事項の決定をすることができる募集新株予約権の内容及び数の上限
二　前号の募集新株予約権につき金銭の払込みを要しないこととする場合には、その旨
三　前号に規定する場合以外の場合には、募集新株予約権の払込金額の下限

2　次に掲げる場合には、取締役は、前項の株主総会において、第1号の条件又は第2号の金額で募集新株予約権を引き受ける者の募集をすることを必要とする理由を説明しなければならない。

【1】　募集新株予約権1個と引換えに払い込む金銭の額をいう。以下この章において同じ。
【2】　以下この節において「**割当日**」という。
【3】　取締役会設置会社にあっては、取締役会

一　前項第２号に規定する場合において、金銭の払込みを要しないこととすることが当該者に特に有利な条件であるとき。
二　前項第３号に規定する場合において、同号の払込金額の下限が当該者に特に有利な金額であるとき。

3　第１項の決議は、割当日が当該決議の日から１年以内の日である前条第１項の募集についてのみその効力を有する。

4　種類株式発行会社において、募集新株予約権の目的である株式の種類の全部又は一部が譲渡制限株式であるときは、当該募集新株予約権に関する募集事項の決定の委任は、前条第４項の定款の定めがある場合を除き、当該種類株主総会の決議がなければ、その効力を生じない。ただし、当該種類株主総会において議決権を行使することができる種類株主が存しない場合は、この限りでない。

（公開会社における募集事項の決定の特則）

第240条　第238条第３項各号に掲げる場合を除き、公開会社における同条第２項の規定の適用については、同項中「株主総会」とあるのは、「取締役会」とする。この場合においては、前条の規定は、適用しない。

2　公開会社は、前項の規定により読み替えて適用する第238条第２項の取締役会の決議によって募集事項を定めた場合には、割当日の２週間前までに、株主に対し、当該募集事項を通知しなければならない。

3　前項の規定による通知は、公告をもってこれに代えることができる。

4　第２項の規定は、株式会社が募集事項について割当日の２週間前までに金融商品取引法第４条第１項から第３項までの届出をしている場合その他の株主の保護に欠けるおそれがないものとして法務省令で定める場合には、適用しない。

（株主に新株予約権の割当てを受ける権利を与える場合）

第241条　株式会社は、第238条第１項の募集において、株主に新株予約権の割当てを受ける権利を与えることができる。この場合においては、募集事項のほか、次に掲げる事項を定めなければならない。

一　株主に対し、次条第２項の申込みをすることにより当該株式会社の募集新株予約権【1】の割当てを受ける権利を与える旨
二　前号の募集新株予約権の引受けの申込みの期日

2　前項の場合には、同項第１号の株主【2】は、その有する株式の数に応じて募集新株予約権の割当てを受ける権利を有する。ただし、当該株主が割当てを受ける募集新株予約権の数に１に満たない端数があるときは、これを切り捨てるものとする。

3　第１項各号に掲げる事項を定める場合には、募集事項及び同項各号に掲げる事項は、次の各号に掲げる場合の区分に応じ、当該各号に定める方法によって定めなければならない。

一　当該募集事項及び第１項各号に掲げる事項を取締役の決定によって定めることができる旨の定款の定めがある場合【3】　取締役の決定
二　当該募集事項及び第１項各号に掲げる事項を取締役会の決議によって定めることができる旨の定款

【1】　種類株式発行会社にあっては、その目的である株式の種類が当該株主の有する種類の株式と同一の種類のもの
【2】　当該株式会社を除く。
【3】　株式会社が取締役会設置会社である場合を除く。

の定めがある場合【1】 取締役会の決議
三 株式会社が公開会社である場合 取締役会の決議
四 前3号に掲げる場合以外の場合 株主総会の決議
4 株式会社は、第1項各号に掲げる事項を定めた場合には、同項第2号の期日の2週間前までに、同項第1号の株主【2】に対し、次に掲げる事項を通知しなければならない。
一 募集事項
二 当該株主が割当てを受ける募集新株予約権の内容及び数
三 第1項第2号の期日
5 第238条第2項から第4項まで及び前2条の規定は、第1項から第3項までの規定により株主に新株予約権の割当てを受ける権利を与える場合には、適用しない。

第2款 募集新株予約権の割当て

(募集新株予約権の申込み)
第242条 株式会社は、第238条第1項の募集に応じて募集新株予約権の引受けの申込みをしようとする者に対し、次に掲げる事項を通知しなければならない。
一 株式会社の商号
二 募集事項
三 新株予約権の行使に際して金銭の払込みをすべきときは、払込みの取扱いの場所
四 前3号に掲げるもののほか、法務省令で定める事項
2 第238条第1項の募集に応じて募集新株予約権の引受けの申込みをする者は、次に掲げる事項を記載した書面を株式会社に交付しなければならない。
一 申込みをする者の氏名又は名称及び住所
二 引き受けようとする募集新株予約権の数
3 前項の申込みをする者は、同項の書面の交付に代えて、政令で定めるところにより、株式会社の承諾を得て、同項の書面に記載すべき事項を電磁的方法により提供することができる。この場合において、当該申込みをした者は、同項の書面を交付したものとみなす。
4 第1項の規定は、株式会社が同項各号に掲げる事項を記載した金融商品取引法第2条第10項に規定する目論見書を第1項の申込みをしようとする者に対して交付している場合その他募集新株予約権の引受けの申込みをしようとする者の保護に欠けるおそれがないものとして法務省令で定める場合には、適用しない。
5 株式会社は、第1項各号に掲げる事項について変更があったときは、直ちに、その旨及び当該変更があった事項を第2項の申込みをした者【3】に通知しなければならない。
6 募集新株予約権が新株予約権付社債に付されたものである場合には、申込者【4】は、その申込みに係る募集新株予約権を付した新株予約権付社債の引受けの申込みをしたものとみなす。
7 株式会社が申込者に対してする通知又は催告は、第2項第1号の住所【5】にあてて発すれば足りる。

【1】 次号に掲げる場合を除く。
【2】 当該株式会社を除く。
【3】 以下この款において「**申込者**」という。
【4】 募集新株予約権のみの申込みをした者に限る。
【5】 当該申込者が別に通知又は催告を受ける場所又は連絡先を当該株式会社に通知した場合にあっては、その場所又は

8　前項の通知又は催告は、その通知又は催告が通常到達すべきであった時に、到達したものとみなす。

（募集新株予約権の割当て）

第243条　株式会社は、申込者の中から募集新株予約権の割当てを受ける者を定め、かつ、その者に割り当てる募集新株予約権の数を定めなければならない。この場合において、株式会社は、当該申込者に割り当てる募集新株予約権の数を、前条第2項第2号の数よりも減少することができる。

2　次に掲げる場合には、前項の規定による決定は、株主総会【1】の決議によらなければならない。ただし、定款に別段の定めがある場合は、この限りでない。

一　募集新株予約権の目的である株式の全部又は一部が譲渡制限株式である場合

二　募集新株予約権が譲渡制限新株予約権【2】である場合

3　株式会社は、割当日の前日までに、申込者に対し、当該申込者に割り当てる募集新株予約権の数【3】を通知しなければならない。

4　第241条の規定により株主に新株予約権の割当てを受ける権利を与えた場合において、株主が同条第1項第2号の期日までに前条第2項の申込みをしないときは、当該株主は、募集新株予約権の割当てを受ける権利を失う。

（募集新株予約権の申込み及び割当てに関する特則）

第244条　前2条の規定は、募集新株予約権を引き受けようとする者がその総数の引受けを行う契約を締結する場合には、適用しない。

2　募集新株予約権が新株予約権付社債に付されたものである場合における前項の規定の適用については、同項中「の引受け」とあるのは、「及び当該募集新株予約権を付した社債の総額の引受け」とする。

3　第1項に規定する場合において、次に掲げるときは、株式会社は、株主総会【4】の決議によって、同項の契約の承認を受けなければならない。ただし、定款に別段の定めがある場合は、この限りでない。

一　募集新株予約権の目的である株式の全部又は一部が譲渡制限株式であるとき。

二　募集新株予約権が譲渡制限新株予約権であるとき。

（公開会社における募集新株予約権の割当て等の特則）

第244条の2　公開会社は、募集新株予約権の割当てを受けた申込者又は前条第1項の契約により募集新株予約権の総数を引き受けた者【5】について、第1号に掲げる数の第2号に掲げる数に対する割合が2分の1を超える場合には、割当日の2週間前までに、株主に対し、当該引受人【6】の氏名又は名称及び住所、当該特定引受人についての第1号に掲

連絡先

【1】　取締役会設置会社にあっては、取締役会

【2】　新株予約権であって、譲渡による当該新株予約権の取得について株式会社の承認を要する旨の定めがあるものをいう。以下この章において同じ。

【3】　当該募集新株予約権が新株予約権付社債に付されたものである場合にあっては、当該新株予約権付社債についての社債の種類及び各社債の金額の合計額を含む。

【4】　取締役会設置会社にあっては、取締役会

【5】　以下この項において「引受人」と総称する。

【6】　以下この項及び第5項において「特定引受人」という。

げる数その他の法務省令で定める事項を通知しなければならない。ただし、当該特定引受人が当該公開会社の親会社等である場合又は第241条の規定により株主に新株予約権の割当てを受ける権利を与えた場合は、この限りでない。

一　当該引受人【1】がその引き受けた募集新株予約権に係る交付株式の株主となった場合に有することとなる最も多い議決権の数

二　前号に規定する場合における最も多い総株主の議決権の数

2　前項第1号に規定する「交付株式」とは、募集新株予約権の目的である株式、募集新株予約権の内容として第236条第1項第7号ニに掲げる事項についての定めがある場合における同号ニの株式その他募集新株予約権の新株予約権者が交付を受ける株式として法務省令で定める株式をいう。

3　第1項の規定による通知は、公告をもってこれに代えることができる。

4　第1項の規定にかかわらず、株式会社が同項の事項について割当日の2週間前までに金融商品取引法第4条第1項から第3項までの届出をしている場合その他の株主の保護に欠けるおそれがないものとして法務省令で定める場合には、第1項の規定による通知は、することを要しない。

5　総株主【2】の議決権の10分の1【3】以上の議決権を有する株主が第1項の規定による通知又は第3項の公告の日【4】から2週間以内に特定引受人【5】による募集新株予約権の引受けに反対する旨を公開会社に対し通知したときは、当該公開会社は、割当日の前日までに、株主総会の決議によって、当該特定引受人に対する募集新株予約権の割当て又は当該特定引受人との間の前条第1項の契約の承認を受けなければならない。ただし、当該公開会社の財産の状況が著しく悪化している場合において、当該公開会社の事業の継続のため緊急の必要があるときは、この限りでない。

6　第309条第1項の規定にかかわらず、前項の株主総会の決議は、議決権を行使することができる株主の議決権の過半数【6】を有する株主が出席し、出席した当該株主の議決権の過半数【7】をもって行わなければならない。

（新株予約権者となる日）

第245条　次の各号に掲げる者は、割当日に、当該各号に定める募集新株予約権の**新株予約権者**となる。

一　**申込者**　株式会社の割り当てた募集新株予約権

二　**第244条第1項の契約により募集新株予約権の総数を引き受けた者**　その者が引き受けた募集新株予約権

2　募集新株予約権が新株予約権付社債に付されたものである場合には、前項の規定により募集新株予約権の新株予約権者となる者は、当該募集新株予約権を付した新株予約権付社債についての社債の社債権者となる。

【1】　その子会社等を含む。
【2】　この項の株主総会において議決権を行使することができない株主を除く。
【3】　これを下回る割合を定款で定めた場合にあっては、その割合
【4】　前項の場合にあっては、法務省令で定める日
【5】　その子会社等を含む。以下この項において同じ。
【6】　3分の1以上の割合を定款で定めた場合にあっては、その割合以上
【7】　これを上回る割合を定款で定めた場合にあっては、その割合以上

第3款　募集新株予約権に係る払込み

第246条　第238条第1項第3号に規定する場合には、**新株予約権者**は、募集新株予約権についての第236条第1項第4号の期間の初日の前日【1】までに、株式会社が定めた銀行等の払込みの取扱いの場所において、それぞれの募集新株予約権の払込金額の全額を払い込まなければならない。

2　前項の規定にかかわらず、新株予約権者は、**株式会社の承諾**を得て、同項の規定による払込みに代えて、払込金額に相当する金銭以外の財産を給付し、又は当該株式会社に対する債権をもって相殺することができる。

3　第238条第1項第3号に規定する場合には、新株予約権者は、募集新株予約権についての払込期日までに、それぞれの募集新株予約権の**払込金額の全額の払込み**【2】**をしないとき**は、当該募集新株予約権を行使することができない。

第4款　募集新株予約権の発行をやめることの請求

第247条　次に掲げる場合において、株主が**不利益を受けるおそれ**があるときは、**株主**は、株式会社に対し、第238条第1項の募集に係る新株予約権の発行をやめることを請求することができる。

一　当該新株予約権の発行が**法令又は定款に違反**する場合

二　当該新株予約権の発行が**著しく不公正な方法**により行われる場合

【1】　第238条第1項第5号に規定する場合にあっては、同号の期日。第3項において「**払込期日**」という。

【2】　当該払込みに代えてする金銭以外の財産の給付又は当該株式会社に対する債権をもってする相殺を含む。

第5款　雑則

第248条　第676条から第680条までの規定は、新株予約権付社債についての社債を引き受ける者の募集については、適用しない。

第3節　新株予約権原簿

（新株予約権原簿）

第249条　株式会社は、新株予約権を発行した日以後遅滞なく、新株予約権原簿を作成し、次の各号に掲げる新株予約権の区分に応じ、当該各号に定める事項【3】を記載し、又は記録しなければならない。

一　無記名式の新株予約権証券が発行されている新株予約権【4】　当該新株予約権証券の番号並びに当該無記名新株予約権の内容及び数

二　無記名式の新株予約権付社債券【5】が発行されている新株予約権付社債【6】に付された新株予約権　当該新株予約権付社債券の番号並びに当該新株予約権の内容及び数

三　前2号に掲げる新株予約権以外の新株予約権　次に掲げる事項

イ　新株予約権者の氏名又は名称及び住所

ロ　イの新株予約権者の有する新株予約権の内容及び数

ハ　イの新株予約権者が新株予約

【3】　以下「**新株予約権原簿記載事項**」という。

【4】　以下この章において「**無記名新株予約権**」という。

【5】　証券発行新株予約権付社債（新株予約権付社債であって、当該新株予約権付社債についての社債につき社債券を発行する旨の定めがあるものをいう。以下この章において同じ。）に係る社債券をいう。以下同じ。

【6】　以下この章において「**無記名新株予約権付社債**」という。

会社法

権を取得した日

ニ　ロの新株予約権が証券発行新株予約権【1】であるときは、当該新株予約権【2】に係る新株予約権証券の番号

ホ　ロの新株予約権が証券発行新株予約権付社債に付されたものであるときは、当該新株予約権を付した新株予約権付社債【3】に係る新株予約権付社債券の番号

（新株予約権原簿記載事項を記載した書面の交付等）

第250条　前条第3号イの新株予約権者は、株式会社に対し、当該新株予約権者についての新株予約権原簿に記載され、若しくは記録された新株予約権原簿記載事項を記載した書面の交付又は当該新株予約権原簿記載事項を記録した電磁的記録の提供を請求することができる。

2　前項の書面には、株式会社の代表取締役【4】が署名し、又は記名押印しなければならない。

3　第1項の電磁的記録には、株式会社の代表取締役が法務省令で定める署名又は記名押印に代わる措置をとらなければならない。

4　前3項の規定は、証券発行新株予約権及び証券発行新株予約権付社債に付された新株予約権については、適用しない。

【1】　新株予約権（新株予約権付社債に付されたものを除く。）であって、当該新株予約権に係る新株予約権証券を発行する旨の定めがあるものをいう。以下この章において同じ。

【2】　新株予約権証券が発行されているものに限る。

【3】　新株予約権付社債券が発行されているものに限る。

【4】　指名委員会等設置会社にあっては、代表執行役。次項において同じ。

（新株予約権原簿の管理）

第251条　株式会社が新株予約権を発行している場合における第123条の規定の適用については、同条中「株主名簿の」とあるのは「株主名簿及び新株予約権原簿の」と、「株主名簿に」とあるのは「株主名簿及び新株予約権原簿に」とする。

（新株予約権原簿の備置き及び閲覧等）

第252条　株式会社は、新株予約権原簿をその本店【5】に備え置かなければならない。

2　株主及び債権者は、株式会社の営業時間内は、いつでも、次に掲げる請求をすることができる。この場合においては、当該請求の理由を明らかにしてしなければならない。

一　新株予約権原簿が書面をもって作成されているときは、当該書面の閲覧又は謄写の請求

二　新株予約権原簿が電磁的記録をもって作成されているときは、当該電磁的記録に記録された事項を法務省令で定める方法により表示したものの閲覧又は謄写の請求

3　株式会社は、前項の請求があったときは、次のいずれかに該当する場合を除き、これを拒むことができない。

一　当該請求を行う株主又は債権者【6】がその権利の確保又は行使に関する調査以外の目的で請求を行ったとき。

二　請求者が当該株式会社の業務の遂行を妨げ、又は株主の共同の利益を害する目的で請求を行ったとき。

三　請求者が新株予約権原簿の閲覧

【5】　株主名簿管理人がある場合にあっては、その営業所

【6】　以下この項において「**請求者**」という。

又は謄写によって知り得た事実を利益を得て第三者に通報するため請求を行ったとき。

四　請求者が、過去2年以内において、新株予約権原簿の閲覧又は謄写によって知り得た事実を利益を得て第三者に通報したことがあるものであるとき。

4　株式会社の親会社社員は、その権利を行使するため必要があるときは、裁判所の許可を得て、当該株式会社の新株予約権原簿について第2項各号に掲げる請求をすることができる。この場合においては、当該請求の理由を明らかにしてしなければならない。

5　前項の親会社社員について第3項各号のいずれかに規定する事由があるときは、裁判所は、前項の許可をすることができない。

（新株予約権者に対する通知等）

第253条　株式会社が新株予約権者に対してする通知又は催告は、新株予約権原簿に記載し、又は記録した当該新株予約権者の住所【1】にあてて発すれば足りる。

2　前項の通知又は催告は、その通知又は催告が通常到達すべきであった時に、到達したものとみなす。

3　新株予約権が2以上の者の共有に属するときは、共有者は、株式会社が新株予約権者に対してする通知又は催告を受領する者1人を定め、当該株式会社に対し、その者の氏名又は名称を通知しなければならない。この場合においては、その者を新株予約権者とみなして、前2項の規定を適用する。

4　前項の規定による共有者の通知がない場合には、株式会社が新株予約権の共有者に対してする通知又は催告は、そのうちの1人に対してすれば足りる。

第4節　新株予約権の譲渡等

第1款　新株予約権の譲渡

（新株予約権の譲渡）

第254条　**新株予約権者**は、その有する新株予約権を譲渡することができる。

2　前項の規定にかかわらず、新株予約権付社債に付された**新株予約権**のみを譲渡することはできない。ただし、当該新株予約権付社債についての社債が消滅したときは、この限りでない。

3　新株予約権付社債についての**社債**のみを譲渡することはできない。ただし、当該新株予約権付社債に付された新株予約権が消滅したときは、この限りでない。

（証券発行新株予約権の譲渡）

第255条　証券発行新株予約権の譲渡は、当該証券発行新株予約権に係る新株予約権証券を交付しなければ、その効力を生じない。ただし、自己新株予約権【2】の処分による証券発行新株予約権の譲渡については、この限りでない。

2　証券発行新株予約権付社債に付された新株予約権の譲渡は、当該証券発行新株予約権付社債に係る新株予約権付社債券を交付しなければ、その効力を生じない。ただし、自己新株予約権付社債【3】の処分による当

【1】　当該新株予約権者が別に通知又は催告を受ける場所又は連絡先を当該株式会社に通知した場合にあっては、その場所又は連絡先

【2】　株式会社が有する自己の新株予約権をいう。以下この章において同じ。

【3】　株式会社が有する自己の新株予約権付社債をいう。以下この条及び次条にお

該自己新株予約権付社債に付された新株予約権の譲渡については、この限りでない。

（自己新株予約権の処分に関する特則）

第256条 株式会社は、自己新株予約権【1】を処分した日以後遅滞なく、当該自己新株予約権を取得した者に対し、新株予約権証券を交付しなければならない。

2 前項の規定にかかわらず、株式会社は、同項の者から請求がある時までは、同項の新株予約権証券を交付しないことができる。

3 株式会社は、自己新株予約権付社債【2】を処分した日以後遅滞なく、当該自己新株予約権付社債を取得した者に対し、新株予約権付社債券を交付しなければならない。

4 第687条の規定は、自己新株予約権付社債の処分による当該自己新株予約権付社債についての社債の譲渡については、適用しない。

（新株予約権の譲渡の対抗要件）

第257条 新株予約権の譲渡は、その新株予約権を取得した者の氏名又は名称及び住所を新株予約権原簿に記載し、又は記録しなければ、株式会社その他の第三者に対抗することができない。

2 記名式の新株予約権証券が発行されている証券発行新株予約権及び記名式の新株予約権付社債券が発行されている証券発行新株予約権付社債に付された新株予約権についての前項の規定の適用については、同項中「株式会社その他の第三者」とあるのは、「株式会社」とする。

3 第1項の規定は、無記名新株予約権及び無記名新株予約権付社債に付された新株予約権については、適用しない。

（権利の推定等）

第258条 新株予約権証券の占有者は、当該新株予約権証券に係る証券発行新株予約権についての権利を適法に有するものと推定する。

2 新株予約権証券の交付を受けた者は、当該新株予約権証券に係る証券発行新株予約権についての権利を取得する。ただし、その者に悪意又は重大な過失があるときは、この限りでない。

3 新株予約権付社債券の占有者は、当該新株予約権付社債券に係る証券発行新株予約権付社債に付された新株予約権についての権利を適法に有するものと推定する。

4 新株予約権付社債券の交付を受けた者は、当該新株予約権付社債券に係る証券発行新株予約権付社債に付された新株予約権についての権利を取得する。ただし、その者に悪意又は重大な過失があるときは、この限りでない。

（新株予約権者の請求によらない新株予約権原簿記載事項の記載又は記録）

第259条 株式会社は、次の各号に掲げる場合には、当該各号の新株予約権の新株予約権者に係る新株予約権原簿記載事項を新株予約権原簿に記載し、又は記録しなければならない。

一 当該株式会社の新株予約権を取得した場合

二 自己新株予約権を処分した場合

2 前項の規定は、無記名新株予約権及び無記名新株予約権付社債に付された新株予約権については、適用しない。

（新株予約権者の請求による新株予約権原簿記載事項の記載又は記録）

第260条 新株予約権を当該新株予約

いて同じ。

【1】 証券発行新株予約権に限る。

【2】 証券発行新株予約権付社債に限る。

権を発行した株式会社以外の者から取得した者【1】は、当該株式会社に対し、当該新株予約権に係る新株予約権原簿記載事項を新株予約権原簿に記載し、又は記録することを請求することができる。

2　前項の規定による請求は、利害関係人の利益を害するおそれがないものとして法務省令で定める場合を除き、その取得した新株予約権の新株予約権者として新株予約権原簿に記載され、若しくは記録された者又はその相続人その他の一般承継人と共同してしなければならない。

3　前2項の規定は、無記名新株予約権及び無記名新株予約権付社債に付された新株予約権については、適用しない。

第261条　前条の規定は、新株予約権取得者が取得した新株予約権が譲渡制限新株予約権である場合には、適用しない。ただし、次のいずれかに該当する場合は、この限りでない。

一　当該新株予約権取得者が当該譲渡制限新株予約権を取得することについて次条の承認を受けていること。

二　当該新株予約権取得者が当該譲渡制限新株予約権を取得したことについて第263条第1項の承認を受けていること。

三　当該新株予約権取得者が相続その他の一般承継により譲渡制限新株予約権を取得した者であること。

第2款　新株予約権の譲渡の制限

（新株予約権者からの承認の請求）

第262条　譲渡制限新株予約権の新株予約権者は、その有する譲渡制限新株予約権を他人【2】に譲り渡そうとするときは、当該株式会社に対し、当該他人が当該譲渡制限新株予約権を取得することについて承認をするか否かの決定をすることを請求することができる。

（新株予約権取得者からの承認の請求）

第263条　譲渡制限新株予約権を取得した新株予約権取得者は、株式会社に対し、当該譲渡制限新株予約権を取得したことについて承認をするか否かの決定をすることを請求することができる。

2　前項の規定による請求は、利害関係人の利益を害するおそれがないものとして法務省令で定める場合を除き、その取得した新株予約権の新株予約権者として新株予約権原簿に記載され、若しくは記録された者又はその相続人その他の一般承継人と共同してしなければならない。

（譲渡等承認請求の方法）

第264条　次の各号に掲げる請求【3】は、当該各号に定める事項を明らかにしてしなければならない。

一　第262条の規定による請求　次に掲げる事項

イ　当該請求をする新株予約権者が譲り渡そうとする譲渡制限新株予約権の内容及び数

ロ　イの譲渡制限新株予約権を譲り受ける者の氏名又は名称

二　前条第1項の規定による請求　次に掲げる事項

イ　当該請求をする新株予約権取得者の取得した譲渡制限新株予約権の内容及び数

ロ　イの新株予約権取得者の氏名

【1】　当該株式会社を除く。以下この節において「**新株予約権取得者**」という。

【2】　当該譲渡制限新株予約権を発行した株式会社を除く。

【3】　以下この款において「**譲渡等承認請求**」という。

会社法

又は名称

（譲渡等の承認の決定等）

第265条　株式会社が第262条又は第263条第1項の承認をするか否かの決定をするには、株主総会【1】の決議によらなければならない。ただし、新株予約権の内容として別段の定めがある場合は、この限りでない。

2　株式会社は、前項の決定をしたときは、譲渡等承認請求をした者に対し、当該決定の内容を通知しなければならない。

（株式会社が承認をしたとみなされる場合）

第266条　株式会社が譲渡等承認請求の日から2週間【2】以内に前条第2項の規定による通知をしなかった場合には、第262条又は第263条第1項の承認をしたものとみなす。ただし、当該株式会社と当該譲渡等承認請求をした者との合意により別段の定めをしたときは、この限りでない。

第3款　新株予約権の質入れ

（新株予約権の質入れ）

第267条　新株予約権者は、その有する新株予約権に質権を設定することができる。

2　前項の規定にかかわらず、新株予約権付社債に付された新株予約権のみに質権を設定することはできない。ただし、当該新株予約権付社債についての社債が消滅したときは、この限りでない。

3　新株予約権付社債についての社債のみに質権を設定することはできない。ただし、当該新株予約権付社債に付された新株予約権が消滅したときは、この限りでない。

【1】　取締役会設置会社にあっては、取締役会

【2】　これを下回る期間を定款で定めた場合にあっては、その期間

4　証券発行新株予約権の質入れは、当該証券発行新株予約権に係る新株予約権証券を交付しなければ、その効力を生じない。

5　証券発行新株予約権付社債に付された新株予約権の質入れは、当該証券発行新株予約権付社債に係る新株予約権付社債券を交付しなければ、その効力を生じない。

（新株予約権の質入れの対抗要件）

第268条　新株予約権の質入れは、その質権者の氏名又は名称及び住所を新株予約権原簿に記載し、又は記録しなければ、株式会社その他の第三者に対抗することができない。

2　前項の規定にかかわらず、証券発行新株予約権の質権者は、継続して当該証券発行新株予約権に係る新株予約権証券を占有しなければ、その質権をもって株式会社その他の第三者に対抗することができない。

3　第1項の規定にかかわらず、証券発行新株予約権付社債に付された新株予約権の質権者は、継続して当該証券発行新株予約権付社債に係る新株予約権付社債券を占有しなければ、その質権をもって株式会社その他の第三者に対抗することができない。

（新株予約権原簿の記載等）

第269条　新株予約権に質権を設定した者は、株式会社に対し、次に掲げる事項を新株予約権原簿に記載し、又は記録することを請求することができる。

一　質権者の氏名又は名称及び住所

二　質権の目的である新株予約権

2　前項の規定は、無記名新株予約権及び無記名新株予約権付社債に付された新株予約権については、適用しない。

（新株予約権原簿の記載事項を記載した書面の交付等）

第270条 前条第1項各号に掲げる事項が新株予約権原簿に記載され、又は記録された質権者【1】は、株式会社に対し、当該登録新株予約権質権者についての新株予約権原簿に記載され、若しくは記録された同項各号に掲げる事項を記載した書面の交付又は当該事項を記録した電磁的記録の提供を請求することができる。

2 前項の書面には、株式会社の代表取締役【2】が署名し、又は記名押印しなければならない。

3 第1項の電磁的記録には、株式会社の代表取締役が法務省令で定める署名又は記名押印に代わる措置をとらなければならない。

4 前3項の規定は、証券発行新株予約権及び証券発行新株予約権付社債に付された新株予約権については、適用しない。

（登録新株予約権質権者に対する通知等）

第271条 株式会社が登録新株予約権質権者に対してする通知又は催告は、新株予約権原簿に記載し、又は記録した当該登録新株予約権質権者の住所【3】にあてて発すれば足りる。

2 前項の通知又は催告は、その通知又は催告が通常到達すべきであった時に、到達したものとみなす。

（新株予約権の質入れの効果）

第272条 株式会社が次に掲げる行為をした場合には、新株予約権を目的とする質権は、当該行為によって当該新株予約権の新株予約権者が受けることのできる金銭等について存在する。

一 新株予約権の取得
二 組織変更
三 合併【4】
四 吸収分割
五 新設分割
六 株式交換
七 株式移転

2 登録新株予約権質権者は、前項の金銭等【5】を受領し、他の債権者に先立って自己の債権の弁済に充てることができる。

3 株式会社が次の各号に掲げる行為をした場合において、前項の債権の弁済期が到来していないときは、登録新株予約権質権者は、当該各号に定める者に同項に規定する金銭等に相当する金額を供託させることができる。この場合において、質権は、その供託金について存在する。

一 新株予約権の取得 当該株式会社
二 組織変更 第744条第1項第1号に規定する組織変更後持分会社
三 合併【6】 第749条第1項に規定する吸収合併存続会社又は第753条第1項に規定する新設合併設立会社

4 前3項の規定は、特別支配株主が新株予約権売渡請求により売渡新株予約権の取得をした場合について準用する。この場合において、前項中「当該各号に定める者」とあるのは、「当該特別支配株主」と読み替えるものとする。

【1】 以下「**登録新株予約権質権者**」という。
【2】 指名委員会等設置会社にあっては、代表執行役。次項において同じ。
【3】 当該登録新株予約権質権者が別に通知又は催告を受ける場所又は連絡先を当該株式会社に通知した場合にあっては、その場所又は連絡先
【4】 合併により当該株式会社が消滅する場合に限る。
【5】 金銭に限る。
【6】 合併により当該株式会社が消滅する場合に限る。

5　新株予約権付社債に付された新株予約権【1】を目的とする質権は、当該新株予約権の行使をすることにより当該新株予約権の新株予約権者が交付を受ける株式について存在する。

第4款　信託財産に属する新株予約権についての対抗要件等

第272条の2　新株予約権については、当該新株予約権が信託財産に属する旨を新株予約権原簿に記載し、又は記録しなければ、当該新株予約権が信託財産に属することを株式会社その他の第三者に対抗することができない。

2　第249条第3号イの新株予約権者は、その有する新株予約権が信託財産に属するときは、株式会社に対し、その旨を新株予約権原簿に記載し、又は記録することを請求することができる。

3　新株予約権原簿に前項の規定による記載又は記録がされた場合における第250条第1項及び第259条第1項の規定の適用については、第250条第1項中「記録された新株予約権原簿記載事項」とあるのは「記録された新株予約権原簿記載事項（当該新株予約権者の有する新株予約権が信託財産に属する旨を含む。）」と、第259条第1項中「新株予約権原簿記載事項」とあるのは「新株予約権原簿記載事項（当該新株予約権者の有する新株予約権が信託財産に属する旨を含む。）」とする。

4　前3項の規定は、証券発行新株予約権及び証券発行新株予約権付社債に付された新株予約権については、適用しない。

【1】　第236条第1項第3号の財産が当該新株予約権付社債についての社債であるものであって、当該社債の償還額が当該新株予約権についての同項第2号の価額以上であるものに限る。

第5節　株式会社による自己の新株予約権の取得

第1款　募集事項の定めに基づく新株予約権の取得

（取得する日の決定）

第273条　取得条項付新株予約権【2】の内容として同号ロに掲げる事項についての定めがある場合には、株式会社は、同号ロの日を株主総会【3】の決議によって定めなければならない。ただし、当該取得条項付新株予約権の内容として別段の定めがある場合は、この限りでない。

2　第236条第1項第7号ロの日を定めたときは、株式会社は、取得条項付新株予約権の新株予約権者【4】及びその登録新株予約権質権者に対し、当該日の2週間前までに、当該日を通知しなければならない。

3　前項の規定による通知は、公告をもってこれに代えることができる。

（取得する新株予約権の決定等）

第274条　株式会社は、新株予約権の内容として第236条第1項第7号ハに掲げる事項についての定めがある場合において、取得条項付新株予約権を取得しようとするときは、その取得する取得条項付新株予約権を決定しなければならない。

【2】　第236条第1項第7号イに掲げる事項についての定めがある新株予約権をいう。以下この章において同じ。

【3】　取締役会設置会社にあっては、取締役会

【4】　同号ハに掲げる事項についての定めがある場合にあっては、次条第1項の規定により決定した取得条項付新株予約権の新株予約権者

2　前項の取得条項付新株予約権は、株主総会【1】の決議によって定めなければならない。ただし、当該取得条項付新株予約権の内容として別段の定めがある場合は、この限りでない。

3　第1項の規定による決定をしたときは、株式会社は、同項の規定により決定した取得条項付新株予約権の新株予約権者及びその登録新株予約権質権者に対し、直ちに、当該取得条項付新株予約権を取得する旨を通知しなければならない。

4　前項の規定による通知は、公告をもってこれに代えることができる。

（効力の発生等）

第275条　株式会社は、第236条第1項第7号イの事由が生じた日【2】に、取得条項付新株予約権【3】を取得する。

一　第236条第1項第7号イの事由が生じた日

二　前条第3項の規定による通知の日又は同条第4項の公告の日から2週間を経過した日

2　前項の規定により株式会社が取得する取得条項付新株予約権が新株予約権付社債に付されたものである場合には、株式会社は、第236条第1項第7号イの事由が生じた日に、当該新株予約権付社債についての社債を取得する。

3　次の各号に掲げる場合には、取得条項付新株予約権の新株予約権者【4】は、第236条第1項第7号イの事由が生じた日に、同号に定める事項についての定めに従い、当該各号に定める者となる。

一　第236条第1項第7号ニに掲げる事項についての定めがある場合　同号ニの株式の株主

二　第236条第1項第7号ホに掲げる事項についての定めがある場合　同号ホの社債の社債権者

三　第236条第1項第7号へに掲げる事項についての定めがある場合　同号への他の新株予約権の新株予約権者

四　第236条第1項第7号トに掲げる事項についての定めがある場合　同号トの新株予約権付社債についての社債の社債権者及び当該新株予約権付社債に付された新株予約権の新株予約権者

4　株式会社は、第236条第1項第7号イの事由が生じた後、遅滞なく、取得条項付新株予約権の新株予約権者及びその登録新株予約権質権者【5】に対し、当該事由が生じた旨を通知しなければならない。ただし、第273条第2項の規定による通知又は同条第3項の公告をしたときは、この限りでない。

5　前項本文の規定による通知は、公告をもってこれに代えることができる。

第2款　新株予約権の消却

第276条　株式会社は、自己新株予約権を消却することができる。この場

【1】　取締役会設置会社にあっては、取締役会

【2】　同号ハに掲げる事項についての定めがある場合にあっては、第1号に掲げる日又は第2号に掲げる日のいずれか遅い日。次項及び第3項において同じ。

【3】　同条第1項第7号ハに掲げる事項についての定めがある場合にあっては、前条第1項の規定により決定したもの。次項及び第3項において同じ。

【4】　当該株式会社を除く。

【5】　同号ハに掲げる事項についての定めがある場合にあっては、前条第1項の規定により決定した取得条項付新株予約権の新株予約権者及びその登録新株予約権質権者

合においては、消却する自己新株予約権の内容及び数を定めなければならない。

2　取締役会設置会社においては、前項後段の規定による決定は、取締役会の決議によらなければならない。

第6節　新株予約権無償割当て

（新株予約権無償割当て）

第277条　株式会社は、株主【1】に対して新たに**払込み**をさせないで当該株式会社の新株予約権の割当て【2】をすることができる。

（新株予約権無償割当てに関する事項の決定）

第278条　株式会社は、**新株予約権無償割当て**をしようとするときは、その都度、**次に掲げる事項**を定めなければならない。

一　株主に割り当てる新株予約権の内容及び数又はその算定方法

二　前号の新株予約権が新株予約権付社債に付されたものであるときは、当該新株予約権付社債についての社債の種類及び各社債の金額の合計額又はその算定方法

三　当該新株予約権無償割当てがその効力を生ずる日

四　株式会社が種類株式発行会社である場合には、当該新株予約権無償割当てを受ける株主の有する株式の種類

2　前項第1号及び第2号に掲げる事項についての定めは、**当該株式会社以外の株主**【3】の有する株式【4】の数に応じて同項第1号の新株予約権及び同項第2号の社債を割り当てることを内容とするものでなければならない。

3　第1項各号に掲げる事項の決定は、**株主総会**【5】の決議によらなければならない。ただし、定款に別段の定めがある場合は、この限りでない。

（新株予約権無償割当ての効力の発生等）

第279条　前条第1項第1号の新株予約権の**割当てを受けた株主**は、同項第3号の日に、同項第1号の新株予約権の新株予約権者【6】となる。

2　株式会社は、前条第1項第3号の日後遅滞なく、株主【7】及びその登録株式質権者に対し、当該株主が割当てを受けた新株予約権の内容及び数【8】を通知しなければならない。

3　前項の規定による通知がされた場合において、前条第1項第1号の新株予約権についての第236条第1項第4号の期間の末日が当該通知の日から2週間を経過する日前に到来するときは、同号の期間は、当該通知の日から2週間を経過する日まで延長されたものとみなす。

第7節　新株予約権の行使

第1款　総則

（新株予約権の行使）

第280条　新株予約権の行使は、**次に掲げる事項**を明らかにしてしなければならない。

【1】　種類株式発行会社にあっては、ある種類の種類株主

【2】　以下この節において「**新株予約権無償割当て**」という。

【3】　種類株式発行会社にあっては、同項第4号の種類の種類株主

【4】　種類株式発行会社にあっては、同項第4号の種類の株式

【5】　取締役会設置会社にあっては、取締役会

【6】　同項第2号に規定する場合にあっては、同項第1号の新株予約権の新株予約権者及び同項第2号の社債の社債権者

【7】　種類株式発行会社にあっては、同項第4号の種類の種類株主

【8】　同項第2号に規定する場合にあっては、当該株主が割当てを受けた社債の種類及び各社債の金額の合計額を含む。

一　その行使に係る新株予約権の内容及び数
二　新株予約権を行使する日
2　証券発行新株予約権を行使しようとするときは、当該証券発行新株予約権の新株予約権者は、当該証券発行新株予約権に係る新株予約権証券を株式会社に提出しなければならない。ただし、当該新株予約権証券が発行されていないときは、この限りでない。
3　証券発行新株予約権付社債に付された新株予約権を行使しようとする場合には、当該新株予約権の新株予約権者は、当該新株予約権を付した新株予約権付社債に係る新株予約権付社債券を株式会社に提示しなければならない。この場合において、当該株式会社は、当該新株予約権付社債券に当該証券発行新株予約権付社債に付された新株予約権が消滅した旨を記載しなければならない。
4　前項の規定にかかわらず、証券発行新株予約権付社債に付された新株予約権を行使しようとする場合において、当該新株予約権の行使により当該証券発行新株予約権付社債についての社債が消滅するときは、当該新株予約権の新株予約権者は、当該新株予約権を付した新株予約権付社債に係る新株予約権付社債券を株式会社に提出しなければならない。
5　第3項の規定にかかわらず、証券発行新株予約権付社債についての社債の償還後に当該証券発行新株予約権付社債に付された新株予約権を行使しようとする場合には、当該新株予約権の新株予約権者は、当該新株予約権を付した新株予約権付社債に係る新株予約権付社債券を株式会社に提出しなければならない。
6　株式会社は、自己新株予約権を行使することができ**ない**。

（新株予約権の行使に際しての払込み）

第281条　金銭を新株予約権の行使に際してする出資の目的とするときは、新株予約権者は、前条第1項第2号の日に、株式会社が定めた銀行等の払込みの取扱いの場所において、その行使に係る新株予約権についての第236条第1項第2号の価額の全額を払い込まなければならない。
2　金銭以外の財産を新株予約権の行使に際してする出資の目的とするときは、新株予約権者は、前条第1項第2号の日に、その行使に係る新株予約権についての第236条第1項第3号の財産を給付しなければならない。この場合において、当該財産の価額が同項第2号の価額に足りないときは、前項の払込みの取扱いの場所においてその差額に相当する金銭を払い込まなければならない。
3　新株予約権者は、第1項の規定による払込み又は前項の規定による給付をする債務と株式会社に対する債権とを相殺することができない。

（株主となる時期等）

第282条　新株予約権を行使した新株予約権者は、当該新株予約権を行使した日に、当該新株予約権の目的である株式の株主となる。
2　新株予約権を行使した新株予約権者であって第286条の2第1項各号に掲げる者に該当するものは、当該各号に定める支払若しくは給付又は第286条の3第1項の規定による支払がされた後でなければ、第286条の2第1項各号の払込み又は給付が仮装された新株予約権の目的である株式について、株主の権利を行使することができない。
3　前項の株式を譲り受けた者は、当該株式についての株主の権利を行使することができる。ただし、その者に悪意又は重大な過失があるときは、この限りでない。

（1に満たない端数の処理）

第283条　新株予約権を行使した場合において、当該新株予約権の新株予約権者に交付する株式の数に1株に満たない端数があるときは、株式会社は、当該新株予約権者に対し、次の各号に掲げる場合の区分に応じ、当該各号に定める額にその端数を乗じて得た額に相当する金銭を交付しなければならない。ただし、第236条第1項第9号に掲げる事項についての定めがある場合は、この限りでない。

一　当該株式が市場価格のある株式である場合　当該株式1株の市場価格として法務省令で定める方法により算定される額

二　前号に掲げる場合以外の場合　1株当たり純資産額

第2款　金銭以外の財産の出資

第284条　株式会社は、第236条第1項第3号に掲げる事項についての定めがある新株予約権が行使された場合には、第281条第2項の規定による給付があった後、遅滞なく、同号の財産【1】の価額を調査させるため、裁判所に対し、検査役の選任の申立てをしなければならない。

2　前項の申立てがあった場合には、裁判所は、これを不適法として却下する場合を除き、検査役を選任しなければならない。

3　裁判所は、前項の検査役を選任した場合には、株式会社が当該検査役に対して支払う報酬の額を定めることができる。

【1】　以下この節において「**現物出資財産**」という。

4　第2項の検査役は、必要な調査を行い、当該調査の結果を記載し、又は記録した書面又は電磁的記録【2】を裁判所に提供して報告をしなければならない。

5　裁判所は、前項の報告について、その内容を明瞭にし、又はその根拠を確認するため必要があると認めるときは、第2項の検査役に対し、更に前項の報告を求めることができる。

6　第2項の検査役は、第4項の報告をしたときは、株式会社に対し、同項の書面の写しを交付し、又は同項の電磁的記録に記録された事項を法務省令で定める方法により提供しなければならない。

7　裁判所は、第4項の報告を受けた場合において、現物出資財産について定められた第236条第1項第3号の価額【3】を不当と認めたときは、これを変更する決定をしなければならない。

8　第1項の新株予約権の新株予約権者は、前項の決定により現物出資財産の価額の全部又は一部が変更された場合には、当該決定の確定後1週間以内に限り、その新株予約権の行使に係る意思表示を取り消すことができる。

9　前各項の規定は、次の各号に掲げる場合には、当該各号に定める事項については、適用しない。

一　行使された新株予約権の新株予約権者が交付を受ける株式の総数が発行済株式の総数の10分の1を超えない場合　当該新株予約権者が給付する現物出資財産の価額

二　現物出資財産について定められた第236条第1項第3号の価額の

【2】　法務省令で定めるものに限る。

【3】　第2項の検査役の調査を経ていないものを除く。

総額が500万円を超えない場合　当該現物出資財産の価額

三　現物出資財産のうち、市場価格のある有価証券について定められた第236条第1項第3号の価額が当該有価証券の市場価格として法務省令で定める方法により算定されるものを超えない場合　当該有価証券についての現物出資財産の価額

四　現物出資財産について定められた第236条第1項第3号の価額が相当であることについて弁護士、弁護士法人、弁護士・外国法事務弁護士共同法人、公認会計士、監査法人、税理士又は税理士法人の証明【1】を受けた場合　当該証明を受けた現物出資財産の価額

五　現物出資財産が株式会社に対する金銭債権【2】であって、当該金銭債権について定められた第236条第1項第3号の価額が当該金銭債権に係る負債の帳簿価額を超えない場合　当該金銭債権についての現物出資財産の価額

10　次に掲げる者は、前項第4号に規定する証明をすることができない。

一　取締役、会計参与、監査役若しくは執行役又は支配人その他の使用人

二　新株予約権者

三　業務の停止の処分を受け、その停止の期間を経過しない者

四　弁護士法人、弁護士・外国法事務弁護士共同法人、監査法人又は税理士法人であって、その社員の半数以上が第1号又は第2号に掲げる者のいずれかに該当するもの

【1】　現物出資財産が不動産である場合にあっては、当該証明及び不動産鑑定士の鑑定評価。以下この号において同じ。

【2】　弁済期が到来しているものに限る。

第3款　責任

（不公正な払込金額で新株予約権を引き受けた者等の責任）

第285条　新株予約権を行使した新株予約権者は、次の各号に掲げる場合には、株式会社に対し、当該各号に定める額を支払う義務を負う。

一　第238条第1項第2号に規定する場合において、募集新株予約権につき金銭の払込みを要しないこととすることが著しく不公正な条件であるとき【3】　当該新株予約権の公正な価額

二　第238条第1項第3号に規定する場合において、取締役と通じて著しく不公正な払込金額で新株予約権を引き受けたとき　当該払込金額と当該新株予約権の公正な価額との差額に相当する金額

三　第282条第1項の規定により株主となった時におけるその給付した現物出資財産の価額がこれについて定められた第236条第1項第3号の価額に著しく不足する場合　当該不足額

2　前項第3号に掲げる場合において、現物出資財産を給付した新株予約権者が当該現物出資財産の価額がこれについて定められた第236条第1項第3号の価額に著しく不足することにつき善意でかつ重大な過失がないときは、新株予約権の行使に係る意思表示を取り消すことができる。

（出資された財産等の価額が不足する場合の取締役等の責任）

第286条　前条第1項第3号に掲げる

【3】　取締役（指名委員会等設置会社にあっては、取締役又は執行役。次号において同じ。）と通じて新株予約権を引き受けた場合に限る。

場合には、次に掲げる者【1】は、株式会社に対し、同号に定める額を支払う義務を負う。
一　当該新株予約権者の募集に関する職務を行った業務執行取締役【2】その他当該業務執行取締役の行う業務の執行に職務上関与した者として法務省令で定めるもの
二　現物出資財産の価額の決定に関する株主総会の決議があったときは、当該株主総会に議案を提案した取締役として法務省令で定めるもの
三　現物出資財産の価額の決定に関する取締役会の決議があったときは、当該取締役会に議案を提案した取締役【3】として法務省令で定めるもの
2　前項の規定にかかわらず、次に掲げる場合には、取締役等は、現物出資財産について同項の義務を負わない。
一　現物出資財産の価額について第284条第2項の検査役の調査を経た場合
二　当該取締役等がその職務を行うについて注意を怠らなかったことを証明した場合
3　第1項に規定する場合には、第284条第9項第4号に規定する証明をした者【4】は、株式会社に対し前条第1項第3号に定める額を支払う義務を負う。ただし、当該証明者が当該証明をするについて注意を怠らなかったことを証明したときは、この限りでない。
4　新株予約権者がその給付した現物出資財産についての前条第1項第3号に定める額を支払う義務を負う場合において、次に掲げる者が当該現物出資財産について当該各号に定める義務を負うときは、これらの者は、連帯債務者とする。
一　取締役等　第1項の義務
二　証明者　前項本文の義務

（新株予約権に係る払込み等を仮装した新株予約権者等の責任）

第286条の2　新株予約権を行使した新株予約権者であって次の各号に掲げる者に該当するものは、株式会社に対し、当該各号に定める行為をする義務を負う。
一　第246条第1項の規定による払込み【5】を仮装した者又は当該払込みが仮装されたことを知って、若しくは重大な過失により知らないで募集新株予約権を譲り受けた者　払込みが仮装された払込金額の全額の支払【6】
二　第281条第1項又は第2項後段の規定による払込みを仮装した者　払込みを仮装した金銭の全額の支払
三　第281条第2項前段の規定による給付を仮装した者　給付を仮装した金銭以外の財産の給付【7】

【1】　以下この条において「**取締役等**」という。
【2】　指名委員会等設置会社にあっては、執行役。以下この号において同じ。
【3】　指名委員会等設置会社にあっては、取締役又は執行役
【4】　以下この条において「**証明者**」という。
【5】　同条第2項の規定により当該払込みに代えてする金銭以外の財産の給付を含む。
【6】　当該払込みに代えてする金銭以外の財産の給付が仮装された場合にあっては、当該財産の給付（株式会社が当該給付に代えて当該財産の価額に相当する金銭の支払を請求した場合にあっては、当該金銭の全額の支払）
【7】　株式会社が当該給付に代えて当該財産の価額に相当する金銭の支払を請求した場合にあっては、当該金銭の全額の支払

2　前項の規定により同項に規定する新株予約権者の負う義務は、総株主の同意がなければ、免除することができない。

（新株予約権に係る払込み等を仮装した場合の取締役等の責任）

第286条の3　新株予約権を行使した新株予約権者であって前条第1項各号に掲げる者に該当するものが当該各号に定める行為をする義務を負う場合には、当該各号の払込み又は給付を仮装することに関与した取締役【1】として法務省令で定める者は、株式会社に対し、当該各号に規定する支払をする義務を負う。ただし、その者【2】がその職務を行うについて注意を怠らなかったことを証明した場合は、この限りでない。

2　新株予約権を行使した新株予約権者であって前条第1項各号に掲げる者に該当するものが当該各号に規定する支払をする義務を負う場合において、前項に規定する者が同項の義務を負うときは、これらの者は、連帯債務者とする。

第4款　雑則

第287条　第276条第1項の場合のほか、新株予約権者がその有する新株予約権を行使することができなくなったときは、当該新株予約権は、消滅する。

第8節　新株予約権に係る証券

第1款　新株予約権証券

（新株予約権証券の発行）

第288条　株式会社は、証券発行新株予約権を発行した日以後遅滞なく、当該証券発行新株予約権に係る新株予約権証券を発行しなければならない。

2　前項の規定にかかわらず、株式会社は、新株予約権者から請求がある時までは、同項の新株予約権証券を発行しないことができる。

（新株予約権証券の記載事項）

第289条　新株予約権証券には、次に掲げる事項及びその番号を記載し、株式会社の代表取締役【3】がこれに署名し、又は記名押印しなければならない。

一　株式会社の商号

二　当該新株予約権証券に係る証券発行新株予約権の内容及び数

（記名式と無記名式との間の転換）

第290条　証券発行新株予約権の新株予約権者は、第236条第1項第11号に掲げる事項についての定めによりすることができないこととされている場合を除き、いつでも、その記名式の新株予約権証券を無記名式とし、又はその無記名式の新株予約権証券を記名式とすることを請求することができる。

（新株予約権証券の喪失）

第291条　新株予約権証券は、非訟事件手続法第100条に規定する公示催告手続によって無効とすることができる。

2　新株予約権証券を喪失した者は、非訟事件手続法第106条第1項に規定する除権決定を得た後でなければ、その再発行を請求することができない。

第2款　新株予約権付社債券

第292条　証券発行新株予約権付社債

【1】　指名委員会等設置会社にあっては、執行役を含む。

【2】　当該払込み又は当該給付を仮装したものを除く。

【3】　指名委員会等設置会社にあっては、代表執行役

に係る新株予約権付社債券には、第697条第1項の規定により記載すべき事項のほか、当該証券発行新株予約権付社債に付された新株予約権の内容及び数を記載しなければならない。

2　証券発行新株予約権付社債についての社債の償還をする場合において、当該証券発行新株予約権付社債に付された新株予約権が消滅していないときは、株式会社は、当該証券発行新株予約権付社債に係る新株予約権付社債券と引換えに社債の償還をすることを請求することができない。この場合においては、株式会社は、社債の償還をするのと引換えに、当該新株予約権付社債券の提示を求め、当該新株予約権付社債券に社債の償還をした旨を記載することができる。

第3款　新株予約権証券等の提出

（新株予約権証券の提出に関する公告等）

第293条　株式会社が次の各号に掲げる行為をする場合において、当該各号に定める新株予約権に係る新株予約権証券【1】を発行しているときは、当該株式会社は、当該行為の効力が生ずる日【2】までに当該株式会社に対し当該新株予約権証券を提出しなければならない旨を新株予約権証券提出日の1箇月前までに、公告し、かつ、当該新株予約権の新株予約権者及びその登録新株予約権質権者には、各別にこれを通知しなければならない。

一　第179条の3第1項の承認　売渡新株予約権

一の二　取得条項付新株予約権の取得　当該取得条項付新株予約権

二　組織変更　全部の新株予約権

三　合併【3】　全部の新株予約権

四　吸収分割　第758条第5号イに規定する吸収分割契約新株予約権

五　新設分割　第763条第1項第10号イに規定する新設分割計画新株予約権

六　株式交換　第768条第1項第4号イに規定する株式交換契約新株予約権

七　株式移転　第773条第1項第9号イに規定する株式移転計画新株予約権

2　株式会社が次の各号に掲げる行為をする場合において、新株予約権証券提出日までに当該株式会社に対して新株予約権証券を提出しない者があるときは、当該各号に定める者は、当該新株予約権証券の提出があるまでの間、当該行為【4】によって当該新株予約権証券に係る新株予約権の新株予約権者が交付を受けることができる金銭等の交付を拒むことができる。

一　第179条の3第1項の承認　特別支配株主

二　取得条項付新株予約権の取得　当該株式会社

三　組織変更　第744条第1項第1号に規定する組織変更後持分会社

四　合併【5】　第749条第1項に規

【1】　当該新株予約権が新株予約権付社債に付されたものである場合にあっては、当該新株予約権付社債に係る新株予約権付社債券。以下この款において同じ。

【2】　第1号に掲げる行為をする場合にあっては、第179条の2第1項第5号に規定する取得日。以下この条において「**新株予約権証券提出日**」という。

【3】　合併により当該株式会社が消滅する場合に限る。

【4】　第1号に掲げる行為をする場合にあっては、新株予約権売渡請求に係る売渡新株予約権の取得

【5】　合併により当該株式会社が消滅する場合に限る。

会社法

定する吸収合併存続会社又は第753条第1項に規定する新設合併設立会社
五　吸収分割　第758条第1号に規定する吸収分割承継株式会社
六　新設分割　第763条第1項第1号に規定する新設分割設立株式会社
七　株式交換　第768条第1項第1号に規定する株式交換完全親株式会社
八　株式移転　第773条第1項第1号に規定する株式移転設立完全親会社
3　第1項各号に定める新株予約権に係る新株予約権証券は、新株予約権証券提出日に無効となる。
4　第1項第1号の規定による公告及び通知の費用は、特別支配株主の負担とする。
5　第220条の規定は、第1項各号に掲げる行為をした場合において、新株予約権証券を提出することができない者があるときについて準用する。この場合において、同条第2項中「前条第2項各号」とあるのは、「第293条第2項各号」と読み替えるものとする。

(無記名式の新株予約権証券等が提出されない場合)

第294条　第132条の規定にかかわらず、前条第1項第1号の2に掲げる行為をする場合【1】において、同項の規定により新株予約権証券【2】が提出されないときは、株式会社は、当該新株予約権証券を有する者が交付を受けることができる株式に係る第121条第1号に掲げる事項を株主名簿に記載し、又は記録することを要しない。
2　前項に規定する場合には、株式会社は、前条第1項の規定により提出しなければならない新株予約権証券を有する者が交付を受けることができる株式の株主に対する通知又は催告をすることを要しない。
3　第249条及び第259条第1項の規定にかかわらず、前条第1項第1号の2に掲げる行為をする場合【3】において、同項の規定により新株予約権証券が提出されないときは、株式会社は、当該新株予約権証券を有する者が交付を受けることができる当該他の新株予約権【4】に係る第249条第3号イに掲げる事項を新株予約権原簿に記載し、又は記録することを要しない。
4　前項に規定する場合には、株式会社は、前条第1項の規定により提出しなければならない新株予約権証券を有する者が交付を受けることができる新株予約権の新株予約権者に対する通知又は催告をすることを要しない。
5　第249条及び第259条第1項の規定にかかわらず、前条第1項第1号の2に掲げる行為をする場合【5】において、同項の規定により新株予約権証券が提出されないときは、株式会社は、当該新株予約権証券を有す

【1】　株式会社が新株予約権を取得するのと引換えに当該新株予約権の新株予約権者に対して当該株式会社の株式を交付する場合に限る。
【2】　無記名式のものに限る。以下この条において同じ。
【3】　株式会社が新株予約権を取得するのと引換えに当該新株予約権の新株予約権者に対して当該株式会社の他の新株予約権(新株予約権付社債に付されたものを除く。)を交付する場合に限る。
【4】　無記名新株予約権を除く。
【5】　株式会社が新株予約権を取得するのと引換えに当該新株予約権の新株予約権者に対して当該株式会社の新株予約権付社債を交付する場合に限る。

る者が交付を受けることができる新株予約権付社債【1】に付された新株予約権に係る第249条第3号イに掲げる事項を新株予約権原簿に記載し、又は記録することを要しない。

6　前項に規定する場合には、株式会社は、前条第1項の規定により提出しなければならない新株予約権証券を有する者が交付を受けることができる新株予約権付社債に付された新株予約権の新株予約権者に対する通知又は催告をすることを要しない。

第4章　機関

第1節　株主総会及び種類株主総会等

第1款　株主総会

（株主総会の権限）

第295条　**株主総会**は、この法律に規定する事項及び株式会社の組織、運営、管理その他株式会社に関する一切の事項について**決議**をすることができる。

2　前項の規定にかかわらず、**取締役会設置会社**においては、株主総会は、この法律に規定する事項及び定款で定めた事項に限り、決議をすることができる。

3　この法律の規定により株主総会の決議を必要とする事項について、取締役、執行役、取締役会その他の**株主総会以外の機関が決定**することができることを内容とする定款の定めは、その効力を有しない。

（株主総会の招集）

第296条　**定時株主総会**は、毎事業年度の終了後一定の時期に招集しなければならない。

2　株主総会は、**必要がある場合**には、いつでも、招集することができる。

3　株主総会は、次条第4項の規定により招集する場合を除き、取締役が招集する。

（株主による招集の請求）

第297条　総株主の議決権の**100分の3**【2】以上の議決権を**6箇月**【3】前から引き続き有する**株主**は、取締役に対し、株主総会の目的である事項【4】及び招集の理由を示して、株主総会の招集を請求することができる。

2　**公開会社でない株式会社**における前項の規定の適用については、同項中「6箇月（これを下回る期間を定款で定めた場合にあっては、その期間）前から引き続き有する」とあるのは、「有する」とする。

3　第1項の株主総会の目的である事項について**議決権を行使することができない株主**が有する議決権の数は、同項の総株主の議決権の数に算入しない。

4　次に掲げる場合には、第1項の規定による請求をした株主は、裁判所の許可を得て、株主総会を招集することができる。

一　第1項の規定による請求の後遅滞なく**招集の手続が行われない場合**

二　第1項の規定による請求があった日から**8週間**【5】**以内の日**を株主総会の日とする株主総会の招集の通知が発せられない場合

【1】　無記名新株予約権付社債を除く。

【2】　これを下回る割合を定款で定めた場合にあっては、その割合

【3】　これを下回る期間を定款で定めた場合にあっては、その期間

【4】　当該株主が議決権を行使することができる事項に限る。

【5】　これを下回る期間を定款で定めた場合にあっては、その期間

会社法

（株主総会の招集の決定）

第298条 **取締役**【1】は、株主総会を招集する場合には、**次に掲げる事項**を定めなければならない。

一　株主総会の日時及び場所

二　株主総会の目的である事項があるときは、当該事項

三　株主総会に出席しない株主が書面によって議決権を行使することができることとするときは、その旨

四　株主総会に出席しない株主が電磁的方法によって議決権を行使することができることとするときは、その旨

五　前各号に掲げるもののほか、法務省令で定める事項

2　取締役は、株主【2】の数が1000人以上である場合には、**前項第3号に掲げる事項**を定めなければならない。ただし、当該株式会社が金融商品取引法第2条第16項に規定する金融商品取引所に上場されている株式を発行している株式会社であって法務省令で定めるものである場合は、この限りでない。

3　取締役会設置会社における前項の規定の適用については、同項中「株主総会において決議をすることができる事項」とあるのは、「前項第2号に掲げる事項」とする。

4　**取締役会設置会社**においては、前条第4項の規定により株主が株主総会を招集するときを除き、**第1項各号に掲げる事項の決定**は、取締役会の決議によらなければならない。

（株主総会の招集の通知）

第299条 株主総会を招集するには、取締役は、株主総会の日の**2週間**【3】前までに、株主に対してその通知を発しなければならない。

2　次に掲げる場合には、前項の通知は、書面でしなければならない。

一　前条第1項第3号又は第4号に掲げる事項を定めた場合

二　株式会社が取締役会設置会社である場合

3　取締役は、前項の書面による通知の発出に代えて、政令で定めるところにより、株主の承諾を得て、電磁的方法により通知を発することができる。この場合において、当該取締役は、同項の書面による通知を発したものとみなす。

4　前2項の通知には、前条第1項各号に掲げる事項を記載し、又は記録しなければならない。

（招集手続の省略）

第300条 前条の規定にかかわらず、株主総会は、株主の全員の同意があるときは、**招集の手続**を経ることなく開催することができる。ただし、第298条第1項**第3号**又は**第4号**に掲げる事項を定めた場合は、この限りでない。

（株主総会参考書類及び議決権行使書面の交付等）

第301条 取締役は、第298条第1項第3号に掲げる事項を定めた場合には、第299条第1項の通知に際して、法務省令で定めるところにより、株主に対し、議決権の行使について参

【1】　前条第4項の規定により株主が株主総会を招集する場合にあっては、当該株主。次項本文及び次条から第302条までにおいて同じ。

【2】　株主総会において決議をすることができる事項の全部につき議決権を行使することができない株主を除く。次条から第302条までにおいて同じ。

【3】　前条第1項第3号又は第4号に掲げる事項を定めたときを除き、公開会社でない株式会社にあっては、1週間（当該株式会社が取締役会設置会社以外の株式会社である場合において、これを下回る期間を定款で定めた場合にあっては、その期間）

考となるべき事項を記載した書類【1】及び株主が議決権を行使するための書面【2】を交付しなければならない。

2　取締役は、第299条第3項の承諾をした株主に対し同項の電磁的方法による通知を発するときは、前項の規定による株主総会参考書類及び議決権行使書面の交付に代えて、これらの書類に記載すべき事項を電磁的方法により提供することができる。ただし、株主の請求があったときは、これらの書類を当該株主に交付しなければならない。

第302条　取締役は、第298条第1項第4号に掲げる事項を定めた場合には、第299条第1項の通知に際して、法務省令で定めるところにより、株主に対し、株主総会参考書類を交付しなければならない。

2　取締役は、第299条第3項の承諾をした株主に対し同項の電磁的方法による通知を発するときは、前項の規定による株主総会参考書類の交付に代えて、当該株主総会参考書類に記載すべき事項を電磁的方法により提供することができる。ただし、株主の請求があったときは、株主総会参考書類を当該株主に交付しなければならない。

3　取締役は、第1項に規定する場合には、第299条第3項の承諾をした株主に対する同項の電磁的方法による通知に際して、法務省令で定めるところにより、株主に対し、議決権行使書面に記載すべき事項を当該電磁的方法により提供しなければならない。

4　取締役は、第1項に規定する場合において、第299条第3項の承諾をしていない株主から株主総会の日の1週間前までに議決権行使書面に記載すべき事項の電磁的方法による提供の請求があったときは、法務省令で定めるところにより、直ちに、当該株主に対し、当該事項を電磁的方法により提供しなければならない。

（株主提案権）

第303条　株主は、取締役に対し、一定の事項【3】を株主総会の目的とすることを請求することができる。

2　前項の規定にかかわらず、**取締役会設置会社**においては、総株主の議決権の100分の1【4】以上の議決権又は300個【5】以上の議決権を6箇月【6】前から引き続き有する株主に限り、取締役に対し、一定の事項を株主総会の目的とすることを請求することができる。この場合において、その請求は、株主総会の日の8週間【7】前までにしなければならない。

3　**公開会社でない取締役会設置会社**における前項の規定の適用については、同項中「6箇月（これを下回る期間を定款で定めた場合にあっては、その期間）前から引き続き有する」とあるのは、「有する」とする。

4　第2項の一定の事項について**議決権を行使することができない株主**が有する議決権の数は、同項の総株主の議決権の数に算入しない。

第304条　**株主**は、株主総会において、

【1】　以下この節において「**株主総会参考書類**」という。

【2】　以下この節において「**議決権行使書面**」という。

【3】　当該株主が議決権を行使することができる事項に限る。次項において同じ。

【4】　これを下回る割合を定款で定めた場合にあっては、その割合

【5】　これを下回る数を定款で定めた場合にあっては、その個数

【6】　これを下回る期間を定款で定めた場合にあっては、その期間

【7】　これを下回る期間を定款で定めた場合にあっては、その期間

株主総会の目的である事項【1】につき議案を提出することができる。ただし、当該議案が**法令若しくは定款に違反**する場合又は実質的に同一の議案につき株主総会において総株主【2】の議決権の10分の1【3】以上の賛成を得られなかった日から**3年を経過していない場合**は、この限りでない。

第305条　株主は、取締役に対し、株主総会の日の8週間【4】前までに、株主総会の目的である事項につき当該株主が提出しようとする議案の要領を株主に通知すること【5】を請求することができる。ただし、取締役会設置会社においては、総株主の議決権の100分の1【6】以上の議決権又は300個【7】以上の議決権を6箇月【8】前から引き続き有する株主に限り、当該請求をすることができる。

2　公開会社でない取締役会設置会社における前項ただし書の規定の適用については、同項ただし書中「6箇月（これを下回る期間を定款で定めた場合にあっては、その期間）前から引き続き有する」とあるのは、「有する」とする。

3　第1項の株主総会の目的である事項について議決権を行使することができない株主が有する議決権の数は、同項ただし書の総株主の議決権の数に算入しない。

4　取締役会設置会社の株主が第1項の規定による請求をする場合において、当該株主が提出しようとする議案の数が10を超えるときは、前3項の規定は、10を超える数に相当することとなる数の議案については、適用しない。この場合において、当該株主が提出しようとする次の各号に掲げる議案の数については、当該各号に定めるところによる。

一　取締役、会計参与、監査役又は会計監査人【9】の選任に関する議案　当該議案の数にかかわらず、これを1の議案とみなす。

二　役員等の解任に関する議案　当該議案の数にかかわらず、これを1の議案とみなす。

三　会計監査人を再任しないことに関する議案　当該議案の数にかかわらず、これを1の議案とみなす。

四　定款の変更に関する2以上の議案　当該2以上の議案について異なる議決がされたとすれば当該議決の内容が相互に矛盾する可能性がある場合には、これらを1の議案とみなす。

5　前項前段の10を超える数に相当することとなる数の議案は、取締役がこれを定める。ただし、第1項の規定による請求をした株主が当該請求と併せて当該株主が提出しようとする2以上の議案の全部又は一部につき議案相互間の優先順位を定めている場合には、取締役は、当該優先順位に従い、これを定めるものとする。

【1】　当該株主が議決権を行使することができる事項に限る。次条第1項において同じ。

【2】　当該議案について議決権を行使することができない株主を除く。

【3】　これを下回る割合を定款で定めた場合にあっては、その割合

【4】　これを下回る期間を定款で定めた場合にあっては、その期間

【5】　第299条第2項又は第3項の通知をする場合にあっては、その通知に記載し、又は記録すること

【6】　これを下回る割合を定款で定めた場合にあっては、その割合

【7】　これを下回る数を定款で定めた場合にあっては、その個数

【8】　これを下回る期間を定款で定めた場合にあっては、その期間

【9】　次号において「**役員等**」という。

6　第１項から第３項までの規定は、第１項の議案が法令若しくは定款に違反する場合又は実質的に同一の議案につき株主総会において総株主【1】の議決権の10分の1【2】以上の賛成を得られなかった日から３年を経過していない場合には、適用しない。

（株主総会の招集手続等に関する検査役の選任）

第306条　**株式会社**又は総株主【3】の議決権の100分の１【4】以上の議決権を有する**株主**は、株主総会に係る招集の手続及び決議の方法を調査させるため、当該株主総会に先立ち、**裁判所**に対し、検査役の選任の申立てをすることができる。

2　公開会社である取締役会設置会社における前項の規定の適用については、同項中「株主総会において決議をすることができる事項」とあるのは「第298条第１項第２号に掲げる事項」と、「有する」とあるのは「6箇月（これを下回る期間を定款で定めた場合にあっては、その期間）前から引き続き有する」とし、公開会社でない取締役会設置会社における同項の規定の適用については、同項中「株主総会において決議をすることができる事項」とあるのは、「第298条第１項第２号に掲げる事項」とする。

3　前２項の規定による検査役の選任の申立てがあった場合には、裁判所は、これを不適法として却下する場合を除き、検査役を選任しなければならない。

4　裁判所は、前項の検査役を選任した場合には、株式会社が当該検査役に対して支払う報酬の額を定めることができる。

5　第３項の検査役は、必要な調査を行い、当該調査の結果を記載し、又は記録した書面又は電磁的記録【5】を裁判所に提供して報告をしなければならない。

6　裁判所は、前項の報告について、その内容を明瞭にし、又はその根拠を確認するため必要があると認めるときは、第３項の検査役に対し、更に前項の報告を求めることができる。

7　第３項の検査役は、第５項の報告をしたときは、株式会社【6】に対し、同項の書面の写しを交付し、又は同項の電磁的記録に記録された事項を法務省令で定める方法により提供しなければならない。

（裁判所による株主総会招集等の決定）

第307条　裁判所は、前条第５項の報告があった場合において、必要があると認めるときは、取締役に対し、次に掲げる措置の全部又は一部を命じなければならない。

一　一定の期間内に株主総会を招集すること。

二　前条第５項の調査の結果を株主に通知すること。

2　裁判所が前項第１号に掲げる措置を命じた場合には、取締役は、前条第５項の報告の内容を同号の株主総会において開示しなければならない。

3　前項に規定する場合には、取締

【1】　当該議案について議決権を行使することができない株主を除く。
【2】　これを下回る割合を定款で定めた場合にあっては、その割合
【3】　株主総会において決議をすることができる事項の全部につき議決権を行使することができない株主を除く。
【4】　これを下回る割合を定款で定めた場合にあっては、その割合
【5】　法務省令で定めるものに限る。
【6】　検査役の選任の申立てをした者が当該株式会社でない場合にあっては、当該株式会社及びその者

役【1】は、前条第5項の報告の内容を調査し、その結果を第1項第1号の株主総会に報告しなければならない。

（議決権の数）

第308条　株主【2】は、株主総会において、その有する株式1株につき1個の議決権を有する。ただし、**単元株式数**を定款で定めている場合には、1単元の株式につき1個の議決権を有する。

2　前項の規定にかかわらず、株式会社は、自己株式については、**議決権を有しない**。

（株主総会の決議）

第309条　株主総会の決議は、定款に別段の定めがある場合を除き、議決権を行使することができる株主の**議決権の過半数を有する株主が出席**し、出席した当該株主の議決権の過半数をもって行う。

2　前項の規定にかかわらず、次に掲げる株主総会の決議は、当該株主総会において議決権を行使することができる株主の**議決権の過半数**【3】**を有する株主が出席**し、出席した当該株主の議決権の3分の2【4】以上に当たる多数をもって行わなければならない。この場合においては、当該決議の要件に加えて、一定の数以上の株主の賛成を要する旨その他の要件を定款で定めることを妨げない。

一　第140条第2項及び第5項の株主総会

二　**第156条第1項の株主総会**【5】

三　第171条第1項及び第175条第1項の株主総会

四　**第180条第2項の株主総会**

五　**第199条第2項**、第200条第1項、第202条第3項第4号、**第204条第2項**及び第205条第2項の株主総会

六　**第238条第2項**、第239条第1項、第241条第3項第4号、第243条第2項及び第244条第3項の株主総会

七　**第339条第1項の株主総会**【6】

八　第425条第1項の株主総会

九　**第447条第1項の株主総会**（次のいずれにも該当する場合を除く。）

イ　定時株主総会において第447条第1項各号に掲げる事項を定めること。

ロ　第447条第1項第1号の額がイの定時株主総会の日【7】における欠損の額として法務省令で定める方法により算定される額を超えないこと。

十　**第454条第4項の株主総会**【8】

十一　**第6章から第8章まで**の規定により株主総会の決議を要する場合における当該株主総会

十二　**第5編**の規定により株主総会の決議を要する場合における当

【1】　監査役設置会社にあっては、取締役及び監査役

【2】　株式会社がその総株主の議決権の4分の1以上を有することその他の事由を通じて株式会社がその経営を実質的に支配することが可能な関係にあるものとして法務省令で定める株主を除く。

【3】　3分の1以上の割合を定款で定めた場合にあっては、その割合以上

【4】　これを上回る割合を定款で定めた場合にあっては、その割合

【5】　第160条第1項の特定の株主を定める場合に限る。

【6】　第342条第3項から第5項までの規定により選任された取締役（監査等委員である取締役を除く。）を解任する場合又は監査等委員である取締役若しくは監査役を解任する場合に限る。

【7】　第439条前段に規定する場合にあっては、第436条第3項の承認があった日

【8】　配当財産が金銭以外の財産であり、かつ、株主に対して同項第1号に規定する金銭分配請求権を与えないこととする場合に限る。

該株主総会

3　前2項の規定にかかわらず、次に掲げる株主総会【1】の決議は、当該株主総会において議決権を行使することができる株主の半数以上【2】であって、当該株主の議決権の3分の2【3】以上に当たる多数をもって行わなければならない。

一　その発行する全部の株式の内容として譲渡による当該株式の取得について当該株式会社の承認を要する旨の定款の定めを設ける定款の変更を行う株主総会

二　第783条第1項の株主総会【4】

三　第804条第1項の株主総会【5】

4　前3項の規定にかかわらず、第109条第2項の規定による定款の定めについての定款の変更【6】を行う株主総会の決議は、総株主の半数以上【7】であって、総株主の議決権の4分の3【8】以上に当たる多数をもって行わなければならない。

5　取締役会設置会社においては、株主総会は、第298条第1項第2号に掲げる事項以外の事項については、決議をすることができない。ただし、第316条第1項若しくは第2項に規定する者の選任又は第398条第2項の会計監査人の出席を求めることについては、この限りでない。

(議決権の代理行使)

第310条　株主は、代理人によってその議決権を行使することができる。この場合においては、当該株主又は代理人は、代理権を証明する書面を株式会社に提出しなければならない。

2　前項の代理権の授与は、株主総会ごとにしなければならない。

3　第1項の株主又は代理人は、代理権を証明する書面の提出に代えて、政令で定めるところにより、株式会社の承諾を得て、当該書面に記載すべき事項を電磁的方法により提供することができる。この場合において、当該株主又は代理人は、当該書面を提出したものとみなす。

4　株主が第299条第3項の承諾をした者である場合には、株式会社は、正当な理由がなければ、前項の承諾をすることを拒んではならない。

5　株式会社は、株主総会に出席することができる代理人の数を制限することができる。

6　株式会社は、株主総会の日から3箇月間、代理権を証明する書面及び第3項の電磁的方法により提供された事項が記録された電磁的記録をその本店に備え置かなければならない。

7　株主【9】は、株式会社の営業時間内は、いつでも、次に掲げる請求をすることができる。この場合においい

【1】　種類株式発行会社の株主総会を除く。

【2】　これを上回る割合を定款で定めた場合にあっては、その割合以上

【3】　これを上回る割合を定款で定めた場合にあっては、その割合

【4】　合併により消滅する株式会社又は株式交換をする株式会社が公開会社であり、かつ、当該株式会社の株主に対して交付する金銭等の全部又は一部が譲渡制限株式等（同条第3項に規定する譲渡制限株式等をいう。次号において同じ。）である場合における当該株主総会に限る。

【5】　合併又は株式移転をする株式会社が公開会社であり、かつ、当該株式会社の株主に対して交付する金銭等の全部又は一部が譲渡制限株式等である場合における当該株主総会に限る。

【6】　当該定款の定めを廃止するものを除く。

【7】　これを上回る割合を定款で定めた場合にあっては、その割合以上

【8】　これを上回る割合を定款で定めた場合にあっては、その割合

【9】　前項の株主総会において決議をした事項の全部につき議決権を行使することができない株主を除く。次条第4項及び第312条第5項において同じ。

ては、当該請求の理由を明らかにしてしなければならない。
一　代理権を証明する書面の閲覧又は謄写の請求
二　前項の電磁的記録に記録された事項を法務省令で定める方法により表示したものの閲覧又は謄写の請求
8　株式会社は、前項の請求があったときは、次のいずれかに該当する場合を除き、これを拒むことができない。
一　当該請求を行う株主【1】がその権利の確保又は行使に関する調査以外の目的で請求を行ったとき。
二　請求者が当該株式会社の業務の遂行を妨げ、又は株主の共同の利益を害する目的で請求を行ったとき。
三　請求者が代理権を証明する書面の閲覧若しくは謄写又は前項第2号の電磁的記録に記録された事項を法務省令で定める方法により表示したものの閲覧若しくは謄写によって知り得た事実を利益を得て第三者に通報するため請求を行ったとき。
四　請求者が、過去2年以内において、代理権を証明する書面の閲覧若しくは謄写又は前項第2号の電磁的記録に記録された事項を法務省令で定める方法により表示したものの閲覧若しくは謄写によって知り得た事実を利益を得て第三者に通報したことがあるものであるとき。

（書面による議決権の行使）

第311条　書面による議決権の行使は、議決権行使書面に必要な事項を記載し、法務省令で定める時までに当該記載をした議決権行使書面を**株式会社に提出**して行う。
2　前項の規定により書面によって行使した議決権の数は、出席した株主の議決権の数に算入する。
3　株式会社は、株主総会の日から3箇月間、第1項の規定により提出された議決権行使書面をその本店に備え置かなければならない。
4　株主は、株式会社の営業時間内は、いつでも、第1項の規定により提出された議決権行使書面の閲覧又は謄写の請求をすることができる。この場合においては、当該請求の理由を明らかにしてしなければならない。
5　株式会社は、前項の請求があったときは、次のいずれかに該当する場合を除き、これを拒むことができない。
一　当該請求を行う株主【2】がその権利の確保又は行使に関する調査以外の目的で請求を行ったとき。
二　請求者が当該株式会社の業務の遂行を妨げ、又は株主の共同の利益を害する目的で請求を行ったとき。
三　請求者が第1項の規定により提出された議決権行使書面の閲覧又は謄写によって知り得た事実を利益を得て第三者に通報するため請求を行ったとき。
四　請求者が、過去2年以内において、第1項の規定により提出された議決権行使書面の閲覧又は謄写によって知り得た事実を利益を得て第三者に通報したことがあるものであるとき。

（電磁的方法による議決権の行使）

第312条　電磁的方法による議決権の行使は、政令で定めるところにより、

【1】以下この項において「**請求者**」という。

【2】以下この項において「**請求者**」という。

株式会社の承諾を得て、法務省令で定める時までに議決権行使書面に記載すべき事項を、電磁的方法により当該株式会社に提供して行う。

2　株主が第299条第3項の承諾をした者である場合には、株式会社は、正当な理由がなければ、前項の承諾をすることを拒んではならない。

3　第1項の規定により電磁的方法によって行使した議決権の数は、出席した株主の議決権の数に算入する。

4　株式会社は、株主総会の日から3箇月間、第1項の規定により提供された事項を記録した電磁的記録をその本店に備え置かなければならない。

5　株主は、株式会社の営業時間内は、いつでも、前項の電磁的記録に記録された事項を法務省令で定める方法により表示したものの閲覧又は謄写の請求をすることができる。この場合においては、当該請求の理由を明らかにしてしなければならない。

6　株式会社は、前項の請求があったときは、次のいずれかに該当する場合を除き、これを拒むことができない。

一　当該請求を行う株主【1】がその権利の確保又は行使に関する調査以外の目的で請求を行ったとき。

二　請求者が当該株式会社の業務の遂行を妨げ、又は株主の共同の利益を害する目的で請求を行ったとき。

三　請求者が前項の電磁的記録に記録された事項を法務省令で定める方法により表示したものの閲覧又は謄写によって知り得た事実を利益を得て第三者に通報するため請求を行ったとき。

四　請求者が、過去2年以内において、前項の電磁的記録に記録された事項を法務省令で定める方法により表示したものの閲覧又は謄写によって知り得た事実を利益を得て第三者に通報したことがあるものであるとき。

【1】以下この項において「**請求者**」という。

（議決権の不統一行使）

第313条　株主は、その有する議決権を**統一しないで行使**することができる。

2　**取締役会設置会社**においては、前項の株主は、株主総会の日の**3日前**までに、取締役会設置会社に対してその有する議決権を統一しないで行使する旨及びその理由を通知しなければならない。

3　株式会社は、第1項の株主が他人のために株式を有する者でないときは、当該株主が同項の規定によりその有する議決権を統一しないで行使することを拒むことができる。

（取締役等の説明義務）

第314条　**取締役、会計参与、監査役**及び**執行役**は、株主総会において、株主から特定の事項について説明を求められた場合には、当該事項について必要な説明をしなければならない。ただし、当該事項が株主総会の目的である事項に関しないものである場合、その説明をすることにより株主の共同の利益を著しく害する場合その他正当な理由がある場合として法務省令で定める場合は、この限りでない。

（議長の権限）

第315条　株主総会の議長は、当該株主総会の秩序を維持し、議事を整理する。

2　株主総会の議長は、その命令に従わない者その他当該株主総会の秩序を乱す者を退場させることができる。

（株主総会に提出された資料等の調査）

第316条　株主総会においては、その決議によって、取締役、会計参与、監査役、監査役会及び会計監査人が当該株主総会に提出し、又は提供した資料を調査する者を選任することができる。

2　第297条の規定により招集された株主総会においては、その決議によって、株式会社の業務及び財産の状況を調査する者を選任することができる。

（延期又は続行の決議）

第317条　株主総会においてその延期又は続行について決議があった場合には、第298条及び第299条の規定は、適用しない。

（議事録）

第318条　株主総会の議事については、法務省令で定めるところにより、議事録を作成しなければならない。

2　株式会社は、株主総会の日から10年間、前項の議事録をその本店に備え置かなければならない。

3　株式会社は、株主総会の日から5年間、第1項の議事録の写しをその支店に備え置かなければならない。ただし、当該議事録が電磁的記録をもって作成されている場合であって、支店における次項第2号に掲げる請求に応じることを可能とするための措置として法務省令で定めるものをとっているときは、この限りでない。

4　株主及び債権者は、株式会社の営業時間内は、いつでも、次に掲げる請求をすることができる。

一　第1項の議事録が書面をもって作成されているときは、当該書面又は当該書面の写しの閲覧又は謄写の請求

二　第1項の議事録が電磁的記録をもって作成されているときは、当該電磁的記録に記録された事項を法務省令で定める方法により表示したものの閲覧又は謄写の請求

5　株式会社の親会社社員は、その権利を行使するため必要があるときは、裁判所の許可を得て、第1項の議事録について前項各号に掲げる請求をすることができる。

（株主総会の決議の省略）

第319条　取締役又は株主が株主総会の目的である事項について提案をした場合において、当該提案につき株主【1】の**全員**が書面又は電磁的記録により**同意**の意思表示をしたときは、当該提案を可決する旨の株主総会の決議があったものとみなす。

2　株式会社は、前項の規定により株主総会の決議があったものとみなされた日から10年間、同項の書面又は電磁的記録をその本店に備え置かなければならない。

3　株主及び債権者は、株式会社の営業時間内は、いつでも、次に掲げる請求をすることができる。

一　前項の書面の閲覧又は謄写の請求

二　前項の電磁的記録に記録された事項を法務省令で定める方法により表示したものの閲覧又は謄写の請求

4　株式会社の親会社社員は、その権利を行使するため必要があるときは、裁判所の許可を得て、第2項の書面又は電磁的記録について前項各号に掲げる請求をすることができる。

5　第1項の規定により定時株主総会の目的である事項のすべてについての提案を可決する旨の株主総会の決議があったものとみなされた場合には、その時に当該定時株主総会が終

【1】　当該事項について議決権を行使することができるものに限る。

結したものとみなす。

（株主総会への報告の省略）

第320条 取締役が株主の全員に対して株主総会に報告すべき事項を通知した場合において、当該事項を株主総会に報告することを要しないことにつき株主の全員が書面又は電磁的記録により同意の意思表示をしたときは、当該事項の株主総会への報告があったものとみなす。

第2款　種類株主総会

（種類株主総会の権限）

第321条 種類株主総会は、この法律に規定する事項及び定款で定めた事項に限り、決議をすることができる。

（ある種類の種類株主に損害を及ぼすおそれがある場合の種類株主総会）

第322条 種類株式発行会社が次に掲げる行為をする場合において、ある種類の株式の種類株主に損害を及ぼすおそれがあるときは、当該行為は、当該種類の株式の種類株主を構成員とする種類株主総会【1】の決議がなければ、その効力を生じない。ただし、当該種類株主総会において議決権を行使することができる種類株主が存しない場合は、この限りでない。

一　次に掲げる事項についての定款の変更【2】

イ　株式の種類の追加

ロ　株式の内容の変更

ハ　発行可能株式総数又は発行可能種類株式総数の増加

一の二　第179条の3第1項の承認

二　株式の併合又は株式の分割

三　第185条に規定する株式無償割当て

四　当該株式会社の株式を引き受ける者の募集【3】

五　当該株式会社の新株予約権を引き受ける者の募集【4】

六　第277条に規定する新株予約権無償割当て

七　合併

八　吸収分割

九　吸収分割による他の会社がその事業に関して有する権利義務の全部又は一部の承継

十　新設分割

十一　株式交換

十二　株式交換による他の株式会社の発行済株式全部の取得

十三　株式移転

十四　株式交付

2　種類株式発行会社は、ある種類の株式の内容として、前項の規定による種類株主総会の決議を要しない旨を定款で定めることができる。

3　第1項の規定は、前項の規定による定款の定めがある種類の株式の種類株主を構成員とする種類株主総会については、適用しない。ただし、第1項第1号に規定する定款の変更【5】を行う場合は、この限りでない。

4　ある種類の株式の発行後に定款を変更して当該種類の株式について第2項の規定による定款の定めを設けようとするときは、当該種類の種類株主全員の同意を得なければならない。

【1】　当該種類株主に係る株式の種類が2以上ある場合にあっては、当該2以上の株式の種類別に区分された種類株主を構成員とする各種類株主総会。以下この条において同じ。

【2】　第111条第1項又は第2項に規定するものを除く。

【3】　第202条第1項各号に掲げる事項を定めるものに限る。

【4】　第241条第1項各号に掲げる事項を定めるものに限る。

【5】　単元株式数についてのものを除く。

（種類株主総会の決議を必要とする旨の定めがある場合）

第323条 種類株式発行会社において、ある種類の株式の内容として、株主総会【1】において決議すべき事項について、当該決議のほか、当該種類の株式の種類株主を構成員とする種類株主総会の決議があることを必要とする旨の定めがあるときは、当該事項は、その定款の定めに従い、株主総会、取締役会又は清算人会の決議のほか、当該種類の株式の種類株主を構成員とする種類株主総会の決議がなければ、その効力を生じない。ただし、当該種類株主総会において議決権を行使することができる種類株主が存しない場合は、この限りでない。

（種類株主総会の決議）

第324条 種類株主総会の決議は、定款に別段の定めがある場合を除き、その種類の株式の総株主の議決権の過半数を有する株主が出席し、出席した当該株主の議決権の過半数をもって行う。

2 前項の規定にかかわらず、次に掲げる種類株主総会の決議は、当該種類株主総会において議決権を行使することができる株主の議決権の過半数【2】を有する株主が出席し、出席した当該株主の議決権の3分の2【3】以上に当たる多数をもって行わなければならない。この場合においては、当該決議の要件に加えて、一定の数以上の株主の賛成を要する旨その他の要件を定款で定めることを妨げない。

一 第111条第2項の種類株主総会【4】

二 第199条第4項及び第200条第4項の種類株主総会

三 第238条第4項及び第239条第4項の種類株主総会

四 第322条第1項の種類株主総会

五 第347条第2項の規定により読み替えて適用する第339条第1項の種類株主総会

六 第795条第4項の種類株主総会

七 第816条の3第3項の種類株主総会

3 前2項の規定にかかわらず、次に掲げる種類株主総会の決議は、当該種類株主総会において議決権を行使することができる株主の半数以上【5】であって、当該株主の議決権の3分の2【6】以上に当たる多数をもって行わなければならない。

一 第111条第2項の種類株主総会【7】

二 第783条第3項及び第804条第3項の種類株主総会

（株主総会に関する規定の準用）

第325条 前款【8】の規定は、種類株主総会について準用する。この場合において、第297条第1項中「総株主」とあるのは「総株主（ある種類の株式の株主に限る。以下この款（第308条

【1】 取締役会設置会社にあっては株主総会又は取締役会、第478条第8項に規定する清算人会設置会社にあっては株主総会又は清算人会

【2】 3分の1以上の割合を定款で定めた場合にあっては、その割合以上

【3】 これを上回る割合を定款で定めた場合にあっては、その割合

【4】 ある種類の株式の内容として第108条第1項第7号に掲げる事項についての定款の定めを設ける場合に限る。

【5】 これを上回る割合を定款で定めた場合にあっては、その割合以上

【6】 これを上回る割合を定款で定めた場合にあっては、その割合

【7】 ある種類の株式の内容として第108条第1項第4号に掲げる事項についての定款の定めを設ける場合に限る。

【8】 第295条第1項及び第2項、第296条第1項及び第2項並びに第309条を除く。

第1項を除く。）において同じ。）」と、「株主は」とあるのは「株主（ある種類の株式の株主に限る。以下この款（第318条第4項及び第319条第3項を除く。）において同じ。）は」と読み替えるものとする。

第3款　電子提供措置

（電子提供措置をとる旨の定款の定め）

第325条の2　株式会社は、取締役が株主総会【1】の招集の手続を行うときは、次に掲げる資料【2】の内容である情報について、電子提供措置【3】をとる旨を定款で定めることができる。この場合において、その定款には、電子提供措置をとる旨を定めれば足りる。

一　株主総会参考書類

二　議決権行使書面

三　第437条の計算書類及び事業報告

四　第444条第6項の連結計算書類

（電子提供措置）

第325条の3　電子提供措置をとる旨の定款の定めがある株式会社の取締役は、第299条第2項各号に掲げる場合には、株主総会の日の3週間前の日又は同条第1項の通知を発した日のいずれか早い日【4】から株主総会の日後3箇月を経過する日までの間【5】、次に掲げる事項に係る情報について継続して電子提供措置をとらなければならない。

一　第298条第1項各号に掲げる事項

二　第301条第1項に規定する場合には、株主総会参考書類及び議決権行使書面に記載すべき事項

三　第302条第1項に規定する場合には、株主総会参考書類に記載すべき事項

四　第305条第1項の規定による請求があった場合には、同項の議案の要領

五　株式会社が取締役会設置会社である場合において、取締役が定時株主総会を招集するときは、第437条の計算書類及び事業報告に記載され、又は記録された事項

六　株式会社が会計監査人設置会社【6】である場合において、取締役が定時株主総会を招集するときは、第444条第6項の連結計算書類に記載され、又は記録された事項

七　前各号に掲げる事項を修正したときは、その旨及び修正前の事項

2　前項の規定にかかわらず、取締役が第299条第1項の通知に際して株主に対し議決権行使書面を交付するときは、議決権行使書面に記載すべき事項に係る情報については、前項の規定により電子提供措置をとることを要しない。

3　第1項の規定にかかわらず、金融商品取引法第24条第1項の規定によりその発行する株式について有価証券報告書を内閣総理大臣に提出しなければならない株式会社が、電子提供措置開始日までに第1項各号に掲げる事項【7】を記載した有価証券

【1】　種類株主総会を含む。

【2】　以下この款において「株主総会参考書類等」という。

【3】　電磁的方法により株主（種類株主総会を招集する場合にあっては、ある種類の株主に限る。）が情報の提供を受けることができる状態に置く措置であって、法務省令で定めるものをいう。以下この款、第911条第3項第12号の2及び第976条第19号において同じ。

【4】　以下この款において「電子提供措置開始日」という。

【5】　以下この款において「電子提供措置期間」という。

【6】　取締役会設置会社に限る。

【7】　定時株主総会に係るものに限り、議

報告書【1】の提出の手続を同法第27条の30の2に規定する開示用電子情報処理組織【2】を使用して行う場合には、当該事項に係る情報については、同項の規定により電子提供措置をとることを要しない。

（株主総会の招集の通知等の特則）

第325条の4　前条第1項の規定により電子提供措置をとる場合における第299条第1項の規定の適用については、同項中「2週間（前条第1項第3号又は第4号に掲げる事項を定めたときを除き、公開会社でない株式会社にあっては、1週間（当該株式会社が取締役会設置会社以外の株式会社である場合において、これを下回る期間を定款で定めた場合にあっては、その期間））」とあるのは、「2週間」とする。

2　第299条第4項の規定にかかわらず、前条第1項の規定により電子提供措置をとる場合には、第299条第2項又は第3項の通知には、第298条第1項第5号に掲げる事項を記載し、又は記録することを要しない。この場合において、当該通知には、同項第1号から第4号までに掲げる事項のほか、次に掲げる事項を記載し、又は記録しなければならない。

一　電子提供措置をとっているときは、その旨

二　前条第3項の手続を開示用電子情報処理組織を使用して行ったときは、その旨

三　前2号に掲げるもののほか、法務省令で定める事項

3　第301条第1項、第302条第1項、第437条及び第444条第6項の規定にかかわらず、電子提供措置をとる旨の定款の定めがある株式会社においては、取締役は、第299条第1項の通知に際して、株主に対し、株主総会参考書類等を交付し、又は提供することを要しない。

4　電子提供措置をとる旨の定款の定めがある株式会社における第305条第1項の規定の適用については、同項中「その通知に記載し、又は記録する」とあるのは、「当該議案の要領について第325条の2に規定する電子提供措置をとる」とする。

（書面交付請求）

第325条の5　電子提供措置をとる旨の定款の定めがある株式会社の株主【3】は、株式会社に対し、第325条の3第1項各号【4】に掲げる事項【5】を記載した書面の交付を請求することができる。

2　取締役は、第325条の3第1項の規定により電子提供措置をとる場合には、第299条第1項の通知に際して、前項の規定による請求【6】をした株主【7】に対し、当該株主総会に係る電子提供措置事項を記載した書面を交付しなければならない。

3　株式会社は、電子提供措置事項のうち法務省令で定めるものの全部又は一部については、前項の規定によ

決権行使書面に記載すべき事項を除く。

【1】　添付書類及びこれらの訂正報告書を含む。

【2】　以下この款において単に「**開示用電子情報処理組織**」という。

【3】　第299条第3項（第325条において準用する場合を含む。）の承諾をした株主を除く。

【4】　第325条の7において準用する場合を含む。

【5】　以下この条において「**電子提供措置事項**」という。

【6】　以下この条において「**書面交付請求**」という。

【7】　当該株主総会において議決権を行使することができる者を定めるための基準日（第124条第1項に規定する基準日をいう。）を定めた場合にあっては、当該基準日までに書面交付請求をした者に限る。

会社法

り交付する書面に記載することを要しない旨を定款で定めることができる。

4　書面交付請求をした株主がある場合において、その書面交付請求の日【1】から1年を経過したときは、株式会社は、当該株主に対し、第2項の規定による書面の交付を終了する旨を通知し、かつ、これに異議のある場合には一定の期間【2】内に異議を述べるべき旨を催告することができる。ただし、催告期間は、1箇月を下ることができない。

5　前項の規定による通知及び催告を受けた株主がした書面交付請求は、催告期間を経過した時にその効力を失う。ただし、当該株主が催告期間内に異議を述べたときは、この限りでない。

（電子提供措置の中断）

第325条の6　第325条の3第1項の規定にかかわらず、電子提供措置期間中に電子提供措置の中断【3】が生じた場合において、次の各号のいずれにも該当するときは、その電子提供措置の中断は、当該電子提供措置の効力に影響を及ぼさない。

一　電子提供措置の中断が生ずることにつき株式会社が善意でかつ重大な過失がないこと又は株式会社に正当な事由があること。

二　電子提供措置の中断が生じた時間の合計が電子提供措置期間の10分の1を超えないこと。

三　電子提供措置開始日から株主総会の日までの期間中に電子提供措置の中断が生じたときは、当該期間中に電子提供措置の中断が生じた時間の合計が当該期間の10分の1を超えないこと。

四　株式会社が電子提供措置の中断が生じたことを知った後速やかにその旨、電子提供措置の中断が生じた時間及び電子提供措置の中断の内容について当該電子提供措置に付して電子提供措置をとったこと。

（株主総会に関する規定の準用）

第325条の7　第325条の3から前条まで【4】の規定は、種類株主総会について準用する。この場合において、第325条の3第1項中「第299条第2項各号」とあるのは「第325条において準用する第299条第2項各号」と、「同条第1項」とあるのは「同条第1項（第325条において準用する場合に限る。次項、次条及び第325条の5において同じ。）」と、「第298条第1項各号」とあるのは「第298条第1項各号（第325条において準用する場合に限る。）」と、「第301条第1項」とあるのは「第325条において準用する第301条第1項」と、「第302条第1項」とあるのは「第325条において準用する第302条第1項」と、「第305条第1項」とあるのは「第305条第1項（第325条において準用する場合に限る。次条第4項において同じ。）」と、同条第2項中「株主」とあるのは「株主（ある種類の株式の株主に限る。次条から第325条の6までにおいて同じ。）」と、

【1】　当該株主が次項ただし書の規定により異議を述べた場合にあっては、当該異議を述べた日

【2】　以下この条において「**催告期間**」という。

【3】　株主が提供を受けることができる状態に置かれた情報がその状態に置かれないこととなったこと又は当該情報がその状態に置かれた後改変されたこと（同項第7号の規定により修正されたことを除く。）をいう。以下この条において同じ。

【4】　第325条の3第1項（第5号及び第6号に係る部分に限る。）及び第3項並びに第325条の5第1項及び第3項から第5項までを除く。

第325条の4第2項中「第299条第4項」とあるのは「第325条において準用する第299条第4項」と、「第299条第2項」とあるのは「第325条において準用する第299条第2項」と、「第298条第1項第5号」とあるのは「第325条において準用する第298条第1項第5号」と、「同項第1号から第4号まで」とあるのは「第325条において準用する同項第1号から第4号まで」と、同条第3項中「第301条第1項、第302条第1項、第437条及び第444条第6項」とあるのは「第325条において準用する第301条第1項及び第302条第1項」と読み替えるものとする。

第2節　株主総会以外の機関の設置

（株主総会以外の機関の設置）

第326条　株式会社には、**1人又は2人以上の取締役**を置かなければならない。

2　株式会社は、定款の定めによって、**取締役会、会計参与、監査役、監査役会、会計監査人、監査等委員会**又は**指名委員会等**を置くことができる。

（取締役会等の設置義務等）

第327条　次に掲げる株式会社は、取締役会を置かなければならない。

一　公開会社

二　監査役会設置会社

三　監査等委員会設置会社

四　指名委員会等設置会社

2　**取締役会設置会社**【1】は、監査役を置かなければならない。ただし、公開会社でない会計参与設置会社については、この限りでない。

3　**会計監査人設置会社**【2】は、監査役を置かなければならない。

4　**監査等委員会設置会社**及び**指名委員会等設置会社**は、監査役を置いてはならない。

5　**監査等委員会設置会社**及び**指名委員会等設置会社**は、会計監査人を置かなければならない。

6　**指名委員会等設置会社**は、監査等委員会を置いてはならない。

（社外取締役の設置義務）

第327条の2　監査役会設置会社【3】であって金融商品取引法第24条第1項の規定によりその発行する株式について有価証券報告書を内閣総理大臣に提出しなければならないものは、社外取締役を置かなければならない。

（大会社における監査役会等の設置義務）

第328条　**大会社**【4】は、監査役会及び会計監査人を置かなければならない。

2　**公開会社でない大会社**は、会計監査人を置かなければならない。

第3節　役員及び会計監査人の選任及び解任

第1款　選任

（選任）

第329条　**役員**【5】及び**会計監査人**は、株主総会の決議によって選任する。

2　監査等委員会設置会社においては、前項の規定による取締役の選任は、**監査等委員である取締役**とそれ以外

【1】　監査等委員会設置会社及び指名委員会等設置会社を除く。

【2】　監査等委員会設置会社及び指名委員会等設置会社を除く。

【3】　公開会社であり、かつ、大会社であるものに限る。

【4】　公開会社でないもの、監査等委員会設置会社及び指名委員会等設置会社を除く。

【5】　取締役、会計参与及び監査役をいう。以下この節、第371条第4項及び第394条第3項において同じ。

の取締役とを区別してしなければならない。

3　第1項の決議をする場合には、法務省令で定めるところにより、役員【1】が欠けた場合又はこの法律若しくは定款で定めた役員の**員数を欠く**こととなるときに備えて補欠の役員を選任することができる。

（株式会社と役員等との関係）

第330条　株式会社と役員及び会計監査人との関係は、委任に関する規定に従う。

（取締役の資格等）

第331条　次に掲げる者は、**取締役となることができない。**

一　法人

二　削除

三　この法律若しくは一般社団法人及び一般財団法人に関する法律（平成18年法律第48号）の規定に違反し、又は金融商品取引法第197条、第197条の2第1号から第10号の3まで若しくは第13号から第15号まで、第198条第8号、第199条、第200条第1号から第12号の2まで、第20号若しくは第21号、第203条第3項若しくは第205条第1号から第6号まで、第19号若しくは第20号の罪、民事再生法（平成11年法律第225号）第255条、第256条、第258条から第260条まで若しくは第262条の罪、外国倒産処理手続の承認援助に関する法律（平成12年法律第129号）第65条、第66条、第68条若しくは第69条の罪、会社更生法（平成14年法律第154号）第266条、第267条、第269条から第271条まで若しくは第273条の罪若しくは破産法（平成16年法律第75号）第265条、第266条、第268条から第272条まで若しくは第274条の罪を犯し、刑に処せられ、その執行を終わり、又はその執行を受けることがなくなった日から2年を経過しない者

四　前号に規定する法律の規定以外の法令の規定に違反し、拘禁刑以上の刑に処せられ、その執行を終わるまで又はその執行を受けることがなくなるまでの者【2】

2　株式会社は、取締役が**株主**でなければならない旨を定款で定めることができない。ただし、**公開会社でない株式会社**においては、この限りでない。

3　**監査等委員である取締役**は、監査等委員会設置会社若しくはその子会社の業務執行取締役若しくは支配人その他の使用人又は当該子会社の会計参与【3】若しくは執行役を兼ねることができない。

4　**指名委員会等設置会社**の取締役は、当該指名委員会等設置会社の**支配人**その他の**使用人**を兼ねることができない。

5　**取締役会設置会社**においては、取締役は、3人以上でなければならない。

6　監査等委員会設置会社においては、**監査等委員である取締役**は、3人以上で、その過半数は、社外取締役でなければならない。

第331条の2　成年被後見人が取締役に就任するには、その成年後見人が、成年被後見人の同意【4】を得た上で、

【1】　監査等委員会設置会社にあっては、監査等委員である取締役若しくはそれ以外の取締役又は会計参与。以下この項において同じ。

【2】　刑の執行猶予中の者を除く。

【3】　会計参与が法人であるときは、その職務を行うべき社員

【4】　後見監督人がある場合にあっては、

成年被後見人に代わって就任の承諾をしなければならない。

2　被保佐人が取締役に就任するには、その保佐人の同意を得なければならない。

3　第1項の規定は、保佐人が民法第876条の4第1項の代理権を付与する旨の審判に基づき被保佐人に代わって就任の承諾をする場合について準用する。この場合において、第1項中「成年被後見人の同意（後見監督人がある場合にあっては、成年被後見人及び後見監督人の同意）」とあるのは、「被保佐人の同意」と読み替えるものとする。

4　成年被後見人又は被保佐人がした取締役の資格に基づく行為は、行為能力の制限によっては取り消すことができない。

（取締役の任期）

第332条　取締役の任期は、選任後2年以内に終了する事業年度のうち最終のものに関する**定時株主総会**の終結の時までとする。ただし、定款又は株主総会の決議によって、その任期を**短縮**することを妨げない。

2　前項の規定は、公開会社でない株式会社【1】において、定款によって、同項の任期を選任後10年以内に終了する事業年度のうち最終のものに関する定時株主総会の終結の時まで伸長することを妨げない。

3　**監査等委員会設置会社の取締役**【2】についての第1項の規定の適用については、同項中「2年」とあるのは、「1年」とする。

4　**監査等委員である取締役**の任期については、第1項ただし書の規定は、適用しない。

5　第1項本文の規定は、定款によって、任期の満了前に退任した監査等委員である取締役の補欠として選任された監査等委員である取締役の任期を退任した監査等委員である取締役の任期の満了する時までとすることを妨げない。

6　**指名委員会等設置会社の取締役**についての第1項の規定の適用については、同項中「2年」とあるのは、「1年」とする。

7　前各項の規定にかかわらず、次に掲げる定款の変更をした場合には、取締役の任期は、当該定款の変更の効力が生じた時に満了する。

一　監査等委員会又は指名委員会等を置く旨の定款の変更

二　監査等委員会又は指名委員会等を置く旨の定款の定めを廃止する定款の変更

三　その発行する株式の全部の内容として譲渡による当該株式の取得について当該株式会社の承認を要する旨の定款の定めを廃止する定款の変更【3】

（会計参与の資格等）

第333条　会計参与は、**公認会計士**若しくは**監査法人**又は**税理士**若しくは**税理士法人**でなければならない。

2　会計参与に選任された監査法人又は税理士法人は、その社員の中から**会計参与の職務を行うべき者を選定**し、これを株式会社に通知しなければならない。この場合においては、次項各号に掲げる者を選定することはできない。

3　次に掲げる者は、**会計参与となることができない。**

一　株式会社又はその子会社の**取締**

成年被後見人及び後見監督人の同意

【1】　監査等委員会設置会社及び指名委員会等設置会社を除く。

【2】　監査等委員であるものを除く。

【3】　監査等委員会設置会社及び指名委員会等設置会社がするものを除く。

役、監査役若しくは執行役又は支配人その他の使用人
二　業務の停止の処分を受け、その停止の期間を経過しない者
三　税理士法（昭和26年法律第237号）第43条の規定により同法第2条第2項に規定する税理士業務を行うことができない者

（会計参与の任期）

第334条　第332条【1】の規定は、会計参与の任期について準用する。
2　前項において準用する第332条の規定にかかわらず、会計参与設置会社が会計参与を置く旨の定款の定めを廃止する定款の変更をした場合には、会計参与の任期は、当該定款の変更の効力が生じた時に満了する。

（監査役の資格等）

第335条　第331条第1項及び第2項並びに第331条の2の規定は、監査役について準用する。
2　監査役は、株式会社若しくはその子会社の取締役若しくは支配人その他の使用人又は当該子会社の会計参与【2】若しくは執行役を兼ねることができない。
3　監査役会設置会社においては、監査役は、3人以上で、そのうち半数以上は、社外監査役でなければならない。

（監査役の任期）

第336条　監査役の任期は、選任後4年以内に終了する事業年度のうち最終のものに関する定時株主総会の終結の時までとする。
2　前項の規定は、公開会社でない株式会社において、定款によって、同項の任期を選任後10年以内に終了する事業年度のうち最終のものに関する定時株主総会の終結の時まで伸長することを妨げない。
3　第1項の規定は、定款によって、任期の満了前に退任した監査役の補欠として選任された監査役の任期を退任した監査役の任期の満了する時までとすることを妨げない。
4　前3項の規定にかかわらず、次に掲げる定款の変更をした場合には、監査役の任期は、当該定款の変更の効力が生じた時に満了する。
一　監査役を置く旨の定款の定めを廃止する定款の変更
二　監査等委員会又は指名委員会等を置く旨の定款の変更
三　監査役の監査の範囲を会計に関するものに限定する旨の定款の定めを廃止する定款の変更
四　その発行する全部の株式の内容として譲渡による当該株式の取得について当該株式会社の承認を要する旨の定款の定めを廃止する定款の変更

（会計監査人の資格等）

第337条　会計監査人は、公認会計士又は監査法人でなければならない。
2　会計監査人に選任された監査法人は、その社員の中から会計監査人の職務を行うべき者を選定し、これを株式会社に通知しなければならない。この場合においては、次項第2号に掲げる者を選定することはできない。
3　次に掲げる者は、会計監査人となることができない。
一　公認会計士法の規定により、第435条第2項に規定する計算書類について監査をすることができない者
二　株式会社の子会社若しくはその取締役、会計参与、監査役若しくは執行役から公認会計士若しくは

【1】　第4項及び第5項を除く。次項において同じ。
【2】　会計参与が法人であるときは、その職務を行うべき社員

監査法人の業務以外の業務により継続的な報酬を受けている者又はその配偶者

三　監査法人でその社員の半数以上が前号に掲げる者であるもの

(会計監査人の任期)

第338条　会計監査人の任期は、選任後1年以内に終了する事業年度のうち最終のものに関する定時株主総会の終結の時までとする。

2　会計監査人は、前項の定時株主総会において別段の決議がされなかったときは、当該定時株主総会において再任されたものとみなす。

3　前2項の規定にかかわらず、会計監査人設置会社が会計監査人を置く旨の定款の定めを廃止する定款の変更をした場合には、会計監査人の任期は、当該定款の変更の効力が生じた時に満了する。

第2款　解任

(解任)

第339条　役員及び会計監査人は、いつでも、株主総会の決議によって解任することができる。

2　前項の規定により解任された者は、その解任について正当な理由がある場合を除き、株式会社に対し、解任によって生じた損害の賠償を請求することができる。

(監査役等による会計監査人の解任)

第340条　監査役は、会計監査人が次のいずれかに該当するときは、その会計監査人を解任することができる。

一　職務上の義務に違反し、又は職務を怠ったとき。

二　会計監査人としてふさわしくない非行があったとき。

三　心身の故障のため、職務の執行に支障があり、又はこれに堪えないとき。

2　前項の規定による解任は、監査役が2人以上ある場合には、監査役の全員の同意によって行わなければならない。

3　第1項の規定により会計監査人を解任したときは、監査役【1】は、その旨及び解任の理由を解任後最初に招集される株主総会に報告しなければならない。

4　監査役会設置会社における前3項の規定の適用については、第1項中「監査役」とあるのは「監査役会」と、第2項中「監査役が2人以上ある場合には、監査役」とあるのは「監査役」と、前項中「監査役（監査役が2人以上ある場合にあっては、監査役の互選によって定めた監査役）」とあるのは「監査役会が選定した監査役」とする。

5　監査等委員会設置会社における第1項から第3項までの規定の適用については、第1項中「監査役」とあるのは「監査等委員会」と、第2項中「監査役が2人以上ある場合には、監査役」とあるのは「監査等委員」と、第3項中「監査役（監査役が2人以上ある場合にあっては、監査役の互選によって定めた監査役）」とあるのは「監査等委員会が選定した監査等委員」とする。

6　指名委員会等設置会社における第1項から第3項までの規定の適用については、第1項中「監査役」とあるのは「監査委員会」と、第2項中「監査役が2人以上ある場合には、監査役」とあるのは「監査委員会の委員」と、第3項中「監査役（監査役が2人以上ある場合にあっては、監査役の互選によって定めた監査役）」とあるのは「監査委員会が選定した監査

【1】　監査役が2人以上ある場合にあっては、監査役の互選によって定めた監査役

委員会の委員」とする。

第3款　選任及び解任の手続に関する特則

（役員の選任及び解任の株主総会の決議）

第341条　第309条第1項の規定にかかわらず、役員を選任し、又は解任する株主総会の決議は、議決権を行使することができる株主の**議決権の過半数**【1】を有する株主が出席し、出席した当該株主の**議決権の過半数**【2】をもって行わなければならない。

（累積投票による取締役の選任）

第342条　株主総会の目的である事項が2人以上の取締役【3】の選任である場合には、株主【4】は、定款に別段の定めがあるときを除き、株式会社に対し、第3項から第5項までに規定するところにより取締役を選任すべきことを請求することができる。

2　前項の規定による請求は、同項の株主総会の日の5日前までにしなければならない。

3　第308条第1項の規定にかかわらず、第1項の規定による請求があった場合には、取締役の選任の決議については、株主は、その有する株式1株【5】につき、当該株主総会において選任する取締役の数と同数の議決権を有する。この場合においては、株主は、1人のみに投票し、又は2人以上に投票して、その議決権を行使することができる。

4　前項の場合には、投票の最多数を得た者から順次取締役に選任されたものとする。

5　前2項に定めるもののほか、第1項の規定による請求があった場合における取締役の選任に関し必要な事項は、法務省令で定める。

6　前条の規定は、前3項に規定するところにより選任された取締役の解任の決議については、適用しない。

（監査等委員である取締役等の選任等についての意見の陳述）

第342条の2　監査等委員である取締役は、株主総会において、監査等委員である取締役の選任若しくは解任又は辞任について意見を述べることができる。

2　監査等委員である取締役を辞任した者は、辞任後最初に招集される株主総会に出席して、辞任した旨及びその理由を述べることができる。

3　取締役は、前項の者に対し、同項の株主総会を招集する旨及び第298条第1項第1号に掲げる事項を通知しなければならない。

4　監査等委員会が選定する監査等委員は、株主総会において、監査等委員である取締役以外の取締役の選任若しくは解任又は辞任について監査等委員会の意見を述べることができる。

（監査役の選任に関する監査役の同意等）

第343条　取締役は、監査役がある場合において、監査役の選任に関する議案を株主総会に提出するには、監査役【6】の同意を得なければならない。

2　監査役は、取締役に対し、監査役

【1】　3分の1以上の割合を定款で定めた場合にあっては、その割合以上

【2】　これを上回る割合を定款で定めた場合にあっては、その割合以上

【3】　監査等委員会設置会社にあっては、監査等委員である取締役又はそれ以外の取締役。以下この条において同じ。

【4】　取締役の選任について議決権を行使することができる株主に限る。以下この条において同じ。

【5】　単元株式数を定款で定めている場合にあっては、1単元の株式

【6】　監査役が2人以上ある場合にあっては、その過半数

の選任を株主総会の目的とすること又は監査役の選任に関する議案を株主総会に提出することを請求することができる。

3　監査役会設置会社における前２項の規定の適用については、第１項中「監査役（監査役が２人以上ある場合にあっては、その過半数）」とあるのは「監査役会」と、前項中「監査役は」とあるのは「監査役会は」とする。

4　第341条の規定は、監査役の解任の決議については、適用しない。

（会計監査人の選任等に関する議案の内容の決定）

第344条　監査役設置会社においては、株主総会に提出する会計監査人の選任及び解任並びに会計監査人を再任しないことに関する議案の内容は、監査役が決定する。

2　監査役が２人以上ある場合における前項の規定の適用については、同項中「監査役が」とあるのは、「監査役の過半数をもって」とする。

3　監査役会設置会社における第１項の規定の適用については、同項中「監査役」とあるのは、「監査役会」とする。

（監査等委員である取締役の選任に関する監査等委員会の同意等）

第344条の2　取締役は、監査等委員会がある場合において、監査等委員である取締役の選任に関する議案を株主総会に提出するには、監査等委員会の同意を得なければならない。

2　監査等委員会は、取締役に対し、監査等委員である取締役の選任を株主総会の目的とすること又は監査等委員である取締役の選任に関する議案を株主総会に提出することを請求することができる。

3　第341条の規定は、監査等委員である取締役の解任の決議については、適用しない。

（会計参与等の選任等についての意見の陳述）

第345条　会計参与は、株主総会において、会計参与の選任若しくは解任又は辞任について意見を述べることができる。

2　会計参与を辞任した者は、辞任後最初に招集される株主総会に出席して、辞任した旨及びその理由を述べることができる。

3　取締役は、前項の者に対し、同項の株主総会を招集する旨及び第298条第１項第１号に掲げる事項を通知しなければならない。

4　第１項の規定は監査役について、前２項の規定は監査役を辞任した者について、それぞれ準用する。この場合において、第１項中「会計参与の」とあるのは、「監査役の」と読み替えるものとする。

5　第１項の規定は会計監査人について、第２項及び第３項の規定は会計監査人を辞任した者及び第340条第１項の規定により会計監査人を解任された者について、それぞれ準用する。この場合において、第１項中「株主総会において、会計参与の選任若しくは解任又は辞任について」とあるのは「会計監査人の選任、解任若しくは不再任又は辞任について、株主総会に出席して」と、第２項中「辞任後」とあるのは「解任後又は辞任後」と、「辞任した旨及びその理由」とあるのは「辞任した旨及びその理由又は解任についての意見」と読み替えるものとする。

（役員等に欠員を生じた場合の措置）

第346条　役員【1】が欠けた場合又は

【1】　監査等委員会設置会社にあっては、監査等委員である取締役若しくはそれ以外の取締役又は会計参与。以下この条において同じ。

この法律若しくは定款で定めた役員の員数が欠けた場合には、**任期の満了又は辞任により退任した役員**は、新たに選任された役員【1】が就任するまで、なお役員としての権利義務を有する。

2　前項に規定する場合において、裁判所は、必要があると認めるときは、利害関係人の申立てにより、一時役員の職務を行うべき者を選任することができる。

3　裁判所は、前項の一時役員の職務を行うべき者を選任した場合には、株式会社がその者に対して支払う報酬の額を定めることができる。

4　**会計監査人**が欠けた場合又は定款で定めた会計監査人の員数が欠けた場合において、遅滞なく会計監査人が選任されないときは、**監査役**は、一時会計監査人の職務を行うべき者を選任しなければならない。

5　第337条及び第340条の規定は、前項の一時会計監査人の職務を行うべき者について準用する。

6　**監査役会設置会社**における第4項の規定の適用については、同項中「監査役」とあるのは、「監査役会」とする。

7　**監査等委員会設置会社**における第4項の規定の適用については、同項中「監査役」とあるのは、「監査等委員会」とする。

8　**指名委員会等設置会社**における第4項の規定の適用については、同項中「監査役」とあるのは、「監査委員会」とする。

（種類株主総会における取締役又は監査役の選任等）

第347条　第108条第1項第9号に掲げる事項【2】についての定めがある種類の株式を発行している場合における第329条第1項、第332条第1項、第339条第1項、第341条並びに第344条の2第1項及び第2項の規定の適用については、第329条第1項中「株主総会」とあるのは「株主総会（取締役（監査等委員会設置会社にあっては、監査等委員である取締役又はそれ以外の取締役）については、第108条第2項第9号に定める事項についての定款の定めに従い、各種類の株式の種類株主を構成員とする種類株主総会）」と、第332条第1項及び第339条第1項中「株主総会の決議」とあるのは「株主総会（第41条第1項の規定により又は第90条第1項の種類創立総会若しくは第347条第1項の規定により読み替えて適用する第329条第1項の種類株主総会において選任された取締役（監査等委員会設置会社にあっては、監査等委員である取締役又はそれ以外の取締役。以下この項において同じ。）については、当該取締役の選任に係る種類の株式の種類株主を構成員とする種類株主総会（定款に別段の定めがある場合又は当該取締役の任期満了前に当該種類株主総会において議決権を行使することができる株主が存在しなくなった場合にあっては、株主総会））の決議」と、第341条中「第309条第1項」とあるのは「第309条第1項及び第324条」と、「株主総会」とあるのは「株主総会（第347条第1項の規定により読み替えて適用する第329条第1項及び第339条第1項の種類株主総会を含む。）」と、第344条の2第1項及び第2項中「株主総会」とあるのは「第347条第1項の規定により読み替えて適用する第329条第1項の種類株主総会」とする。

【1】　次項の一時役員の職務を行うべき者を含む。

【2】　取締役（監査等委員会設置会社にあっては、監査等委員である取締役又はそれ以外の取締役）に関するものに限る。

2　第108条第1項第9号に掲げる事項【1】についての定めがある種類の株式を発行している場合における第329条第1項、第339条第1項、第341条並びに第343条第1項及び第2項の規定の適用については、第329条第1項中「株主総会」とあるのは「株主総会（監査役については、第108条第2項第9号に定める事項についての定款の定めに従い、各種類の株式の種類株主を構成員とする種類株主総会）」と、第339条第1項中「株主総会」とあるのは「株主総会（第41条第3項において準用する同条第1項の規定により又は第90条第2項において準用する同条第1項の種類創立総会若しくは第347条第2項の規定により読み替えて適用する第329条第1項の種類株主総会において選任された監査役については、当該監査役の選任に係る種類の株式の種類株主を構成員とする種類株主総会（定款に別段の定めがある場合又は当該監査役の任期満了前に当該種類株主総会において議決権を行使することができる株主が存在しなくなった場合にあっては、株主総会））」と、第341条中「第309条第1項」とあるのは「第309条第1項及び第324条」と、「株主総会」とあるのは「株主総会（第347条第2項の規定により読み替えて適用する第329条第1項の種類株主総会を含む。）」と、第343条第1項及び第2項中「株主総会」とあるのは「第347条第2項の規定により読み替えて適用する第329条第1項の種類株主総会」とする。

第4節　取締役

（業務の執行）

第348条　取締役は、定款に別段の定めがある場合を除き、株式会社【2】の業務を執行する。

2　取締役が2人以上ある場合には、株式会社の業務は、定款に別段の定めがある場合を除き、取締役の過半数をもって決定する。

3　前項の場合には、取締役は、次に掲げる事項についての決定を各取締役に委任することができない。

一　支配人の選任及び解任

二　支店の設置、移転及び廃止

三　第298条第1項各号【3】に掲げる事項

四　取締役の職務の執行が法令及び定款に適合することを確保するための体制その他株式会社の業務並びに当該株式会社及びその子会社から成る企業集団の業務の適正を確保するために必要なものとして法務省令で定める体制の整備

五　第426条第1項の規定による定款の定めに基づく第423条第1項の責任の免除

4　大会社においては、取締役は、前項第4号に掲げる事項を決定しなければならない。

（業務の執行の社外取締役への委託）

第348条の2　株式会社【4】が社外取締役を置いている場合において、当該株式会社と取締役との利益が相反する状況にあるとき、その他取締役が当該株式会社の業務を執行することにより株主の利益を損なうおそれがあるときは、当該株式会社は、その都度、取締役の決定【5】によって、当該株式会社の業務を執行すること

【1】　監査役に関するものに限る。

【2】　取締役会設置会社を除く。以下この条において同じ。

【3】　第325条において準用する場合を含む。

【4】　指名委員会等設置会社を除く。

【5】　取締役会設置会社にあっては、取締役会の決議

会社法

を社外取締役に委託することができる。

2　指名委員会等設置会社と執行役との利益が相反する状況にあるとき、その他執行役が指名委員会等設置会社の業務を執行することにより株主の利益を損なうおそれがあるときは、当該指名委員会等設置会社は、その都度、取締役会の決議によって、当該指名委員会等設置会社の業務を執行することを社外取締役に委託することができる。

3　前２項の規定により委託された業務の執行は、第２条第15号イに規定する株式会社の業務の執行に該当しないものとする。ただし、社外取締役が業務執行取締役【1】の指揮命令により当該委託された業務を執行したときは、この限りでない。

（株式会社の代表）

第349条　**取締役**は、株式会社を代表する。ただし、他に代表取締役その他株式会社を**代表する者**を定めた場合は、この限りでない。

2　前項本文の取締役が**２人以上**ある場合には、取締役は、各自、株式会社を代表する。

3　株式会社【2】は、定款、定款の定めに基づく**取締役の互選**又は**株主総会の決議**によって、取締役の中から代表取締役を定めることができる。

4　**代表取締役**は、株式会社の業務に関する一切の裁判上又は裁判外の行為をする権限を有する。

5　前項の権限に加えた**制限**は、善意の第三者に対抗することができない。

（代表者の行為についての損害賠償責任）

第350条　株式会社は、代表取締役その他の代表者がその職務を行うについて第三者に加えた損害を賠償する責任を負う。

（代表取締役に欠員を生じた場合の措置）

第351条　代表取締役が欠けた場合又は定款で定めた代表取締役の員数が欠けた場合には、任期の満了又は辞任により退任した代表取締役は、新たに選定された代表取締役【3】が就任するまで、なお代表取締役としての権利義務を有する。

2　前項に規定する場合において、裁判所は、必要があると認めるときは、利害関係人の申立てにより、一時代表取締役の職務を行うべき者を選任することができる。

3　裁判所は、前項の一時代表取締役の職務を行うべき者を選任した場合には、株式会社がその者に対して支払う報酬の額を定めることができる。

（取締役の職務を代行する者の権限）

第352条　民事保全法（平成元年法律第91号）第56条に規定する仮処分命令により選任された取締役又は代表取締役の職務を代行する者は、仮処分命令に別段の定めがある場合を除き、株式会社の常務に属しない行為をするには、裁判所の許可を得なければならない。

2　前項の規定に違反して行った取締役又は代表取締役の職務を代行する者の行為は、無効とする。ただし、株式会社は、これをもって善意の第三者に対抗することができない。

（株式会社と取締役との間の訴えにおける会社の代表）

第353条　第349条第４項の規定にかかわらず、株式会社が取締役【4】に対し、又は取締役が株式会社に対し

【1】　指名委員会等設置会社にあっては、執行役

【2】　取締役会設置会社を除く。

【3】　次項の一時代表取締役の職務を行うべき者を含む。

【4】　取締役であった者を含む。以下この条において同じ。

て訴えを提起する場合には、株主総会は、当該訴えについて株式会社を代表する者を定めることができる。

（表見代表取締役）

第354条 株式会社は、代表取締役以外の取締役に社長、副社長その他株式会社を**代表する権限を有するものと認められる名称**を付した場合には、当該取締役がした行為について、善意の第三者に対してその責任を負う。

（忠実義務）

第355条 取締役は、**法令**及び**定款**並びに**株主総会の決議**を遵守し、株式会社のため忠実にその職務を行わなければならない。

（競業及び利益相反取引の制限）

第356条 取締役は、次に掲げる場合には、**株主総会**において、当該取引につき重要な事実を開示し、その承認を受けなければならない。

一　取締役が自己又は第三者のために株式会社の**事業の部類に属する取引**をしようとするとき。

二　取締役が自己又は第三者のために**株式会社と取引**をしようとするとき。

三　株式会社が**取締役の債務を保証**することその他取締役以外の者との間において株式会社と当該取締役との**利益が相反する取引**をしようとするとき。

2　民法第108条の規定は、前項の**承認**を受けた同項**第2号又は第3号の取引**については、適用しない。

（取締役の報告義務）

第357条 取締役は、株式会社に著しい損害を及ぼすおそれのある事実があることを発見したときは、直ちに、当該事実を株主【1】に報告しなければならない。

2　監査役会設置会社における前項の規定の適用については、同項中「株主（監査役設置会社にあっては、監査役）」とあるのは、「監査役会」とする。

3　監査等委員会設置会社における第1項の規定の適用については、同項中「株主（監査役設置会社にあっては、監査役）」とあるのは、「監査等委員会」とする。

（業務の執行に関する検査役の選任）

第358条 株式会社の業務の執行に関し、**不正の行為**又は**法令若しくは定款に違反する重大な事実**があることを疑うに足りる事由があるときは、次に掲げる株主は、当該株式会社の業務及び財産の状況を調査させるため、**裁判所**に対し、検査役の選任の申立てをすることができる。

一　総株主【2】の議決権の**100分の3**【3】以上の議決権を有する株主

二　発行済株式【4】の**100分の3**【5】以上の数の株式を有する株主

2　前項の申立てがあった場合には、裁判所は、これを不適法として却下する場合を除き、検査役を選任しなければならない。

3　裁判所は、前項の検査役を選任した場合には、株式会社が当該検査役に対して支払う報酬の額を定めることができる。

4　第2項の検査役は、その職務を行うため必要があるときは、株式会社の子会社の業務及び財産の状況を調査することができる。

5　第2項の検査役は、必要な調査を行い、当該調査の結果を記載し、又

【1】　監査役設置会社にあっては、監査役

【2】　株主総会において決議をすることができる事項の全部につき議決権を行使することができない株主を除く。

【3】　これを下回る割合を定款で定めた場合にあっては、その割合

【4】　自己株式を除く。

【5】　これを下回る割合を定款で定めた場合にあっては、その割合

は記録した書面又は電磁的記録【1】を裁判所に提供して報告をしなければならない。

6　裁判所は、前項の報告について、その内容を明瞭にし、又はその根拠を確認するため必要があると認めるときは、第2項の検査役に対し、更に前項の報告を求めることができる。

7　第2項の検査役は、第5項の報告をしたときは、株式会社及び検査役の選任の申立てをした株主に対し、同項の書面の写しを交付し、又は同項の電磁的記録に記録された事項を法務省令で定める方法により提供しなければならない。

（裁判所による株主総会招集等の決定）

第359条　裁判所は、前条第5項の報告があった場合において、必要があると認めるときは、取締役に対し、次に掲げる措置の全部又は一部を命じなければならない。

一　一定の期間内に株主総会を招集すること。

二　前条第5項の調査の結果を株主に通知すること。

2　裁判所が前項第1号に掲げる措置を命じた場合には、取締役は、前条第5項の報告の内容を同号の株主総会において開示しなければならない。

3　前項に規定する場合には、取締役【2】は、前条第5項の報告の内容を調査し、その結果を第1項第1号の株主総会に報告しなければならない。

（株主による取締役の行為の差止め）

第360条　6箇月【3】前から引き続き株式を有する株主は、取締役が株式会社の目的の範囲外の行為その他法令若しくは定款に違反する行為をし、又はこれらの行為をするおそれがある場合において、当該行為によって当該株式会社に著しい損害が生ずるおそれがあるときは、当該取締役に対し、当該行為をやめることを請求することができる。

2　公開会社でない株式会社における前項の規定の適用については、同項中「6箇月（これを下回る期間を定款で定めた場合にあっては、その期間）前から引き続き株式を有する株主」とあるのは、「株主」とする。

3　監査役設置会社、監査等委員会設置会社又は指名委員会等設置会社における第1項の規定の適用については、同項中「著しい損害」とあるのは、「回復することができない損害」とする。

（取締役の報酬等）

第361条　取締役の報酬、賞与その他の職務執行の対価として株式会社から受ける財産上の利益【4】についての次に掲げる事項は、定款に当該事項を定めていないときは、株主総会の決議によって定める。

一　報酬等のうち額が確定しているものについては、その額

二　報酬等のうち額が確定していないものについては、その具体的な算定方法

三　報酬等のうち当該株式会社の募集株式【5】については、当該募集株式の数【6】の上限その他法務省令で定める事項

【1】法務省令で定めるものに限る。
【2】監査役設置会社にあっては、取締役及び監査役
【3】これを下回る期間を定款で定めた場合にあっては、その期間
【4】以下この章において「報酬等」という。
【5】第199条第1項に規定する募集株式をいう。以下この項及び第409条第3項において同じ。
【6】種類株式発行会社にあっては、募集株式の種類及び種類ごとの数

会社法

四　報酬等のうち当該株式会社の募集新株予約権【1】については、当該募集新株予約権の数の上限その他法務省令で定める事項

五　報酬等のうち次のイ又はロに掲げるものと引換えにする払込みに充てるための金銭については、当該イ又はロに定める事項

イ　当該株式会社の募集株式　取締役が引き受ける当該募集株式の数【2】の上限その他法務省令で定める事項

ロ　当該株式会社の募集新株予約権　取締役が引き受ける当該募集新株予約権の数の上限その他法務省令で定める事項

六　報酬等のうち金銭でないもの【3】については、その具体的な内容

2　監査等委員会設置会社においては、前項各号に掲げる事項は、監査等委員である取締役とそれ以外の取締役とを区別して定めなければならない。

3　監査等委員である各取締役の報酬等について定款の定め又は株主総会の決議がないときは、当該報酬等は、第1項の報酬等の範囲内において、監査等委員である取締役の協議によって定める。

4　第1項各号に掲げる事項を定め、又はこれを改定する議案を株主総会に提出した取締役は、当該株主総会において、当該事項を相当とする理由を説明しなければならない。

5　監査等委員である取締役は、株主総会において、監査等委員である取締役の報酬等について意見を述べることができる。

6　監査等委員会が選定する監査等委員は、株主総会において、監査等委員である取締役以外の取締役の報酬等について監査等委員会の意見を述べることができる。

7　次に掲げる株式会社の取締役会は、取締役【4】の報酬等の内容として定款又は株主総会の決議による第1項各号に掲げる事項についての定めがある場合には、当該定めに基づく取締役の個人別の報酬等の内容についての決定に関する方針として法務省令で定める事項を決定しなければならない。ただし、取締役の個人別の報酬等の内容が定款又は株主総会の決議により定められているときは、この限りでない。

一　監査役会設置会社【5】であって、金融商品取引法第24条第1項の規定によりその発行する株式について有価証券報告書を内閣総理大臣に提出しなければならないもの

二　監査等委員会設置会社

第5節　取締役会

第1款　権限等

（取締役会の権限等）

第362条　取締役会は、すべての取締役で組織する。

2　**取締役会**は、次に掲げる職務を行う。

一　取締役会設置会社の業務執行の決定

二　取締役の職務の執行の監督

三　代表取締役の選定及び解職

3　**取締役会**は、取締役の中から代表

【1】　第238条第1項に規定する募集新株予約権をいう。以下この項及び第409条第3項において同じ。

【2】　種類株式発行会社にあっては、募集株式の種類及び種類ごとの数

【3】　当該株式会社の募集株式及び募集新株予約権を除く。

【4】　監査等委員である取締役を除く。以下この項において同じ。

【5】　公開会社であり、かつ、大会社であるものに限る。

会社法

取締役を選定しなければならない。

4　取締役会は、次に掲げる事項その他の重要な業務執行の決定を**取締役に委任することができない**。

一　重要な財産の処分及び譲受け

二　多額の借財

三　支配人その他の重要な使用人の選任及び解任

四　支店その他の重要な組織の設置、変更及び廃止

五　第676条第1号に掲げる事項その他の社債を引き受ける者の募集に関する重要な事項として法務省令で定める事項

六　取締役の職務の執行が法令及び定款に適合することを確保するための体制その他株式会社の業務並びに当該株式会社及びその子会社から成る企業集団の業務の適正を確保するために必要なものとして法務省令で定める体制の整備

七　第426条第1項の規定による定款の定めに基づく第423条第1項の責任の免除

5　**大会社である取締役会設置会社**においては、取締役会は、前項第6号に掲げる事項を決定しなければならない。

（取締役会設置会社の取締役の権限）

第363条　次に掲げる取締役は、取締役会設置会社の**業務を執行**する。

一　代表取締役

二　代表取締役以外の取締役であって、取締役会の決議によって取締役会設置会社の業務を執行する取締役として選定されたもの

2　前項各号に掲げる取締役は、**3箇月に1回以上**、自己の職務の執行の状況を取締役会に報告しなければならない。

（取締役会設置会社と取締役との間の訴えにおける会社の代表）

第364条　第353条に規定する場合には、取締役会は、同条の規定による株主総会の定めがある場合を除き、同条の訴えについて取締役会設置会社を代表する者を定めることができる。

（競業及び取締役会設置会社との取引等の制限）

第365条　取締役会設置会社における**第356条の規定**の適用については、同条第1項中「株主総会」とあるのは、「取締役会」とする。

2　取締役会設置会社においては、**第356条第1項各号の取引をした取締役**は、当該取引後、遅滞なく、当該取引についての重要な事実を取締役会に報告しなければならない。

第2款　運営

（招集権者）

第366条　取締役会は、各取締役が**招集**する。ただし、取締役会を招集する取締役を**定款**又は**取締役会**で定めたときは、その取締役が招集する。

2　前項ただし書に規定する場合には、同項ただし書の規定により定められた取締役【1】以外の取締役は、**招集権者に対し**、取締役会の目的である事項を示して、取締役会の招集を請求することができる。

3　前項の規定による請求があった日から**5日以内**に、その請求があった日から**2週間以内の日**を取締役会の日とする取締役会の**招集の通知が発せられない場合**には、その請求をした取締役は、取締役会を招集することができる。

【1】以下この章において「**招集権者**」という。

（株主による招集の請求）

第367条 **取締役会設置会社**【1】の株主は、取締役が取締役会設置会社の**目的の範囲外の行為**その他法令若しくは**定款に違反する行為**をし、又はこれらの行為をするおそれがあると認めるときは、取締役会の招集を請求することができる。

2　前項の規定による請求は、取締役【2】に対し、**取締役会の目的である事項**を示して行わなければならない。

3　前条第3項の規定は、第1項の規定による請求があった場合について準用する。

4　第1項の規定による請求を行った株主は、当該請求に基づき招集され、又は前項において準用する前条第3項の規定により招集した取締役会に出席し、意見を述べることができる。

（招集手続）

第368条 取締役会を招集する者は、取締役会の日の**1週間**【3】**前**までに、**各取締役**【4】に対してその通知を発しなければならない。

2　前項の規定にかかわらず、取締役会は、取締役【5】の全員の同意があるときは、**招集の手続**を経ることなく**開催**することができる。

（取締役会の決議）

第369条 取締役会の決議は、議決に加わることができる**取締役の過半数**【6】**が出席**し、その過半数【7】をもって行う。

2　前項の決議について**特別の利害関係を有する取締役は、議決に加わることができない。**

3　取締役会の議事については、法務省令で定めるところにより、**議事録**を作成し、議事録が書面をもって作成されているときは、**出席した取締役及び監査役**は、これに署名し、又は記名押印しなければならない。

4　前項の議事録が**電磁的記録**をもって作成されている場合における当該電磁的記録に記録された事項については、法務省令で定める署名又は記名押印に代わる措置をとらなければならない。

5　取締役会の**決議に参加した取締役**であって第3項の議事録に**異議をとどめないもの**は、その決議に賛成したものと推定する。

（取締役会の決議の省略）

第370条 取締役会設置会社は、取締役が取締役会の決議の目的である事項について提案をした場合において、当該提案につき**取締役**【8】**の全員**が書面又は電磁的記録により**同意の意思表示**をしたとき【9】は、当該提案を可決する旨の取締役会の決議があったものとみなす旨を**定款**で定めることができる。

（議事録等）

第371条 取締役会設置会社は、取締

【1】 監査役設置会社、監査等委員会設置会社及び指名委員会等設置会社を除く。

【2】 前条第1項ただし書に規定する場合にあっては、招集権者

【3】 これを下回る期間を定款で定めた場合にあっては、その期間

【4】 監査役設置会社にあっては、各取締役及び各監査役

【5】 監査役設置会社にあっては、取締役及び監査役

【6】 これを上回る割合を定款で定めた場合にあっては、その割合以上

【7】 これを上回る割合を定款で定めた場合にあっては、その割合以上

【8】 当該事項について議決に加わることができるものに限る。

【9】 監査役設置会社にあっては、監査役が当該提案について異議を述べたときを除く。

役会の日【1】から10年間、第369条第3項の議事録又は前条の意思表示を記載し、若しくは記録した書面若しくは電磁的記録【2】をその**本店**に備え置かなければならない。

2　**株主**は、その権利を行使するため必要があるときは、株式会社の**営業時間内**は、いつでも、次に掲げる請求をすることができる。

一　前項の議事録等が書面をもって作成されているときは、当該書面の閲覧又は謄写の請求

二　前項の議事録等が電磁的記録をもって作成されているときは、当該電磁的記録に記録された事項を法務省令で定める方法により表示したものの閲覧又は謄写の請求

3　**監査役設置会社、監査等委員会設置会社**又は**指名委員会等設置会社**における前項の規定の適用については、同項中「株式会社の営業時間内は、いつでも」とあるのは、「裁判所の許可を得て」とする。

4　取締役会設置会社の**債権者**は、役員又は執行役の責任を追及するため必要があるときは、裁判所の許可を得て、当該取締役会設置会社の議事録等について第2項各号に掲げる請求をすることができる。

5　前項の規定は、取締役会設置会社の親会社社員がその権利を行使するため必要があるときについて準用する。

6　裁判所は、第3項において読み替えて適用する第2項各号に掲げる請求又は第4項【3】の請求に係る閲覧又は謄写をすることにより、当該取締役会設置会社又はその親会社若しくは子会社に著しい損害を及ぼすおそれがあると認めるときは、第3項において読み替えて適用する第2項の許可又は第4項の許可をすることができない。

（取締役会への報告の省略）

第372条　取締役、会計参与、監査役又は会計監査人が取締役【4】の全員に対して取締役会に報告すべき事項を通知したときは、当該事項を取締役会へ報告することを要しない。

2　前項の規定は、第363条第2項の規定による報告については、適用しない。

3　指名委員会等設置会社についての前2項の規定の適用については、第1項中「監査役又は会計監査人」とあるのは「会計監査人又は執行役」と、「取締役（監査役設置会社にあっては、取締役及び監査役）」とあるのは「取締役」と、前項中「第363条第2項」とあるのは「第417条第4項」とする。

（特別取締役による取締役会の決議）

第373条　第369条第1項の規定にかかわらず、取締役会設置会社【5】が次に掲げる要件のいずれにも該当する場合【6】には、取締役会は、**第362条第4項第1号及び第2号又は第399条の13第4項第1号及び第2号に掲げる事項についての取締役会の決議については**、あらかじめ選定した3人以上の取締役【7】のうち、

【1】　前条の規定により取締役会の決議があったものとみなされた日を含む。

【2】　以下この条において「**議事録等**」という。

【3】　前項において準用する場合を含む。以下この項において同じ。

【4】　監査役設置会社にあっては、取締役及び監査役

【5】　指名委員会等設置会社を除く。

【6】　監査等委員会設置会社にあっては、第399条の13第5項に規定する場合又は同条第6項の規定による定款の定めがある場合を除く。

【7】　以下この章において「**特別取締役**」という。

議決に加わることができるものの過半数【1】が出席し、その過半数【2】をもって行うことができる旨を定めることができる。
一　取締役の数が6人以上であること。
二　取締役のうち1人以上が社外取締役であること。
2　前項の規定による特別取締役による議決の定めがある場合には、特別取締役以外の取締役は、第362条第4項第1号及び第2号又は第399条の13第4項第1号及び第2号に掲げる事項の決定をする取締役会に出席することを要しない。この場合における第366条第1項本文及び第368条の規定の適用については、第366条第1項本文中「各取締役」とあるのは「各特別取締役（第373条第1項に規定する特別取締役をいう。第368条において同じ。）」と、第368条第1項中「定款」とあるのは「取締役会」と、「各取締役」とあるのは「各特別取締役」と、同条第2項中「取締役（」とあるのは「特別取締役（」と、「取締役及び」とあるのは「特別取締役及び」とする。
3　特別取締役の互選によって定められた者は、前項の取締役会の決議後、遅滞なく、当該決議の内容を特別取締役以外の取締役に報告しなければならない。
4　第366条【3】、第367条、第369条第1項、第370条及び第399条の14の規定は、第2項の取締役会については、適用しない。

【1】　これを上回る割合を取締役会で定めた場合にあっては、その割合以上
【2】　これを上回る割合を取締役会で定めた場合にあっては、その割合以上
【3】　第1項本文を除く。

第6節　会計参与

（会計参与の権限）
第374条　会計参与は、取締役と共同して、計算書類【4】及びその附属明細書、臨時計算書類【5】並びに連結計算書類【6】を作成する。この場合において、会計参与は、法務省令で定めるところにより、会計参与報告を作成しなければならない。
2　会計参与は、いつでも、次に掲げるものの閲覧及び謄写をし、又は取締役及び支配人その他の使用人に対して会計に関する報告を求めることができる。
一　会計帳簿又はこれに関する資料が書面をもって作成されているときは、当該書面
二　会計帳簿又はこれに関する資料が電磁的記録をもって作成されているときは、当該電磁的記録に記録された事項を法務省令で定める方法により表示したもの
3　会計参与は、その職務を行うため必要があるときは、会計参与設置会社の子会社に対して会計に関する報告を求め、又は会計参与設置会社若しくはその子会社の業務及び財産の状況の調査をすることができる。
4　前項の子会社は、正当な理由があるときは、同項の報告又は調査を拒むことができる。
5　会計参与は、その職務を行うに当たっては、第333条第3項第2号又は第3号に掲げる者を使用してはならない。

【4】　第435条第2項に規定する計算書類をいう。以下この章において同じ。
【5】　第441条第1項に規定する臨時計算書類をいう。以下この章において同じ。
【6】　第444条第1項に規定する連結計算書類をいう。第396条第1項において同じ。

6　**指名委員会等設置会社**における第1項及び第2項の規定の適用については、第1項中「取締役」とあるのは「執行役」と、第2項中「取締役及び」とあるのは「執行役及び取締役並びに」とする。

（会計参与の報告義務）

第375条　会計参与は、その職務を行うに際して取締役の職務の執行に関し不正の行為又は法令若しくは定款に違反する重大な事実があることを発見したときは、遅滞なく、これを株主【1】に報告しなければならない。

2　監査役会設置会社における前項の規定の適用については、同項中「株主（監査役設置会社にあっては、監査役）」とあるのは、「監査役会」とする。

3　監査等委員会設置会社における第1項の規定の適用については、同項中「株主（監査役設置会社にあっては、監査役）」とあるのは、「監査等委員会」とする。

4　指名委員会等設置会社における第1項の規定の適用については、同項中「取締役」とあるのは「執行役又は取締役」と、「株主（監査役設置会社にあっては、監査役）」とあるのは「監査委員会」とする。

（取締役会への出席）

第376条　取締役会設置会社の会計参与【2】は、第436条第3項、第441条第3項又は第444条第5項の承認をする取締役会に出席しなければならない。この場合において、会計参与は、必要があると認めるときは、意見を述べなければならない。

2　会計参与設置会社において、前項の取締役会を招集する者は、当該取締役会の日の1週間【3】前までに、各会計参与に対してその通知を発しなければならない。

3　会計参与設置会社において、第368条第2項の規定により第1項の取締役会を招集の手続を経ることなく開催するときは、会計参与の全員の同意を得なければならない。

（株主総会における意見の陳述）

第377条　第374条第1項に規定する書類の作成に関する事項について会計参与が取締役と意見を異にするときは、会計参与【4】は、株主総会において意見を述べることができる。

2　指名委員会等設置会社における前項の規定の適用については、同項中「取締役」とあるのは、「執行役」とする。

（会計参与による計算書類等の備置き等）

第378条　会計参与は、次の各号に掲げるものを、当該各号に定める期間、法務省令で定めるところにより、当該会計参与が定めた場所に備え置かなければならない。

一　各事業年度に係る計算書類及びその附属明細書並びに会計参与報告　定時株主総会の日の1週間【5】前の日【6】から5年間

二　臨時計算書類及び会計参与報告　臨時計算書類を作成した日から5年間

2　会計参与設置会社の株主及び債権者は、会計参与設置会社の営業時間内【7】は、いつでも、会計参与に対し、

【1】　監査役設置会社にあっては、監査役
【2】　会計参与が監査法人又は税理士法人である場合にあっては、その職務を行うべき社員。以下この条において同じ。
【3】　これを下回る期間を定款で定めた場合にあっては、その期間
【4】　会計参与が監査法人又は税理士法人である場合にあっては、その職務を行うべき社員
【5】　取締役会設置会社にあっては、2週間
【6】　第319条第1項の場合にあっては、同項の提案があった日
【7】　会計参与が請求に応ずることが困難

次に掲げる請求をすることができる。ただし、第２号又は第４号に掲げる請求をするには、当該会計参与の定めた費用を支払わなければならない。
一　前項各号に掲げるものが書面をもって作成されているときは、当該書面の閲覧の請求
二　前号の書面の謄本又は抄本の交付の請求
三　前項各号に掲げるものが電磁的記録をもって作成されているときは、当該電磁的記録に記録された事項を法務省令で定める方法により表示したものの閲覧の請求
四　前号の電磁的記録に記録された事項を電磁的方法であって会計参与の定めたものにより提供することの請求又はその事項を記載した書面の交付の請求

3　会計参与設置会社の親会社社員は、その権利を行使するため必要があるときは、裁判所の許可を得て、当該会計参与設置会社の第１項各号に掲げるものについて前項各号に掲げる請求をすることができる。ただし、同項第２号又は第４号に掲げる請求をするには、当該会計参与の定めた費用を支払わなければならない。

（会計参与の報酬等）

第379条　会計参与の報酬等は、定款にその額を定めていないときは、株主総会の決議によって定める。

2　会計参与が２人以上ある場合において、各会計参与の報酬等について定款の定め又は株主総会の決議がないときは、当該報酬等は、前項の報酬等の範囲内において、会計参与の協議によって定める。

3　会計参与【1】は、株主総会において、会計参与の報酬等について意見を述べることができる。

（費用等の請求）

第380条　会計参与がその職務の執行について会計参与設置会社に対して次に掲げる請求をしたときは、当該会計参与設置会社は、当該請求に係る費用又は債務が当該会計参与の職務の執行に必要でないことを証明した場合を除き、これを拒むことができない。
一　費用の前払の請求
二　支出した費用及び支出の日以後におけるその利息の償還の請求
三　負担した債務の債権者に対する弁済【2】の請求

第７節　監査役

（監査役の権限）

第381条　監査役は、**取締役**【3】**の職務の執行**を監査する。この場合において、監査役は、法務省令で定めるところにより、監査報告を作成しなければならない。

2　監査役は、いつでも、取締役及び会計参与並びに支配人その他の使用人に対して**事業の報告を求め**、又は監査役設置会社の**業務及び財産の状況の調査**をすることができる。

3　監査役は、その職務を行うため必要があるときは、**監査役設置会社の子会社**に対して事業の報告を求め、又はその子会社の業務及び財産の状況の調査をすることができる。

4　前項の子会社は、正当な理由があるときは、同項の報告又は調査を拒むことができる。

な場合として法務省令で定める場合を除く。

【1】　会計参与が監査法人又は税理士法人である場合にあっては、その職務を行うべき社員

【2】　当該債務が弁済期にない場合にあっては、相当の担保の提供

【3】　会計参与設置会社にあっては、取締役及び会計参与

会社法

（取締役への報告義務）

第382条 監査役は、取締役が不正の行為をし、若しくは当該行為をするおそれがあると認めるとき、又は法令若しくは定款に違反する事実若しくは著しく不当な事実があると認めるときは、遅滞なく、その旨を取締役【1】に報告しなければならない。

（取締役会への出席義務等）

第383条 監査役は、取締役会に出席し、必要があると認めるときは、意見を述べなければならない。ただし、監査役が2人以上ある場合において、第373条第1項の規定による特別取締役による議決の定めがあるときは、監査役の互選によって、監査役の中から特に同条第2項の取締役会に出席する監査役を定めることができる。

2 監査役は、前条に規定する場合において、必要があると認めるときは、取締役【2】に対し、取締役会の招集を請求することができる。

3 前項の規定による請求があった日から5日以内に、その請求があった日から2週間以内の日を取締役会の日とする取締役会の招集の通知が発せられない場合は、その請求をした監査役は、取締役会を招集することができる。

4 前2項の規定は、第373条第2項の取締役会については、適用しない。

（株主総会に対する報告義務）

第384条 監査役は、取締役が株主総会に提出しようとする議案、書類その他法務省令で定めるものを調査しなければならない。この場合において、法令若しくは定款に違反し、又は著しく不当な事項があると認めるときは、その調査の結果を株主総会に報告しなければならない。

（監査役による取締役の行為の差止め）

第385条 監査役は、取締役が監査役設置会社の目的の範囲外の行為その他法令若しくは定款に違反する行為をし、又はこれらの行為をするおそれがある場合において、当該行為によって当該監査役設置会社に著しい損害が生ずるおそれがあるときは、当該取締役に対し、当該行為をやめることを請求することができる。

2 前項の場合において、裁判所が仮処分をもって同項の取締役に対し、その行為をやめることを命ずるときは、担保を立てさせないものとする。

（監査役設置会社と取締役との間の訴えにおける会社の代表等）

第386条 第349条第4項、第353条及び第364条の規定にかかわらず、次の各号に掲げる場合には、当該各号の訴えについては、監査役が監査役設置会社を代表する。

一 監査役設置会社が取締役【3】に対し、又は取締役が監査役設置会社に対して訴えを提起する場合

二 株式交換等完全親会社【4】である監査役設置会社がその株式交換等完全子会社【5】の取締役、執行役【6】又は清算人【7】の責任【8】を

【1】 取締役会設置会社にあっては、取締役会

【2】 第366条第1項ただし書に規定する場合にあっては、招集権者

【3】 取締役であった者を含む。以下この条において同じ。

【4】 第849条第2項第1号に規定する株式交換等完全親会社をいう。次項第3号において同じ。

【5】 第847条の2第1項に規定する株式交換等完全子会社をいう。次項第3号において同じ。

【6】 執行役であった者を含む。以下この条において同じ。

【7】 清算人であった者を含む。以下この条において同じ。

【8】 第847条の2第1項各号に掲げる行為の効力が生じた時までにその原因と

追及する訴えを提起する場合
三　最終完全親会社等【1】である監査役設置会社がその完全子会社等【2】である株式会社の取締役、執行役又は清算人に対して特定責任追及の訴え【3】を提起する場合
2　第349条第4項の規定にかかわらず、次に掲げる場合には、監査役が監査役設置会社を代表する。
一　監査役設置会社が第847条第1項、第847条の2第1項若しくは第3項【4】又は第847条の3第1項の規定による請求【5】を受ける場合
二　監査役設置会社が第849条第4項の訴訟告知【6】並びに第850条第2項の規定による通知及び催告【7】を受ける場合
三　株式交換等完全親会社である監査役設置会社が第847条第1項の規定による請求【8】をする場合又は第849条第6項の規定による通知【9】を受ける場合
四　最終完全親会社等である監査役設置会社が第847条第1項の規定による請求【10】をする場合又は第849条第7項の規定による通知【11】を受ける場合

（監査役の報酬等）
第387条　監査役の報酬等は、定款にその額を定めていないときは、株主総会の決議によって定める。
2　監査役が2人以上ある場合において、各監査役の報酬等について定款の定め又は株主総会の決議がないときは、当該報酬等は、前項の報酬等の範囲内において、監査役の協議によって定める。
3　監査役は、株主総会において、監査役の報酬等について意見を述べることができる。

（費用等の請求）
第388条　監査役がその職務の執行について監査役設置会社【12】に対して次に掲げる請求をしたときは、当該監査役設置会社は、当該請求に係る費用又は債務が当該監査役の職務の執行に必要でないことを証明した場合を除き、これを拒むことができない。
一　費用の前払の請求
二　支出した費用及び支出の日以後におけるその利息の償還の請求
三　負担した債務の債権者に対する弁済【13】の請求

なった事実が生じたものに限る。
【1】　第847条の3第1項に規定する最終完全親会社等をいう。次項第4号において同じ。
【2】　同条第2項第2号に規定する完全子会社等をいい、同条第3項の規定により当該完全子会社等とみなされるものを含む。次項第4号において同じ。
【3】　同条第1項に規定する特定責任追及の訴えをいう。
【4】　同条第4項及び第5項において準用する場合を含む。
【5】　取締役の責任を追及する訴えの提起の請求に限る。
【6】　取締役の責任を追及する訴えに係るものに限る。
【7】　取締役の責任を追及する訴えに係る訴訟における和解に関するものに限る。
【8】　前項第2号に規定する訴えの提起の請求に限る。
【9】　その株式交換等完全子会社の取締役、執行役又は清算人の責任を追及する訴えに係るものに限る。
【10】　前項第3号に規定する特定責任追及の訴えの提起の請求に限る。
【11】　その完全子会社等である株式会社の取締役、執行役又は清算人の責任を追及する訴えに係るものに限る。
【12】　監査役の監査の範囲を会計に関するものに限定する旨の定款の定めがある株式会社を含む。
【13】　当該債務が弁済期にない場合にあっては、相当の担保の提供

（定款の定めによる監査範囲の限定）

第389条 **公開会社でない株式会社**【1】は、第381条第1項の規定にかかわらず、その監査役の**監査の範囲**を会計に関するものに限定する旨を定款で定めることができる。

2 前項の規定による定款の定めがある株式会社の監査役は、法務省令で定めるところにより、監査報告を作成しなければならない。

3 前項の監査役は、取締役が株主総会に提出しようとする会計に関する議案、書類その他の法務省令で定めるものを調査し、その調査の結果を株主総会に報告しなければならない。

4 第2項の監査役は、いつでも、次に掲げるものの閲覧及び謄写をし、又は取締役及び会計参与並びに支配人その他の使用人に対して会計に関する報告を求めることができる。

一 会計帳簿又はこれに関する資料が書面をもって作成されているときは、当該書面

二 会計帳簿又はこれに関する資料が電磁的記録をもって作成されているときは、当該電磁的記録に記録された事項を法務省令で定める方法により表示したもの

5 第2項の監査役は、その職務を行うため必要があるときは、株式会社の子会社に対して会計に関する報告を求め、又は株式会社若しくはその子会社の業務及び財産の状況の調査をすることができる。

6 前項の子会社は、正当な理由があるときは、同項の規定による報告又は調査を拒むことができる。

7 第381条から第386条までの規定は、第1項の規定による定款の定めがある株式会社については、適用しない。

【1】 監査役会設置会社及び会計監査人設置会社を除く。

第8節 監査役会

第1款 権限等

第390条 監査役会は、すべての監査役で組織する。

2 監査役会は、**次に掲げる職務**を行う。ただし、第3号の決定は、監査役の権限の行使を妨げることはできない。

一 監査報告の作成

二 常勤の監査役の**選定**及び**解職**

三 監査の方針、監査役会設置会社の業務及び財産の状況の調査の方法その他の監査役の職務の執行に関する事項の決定

3 監査役会は、監査役の中から常勤の監査役を**選定**しなければならない。

4 監査役は、**監査役会の求め**があるときは、いつでもその**職務の執行の状況**を監査役会に報告しなければならない。

第2款 運営

（招集権者）

第391条 監査役会は、各監査役が招集する。

（招集手続）

第392条 監査役会を招集するには、監査役は、監査役会の日の1週間【2】前までに、各監査役に対してその通知を発しなければならない。

2 前項の規定にかかわらず、監査役会は、監査役の全員の同意があるときは、招集の手続を経ることなく開催することができる。

（監査役会の決議）

第393条 監査役会の決議は、監査役の過半数をもって行う。

【2】 これを下回る期間を定款で定めた場合にあっては、その期間

2　監査役会の議事については、法務省令で定めるところにより、議事録を作成し、議事録が書面をもって作成されているときは、出席した監査役は、これに署名し、又は記名押印しなければならない。
3　前項の議事録が電磁的記録をもって作成されている場合における当該電磁的記録に記録された事項については、法務省令で定める署名又は記名押印に代わる措置をとらなければならない。
4　監査役会の決議に参加した監査役であって第2項の議事録に異議をとどめないものは、その決議に賛成したものと推定する。

（議事録）
第394条　監査役会設置会社は、監査役会の日から10年間、前条第2項の議事録をその本店に備え置かなければならない。
2　監査役会設置会社の株主は、その権利を行使するため必要があるときは、裁判所の許可を得て、次に掲げる請求をすることができる。
一　前項の議事録が書面をもって作成されているときは、当該書面の閲覧又は謄写の請求
二　前項の議事録が電磁的記録をもって作成されているときは、当該電磁的記録に記録された事項を法務省令で定める方法により表示したものの閲覧又は謄写の請求
3　前項の規定は、監査役会設置会社の債権者が役員の責任を追及するため必要があるとき及び親会社社員がその権利を行使するため必要があるときについて準用する。
4　裁判所は、第2項【1】の請求に係る閲覧又は謄写をすることにより、当該監査役会設置会社又はその親会社若しくは子会社に著しい損害を及ぼすおそれがあると認めるときは、第2項の許可をすることができない。

【1】　前項において準用する場合を含む。以下この項において同じ。

（監査役会への報告の省略）
第395条　取締役、会計参与、監査役又は会計監査人が監査役の全員に対して監査役会に報告すべき事項を通知したときは、当該事項を監査役会へ報告することを要しない。

第9節　会計監査人

（会計監査人の権限等）
第396条　**会計監査人**は、次章の定めるところにより、株式会社の**計算書類**及びその**附属明細書**、**臨時計算書類**並びに**連結計算書類**を**監査**する。この場合において、会計監査人は、法務省令で定めるところにより、会計監査報告を作成しなければならない。
2　会計監査人は、いつでも、次に掲げるものの閲覧及び謄写をし、又は取締役及び会計参与並びに支配人その他の使用人に対し、会計に関する報告を求めることができる。
一　会計帳簿又はこれに関する資料が書面をもって作成されているときは、当該書面
二　会計帳簿又はこれに関する資料が電磁的記録をもって作成されているときは、当該電磁的記録に記録された事項を法務省令で定める方法により表示したもの
3　会計監査人は、その職務を行うため必要があるときは、会計監査人設置会社の子会社に対して会計に関する報告を求め、又は会計監査人設置会社若しくはその子会社の業務及び財産の状況の調査をすることができる。

会社法

4　前項の子会社は、正当な理由があるときは、同項の報告又は調査を拒むことができる。
5　会計監査人は、その職務を行うに当たっては、次のいずれかに該当する者を使用してはならない。
一　第337条第3項第1号又は第2号に掲げる者
二　会計監査人設置会社又はその子会社の取締役、会計参与、監査役若しくは執行役又は支配人その他の使用人である者
三　会計監査人設置会社又はその子会社から公認会計士又は監査法人の業務以外の業務により継続的な報酬を受けている者
6　指名委員会等設置会社における第2項の規定の適用については、同項中「取締役」とあるのは、「執行役、取締役」とする。

（監査役に対する報告）

第397条　会計監査人は、その職務を行うに際して取締役の職務の執行に関し不正の行為又は法令若しくは定款に違反する重大な事実があることを発見したときは、遅滞なく、これを監査役に報告しなければならない。
2　監査役は、その職務を行うため必要があるときは、会計監査人に対し、その監査に関する報告を求めることができる。
3　監査役会設置会社における第1項の規定の適用については、同項中「監査役」とあるのは、「監査役会」とする。
4　監査等委員会設置会社における第1項及び第2項の規定の適用については、第1項中「監査役」とあるのは「監査等委員会」と、第2項中「監査役」とあるのは「監査等委員会が選定した監査等委員」とする。
5　指名委員会等設置会社における第1項及び第2項の規定の適用については、第1項中「取締役」とあるのは「執行役又は取締役」と、「監査役」とあるのは「監査委員会」と、第2項中「監査役」とあるのは「監査委員会が選定した監査委員会の委員」とする。

（定時株主総会における会計監査人の意見の陳述）

第398条　第396条第1項に規定する書類が法令又は定款に適合するかどうかについて会計監査人が監査役と意見を異にするときは、会計監査人【1】は、定時株主総会に出席して意見を述べることができる。
2　定時株主総会において会計監査人の出席を求める決議があったときは、会計監査人は、定時株主総会に出席して意見を述べなければならない。
3　監査役会設置会社における第1項の規定の適用については、同項中「監査役」とあるのは、「監査役会又は監査役」とする。
4　監査等委員会設置会社における第1項の規定の適用については、同項中「監査役」とあるのは、「監査等委員会又は監査等委員」とする。
5　指名委員会等設置会社における第1項の規定の適用については、同項中「監査役」とあるのは、「監査委員会又はその委員」とする。

（会計監査人の報酬等の決定に関する監査役の関与）

第399条　取締役は、会計監査人又は一時会計監査人の職務を行うべき者の報酬等を定める場合には、監査役【2】の同意を得なければならない。

【1】　会計監査人が監査法人である場合にあっては、その職務を行うべき社員。次項において同じ。
【2】　監査役が2人以上ある場合にあっては、その過半数

2　監査役会設置会社における前項の規定の適用については、同項中「監査役（監査役が２人以上ある場合にあっては、その過半数）」とあるのは、「監査役会」とする。

3　監査等委員会設置会社における第１項の規定の適用については、同項中「監査役（監査役が２人以上ある場合にあっては、その過半数）」とあるのは、「監査等委員会」とする。

4　指名委員会等設置会社における第１項の規定の適用については、同項中「監査役（監査役が２人以上ある場合にあっては、その過半数）」とあるのは、「監査委員会」とする。

第9節の2　監査等委員会

第1款　権限等

（監査等委員会の権限等）

第399条の2　監査等委員会は、全ての監査等委員で組織する。

2　監査等委員は、取締役でなければならない。

3　監査等委員会は、次に掲げる職務を行う。

一　取締役【1】の職務の執行の監査及び監査報告の作成

二　株主総会に提出する会計監査人の選任及び解任並びに会計監査人を再任しないことに関する議案の内容の決定

三　第342条の2第4項及び第361条第6項に規定する監査等委員会の意見の決定

4　監査等委員がその職務の執行【2】について監査等委員会設置会社に対して次に掲げる請求をしたときは、当該監査等委員会設置会社は、当該請求に係る費用又は債務が当該監査等委員の職務の執行に必要でないことを証明した場合を除き、これを拒むことができない。

一　費用の前払の請求

二　支出をした費用及び支出の日以後におけるその利息の償還の請求

三　負担した債務の債権者に対する弁済【3】の請求

（監査等委員会による調査）

第399条の3　監査等委員会が選定する監査等委員は、いつでも、取締役【4】及び支配人その他の使用人に対し、その職務の執行に関する事項の報告を求め、又は監査等委員会設置会社の業務及び財産の状況の調査をすることができる。

2　監査等委員会が選定する監査等委員は、監査等委員会の職務を執行するため必要があるときは、監査等委員会設置会社の子会社に対して事業の報告を求め、又はその子会社の業務及び財産の状況の調査をすることができる。

3　前項の子会社は、正当な理由があるときは、同項の報告又は調査を拒むことができる。

4　第１項及び第２項の監査等委員は、当該各項の報告の徴収又は調査に関する事項についての監査等委員会の決議があるときは、これに従わなければならない。

（取締役会への報告義務）

第399条の4　監査等委員は、取締役が不正の行為をし、若しくは当該行為をするおそれがあると認めるとき、又は法令若しくは定款に違反する事

【1】　会計参与設置会社にあっては、取締役及び会計参与

【2】　監査等委員会の職務の執行に関するものに限る。以下この項において同じ。

【3】　当該債務が弁済期にない場合にあっては、相当の担保の提供

【4】　会計参与設置会社にあっては、取締役及び会計参与

実若しくは著しく不当な事実があると認めるときは、遅滞なく、その旨を取締役会に報告しなければならない。

(株主総会に対する報告義務)

第399条の5 監査等委員は、取締役が株主総会に提出しようとする議案、書類その他法務省令で定めるものについて法令若しくは定款に違反し、又は著しく不当な事項があると認めるときは、その旨を株主総会に報告しなければならない。

(監査等委員による取締役の行為の差止め)

第399条の6 監査等委員は、取締役が監査等委員会設置会社の目的の範囲外の行為その他法令若しくは定款に違反する行為をし、又はこれらの行為をするおそれがある場合において、当該行為によって当該監査等委員会設置会社に著しい損害が生ずるおそれがあるときは、当該取締役に対し、当該行為をやめることを請求することができる。

2 前項の場合において、裁判所が仮処分をもって同項の取締役に対し、その行為をやめることを命ずるときは、担保を立てさせないものとする。

(監査等委員会設置会社と取締役との間の訴えにおける会社の代表等)

第399条の7 第349条第4項、第353条及び第364条の規定にかかわらず、監査等委員会設置会社が取締役【1】に対し、又は取締役が監査等委員会設置会社に対して訴えを提起する場合には、当該訴えについては、次の各号に掲げる場合の区分に応じ、当該各号に定める者が監査等委員会設置会社を代表する。

一 監査等委員が当該訴えに係る訴訟の当事者である場合 取締役会が定める者【2】

二 前号に掲げる場合以外の場合 監査等委員会が選定する監査等委員

2 前項の規定にかかわらず、取締役が監査等委員会設置会社に対して訴えを提起する場合には、監査等委員【3】に対してされた訴状の送達は、当該監査等委員会設置会社に対して効力を有する。

3 第349条第4項、第353条及び第364条の規定にかかわらず、次の各号に掲げる株式会社が監査等委員会設置会社である場合において、当該各号に定める訴えを提起するときは、当該訴えについては、監査等委員会が選定する監査等委員が当該監査等委員会設置会社を代表する。

一 株式交換等完全親会社【4】 その株式交換等完全子会社【5】の取締役、執行役【6】又は清算人【7】の責任【8】を追及する訴え

二 最終完全親会社等【9】 その完全子会社等【10】である株式会社の

【1】 取締役であった者を含む。以下この条において同じ。

【2】 株主総会が当該訴えについて監査等委員会設置会社を代表する者を定めた場合にあっては、その者

【3】 当該訴えを提起する者であるものを除く。

【4】 第849条第2項第1号に規定する株式交換等完全親会社をいう。次項第1号及び第5項第3号において同じ。

【5】 第847条の2第1項に規定する株式交換等完全子会社をいう。第5項第3号において同じ。

【6】 執行役であった者を含む。以下この条において同じ。

【7】 清算人であった者を含む。以下この条において同じ。

【8】 第847条の2第1項各号に掲げる行為の効力が生じた時までにその原因となった事実が生じたものに限る。

【9】 第847条の3第1項に規定する最終完全親会社等をいう。次項第2号及び第5項第4号において同じ。

【10】 同条第2項第2号に規定する完全子

取締役、執行役又は清算人に対する特定責任追及の訴え【1】
4　第349条第4項の規定にかかわらず、次の各号に掲げる株式会社が監査等委員会設置会社である場合において、当該各号に定める請求をするときは、監査等委員会が選定する監査等委員が当該監査等委員会設置会社を代表する。
一　株式交換等完全親会社　第847条第1項の規定による請求【2】
二　最終完全親会社等　第847条第1項の規定による請求【3】
5　第349条第4項の規定にかかわらず、次に掲げる場合には、監査等委員が監査等委員会設置会社を代表する。
一　監査等委員会設置会社が第847条第1項、第847条の2第1項若しくは第3項【4】又は第847条の3第1項の規定による請求【5】を受ける場合【6】
二　監査等委員会設置会社が第849条第4項の訴訟告知【7】並びに第850条第2項の規定による通知及び催告【8】を受ける場合【9】
三　株式交換等完全親会社である監査等委員会設置会社が第849条第6項の規定による通知【10】を受ける場合
四　最終完全親会社等である監査等委員会設置会社が第849条第7項の規定による通知【11】を受ける場合

第2款　運営

（招集権者）
第399条の8　監査等委員会は、各監査等委員が招集する。

（招集手続等）
第399条の9　監査等委員会を招集するには、監査等委員は、監査等委員会の日の1週間【12】前までに、各監査等委員に対してその通知を発しなければならない。
2　前項の規定にかかわらず、監査等委員会は、監査等委員の全員の同意があるときは、招集の手続を経ることなく開催することができる。
3　取締役【13】は、監査等委員会の要求があったときは、監査等委員会に出席し、監査等委員会が求めた事項について説明をしなければならない。

（監査等委員会の決議）
第399条の10　監査等委員会の決議

会社等をいい、同条第3項の規定により当該完全子会社等とみなされるものを含む。第5項第4号において同じ。
【1】　同条第1項に規定する特定責任追及の訴えをいう。
【2】　前項第1号に規定する訴えの提起の請求に限る。
【3】　前項第2号に規定する特定責任追及の訴えの提起の請求に限る。
【4】　同条第4項及び第5項において準用する場合を含む。
【5】　取締役の責任を追及する訴えの提起の請求に限る。
【6】　当該監査等委員が当該訴えに係る訴訟の相手方となる場合を除く。
【7】　取締役の責任を追及する訴えに係るものに限る。
【8】　取締役の責任を追及する訴えに係る訴訟における和解に関するものに限る。
【9】　当該監査等委員がこれらの訴えに係る訴訟の当事者である場合を除く。
【10】　その株式交換等完全子会社の取締役、執行役又は清算人の責任を追及する訴えに係るものに限る。
【11】　その完全子会社等である株式会社の取締役、執行役又は清算人の責任を追及する訴えに係るものに限る。
【12】　これを下回る期間を定款で定めた場合にあっては、その期間
【13】　会計参与設置会社にあっては、取締役及び会計参与

は、議決に加わることができる監査等委員の過半数が出席し、その過半数をもって行う。
2　前項の決議について特別の利害関係を有する監査等委員は、議決に加わることができない。
3　監査等委員会の議事については、法務省令で定めるところにより、議事録を作成し、議事録が書面をもって作成されているときは、出席した監査等委員は、これに署名し、又は記名押印しなければならない。
4　前項の議事録が電磁的記録をもって作成されている場合における当該電磁的記録に記録された事項については、法務省令で定める署名又は記名押印に代わる措置をとらなければならない。
5　監査等委員会の決議に参加した監査等委員であって第3項の議事録に異議をとどめないものは、その決議に賛成したものと推定する。

（議事録）
第399条の11　監査等委員会設置会社は、監査等委員会の日から10年間、前条第3項の議事録をその本店に備え置かなければならない。
2　監査等委員会設置会社の株主は、その権利を行使するため必要があるときは、裁判所の許可を得て、次に掲げる請求をすることができる。
一　前項の議事録が書面をもって作成されているときは、当該書面の閲覧又は謄写の請求
二　前項の議事録が電磁的記録をもって作成されているときは、当該電磁的記録に記録された事項を法務省令で定める方法により表示したものの閲覧又は謄写の請求
3　前項の規定は、監査等委員会設置会社の債権者が取締役又は会計参与の責任を追及するため必要があるとき及び親会社社員がその権利を行使するため必要があるときについて準用する。
4　裁判所は、第2項【1】の請求に係る閲覧又は謄写をすることにより、当該監査等委員会設置会社又はその親会社若しくは子会社に著しい損害を及ぼすおそれがあると認めるときは、第2項の許可をすることができない。

（監査等委員会への報告の省略）
第399条の12　取締役、会計参与又は会計監査人が監査等委員の全員に対して監査等委員会に報告すべき事項を通知したときは、当該事項を監査等委員会へ報告することを要しない。

第3款　監査等委員会設置会社の取締役会の権限等

（監査等委員会設置会社の取締役会の権限）
第399条の13　監査等委員会設置会社の取締役会は、第362条の規定にかかわらず、次に掲げる職務を行う。
一　次に掲げる事項その他監査等委員会設置会社の業務執行の決定
イ　経営の基本方針
ロ　監査等委員会の職務の執行のため必要なものとして法務省令で定める事項
ハ　取締役の職務の執行が法令及び定款に適合することを確保するための体制その他株式会社の業務並びに当該株式会社及びその子会社から成る企業集団の業務の適正を確保するために必要なものとして法務省令で定める体制の整備
二　取締役の職務の執行の監督
三　代表取締役の選定及び解職

【1】前項において準用する場合を含む。以下この項において同じ。

2　監査等委員会設置会社の取締役会は、前項第1号イからハまでに掲げる事項を決定しなければならない。
3　監査等委員会設置会社の取締役会は、取締役【1】の中から代表取締役を選定しなければならない。
4　監査等委員会設置会社の取締役会は、次に掲げる事項その他の重要な業務執行の決定を取締役に委任することができない。
一　重要な財産の処分及び譲受け
二　多額の借財
三　支配人その他の重要な使用人の選任及び解任
四　支店その他の重要な組織の設置、変更及び廃止
五　第676条第1号に掲げる事項その他の社債を引き受ける者の募集に関する重要な事項として法務省令で定める事項
六　第426条第1項の規定による定款の定めに基づく第423条第1項の責任の免除
5　前項の規定にかかわらず、監査等委員会設置会社の取締役の過半数が社外取締役である場合には、当該監査等委員会設置会社の取締役会は、その決議によって、重要な業務執行の決定を取締役に委任することができる。ただし、次に掲げる事項については、この限りでない。
一　第136条又は第137条第1項の決定及び第140条第4項の規定による指定
二　第165条第3項において読み替えて適用する第156条第1項各号に掲げる事項の決定
三　第262条又は第263条第1項の決定
四　第298条第1項各号に掲げる事項の決定

【1】　監査等委員である取締役を除く。

五　株主総会に提出する議案【2】の内容の決定
六　第348条の2第1項の規定による委託
七　第361条第7項の規定による同項の事項の決定
八　第365条第1項において読み替えて適用する第356条第1項の承認
九　第366条第1項ただし書の規定による取締役会を招集する取締役の決定
十　第399条の7第1項第1号の規定による監査等委員会設置会社を代表する者の決定
十一　前項第6号に掲げる事項
十二　補償契約【3】の内容の決定
十三　役員等賠償責任保険契約【4】の内容の決定
十四　第436条第3項、第441条第3項及び第444条第5項の承認
十五　第454条第5項において読み替えて適用する同条第1項の規定により定めなければならないとされる事項の決定
十六　第467条第1項各号に掲げる行為に係る契約【5】の内容の決定
十七　合併契約【6】の内容の決定
十八　吸収分割契約【7】の内容の決

【2】　会計監査人の選任及び解任並びに会計監査人を再任しないことに関するものを除く。
【3】　第430条の2第1項に規定する補償契約をいう。第416条第4項第14号において同じ。
【4】　第430条の3第1項に規定する役員等賠償責任保険契約をいう。第416条第4項第15号において同じ。
【5】　当該監査等委員会設置会社の株主総会の決議による承認を要しないものを除く。
【6】　当該監査等委員会設置会社の株主総会の決議による承認を要しないものを除く。
【7】　当該監査等委員会設置会社の株主総

定
十九　新設分割計画【1】の内容の決定
二十　株式交換契約【2】の内容の決定
二十一　株式移転計画の内容の決定
二十二　株式交付計画【3】の内容の決定

6　前2項の規定にかかわらず、監査等委員会設置会社は、取締役会の決議によって重要な業務執行【4】の決定の全部又は一部を取締役に委任することができる旨を定款で定めることができる。

（監査等委員会による取締役会の招集）

第399条の14　監査等委員会設置会社においては、招集権者の定めがある場合であっても、監査等委員会が選定する監査等委員は、取締役会を招集することができる。

第10節　指名委員会等及び執行役

第1款　委員の選定、執行役の選任等

（委員の選定等）

第400条　指名委員会、監査委員会又は報酬委員会の各委員会【5】は、委員3人以上で組織する。

2　各委員会の委員は、取締役の中から、取締役会の決議によって選定する。

3　各委員会の委員の過半数は、社外取締役でなければならない。

4　監査委員会の委員【6】は、指名委員会等設置会社若しくはその子会社の執行役若しくは業務執行取締役又は指名委員会等設置会社の子会社の会計参与【7】若しくは支配人その他の使用人を兼ねることができない。

（委員の解職等）

第401条　各委員会の委員は、いつでも、取締役会の決議によって解職することができる。

2　前条第1項に規定する各委員会の委員の員数【8】が欠けた場合には、任期の満了又は辞任により退任した委員は、新たに選定された委員【9】が就任するまで、なお委員としての権利義務を有する。

3　前項に規定する場合において、裁判所は、必要があると認めるときは、利害関係人の申立てにより、一時委員の職務を行うべき者を選任することができる。

4　裁判所は、前項の一時委員の職務を行うべき者を選任した場合には、指名委員会等設置会社がその者に対して支払う報酬の額を定めることができる。

（執行役の選任等）

第402条　指名委員会等設置会社には、1人又は2人以上の執行役を置かなければならない。

会の決議による承認を要しないものを除く。

【1】　当該監査等委員会設置会社の株主総会の決議による承認を要しないものを除く。

【2】　当該監査等委員会設置会社の株主総会の決議による承認を要しないものを除く。

【3】　当該監査等委員会設置会社の株主総会の決議による承認を要しないものを除く。

【4】　前項各号に掲げる事項を除く。

【5】　以下この条、次条及び第911条第3項第23号ロにおいて単に「**各委員会**」という。

【6】　以下「**監査委員**」という。

【7】　会計参与が法人であるときは、その職務を行うべき社員

【8】　定款で4人以上の員数を定めたときは、その員数

【9】　次項の一時委員の職務を行うべき者を含む。

会社法

2　執行役は、取締役会の決議によって選任する。

3　指名委員会等設置会社と執行役との関係は、委任に関する規定に従う。

4　第331条第1項及び第331条の2の規定は、執行役について準用する。

5　株式会社は、執行役が株主でなければならない旨を定款で定めることができない。ただし、公開会社でない指名委員会等設置会社については、この限りでない。

6　執行役は、取締役を兼ねることができる。

7　執行役の任期は、選任後1年以内に終了する事業年度のうち最終のものに関する定時株主総会の終結後最初に招集される取締役会の終結の時までとする。ただし、定款によって、その任期を短縮することを妨げない。

8　前項の規定にかかわらず、指名委員会等設置会社が指名委員会等を置く旨の定款の定めを廃止する定款の変更をした場合には、執行役の任期は、当該定款の変更の効力が生じた時に満了する。

（執行役の解任等）

第403条　執行役は、いつでも、取締役会の決議によって解任することができる。

2　前項の規定により解任された執行役は、その解任について正当な理由がある場合を除き、指名委員会等設置会社に対し、解任によって生じた損害の賠償を請求することができる。

3　第401条第2項から第4項までの規定は、執行役が欠けた場合又は定款で定めた執行役の員数が欠けた場合について準用する。

第2款　指名委員会等の権限等

（指名委員会等の権限等）

第404条　指名委員会は、株主総会に提出する取締役【1】の選任及び解任に関する議案の内容を決定する。

2　監査委員会は、次に掲げる職務を行う。

一　執行役等【2】の職務の執行の監査及び監査報告の作成

二　株主総会に提出する会計監査人の選任及び解任並びに会計監査人を再任しないことに関する議案の内容の決定

3　報酬委員会は、第361条第1項並びに第379条第1項及び第2項の規定にかかわらず、執行役等の個人別の報酬等の内容を決定する。執行役が指名委員会等設置会社の支配人その他の使用人を兼ねているときは、当該支配人その他の使用人の報酬等の内容についても、同様とする。

4　委員がその職務の執行【3】について指名委員会等設置会社に対して次に掲げる請求をしたときは、当該指名委員会等設置会社は、当該請求に係る費用又は債務が当該委員の職務の執行に必要でないことを証明した場合を除き、これを拒むことができない。

一　費用の前払の請求

二　支出をした費用及び支出の日以後におけるその利息の償還の請求

三　負担した債務の債権者に対する

【1】　会計参与設置会社にあっては、取締役及び会計参与

【2】　執行役及び取締役をいい、会計参与設置会社にあっては、執行役、取締役及び会計参与をいう。以下この節において同じ。

【3】　当該委員が所属する指名委員会等の職務の執行に関するものに限る。以下この項において同じ。

会社法

弁済【1】の請求

（監査委員会による調査）

第405条 監査委員会が選定する監査委員は、いつでも、執行役等及び支配人その他の使用人に対し、その職務の執行に関する事項の報告を求め、又は指名委員会等設置会社の業務及び財産の状況の調査をすることができる。

2 監査委員会が選定する監査委員は、監査委員会の職務を執行するため必要があるときは、指名委員会等設置会社の子会社に対して事業の報告を求め、又はその子会社の業務及び財産の状況の調査をすることができる。

3 前項の子会社は、正当な理由があるときは、同項の報告又は調査を拒むことができる。

4 第1項及び第2項の監査委員は、当該各項の報告の徴収又は調査に関する事項についての監査委員会の決議があるときは、これに従わなければならない。

（取締役会への報告義務）

第406条 監査委員は、執行役又は取締役が不正の行為をし、若しくは当該行為をするおそれがあると認めるとき、又は法令若しくは定款に違反する事実若しくは著しく不当な事実があると認めるときは、遅滞なく、その旨を取締役会に報告しなければならない。

（監査委員による執行役等の行為の差止め）

第407条 監査委員は、執行役又は取締役が指名委員会等設置会社の目的の範囲外の行為その他法令若しくは定款に違反する行為をし、又はこれらの行為をするおそれがある場合において、当該行為によって当該指名委員会等設置会社に著しい損害が生ずるおそれがあるときは、当該執行役又は取締役に対し、当該行為をやめることを請求することができる。

2 前項の場合において、裁判所が仮処分をもって同項の執行役又は取締役に対し、その行為をやめることを命ずるときは、担保を立てさせないものとする。

（指名委員会等設置会社と執行役又は取締役との間の訴えにおける会社の代表等）

第408条 第420条第3項において準用する第349条第4項の規定並びに第353条及び第364条の規定にかかわらず、指名委員会等設置会社が執行役【2】若しくは取締役【3】に対し、又は執行役若しくは取締役が指名委員会等設置会社に対して訴えを提起する場合には、当該訴えについては、次の各号に掲げる場合の区分に応じ、当該各号に定める者が指名委員会等設置会社を代表する。

一 監査委員が当該訴えに係る訴訟の当事者である場合　取締役会が定める者【4】

二 前号に掲げる場合以外の場合　監査委員会が選定する監査委員

2 前項の規定にかかわらず、執行役又は取締役が指名委員会等設置会社に対して訴えを提起する場合には、監査委員【5】に対してされた訴状の送達は、当該指名委員会等設置会社に対して効力を有する。

3 第420条第3項において準用する第349条第4項の規定並びに第353

【1】当該債務が弁済期にない場合にあっては、相当の担保の提供

【2】執行役であった者を含む。以下この条において同じ。

【3】取締役であった者を含む。以下この条において同じ。

【4】株主総会が当該訴えについて指名委員会等設置会社を代表する者を定めた場合にあっては、その者

【5】当該訴えを提起する者であるものを除く。

条及び第364条の規定にかかわらず、次の各号に掲げる株式会社が指名委員会等設置会社である場合において、当該各号に定める訴えを提起するときは、当該訴えについては、監査委員会が選定する監査委員が当該指名委員会等設置会社を代表する。

一　株式交換等完全親会社【1】その株式交換等完全子会社【2】の取締役、執行役又は清算人【3】の責任【4】を追及する訴え

二　最終完全親会社等【5】その完全子会社等【6】である株式会社の取締役、執行役又は清算人に対する特定責任追及の訴え【7】

4　第420条第3項において準用する第349条第4項の規定にかかわらず、次の各号に掲げる株式会社が指名委員会等設置会社である場合において、当該各号に定める請求をするときは、監査委員会が選定する監査委員が当該指名委員会等設置会社を代表する。

一　株式交換等完全親会社　第847条第1項の規定による請求【8】

二　最終完全親会社等　第847条第1項の規定による請求【9】

5　第420条第3項において準用する第349条第4項の規定にかかわらず、次に掲げる場合には、監査委員が指名委員会等設置会社を代表する。

一　指名委員会等設置会社が第847条第1項、第847条の2第1項若しくは第3項【10】又は第847条の3第1項の規定による請求【11】を受ける場合【12】

二　指名委員会等設置会社が第849条第4項の訴訟告知【13】並びに第850条第2項の規定による通知及び催告【14】を受ける場合【15】

三　株式交換等完全親会社である指名委員会等設置会社が第849条第6項の規定による通知【16】を受ける場合

四　最終完全親会社等である指名委員会等設置会社が第849条第7項の規定による通知【17】を受ける場合

（報酬委員会による報酬の決定の方法等）

第409条　報酬委員会は、執行役等の

【1】　第849条第2項第1号に規定する株式交換等完全親会社をいう。次項第1号及び第5項第3号において同じ。

【2】　第847条の2第1項に規定する株式交換等完全子会社をいう。第5項第3号において同じ。

【3】　清算人であった者を含む。以下この条において同じ。

【4】　第847条の2第1項各号に掲げる行為の効力が生じた時までにその原因となった事実が生じたものに限る。

【5】　第847条の3第1項に規定する最終完全親会社等をいう。次項第2号及び第5項第4号において同じ。

【6】　同条第2項第2号に規定する完全子会社等をいい、同条第3項の規定により当該完全子会社等とみなされるものを含む。第5項第4号において同じ。

【7】　同条第1項に規定する特定責任追及の訴えをいう。

【8】　前項第1号に規定する訴えの提起の請求に限る。

【9】　前項第2号に規定する特定責任追及の訴えの提起の請求に限る。

【10】　同条第4項及び第5項において準用する場合を含む。

【11】　執行役又は取締役の責任を追及する訴えの提起の請求に限る。

【12】　当該監査委員が当該訴えに係る訴訟の相手方となる場合を除く。

【13】　執行役又は取締役の責任を追及する訴えに係るものに限る。

【14】　執行役又は取締役の責任を追及する訴えに係る訴訟における和解に関するものに限る。

【15】　当該監査委員がこれらの訴えに係る訴訟の当事者である場合を除く。

【16】　その株式交換等完全子会社の取締役、執行役又は清算人の責任を追及する訴えに係るものに限る。

【17】　その完全子会社等である株式会社の取締役、執行役又は清算人の責任を追及する訴えに係るものに限る。

会社法

個人別の報酬等の内容に係る決定に関する方針を定めなければならない。
2　報酬委員会は、第404条第3項の規定による決定をするには、前項の方針に従わなければならない。
3　報酬委員会は、次の各号に掲げるものを執行役等の個人別の報酬等とする場合には、その内容として、当該各号に定める事項について決定しなければならない。ただし、会計参与の個人別の報酬等は、第1号に掲げるものでなければならない。
一　額が確定しているもの　個人別の額
二　額が確定していないもの　個人別の具体的な算定方法
三　当該株式会社の募集株式　当該募集株式の数【1】その他法務省令で定める事項
四　当該株式会社の募集新株予約権　当該募集新株予約権の数その他法務省令で定める事項
五　次のイ又はロに掲げるものと引換えにする払込みに充てるための金銭　当該イ又はロに定める事項
イ　当該株式会社の募集株式　執行役等が引き受ける当該募集株式の数【2】その他法務省令で定める事項
ロ　当該株式会社の募集新株予約権　執行役等が引き受ける当該募集新株予約権の数その他法務省令で定める事項
六　金銭でないもの【3】　個人別の具体的な内容

【1】　種類株式発行会社にあっては、募集株式の種類及び種類ごとの数
【2】　種類株式発行会社にあっては、募集株式の種類及び種類ごとの数
【3】　当該株式会社の募集株式及び募集新株予約権を除く。

第3款　指名委員会等の運営

（招集権者）
第410条　指名委員会等は、当該指名委員会等の各委員が招集する。

（招集手続等）
第411条　指名委員会等を招集するには、その委員は、指名委員会等の日の1週間【4】前までに、当該指名委員会等の各委員に対してその通知を発しなければならない。
2　前項の規定にかかわらず、指名委員会等は、当該指名委員会等の委員の全員の同意があるときは、招集の手続を経ることなく開催することができる。
3　執行役等は、指名委員会等の要求があったときは、当該指名委員会等に出席し、当該指名委員会等が求めた事項について説明をしなければならない。

（指名委員会等の決議）
第412条　指名委員会等の決議は、議決に加わることができるその委員の過半数【5】が出席し、その過半数【6】をもって行う。
2　前項の決議について特別の利害関係を有する委員は、議決に加わることができない。
3　指名委員会等の議事については、法務省令で定めるところにより、議事録を作成し、議事録が書面をもって作成されているときは、出席した委員は、これに署名し、又は記名押印しなければならない。
4　前項の議事録が電磁的記録をもって作成されている場合における当該

【4】　これを下回る期間を取締役会で定めた場合にあっては、その期間
【5】　これを上回る割合を取締役会で定めた場合にあっては、その割合以上
【6】　これを上回る割合を取締役会で定めた場合にあっては、その割合以上

電磁的記録に記録された事項については、法務省令で定める署名又は記名押印に代わる措置をとらなければならない。

5　指名委員会等の決議に参加した委員であって第3項の議事録に異議をとどめないものは、その決議に賛成したものと推定する。

(議事録)

第413条　指名委員会等設置会社は、指名委員会等の日から10年間、前条第3項の議事録をその本店に備え置かなければならない。

2　指名委員会等設置会社の取締役は、次に掲げるものの閲覧及び謄写をすることができる。

一　前項の議事録が書面をもって作成されているときは、当該書面

二　前項の議事録が電磁的記録をもって作成されているときは、当該電磁的記録に記録された事項を法務省令で定める方法により表示したもの

3　指名委員会等設置会社の株主は、その権利を行使するため必要があるときは、裁判所の許可を得て、第1項の議事録について前項各号に掲げるものの閲覧又は謄写の請求をすることができる。

4　前項の規定は、指名委員会等設置会社の債権者が委員の責任を追及するため必要があるとき及び親会社社員がその権利を行使するため必要があるときについて準用する。

5　裁判所は、第3項【1】の請求に係る閲覧又は謄写をすることにより、当該指名委員会等設置会社又はその親会社若しくは子会社に著しい損害を及ぼすおそれがあると認めるときは、第3項の許可をすることができない。

【1】　前項において準用する場合を含む。以下この項において同じ。

(指名委員会等への報告の省略)

第414条　執行役、取締役、会計参与又は会計監査人が委員の全員に対して指名委員会等に報告すべき事項を通知したときは、当該事項を指名委員会等へ報告することを要しない。

第4款　指名委員会等設置会社の取締役の権限等

(指名委員会等設置会社の取締役の権限)

第415条　指名委員会等設置会社の取締役は、この法律又はこの法律に基づく命令に別段の定めがある場合を除き、指名委員会等設置会社の**業務を執行することができない。**

(指名委員会等設置会社の取締役会の権限)

第416条　指名委員会等設置会社の取締役会は、第362条の規定にかかわらず、次に掲げる職務を行う。

一　次に掲げる事項その他指名委員会等設置会社の業務執行の決定

イ　**経営の基本方針**

ロ　監査委員会の職務の執行のため必要なものとして法務省令で定める事項

ハ　執行役が2人以上ある場合における執行役の職務の分掌及び指揮命令の関係その他の執行役相互の関係に関する事項

ニ　次条第2項の規定による取締役会の招集の請求を受ける取締役

ホ　執行役の職務の執行が法令及び定款に適合することを確保するための体制その他株式会社の業務並びに当該株式会社及びその子会社から成る企業集団の業務の適正を確保するために必要なものとして法務省令で定める体制の整備

二　執行役等の職務の執行の監督

2　指名委員会等設置会社の取締役会は、前項第1号イからホまでに掲げる事項を決定しなければならない。
3　指名委員会等設置会社の取締役会は、第1項各号に掲げる職務の執行を取締役に委任することができない。
4　指名委員会等設置会社の取締役会は、その決議によって、指名委員会等設置会社の**業務執行の決定**を執行役に**委任**することができる。ただし、次に掲げる事項については、この限りでない。
一　第136条又は第137条第1項の決定及び第140条第4項の規定による**指定**
二　第165条第3項において読み替えて適用する第156条第1項各号に掲げる事項の決定
三　第262条又は第263条第1項の決定
四　第298条第1項各号に掲げる事項の決定
五　株主総会に提出する議案【1】の内容の決定
六　第348条の2第2項の規定による委託
七　第365条第1項において読み替えて適用する第356条第1項【2】の承認
八　第366条第1項ただし書の規定による取締役会を招集する取締役の決定
九　第400条第2項の規定による委員の選定及び第401条第1項の規定による委員の解職
十　第402条第2項の規定による執行役の選任及び第403条第1項の規定による執行役の解任
十一　第408条第1項第1号の規定による指名委員会等設置会社を代表する者の決定
十二　第420条第1項前段の規定による代表執行役の選定及び同条第2項の規定による代表執行役の解職
十三　第426条第1項の規定による定款の定めに基づく第423条第1項の責任の免除
十四　補償契約の内容の決定
十五　役員等賠償責任保険契約の内容の決定
十六　第436条第3項、第441条第3項及び第444条第5項の承認
十七　第454条第5項において読み替えて適用する同条第1項の規定により定めなければならないとされる事項の決定
十八　第467条第1項各号に掲げる行為に係る契約【3】の内容の決定
十九　合併契約【4】の内容の決定
二十　吸収分割契約【5】の内容の決定
二十一　新設分割計画【6】の内容の決定
二十二　株式交換契約【7】の内容の決定

【1】取締役、会計参与及び会計監査人の選任及び解任並びに会計監査人を再任しないことに関するものを除く。
【2】第419条第2項において読み替えて準用する場合を含む。
【3】当該指名委員会等設置会社の株主総会の決議による承認を要しないものを除く。
【4】当該指名委員会等設置会社の株主総会の決議による承認を要しないものを除く。
【5】当該指名委員会等設置会社の株主総会の決議による承認を要しないものを除く。
【6】当該指名委員会等設置会社の株主総会の決議による承認を要しないものを除く。
【7】当該指名委員会等設置会社の株主総会の決議による承認を要しないものを除く。

二十三　株式移転計画の内容の決定
二十四　株式交付計画【1】の内容の決定

（指名委員会等設置会社の取締役会の運営）

第417条　指名委員会等設置会社においては、招集権者の定めがある場合であっても、指名委員会等がその委員の中から選定する者は、取締役会を招集することができる。

2　執行役は、前条第1項第1号ニの取締役に対し、取締役会の目的である事項を示して、取締役会の招集を請求することができる。この場合において、当該請求があった日から5日以内に、当該請求があった日から2週間以内の日を取締役会の日とする取締役会の招集の通知が発せられないときは、当該執行役は、取締役会を招集することができる。

3　指名委員会等がその委員の中から選定する者は、遅滞なく、当該指名委員会等の職務の執行の状況を取締役会に報告しなければならない。

4　執行役は、3箇月に1回以上、自己の職務の執行の状況を取締役会に報告しなければならない。この場合において、執行役は、代理人【2】により当該報告をすることができる。

5　執行役は、取締役会の要求があったときは、取締役会に出席し、取締役会が求めた事項について説明をしなければならない。

第5款　執行役の権限等

（執行役の権限）

第418条　執行役は、次に掲げる職務を行う。

一　第416条第4項の規定による取締役会の決議によって委任を受けた指名委員会等設置会社の業務の執行の決定
二　指名委員会等設置会社の業務の執行

（執行役の監査委員に対する報告義務等）

第419条　執行役は、指名委員会等設置会社に著しい損害を及ぼすおそれのある事実を発見したときは、直ちに、当該事実を監査委員に報告しなければならない。

2　第355条、第356条及び第365条第2項の規定は、執行役について準用する。この場合において、第356条第1項中「株主総会」とあるのは「取締役会」と、第365条第2項中「取締役会設置会社においては、第356条第1項各号」とあるのは「第356条第1項各号」と読み替えるものとする。

3　第357条の規定は、指名委員会等設置会社については、適用しない。

（代表執行役）

第420条　**取締役会**は、執行役の中から代表執行役を選定しなければならない。この場合において、執行役が**1人のとき**は、その者が代表執行役に選定されたものとする。

2　代表執行役は、いつでも、取締役会の決議によって解職することができる。

3　第349条第4項及び第5項の規定は代表執行役について、第352条の規定は民事保全法第56条に規定する仮処分命令により選任された執行役又は代表執行役の職務を代行する者について、第401条第2項から第4項までの規定は代表執行役が欠けた場合又は定款で定めた代表執行役の員数が欠けた場合について、それぞれ準用する。

【1】　当該指名委員会等設置会社の株主総会の決議による承認を要しないものを除く。
【2】　他の執行役に限る。

（表見代表執行役）
第421条 指名委員会等設置会社は、代表執行役以外の執行役に社長、副社長その他指名委員会等設置会社を代表する権限を有するものと認められる名称を付した場合には、当該執行役がした行為について、善意の第三者に対してその責任を負う。

（株主による執行役の行為の差止め）
第422条 6箇月【1】前から引き続き株式を有する株主は、執行役が指名委員会等設置会社の目的の範囲外の行為その他法令若しくは定款に違反する行為をし、又はこれらの行為をするおそれがある場合において、当該行為によって当該指名委員会等設置会社に回復することができない損害が生ずるおそれがあるときは、当該執行役に対し、当該行為をやめることを請求することができる。

2 公開会社でない指名委員会等設置会社における前項の規定の適用については、同項中「6箇月（これを下回る期間を定款で定めた場合にあっては、その期間）前から引き続き株式を有する株主」とあるのは、「株主」とする。

第11節 役員等の損害賠償責任

（役員等の株式会社に対する損害賠償責任）
第423条 取締役、会計参与、監査役、執行役又は会計監査人【2】は、その**任務を怠ったとき**は、株式会社に対し、これによって生じた**損害を賠償する責任を負う**。

2 取締役又は執行役が第356条第1項【3】の規定に違反して**第356条第1項第1号の取引**をしたときは、当該取引によって取締役、執行役又は第三者が得た**利益の額**は、前項の損害の額と推定する。

3 **第356条第1項第2号又は第3号【4】の取引**によって株式会社に損害が生じたときは、次に掲げる取締役又は執行役は、その任務を怠ったものと**推定**する。

一 第356条第1項【5】の取締役又は執行役

二 株式会社が当該取引をすることを**決定した取締役**又は執行役

三 当該取引に関する取締役会の承認の決議に**賛成した取締役**【6】

4 前項の規定は、第356条第1項第2号又は第3号に掲げる場合において、同項の取締役【7】が当該取引につき監査等委員会の承認を受けたときは、適用しない。

（株式会社に対する損害賠償責任の免除）
第424条 前条第1項の責任は、総株主の同意がなければ、**免除**することができない。

（責任の一部免除）
第425条 前条の規定にかかわらず、第423条第1項の責任は、当該役員等が職務を行うにつき善意でかつ重大な過失がないときは、賠償の責任を負う額から次に掲げる額の合計額【8】を控除して得た額を限度として、株主総会【9】の決議によって免

【1】 これを下回る期間を定款で定めた場合にあっては、その期間
【2】 以下この章において「**役員等**」という。
【3】 第419条第2項において準用する場合を含む。以下この項において同じ。
【4】 これらの規定を第419条第2項において準用する場合を含む。
【5】 第419条第2項において準用する場合を含む。
【6】 指名委員会等設置会社においては、当該取引が指名委員会等設置会社と取締役との間の取引又は指名委員会等設置会社と取締役との利益が相反する取引である場合に限る。
【7】 監査等委員であるものを除く。
【8】 第427条第1項において「**最低責任限度額**」という。
【9】 株式会社に最終完全親会社等（第847

除することができる。
一　当該役員等がその在職中に株式会社から職務執行の対価として受け、又は受けるべき財産上の利益の1年間当たりの額に相当する額として法務省令で定める方法により算定される額に、次のイからハまでに掲げる役員等の区分に応じ、当該イからハまでに定める数を乗じて得た額
イ　代表取締役又は代表執行役　6
ロ　代表取締役以外の取締役【1】又は代表執行役以外の執行役　4
ハ　取締役【2】、会計参与、監査役又は会計監査人　2
二　当該役員等が当該株式会社の新株予約権を引き受けた場合【3】における当該新株予約権に関する財産上の利益に相当する額として法務省令で定める方法により算定される額
2　前項の場合には、取締役【4】は、同項の株主総会において次に掲げる事項を開示しなければならない。
一　責任の原因となった事実及び賠償の責任を負う額
二　前項の規定により免除することができる額の限度及びその算定の根拠
三　責任を免除すべき理由及び免除額
3　監査役設置会社、監査等委員会設置会社又は指名委員会等設置会社においては、取締役【5】は、第423条第1項の責任の免除【6】に関する議案を株主総会に提出するには、次の各号に掲げる株式会社の区分に応じ、当該各号に定める者の同意を得なければならない。
一　監査役設置会社　監査役【7】
二　監査等委員会設置会社　各監査等委員
三　指名委員会等設置会社　各監査委員
4　第1項の決議があった場合において、株式会社が当該決議後に同項の役員等に対し退職慰労金その他の法務省令で定める財産上の利益を与えるときは、株主総会の承認を受けなければならない。当該役員等が同項第2号の新株予約権を当該決議後に行使し、又は譲渡するときも同様とする。
5　第1項の決議があった場合において、当該役員等が前項の新株予約権を表示する新株予約権証券を所持するときは、当該役員等は、遅滞なく、当該新株予約権証券を株式会社に対し預託しなければならない。この場

条の3第1項に規定する最終完全親会社等をいう。以下この節において同じ。）がある場合において、当該責任が特定責任（第847条の3第4項に規定する特定責任をいう。以下この節において同じ。）であるときにあっては、当該株式会社及び当該最終完全親会社等の株主総会。以下この条において同じ。

【1】　業務執行取締役等であるものに限る。
【2】　イ及びロに掲げるものを除く。
【3】　第238条第3項各号に掲げる場合に限る。
【4】　株式会社に最終完全親会社等がある場合において、同項の規定により免除しようとする責任が特定責任であるときにあっては、当該株式会社及び当該最終完全親会社等の取締役
【5】　これらの会社に最終完全親会社等がある場合において、第1項の規定により免除しようとする責任が特定責任であるときにあっては、当該会社及び当該最終完全親会社等の取締役
【6】　取締役（監査等委員又は監査委員であるものを除く。）及び執行役の責任の免除に限る。
【7】　監査役が2人以上ある場合にあっては、各監査役

合において、当該役員等は、同項の譲渡について同項の承認を受けた後でなければ、当該新株予約権証券の返還を求めることができない。

（取締役等による免除に関する定款の定め）

第426条 第424条の規定にかかわらず、監査役設置会社【1】、監査等委員会設置会社又は指名委員会等設置会社は、第423条第1項の責任について、当該役員等が職務を行うにつき**善意**でかつ**重大な過失**がない場合において、責任の原因となった事実の内容、当該役員等の職務の執行の状況その他の事情を勘案して特に必要と認めるときは、前条第1項の規定により免除することができる額を限度として取締役【2】の過半数の同意【3】によって免除することができる旨を定款で定めることができる。

2　前条第3項の規定は、定款を変更して前項の規定による定款の定め【4】を設ける議案を株主総会に提出する場合、同項の規定による定款の定めに基づく責任の免除【5】についての取締役の同意を得る場合及び当該責任の免除に関する議案を取締役会に提出する場合について準用する。この場合において、同条第3項中「取締役（これらの会社に最終完全親会社等がある場合において、第1項の規定により免除しようとする責任が特定責任であるときにあっては、当該会社及び当該最終完全親会社等の取締役）」とあるのは、「取締役」と読み替えるものとする。

3　第1項の規定による定款の定めに基づいて役員等の責任を免除する旨の同意【6】を行ったときは、取締役は、遅滞なく、前条第2項各号に掲げる事項及び責任を免除することに異議がある場合には一定の期間内に当該異議を述べるべき旨を公告し、又は株主に通知しなければならない。ただし、当該期間は、1箇月を下ることができない。

4　公開会社でない株式会社における前項の規定の適用については、同項中「公告し、又は株主に通知し」とあるのは、「株主に通知し」とする。

5　株式会社に最終完全親会社等がある場合において、第3項の規定による公告又は通知【7】がされたときは、当該最終完全親会社等の取締役は、遅滞なく、前条第2項各号に掲げる事項及び責任を免除することに異議がある場合には一定の期間内に当該異議を述べるべき旨を公告し、又は株主に通知しなければならない。ただし、当該期間は、1箇月を下ることができない。

6　公開会社でない最終完全親会社等における前項の規定の適用については、同項中「公告し、又は株主に通知し」とあるのは、「株主に通知し」とする。

7　総株主【8】の議決権の100分の3【9】以上の議決権を有する株主が同項の期間内に同項の異議を述べたと

【1】　取締役が2人以上ある場合に限る。
【2】　当該責任を負う取締役を除く。
【3】　取締役会設置会社にあっては、取締役会の決議
【4】　取締役（監査等委員又は監査委員であるものを除く。）及び執行役の責任を免除することができる旨の定めに限る。
【5】　取締役（監査等委員又は監査委員であるものを除く。）及び執行役の責任の免除に限る。
【6】　取締役会設置会社にあっては、取締役会の決議
【7】　特定責任の免除に係るものに限る。
【8】　第3項の責任を負う役員等であるものを除く。
【9】　これを下回る割合を定款で定めた場合にあっては、その割合

会社法

き【1】は、株式会社は、第1項の規定による定款の定めに基づく免除をしてはならない。

8　前条第4項及び第5項の規定は、第1項の規定による定款の定めに基づき責任を免除した場合について準用する。

(責任限定契約)

第427条　第424条の規定にかかわらず、株式会社は、取締役【2】、会計参与、監査役又は会計監査人【3】の第423条第1項の責任について、当該非業務執行取締役等が職務を行うにつき善意でかつ重大な過失がないときは、定款で定めた額の範囲内であらかじめ**株式会社が定めた額**と**最低責任限度額**とのいずれか高い額を限度とする旨の**契約**を非業務執行取締役等と**締結**することができる旨を定款で定めることができる。

2　前項の契約を締結した非業務執行取締役等が当該株式会社の業務執行取締役等に就任したときは、当該契約は、将来に向かってその効力を失う。

3　第425条第3項の規定は、定款を変更して第1項の規定による定款の定め【4】を設ける議案を株主総会に提出する場合について準用する。この場合において、同条第3項中「取締役(これらの会社に最終完全親会社等がある場合において、第1項の規定により免除しようとする責任が特定責任であるときにあっては、当該会社及び当該最終完全親会社等の取締役)」とあるのは、「取締役」と読み替えるものとする。

4　第1項の契約を締結した株式会社が、当該契約の相手方である非業務執行取締役等が任務を怠ったことにより損害を受けたことを知ったときは、その後最初に招集される株主総会【5】において次に掲げる事項を開示しなければならない。

一　第425条第2項第1号及び第2号に掲げる事項

二　当該契約の内容及び当該契約を締結した理由

三　第423条第1項の損害のうち、当該非業務執行取締役等が賠償する責任を負わないとされた額

5　第425条第4項及び第5項の規定は、非業務執行取締役等が第1項の契約によって同項に規定する限度を超える部分について損害を賠償する責任を負わないとされた場合について準用する。

(取締役が自己のためにした取引に関する特則)

第428条　第356条第1項第2号【6】

【1】　株式会社に最終完全親会社等がある場合において、第1項の規定による定款の定めに基づき免除しようとする責任が特定責任であるときにあっては、当該株式会社の総株主(第3項の責任を負う役員等であるものを除く。)の議決権の100分の3(これを下回る割合を定款で定めた場合にあっては、その割合)以上の議決権を有する株主又は当該最終完全親会社等の総株主(第3項の責任を負う役員等であるものを除く。)の議決権の100分の3(これを下回る割合を定款で定めた場合にあっては、その割合)以上の議決権を有する株主が第3項又は第5項の期間内に当該各項の異議を述べたとき

【2】　業務執行取締役等であるものを除く。

【3】　以下この条及び第911条第3項第25号において「**非業務執行取締役等**」という。

【4】　同項に規定する取締役(監査等委員又は監査委員であるものを除く。)と契約を締結することができる旨の定めに限る。

【5】　当該株式会社に最終完全親会社等がある場合において、当該損害が特定責任に係るものであるときにあっては、当該株式会社及び当該最終完全親会社等の株主総会

【6】　第419条第2項において準用する場合を含む。

の取引【1】をした取締役又は執行役の第423条第1項の責任は、任務を怠ったことが当該取締役又は執行役の責めに帰することができない事由によるものであることをもって免れることができない。

2　前3条の規定は、前項の責任については、適用しない。

（役員等の第三者に対する損害賠償責任）

第429条　役員等がその職務を行うについて**悪意又は重大な過失**があったときは、当該役員等は、これによって第三者に生じた損害を賠償する責任を負う。

2　次の各号に掲げる者が、当該各号に定める行為をしたときも、前項と同様とする。ただし、その者が当該行為をすることについて注意を怠らなかったことを証明したときは、この限りでない。

一　取締役及び執行役　次に掲げる行為

イ　株式、新株予約権、社債若しくは新株予約権付社債を引き受ける者の募集をする際に通知しなければならない重要な事項についての虚偽の通知又は当該募集のための当該株式会社の事業その他の事項に関する説明に用いた資料についての虚偽の記載若しくは記録

ロ　計算書類及び事業報告並びにこれらの附属明細書並びに臨時計算書類に記載し、又は記録すべき重要な事項についての虚偽の記載又は記録

ハ　虚偽の登記

ニ　虚偽の公告【2】

二　会計参与　計算書類及びその附属明細書、臨時計算書類並びに会計参与報告に記載し、又は記録すべき重要な事項についての虚偽の記載又は記録

三　監査役、監査等委員及び監査委員　監査報告に記載し、又は記録すべき重要な事項についての虚偽の記載又は記録

四　会計監査人　会計監査報告に記載し、又は記録すべき重要な事項についての虚偽の記載又は記録

（役員等の連帯責任）

第430条　役員等が株式会社又は第三者に生じた**損害を賠償する責任**を負う場合において、他の役員等も当該損害を賠償する責任を負うときは、これらの者は、連帯債務者とする。

第12節　補償契約及び役員等のために締結される保険契約

（補償契約）

第430条の2　株式会社が、役員等に対して**次に掲げる費用等**の全部又は一部を**当該株式会社が補償することを約する契約**【3】の内容の決定をするには、株主総会【4】の決議によらなければならない。

一　当該役員等が、その職務の執行に関し、法令の規定に違反したことが疑われ、又は責任の追及に係る請求を受けたことに対処するために支出する費用

二　当該役員等が、その職務の執行に関し、第三者に生じた損害を賠償する責任を負う場合における次に掲げる損失

イ　当該損害を当該役員等が賠償することにより生ずる損失

【1】　自己のためにした取引に限る。

【2】　第440条第3項に規定する措置を含む。

【3】　以下この条において「**補償契約**」という。

【4】　取締役会設置会社にあっては、取締役会

ロ　当該損害の賠償に関する紛争について当事者間に和解が成立したときは、当該役員等が当該和解に基づく金銭を支払うことにより生ずる損失

2　株式会社は、補償契約を締結している場合であっても、当該補償契約に基づき、次に掲げる費用等を補償することができない。

一　前項第1号に掲げる費用のうち通常要する費用の額を超える部分

二　当該株式会社が前項第2号の損害を賠償するとすれば当該役員等が当該株式会社に対して第423条第1項の責任を負う場合には、同号に掲げる損失のうち当該責任に係る部分

三　役員等がその職務を行うにつき悪意又は重大な過失があったことにより前項第2号の責任を負う場合には、同号に掲げる損失の全部

3　補償契約に基づき第1項第1号に掲げる費用を補償した株式会社が、当該役員等が自己若しくは第三者の不正な利益を図り、又は当該株式会社に損害を加える目的で同号の職務を執行したことを知ったときは、当該役員等に対し、補償した金額に相当する金銭を返還することを請求することができる。

4　取締役会設置会社においては、補償契約に基づく補償をした取締役及び当該補償を受けた取締役は、遅滞なく、当該補償についての重要な事実を取締役会に報告しなければならない。

5　前項の規定は、執行役について準用する。この場合において、同項中「取締役会設置会社においては、補償契約」とあるのは、「補償契約」と読み替えるものとする。

6　第356条第1項及び第365条第2項【1】、第423条第3項並びに第428条第1項の規定は、株式会社と取締役又は執行役との間の補償契約については、適用しない。

7　民法第108条の規定は、第1項の決議によってその内容が定められた前項の補償契約の締結については、適用しない。

（役員等のために締結される保険契約）

第430条の3　株式会社が、保険者との間で締結する保険契約のうち役員等がその職務の執行に関し責任を負うこと又は当該責任の追及に係る請求を受けることによって生ずることのある損害を保険者が塡補することを約するものであって、役員等を被保険者とするもの【2】の内容の決定をするには、株主総会【3】の決議によらなければならない。

2　第356条第1項及び第365条第2項【4】並びに第423条第3項の規定は、株式会社が保険者との間で締結する保険契約のうち役員等がその職務の執行に関し責任を負うこと又は当該責任の追及に係る請求を受けることによって生ずることのある損害を保険者が塡補することを約するものであって、取締役又は執行役を被保険者とするものの締結については、適用しない。

3　民法第108条の規定は、前項の保険契約の締結については、適用しな

【1】　これらの規定を第419条第2項において準用する場合を含む。

【2】　当該保険契約を締結することにより被保険者である役員等の職務の執行の適正性が著しく損なわれるおそれがないものとして法務省令で定めるものを除く。第3項ただし書において「**役員等賠償責任保険契約**」という。

【3】　取締役会設置会社にあっては、取締役会

【4】　これらの規定を第419条第2項において準用する場合を含む。

会社法

い。ただし、当該契約が役員等賠償責任保険契約である場合には、第1項の決議によってその内容が定められたときに限る。

第5章 計算等

第1節 会計の原則

第431条 株式会社の会計は、一般に**公正妥当**と認められる企業会計の慣行に従うものとする。

第2節 会計帳簿等

第1款 会計帳簿

（会計帳簿の作成及び保存）

第432条 **株式会社**は、法務省令で定めるところにより、適時に、正確な会計帳簿を作成しなければならない。

2 株式会社は、会計帳簿の閉鎖の時から10年間、その**会計帳簿**及びその事業に関する**重要な資料**を保存しなければならない。

（会計帳簿の閲覧等の請求）

第433条 総株主【1】の議決権の100分の3【2】**以上の議決権**を有する株主又は発行済株式【3】の100分の3【4】**以上の数の株式**を有する株主は、株式会社の営業時間内は、いつでも、次に掲げる請求をすることができる。この場合においては、当該請求の理由を明らかにしてしなければならない。

一 **会計帳簿**又はこれに関する資料が書面をもって作成されているときは、当該書面の閲覧又は謄写の請求

二 会計帳簿又はこれに関する資料が電磁的記録をもって作成されているときは、当該電磁的記録に記録された事項を法務省令で定める方法により表示したものの閲覧又は謄写の請求

2 前項の請求があったときは、株式会社は、次のいずれかに該当すると認められる場合を除き、これを拒むことができない。

一 当該請求を行う株主【5】がその権利の確保又は行使に関する調査以外の目的で請求を行ったとき。

二 請求者が当該株式会社の業務の遂行を妨げ、株主の共同の利益を害する目的で請求を行ったとき。

三 請求者が当該株式会社の業務と実質的に競争関係にある事業を営み、又はこれに従事するものであるとき。

四 請求者が会計帳簿又はこれに関する資料の閲覧又は謄写によって知り得た事実を利益を得て第三者に通報するため請求したとき。

五 請求者が、過去2年以内において、会計帳簿又はこれに関する資料の閲覧又は謄写によって知り得た事実を利益を得て第三者に通報したことがあるものであるとき。

3 株式会社の親会社社員は、その権利を行使するため必要があるときは、裁判所の許可を得て、会計帳簿又はこれに関する資料について第1項各号に掲げる請求をすることができる。この場合においては、当該請求の理由を明らかにしてしなければならない。

4 前項の親会社社員について第2項

【1】 株主総会において決議をすることができる事項の全部につき議決権を行使することができない株主を除く。
【2】 これを下回る割合を定款で定めた場合にあっては、その割合
【3】 自己株式を除く。
【4】 これを下回る割合を定款で定めた場合にあっては、その割合
【5】 以下この項において「**請求者**」という。

各号のいずれかに規定する事由があるときは、裁判所は、前項の許可をすることができない。

（会計帳簿の提出命令）

第434条 裁判所は、申立てにより又は職権で、訴訟の当事者に対し、会計帳簿の全部又は一部の提出を命ずることができる。

第2款 計算書類等

（計算書類等の作成及び保存）

第435条 **株式会社**は、法務省令で定めるところにより、その**成立の日**における貸借対照表を作成しなければならない。

2 株式会社は、法務省令で定めるところにより、各事業年度に係る計算書類【1】及び事業報告並びにこれらの附属明細書を作成しなければならない。

3 計算書類及び事業報告並びにこれらの附属明細書は、**電磁的記録**をもって作成することができる。

4 株式会社は、計算書類を**作成した時**から10年間、当該**計算書類**及びその**附属明細書**を保存しなければならない。

（計算書類等の監査等）

第436条 監査役設置会社【2】においては、前条第2項の計算書類及び事業報告並びにこれらの附属明細書は、法務省令で定めるところにより、監査役の監査を受けなければならない。

2 会計監査人設置会社においては、次の各号に掲げるものは、法務省令で定めるところにより、当該各号に定める者の監査を受けなければならない。

一 前条第2項の計算書類及びその附属明細書 監査役【3】及び会計監査人

二 前条第2項の事業報告及びその附属明細書 監査役【4】

3 取締役会設置会社においては、前条第2項の計算書類及び事業報告並びにこれらの附属明細書【5】は、取締役会の承認を受けなければならない。

（計算書類等の株主への提供）

第437条 取締役会設置会社においては、取締役は、定時株主総会の招集の通知に際して、法務省令で定めるところにより、株主に対し、前条第3項の承認を受けた計算書類及び事業報告【6】を提供しなければならない。

（計算書類等の定時株主総会への提出等）

第438条 次の各号に掲げる株式会社においては、取締役は、当該各号に定める計算書類及び事業報告を定時株主総会に提出し、又は提供しなければならない。

一 第436条第1項に規定する監査役設置会社【7】 第436条第1項の監査を受けた計算書類及び事業

【1】 貸借対照表、損益計算書その他株式会社の財産及び損益の状況を示すために必要かつ適当なものとして法務省令で定めるものをいう。以下この章において同じ。

【2】 監査役の監査の範囲を会計に関するものに限定する旨の定款の定めがある株式会社を含み、会計監査人設置会社を除く。

【3】 監査等委員会設置会社にあっては監査等委員会、指名委員会等設置会社にあっては監査委員会

【4】 監査等委員会設置会社にあっては監査等委員会、指名委員会等設置会社にあっては監査委員会

【5】 第1項又は前項の規定の適用がある場合にあっては、第1項又は前項の監査を受けたもの

【6】 同条第1項又は第2項の規定の適用がある場合にあっては、監査報告又は会計監査報告を含む。

【7】 取締役会設置会社を除く。

報告

二　会計監査人設置会社【1】　第436条第2項の監査を受けた計算書類及び事業報告

三　取締役会設置会社　第436条第3項の承認を受けた計算書類及び事業報告

四　前3号に掲げるもの以外の株式会社　第435条第2項の計算書類及び事業報告

2　前項の規定により提出され、又は提供された計算書類は、定時株主総会の承認を受けなければならない。

3　取締役は、第1項の規定により提出され、又は提供された事業報告の内容を定時株主総会に報告しなければならない。

(会計監査人設置会社の特則)

第439条　会計監査人設置会社については、第436条第3項の承認を受けた計算書類が法令及び定款に従い株式会社の財産及び損益の状況を正しく表示しているものとして法務省令で定める要件に該当する場合には、前条第2項の規定は、適用しない。この場合においては、取締役は、当該計算書類の内容を定時株主総会に報告しなければならない。

(計算書類の公告)

第440条　株式会社は、法務省令で定めるところにより、定時株主総会の終結後遅滞なく、貸借対照表【2】を公告しなければならない。

2　前項の規定にかかわらず、その公告方法が第939条第1項第1号又は第2号に掲げる方法である株式会社は、前項に規定する貸借対照表の要旨を公告することで足りる。

3　前項の株式会社は、法務省令で定めるところにより、定時株主総会の終結後遅滞なく、第1項に規定する貸借対照表の内容である情報を、定時株主総会の終結の日後5年を経過する日までの間、継続して電磁的方法により不特定多数の者が提供を受けることができる状態に置く措置をとることができる。この場合においては、前2項の規定は、適用しない。

4　金融商品取引法第24条第1項の規定により有価証券報告書を内閣総理大臣に提出しなければならない株式会社については、前3項の規定は、適用しない。

(臨時計算書類)

第441条　株式会社は、最終事業年度の直後の事業年度に属する一定の日【3】における当該株式会社の財産の状況を把握するため、法務省令で定めるところにより、次に掲げるもの【4】を作成することができる。

一　臨時決算日における貸借対照表

二　臨時決算日の属する事業年度の初日から臨時決算日までの期間に係る損益計算書

2　第436条第1項に規定する監査役設置会社又は会計監査人設置会社においては、臨時計算書類は、法務省令で定めるところにより、監査役又は会計監査人【5】の監査を受けなければならない。

3　取締役会設置会社においては、臨時計算書類【6】は、取締役会の承認を受けなければならない。

【1】　取締役会設置会社を除く。

【2】　大会社にあっては、貸借対照表及び損益計算書

【3】　以下この項において「**臨時決算日**」という。

【4】　以下「**臨時計算書類**」という。

【5】　監査等委員会設置会社にあっては監査等委員会及び会計監査人、指名委員会等設置会社にあっては監査委員会及び会計監査人

【6】　前項の規定の適用がある場合にあっては、同項の監査を受けたもの

4　次の各号に掲げる株式会社においては、当該各号に定める臨時計算書類は、株主総会の承認を受けなければならない。ただし、臨時計算書類が法令及び定款に従い株式会社の財産及び損益の状況を正しく表示しているものとして法務省令で定める要件に該当する場合は、この限りでない。

一　第436条第1項に規定する監査役設置会社又は会計監査人設置会社【1】　第2項の監査を受けた臨時計算書類

二　取締役会設置会社　前項の承認を受けた臨時計算書類

三　前2号に掲げるもの以外の株式会社　第1項の臨時計算書類

（計算書類等の備置き及び閲覧等）

第442条　株式会社は、次の各号に掲げるもの【2】を、当該各号に定める期間、その本店に備え置かなければならない。

一　各事業年度に係る計算書類及び事業報告並びにこれらの附属明細書【3】　定時株主総会の日の1週間【4】前の日【5】から5年間

二　臨時計算書類【6】　臨時計算書類を作成した日から5年間

2　株式会社は、次の各号に掲げる計算書類等の写しを、当該各号に定める期間、その支店に備え置かなければならない。ただし、計算書類等が電磁的記録で作成されている場合であって、支店における次項第3号及び第4号に掲げる請求に応じることを可能とするための措置として法務省令で定めるものをとっているときは、この限りでない。

一　前項第1号に掲げる計算書類等　定時株主総会の日の1週間【7】前の日【8】から3年間

二　前項第2号に掲げる計算書類等　同号の臨時計算書類を作成した日から3年間

3　株主及び債権者は、株式会社の営業時間内は、いつでも、次に掲げる請求をすることができる。ただし、第2号又は第4号に掲げる請求をするには、当該株式会社の定めた費用を支払わなければならない。

一　計算書類等が書面をもって作成されているときは、当該書面又は当該書面の写しの閲覧の請求

二　前号の書面の謄本又は抄本の交付の請求

三　計算書類等が電磁的記録をもって作成されているときは、当該電磁的記録に記録された事項を法務省令で定める方法により表示したものの閲覧の請求

四　前号の電磁的記録に記録された事項を電磁的方法であって株式会社の定めたものにより提供することの請求又はその事項を記載した書面の交付の請求

4　株式会社の親会社社員は、その権利を行使するため必要があるときは、裁判所の許可を得て、当該株式会社の計算書類等について前項各号に掲げる請求をすることができる。ただし、同項第2号又は第4号に掲げる

【1】　いずれも取締役会設置会社を除く。

【2】　以下この条において「**計算書類等**」という。

【3】　第436条第1項又は第2項の規定の適用がある場合にあっては、監査報告又は会計監査報告を含む。

【4】　取締役会設置会社にあっては、2週間

【5】　第319条第1項の場合にあっては、同項の提案があった日

【6】　前条第2項の規定の適用がある場合にあっては、監査報告又は会計監査報告を含む。

【7】　取締役会設置会社にあっては、2週間

【8】　第319条第1項の場合にあっては、同項の提案があった日

請求をするには、当該株式会社の定めた費用を支払わなければならない。

(計算書類等の提出命令)

第443条 裁判所は、申立てにより又は職権で、訴訟の当事者に対し、計算書類及びその附属明細書の全部又は一部の提出を命ずることができる。

第3款 連結計算書類

第444条 会計監査人設置会社は、法務省令で定めるところにより、各事業年度に係る連結計算書類【1】を作成することができる。

2 連結計算書類は、電磁的記録をもって作成することができる。

3 事業年度の末日において大会社であって金融商品取引法第24条第1項の規定により有価証券報告書を内閣総理大臣に提出しなければならないものは、当該事業年度に係る連結計算書類を作成しなければならない。

4 連結計算書類は、法務省令で定めるところにより、監査役【2】及び会計監査人の監査を受けなければならない。

5 会計監査人設置会社が取締役会設置会社である場合には、前項の監査を受けた連結計算書類は、取締役会の承認を受けなければならない。

6 会計監査人設置会社が取締役会設置会社である場合には、取締役は、定時株主総会の招集の通知に際して、法務省令で定めるところにより、株主に対し、前項の承認を受けた連結計算書類を提供しなければならない。

7 次の各号に掲げる会計監査人設置会社においては、取締役は、当該各号に定める連結計算書類を定時株主総会に提出し、又は提供しなければならない。この場合においては、当該各号に定める連結計算書類の内容及び第4項の監査の結果を定時株主総会に報告しなければならない。

一 取締役会設置会社である会計監査人設置会社 第5項の承認を受けた連結計算書類

二 前号に掲げるもの以外の会計監査人設置会社 第4項の監査を受けた連結計算書類

第3節 資本金の額等

第1款 総則

(資本金の額及び準備金の額)

第445条 株式会社の資本金の額は、この法律に別段の定めがある場合を除き、設立又は株式の発行に際して**株主となる者が当該株式会社に対して払込み又は給付をした財産の額**とする。

2 前項の払込み又は給付に係る額の2分の1を超えない額は、資本金として計上しないことができる。

3 前項の規定により資本金として計上しないこととした額は、資本準備金として計上しなければならない。

4 剰余金の配当をする場合には、株式会社は、法務省令で定めるところにより、当該**剰余金の配当により減少する剰余金の額**に10分の1を乗じて得た額を資本準備金又は利益準備金【3】として計上しなければならない。

5 合併、吸収分割、新設分割、株式交換、株式移転又は株式交付に際して資本金又は準備金として計上すべ

【1】 当該会計監査人設置会社及びその子会社から成る企業集団の財産及び損益の状況を示すために必要かつ適当なものとして法務省令で定めるものをいう。以下同じ。

【2】 監査等委員会設置会社にあっては監査等委員会、指名委員会等設置会社にあっては監査委員会

【3】 以下「準備金」と総称する。

き額については、法務省令で定める。

6　定款又は株主総会の決議による第361条第1項第3号、第4号若しくは第5号ロに掲げる事項についての定め又は報酬委員会による第409条第3項第3号、第4号若しくは第5号ロに定める事項についての決定に基づく株式の発行により資本金又は準備金として計上すべき額については、法務省令で定める。

（剰余金の額）

第446条　株式会社の剰余金の額は、**第1号から第4号まで**に掲げる額の合計額から**第5号から第7号まで**に掲げる額の合計額を減じて得た額とする。

一　最終事業年度の末日におけるイ及びロに掲げる額の合計額からハからホまでに掲げる額の合計額を減じて得た額

イ　**資産**の額

ロ　**自己株式**の帳簿価額の合計額

ハ　**負債**の額

ニ　**資本金**及び**準備金**の額の合計額

ホ　ハ及びニに掲げるもののほか、法務省令で定める各勘定科目に計上した額の合計額

二　最終事業年度の末日後に自己株式の処分をした場合における当該**自己株式の対価の額**から当該自己株式の帳簿価額を控除して得た額

三　最終事業年度の末日後に**資本金の額の減少**をした場合における当該減少額【1】

四　最終事業年度の末日後に**準備金の額の減少**をした場合における当該減少額【2】

五　最終事業年度の末日後に第178条第1項の規定により**自己株式の消却**をした場合における当該自己株式の帳簿価額

六　最終事業年度の末日後に**剰余金の配当**をした場合における次に掲げる額の合計額

イ　第454条第1項第1号の配当財産の帳簿価額の総額【3】

ロ　第454条第4項第1号に規定する金銭分配請求権を行使した株主に交付した金銭の額の合計額

ハ　第456条に規定する基準未満株式の株主に支払った金銭の額の合計額

七　前2号に掲げるもののほか、法務省令で定める各勘定科目に計上した額の合計額

第2款　資本金の額の減少等

第1目　資本金の額の減少等

（資本金の額の減少）

第447条　株式会社は、**資本金の額**を減少することができる。この場合においては、株主総会の決議によって、次に掲げる事項を定めなければならない。

一　減少する資本金の額

二　減少する資本金の額の全部又は一部を**準備金**とするときは、その旨及び準備金とする額

三　資本金の額の減少がその**効力**を生ずる日

2　前項第1号の額は、同項第3号の日における資本金の額を超えてはならない。

3　株式会社が株式の発行と同時に資本金の額を減少する場合において、当該資本金の額の減少の効力が生ず

【1】　次条第1項第2号の額を除く。

【2】　第448条第1項第2号の額を除く。

【3】　同条第4項第1号に規定する金銭分配請求権を行使した株主に割り当てた当該配当財産の帳簿価額を除く。

る日後の資本金の額が当該日前の資本金の額を下回らないときにおける第１項の規定の適用については、同項中「株主総会の決議」とあるのは、「取締役の決定（取締役会設置会社にあっては、取締役会の決議）」とする。

（準備金の額の減少）

第448条　株式会社は、**準備金の額**を減少することができる。この場合においては、株主総会の決議によって、次に掲げる事項を定めなければならない。

一　減少する準備金の額

二　減少する準備金の額の全部又は一部を**資本金**とするときは、その旨及び資本金とする額

三　準備金の額の減少がその**効力**を生ずる日

2　前項第１号の額は、同項第３号の日における準備金の額を超えてはならない。

3　株式会社が株式の発行と同時に準備金の額を減少する場合において、当該準備金の額の減少の効力が生ずる日後の準備金の額が当該日前の準備金の額を下回らないときにおける第１項の規定の適用については、同項中「株主総会の決議」とあるのは、「取締役の決定（取締役会設置会社にあっては、取締役会の決議）」とする。

（債権者の異議）

第449条　株式会社が**資本金又は準備金**【1】**の額を減少**する場合【2】には、当該株式会社の債権者は、当該株式会社に対し、資本金等の額の減少について異議を述べることができる。ただし、**準備金の額**のみを減少する場合であって、次のいずれにも該当するときは、この限りでない。

一　**定時株主総会**において前条第１項各号に掲げる事項を定めること。

二　前条第１項第１号の額が前号の定時株主総会の日【3】における欠損の額として法務省令で定める方法により算定される額を超えないこと。

2　前項の規定により株式会社の債権者が異議を述べることができる場合には、**当該株式会社**は、次に掲げる事項を官報に公告し、かつ、知れている債権者には、各別にこれを催告しなければならない。ただし、第３号の期間は、１箇月を下ることができない。

一　当該資本金等の額の減少の**内容**

二　当該株式会社の計算書類に関する事項として法務省令で定めるもの

三　債権者が**一定の期間内**に異議を述べることができる旨

3　前項の規定にかかわらず、株式会社が同項の規定による公告を、官報のほか、第939条第１項の規定による定款の定めに従い、同項第２号又は第３号に掲げる公告方法によりするときは、前項の規定による各別の催告は、することを要しない。

4　債権者が第２項第３号の期間内に異議を述べなかったときは、当該債権者は、当該資本金等の額の減少について承認をしたものとみなす。

5　債権者が第２項第３号の期間内に異議を述べたときは、株式会社は、当該債権者に対し、弁済し、若しくは相当の担保を提供し、又は当該債権者に弁済を受けさせることを目的として信託会社等【4】に相当の財産

【1】　以下この条において「資本金等」という。

【2】　減少する準備金の額の全部を資本金とする場合を除く。

【3】　第439条前段に規定する場合にあっては、第436条第３項の承認があった日

【4】　信託会社及び信託業務を営む金融機

を信託しなければならない。ただし、当該資本金等の額の減少をしても当該債権者を害するおそれがないときは、この限りでない。

6　次の各号に掲げるものは、当該各号に定める日にその効力を生ずる。ただし、第2項から前項までの規定による手続が終了していないときは、この限りでない。

一　資本金の額の減少　第447条第1項第3号の日

二　準備金の額の減少　前条第1項第3号の日

7　株式会社は、前項各号に定める日前は、いつでも当該日を変更することができる。

第2目　資本金の額の増加等

（資本金の額の増加）

第450条　株式会社は、**剰余金の額を減少**して、資本金の額を増加することができる。この場合においては、次に掲げる事項を定めなければならない。

一　減少する剰余金の額

二　資本金の額の増加がその効力を生ずる日

2　前項各号に掲げる事項の決定は、株主総会の決議によらなければならない。

3　第1項第1号の額は、同項第2号の日における剰余金の額を超えてはならない。

（準備金の額の増加）

第451条　株式会社は、**剰余金の額を減少**して、準備金の額を増加することができる。この場合においては、次に掲げる事項を定めなければならない。

一　減少する剰余金の額

二　準備金の額の増加がその効力を生ずる日

2　前項各号に掲げる事項の決定は、株主総会の決議によらなければならない。

3　第1項第1号の額は、同項第2号の日における剰余金の額を超えてはならない。

第3目　剰余金についてのその他の処分

第452条　株式会社は、株主総会の決議によって、損失の処理、任意積立金の積立てその他の剰余金の処分【1】をすることができる。この場合においては、当該剰余金の処分の額その他の法務省令で定める事項を定めなければならない。

第4節　剰余金の配当

（株主に対する剰余金の配当）

第453条　株式会社は、その**株主**【2】に対し、剰余金の配当をすることができる。

（剰余金の配当に関する事項の決定）

第454条　株式会社は、前条の規定による**剰余金の配当**をしようとするときは、その都度、株主総会の決議によって、**次に掲げる事項**を定めなければならない。

一　配当財産の種類【3】及び帳簿価額の総額

二　株主に対する配当財産の割当てに関する事項

三　当該剰余金の配当がその効力を

関（金融機関の信託業務の兼営等に関する法律（昭和18年法律第43号）第1条第1項の認可を受けた金融機関をいう。）をいう。以下同じ。

【1】　前目に定めるもの及び剰余金の配当その他株式会社の財産を処分するものを除く。

【2】　当該株式会社を除く。

【3】　当該株式会社の株式等を除く。

生ずる日

2　前項に規定する場合において、剰余金の配当について内容の異なる2以上の種類の株式を発行しているときは、株式会社は、当該種類の株式の内容に応じ、同項第2号に掲げる事項として、次に掲げる事項を定めることができる。

一　ある種類の株式の株主に対して配当財産の割当てをしないこととするときは、その旨及び当該株式の種類

二　前号に掲げる事項のほか、配当財産の割当てについて株式の種類ごとに異なる取扱いを行うこととするときは、その旨及び当該異なる取扱いの内容

3　第1項第2号に掲げる事項についての定めは、株主【1】の有する株式の数【2】に応じて配当財産を割り当てることを内容とするものでなければならない。

4　配当財産が金銭以外の財産であるときは、株式会社は、株主総会の決議によって、次に掲げる事項を定めることができる。ただし、第1号の期間の末日は、第1項第3号の日以前の日でなければならない。

一　株主に対して**金銭分配請求権**【3】を与えるときは、その旨及び金銭分配請求権を行使することができる期間

二　一定の数未満の数の株式を有する株主に対して配当財産の割当てをしないこととするときは、その旨及びその数

5　**取締役会設置会社**は、一事業年度の途中において1回に限り取締役会の決議によって剰余金の配当【4】をすることができる旨を定款で定めることができる。この場合における中間配当についての第1項の規定の適用については、同項中「株主総会」とあるのは、「取締役会」とする。

（金銭分配請求権の行使）

第455条　前条第4項第1号に規定する場合には、株式会社は、同号の期間の末日の20日前までに、株主に対し、同号に掲げる事項を通知しなければならない。

2　株式会社は、金銭分配請求権を行使した株主に対し、当該株主が割当てを受けた配当財産に代えて、当該配当財産の価額に相当する金銭を支払わなければならない。この場合においては、次の各号に掲げる場合の区分に応じ、当該各号に定める額をもって当該配当財産の価額とする。

一　当該配当財産が市場価格のある財産である場合　当該配当財産の市場価格として法務省令で定める方法により算定される額

二　前号に掲げる場合以外の場合　株式会社の申立てにより裁判所が定める額

（基準株式数を定めた場合の処理）

第456条　第454条第4項第2号の数【5】を定めた場合には、株式会社は、基準株式数に満たない数の株式【6】を有する株主に対し、前条第2項後段の規定の例により基準株式数の株式を有する株主が割当てを受

【1】当該株式会社及び前項第1号の種類の株式の株主を除く。

【2】前項第2号に掲げる事項についての定めがある場合にあっては、各種類の株式の数

【3】当該配当財産に代えて金銭を交付することを株式会社に対して請求する権利をいう。以下この章において同じ。

【4】配当財産が金銭であるものに限る。以下この項において「**中間配当**」という。

【5】以下この条において「**基準株式数**」という。

【6】以下この条において「**基準未満株式**」という。

けた配当財産の価額として定めた額に当該基準未満株式の数の基準株式数に対する割合を乗じて得た額に相当する金銭を支払わなければならない。

（配当財産の交付の方法等）

第457条　配当財産【1】は、株主名簿に記載し、又は記録した株主【2】の住所又は株主が株式会社に通知した場所【3】において、これを交付しなければならない。

2　前項の規定による配当財産の交付に要する費用は、株式会社の負担とする。ただし、株主の責めに帰すべき事由によってその費用が増加したときは、その増加額は、株主の負担とする。

3　前2項の規定は、日本に住所等を有しない株主に対する配当財産の交付については、適用しない。

（適用除外）

第458条　第453条から前条までの規定は、株式会社の**純資産額**が300万円を下回る場合には、適用しない。

第5節　剰余金の配当等を決定する機関の特則

（剰余金の配当等を取締役会が決定する旨の定款の定め）

第459条　**会計監査人設置会社**【4】は、次に掲げる事項を取締役会【5】が定めることができる旨を定款で定めることができる。

一　第160条第1項の規定による決定をする場合以外の場合における第156条第1項各号に掲げる事項

二　第449条第1項第2号に該当する場合における第448条第1項第1号及び第3号に掲げる事項

三　第452条後段の事項

四　**第454条第1項各号**及び同条**第4項各号**に掲げる事項。ただし、配当財産が金銭以外の財産であり、かつ、株主に対して金銭分配請求権を与えないこととする場合を除く。

2　前項の規定による定款の定めは、最終事業年度に係る計算書類が法令及び定款に従い株式会社の財産及び損益の状況を正しく表示しているものとして法務省令で定める要件に該当する場合に限り、その効力を有する。

3　第1項の規定による定款の定めがある場合における第449条第1項第1号の規定の適用については、同号中「定時株主総会」とあるのは、「定時株主総会又は第436条第3項の取締役会」とする。

（株主の権利の制限）

第460条　前条第1項の規定による定款の定めがある場合には、株式会社は、同項各号に掲げる事項を株主総会の決議によっては定めない旨を定款で定めることができる。

2　前項の規定による定款の定めは、最終事業年度に係る計算書類が法令及び定款に従い株式会社の財産及び損益の状況を正しく表示しているものとして法務省令で定める要件に該

【1】　第455条第2項の規定により支払う金銭及び前条の規定により支払う金銭を含む。以下この条において同じ。

【2】　登録株式質権者を含む。以下この条において同じ。

【3】　第3項において「住所等」という。

【4】　取締役（監査等委員会設置会社にあっては、監査等委員である取締役以外の取締役）の任期の末日が選任後1年以内に終了する事業年度のうち最終のものに関する定時株主総会の終結の日後の日であるもの及び監査役設置会社であって監査役会設置会社でないものを除く。

【5】　第2号に掲げる事項については第436条第3項の取締役会に限る。

当する場合に限り、その効力を有する。

第6節　剰余金の配当等に関する責任

（配当等の制限）

第461条　次に掲げる行為により株主に対して交付する金銭等【1】の**帳簿価額の総額**は、当該行為がその効力を生ずる日における**分配可能額**を超えてはならない。

一　第138条第1号ハ又は第2号ハの請求に応じて行う当該株式会社の株式の買取り

二　第156条第1項の規定による決定に基づく当該株式会社の株式の取得【2】

三　第157条第1項の規定による決定に基づく当該株式会社の株式の取得

四　第173条第1項の規定による当該株式会社の株式の取得

五　第176条第1項の規定による請求に基づく当該株式会社の株式の買取り

六　第197条第3項の規定による当該株式会社の株式の買取り

七　第234条第4項【3】の規定による当該株式会社の株式の買取り

八　剰余金の配当

2　前項に規定する「分配可能額」とは、**第1号及び第2号**に掲げる額の合計額から**第3号から第6号**までに掲げる額の合計額を減じて得た額をいう【4】。

一　**剰余金の額**

二　臨時計算書類につき第441条第4項の承認【5】を受けた場合における次に掲げる額

イ　第441条第1項第2号の期間の利益の額として法務省令で定める各勘定科目に計上した額の合計額

ロ　第441条第1項第2号の期間内に自己株式を処分した場合における当該自己株式の対価の額

三　**自己株式**の帳簿価額

四　最終事業年度の末日後に自己株式を処分した場合における**当該自己株式の対価**の額

五　第2号に規定する場合における第441条第1項第2号の期間の損失の額として法務省令で定める各勘定科目に計上した額の合計額

六　前3号に掲げるもののほか、法務省令で定める各勘定科目に計上した額の合計額

（剰余金の配当等に関する責任）

第462条　**前条第1項の規定に違反**して株式会社が同項各号に掲げる行為をした場合には、当該行為により**金銭等の交付を受けた者**並びに当該行為に関する職務を行った**業務執行者**【6】及び当該行為が次の各号に掲げるものである場合における**当該各号に定める者**は、当該株式会社に対し、連帯して、当該金銭等の交付を受けた者が交付を受けた金銭等の帳簿価額に相当する**金銭を支払う義務**を負う。

【1】　当該株式会社の株式を除く。以下この節において同じ。

【2】　第163条に規定する場合又は第165条第1項に規定する場合における当該株式会社による株式の取得に限る。

【3】　第235条第2項において準用する場合を含む。

【4】　以下この節において同じ。

【5】　同項ただし書に規定する場合にあっては、同条第3項の承認

【6】　業務執行取締役（指名委員会等設置会社にあっては、執行役。以下この項において同じ。）その他当該業務執行取締役の行う業務の執行に職務上関与した者として法務省令で定めるものをいう。以下この節において同じ。

会社法

一　前条第１項第２号に掲げる行為　次に掲げる者
イ　第156条第１項の規定による決定に係る株主総会の決議があった場合【1】における当該株主総会に係る**総会議案提案取締役**【2】
ロ　第156条第１項の規定による決定に係る取締役会の決議があった場合【3】における当該取締役会に係る**取締役会議案提案取締役**【4】
二　前条第１項第３号に掲げる行為　次に掲げる者
イ　第157条第１項の規定による決定に係る株主総会の決議があった場合【5】における当該株主総会に係る**総会議案提案取締役**
ロ　第157条第１項の規定による決定に係る取締役会の決議があった場合【6】における当該取締役会に係る**取締役会議案提案取締役**
三　前条第１項第４号に掲げる行為　第171条第１項の株主総会【7】に係る**総会議案提案取締役**
四　前条第１項第６号に掲げる行為　次に掲げる者
イ　第197条第３項後段の規定による決定に係る株主総会の決議があった場合【8】における当該株主総会に係る**総会議案提案取締役**
ロ　第197条第３項後段の規定による決定に係る取締役会の決議があった場合【9】における当該取締役会に係る**取締役会議案提案取締役**
五　前条第１項第７号に掲げる行為　次に掲げる者
イ　第234条第４項後段【10】の規定による決定に係る株主総会の決議があった場合【11】における当該株主総会に係る**総会議案提案取締役**
ロ　第234条第４項後段【12】の規定による決定に係る取締役会の決議があった場合【13】における

【1】　当該決議によって定められた同項第２号の金銭等の総額が当該決議の日における分配可能額を超える場合に限る。
【2】　当該株主総会に議案を提案した取締役として法務省令で定めるものをいう。以下この項において同じ。
【3】　当該決議によって定められた同項第２号の金銭等の総額が当該決議の日における分配可能額を超える場合に限る。
【4】　当該取締役会に議案を提案した取締役（指名委員会等設置会社にあっては、取締役又は執行役）として法務省令で定めるものをいう。以下この項において同じ。
【5】　当該決議によって定められた同項第３号の総額が当該決議の日における分配可能額を超える場合に限る。
【6】　当該決議によって定められた同項第３号の総額が当該決議の日における分配可能額を超える場合に限る。
【7】　当該株主総会の決議によって定められた同項第１号に規定する取得対価の総額が当該決議の日における分配可能額を超える場合における当該株主総会に限る。
【8】　当該決議によって定められた同項第２号の総額が当該決議の日における分配可能額を超える場合に限る。
【9】　当該決議によって定められた同項第２号の総額が当該決議の日における分配可能額を超える場合に限る。
【10】　第235条第２項において準用する場合を含む。
【11】　当該決議によって定められた第234条第４項第２号（第235条第２項において準用する場合を含む。）の総額が当該決議の日における分配可能額を超える場合に限る。
【12】　第235条第２項において準用する場合を含む。
【13】　当該決議によって定められた第234条第４項第２号（第235条第２項において準用する場合を含む。）の総額が当該決議の日における分配可能額を超える場合に限る。

当該取締役会に係る**取締役会議案提案取締役**

六　**前条第1項第8号に掲げる行為**　次に掲げる者

イ　第454条第1項の規定による決定に係る株主総会の決議があった場合【1】における当該株主総会に係る**総会議案提案取締役**

ロ　第454条第1項の規定による決定に係る取締役会の決議があった場合【2】における当該取締役会に係る**取締役会議案提案取締役**

2　前項の規定にかかわらず、業務執行者及び同項各号に定める者は、その職務を行うについて**注意を怠らなかったことを証明**したときは、同項の義務を負わない。

3　第1項の規定により業務執行者及び同項各号に定める者の負う**義務は、免除することができない**。ただし、前条第1項各号に掲げる行為の時における**分配可能額を限度**として当該義務を免除することについて総株主の同意がある場合は、この限りでない。

（株主に対する求償権の制限等）

第463条　前条第1項に規定する場合において、株式会社が第461条第1項各号に掲げる行為により株主に対して交付した金銭等の帳簿価額の総額が当該行為がその効力を生じた日における分配可能額を超えることにつき善意の株主は、当該株主が交付を受けた金銭等について、前条第1項の金銭を支払った業務執行者及び同項各号に定める者からの求償の請求に応ずる義務を負わない。

2　前条第1項に規定する場合には、株式会社の債権者は、同項の規定により義務を負う株主に対し、その交付を受けた金銭等の帳簿価額【3】に相当する金銭を支払わせることができる。

（買取請求に応じて株式を取得した場合の責任）

第464条　株式会社が第116条第1項又は第182条の4第1項の規定による請求に応じて株式を取得する場合において、当該請求をした株主に対して支払った金銭の額が当該支払の日における分配可能額を超えるときは、当該株式の取得に関する職務を行った業務執行者は、株式会社に対し、連帯して、その超過額を支払う義務を負う。ただし、その者がその職務を行うについて注意を怠らなかったことを証明した場合は、この限りでない。

2　前項の義務は、総株主の同意がなければ、免除することができない。

（欠損が生じた場合の責任）

第465条　株式会社が次の各号に掲げる行為をした場合において、当該行為をした日の属する事業年度【4】に係る計算書類につき第438条第2項の承認【5】を受けた時における第461条第2項第3号、第4号及び第6号に掲げる額の合計額が同項第1号に掲げる額を超えるときは、当該各号に掲げる行為に関する職務を行った業務執行者は、当該株式会社に

【1】　当該決議によって定められた配当財産の帳簿価額が当該決議の日における分配可能額を超える場合に限る。

【2】　当該決議によって定められた配当財産の帳簿価額が当該決議の日における分配可能額を超える場合に限る。

【3】　当該額が当該債権者の株式会社に対して有する債権額を超える場合にあっては、当該債権額

【4】　その事業年度の直前の事業年度が最終事業年度でないときは、その事業年度の直前の事業年度

【5】　第439条前段に規定する場合にあっては、第436条第3項の承認

対し、連帯して、その超過額【1】を支払う義務を負う。ただし、当該業務執行者がその職務を行うについて注意を怠らなかったことを証明した場合は、この限りでない。

一　第138条第1号ハ又は第2号ハの請求に応じて行う当該株式会社の株式の買取り　当該株式の買取りにより株主に対して交付した金銭等の帳簿価額の総額

二　第156条第1項の規定による決定に基づく当該株式会社の株式の取得【2】　当該株式の取得により株主に対して交付した金銭等の帳簿価額の総額

三　第157条第1項の規定による決定に基づく当該株式会社の株式の取得　当該株式の取得により株主に対して交付した金銭等の帳簿価額の総額

四　第167条第1項の規定による当該株式会社の株式の取得　当該株式の取得により株主に対して交付した金銭等の帳簿価額の総額

五　第170条第1項の規定による当該株式会社の株式の取得　当該株式の取得により株主に対して交付した金銭等の帳簿価額の総額

六　第173条第1項の規定による当該株式会社の株式の取得　当該株式の取得により株主に対して交付した金銭等の帳簿価額の総額

七　第176条第1項の規定による請求に基づく当該株式会社の株式の買取り　当該株式の買取りにより株主に対して交付した金銭等の帳簿価額の総額

【1】　当該超過額が当該各号に定める額を超える場合にあっては、当該各号に定める額

【2】　第163条に規定する場合又は第165条第1項に規定する場合における当該株式会社による株式の取得に限る。

八　第197条第3項の規定による当該株式会社の株式の買取り　当該株式の買取りにより株主に対して交付した金銭等の帳簿価額の総額

九　次のイ又はロに掲げる規定による当該株式会社の株式の買取り　当該株式の買取りにより当該イ又はロに定める者に対して交付した金銭等の帳簿価額の総額

イ　第234条第4項　同条第1項各号に定める者

ロ　第235条第2項において準用する第234条第4項　株主

十　剰余金の配当（次のイからハまでに掲げるものを除く。）　当該剰余金の配当についての第446条第6号イからハまでに掲げる額の合計額

イ　定時株主総会【3】において第454条第1項各号に掲げる事項を定める場合における剰余金の配当

ロ　第447条第1項各号に掲げる事項を定めるための株主総会において第454条第1項各号に掲げる事項を定める場合【4】における剰余金の配当

ハ　第448条第1項各号に掲げる事項を定めるための株主総会において第454条第1項各号に掲げる事項を定める場合【5】にお

【3】　第439条前段に規定する場合にあっては、定時株主総会又は第436条第3項の取締役会

【4】　同項第1号の額（第456条の規定により基準未満株式の株主に支払う金銭があるときは、その額を合算した額）が第447条第1項第1号の額を超えない場合であって、同項第2号に掲げる事項についての定めがない場合に限る。

【5】　同項第1号の額（第456条の規定により基準未満株式の株主に支払う金銭があるときは、その額を合算した額）が第448条第1項第1号の額を超えない場合であって、同項第2号に掲げる事項についての

ける剰余金の配当

2　前項の義務は、総株主の同意がなければ、免除することができない。

第6章　定款の変更

第466条　株式会社は、その成立後、株主総会の決議によって、定款を変更することができる。

第7章　事業の譲渡等

（事業譲渡等の承認等）

第467条　株式会社は、次に掲げる行為をする場合には、当該行為がその**効力を生ずる日**【1】の前日までに、株主総会の決議によって、当該行為に係る契約の承認を受けなければならない。

一　事業の全部の譲渡

二　事業の重要な一部の譲渡【2】

二の二　その子会社の株式又は持分の全部又は一部の譲渡（次のいずれにも該当する場合における譲渡に限る。）

イ　当該譲渡により譲り渡す株式又は持分の帳簿価額が当該株式会社の**総資産額**として法務省令で定める方法により算定される額の**5分の1**【3】を超えるとき。

ロ　当該株式会社が、効力発生日において当該子会社の議決権の総数の**過半数の議決権**を有しないとき。

三　他の会社【4】の事業の全部の譲受け

四　事業の全部の賃貸、事業の全部の経営の委任、他人と事業上の損益の全部を共通にする契約その他これらに準ずる契約の締結、変更又は解約

五　当該株式会社【5】の**成立後2年以内**におけるその成立前から存在する財産であってその事業のために継続して使用するものの取得。ただし、イに掲げる額のロに掲げる額に対する割合が**5分の1**【6】を超えない場合を除く。

イ　当該財産の対価として交付する財産の帳簿価額の合計額

ロ　当該株式会社の純資産額として法務省令で定める方法により算定される額

2　前項第3号に掲げる行為をする場合において、当該行為をする株式会社が譲り受ける資産に当該株式会社の株式が含まれるときは、取締役は、同項の株主総会において、当該株式に関する事項を説明しなければならない。

（事業譲渡等の承認を要しない場合）

第468条　前条の規定は、同条第1項第1号から第4号までに掲げる行為【7】に係る**契約の相手方**が当該事業譲渡等をする株式会社の特別支配会社【8】である場合には、適用しない。

定めがない場合に限る。

【1】　以下この章において「**効力発生日**」という。

【2】　当該譲渡により譲り渡す資産の帳簿価額が当該株式会社の総資産額として法務省令で定める方法により算定される額の5分の1（これを下回る割合を定款で定めた場合にあっては、その割合）を超えないものを除く。

【3】　これを下回る割合を定款で定めた場合にあっては、その割合

【4】　外国会社その他の法人を含む。次条において同じ。

【5】　第25条第1項各号に掲げる方法により設立したものに限る。以下この号において同じ。

【6】　これを下回る割合を当該株式会社の定款で定めた場合にあっては、その割合

【7】　以下この章において「**事業譲渡等**」という。

【8】　ある株式会社の総株主の議決権の10分の9（これを上回る割合を当該株式会社の定款で定めた場合にあっては、その割合）以

2　前条の規定は、同条第1項第3号に掲げる行為をする場合において、第1号に掲げる額の第2号に掲げる額に対する割合が5分の1【1】を超えないときは、適用しない。

一　当該他の会社の事業の全部の**対価として交付する財産の帳簿価額**の合計額

二　当該株式会社の**純資産額**として法務省令で定める方法により算定される額

3　前項に規定する場合において、法務省令で定める数の株式【2】を有する株主が次条第3項の規定による通知又は同条第4項の公告の日から2週間以内に前条第1項第3号に掲げる行為に反対する旨を当該行為をする株式会社に対し通知したときは、当該株式会社は、効力発生日の前日までに、株主総会の決議によって、当該行為に係る契約の承認を受けなければならない。

（反対株主の株式買取請求）

第469条　事業譲渡等をする場合（次に掲げる場合を除く。）には、**反対株主**は、事業譲渡等をする株式会社に対し、自己の有する株式を公正な価格で買い取ることを請求することができる。

一　第467条第1項第1号に掲げる行為をする場合において、同項の株主総会の決議と同時に第471条第3号の株主総会の決議がされたとき。

二　前条第2項に規定する場合【3】

2　前項に規定する「反対株主」とは、次の各号に掲げる場合における当該各号に定める株主をいう。

一　**事業譲渡等をするために株主総会【4】の決議を要する場合**　次に掲げる株主

イ　当該株主総会に先立って当該事業譲渡等に**反対**する旨を当該株式会社に対し**通知**し、かつ、当該株主総会において当該事業譲渡等に**反対**した株主【5】

ロ　当該株主総会において議決権を行使することができない株主

二　**前号に規定する場合以外の場合**　全ての株主【6】

3　事業譲渡等をしようとする株式会社は、効力発生日の20日前までに、その株主【7】に対し、事業譲渡等をする旨【8】を通知しなければならない。

4　次に掲げる場合には、前項の規定による通知は、公告をもってこれに代えることができる。

一　事業譲渡等をする株式会社が公開会社である場合

二　事業譲渡等をする株式会社が第467条第1項の株主総会の決議によって事業譲渡等に係る契約の承認を受けた場合

5　第1項の規定による請求【9】は、

上を他の会社及び当該他の会社が発行済株式の全部を有する株式会社その他これに準ずるものとして法務省令で定める法人が有している場合における当該他の会社をいう。以下同じ。

【1】　これを下回る割合を定款で定めた場合にあっては、その割合

【2】　前条第1項の株主総会において議決権を行使することができるものに限る。

【3】　同条第3項に規定する場合を除く。

【4】　種類株主総会を含む。

【5】　当該株主総会において議決権を行使することができるものに限る。

【6】　前条第1項に規定する場合における当該特別支配会社を除く。

【7】　前条第1項に規定する場合における当該特別支配会社を除く。

【8】　第467条第2項に規定する場合にあっては、同条第1項第3号に掲げる行為をする旨及び同条第2項の株式に関する事項

【9】　以下この章において「**株式買取請求**」

効力発生日の20日前の日から効力発生日の前日までの間に、その株式買取請求に係る株式の数【1】を明らかにしてしなければならない。

6　株券が発行されている株式について株式買取請求をしようとするときは、当該株式の株主は、事業譲渡等をする株式会社に対し、当該株式に係る株券を提出しなければならない。ただし、当該株券について第223条の規定による請求をした者については、この限りでない。

7　株式買取請求をした株主は、事業譲渡等をする株式会社の承諾を得た場合に限り、その株式買取請求を撤回することができる。

8　事業譲渡等を中止したときは、株式買取請求は、その効力を失う。

9　第133条の規定は、株式買取請求に係る株式については、適用しない。

（株式の価格の決定等）

第470条　株式買取請求があった場合において、株式の価格の決定について、株主と事業譲渡等をする株式会社との間に協議が調ったときは、当該株式会社は、効力発生日から60日以内にその支払をしなければならない。

2　株式の価格の決定について、効力発生日から30日以内に協議が調わないときは、株主又は前項の株式会社は、その期間の満了の日後30日以内に、裁判所に対し、価格の決定の申立てをすることができる。

3　前条第7項の規定にかかわらず、前項に規定する場合において、効力発生日から60日以内に同項の申立てがないときは、その期間の満了後は、株主は、いつでも、株式買取請求を撤回することができる。

4　第1項の株式会社は、裁判所の決定した価格に対する同項の期間の満了の日後の法定利率による利息をも支払わなければならない。

5　第1項の株式会社は、株式の価格の決定があるまでは、株主に対し、当該株式会社が公正な価格と認める額を支払うことができる。

6　株式買取請求に係る株式の買取りは、効力発生日に、その効力を生ずる。

7　株券発行会社は、株券が発行されている株式について株式買取請求があったときは、株券と引換えに、その株式買取請求に係る株式の代金を支払わなければならない。

第8章　解散

（解散の事由）

第471条　株式会社は、次に掲げる事由によって解散する。

一　定款で定めた存続期間の満了

二　定款で定めた解散の事由の発生

三　株主総会の決議

四　合併【2】

五　破産手続開始の決定

六　第824条第1項又は第833条第1項の規定による解散を命ずる裁判

（休眠会社のみなし解散）

第472条　休眠会社【3】は、法務大臣が休眠会社に対し2箇月以内に法務省令で定めるところによりその本店の所在地を管轄する登記所に事業を廃止していない旨の届出をすべき旨を官報に公告した場合において、そ

という。

【1】　種類株式発行会社にあっては、株式の種類及び種類ごとの数

【2】　合併により当該株式会社が消滅する場合に限る。

【3】　株式会社であって、当該株式会社に関する登記が最後にあった日から12年を経過したものをいう。以下この条において同じ。

の届出をしないときは、その2箇月の期間の満了の時に、解散したものとみなす。ただし、当該期間内に当該休眠会社に関する登記がされたときは、この限りでない。

2　登記所は、前項の規定による公告があったときは、休眠会社に対し、その旨の通知を発しなければならない。

（株式会社の継続）

第473条　株式会社は、第471条第1号から第3号までに掲げる事由によって解散した場合【1】には、次章の規定による清算が結了するまで【2】、株主総会の決議によって、株式会社を継続することができる。

（解散した株式会社の合併等の制限）

第474条　株式会社が解散した場合には、当該株式会社は、次に掲げる行為をすることができない。

一　合併【3】

二　吸収分割による他の会社がその事業に関して有する権利義務の全部又は一部の承継

第9章　清算

第1節　総則

第1款　清算の開始

（清算の開始原因）

第475条　株式会社は、次に掲げる場合には、この章の定めるところにより、清算をしなければならない。

一　解散した場合【4】

二　設立の無効の訴えに係る請求を認容する判決が確定した場合

三　株式移転の無効の訴えに係る請求を認容する判決が確定した場合

（清算株式会社の能力）

第476条　前条の規定により清算をする株式会社【5】は、清算の目的の範囲内において、清算が結了するまではなお存続するものとみなす。

第2款　清算株式会社の機関

第1目　株主総会以外の機関の設置

第477条　清算株式会社には、1人又は2人以上の清算人を置かなければならない。

2　清算株式会社は、定款の定めによって、清算人会、監査役又は監査役会を置くことができる。

3　監査役会を置く旨の定款の定めがある清算株式会社は、清算人会を置かなければならない。

4　第475条各号に掲げる場合に該当することとなった時において公開会社又は大会社であった清算株式会社は、監査役を置かなければならない。

5　第475条各号に掲げる場合に該当することとなった時において監査等委員会設置会社であった清算株式会社であって、前項の規定の適用があるものにおいては、監査等委員である取締役が監査役となる。

6　第475条各号に掲げる場合に該当することとなった時において指名委員会等設置会社であった清算株式会社であって、第4項の規定の適用があるものにおいては、監査委員が監

【1】　前条第1項の規定により解散したものとみなされた場合を含む。

【2】　同項の規定により解散したものとみなされた場合にあっては、解散したものとみなされた後3年以内に限る。

【3】　合併により当該株式会社が存続する場合に限る。

【4】　第471条第4号に掲げる事由によって解散した場合及び破産手続開始の決定により解散した場合であって当該破産手続が終了していない場合を除く。

【5】　以下「**清算株式会社**」という。

査役となる。

7　第4章第2節の規定は、清算株式会社については、適用しない。

第2目　清算人の就任及び解任並びに監査役の退任

（清算人の就任）

第478条　次に掲げる者は、清算株式会社の清算人となる。

一　取締役【1】

二　定款で定める者

三　株主総会の決議によって選任された者

2　前項の規定により清算人となる者がないときは、裁判所は、利害関係人の申立てにより、清算人を選任する。

3　前2項の規定にかかわらず、第471条第6号に掲げる事由によって解散した清算株式会社については、裁判所は、利害関係人若しくは法務大臣の申立てにより又は職権で、清算人を選任する。

4　第1項及び第2項の規定にかかわらず、第475条第2号又は第3号に掲げる場合に該当することとなった清算株式会社については、裁判所は、利害関係人の申立てにより、清算人を選任する。

5　第475条各号に掲げる場合に該当することとなった時において監査等委員会設置会社であった清算株式会社における第1項第1号の規定の適用については、同号中「取締役」とあるのは、「監査等委員である取締役以外の取締役」とする。

6　第475条各号に掲げる場合に該当することとなった時において指名委員会等設置会社であった清算株式会社における第1項第1号の規定の適用については、同号中「取締役」とあるのは、「監査委員以外の取締役」とする。

7　第335条第3項の規定にかかわらず、第475条各号に掲げる場合に該当することとなった時において監査等委員会設置会社又は指名委員会等設置会社であった清算株式会社である監査役会設置会社においては、監査役は、3人以上で、そのうち半数以上は、次に掲げる要件のいずれにも該当するものでなければならない。

一　その就任の前10年間当該監査等委員会設置会社若しくは指名委員会等設置会社又はその子会社の取締役【2】、会計参与【3】若しくは執行役又は支配人その他の使用人であったことがないこと。

二　その就任の前10年内のいずれかの時において当該監査等委員会設置会社若しくは指名委員会等設置会社又はその子会社の社外取締役又は監査役であったことがある者にあっては、当該社外取締役又は監査役への就任の前10年間当該監査等委員会設置会社若しくは指名委員会等設置会社又はその子会社の取締役【4】、会計参与若しくは執行役又は支配人その他の使用人であったことがないこと。

三　第2条第16号ハからホまでに掲げる要件

8　第330条、第331条第1項及び第331条の2の規定は清算人について、第331条第5項の規定は清算人会設置会社【5】について、それぞれ準用

【1】　次号又は第3号に掲げる者がある場合を除く。

【2】　社外取締役を除く。

【3】　会計参与が法人であるときは、その職務を行うべき社員。次号において同じ。

【4】　社外取締役を除く。

【5】　清算人会を置く清算株式会社又はこの法律の規定により清算人会を置かなければならない清算株式会社をいう。以

する。この場合において、同項中「取締役は」とあるのは、「清算人は」と読み替えるものとする。

（清算人の解任）

第479条　清算人【1】は、いつでも、株主総会の決議によって解任することができる。

2　重要な事由があるときは、裁判所は、次に掲げる株主の申立てにより、清算人を解任することができる。

一　総株主（次に掲げる株主を除く。）の議決権の100分の3【2】以上の議決権を6箇月【3】前から引き続き有する株主（次に掲げる株主を除く。）

イ　清算人を解任する旨の議案について議決権を行使することができない株主

ロ　当該申立てに係る清算人である株主

二　発行済株式（次に掲げる株主の有する株式を除く。）の100分の3【4】以上の数の株式を6箇月【5】前から引き続き有する株主（次に掲げる株主を除く。）

イ　当該清算株式会社である株主

ロ　当該申立てに係る清算人である株主

3　公開会社でない清算株式会社における前項各号の規定の適用については、これらの規定中「6箇月（これを下回る期間を定款で定めた場合にあっては、その期間）前から引き続き有する」とあるのは、「有する」とする。

4　第346条第1項から第3項までの規定は、清算人について準用する。

（監査役の退任）

第480条　清算株式会社の監査役は、当該清算株式会社が次に掲げる定款の変更をした場合には、当該定款の変更の効力が生じた時に退任する。

一　監査役を置く旨の定款の定めを廃止する定款の変更

二　監査役の監査の範囲を会計に関するものに限定する旨の定款の定めを廃止する定款の変更

2　第336条の規定は、清算株式会社の監査役については、適用しない。

第3目　清算人の職務等

（清算人の職務）

第481条　清算人は、次に掲げる職務を行う。

一　現務の結了

二　債権の取立て及び債務の弁済

三　残余財産の分配

（業務の執行）

第482条　清算人は、清算株式会社【6】の業務を執行する。

2　清算人が2人以上ある場合には、清算株式会社の業務は、定款に別段の定めがある場合を除き、清算人の過半数をもって決定する。

3　前項の場合には、清算人は、次に掲げる事項についての決定を各清算人に委任することができない。

一　支配人の選任及び解任

二　支店の設置、移転及び廃止

三　第298条第1項各号【7】に掲げる事項

四　清算人の職務の執行が法令及び

下同じ。

【1】　前条第2項から第4項までの規定により裁判所が選任したものを除く。

【2】　これを下回る割合を定款で定めた場合にあっては、その割合

【3】　これを下回る期間を定款で定めた場合にあっては、その期間

【4】　これを下回る割合を定款で定めた場合にあっては、その割合

【5】　これを下回る期間を定款で定めた場合にあっては、その期間

【6】　清算人会設置会社を除く。以下この条において同じ。

【7】　第325条において準用する場合を含む。

定款に適合することを確保するための体制その他清算株式会社の業務の適正を確保するために必要なものとして法務省令で定める体制の整備

4 第353条から第357条【1】まで、第360条並びに第361条第1項及び第4項の規定は、清算人【2】について準用する。この場合において、第353条中「第349条第4項」とあるのは「第483条第6項において準用する第349条第4項」と、第354条中「代表取締役」とあるのは「代表清算人（第483条第1項に規定する代表清算人をいう。）」と、第360条第3項中「監査役設置会社、監査等委員会設置会社又は指名委員会等設置会社」とあるのは「監査役設置会社」と読み替えるものとする。

（清算株式会社の代表）

第483条 清算人は、清算株式会社を代表する。ただし、他に代表清算人【3】その他清算株式会社を代表する者を定めた場合は、この限りでない。

2 前項本文の清算人が2人以上ある場合には、清算人は、各自、清算株式会社を代表する。

3 清算株式会社【4】は、定款、定款の定めに基づく清算人【5】の互選又は株主総会の決議によって、清算人の中から代表清算人を定めることができる。

4 第478条第1項第1号の規定により取締役が清算人となる場合において、代表取締役を定めていたときは、当該代表取締役が代表清算人となる。

5 裁判所は、第478条第2項から第4項までの規定により清算人を選任する場合には、その清算人の中から代表清算人を定めることができる。

6 第349条第4項及び第5項並びに第351条の規定は代表清算人について、第352条の規定は民事保全法第56条に規定する仮処分命令により選任された清算人又は代表清算人の職務を代行する者について、それぞれ準用する。

（清算株式会社についての破産手続の開始）

第484条 清算株式会社の財産がその債務を完済するのに足りないことが明らかになったときは、清算人は、直ちに破産手続開始の申立てをしなければならない。

2 清算人は、清算株式会社が破産手続開始の決定を受けた場合において、破産管財人にその事務を引き継いだときは、その任務を終了したものとする。

3 前項に規定する場合において、清算株式会社が既に債権者に支払い、又は株主に分配したものがあるときは、破産管財人は、これを取り戻すことができる。

（裁判所の選任する清算人の報酬）

第485条 裁判所は、第478条第2項から第4項までの規定により清算人を選任した場合には、清算株式会社が当該清算人に対して支払う報酬の額を定めることができる。

（清算人の清算株式会社に対する損害賠償責任）

第486条 清算人は、その任務を怠ったときは、清算株式会社に対し、これによって生じた損害を賠償する責

【1】 第3項を除く。
【2】 同条の規定については、第478条第2項から第4項までの規定により裁判所が選任したものを除く。
【3】 清算株式会社を代表する清算人をいう。以下同じ。
【4】 清算人会設置会社を除く。
【5】 第478条第2項から第4項までの規定により裁判所が選任したものを除く。以下この項において同じ。

任を負う。
2　清算人が第482条第4項において準用する第356条第1項の規定に違反して同項第1号の取引をしたときは、当該取引により清算人又は第三者が得た利益の額は、前項の損害の額と推定する。
3　第482条第4項において準用する第356条第1項第2号又は第3号の取引によって清算株式会社に損害が生じたときは、次に掲げる清算人は、その任務を怠ったものと推定する。
一　第482条第4項において準用する第356条第1項の清算人
二　清算株式会社が当該取引をすることを決定した清算人
三　当該取引に関する清算人会の承認の決議に賛成した清算人
4　第424条及び第428条第1項の規定は、清算人の第1項の責任について準用する。この場合において、同条第1項中「第356条第1項第2号（第419条第2項において準用する場合を含む。）」とあるのは、「第482条第4項において準用する第356条第1項第2号」と読み替えるものとする。

（清算人の第三者に対する損害賠償責任）
第487条　清算人がその職務を行うについて悪意又は重大な過失があったときは、当該清算人は、これによって第三者に生じた損害を賠償する責任を負う。
2　清算人が、次に掲げる行為をしたときも、前項と同様とする。ただし、当該清算人が当該行為をすることについて注意を怠らなかったことを証明したときは、この限りでない。
一　株式、新株予約権、社債若しくは新株予約権付社債を引き受ける者の募集をする際に通知しなければならない重要な事項についての虚偽の通知又は当該募集のための当該清算株式会社の事業その他の事項に関する説明に用いた資料についての虚偽の記載若しくは記録
二　第492条第1項に規定する財産目録等並びに第494条第1項の貸借対照表及び事務報告並びにこれらの附属明細書に記載し、又は記録すべき重要な事項についての虚偽の記載又は記録
三　虚偽の登記
四　虚偽の公告

（清算人及び監査役の連帯責任）
第488条　清算人又は監査役が清算株式会社又は第三者に生じた損害を賠償する責任を負う場合において、他の清算人又は監査役も当該損害を賠償する責任を負うときは、これらの者は、連帯債務者とする。
2　前項の場合には、第430条の規定は、適用しない。

第4目　清算人会

（清算人会の権限等）
第489条　清算人会は、すべての清算人で組織する。
2　清算人会は、次に掲げる職務を行う。
一　清算人会設置会社の業務執行の決定
二　清算人の職務の執行の監督
三　代表清算人の選定及び解職
3　清算人会は、清算人の中から代表清算人を選定しなければならない。ただし、他に代表清算人があるときは、この限りでない。
4　清算人会は、その選定した代表清算人及び第483条第4項の規定により代表清算人となった者を解職することができる。
5　第483条第5項の規定により裁判所が代表清算人を定めたときは、清

算人会は、代表清算人を選定し、又は解職することができない。

6　清算人会は、次に掲げる事項その他の重要な業務執行の決定を清算人に委任することができない。

一　重要な財産の処分及び譲受け

二　多額の借財

三　支配人その他の重要な使用人の選任及び解任

四　支店その他の重要な組織の設置、変更及び廃止

五　第676条第1号に掲げる事項その他の社債を引き受ける者の募集に関する重要な事項として法務省令で定める事項

六　清算人の職務の執行が法令及び定款に適合することを確保するための体制その他清算株式会社の業務の適正を確保するために必要なものとして法務省令で定める体制の整備

7　次に掲げる清算人は、清算人会設置会社の業務を執行する。

一　代表清算人

二　代表清算人以外の清算人であって、清算人会の決議によって清算人会設置会社の業務を執行する清算人として選定されたもの

8　第363条第2項、第364条及び第365条の規定は、清算人会設置会社について準用する。この場合において、第363条第2項中「前項各号」とあるのは「第489条第7項各号」と、「取締役は」とあるのは「清算人は」と、「取締役会」とあるのは「清算人会」と、第364条中「第353条」とあるのは「第482条第4項において準用する第353条」と、「取締役会は」とあるのは「清算人会は」と、第365条第1項中「第356条」とあるのは「第482条第4項において準用する第356条」と、「「取締役会」とあるのは「「清算人会」と、同条第2項中「第356条第1項各号」とあるのは「第482条第4項において準用する第356条第1項各号」と、「取締役は」とあるのは「清算人は」と、「取締役会に」とあるのは「清算人会に」と読み替えるものとする。

(清算人会の運営)

第490条　清算人会は、各清算人が招集する。ただし、清算人会を招集する清算人を定款又は清算人会で定めたときは、その清算人が招集する。

2　前項ただし書に規定する場合には、同項ただし書の規定により定められた清算人【1】以外の清算人は、招集権者に対し、清算人会の目的である事項を示して、清算人会の招集を請求することができる。

3　前項の規定による請求があった日から5日以内に、その請求があった日から2週間以内の日を清算人会の日とする清算人会の招集の通知が発せられない場合には、その請求をした清算人は、清算人会を招集することができる。

4　第367条及び第368条の規定は、清算人会設置会社における清算人会の招集について準用する。この場合において、第367条第1項中「監査役設置会社、監査等委員会設置会社及び指名委員会等設置会社」とあるのは「監査役設置会社」と、「取締役が」とあるのは「清算人が」と、同条第2項中「取締役（前条第1項ただし書に規定する場合にあっては、招集権者）」とあるのは「清算人（第490条第1項ただし書に規定する場合にあっては、同条第2項に規定する招集権者）」と、同条第3項及び第4項中「前条第3

【1】以下この項において「招集権者」という。

項」とあるのは「第490条第3項」と、第368条第1項中「各取締役」とあるのは「各清算人」と、同条第2項中「取締役（」とあるのは「清算人（」と、「取締役及び」とあるのは「清算人及び」と読み替えるものとする。

5　第369条から第371条までの規定は、清算人会設置会社における清算人会の決議について準用する。この場合において、第369条第1項中「取締役の」とあるのは「清算人の」と、同条第2項中「取締役」とあるのは「清算人」と、同条第3項中「取締役及び」とあるのは「清算人及び」と、同条第5項中「取締役であって」とあるのは「清算人であって」と、第370条中「取締役が」とあるのは「清算人が」と、「取締役（」とあるのは「清算人（」と、第371条第3項中「監査役設置会社、監査等委員会設置会社又は指名委員会等設置会社」とあるのは「監査役設置会社」と、同条第4項中「役員又は執行役」とあるのは「清算人又は監査役」と読み替えるものとする。

6　第372条第1項及び第2項の規定は、清算人会設置会社における清算人会への報告について準用する。この場合において、同条第1項中「取締役、会計参与、監査役又は会計監査人」とあるのは「清算人又は監査役」と、「取締役（」とあるのは「清算人（」と、「取締役及び」とあるのは「清算人及び」と、同条第2項中「第363条第2項」とあるのは「第489条第8項において準用する第363条第2項」と読み替えるものとする。

会社法

第5目　取締役等に関する規定の適用

第491条　清算株式会社については、第2章【1】、第3章、第4章第1節、第335条第2項、第343条第1項及び第2項、第345条第4項において準用する同条第3項、第359条、同章第7節及び第8節並びに第7章の規定中取締役、代表取締役、取締役会又は取締役会設置会社に関する規定は、それぞれ清算人、代表清算人、清算人会又は清算人会設置会社に関する規定として清算人、代表清算人、清算人会又は清算人会設置会社に適用があるものとする。

第3款　財産目録等

（財産目録等の作成等）

第492条　清算人【2】は、その就任後遅滞なく、清算株式会社の財産の現況を調査し、法務省令で定めるところにより、第475条各号に掲げる場合に該当することとなった日における財産目録及び貸借対照表【3】を作成しなければならない。

2　清算人会設置会社においては、財産目録等は、清算人会の承認を受けなければならない。

3　清算人は、財産目録等【4】を株主総会に提出し、又は提供し、その承認を受けなければならない。

4　清算株式会社は、財産目録等を作成した時からその本店の所在地における清算結了の登記の時までの間、当該財産目録等を保存しなければな

【1】　第155条を除く。

【2】　清算人会設置会社にあっては、第489条第7項各号に掲げる清算人

【3】　以下この条及び次条において「財産目録等」という。

【4】　前項の規定の適用がある場合にあっては、同項の承認を受けたもの

らない。

（財産目録等の提出命令）

第493条　裁判所は、申立てにより又は職権で、訴訟の当事者に対し、財産目録等の全部又は一部の提出を命ずることができる。

（貸借対照表等の作成及び保存）

第494条　清算株式会社は、法務省令で定めるところにより、各清算事務年度【1】に係る貸借対照表及び事務報告並びにこれらの附属明細書を作成しなければならない。

2　前項の貸借対照表及び事務報告並びにこれらの附属明細書は、電磁的記録をもって作成することができる。

3　清算株式会社は、第1項の貸借対照表を作成した時からその本店の所在地における清算結了の登記の時までの間、当該貸借対照表及びその附属明細書を保存しなければならない。

（貸借対照表等の監査等）

第495条　監査役設置会社【2】においては、前条第1項の貸借対照表及び事務報告並びにこれらの附属明細書は、法務省令で定めるところにより、監査役の監査を受けなければならない。

2　清算人会設置会社においては、前条第1項の貸借対照表及び事務報告並びにこれらの附属明細書【3】は、清算人会の承認を受けなければならない。

【1】　第475条各号に掲げる場合に該当することとなった日の翌日又はその後毎年その日に応当する日（応当する日がない場合にあっては、その前日）から始まる各1年の期間をいう。

【2】　監査役の監査の範囲を会計に関するものに限定する旨の定款の定めがある株式会社を含む。

【3】　前項の規定の適用がある場合にあっては、同項の監査を受けたもの

（貸借対照表等の備置き及び閲覧等）

第496条　清算株式会社は、第494条第1項に規定する各清算事務年度に係る貸借対照表及び事務報告並びにこれらの附属明細書【4】を、定時株主総会の日の1週間前の日【5】からその本店の所在地における清算結了の登記の時までの間、その本店に備え置かなければならない。

2　株主及び債権者は、清算株式会社の営業時間内は、いつでも、次に掲げる請求をすることができる。ただし、第2号又は第4号に掲げる請求をするには、当該清算株式会社の定めた費用を支払わなければならない。

一　貸借対照表等が書面をもって作成されているときは、当該書面の閲覧の請求

二　前号の書面の謄本又は抄本の交付の請求

三　貸借対照表等が電磁的記録をもって作成されているときは、当該電磁的記録に記録された事項を法務省令で定める方法により表示したものの閲覧の請求

四　前号の電磁的記録に記録された事項を電磁的方法であって清算株式会社の定めたものにより提供することの請求又はその事項を記載した書面の交付の請求

3　清算株式会社の親会社社員は、その権利を行使するため必要があるときは、裁判所の許可を得て、当該清算株式会社の貸借対照表等について前項各号に掲げる請求をすることができる。ただし、同項第2号又は第4号に掲げる請求をするには、当該

【4】　前条第1項の規定の適用がある場合にあっては、監査報告を含む。以下この条において「**貸借対照表等**」という。

【5】　第319条第1項の場合にあっては、同項の提案があった日

清算株式会社の定めた費用を支払わなければならない。

（貸借対照表等の定時株主総会への提出等）

第497条 次の各号に掲げる清算株式会社においては、清算人は、当該各号に定める貸借対照表及び事務報告を定時株主総会に提出し、又は提供しなければならない。

一 第495条第1項に規定する監査役設置会社【1】 同項の監査を受けた貸借対照表及び事務報告

二 清算人会設置会社 第495条第2項の承認を受けた貸借対照表及び事務報告

三 前2号に掲げるもの以外の清算株式会社 第494条第1項の貸借対照表及び事務報告

2 前項の規定により提出され、又は提供された貸借対照表は、定時株主総会の承認を受けなければならない。

3 清算人は、第1項の規定により提出され、又は提供された事務報告の内容を定時株主総会に報告しなければならない。

（貸借対照表等の提出命令）

第498条 裁判所は、申立てにより又は職権で、訴訟の当事者に対し、第494条第1項の貸借対照表及びその附属明細書の全部又は一部の提出を命ずることができる。

第4款 債務の弁済等

（債権者に対する公告等）

第499条 清算株式会社は、第475条各号に掲げる場合に該当することとなった後、遅滞なく、当該清算株式会社の債権者に対し、一定の期間内にその債権を申し出るべき旨を官報に公告し、かつ、知れている債権者には、各別にこれを催告しなければならない。ただし、当該期間は、2箇月を下ることができない。

2 前項の規定による公告には、当該債権者が当該期間内に申出をしないときは清算から除斥される旨を付記しなければならない。

（債務の弁済の制限）

第500条 清算株式会社は、前条第1項の期間内は、債務の弁済をすることができない。この場合において、清算株式会社は、その債務の不履行によって生じた責任を免れることができない。

2 前項の規定にかかわらず、清算株式会社は、前条第1項の期間内であっても、裁判所の許可を得て、少額の債権、清算株式会社の財産につき存する担保権によって担保される債権その他これを弁済しても他の債権者を害するおそれがない債権に係る債務について、その弁済をすることができる。この場合において、当該許可の申立ては、清算人が2人以上あるときは、その全員の同意によってしなければならない。

（条件付債権等に係る債務の弁済）

第501条 清算株式会社は、条件付債権、存続期間が不確定な債権その他その額が不確定な債権に係る債務を弁済することができる。この場合においては、これらの債権を評価させるため、裁判所に対し、鑑定人の選任の申立てをしなければならない。

2 前項の場合には、清算株式会社は、同項の鑑定人の評価に従い同項の債権に係る債務を弁済しなければならない。

3 第1項の鑑定人の選任の手続に関する費用は、清算株式会社の負担とする。当該鑑定人による鑑定のための呼出し及び質問に関する費用についても、同様とする。

【1】 清算人会設置会社を除く。

（債務の弁済前における残余財産の分配の制限）
第502条　清算株式会社は、当該清算株式会社の債務を弁済した後でなければ、その財産を株主に分配することができない。ただし、その存否又は額について争いのある債権に係る債務についてその弁済をするために必要と認められる財産を留保した場合は、この限りでない。

（清算からの除斥）
第503条　清算株式会社の債権者【1】であって第499条第1項の期間内にその債権の申出をしなかったものは、清算から除斥される。
2　前項の規定により清算から除斥された債権者は、分配がされていない残余財産に対してのみ、弁済を請求することができる。
3　清算株式会社の残余財産を株主の一部に分配した場合には、当該株主の受けた分配と同一の割合の分配を当該株主以外の株主に対してするために必要な財産は、前項の残余財産から控除する。

第5款　残余財産の分配

（残余財産の分配に関する事項の決定）
第504条　清算株式会社は、残余財産の分配をしようとするときは、清算人の決定【2】によって、次に掲げる事項を定めなければならない。
一　残余財産の種類
二　株主に対する残余財産の割当てに関する事項
2　前項に規定する場合において、残余財産の分配について内容の異なる2以上の種類の株式を発行しているときは、清算株式会社は、当該種類の株式の内容に応じ、同項第2号に掲げる事項として、次に掲げる事項を定めることができる。
一　ある種類の株式の株主に対して残余財産の割当てをしないこととするときは、その旨及び当該株式の種類
二　前号に掲げる事項のほか、残余財産の割当てについて株式の種類ごとに異なる取扱いを行うこととするときは、その旨及び当該異なる取扱いの内容
3　第1項第2号に掲げる事項についての定めは、株主【3】の有する株式の数【4】に応じて残余財産を割り当てることを内容とするものでなければならない。

（残余財産が金銭以外の財産である場合）
第505条　株主は、残余財産が金銭以外の財産であるときは、金銭分配請求権【5】を有する。この場合において、清算株式会社は、清算人の決定【6】によって、次に掲げる事項を定めなければならない。
一　金銭分配請求権を行使することができる期間
二　一定の数未満の数の株式を有する株主に対して残余財産の割当てをしないこととするときは、その旨及びその数
2　前項に規定する場合には、清算株式会社は、同項第1号の期間の末日の20日前までに、株主に対し、同

【1】知れている債権者を除く。
【2】清算人会設置会社にあっては、清算人会の決議
【3】当該清算株式会社及び前項第1号の種類の株式の株主を除く。
【4】前項第2号に掲げる事項についての定めがある場合にあっては、各種類の株式の数
【5】当該残余財産に代えて金銭を交付することを清算株式会社に対して請求する権利をいう。以下この条において同じ。
【6】清算人会設置会社にあっては、清算人会の決議

会社法

号に掲げる事項を通知しなければならない。

3　清算株式会社は、金銭分配請求権を行使した株主に対し、当該株主が割当てを受けた残余財産に代えて、当該残余財産の価額に相当する金銭を支払わなければならない。この場合においては、次の各号に掲げる場合の区分に応じ、当該各号に定める額をもって当該残余財産の価額とする。

一　当該残余財産が市場価格のある財産である場合　当該残余財産の市場価格として法務省令で定める方法により算定される額

二　前号に掲げる場合以外の場合　清算株式会社の申立てにより裁判所が定める額

（基準株式数を定めた場合の処理）

第506条　前条第1項第2号の数【1】を定めた場合には、清算株式会社は、基準株式数に満たない数の株式【2】を有する株主に対し、前条第3項後段の規定の例により基準株式数の株式を有する株主が割当てを受けた残余財産の価額として定めた額に当該基準未満株式の数の基準株式数に対する割合を乗じて得た額に相当する金銭を支払わなければならない。

第6款　清算事務の終了等

第507条　清算株式会社は、清算事務が終了したときは、遅滞なく、法務省令で定めるところにより、決算報告を作成しなければならない。

2　清算人会設置会社においては、決算報告は、清算人会の承認を受けなければならない。

3　清算人は、決算報告【3】を株主総会に提出し、又は提供し、その承認を受けなければならない。

4　前項の承認があったときは、任務を怠ったことによる清算人の損害賠償の責任は、免除されたものとみなす。ただし、清算人の職務の執行に関し不正の行為があったときは、この限りでない。

第7款　帳簿資料の保存

第508条　清算人【4】は、清算株式会社の本店の所在地における清算結了の登記の時から10年間、清算株式会社の帳簿並びにその事業及び清算に関する重要な資料【5】を保存しなければならない。

2　裁判所は、利害関係人の申立てにより、前項の清算人に代わって帳簿資料を保存する者を選任することができる。この場合においては、同項の規定は、適用しない。

3　前項の規定により選任された者は、清算株式会社の本店の所在地における清算結了の登記の時から10年間、帳簿資料を保存しなければならない。

4　第2項の規定による選任の手続に関する費用は、清算株式会社の負担とする。

第8款　適用除外等

第509条　次に掲げる規定は、清算株式会社については、適用しない。

一　第155条

二　第5章第2節第2款【6】及び第

【1】　以下この条において「**基準株式数**」という。

【2】　以下この条において「**基準未満株式**」という。

【3】　前項の規定の適用がある場合にあっては、同項の承認を受けたもの

【4】　清算人会設置会社にあっては、第489条第7項各号に掲げる清算人

【5】　以下この条において「**帳簿資料**」という。

【6】　第435条第4項、第440条第3項、第442条及び第443条を除く。

3款並びに第3節から第5節まで
三　第5編第4章及び第4章の2並びに同編第5章中株式交換、株式移転及び株式交付の手続に係る部分
2　第2章第4節の2の規定は、対象会社が清算株式会社である場合には、適用しない。
3　清算株式会社は、無償で取得する場合その他法務省令で定める場合に限り、当該清算株式会社の株式を取得することができる。

第2節　特別清算

第1款　特別清算の開始

（特別清算開始の原因）
第510条　裁判所は、清算株式会社に次に掲げる事由があると認めるときは、第514条の規定に基づき、申立てにより、当該清算株式会社に対し特別清算の開始を命ずる。
一　清算の遂行に著しい支障を来すべき事情があること。
二　債務超過【1】の疑いがあること。

（特別清算開始の申立て）
第511条　債権者、清算人、監査役又は株主は、特別清算開始の申立てをすることができる。
2　清算株式会社に債務超過の疑いがあるときは、清算人は、特別清算開始の申立てをしなければならない。

（他の手続の中止命令等）
第512条　裁判所は、特別清算開始の申立てがあった場合において、必要があると認めるときは、債権者、清算人、監査役若しくは株主の申立てにより又は職権で、特別清算開始の申立てにつき決定があるまでの間、次に掲げる手続又は処分の中止を命ずることができる。ただし、第1号に掲げる破産手続については破産手続開始の決定がされていない場合に限り、第2号に掲げる手続又は第3号に掲げる処分についてはその手続の申立人である債権者又はその処分を行う者に不当な損害を及ぼすおそれがない場合に限る。
一　清算株式会社についての破産手続
二　清算株式会社の財産に対して既にされている強制執行、仮差押え又は仮処分の手続【2】
三　清算株式会社の財産に対して既にされている共助対象外国租税【3】の請求権に基づき国税滞納処分の例によってする処分【4】
2　特別清算開始の申立てを却下する決定に対して第890条第5項の即時抗告がされたときも、前項と同様とする。

（特別清算開始の申立ての取下げの制限）
第513条　特別清算開始の申立てをした者は、特別清算開始の命令前に限り、当該申立てを取り下げることができる。この場合において、前条の規定による中止の命令、第540条第2項の規定による保全処分又は第541条第2項の規定による処分がされた後は、裁判所の許可を得なければならない。

【1】　清算株式会社の財産がその債務を完済するのに足りない状態をいう。次条第2項において同じ。
【2】　一般の先取特権その他一般の優先権がある債権に基づくものを除く。
【3】　租税条約等の実施に伴う所得税法、法人税法及び地方税法の特例等に関する法律（昭和44年法律第46号。第518条の2及び第571条第4項において「**租税条約等実施特例法**」という。）第11条第1項に規定する共助対象外国租税をいう。以下同じ。
【4】　第515条第1項において「**外国租税滞納処分**」という。

会社法

（特別清算開始の命令）

第514条 裁判所は、特別清算開始の申立てがあった場合において、特別清算開始の原因となる事由があると認めるときは、次のいずれかに該当する場合を除き、特別清算開始の命令をする。

一 特別清算の手続の費用の予納がないとき。

二 特別清算によっても清算を結了する見込みがないことが明らかであるとき。

三 特別清算によることが債権者の一般の利益に反することが明らかであるとき。

四 不当な目的で特別清算開始の申立てがされたとき、その他申立てが誠実にされたものでないとき。

（他の手続の中止等）

第515条 特別清算開始の命令があったときは、破産手続開始の申立て、清算株式会社の財産に対する強制執行、仮差押え、仮処分若しくは外国租税滞納処分又は財産開示手続【1】若しくは第三者からの情報取得手続【2】の申立てはすることができず、破産手続【3】、清算株式会社の財産に対して既にされている強制執行、仮差押え及び仮処分の手続並びに外国租税滞納処分並びに財産開示手続及び第三者からの情報取得手続は中止する。ただし、一般の先取特権その他一般の優先権がある債権に基づく強制執行、仮差押え、仮処分又は財産開示手続若しくは第三者からの情報取得手続については、この限りでない。

2 特別清算開始の命令が確定したときは、前項の規定により中止した手続又は処分は、特別清算の手続の関係においては、その効力を失う。

3 特別清算開始の命令があったときは、清算株式会社の債権者の債権【4】については、第938条第1項第2号又は第3号に規定する特別清算開始の取消しの登記又は特別清算終結の登記の日から2箇月を経過する日までの間は、時効は、完成しない。

（担保権の実行の手続等の中止命令）

第516条 裁判所は、特別清算開始の命令があった場合において、債権者の一般の利益に適合し、かつ、担保権の実行の手続等【5】の申立人に不当な損害を及ぼすおそれがないものと認めるときは、清算人、監査役、債権者若しくは株主の申立てにより又は職権で、相当の期間を定めて、担保権の実行の手続等の中止を命ずることができる。

（相殺の禁止）

第517条 協定債権を有する債権者【6】は、次に掲げる場合には、相殺をすることができない。

【1】 民事執行法（昭和54年法律第4号）第197条第1項の申立てによるものに限る。以下この項において同じ。

【2】 同法第205条第1項第1号、第206条第1項又は第207条第1項の申立てによるものに限る。以下この項において同じ。

【3】 破産手続開始の決定がされていないものに限る。

【4】 一般の先取特権その他一般の優先権がある債権、特別清算の手続のために清算株式会社に対して生じた債権及び特別清算の手続に関する清算株式会社に対する費用請求権を除く。以下この節において「**協定債権**」という。

【5】 清算株式会社の財産につき存する担保権の実行の手続、企業担保権の実行の手続又は清算株式会社の財産に対して既にされている一般の先取特権その他一般の優先権がある債権に基づく強制執行の手続をいう。以下この条において同じ。

【6】 以下この節において「**協定債権者**」という。

一　特別清算開始後に清算株式会社に対して債務を負担したとき。
二　支払不能【1】になった後に契約によって負担する債務を専ら協定債権をもってする相殺に供する目的で清算株式会社の財産の処分を内容とする契約を清算株式会社との間で締結し、又は清算株式会社に対して債務を負担する者の債務を引き受けることを内容とする契約を締結することにより清算株式会社に対して債務を負担した場合であって、当該契約の締結の当時、支払不能であったことを知っていたとき。
三　支払の停止があった後に清算株式会社に対して債務を負担した場合であって、その負担の当時、支払の停止があったことを知っていたとき。ただし、当該支払の停止があった時において支払不能でなかったときは、この限りでない。
四　特別清算開始の申立てがあった後に清算株式会社に対して債務を負担した場合であって、その負担の当時、特別清算開始の申立てがあったことを知っていたとき。

2　前項第2号から第4号までの規定は、これらの規定に規定する債務の負担が次に掲げる原因のいずれかに基づく場合には、適用しない。
一　法定の原因
二　支払不能であったこと又は支払の停止若しくは特別清算開始の申立てがあったことを協定債権者が知った時より前に生じた原因
三　特別清算開始の申立てがあった時より1年以上前に生じた原因

【1】清算株式会社が、支払能力を欠くために、その債務のうち弁済期にあるものにつき、一般的かつ継続的に弁済することができない状態をいう。以下この款において同じ。

第518条　清算株式会社に対して債務を負担する者は、次に掲げる場合には、相殺をすることができない。
一　特別清算開始後に他人の協定債権を取得したとき。
二　支払不能になった後に協定債権を取得した場合であって、その取得の当時、支払不能であったことを知っていたとき。
三　支払の停止があった後に協定債権を取得した場合であって、その取得の当時、支払の停止があったことを知っていたとき。ただし、当該支払の停止があった時において支払不能でなかったときは、この限りでない。
四　特別清算開始の申立てがあった後に協定債権を取得した場合であって、その取得の当時、特別清算開始の申立てがあったことを知っていたとき。

2　前項第2号から第4号までの規定は、これらの規定に規定する協定債権の取得が次に掲げる原因のいずれかに基づく場合には、適用しない。
一　法定の原因
二　支払不能であったこと又は支払の停止若しくは特別清算開始の申立てがあったことを清算株式会社に対して債務を負担する者が知った時より前に生じた原因
三　特別清算開始の申立てがあった時より1年以上前に生じた原因
四　清算株式会社に対して債務を負担する者と清算株式会社との間の契約

（共助対象外国租税債権者の手続参加）

第518条の2　協定債権者は、共助対象外国租税の請求権をもって特別清算の手続に参加するには、租税条約等実施特例法第11条第1項に規定する共助実施決定を得なければならない。

第2款　裁判所による監督及び調査

(裁判所による監督)

第519条　特別清算開始の命令があったときは、清算株式会社の清算は、裁判所の監督に属する。

2　裁判所は、必要があると認めるときは、清算株式会社の業務を監督する官庁に対し、当該清算株式会社の特別清算の手続について意見の陳述を求め、又は調査を嘱託することができる。

3　前項の官庁は、裁判所に対し、当該清算株式会社の特別清算の手続について意見を述べることができる。

(裁判所による調査)

第520条　裁判所は、いつでも、清算株式会社に対し、清算事務及び財産の状況の報告を命じ、その他清算の監督上必要な調査をすることができる。

(裁判所への財産目録等の提出)

第521条　特別清算開始の命令があった場合には、清算株式会社は、第492条第3項の承認があった後遅滞なく、財産目録等【1】を裁判所に提出しなければならない。ただし、財産目録等が電磁的記録をもって作成されているときは、当該電磁的記録に記録された事項を記載し、又は記録した書面又は電磁的記録を裁判所に提出しなければならない。

(調査命令)

第522条　裁判所は、特別清算開始後において、清算株式会社の財産の状況を考慮して必要があると認めるときは、清算人、監査役、債権の申出をした債権者その他清算株式会社に知れている債権者の債権の総額の10分の1以上に当たる債権を有する債権者若しくは総株主【2】の議決権の100分の3【3】以上の議決権を6箇月【4】前から引き続き有する株主若しくは発行済株式【5】の100分の3【6】以上の数の株式を6箇月【7】前から引き続き有する株主の申立てにより又は職権で、次に掲げる事項について、調査委員による調査を命ずる処分【8】をすることができる。

一　特別清算開始に至った事情

二　清算株式会社の業務及び財産の状況

三　第540条第1項の規定による保全処分をする必要があるかどうか。

四　第542条第1項の規定による保全処分をする必要があるかどうか。

五　第545条第1項に規定する役員等責任査定決定をする必要があるかどうか。

六　その他特別清算に必要な事項で裁判所の指定するもの

2　清算株式会社の財産につき担保権【9】を有する債権者がその担保権の行使によって弁済を受けることができる債権の額は、前項の債権の額

【1】　同項に規定する財産目録等をいう。以下この条において同じ。

【2】　株主総会において決議をすることができる事項の全部につき議決権を行使することができない株主を除く。

【3】　これを下回る割合を定款で定めた場合にあっては、その割合

【4】　これを下回る期間を定款で定めた場合にあっては、その期間

【5】　自己株式を除く。

【6】　これを下回る割合を定款で定めた場合にあっては、その割合

【7】　これを下回る期間を定款で定めた場合にあっては、その期間

【8】　第533条において「**調査命令**」という。

【9】　特別の先取特権、質権、抵当権又はこの法律若しくは商法の規定による留置権に限る。

に算入しない。

3　公開会社でない清算株式会社における第1項の規定の適用については、同項中「6箇月（これを下回る期間を定款で定めた場合にあっては、その期間）前から引き続き有する」とあるのは、「有する」とする。

第3款　清算人

（清算人の公平誠実義務）

第523条　特別清算が開始された場合には、清算人は、債権者、清算株式会社及び株主に対し、公平かつ誠実に清算事務を行う義務を負う。

（清算人の解任等）

第524条　裁判所は、清算人が清算事務を適切に行っていないとき、その他重要な事由があるときは、債権者若しくは株主の申立てにより又は職権で、清算人を解任することができる。

2　清算人が欠けたときは、裁判所は、清算人を選任する。

3　清算人がある場合においても、裁判所は、必要があると認めるときは、更に清算人を選任することができる。

（清算人代理）

第525条　清算人は、必要があるときは、その職務を行わせるため、自己の責任で1人又は2人以上の清算人代理を選任することができる。

2　前項の清算人代理の選任については、裁判所の許可を得なければならない。

（清算人の報酬等）

第526条　清算人は、費用の前払及び裁判所が定める報酬を受けることができる。

2　前項の規定は、清算人代理について準用する。

第4款　監督委員

（監督委員の選任等）

第527条　裁判所は、1人又は2人以上の監督委員を選任し、当該監督委員に対し、第535条第1項の許可に代わる同意をする権限を付与することができる。

2　法人は、監督委員となることができる。

（監督委員に対する監督等）

第528条　監督委員は、裁判所が監督する。

2　裁判所は、監督委員が清算株式会社の業務及び財産の管理の監督を適切に行っていないとき、その他重要な事由があるときは、利害関係人の申立てにより又は職権で、監督委員を解任することができる。

（2人以上の監督委員の職務執行）

第529条　監督委員が2人以上あるときは、共同してその職務を行う。ただし、裁判所の許可を得て、それぞれ単独にその職務を行い、又は職務を分掌することができる。

（監督委員による調査等）

第530条　監督委員は、いつでも、清算株式会社の清算人及び監査役並びに支配人その他の使用人に対し、事業の報告を求め、又は清算株式会社の業務及び財産の状況を調査することができる。

2　監督委員は、その職務を行うため必要があるときは、清算株式会社の子会社に対し、事業の報告を求め、又はその子会社の業務及び財産の状況を調査することができる。

（監督委員の注意義務）

第531条　監督委員は、善良な管理者の注意をもって、その職務を行わなければならない。

2　監督委員が前項の注意を怠ったと

きは、その監督委員は、利害関係人に対し、連帯して損害を賠償する責任を負う。

（監督委員の報酬等）

第532条 監督委員は、費用の前払及び裁判所が定める報酬を受けることができる。

2 監督委員は、その選任後、清算株式会社に対する債権又は清算株式会社の株式を譲り受け、又は譲り渡すには、裁判所の許可を得なければならない。

3 監督委員は、前項の許可を得ないで同項に規定する行為をしたときは、費用及び報酬の支払を受けることができない。

第5款 調査委員

（調査委員の選任等）

第533条 裁判所は、調査命令をする場合には、当該調査命令において、1人又は2人以上の調査委員を選任し、調査委員が調査すべき事項及び裁判所に対して調査の結果の報告をすべき期間を定めなければならない。

（監督委員に関する規定の準用）

第534条 前款【1】の規定は、調査委員について準用する。

第6款 清算株式会社の行為の制限等

（清算株式会社の行為の制限）

第535条 特別清算開始の命令があった場合には、清算株式会社が次に掲げる行為をするには、裁判所の許可を得なければならない。ただし、第527条第1項の規定により監督委員が選任されているときは、これに代わる監督委員の同意を得なければならない。

一 財産の処分【2】

二 借財

三 訴えの提起

四 和解又は仲裁合意【3】

五 権利の放棄

六 その他裁判所の指定する行為

2 前項の規定にかかわらず、同項第1号から第5号までに掲げる行為については、次に掲げる場合には、同項の許可を要しない。

一 最高裁判所規則で定める額以下の価額を有するものに関するとき。

二 前号に掲げるもののほか、裁判所が前項の許可を要しないものとしたものに関するとき。

3 第1項の許可又はこれに代わる監督委員の同意を得ないでした行為は、無効とする。ただし、これをもって善意の第三者に対抗することができない。

（事業の譲渡の制限等）

第536条 特別清算開始の命令があった場合には、清算株式会社が次に掲げる行為をするには、裁判所の許可を得なければならない。

一 事業の全部の譲渡

二 事業の重要な一部の譲渡【4】

三 その子会社の株式又は持分の全部又は一部の譲渡（次のいずれにも該当する場合における譲渡に限る。）

イ 当該譲渡により譲り渡す株式又は持分の帳簿価額が当該清算株式会社の総資産額として法務省令で定める方法により算定さ

【1】 第527条第1項及び第529条ただし書を除く。

【2】 次条第1項各号に掲げる行為を除く。

【3】 仲裁法（平成15年法律第138号）第2条第1項に規定する仲裁合意をいう。

【4】 当該譲渡により譲り渡す資産の帳簿価額が当該清算株式会社の総資産額として法務省令で定める方法により算定される額の5分の1（これを下回る割合を定款で定めた場合にあっては、その割合）を超えないものを除く。

れる額の5分の1【1】を超えるとき。

ロ　当該清算株式会社が、当該譲渡がその効力を生ずる日において当該子会社の議決権の総数の過半数の議決権を有しないとき。

2　前条第3項の規定は、前項の許可を得ないでした行為について準用する。

3　第7章【2】の規定は、特別清算の場合には、適用しない。

（債務の弁済の制限）

第537条　特別清算開始の命令があった場合には、清算株式会社は、協定債権者に対して、その債権額の割合に応じて弁済をしなければならない。

2　前項の規定にかかわらず、清算株式会社は、裁判所の許可を得て、少額の協定債権、清算株式会社の財産につき存する担保権によって担保される協定債権その他これを弁済しても他の債権者を害するおそれがない協定債権に係る債務について、債権額の割合を超えて弁済をすることができる。

（換価の方法）

第538条　清算株式会社は、民事執行法その他強制執行の手続に関する法令の規定により、その財産の換価をすることができる。この場合においては、第535条第1項第1号の規定は、適用しない。

2　清算株式会社は、民事執行法その他強制執行の手続に関する法令の規定により、第522条第2項に規定する担保権【3】の目的である財産の換価をすることができる。この場合においては、当該担保権を有する者【4】は、その換価を拒むことができない。

3　前2項の場合には、民事執行法第63条及び第129条【5】の規定は、適用しない。

4　第2項の場合において、担保権者が受けるべき金額がまだ確定していないときは、清算株式会社は、代金を別に寄託しなければならない。この場合においては、担保権は、寄託された代金につき存する。

（担保権者が処分をすべき期間の指定）

第539条　担保権者が法律に定められた方法によらないで担保権の目的である財産の処分をする権利を有するときは、裁判所は、清算株式会社の申立てにより、担保権者がその処分をすべき期間を定めることができる。

2　担保権者は、前項の期間内に処分をしないときは、同項の権利を失う。

第7款　清算の監督上必要な処分等

（清算株式会社の財産に関する保全処分）

第540条　裁判所は、特別清算開始の命令があった場合において、清算の監督上必要があると認めるときは、債権者、清算人、監査役若しくは株主の申立てにより又は職権で、清算株式会社の財産に関し、その財産の処分禁止の仮処分その他の必要な保全処分を命ずることができる。

2　裁判所は、特別清算開始の申立てがあった時から当該申立てについての決定があるまでの間においても、必要があると認めるときは、債権者、

【1】　これを下回る割合を定款で定めた場合にあっては、その割合

【2】　第467条第1項第5号を除く。

【3】　以下この条及び次条において単に「担保権」という。

【4】　以下この条及び次条において「担保権者」という。

【5】　これらの規定を同法その他強制執行の手続に関する法令において準用する場合を含む。

清算人、監査役若しくは株主の申立てにより又は職権で、前項の規定による保全処分をすることができる。特別清算開始の申立てを却下する決定に対して第890条第5項の即時抗告がされたときも、同様とする。

3　裁判所が前2項の規定により清算株式会社が債権者に対して弁済その他の債務を消滅させる行為をすることを禁止する旨の保全処分を命じた場合には、債権者は、特別清算の関係においては、当該保全処分に反してされた弁済その他の債務を消滅させる行為の効力を主張することができない。ただし、債権者が、その行為の当時、当該保全処分がされたことを知っていたときに限る。

（株主名簿の記載等の禁止）

第541条　裁判所は、特別清算開始の命令があった場合において、清算の監督上必要があると認めるときは、債権者、清算人、監査役若しくは株主の申立てにより又は職権で、清算株式会社が株主名簿記載事項を株主名簿に記載し、又は記録することを禁止することができる。

2　裁判所は、特別清算開始の申立てがあった時から当該申立てについての決定があるまでの間においても、必要があると認めるときは、債権者、清算人、監査役若しくは株主の申立てにより又は職権で、前項の規定による処分をすることができる。特別清算開始の申立てを却下する決定に対して第890条第5項の即時抗告がされたときも、同様とする。

（役員等の財産に対する保全処分）

第542条　裁判所は、特別清算開始の命令があった場合において、清算の監督上必要があると認めるときは、清算株式会社の申立てにより又は職権で、発起人、設立時取締役、設立時監査役、第423条第1項に規定する役員等又は清算人【1】の責任に基づく損害賠償請求権につき、当該対象役員等の財産に対する保全処分をすることができる。

2　裁判所は、特別清算開始の申立てがあった時から当該申立てについての決定があるまでの間においても、緊急の必要があると認めるときは、清算株式会社の申立てにより又は職権で、前項の規定による保全処分をすることができる。特別清算開始の申立てを却下する決定に対して第890条第5項の即時抗告がされたときも、同様とする。

（役員等の責任の免除の禁止）

第543条　裁判所は、特別清算開始の命令があった場合において、清算の監督上必要があると認めるときは、債権者、清算人、監査役若しくは株主の申立てにより又は職権で、対象役員等の責任の免除の禁止の処分をすることができる。

（役員等の責任の免除の取消し）

第544条　特別清算開始の命令があったときは、清算株式会社は、特別清算開始の申立てがあった後又はその前1年以内にした対象役員等の責任の免除を取り消すことができる。不正の目的によってした対象役員等の責任の免除についても、同様とする。

2　前項の規定による取消権は、訴え又は抗弁によって、行使する。

3　第1項の規定による取消権は、特別清算開始の命令があった日から2年を経過したときは、行使することができない。当該対象役員等の責任の免除の日から20年を経過したときも、同様とする。

【1】　以下この款において「**対象役員等**」という。

（役員等責任査定決定）

第545条　裁判所は、特別清算開始の命令があった場合において、必要があると認めるときは、清算株式会社の申立てにより又は職権で、対象役員等の責任に基づく損害賠償請求権の査定の裁判【1】をすることができる。

2　裁判所は、職権で役員等責任査定決定の手続を開始する場合には、その旨の決定をしなければならない。

3　第1項の申立て又は前項の決定があったときは、時効の完成猶予及び更新に関しては、裁判上の請求があったものとみなす。

4　役員等責任査定決定の手続【2】は、特別清算が終了したときは、終了する。

第8款　債権者集会

（債権者集会の招集）

第546条　債権者集会は、特別清算の実行上必要がある場合には、いつでも、招集することができる。

2　債権者集会は、次条第3項の規定により招集する場合を除き、清算株式会社が招集する。

（債権者による招集の請求）

第547条　債権の申出をした協定債権者その他清算株式会社に知れている協定債権者の協定債権の総額の10分の1以上に当たる協定債権を有する協定債権者は、清算株式会社に対し、債権者集会の目的である事項及び招集の理由を示して、債権者集会の招集を請求することができる。

2　清算株式会社の財産につき第522条第2項に規定する担保権を有する協定債権者がその担保権の行使によって弁済を受けることができる協定債権の額は、前項の協定債権の額に算入しない。

3　次に掲げる場合には、第1項の規定による請求をした協定債権者は、裁判所の許可を得て、債権者集会を招集することができる。

一　第1項の規定による請求の後遅滞なく招集の手続が行われない場合

二　第1項の規定による請求があった日から6週間以内の日を債権者集会の日とする債権者集会の招集の通知が発せられない場合

（債権者集会の招集等の決定）

第548条　債権者集会を招集する者【3】は、債権者集会を招集する場合には、次に掲げる事項を定めなければならない。

一　債権者集会の日時及び場所

二　債権者集会の目的である事項

三　債権者集会に出席しない協定債権者が電磁的方法によって議決権を行使することができることとするときは、その旨

四　前3号に掲げるもののほか、法務省令で定める事項

2　清算株式会社が債権者集会を招集する場合には、当該清算株式会社は、各協定債権について債権者集会における議決権の行使の許否及びその額を定めなければならない。

3　清算株式会社以外の者が債権者集会を招集する場合には、その招集者は、清算株式会社に対し、前項に規定する事項を定めることを請求しなければならない。この場合において、その請求があったときは、清算株式会社は、同項に規定する事項を定め

【1】以下この条において「役員等責任査定決定」という。

【2】役員等責任査定決定があった後のものを除く。

【3】以下この款において「招集者」という。

なければならない。

4　清算株式会社の財産につき第522条第2項に規定する担保権を有する協定債権者は、その担保権の行使によって弁済を受けることができる協定債権の額については、議決権を有しない。

5　協定債権者は、共助対象外国租税の請求権については、議決権を有しない。

（債権者集会の招集の通知）

第549条　債権者集会を招集するには、招集者は、債権者集会の日の2週間前までに、債権の申出をした協定債権者その他清算株式会社に知れている協定債権者及び清算株式会社に対して、書面をもってその通知を発しなければならない。

2　招集者は、前項の書面による通知の発出に代えて、政令で定めるところにより、同項の通知を受けるべき者の承諾を得て、電磁的方法により通知を発することができる。この場合において、当該招集者は、同項の書面による通知を発したものとみなす。

3　前2項の通知には、前条第1項各号に掲げる事項を記載し、又は記録しなければならない。

4　前3項の規定は、債権の申出をした債権者その他清算株式会社に知れている債権者であって一般の先取特権その他一般の優先権がある債権、特別清算の手続のために清算株式会社に対して生じた債権又は特別清算の手続に関する清算株式会社に対する費用請求権を有するものについて準用する。

（債権者集会参考書類及び議決権行使書面の交付等）

第550条　招集者は、前条第1項の通知に際しては、法務省令で定めるところにより、債権の申出をした協定債権者その他清算株式会社に知れている協定債権者に対し、当該協定債権者が有する協定債権について第548条第2項又は第3項の規定により定められた事項及び議決権の行使について参考となるべき事項を記載した書類【1】並びに協定債権者が議決権を行使するための書面【2】を交付しなければならない。

2　招集者は、前条第2項の承諾をした協定債権者に対し同項の電磁的方法による通知を発するときは、前項の規定による債権者集会参考書類及び議決権行使書面の交付に代えて、これらの書類に記載すべき事項を電磁的方法により提供することができる。ただし、協定債権者の請求があったときは、これらの書類を当該協定債権者に交付しなければならない。

第551条　招集者は、第548条第1項第3号に掲げる事項を定めた場合には、第549条第2項の承諾をした協定債権者に対する電磁的方法による通知に際して、法務省令で定めるところにより、協定債権者に対し、議決権行使書面に記載すべき事項を当該電磁的方法により提供しなければならない。

2　招集者は、第548条第1項第3号に掲げる事項を定めた場合において、第549条第2項の承諾をしていない協定債権者から債権者集会の日の1週間前までに議決権行使書面に記載すべき事項の電磁的方法による提供の請求があったときは、法務省令で定めるところにより、直ちに、当該協定債権者に対し、当該事項を電磁

【1】　次項において「債権者集会参考書類」という。

【2】　以下この款において「議決権行使書面」という。

的方法により提供しなければならない。

（債権者集会の指揮等）

第552条 債権者集会は、裁判所が指揮する。

2 債権者集会を招集しようとするときは、招集者は、あらかじめ、第548条第1項各号に掲げる事項及び同条第2項又は第3項の規定により定められた事項を裁判所に届け出なければならない。

（異議を述べられた議決権の取扱い）

第553条 債権者集会において、第548条第2項又は第3項の規定により各協定債権について定められた事項について、当該協定債権を有する者又は他の協定債権者が異議を述べたときは、裁判所がこれを定める。

（債権者集会の決議）

第554条 債権者集会において決議をする事項を可決するには、次に掲げる同意のいずれもがなければならない。

一 出席した議決権者【1】の過半数の同意

二 出席した議決権者の議決権の総額の2分の1を超える議決権を有する者の同意

2 第558条第1項の規定によりその有する議決権の一部のみを前項の事項に同意するものとして行使した議決権者【2】があるときの同項第1号の規定の適用については、当該議決権者1人につき、出席した議決権者の数に1を、同意をした議決権者の数に2分の1を、それぞれ加算するものとする。

【1】 議決権を行使することができる協定債権者をいう。以下この款及び次款において同じ。

【2】 その余の議決権を行使しなかったものを除く。

3 債権者集会は、第548条第1項第2号に掲げる事項以外の事項については、決議をすることができない。

（議決権の代理行使）

第555条 協定債権者は、代理人によってその議決権を行使することができる。この場合においては、当該協定債権者又は代理人は、代理権を証明する書面を招集者に提出しなければならない。

2 前項の代理権の授与は、債権者集会ごとにしなければならない。

3 第1項の協定債権者又は代理人は、代理権を証明する書面の提出に代えて、政令で定めるところにより、招集者の承諾を得て、当該書面に記載すべき事項を電磁的方法により提供することができる。この場合において、当該協定債権者又は代理人は、当該書面を提出したものとみなす。

4 協定債権者が第549条第2項の承諾をした者である場合には、招集者は、正当な理由がなければ、前項の承諾をすることを拒んではならない。

（書面による議決権の行使）

第556条 債権者集会に出席しない協定債権者は、書面によって議決権を行使することができる。

2 書面による議決権の行使は、議決権行使書面に必要な事項を記載し、法務省令で定める時までに当該記載をした議決権行使書面を招集者に提出して行う。

3 前項の規定により書面によって議決権を行使した議決権者は、第554条第1項及び第567条第1項の規定の適用については、債権者集会に出席したものとみなす。

（電磁的方法による議決権の行使）

第557条 電磁的方法による議決権の行使は、政令で定めるところにより、招集者の承諾を得て、法務省令で定める時までに議決権行使書面に記載すべき事項を、電磁的方法により当該招集者に提供して行う。

2　協定債権者が第549条第2項の承諾をした者である場合には、招集者は、正当な理由がなければ、前項の承諾をすることを拒んではならない。

3　第1項の規定により電磁的方法によって議決権を行使した議決権者は、第554条第1項及び第567条第1項の規定の適用については、債権者集会に出席したものとみなす。

（議決権の不統一行使）

第558条　協定債権者は、その有する議決権を統一しないで行使することができる。この場合においては、債権者集会の日の3日前までに、招集者に対してその旨及びその理由を通知しなければならない。

2　招集者は、前項の協定債権者が他人のために協定債権を有する者でないときは、当該協定債権者が同項の規定によりその有する議決権を統一しないで行使することを拒むことができる。

（担保権を有する債権者等の出席等）

第559条　債権者集会又は招集者は、次に掲げる債権者の出席を求め、その意見を聴くことができる。この場合において、債権者集会にあっては、これをする旨の決議を経なければならない。

一　第522条第2項に規定する担保権を有する債権者

二　一般の先取特権その他一般の優先権がある債権、特別清算の手続のために清算株式会社に対して生じた債権又は特別清算の手続に関する清算株式会社に対する費用請求権を有する債権者

（延期又は続行の決議）

第560条　債権者集会においてその延期又は続行について決議があった場合には、第548条【1】及び第549条の規定は、適用しない。

（議事録）

第561条　債権者集会の議事については、招集者は、法務省令で定めるところにより、議事録を作成しなければならない。

（清算人の調査結果等の債権者集会に対する報告）

第562条　特別清算開始の命令があった場合において、第492条第1項に規定する清算人が清算株式会社の財産の現況についての調査を終了して財産目録等【2】を作成したときは、清算株式会社は、遅滞なく、債権者集会を招集し、当該債権者集会に対して、清算株式会社の業務及び財産の状況の調査の結果並びに財産目録等の要旨を報告するとともに、清算の実行の方針及び見込みに関して意見を述べなければならない。ただし、債権者集会に対する報告及び意見の陳述以外の方法によりその報告すべき事項及び当該意見の内容を債権者に周知させることが適当であると認めるときは、この限りでない。

第9款　協定

（協定の申出）

第563条　清算株式会社は、債権者集会に対し、協定の申出をすることができる。

（協定の条項）

第564条　協定においては、協定債権者の権利【3】の全部又は一部の変更に関する条項を定めなければならな

【1】　第4項を除く。
【2】　同項に規定する財産目録等をいう。以下この条において同じ。
【3】　第522条第2項に規定する担保権を除く。

い。

2　協定債権者の権利の全部又は一部を変更する条項においては、債務の減免、期限の猶予その他の権利の変更の一般的基準を定めなければならない。

（協定による権利の変更）

第565条　協定による権利の変更の内容は、協定債権者の間では平等でなければならない。ただし、不利益を受ける協定債権者の同意がある場合又は少額の協定債権について別段の定めをしても衡平を害しない場合その他協定債権者の間に差を設けても衡平を害しない場合は、この限りでない。

（担保権を有する債権者等の参加）

第566条　清算株式会社は、協定案の作成に当たり必要があると認めるときは、次に掲げる債権者の参加を求めることができる。

一　第522条第2項に規定する担保権を有する債権者

二　一般の先取特権その他一般の優先権がある債権を有する債権者

（協定の可決の要件）

第567条　第554条第1項の規定にかかわらず、債権者集会において協定を可決するには、次に掲げる同意のいずれもがなければならない。

一　出席した議決権者の過半数の同意

二　議決権者の議決権の総額の3分の2以上の議決権を有する者の同意

2　第554条第2項の規定は、前項第1号の規定の適用について準用する。

（協定の認可の申立て）

第568条　協定が可決されたときは、清算株式会社は、遅滞なく、裁判所に対し、協定の認可の申立てをしなければならない。

（協定の認可又は不認可の決定）

第569条　前条の申立てがあった場合には、裁判所は、次項の場合を除き、協定の認可の決定をする。

2　裁判所は、次のいずれかに該当する場合には、協定の不認可の決定をする。

一　特別清算の手続又は協定が法律の規定に違反し、かつ、その不備を補正することができないものであるとき。ただし、特別清算の手続が法律の規定に違反する場合において、当該違反の程度が軽微であるときは、この限りでない。

二　協定が遂行される見込みがないとき。

三　協定が不正の方法によって成立するに至ったとき。

四　協定が債権者の一般の利益に反するとき。

（協定の効力発生の時期）

第570条　協定は、認可の決定の確定により、その効力を生ずる。

（協定の効力範囲）

第571条　協定は、清算株式会社及びすべての協定債権者のために、かつ、それらの者に対して効力を有する。

2　協定は、第522条第2項に規定する債権者が有する同項に規定する担保権、協定債権者が清算株式会社の保証人その他清算株式会社と共に債務を負担する者に対して有する権利及び清算株式会社以外の者が協定債権者のために提供した担保に影響を及ぼさない。

3　協定の認可の決定が確定したときは、協定債権者の権利は、協定の定めに従い、変更される。

4　前項の規定にかかわらず、共助対象外国租税の請求権についての協定による権利の変更の効力は、租税条約等実施特例法第11条第1項の規定による共助との関係においてのみ主張することができる。

（協定の内容の変更）

第572条　協定の実行上必要があるときは、協定の内容を変更することができる。この場合においては、第563条から前条までの規定を準用する。

第10款　特別清算の終了

（特別清算終結の決定）

第573条　裁判所は、特別清算開始後、次に掲げる場合には、清算人、監査役、債権者、株主又は調査委員の申立てにより、特別清算終結の決定をする。

一　特別清算が結了したとき。

二　特別清算の必要がなくなったとき。

（破産手続開始の決定）

第574条　裁判所は、特別清算開始後、次に掲げる場合において、清算株式会社に破産手続開始の原因となる事実があると認めるときは、職権で、破産法に従い、破産手続開始の決定をしなければならない。

一　協定の見込みがないとき。

二　協定の実行の見込みがないとき。

三　特別清算によることが債権者の一般の利益に反するとき。

2　裁判所は、特別清算開始後、次に掲げる場合において、清算株式会社に破産手続開始の原因となる事実があると認めるときは、職権で、破産法に従い、破産手続開始の決定をすることができる。

一　協定が否決されたとき。

二　協定の不認可の決定が確定したとき。

3　前2項の規定により破産手続開始の決定があった場合における破産法第71条第1項第4号並びに第2項第2号及び第3号、第72条第1項第4号並びに第2項第2号及び第3号、第160条【1】、第162条【2】、第163条第2項、第164条第1項【3】、第166条並びに第167条第2項【4】の規定の適用については、次の各号に掲げる区分に応じ、当該各号に定める申立てがあった時に破産手続開始の申立てがあったものとみなす。

一　特別清算開始の申立ての前に特別清算開始の命令の確定によって効力を失った破産手続における破産手続開始の申立てがある場合　当該破産手続開始の申立て

二　前号に掲げる場合以外の場合　特別清算開始の申立て

4　第1項又は第2項の規定により破産手続開始の決定があったときは、特別清算の手続のために清算株式会社に対して生じた債権及び特別清算の手続に関する清算株式会社に対する費用請求権は、財団債権とする。

第3編　持分会社

第1章　設立

（定款の作成）

第575条　**合名会社、合資会社又は合同会社**【5】を設立するには、その社員になろうとする者が定款を作成し、その全員がこれに署名し、又は記名押印しなければならない。

2　前項の定款は、電磁的記録をもって作成することができる。この場合において、当該電磁的記録に記録された情報については、法務省令で定

【1】　第1項第1号を除く。
【2】　第1項第2号を除く。
【3】　同条第2項において準用する場合を含む。
【4】　同法第170条第2項において準用する場合を含む。
【5】　以下「**持分会社**」と総称する。

める署名又は記名押印に代わる措置をとらなければならない。

（定款の記載又は記録事項）

第576条 持分会社の定款には、次に掲げる事項を記載し、又は記録しなければならない。

一　目的

二　商号

三　本店の所在地

四　社員の氏名又は名称及び住所

五　社員が無限責任社員又は有限責任社員のいずれであるかの別

六　社員の出資の目的【1】及びその価額又は評価の標準

2　設立しようとする持分会社が合名会社である場合には、前項第5号に掲げる事項として、その社員の全部を無限責任社員とする旨を記載し、又は記録しなければならない。

3　設立しようとする持分会社が合資会社である場合には、第1項第5号に掲げる事項として、その社員の一部を無限責任社員とし、その他の社員を有限責任社員とする旨を記載し、又は記録しなければならない。

4　設立しようとする持分会社が合同会社である場合には、第1項第5号に掲げる事項として、その社員の全部を有限責任社員とする旨を記載し、又は記録しなければならない。

第577条 前条に規定するもののほか、持分会社の定款には、この法律の規定により定款の定めがなければその効力を生じない事項及びその他の事項でこの法律の規定に違反しないものを記載し、又は記録することができる。

（合同会社の設立時の出資の履行）

第578条 設立しようとする持分会社が合同会社である場合には、当該合同会社の社員になろうとする者は、定款の作成後、合同会社の設立の登記をする時までに、その出資に係る金銭の全額を払い込み、又はその出資に係る金銭以外の財産の全部を給付しなければならない。ただし、合同会社の社員になろうとする者全員の同意があるときは、登記、登録その他権利の設定又は移転を第三者に対抗するために必要な行為は、合同会社の成立後にすることを妨げない。

（持分会社の成立）

第579条 持分会社は、その本店の所在地において設立の登記をすることによって成立する。

第2章　社員

第1節　社員の責任等

（社員の責任）

第580条 社員は、次に掲げる場合には、連帯して、持分会社の債務を弁済する責任を負う。

一　当該持分会社の財産をもってその債務を完済することができない場合

二　当該持分会社の財産に対する強制執行がその効を奏しなかった場合【2】

2　有限責任社員は、その出資の価額【3】を限度として、持分会社の債務を弁済する責任を負う。

（社員の抗弁）

第581条 社員が持分会社の債務を弁済する責任を負う場合には、社員は、持分会社が主張することができる抗弁をもって当該持分会社の債権者に

【1】有限責任社員にあっては、金銭等に限る。

【2】社員が、当該持分会社に弁済をする資力があり、かつ、強制執行が容易であることを証明した場合を除く。

【3】既に持分会社に対し履行した出資の価額を除く。

対抗することができる。

2　前項に規定する場合において、持分会社がその債権者に対して相殺権、取消権又は解除権を有するときは、これらの権利の行使によって持分会社がその債務を免れるべき限度において、社員は、当該債権者に対して債務の履行を拒むことができる。

（社員の出資に係る責任）

第582条　社員が金銭を出資の目的とした場合において、その出資をすることを怠ったときは、当該社員は、その利息を支払うほか、損害の賠償をしなければならない。

2　社員が債権を出資の目的とした場合において、当該債権の債務者が弁済期に弁済をしなかったときは、当該社員は、その弁済をする責任を負う。この場合においては、当該社員は、その利息を支払うほか、損害の賠償をしなければならない。

（社員の責任を変更した場合の特則）

第583条　有限責任社員が無限責任社員となった場合には、当該無限責任社員となった者は、その者が無限責任社員となる前に生じた持分会社の債務についても、無限責任社員としてこれを弁済する責任を負う。

2　有限責任社員【1】が出資の価額を減少した場合であっても、当該有限責任社員は、その旨の登記をする前に生じた持分会社の債務については、従前の責任の範囲内でこれを弁済する責任を負う。

3　無限責任社員が有限責任社員となった場合であっても、当該有限責任社員となった者は、その旨の登記をする前に生じた持分会社の債務については、無限責任社員として当該債務を弁済する責任を負う。

4　前2項の責任は、前2項の登記後2年以内に請求又は請求の予告をしない持分会社の債権者に対しては、当該登記後2年を経過した時に消滅する。

（無限責任社員となることを許された未成年者の行為能力）

第584条　持分会社の無限責任社員となることを許された未成年者は、社員の資格に基づく行為に関しては、行為能力者とみなす。

第2節　持分の譲渡等

（持分の譲渡）

第585条　社員は、**他の社員の全員の承諾**がなければ、その持分の全部又は一部を他人に譲渡することができない。

2　前項の規定にかかわらず、業務を執行しない有限責任社員は、**業務を執行する社員の全員の承諾**があるときは、その持分の全部又は一部を他人に譲渡することができる。

3　第637条の規定にかかわらず、業務を執行しない有限責任社員の持分の譲渡に伴い定款の変更を生ずるときは、その持分の譲渡による定款の変更は、業務を執行する社員の全員の同意によってすることができる。

4　前3項の規定は、定款で別段の定めをすることを妨げない。

（持分の全部の譲渡をした社員の責任）

第586条　持分の全部を他人に譲渡した社員は、その旨の**登記をする前**に生じた持分会社の債務について、従前の責任の範囲内でこれを弁済する責任を負う。

2　前項の責任は、同項の**登記後2年以内**に請求又は請求の予告をしない持分会社の債権者に対しては、当該登記後2年を経過した時に消滅する。

第587条　持分会社は、その持分の全部又は一部を譲り受けることができ

【1】　合同会社の社員を除く。

ない。

2　持分会社が当該持分会社の持分を取得した場合には、当該持分は、当該持分会社がこれを取得した時に、消滅する。

第3節　誤認行為の責任

（無限責任社員であると誤認させる行為等をした有限責任社員の責任）

第588条　合資会社の有限責任社員が自己を無限責任社員であると誤認させる行為をしたときは、当該有限責任社員は、その誤認に基づいて合資会社と取引をした者に対し、無限責任社員と同一の責任を負う。

2　合資会社又は合同会社の有限責任社員がその責任の限度を誤認させる行為【1】をしたときは、当該有限責任社員は、その誤認に基づいて合資会社又は合同会社と取引をした者に対し、その誤認させた責任の範囲内で当該合資会社又は合同会社の債務を弁済する責任を負う。

（社員であると誤認させる行為をした者の責任）

第589条　合名会社又は合資会社の社員でない者が自己を無限責任社員であると誤認させる行為をしたときは、当該社員でない者は、その誤認に基づいて合名会社又は合資会社と取引をした者に対し、無限責任社員と同一の責任を負う。

2　合資会社又は合同会社の社員でない者が自己を有限責任社員であると誤認させる行為をしたときは、当該社員でない者は、その誤認に基づいて合資会社又は合同会社と取引をした者に対し、その誤認させた責任の範囲内で当該合資会社又は合同会社の債務を弁済する責任を負う。

【1】　前項の行為を除く。

第3章　管理

第1節　総則

（業務の執行）

第590条　**社員**は、定款に別段の定めがある場合を除き、持分会社の業務を執行する。

2　**社員が2人以上**ある場合には、持分会社の業務は、定款に別段の定めがある場合を除き、社員の過半数をもって決定する。

3　前項の規定にかかわらず、**持分会社の常務**は、各社員が単独で行うことができる。ただし、その完了前に他の社員が**異議**を述べた場合は、この限りでない。

（業務を執行する社員を定款で定めた場合）

第591条　業務を執行する社員を定款で定めた場合において、業務を執行する社員が2人以上あるときは、持分会社の業務は、定款に別段の定めがある場合を除き、業務を執行する社員の過半数をもって決定する。この場合における前条第3項の規定の適用については、同項中「社員」とあるのは、「業務を執行する社員」とする。

2　前項の規定にかかわらず、同項に規定する場合には、支配人の選任及び解任は、社員の過半数をもって決定する。ただし、定款で別段の定めをすることを妨げない。

3　業務を執行する社員を定款で定めた場合において、その業務を執行する社員の全員が退社したときは、当該定款の定めは、その効力を失う。

4　業務を執行する社員を定款で定めた場合には、その業務を執行する社員は、正当な事由がなければ、辞任することができない。

5　前項の業務を執行する社員は、正

当な事由がある場合に限り、他の社員の一致によって解任することができる。

6　前２項の規定は、定款で別段の定めをすることを妨げない。

（社員の持分会社の業務及び財産状況に関する調査）

第**592**条　業務を執行する社員を定款で定めた場合には、**各社員**は、持分会社の業務を執行する権利を有しないときであっても、その業務及び財産の状況を調査することができる。

2　前項の規定は、定款で別段の定めをすることを妨げない。ただし、定款によっても、社員が事業年度の終了時又は重要な事由があるときに同項の規定による調査をすることを制限する旨を定めることができない。

第2節　業務を執行する社員

（業務を執行する社員と持分会社との関係）

第**593**条　業務を執行する社員は、善良な管理者の注意をもって、その職務を行う義務を負う。

2　業務を執行する社員は、法令及び定款を遵守し、持分会社のため忠実にその職務を行わなければならない。

3　業務を執行する社員は、持分会社又は他の社員の請求があるときは、いつでもその職務の執行の状況を報告し、その職務が終了した後は、遅滞なくその経過及び結果を報告しなければならない。

4　民法第646条から第650条までの規定は、業務を執行する社員と持分会社との関係について準用する。この場合において、同法第646条第1項、第648条第2項、第648条の2、第649条及び第650条中「委任事務」とあるのは「その職務」と、同法第648条第3項第1号中「委任事務」とあり、及び同項第2号中「委任」とあるのは「前項の職務」と読み替えるものとする。

5　前２項の規定は、定款で別段の定めをすることを妨げない。

（競業の禁止）

第**594**条　業務を執行する社員は、当該社員以外の社員の全員の承認を受けなければ、次に掲げる行為をしてはならない。ただし、定款に別段の定めがある場合は、この限りでない。

一　自己又は第三者のために持分会社の事業の部類に属する取引をすること。

二　持分会社の事業と同種の事業を目的とする会社の取締役、執行役又は業務を執行する社員となること。

2　業務を執行する社員が前項の規定に違反して同項第1号に掲げる行為をしたときは、当該行為によって当該業務を執行する社員又は第三者が得た利益の額は、持分会社に生じた損害の額と推定する。

（利益相反取引の制限）

第**595**条　業務を執行する社員は、次に掲げる場合には、当該取引について当該社員以外の社員の過半数の承認を受けなければならない。ただし、定款に別段の定めがある場合は、この限りでない。

一　業務を執行する社員が自己又は第三者のために持分会社と取引をしようとするとき。

二　持分会社が業務を執行する社員の債務を保証することその他社員でない者との間において持分会社と当該社員との利益が相反する取引をしようとするとき。

2　民法第108条の規定は、前項の承認を受けた同項各号の取引については、適用しない。

（業務を執行する社員の持分会社に対する損害賠償責任）

第596条 業務を執行する社員は、その任務を怠ったときは、持分会社に対し、連帯して、これによって生じた損害を賠償する責任を負う。

（業務を執行する有限責任社員の第三者に対する損害賠償責任）

第597条 業務を執行する有限責任社員がその職務を行うについて悪意又は重大な過失があったときは、当該有限責任社員は、連帯して、これによって第三者に生じた損害を賠償する責任を負う。

（法人が業務を執行する社員である場合の特則）

第598条 法人が業務を執行する社員である場合には、当該法人は、当該業務を執行する社員の職務を行うべき者を選任し、その者の氏名及び住所を他の社員に通知しなければならない。

2 第593条から前条までの規定は、前項の規定により選任された社員の職務を行うべき者について準用する。

（持分会社の代表）

第599条 **業務を執行する社員**は、持分会社を代表する。ただし、他に持分会社を代表する社員その他持分会社を代表する者を定めた場合は、この限りでない。

2 前項本文の業務を執行する社員が2人以上ある場合には、業務を執行する社員は、各自、持分会社を代表する。

3 持分会社は、**定款**又は定款の定めに基づく**社員の互選**によって、業務を執行する社員の中から持分会社を代表する社員を定めることができる。

4 持分会社を**代表する社員**は、持分会社の業務に関する一切の裁判上又は裁判外の行為をする権限を有する。

5 前項の権限に加えた制限は、善意の第三者に対抗することができない。

（持分会社を代表する社員等の行為についての損害賠償責任）

第600条 持分会社は、持分会社を代表する社員その他の代表者がその職務を行うについて第三者に加えた損害を賠償する責任を負う。

（持分会社と社員との間の訴えにおける会社の代表）

第601条 第599条第4項の規定にかかわらず、持分会社が社員に対し、又は社員が持分会社に対して訴えを提起する場合において、当該訴えについて持分会社を代表する者【1】が存しないときは、当該社員以外の社員の過半数をもって、当該訴えについて持分会社を代表する者を定めることができる。

第602条 第599条第1項の規定にかかわらず、社員が持分会社に対して社員の責任を追及する訴えの提起を請求した場合において、持分会社が当該請求の日から60日以内に当該訴えを提起しないときは、当該請求をした社員は、当該訴えについて持分会社を代表することができる。ただし、当該訴えが当該社員若しくは第三者の不正な利益を図り又は当該持分会社に損害を加えることを目的とする場合は、この限りでない。

第3節 業務を執行する社員の職務を代行する者

第603条 民事保全法第56条に規定する仮処分命令により選任された業務を執行する社員又は持分会社を代表する社員の職務を代行する者は、仮処分命令に別段の定めがある場合を除き、持分会社の常務に属しない行為をするには、裁判所の許可を得

【1】 当該社員を除く。

なければならない。

2　前項の規定に違反して行った業務を執行する社員又は持分会社を代表する社員の職務を代行する者の行為は、無効とする。ただし、持分会社は、これをもって善意の第三者に対抗することができない。

第4章　社員の加入及び退社

第1節　社員の加入

会社法

（社員の加入）

第604条　持分会社は、新たに社員を加入させることができる。

2　持分会社の社員の加入は、当該社員に係る定款の変更をした時に、その効力を生ずる。

3　前項の規定にかかわらず、合同会社が新たに社員を加入させる場合において、新たに社員となろうとする者が同項の定款の変更をした時にその出資に係る払込み又は給付の全部又は一部を履行していないときは、その者は、当該払込み又は給付を完了した時に、合同会社の社員となる。

（加入した社員の責任）

第605条　持分会社の成立後に加入した社員は、その加入前に生じた持分会社の債務についても、これを弁済する責任を負う。

第2節　社員の退社

（任意退社）

第606条　持分会社の**存続期間**を定款で定めなかった場合又はある社員の**終身の間**持分会社が存続することを定款で定めた場合には、各社員は、事業年度の終了の時において退社をすることができる。この場合においては、各社員は、**6箇月前**までに持分会社に退社の**予告**をしなければならない。

2　前項の規定は、定款で別段の定めをすることを妨げない。

3　前2項の規定にかかわらず、各社員は、**やむを得ない事由**があるときは、いつでも退社することができる。

（法定退社）

第607条　社員は、前条、第609条第1項、第642条第2項及び第845条の場合のほか、次に掲げる事由によって退社する。

一　定款で定めた事由の発生

二　総社員の同意

三　死亡

四　合併【1】

五　破産手続開始の決定

六　解散【2】

七　後見開始の審判を受けたこと。

八　除名

2　持分会社は、その社員が前項第5号から第7号までに掲げる事由の全部又は一部によっては退社しない旨を定めることができる。

（相続及び合併の場合の特則）

第608条　持分会社は、その社員が死亡した場合又は合併により消滅した場合における当該社員の相続人その他の一般承継人が当該社員の持分を承継する旨を定款で定めることができる。

2　第604条第2項の規定にかかわらず、前項の規定による定款の定めがある場合には、同項の一般承継人【3】は、同項の持分を承継した時に、当該持分を有する社員となる。

3　第1項の定款の定めがある場合には、持分会社は、同項の一般承継人が持分を承継した時に、当該一般承

【1】　合併により当該法人である社員が消滅する場合に限る。

【2】　前2号に掲げる事由によるものを除く。

【3】　社員以外のものに限る。

継人に係る定款の変更をしたものとみなす。

4　第1項の一般承継人【1】が2人以上ある場合には、各一般承継人は、連帯して当該出資に係る払込み又は給付の履行をする責任を負う。

5　第1項の一般承継人【2】が2人以上ある場合には、各一般承継人は、承継した持分についての権利を行使する者1人を定めなければ、当該持分についての権利を行使することができない。ただし、持分会社が当該権利を行使することに同意した場合は、この限りでない。

（持分の差押債権者による退社）

第609条　社員の持分を差し押さえた債権者は、事業年度の終了時において当該社員を退社させることができる。この場合においては、当該債権者は、6箇月前までに持分会社及び当該社員にその予告をしなければならない。

2　前項後段の予告は、同項の社員が、同項の債権者に対し、弁済し、又は相当の担保を提供したときは、その効力を失う。

3　第1項後段の予告をした同項の債権者は、裁判所に対し、持分の払戻しの請求権の保全に関し必要な処分をすることを申し立てることができる。

（退社に伴う定款のみなし変更）

第610条　第606条、第607条第1項、前条第1項又は第642条第2項の規定により社員が退社した場合【3】には、持分会社は、当該社員が退社した時に、当該社員に係る定款の定めを廃止する定款の変更をしたものとみなす。

（退社に伴う持分の払戻し）

第611条　**退社した社員**は、その出資の種類を問わず、その持分の払戻しを受けることができる。ただし、第608条第1項及び第2項の規定により当該社員の一般承継人が社員となった場合は、この限りでない。

2　退社した社員と持分会社との間の計算は、退社の時における持分会社の財産の状況に従ってしなければならない。

3　退社した社員の持分は、その出資の種類を問わず、金銭で払い戻すことができる。

4　退社の時にまだ完了していない事項については、その完了後に計算をすることができる。

5　社員が除名により退社した場合における第2項及び前項の規定の適用については、これらの規定中「退社の時」とあるのは、「除名の訴えを提起した時」とする。

6　前項に規定する場合には、持分会社は、除名の訴えを提起した日後の法定利率による利息をも支払わなければならない。

7　社員の持分の差押えは、持分の払戻しを請求する権利に対しても、その効力を有する。

（退社した社員の責任）

第612条　**退社した社員**は、その登記をする前に生じた持分会社の債務について、**従前の責任の範囲内**でこれを弁済する責任を負う。

2　前項の責任は、同項の**登記後2年以内**に請求又は請求の予告をしない持分会社の債権者に対しては、当該登記後2年を経過した時に消滅する。

【1】相続により持分を承継したものであって、出資に係る払込み又は給付の全部又は一部を履行していないものに限る。
【2】相続により持分を承継したものに限る。
【3】第845条の規定により社員が退社したものとみなされる場合を含む。

会社法

（商号変更の請求）
第613条　持分会社がその商号中に退社した社員の氏若しくは氏名又は名称を用いているときは、当該退社した社員は、当該持分会社に対し、その氏若しくは氏名又は名称の使用をやめることを請求することができる。

第5章　計算等

第1節　会計の原則

第614条　持分会社の会計は、一般に公正妥当と認められる企業会計の慣行に従うものとする。

第2節　会計帳簿

（会計帳簿の作成及び保存）
第615条　持分会社は、法務省令で定めるところにより、適時に、正確な会計帳簿を作成しなければならない。
2　持分会社は、会計帳簿の閉鎖の時から10年間、その会計帳簿及びその事業に関する重要な資料を保存しなければならない。

（会計帳簿の提出命令）
第616条　裁判所は、申立てにより又は職権で、訴訟の当事者に対し、会計帳簿の全部又は一部の提出を命ずることができる。

第3節　計算書類

（計算書類の作成及び保存）
第617条　持分会社は、法務省令で定めるところにより、その成立の日における貸借対照表を作成しなければならない。
2　持分会社は、法務省令で定めるところにより、各事業年度に係る計算書類【1】を作成しなければならない。
3　計算書類は、電磁的記録をもって作成することができる。
4　持分会社は、計算書類を作成した時から10年間、これを保存しなければならない。

（計算書類の閲覧等）
第618条　持分会社の社員は、当該持分会社の営業時間内は、いつでも、次に掲げる請求をすることができる。
一　計算書類が書面をもって作成されているときは、当該書面の閲覧又は謄写の請求
二　計算書類が電磁的記録をもって作成されているときは、当該電磁的記録に記録された事項を法務省令で定める方法により表示したものの閲覧又は謄写の請求
2　前項の規定は、定款で別段の定めをすることを妨げない。ただし、定款によっても、社員が事業年度の終了時に同項各号に掲げる請求をすることを制限する旨を定めることができない。

（計算書類の提出命令）
第619条　裁判所は、申立てにより又は職権で、訴訟の当事者に対し、計算書類の全部又は一部の提出を命ずることができる。

第4節　資本金の額の減少

第620条　持分会社は、損失のてん補のために、その資本金の額を減少することができる。
2　前項の規定により減少する資本金の額は、損失の額として法務省令で定める方法により算定される額を超えることができない。

第5節　利益の配当

（利益の配当）
第621条　社員は、持分会社に対し、

【1】　貸借対照表その他持分会社の財産の状況を示すために必要かつ適切なものとして法務省令で定めるものをいう。以下この章において同じ。

会社法

利益の配当を請求することができる。

2　持分会社は、利益の配当を請求する方法その他の利益の配当に関する事項を定款で定めることができる。

3　社員の持分の差押えは、利益の配当を請求する権利に対しても、その効力を有する。

（社員の損益分配の割合）

第622条　損益分配の割合について定款の定めがないときは、その割合は、各社員の出資の価額に応じて定める。

2　利益又は損失の一方についてのみ分配の割合についての定めを定款で定めたときは、その割合は、利益及び損失の分配に共通であるものと推定する。

（有限責任社員の利益の配当に関する責任）

第623条　持分会社が利益の配当により有限責任社員に対して交付した金銭等の帳簿価額【1】が当該利益の配当をする日における利益額【2】を超える場合には、当該利益の配当を受けた有限責任社員は、当該持分会社に対し、連帯して、当該配当額に相当する金銭を支払う義務を負う。

2　前項に規定する場合における同項の利益の配当を受けた有限責任社員についての第580条第2項の規定の適用については、同項中「を限度として」とあるのは、「及び第623条第1項の配当額が同項の利益額を超過する額（同項の義務を履行した額を除く。）の合計額を限度として」とする。

第6節　出資の払戻し

第624条　社員は、持分会社に対し、既に出資として払込み又は給付をした金銭等の払戻し【3】を請求することができる。この場合において、当該金銭等が金銭以外の財産であるときは、当該財産の価額に相当する金銭の払戻しを請求することを妨げない。

2　持分会社は、出資の払戻しを請求する方法その他の出資の払戻しに関する事項を定款で定めることができる。

3　社員の持分の差押えは、出資の払戻しを請求する権利に対しても、その効力を有する。

第7節　合同会社の計算等に関する特則

第1款　計算書類の閲覧に関する特則

第625条　合同会社の債権者は、当該合同会社の営業時間内は、いつでも、その計算書類【4】について第618条第1項各号に掲げる請求をすることができる。

第2款　資本金の額の減少に関する特則

（出資の払戻し又は持分の払戻しを行う場合の資本金の額の減少）

第626条　合同会社は、第620条第1項の場合のほか、出資の払戻し又は持分の払戻しのために、その資本金の額を減少することができる。

2　前項の規定により出資の払戻しのために減少する資本金の額は、第632条第2項に規定する出資払戻額から出資の払戻しをする日における

【1】以下この項において「**配当額**」という。

【2】持分会社の利益の額として法務省令で定める方法により算定される額をいう。以下この章において同じ。

【3】以下この編において「**出資の払戻し**」という。

【4】作成した日から5年以内のものに限る。

剰余金額を控除して得た額を超えてはならない。

3　第1項の規定により持分の払戻しのために減少する資本金の額は、第635条第1項に規定する持分払戻額から持分の払戻しをする日における剰余金額を控除して得た額を超えてはならない。

4　前2項に規定する「剰余金額」とは、第1号に掲げる額から第2号から第4号までに掲げる額の合計額を減じて得た額をいう【1】。

一　資産の額

二　負債の額

三　資本金の額

四　前2号に掲げるもののほか、法務省令で定める各勘定科目に計上した額の合計額

（債権者の異議）

第627条　合同会社が資本金の額を減少する場合には、当該合同会社の債権者は、当該合同会社に対し、資本金の額の減少について異議を述べることができる。

2　前項に規定する場合には、合同会社は、次に掲げる事項を官報に公告し、かつ、知れている債権者には、各別にこれを催告しなければならない。ただし、第2号の期間は、1箇月を下ることができない。

一　当該資本金の額の減少の内容

二　債権者が一定の期間内に異議を述べることができる旨

3　前項の規定にかかわらず、合同会社が同項の規定による公告を、官報のほか、第939条第1項の規定による定款の定めに従い、同項第2号又は第3号に掲げる公告方法によりするときは、前項の規定による各別の催告は、することを要しない。

4　債権者が第2項第2号の期間内に異議を述べなかったときは、当該債権者は、当該資本金の額の減少について承認をしたものとみなす。

5　債権者が第2項第2号の期間内に異議を述べたときは、合同会社は、当該債権者に対し、弁済し、若しくは相当の担保を提供し、又は当該債権者に弁済を受けさせることを目的として信託会社等に相当の財産を信託しなければならない。ただし、当該資本金の額の減少をしても当該債権者を害するおそれがないときは、この限りでない。

6　資本金の額の減少は、前各項の手続が終了した日に、その効力を生ずる。

第3款　利益の配当に関する特則

（利益の配当の制限）

第628条　合同会社は、利益の配当により社員に対して交付する金銭等の帳簿価額【2】が当該利益の配当をする日における利益額を超える場合には、当該利益の配当をすることができない。この場合においては、合同会社は、第621条第1項の規定による請求を拒むことができる。

（利益の配当に関する責任）

第629条　合同会社が前条の規定に違反して利益の配当をした場合には、当該利益の配当に関する業務を執行した社員は、当該合同会社に対し、当該利益の配当を受けた社員と連帯して、当該配当額に相当する金銭を支払う義務を負う。ただし、当該業務を執行した社員がその職務を行うについて注意を怠らなかったことを証明した場合は、この限りでない。

2　前項の義務は、免除することがで

【1】　第4款及び第5款において同じ。

【2】　以下この款において「配当額」という。

きない。ただし、利益の配当をした日における利益額を限度として当該義務を免除することについて総社員の同意がある場合は、この限りでない。

（社員に対する求償権の制限等）

第630条 前条第1項に規定する場合において、利益の配当を受けた社員は、配当額が利益の配当をした日における利益額を超えることにつき善意であるときは、当該配当額について、当該利益の配当に関する業務を執行した社員からの求償の請求に応ずる義務を負わない。

2 前条第1項に規定する場合には、合同会社の債権者は、利益の配当を受けた社員に対し、配当額【1】に相当する金銭を支払わせることができる。

3 第623条第2項の規定は、合同会社の社員については、適用しない。

（欠損が生じた場合の責任）

第631条 合同会社が利益の配当をした場合において、当該利益の配当をした日の属する事業年度の末日に欠損額【2】が生じたときは、当該利益の配当に関する業務を執行した社員は、当該合同会社に対し、当該利益の配当を受けた社員と連帯して、その欠損額【3】を支払う義務を負う。ただし、当該業務を執行した社員がその職務を行うについて注意を怠らなかったことを証明した場合は、この限りでない。

2 前項の義務は、総社員の同意がなければ、免除することができない。

第4款 出資の払戻しに関する特則

（出資の払戻しの制限）

第632条 第624条第1項の規定にかかわらず、合同会社の社員は、定款を変更してその出資の価額を減少する場合を除き、同項前段の規定による請求をすることができない。

2 合同会社が出資の払戻しにより社員に対して交付する金銭等の帳簿価額【4】が、第624条第1項前段の規定による請求をした日における剰余金額【5】又は前項の出資の価額を減少した額のいずれか少ない額を超える場合には、当該出資の払戻しをすることができない。この場合においては、合同会社は、第624条第1項前段の規定による請求を拒むことができる。

（出資の払戻しに関する社員の責任）

第633条 合同会社が前条の規定に違反して出資の払戻しをした場合には、当該出資の払戻しに関する業務を執行した社員は、当該合同会社に対し、当該出資の払戻しを受けた社員と連帯して、当該出資払戻額に相当する金銭を支払う義務を負う。ただし、当該業務を執行した社員がその職務を行うについて注意を怠らなかったことを証明した場合は、この限りでない。

2 前項の義務は、免除することができない。ただし、出資の払戻しをした日における剰余金額を限度として当該義務を免除することについて総

【1】 当該配当額が当該債権者の合同会社に対して有する債権額を超える場合にあっては、当該債権額

【2】 合同会社の欠損の額として法務省令で定める方法により算定される額をいう。以下この項において同じ。

【3】 当該欠損額が配当額を超えるときは、当該配当額

【4】 以下この款において「出資払戻額」という。

【5】 第626条第1項の資本金の額の減少をした場合にあっては、その減少をした後の剰余金額。以下この款において同じ。

社員の同意がある場合は、この限りでない。

（社員に対する求償権の制限等）

第634条　前条第1項に規定する場合において、出資の払戻しを受けた社員は、出資払戻額が出資の払戻しをした日における剰余金額を超えることにつき善意であるときは、当該出資払戻額について、当該出資の払戻しに関する業務を執行した社員からの求償の請求に応ずる義務を負わない。

2　前条第1項に規定する場合には、合同会社の債権者は、出資の払戻しを受けた社員に対し、出資払戻額【1】に相当する金銭を支払わせることができる。

第5款　退社に伴う持分の払戻しに関する特則

（債権者の異議）

第635条　合同会社が持分の払戻しにより社員に対して交付する金銭等の帳簿価額【2】が当該持分の払戻しをする日における剰余金額を超える場合には、当該合同会社の債権者は、当該合同会社に対し、持分の払戻しについて異議を述べることができる。

2　前項に規定する場合には、合同会社は、次に掲げる事項を官報に公告し、かつ、知れている債権者には、各別にこれを催告しなければならない。ただし、第2号の期間は、1箇月【3】を下ることができない。

一　当該剰余金額を超える持分の払戻しの内容

二　債権者が一定の期間内に異議を述べることができる旨

3　前項の規定にかかわらず、合同会社が同項の規定による公告を、官報のほか、第939条第1項の規定による定款の定めに従い、同項第2号又は第3号に掲げる公告方法によりするときは、前項の規定による各別の催告は、することを要しない。ただし、持分払戻額が当該合同会社の純資産額として法務省令で定める方法により算定される額を超える場合はこの限りでない。

4　債権者が第2項第2号の期間内に異議を述べなかったときは、当該債権者は、当該持分の払戻しについて承認をしたものとみなす。

5　債権者が第2項第2号の期間内に異議を述べたときは、合同会社は、当該債権者に対し、弁済し、若しくは相当の担保を提供し、又は当該債権者に弁済を受けさせることを目的として信託会社等に相当の財産を信託しなければならない。ただし、持分払戻額が当該合同会社の純資産額として法務省令で定める方法により算定される額を超えない場合において、当該持分の払戻しをしても当該債権者を害するおそれがないときは、この限りでない。

（業務を執行する社員の責任）

第636条　合同会社が前条の規定に違反して持分の払戻しをした場合には、当該持分の払戻しに関する業務を執行した社員は、当該合同会社に対し、当該持分の払戻しを受けた社員と連帯して、当該持分払戻額に相当する金銭を支払う義務を負う。ただし、持分の払戻しに関する業務を執行した社員がその職務を行うについて注

【1】　当該出資払戻額が当該債権者の合同会社に対して有する債権額を超える場合にあっては、当該債権額

【2】　以下この款において「**持分払戻額**」という。

【3】　持分払戻額が当該合同会社の純資産額として法務省令で定める方法により算定される額を超える場合にあっては、2箇月

意を怠らなかったことを証明した場合は、この限りでない。

2　前項の義務は、免除することができない。ただし、持分の払戻しをした時における剰余金額を限度として当該義務を免除することについて総社員の同意がある場合は、この限りでない。

第6章　定款の変更

(定款の変更)

第637条　持分会社は、定款に別段の定めがある場合を除き、総社員の同意によって、**定款の変更**をすることができる。

(定款の変更による持分会社の種類の変更)

第638条　**合名会社**は、次の各号に掲げる定款の変更をすることにより、当該各号に定める種類の持分会社となる。

一　**有限責任社員を加入**させる定款の変更　合資会社

二　その社員の**一部を有限責任社員**とする定款の変更　合資会社

三　その社員の**全部を有限責任社員**とする定款の変更　合同会社

2　**合資会社**は、次の各号に掲げる定款の変更をすることにより、当該各号に定める種類の持分会社となる。

一　その社員の**全部を無限責任社員**とする定款の変更　合名会社

二　その社員の**全部を有限責任社員**とする定款の変更　合同会社

3　**合同会社**は、次の各号に掲げる定款の変更をすることにより、当該各号に定める種類の持分会社となる。

一　その社員の**全部を無限責任社員**とする定款の変更　合名会社

二　**無限責任社員を加入**させる定款の変更　合資会社

三　その社員の**一部を無限責任社員**とする定款の変更　合資会社

(合資会社の社員の退社による定款のみなし変更)

第639条　合資会社の**有限責任社員が退社**したことにより当該合資会社の社員が無限責任社員のみとなった場合には、当該合資会社は、合名会社となる定款の変更をしたものとみなす。

2　合資会社の**無限責任社員が退社**したことにより当該合資会社の社員が有限責任社員のみとなった場合には、当該合資会社は、合同会社となる定款の変更をしたものとみなす。

(定款の変更時の出資の履行)

第640条　第638条第1項第3号又は第2項第2号に掲げる定款の変更をする場合において、当該定款の変更をする持分会社の社員が当該定款の変更後の合同会社に対する出資に係る払込み又は給付の全部又は一部を履行していないときは、当該定款の変更は、当該払込み及び給付が完了した日に、その効力を生ずる。

2　前条第2項の規定により合同会社となる定款の変更をしたものとみなされた場合において、社員がその出資に係る払込み又は給付の全部又は一部を履行していないときは、当該定款の変更をしたものとみなされた日から1箇月以内に、当該払込み又は給付を完了しなければならない。ただし、当該期間内に、合名会社又は合資会社となる定款の変更をした場合は、この限りでない。

第7章　解散

(解散の事由)

第641条　持分会社は、次に掲げる事由によって解散する。

一　定款で定めた**存続期間の満了**

二　定款で定めた**解散の事由**の発生

三　総社員の同意

四　社員が欠けたこと。

五　合併【1】

六　破産手続開始の決定

七　第824条第1項又は第833条第2項の規定による解散を命ずる裁判

（持分会社の継続）

第642条　持分会社は、前条第1号から第3号までに掲げる事由によって解散した場合には、次章の規定による清算が結了するまで、社員の全部又は一部の同意によって、持分会社を継続することができる。

2　前項の場合には、持分会社を継続することについて同意しなかった社員は、持分会社が継続することとなった日に、退社する。

（解散した持分会社の合併等の制限）

第643条　持分会社が解散した場合には、当該持分会社は、次に掲げる行為をすることができない。

一　合併【2】

二　吸収分割による他の会社がその事業に関して有する権利義務の全部又は一部の承継

第8章　清算

第1節　清算の開始

（清算の開始原因）

第644条　持分会社は、次に掲げる場合には、この章の定めるところにより、清算をしなければならない。

一　解散した場合【3】

二　設立の無効の訴えに係る請求を認容する判決が確定した場合

三　設立の取消しの訴えに係る請求を認容する判決が確定した場合

（清算持分会社の能力）

第645条　前条の規定により清算をする持分会社【4】は、清算の目的の範囲内において、清算が結了するまではなお存続するものとみなす。

第2節　清算人

（清算人の設置）

第646条　清算持分会社には、1人又は2人以上の清算人を置かなければならない。

（清算人の就任）

第647条　次に掲げる者は、清算持分会社の清算人となる。

一　業務を執行する社員【5】

二　定款で定める者

三　社員【6】の過半数の同意によって定める者

2　前項の規定により清算人となる者がないときは、裁判所は、利害関係人の申立てにより、清算人を選任する。

3　前2項の規定にかかわらず、第641条第4号又は第7号に掲げる事由によって解散した清算持分会社については、裁判所は、利害関係人若しくは法務大臣の申立てにより又は職権で、清算人を選任する。

4　第1項及び第2項の規定にかかわらず、第644条第2号又は第3号に掲げる場合に該当することとなった清算持分会社については、裁判所は、利害関係人の申立てにより、清算人を選任する。

【1】　合併により当該持分会社が消滅する場合に限る。

【2】　合併により当該持分会社が存続する場合に限る。

【3】　第641条第5号に掲げる事由によって解散した場合及び破産手続開始の決定により解散した場合であって当該破産手続が終了していない場合を除く。

【4】　以下「**清算持分会社**」という。

【5】　次号又は第3号に掲げる者がある場合を除く。

【6】　業務を執行する社員を定款で定めた場合にあっては、その社員

会社法

（清算人の解任）

第648条　清算人【1】は、いつでも、解任することができる。

2　前項の規定による解任は、定款に別段の定めがある場合を除き、社員の過半数をもって決定する。

3　重要な事由があるときは、裁判所は、社員その他利害関係人の申立てにより、清算人を解任することができる。

（清算人の職務）

第649条　清算人は、次に掲げる職務を行う。

一　現務の結了

二　債権の取立て及び債務の弁済

三　残余財産の分配

（業務の執行）

第650条　清算人は、清算持分会社の業務を執行する。

2　清算人が2人以上ある場合には、清算持分会社の業務は、定款に別段の定めがある場合を除き、清算人の過半数をもって決定する。

3　前項の規定にかかわらず、社員が2人以上ある場合には、清算持分会社の事業の全部又は一部の譲渡は、社員の過半数をもって決定する。

（清算人と清算持分会社との関係）

第651条　清算持分会社と清算人との関係は、委任に関する規定に従う。

2　第593条第2項、第594条及び第595条の規定は、清算人について準用する。この場合において、第594条第1項及び第595条第1項中「当該社員以外の社員」とあるのは、「社員（当該清算人が社員である場合にあっては、当該清算人以外の社員）」と読み替えるものとする。

【1】　前条第2項から第4項までの規定により裁判所が選任したものを除く。

（清算人の清算持分会社に対する損害賠償責任）

第652条　清算人は、その任務を怠ったときは、清算持分会社に対し、連帯して、これによって生じた損害を賠償する責任を負う。

（清算人の第三者に対する損害賠償責任）

第653条　清算人がその職務を行うについて悪意又は重大な過失があったときは、当該清算人は、連帯して、これによって第三者に生じた損害を賠償する責任を負う。

（法人が清算人である場合の特則）

第654条　法人が清算人である場合には、当該法人は、当該清算人の職務を行うべき者を選任し、その者の氏名及び住所を社員に通知しなければならない。

2　前3条の規定は、前項の規定により選任された清算人の職務を行うべき者について準用する。

（清算持分会社の代表）

第655条　清算人は、清算持分会社を代表する。ただし、他に清算持分会社を代表する清算人その他清算持分会社を代表する者を定めた場合は、この限りでない。

2　前項本文の清算人が2人以上ある場合には、清算人は、各自、清算持分会社を代表する。

3　清算持分会社は、定款又は定款の定めに基づく清算人【2】の互選によって、清算人の中から清算持分会社を代表する清算人を定めることができる。

4　第647条第1項第1号の規定により業務を執行する社員が清算人となる場合において、持分会社を代表する社員を定めていたときは、当該持

【2】　第647条第2項から第4項までの規定により裁判所が選任したものを除く。以下この項において同じ。

分会社を代表する社員が清算持分会社を代表する清算人となる。

5　裁判所は、第647条第2項から第4項までの規定により清算人を選任する場合には、その清算人の中から清算持分会社を代表する清算人を定めることができる。

6　第599条第4項及び第5項の規定は清算持分会社を代表する清算人について、第603条の規定は民事保全法第56条に規定する仮処分命令により選任された清算人又は清算持分会社を代表する清算人の職務を代行する者について、それぞれ準用する。

（清算持分会社についての破産手続の開始）

第656条　清算持分会社の財産がその債務を完済するのに足りないことが明らかになったときは、清算人は、直ちに破産手続開始の申立てをしなければならない。

2　清算人は、清算持分会社が破産手続開始の決定を受けた場合において、破産管財人にその事務を引き継いだときは、その任務を終了したものとする。

3　前項に規定する場合において、清算持分会社が既に債権者に支払い、又は社員に分配したものがあるときは、破産管財人は、これを取り戻すことができる。

（裁判所の選任する清算人の報酬）

第657条　裁判所は、第647条第2項から第4項までの規定により清算人を選任した場合には、清算持分会社が当該清算人に対して支払う報酬の額を定めることができる。

第3節　財産目録等

（財産目録等の作成等）

第658条　清算人は、その就任後遅滞なく、清算持分会社の財産の現況を調査し、法務省令で定めるところにより、第644条各号に掲げる場合に該当することとなった日における財産目録及び貸借対照表【1】を作成し、各社員にその内容を通知しなければならない。

2　清算持分会社は、財産目録等を作成した時からその本店の所在地における清算結了の登記の時までの間、当該財産目録等を保存しなければならない。

3　清算持分会社は、社員の請求により、毎月清算の状況を報告しなければならない。

（財産目録等の提出命令）

第659条　裁判所は、申立てにより又は職権で、訴訟の当事者に対し、財産目録等の全部又は一部の提出を命ずることができる。

第4節　債務の弁済等

（債権者に対する公告等）

第660条　清算持分会社【2】は、第644条各号に掲げる場合に該当することとなった後、遅滞なく、当該清算持分会社の債権者に対し、一定の期間内にその債権を申し出るべき旨を官報に公告し、かつ、知れている債権者には、各別にこれを催告しなければならない。ただし、当該期間は、2箇月を下ることができない。

2　前項の規定による公告には、当該債権者が当該期間内に申出をしないときは清算から除斥される旨を付記しなければならない。

（債務の弁済の制限）

第661条　清算持分会社は、前条第1項の期間内は、債務の弁済をすることができない。この場合において、

【1】　以下この節において「財産目録等」という。

【2】　合同会社に限る。以下この項及び次条において同じ。

清算持分会社は、その債務の不履行によって生じた責任を免れることができない。

2　前項の規定にかかわらず、清算持分会社は、前条第１項の期間内であっても、裁判所の許可を得て、少額の債権、清算持分会社の財産につき存する担保権によって担保される債権その他これを弁済しても他の債権者を害するおそれがない債権に係る債務について、その弁済をすることができる。この場合において、当該許可の申立ては、清算人が２人以上あるときは、その全員の同意によってしなければならない。

（条件付債権等に係る債務の弁済）

第662条　清算持分会社は、条件付債権、存続期間が不確定な債権その他その額が不確定な債権に係る債務を弁済することができる。この場合においては、これらの債権を評価させるため、裁判所に対し、鑑定人の選任の申立てをしなければならない。

2　前項の場合には、清算持分会社は、同項の鑑定人の評価に従い同項の債権に係る債務を弁済しなければならない。

3　第１項の鑑定人の選任の手続に関する費用は、清算持分会社の負担とする。当該鑑定人による鑑定のための呼出し及び質問に関する費用についても、同様とする。

（出資の履行の請求）

第663条　清算持分会社に現存する財産がその債務を完済するのに足りない場合において、その出資の全部又は一部を履行していない社員があるときは、当該出資に係る定款の定めにかかわらず、当該清算持分会社は、当該社員に出資させることができる。

（債務の弁済前における残余財産の分配の制限）

第664条　清算持分会社は、当該清算持分会社の債務を弁済した後でなければ、その財産を社員に分配することができない。ただし、その存否又は額について争いのある債権に係る債務についてその弁済をするために必要と認められる財産を留保した場合は、この限りでない。

（清算からの除斥）

第665条　清算持分会社【1】の債権者【2】であって第660条第１項の期間内にその債権の申出をしなかったものは、清算から除斥される。

2　前項の規定により清算から除斥された債権者は、分配がされていない残余財産に対してのみ、弁済を請求することができる。

3　清算持分会社の残余財産を社員の一部に分配した場合には、当該社員の受けた分配と同一の割合の分配を当該社員以外の社員に対してするために必要な財産は、前項の残余財産から控除する。

第５節　残余財産の分配

（残余財産の分配の割合）

第666条　残余財産の分配の割合について定款の定めがないときは、その割合は、各社員の出資の価額に応じて定める。

第６節　清算事務の終了等

第667条　清算持分会社は、清算事務が終了したときは、遅滞なく、清算に係る計算をして、社員の承認を受けなければならない。

2　社員が１箇月以内に前項の計算に

【1】　合同会社に限る。以下この条において同じ。

【2】　知れている債権者を除く。

ついて異議を述べなかったときは、社員は、当該計算の承認をしたものとみなす。ただし、清算人の職務の執行に不正の行為があったときは、この限りでない。

第7節　任意清算

（財産の処分の方法）

第668条　持分会社【1】は、定款又は総社員の同意によって、当該持分会社が第641条第1号から第3号までに掲げる事由によって解散した場合における当該持分会社の財産の処分の方法を定めることができる。

2　第2節から前節までの規定は、前項の財産の処分の方法を定めた持分会社については、適用しない。

（財産目録等の作成）

第669条　前条第1項の財産の処分の方法を定めた持分会社が第641条第1号から第3号までに掲げる事由によって解散した場合には、清算持分会社【2】は、解散の日から2週間以内に、法務省令で定めるところにより、解散の日における財産目録及び貸借対照表を作成しなければならない。

2　前条第1項の財産の処分の方法を定めていない持分会社が第641条第1号から第3号までに掲げる事由によって解散した場合において、解散後に同項の財産の処分の方法を定めたときは、清算持分会社は、当該財産の処分の方法を定めた日から2週間以内に、法務省令で定めるところにより、解散の日における財産目録及び貸借対照表を作成しなければならない。

【1】　合名会社及び合資会社に限る。以下この節において同じ。

【2】　合名会社及び合資会社に限る。以下この節において同じ。

（債権者の異議）

第670条　持分会社が第668条第1項の財産の処分の方法を定めた場合には、その解散後の清算持分会社の債権者は、当該清算持分会社に対し、当該財産の処分の方法について異議を述べることができる。

2　前項に規定する場合には、清算持分会社は、解散の日【3】から2週間以内に、次に掲げる事項を官報に公告し、かつ、知れている債権者には各別にこれを催告しなければならない。ただし、第2号の期間は、1箇月を下ることができない。

一　第668条第1項の財産の処分の方法に従い清算をする旨

二　債権者が一定の期間内に異議を述べることができる旨

3　前項の規定にかかわらず、清算持分会社が同項の規定による公告を、官報のほか、第939条第1項の規定による定款の定めに従い、同項第2号又は第3号に掲げる公告方法によりするときは、前項の規定による各別の催告は、することを要しない。

4　債権者が第2項第2号の期間内に異議を述べなかったときは、当該債権者は、当該財産の処分の方法について承認をしたものとみなす。

5　債権者が第2項第2号の期間内に異議を述べたときは、清算持分会社は、当該債権者に対し、弁済し、若しくは相当の担保を提供し、又は当該債権者に弁済を受けさせることを目的として信託会社等に相当の財産を信託しなければならない。

（持分の差押債権者の同意等）

第671条　持分会社が第668条第1項の財産の処分の方法を定めた場合において、社員の持分を差し押さえた

【3】　前条第2項に規定する場合にあっては、当該財産の処分の方法を定めた日

債権者があるときは、その解散後の清算持分会社がその財産の処分をするには、その債権者の同意を得なければならない。

2　前項の清算持分会社が同項の規定に違反してその財産の処分をしたときは、社員の持分を差し押さえた債権者は、当該清算持分会社に対し、その持分に相当する金額の支払を請求することができる。

第8節　帳簿資料の保存

第672条　清算人【1】は、清算持分会社の本店の所在地における清算結了の登記の時から10年間、清算持分会社の帳簿並びにその事業及び清算に関する重要な資料【2】を保存しなければならない。

2　前項の規定にかかわらず、定款で又は社員の過半数をもって帳簿資料を保存する者を定めた場合には、その者は、清算持分会社の本店の所在地における清算結了の登記の時から10年間、帳簿資料を保存しなければならない。

3　裁判所は、利害関係人の申立てにより、第1項の清算人又は前項の規定により帳簿資料を保存する者に代わって帳簿資料を保存する者を選任することができる。この場合においては、前2項の規定は、適用しない。

4　前項の規定により選任された者は、清算持分会社の本店の所在地における清算結了の登記の時から10年間、帳簿資料を保存しなければならない。

5　第3項の規定による選任の手続に関する費用は、清算持分会社の負担とする。

【1】　第668条第1項の財産の処分の方法を定めた場合にあっては、清算持分会社を代表する社員

【2】　以下この条において「帳簿資料」という。

第9節　社員の責任の消滅時効

第673条　第580条に規定する社員の責任は、清算持分会社の本店の所在地における解散の登記をした後5年以内に請求又は請求の予告をしない清算持分会社の債権者に対しては、その登記後5年を経過した時に消滅する。

2　前項の期間の経過後であっても、社員に分配していない残余財産があるときは、清算持分会社の債権者は、清算持分会社に対して弁済を請求することができる。

第10節　適用除外等

（適用除外）

第674条　次に掲げる規定は、清算持分会社については、適用しない。

一　第4章第1節

二　第606条、第607条第1項【3】及び第609条

三　第5章第3節【4】から第6節まで及び第7節第2款

四　第638条第1項第3号及び第2項第2号

（相続及び合併による退社の特則）

第675条　清算持分会社の社員が死亡した場合又は合併により消滅した場合には、第608条第1項の定款の定めがないときであっても、当該社員の相続人その他の一般承継人は、当該社員の持分を承継する。この場合においては、同条第4項及び第5項の規定を準用する。

【3】　第3号及び第4号を除く。

【4】　第617条第4項、第618条及び第619条を除く。

第4編　社債

第1章　総則

（募集社債に関する事項の決定）

第676条　会社は、その発行する社債を引き受ける者の募集をしようとするときは、その都度、募集社債【1】について次に掲げる事項を定めなければならない。

一　募集社債の総額
二　各募集社債の金額
三　募集社債の利率
四　募集社債の償還の方法及び期限
五　利息支払の方法及び期限
六　社債券を発行するときは、その旨
七　社債権者が第698条の規定による請求の全部又は一部をすることができないこととするときは、その旨
七の二　社債管理者を定めないこととするときは、その旨
八　社債管理者が社債権者集会の決議によらずに第706条第1項第2号に掲げる行為をすることができることとするときは、その旨
八の二　社債管理補助者を定めることとするときは、その旨
九　各募集社債の払込金額【2】若しくはその最低金額又はこれらの算定方法
十　募集社債と引換えにする金銭の払込みの期日
十一　一定の日までに募集社債の総額について割当てを受ける者を定めていない場合において、募集社債の全部を発行しないこととするときは、その旨及びその一定の日
十二　前各号に掲げるもののほか、法務省令で定める事項

（募集社債の申込み）

第677条　会社は、前条の募集に応じて募集社債の引受けの申込みをしようとする者に対し、次に掲げる事項を通知しなければならない。

一　会社の商号
二　当該募集に係る前条各号に掲げる事項
三　前2号に掲げるもののほか、法務省令で定める事項

2　前条の募集に応じて募集社債の引受けの申込みをする者は、次に掲げる事項を記載した書面を会社に交付しなければならない。

一　申込みをする者の氏名又は名称及び住所
二　引き受けようとする募集社債の金額及び金額ごとの数
三　会社が前条第9号の最低金額を定めたときは、希望する払込金額

3　前項の申込みをする者は、同項の書面の交付に代えて、政令で定めるところにより、会社の承諾を得て、同項の書面に記載すべき事項を電磁的方法により提供することができる。この場合において、当該申込みをした者は、同項の書面を交付したものとみなす。

4　第1項の規定は、会社が同項各号に掲げる事項を記載した金融商品取引法第2条第10項に規定する目論見書を第1項の申込みをしようとする者に対して交付している場合その他募集社債の引受けの申込みをしようとする者の保護に欠けるおそれがないものとして法務省令で定める場合には、適用しない。

5　会社は、第1項各号に掲げる事項

【1】　当該募集に応じて当該社債の引受けの申込みをした者に対して割り当てる社債をいう。以下この編において同じ。
【2】　各募集社債と引換えに払い込む金銭の額をいう。以下この章において同じ。

について変更があったときは、直ちに、その旨及び当該変更があった事項を第2項の申込みをした者【1】に通知しなければならない。

6　会社が申込者に対してする通知又は催告は、第2項第1号の住所【2】にあてて発すれば足りる。

7　前項の通知又は催告は、その通知又は催告が通常到達すべきであった時に、到達したものとみなす。

（募集社債の割当て）

第678条　会社は、申込者の中から募集社債の割当てを受ける者を定め、かつ、その者に割り当てる募集社債の金額及び金額ごとの数を定めなければならない。この場合において、会社は、当該申込者に割り当てる募集社債の金額ごとの数を、前条第2項第2号の数よりも減少することができる。

2　会社は、第676条第10号の期日の前日までに、申込者に対し、当該申込者に割り当てる募集社債の金額及び金額ごとの数を通知しなければならない。

（募集社債の申込み及び割当てに関する特則）

第679条　前2条の規定は、募集社債を引き受けようとする者がその総額の引受けを行う契約を締結する場合には、適用しない。

（募集社債の社債権者）

第680条　次の各号に掲げる者は、当該各号に定める募集社債の社債権者となる。

一　申込者　会社の割り当てた募集社債

二　前条の契約により募集社債の総額を引き受けた者　その者が引き受けた募集社債

（社債原簿）

第681条　会社は、社債を発行した日以後遅滞なく、社債原簿を作成し、これに次に掲げる事項【3】を記載し、又は記録しなければならない。

一　第676条第3号から第8号の2までに掲げる事項その他の社債の内容を特定するものとして法務省令で定める事項【4】

二　種類ごとの社債の総額及び各社債の金額

三　各社債と引換えに払い込まれた金銭の額及び払込みの日

四　社債権者【5】の氏名又は名称及び住所

五　前号の社債権者が各社債を取得した日

六　社債券を発行したときは、社債券の番号、発行の日、社債券が記名式か、又は無記名式かの別及び無記名式の社債券の数

七　前各号に掲げるもののほか、法務省令で定める事項

（社債原簿記載事項を記載した書面の交付等）

第682条　社債権者【6】は、社債を発行した会社【7】に対し、当該社債権者についての社債原簿に記載され、若しくは記録された社債原簿記載事項を記載した書面の交付又は当該社債原簿記載事項を記録した電磁的記録の提供を請求することができる。

2　前項の書面には、社債発行会社の

【1】以下この章において「**申込者**」という。

【2】当該申込者が別に通知又は催告を受ける場所又は連絡先を当該会社に通知した場合にあっては、その場所又は連絡先

【3】以下この章において「**社債原簿記載事項**」という。

【4】以下この編において「**種類**」という。

【5】無記名社債（無記名式の社債券が発行されている社債をいう。以下この編において同じ。）の社債権者を除く。

【6】無記名社債の社債権者を除く。

【7】以下この編において「**社債発行会社**」という。

会社法

代表者が署名し、又は記名押印しなければならない。

3　第1項の電磁的記録には、社債発行会社の代表者が法務省令で定める署名又は記名押印に代わる措置をとらなければならない。

4　前3項の規定は、当該社債について社債券を発行する旨の定めがある場合には、適用しない。

（社債原簿管理人）

第683条　会社は、社債原簿管理人【1】を定め、当該事務を行うことを委託することができる。

（社債原簿の備置き及び閲覧等）

第684条　社債発行会社は、社債原簿をその本店【2】に備え置かなければならない。

2　社債権者その他の法務省令で定める者は、社債発行会社の営業時間内は、いつでも、次に掲げる請求をすることができる。この場合においては、当該請求の理由を明らかにしてしなければならない。

一　社債原簿が書面をもって作成されているときは、当該書面の閲覧又は謄写の請求

二　社債原簿が電磁的記録をもって作成されているときは、当該電磁的記録に記録された事項を法務省令で定める方法により表示したものの閲覧又は謄写の請求

3　社債発行会社は、前項の請求があったときは、次のいずれかに該当する場合を除き、これを拒むことができない。

一　当該請求を行う者がその権利の確保又は行使に関する調査以外の目的で請求を行ったとき。

二　当該請求を行う者が社債原簿の閲覧又は謄写によって知り得た事実を利益を得て第三者に通報するため請求を行ったとき。

三　当該請求を行う者が、過去2年以内において、社債原簿の閲覧又は謄写によって知り得た事実を利益を得て第三者に通報したことがあるものであるとき。

4　社債発行会社が株式会社である場合には、当該社債発行会社の親会社社員は、その権利を行使するため必要があるときは、裁判所の許可を得て、当該社債発行会社の社債原簿について第2項各号に掲げる請求をすることができる。この場合においては、当該請求の理由を明らかにしてしなければならない。

5　前項の親会社社員について第3項各号のいずれかに規定する事由があるときは、裁判所は、前項の許可をすることができない。

（社債権者に対する通知等）

第685条　社債発行会社が社債権者に対してする通知又は催告は、社債原簿に記載し、又は記録した当該社債権者の住所【3】にあてて発すれば足りる。

2　前項の通知又は催告は、その通知又は催告が通常到達すべきであった時に、到達したものとみなす。

3　社債が2以上の者の共有に属するときは、共有者は、社債発行会社が社債権者に対してする通知又は催告を受領する者1人を定め、当該社債発行会社に対し、その者の氏名又は名称を通知しなければならない。こ

【1】　会社に代わって社債原簿の作成及び備置きその他の社債原簿に関する事務を行う者をいう。以下同じ。

【2】　社債原簿管理人がある場合にあっては、その営業所

【3】　当該社債権者が別に通知又は催告を受ける場所又は連絡先を当該社債発行会社に通知した場合にあっては、その場所又は連絡先

の場合においては、その者を社債権者とみなして、前２項の規定を適用する。

4　前項の規定による共有者の通知がない場合には、社債発行会社が社債の共有者に対してする通知又は催告は、そのうちの１人に対してすれば足りる。

5　前各項の規定は、第720条第１項の通知に際して社債権者に書面を交付し、又は当該書面に記載すべき事項を電磁的方法により提供する場合について準用する。この場合において、第２項中「到達したもの」とあるのは、「当該書面の交付又は当該事項の電磁的方法による提供があったもの」と読み替えるものとする。

（共有者による権利の行使）

第686条　社債が２以上の者の共有に属するときは、共有者は、当該社債についての権利を行使する者１人を定め、会社に対し、その者の氏名又は名称を通知しなければ、当該社債についての権利を行使することができない。ただし、会社が当該権利を行使することに同意した場合は、この限りでない。

（社債券を発行する場合の社債の譲渡）

第687条　社債券を発行する旨の定めがある社債の譲渡は、当該社債に係る社債券を交付しなければ、その効力を生じない。

（社債の譲渡の対抗要件）

第688条　社債の譲渡は、その社債を取得した者の氏名又は名称及び住所を社債原簿に記載し、又は記録しなければ、社債発行会社その他の第三者に対抗することができない。

2　当該社債について社債券を発行する旨の定めがある場合における前項の規定の適用については、同項中「社債発行会社その他の第三者」とあるのは、「社債発行会社」とする。

3　前２項の規定は、無記名社債については、適用しない。

（権利の推定等）

第689条　社債券の占有者は、当該社債券に係る社債についての権利を適法に有するものと推定する。

2　社債券の交付を受けた者は、当該社債券に係る社債についての権利を取得する。ただし、その者に悪意又は重大な過失があるときは、この限りでない。

（社債権者の請求によらない社債原簿記載事項の記載又は記録）

第690条　社債発行会社は、次の各号に掲げる場合には、当該各号の社債の社債権者に係る社債原簿記載事項を社債原簿に記載し、又は記録しなければならない。

一　当該社債発行会社の社債を取得した場合

二　当該社債発行会社が有する自己の社債を処分した場合

2　前項の規定は、無記名社債については、適用しない。

（社債権者の請求による社債原簿記載事項の記載又は記録）

第691条　社債を社債発行会社以外の者から取得した者【1】は、当該社債発行会社に対し、当該社債に係る社債原簿記載事項を社債原簿に記載し、又は記録することを請求することができる。

2　前項の規定による請求は、利害関係人の利益を害するおそれがないものとして法務省令で定める場合を除き、その取得した社債の社債権者として社債原簿に記載され、若しくは記録された者又はその相続人その他の一般承継人と共同してしなければならない。

【1】　当該社債発行会社を除く。

3　前2項の規定は、無記名社債については、適用しない。

（社債券を発行する場合の社債の質入れ）

第692条　社債券を発行する旨の定めがある社債の質入れは、当該社債に係る社債券を交付しなければ、その効力を生じない。

（社債の質入れの対抗要件）

第693条　社債の質入れは、その質権者の氏名又は名称及び住所を社債原簿に記載し、又は記録しなければ、社債発行会社その他の第三者に対抗することができない。

2　前項の規定にかかわらず、社債券を発行する旨の定めがある社債の質権者は、継続して当該社債に係る社債券を占有しなければ、その質権をもって社債発行会社その他の第三者に対抗することができない。

（質権に関する社債原簿の記載等）

第694条　社債に質権を設定した者は、社債発行会社に対し、次に掲げる事項を社債原簿に記載し、又は記録することを請求することができる。

一　質権者の氏名又は名称及び住所

二　質権の目的である社債

2　前項の規定は、社債券を発行する旨の定めがある場合には、適用しない。

（質権に関する社債原簿の記載事項を記載した書面の交付等）

第695条　前条第1項各号に掲げる事項が社債原簿に記載され、又は記録された質権者は、社債発行会社に対し、当該質権者についての社債原簿に記載され、若しくは記録された同項各号に掲げる事項を記載した書面の交付又は当該事項を記録した電磁的記録の提供を請求することができる。

2　前項の書面には、社債発行会社の代表者が署名し、又は記名押印しなければならない。

3　第1項の電磁的記録には、社債発行会社の代表者が法務省令で定める署名又は記名押印に代わる措置をとらなければならない。

（信託財産に属する社債についての対抗要件等）

第695条の2　社債については、当該社債が信託財産に属する旨を社債原簿に記載し、又は記録しなければ、当該社債が信託財産に属することを社債発行会社その他の第三者に対抗することができない。

2　第681条第4号の社債権者は、その有する社債が信託財産に属するときは、社債発行会社に対し、その旨を社債原簿に記載し、又は記録することを請求することができる。

3　社債原簿に前項の規定による記載又は記録がされた場合における第682条第1項及び第690条第1項の規定の適用については、第682条第1項中「記録された社債原簿記載事項」とあるのは「記録された社債原簿記載事項（当該社債権者の有する社債が信託財産に属する旨を含む。）」と、第690条第1項中「社債原簿記載事項」とあるのは「社債原簿記載事項（当該社債権者の有する社債が信託財産に属する旨を含む。）」とする。

4　前3項の規定は、社債券を発行する旨の定めがある社債については、適用しない。

（社債券の発行）

第696条　社債発行会社は、社債券を発行する旨の定めがある社債を発行した日以後遅滞なく、当該社債に係る社債券を発行しなければならない。

（社債券の記載事項）

第697条　社債券には、次に掲げる事項及びその番号を記載し、社債発行会社の代表者がこれに署名し、又は記名押印しなければならない。
一　社債発行会社の商号
二　当該社債券に係る社債の金額
三　当該社債券に係る社債の種類
2　社債券には、利札を付することができる。

（記名式と無記名式との間の転換）
第698条　社債券が発行されている社債の社債権者は、第676条第7号に掲げる事項についての定めによりすることができないこととされている場合を除き、いつでも、その記名式の社債券を無記名式とし、又はその無記名式の社債券を記名式とすることを請求することができる。

（社債券の喪失）
第699条　社債券は、非訟事件手続法第100条に規定する公示催告手続によって無効とすることができる。
2　社債券を喪失した者は、非訟事件手続法第106条第1項に規定する除権決定を得た後でなければ、その再発行を請求することができない。

（利札が欠けている場合における社債の償還）
第700条　社債発行会社は、社債券が発行されている社債をその償還の期限前に償還する場合において、これに付された利札が欠けているときは、当該利札に表示される社債の利息の請求権の額を償還額から控除しなければならない。ただし、当該請求権が弁済期にある場合は、この限りでない。
2　前項の利札の所持人は、いつでも、社債発行会社に対し、これと引換えに同項の規定により控除しなければならない額の支払を請求することができる。

（社債の償還請求権等の消滅時効）
第701条　社債の償還請求権は、これを行使することができる時から10年間行使しないときは、時効によって消滅する。
2　社債の利息の請求権及び前条第2項の規定による請求権は、これらを行使することができる時から5年間行使しないときは、時効によって消滅する。

第2章　社債管理者

（社債管理者の設置）
第702条　会社は、社債を発行する場合には、社債管理者を定め、社債権者のために、弁済の受領、債権の保全その他の**社債の管理を行うことを委託**しなければならない。ただし、各社債の金額が1億円以上である場合その他社債権者の保護に欠けるおそれがないものとして法務省令で定める場合は、この限りでない。

（社債管理者の資格）
第703条　社債管理者は、次に掲げる者でなければならない。
一　銀行
二　信託会社
三　前2号に掲げるもののほか、これらに準ずるものとして法務省令で定める者

（社債管理者の義務）
第704条　社債管理者は、社債権者のために、公平かつ誠実に社債の管理を行わなければならない。
2　社債管理者は、社債権者に対し、善良な管理者の注意をもって社債の管理を行わなければならない。

（社債管理者の権限等）
第705条　**社債管理者**は、社債権者のために社債に係る債権の弁済を受け、又は社債に係る**債権の実現を保全**するために必要な一切の裁判上又は裁判外の行為をする権限を有する。
2　社債管理者が前項の弁済を受けた場合には、社債権者は、その社債管理者に対し、社債の償還額及び利息

の支払を請求することができる。この場合において、社債券を発行する旨の定めがあるときは、社債権者は、社債券と引換えに当該償還額の支払を、利札と引換えに当該利息の支払を請求しなければならない。

3　前項前段の規定による請求権は、これを行使することができる時から10年間行使しないときは、時効によって消滅する。

4　社債管理者は、その管理の委託を受けた社債につき第1項の行為をするために必要があるときは、裁判所の許可を得て、社債発行会社の業務及び財産の状況を調査することができる。

第706条　社債管理者は、社債権者集会の決議によらなければ、次に掲げる行為をしてはならない。ただし、第2号に掲げる行為については、第676条第8号に掲げる事項についての定めがあるときは、この限りでない。

一　当該社債の全部についてするその支払の猶予、その債務若しくはその債務の不履行によって生じた責任の免除又は和解【1】

二　当該社債の全部についてする訴訟行為又は破産手続、再生手続、更生手続若しくは特別清算に関する手続に属する行為【2】

2　社債管理者は、前項ただし書の規定により社債権者集会の決議によらずに同項第2号に掲げる行為をしたときは、遅滞なく、その旨を公告し、かつ、知れている社債権者には、各別にこれを通知しなければならない。

3　前項の規定による公告は、社債発行会社における公告の方法によりしなければならない。ただし、その方法が電子公告であるときは、その公告は、官報に掲載する方法でしなければならない。

4　社債管理者は、その管理の委託を受けた社債につき第1項各号に掲げる行為をするために必要があるときは、裁判所の許可を得て、社債発行会社の業務及び財産の状況を調査することができる。

（特別代理人の選任）

第707条　社債権者と社債管理者との利益が相反する場合において、社債権者のために裁判上又は裁判外の行為をする必要があるときは、裁判所は、社債権者集会の申立てにより、特別代理人を選任しなければならない。

（社債管理者等の行為の方式）

第708条　社債管理者又は前条の特別代理人が社債権者のために裁判上又は裁判外の行為をするときは、個別の社債権者を表示することを要しない。

（2以上の社債管理者がある場合の特則）

第709条　2以上の社債管理者があるときは、これらの者が共同してその権限に属する行為をしなければならない。

2　前項に規定する場合において、社債管理者が第705条第1項の弁済を受けたときは、社債管理者は、社債権者に対し、連帯して、当該弁済の額を支払う義務を負う。

（社債管理者の責任）

第710条　社債管理者は、この法律又は社債権者集会の決議に違反する行為をしたときは、社債権者に対し、連帯して、これによって生じた損害を賠償する責任を負う。

2　社債管理者は、社債発行会社が社債の償還若しくは利息の支払を怠り、若しくは社債発行会社について支払

【1】　次号に掲げる行為を除く。
【2】　前条第1項の行為を除く。

の停止があった後又はその前3箇月以内に、次に掲げる行為をしたときは、社債権者に対し、損害を賠償する責任を負う。ただし、当該社債管理者が誠実にすべき社債の管理を怠らなかったこと又は当該損害が当該行為によって生じたものでないことを証明したときは、この限りでない。

一　当該社債管理者の債権に係る債務について社債発行会社から担保の供与又は債務の消滅に関する行為を受けること。

二　当該社債管理者と法務省令で定める特別の関係がある者に対して当該社債管理者の債権を譲り渡すこと【1】。

三　当該社債管理者が社債発行会社に対する債権を有する場合において、契約によって負担する債務を専ら当該債権をもってする相殺に供する目的で社債発行会社の財産の処分を内容とする契約を社債発行会社との間で締結し、又は社債発行会社に対して債務を負担する者の債務を引き受けることを内容とする契約を締結し、かつ、これにより社債発行会社に対し負担した債務と当該債権とを相殺すること。

四　当該社債管理者が社債発行会社に対して債務を負担する場合において、社債発行会社に対する債権を譲り受け、かつ、当該債務と当該債権とを相殺すること。

（社債管理者の辞任）

第711条　社債管理者は、社債発行会社及び社債権者集会の同意を得て辞任することができる。この場合において、他に社債管理者がないときは、当該社債管理者は、あらかじめ、事務を承継する社債管理者を定めなければならない。

2　前項の規定にかかわらず、社債管理者は、第702条の規定による委託に係る契約に定めた事由があるときは、辞任することができる。ただし、当該契約に事務を承継する社債管理者に関する定めがないときは、この限りでない。

3　第1項の規定にかかわらず、社債管理者は、やむを得ない事由があるときは、裁判所の許可を得て、辞任することができる。

（社債管理者が辞任した場合の責任）

第712条　第710条第2項の規定は、社債発行会社が社債の償還若しくは利息の支払を怠り、若しくは社債発行会社について支払の停止があった後又はその前3箇月以内に前条第2項の規定により辞任した社債管理者について準用する。

（社債管理者の解任）

第713条　裁判所は、社債管理者がその義務に違反したとき、その事務処理に不適任であるときその他正当な理由があるときは、社債発行会社又は社債権者集会の申立てにより、当該社債管理者を解任することができる。

（社債管理者の事務の承継）

第714条　社債管理者が次のいずれかに該当することとなった場合において、他に社債管理者がないときは、社債発行会社は、事務を承継する社債管理者を定め、社債権者のために、社債の管理を行うことを委託しなければならない。この場合においては、社債発行会社は、社債権者集会の同意を得るため、遅滞なく、これを招集し、かつ、その同意を得ることが

【1】　当該特別の関係がある者が当該債権に係る債務について社債発行会社から担保の供与又は債務の消滅に関する行為を受けた場合に限る。

できなかったときは、その同意に代わる裁判所の許可の申立てをしなければならない。
一　第703条各号に掲げる者でなくなったとき。
二　第711条第3項の規定により辞任したとき。
三　前条の規定により解任されたとき。
四　解散したとき。
2　社債発行会社は、前項前段に規定する場合において、同項各号のいずれかに該当することとなった日後2箇月以内に、同項後段の規定による招集をせず、又は同項後段の申立てをしなかったときは、当該社債の総額について期限の利益を喪失する。
3　第1項前段に規定する場合において、やむを得ない事由があるときは、利害関係人は、裁判所に対し、事務を承継する社債管理者の選任の申立てをすることができる。
4　社債発行会社は、第1項前段の規定により事務を承継する社債管理者を定めた場合【1】又は前項の規定による事務を承継する社債管理者の選任があった場合には、遅滞なく、その旨を公告し、かつ、知れている社債権者には、各別にこれを通知しなければならない。

【1】社債権者集会の同意を得た場合を除く。

第2章の2　社債管理補助者

（社債管理補助者の設置）
第714条の2　会社は、第702条ただし書に規定する場合には、社債管理補助者を定め、社債権者のために、社債の管理の補助を行うことを委託することができる。ただし、当該社債が担保付社債である場合は、この限りでない。

（社債管理補助者の資格）
第714条の3　社債管理補助者は、第703条各号に掲げる者その他法務省令で定める者でなければならない。

（社債管理補助者の権限等）
第714条の4　社債管理補助者は、社債権者のために次に掲げる行為をする権限を有する。
一　破産手続参加、再生手続参加又は更生手続参加
二　強制執行又は担保権の実行の手続における配当要求
三　第499条第1項の期間内に債権の申出をすること。
2　社債管理補助者は、第714条の2の規定による委託に係る契約に定める範囲内において、社債権者のために次に掲げる行為をする権限を有する。
一　社債に係る債権の弁済を受けること。
二　第705条第1項の行為【2】
三　第706条第1項各号に掲げる行為
四　社債発行会社が社債の総額について期限の利益を喪失することとなる行為
3　前項の場合において、社債管理補助者は、社債権者集会の決議によらなければ、次に掲げる行為をしてはならない。
一　前項第2号に掲げる行為であって、次に掲げるもの
イ　当該社債の全部についてするその支払の請求
ロ　当該社債の全部に係る債権に基づく強制執行、仮差押え又は仮処分
ハ　当該社債の全部についてする訴訟行為又は破産手続、再生手

【2】前項各号及び前号に掲げる行為を除く。

続、更生手続若しくは特別清算に関する手続に属する行為【1】

二　前項第3号及び第4号に掲げる行為

4　社債管理補助者は、第714条の2の規定による委託に係る契約に従い、社債の管理に関する事項を社債権者に報告し、又は社債権者がこれを知ることができるようにする措置をとらなければならない。

5　第705条第2項及び第3項の規定は、第2項第1号に掲げる行為をする権限を有する社債管理補助者について準用する。

（2以上の社債管理補助者がある場合の特則）

第714条の5　2以上の社債管理補助者があるときは、社債管理補助者は、各自、その権限に属する行為をしなければならない。

2　社債管理補助者が社債権者に生じた損害を賠償する責任を負う場合において、他の社債管理補助者も当該損害を賠償する責任を負うときは、これらの者は、連帯債務者とする。

（社債管理者等との関係）

第714条の6　第702条の規定による委託に係る契約又は担保付社債信託法（明治38年法律第52号）第2条第1項に規定する信託契約の効力が生じた場合には、第714条の2の規定による委託に係る契約は、終了する。

（社債管理者に関する規定の準用）

第714条の7　第704条、第707条、第708条、第710条第1項、第711条、第713条及び第714条の規定は、社債管理補助者について準用する。この場合において、第704条中「社債の管理」とあるのは「社債の管理の補助」と、同項中「社債権者に対し、連帯して」とあるのは「社債権者に対し」と、第711条第1項中「において、他に社債管理者がないときは」とあるのは「において」と、同条第2項中「第702条」とあるのは「第714条の2」と、第714条第1項中「において、他に社債管理者がないときは」とあるのは「には」と、「社債の管理」とあるのは「社債の管理の補助」と、「第703条各号に掲げる」とあるのは「第714条の3に規定する」と、「解散した」とあるのは「死亡し、又は解散した」と読み替えるものとする。

【1】イ及びロに掲げる行為を除く。

第3章　社債権者集会

（社債権者集会の構成）

第715条　社債権者は、社債の種類ごとに社債権者集会を組織する。

（社債権者集会の権限）

第716条　社債権者集会は、この法律に規定する事項及び社債権者の利害に関する事項について決議をすることができる。

（社債権者集会の招集）

第717条　社債権者集会は、必要がある場合には、いつでも、招集することができる。

2　社債権者集会は、次項又は次条第3項の規定により招集する場合を除き、社債発行会社又は社債管理者が招集する。

3　次に掲げる場合には、社債管理補助者は、社債権者集会を招集することができる。

一　次条第1項の規定による請求があった場合

二　第714条の7において準用する第711条第1項の社債権者集会の同意を得るため必要がある場合

（社債権者による招集の請求）

第718条　ある種類の社債の総額【2】の10分の1以上に当たる社債を有

【2】償還済みの額を除く。

する社債権者は、社債発行会社、社債管理者又は社債管理補助者に対し、社債権者集会の目的である事項及び招集の理由を示して、社債権者集会の招集を請求することができる。
2　社債発行会社が有する自己の当該種類の社債の金額の合計額は、前項に規定する社債の総額に算入しない。
3　次に掲げる場合には、第１項の規定による請求をした社債権者は、裁判所の許可を得て、社債権者集会を招集することができる。
一　第１項の規定による請求の後遅滞なく招集の手続が行われない場合
二　第１項の規定による請求があった日から８週間以内の日を社債権者集会の日とする社債権者集会の招集の通知が発せられない場合
4　第１項の規定による請求又は前項の規定による招集をしようとする無記名社債の社債権者は、その社債券を社債発行会社、社債管理者又は社債管理補助者に提示しなければならない。

（社債権者集会の招集の決定）
第719条　社債権者集会を招集する者【1】は、社債権者集会を招集する場合には、次に掲げる事項を定めなければならない。
一　社債権者集会の日時及び場所
二　社債権者集会の目的である事項
三　社債権者集会に出席しない社債権者が電磁的方法によって議決権を行使することができることとするときは、その旨
四　前３号に掲げるもののほか、法務省令で定める事項

（社債権者集会の招集の通知）
第720条　社債権者集会を招集するには、招集者は、社債権者集会の日の２週間前までに、知れている社債権者及び社債発行会社並びに社債管理者又は社債管理補助者がある場合にあっては社債管理者又は社債管理補助者に対して、書面をもってその通知を発しなければならない。
2　招集者は、前項の書面による通知の発出に代えて、政令で定めるところにより、同項の通知を受けるべき者の承諾を得て、電磁的方法により通知を発することができる。この場合において、当該招集者は、同項の書面による通知を発したものとみなす。
3　前２項の通知には、前条各号に掲げる事項を記載し、又は記録しなければならない。
4　社債発行会社が無記名式の社債券を発行している場合において、社債権者集会を招集するには、招集者は、社債権者集会の日の３週間前までに、社債権者集会を招集する旨及び前条各号に掲げる事項を公告しなければならない。
5　前項の規定による公告は、社債発行会社における公告の方法によりしなければならない。ただし、招集者が社債発行会社以外の者である場合において、その方法が電子公告であるときは、その公告は、官報に掲載する方法でしなければならない。

（社債権者集会参考書類及び議決権行使書面の交付等）
第721条　招集者は、前条第１項の通知に際しては、法務省令で定めるところにより、知れている社債権者に対し、議決権の行使について参考となるべき事項を記載した書類【2】及び社債権者が議決権を行使するため

【1】以下この章において「招集者」という。
【2】以下この条において「社債権者集会参考書類」という。

の書面【1】を交付しなければならない。

2　招集者は、前条第2項の承諾をした社債権者に対し同項の電磁的方法による通知を発するときは、前項の規定による社債権者集会参考書類及び議決権行使書面の交付に代えて、これらの書類に記載すべき事項を電磁的方法により提供することができる。ただし、社債権者の請求があったときは、これらの書類を当該社債権者に交付しなければならない。

3　招集者は、前条第4項の規定による公告をした場合において、社債権者集会の日の1週間前までに無記名社債の社債権者の請求があったときは、直ちに、社債権者集会参考書類及び議決権行使書面を当該社債権者に交付しなければならない。

4　招集者は、前項の規定による社債権者集会参考書類及び議決権行使書面の交付に代えて、政令で定めるところにより、社債権者の承諾を得て、これらの書類に記載すべき事項を電磁的方法により提供することができる。この場合において、当該招集者は、同項の規定によるこれらの書類の交付をしたものとみなす。

第722条　招集者は、第719条第3号に掲げる事項を定めた場合には、第720条第2項の承諾をした社債権者に対する電磁的方法による通知に際して、法務省令で定めるところにより、社債権者に対し、議決権行使書面に記載すべき事項を当該電磁的方法により提供しなければならない。

2　招集者は、第719条第3号に掲げる事項を定めた場合において、第720条第2項の承諾をしていない社債権者から社債権者集会の日の1週間前までに議決権行使書面に記載すべき事項の電磁的方法による提供の請求があったときは、法務省令で定めるところにより、直ちに、当該社債権者に対し、当該事項を電磁的方法により提供しなければならない。

（議決権の額等）

第723条　社債権者は、社債権者集会において、その有する当該種類の社債の金額の合計額【2】に応じて、議決権を有する。

2　前項の規定にかかわらず、社債発行会社は、その有する自己の社債については、議決権を有しない。

3　議決権を行使しようとする無記名社債の社債権者は、社債権者集会の日の1週間前までに、その社債券を招集者に提示しなければならない。

（社債権者集会の決議）

第724条　社債権者集会において決議をする事項を可決するには、出席した議決権者【3】の議決権の総額の2分の1を超える議決権を有する者の同意がなければならない。

2　前項の規定にかかわらず、社債権者集会において次に掲げる事項を可決するには、議決権者の議決権の総額の5分の1以上で、かつ、出席した議決権者の議決権の総額の3分の2以上の議決権を有する者の同意がなければならない。

一　第706条第1項各号に掲げる行為に関する事項

二　第706条第1項、第714条の4第3項【4】、第736条第1項、第737条第1項ただし書及び第738条の規定により社債権者集会の決

【1】　以下この章において「**議決権行使書面**」という。

【2】　償還済みの額を除く。

【3】　議決権を行使することができる社債権者をいう。以下この章において同じ。

【4】　同条第2項第3号に掲げる行為に係る部分に限る。

会社法

議を必要とする事項

3　社債権者集会は、第719条第2号に掲げる事項以外の事項については、決議をすることができない。

（議決権の代理行使）

第725条　社債権者は、代理人によってその議決権を行使することができる。この場合においては、当該社債権者又は代理人は、代理権を証明する書面を招集者に提出しなければならない。

2　前項の代理権の授与は、社債権者集会ごとにしなければならない。

3　第1項の社債権者又は代理人は、代理権を証明する書面の提出に代えて、政令で定めるところにより、招集者の承諾を得て、当該書面に記載すべき事項を電磁的方法により提供することができる。この場合において、当該社債権者又は代理人は、当該書面を提出したものとみなす。

4　社債権者が第720条第2項の承諾をした者である場合には、招集者は、正当な理由がなければ、前項の承諾をすることを拒んではならない。

（書面による議決権の行使）

第726条　社債権者集会に出席しない社債権者は、書面によって議決権を行使することができる。

2　書面による議決権の行使は、議決権行使書面に必要な事項を記載し、法務省令で定める時までに当該記載をした議決権行使書面を招集者に提出して行う。

3　前項の規定により書面によって行使した議決権の額は、出席した議決権者の議決権の額に算入する。

（電磁的方法による議決権の行使）

第727条　電磁的方法による議決権の行使は、政令で定めるところにより、招集者の承諾を得て、法務省令で定める時までに議決権行使書面に記載すべき事項を、電磁的方法により当該招集者に提供して行う。

2　社債権者が第720条第2項の承諾をした者である場合には、招集者は、正当な理由がなければ、前項の承諾をすることを拒んではならない。

3　第1項の規定により電磁的方法によって行使した議決権の額は、出席した議決権者の議決権の額に算入する。

（議決権の不統一行使）

第728条　社債権者は、その有する議決権を統一しないで行使することができる。この場合においては、社債権者集会の日の3日前までに、招集者に対してその旨及びその理由を通知しなければならない。

2　招集者は、前項の社債権者が他人のために社債を有する者でないときは、当該社債権者が同項の規定によりその有する議決権を統一しないで行使することを拒むことができる。

（社債発行会社の代表者の出席等）

第729条　社債発行会社、社債管理者又は社債管理補助者は、その代表者若しくは代理人を社債権者集会に出席させ、又は書面により意見を述べることができる。ただし、社債管理者又は社債管理補助者にあっては、その社債権者集会が第707条【1】の特別代理人の選任について招集されたものであるときは、この限りでない。

2　社債権者集会又は招集者は、必要があると認めるときは、社債発行会社に対し、その代表者又は代理人の出席を求めることができる。この場合において、社債権者集会にあっては、これをする旨の決議を経なければならない。

【1】　第714条の7において準用する場合を含む。

(延期又は続行の決議)

第730条 社債権者集会においてその延期又は続行について決議があった場合には、第719条及び第720条の規定は、適用しない。

(議事録)

第731条 社債権者集会の議事については、招集者は、法務省令で定めるところにより、議事録を作成しなければならない。

2 社債発行会社は、社債権者集会の日から10年間、前項の議事録をその本店に備え置かなければならない。

3 社債管理者、社債管理補助者及び社債権者は、社債発行会社の営業時間内は、いつでも、次に掲げる請求をすることができる。

一 第1項の議事録が書面をもって作成されているときは、当該書面の閲覧又は謄写の請求

二 第1項の議事録が電磁的記録をもって作成されているときは、当該電磁的記録に記録された事項を法務省令で定める方法により表示したものの閲覧又は謄写の請求

(社債権者集会の決議の認可の申立て)

第732条 社債権者集会の決議があったときは、**招集者**は、当該決議があった日から**1週間以内**に、裁判所に対し、当該決議の認可の申立てをしなければならない。

(社債権者集会の決議の不認可)

第733条 裁判所は、次のいずれかに該当する場合には、社債権者集会の決議の認可をすることができない。

一 社債権者集会の招集の手続又はその決議の方法が法令又は第676条の募集のための当該社債発行会社の事業その他の事項に関する説明に用いた資料に記載され、若しくは記録された事項に違反するとき。

二 決議が不正の方法によって成立するに至ったとき。

三 決議が著しく不公正であるとき。

四 決議が社債権者の一般の利益に反するとき。

(社債権者集会の決議の効力)

第734条 社債権者集会の決議は、裁判所の認可を受けなければ、その**効力**を生じない。

2 社債権者集会の決議は、当該種類の社債を有するすべての社債権者に対してその**効力**を有する。

(社債権者集会の決議の認可又は不認可の決定の公告)

第735条 社債発行会社は、社債権者集会の決議の認可又は不認可の決定があった場合には、遅滞なく、その旨を公告しなければならない。

(社債権者集会の決議の省略)

第735条の2 社債発行会社、社債管理者、社債管理補助者又は社債権者が社債権者集会の目的である事項について【1】提案をした場合において、当該提案につき議決権者の全員が書面又は電磁的記録により同意の意思表示をしたときは、当該提案を可決する旨の社債権者集会の決議があったものとみなす。

2 社債発行会社は、前項の規定により社債権者集会の決議があったものとみなされた日から10年間、同項の書面又は電磁的記録をその本店に備え置かなければならない。

3 社債管理者、社債管理補助者及び社債権者は、社債発行会社の営業時間内は、いつでも、次に掲げる請求をすることができる。

一 前項の書面の閲覧又は謄写の請

【1】 社債管理補助者にあっては、第714条の7において準用する第711条第1項の社債権者集会の同意をすることについて

求

二　前項の電磁的記録に記録された事項を法務省令で定める方法により表示したものの閲覧又は謄写の請求

4　第1項の規定により社債権者集会の決議があったものとみなされる場合には、第732条から前条まで【1】の規定は、適用しない。

（代表社債権者の選任等）

第736条　社債権者集会においては、その決議によって、当該種類の社債の総額【2】の1000分の1以上に当たる社債を有する社債権者の中から、1人又は2人以上の代表社債権者を選任し、これに社債権者集会において決議をする事項についての決定を委任することができる。

2　第718条第2項の規定は、前項に規定する社債の総額について準用する。

3　代表社債権者が2人以上ある場合において、社債権者集会において別段の定めを行わなかったときは、第1項に規定する事項についての決定は、その過半数をもって行う。

（社債権者集会の決議の執行）

第737条　社債権者集会の決議は、次の各号に掲げる場合の区分に応じ、当該各号に定める者が執行する。ただし、社債権者集会の決議によって別に社債権者集会の決議を執行する者を定めたときは、この限りでない。

一　社債管理者がある場合　社債管理者

二　社債管理補助者がある場合において、社債管理補助者の権限に属する行為に関する事項を可決する旨の社債権者集会の決議があったとき　社債管理補助者

三　前2号に掲げる場合以外の場合　代表社債権者

2　第705条第1項から第3項まで、第708条及び第709条の規定は、代表社債権者又は前項ただし書の規定により定められた社債権者集会の決議を執行する者【3】が社債権者集会の決議を執行する場合について準用する。

（代表社債権者等の解任等）

第738条　社債権者集会においては、その決議によって、いつでも、代表社債権者若しくは決議執行者を解任し、又はこれらの者に委任した事項を変更することができる。

（社債の利息の支払等を怠ったことによる期限の利益の喪失）

第739条　社債発行会社が社債の利息の支払を怠ったとき、又は定期に社債の一部を償還しなければならない場合においてその償還を怠ったときは、社債権者集会の決議に基づき、当該決議を執行する者は、社債発行会社に対し、一定の期間内にその弁済をしなければならない旨及び当該期間内にその弁済をしないときは当該社債の総額について期限の利益を喪失する旨を書面により通知することができる。ただし、当該期間は、2箇月を下ることができない。

2　前項の決議を執行する者は、同項の規定による書面による通知に代えて、政令で定めるところにより、社債発行会社の承諾を得て、同項の規定により通知する事項を電磁的方法により提供することができる。この場合において、当該決議を執行する者は、当該書面による通知をしたものとみなす。

3　社債発行会社は、第1項の期間内

【1】　第734条第2項を除く。
【2】　償還済みの額を除く。
【3】　以下この章において「**決議執行者**」という。

に同項の弁済をしなかったときは、当該社債の総額について期限の利益を喪失する。

（債権者の異議手続の特則）

第740条 第449条、第627条、第635条、第670条、第779条【1】、第789条【2】、第799条【3】、第810条【4】又は第816条の8の規定により社債権者が異議を述べるには、社債権者集会の決議によらなければならない。この場合においては、裁判所は、利害関係人の申立てにより、社債権者のために異議を述べることができる期間を伸長することができる。

2　前項の規定にかかわらず、社債管理者は、社債権者のために、異議を述べることができる。ただし、第702条の規定による委託に係る契約に別段の定めがある場合は、この限りでない。

3　社債発行会社における第449条第2項、第627条第2項、第635条第2項、第670条第2項、第779条第2項【5】、第789条第2項【6】、第799条第2項【7】、第810条第2項【8】及び第816条の8第2項の規定の適用については、第449条第2項、第627条第2項、第635条第2項、第670条第2項、第779条第2項、第799条第2項及び第816条の8第2項中「知れている債権者」とあるのは「知れている債権者（社債管理者又は社債管理補助者がある場合にあっては、当該社債管理者又は社債管理補助者を含む。）」と、第789条第2項及び第810条第2項中「知れている債権者（同項の規定により異議を述べることができるものに限る。）」とあるのは「知れている債権者（同項の規定により異議を述べることができるものに限り、社債管理者又は社債管理補助者がある場合にあっては当該社債管理者又は社債管理補助者を含む。）」とする。

【1】　第781条第2項において準用する場合を含む。
【2】　第793条第2項において準用する場合を含む。
【3】　第802条第2項において準用する場合を含む。
【4】　第813条第2項において準用する場合を含む。
【5】　第781条第2項において準用する場合を含む。以下この項において同じ。
【6】　第793条第2項において準用する場合を含む。以下この項において同じ。
【7】　第802条第2項において準用する場合を含む。以下この項において同じ。
【8】　第813条第2項において準用する場合を含む。以下この項において同じ。

（社債管理者等の報酬等）

第741条 社債管理者、社債管理補助者、代表社債権者又は決議執行者に対して与えるべき報酬、その事務処理のために要する費用及びその支出の日以後における利息並びにその事務処理のために自己の過失なくして受けた損害の賠償額は、社債発行会社との契約に定めがある場合を除き、裁判所の許可を得て、社債発行会社の負担とすることができる。

2　前項の許可の申立ては、社債管理者、社債管理補助者、代表社債権者又は決議執行者がする。

3　社債管理者、社債管理補助者、代表社債権者又は決議執行者は、第1項の報酬、費用及び利息並びに損害の賠償額に関し、第705条第1項【9】又は第714条の4第2項第1号の弁済を受けた額について、社債権者に先立って弁済を受ける権利を有する。

（社債権者集会等の費用の負担）

第742条 社債権者集会に関する費用は、社債発行会社の負担とする。

【9】　第737条第2項において準用する場合を含む。

2　第732条の申立てに関する費用は、社債発行会社の負担とする。ただし、裁判所は、社債発行会社その他利害関係人の申立てにより又は職権で、当該費用の全部又は一部について、招集者その他利害関係人の中から別に負担者を定めることができる。

第5編　組織変更、合併、会社分割、株式交換、株式移転及び株式交付

第1章　組織変更

第1節　通則

（組織変更計画の作成）

第743条　会社は、組織変更をすることができる。この場合においては、組織変更計画を作成しなければならない。

第2節　株式会社の組織変更

（株式会社の組織変更計画）

第744条　株式会社が組織変更をする場合には、当該株式会社は、組織変更計画において、次に掲げる事項を定めなければならない。

一　組織変更後の持分会社【1】が合名会社、合資会社又は合同会社のいずれであるかの別

二　組織変更後持分会社の目的、商号及び本店の所在地

三　組織変更後持分会社の社員についての次に掲げる事項

イ　当該社員の氏名又は名称及び住所

ロ　当該社員が無限責任社員又は有限責任社員のいずれであるかの別

ハ　当該社員の出資の価額

四　前2号に掲げるもののほか、組織変更後持分会社の定款で定める事項

五　組織変更後持分会社が組織変更に際して組織変更をする株式会社の株主に対してその株式に代わる金銭等【2】を交付するときは、当該金銭等についての次に掲げる事項

イ　当該金銭等が組織変更後持分会社の社債であるときは、当該社債の種類【3】及び種類ごとの各社債の金額の合計額又はその算定方法

ロ　当該金銭等が組織変更後持分会社の社債以外の財産であるときは、当該財産の内容及び数若しくは額又はこれらの算定方法

六　前号に規定する場合には、組織変更をする株式会社の株主【4】に対する同号の金銭等の割当てに関する事項

七　組織変更をする株式会社が新株予約権を発行しているときは、組織変更後持分会社が組織変更に際して当該新株予約権の新株予約権者に対して交付する当該新株予約権に代わる金銭の額又はその算定方法

八　前号に規定する場合には、組織変更をする株式会社の新株予約権の新株予約権者に対する同号の金銭の割当てに関する事項

九　組織変更がその効力を生ずる日【5】

【1】　以下この編において「**組織変更後持分会社**」という。

【2】　組織変更後持分会社の持分を除く。以下この号及び次号において同じ。

【3】　第107条第2項第2号ロに規定する社債の種類をいう。以下この編において同じ。

【4】　組織変更をする株式会社を除く。

【5】　以下この章において「**効力発生日**」という。

2　組織変更後持分会社が合名会社であるときは、前項第3号ロに掲げる事項として、その社員の全部を無限責任社員とする旨を定めなければならない。
3　組織変更後持分会社が合資会社であるときは、第1項第3号ロに掲げる事項として、その社員の一部を無限責任社員とし、その他の社員を有限責任社員とする旨を定めなければならない。
4　組織変更後持分会社が合同会社であるときは、第1項第3号ロに掲げる事項として、その社員の全部を有限責任社員とする旨を定めなければならない。

（株式会社の組織変更の効力の発生等）

第745条　組織変更をする株式会社は、効力発生日に、持分会社となる。
2　組織変更をする株式会社は、効力発生日に、前条第1項第2号から第4号までに掲げる事項についての定めに従い、当該事項に係る定款の変更をしたものとみなす。
3　組織変更をする株式会社の株主は、効力発生日に、前条第1項第3号に掲げる事項についての定めに従い、組織変更後持分会社の社員となる。
4　前条第1項第5号イに掲げる事項についての定めがある場合には、組織変更をする株式会社の株主は、効力発生日に、同項第6号に掲げる事項についての定めに従い、同項第5号イの社債の社債権者となる。
5　組織変更をする株式会社の新株予約権は、効力発生日に、消滅する。
6　前各項の規定は、第779条の規定による手続が終了していない場合又は組織変更を中止した場合には、適用しない。

第3節　持分会社の組織変更

（持分会社の組織変更計画）

第746条　持分会社が組織変更をする場合には、当該持分会社は、組織変更計画において、次に掲げる事項を定めなければならない。
一　組織変更後の株式会社【1】の目的、商号、本店の所在地及び発行可能株式総数
二　前号に掲げるもののほか、組織変更後株式会社の定款で定める事項
三　組織変更後株式会社の取締役の氏名
四　次のイからハまでに掲げる場合の区分に応じ、当該イからハまでに定める事項
イ　組織変更後株式会社が会計参与設置会社である場合　組織変更後株式会社の会計参与の氏名又は名称
ロ　組織変更後株式会社が監査役設置会社【2】である場合　組織変更後株式会社の監査役の氏名
ハ　組織変更後株式会社が会計監査人設置会社である場合　組織変更後株式会社の会計監査人の氏名又は名称
五　組織変更をする持分会社の社員が組織変更に際して取得する組織変更後株式会社の株式の数【3】又はその数の算定方法
六　組織変更をする持分会社の社員に対する前号の株式の割当てに関する事項

【1】以下この条において「組織変更後株式会社」という。
【2】監査役の監査の範囲を会計に関するものに限定する旨の定款の定めがある株式会社を含む。
【3】種類株式発行会社にあっては、株式の種類及び種類ごとの数

会社法

七　組織変更後株式会社が組織変更に際して組織変更をする持分会社の社員に対してその持分に代わる金銭等【1】を交付するときは、当該金銭等についての次に掲げる事項

イ　当該金銭等が組織変更後株式会社の社債【2】であるときは、当該社債の種類及び種類ごとの各社債の金額の合計額又はその算定方法

ロ　当該金銭等が組織変更後株式会社の新株予約権【3】であるときは、当該新株予約権の内容及び数又はその算定方法

ハ　当該金銭等が組織変更後株式会社の新株予約権付社債であるときは、当該新株予約権付社債についてのイに規定する事項及び当該新株予約権付社債に付された新株予約権についてのロに規定する事項

ニ　当該金銭等が組織変更後株式会社の社債等【4】以外の財産であるときは、当該財産の内容及び数若しくは額又はこれらの算定方法

八　前号に規定する場合には、組織変更をする持分会社の社員に対する同号の金銭等の割当てに関する事項

九　効力発生日

2　組織変更後株式会社が監査等委員会設置会社である場合には、前項第3号に掲げる事項は、監査等委員である取締役とそれ以外の取締役とを区別して定めなければならない。

【1】　組織変更後株式会社の株式を除く。以下この号及び次号において同じ。
【2】　新株予約権付社債についてのものを除く。
【3】　新株予約権付社債に付されたものを除く。
【4】　社債及び新株予約権をいう。以下この編において同じ。

(持分会社の組織変更の効力の発生等)

第747条　組織変更をする持分会社は、効力発生日に、株式会社となる。

2　組織変更をする持分会社は、効力発生日に、前条第1項第1号及び第2号に掲げる事項についての定めに従い、当該事項に係る定款の変更をしたものとみなす。

3　組織変更をする持分会社の社員は、効力発生日に、前条第1項第6号に掲げる事項についての定めに従い、同項第5号の株式の株主となる。

4　次の各号に掲げる場合には、組織変更をする持分会社の社員は、効力発生日に、前条第1項第8号に掲げる事項についての定めに従い、当該各号に定める者となる。

一　前条第1項第7号イに掲げる事項についての定めがある場合　同号イの社債の社債権者

二　前条第1項第7号ロに掲げる事項についての定めがある場合　同号ロの新株予約権の新株予約権者

三　前条第1項第7号ハに掲げる事項についての定めがある場合　同号ハの新株予約権付社債についての社債の社債権者及び当該新株予約権付社債に付された新株予約権の新株予約権者

5　前各項の規定は、第781条第2項において準用する第779条【5】の規定による手続が終了していない場合又は組織変更を中止した場合には、適用しない。

【5】　第2項第2号を除く。

第2章　合併

第1節　通則

（合併契約の締結）

第748条　会社は、他の会社と合併をすることができる。この場合においては、合併をする会社は、合併契約を締結しなければならない。

第2節　吸収合併

第1款　株式会社が存続する吸収合併

（株式会社が存続する吸収合併契約）

第749条　会社が吸収合併をする場合において、吸収合併後存続する会社【1】が株式会社であるときは、吸収合併契約において、次に掲げる事項を定めなければならない。

一　株式会社である吸収合併存続会社【2】及び吸収合併により消滅する会社【3】の商号及び住所

二　吸収合併存続株式会社が吸収合併に際して株式会社である吸収合併消滅会社【4】の株主又は持分会社である吸収合併消滅会社【5】の社員に対してその株式又は持分に代わる金銭等を交付するときは、当該金銭等についての次に掲げる事項

イ　当該金銭等が吸収合併存続株式会社の株式であるときは、当該株式の数【6】又はその数の算定方法並びに当該吸収合併存続株式会社の資本金及び準備金の額に関する事項

ロ　当該金銭等が吸収合併存続株式会社の社債【7】であるときは、当該社債の種類及び種類ごとの各社債の金額の合計額又はその算定方法

ハ　当該金銭等が吸収合併存続株式会社の新株予約権【8】であるときは、当該新株予約権の内容及び数又はその算定方法

ニ　当該金銭等が吸収合併存続株式会社の新株予約権付社債であるときは、当該新株予約権付社債についてのロに規定する事項及び当該新株予約権付社債に付された新株予約権についてのハに規定する事項

ホ　当該金銭等が吸収合併存続株式会社の株式等以外の財産であるときは、当該財産の内容及び数若しくは額又はこれらの算定方法

三　前号に規定する場合には、吸収合併消滅株式会社の株主【9】又は吸収合併消滅持分会社の社員【10】に対する同号の金銭等の割当てに関する事項

四　吸収合併消滅株式会社が新株予約権を発行しているときは、吸収合併存続株式会社が吸収合併に際して当該新株予約権の新株予約権

【1】　以下この編において「**吸収合併存続会社**」という。
【2】　以下この編において「**吸収合併存続株式会社**」という。
【3】　以下この編において「**吸収合併消滅会社**」という。
【4】　以下この編において「**吸収合併消滅株式会社**」という。
【5】　以下この編において「**吸収合併消滅持分会社**」という。
【6】　種類株式発行会社にあっては、株式の種類及び種類ごとの数
【7】　新株予約権付社債についてのものを除く。
【8】　新株予約権付社債に付されたものを除く。
【9】　吸収合併消滅株式会社及び吸収合併存続株式会社を除く。
【10】　吸収合併存続株式会社を除く。

者に対して交付する当該新株予約権に代わる当該吸収合併存続株式会社の新株予約権又は金銭についての次に掲げる事項

イ　当該吸収合併消滅株式会社の新株予約権の新株予約権者に対して吸収合併存続株式会社の新株予約権を交付するときは、当該新株予約権の内容及び数又はその算定方法

ロ　イに規定する場合において、イの吸収合併消滅株式会社の新株予約権が新株予約権付社債に付された新株予約権であるときは、吸収合併存続株式会社が当該新株予約権付社債についての社債に係る債務を承継する旨並びにその承継に係る社債の種類及び種類ごとの各社債の金額の合計額又はその算定方法

ハ　当該吸収合併消滅株式会社の新株予約権の新株予約権者に対して金銭を交付するときは、当該金銭の額又はその算定方法

五　前号に規定する場合には、吸収合併消滅株式会社の新株予約権の新株予約権者に対する同号の吸収合併存続株式会社の新株予約権又は金銭の割当てに関する事項

六　吸収合併がその効力を生ずる日【1】

2　前項に規定する場合において、吸収合併消滅株式会社が種類株式発行会社であるときは、吸収合併存続株式会社及び吸収合併消滅株式会社は、吸収合併消滅株式会社の発行する種類の株式の内容に応じ、同項第3号に掲げる事項として次に掲げる事項を定めることができる。

一　ある種類の株式の株主に対して金銭等の割当てをしないこととするときは、その旨及び当該株式の種類

二　前号に掲げる事項のほか、金銭等の割当てについて株式の種類ごとに異なる取扱いを行うこととするときは、その旨及び当該異なる取扱いの内容

3　第1項に規定する場合には、同項第3号に掲げる事項についての定めは、吸収合併消滅株式会社の株主【2】の有する株式の数【3】に応じて金銭等を交付することを内容とするものでなければならない。

（株式会社が存続する吸収合併の効力の発生等）

第750条　**吸収合併存続株式会社**は、効力発生日に、吸収合併消滅会社の権利義務を承継する。

2　吸収合併消滅会社の吸収合併による解散は、吸収合併の登記の後でなければ、これをもって第三者に対抗することができない。

3　次の各号に掲げる場合には、吸収合併消滅株式会社の株主又は吸収合併消滅持分会社の社員は、効力発生日に、前条第1項第3号に掲げる事項についての定めに従い、当該各号に定める者となる。

一　前条第1項第2号イに掲げる事項についての定めがある場合　同号イの株式の株主

二　前条第1項第2号ロに掲げる事項についての定めがある場合　同号ロの社債の社債権者

三　前条第1項第2号ハに掲げる事項についての定めがある場合　同

【1】　以下この節において「**効力発生日**」という。

【2】　吸収合併消滅株式会社及び吸収合併存続株式会社並びに前項第1号の種類の株式の株主を除く。

【3】　前項第2号に掲げる事項についての定めがある場合にあっては、各種類の株式の数

号ハの新株予約権の新株予約権者
四　前条第1項第2号ニに掲げる事項についての定めがある場合　同号ニの新株予約権付社債についての社債の社債権者及び当該新株予約権付社債に付された新株予約権の新株予約権者
4　吸収合併消滅株式会社の新株予約権は、効力発生日に、消滅する。
5　前条第1項第4号イに規定する場合には、吸収合併消滅株式会社の新株予約権の新株予約権者は、効力発生日に、同項第5号に掲げる事項についての定めに従い、同項第4号イの吸収合併存続株式会社の新株予約権の新株予約権者となる。
6　前各項の規定は、第789条【1】若しくは第799条の規定による手続が終了していない場合又は吸収合併を中止した場合には、適用しない。

第2款　持分会社が存続する吸収合併

（持分会社が存続する吸収合併契約）
第751条　会社が吸収合併をする場合において、吸収合併存続会社が持分会社であるときは、吸収合併契約において、次に掲げる事項を定めなければならない。
一　持分会社である吸収合併存続会社【2】及び吸収合併消滅会社の商号及び住所
二　吸収合併消滅株式会社の株主又は吸収合併消滅持分会社の社員が吸収合併に際して吸収合併存続持分会社の社員となるときは、次のイからハまでに掲げる吸収合併存続持分会社の区分に応じ、当該イからハまでに定める事項
イ　合名会社　当該社員の氏名又は名称及び住所並びに出資の価額
ロ　合資会社　当該社員の氏名又は名称及び住所、当該社員が無限責任社員又は有限責任社員のいずれであるかの別並びに当該社員の出資の価額
ハ　合同会社　当該社員の氏名又は名称及び住所並びに出資の価額
三　吸収合併存続持分会社が吸収合併に際して吸収合併消滅株式会社の株主又は吸収合併消滅持分会社の社員に対してその株式又は持分に代わる金銭等【3】を交付するときは、当該金銭等についての次に掲げる事項
イ　当該金銭等が吸収合併存続持分会社の社債であるときは、当該社債の種類及び種類ごとの各社債の金額の合計額又はその算定方法
ロ　当該金銭等が吸収合併存続持分会社の社債以外の財産であるときは、当該財産の内容及び数若しくは額又はこれらの算定方法
四　前号に規定する場合には、吸収合併消滅株式会社の株主【4】又は吸収合併消滅持分会社の社員【5】に対する同号の金銭等の割当てに関する事項
五　吸収合併消滅株式会社が新株予約権を発行しているときは、吸収合併存続持分会社が吸収合併に際

【1】　第1項第3号及び第2項第3号を除き、第793条第2項において準用する場合を含む。
【2】　以下この節において「**吸収合併存続持分会社**」という。
【3】　吸収合併存続持分会社の持分を除く。
【4】　吸収合併消滅株式会社及び吸収合併存続持分会社を除く。
【5】　吸収合併存続持分会社を除く。

して当該新株予約権の新株予約権者に対して交付する当該新株予約権に代わる金銭の額又はその算定方法

六　前号に規定する場合には、吸収合併消滅株式会社の新株予約権の新株予約権者に対する同号の金銭の割当てに関する事項

七　効力発生日

2　前項に規定する場合において、吸収合併消滅株式会社が種類株式発行会社であるときは、吸収合併存続持分会社及び吸収合併消滅株式会社は、吸収合併消滅株式会社の発行する種類の株式の内容に応じ、同項第4号に掲げる事項として次に掲げる事項を定めることができる。

一　ある種類の株式の株主に対して金銭等の割当てをしないこととするときは、その旨及び当該株式の種類

二　前号に掲げる事項のほか、金銭等の割当てについて株式の種類ごとに異なる取扱いを行うこととするときは、その旨及び当該異なる取扱いの内容

3　第1項に規定する場合には、同項第4号に掲げる事項についての定めは、吸収合併消滅株式会社の株主【1】の有する株式の数【2】に応じて金銭等を交付することを内容とするものでなければならない。

（持分会社が存続する吸収合併の効力の発生等）

第752条　**吸収合併存続持分会社**は、効力発生日に、吸収合併消滅会社の権利義務を承継する。

2　吸収合併消滅会社の吸収合併による解散は、吸収合併の登記の後でなければ、これをもって第三者に対抗することができない。

3　前条第1項第2号に規定する場合には、吸収合併消滅株式会社の株主又は吸収合併消滅持分会社の社員は、効力発生日に、同号に掲げる事項についての定めに従い、吸収合併存続持分会社の社員となる。この場合においては、吸収合併存続持分会社は、効力発生日に、同号の社員に係る定款の変更をしたものとみなす。

4　前条第1項第3号イに掲げる事項についての定めがある場合には、吸収合併消滅株式会社の株主又は吸収合併消滅持分会社の社員は、効力発生日に、同項第4号に掲げる事項についての定めに従い、同項第3号イの社債の社債権者となる。

5　吸収合併消滅株式会社の新株予約権は、効力発生日に、消滅する。

6　前各項の規定は、第789条【3】若しくは第802条第2項において準用する第799条【4】の規定による手続が終了していない場合又は吸収合併を中止した場合には、適用しない。

第3節　新設合併

第1款　株式会社を設立する新設合併

（株式会社を設立する新設合併契約）

第753条　2以上の会社が新設合併をする場合において、新設合併により設立する会社【5】が株式会社であるときは、新設合併契約において、次

【1】　吸収合併消滅株式会社及び吸収合併存続持分会社並びに前項第1号の種類の株式の株主を除く。

【2】　前項第2号に掲げる事項についての定めがある場合にあっては、各種類の株式の数

【3】　第1項第3号及び第2項第3号を除き、第793条第2項において準用する場合を含む。

【4】　第2項第3号を除く。

【5】　以下この編において「**新設合併設立会社**」という。

に掲げる事項を定めなければならない。

一　新設合併により消滅する会社【1】の商号及び住所

二　株式会社である新設合併設立会社【2】の目的、商号、本店の所在地及び発行可能株式総数

三　前号に掲げるもののほか、新設合併設立株式会社の定款で定める事項

四　新設合併設立株式会社の設立時取締役の氏名

五　次のイからハまでに掲げる場合の区分に応じ、当該イからハまでに定める事項

イ　新設合併設立株式会社が会計参与設置会社である場合　新設合併設立株式会社の設立時会計参与の氏名又は名称

ロ　新設合併設立株式会社が監査役設置会社【3】である場合　新設合併設立株式会社の設立時監査役の氏名

ハ　新設合併設立株式会社が会計監査人設置会社である場合　新設合併設立株式会社の設立時会計監査人の氏名又は名称

六　新設合併設立株式会社が新設合併に際して株式会社である新設合併消滅会社【4】の株主又は持分会社である新設合併消滅会社【5】の社員に対して交付するその株式又は持分に代わる当該新設合併設立株式会社の株式の数【6】又はその数の算定方法並びに当該新設合併設立株式会社の資本金及び準備金の額に関する事項

七　新設合併消滅株式会社の株主【7】又は新設合併消滅持分会社の社員に対する前号の株式の割当てに関する事項

八　新設合併設立株式会社が新設合併に際して新設合併消滅株式会社の株主又は新設合併消滅持分会社の社員に対してその株式又は持分に代わる当該新設合併設立株式会社の社債等を交付するときは、当該社債等についての次に掲げる事項

イ　当該社債等が新設合併設立株式会社の社債【8】であるときは、当該社債の種類及び種類ごとの各社債の金額の合計額又はその算定方法

ロ　当該社債等が新設合併設立株式会社の新株予約権【9】であるときは、当該新株予約権の内容及び数又はその算定方法

ハ　当該社債等が新設合併設立株式会社の新株予約権付社債であるときは、当該新株予約権付社債についてのイに規定する事項及び当該新株予約権付社債に付された新株予約権についてのロに規定する事項

九　前号に規定する場合には、新設合併消滅株式会社の株主【10】又は新設合併消滅持分会社の社員に対

【1】　以下この編において「**新設合併消滅会社**」という。
【2】　以下この編において「**新設合併設立株式会社**」という。
【3】　監査役の監査の範囲を会計に関するものに限定する旨の定款の定めがある株式会社を含む。
【4】　以下この編において「**新設合併消滅株式会社**」という。
【5】　以下この編において「**新設合併消滅持分会社**」という。
【6】　種類株式発行会社にあっては、株式の種類及び種類ごとの数
【7】　新設合併消滅株式会社を除く。
【8】　新株予約権付社債についてのものを除く。
【9】　新株予約権付社債に付されたものを除く。
【10】　新設合併消滅株式会社を除く。

する同号の社債等の割当てに関する事項

十　新設合併消滅株式会社が新株予約権を発行しているときは、新設合併設立株式会社が新設合併に際して当該新株予約権の新株予約権者に対して交付する当該新株予約権に代わる当該新設合併設立株式会社の新株予約権又は金銭についての次に掲げる事項

イ　当該新設合併消滅株式会社の新株予約権の新株予約権者に対して新設合併設立株式会社の新株予約権を交付するときは、当該新株予約権の内容及び数又はその算定方法

ロ　イに規定する場合において、イの新設合併消滅株式会社の新株予約権が新株予約権付社債に付された新株予約権であるときは、新設合併設立株式会社が当該新株予約権付社債についての社債に係る債務を承継する旨並びにその承継に係る社債の種類及び種類ごとの各社債の金額の合計額又はその算定方法

ハ　当該新設合併消滅株式会社の新株予約権の新株予約権者に対して金銭を交付するときは、当該金銭の額又はその算定方法

十一　前号に規定する場合には、新設合併消滅株式会社の新株予約権の新株予約権者に対する同号の新設合併設立株式会社の新株予約権又は金銭の割当てに関する事項

2　新設合併設立株式会社が監査等委員会設置会社である場合には、前項第4号に掲げる事項は、設立時監査等委員である設立時取締役とそれ以外の設立時取締役とを区別して定めなければならない。

3　第1項に規定する場合において、新設合併消滅株式会社の全部又は一部が種類株式発行会社であるときは新設合併消滅会社は、新設合併消滅株式会社の発行する種類の株式の内容に応じ、同項第7号に掲げる事項【1】として次に掲げる事項を定めることができる。

一　ある種類の株式の株主に対して新設合併設立株式会社の株式の割当てをしないこととするときは、その旨及び当該株式の種類

二　前号に掲げる事項のほか、新設合併設立株式会社の株式の割当てについて株式の種類ごとに異なる取扱いを行うこととするときは、その旨及び当該異なる取扱いの内容

4　第1項に規定する場合には、同項第7号に掲げる事項についての定めは、新設合併消滅株式会社の株主【2】の有する株式の数【3】に応じて新設合併設立株式会社の株式を交付することを内容とするものでなければならない。

5　前2項の規定は、第1項第9号に掲げる事項について準用する。この場合において、前2項中「新設合併設立株式会社の株式」とあるのは、「新設合併設立株式会社の社債等」と読み替えるものとする。

（株式会社を設立する新設合併の効力の発生等）

第754条　新設合併設立株式会社は、その成立の日に、新設合併消滅会社の権利義務を承継する。

2　前条第1項に規定する場合には、

【1】　新設合併消滅株式会社の株主に係る事項に限る。次項において同じ。

【2】　新設合併消滅会社及び前項第1号の種類の株式の株主を除く。

【3】　前項第2号に掲げる事項についての定めがある場合にあっては、各種類の株式の数

新設合併消滅株式会社の株主又は新設合併消滅持分会社の社員は、新設合併設立株式会社の成立の日に、同項第7号に掲げる事項についての定めに従い、同項第6号の株式の株主となる。

3　次の各号に掲げる場合には、新設合併消滅株式会社の株主又は新設合併消滅持分会社の社員は、新設合併設立株式会社の成立の日に、前条第1項第9号に掲げる事項についての定めに従い、当該各号に定める者となる。

一　前条第1項第8号イに掲げる事項についての定めがある場合　同号イの社債の社債権者

二　前条第1項第8号ロに掲げる事項についての定めがある場合　同号ロの新株予約権の新株予約権者

三　前条第1項第8号ハに掲げる事項についての定めがある場合　同号ハの新株予約権付社債についての社債の社債権者及び当該新株予約権付社債に付された新株予約権の新株予約権者

4　新設合併消滅株式会社の新株予約権は、新設合併設立株式会社の成立の日に、消滅する。

5　前条第1項第10号イに規定する場合には、新設合併消滅株式会社の新株予約権の新株予約権者は、新設合併設立株式会社の成立の日に、同項第11号に掲げる事項についての定めに従い、同項第10号イの新設合併設立株式会社の新株予約権の新株予約権者となる。

第2款　持分会社を設立する新設合併

（持分会社を設立する新設合併契約）

第755条　2以上の会社が新設合併をする場合において、新設合併設立会社が持分会社であるときは、新設合併契約において、次に掲げる事項を定めなければならない。

一　新設合併消滅会社の商号及び住所

二　持分会社である新設合併設立会社【1】が合名会社、合資会社又は合同会社のいずれであるかの別

三　新設合併設立持分会社の目的、商号及び本店の所在地

四　新設合併設立持分会社の社員についての次に掲げる事項

イ　当該社員の氏名又は名称及び住所

ロ　当該社員が無限責任社員又は有限責任社員のいずれであるかの別

ハ　当該社員の出資の価額

五　前2号に掲げるもののほか、新設合併設立持分会社の定款で定める事項

六　新設合併設立持分会社が新設合併に際して新設合併消滅株式会社の株主又は新設合併消滅持分会社の社員に対してその株式又は持分に代わる当該新設合併設立持分会社の社債を交付するときは、当該社債の種類及び種類ごとの各社債の金額の合計額又はその算定方法

七　前号に規定する場合には、新設合併消滅株式会社の株主【2】又は新設合併消滅持分会社の社員に対する同号の社債の割当てに関する事項

八　新設合併消滅株式会社が新株予約権を発行しているときは、新設合併設立持分会社が新設合併に際して当該新株予約権の新株予約権者に対して交付する当該新株予約

【1】以下この編において「**新設合併設立持分会社**」という。

【2】新設合併消滅株式会社を除く。

会社法

権に代わる金銭の額又はその算定方法

九　前号に規定する場合には、新設合併消滅株式会社の新株予約権の新株予約権者に対する同号の金銭の割当てに関する事項

2　新設合併設立持分会社が合名会社であるときは、前項第4号ロに掲げる事項として、その社員の全部を無限責任社員とする旨を定めなければならない。

3　新設合併設立持分会社が合資会社であるときは、第1項第4号ロに掲げる事項として、その社員の一部を無限責任社員とし、その他の社員を有限責任社員とする旨を定めなければならない。

4　新設合併設立持分会社が合同会社であるときは、第1項第4号ロに掲げる事項として、その社員の全部を有限責任社員とする旨を定めなければならない。

（持分会社を設立する新設合併の効力の発生等）

第756条　**新設合併設立持分会社**は、その成立の日に、新設合併消滅会社の権利義務を承継する。

2　前条第1項に規定する場合には、新設合併消滅株式会社の株主又は新設合併消滅持分会社の社員は、新設合併設立持分会社の成立の日に、同項第4号に掲げる事項についての定めに従い、当該新設合併設立持分会社の社員となる。

3　前条第1項第6号に掲げる事項についての定めがある場合には、新設合併消滅株式会社の株主又は新設合併消滅持分会社の社員は、新設合併設立持分会社の成立の日に、同項第7号に掲げる事項についての定めに従い、同項第6号の社債の社債権者となる。

4　新設合併消滅株式会社の新株予約権は、新設合併設立持分会社の成立の日に、消滅する。

第3章　会社分割

第1節　吸収分割

第1款　通則

（吸収分割契約の締結）

第757条　会社【1】は、**吸収分割**をすることができる。この場合においては、当該会社がその事業に関して有する権利義務の全部又は一部を当該会社から承継する会社【2】との間で、吸収分割契約を締結しなければならない。

第2款　株式会社に権利義務を承継させる吸収分割

（株式会社に権利義務を承継させる吸収分割契約）

第758条　会社が吸収分割をする場合において、吸収分割承継会社が株式会社であるときは、吸収分割契約において、次に掲げる事項を定めなければならない。

一　吸収分割をする会社【3】及び株式会社である吸収分割承継会社【4】の商号及び住所

二　吸収分割承継株式会社が吸収分割により吸収分割会社から承継する資産、債務、雇用契約その他の権利義務【5】に関する事項

【1】　株式会社又は合同会社に限る。
【2】　以下この編において「**吸収分割承継会社**」という。
【3】　以下この編において「**吸収分割会社**」という。
【4】　以下この編において「**吸収分割承継株式会社**」という。
【5】　株式会社である吸収分割会社（以下この編において「**吸収分割株式会社**」という。）

三　吸収分割により吸収分割株式会社又は吸収分割承継株式会社の株式を吸収分割承継株式会社に承継させるときは、当該株式に関する事項
四　吸収分割承継株式会社が吸収分割に際して吸収分割会社に対してその事業に関する権利義務の全部又は一部に代わる金銭等を交付するときは、当該金銭等についての次に掲げる事項
　イ　当該金銭等が吸収分割承継株式会社の株式であるときは、当該株式の数【1】又はその数の算定方法並びに当該吸収分割承継株式会社の資本金及び準備金の額に関する事項
　ロ　当該金銭等が吸収分割承継株式会社の社債【2】であるときは、当該社債の種類及び種類ごとの各社債の金額の合計額又はその算定方法
　ハ　当該金銭等が吸収分割承継株式会社の新株予約権【3】であるときは、当該新株予約権の内容及び数又はその算定方法
　ニ　当該金銭等が吸収分割承継株式会社の新株予約権付社債であるときは、当該新株予約権付社債についてのロに規定する事項及び当該新株予約権付社債に付された新株予約権についてのハに規定する事項
　ホ　当該金銭等が吸収分割承継株式会社の株式等以外の財産であるときは、当該財産の内容及び数若しくは額又はこれらの算定方法
五　吸収分割承継株式会社が吸収分割に際して吸収分割株式会社の新株予約権の新株予約権者に対して当該新株予約権に代わる当該吸収分割承継株式会社の新株予約権を交付するときは、当該新株予約権についての次に掲げる事項
　イ　当該吸収分割承継株式会社の新株予約権の交付を受ける吸収分割株式会社の新株予約権の新株予約権者の有する新株予約権【4】の内容
　ロ　吸収分割契約新株予約権の新株予約権者に対して交付する吸収分割承継株式会社の新株予約権の内容及び数又はその算定方法
　ハ　吸収分割契約新株予約権が新株予約権付社債に付された新株予約権であるときは、吸収分割承継株式会社が当該新株予約権付社債についての社債に係る債務を承継する旨並びにその承継に係る社債の種類及び種類ごとの各社債の金額の合計額又はその算定方法
六　前号に規定する場合には、吸収分割契約新株予約権の新株予約権者に対する同号の吸収分割承継株式会社の新株予約権の割当てに関する事項
七　吸収分割がその効力を生ずる日【5】
八　吸収分割株式会社が効力発生日

及び吸収分割承継株式会社の株式並びに吸収分割株式会社の新株予約権に係る義務を除く。
【1】　種類株式発行会社にあっては、株式の種類及び種類ごとの数
【2】　新株予約権付社債についてのものを除く。
【3】　新株予約権付社債に付されたものを除く。
【4】　以下この編において「**吸収分割契約新株予約権**」という。
【5】　以下この節において「**効力発生日**」という。

に次に掲げる行為をするときは、その旨
イ　第171条第1項の規定による株式の取得【1】
ロ　剰余金の配当【2】

（株式会社に権利義務を承継させる吸収分割の効力の発生等）

第759条　吸収分割承継株式会社は、効力発生日に、吸収分割契約の定めに従い、吸収分割会社の権利義務を承継する。

2　前項の規定にかかわらず、第789条第1項第2号【3】の規定により異議を述べることができる吸収分割会社の債権者であって、第789条第2項【4】の各別の催告を受けなかったもの【5】は、吸収分割契約において吸収分割後に吸収分割会社に対して債務の履行を請求することができないものとされているときであっても、吸収分割会社に対して、吸収分割会社が効力発生日に有していた財産の価額を限度として、当該債務の履行を請求することができる。

3　第1項の規定にかかわらず、第789条第1項第2号の規定により異議を述べることができる吸収分割会社の債権者であって、同条第2項の各別の催告を受けなかったものは、吸収分割契約において吸収分割後に吸収分割承継株式会社に対して債務の履行を請求することができないものとされているときであっても、吸収分割承継株式会社に対して、承継した財産の価額を限度として、当該債務の履行を請求することができる。

4　第1項の規定にかかわらず、吸収分割会社が吸収分割承継株式会社に承継されない債務の債権者【6】を害することを知って吸収分割をした場合には、残存債権者は、吸収分割承継株式会社に対して、承継した財産の価額を限度として、当該債務の履行を請求することができる。ただし、吸収分割承継株式会社が吸収分割の効力が生じた時において残存債権者を害することを知らなかったときは、この限りでない。

5　前項の規定は、前条第8号に掲げる事項についての定めがある場合には、適用しない。

6　吸収分割承継株式会社が第4項の規定により同項の債務を履行する責任を負う場合には、当該責任は、吸収分割会社が残存債権者を害することを知って吸収分割をしたことを知った時から2年以内に請求又は請求の予告をしない残存債権者に対しては、その期間を経過した時に消滅する。効力発生日から10年を経過したときも、同様とする。

7　吸収分割会社について破産手続開始の決定、再生手続開始の決定又は更生手続開始の決定があったときは、残存債権者は、吸収分割承継株式会社に対して第4項の規定による請求をする権利を行使することができな

【1】　同項第1号に規定する取得対価が吸収分割承継株式会社の株式（吸収分割株式会社が吸収分割をする前から有するものを除き、吸収分割承継株式会社の株式に準ずるものとして法務省令で定めるものを含む。ロにおいて同じ。）のみであるものに限る。
【2】　配当財産が吸収分割承継株式会社の株式のみであるものに限る。
【3】　第793条第2項において準用する場合を含む。次項において同じ。
【4】　第3号を除き、第793条第2項において準用する場合を含む。次項において同じ。
【5】　第789条第3項（第793条第2項において準用する場合を含む。）に規定する場合にあっては、不法行為によって生じた債務の債権者であるものに限る。次項において同じ。
【6】　以下この条において「**残存債権者**」という。

い。

8　次の各号に掲げる場合には、吸収分割会社は、効力発生日に、吸収分割契約の定めに従い、当該各号に定める者となる。

一　前条第4号イに掲げる事項についての定めがある場合　同号イの株式の株主

二　前条第4号ロに掲げる事項についての定めがある場合　同号ロの社債の社債権者

三　前条第4号ハに掲げる事項についての定めがある場合　同号ハの新株予約権の新株予約権者

四　前条第4号ニに掲げる事項についての定めがある場合　同号ニの新株予約権付社債についての社債の社債権者及び当該新株予約権付社債に付された新株予約権の新株予約権者

9　前条第5号に規定する場合には、効力発生日に、吸収分割契約新株予約権は、消滅し、当該吸収分割契約新株予約権の新株予約権者は、同条第6号に掲げる事項についての定めに従い、同条第5号ロの吸収分割承継株式会社の新株予約権の新株予約権者となる。

10　前各項の規定は、第789条【1】若しくは第799条の規定による手続が終了していない場合又は吸収分割を中止した場合には、適用しない。

第3款　持分会社に権利義務を承継させる吸収分割

（持分会社に権利義務を承継させる吸収分割契約）

第760条　会社が吸収分割をする場合において、吸収分割承継会社が持分会社であるときは、吸収分割契約において、次に掲げる事項を定めなければならない。

一　吸収分割会社及び持分会社である吸収分割承継会社【2】の商号及び住所

二　吸収分割承継持分会社が吸収分割により吸収分割会社から承継する資産、債務、雇用契約その他の権利義務【3】に関する事項

三　吸収分割により吸収分割株式会社の株式を吸収分割承継持分会社に承継させるときは、当該株式に関する事項

四　吸収分割会社が吸収分割に際して吸収分割承継持分会社の社員となるときは、次のイからハまでに掲げる吸収分割承継持分会社の区分に応じ、当該イからハまでに定める事項

イ　合名会社　当該社員の氏名又は名称及び住所並びに出資の価額

ロ　合資会社　当該社員の氏名又は名称及び住所、当該社員が無限責任社員又は有限責任社員のいずれであるかの別並びに当該社員の出資の価額

ハ　合同会社　当該社員の氏名又は名称及び住所並びに出資の価額

五　吸収分割承継持分会社が吸収分割に際して吸収分割会社に対してその事業に関する権利義務の全部又は一部に代わる金銭等【4】を交付するときは、当該金銭等についての次に掲げる事項

【1】　第1項第3号及び第2項第3号を除き、第793条第2項において準用する場合を含む。

【2】　以下この節において「吸収分割承継持分会社」という。

【3】　吸収分割株式会社の株式及び新株予約権に係る義務を除く。

【4】　吸収分割承継持分会社の持分を除く。

会社法

イ　当該金銭等が吸収分割承継持分会社の社債であるときは、当該社債の種類及び種類ごとの各社債の金額の合計額又はその算定方法

ロ　当該金銭等が吸収分割承継持分会社の社債以外の財産であるときは、当該財産の内容及び数若しくは額又はこれらの算定方法

六　効力発生日

七　吸収分割株式会社が効力発生日に次に掲げる行為をするときは、その旨

イ　第171条第1項の規定による株式の取得【1】

ロ　剰余金の配当【2】

（持分会社に権利義務を承継させる吸収分割の効力の発生等）

第761条　吸収分割承継持分会社は、効力発生日に、吸収分割契約の定めに従い、吸収分割会社の権利義務を承継する。

2　前項の規定にかかわらず、第789条第1項第2号【3】の規定により異議を述べることができる吸収分割会社の債権者であって、第789条第2項【4】の各別の催告を受けなかったもの【5】は、吸収分割契約において吸収分割後に吸収分割会社に対して債務の履行を請求することができないものとされているときであっても、吸収分割会社に対して、吸収分割会社が効力発生日に有していた財産の価額を限度として、当該債務の履行を請求することができる。

3　第1項の規定にかかわらず、第789条第1項第2号の規定により異議を述べることができる吸収分割会社の債権者であって、同条第2項の各別の催告を受けなかったものは、吸収分割契約において吸収分割後に吸収分割承継持分会社に対して債務の履行を請求することができないものとされているときであっても、吸収分割承継持分会社に対して、承継した財産の価額を限度として、当該債務の履行を請求することができる。

4　第1項の規定にかかわらず、吸収分割会社が吸収分割承継持分会社に承継されない債務の債権者【6】を害することを知って吸収分割をした場合には、残存債権者は、吸収分割承継持分会社に対して、承継した財産の価額を限度として、当該債務の履行を請求することができる。ただし、吸収分割承継持分会社が吸収分割の効力が生じた時において残存債権者を害することを知らなかったときは、この限りでない。

5　前項の規定は、前条第7号に掲げる事項についての定めがある場合には、適用しない。

6　吸収分割承継持分会社が第4項の規定により同項の債務を履行する責任を負う場合には、当該責任は、吸収分割会社が残存債権者を害するこ

【1】　同項第1号に規定する取得対価が吸収分割承継持分会社の持分（吸収分割株式会社が吸収分割をする前から有するものを除き、吸収分割承継持分会社の持分に準ずるものとして法務省令で定めるものを含む。ロにおいて同じ。）のみであるものに限る。

【2】　配当財産が吸収分割承継持分会社の持分のみであるものに限る。

【3】　第793条第2項において準用する場合を含む。次項において同じ。

【4】　第3号を除き、第793条第2項において準用する場合を含む。次項において同じ。

【5】　第789条第3項（第793条第2項において準用する場合を含む。）に規定する場合にあっては、不法行為によって生じた債務の債権者であるものに限る。次項において同じ。

【6】　以下この条において「**残存債権者**」という。

とを知って吸収分割をしたことを知った時から2年以内に請求又は請求の予告をしない残存債権者に対しては、その期間を経過した時に消滅する。効力発生日から10年を経過したときも、同様とする。

7　吸収分割会社について破産手続開始の決定、再生手続開始の決定又は更生手続開始の決定があったときは、残存債権者は、吸収分割承継持分会社に対して第4項の規定による請求をする権利を行使することができない。

8　前条第4号に規定する場合には、吸収分割会社は、効力発生日に、同号に掲げる事項についての定めに従い、吸収分割承継持分会社の社員となる。この場合においては、吸収分割承継持分会社は、効力発生日に、同号の社員に係る定款の変更をしたものとみなす。

9　前条第5号イに掲げる事項についての定めがある場合には、吸収分割会社は、効力発生日に、吸収分割契約の定めに従い、同号イの社債の社債権者となる。

10　前各項の規定は、第789条【1】若しくは第802条第2項において準用する第799条【2】の規定による手続が終了していない場合又は吸収分割を中止した場合には、適用しない。

第2節　新設分割

第1款　通則

（新設分割計画の作成）

第762条　1又は2以上の**株式会社**又は**合同会社**は、新設分割をすることができる。この場合においては、新設分割計画を作成しなければならない。

2　2以上の株式会社又は合同会社が共同して新設分割をする場合には、当該2以上の株式会社又は合同会社は、共同して新設分割計画を作成しなければならない。

第2款　株式会社を設立する新設分割

（株式会社を設立する新設分割計画）

第763条　1又は2以上の株式会社又は合同会社が新設分割をする場合において、新設分割により設立する会社【3】が株式会社であるときは、新設分割計画において、次に掲げる事項を定めなければならない。

一　株式会社である新設分割設立会社【4】の目的、商号、本店の所在地及び発行可能株式総数

二　前号に掲げるもののほか、新設分割設立株式会社の定款で定める事項

三　新設分割設立株式会社の設立時取締役の氏名

四　次のイからハまでに掲げる場合の区分に応じ、当該イからハまでに定める事項

イ　新設分割設立株式会社が会計参与設置会社である場合　新設分割設立株式会社の設立時会計参与の氏名又は名称

ロ　新設分割設立株式会社が監査役設置会社【5】である場合　新設分割設立株式会社の設立時監

【1】第1項第3号及び第2項第3号を除き、第793条第2項において準用する場合を含む。

【2】第2項第3号を除く。

【3】以下この編において「**新設分割設立会社**」という。

【4】以下この編において「**新設分割設立株式会社**」という。

【5】監査役の監査の範囲を会計に関するものに限定する旨の定款の定めがある株式会社を含む。

査役の氏名
ハ　新設分割設立株式会社が会計監査人設置会社である場合　新設分割設立株式会社の設立時会計監査人の氏名又は名称
五　新設分割設立株式会社が新設分割により新設分割をする会社【1】から承継する資産、債務、雇用契約その他の権利義務【2】に関する事項
六　新設分割設立株式会社が新設分割に際して新設分割会社に対して交付するその事業に関する権利義務の全部又は一部に代わる当該新設分割設立株式会社の株式の数【3】又はその数の算定方法並びに当該新設分割設立株式会社の資本金及び準備金の額に関する事項
七　2以上の株式会社又は合同会社が共同して新設分割をするときは、新設分割会社に対する前号の株式の割当てに関する事項
八　新設分割設立株式会社が新設分割に際して新設分割会社に対してその事業に関する権利義務の全部又は一部に代わる当該新設分割設立株式会社の社債等を交付するときは、当該社債等についての次に掲げる事項
イ　当該社債等が新設分割設立株式会社の社債【4】であるときは、当該社債の種類及び種類ごとの各社債の金額の合計額又はその算定方法
ロ　当該社債等が新設分割設立株式会社の新株予約権【5】であるときは、当該新株予約権の内容及び数又はその算定方法
ハ　当該社債等が新設分割設立株式会社の新株予約権付社債であるときは、当該新株予約権付社債についてのイに規定する事項及び当該新株予約権付社債に付された新株予約権についてのロに規定する事項
九　前号に規定する場合において、2以上の株式会社又は合同会社が共同して新設分割をするときは、新設分割会社に対する同号の社債等の割当てに関する事項
十　新設分割設立株式会社が新設分割に際して新設分割株式会社の新株予約権の新株予約権者に対して当該新株予約権に代わる当該新設分割設立株式会社の新株予約権を交付するときは、当該新株予約権についての次に掲げる事項
イ　当該新設分割設立株式会社の新株予約権の交付を受ける新設分割株式会社の新株予約権の新株予約権者の有する新株予約権【6】の内容
ロ　新設分割計画新株予約権の新株予約権者に対して交付する新設分割設立株式会社の新株予約権の内容及び数又はその算定方法
ハ　新設分割計画新株予約権が新株予約権付社債に付された新株予約権であるときは、新設分割設立株式会社が当該新株予約権

【1】 以下この編において「**新設分割会社**」という。
【2】 株式会社である新設分割会社（以下この編において「**新設分割株式会社**」という。）の株式及び新株予約権に係る義務を除く。
【3】 種類株式発行会社にあっては、株式の種類及び種類ごとの数
【4】 新株予約権付社債についてのものを除く。
【5】 新株予約権付社債に付されたものを除く。
【6】 以下この編において「**新設分割計画新株予約権**」という。

会社法

付社債についての社債に係る債務を承継する旨並びにその承継に係る社債の種類及び種類ごとの各社債の金額の合計額又はその算定方法

十一　前号に規定する場合には、新設分割計画新株予約権の新株予約権者に対する同号の新設分割設立株式会社の新株予約権の割当てに関する事項

十二　新設分割株式会社が新設分割設立株式会社の成立の日に次に掲げる行為をするときは、その旨

イ　第171条第1項の規定による株式の取得【1】

ロ　剰余金の配当【2】

2　新設分割設立株式会社が監査等委員会設置会社である場合には、前項第3号に掲げる事項は、設立時監査等委員である設立時取締役とそれ以外の設立時取締役とを区別して定めなければならない。

（株式会社を設立する新設分割の効力の発生等）

第764条　新設分割設立株式会社は、その成立の日に、新設分割計画の定めに従い、新設分割会社の権利義務を承継する。

2　前項の規定にかかわらず、第810条第1項第2号【3】の規定により異議を述べることができる新設分割会社の債権者であって、第810条第2項【4】の各別の催告を受けなかったもの【5】は、新設分割計画において新設分割後に新設分割会社に対して債務の履行を請求することができないものとされているときであっても、新設分割会社に対して、新設分割会社が新設分割設立株式会社の成立の日に有していた財産の価額を限度として、当該債務の履行を請求することができる。

3　第1項の規定にかかわらず、第810条第1項第2号の規定により異議を述べることができる新設分割会社の債権者であって、同条第2項の各別の催告を受けなかったものは、新設分割計画において新設分割後に新設分割設立株式会社に対して債務の履行を請求することができないものとされているときであっても、新設分割設立株式会社に対して、承継した財産の価額を限度として、当該債務の履行を請求することができる。

4　第1項の規定にかかわらず、新設分割会社が新設分割設立株式会社に承継されない債務の債権者【6】を害することを知って新設分割をした場合には、残存債権者は、新設分割設立株式会社に対して、承継した財産の価額を限度として、当該債務の履行を請求することができる。

5　前項の規定は、前条第1項第12号に掲げる事項についての定めがある場合には、適用しない。

6　新設分割設立株式会社が第4項の規定により同項の債務を履行する責任を負う場合には、当該責任は、新設分割会社が残存債権者を害するこ

【1】　同項第1号に規定する取得対価が新設分割設立株式会社の株式（これに準ずるものとして法務省令で定めるものを含む。ロにおいて同じ。）のみであるものに限る。

【2】　配当財産が新設分割設立株式会社の株式のみであるものに限る。

【3】　第813条第2項において準用する場合を含む。次項において同じ。

【4】　第3号を除き、第813条第2項において準用する場合を含む。次項において同じ。

【5】　第810条第3項（第813条第2項において準用する場合を含む。）に規定する場合にあっては、不法行為によって生じた債務の債権者であるものに限る。次項において同じ。

【6】　以下この条において「**残存債権者**」という。

とを知って新設分割をしたことを知った時から２年以内に請求又は請求の予告をしない残存債権者に対しては、その期間を経過した時に消滅する。新設分割設立株式会社の成立の日から10年を経過したときも、同様とする。

7　新設分割会社について破産手続開始の決定、再生手続開始の決定又は更生手続開始の決定があったときは、残存債権者は、新設分割設立株式会社に対して第４項の規定による請求をする権利を行使することができない。

8　前条第１項に規定する場合には、新設分割会社は、新設分割設立株式会社の成立の日に、新設分割計画の定めに従い、同項第６号の株式の株主となる。

9　次の各号に掲げる場合には、新設分割会社は、新設分割設立株式会社の成立の日に、新設分割計画の定めに従い、当該各号に定める者となる。

一　前条第１項第８号イに掲げる事項についての定めがある場合　同号イの社債の社債権者

二　前条第１項第８号ロに掲げる事項についての定めがある場合　同号ロの新株予約権の新株予約権者

三　前条第１項第８号ハに掲げる事項についての定めがある場合　同号ハの新株予約権付社債についての社債の社債権者及び当該新株予約権付社債に付された新株予約権の新株予約権者

10　２以上の株式会社又は合同会社が共同して新設分割をする場合における前２項の規定の適用については、第８項中「新設分割計画の定め」とあるのは「同項第７号に掲げる事項についての定め」と、前項中「新設分割計画の定め」とあるのは「前条第１項第９号に掲げる事項についての定め」とする。

11　前条第１項第10号に規定する場合には、新設分割設立株式会社の成立の日に、新設分割計画新株予約権は、消滅し、当該新設分割計画新株予約権の新株予約権者は、同項第11号に掲げる事項についての定めに従い、同項第10号ロの新設分割設立株式会社の新株予約権の新株予約権者となる。

第３款　持分会社を設立する新設分割

（持分会社を設立する新設分割計画）

第765条　１又は２以上の株式会社又は合同会社が新設分割をする場合において、新設分割設立会社が持分会社であるときは、新設分割計画において、次に掲げる事項を定めなければならない。

一　持分会社である新設分割設立会社【1】が合名会社、合資会社又は合同会社のいずれであるかの別

二　新設分割設立持分会社の目的、商号及び本店の所在地

三　新設分割設立持分会社の社員についての次に掲げる事項

イ　当該社員の名称及び住所

ロ　当該社員が無限責任社員又は有限責任社員のいずれであるかの別

ハ　当該社員の出資の価額

四　前２号に掲げるもののほか、新設分割設立持分会社の定款で定める事項

五　新設分割設立持分会社が新設分割により新設分割会社から承継する資産、債務、雇用契約その他の

【1】 以下この編において「新設分割設立持分会社」という。

会社法

権利義務【1】に関する事項

六　新設分割設立持分会社が新設分割に際して新設分割会社に対してその事業に関する権利義務の全部又は一部に代わる当該新設分割設立持分会社の社債を交付するときは、当該社債の種類及び種類ごとの各社債の金額の合計額又はその算定方法

七　前号に規定する場合において、2以上の株式会社又は合同会社が共同して新設分割をするときは、新設分割会社に対する同号の社債の割当てに関する事項

八　新設分割株式会社が新設分割設立持分会社の成立の日に次に掲げる行為をするときは、その旨

イ　第171条第1項の規定による株式の取得【2】

ロ　剰余金の配当【3】

2　新設分割設立持分会社が合名会社であるときは、前項第3号ロに掲げる事項として、その社員の全部を無限責任社員とする旨を定めなければならない。

3　新設分割設立持分会社が合資会社であるときは、第1項第3号ロに掲げる事項として、その社員の一部を無限責任社員とし、その他の社員を有限責任社員とする旨を定めなければならない。

4　新設分割設立持分会社が合同会社であるときは、第1項第3号ロに掲げる事項として、その社員の全部を有限責任社員とする旨を定めなければならない。

（持分会社を設立する新設分割の効力の発生等）

第766条　新設分割設立持分会社は、その成立の日に、新設分割計画の定めに従い、新設分割会社の権利義務を承継する。

2　前項の規定にかかわらず、第810条第1項第2号【4】の規定により異議を述べることができる新設分割会社の債権者であって、第810条第2項【5】の各別の催告を受けなかったもの【6】は、新設分割計画において新設分割後に新設分割会社に対して債務の履行を請求することができないものとされているときであっても、新設分割会社に対して、新設分割会社が新設分割設立持分会社の成立の日に有していた財産の価額を限度として、当該債務の履行を請求することができる。

3　第1項の規定にかかわらず、第810条第1項第2号の規定により異議を述べることができる新設分割会社の債権者であって、同条第2項の各別の催告を受けなかったものは、新設分割計画において新設分割後に新設分割設立持分会社に対して債務の履行を請求することができないものとされているときであっても、新設分割設立持分会社に対して、承継した財産の価額を限度として、当該債務の履行を請求することができる。

【1】　新設分割株式会社の株式及び新株予約権に係る義務を除く。

【2】　同項第1号に規定する取得対価が新設分割設立持分会社の持分（これに準ずるものとして法務省令で定めるものを含む。ロにおいて同じ。）のみであるものに限る。

【3】　配当財産が新設分割設立持分会社の持分のみであるものに限る。

【4】　第813条第2項において準用する場合を含む。次項において同じ。

【5】　第3号を除き、第813条第2項において準用する場合を含む。次項において同じ。

【6】　第810条第3項（第813条第2項において準用する場合を含む。）に規定する場合にあっては、不法行為によって生じた債務の債権者であるものに限る。次項において同じ。

4　第１項の規定にかかわらず、新設分割会社が新設分割設立持分会社に承継されない債務の債権者【1】を害することを知って新設分割をした場合には、残存債権者は、新設分割設立持分会社に対して、承継した財産の価額を限度として、当該債務の履行を請求することができる。

5　前項の規定は、前条第１項第８号に掲げる事項についての定めがある場合には、適用しない。

6　新設分割設立持分会社が第４項の規定により同項の債務を履行する責任を負う場合には、当該責任は、新設分割会社が残存債権者を害することを知って新設分割をしたことを知った時から２年以内に請求又は請求の予告をしない残存債権者に対しては、その期間を経過した時に消滅する。新設分割設立持分会社の成立の日から10年を経過したときも、同様とする。

7　新設分割会社について破産手続開始の決定、再生手続開始の決定又は更生手続開始の決定があったときは、残存債権者は、新設分割設立持分会社に対して第４項の規定による請求をする権利を行使することができない。

8　前条第１項に規定する場合には、新設分割会社は、新設分割設立持分会社の成立の日に、同項第３号に掲げる事項についての定めに従い、当該新設分割設立持分会社の社員となる。

9　前条第１項第６号に掲げる事項についての定めがある場合には、新設分割会社は、新設分割設立持分会社の成立の日に、新設分割計画の定めに従い、同号の社債の社債権者となる。

【1】　以下この条において「残存債権者」という。

10　２以上の株式会社又は合同会社が共同して新設分割をする場合における前項の規定の適用については、同項中「新設分割計画の定めに従い、同号」とあるのは、「同項第７号に掲げる事項についての定めに従い、同項第６号」とする。

第４章　株式交換及び株式移転

第１節　株式交換

第１款　通則

（株式交換契約の締結）

第767条　株式会社は、**株式交換**をすることができる。この場合においては、当該株式会社の発行済株式の**全部を取得する会社**【2】との間で、株式交換契約を締結しなければならない。

第２款　株式会社に発行済株式を取得させる株式交換

（株式会社に発行済株式を取得させる株式交換契約）

第768条　株式会社が株式交換をする場合において、株式交換完全親会社が株式会社であるときは、株式交換契約において、次に掲げる事項を定めなければならない。

一　株式交換をする株式会社【3】及び株式会社である株式交換完全親会社【4】の商号及び住所

二　株式交換完全親株式会社が株式交換に際して株式交換完全子会社

【2】　株式会社又は合同会社に限る。以下この編において「株式交換完全親会社」という。

【3】　以下この編において「株式交換完全子会社」という。

【4】　以下この編において「株式交換完全親株式会社」という。

の株主に対してその株式に代わる金銭等を交付するときは、当該金銭等についての次に掲げる事項
イ　当該金銭等が株式交換完全親株式会社の株式であるときは、当該株式の数【1】又はその数の算定方法並びに当該株式交換完全親株式会社の資本金及び準備金の額に関する事項
ロ　当該金銭等が株式交換完全親株式会社の社債【2】であるときは、当該社債の種類及び種類ごとの各社債の金額の合計額又はその算定方法
ハ　当該金銭等が株式交換完全親株式会社の新株予約権【3】であるときは、当該新株予約権の内容及び数又はその算定方法
ニ　当該金銭等が株式交換完全親株式会社の新株予約権付社債であるときは、当該新株予約権付社債についてのロに規定する事項及び当該新株予約権付社債に付された新株予約権についてのハに規定する事項
ホ　当該金銭等が株式交換完全親株式会社の株式等以外の財産であるときは、当該財産の内容及び数若しくは額又はこれらの算定方法
三　前号に規定する場合には、株式交換完全子会社の株主【4】に対する同号の金銭等の割当てに関する事項
四　株式交換完全親株式会社が株式交換に際して株式交換完全子会社の新株予約権の新株予約権者に対して当該新株予約権に代わる当該株式交換完全親株式会社の新株予約権を交付するときは、当該新株予約権についての次に掲げる事項
イ　当該株式交換完全親株式会社の新株予約権の交付を受ける株式交換完全子会社の新株予約権の新株予約権者の有する新株予約権【5】の内容
ロ　株式交換契約新株予約権の新株予約権者に対して交付する株式交換完全親株式会社の新株予約権の内容及び数又はその算定方法
ハ　株式交換契約新株予約権が新株予約権付社債に付された新株予約権であるときは、株式交換完全親株式会社が当該新株予約権付社債についての社債に係る債務を承継する旨並びにその承継に係る社債の種類及び種類ごとの各社債の金額の合計額又はその算定方法
五　前号に規定する場合には、株式交換契約新株予約権の新株予約権者に対する同号の株式交換完全親株式会社の新株予約権の割当てに関する事項
六　株式交換がその効力を生ずる日【6】
2　前項に規定する場合において、株式交換完全子会社が種類株式発行会社であるときは、株式交換完全子会社及び株式交換完全親株式会社は、株式交換完全子会社の発行する種類の株式の内容に応じ、同項第３号に掲げる事項として次に掲げる事項を

【1】　種類株式発行会社にあっては、株式の種類及び種類ごとの数
【2】　新株予約権付社債についてのものを除く。
【3】　新株予約権付社債に付されたものを除く。
【4】　株式交換完全親株式会社を除く。
【5】　以下この編において「**株式交換契約新株予約権**」という。
【6】　以下この節において「**効力発生日**」という。

定めることができる。
一　ある種類の株式の株主に対して金銭等の割当てをしないこととするときは、その旨及び当該株式の種類
二　前号に掲げる事項のほか、金銭等の割当てについて株式の種類ごとに異なる取扱いを行うこととするときは、その旨及び当該異なる取扱いの内容
3　第1項に規定する場合には、同項第3号に掲げる事項についての定めは、株式交換完全子会社の株主【1】の有する株式の数【2】に応じて金銭等を交付することを内容とするものでなければならない。

（株式会社に発行済株式を取得させる株式交換の効力の発生等）

第769条　株式交換完全親株式会社は、効力発生日に、株式交換完全子会社の発行済株式【3】の全部を取得する。
2　前項の場合には、株式交換完全親株式会社が株式交換完全子会社の株式【4】を取得したことについて、当該株式交換完全子会社が第137条第1項の承認をしたものとみなす。
3　次の各号に掲げる場合には、株式交換完全子会社の株主は、効力発生日に、前条第1項第3号に掲げる事項についての定めに従い、当該各号に定める者となる。
一　前条第1項第2号イに掲げる事項についての定めがある場合　同号イの株式の株主
二　前条第1項第2号ロに掲げる事項についての定めがある場合　同号ロの社債の社債権者
三　前条第1項第2号ハに掲げる事項についての定めがある場合　同号ハの新株予約権の新株予約権者
四　前条第1項第2号ニに掲げる事項についての定めがある場合　同号ニの新株予約権付社債についての社債の社債権者及び当該新株予約権付社債に付された新株予約権の新株予約権者
4　前条第1項第4号に規定する場合には、効力発生日に、株式交換契約新株予約権は、消滅し、当該株式交換契約新株予約権の新株予約権者は、同項第5号に掲げる事項についての定めに従い、同項第4号ロの株式交換完全親株式会社の新株予約権の新株予約権者となる。
5　前条第1項第4号ハに規定する場合には、株式交換完全親株式会社は、効力発生日に、同号ハの新株予約権付社債についての社債に係る債務を承継する。
6　前各項の規定は、第789条若しくは第799条の規定による手続が終了していない場合又は株式交換を中止した場合には、適用しない。

第3款　合同会社に発行済株式を取得させる株式交換

（合同会社に発行済株式を取得させる株式交換契約）

第770条　株式会社が株式交換をする場合において、株式交換完全親会社が合同会社であるときは、株式交換契約において、次に掲げる事項を定めなければならない。
一　株式交換完全子会社及び合同会

【1】　株式交換完全親株式会社及び前項第1号の種類の株式の株主を除く。
【2】　前項第2号に掲げる事項についての定めがある場合にあっては、各種類の株式の数
【3】　株式交換完全親株式会社の有する株式交換完全子会社の株式を除く。
【4】　譲渡制限株式に限り、当該株式交換完全親株式会社が効力発生日前から有するものを除く。

社である株式交換完全親会社【1】の商号及び住所

二　株式交換完全子会社の株主が株式交換に際して株式交換完全親合同会社の社員となるときは、当該社員の氏名又は名称及び住所並びに出資の価額

三　株式交換完全親合同会社が株式交換に際して株式交換完全子会社の株主に対してその株式に代わる金銭等【2】を交付するときは、当該金銭等についての次に掲げる事項

イ　当該金銭等が当該株式交換完全親合同会社の社債であるときは、当該社債の種類及び種類ごとの各社債の金額の合計額又はその算定方法

ロ　当該金銭等が当該株式交換完全親合同会社の社債以外の財産であるときは、当該財産の内容及び数若しくは額又はこれらの算定方法

四　前号に規定する場合には、株式交換完全子会社の株主【3】に対する同号の金銭等の割当てに関する事項

五　効力発生日

2　前項に規定する場合において、株式交換完全子会社が種類株式発行会社であるときは、株式交換完全子会社及び株式交換完全親合同会社は、株式交換完全子会社の発行する種類の株式の内容に応じ、同項第4号に掲げる事項として次に掲げる事項を定めることができる。

一　ある種類の株式の株主に対して金銭等の割当てをしないこととするときは、その旨及び当該株式の種類

二　前号に掲げる事項のほか、金銭等の割当てについて株式の種類ごとに異なる取扱いを行うこととするときは、その旨及び当該異なる取扱いの内容

3　第1項に規定する場合には、同項第4号に掲げる事項についての定めは、株式交換完全子会社の株主【4】の有する株式の数【5】に応じて金銭等を交付することを内容とするものでなければならない。

（合同会社に発行済株式を取得させる株式交換の効力の発生等）

第771条　株式交換完全親合同会社は、効力発生日に、株式交換完全子会社の発行済株式【6】の全部を取得する。

2　前項の場合には、株式交換完全親合同会社が株式交換完全子会社の株式【7】を取得したことについて、当該株式交換完全子会社が第137条第1項の承認をしたものとみなす。

3　前条第1項第2号に規定する場合には、株式交換完全子会社の株主は、効力発生日に、同号に掲げる事項についての定めに従い、株式交換完全親合同会社の社員となる。この場合においては、株式交換完全親合同会社は、効力発生日に、同号の社員に係る定款の変更をしたものとみなす。

【1】　以下この編において「**株式交換完全親合同会社**」という。

【2】　株式交換完全親合同会社の持分を除く。

【3】　株式交換完全親合同会社を除く。

【4】　株式交換完全親合同会社及び前項第1号の種類の株式の株主を除く。

【5】　前項第2号に掲げる事項についての定めがある場合にあっては、各種類の株式の数

【6】　株式交換完全親合同会社の有する株式交換完全子会社の株式を除く。

【7】　譲渡制限株式に限り、当該株式交換完全親合同会社が効力発生日前から有するものを除く。

4　前条第１項第３号イに掲げる事項についての定めがある場合には、株式交換完全子会社の株主は、効力発生日に、同項第４号に掲げる事項についての定めに従い、同項第３号イの社債の社債権者となる。

5　前各項の規定は、第802条第２項において準用する第799条【1】の規定による手続が終了していない場合又は株式交換を中止した場合には、適用しない。

第2節　株式移転

（株式移転計画の作成）

第772条　１又は２以上の株式会社は、**株式移転**をすることができる。この場合においては、株式移転計画を作成しなければならない。

2　２以上の株式会社が共同して株式移転をする場合には、当該２以上の株式会社は、共同して株式移転計画を作成しなければならない。

（株式移転計画）

第773条　１又は２以上の株式会社が株式移転をする場合には、株式移転計画において、次に掲げる事項を定めなければならない。

一　株式移転により設立する株式会社【2】の目的、商号、本店の所在地及び発行可能株式総数

二　前号に掲げるもののほか、株式移転設立完全親会社の定款で定める事項

三　株式移転設立完全親会社の設立時取締役の氏名

四　次のイからハまでに掲げる場合の区分に応じ、当該イからハまでに定める事項

イ　株式移転設立完全親会社が会計参与設置会社である場合　株式移転設立完全親会社の設立時会計参与の氏名又は名称

ロ　株式移転設立完全親会社が監査役設置会社【3】である場合　株式移転設立完全親会社の設立時監査役の氏名

ハ　株式移転設立完全親会社が会計監査人設置会社である場合　株式移転設立完全親会社の設立時会計監査人の氏名又は名称

五　株式移転設立完全親会社が株式移転に際して株式移転をする株式会社【4】の株主に対して交付するその株式に代わる当該株式移転設立完全親会社の株式の数【5】又はその数の算定方法並びに当該株式移転設立完全親会社の資本金及び準備金の額に関する事項

六　株式移転完全子会社の株主に対する前号の株式の割当てに関する事項

七　株式移転設立完全親会社が株式移転に際して株式移転完全子会社の株主に対してその株式に代わる当該株式移転設立完全親会社の社債等を交付するときは、当該社債等についての次に掲げる事項

イ　当該社債等が株式移転設立完全親会社の社債【6】であるときは、当該社債の種類及び種類ごとの各社債の金額の合計額又はその算定方法

ロ　当該社債等が株式移転設立完

【1】第２項第３号を除く。

【2】以下この編において「**株式移転設立完全親会社**」という。

【3】監査役の監査の範囲を会計に関するものに限定する旨の定款の定めがある株式会社を含む。

【4】以下この編において「**株式移転完全子会社**」という。

【5】種類株式発行会社にあっては、株式の種類及び種類ごとの数

【6】新株予約権付社債についてのものを除く。

全親会社の新株予約権【1】であるときは、当該新株予約権の内容及び数又はその算定方法

ハ　当該社債等が株式移転設立完全親会社の新株予約権付社債であるときは、当該新株予約権付社債についてのイに規定する事項及び当該新株予約権付社債に付された新株予約権についてのロに規定する事項

八　前号に規定する場合には、株式移転完全子会社の株主に対する同号の社債等の割当てに関する事項

九　株式移転設立完全親会社が株式移転に際して株式移転完全子会社の新株予約権の新株予約権者に対して当該新株予約権に代わる当該株式移転設立完全親会社の新株予約権を交付するときは、当該新株予約権についての次に掲げる事項

イ　当該株式移転設立完全親会社の新株予約権の交付を受ける株式移転完全子会社の新株予約権の新株予約権者の有する新株予約権【2】の内容

ロ　株式移転計画新株予約権の新株予約権者に対して交付する株式移転設立完全親会社の新株予約権の内容及び数又はその算定方法

ハ　株式移転計画新株予約権が新株予約権付社債に付された新株予約権であるときは、株式移転設立完全親会社が当該新株予約権付社債についての社債に係る債務を承継する旨並びにその承継に係る社債の種類及び種類ごとの各社債の金額の合計額又はその算定方法

十　前号に規定する場合には、株式移転計画新株予約権の新株予約権者に対する同号の株式移転設立完全親会社の新株予約権の割当てに関する事項

2　株式移転設立完全親会社が監査等委員会設置会社である場合には、前項第3号に掲げる事項は、設立時監査等委員である設立時取締役とそれ以外の設立時取締役とを区別して定めなければならない。

3　第1項に規定する場合において、株式移転完全子会社が種類株式発行会社であるときは、株式移転完全子会社は、その発行する種類の株式の内容に応じ、同項第6号に掲げる事項として次に掲げる事項を定めることができる。

一　ある種類の株式の株主に対して株式移転設立完全親会社の株式の割当てをしないこととするときは、その旨及び当該株式の種類

二　前号に掲げる事項のほか、株式移転設立完全親会社の株式の割当てについて株式の種類ごとに異なる取扱いを行うこととするときは、その旨及び当該異なる取扱いの内容

4　第1項に規定する場合には、同項第6号に掲げる事項についての定めは、株式移転完全子会社の株主【3】の有する株式の数【4】に応じて株式移転設立完全親会社の株式を交付することを内容とするものでなければならない。

5　前2項の規定は、第1項第8号に

【1】新株予約権付社債に付されたものを除く。
【2】以下この編において「株式移転計画新株予約権」という。
【3】前項第1号の種類の株式の株主を除く。
【4】前項第2号に掲げる事項についての定めがある場合にあっては、各種類の株式の数

掲げる事項について準用する。この場合において、前2項中「株式移転設立完全親会社の株式」とあるのは、「株式移転設立完全親会社の社債等」と読み替えるものとする。

(株式移転の効力の発生等)

第774条 株式移転設立完全親会社は、その成立の日に、株式移転完全子会社の発行済株式の全部を取得する。

2 株式移転完全子会社の株主は、株式移転設立完全親会社の成立の日に、前条第1項第6号に掲げる事項についての定めに従い、同項第5号の株式の株主となる。

3 次の各号に掲げる場合には、株式移転完全子会社の株主は、株式移転設立完全親会社の成立の日に、前条第1項第8号に掲げる事項についての定めに従い、当該各号に定める者となる。

一 前条第1項第7号イに掲げる事項についての定めがある場合 同号イの社債の社債権者

二 前条第1項第7号ロに掲げる事項についての定めがある場合 同号ロの新株予約権の新株予約権者

三 前条第1項第7号ハに掲げる事項についての定めがある場合 同号ハの新株予約権付社債についての社債の社債権者及び当該新株予約権付社債に付された新株予約権の新株予約権者

4 前条第1項第9号に規定する場合には、株式移転設立完全親会社の成立の日に、株式移転計画新株予約権は、消滅し、当該株式移転計画新株予約権の新株予約権者は、同項第10号に掲げる事項についての定めに従い、同項第9号ロの株式移転設立完全親会社の新株予約権の新株予約権者となる。

5 前条第1項第9号ハに規定する場合には、株式移転設立完全親会社は、その成立の日に、同号ハの新株予約権付社債についての社債に係る債務を承継する。

第4章の2 株式交付

(株式交付計画の作成)

第774条の2 株式会社は、**株式交付**をすることができる。この場合においては、**株式交付計画**を作成しなければならない。

(株式交付計画)

第774条の3 株式会社が株式交付をする場合には、株式交付計画において、次に掲げる事項を定めなければならない。

一 株式交付子会社【1】の商号及び住所

二 株式交付親会社が株式交付に際して譲り受ける株式交付子会社の株式の数【2】の下限

三 株式交付親会社が株式交付に際して株式交付子会社の株式の譲渡人に対して当該株式の対価として交付する株式交付親会社の株式の数【3】又はその数の算定方法並びに当該株式交付親会社の資本金及び準備金の額に関する事項

四 株式交付子会社の株式の譲渡人に対する前号の株式交付親会社の株式の割当てに関する事項

五 株式交付親会社が株式交付に際して株式交付子会社の株式の譲渡

【1】 株式交付親会社(株式交付をする株式会社をいう。以下同じ。)が株式交付に際して譲り受ける株式を発行する株式会社をいう。以下同じ。

【2】 株式交付子会社が種類株式発行会社である場合にあっては、株式の種類及び種類ごとの数

【3】 種類株式発行会社にあっては、株式の種類及び種類ごとの数

人に対して当該株式の対価として金銭等【1】を交付するときは、当該金銭等についての次に掲げる事項
イ　当該金銭等が株式交付親会社の社債【2】であるときは、当該社債の種類及び種類ごとの各社債の金額の合計額又はその算定方法
ロ　当該金銭等が株式交付親会社の新株予約権【3】であるときは、当該新株予約権の内容及び数又はその算定方法
ハ　当該金銭等が株式交付親会社の新株予約権付社債であるときは、当該新株予約権付社債についてのイに規定する事項及び当該新株予約権付社債に付された新株予約権についてのロに規定する事項
ニ　当該金銭等が株式交付親会社の社債及び新株予約権以外の財産であるときは、当該財産の内容及び数若しくは額又はこれらの算定方法
六　前号に規定する場合には、株式交付子会社の株式の譲渡人に対する同号の金銭等の割当てに関する事項
七　株式交付親会社が株式交付に際して株式交付子会社の株式と併せて株式交付子会社の新株予約権【4】又は新株予約権付社債【5】を譲り受けるときは、当該新株予約権等の内容及び数又はその算定方法
八　前号に規定する場合において、株式交付親会社が株式交付に際して株式交付子会社の新株予約権等の譲渡人に対して当該新株予約権等の対価として金銭等を交付するときは、当該金銭等についての次に掲げる事項
イ　当該金銭等が株式交付親会社の株式であるときは、当該株式の数【6】又はその数の算定方法並びに当該株式交付親会社の資本金及び準備金の額に関する事項
ロ　当該金銭等が株式交付親会社の社債【7】であるときは、当該社債の種類及び種類ごとの各社債の金額の合計額又はその算定方法
ハ　当該金銭等が株式交付親会社の新株予約権【8】であるときは、当該新株予約権の内容及び数又はその算定方法
ニ　当該金銭等が株式交付親会社の新株予約権付社債であるときは、当該新株予約権付社債についてのロに規定する事項及び当該新株予約権付社債に付された新株予約権についてのハに規定する事項
ホ　当該金銭等が株式交付親会社の株式等以外の財産であるときは、当該財産の内容及び数若しくは額又はこれらの算定方法
九　前号に規定する場合には、株式交付子会社の新株予約権等の譲渡

【1】　株式交付親会社の株式を除く。以下この号及び次号において同じ。
【2】　新株予約権付社債についてのものを除く。
【3】　新株予約権付社債に付されたものを除く。
【4】　新株予約権付社債に付されたものを除く。
【5】　以下「**新株予約権等**」と総称する。
【6】　種類株式発行会社にあっては、株式の種類及び種類ごとの数
【7】　新株予約権付社債についてのものを除く。
【8】　新株予約権付社債に付されたものを除く。

人に対する同号の金銭等の割当てに関する事項

十　株式交付子会社の株式及び新株予約権等の譲渡しの申込みの期日

十一　株式交付がその効力を生ずる日【1】

2　前項に規定する場合には、同項第2号に掲げる事項についての定めは、株式交付子会社が効力発生日において株式交付親会社の子会社となる数を内容とするものでなければならない。

3　第1項に規定する場合において、株式交付子会社が種類株式発行会社であるときは、株式交付親会社は、株式交付子会社の発行する種類の株式の内容に応じ、同項第4号に掲げる事項として次に掲げる事項を定めることができる。

一　ある種類の株式の譲渡人に対して株式交付親会社の株式の割当てをしないこととするときは、その旨及び当該株式の種類

二　前号に掲げる事項のほか、株式交付親会社の株式の割当てについて株式の種類ごとに異なる取扱いを行うこととするときは、その旨及び当該異なる取扱いの内容

4　第1項に規定する場合には、同項第4号に掲げる事項についての定めは、株式交付子会社の株式の譲渡人【2】が株式交付親会社に譲り渡す株式交付子会社の株式の数【3】に応じて株式交付親会社の株式を交付することを内容とするものでなければならない。

【1】　以下この章において「**効力発生日**」という。

【2】　前項第1号の種類の株式の譲渡人を除く。

【3】　前項第2号に掲げる事項についての定めがある場合にあっては、各種類の株式の数

5　前2項の規定は、第1項第6号に掲げる事項について準用する。この場合において、前2項中「株式交付親会社の株式」とあるのは、「金銭等（株式交付親会社の株式を除く。）」と読み替えるものとする。

（株式交付子会社の株式の譲渡しの申込み）

第774条の4　株式交付親会社は、株式交付子会社の株式の譲渡しの申込みをしようとする者に対し、次に掲げる事項を通知しなければならない。

一　株式交付親会社の商号

二　株式交付計画の内容

三　前2号に掲げるもののほか、法務省令で定める事項

2　株式交付子会社の株式の譲渡しの申込みをする者は、前条第1項第10号の期日までに、次に掲げる事項を記載した書面を株式交付親会社に交付しなければならない。

一　申込みをする者の氏名又は名称及び住所

二　譲り渡そうとする株式交付子会社の株式の数【4】

3　前項の申込みをする者は、同項の書面の交付に代えて、政令で定めるところにより、株式交付親会社の承諾を得て、同項の書面に記載すべき事項を電磁的方法により提供することができる。この場合において、当該申込みをした者は、同項の書面を交付したものとみなす。

4　第1項の規定は、株式交付親会社が同項各号に掲げる事項を記載した金融商品取引法第2条第10項に規定する目論見書を第1項の申込みをしようとする者に対して交付している場合その他株式交付子会社の株式の譲渡しの申込みをしようとする者

【4】　株式交付子会社が種類株式発行会社である場合にあっては、株式の種類及び種類ごとの数

の保護に欠けるおそれがないものとして法務省令で定める場合には、適用しない。

5　株式交付親会社は、第1項各号に掲げる事項について変更があったとき【1】は、直ちに、その旨及び当該変更があった事項を第2項の申込みをした者【2】に通知しなければならない。

6　株式交付親会社が申込者に対してする通知又は催告は、第2項第1号の住所【3】に宛てて発すれば足りる。

7　前項の通知又は催告は、その通知又は催告が通常到達すべきであった時に、到達したものとみなす。

（株式交付親会社が譲り受ける株式交付子会社の株式の割当て）

第774条の5　株式交付親会社は、申込者の中から当該株式交付親会社が株式交付子会社の株式を譲り受ける者を定め、かつ、その者に割り当てる当該株式交付親会社が譲り受ける株式交付子会社の株式の数【4】を定めなければならない。この場合において、株式交付親会社は、申込者に割り当てる当該株式の数の合計が第774条の3第1項第2号の下限の数を下回らない範囲内で、当該株式の数を、前条第2項第2号の数よりも減少することができる。

2　株式交付親会社は、効力発生日の前日までに、申込者に対し、当該申込者から当該株式交付親会社が譲り受ける株式交付子会社の株式の数を通知しなければならない。

【1】　第816条の9第1項の規定により効力発生日を変更したとき及び同条第5項の規定により前条第1項第10号の期日を変更したときを含む。

【2】　以下この章において「申込者」という。

【3】　当該申込者が別に通知又は催告を受ける場所又は連絡先を当該株式交付親会社に通知した場合にあっては、その場所又は連絡先

【4】　株式交付子会社が種類株式発行会社である場合にあっては、株式の種類ごとの数。以下この条において同じ。

（株式交付子会社の株式の譲渡しの申込み及び株式交付親会社が譲り受ける株式交付子会社の株式の割当てに関する特則）

第774条の6　前2条の規定は、株式交付子会社の株式を譲り渡そうとする者が、株式交付親会社が株式交付に際して譲り受ける株式交付子会社の株式の総数の譲渡しを行う契約を締結する場合には、適用しない。

（株式交付子会社の株式の譲渡し）

第774条の7　次の各号に掲げる者は、当該各号に定める株式交付子会社の株式の数について株式交付における株式交付子会社の株式の譲渡人となる。

一　申込者　第774条の5第2項の規定により通知を受けた株式交付子会社の株式の数

二　前条の契約により株式交付親会社が株式交付に際して譲り受ける株式交付子会社の株式の総数を譲り渡すことを約した者　その者が譲り渡すことを約した株式交付子会社の株式の数

2　前項各号の規定により株式交付子会社の株式の譲渡人となった者は、効力発生日に、それぞれ当該各号に定める数の株式交付子会社の株式を株式交付親会社に給付しなければならない。

（株式交付子会社の株式の譲渡しの無効又は取消しの制限）

第774条の8　民法第93条第1項ただし書及び第94条第1項の規定は、第774条の4第2項の申込み、第774条の5第1項の規定による割当て及び第774条の6の契約に係る意思表示については、適用しない。

2　株式交付における株式交付子会社の株式の譲渡人は、第774条の11第2項の規定により株式交付親会社の株式の株主となった日から1年を経過した後又はその株式について権利を行使した後は、錯誤、詐欺又は強迫を理由として株式交付子会社の株式の譲渡しの取消しをすることができない。

（株式交付子会社の株式の譲渡しに関する規定の準用）

第774条の9　第774条の4から前条までの規定は、第774条の3第1項第7号に規定する場合における株式交付子会社の新株予約権等の譲渡しについて準用する。この場合において、第774条の4第2項第2号中「数（株式交付子会社が種類株式発行会社である場合にあっては、株式の種類及び種類ごとの数）」とあるのは「内容及び数」と、第774条の5第1項中「数（株式交付子会社が種類株式発行会社である場合にあっては、株式の種類ごとの数。以下この条において同じ。）」とあるのは「数」と、「申込者に割り当てる当該株式の数の合計が第774条の3第1項第2号の下限の数を下回らない範囲内で、当該株式」とあるのは「当該新株予約権等」と、前条第2項中「第774条の11第2項」とあるのは「第774条の11第4項第1号」と読み替えるものとする。

（申込みがあった株式交付子会社の株式の数が下限の数に満たない場合）

第774条の10　第774条の5及び第774条の7【1】【2】の規定は、第774条の3第1項第10号の期日において、申込者が譲渡しの申込みをした株式交付子会社の株式の総数が同項第2号の下限の数に満たない場合には、適用しない。この場合においては、株式交付親会社は、申込者に対し、遅滞なく、株式交付をしない旨を通知しなければならない。

（株式交付の効力の発生等）

第774条の11　株式交付親会社は、効力発生日に、第774条の7第2項【3】の規定による給付を受けた株式交付子会社の株式及び新株予約権等を譲り受ける。

2　第774条の7第2項の規定による給付をした株式交付子会社の株式の譲渡人は、効力発生日に、第774条の3第1項第4号に掲げる事項についての定めに従い、同項第3号の株式交付親会社の株式の株主となる。

3　次の各号に掲げる場合には、第774条の7第2項の規定による給付をした株式交付子会社の株式の譲渡人は、効力発生日に、第774条の3第1項第6号に掲げる事項についての定めに従い、当該各号に定める者となる。

一　第774条の3第1項第5号イに掲げる事項についての定めがある場合　同号イの社債の社債権者

二　第774条の3第1項第5号ロに掲げる事項についての定めがある場合　同号ロの新株予約権の新株予約権者

三　第774条の3第1項第5号ハに掲げる事項についての定めがある場合　同号ハの新株予約権付社債についての社債の社債権者及び当該新株予約権付社債に付された新株予約権の新株予約権者

4　次の各号に掲げる場合には、第774条の9において準用する第774条の7第2項の規定による給付をし

【1】　第1項第2号に係る部分を除く。

【2】　これらの規定を前条において準用する場合を含む。

【3】　第774条の9において準用する場合を含む。

た株式交付子会社の新株予約権等の譲渡人は、効力発生日に、第774条の3第1項第9号に掲げる事項についての定めに従い、当該各号に定める者となる。

一　第774条の3第1項第8号イに掲げる事項についての定めがある場合　同号イの株式の株主

二　第774条の3第1項第8号ロに掲げる事項についての定めがある場合　同号ロの社債の社債権者

三　第774条の3第1項第8号ハに掲げる事項についての定めがある場合　同号ハの新株予約権の新株予約権者

四　第774条の3第1項第8号ニに掲げる事項についての定めがある場合　同号ニの新株予約権付社債についての社債の社債権者及び当該新株予約権付社債に付された新株予約権の新株予約権者

5　前各項の規定は、次に掲げる場合には、適用しない。

一　効力発生日において第816条の8の規定による手続が終了していない場合

二　株式交付を中止した場合

三　効力発生日において株式交付親会社が第774条の7第2項の規定による給付を受けた株式交付子会社の株式の総数が第774条の3第1項第2号の下限の数に満たない場合

四　効力発生日において第2項の規定により第774条の3第1項第3号の株式交付親会社の株式の株主となる者がない場合

6　前項各号に掲げる場合には、株式交付親会社は、第774条の7第1項各号【1】に掲げる者に対し、遅滞なく、株式交付をしない旨を通知しなければならない。この場合において、第774条の7第2項【2】の規定による給付を受けた株式交付子会社の株式又は新株予約権等があるときは、株式交付親会社は、遅滞なく、これらをその譲渡人に返還しなければならない。

【1】　第774条の9において準用する場合を含む。

【2】　第774条の9において準用する場合を含む。

第5章　組織変更、合併、会社分割、株式交換、株式移転及び株式交付の手続

第1節　組織変更の手続

第1款　株式会社の手続

（組織変更計画に関する書面等の備置き及び閲覧等）

第775条　組織変更をする株式会社は、組織変更計画備置開始日から組織変更がその効力を生ずる日【3】までの間、組織変更計画の内容その他法務省令で定める事項を記載し、又は記録した書面又は電磁的記録をその本店に備え置かなければならない。

2　前項に規定する「組織変更計画備置開始日」とは、次に掲げる日のいずれか早い日をいう。

一　組織変更計画について組織変更をする株式会社の総株主の同意を得た日

二　組織変更をする株式会社が新株予約権を発行しているときは、第777条第3項の規定による通知の日又は同条第4項の公告の日のいずれか早い日

三　第779条第2項の規定による公告の日又は同項の規定による催告

【3】　以下この節において「**効力発生日**」という。

の日のいずれか早い日

3　組織変更をする株式会社の株主及び債権者は、当該株式会社に対して、その営業時間内は、いつでも、次に掲げる請求をすることができる。ただし、第2号又は第4号に掲げる請求をするには、当該株式会社の定めた費用を支払わなければならない。

一　第1項の書面の閲覧の請求

二　第1項の書面の謄本又は抄本の交付の請求

三　第1項の電磁的記録に記録された事項を法務省令で定める方法により表示したものの閲覧の請求

四　第1項の電磁的記録に記録された事項を電磁的方法であって株式会社の定めたものにより提供することの請求又はその事項を記載した書面の交付の請求

（株式会社の組織変更計画の承認等）

第776条　組織変更をする株式会社は、効力発生日の前日までに、組織変更計画について当該株式会社の総株主の同意を得なければならない。

2　組織変更をする株式会社は、効力発生日の20日前までに、その登録株式質権者及び登録新株予約権質権者に対し、組織変更をする旨を通知しなければならない。

3　前項の規定による通知は、公告をもってこれに代えることができる。

（新株予約権買取請求）

第777条　株式会社が組織変更をする場合には、組織変更をする株式会社の新株予約権の新株予約権者は、当該株式会社に対し、自己の有する新株予約権を公正な価格で買い取ることを請求することができる。

2　新株予約権付社債に付された新株予約権の新株予約権者は、前項の規定による請求【1】をするときは、併せて、新株予約権付社債についての社債を買い取ることを請求しなければならない。ただし、当該新株予約権付社債に付された新株予約権について別段の定めがある場合は、この限りでない。

3　組織変更をしようとする株式会社は、効力発生日の20日前までに、その新株予約権の新株予約権者に対し、組織変更をする旨を通知しなければならない。

4　前項の規定による通知は、公告をもってこれに代えることができる。

5　新株予約権買取請求は、効力発生日の20日前の日から効力発生日の前日までの間に、その新株予約権買取請求に係る新株予約権の内容及び数を明らかにしてしなければならない。

6　新株予約権証券が発行されている新株予約権について新株予約権買取請求をしようとするときは、当該新株予約権の新株予約権者は、組織変更をする株式会社に対し、その新株予約権証券を提出しなければならない。ただし、当該新株予約権証券について非訟事件手続法第114条に規定する公示催告の申立てをした者については、この限りでない。

7　新株予約権付社債券が発行されている新株予約権付社債に付された新株予約権について新株予約権買取請求をしようとするときは、当該新株予約権の新株予約権者は、組織変更をする株式会社に対し、その新株予約権付社債券を提出しなければならない。ただし、当該新株予約権付社債券について非訟事件手続法第114条に規定する公示催告の申立てをした者については、この限りでない。

8　新株予約権買取請求をした新株予

【1】　以下この款において「新株予約権買取請求」という。

会社法

約権者は、組織変更をする株式会社の承諾を得た場合に限り、その新株予約権買取請求を撤回することができる。

9　組織変更を中止したときは、新株予約権買取請求は、その効力を失う。

10　第260条の規定は、新株予約権買取請求に係る新株予約権については、適用しない。

（新株予約権の価格の決定等）

第778条　新株予約権買取請求があった場合において、新株予約権【1】の価格の決定について、新株予約権者と組織変更をする株式会社【2】との間に協議が調ったときは、当該株式会社は、効力発生日から60日以内にその支払をしなければならない。

2　新株予約権の価格の決定について、効力発生日から30日以内に協議が調わないときは、新株予約権者又は組織変更後持分会社は、その期間の満了の日後30日以内に、裁判所に対し、価格の決定の申立てをすることができる。

3　前条第8項の規定にかかわらず、前項に規定する場合において、効力発生日から60日以内に同項の申立てがないときは、その期間の満了後は、新株予約権者は、いつでも、新株予約権買取請求を撤回することができる。

4　組織変更後持分会社は、裁判所の決定した価格に対する第1項の期間の満了の日後の法定利率による利息をも支払わなければならない。

5　組織変更をする株式会社は、新株予約権の価格の決定があるまでは、新株予約権者に対し、当該株式会社が公正な価格と認める額を支払うことができる。

6　新株予約権買取請求に係る新株予約権の買取りは、効力発生日に、その効力を生ずる。

7　組織変更をする株式会社は、新株予約権証券が発行されている新株予約権について新株予約権買取請求があったときは、新株予約権証券と引換えに、その新株予約権買取請求に係る新株予約権の代金を支払わなければならない。

8　組織変更をする株式会社は、新株予約権付社債券が発行されている新株予約権付社債に付された新株予約権について新株予約権買取請求があったときは、新株予約権付社債券と引換えに、その新株予約権買取請求に係る新株予約権の代金を支払わなければならない。

（債権者の異議）

第779条　組織変更をする株式会社の債権者は、当該株式会社に対し、組織変更について異議を述べることができる。

2　組織変更をする株式会社は、次に掲げる事項を官報に公告し、かつ、知れている債権者には、各別にこれを催告しなければならない。ただし、第3号の期間は、1箇月を下ることができない。

一　組織変更をする旨

二　組織変更をする株式会社の計算書類【3】に関する事項として法務省令で定めるもの

三　債権者が一定の期間内に異議を述べることができる旨

3　前項の規定にかかわらず、組織変

【1】当該新株予約権が新株予約権付社債に付されたものである場合において、当該新株予約権付社債についての社債の買取りの請求があったときは、当該社債を含む。以下この条において同じ。

【2】効力発生日後にあっては、組織変更後持分会社。以下この条において同じ。

【3】第435条第2項に規定する計算書類をいう。以下この章において同じ。

更をする株式会社が同項の規定による公告を、官報のほか、第939条第1項の規定による定款の定めに従い、同項第2号又は第3号に掲げる公告方法によりするときは、前項の規定による各別の催告は、することを要しない。

4　債権者が第2項第3号の期間内に異議を述べなかったときは、当該債権者は、当該組織変更について承認をしたものとみなす。

5　債権者が第2項第3号の期間内に異議を述べたときは、組織変更をする株式会社は、当該債権者に対し、弁済し、若しくは相当の担保を提供し、又は当該債権者に弁済を受けさせることを目的として信託会社等に相当の財産を信託しなければならない。ただし、当該組織変更をしても当該債権者を害するおそれがないときは、この限りでない。

（組織変更の効力発生日の変更）

第780条　組織変更をする株式会社は、効力発生日を変更することができる。

2　前項の場合には、組織変更をする株式会社は、変更前の効力発生日【1】の前日までに、変更後の効力発生日を公告しなければならない。

3　第1項の規定により効力発生日を変更したときは、変更後の効力発生日を効力発生日とみなして、この款及び第745条の規定を適用する。

第2款　持分会社の手続

第781条　組織変更をする持分会社は、効力発生日の前日までに、組織変更計画について当該持分会社の総社員の同意を得なければならない。ただし、定款に別段の定めがある場合は、この限りでない。

2　第779条【2】及び前条の規定は、組織変更をする持分会社について準用する。この場合において、第779条第3項中「組織変更をする株式会社」とあるのは「組織変更をする持分会社（合同会社に限る。）」と、前条第3項中「及び第745条」とあるのは「並びに第747条及び次条第1項」と読み替えるものとする。

第2節　吸収合併等の手続

第1款　吸収合併消滅会社、吸収分割会社及び株式交換完全子会社の手続

第1目　株式会社の手続

（吸収合併契約等に関する書面等の備置き及び閲覧等）

第782条　次の各号に掲げる株式会社【3】は、吸収合併契約等備置開始日から**吸収合併、吸収分割**又は**株式交換**【4】がその効力を生ずる日【5】後**6箇月を経過する日**【6】までの間、当該各号に定めるもの【7】の内容その他法務省令で定める事項を記載し、又は記録した書面又は電磁的記録をその**本店**に備え置かなければならない。

一　**吸収合併消滅株式会社**　吸収合併契約

【1】　変更後の効力発生日が変更前の効力発生日前の日である場合にあっては、当該変更後の効力発生日

【2】　第2項第2号を除く。

【3】　以下この目において「**消滅株式会社等**」という。

【4】　以下この節において「**吸収合併等**」という。

【5】　以下この節において「**効力発生日**」という。

【6】　吸収合併消滅株式会社にあっては、効力発生日

【7】　以下この節において「**吸収合併契約等**」という。

二　**吸収分割株式会社**　吸収分割契約
三　**株式交換完全子会社**　株式交換契約

2　前項に規定する「吸収合併契約等備置開始日」とは、次に掲げる日のいずれか早い日をいう。
一　吸収合併契約等について株主総会【1】の決議によってその承認を受けなければならないときは、当該株主総会の日の2週間前の日【2】
二　第785条第3項の規定による通知を受けるべき株主があるときは、同項の規定による通知の日又は同条第4項の公告の日のいずれか早い日
三　第787条第3項の規定による通知を受けるべき新株予約権者があるときは、同項の規定による通知の日又は同条第4項の公告の日のいずれか早い日
四　第789条の規定による手続をしなければならないときは、同条第2項の規定による公告の日又は同項の規定による催告の日のいずれか早い日
五　前各号に規定する場合以外の場合には、吸収分割契約又は株式交換契約の締結の日から2週間を経過した日

3　消滅株式会社等の株主及び債権者【3】は、消滅株式会社等に対して、その営業時間内は、いつでも、次に掲げる請求をすることができる。ただし、第2号又は第4号に掲げる請求をするには、当該消滅株式会社等の定めた費用を支払わなければならない。
一　第1項の書面の閲覧の請求
二　第1項の書面の謄本又は抄本の交付の請求
三　第1項の電磁的記録に記録された事項を法務省令で定める方法により表示したものの閲覧の請求
四　第1項の電磁的記録に記録された事項を電磁的方法であって消滅株式会社等の定めたものにより提供することの請求又はその事項を記載した書面の交付の請求

（吸収合併契約等の承認等）

第783条　**消滅株式会社等**は、効力発生日の前日までに、株主総会の決議によって、吸収合併契約等の承認を受けなければならない。

2　前項の規定にかかわらず、吸収合併消滅株式会社又は株式交換完全子会社が種類株式発行会社でない場合において、吸収合併消滅株式会社又は株式交換完全子会社の株主に対して交付する金銭等【4】の全部又は一部が持分等【5】であるときは、吸収合併契約又は株式交換契約について吸収合併消滅株式会社又は株式交換完全子会社の総株主の同意を得なければならない。

3　吸収合併消滅株式会社又は株式交換完全子会社が種類株式発行会社である場合において、合併対価等の全部又は一部が譲渡制限株式等【6】であるときは、吸収合併又は株式交換は、当該譲渡制限株式等の割当てを

【1】　種類株主総会を含む。
【2】　第319条第1項の場合にあっては、同項の提案があった日
【3】　株式交換完全子会社にあっては、株主及び新株予約権者
【4】　以下この条及び次条第1項において「**合併対価等**」という。
【5】　持分会社の持分その他これに準ずるものとして法務省令で定めるものをいう。以下この条において同じ。
【6】　譲渡制限株式その他これに準ずるものとして法務省令で定めるものをいう。以下この章において同じ。

受ける種類の株式【1】の種類株主を構成員とする種類株主総会【2】の決議がなければ、その効力を生じない。ただし、当該種類株主総会において議決権を行使することができる株主が存しない場合は、この限りでない。

4　吸収合併消滅株式会社又は株式交換完全子会社が種類株式発行会社である場合において、合併対価等の全部又は一部が持分等であるときは、吸収合併又は株式交換は、当該持分等の割当てを受ける種類の株主の全員の同意がなければ、その効力を生じない。

5　消滅株式会社等は、効力発生日の20日前までに、その登録株式質権者【3】及び第787条第3項各号に定める新株予約権の登録新株予約権質権者に対し、吸収合併等をする旨を通知しなければならない。

6　前項の規定による通知は、公告をもってこれに代えることができる。

(吸収合併契約等の承認を要しない場合)

第784条　前条第1項の規定は、吸収合併存続会社、吸収分割承継会社又は株式交換完全親会社【4】が消滅株式会社等の特別支配会社である場合には、適用しない。ただし、吸収合併又は株式交換における合併対価等の全部又は一部が譲渡制限株式等である場合であって、消滅株式会社等が公開会社であり、かつ、種類株式発行会社でないときは、この限りでない。

2　前条の規定は、吸収分割により吸収分割承継会社に承継させる資産の帳簿価額の合計額が吸収分割株式会社の総資産額として法務省令で定める方法により算定される額の5分の1【5】を超えない場合には、適用しない。

(吸収合併等をやめることの請求)

第784条の2　次に掲げる場合において、消滅株式会社等の株主が不利益を受けるおそれがあるときは、消滅株式会社等の株主は、消滅株式会社等に対し、吸収合併等をやめることを請求することができる。ただし、前条第2項に規定する場合は、この限りでない。

一　当該吸収合併等が法令又は定款に違反する場合

二　前条第1項本文に規定する場合において、第749条第1項第2号若しくは第3号、第751条第1項第3号若しくは第4号、第758条第4号、第760条第4号若しくは第5号、第768条第1項第2号若しくは第3号又は第770条第1項第3号若しくは第4号に掲げる事項が消滅株式会社等又は存続会社等の財産の状況その他の事情に照らして著しく不当であるとき。

(反対株主の株式買取請求)

第785条　吸収合併等をする場合(次に掲げる場合を除く。)には、反対株主は、消滅株式会社等に対し、自己の有する株式を公正な価格で買い取ることを請求することができる。

一　第783条第2項に規定する場合

二　第784条第2項に規定する場合

2　前項に規定する「反対株主」とは、次の各号に掲げる場合における当該

【1】　譲渡制限株式を除く。

【2】　当該種類株主に係る株式の種類が2以上ある場合にあっては、当該2以上の株式の種類別に区分された種類株主を構成員とする各種類株主総会

【3】　次条第2項に規定する場合における登録株式質権者を除く。

【4】　以下この目において「存続会社等」という。

【5】　これを下回る割合を吸収分割株式会社の定款で定めた場合にあっては、その割合

各号に定める株主【1】をいう。
一　**吸収合併等をするために株主総会【2】の決議を要する場合**　次に掲げる株主
イ　当該株主総会に先立って当該吸収合併等に**反対**する旨を当該消滅株式会社等に対し**通知**し、かつ、当該株主総会において当該吸収合併等に**反対**した株主【3】
ロ　当該株主総会において議決権を行使することができない株主
二　**前号に規定する場合以外の場合**　全ての株主【4】
3　消滅株式会社等は、効力発生日の20日前までに、その株主【5】に対し、吸収合併等をする旨並びに存続会社等の商号及び住所を通知しなければならない。ただし、第1項各号に掲げる場合は、この限りでない。
4　次に掲げる場合には、前項の規定による通知は、公告をもってこれに代えることができる。
一　消滅株式会社等が公開会社である場合
二　消滅株式会社等が第783条第1項の株主総会の決議によって吸収合併契約等の承認を受けた場合
5　第1項の規定による請求【6】は、効力発生日の20日前の日から効力発生日の前日までの間に、その株式買取請求に係る株式の数【7】を明らかにしてしなければならない。
6　株券が発行されている株式について株式買取請求をしようとするときは、当該株式の株主は、消滅株式会社等に対し、当該株式に係る株券を提出しなければならない。ただし、当該株券について第223条の規定による請求をした者については、この限りでない。
7　株式買取請求をした株主は、**消滅株式会社等の承諾**を得た場合に限り、その株式買取請求を撤回することができる。
8　吸収合併等を中止したときは、株式買取請求は、その効力を失う。
9　第133条の規定は、株式買取請求に係る株式については、適用しない。

（株式の価格の決定等）

第786条　株式買取請求があった場合において、株式の価格の決定について、株主と消滅株式会社等【8】との間に協議が調ったときは、消滅株式会社等は、効力発生日から60日以内にその支払をしなければならない。
2　株式の価格の決定について、効力発生日から30日以内に協議が調わないときは、株主又は消滅株式会社等は、その期間の満了の日後30日以内に、裁判所に対し、価格の決定の申立てをすることができる。
3　前条第7項の規定にかかわらず、前項に規定する場合において、効力発生日から60日以内に同項の申立てがないときは、その期間の満了後

【1】　第783条第4項に規定する場合における同項に規定する持分等の割当てを受ける株主を除く。
【2】　種類株主総会を含む。
【3】　当該株主総会において議決権を行使することができるものに限る。
【4】　第784条第1項本文に規定する場合における当該特別支配会社を除く。
【5】　第783条第4項に規定する場合における同項に規定する持分等の割当てを受ける株主及び第784条第1項本文に規定する場合における当該特別支配会社を除く。
【6】　以下この目において「**株式買取請求**」という。
【7】　種類株式発行会社にあっては、株式の種類及び種類ごとの数
【8】　吸収合併をする場合における効力発生日後にあっては、吸収合併存続会社。以下この条において同じ。

は、株主は、いつでも、株式買取請求を撤回することができる。

4　消滅株式会社等は、裁判所の決定した価格に対する第1項の期間の満了の日後の法定利率による利息をも支払わなければならない。

5　消滅株式会社等は、株式の価格の決定があるまでは、株主に対し、当該消滅株式会社等が公正な価格と認める額を支払うことができる。

6　株式買取請求に係る株式の買取りは、効力発生日に、その効力を生ずる。

7　株券発行会社は、株券が発行されている株式について株式買取請求があったときは、株券と引換えに、その株式買取請求に係る株式の代金を支払わなければならない。

（新株予約権買取請求）

第787条　次の各号に掲げる行為をする場合には、当該各号に定める消滅株式会社等の新株予約権の新株予約権者は、消滅株式会社等に対し、自己の有する新株予約権を公正な価格で買い取ることを請求することができる。

一　吸収合併　第749条第1項第4号又は第5号に掲げる事項についての定めが第236条第1項第8号の条件【1】に合致する新株予約権以外の新株予約権

二　吸収分割【2】　次に掲げる新株予約権のうち、第758条第5号又は第6号に掲げる事項についての定めが第236条第1項第8号の条件【3】に合致する新株予約権以外の新株予約権

イ　吸収分割契約新株予約権

ロ　吸収分割契約新株予約権以外の新株予約権であって、吸収分割をする場合において当該新株予約権の新株予約権者に吸収分割承継株式会社の新株予約権を交付することとする旨の定めがあるもの

三　株式交換【4】　次に掲げる新株予約権のうち、第768条第1項第4号又は第5号に掲げる事項についての定めが第236条第1項第8号の条件【5】に合致する新株予約権以外の新株予約権

イ　株式交換契約新株予約権

ロ　株式交換契約新株予約権以外の新株予約権であって、株式交換をする場合において当該新株予約権の新株予約権者に株式交換完全親株式会社の新株予約権を交付することとする旨の定めがあるもの

2　新株予約権付社債に付された新株予約権の新株予約権者は、前項の規定による請求【6】をするときは、併せて、新株予約権付社債についての社債を買い取ることを請求しなければならない。ただし、当該新株予約権付社債に付された新株予約権について別段の定めがある場合は、この限りでない。

3　次の各号に掲げる消滅株式会社等は、効力発生日の20日前までに、当該各号に定める新株予約権の新株予約権者に対し、吸収合併等をする旨並びに存続会社等の商号及び住所を通知しなければならない。

一　吸収合併消滅株式会社　全部の

【1】　同号イに関するものに限る。
【2】　吸収分割承継会社が株式会社である場合に限る。
【3】　同号ロに関するものに限る。
【4】　株式交換完全親会社が株式会社である場合に限る。
【5】　同号ニに関するものに限る。
【6】　以下この目において「**新株予約権買取請求**」という。

新株予約権
二　吸収分割承継会社が株式会社である場合における吸収分割株式会社　次に掲げる新株予約権
イ　吸収分割契約新株予約権
ロ　吸収分割契約新株予約権以外の新株予約権であって、吸収分割をする場合において当該新株予約権の新株予約権者に吸収分割承継株式会社の新株予約権を交付することとする旨の定めがあるもの
三　株式交換完全親会社が株式会社である場合における株式交換完全子会社　次に掲げる新株予約権
イ　株式交換契約新株予約権
ロ　株式交換契約新株予約権以外の新株予約権であって、株式交換をする場合において当該新株予約権の新株予約権者に株式交換完全親株式会社の新株予約権を交付することとする旨の定めがあるもの

4　前項の規定による通知は、公告をもってこれに代えることができる。

5　新株予約権買取請求は、効力発生日の20日前の日から効力発生日の前日までの間に、その新株予約権買取請求に係る新株予約権の内容及び数を明らかにしてしなければならない。

6　新株予約権証券が発行されている新株予約権について新株予約権買取請求をしようとするときは、当該新株予約権の新株予約権者は、消滅株式会社等に対し、その新株予約権証券を提出しなければならない。ただし、当該新株予約権証券について非訟事件手続法第114条に規定する公示催告の申立てをした者については、この限りでない。

7　新株予約権付社債券が発行されている新株予約権付社債に付された新株予約権について新株予約権買取請求をしようとするときは、当該新株予約権の新株予約権者は、消滅株式会社等に対し、その新株予約権付社債券を提出しなければならない。ただし、当該新株予約権付社債券について非訟事件手続法第114条に規定する公示催告の申立てをした者については、この限りでない。

8　新株予約権買取請求をした新株予約権者は、消滅株式会社等の承諾を得た場合に限り、その新株予約権買取請求を撤回することができる。

9　吸収合併等を中止したときは、新株予約権買取請求は、その効力を失う。

10　第260条の規定は、新株予約権買取請求に係る新株予約権については、適用しない。

（新株予約権の価格の決定等）

第788条　新株予約権買取請求があった場合において、新株予約権【1】の価格の決定について、新株予約権者と消滅株式会社等【2】との間に協議が調ったときは、消滅株式会社等は、効力発生日から60日以内にその支払をしなければならない。

2　新株予約権の価格の決定について、効力発生日から30日以内に協議が調わないときは、新株予約権者又は消滅株式会社等は、その期間の満了の日後30日以内に、裁判所に対し、価格の決定の申立てをすることができる。

【1】　当該新株予約権が新株予約権付社債に付されたものである場合において、当該新株予約権付社債についての社債の買取りの請求があったときは、当該社債を含む。以下この条において同じ。

【2】　吸収合併をする場合における効力発生日後にあっては、吸収合併存続会社。以下この条において同じ。

3　前条第8項の規定にかかわらず、前項に規定する場合において、効力発生日から60日以内に同項の申立てがないときは、その期間の満了後は、新株予約権者は、いつでも、新株予約権買取請求を撤回することができる。

4　消滅株式会社等は、裁判所の決定した価格に対する第1項の期間の満了の日後の法定利率による利息をも支払わなければならない。

5　消滅株式会社等は、新株予約権の価格の決定があるまでは、新株予約権者に対し、当該消滅株式会社等が公正な価格と認める額を支払うことができる。

6　新株予約権買取請求に係る新株予約権の買取りは、効力発生日に、その効力を生ずる。

7　消滅株式会社等は、新株予約権証券が発行されている新株予約権について新株予約権買取請求があったときは、新株予約権証券と引換えに、その新株予約権買取請求に係る新株予約権の代金を支払わなければならない。

8　消滅株式会社等は、新株予約権付社債券が発行されている新株予約権付社債に付された新株予約権について新株予約権買取請求があったときは、新株予約権付社債券と引換えに、その新株予約権買取請求に係る新株予約権の代金を支払わなければならない。

（債権者の異議）

第789条　次の各号に掲げる場合には、**当該各号に定める債権者**は、消滅株式会社等に対し、吸収合併等について異議を述べることができる。

一　**吸収合併**をする場合　吸収合併消滅株式会社の債権者

二　**吸収分割**をする場合　吸収分割後吸収分割株式会社に対して債務の履行【1】を請求することができない吸収分割株式会社の債権者【2】

三　株式交換契約新株予約権が**新株予約権付社債**に付された新株予約権である場合　当該新株予約権付社債についての社債権者

2　前項の規定により消滅株式会社等の債権者の全部又は一部が異議を述べることができる場合には、**消滅株式会社等**は、次に掲げる事項を官報に公告し、かつ、知れている債権者【3】には、各別にこれを催告しなければならない。ただし、第4号の期間は、1箇月を下ることができない。

一　**吸収合併等**をする旨

二　**存続会社等**の商号及び住所

三　消滅株式会社等及び存続会社等【4】の計算書類に関する事項として法務省令で定めるもの

四　債権者が**一定の期間内**に異議を述べることができる旨

3　前項の規定にかかわらず、消滅株式会社等が同項の規定による公告を、官報のほか、第939条第1項の規定による定款の定めに従い、同項第2号又は第3号に掲げる公告方法によりするときは、前項の規定による各別の催告【5】は、することを要しない。

【1】当該債務の保証人として吸収分割承継会社と連帯して負担する保証債務の履行を含む。

【2】第758条第8号又は第760条第7号に掲げる事項についての定めがある場合にあっては、吸収分割株式会社の債権者

【3】同項の規定により異議を述べることができるものに限る。

【4】株式会社に限る。

【5】吸収分割をする場合における不法行為によって生じた吸収分割株式会社の債務の債権者に対するものを除く。

4　債権者が第2項第4号の期間内に異議を述べなかったときは、当該債権者は、当該吸収合併等について承認をしたものとみなす。

5　債権者が第2項第4号の期間内に異議を述べたときは、消滅株式会社等は、当該債権者に対し、弁済し、若しくは相当の担保を提供し、又は当該債権者に弁済を受けさせることを目的として信託会社等に相当の財産を信託しなければならない。ただし、当該吸収合併等をしても当該債権者を害するおそれがないときは、この限りでない。

（吸収合併等の効力発生日の変更）

第790条　消滅株式会社等は、存続会社等との合意により、効力発生日を変更することができる。

2　前項の場合には、消滅株式会社等は、変更前の効力発生日【1】の前日までに、変更後の効力発生日を公告しなければならない。

3　第1項の規定により効力発生日を変更したときは、変更後の効力発生日を効力発生日とみなして、この節並びに第750条、第752条、第759条、第761条、第769条及び第771条の規定を適用する。

（吸収分割又は株式交換に関する書面等の備置き及び閲覧等）

第791条　吸収分割株式会社又は株式交換完全子会社は、効力発生日後遅滞なく、吸収分割承継会社又は株式交換完全親会社と共同して、次の各号に掲げる区分に応じ、当該各号に定めるものを作成しなければならない。

一　吸収分割株式会社　吸収分割により吸収分割承継会社が承継した吸収分割株式会社の権利義務その他の吸収分割に関する事項として法務省令で定める事項を記載し、又は記録した書面又は電磁的記録

二　株式交換完全子会社　株式交換により株式交換完全親会社が取得した株式交換完全子会社の株式の数その他の株式交換に関する事項として法務省令で定める事項を記載し、又は記録した書面又は電磁的記録

2　吸収分割株式会社又は株式交換完全子会社は、効力発生日から6箇月間、前項各号の書面又は電磁的記録をその本店に備え置かなければならない。

3　吸収分割株式会社の株主、債権者その他の利害関係人は、吸収分割株式会社に対して、その営業時間内は、いつでも、次に掲げる請求をすることができる。ただし、第2号又は第4号に掲げる請求をするには、当該吸収分割株式会社の定めた費用を支払わなければならない。

一　前項の書面の閲覧の請求

二　前項の書面の謄本又は抄本の交付の請求

三　前項の電磁的記録に記録された事項を法務省令で定める方法により表示したものの閲覧の請求

四　前項の電磁的記録に記録された事項を電磁的方法であって吸収分割株式会社の定めたものにより提供することの請求又はその事項を記載した書面の交付の請求

4　前項の規定は、株式交換完全子会社について準用する。この場合において、同項中「吸収分割株式会社の株主、債権者その他の利害関係人」とあるのは、「効力発生日に株式交換完全子会社の株主又は新株予約権者であった者」と読み替えるものと

【1】　変更後の効力発生日が変更前の効力発生日前の日である場合にあっては、当該変更後の効力発生日

する。

（剰余金の配当等に関する特則）

第792条　第445条第4項、第458条及び第2編第5章第6節の規定は、次に掲げる行為については、適用しない。

一　第758条第8号イ又は第760条第7号イの株式の取得

二　第758条第8号ロ又は第760条第7号ロの剰余金の配当

第2目　持分会社の手続

第793条　次に掲げる行為をする持分会社は、効力発生日の前日までに、吸収合併契約等について当該持分会社の総社員の同意を得なければならない。ただし、定款に別段の定めがある場合は、この限りでない。

一　吸収合併【1】

二　吸収分割【2】

2　第789条【3】及び第790条の規定は、吸収合併消滅持分会社又は合同会社である吸収分割会社【4】について準用する。この場合において、第789条第1項第2号中「債権者（第758条第8号又は第760条第7号に掲げる事項についての定めがある場合にあっては、吸収分割株式会社の債権者）」とあるのは「債権者」と、同条第3項中「消滅株式会社等」とあるのは「吸収合併消滅持分会社（吸収合併存続会社が株式会社又は合同会社である場合にあっては、合同会社に限る。）又は吸収分割合同会社」と読み替えるものとする。

【1】　吸収合併により当該持分会社が消滅する場合に限る。

【2】　当該持分会社（合同会社に限る。）がその事業に関して有する権利義務の全部を他の会社に承継させる場合に限る。

【3】　第1項第3号及び第2項第3号を除く。

【4】　以下この節において「**吸収分割合同会社**」という。

第2款　吸収合併存続会社、吸収分割承継会社及び株式交換完全親会社の手続

第1目　株式会社の手続

（吸収合併契約等に関する書面等の備置き及び閲覧等）

第794条　**吸収合併存続株式会社、吸収分割承継株式会社**又は**株式交換完全親株式会社**【5】は、吸収合併契約等備置開始日から効力発生日後**6箇月を経過する日**までの間、吸収合併契約等の内容その他法務省令で定める事項を記載し、又は記録した書面又は電磁的記録をその**本店**に備え置かなければならない。

2　前項に規定する「吸収合併契約等備置開始日」とは、次に掲げる日のいずれか早い日をいう。

一　吸収合併契約等について株主総会【6】の決議によってその承認を受けなければならないときは、当該株主総会の日の2週間前の日【7】

二　第797条第3項の規定による通知の日又は同条第4項の公告の日のいずれか早い日

三　第799条の規定による手続をしなければならないときは、同条第2項の規定による公告の日又は同項の規定による催告の日のいずれか早い日

3　存続株式会社等の株主及び債権者【8】は、存続株式会社等に対して、

【5】　以下この目において「**存続株式会社等**」という。

【6】　種類株主総会を含む。

【7】　第319条第1項の場合にあっては、同項の提案があった日

【8】　株式交換完全子会社の株主に対して交付する金銭等が株式交換完全親株式会社の株式その他これに準ずるものと

その営業時間内は、いつでも、次に掲げる請求をすることができる。ただし、第2号又は第4号に掲げる請求をするには、当該存続株式会社等の定めた費用を支払わなければならない。
一　第1項の書面の閲覧の請求
二　第1項の書面の謄本又は抄本の交付の請求
三　第1項の電磁的記録に記録された事項を法務省令で定める方法により表示したものの閲覧の請求
四　第1項の電磁的記録に記録された事項を電磁的方法であって存続株式会社等の定めたものにより提供することの請求又はその事項を記載した書面の交付の請求

（吸収合併契約等の承認等）

第795条　**存続株式会社等**は、効力発生日の前日までに、株主総会の決議によって、吸収合併契約等の承認を受けなければならない。

2　次に掲げる場合には、取締役は、前項の株主総会において、その旨を説明しなければならない。
一　吸収合併存続株式会社又は吸収分割承継株式会社が承継する吸収合併消滅会社又は吸収分割会社の債務の額として法務省令で定める額【1】が吸収合併存続株式会社又は吸収分割承継株式会社が承継する吸収合併消滅会社又は吸収分割会社の資産の額として法務省令で定める額【2】を超える場合
二　吸収合併存続株式会社又は吸収分割承継株式会社が吸収合併消滅株式会社の株主、吸収合併消滅持分会社の社員又は吸収分割会社に対して交付する金銭等【3】の帳簿価額が承継資産額から承継債務額を控除して得た額を超える場合
三　株式交換完全親株式会社が株式交換完全子会社の株主に対して交付する金銭等【4】の帳簿価額が株式交換完全親株式会社が取得する株式交換完全子会社の株式の額として法務省令で定める額を超える場合

3　承継する吸収合併消滅会社又は吸収分割会社の資産に吸収合併存続株式会社又は吸収分割承継株式会社の株式が含まれる場合には、取締役は、第1項の株主総会において、当該株式に関する事項を説明しなければならない。

4　存続株式会社等が種類株式発行会社である場合において、次の各号に掲げる場合には、吸収合併等は、当該各号に定める種類の株式【5】の種類株主を構成員とする種類株主総会【6】の決議がなければ、その効力を生じない。ただし、当該種類株主総会において議決権を行使することができる株主が存しない場合は、この限りでない。
一　吸収合併消滅株式会社の株主又は吸収合併消滅持分会社の社員に対して交付する金銭等が吸収合併存続株式会社の株式である場合
第749条第1項第2号イの種類の

して法務省令で定めるもののみである場合（第768条第1項第4号ハに規定する場合を除く。）にあっては、株主

【1】　次号において「承継債務額」という。
【2】　同号において「承継資産額」という。
【3】　吸収合併存続株式会社又は吸収分割承継株式会社の株式等を除く。
【4】　株式交換完全親株式会社の株式等を除く。
【5】　譲渡制限株式であって、第199条第4項の定款の定めがないものに限る。
【6】　当該種類株主に係る株式の種類が2以上ある場合にあっては、当該2以上の株式の種類別に区分された種類株主を構成員とする各種類株主総会

株式

二　吸収分割会社に対して交付する金銭等が吸収分割承継株式会社の株式である場合　第758条第4号イの種類の株式

三　株式交換完全子会社の株主に対して交付する金銭等が株式交換完全親株式会社の株式である場合　第768条第1項第2号イの種類の株式

（吸収合併契約等の承認を要しない場合等）

第796条　前条第1項から第3項までの規定は、**吸収合併消滅会社、吸収分割会社又は株式交換完全子会社**【1】が存続株式会社等の特別支配会社である場合には、適用しない。ただし、吸収合併消滅株式会社若しくは株式交換完全子会社の株主、吸収合併消滅持分会社の社員又は吸収分割会社に対して交付する金銭等の全部又は一部が存続株式会社等の**譲渡制限株式**である場合であって、存続株式会社等が**公開会社でないとき**は、この限りでない。

2　前条第1項から第3項までの規定は、第1号に掲げる額の第2号に掲げる額に対する割合が5分の1【2】を超えない場合には、適用しない。ただし、同条第2項各号に掲げる場合又は前項ただし書に規定する場合は、この限りでない。

一　次に掲げる額の合計額

イ　吸収合併消滅株式会社若しくは株式交換完全子会社の株主、吸収合併消滅持分会社の社員又は吸収分割会社【3】に対して交付する存続株式会社等の株式の数に1株当たり純資産額を乗じて得た額

ロ　消滅会社等の株主等に対して交付する存続株式会社等の社債、新株予約権又は新株予約権付社債の帳簿価額の合計額

ハ　消滅会社等の株主等に対して交付する存続株式会社等の株式等以外の財産の帳簿価額の合計額

二　存続株式会社等の純資産額として法務省令で定める方法により算定される額

3　前項本文に規定する場合において、法務省令で定める数の株式【4】を有する株主が第797条第3項の規定による通知又は同条第4項の公告の日から2週間以内に吸収合併等に反対する旨を存続株式会社等に対し通知したときは、当該存続株式会社等は、効力発生日の前日までに、株主総会の決議によって、吸収合併契約等の承認を受けなければならない。

（吸収合併等をやめることの請求）

第796条の2　次に掲げる場合において、存続株式会社等の株主が不利益を受けるおそれがあるときは、存続株式会社等の株主は、存続株式会社等に対し、吸収合併等を**やめることを請求**することができる。ただし、前条第2項本文に規定する場合【5】は、この限りでない。

一　当該吸収合併等が**法令又は定款に違反**する場合

二　前条第1項本文に規定する場合において、第749条第1項第2号

【1】　以下この目において「消滅会社等」という。

【2】　これを下回る割合を存続株式会社等の定款で定めた場合にあっては、その割合

【3】　以下この号において「消滅会社等の株主等」という。

【4】　前条第1項の株主総会において議決権を行使することができるものに限る。

【5】　第795条第2項各号に掲げる場合及び前条第1項ただし書又は第3項に規定する場合を除く。

若しくは第3号、第758条第4号又は第768条第1項第2号若しくは第3号に掲げる事項が存続株式会社等又は消滅会社等の財産の状況その他の事情に照らして**著しく不当**であるとき。

(反対株主の株式買取請求)

第797条 吸収合併等をする場合には、**反対株主**は、存続株式会社等に対し、自己の有する株式を公正な価格で買い取ることを請求することができる。ただし、第796条第2項本文に規定する場合【1】は、この限りでない。

2 前項に規定する「反対株主」とは、次の各号に掲げる場合における当該各号に定める株主をいう。

一 **吸収合併等をするために株主総会【2】の決議を要する場合** 次に掲げる株主

イ 当該株主総会に先立って当該吸収合併等に**反対**する旨を当該存続株式会社等に対し**通知**し、かつ、当該株主総会において当該吸収合併等に**反対**した株主【3】

ロ 当該株主総会において議決権を行使することができない株主

二 **前号に規定する場合以外の場合** 全ての株主【4】

3 存続株式会社等は、効力発生日の20日前までに、その株主【5】に対し、吸収合併等をする旨並びに消滅会社等の商号及び住所【6】を通知しなければならない。

4 次に掲げる場合には、前項の規定による通知は、公告をもってこれに代えることができる。

一 存続株式会社等が公開会社である場合

二 存続株式会社等が第795条第1項の株主総会の決議によって吸収合併契約等の承認を受けた場合

5 第1項の規定による請求【7】は、効力発生日の20日前の日から効力発生日の前日までの間に、その株式買取請求に係る株式の数【8】を明らかにしてしなければならない。

6 株券が発行されている株式について株式買取請求をしようとするときは、当該株式の株主は、存続株式会社等に対し、当該株式に係る株券を提出しなければならない。ただし、当該株券について第223条の規定による請求をした者については、この限りでない。

7 株式買取請求をした株主は、**存続株式会社等の承諾**を得た場合に限り、その株式買取請求を撤回することができる。

8 吸収合併等を中止したときは、株式買取請求は、その効力を失う。

9 第133条の規定は、株式買取請求に係る株式については、適用しない。

(株式の価格の決定等)

第798条 株式買取請求があった場合において、株式の価格の決定について、株主と存続株式会社等との間に

【1】 第795条第2項各号に掲げる場合及び第796条第1項ただし書又は第3項に規定する場合を除く。

【2】 種類株主総会を含む。

【3】 当該株主総会において議決権を行使することができるものに限る。

【4】 第796条第1項本文に規定する場合における当該特別支配会社を除く。

【5】 第796条第1項本文に規定する場合における当該特別支配会社を除く。

【6】 第795条第3項に規定する場合にあっては、吸収合併等をする旨、消滅会社等の商号及び住所並びに同項の株式に関する事項

【7】 以下この目において「**株式買取請求**」という。

【8】 種類株式発行会社にあっては、株式の種類及び種類ごとの数

会社法

協議が調ったときは、存続株式会社等は、効力発生日から60日以内にその支払をしなければならない。
2　株式の価格の決定について、効力発生日から30日以内に協議が調わないときは、株主又は存続株式会社等は、その期間の満了の日後30日以内に、裁判所に対し、価格の決定の申立てをすることができる。
3　前条第7項の規定にかかわらず、前項に規定する場合において、効力発生日から60日以内に同項の申立てがないときは、その期間の満了後は、株主は、いつでも、株式買取請求を撤回することができる。
4　存続株式会社等は、裁判所の決定した価格に対する第1項の期間の満了の日後の法定利率による利息をも支払わなければならない。
5　存続株式会社等は、株式の価格の決定があるまでは、株主に対し、当該存続株式会社等が公正な価格と認める額を支払うことができる。
6　株式買取請求に係る株式の買取りは、効力発生日に、その効力を生ずる。
7　株券発行会社は、株券が発行されている株式について株式買取請求があったときは、株券と引換えに、その株式買取請求に係る株式の代金を支払わなければならない。

（債権者の異議）

第799条　次の各号に掲げる場合には、**当該各号に定める債権者**は、存続株式会社等に対し、吸収合併等について異議を述べることができる。

一　**吸収合併**をする場合　吸収合併存続株式会社の債権者
二　**吸収分割**をする場合　吸収分割承継株式会社の債権者
三　**株式交換**をする場合において、株式交換完全子会社の株主に対して交付する金銭等が株式交換完全親株式会社の株式その他これに準ずるものとして法務省令で定めるもののみである場合以外の場合又は第768条第1項第4号ハに規定する場合　株式交換完全親株式会社の債権者

2　前項の規定により存続株式会社等の債権者が異議を述べることができる場合には、**存続株式会社等**は、次に掲げる事項を官報に公告し、かつ、知れている債権者には、各別にこれを催告しなければならない。ただし、第4号の期間は、1箇月を下ることができない。

一　**吸収合併等**をする旨
二　**消滅会社等**の商号及び住所
三　存続株式会社等及び消滅会社等【1】の計算書類に関する事項として法務省令で定めるもの
四　債権者が**一定の期間内**に異議を述べることができる旨

3　前項の規定にかかわらず、存続株式会社等が同項の規定による公告を、官報のほか、第939条第1項の規定による定款の定めに従い、同項第2号又は第3号に掲げる公告方法によりするときは、前項の規定による各別の催告は、することを要しない。
4　債権者が第2項第4号の期間内に異議を述べなかったときは、当該債権者は、当該吸収合併等について承認をしたものとみなす。
5　債権者が第2項第4号の期間内に異議を述べたときは、存続株式会社等は、当該債権者に対し、弁済し、若しくは相当の担保を提供し、又は当該債権者に弁済を受けさせることを目的として信託会社等に相当の財産を信託しなければならない。ただし、当該吸収合併等をしても当該債

【1】　株式会社に限る。

権者を害するおそれがないときは、この限りでない。

（消滅会社等の株主等に対して交付する金銭等が存続株式会社等の親会社株式である場合の特則）

第800条 第135条第1項の規定にかかわらず、吸収合併消滅株式会社若しくは株式交換完全子会社の株主、吸収合併消滅持分会社の社員又は吸収分割会社【1】に対して交付する金銭等の全部又は一部が存続株式会社等の親会社株式【2】である場合には、当該存続株式会社等は、吸収合併等に際して消滅会社等の株主等に対して交付する当該親会社株式の総数を超えない範囲において当該親会社株式を取得することができる。

2 第135条第3項の規定にかかわらず、前項の存続株式会社等は、効力発生日までの間は、存続株式会社等の親会社株式を保有することができる。ただし、吸収合併等を中止したときは、この限りでない。

（吸収合併等に関する書面等の備置き及び閲覧等）

第801条 吸収合併存続株式会社は、効力発生日後遅滞なく、吸収合併により吸収合併存続株式会社が承継した吸収合併消滅会社の権利義務その他の吸収合併に関する事項として法務省令で定める事項を記載し、又は記録した書面又は電磁的記録を作成しなければならない。

2 吸収分割承継株式会社【3】は、効力発生日後遅滞なく、吸収分割合同会社と共同して、吸収分割により吸収分割承継株式会社が承継した吸収分割合同会社の権利義務その他の吸収分割に関する事項として法務省令で定める事項を記載し、又は記録した書面又は電磁的記録を作成しなければならない。

3 次の各号に掲げる存続株式会社等は、効力発生日から6箇月間、当該各号に定めるものをその本店に備え置かなければならない。

一 吸収合併存続株式会社 第1項の書面又は電磁的記録

二 吸収分割承継株式会社 前項又は第791条第1項第1号の書面又は電磁的記録

三 株式交換完全親株式会社 第791条第1項第2号の書面又は電磁的記録

4 吸収合併存続株式会社の株主及び債権者は、吸収合併存続株式会社に対して、その営業時間内は、いつでも、次に掲げる請求をすることができる。ただし、第2号又は第4号に掲げる請求をするには、当該吸収合併存続株式会社の定めた費用を支払わなければならない。

一 前項第1号の書面の閲覧の請求

二 前項第1号の書面の謄本又は抄本の交付の請求

三 前項第1号の電磁的記録に記録された事項を法務省令で定める方法により表示したものの閲覧の請求

四 前項第1号の電磁的記録に記録された事項を電磁的方法であって吸収合併存続株式会社の定めたものにより提供することの請求又はその事項を記載した書面の交付の請求

5 前項の規定は、吸収分割承継株式会社について準用する。この場合において、同項中「株主及び債権者」とあるのは「株主、債権者その他の

【1】 以下この項において「消滅会社等の株主等」という。
【2】 同条第1項に規定する親会社株式をいう。以下この条において同じ。
【3】 合同会社が吸収分割をする場合における当該吸収分割承継株式会社に限る。

利害関係人」と、同項各号中「前項第１号」とあるのは「前項第２号」と読み替えるものとする。

6　第４項の規定は、株式交換完全親株式会社について準用する。この場合において、同項中「株主及び債権者」とあるのは「株主及び債権者（株式交換完全子会社の株主に対して交付する金銭等が株式交換完全親株式会社の株式その他これに準ずるものとして法務省令で定めるもののみである場合（第768条第１項第４号ハに規定する場合を除く。）にあっては、株式交換完全親株式会社の株主）」と、同項各号中「前項第１号」とあるのは「前項第３号」と読み替えるものとする。

第２目　持分会社の手続

第802条　次の各号に掲げる行為をする持分会社【1】は、当該各号に定める場合には、効力発生日の前日までに、吸収合併契約等について存続持分会社等の総社員の同意を得なければならない。ただし、定款に別段の定めがある場合は、この限りでない。

一　吸収合併【2】　第751条第１項第２号に規定する場合

二　吸収分割による他の会社がその事業に関して有する権利義務の全部又は一部の承継　第760条第４号に規定する場合

三　株式交換による株式会社の発行済株式の全部の取得　第770条第１項第２号に規定する場合

2　第799条【3】及び第800条の規定は、存続持分会社等について準用する。この場合において、第799条第１項第３号中「株式交換完全親株式会社の株式」とあるのは「株式交換完全親合同会社の持分」と、「場合又は第768条第１項第４号ハに規定する場合」とあるのは「場合」と読み替えるものとする。

【1】　以下この条において「存続持分会社等」という。

【2】　吸収合併により当該持分会社が存続する場合に限る。

【3】　第２項第３号を除く。

第３節　新設合併等の手続

第１款　新設合併消滅会社、新設分割会社及び株式移転完全子会社の手続

第１目　株式会社の手続

（新設合併契約等に関する書面等の備置き及び閲覧等）

第803条　次の各号に掲げる株式会社【4】は、新設合併契約等備置開始日から新設合併設立会社、新設分割設立会社又は株式移転設立完全親会社【5】の成立の日後６箇月を経過する日【6】までの間、当該各号に定めるもの【7】の内容その他法務省令で定める事項を記載し、又は記録した書面又は電磁的記録をその本店に備え置かなければならない。

一　**新設合併消滅株式会社**　新設合併契約

二　**新設分割株式会社**　新設分割計画

三　**株式移転完全子会社**　株式移転計画

2　前項に規定する「新設合併契約等備置開始日」とは、次に掲げる日のいずれか早い日をいう。

【4】　以下この目において「消滅株式会社等」という。

【5】　以下この目において「設立会社」という。

【6】　新設合併消滅株式会社にあっては、新設合併設立会社の成立の日

【7】　以下この節において「新設合併契約等」という。

一　新設合併契約等について株主総会【1】の決議によってその承認を受けなければならないときは、当該株主総会の日の２週間前の日【2】
二　第806条第３項の規定による通知を受けるべき株主があるときは、同項の規定による通知の日又は同条第４項の公告の日のいずれか早い日
三　第808条第３項の規定による通知を受けるべき新株予約権者があるときは、同項の規定による通知の日又は同条第４項の公告の日のいずれか早い日
四　第810条の規定による手続をしなければならないときは、同条第２項の規定による公告の日又は同項の規定による催告の日のいずれか早い日
五　前各号に規定する場合以外の場合には、新設分割計画の作成の日から２週間を経過した日

3　消滅株式会社等の株主及び債権者【3】は、消滅株式会社等に対して、その営業時間内は、いつでも、次に掲げる請求をすることができる。ただし、第２号又は第４号に掲げる請求をするには、当該消滅株式会社等の定めた費用を支払わなければならない。
一　第１項の書面の閲覧の請求
二　第１項の書面の謄本又は抄本の交付の請求
三　第１項の電磁的記録に記録された事項を法務省令で定める方法により表示したものの閲覧の請求
四　第１項の電磁的記録に記録された事項を電磁的方法であって消滅株式会社等の定めたものにより提供することの請求又はその事項を記載した書面の交付の請求

【1】　種類株主総会を含む。
【2】　第319条第１項の場合にあっては、同項の提案があった日
【3】　株式移転完全子会社にあっては、株主及び新株予約権者

（新設合併契約等の承認）

第804条　**消滅株式会社等**は、株主総会の決議によって、新設合併契約等の承認を受けなければならない。

2　前項の規定にかかわらず、新設合併設立会社が**持分会社**である場合には、新設合併契約について新設合併消滅株式会社の総株主の同意を得なければならない。

3　新設合併消滅株式会社又は株式移転完全子会社が種類株式発行会社である場合において、新設合併消滅株式会社又は株式移転完全子会社の株主に対して交付する新設合併設立株式会社又は株式移転設立完全親会社の株式等の全部又は一部が譲渡制限株式等であるときは、当該新設合併又は株式移転は、当該譲渡制限株式等の割当てを受ける種類の株式【4】の種類株主を構成員とする種類株主総会【5】の決議がなければ、その効力を生じない。ただし、当該種類株主総会において議決権を行使することができる株主が存しない場合は、この限りでない。

4　消滅株式会社等は、第１項の株主総会の決議の日【6】から２週間以内に、その登録株式質権者【7】及び第808条第３項各号に定める新株予約

【4】　譲渡制限株式を除く。
【5】　当該種類株主に係る株式の種類が２以上ある場合にあっては、当該２以上の株式の種類別に区分された種類株主を構成員とする各種類株主総会
【6】　第２項に規定する場合にあっては、同項の総株主の同意を得た日
【7】　次条に規定する場合における登録株式質権者を除く。

権の登録新株予約権質権者に対し、新設合併、新設分割又は株式移転【1】をする旨を通知しなければならない。

5　前項の規定による通知は、公告をもってこれに代えることができる。

（新設分割計画の承認を要しない場合）

第805条　前条第1項の規定は、新設分割により新設分割設立会社に承継させる資産の帳簿価額の合計額が新設分割株式会社の総資産額として法務省令で定める方法により算定される額の5分の1【2】を超えない場合には、適用しない。

（新設合併等をやめることの請求）

第805条の2　新設合併等が法令又は定款に違反する場合において、消滅株式会社等の株主が不利益を受けるおそれがあるときは、消滅株式会社等の株主は、消滅株式会社等に対し、当該新設合併等を**やめることを請求**することができる。ただし、前条に規定する場合は、この限りでない。

（反対株主の株式買取請求）

第806条　新設合併等をする場合（次に掲げる場合を除く。）には、**反対株主**は、消滅株式会社等に対し、自己の有する株式を公正な価格で買い取ることを請求することができる。

一　第804条第2項に規定する場合

二　第805条に規定する場合

2　前項に規定する「反対株主」とは、次に掲げる株主をいう。

一　第804条第1項の株主総会【3】に先立って当該新設合併等に**反対**する旨を当該消滅株式会社等に対し**通知**し、かつ、当該株主総会において当該新設合併等に**反対**した株主【4】

二　当該株主総会において議決権を行使することができない株主

3　消滅株式会社等は、第804条第1項の株主総会の決議の日から2週間以内に、その株主に対し、新設合併等をする旨並びに他の新設合併消滅会社、新設分割会社又は株式移転完全子会社【5】及び設立会社の商号及び住所を通知しなければならない。ただし、第1項各号に掲げる場合は、この限りでない。

4　前項の規定による通知は、公告をもってこれに代えることができる。

5　第1項の規定による請求【6】は、第3項の規定による通知又は前項の公告をした日から20日以内に、その株式買取請求に係る株式の数【7】を明らかにしてしなければならない。

6　株券が発行されている株式について株式買取請求をしようとするときは、当該株式の株主は、消滅株式会社等に対し、当該株式に係る株券を提出しなければならない。ただし、当該株券について第223条の規定による請求をした者については、この限りでない。

7　株式買取請求をした株主は、**消滅株式会社等の承諾**を得た場合に限り、その株式買取請求を撤回することができる。

8　新設合併等を中止したときは、株

【1】　以下この節において「**新設合併等**」という。

【2】　これを下回る割合を新設分割株式会社の定款で定めた場合にあっては、その割合

【3】　新設合併等をするために種類株主総会の決議を要する場合にあっては、当該種類株主総会を含む。

【4】　当該株主総会において議決権を行使することができるものに限る。

【5】　以下この節において「**消滅会社等**」という。

【6】　以下この目において「**株式買取請求**」という。

【7】　種類株式発行会社にあっては、株式の種類及び種類ごとの数

式買取請求は、その効力を失う。

9　第133条の規定は、株式買取請求に係る株式については、適用しない。

（株式の価格の決定等）

第807条　株式買取請求があった場合において、株式の価格の決定について、株主と消滅株式会社等【1】との間に協議が調ったときは、消滅株式会社等は、設立会社の成立の日から60日以内にその支払をしなければならない。

2　株式の価格の決定について、設立会社の成立の日から30日以内に協議が調わないときは、株主又は消滅株式会社等は、その期間の満了の日後30日以内に、裁判所に対し、価格の決定の申立てをすることができる。

3　前条第7項の規定にかかわらず、前項に規定する場合において、設立会社の成立の日から60日以内に同項の申立てがないときは、その期間の満了後は、株主は、いつでも、株式買取請求を撤回することができる。

4　消滅株式会社等は、裁判所の決定した価格に対する第1項の期間の満了の日後の法定利率による利息をも支払わなければならない。

5　消滅株式会社等は、株式の価格の決定があるまでは、株主に対し、当該消滅株式会社等が公正な価格と認める額を支払うことができる。

6　株式買取請求に係る株式の買取りは、設立会社の成立の日に、その効力を生ずる。

7　株券発行会社は、株券が発行されている株式について株式買取請求があったときは、株券と引換えに、その株式買取請求に係る株式の代金を支払わなければならない。

【1】　新設合併をする場合における新設合併設立会社の成立の日後にあっては、新設合併設立会社。以下この条において同じ。

（新株予約権買取請求）

第808条　次の各号に掲げる行為をする場合には、当該各号に定める消滅株式会社等の新株予約権の新株予約権者は、消滅株式会社等に対し、自己の有する新株予約権を公正な価格で買い取ることを請求することができる。

一　新設合併　第753条第1項第10号又は第11号に掲げる事項についての定めが第236条第1項第8号の条件【2】に合致する新株予約権以外の新株予約権

二　新設分割【3】　次に掲げる新株予約権のうち、第763条第1項第10号又は第11号に掲げる事項についての定めが第236条第1項第8号の条件【4】に合致する新株予約権以外の新株予約権

イ　新設分割計画新株予約権

ロ　新設分割計画新株予約権以外の新株予約権であって、新設分割をする場合において当該新株予約権の新株予約権者に新設分割設立株式会社の新株予約権を交付することとする旨の定めがあるもの

三　株式移転　次に掲げる新株予約権のうち、第773条第1項第9号又は第10号に掲げる事項についての定めが第236条第1項第8号の条件【5】に合致する新株予約権以外の新株予約権

イ　株式移転計画新株予約権

ロ　株式移転計画新株予約権以外

【2】　同号イに関するものに限る。
【3】　新設分割設立会社が株式会社である場合に限る。
【4】　同号ハに関するものに限る。
【5】　同号ホに関するものに限る。

の新株予約権であって、株式移転をする場合において当該新株予約権の新株予約権者に株式移転設立完全親会社の新株予約権を交付することとする旨の定めがあるもの

2　新株予約権付社債に付された新株予約権の新株予約権者は、前項の規定による請求【1】をするときは、併せて、新株予約権付社債についての社債を買い取ることを請求しなければならない。ただし、当該新株予約権付社債に付された新株予約権について別段の定めがある場合は、この限りでない。

3　次の各号に掲げる消滅株式会社等は、第804条第1項の株主総会の決議の日【2】から2週間以内に、当該各号に定める新株予約権の新株予約権者に対し、新設合併等をする旨並びに他の消滅会社等及び設立会社の商号及び住所を通知しなければならない。

一　新設合併消滅株式会社　全部の新株予約権

二　新設分割設立会社が株式会社である場合における新設分割株式会社　次に掲げる新株予約権

イ　新設分割計画新株予約権

ロ　新設分割計画新株予約権以外の新株予約権であって、新設分割をする場合において当該新株予約権の新株予約権者に新設分割設立株式会社の新株予約権を交付することとする旨の定めがあるもの

三　株式移転完全子会社　次に掲げる新株予約権

イ　株式移転計画新株予約権

ロ　株式移転計画新株予約権以外の新株予約権であって、株式移転をする場合において当該新株予約権の新株予約権者に株式移転設立完全親会社の新株予約権を交付することとする旨の定めがあるもの

4　前項の規定による通知は、公告をもってこれに代えることができる。

5　新株予約権買取請求は、第3項の規定による通知又は前項の公告をした日から20日以内に、その新株予約権買取請求に係る新株予約権の内容及び数を明らかにしてしなければならない。

6　新株予約権証券が発行されている新株予約権について新株予約権買取請求をしようとするときは、当該新株予約権の新株予約権者は、消滅株式会社等に対し、その新株予約権証券を提出しなければならない。ただし、当該新株予約権証券について非訟事件手続法第114条に規定する公示催告の申立てをした者については、この限りでない。

7　新株予約権付社債券が発行されている新株予約権付社債に付された新株予約権について新株予約権買取請求をしようとするときは、当該新株予約権の新株予約権者は、消滅株式会社等に対し、その新株予約権付社債券を提出しなければならない。ただし、当該新株予約権付社債券について非訟事件手続法第114条に規定する公示催告の申立てをした者については、この限りでない。

8　新株予約権買取請求をした新株予約権者は、消滅株式会社等の承諾を得た場合に限り、その新株予約権買取請求を撤回することができる。

【1】以下この目において「**新株予約権買取請求**」という。
【2】同条第2項に規定する場合にあっては同項の総株主の同意を得た日、第805条に規定する場合にあっては新設分割計画の作成の日

9　新設合併等を中止したときは、新株予約権買取請求は、その効力を失う。

10　第260条の規定は、新株予約権買取請求に係る新株予約権については、適用しない。

(新株予約権の価格の決定等)

第809条　新株予約権買取請求があった場合において、新株予約権【1】の価格の決定について、新株予約権者と消滅株式会社等【2】との間に協議が調ったときは、消滅株式会社等は、設立会社の成立の日から60日以内にその支払をしなければならない。

2　新株予約権の価格の決定について、設立会社の成立の日から30日以内に協議が調わないときは、新株予約権者又は消滅株式会社等は、その期間の満了の日後30日以内に、裁判所に対し、価格の決定の申立てをすることができる。

3　前条第8項の規定にかかわらず、前項に規定する場合において、設立会社の成立の日から60日以内に同項の申立てがないときは、その期間の満了後は、新株予約権者は、いつでも、新株予約権買取請求を撤回することができる。

4　消滅株式会社等は、裁判所の決定した価格に対する第1項の期間の満了の日後の法定利率による利息をも支払わなければならない。

5　消滅株式会社等は、新株予約権の価格の決定があるまでは、新株予約権者に対し、当該消滅株式会社等が公正な価格と認める額を支払うことができる。

6　新株予約権買取請求に係る新株予約権の買取りは、設立会社の成立の日に、その効力を生ずる。

7　消滅株式会社等は、新株予約権証券が発行されている新株予約権について新株予約権買取請求があったときは、新株予約権証券と引換えに、その新株予約権買取請求に係る新株予約権の代金を支払わなければならない。

8　消滅株式会社等は、新株予約権付社債券が発行されている新株予約権付社債に付された新株予約権について新株予約権買取請求があったときは、新株予約権付社債券と引換えに、その新株予約権買取請求に係る新株予約権の代金を支払わなければならない。

(債権者の異議)

第810条　次の各号に掲げる場合には、**当該各号に定める債権者**は、消滅株式会社等に対し、新設合併等について異議を述べることができる。

一　**新設合併**をする場合　新設合併消滅株式会社の債権者

二　**新設分割**をする場合　新設分割後新設分割株式会社に対して債務の履行【3】を請求することができない新設分割株式会社の債権者【4】

三　株式移転計画新株予約権が**新株予約権付社債**に付された新株予約権である場合　当該新株予約権付

【1】　当該新株予約権が新株予約権付社債に付されたものである場合において、当該新株予約権付社債についての社債の買取りの請求があったときは、当該社債を含む。以下この条において同じ。

【2】　新設合併をする場合における新設合併設立会社の成立の日後にあっては、新設合併設立会社。以下この条において同じ。

【3】　当該債務の保証人として新設分割設立会社と連帯して負担する保証債務の履行を含む。

【4】　第763条第1項第12号又は第765条第1項第8号に掲げる事項についての定めがある場合にあっては、新設分割株式会社の債権者

社債についての社債権者

2　前項の規定により消滅株式会社等の債権者の全部又は一部が異議を述べることができる場合には、**消滅株式会社等**は、次に掲げる事項を官報に公告し、かつ、知れている債権者【1】には、各別にこれを催告しなければならない。ただし、第4号の期間は、1箇月を下ることができない。

一　**新設合併等**をする旨

二　**他の消滅会社等**及び**設立会社**の商号及び住所

三　消滅株式会社等の計算書類に関する事項として法務省令で定めるもの

四　債権者が**一定の期間内**に異議を述べることができる旨

3　前項の規定にかかわらず、消滅株式会社等が同項の規定による公告を、官報のほか、第939条第1項の規定による定款の定めに従い、同項第2号又は第3号に掲げる公告方法によりするときは、前項の規定による各別の催告【2】は、することを要しない。

4　債権者が第2項第4号の期間内に異議を述べなかったときは、当該債権者は、当該新設合併等について承認をしたものとみなす。

5　債権者が第2項第4号の期間内に異議を述べたときは、消滅株式会社等は、当該債権者に対し、弁済し、若しくは相当の担保を提供し、又は当該債権者に弁済を受けさせることを目的として信託会社等に相当の財産を信託しなければならない。ただし、当該新設合併等をしても当該債権者を害するおそれがないときは、この限りでない。

【1】　同項の規定により異議を述べることができるものに限る。

【2】　新設分割をする場合における不法行為によって生じた新設分割株式会社の債務の債権者に対するものを除く。

（新設分割又は株式移転に関する書面等の備置き及び閲覧等）

第811条　新設分割株式会社又は株式移転完全子会社は、新設分割設立会社又は株式移転設立完全親会社の成立の日後遅滞なく、新設分割設立会社又は株式移転設立完全親会社と共同して、次の各号に掲げる区分に応じ、当該各号に定めるものを作成しなければならない。

一　新設分割株式会社　新設分割により新設分割設立会社が承継した新設分割株式会社の権利義務その他の新設分割に関する事項として法務省令で定める事項を記載し、又は記録した書面又は電磁的記録

二　株式移転完全子会社　株式移転により株式移転設立完全親会社が取得した株式移転完全子会社の株式の数その他の株式移転に関する事項として法務省令で定める事項を記載し、又は記録した書面又は電磁的記録

2　新設分割株式会社又は株式移転完全子会社は、新設分割設立会社又は株式移転設立完全親会社の成立の日から6箇月間、前項各号の書面又は電磁的記録をその本店に備え置かなければならない。

3　新設分割株式会社の株主、債権者その他の利害関係人は、新設分割株式会社に対して、その営業時間内は、いつでも、次に掲げる請求をすることができる。ただし、第2号又は第4号に掲げる請求をするには、当該新設分割株式会社の定めた費用を支払わなければならない。

一　前項の書面の閲覧の請求

二　前項の書面の謄本又は抄本の交付の請求

三　前項の電磁的記録に記録された事項を法務省令で定める方法により表示したものの閲覧の請求
四　前項の電磁的記録に記録された事項を電磁的方法であって新設分割株式会社の定めたものにより提供することの請求又はその事項を記載した書面の交付の請求

4　前項の規定は、株式移転完全子会社について準用する。この場合において、同項中「新設分割株式会社の株主、債権者その他の利害関係人」とあるのは、「株式移転設立完全親会社の成立の日に株式移転完全子会社の株主又は新株予約権者であった者」と読み替えるものとする。

（剰余金の配当等に関する特則）

第812条　第445条第4項、第458条及び第2編第5章第6節の規定は、次に掲げる行為については、適用しない。
一　第763条第1項第12号イ又は第765条第1項第8号イの株式の取得
二　第763条第1項第12号ロ又は第765条第1項第8号ロの剰余金の配当

第2目　持分会社の手続

第813条　次に掲げる行為をする持分会社は、新設合併契約等について当該持分会社の総社員の同意を得なければならない。ただし、定款に別段の定めがある場合は、この限りでない。
一　新設合併
二　新設分割【1】

2　第810条【2】の規定は、新設合併消滅持分会社又は合同会社である新設分割会社【3】について準用する。この場合において、同条第1項第2号中「債権者（第763条第1項第12号又は第765条第1項第8号に掲げる事項についての定めがある場合にあっては、新設分割株式会社の債権者）」とあるのは「債権者」と、同条第3項中「消滅株式会社等」とあるのは「新設合併消滅持分会社（新設合併設立会社が株式会社又は合同会社である場合にあっては、合同会社に限る。）又は新設分割合同会社」と読み替えるものとする。

第2款　新設合併設立会社、新設分割設立会社及び株式移転設立完全親会社の手続

第1目　株式会社の手続

（株式会社の設立の特則）

第814条　第2編第1章【4】の規定は、新設合併設立株式会社、新設分割設立株式会社又は株式移転設立完全親会社【5】の設立については、適用しない。

2　設立株式会社の定款は、消滅会社等が作成する。

（新設合併契約等に関する書面等の備置き及び閲覧等）

第815条　新設合併設立株式会社は、その成立の日後遅滞なく、新設合併により新設合併設立株式会社が承継した新設合併消滅会社の権利義務その他の新設合併に関する事項として法務省令で定める事項を記載し、又

【1】　当該持分会社（合同会社に限る。）がその事業に関して有する権利義務の全部を他の会社に承継させる場合に限る。
【2】　第1項第3号及び第2項第3号を除く。
【3】　以下この節において「新設分割合同会社」という。
【4】　第27条（第4号及び第5号を除く。）、第29条、第31条、第37条第3項、第39条、第6節及び第49条を除く。
【5】　以下この目において「設立株式会社」という。

は記録した書面又は電磁的記録を作成しなければならない。

2　新設分割設立株式会社【1】は、その成立の日後遅滞なく、新設分割合同会社と共同して、新設分割により新設分割設立株式会社が承継した新設分割合同会社の権利義務その他の新設分割に関する事項として法務省令で定める事項を記載し、又は記録した書面又は電磁的記録を作成しなければならない。

3　次の各号に掲げる設立株式会社は、その成立の日から6箇月間、当該各号に定めるものをその本店に備え置かなければならない。

一　新設合併設立株式会社　第1項の書面又は電磁的記録及び新設合併契約の内容その他法務省令で定める事項を記載し、又は記録した書面又は電磁的記録

二　新設分割設立株式会社　前項又は第811条第1項第1号の書面又は電磁的記録

三　株式移転設立完全親会社　第811条第1項第2号の書面又は電磁的記録

4　新設合併設立株式会社の株主及び債権者は、新設合併設立株式会社に対して、その営業時間内は、いつでも、次に掲げる請求をすることができる。ただし、第2号又は第4号に掲げる請求をするには、当該新設合併設立株式会社の定めた費用を支払わなければならない。

一　前項第1号の書面の閲覧の請求

二　前項第1号の書面の謄本又は抄本の交付の請求

三　前項第1号の電磁的記録に記録された事項を法務省令で定める方法により表示したものの閲覧の請求

四　前項第1号の電磁的記録に記録された事項を電磁的方法であって新設合併設立株式会社の定めたものにより提供することの請求又はその事項を記載した書面の交付の請求

5　前項の規定は、新設分割設立株式会社について準用する。この場合において、同項中「株主及び債権者」とあるのは「株主、債権者その他の利害関係人」と、同項各号中「前項第1号」とあるのは「前項第2号」と読み替えるものとする。

6　第4項の規定は、株式移転設立完全親会社について準用する。この場合において、同項中「株主及び債権者」とあるのは「株主及び新株予約権者」と、同項各号中「前項第1号」とあるのは「前項第3号」と読み替えるものとする。

第2目　持分会社の手続

（持分会社の設立の特則）

第816条　第575条及び第578条の規定は、新設合併設立持分会社又は新設分割設立持分会社【2】の設立については、適用しない。

2　設立持分会社の定款は、消滅会社等が作成する。

第4節　株式交付の手続

（株式交付計画に関する書面等の備置き及び閲覧等）

第816条の2　株式交付親会社は、株式交付計画備置開始日から株式交付がその効力を生ずる日【3】後6箇月

【1】　1又は2以上の合同会社のみが新設分割をする場合における当該新設分割設立株式会社に限る。

【2】　次項において「設立持分会社」という。

【3】　以下この節において「効力発生日」という。

を経過する日までの間、株式交付計画の内容その他法務省令で定める事項を記載し、又は記録した書面又は電磁的記録をその本店に備え置かなければならない。

2　前項に規定する「株式交付計画備置開始日」とは、次に掲げる日のいずれか早い日をいう。

一　株式交付計画について株主総会【1】の決議によってその承認を受けなければならないときは、当該株主総会の日の2週間前の日【2】

二　第816条の6第3項の規定による通知の日又は同条第4項の公告の日のいずれか早い日

三　第816条の8の規定による手続をしなければならないときは、同条第2項の規定による公告の日又は同項の規定による催告の日のいずれか早い日

3　株式交付親会社の株主【3】は、株式交付親会社に対して、その営業時間内は、いつでも、次に掲げる請求をすることができる。ただし、第2号又は第4号に掲げる請求をするには、当該株式交付親会社の定めた費用を支払わなければならない。

一　第1項の書面の閲覧の請求

二　第1項の書面の謄本又は抄本の交付の請求

三　第1項の電磁的記録に記録された事項を法務省令で定める方法により表示したものの閲覧の請求

四　第1項の電磁的記録に記録された事項を電磁的方法であって株式交付親会社の定めたものにより提供することの請求又はその事項を記載した書面の交付の請求

（株式交付計画の承認等）

第816条の3　株式交付親会社は、効力発生日の前日までに、株主総会の決議によって、株式交付計画の承認を受けなければならない。

2　株式交付親会社が株式交付子会社の株式及び新株予約権等の譲渡人に対して交付する金銭等【4】の帳簿価額が株式交付親会社が譲り受ける株式交付子会社の株式及び新株予約権等の額として法務省令で定める額を超える場合には、取締役は、前項の株主総会において、その旨を説明しなければならない。

3　株式交付親会社が種類株式発行会社である場合において、次の各号に掲げるときは、株式交付は、当該各号に定める種類の株式【5】の種類株主を構成員とする種類株主総会【6】の決議がなければ、その効力を生じない。ただし、当該種類株主総会において議決権を行使することができる株主が存しない場合は、この限りでない。

一　株式交付子会社の株式の譲渡人に対して交付する金銭等が株式交付親会社の株式であるとき　第774条の3第1項第3号の種類の株式

二　株式交付子会社の新株予約権等

【1】　種類株主総会を含む。
【2】　第319条第1項の場合にあっては、同項の提案があった日
【3】　株式交付に際して株式交付子会社の株式及び新株予約権等の譲渡人に対して交付する金銭等（株式交付親会社の株式を除く。）が株式交付親会社の株式に準ずるものとして法務省令で定めるもののみである場合以外の場合にあっては、株主及び債権者

【4】　株式交付親会社の株式等を除く。
【5】　譲渡制限株式であって、第199条第4項の定款の定めがないものに限る。
【6】　当該種類株主に係る株式の種類が2以上ある場合にあっては、当該2以上の株式の種類別に区分された種類株主を構成員とする各種類株主総会

の譲渡人に対して交付する金銭等が株式交付親会社の株式であるとき　第774条の3第1項第8号イの種類の株式

（株式交付計画の承認を要しない場合等）

第816条の4　前条第1項及び第2項の規定は、第1号に掲げる額の第2号に掲げる額に対する割合が5分の1【1】を超えない場合には、適用しない。ただし、同項に規定する場合又は株式交付親会社が公開会社でない場合は、この限りでない。

一　次に掲げる額の合計額

イ　株式交付子会社の株式及び新株予約権等の譲渡人に対して交付する株式交付親会社の株式の数に1株当たり純資産額を乗じて得た額

ロ　株式交付子会社の株式及び新株予約権等の譲渡人に対して交付する株式交付親会社の社債、新株予約権又は新株予約権付社債の帳簿価額の合計額

ハ　株式交付子会社の株式及び新株予約権等の譲渡人に対して交付する株式交付親会社の株式等以外の財産の帳簿価額の合計額

二　株式交付親会社の純資産額として法務省令で定める方法により算定される額

2　前項本文に規定する場合において、法務省令で定める数の株式【2】を有する株主が第816条の6第3項の規定による通知又は同条第4項の公告の日から2週間以内に株式交付に反対する旨を株式交付親会社に対し通知したときは、当該株式交付親会社は、効力発生日の前日までに、株主総会の決議によって、株式交付計画の承認を受けなければならない。

（株式交付をやめることの請求）

第816条の5　株式交付が法令又は定款に違反する場合において、株式交付親会社の株主が不利益を受けるおそれがあるときは、株式交付親会社の株主は、株式交付親会社に対し、株式交付をやめることを請求することができる。ただし、前条第1項本文に規定する場合【3】は、この限りでない。

（反対株主の株式買取請求）

第816条の6　株式交付をする場合には、反対株主は、株式交付親会社に対し、自己の有する株式を公正な価格で買い取ることを請求することができる。ただし、第816条の4第1項本文に規定する場合【4】は、この限りでない。

2　前項に規定する「反対株主」とは、次の各号に掲げる場合における当該各号に定める株主をいう。

一　株式交付をするために株主総会【5】の決議を要する場合　次に掲げる株主

イ　当該株主総会に先立って当該株式交付に反対する旨を当該株式交付親会社に対し通知し、かつ、当該株主総会において当該株式交付に反対した株主【6】

ロ　当該株主総会において議決権を行使することができない株主

二　前号に掲げる場合以外の場合　全ての株主

【1】　これを下回る割合を株式交付親会社の定款で定めた場合にあっては、その割合

【2】　前条第1項の株主総会において議決権を行使することができるものに限る。

【3】　同項ただし書又は同条第2項に規定する場合を除く。

【4】　同項ただし書又は同条第2項に規定する場合を除く。

【5】　種類株主総会を含む。

【6】　当該株主総会において議決権を行使することができるものに限る。

3　株式交付親会社は、効力発生日の20日前までに、その株主に対し、株式交付をする旨並びに株式交付子会社の商号及び住所を通知しなければならない。
4　次に掲げる場合には、前項の規定による通知は、公告をもってこれに代えることができる。
一　株式交付親会社が公開会社である場合
二　株式交付親会社が第816条の3第1項の株主総会の決議によって株式交付計画の承認を受けた場合
5　第1項の規定による請求【1】は、効力発生日の20日前の日から効力発生日の前日までの間に、その株式買取請求に係る株式の数【2】を明らかにしてしなければならない。
6　株券が発行されている株式について株式買取請求をしようとするときは、当該株式の株主は、株式交付親会社に対し、当該株式に係る株券を提出しなければならない。ただし、当該株券について第223条の規定による請求をした者については、この限りでない。
7　株式買取請求をした株主は、株式交付親会社の承諾を得た場合に限り、その株式買取請求を撤回することができる。
8　株式交付を中止したときは、株式買取請求は、その効力を失う。
9　第133条の規定は、株式買取請求に係る株式については、適用しない。

（株式の価格の決定等）

第816条の7　株式買取請求があった場合において、株式の価格の決定について、株主と株式交付親会社との間に協議が調ったときは、株式交付親会社は、効力発生日から60日以内にその支払をしなければならない。
2　株式の価格の決定について、効力発生日から30日以内に協議が調わないときは、株主又は株式交付親会社は、その期間の満了の日後30日以内に、裁判所に対し、価格の決定の申立てをすることができる。
3　前条第7項の規定にかかわらず、前項に規定する場合において、効力発生日から60日以内に同項の申立てがないときは、その期間の満了後は、株主は、いつでも、株式買取請求を撤回することができる。
4　株式交付親会社は、裁判所の決定した価格に対する第1項の期間の満了の日後の法定利率による利息をも支払わなければならない。
5　株式交付親会社は、株式の価格の決定があるまでは、株主に対し、当該株式交付親会社が公正な価格と認める額を支払うことができる。
6　株式買取請求に係る株式の買取りは、効力発生日に、その効力を生ずる。
7　株券発行会社は、株券が発行されている株式について株式買取請求があったときは、株券と引換えに、その株式買取請求に係る株式の代金を支払わなければならない。

（債権者の異議）

第816条の8　株式交付に際して株式交付子会社の株式及び新株予約権等の譲渡人に対して交付する金銭等【3】が株式交付親会社の株式に準ずるものとして法務省令で定めるもののみである場合以外の場合には、株式交付親会社の債権者は、株式交付親会社に対し、株式交付について異議を述べることができる。

【1】以下この節において「**株式買取請求**」という。
【2】種類株式発行会社にあっては、株式の種類及び種類ごとの数
【3】株式交付親会社の株式を除く。

2　前項の規定により株式交付親会社の債権者が異議を述べることができる場合には、株式交付親会社は、次に掲げる事項を官報に公告し、かつ、知れている債権者には、各別にこれを催告しなければならない。ただし、第4号の期間は、1箇月を下ることができない。

一　株式交付をする旨

二　株式交付子会社の商号及び住所

三　株式交付親会社及び株式交付子会社の計算書類に関する事項として法務省令で定めるもの

四　債権者が一定の期間内に異議を述べることができる旨

3　前項の規定にかかわらず、株式交付親会社が同項の規定による公告を、官報のほか、第939条第1項の規定による定款の定めに従い、同項第2号又は第3号に掲げる公告方法によりするときは、前項の規定による各別の催告は、することを要しない。

4　債権者が第2項第4号の期間内に異議を述べなかったときは、当該債権者は、当該株式交付について承認をしたものとみなす。

5　債権者が第2項第4号の期間内に異議を述べたときは、株式交付親会社は、当該債権者に対し、弁済し、若しくは相当の担保を提供し、又は当該債権者に弁済を受けさせることを目的として信託会社等に相当の財産を信託しなければならない。ただし、当該株式交付をしても当該債権者を害するおそれがないときは、この限りでない。

（株式交付の効力発生日の変更）

第816条の9　株式交付親会社は、効力発生日を変更することができる。

2　前項の規定による変更後の効力発生日は、株式交付計画において定めた当初の効力発生日から3箇月以内の日でなければならない。

3　第1項の場合には、株式交付親会社は、変更前の効力発生日【1】の前日までに、変更後の効力発生日を公告しなければならない。

4　第1項の規定により効力発生日を変更したときは、変更後の効力発生日を効力発生日とみなして、この節【2】及び前章【3】の規定を適用する。

5　株式交付親会社は、第1項の規定による効力発生日の変更をする場合には、当該変更と同時に第774条の3第1項第10号の期日を変更することができる。

6　第3項及び第4項の規定は、前項の規定による第774条の3第1項第10号の期日の変更について準用する。この場合において、第4項中「この節（第2項を除く。）及び前章（第774条の3第1項第11号を除く。）」とあるのは、「第774条の4、第774条の10及び前項」と読み替えるものとする。

（株式交付に関する書面等の備置き及び閲覧等）

第816条の10　株式交付親会社は、効力発生日後遅滞なく、株式交付に際して株式交付親会社が譲り受けた株式交付子会社の株式の数その他の株式交付に関する事項として法務省令で定める事項を記載し、又は記録した書面又は電磁的記録を作成しなければならない。

2　株式交付親会社は、効力発生日から6箇月間、前項の書面又は電磁的記録をその本店に備え置かなければならない。

【1】　変更後の効力発生日が変更前の効力発生日前の日である場合にあっては、当該変更後の効力発生日

【2】　第2項を除く。

【3】　第774条の3第1項第11号を除く。

3　株式交付親会社の株主【1】は、株式交付親会社に対して、その営業時間内は、いつでも、次に掲げる請求をすることができる。ただし、第2号又は第4号に掲げる請求をするには、当該株式交付親会社の定めた費用を支払わなければならない。

一　前項の書面の閲覧の請求

二　前項の書面の謄本又は抄本の交付の請求

三　前項の電磁的記録に記録された事項を法務省令で定める方法により表示したものの閲覧の請求

四　前項の電磁的記録に記録された事項を電磁的方法であって株式交付親会社の定めたものにより提供することの請求又はその事項を記載した書面の交付の請求

第6編　外国会社

（外国会社の日本における代表者）

第817条　外国会社は、日本において取引を継続してしようとするときは、日本における代表者を定めなければならない。この場合において、その日本における代表者のうち1人以上は、日本に住所を有する者でなければならない。

2　外国会社の日本における代表者は、当該外国会社の日本における業務に関する一切の裁判上又は裁判外の行為をする権限を有する。

3　前項の権限に加えた制限は、善意の第三者に対抗することができない。

4　外国会社は、その日本における代表者がその職務を行うについて第三者に加えた損害を賠償する責任を負う。

（登記前の継続取引の禁止等）

第818条　外国会社は、外国会社の登記をするまでは、日本において取引を継続してすることができない。

2　前項の規定に違反して取引をした者は、相手方に対し、外国会社と連帯して、当該取引によって生じた債務を弁済する責任を負う。

（貸借対照表に相当するものの公告）

第819条　外国会社の登記をした外国会社【2】は、法務省令で定めるところにより、第438条第2項の承認と同種の手続又はこれに類似する手続の終結後遅滞なく、貸借対照表に相当するものを日本において公告しなければならない。

2　前項の規定にかかわらず、その公告方法が第939条第1項第1号又は第2号に掲げる方法である外国会社は、前項に規定する貸借対照表に相当するものの要旨を公告することで足りる。

3　前項の外国会社は、法務省令で定めるところにより、第1項の手続の終結後遅滞なく、同項に規定する貸借対照表に相当するものの内容である情報を、当該手続の終結の日後5年を経過する日までの間、継続して電磁的方法により日本において不特定多数の者が提供を受けることができる状態に置く措置をとることができる。この場合においては、前2項の規定は、適用しない。

4　金融商品取引法第24条第1項の規定により有価証券報告書を内閣総理大臣に提出しなければならない外国会社については、前3項の規定は、

【1】　株式交付に際して株式交付子会社の株式及び新株予約権等の譲渡人に対して交付する金銭等（株式交付親会社の株式を除く。）が株式交付親会社の株式に準ずるものとして法務省令で定めるもののみである場合以外の場合にあっては、株主及び債権者

【2】　日本における同種の会社又は最も類似する会社が株式会社であるものに限る。

適用しない。

（日本に住所を有する日本における代表者の退任）

第820条　外国会社の登記をした外国会社は、日本における代表者【1】の全員が退任しようとするときは、当該外国会社の債権者に対し異議があれば一定の期間内にこれを述べることができる旨を官報に公告し、かつ、知れている債権者には、各別にこれを催告しなければならない。ただし、当該期間は、1箇月を下ることができない。

2　債権者が前項の期間内に異議を述べたときは、同項の外国会社は、当該債権者に対し、弁済し、若しくは相当の担保を提供し、又は当該債権者に弁済を受けさせることを目的として信託会社等に相当の財産を信託しなければならない。ただし、同項の退任をしても当該債権者を害するおそれがないときは、この限りでない。

3　第1項の退任は、前2項の手続が終了した後にその登記をすることによって、その効力を生ずる。

（擬似外国会社）

第821条　日本に本店を置き、又は日本において事業を行うことを主たる目的とする外国会社は、日本において取引を継続してすることができない。

2　前項の規定に違反して取引をした者は、相手方に対し、外国会社と連帯して、当該取引によって生じた債務を弁済する責任を負う。

（日本にある外国会社の財産についての清算）

第822条　裁判所は、次に掲げる場合には、利害関係人の申立てにより又は職権で、日本にある外国会社の財産の全部について清算の開始を命ずることができる。

一　外国会社が第827条第1項の規定による命令を受けた場合

二　外国会社が日本において取引を継続してすることをやめた場合

2　前項の場合には、裁判所は、清算人を選任する。

3　第476条、第2編第9章第1節第2款、第492条、同節第4款及び第508条の規定並びに同章第2節【2】の規定は、その性質上許されないものを除き、第1項の規定による日本にある外国会社の財産についての清算について準用する。

4　第820条の規定は、外国会社が第1項の清算の開始を命じられた場合において、当該外国会社の日本における代表者【3】の全員が退任しようとするときは、適用しない。

（他の法律の適用関係）

第823条　外国会社は、他の法律の適用については、日本における同種の会社又は最も類似する会社とみなす。ただし、他の法律に別段の定めがあるときは、この限りでない。

第7編　雑則

第1章　会社の解散命令等

第1節　会社の解散命令

（会社の解散命令）

第824条　裁判所は、次に掲げる場合において、公益を確保するため会社の存立を許すことができないと認めるときは、法務大臣又は株主、社員、債権者その他の利害関係人の申立てにより、会社の解散を命ずることができる。

【1】　日本に住所を有するものに限る。

【2】　第510条、第511条及び第514条を除く。

【3】　日本に住所を有するものに限る。

一　会社の設立が不法な目的に基づいてされたとき。
二　会社が正当な理由がないのにその成立の日から１年以内にその事業を開始せず、又は引き続き１年以上その事業を休止したとき。
三　業務執行取締役、執行役又は業務を執行する社員が、法令若しくは定款で定める会社の権限を逸脱し若しくは濫用する行為又は刑罰法令に触れる行為をした場合において、法務大臣から書面による警告を受けたにもかかわらず、なお継続的に又は反覆して当該行為をしたとき。

2　株主、社員、債権者その他の利害関係人が前項の申立てをしたときは、裁判所は、会社の申立てにより、同項の申立てをした者に対し、相当の担保を立てるべきことを命ずることができる。

3　会社は、前項の規定による申立てをするには、第１項の申立てが悪意によるものであることを疎明しなければならない。

4　民事訴訟法（平成８年法律第109号）第75条第５項及び第７項並びに第76条から第80条までの規定は、第２項の規定により第１項の申立てについて立てるべき担保について準用する。

（会社の財産に関する保全処分）

第825条　裁判所は、前条第１項の申立てがあった場合には、法務大臣若しくは株主、社員、債権者その他の利害関係人の申立てにより又は職権で、同項の申立てにつき決定があるまでの間、会社の財産に関し、管理人による管理を命ずる処分【1】その他の必要な保全処分を命ずることができる。

2　裁判所は、管理命令をする場合には、当該管理命令において、管理人を選任しなければならない。

3　裁判所は、法務大臣若しくは株主、社員、債権者その他の利害関係人の申立てにより又は職権で、前項の管理人を解任することができる。

4　裁判所は、第２項の管理人を選任した場合には、会社が当該管理人に対して支払う報酬の額を定めることができる。

5　第２項の管理人は、裁判所が監督する。

6　裁判所は、第２項の管理人に対し、会社の財産の状況の報告をし、かつ、その管理の計算をすることを命ずることができる。

7　民法第644条、第646条、第647条及び第650条の規定は、第２項の管理人について準用する。この場合において、同法第646条、第647条及び第650条中「委任者」とあるのは、「会社」と読み替えるものとする。

（官庁等の法務大臣に対する通知義務）

第826条　裁判所その他の官庁、検察官又は吏員は、その職務上第824条第１項の申立て又は同項第３号の警告をすべき事由があることを知ったときは、法務大臣にその旨を通知しなければならない。

第２節　外国会社の取引継続禁止又は営業所閉鎖の命令

第827条　裁判所は、次に掲げる場合には、法務大臣又は株主、社員、債権者その他の利害関係人の申立てにより、外国会社が日本において取引を継続してすることの禁止又はその日本に設けられた営業所の閉鎖を命ずることができる。
一　外国会社の事業が不法な目的に基づいて行われたとき。

【1】　次項において「管理命令」という。

会社法

二　外国会社が正当な理由がないのに外国会社の登記の日から1年以内にその事業を開始せず、又は引き続き1年以上その事業を休止したとき。

三　外国会社が正当な理由がないのに支払を停止したとき。

四　外国会社の日本における代表者その他その業務を執行する者が、法令で定める外国会社の権限を逸脱し若しくは濫用する行為又は刑罰法令に触れる行為をした場合において、法務大臣から書面による警告を受けたにもかかわらず、なお継続的に又は反覆して当該行為をしたとき。

2　第824条第2項から第4項まで及び前2条の規定は、前項の場合について準用する。この場合において、第824条第2項中「前項」とあり、同条第3項及び第4項中「第1項」とあり、並びに第825条第1項中「前条第1項」とあるのは「第827条第1項」と、前条中「第824条第1項」とあるのは「次条第1項」と、「同項第3号」とあるのは「同項第4号」と読み替えるものとする。

第2章　訴訟

第1節　会社の組織に関する訴え

(会社の組織に関する行為の無効の訴え)

第828条　次の各号に掲げる行為の無効は、当該各号に定める期間に、訴えをもってのみ主張することができる。

一　会社の設立　会社の成立の日から2年以内

二　株式会社の成立後における株式の発行　株式の発行の効力が生じた日から6箇月以内【1】

三　自己株式の処分　自己株式の処分の効力が生じた日から6箇月以内【2】

四　新株予約権【3】の発行　新株予約権の発行の効力が生じた日から6箇月以内【4】

五　株式会社における資本金の額の減少　資本金の額の減少の効力が生じた日から6箇月以内

六　会社の組織変更　組織変更の効力が生じた日から6箇月以内

七　会社の吸収合併　吸収合併の効力が生じた日から6箇月以内

八　会社の新設合併　新設合併の効力が生じた日から6箇月以内

九　会社の吸収分割　吸収分割の効力が生じた日から6箇月以内

十　会社の新設分割　新設分割の効力が生じた日から6箇月以内

十一　株式会社の株式交換　株式交換の効力が生じた日から6箇月以内

十二　株式会社の株式移転　株式移転の効力が生じた日から6箇月以内

十三　株式会社の株式交付　株式交付の効力が生じた日から6箇月以内

2　次の各号に掲げる行為の無効の訴えは、当該各号に定める者に限り、提起することができる。

一　前項第1号に掲げる行為　設

【1】　公開会社でない株式会社にあっては、株式の発行の効力が生じた日から1年以内

【2】　公開会社でない株式会社にあっては、自己株式の処分の効力が生じた日から1年以内

【3】　当該新株予約権が新株予約権付社債に付されたものである場合にあっては、当該新株予約権付社債についての社債を含む。以下この章において同じ。

【4】　公開会社でない株式会社にあっては、新株予約権の発行の効力が生じた日から1年以内

会社法

立する株式会社の株主等【1】又は設立する持分会社の社員等【2】

二　前項第2号に掲げる行為　当該株式会社の株主等

三　前項第3号に掲げる行為　当該株式会社の株主等

四　前項第4号に掲げる行為　当該株式会社の株主等又は新株予約権者

五　前項第5号に掲げる行為　当該株式会社の株主等、破産管財人又は資本金の額の減少について承認をしなかった債権者

六　前項第6号に掲げる行為　当該行為の効力が生じた日において組織変更をする会社の株主等若しくは社員等であった者又は組織変更後の会社の株主等、社員等、破産管財人若しくは組織変更について承認をしなかった債権者

七　前項第7号に掲げる行為　当該行為の効力が生じた日において吸収合併をする会社の株主等若しくは社員等であった者又は吸収合併後存続する会社の株主等、社員等、破産管財人若しくは吸収合併について承認をしなかった債権者

八　前項第8号に掲げる行為　当該行為の効力が生じた日において新設合併をする会社の株主等若しくは社員等であった者又は新設合併により設立する会社の株主等、社員等、破産管財人若しくは新設合併について承認をしなかった債権者

九　前項第9号に掲げる行為　当該行為の効力が生じた日において吸収分割契約をした会社の株主等若しくは社員等であった者又は吸収分割契約をした会社の株主等、社員等、破産管財人若しくは吸収分割について承認をしなかった債権者

十　前項第10号に掲げる行為　当該行為の効力が生じた日において新設分割をする会社の株主等若しくは社員等であった者又は新設分割をする会社若しくは新設分割により設立する会社の株主等、社員等、破産管財人若しくは新設分割について承認をしなかった債権者

十一　前項第11号に掲げる行為　当該行為の効力が生じた日において株式交換契約をした会社の株主等若しくは社員等であった者又は株式交換契約をした会社の株主等、社員等、破産管財人若しくは株式交換について承認をしなかった債権者

十二　前項第12号に掲げる行為　当該行為の効力が生じた日において株式移転をする株式会社の株主等であった者又は株式移転により設立する株式会社の株主等、破産管財人若しくは株式移転について承認をしなかった債権者

十三　前項第13号に掲げる行為　当該行為の効力が生じた日において株式交付親会社の株主等であった者、株式交付に際して株式交付親会社に株式交付子会社の株式若しくは新株予約権等を譲り渡した者又は株式交付親会社の株主等、破産管財人若しくは株式交付について承認をしなかった債権者

（新株発行等の不存在の確認の訴え）

第829条　次に掲げる行為については、当該行為が存在しないことの確

【1】　株主、取締役又は清算人（監査役設置会社にあっては株主、取締役、監査役又は清算人、指名委員会等設置会社にあっては株主、取締役、執行役又は清算人）をいう。以下この節において同じ。

【2】　社員又は清算人をいう。以下この項において同じ。

認を、訴えをもって請求することができる。
一　株式会社の成立後における株式の発行
二　自己株式の処分
三　新株予約権の発行

（株主総会等の決議の不存在又は無効の確認の訴え）

第830条　株主総会若しくは種類株主総会又は創立総会若しくは種類創立総会【1】の決議については、**決議が存在しないことの確認**を、訴えをもって請求することができる。
2　株主総会等の決議については、決議の内容が**法令に違反**することを理由として、**決議が無効であることの確認**を、訴えをもって請求することができる。

（株主総会等の決議の取消しの訴え）

第831条　次の各号に掲げる場合には、株主等【2】は、株主総会等の決議の日から**3箇月以内**に、訴えをもって当該決議の取消しを請求することができる。当該決議の取消しにより株主【3】又は取締役【4】、監査役若しくは清算人【5】となる者も、同様とする。
一　株主総会等の**招集の手続**又は**決議の方法**が法令若しくは定款に違反し、又は著しく不公正なとき。
二　株主総会等の**決議の内容が定款に違反**するとき。
三　株主総会等の決議について**特別の利害関係**を有する者が議決権を行使したことによって、**著しく不当な決議**がされたとき。
2　前項の訴えの提起があった場合において、株主総会等の招集の手続又は決議の方法が法令又は定款に違反するときであっても、裁判所は、その違反する事実が**重大でなく**、かつ、**決議に影響を及ぼさない**ものであると認めるときは、同項の規定による請求を棄却することができる。

（持分会社の設立の取消しの訴え）

第832条　次の各号に掲げる場合には、当該各号に定める者は、持分会社の成立の日から**2年以内**に、訴えをもって持分会社の設立の取消しを請求することができる。
一　社員が民法その他の法律の規定により設立に係る**意思表示を取り消すことができるとき**　当該社員
二　社員がその**債権者を害することを知って**持分会社を設立したとき　当該債権者

（会社の解散の訴え）

第833条　次に掲げる場合において、やむを得ない事由があるときは、総株主【6】の議決権の10分の1【7】以上

【1】　以下この節及び第937条第1項第1号トにおいて「**株主総会等**」という。
【2】　当該各号の株主総会等が創立総会又は種類創立総会である場合にあっては、株主等、設立時株主、設立時取締役又は設立時監査役
【3】　当該決議が創立総会の決議である場合にあっては、設立時株主
【4】　監査等委員会設置会社にあっては、監査等委員である取締役又はそれ以外の取締役。以下この項において同じ。
【5】　当該決議が株主総会又は種類株主総会の決議である場合にあっては第346条第1項（第479条第4項において準用する場合を含む。）の規定により取締役、監査役又は清算人としての権利義務を有する者を含み、当該決議が創立総会又は種類創立総会の決議である場合にあっては設立時取締役（設立しようとする株式会社が監査等委員会設置会社である場合にあっては、設立時監査等委員である設立時取締役又はそれ以外の設立時取締役）又は設立時監査役を含む。
【6】　株主総会において決議をすることができる事項の全部につき議決権を行使することができない株主を除く。
【7】　これを下回る割合を定款で定めた場合にあっては、その割合

の議決権を有する株主又は発行済株式【1】の10分の1【2】以上の数の株式を有する株主は、訴えをもって株式会社の解散を請求することができる。
一　株式会社が業務の執行において著しく困難な状況に至り、当該株式会社に回復することができない損害が生じ、又は生ずるおそれがあるとき。
二　株式会社の財産の管理又は処分が著しく失当で、当該株式会社の存立を危うくするとき。
2　やむを得ない事由がある場合には、持分会社の社員は、訴えをもって持分会社の解散を請求することができる。

（被告）

第834条　次の各号に掲げる訴え【3】については、当該各号に定める者を被告とする。
一　会社の設立の無効の訴え　設立する会社
二　株式会社の成立後における株式の発行の無効の訴え【4】　株式の発行をした株式会社
三　自己株式の処分の無効の訴え　自己株式の処分をした株式会社
四　新株予約権の発行の無効の訴え　新株予約権の発行をした株式会社
五　株式会社における資本金の額の減少の無効の訴え　当該株式会社
六　会社の組織変更の無効の訴え　組織変更後の会社
七　会社の吸収合併の無効の訴え　吸収合併後存続する会社
八　会社の新設合併の無効の訴え　新設合併により設立する会社
九　会社の吸収分割の無効の訴え　吸収分割契約をした会社
十　会社の新設分割の無効の訴え　新設分割をする会社及び新設分割により設立する会社
十一　株式会社の株式交換の無効の訴え　株式交換契約をした会社
十二　株式会社の株式移転の無効の訴え　株式移転をする株式会社及び株式移転により設立する株式会社
十二の二　株式会社の株式交付の無効の訴え　株式交付親会社
十三　株式会社の成立後における株式の発行が存在しないことの確認の訴え　株式の発行をした株式会社
十四　自己株式の処分が存在しないことの確認の訴え　自己株式の処分をした株式会社
十五　新株予約権の発行が存在しないことの確認の訴え　新株予約権の発行をした株式会社
十六　株主総会等の決議が存在しないこと又は株主総会等の決議の内容が法令に違反することを理由として当該決議が無効であることの確認の訴え　当該株式会社
十七　株主総会等の決議の取消しの訴え　当該株式会社
十八　第832条第1号の規定による持分会社の設立の取消しの訴え　当該持分会社
十九　第832条第2号の規定による持分会社の設立の取消しの訴え　当該持分会社及び同号の社員
二十　株式会社の解散の訴え　当該株式会社
二十一　持分会社の解散の訴え　当該持分会社

【1】　自己株式を除く。
【2】　これを下回る割合を定款で定めた場合にあっては、その割合
【3】　以下この節において「**会社の組織に関する訴え**」と総称する。
【4】　第840条第1項において「**新株発行の無効の訴え**」という。

（訴えの管轄及び移送）

第835条　会社の組織に関する訴えは、被告となる会社の本店の所在地を管轄する地方裁判所の管轄に専属する。

2　前条第9号から第12号までの規定により2以上の地方裁判所が管轄権を有するときは、当該各号に掲げる訴えは、先に訴えの提起があった地方裁判所が管轄する。

3　前項の場合には、裁判所は、当該訴えに係る訴訟がその管轄に属する場合においても、著しい損害又は遅滞を避けるため必要があると認めるときは、申立てにより又は職権で、訴訟を他の管轄裁判所に移送することができる。

（担保提供命令）

第836条　会社の組織に関する訴えであって、株主又は設立時株主が提起することができるものについては、裁判所は、被告の申立てにより、当該会社の組織に関する訴えを提起した株主又は設立時株主に対し、相当の担保を立てるべきことを命ずることができる。ただし、当該株主が取締役、監査役、執行役若しくは清算人であるとき、又は当該設立時株主が設立時取締役若しくは設立時監査役であるときは、この限りでない。

2　前項の規定は、会社の組織に関する訴えであって、債権者又は株式交付に際して株式交付親会社に株式交付子会社の株式若しくは新株予約権等を譲り渡した者が提起することができるものについて準用する。

3　被告は、第1項【1】の申立てをするには、原告の訴えの提起が悪意によるものであることを疎明しなければならない。

【1】　前項において準用する場合を含む。

（弁論等の必要的併合）

第837条　同一の請求を目的とする会社の組織に関する訴えに係る訴訟が数個同時に係属するときは、その弁論及び裁判は、併合してしなければならない。

（認容判決の効力が及ぶ者の範囲）

第838条　**会社の組織に関する訴えに**係る請求を認容する**確定判決**は、第三者に対してもその効力を有する。

（無効又は取消しの判決の効力）

第839条　**会社の組織に関する訴え**【2】に係る請求を認容する判決が確定したときは、当該判決において**無効**とされ、又は**取り消された**行為【3】は、将来に向かってその効力を失う。

（新株発行の無効判決の効力）

第840条　新株発行の無効の訴えに係る請求を認容する判決が確定したときは、当該株式会社は、当該判決の確定時における当該株式に係る株主に対し、払込みを受けた金額又は給付を受けた財産の給付の時における価額に相当する金銭を支払わなければならない。この場合において、当該株式会社が株券発行会社であるときは、当該株式会社は、当該株主に対し、当該金銭の支払をするのと引換えに、当該株式に係る旧株券【4】を返還することを請求することができる。

2　前項の金銭の金額が同項の判決が

【2】　第834条第1号から第12号の2まで、第18号及び第19号に掲げる訴えに限る。

【3】　当該行為によって会社が設立された場合にあっては当該設立を含み、当該行為に際して株式又は新株予約権が交付された場合にあっては当該株式又は新株予約権を含む。

【4】　前条の規定により効力を失った株式に係る株券をいう。以下この節において同じ。

確定した時における会社財産の状況に照らして著しく不相当であるときは、裁判所は、同項前段の株式会社又は株主の申立てにより、当該金額の増減を命ずることができる。

3　前項の申立ては、同項の判決が確定した日から6箇月以内にしなければならない。

4　第1項前段に規定する場合には、同項前段の株式を目的とする質権は、同項の金銭について存在する。

5　第1項前段に規定する場合には、前項の質権の登録株式質権者は、第1項前段の株式会社から同項の金銭を受領し、他の債権者に先立って自己の債権の弁済に充てることができる。

6　前項の債権の弁済期が到来していないときは、同項の登録株式質権者は、第1項前段の株式会社に同項の金銭に相当する金額を供託させることができる。この場合において、質権は、その供託金について存在する。

（自己株式の処分の無効判決の効力）

第841条　自己株式の処分の無効の訴えに係る請求を認容する判決が確定したときは、当該株式会社は、当該判決の確定時における当該自己株式に係る株主に対し、払込みを受けた金額又は給付を受けた財産の給付の時における価額に相当する金銭を支払わなければならない。この場合において、当該株式会社が株券発行会社であるときは、当該株式会社は、当該株主に対し、当該金銭の支払をするのと引換えに、当該自己株式に係る旧株券を返還することを請求することができる。

2　前条第2項から第6項までの規定は、前項の場合について準用する。この場合において、同条第4項中「株式」とあるのは、「自己株式」と読み替えるものとする。

（新株予約権発行の無効判決の効力）

第842条　新株予約権の発行の無効の訴えに係る請求を認容する判決が確定したときは、当該株式会社は、当該判決の確定時における当該新株予約権に係る新株予約権者に対し、払込みを受けた金額又は給付を受けた財産の給付の時における価額に相当する金銭を支払わなければならない。この場合において、当該新株予約権に係る新株予約権証券【1】を発行しているときは、当該株式会社は、当該新株予約権者に対し、当該金銭の支払をするのと引換えに、第839条の規定により効力を失った新株予約権に係る新株予約権証券を返還することを請求することができる。

2　第840条第2項から第6項までの規定は、前項の場合について準用する。この場合において、同条第2項中「株主」とあるのは「新株予約権者」と、同条第4項中「株式」とあるのは「新株予約権」と、同条第5項及び第6項中「登録株式質権者」とあるのは「登録新株予約権質権者」と読み替えるものとする。

（合併又は会社分割の無効判決の効力）

第843条　次の各号に掲げる行為の無効の訴えに係る請求を認容する判決が確定したときは、当該行為をした会社は、当該行為の効力が生じた日後に当該各号に定める会社が負担した債務について、連帯して弁済する責任を負う。

一　会社の吸収合併　吸収合併後存続する会社

二　会社の新設合併　新設合併によ

【1】　当該新株予約権が新株予約権付社債に付されたものである場合にあっては、当該新株予約権付社債に係る新株予約権付社債券。以下この項において同じ。

り設立する会社
三　会社の吸収分割　吸収分割をする会社がその事業に関して有する権利義務の全部又は一部を当該会社から承継する会社
四　会社の新設分割　新設分割により設立する会社

2　前項に規定する場合には、同項各号に掲げる行為の効力が生じた日後に当該各号に定める会社が取得した財産は、当該行為をした会社の共有に属する。ただし、同項第4号に掲げる行為を1の会社がした場合には、同号に定める会社が取得した財産は、当該行為をした1の会社に属する。

3　第1項及び前項本文に規定する場合には、各会社の第1項の債務の負担部分及び前項本文の財産の共有持分は、各会社の協議によって定める。

4　各会社の第1項の債務の負担部分又は第2項本文の財産の共有持分について、前項の協議が調わないときは、裁判所は、各会社の申立てにより、第1項各号に掲げる行為の効力が生じた時における各会社の財産の額その他一切の事情を考慮して、これを定める。

（株式交換又は株式移転の無効判決の効力）

第844条　株式会社の株式交換又は株式移転の無効の訴えに係る請求を認容する判決が確定した場合において、株式交換又は株式移転をする株式会社【1】の発行済株式の全部を取得する株式会社【2】が当該株式交換又は株式移転に際して当該旧完全親会社の株式【3】を交付したときは、当該旧完全親会社は、当該判決の確定時における当該旧完全親会社株式に係る株主に対し、当該株式交換又は株式移転の際に当該旧完全親会社株式の交付を受けた者が有していた旧完全子会社の株式【4】を交付しなければならない。この場合において、旧完全親会社が株券発行会社であるときは、当該旧完全親会社は、当該株主に対し、当該旧完全子会社株式を交付するのと引換えに、当該旧完全親会社株式に係る旧株券を返還することを請求することができる。

2　前項前段に規定する場合には、旧完全親会社株式を目的とする質権は、旧完全子会社株式について存在する。

3　前項の質権の質権者が登録株式質権者であるときは、旧完全親会社は、第1項の判決の確定後遅滞なく、旧完全子会社に対し、当該登録株式質権者についての第148条各号に掲げる事項を通知しなければならない。

4　前項の規定による通知を受けた旧完全子会社は、その株主名簿に同項の登録株式質権者の質権の目的である株式に係る株主名簿記載事項を記載し、又は記録した場合には、直ちに、当該株主名簿に当該登録株式質権者についての第148条各号に掲げる事項を記載し、又は記録しなければならない。

5　第3項に規定する場合において、同項の旧完全子会社が株券発行会社であるときは、旧完全親会社は、登録株式質権者に対し、第2項の旧完全子会社株式に係る株券を引き渡さなければならない。ただし、第1項前段の株主が旧完全子会社株式の交付を受けるために旧完全親会社株式に係る旧株券を提出しなければならない場合において、旧株券の提出が

【1】　以下この条において「旧完全子会社」という。
【2】　以下この条において「旧完全親会社」という。
【3】　以下この条において「旧完全親会社株式」という。
【4】　以下この条において「旧完全子会社株式」という。

あるまでの間は、この限りでない。

(株式交付の無効判決の効力)

第844条の2 株式会社の株式交付の無効の訴えに係る請求を認容する判決が確定した場合において、株式交付親会社が当該株式交付に際して当該株式交付親会社の株式【1】を交付したときは、当該株式交付親会社は、当該判決の確定時における当該旧株式交付親会社株式に係る株主に対し、当該株式交付の際に当該旧株式交付親会社株式の交付を受けた者から給付を受けた株式交付子会社の株式及び新株予約権等【2】を返還しなければならない。この場合において、株式交付親会社が株券発行会社であるときは、当該株式交付親会社は、当該株主に対し、当該旧株式交付子会社株式等を返還するのと引換えに、当該旧株式交付親会社株式に係る旧株券を返還することを請求することができる。

2 前項前段に規定する場合には、旧株式交付親会社株式を目的とする質権は、旧株式交付子会社株式等について存在する。

(持分会社の設立の無効又は取消しの判決の効力)

第845条 持分会社の設立の無効又は取消しの訴えに係る請求を認容する判決が確定した場合において、その無効又は取消しの原因が一部の社員のみにあるときは、他の社員の全員の同意によって、当該持分会社を継続することができる。この場合においては、当該原因がある社員は、退社したものとみなす。

【1】 以下この条において「旧株式交付親会社株式」という。

【2】 以下この条において「旧株式交付子会社株式等」という。

(原告が敗訴した場合の損害賠償責任)

第846条 会社の組織に関する訴えを提起した原告が敗訴した場合において、原告に悪意又は重大な過失があったときは、原告は、被告に対し、連帯して損害を賠償する責任を負う。

第1節の2 売渡株式等の取得の無効の訴え

(売渡株式等の取得の無効の訴え)

第846条の2 株式等売渡請求に係る売渡株式等の全部の取得の無効は、取得日【3】から6箇月以内【4】に、訴えをもってのみ主張することができる。

2 前項の訴え【5】は、次に掲げる者に限り、提起することができる。

一 取得日において売渡株主【6】であった者

二 取得日において対象会社の取締役【7】であった者又は対象会社の取締役若しくは清算人

(被告)

第846条の3 売渡株式等の取得の無効の訴えについては、特別支配株主を被告とする。

(訴えの管轄)

第846条の4 売渡株式等の取得の無効の訴えは、対象会社の本店の所在

【3】 第179条の2第1項第5号に規定する取得日をいう。以下この条において同じ。

【4】 対象会社が公開会社でない場合にあっては、当該取得日から1年以内

【5】 以下この節において「売渡株式等の取得の無効の訴え」という。

【6】 株式売渡請求に併せて新株予約権売渡請求がされた場合にあっては、売渡株主又は売渡新株予約権者。第846条の5第1項において同じ。

【7】 監査役設置会社にあっては取締役又は監査役、指名委員会等設置会社にあっては取締役又は執行役。以下この号において同じ。

地を管轄する地方裁判所の管轄に専属する。

（担保提供命令）

第846条の5 売渡株式等の取得の無効の訴えについては、裁判所は、被告の申立てにより、当該売渡株式等の取得の無効の訴えを提起した売渡株主に対し、相当の担保を立てるべきことを命ずることができる。ただし、当該売渡株主が対象会社の取締役、監査役、執行役又は清算人であるときは、この限りでない。

2　被告は、前項の申立てをするには、原告の訴えの提起が悪意によるものであることを疎明しなければならない。

（弁論等の必要的併合）

第846条の6 同一の請求を目的とする売渡株式等の取得の無効の訴えに係る訴訟が数個同時に係属するときは、その弁論及び裁判は、併合してしなければならない。

（認容判決の効力が及ぶ者の範囲）

第846条の7 売渡株式等の取得の無効の訴えに係る請求を認容する確定判決は、第三者に対してもその効力を有する。

（無効の判決の効力）

第846条の8 売渡株式等の取得の無効の訴えに係る請求を認容する判決が確定したときは、当該判決において無効とされた売渡株式等の全部の取得は、**将来に向かって**その効力を失う。

（原告が敗訴した場合の損害賠償責任）

第846条の9 売渡株式等の取得の無効の訴えを提起した原告が敗訴した場合において、原告に悪意又は重大な過失があったときは、原告は、被告に対し、連帯して損害を賠償する責任を負う。

第2節　株式会社における責任追及等の訴え

（株主による責任追及等の訴え）

第847条 6箇月【1】前から引き続き株式を有する**株主**【2】は、株式会社に対し、書面その他の法務省令で定める方法により、**発起人、設立時取締役、設立時監査役**、役員等【3】若しくは**清算人**【4】の責任を追及する訴え、第102条の2第1項、第212条第1項若しくは第285条第1項の規定による支払を求める訴え、第120条第3項の利益の返還を求める訴え又は第213条の2第1項若しくは第286条の2第1項の規定による支払若しくは給付を求める訴え【5】の提起を請求することができる。ただし、責任追及等の訴えが当該株主若しくは第三者の**不正な利益**を図り又は当該株式会社に**損害**を加えることを目的とする場合は、この限りでない。

2　**公開会社でない株式会社**における前項の規定の適用については、同項中「6箇月（これを下回る期間を定款で定めた場合にあっては、その期間）前から引き続き株式を有する株主」とあるのは、「株主」とする。

3　株式会社が第1項の規定による請求の日から**60日以内**に責任追及等の訴えを**提起しないとき**は、当該請求をした株主は、株式会社のために、

【1】　これを下回る期間を定款で定めた場合にあっては、その期間

【2】　第189条第2項の定款の定めによりその権利を行使することができない単元未満株主を除く。

【3】　第423条第1項に規定する役員等をいう。

【4】　以下この節において「発起人等」という。

【5】　以下この節において「責任追及等の訴え」という。

責任追及等の訴えを提起することができる。

4　株式会社は、第1項の規定による請求の日から60日以内に責任追及等の訴えを提起しない場合において、当該請求をした株主又は同項の発起人等から請求を受けたときは、当該請求をした者に対し、遅滞なく、責任追及等の訴えを提起しない理由を書面その他の法務省令で定める方法により通知しなければならない。

5　第1項及び第3項の規定にかかわらず、同項の**期間の経過**により株式会社に**回復することができない損害**が生ずるおそれがある場合には、第1項の株主は、株式会社のために、直ちに責任追及等の訴えを提起することができる。ただし、同項ただし書に規定する場合は、この限りでない。

（旧株主による責任追及等の訴え）

第847条の2　次の各号に掲げる行為の効力が生じた日の6箇月【1】前から当該日まで引き続き株式会社の株主であった者【2】は、当該株式会社の株主でなくなった場合であっても、当該各号に定めるときは、当該株式会社【3】に対し、書面その他の法務省令で定める方法により、責任追及等の訴え【4】の提起を請求することができる。ただし、責任追及等の訴えが当該旧株主若しくは第三者の不正な利益を図り又は当該株式交換等完全子会社若しくは次の各号の完全親会社【5】に損害を加えることを目的とする場合は、この限りでない。

一　当該株式会社の株式交換又は株式移転　当該株式交換又は株式移転により当該株式会社の完全親会社の株式を取得し、引き続き当該株式を有するとき。

二　当該株式会社が吸収合併により消滅する会社となる吸収合併　当該吸収合併により、吸収合併後存続する株式会社の完全親会社の株式を取得し、引き続き当該株式を有するとき。

2　公開会社でない株式会社における前項の規定の適用については、同項中「次の各号に掲げる行為の効力が生じた日の6箇月（これを下回る期間を定款で定めた場合にあっては、その期間）前から当該日まで引き続き」とあるのは、「次の各号に掲げる行為の効力が生じた日において」とする。

3　旧株主は、第1項各号の完全親会社の株主でなくなった場合であっても、次に掲げるときは、株式交換等完全子会社に対し、書面その他の法務省令で定める方法により、責任追及等の訴えの提起を請求することができる。ただし、責任追及等の訴えが当該旧株主若しくは第三者の不正な利益を図り又は当該株式交換等完全子会社若しくは次の各号の株式を発行している株式会社に損害を加えることを目的とする場合は、この限りでない。

【1】　これを下回る期間を定款で定めた場合にあっては、その期間

【2】　第189条第2項の定款の定めによりその権利を行使することができない単元未満株主であった者を除く。以下この条において「**旧株主**」という。

【3】　第2号に定める場合にあっては、同号の吸収合併後存続する株式会社。以下この節において「**株式交換等完全子会社**」という。

【4】　次の各号に掲げる行為の効力が生じた時までにその原因となった事実が生じた責任又は義務に係るものに限る。以下この条において同じ。

【5】　特定の株式会社の発行済株式の全部を有する株式会社その他これと同等のものとして法務省令で定める株式会社をいう。以下この節において同じ。

一　当該完全親会社の株式交換又は株式移転により当該完全親会社の完全親会社の株式を取得し、引き続き当該株式を有するとき。

二　当該完全親会社が合併により消滅する会社となる合併により、合併により設立する株式会社又は合併後存続する株式会社若しくはその完全親会社の株式を取得し、引き続き当該株式を有するとき。

4　前項の規定は、同項第1号【1】に掲げる場合において、旧株主が同号の株式の株主でなくなったときについて準用する。

5　第3項の規定は、同項第2号【2】に掲げる場合において、旧株主が同号の株式の株主でなくなったときについて準用する。この場合において、第3項【3】中「当該完全親会社」とあるのは、「合併により設立する株式会社又は合併後存続する株式会社若しくはその完全親会社」と読み替えるものとする。

6　株式交換等完全子会社が第1項又は第3項【4】の規定による請求【5】の日から60日以内に責任追及等の訴えを提起しないときは、当該提訴請求をした旧株主は、株式交換等完全子会社のために、責任追及等の訴えを提起することができる。

7　株式交換等完全子会社は、提訴請求の日から60日以内に責任追及等の訴えを提起しない場合において、当該提訴請求をした旧株主又は当該提訴請求に係る責任追及等の訴えの被告となることとなる発起人等から請求を受けたときは、当該請求をした者に対し、遅滞なく、責任追及等の訴えを提起しない理由を書面その他の法務省令で定める方法により通知しなければならない。

8　第1項、第3項及び第6項の規定にかかわらず、同項の期間の経過により株式交換等完全子会社に回復することができない損害が生ずるおそれがある場合には、提訴請求をすることができる旧株主は、株式交換等完全子会社のために、直ちに責任追及等の訴えを提起することができる。

9　株式交換等完全子会社に係る適格旧株主【6】がある場合において、第1項各号に掲げる行為の効力が生じた時までにその原因となった事実が生じた責任又は義務を免除するときにおける第55条、第102条の2第2項、第103条第3項、第120条第5項、第213条の2第2項、第286条の2第2項、第424条【7】、第462条第3項ただし書、第464条第2項及び第465条第2項の規定の適用については、これらの規定中「総株主」とあるのは、「総株主及び第847条の2第9項に規定する適格旧株主の全員」とする。

（最終完全親会社等の株主による特定責任追及の訴え）

第847条の3　6箇月【8】前から引き続

【1】　この項又は次項において準用する場合を含む。以下この項において同じ。
【2】　前項又はこの項において準用する場合を含む。以下この項において同じ。
【3】　前項又はこの項において準用する場合を含む。
【4】　前2項において準用する場合を含む。以下この条において同じ。
【5】　以下この条において「**提訴請求**」という。
【6】　第1項本文又は第3項本文の規定によれば提訴請求をすることができることとなる旧株主をいう。以下この節において同じ。
【7】　第486条第4項において準用する場合を含む。
【8】　これを下回る期間を定款で定めた場合にあっては、その期間

き株式会社の最終完全親会社等【1】の総株主【2】の議決権の100分の1【3】以上の議決権を有する株主又は当該最終完全親会社等の発行済株式【4】の100分の1【5】以上の数の株式を有する株主は、当該株式会社に対し、書面その他の法務省令で定める方法により、特定責任に係る責任追及等の訴え【6】の提起を請求することができる。ただし、次のいずれかに該当する場合は、この限りでない。

一　特定責任追及の訴えが当該株主若しくは第三者の不正な利益を図り又は当該株式会社若しくは当該最終完全親会社等に損害を加えることを目的とする場合

二　当該特定責任の原因となった事実によって当該最終完全親会社等に損害が生じていない場合

2　前項に規定する「完全親会社等」とは、次に掲げる株式会社をいう。

一　完全親会社

二　株式会社の発行済株式の全部を他の株式会社及びその完全子会社等【7】又は他の株式会社の完全子会社等が有する場合における当該他の株式会社【8】

【1】当該株式会社の完全親会社等であって、その完全親会社等がないものをいう。以下この節において同じ。

【2】株主総会において決議をすることができる事項の全部につき議決権を行使することができない株主を除く。

【3】これを下回る割合を定款で定めた場合にあっては、その割合

【4】自己株式を除く。

【5】これを下回る割合を定款で定めた場合にあっては、その割合

【6】以下この節において「**特定責任追及の訴え**」という。

【7】株式会社がその株式又は持分の全部を有する法人をいう。以下この条及び第849条第3項において同じ。

【8】完全親会社を除く。

3　前項第2号の場合において、同号の他の株式会社及びその完全子会社等又は同号の他の株式会社の完全子会社等が他の法人の株式又は持分の全部を有する場合における当該他の法人は、当該他の株式会社の完全子会社等とみなす。

4　第1項に規定する「特定責任」とは、当該株式会社の発起人等の責任の原因となった事実が生じた日において最終完全親会社等及びその完全子会社等【9】における当該株式会社の株式の帳簿価額が当該最終完全親会社等の総資産額として法務省令で定める方法により算定される額の5分の1【10】を超える場合における当該発起人等の責任をいう【11】。

5　最終完全親会社等が、発起人等の責任の原因となった事実が生じた日において最終完全親会社等であった株式会社をその完全子会社等としたものである場合には、前項の規定の適用については、当該最終完全親会社等であった株式会社を同項の最終完全親会社等とみなす。

6　公開会社でない最終完全親会社等における第1項の規定の適用については、同項中「6箇月（これを下回る期間を定款で定めた場合にあっては、その期間）前から引き続き株式会社」とあるのは、「株式会社」とする。

7　株式会社が第1項の規定による請求の日から60日以内に特定責任追及の訴えを提起しないときは、当該請求をした最終完全親会社等の株主は、株式会社のために、特定責任追

【9】前項の規定により当該完全子会社等とみなされるものを含む。次項及び第849条第3項において同じ。

【10】これを下回る割合を定款で定めた場合にあっては、その割合

【11】第10項及び同条第7項において同じ。

及の訴えを提起することができる。

8　株式会社は、第1項の規定による請求の日から60日以内に特定責任追及の訴えを提起しない場合において、当該請求をした最終完全親会社等の株主又は当該請求に係る特定責任追及の訴えの被告となることとなる発起人等から請求を受けたときは、当該請求をした者に対し、遅滞なく、特定責任追及の訴えを提起しない理由を書面その他の法務省令で定める方法により通知しなければならない。

9　第1項及び第7項の規定にかかわらず、同項の期間の経過により株式会社に回復することができない損害が生ずるおそれがある場合には、第1項に規定する株主は、株式会社のために、直ちに特定責任追及の訴えを提起することができる。ただし、同項ただし書に規定する場合は、この限りでない。

10　株式会社に最終完全親会社等がある場合において、特定責任を免除するときにおける第55条、第103条第3項、第120条第5項、第424条【1】、第462条第3項ただし書、第464条第2項及び第465条第2項の規定の適用については、これらの規定中「総株主」とあるのは、「総株主及び株式会社の第847条の3第1項に規定する最終完全親会社等の総株主」とする。

（責任追及等の訴えに係る訴訟費用等）

第847条の4　第847条第3項若しくは第5項、第847条の2第6項若しくは第8項又は前条第7項若しくは第9項の責任追及等の訴えは、訴訟の目的の価額の算定については、財産権上の請求でない請求に係る訴えとみなす。

2　株主等【2】が責任追及等の訴えを提起したときは、裁判所は、被告の申立てにより、当該株主等に対し、相当の担保を立てるべきことを命ずることができる。

3　被告が前項の申立てをするには、責任追及等の訴えの提起が悪意によるものであることを疎明しなければならない。

（訴えの管轄）

第848条　責任追及等の訴えは、株式会社又は株式交換等完全子会社【3】の本店の所在地を管轄する地方裁判所の管轄に専属する。

（訴訟参加）

第849条　株主等又は株式会社等は、共同訴訟人として、又は当事者の一方を補助するため、責任追及等の訴え【4】に係る訴訟に参加することができる。ただし、不当に訴訟手続を遅延させることとなるとき、又は裁判所に対し過大な事務負担を及ぼすこととなるときは、この限りでない。

2　次の各号に掲げる者は、株式会社等の株主でない場合であっても、当事者の一方を補助するため、当該各号に定める者が提起した責任追及等の訴えに係る訴訟に参加することができる。ただし、前項ただし書に規定するときは、この限りでない。

一　株式交換等完全親会社【5】　適

【1】　第486条第4項において準用する場合を含む。

【2】　株主、適格旧株主又は最終完全親会社等の株主をいう。以下この節において同じ。

【3】　以下この節において「**株式会社等**」という。

【4】　適格旧株主にあっては第847条の2第1項各号に掲げる行為の効力が生じた時までにその原因となった事実が生じた責任又は義務に係るものに限り、最終完全親会社等の株主にあっては特定責任追及の訴えに限る。

【5】　第847条の2第1項各号に定める場合又は同条第3項第1号（同条第4項及び

格旧株主
二　最終完全親会社等　当該最終完全親会社等の株主
3　株式会社等、株式交換等完全親会社又は最終完全親会社等が、当該株式会社等、当該株式交換等完全親会社の株式交換等完全子会社又は当該最終完全親会社等の完全子会社等である株式会社の取締役【1】、執行役及び清算人並びにこれらの者であった者を補助するため、責任追及等の訴えに係る訴訟に参加するには、次の各号に掲げる株式会社の区分に応じ、当該各号に定める者の同意を得なければならない。
一　監査役設置会社　監査役【2】
二　監査等委員会設置会社　各監査等委員
三　指名委員会等設置会社　各監査委員
4　株主等は、責任追及等の訴えを提起したときは、遅滞なく、当該株式会社等に対し、訴訟告知をしなければならない。
5　株式会社等は、責任追及等の訴えを提起したとき、又は前項の訴訟告知を受けたときは、遅滞なく、その旨を公告し、又は株主に通知しなければならない。
6　株式会社等に株式交換等完全親会社がある場合であって、前項の責任追及等の訴え又は訴訟告知が第847条の2第1項各号に掲げる行為の効力が生じた時までにその原因となった事実が生じた責任又は義務に係るものであるときは、当該株式会社等は、前項の規定による公告又は通知のほか、当該株式交換等完全親会社に対し、遅滞なく、当該責任追及等の訴えを提起し、又は当該訴訟告知を受けた旨を通知しなければならない。
7　株式会社等に最終完全親会社等がある場合であって、第5項の責任追及等の訴え又は訴訟告知が特定責任に係るものであるときは、当該株式会社等は、同項の規定による公告又は通知のほか、当該最終完全親会社等に対し、遅滞なく、当該責任追及等の訴えを提起し、又は当該訴訟告知を受けた旨を通知しなければならない。
8　第6項の株式交換等完全親会社が株式交換等完全子会社の発行済株式の全部を有する場合における同項の規定及び前項の最終完全親会社等が株式会社の発行済株式の全部を有する場合における同項の規定の適用については、これらの規定中「のほか」とあるのは、「に代えて」とする。
9　公開会社でない株式会社等における第5項から第7項までの規定の適用については、第5項中「公告し、又は株主に通知し」とあるのは「株主に通知し」と、第6項及び第7項中「公告又は通知」とあるのは「通知」とする。
10　次の各号に掲げる場合には、当該各号に規定する株式会社は、遅滞な

第5項において準用する場合を含む。以下この号において同じ。）若しくは第2号（同条第4項及び第5項において準用する場合を含む。以下この号において同じ。）に掲げる場合における株式交換等完全子会社の完全親会社（同条第1項各号に掲げる行為又は同条第3項第1号の株式交換若しくは株式移転若しくは同項第2号の合併の効力が生じた時においてその完全親会社があるものを除く。）であって、当該完全親会社の株式交換若しくは株式移転又は当該完全親会社が合併により消滅する会社となる合併によりその完全親会社となった株式会社がないものをいう。以下この条において同じ。
【1】　監査等委員及び監査委員を除く。
【2】　監査役が2人以上ある場合にあっては、各監査役

く、その旨を公告し、又は当該各号に定める者に通知しなければならない。
一　株式交換等完全親会社が第6項の規定による通知を受けた場合　適格旧株主
二　最終完全親会社等が第7項の規定による通知を受けた場合　当該最終完全親会社等の株主
11　前項各号に規定する株式会社が公開会社でない場合における同項の規定の適用については、同項中「公告し、又は当該各号に定める者に通知し」とあるのは、「当該各号に定める者に通知し」とする。

（和解）
第849条の2　株式会社等が、当該株式会社等の取締役【1】、執行役及び清算人並びにこれらの者であった者の責任を追及する訴えに係る訴訟における和解をするには、次の各号に掲げる株式会社の区分に応じ、当該各号に定める者の同意を得なければならない。
一　監査役設置会社　監査役【2】
二　監査等委員会設置会社　各監査等委員
三　指名委員会等設置会社　各監査委員
第850条　民事訴訟法第267条の規定は、株式会社等が責任追及等の訴えに係る訴訟における和解の当事者でない場合には、当該訴訟における訴訟の目的については、適用しない。ただし、当該株式会社等の承認がある場合は、この限りでない。
2　前項に規定する場合において、裁判所は、株式会社等に対し、和解の内容を通知し、かつ、当該和解に異議があるときは2週間以内に異議を述べるべき旨を催告しなければならない。
3　株式会社等が前項の期間内に書面により異議を述べなかったときは、同項の規定による通知の内容で株主等が和解をすることを承認したものとみなす。
4　第55条、第102条の2第2項、第103条第3項、第120条第5項、第213条の2第2項、第286条の2第2項、第424条【3】、第462条第3項【4】、第464条第2項及び第465条第2項の規定は、責任追及等の訴えに係る訴訟における和解をする場合には、適用しない。

（株主でなくなった者の訴訟追行）
第851条　責任追及等の訴えを提起した株主又は第849条第1項の規定により共同訴訟人として当該責任追及等の訴えに係る訴訟に参加した株主が当該訴訟の係属中に株主でなくなった場合であっても、次に掲げるときは、その者が、訴訟を追行することができる。
一　その者が当該株式会社の株式交換又は株式移転により当該株式会社の完全親会社の株式を取得したとき。
二　その者が当該株式会社が合併により消滅する会社となる合併により、合併により設立する株式会社又は合併後存続する株式会社若しくはその完全親会社の株式を取得したとき。
2　前項の規定は、同項第1号【5】に

【1】　監査等委員及び監査委員を除く。
【2】　監査役が2人以上ある場合にあっては、各監査役
【3】　第486条第4項において準用する場合を含む。
【4】　同項ただし書に規定する分配可能額を超えない部分について負う義務に係る部分に限る。
【5】　この項又は次項において準用する場合を含む。

掲げる場合において、前項の株主が同項の訴訟の係属中に当該株式会社の完全親会社の株式の株主でなくなったときについて準用する。この場合において、同項【1】中「当該株式会社」とあるのは、「当該完全親会社」と読み替えるものとする。

3　第1項の規定は、同項第2号【2】に掲げる場合において、第1項の株主が同項の訴訟の係属中に合併により設立する株式会社又は合併後存続する株式会社若しくはその完全親会社の株式の株主でなくなったときについて準用する。この場合において、同項【3】中「当該株式会社」とあるのは、「合併により設立する株式会社又は合併後存続する株式会社若しくはその完全親会社」と読み替えるものとする。

（費用等の請求）

第852条　責任追及等の訴えを提起した株主等が勝訴【4】した場合において、当該責任追及等の訴えに係る訴訟に関し、必要な費用【5】を支出したとき又は弁護士、弁護士法人若しくは弁護士・外国法事務弁護士共同法人に報酬を支払うべきときは、当該株式会社等に対し、その費用の額の範囲内又はその報酬額の範囲内で相当と認められる額の支払を請求することができる。

2　責任追及等の訴えを提起した株主等が敗訴した場合であっても、悪意があったときを除き、当該株主等は、当該株式会社等に対し、これによって生じた損害を賠償する義務を負わない。

3　前2項の規定は、第849条第1項の規定により同項の訴訟に参加した株主等について準用する。

（再審の訴え）

第853条　責任追及等の訴えが提起された場合において、原告及び被告が共謀して責任追及等の訴えに係る訴訟の目的である株式会社等の権利を害する目的をもって判決をさせたときは、次の各号に掲げる者は、当該各号に定める訴えに係る確定した終局判決に対し、再審の訴えをもって、不服を申し立てることができる。

一　株主又は株式会社等　責任追及等の訴え

二　適格旧株主　責任追及等の訴え【6】

三　最終完全親会社等の株主　特定責任追及の訴え

2　前条の規定は、前項の再審の訴えについて準用する。

第3節　株式会社の役員の解任の訴え

（株式会社の役員の解任の訴え）

第854条　役員【7】の職務の執行に関し不正の行為又は法令若しくは定款に違反する重大な事実があったにもかかわらず、当該役員を解任する旨の議案が株主総会において否決されたとき又は当該役員を解任する旨の株主総会の決議が第323条の規定によりその効力を生じないときは、次に掲げる株主は、当該株主総会の日から30日以内に、訴えをもって当

【1】　この項又は次項において準用する場合を含む。
【2】　前項又はこの項において準用する場合を含む。
【3】　前項又はこの項において準用する場合を含む。
【4】　一部勝訴を含む。
【5】　訴訟費用を除く。
【6】　第847条の2第1項各号に掲げる行為の効力が生じた時までにその原因となった事実が生じた責任又は義務に係るものに限る。
【7】　第329条第1項に規定する役員をいう。以下この節において同じ。

該役員の解任を請求することができる。

一　総株主（次に掲げる株主を除く。）の議決権の100分の3【1】以上の議決権を6箇月【2】前から引き続き有する**株主**（次に掲げる株主を除く。）

イ　当該役員を解任する旨の議案について議決権を行使することができない株主

ロ　当該請求に係る役員である株主

二　発行済株式（次に掲げる株主の有する株式を除く。）の100分の3【3】以上の数の株式を6箇月【4】前から引き続き有する**株主**（次に掲げる株主を除く。）

イ　当該株式会社である株主

ロ　当該請求に係る役員である株主

2　**公開会社でない株式会社**における前項各号の規定の適用については、これらの規定中「6箇月（これを下回る期間を定款で定めた場合にあっては、その期間）前から引き続き有する」とあるのは、「有する」とする。

3　第108条第1項第9号に掲げる事項【5】についての定めがある種類の株式を発行している場合における第1項の規定の適用については、同項中「株主総会」とあるのは、「株主総会（第347条第1項の規定により読み替えて適用する第339条第1項の種類株主総会を含む。）」とする。

4　第108条第1項第9号に掲げる事項【6】についての定めがある種類の株式を発行している場合における第1項の規定の適用については、同項中「株主総会」とあるのは、「株主総会（第347条第2項の規定により読み替えて適用する第339条第1項の種類株主総会を含む。）」とする。

（被告）

第855条　前条第1項の訴え【7】については、当該株式会社及び前条第1項の役員を被告とする。

（訴えの管轄）

第856条　株式会社の役員の解任の訴えは、当該株式会社の本店の所在地を管轄する地方裁判所の管轄に専属する。

第4節　特別清算に関する訴え

（役員等の責任の免除の取消しの訴えの管轄）

第857条　第544条第2項の訴えは、特別清算裁判所【8】の管轄に専属する。

（役員等責任査定決定に対する異議の訴え）

第858条　役員等責任査定決定【9】に不服がある者は、第899条第4項の規定による送達を受けた日から1箇月の不変期間内に、異議の訴えを提起することができる。

2　前項の訴えは、これを提起する者が、対象役員等【10】であるときは清算株式会社を、清算株式会社である

【1】　これを下回る割合を定款で定めた場合にあっては、その割合
【2】　これを下回る期間を定款で定めた場合にあっては、その期間
【3】　これを下回る割合を定款で定めた場合にあっては、その割合
【4】　これを下回る期間を定款で定めた場合にあっては、その期間
【5】　取締役（監査等委員会設置会社にあっては、監査等委員である取締役又はそれ以外の取締役）に関するものに限る。
【6】　監査役に関するものに限る。
【7】　次条及び第937条第1項第1号ヌにおいて「**株式会社の役員の解任の訴え**」という。
【8】　第880条第1項に規定する特別清算裁判所をいう。次条第3項において同じ。
【9】　第545条第1項に規定する役員等責任査定決定をいう。以下この条において同じ。
【10】　第542条第1項に規定する対象役員等をいう。以下この項において同じ。

ときは対象役員等を、それぞれ被告としなければならない。

3　第1項の訴えは、特別清算裁判所の管轄に専属する。

4　第1項の訴えについての判決においては、訴えを不適法として却下する場合を除き、役員等責任査定決定を認可し、変更し、又は取り消す。

5　役員等責任査定決定を認可し、又は変更した判決は、強制執行に関しては、給付を命ずる判決と同一の効力を有する。

6　役員等責任査定決定を認可し、又は変更した判決については、受訴裁判所は、民事訴訟法第259条第1項の定めるところにより、仮執行の宣言をすることができる。

第5節　持分会社の社員の除名の訴え等

（持分会社の社員の除名の訴え）

第859条　持分会社の社員【1】について次に掲げる事由があるときは、当該持分会社は、対象社員以外の社員の過半数の決議に基づき、訴えをもって対象社員の除名を請求することができる。

一　出資の義務を履行しないこと。

二　第594条第1項【2】の規定に違反したこと。

三　業務を執行するに当たって不正の行為をし、又は業務を執行する権利がないのに業務の執行に関与したこと。

四　持分会社を代表するに当たって不正の行為をし、又は代表権がないのに持分会社を代表して行為をしたこと。

五　前各号に掲げるもののほか、重要な義務を尽くさないこと。

（持分会社の業務を執行する社員の業務執行権又は代表権の消滅の訴え）

第860条　持分会社の業務を執行する社員【3】について次に掲げる事由があるときは、当該持分会社は、対象業務執行社員以外の社員の過半数の決議に基づき、訴えをもって対象業務執行社員の業務を執行する権利又は代表権の消滅を請求することができる。

一　前条各号に掲げる事由があるとき。

二　持分会社の業務を執行し、又は持分会社を代表することに著しく不適任なとき。

（被告）

第861条　次の各号に掲げる訴えについては、当該各号に定める者を被告とする。

一　第859条の訴え【4】　対象社員

二　前条の訴え【5】　対象業務執行社員

（訴えの管轄）

第862条　持分会社の社員の除名の訴え及び持分会社の業務を執行する社員の業務執行権又は代表権の消滅の訴えは、当該持分会社の本店の所在地を管轄する地方裁判所の管轄に専属する。

【1】　以下この条及び第861条第1号において「**対象社員**」という。

【2】　第598条第2項において準用する場合を含む。

【3】　以下この条及び次条第2号において「**対象業務執行社員**」という。

【4】　次条及び第937条第1項第1号ルにおいて「**持分会社の社員の除名の訴え**」という。

【5】　次条及び第937条第1項第1号ヲにおいて「**持分会社の業務を執行する社員の業務執行権又は代表権の消滅の訴え**」という。

第6節　清算持分会社の財産処分の取消しの訴え

（清算持分会社の財産処分の取消しの訴え）

第863条　清算持分会社【1】が次の各号に掲げる行為をしたときは、当該各号に定める者は、訴えをもって当該行為の取消しを請求することができる。ただし、当該行為がその者を害しないものであるときは、この限りでない。

一　第670条の規定に違反して行った清算持分会社の財産の処分　清算持分会社の債権者

二　第671条第1項の規定に違反して行った清算持分会社の財産の処分　清算持分会社の社員の持分を差し押さえた債権者

2　民法第424条第1項ただし書、第424条の5、第424条の7第2項及び第425条から第426条までの規定は、前項の場合について準用する。この場合において、同法第424条第1項ただし書中「その行為によって」とあるのは「会社法（平成17年法律第86号）第863条第1項各号に掲げる行為によって」と、同法第424条の5第1号中「債務者」とあるのは「清算持分会社（会社法第645条に規定する清算持分会社をいい、合名会社及び合資会社に限る。以下同じ。）」と、同条第2号並びに同法第424条の7第2項及び第425条から第426条までの規定中「債務者」とあるのは「清算持分会社」と読み替えるものとする。

（被告）

第864条　前条第1項の訴えについては、同項各号に掲げる行為の相手方又は転得者を被告とする。

【1】　合名会社及び合資会社に限る。以下この項において同じ。

第7節　社債発行会社の弁済等の取消しの訴え

（社債発行会社の弁済等の取消しの訴え）

第865条　社債を発行した会社が社債権者に対してした弁済、社債権者との間でした和解その他の社債権者に対してし、又は社債権者との間でした行為が著しく不公正であるときは、社債管理者は、訴えをもって当該行為の取消しを請求することができる。

2　前項の訴えは、社債管理者が同項の行為の取消しの原因となる事実を知った時から6箇月を経過したときは、提起することができない。同項の行為の時から1年を経過したときも、同様とする。

3　第1項に規定する場合において、社債権者集会の決議があるときは、代表社債権者又は決議執行者【2】も、訴えをもって第1項の行為の取消しを請求することができる。ただし、同項の行為の時から1年を経過したときは、この限りでない。

4　民法第424条第1項ただし書、第424条の5、第424条の7第2項及び第425条から第425条の4までの規定は、第1項及び前項本文の場合について準用する。この場合において、同法第424条第1項ただし書中「その行為によって」とあるのは「会社法第865条第1項に規定する行為によって」と、「債権者を害すること」とあるのは「その行為が著しく不公正であること」と、同法第424条の5各号中「債権者を害すること」とあるのは「著しく不公正であること」と、同法第425条中「債権者」とあるのは「社債権者」と読み替えるものとする。

【2】　第737条第2項に規定する決議執行者をいう。

(被告)

第866条　前条第1項又は第3項の訴えについては、同条第1項の行為の相手方又は転得者を被告とする。

(訴えの管轄)

第867条　第865条第1項又は第3項の訴えは、社債を発行した会社の本店の所在地を管轄する地方裁判所の管轄に専属する。

第3章　非訟

第1節　総則

(非訟事件の管轄)

第868条　この法律の規定による非訟事件【1】は、会社の本店の所在地を管轄する地方裁判所の管轄に属する。

2　親会社社員【2】によるこの法律の規定により株式会社が作成し、又は備え置いた書面又は電磁的記録についての次に掲げる閲覧等【3】の許可の申立てに係る事件は、当該株式会社の本店の所在地を管轄する地方裁判所の管轄に属する。

一　当該書面の閲覧若しくは謄写又はその謄本若しくは抄本の交付

二　当該電磁的記録に記録された事項を表示したものの閲覧若しくは謄写又は電磁的方法による当該事項の提供若しくは当該事項を記載した書面の交付

3　第179条の8第1項の規定による売渡株式等の売買価格の決定の申立てに係る事件は、対象会社の本店の所在地を管轄する地方裁判所の管轄に属する。

4　第705条第4項及び第706条第4項の規定、第707条、第711条第3項、第713条並びに第714条第1項及び第3項【4】の規定並びに第718条第3項、第732条、第740条第1項及び第741条第1項の規定による裁判の申立てに係る事件は、社債を発行した会社の本店の所在地を管轄する地方裁判所の管轄に属する。

5　第822条第1項の規定による外国会社の清算に係る事件並びに第827条第1項の規定による裁判及び同条第2項において準用する第825条第1項の規定による保全処分に係る事件は、当該外国会社の日本における営業所の所在地【5】を管轄する地方裁判所の管轄に属する。

6　第843条第4項の申立てに係る事件は、同条第1項各号に掲げる行為の無効の訴えの第1審の受訴裁判所の管轄に属する。

(疎明)

第869条　この法律の規定による許可の申立てをする場合には、その原因となる事実を疎明しなければならない。

(陳述の聴取)

第870条　裁判所は、この法律の規定【6】による非訟事件についての裁判のうち、次の各号に掲げる裁判をする場合には、当該各号に定める者の陳述を聴かなければならない。ただし、不適法又は理由がないことが明らかであるとして申立てを却下する裁判をするときは、この限りでない。

【1】　次項から第6項までに規定する事件を除く。

【2】　会社である親会社の株主又は社員に限る。

【3】　閲覧、謄写、謄本若しくは抄本の交付、事項の提供又は事項を記載した書面の交付をいう。第870条第2項第1号において同じ。

【4】　これらの規定を第714条の7において準用する場合を含む。

【5】　日本に営業所を設けていない場合にあっては、日本における代表者の住所地

【6】　第2編第9章第2節を除く。

一　第346条第2項、第351条第2項若しくは第401条第3項【1】の規定により選任された一時取締役【2】、会計参与、監査役、代表取締役、委員【3】、執行役若しくは代表執行役の職務を行うべき者、清算人、第479条第4項において準用する第346条第2項若しくは第483条第6項において準用する第351条第2項の規定により選任された一時清算人若しくは代表清算人の職務を行うべき者、検査役又は第825条第2項【4】の管理人の報酬の額の決定　当該会社【5】及び報酬を受ける者

二　清算人、社債管理者又は社債管理補助者の解任についての裁判　当該清算人、社債管理者又は社債管理補助者

三　第33条第7項の規定による裁判　設立時取締役、第28条第1号の金銭以外の財産を出資する者及び同条第2号の譲渡人

四　第207条第7項又は第284条第7項の規定による裁判　当該株式会社及び第199条第1項第3号又は第236条第1項第3号の規定により金銭以外の財産を出資する者

五　第455条第2項第2号又は第505条第3項第2号の規定による裁判　当該株主

六　第456条又は第506条の規定による裁判　当該株主

七　第732条の規定による裁判　利害関係人

八　第740条第1項の規定による申立てを認容する裁判　社債を発行した会社

九　第741条第1項の許可の申立てについての裁判　社債を発行した会社

十　第824条第1項の規定による裁判　当該会社

十一　第827条第1項の規定による裁判　当該外国会社

2　裁判所は、次の各号に掲げる裁判をする場合には、審問の期日を開いて、申立人及び当該各号に定める者の陳述を聴かなければならない。ただし、不適法又は理由がないことが明らかであるとして申立てを却下する裁判をするときは、この限りでない。

一　この法律の規定により株式会社が作成し、又は備え置いた書面又は電磁的記録についての閲覧等の許可の申立てについての裁判　当該株式会社

二　第117条第2項、第119条第2項、第182条の5第2項、第193条第2項【6】、第470条第2項、第778条第2項、第786条第2項、第788条第2項、第798条第2項、第807条第2項、第809条第2項又は第816条の7第2項の規定による株式又は新株予約権【7】の価格の決定　価格の決定の申立てを

【1】　第403条第3項及び第420条第3項において準用する場合を含む。

【2】　監査等委員会設置会社にあっては、監査等委員である取締役又はそれ以外の取締役

【3】　指名委員会、監査委員会又は報酬委員会の委員をいう。第874条第1号において同じ。

【4】　第827条第2項において準用する場合を含む。

【5】　第827条第2項において準用する第825条第2項の管理人の報酬の額の決定にあっては、当該外国会社

【6】　第194条第4項において準用する場合を含む。

【7】　当該新株予約権が新株予約権付社債に付されたものである場合において、当該新株予約権付社債についての社債の買取りの請求があったときは、当該社債を含む。

することができる者【1】

三　第144条第2項【2】又は第177条第2項の規定による株式の売買価格の決定　売買価格の決定の申立てをすることができる者【3】

四　第172条第1項の規定による株式の価格の決定　当該株式会社

五　第179条の8第1項の規定による売渡株式等の売買価格の決定　特別支配株主

六　第843条第4項の申立てについての裁判　同項に規定する行為をした会社

（申立書の写しの送付等）

第870条の2　裁判所は、前条第2項各号に掲げる裁判の申立てがあったときは、当該各号に定める者に対し、申立書の写しを送付しなければならない。

2　前項の規定により申立書の写しを送付することができない場合には、裁判長は、相当の期間を定め、その期間内に不備を補正すべきことを命じなければならない。申立書の写しの送付に必要な費用を予納しない場合も、同様とする。

3　前項の場合において、申立人が不備を補正しないときは、裁判長は、命令で、申立書を却下しなければならない。

4　前項の命令に対しては、即時抗告をすることができる。

5　裁判所は、第1項の申立てがあった場合において、当該申立てについての裁判をするときは、相当の猶予期間を置いて、審理を終結する日を定め、申立人及び前条第2項各号に定める者に告知しなければならない。ただし、これらの者が立ち会うことができる期日においては、直ちに審理を終結する旨を宣言することができる。

6　裁判所は、前項の規定により審理を終結したときは、裁判をする日を定め、これを同項の者に告知しなければならない。

7　裁判所は、第1項の申立てが不適法であるとき、又は申立てに理由がないことが明らかなときは、同項及び前2項の規定にかかわらず、直ちに申立てを却下することができる。

8　前項の規定は、前条第2項各号に掲げる裁判の申立てがあった裁判所が民事訴訟費用等に関する法律（昭和46年法律第40号）の規定に従い当該各号に定める者に対する期日の呼出しに必要な費用の予納を相当の期間を定めて申立人に命じた場合において、その予納がないときについて準用する。

（理由の付記）

第871条　この法律の規定による非訟事件についての裁判には、理由を付さなければならない。ただし、次に掲げる裁判については、この限りでない。

一　第870条第1項第1号に掲げる裁判

二　第874条各号に掲げる裁判

（即時抗告）

第872条　次の各号に掲げる裁判に対しては、当該各号に定める者に限り、即時抗告をすることができる。

一　第609条第3項又は第825条第1項【4】の規定による保全処分についての裁判　利害関係人

二　第840条第2項【5】の規定によ

【1】　申立人を除く。
【2】　同条第7項において準用する場合を含む。
【3】　申立人を除く。
【4】　第827条第2項において準用する場合を含む。
【5】　第841条第2項において準用する場

る申立てについての裁判　申立人、株主及び株式会社

三　第842条第2項において準用する第840条第2項の規定による申立てについての裁判　申立人、新株予約権者及び株式会社

四　第870条第1項各号に掲げる裁判　申立人及び当該各号に定める者【1】

五　第870条第2項各号に掲げる裁判　申立人及び当該各号に定める者

（抗告状の写しの送付等）

第872条の2　裁判所は、第870条第2項各号に掲げる裁判に対する即時抗告があったときは、申立人及び当該各号に定める者【2】に対し、抗告状の写しを送付しなければならない。この場合においては、第870条の2第2項及び第3項の規定を準用する。

2　第870条の2第5項から第8項までの規定は、前項の即時抗告があった場合について準用する。

（原裁判の執行停止）

第873条　第872条の即時抗告は、執行停止の効力を有する。ただし、第870条第1項第1号から第4号まで及び第8号に掲げる裁判に対するものについては、この限りでない。

（不服申立ての制限）

第874条　次に掲げる裁判に対しては、不服を申し立てることができない。

一　第870条第1項第1号に規定する一時取締役、会計参与、監査役、代表取締役、委員、執行役若しくは代表執行役の職務を行うべき者、清算人、代表清算人、清算持分会社を代表する清算人、同号に規定する一時清算人若しくは代表清算人の職務を行うべき者、検査役、第501条第1項【3】若しくは第662条第1項の鑑定人、第508条第2項【4】若しくは第672条第3項の帳簿資料の保存をする者、社債管理者若しくは社債管理補助者の特別代理人又は第714条第3項【5】の事務を承継する社債管理者若しくは社債管理補助者の選任又は選定の裁判

二　第825条第2項【6】の管理人の選任又は解任についての裁判

三　第825条第6項【7】の規定による裁判

四　この法律の規定による許可の申立てを認容する裁判【8】

（非訟事件手続法の規定の適用除外）

第875条　この法律の規定による非訟事件については、非訟事件手続法第40条及び第57条第2項第2号の規定は、適用しない。

（最高裁判所規則）

第876条　この法律に定めるもののほか、この法律の規定による非訟事件の手続に関し必要な事項は、最高裁判所規則で定める。

合を含む。

【1】　同項第1号、第3号及び第4号に掲げる裁判にあっては、当該各号に定める者

【2】　抗告人を除く。

【3】　第822条第3項において準用する場合を含む。

【4】　第822条第3項において準用する場合を含む。

【5】　第714条の7において準用する場合を含む。

【6】　第827条第2項において準用する場合を含む。

【7】　第827条第2項において準用する場合を含む。

【8】　第870条第1項第9号及び第2項第1号に掲げる裁判を除く。

第2節　新株発行の無効判決後の払戻金増減の手続に関する特則

（審問等の必要的併合）

第877条　第840条第2項【1】の申立てに係る事件が数個同時に係属するときは、審問及び裁判は、併合してしなければならない。

（裁判の効力）

第878条　第840条第2項【2】の申立てについての裁判は、総株主に対してその効力を生ずる。

2　第842条第2項において準用する第840条第2項の申立てについての裁判は、総新株予約権者に対してその効力を生ずる。

第3節　特別清算の手続に関する特則

第1款　通則

（特別清算事件の管轄）

第879条　第868条第1項の規定にかかわらず、法人が株式会社の総株主【3】の議決権の過半数を有する場合には、当該法人【4】について特別清算事件、破産事件、再生事件又は更生事件【5】が係属しているときにおける当該株式会社についての特別清算開始の申立ては、親法人の特別清算事件等が係属している地方裁判所にもすることができる。

2　前項に規定する株式会社又は親法人及び同項に規定する株式会社が他の株式会社の総株主の議決権の過半数を有する場合には、当該他の株式会社についての特別清算開始の申立ては、親法人の特別清算事件等が係属している地方裁判所にもすることができる。

3　前2項の規定の適用については、第308条第1項の法務省令で定める株主は、その有する株式について、議決権を有するものとみなす。

4　第868条第1項の規定にかかわらず、株式会社が最終事業年度について第444条の規定により当該株式会社及び他の株式会社に係る連結計算書類を作成し、かつ、当該株式会社の定時株主総会においてその内容が報告された場合には、当該株式会社について特別清算事件等が係属しているときにおける当該他の株式会社についての特別清算開始の申立ては、当該株式会社の特別清算事件等が係属している地方裁判所にもすることができる。

（特別清算開始後の通常清算事件の管轄及び移送）

第880条　第868条第1項の規定にかかわらず、清算株式会社について特別清算開始の命令があったときは、当該清算株式会社についての第2編第9章第1節【6】の規定による申立てに係る事件【7】は、当該清算株式会社の特別清算事件が係属する地方裁判所【8】が管轄する。

2　通常清算事件が係属する地方裁判

【1】　第841条第2項及び第842条第2項において準用する場合を含む。

【2】　第841条第2項において準用する場合を含む。

【3】　株主総会において決議をすることができる事項の全部につき議決権を行使することができない株主を除く。次項において同じ。

【4】　以下この条において「親法人」という。

【5】　以下この条において「特別清算事件等」という。

【6】　第508条を除く。

【7】　次項において「通常清算事件」という。

【8】　以下この節において「特別清算裁判所」という。

所以外の地方裁判所に同一の清算株式会社について特別清算事件が係属し、かつ、特別清算開始の命令があった場合において、当該通常清算事件を処理するために相当と認めるときは、裁判所【1】は、職権で、当該通常清算事件を特別清算裁判所に移送することができる。

(疎明)

第881条 第2編第9章第2節【2】の規定による許可の申立てについては、第869条の規定は、適用しない。

(理由の付記)

第882条 特別清算の手続に関する決定で即時抗告をすることができるものには、理由を付さなければならない。ただし、第526条第1項【3】及び第532条第1項【4】の規定による決定については、この限りでない。

2 特別清算の手続に関する決定については、第871条の規定は、適用しない。

(電子裁判書の送達)

第883条 この節の規定による電子裁判書【5】の送達については、民事訴訟法第1編第5章第4節【6】の規定を準用する。この場合において、同法第109条の4第1項中「第132条の11第1項各号」とあるのは、「会社法第887条の2第2項の規定により読み替えて適用する非訟事件手続法第42条第1項において読み替えて準用する第132条の11第1項各号」と読み替えるものとする。

(不服申立て)

第884条 特別清算の手続に関する裁判につき利害関係を有する者は、この節に特別の定めがある場合に限り当該裁判に対し即時抗告をすることができる。

2 前項の即時抗告は、この節に特別の定めがある場合を除き、執行停止の効力を有する。

(公告)

第885条 この節の規定による公告は、官報に掲載してする。

2 前項の公告は、掲載があった日の翌日に、その効力を生ずる。

(事件に関する文書の閲覧等)

第886条 利害関係人は、裁判所書記官に対し、第2編第9章第2節若しくはこの節又は非訟事件手続法第2編【7】の規定【8】に基づき、裁判所に提出され、又は裁判所が作成した文書その他の物件【9】の閲覧を請求することができる。

2 利害関係人は、裁判所書記官に対し、文書等の謄写又はその正本、謄本若しくは抄本の交付を請求することができる。

3 前項の規定は、文書等のうち録音テープ又はビデオテープ【10】に関しては、適用しない。この場合におい

【1】 通常清算事件を取り扱う1人の裁判官又は裁判官の合議体をいう。

【2】 第547条第3項を除く。

【3】 同条第2項において準用する場合を含む。

【4】 第534条において準用する場合を含む。

【5】 非訟事件手続法第57条第1項に規定する電子裁判書であって、同条第3項の規定によりファイルに記録されたものをいう。以下この節において同じ。

【6】 第104条を除く。

【7】 特別清算開始の命令があった場合にあっては、同章第1節若しくは第2節若しくは第1節（同章第1節の規定による申立てに係る事件に係る部分に限る。）若しくはこの節又は非訟事件手続法第2編。次条第1項において同じ。

【8】 これらの規定において準用するこの法律その他の法律の規定を含む。同項において同じ。

【9】 以下この条及び第887条第1項において「**文書等**」という。

【10】 これらに準ずる方法により一定の事項を記録した物を含む。

て、これらの物について利害関係人の請求があるときは、裁判所書記官は、その複製を許さなければならない。

4　民事訴訟法第91条第5項の規定は、前3項の規定による請求について準用する。

（ファイル記録事項の閲覧等）

第886条の2　利害関係人は、裁判所書記官に対し、最高裁判所規則で定めるところにより、第2編第9章第2節若しくはこの節又は非訟事件手続法第2編の規定に基づき裁判所の使用に係る電子計算機【1】に備えられたファイル【2】に記録された事項【3】の内容を最高裁判所規則で定める方法により表示したものの閲覧を請求することができる。

2　利害関係人は、裁判所書記官に対し、ファイル記録事項について、最高裁判所規則で定めるところにより、最高裁判所規則で定める電子情報処理組織【4】を使用してその者の使用に係る電子計算機に備えられたファイルに記録する方法その他の最高裁判所規則で定める方法による複写を請求することができる。

3　利害関係人は、裁判所書記官に対し、最高裁判所規則で定めるところにより、ファイル記録事項の全部若しくは一部を記載した書面であって裁判所書記官が最高裁判所規則で定める方法により当該書面の内容がファイル記録事項と同一であることを証明したものを交付し、又はファイル記録事項の全部若しくは一部を記録した電磁的記録【5】であって裁判所書記官が最高裁判所規則で定める方法により当該電磁的記録の内容がファイル記録事項と同一であることを証明したものを最高裁判所規則で定める電子情報処理組織を使用してその者の使用に係る電子計算機に備えられたファイルに記録する方法その他の最高裁判所規則で定める方法により提供することを請求することができる。

4　民事訴訟法第91条第5項の規定は、第1項及び第2項の規定による請求について準用する。

（事件に関する事項の証明）

第886条の3　利害関係人は、裁判所書記官に対し、最高裁判所規則で定めるところにより、特別清算事件に関する事項を記載した書面であって裁判所書記官が最高裁判所規則で定める方法により当該事項を証明したものを交付し、又は当該事項を記録した電磁的記録であって裁判所書記官が最高裁判所規則で定める方法により当該事項を証明したものを最高裁判所規則で定める電子情報処理組織を使用してその者の使用に係る電子計算機に備えられたファイルに記録する方法その他の最高裁判所規則で定める方法により提供することを請求することができる。

（閲覧等の特則）

第886条の4　前3条の規定にかかわらず、次の各号に掲げる者は、当該各号に定める命令、保全処分、処分

【1】　入出力装置を含む。以下同じ。
【2】　第906条の2第1項において単に「ファイル」という。
【3】　以下この条及び第887条第6項において「**ファイル記録事項**」という。
【4】　裁判所の使用に係る電子計算機と手続の相手方の使用に係る電子計算機とを電気通信回線で接続した電子情報処理組織をいう。以下同じ。
【5】　電子的方式、磁気的方式その他人の知覚によっては認識することができない方式で作られる記録であって、電子計算機による情報処理の用に供されるものをいう。以下この項、次条及び第906条の2第3項において同じ。

又は裁判のいずれかがあるまでの間は、これらの規定による請求をすることができない。ただし、当該者が特別清算開始の申立人である場合は、この限りでない。

一　清算株式会社以外の利害関係人　第512条の規定による中止の命令、第540条第2項の規定による保全処分、第541条第2項の規定による処分又は特別清算開始の申立てについての裁判

二　清算株式会社　特別清算開始の申立てに関する清算株式会社を呼び出す審問の期日の指定の裁判又は前号に定める命令、保全処分、処分若しくは裁判

（支障部分の閲覧等の制限）

第887条　次に掲げる文書等について、利害関係人がその閲覧若しくは謄写、その正本、謄本若しくは抄本の交付又はその複製【1】を行うことにより、清算株式会社の清算の遂行に著しい支障を生ずるおそれがある部分【2】があることにつき疎明があった場合には、裁判所は、当該文書等を提出した清算株式会社又は調査委員の申立てにより、支障部分の閲覧等の請求をすることができる者を、当該申立てをした者及び清算株式会社に限ることができる。

一　第520条の規定による報告又は第522条第1項に規定する調査の結果の報告に係る文書等

二　第535条第1項又は第536条第1項の許可を得るために裁判所に提出された文書等

2　前項の申立てがあったときは、その申立てについての裁判が確定するまで、利害関係人【3】は、支障部分の閲覧等の請求をすることができない。

3　支障部分の閲覧等の請求をしようとする利害関係人は、特別清算裁判所に対し、第1項に規定する要件を欠くこと又はこれを欠くに至ったことを理由として、同項の規定による決定の取消しの申立てをすることができる。

4　第1項の申立てを却下する決定及び前項の申立てについての裁判に対しては、即時抗告をすることができる。

5　第1項の規定による決定を取り消す決定は、確定しなければその効力を生じない。

6　前各項の規定は、ファイル記録事項について準用する。この場合において、第1項中「謄写、その正本、謄本若しくは抄本の交付又はその複製」とあるのは、「複写又はその内容の全部若しくは一部を証明した書面の交付若しくはその内容の全部若しくは一部を証明した電磁的記録の提供」と読み替えるものとする。

（非訟事件手続法の適用関係）

第887条の2　非訟事件手続法第32条及び第32条の2の規定は、特別清算の手続には、適用しない。

2　特別清算の手続についての非訟事件手続法第38条及び第42条第1項の規定の適用については、同法第38条中「非訟事件手続法」とあるのは「会社法第887条の2第2項の規定により読み替えて適用する非訟事件手続法」と、同法第42条第1項中「」とあるのは「非訟事件手続法第22条第1項ただし書」」とあるのは「の許可を得て訴訟代理人

【1】　以下この項から第3項までにおいて「閲覧等」という。

【2】　以下この項から第3項までにおいて「支障部分」という。

【3】　同項の申立てをした者及び清算株式会社を除く。次項において同じ。

会社法

となったものを除く。)」とあるのは「非訟事件手続法第22条第1項ただし書の許可を得て手続代理人となったものを除く。)又は監督委員若しくは調査委員として選任を受けた者」と、「当該委任」とあるのは「当該委任又は選任」」とする。

第2款　特別清算の開始の手続に関する特則

(特別清算開始の申立て)

第888条　債権者又は株主が特別清算開始の申立てをするときは、特別清算開始の原因となる事由を疎明しなければならない。

2　債権者が特別清算開始の申立てをするときは、その有する債権の存在をも疎明しなければならない。

3　特別清算開始の申立てをするときは、申立人は、第514条第1号に規定する特別清算の手続の費用として裁判所の定める金額を予納しなければならない。

4　前項の費用の予納に関する決定に対しては、即時抗告をすることができる。

(他の手続の中止命令)

第889条　裁判所は、第512条の規定による中止の命令を変更し、又は取り消すことができる。

2　前項の中止の命令及び同項の規定による決定に対しては、即時抗告をすることができる。

3　前項の即時抗告は、執行停止の効力を有しない。

4　第2項に規定する裁判及び同項の即時抗告についての裁判があった場合には、その電子裁判書を当事者に送達しなければならない。

(特別清算開始の命令)

第890条　裁判所は、特別清算開始の命令をしたときは、直ちに、その旨を公告し、かつ、特別清算開始の命令の電子裁判書を清算株式会社に送達しなければならない。

2　特別清算開始の命令は、清算株式会社に対する電子裁判書の送達がされた時から、効力を生ずる。

3　特別清算開始の命令があったときは、特別清算の手続の費用は、清算株式会社の負担とする。

4　特別清算開始の命令に対しては、清算株式会社に限り、即時抗告をすることができる。

5　特別清算開始の申立てを却下した裁判に対しては、申立人に限り、即時抗告をすることができる。

6　特別清算開始の命令をした裁判所は、第4項の即時抗告があった場合において、当該命令を取り消す決定が確定したときは、直ちに、その旨を公告しなければならない。

(担保権の実行の手続等の中止命令)

第891条　裁判所は、第516条の規定による中止の命令を発する場合には、同条に規定する担保権の実行の手続等の申立人の陳述を聴かなければならない。

2　裁判所は、前項の中止の命令を変更し、又は取り消すことができる。

3　第1項の中止の命令及び前項の規定による変更の決定に対しては、第1項の申立人に限り、即時抗告をすることができる。

4　前項の即時抗告は、執行停止の効力を有しない。

5　第3項に規定する裁判及び同項の即時抗告についての裁判があった場合には、その電子裁判書を当事者に送達しなければならない。

第3款　特別清算の実行の手続に関する特則

（調査命令）

第892条　裁判所は、調査命令【1】を変更し、又は取り消すことができる。

2　調査命令及び前項の規定による決定に対しては、即時抗告をすることができる。

3　前項の即時抗告は、執行停止の効力を有しない。

4　第2項に規定する裁判及び同項の即時抗告についての裁判があった場合には、その電子裁判書を当事者に送達しなければならない。

（清算人の解任及び報酬等）

第893条　裁判所は、第524条第1項の規定により清算人を解任する場合には、当該清算人の陳述を聴かなければならない。

2　第524条第1項の規定による解任の裁判に対しては、即時抗告をすることができる。

3　前項の即時抗告は、執行停止の効力を有しない。

4　第526条第1項【2】の規定による決定に対しては、即時抗告をすることができる。

（監督委員の解任及び報酬等）

第894条　裁判所は、監督委員を解任する場合には、当該監督委員の陳述を聴かなければならない。

2　第532条第1項の規定による決定に対しては、即時抗告をすることができる。

（調査委員の解任及び報酬等）

第895条　前条の規定は、調査委員について準用する。

【1】　第522条第1項に規定する調査命令をいう。次項において同じ。

【2】　同条第2項において準用する場合を含む。

（事業の譲渡の許可の申立て）

第896条　清算人は、第536条第1項の許可の申立てをする場合には、知れている債権者の意見を聴き、その内容を裁判所に報告しなければならない。

2　裁判所は、第536条第1項の許可をする場合には、労働組合等【3】の意見を聴かなければならない。

（担保権者が処分をすべき期間の指定）

第897条　第539条第1項の申立てについての裁判に対しては、即時抗告をすることができる。

2　前項の裁判及び同項の即時抗告についての裁判があった場合には、その電子裁判書を当事者に送達しなければならない。

（清算株式会社の財産に関する保全処分等）

第898条　裁判所は、次に掲げる裁判を変更し、又は取り消すことができる。

一　第540条第1項又は第2項の規定による保全処分

二　第541条第1項又は第2項の規定による処分

三　第542条第1項又は第2項の規定による保全処分

四　第543条の規定による処分

2　前項各号に掲げる裁判及び同項の規定による決定に対しては、即時抗告をすることができる。

3　前項の即時抗告は、執行停止の効力を有しない。

4　第2項に規定する裁判及び同項の即時抗告についての裁判があった場合には、その電子裁判書を当事者に

【3】　清算株式会社の使用人その他の従業者の過半数で組織する労働組合があるときはその労働組合、清算株式会社の使用人その他の従業者の過半数で組織する労働組合がないときは清算株式会社の使用人その他の従業者の過半数を代表する者をいう。

送達しなければならない。
5　裁判所は、第1項第2号に掲げる裁判をしたときは、直ちに、その旨を公告しなければならない。当該裁判を変更し、又は取り消す決定があったときも、同様とする。

（役員等責任査定決定）
第899条　清算株式会社は、第545条第1項の申立てをするときは、その原因となる事実を疎明しなければならない。
2　役員等責任査定決定【1】及び前項の申立てを却下する決定には、理由を付さなければならない。
3　裁判所は、前項に規定する裁判をする場合には、対象役員等【2】の陳述を聴かなければならない。
4　役員等責任査定決定があった場合には、その電子裁判書を当事者に送達しなければならない。
5　第858条第1項の訴えが、同項の期間内に提起されなかったとき、又は却下されたときは、役員等責任査定決定は、給付を命ずる確定判決と同一の効力を有する。

（債権者集会の招集の許可の申立てについての裁判）
第900条　第547条第3項の許可の申立てを却下する決定に対しては、即時抗告をすることができる。

（協定の認可又は不認可の決定）
第901条　利害関係人は、第568条の申立てに係る協定を認可すべきかどうかについて、意見を述べることができる。
2　共助対象外国租税の請求権について、協定において減免その他権利に影響を及ぼす定めをする場合には、徴収の権限を有する者の意見を聴かなければならない。
3　第569条第1項の協定の認可の決定をしたときは、裁判所は、直ちに、その旨を公告しなければならない。
4　第568条の申立てについての裁判に対しては、即時抗告をすることができる。この場合において、前項の協定の認可の決定に対する即時抗告の期間は、同項の規定による公告が効力を生じた日から起算して2週間とする。
5　前各項の規定は、第572条の規定により協定の内容を変更する場合について準用する。

第4款　特別清算の終了の手続に関する特則

（特別清算終結の申立てについての裁判）
第902条　特別清算終結の決定をしたときは、裁判所は、直ちに、その旨を公告しなければならない。
2　特別清算終結の申立てについての裁判に対しては、即時抗告をすることができる。この場合において、特別清算終結の決定に対する即時抗告の期間は、前項の規定による公告が効力を生じた日から起算して2週間とする。
3　特別清算終結の決定は、確定しなければその効力を生じない。
4　特別清算終結の決定をした裁判所は、第2項の即時抗告があった場合において、当該決定を取り消す決定が確定したときは、直ちに、その旨を公告しなければならない。

第4節　外国会社の清算の手続に関する特則

（特別清算の手続に関する規定の準用）
第903条　前節の規定は、その性質上

【1】　第545条第1項に規定する役員等責任査定決定をいう。以下この条において同じ。
【2】　第542条第1項に規定する対象役員等をいう。

許されないものを除き、第822条第1項の規定による日本にある外国会社の財産についての清算について準用する。

第5節　会社の解散命令等の手続に関する特則

（法務大臣の関与）

第904条　裁判所は、第824条第1項又は第827条第1項の申立てについての裁判をする場合には、法務大臣に対し、意見を求めなければならない。

2　法務大臣は、裁判所が前項の申立てに係る事件について審問をするときは、当該審問に立ち会うことができる。

3　裁判所は、法務大臣に対し、第1項の申立てに係る事件が係属したこと及び前項の審問の期日を通知しなければならない。

4　第1項の申立てを却下する裁判に対しては、第872条第4号に定める者のほか、法務大臣も、即時抗告をすることができる。

（会社の財産に関する保全処分についての特則）

第905条　裁判所が第825条第1項【1】の保全処分をした場合には、非訟事件の手続の費用は、会社又は外国会社の負担とする。当該保全処分について必要な費用も、同様とする。

2　前項の保全処分又は第825条第1項【2】の規定による申立てを却下する裁判に対して即時抗告があった場合において、抗告裁判所が当該即時抗告を理由があると認めて原裁判を取り消したときは、その抗告審における手続に要する裁判費用及び抗告人が負担した前審における手続に要する裁判費用は、会社又は外国会社の負担とする。

第906条　利害関係人は、裁判所書記官に対し、第825条第6項【3】の報告又は計算に関する資料の閲覧を請求することができる。

2　利害関係人は、裁判所書記官に対し、前項の資料の謄写又はその正本、謄本若しくは抄本の交付を請求することができる。

3　前項の規定は、第1項の資料のうち録音テープ又はビデオテープ【4】に関しては、適用しない。この場合において、これらの物について利害関係人の請求があるときは、裁判所書記官は、その複製を許さなければならない。

4　法務大臣は、裁判所書記官に対し、第1項の資料の閲覧を請求することができる。

5　民事訴訟法第91条第5項の規定は、第1項の資料について準用する。

第906条の2　利害関係人は、裁判所書記官に対し、最高裁判所規則で定めるところにより、第825条第6項【5】の報告又は計算に関しファイルに記録された事項【6】の内容を最高裁判所規則で定める方法により表示したものの閲覧を請求することができる。

2　利害関係人は、裁判所書記官に対し、報告等記録事項について、最高裁判所規則で定めるところにより、最高裁判所規則で定める電子情報処

【1】　第827条第2項において準用する場合を含む。

【2】　第827条第2項において準用する場合を含む。

【3】　第827条第2項において準用する場合を含む。

【4】　これらに準ずる方法により一定の事項を記録した物を含む。

【5】　第827条第2項において準用する場合を含む。

【6】　以下この条において「報告等記録事項」という。

理組織を使用してその者の使用に係る電子計算機に備えられたファイルに記録する方法その他の最高裁判所規則で定める方法による複写を請求することができる。

3　利害関係人は、裁判所書記官に対し、最高裁判所規則で定めるところにより、報告等記録事項の全部若しくは一部を記載した書面であって裁判所書記官が最高裁判所規則で定める方法により当該書面の内容が報告等記録事項と同一であることを証明したものを交付し、又は報告等記録事項の全部若しくは一部を記録した電磁的記録であって裁判所書記官が最高裁判所規則で定める方法により当該電磁的記録の内容が報告等記録事項と同一であることを証明したものを最高裁判所規則で定める電子情報処理組織を使用してその者の使用に係る電子計算機に備えられたファイルに記録する方法その他の最高裁判所規則で定める方法により提供することを請求することができる。

4　前条第4項及び民事訴訟法第91条第5項の規定は、報告等記録事項について準用する。

第4章　登記

第1節　総則

（通則）

第907条　この法律の規定により登記すべき事項【1】は、当事者の申請又は裁判所書記官の嘱託により、商業登記法（昭和38年法律第125号）の定めるところに従い、商業登記簿にこれを登記する。

（登記の効力）

第908条　この法律の規定により登記すべき事項は、登記の後でなければ、これをもって善意の第三者に対抗することができない。登記の後であっても、第三者が正当な事由によってその登記があることを知らなかったときは、同様とする。

2　故意又は過失によって不実の事項を登記した者は、その事項が不実であることをもって善意の第三者に対抗することができない。

（変更の登記及び消滅の登記）

第909条　この法律の規定により登記した事項に変更が生じ、又はその事項が消滅したときは、当事者は、遅滞なく、変更の登記又は消滅の登記をしなければならない。

（登記の期間）

第910条　この法律の規定により登記すべき事項のうち官庁の許可を要するものの登記の期間については、その許可書の到達した日から起算する。

第2節　会社の登記

（株式会社の設立の登記）

第911条　株式会社の設立の登記は、その本店の所在地において、次に掲げる日のいずれか遅い日から2週間以内にしなければならない。

一　第46条第1項の規定による調査が終了した日【2】

二　発起人が定めた日

2　前項の規定にかかわらず、第57条第1項の募集をする場合には、前項の登記は、次に掲げる日のいずれか遅い日から2週間以内にしなければならない。

一　創立総会の終結の日

二　第84条の種類創立総会の決議

【1】　第938条第3項の保全処分の登記に係る事項を除く。

【2】　設立しようとする株式会社が指名委員会等設置会社である場合にあっては、設立時代表執行役が同条第3項の規定による通知を受けた日

をしたときは、当該決議の日
三　第97条の創立総会の決議をしたときは、当該決議の日から2週間を経過した日
四　第100条第1項の種類創立総会の決議をしたときは、当該決議の日から2週間を経過した日
五　第101条第1項の種類創立総会の決議をしたときは、当該決議の日

3　第1項の登記においては、次に掲げる事項を登記しなければならない。
一　目的
二　商号
三　本店及び支店の所在場所
四　株式会社の存続期間又は解散の事由についての定款の定めがあるときは、その定め
五　資本金の額
六　発行可能株式総数
七　発行する株式の内容【1】
八　単元株式数についての定款の定めがあるときは、その単元株式数
九　発行済株式の総数並びにその種類及び種類ごとの数
十　株券発行会社であるときは、その旨
十一　株主名簿管理人を置いたときは、その氏名又は名称及び住所並びに営業所
十二　新株予約権を発行したときは、次に掲げる事項
イ　新株予約権の数
ロ　第236条第1項第1号から第4号まで【2】に掲げる事項
ハ　第236条第3項各号に掲げる事項を定めたときは、その定め
ニ　ロ及びハに掲げる事項のほか、新株予約権の行使の条件を定めたときは、その条件
ホ　第236条第1項第7号及び第238条第1項第2号に掲げる事項
ヘ　第238条第1項第3号に掲げる事項を定めたときは、募集新株予約権【3】の払込金額【4】【5】
十二の二　第325条の2の規定による電子提供措置をとる旨の定款の定めがあるときは、その定め
十三　取締役【6】の氏名
十四　代表取締役の氏名及び住所【7】
十五　取締役会設置会社であるときは、その旨
十六　会計参与設置会社であるときは、その旨並びに会計参与の氏名又は名称及び第378条第1項の場所
十七　監査役設置会社【8】であるときは、その旨及び次に掲げる事項
イ　監査役の監査の範囲を会計に関するものに限定する旨の定款の定めがある株式会社であるときは、その旨
ロ　監査役の氏名
十八　監査役会設置会社であるとき

【1】　種類株式発行会社にあっては、発行可能種類株式総数及び発行する各種類の株式の内容
【2】　ハに規定する場合にあっては、第2号を除く。
【3】　同項に規定する募集新株予約権をいう。以下へにおいて同じ。
【4】　同号に規定する払込金額をいう。以下へにおいて同じ。
【5】　同号に掲げる事項として募集新株予約権の払込金額の算定方法を定めた場合において、登記の申請の時までに募集新株予約権の払込金額が確定していないときは、当該算定方法
【6】　監査等委員会設置会社の取締役を除く。
【7】　第23号に規定する場合を除く。
【8】　監査役の監査の範囲を会計に関するものに限定する旨の定款の定めがある株式会社を含む。

は、その旨及び監査役のうち社外監査役であるものについて社外監査役である旨

十九　会計監査人設置会社であるときは、その旨及び会計監査人の氏名又は名称

二十　第346条第4項の規定により選任された一時会計監査人の職務を行うべき者を置いたときは、その氏名又は名称

二十一　第373条第1項の規定による特別取締役による議決の定めがあるときは、次に掲げる事項

イ　第373条第1項の規定による特別取締役による議決の定めがある旨

ロ　特別取締役の氏名

ハ　取締役のうち社外取締役であるものについて、社外取締役である旨

二十二　監査等委員会設置会社であるときは、その旨及び次に掲げる事項

イ　監査等委員である取締役及びそれ以外の取締役の氏名

ロ　取締役のうち社外取締役であるものについて、社外取締役である旨

ハ　第399条の13第6項の規定による重要な業務執行の決定の取締役への委任についての定款の定めがあるときは、その旨

二十三　指名委員会等設置会社であるときは、その旨及び次に掲げる事項

イ　取締役のうち社外取締役であるものについて、社外取締役である旨

ロ　各委員会の委員及び執行役の氏名

ハ　代表執行役の氏名及び住所

二十四　第426条第1項の規定による取締役、会計参与、監査役、執行役又は会計監査人の責任の免除についての定款の定めがあるときは、その定め

二十五　第427条第1項の規定による非業務執行取締役等が負う責任の限度に関する契約の締結についての定款の定めがあるときは、その定め

二十六　第440条第3項の規定による措置をとることとするときは、同条第1項に規定する貸借対照表の内容である情報について不特定多数の者がその提供を受けるために必要な事項であって法務省令で定めるもの

二十七　第939条第1項の規定による公告方法についての定款の定めがあるときは、その定め

二十八　前号の定款の定めが電子公告を公告方法とする旨のものであるときは、次に掲げる事項

イ　電子公告により公告すべき内容である情報について不特定多数の者がその提供を受けるために必要な事項であって法務省令で定めるもの

ロ　第939条第3項後段の規定による定款の定めがあるときは、その定め

二十九　第27号の定款の定めがないときは、第939条第4項の規定により官報に掲載する方法を公告方法とする旨

（合名会社の設立の登記）

第912条　合名会社の設立の登記は、その本店の所在地において、次に掲げる事項を登記してしなければならない。

一　目的

二　商号

三　本店及び支店の所在場所

四　合名会社の存続期間又は解散の事由についての定款の定めがあるときは、その定め
五　社員の氏名又は名称及び住所
六　合名会社を代表する社員の氏名又は名称【1】
七　合名会社を代表する社員が法人であるときは、当該社員の職務を行うべき者の氏名及び住所
八　第939条第1項の規定による公告方法についての定款の定めがあるときは、その定め
九　前号の定款の定めが電子公告を公告方法とする旨のものであるときは、次に掲げる事項
イ　電子公告により公告すべき内容である情報について不特定多数の者がその提供を受けるために必要な事項であって法務省令で定めるもの
ロ　第939条第3項後段の規定による定款の定めがあるときは、その定め
十　第8号の定款の定めがないときは、第939条第4項の規定により官報に掲載する方法を公告方法とする旨

（合資会社の設立の登記）

第913条　合資会社の設立の登記は、その本店の所在地において、次に掲げる事項を登記してしなければならない。
一　目的
二　商号
三　本店及び支店の所在場所
四　合資会社の存続期間又は解散の事由についての定款の定めがあるときは、その定め
五　社員の氏名又は名称及び住所
六　社員が有限責任社員又は無限責任社員のいずれであるかの別
七　有限責任社員の出資の目的及びその価額並びに既に履行した出資の価額
八　合資会社を代表する社員の氏名又は名称【2】
九　合資会社を代表する社員が法人であるときは、当該社員の職務を行うべき者の氏名及び住所
十　第939条第1項の規定による公告方法についての定款の定めがあるときは、その定め
十一　前号の定款の定めが電子公告を公告方法とする旨のものであるときは、次に掲げる事項
イ　電子公告により公告すべき内容である情報について不特定多数の者がその提供を受けるために必要な事項であって法務省令で定めるもの
ロ　第939条第3項後段の規定による定款の定めがあるときは、その定め
十二　第10号の定款の定めがないときは、第939条第4項の規定により官報に掲載する方法を公告方法とする旨

（合同会社の設立の登記）

第914条　合同会社の設立の登記は、その本店の所在地において、次に掲げる事項を登記してしなければならない。
一　目的
二　商号
三　本店及び支店の所在場所
四　合同会社の存続期間又は解散の事由についての定款の定めがあるときは、その定め
五　資本金の額
六　合同会社の業務を執行する社員

【1】合名会社を代表しない社員がある場合に限る。

【2】合資会社を代表しない社員がある場合に限る。

の氏名又は名称
七　合同会社を代表する社員の氏名又は名称及び住所
八　合同会社を代表する社員が法人であるときは、当該社員の職務を行うべき者の氏名及び住所
九　第939条第1項の規定による公告方法についての定款の定めがあるときは、その定め
十　前号の定款の定めが電子公告を公告方法とする旨のものであるときは、次に掲げる事項
イ　電子公告により公告すべき内容である情報について不特定多数の者がその提供を受けるために必要な事項であって法務省令で定めるもの
ロ　第939条第3項後段の規定による定款の定めがあるときは、その定め
十一　第9号の定款の定めがないときは、第939条第4項の規定により官報に掲載する方法を公告方法とする旨

(変更の登記)

第915条　会社において第911条第3項各号又は前3条各号に掲げる事項に変更が生じたときは、2週間以内に、その本店の所在地において、変更の登記をしなければならない。

2　前項の規定にかかわらず、第199条第1項第4号の期間を定めた場合における株式の発行による変更の登記は、当該期間の末日現在により、当該末日から2週間以内にすれば足りる。

3　第1項の規定にかかわらず、次に掲げる事由による変更の登記は、毎月末日現在により、当該末日から2週間以内にすれば足りる。
一　新株予約権の行使
二　第166条第1項の規定による請求【1】

(他の登記所の管轄区域内への本店の移転の登記)

第916条　会社がその本店を他の登記所の管轄区域内に移転したときは、2週間以内に、旧所在地においては移転の登記をし、新所在地においては次の各号に掲げる会社の区分に応じ当該各号に定める事項を登記しなければならない。
一　株式会社　第911条第3項各号に掲げる事項
二　合名会社　第912条各号に掲げる事項
三　合資会社　第913条各号に掲げる事項
四　合同会社　第914条各号に掲げる事項

(職務執行停止の仮処分等の登記)

第917条　次の各号に掲げる会社の区分に応じ、当該各号に定める者の職務の執行を停止し、若しくはその職務を代行する者を選任する仮処分命令又はその仮処分命令を変更し、若しくは取り消す決定がされたときは、その本店の所在地において、その登記をしなければならない。
一　株式会社　取締役【2】、会計参与、監査役、代表取締役、委員【3】、執行役又は代表執行役
二　合名会社　社員
三　合資会社　社員
四　合同会社　業務を執行する社員

【1】　株式の内容として第107条第2項第2号ハ若しくはニ又は第108条第2項第5号ロに掲げる事項についての定めがある場合に限る。
【2】　監査等委員会設置会社にあっては、監査等委員である取締役又はそれ以外の取締役
【3】　指名委員会、監査委員会又は報酬委員会の委員をいう。

（支配人の登記）

第918条 会社が支配人を選任し、又はその代理権が消滅したときは、その本店の所在地において、その登記をしなければならない。

（持分会社の種類の変更の登記）

第919条 持分会社が第638条の規定により他の種類の持分会社となったときは、同条に規定する定款の変更の効力が生じた日から2週間以内に、その本店の所在地において、種類の変更前の持分会社については解散の登記をし、種類の変更後の持分会社については設立の登記をしなければならない。

（組織変更の登記）

第920条 会社が組織変更をしたときは、その効力が生じた日から2週間以内に、その本店の所在地において、組織変更前の会社については解散の登記をし、組織変更後の会社については設立の登記をしなければならない。

（吸収合併の登記）

第921条 会社が吸収合併をしたときは、その効力が生じた日から2週間以内に、その本店の所在地において、吸収合併により消滅する会社については解散の登記をし、吸収合併後存続する会社については変更の登記をしなければならない。

（新設合併の登記）

第922条 2以上の会社が新設合併をする場合において、新設合併により設立する会社が株式会社であるときは、次の各号に掲げる場合の区分に応じ、当該各号に定める日から2週間以内に、その本店の所在地において、新設合併により消滅する会社については解散の登記をし、新設合併により設立する会社については設立の登記をしなければならない。

一 新設合併により消滅する会社が株式会社のみである場合 次に掲げる日のいずれか遅い日

イ 第804条第1項の株主総会の決議の日

ロ 新設合併をするために種類株主総会の決議を要するときは、当該決議の日

ハ 第806条第3項の規定による通知又は同条第4項の公告をした日から20日を経過した日

ニ 新設合併により消滅する会社が新株予約権を発行しているときは、第808条第3項の規定による通知又は同条第4項の公告をした日から20日を経過した日

ホ 第810条の規定による手続が終了した日

ヘ 新設合併により消滅する会社が合意により定めた日

二 新設合併により消滅する会社が持分会社のみである場合 次に掲げる日のいずれか遅い日

イ 第813条第1項の総社員の同意を得た日【1】

ロ 第813条第2項において準用する第810条の規定による手続が終了した日

ハ 新設合併により消滅する会社が合意により定めた日

三 新設合併により消滅する会社が株式会社及び持分会社である場合 前2号に定める日のいずれか遅い日

2 2以上の会社が新設合併をする場合において、新設合併により設立する会社が持分会社であるときは、次の各号に掲げる場合の区分に応じ、

【1】 同項ただし書に規定する場合にあっては、定款の定めによる手続を終了した日

当該各号に定める日から2週間以内に、その本店の所在地において、新設合併により消滅する会社については解散の登記をし、新設合併により設立する会社については設立の登記をしなければならない。

一　新設合併により消滅する会社が株式会社のみである場合　次に掲げる日のいずれか遅い日

イ　第804条第2項の総株主の同意を得た日

ロ　新設合併により消滅する会社が新株予約権を発行しているときは、第808条第3項の規定による通知又は同条第4項の公告をした日から20日を経過した日

ハ　第810条の規定による手続が終了した日

ニ　新設合併により消滅する会社が合意により定めた日

二　新設合併により消滅する会社が持分会社のみである場合　次に掲げる日のいずれか遅い日

イ　第813条第1項の総社員の同意を得た日【1】

ロ　第813条第2項において準用する第810条の規定による手続が終了した日

ハ　新設合併により消滅する会社が合意により定めた日

三　新設合併により消滅する会社が株式会社及び持分会社である場合　前2号に定める日のいずれか遅い日

（吸収分割の登記）

第923条　会社が吸収分割をしたときは、その効力が生じた日から2週間以内に、その本店の所在地において、吸収分割をする会社及び当該会社がその事業に関して有する権利義務の全部又は一部を当該会社から承継する会社についての変更の登記をしなければならない。

（新設分割の登記）

第924条　1又は2以上の株式会社又は合同会社が新設分割をする場合において、新設分割により設立する会社が株式会社であるときは、次の各号に掲げる場合の区分に応じ、当該各号に定める日から2週間以内に、その本店の所在地において、新設分割をする会社については変更の登記をし、新設分割により設立する会社については設立の登記をしなければならない。

一　新設分割をする会社が株式会社のみである場合　次に掲げる日のいずれか遅い日

イ　第805条に規定する場合以外の場合には、第804条第1項の株主総会の決議の日

ロ　新設分割をするために種類株主総会の決議を要するときは、当該決議の日

ハ　第805条に規定する場合以外の場合には、第806条第3項の規定による通知又は同条第4項の公告をした日から20日を経過した日

ニ　第808条第3項の規定による通知を受けるべき新株予約権者があるときは、同項の規定による通知又は同条第4項の公告をした日から20日を経過した日

ホ　第810条の規定による手続をしなければならないときは、当該手続が終了した日

ヘ　新設分割をする株式会社が定めた日【2】

【1】同項ただし書に規定する場合にあっては、定款の定めによる手続を終了した日

【2】2以上の株式会社が共同して新設分

二　新設分割をする会社が合同会社のみである場合　次に掲げる日のいずれか遅い日
イ　第813条第1項の総社員の同意を得た日【1】
ロ　第813条第2項において準用する第810条の規定による手続をしなければならないときは、当該手続が終了した日
ハ　新設分割をする合同会社が定めた日【2】
三　新設分割をする会社が株式会社及び合同会社である場合　前2号に定める日のいずれか遅い日
2　1又は2以上の株式会社又は合同会社が新設分割をする場合において、新設分割により設立する会社が持分会社であるときは、次の各号に掲げる場合の区分に応じ、当該各号に定める日から2週間以内に、その本店の所在地において、新設分割をする会社については変更の登記をし、新設分割により設立する会社については設立の登記をしなければならない。
一　新設分割をする会社が株式会社のみである場合　次に掲げる日のいずれか遅い日
イ　第805条に規定する場合以外の場合には、第804条第1項の株主総会の決議の日
ロ　新設分割をするために種類株主総会の決議を要するときは、当該決議の日
ハ　第805条に規定する場合以外の場合には、第806条第3項の規定による通知又は同条第4項の公告をした日から20日を経過した日
ニ　第810条の規定による手続をしなければならないときは、当該手続が終了した日
ホ　新設分割をする株式会社が定めた日【3】
二　新設分割をする会社が合同会社のみである場合　次に掲げる日のいずれか遅い日
イ　第813条第1項の総社員の同意を得た日【4】
ロ　第813条第2項において準用する第810条の規定による手続をしなければならないときは、当該手続が終了した日
ハ　新設分割をする合同会社が定めた日【5】
三　新設分割をする会社が株式会社及び合同会社である場合　前2号に定める日のいずれか遅い日

（株式移転の登記）

第925条　1又は2以上の株式会社が株式移転をする場合には、次に掲げる日のいずれか遅い日から2週間以内に、株式移転により設立する株式会社について、その本店の所在地において、設立の登記をしなければならない。
一　第804条第1項の株主総会の決議の日

割をする場合にあっては、当該2以上の新設分割をする株式会社が合意により定めた日
【1】　同項ただし書の場合にあっては、定款の定めによる手続を終了した日
【2】　2以上の合同会社が共同して新設分割をする場合にあっては、当該2以上の新設分割をする合同会社が合意により定めた日
【3】　2以上の株式会社が共同して新設分割をする場合にあっては、当該2以上の新設分割をする株式会社が合意により定めた日
【4】　同項ただし書の場合にあっては、定款の定めによる手続を終了した日
【5】　2以上の合同会社が共同して新設分割をする場合にあっては、当該2以上の新設分割をする合同会社が合意により定めた日

二　株式移転をするために種類株主総会の決議を要するときは、当該決議の日

三　第806条第3項の規定による通知又は同条第4項の公告をした日から20日を経過した日

四　第808条第3項の規定による通知を受けるべき新株予約権者があるときは、同項の規定による通知をした日又は同条第4項の公告をした日から20日を経過した日

五　第810条の規定による手続をしなければならないときは、当該手続が終了した日

六　株式移転をする株式会社が定めた日【1】

（解散の登記）

第926条　第471条第1号から第3号まで又は第641条第1号から第4号までの規定により会社が解散したときは、2週間以内に、その本店の所在地において、解散の登記をしなければならない。

（継続の登記）

第927条　第473条、第642条第1項又は第845条の規定により会社が継続したときは、2週間以内に、その本店の所在地において、継続の登記をしなければならない。

（清算人の登記）

第928条　第478条第1項第1号に掲げる者が清算株式会社の清算人となったときは、解散の日から2週間以内に、その本店の所在地において、次に掲げる事項を登記しなければならない。

一　清算人の氏名

二　代表清算人の氏名及び住所

三　清算株式会社が清算人会設置会社であるときは、その旨

2　第647条第1項第1号に掲げる者が清算持分会社の清算人となったときは、解散の日から2週間以内に、その本店の所在地において、次に掲げる事項を登記しなければならない。

一　清算人の氏名又は名称及び住所

二　清算持分会社を代表する清算人の氏名又は名称【2】

三　清算持分会社を代表する清算人が法人であるときは、清算人の職務を行うべき者の氏名及び住所

3　清算人が選任されたときは、2週間以内に、その本店の所在地において、清算株式会社にあっては第1項各号に掲げる事項を、清算持分会社にあっては前項各号に掲げる事項を登記しなければならない。

4　第915条第1項の規定は前3項の規定による登記について、第917条の規定は清算人、代表清算人又は清算持分会社を代表する清算人について、それぞれ準用する。

（清算結了の登記）

第929条　清算が結了したときは、次の各号に掲げる会社の区分に応じ、当該各号に定める日から2週間以内に、その本店の所在地において、清算結了の登記をしなければならない。

一　清算株式会社　第507条第3項の承認の日

二　清算持分会社【3】　第667条第1項の承認の日【4】

三　清算持分会社【5】　第667条第1項の承認の日

【1】　2以上の株式会社が共同して株式移転をする場合にあっては、当該2以上の株式移転をする株式会社が合意により定めた日

【2】　清算持分会社を代表しない清算人がある場合に限る。

【3】　合名会社及び合資会社に限る。

【4】　第668条第1項の財産の処分の方法を定めた場合にあっては、その財産の処分を完了した日

【5】　合同会社に限る。

第930条から第932条まで　削除

第3節　外国会社の登記

（外国会社の登記）

第933条　外国会社が第817条第1項の規定により初めて日本における代表者を定めたときは、3週間以内に、次の各号に掲げる場合の区分に応じ、当該各号に定める地において、外国会社の登記をしなければならない。

一　日本に営業所を設けていない場合　日本における代表者【1】の住所地

二　日本に営業所を設けた場合　当該営業所の所在地

2　外国会社の登記においては、日本における同種の会社又は最も類似する会社の種類に従い、第911条第3項各号又は第912条から第914条までの各号に掲げる事項を登記するほか、次に掲げる事項を登記しなければならない。

一　外国会社の設立の準拠法

二　日本における代表者の氏名及び住所

三　日本における同種の会社又は最も類似する会社が株式会社であるときは、第1号に規定する準拠法の規定による公告をする方法

四　前号に規定する場合において、第819条第3項に規定する措置をとることとするときは、同条第1項に規定する貸借対照表に相当するものの内容である情報について不特定多数の者がその提供を受けるために必要な事項であって法務省令で定めるもの

五　第939条第2項の規定による公告方法についての定めがあるときは、その定め

六　前号の定めが電子公告を公告方法とする旨のものであるときは、次に掲げる事項

イ　電子公告により公告すべき内容である情報について不特定多数の者がその提供を受けるために必要な事項であって法務省令で定めるもの

ロ　第939条第3項後段の規定による定めがあるときは、その定め

七　第5号の定めがないときは、第939条第4項の規定により官報に掲載する方法を公告方法とする旨

3　外国会社が日本に設けた営業所に関する前項の規定の適用については、当該営業所を第911条第3項第3号、第912条第3号、第913条第3号又は第914条第3号に規定する支店とみなす。

4　第915条及び第918条から第929条までの規定は、外国会社について準用する。この場合において、これらの規定中「2週間」とあるのは「3週間」と、「本店の所在地」とあるのは「日本における代表者（日本に住所を有するものに限る。）の住所地（日本に営業所を設けた外国会社にあっては、当該営業所の所在地）」と読み替えるものとする。

5　前各項の規定により登記すべき事項が外国において生じたときは、登記の期間は、その通知が日本における代表者に到達した日から起算する。

（日本における代表者の選任の登記等）

第934条　日本に営業所を設けていない外国会社が外国会社の登記後に日本における代表者を新たに定めた場合【2】には、3週間以内に、その新

【1】　日本に住所を有するものに限る。以下この節において同じ。

【2】　その住所地が登記がされた他の日本における代表者の住所地を管轄する登記所の管轄区域内にある場合を除く。

たに定めた日本における代表者の住所地においても、外国会社の登記をしなければならない。

2　日本に営業所を設けた外国会社が外国会社の登記後に日本に営業所を新たに設けた場合【1】には、3週間以内に、その新たに設けた日本における営業所の所在地においても、外国会社の登記をしなければならない。

（日本における代表者の住所の移転の登記等）

第935条　日本に営業所を設けていない外国会社の日本における代表者が外国会社の登記後にその住所を他の登記所の管轄区域内に移転したときは、旧住所地においては3週間以内に移転の登記をし、新住所地においては4週間以内に外国会社の登記をしなければならない。ただし、登記がされた他の日本における代表者の住所地を管轄する登記所の管轄区域内に住所を移転したときは、新住所地においては、その住所を移転したことを登記すれば足りる。

2　日本に営業所を設けた外国会社が外国会社の登記後に営業所を他の登記所の管轄区域内に移転したときは、旧所在地においては3週間以内に移転の登記をし、新所在地においては4週間以内に外国会社の登記をしなければならない。ただし、登記がされた他の営業所の所在地を管轄する登記所の管轄区域内に営業所を移転したときは、新所在地においては、その営業所を移転したことを登記すれば足りる。

（日本における営業所の設置の登記等）

第936条　日本に営業所を設けていない外国会社が外国会社の登記後に日本に営業所を設けたときは、日本における代表者の住所地においては3週間以内に営業所を設けたことを登記し、その営業所の所在地においては4週間以内に外国会社の登記をしなければならない。ただし、登記がされた日本における代表者の住所地を管轄する登記所の管轄区域内に営業所を設けたときは、その営業所を設けたことを登記すれば足りる。

2　日本に営業所を設けた外国会社が外国会社の登記後にすべての営業所を閉鎖した場合には、その外国会社の日本における代表者の全員が退任しようとするときを除き、その営業所の所在地においては3週間以内に営業所を閉鎖したことを登記し、日本における代表者の住所地においては4週間以内に外国会社の登記をしなければならない。ただし、登記がされた営業所の所在地を管轄する登記所の管轄区域内に日本における代表者の住所地があるときは、すべての営業所を閉鎖したことを登記すれば足りる。

第4節　登記の嘱託

（裁判による登記の嘱託）

第937条　次に掲げる場合には、裁判所書記官は、職権で、遅滞なく、会社の本店の所在地を管轄する登記所にその登記を嘱託しなければならない。

一　次に掲げる訴えに係る請求を認容する判決が確定したとき。

イ　会社の設立の無効の訴え

ロ　株式会社の成立後における株式の発行の無効の訴え

ハ　新株予約権【2】の発行の無効

【1】　その所在地が登記がされた他の営業所の所在地を管轄する登記所の管轄区域内にある場合を除く。

【2】　当該新株予約権が新株予約権付社債に付されたものである場合にあっては、当該新株予約権付社債についての社債を含む。以下この節において同じ。

の訴え
ニ　株式会社における資本金の額の減少の無効の訴え
ホ　株式会社の成立後における株式の発行が存在しないことの確認の訴え
ヘ　新株予約権の発行が存在しないことの確認の訴え
ト　株主総会等の決議した事項についての登記があった場合における次に掲げる訴え
(1)　株主総会等の決議が存在しないこと又は株主総会等の決議の内容が法令に違反することを理由として当該決議が無効であることの確認の訴え
(2)　株主総会等の決議の取消しの訴え
チ　持分会社の設立の取消しの訴え
リ　会社の解散の訴え
ヌ　株式会社の役員の解任の訴え
ル　持分会社の社員の除名の訴え
ヲ　持分会社の業務を執行する社員の業務執行権又は代表権の消滅の訴え
二　次に掲げる裁判があったとき。
イ　第346条第2項、第351条第2項又は第401条第3項【1】の規定による一時取締役【2】、会計参与、監査役、代表取締役、委員【3】、執行役又は代表執行役の職務を行うべき者の選任の裁判
ロ　第479条第4項において準用する第346条第2項又は第483条第6項において準用する第351条第2項の規定による一時清算人又は代表清算人の職務を行うべき者の選任の裁判【4】
ハ　イ又はロに掲げる裁判を取り消す裁判【5】
ニ　清算人又は代表清算人若しくは清算持分会社を代表する清算人の選任又は選定の裁判を取り消す裁判【6】
ホ　清算人の解任の裁判【7】
三　次に掲げる裁判が確定したとき。
イ　前号ホに掲げる裁判を取り消す裁判
ロ　第824条第1項の規定による会社の解散を命ずる裁判
2　第827条第1項の規定による外国会社の日本における取引の継続の禁止又は営業所の閉鎖を命ずる裁判が確定したときは、裁判所書記官は、職権で、遅滞なく、次の各号に掲げる外国会社の区分に応じ、当該各号に定める地を管轄する登記所にその登記を嘱託しなければならない。
一　日本に営業所を設けていない外国会社　日本における代表者【8】の住所地
二　日本に営業所を設けている外国会社　当該営業所の所在地
3　次の各号に掲げる訴えに係る請求を認容する判決が確定した場合には、裁判所書記官は、職権で、遅滞なく、各会社の本店の所在地を管轄する登記所に当該各号に定める登記を嘱託

【1】　第403条第3項及び第420条第3項において準用する場合を含む。
【2】　監査等委員会設置会社にあっては、監査等委員である取締役又はそれ以外の取締役
【3】　指名委員会、監査委員会又は報酬委員会の委員をいう。
【4】　次条第2項第1号に規定する裁判を除く。
【5】　次条第2項第2号に規定する裁判を除く。
【6】　次条第2項第3号に規定する裁判を除く。
【7】　次条第2項第4号に規定する裁判を除く。
【8】　日本に住所を有するものに限る。

しなければならない。
一　会社の組織変更の無効の訴え　組織変更後の会社についての解散の登記及び組織変更をする会社についての回復の登記
二　会社の吸収合併の無効の訴え　吸収合併後存続する会社についての変更の登記及び吸収合併により消滅する会社についての回復の登記
三　会社の新設合併の無効の訴え　新設合併により設立する会社についての解散の登記及び新設合併により消滅する会社についての回復の登記
四　会社の吸収分割の無効の訴え　吸収分割をする会社及び当該会社がその事業に関して有する権利義務の全部又は一部を当該会社から承継する会社についての変更の登記
五　会社の新設分割の無効の訴え　新設分割をする会社についての変更の登記及び新設分割により設立する会社についての解散の登記
六　株式会社の株式交換の無効の訴え　株式交換をする株式会社【1】及び株式交換をする株式会社の発行済株式の全部を取得する会社についての変更の登記
七　株式会社の株式移転の無効の訴え　株式移転をする株式会社【2】についての変更の登記及び株式移転により設立する株式会社についての解散の登記
八　株式会社の株式交付の無効の訴え　株式交付親会社についての変更の登記

【1】　第768条第1項第4号に掲げる事項についての定めがある場合に限る。
【2】　第773条第1項第9号に掲げる事項についての定めがある場合に限る。

（特別清算に関する裁判による登記の嘱託）
第938条　次の各号に掲げる場合には、裁判所書記官は、職権で、遅滞なく、清算株式会社の本店の所在地を管轄する登記所に当該各号に定める登記を嘱託しなければならない。
一　特別清算開始の命令があったとき　特別清算開始の登記
二　特別清算開始の命令を取り消す決定が確定したとき　特別清算開始の取消しの登記
三　特別清算終結の決定が確定したとき　特別清算終結の登記
2　次に掲げる場合には、裁判所書記官は、職権で、遅滞なく、清算株式会社の本店の所在地を管轄する登記所にその登記を嘱託しなければならない。
一　特別清算開始後における第479条第4項において準用する第346条第2項又は第483条第6項において準用する第351条第2項の規定による一時清算人又は代表清算人の職務を行うべき者の選任の裁判があったとき。
二　前号の裁判を取り消す裁判があったとき。
三　特別清算開始後における清算人又は代表清算人の選任又は選定の裁判を取り消す裁判があったとき。
四　特別清算開始後における清算人の解任の裁判があったとき。
五　前号の裁判を取り消す裁判が確定したとき。
3　次に掲げる場合には、裁判所書記官は、職権で、遅滞なく、当該保全処分の登記を嘱託しなければならない。
一　清算株式会社の財産に属する権利で登記されたものに関し第540条第1項又は第2項の規定による保全処分があったとき。

二　登記のある権利に関し第542条第1項又は第2項の規定による保全処分があったとき。

4　前項の規定は、同項に規定する保全処分の変更若しくは取消しがあった場合又は当該保全処分が効力を失った場合について準用する。

5　前2項の規定は、登録のある権利について準用する。

6　前各項の規定は、その性質上許されないものを除き、第822条第1項の規定による日本にある外国会社の財産についての清算について準用する。

第5章　公告

第1節　総則

（会社の公告方法）

第939条　会社は、公告方法として、次に掲げる方法のいずれかを定款で定めることができる。

一　官報に掲載する方法

二　時事に関する事項を掲載する日刊新聞紙に掲載する方法

三　電子公告

2　外国会社は、公告方法として、前項各号に掲げる方法のいずれかを定めることができる。

3　会社又は外国会社が第1項第3号に掲げる方法を公告方法とする旨を定める場合には、電子公告を公告方法とする旨を定めれば足りる。この場合においては、事故その他やむを得ない事由によって電子公告による公告をすることができない場合の公告方法として、同項第1号又は第2号に掲げる方法のいずれかを定めることができる。

4　第1項又は第2項の規定による定めがない会社又は外国会社の公告方法は、第1項第1号の方法とする。

（電子公告の公告期間等）

第940条　株式会社又は持分会社が電子公告によりこの法律の規定による公告をする場合には、次の各号に掲げる公告の区分に応じ、当該各号に定める日までの間、継続して電子公告による公告をしなければならない。

一　この法律の規定により特定の日の一定の期間前に公告しなければならない場合における当該公告　当該特定の日

二　第440条第1項の規定による公告　同項の定時株主総会の終結の日後5年を経過する日

三　公告に定める期間内に異議を述べることができる旨の公告　当該期間を経過する日

四　前3号に掲げる公告以外の公告　当該公告の開始後1箇月を経過する日

2　外国会社が電子公告により第819条第1項の規定による公告をする場合には、同項の手続の終結の日後5年を経過する日までの間、継続して電子公告による公告をしなければならない。

3　前2項の規定にかかわらず、これらの規定により電子公告による公告をしなければならない期間【1】中公告の中断【2】が生じた場合において、次のいずれにも該当するときは、その公告の中断は、当該公告の効力に影響を及ぼさない。

一　公告の中断が生ずることにつき会社が善意でかつ重大な過失がな

【1】　以下この章において「公告期間」という。

【2】　不特定多数の者が提供を受けることができる状態に置かれた情報がその状態に置かれないこととなったこと又はその情報がその状態に置かれた後改変されたことをいう。以下この項において同じ。

いこと又は会社に正当な事由があること。

二　公告の中断が生じた時間の合計が公告期間の10分の1を超えないこと。

三　会社が公告の中断が生じたことを知った後速やかにその旨、公告の中断が生じた時間及び公告の中断の内容を当該公告に付して公告したこと。

第2節　電子公告調査機関

（電子公告調査）

第941条　この法律又は他の法律の規定による公告【1】を電子公告によりしようとする会社は、公告期間中、当該公告の内容である情報が不特定多数の者が提供を受けることができる状態に置かれているかどうかについて、法務省令で定めるところにより、法務大臣の登録を受けた者【2】に対し、調査を行うことを求めなければならない。

（登録）

第942条　前条の登録【3】は、同条の規定による調査【4】を行おうとする者の申請により行う。

2　登録を受けようとする者は、実費を勘案して政令で定める額の手数料を納付しなければならない。

（欠格事由）

第943条　次のいずれかに該当する者は、登録を受けることができない。

一　この節の規定若しくは農業協同組合法（昭和22年法律第132号）第97条の4第5項、金融商品取引法第50条の2第10項及び第66条の40第6項、公認会計士法第34条の20第6項及び第34条の23第4項、消費生活協同組合法（昭和23年法律第200号）第26条第6項、水産業協同組合法（昭和23年法律第242号）第126条の4第5項、中小企業等協同組合法（昭和24年法律第181号）第33条第7項【5】、弁護士法（昭和24年法律第205号）第30条の28第6項【6】、船主相互保険組合法（昭和25年法律第177号）第55条第3項、司法書士法（昭和25年法律第197号）第45条の2第6項、土地家屋調査士法（昭和25年法律第228号）第40条の2第6項、商品先物取引法（昭和25年法律第239号）第11条第9項、行政書士法（昭和26年法律第4号）第13条の20の2第6項、投資信託及び投資法人に関する法律（昭和26年法律第198号）第25条第2項【7】及び第186条の2第4項、税理士法第48条の19の2第6項【8】、信用金庫法（昭和26年法律第238号）第87条の4第4項、輸出入取引法（昭和27年法律第299号）第15条第6項【9】、中小漁業融資保証法（昭

【1】　第440条第1項の規定による公告を除く。以下この節において同じ。

【2】　以下この節において「**調査機関**」という。

【3】　以下この節において単に「**登録**」という。

【4】　以下この節において「**電子公告調査**」という。

【5】　輸出水産業の振興に関する法律（昭和29年法律第154号）第20条並びに中小企業団体の組織に関する法律（昭和32年法律第185号）第5条の23第3項及び第47条第2項において準用する場合を含む。

【6】　同法第43条第3項並びに外国弁護士による法律事務の取扱い等に関する法律（昭和61年法律第66号）第67条第2項、第80条第1項及び第82条第3項において準用する場合を含む。

【7】　同法第59条において準用する場合を含む。

【8】　同法第49条の12第3項において準用する場合を含む。

【9】　同法第19条の6において準用する場合を含む。

和27年法律第346号)第55条第5項、労働金庫法(昭和28年法律第227号)第91条の4第4項、技術研究組合法(昭和36年法律第81号)第16条第8項、農業信用保証保険法(昭和36年法律第204号)第48条の3第5項【1】、社会保険労務士法(昭和43年法律第89号)第25条の23の2第6項、森林組合法(昭和53年法律第36号)第8条の2第5項、銀行法第49条の2第2項及び第52条の60の36第7項【2】、保険業法(平成7年法律第105号)第67条の2及び第217条第3項、資産の流動化に関する法律(平成10年法律第105号)第194条第4項、弁理士法(平成12年法律第49号)第53条の2第6項、農林中央金庫法(平成13年法律第93号)第96条の2第4項、信託業法第57条第6項、一般社団法人及び一般財団法人に関する法律第333条、資金決済に関する法律(平成21年法律第59号)第20条第4項、第61条第7項、第62条の25第7項及び第63条の20第7項並びに労働者協同組合法(令和2年法律第78号)第29条第6項【3】【4】において準用する第955条第1項の規定又はこの節の規定に基づく命令に違反し、**罰金以上の刑に処せられ、その執行を終わり、又は執行を受けることがなくなった日から2年を経過しない者**

二　第954条の規定により**登録を取り消され、その取消しの日から2年を経過しない者**

三　法人であって、その業務を行う**理事等【5】のうちに前2号のいずれかに該当する者があるもの**

(登録基準)

第944条　法務大臣は、第942条第1項の規定により登録を申請した者が、次に掲げる要件の全てに適合しているときは、その登録をしなければならない。この場合において、登録に関して必要な手続は、法務省令で定める。

一　電子公告調査に必要な電子計算機及びプログラム【6】であって次に掲げる要件の全てに適合するものを用いて電子公告調査を行うものであること。

イ　当該電子計算機及びプログラムが電子公告により公告されている情報をインターネットを利用して閲覧することができるものであること。

ロ　当該電子計算機若しくはその用に供する電磁的記録を損壊し、若しくは当該電子計算機に虚偽の情報若しくは不正な指令を与え、又はその他の方法により、当該電子計算機に使用目的に沿うべき動作をさせず、又は使用目的に反する動作をさせることを防ぐために必要な措置が講じられていること。

【1】　同法第48条の9第7項において準用する場合を含む。

【2】　協同組合による金融事業に関する法律(昭和24年法律第183号)第6条の5第1項及び信用金庫法第89条第7項において準用する場合を含む。

【3】　同法第111条第2項において準用する場合を含む。

【4】　以下この節において「**電子公告関係規定**」と総称する。

【5】　理事、取締役、執行役、業務を執行する社員、監事若しくは監査役又はこれらに準ずる者をいう。第947条において同じ。

【6】　電子計算機に対する指令であって、1の結果を得ることができるように組み合わされたものをいう。以下この号において同じ。

ハ　当該電子計算機及びプログラムがその電子公告調査を行う期間を通じて当該電子計算機に入力された情報及び指令並びにインターネットを利用して提供を受けた情報を保存する機能を有していること。

二　電子公告調査を適正に行うために必要な実施方法が定められていること。

2　登録は、調査機関登録簿に次に掲げる事項を記載し、又は記録してするものとする。

一　登録年月日及び登録番号

二　登録を受けた者の氏名又は名称及び住所並びに法人にあっては、その代表者の氏名

三　登録を受けた者が電子公告調査を行う事業所の所在地

（登録の更新）

第945条　登録は、3年を下らない政令で定める期間ごとにその更新を受けなければ、その期間の経過によって、その効力を失う。

2　前3条の規定は、前項の登録の更新について準用する。

（調査の義務等）

第946条　調査機関は、電子公告調査を行うことを求められたときは、正当な理由がある場合を除き、電子公告調査を行わなければならない。

2　調査機関は、公正に、かつ、法務省令で定める方法により電子公告調査を行わなければならない。

3　調査機関は、電子公告調査を行う場合には、法務省令で定めるところにより、電子公告調査を行うことを求めた者【1】の商号その他の法務省令で定める事項を法務大臣に報告しなければならない。

4　調査機関は、電子公告調査の後遅滞なく、調査委託者に対して、法務省令で定めるところにより、当該電子公告調査の結果を通知しなければならない。

（電子公告調査を行うことができない場合）

第947条　調査機関は、次に掲げる者の電子公告による公告又はその者若しくはその理事等が電子公告による公告に関与した場合として法務省令で定める場合における当該公告については、電子公告調査を行うことができない。

一　当該調査機関

二　当該調査機関が株式会社である場合における親株式会社【2】

三　理事等又は職員【3】が当該調査機関の理事等に占める割合が2分の1を超える法人

四　理事等又は職員のうちに当該調査機関【4】又は当該調査機関の代表権を有する理事等が含まれている法人

（事業所の変更の届出）

第948条　調査機関は、電子公告調査を行う事業所の所在地を変更しようとするときは、変更しようとする日の2週間前までに、法務大臣に届け出なければならない。

（業務規程）

第949条　調査機関は、電子公告調査の業務に関する規程【5】を定め、電子公告調査の業務の開始前に、法務大臣に届け出なければならない。これを変更しようとするときも、同様とする。

2　業務規程には、電子公告調査の実

【1】　以下この節において「**調査委託者**」という。

【2】　当該調査機関を子会社とする株式会社をいう。

【3】　過去2年間にそのいずれかであった者を含む。次号において同じ。

【4】　法人であるものを除く。

【5】　次項において「**業務規程**」という。

施方法、電子公告調査に関する料金その他の法務省令で定める事項を定めておかなければならない。

（業務の休廃止）

第950条　調査機関は、電子公告調査の業務の全部又は一部を休止し、又は廃止しようとするときは、法務省令で定めるところにより、あらかじめ、その旨を法務大臣に届け出なければならない。

（財務諸表等の備置き及び閲覧等）

第951条　調査機関は、毎事業年度経過後3箇月以内に、その事業年度の財産目録、貸借対照表及び損益計算書又は収支計算書並びに事業報告書【1】を作成し、5年間事業所に備え置かなければならない。

2　調査委託者その他の利害関係人は、調査機関に対し、その業務時間内は、いつでも、次に掲げる請求をすることができる。ただし、第2号又は第4号に掲げる請求をするには、当該調査機関の定めた費用を支払わなければならない。

一　財務諸表等が書面をもって作成されているときは、当該書面の閲覧又は謄写の請求

二　前号の書面の謄本又は抄本の交付の請求

三　財務諸表等が電磁的記録をもって作成されているときは、当該電磁的記録に記録された事項を法務省令で定める方法により表示したものの閲覧又は謄写の請求

四　前号の電磁的記録に記録された事項を電磁的方法であって調査機関の定めたものにより提供することの請求又は当該事項を記載した書面の交付の請求

（適合命令）

第952条　法務大臣は、調査機関が第944条第1項各号のいずれかに適合しなくなったと認めるときは、その調査機関に対し、これらの規定に適合するため必要な措置をとるべきことを命ずることができる。

（改善命令）

第953条　法務大臣は、調査機関が第946条の規定に違反していると認めるときは、その調査機関に対し、電子公告調査を行うべきこと又は電子公告調査の方法その他の業務の方法の改善に関し必要な措置をとるべきことを命ずることができる。

（登録の取消し等）

第954条　法務大臣は、調査機関が次のいずれかに該当するときは、その登録を取り消し、又は期間を定めて電子公告調査の業務の全部若しくは一部の停止を命ずることができる。

一　第943条第1号又は第3号に該当するに至ったとき。

二　第947条【2】から第950条まで、第951条第1項又は次条第1項【3】の規定に違反したとき。

三　正当な理由がないのに第951条第2項各号又は次条第2項各号【4】の規定による請求を拒んだとき。

四　第952条又は前条【5】の命令に違反したとき。

五　不正の手段により第941条の登録を受けたとき。

【1】　これらの作成に代えて電磁的記録の作成がされている場合における当該電磁的記録を含む。次項において「財務諸表等」という。

【2】　電子公告関係規定において準用する場合を含む。

【3】　電子公告関係規定において準用する場合を含む。

【4】　電子公告関係規定において準用する場合を含む。

【5】　電子公告関係規定において準用する場合を含む。

会社法

（調査記録簿等の記載等）

第955条　調査機関は、法務省令で定めるところにより、調査記録又はこれに準ずるものとして法務省令で定めるもの【1】を備え、電子公告調査に関し法務省令で定めるものを記載し、又は記録し、及び当該調査記録簿等を保存しなければならない。

2　調査委託者その他の利害関係人は、調査機関に対し、その業務時間内は、いつでも、当該調査機関が前項又は次条第2項の規定により保存している調査記録簿等【2】について、次に掲げる請求をすることができる。ただし、当該請求をするには、当該調査機関の定めた費用を支払わなければならない。

一　調査記録簿等が書面をもって作成されているときは、当該書面の写しの交付の請求

二　調査記録簿等が電磁的記録をもって作成されているときは、当該電磁的記録に記録された事項を電磁的方法であって調査機関の定めたものにより提供することの請求又は当該事項を記載した書面の交付の請求

（調査記録簿等の引継ぎ）

第956条　調査機関は、電子公告調査の業務の全部の廃止をしようとするとき、又は第954条の規定により登録が取り消されたときは、その保存に係る前条第1項【3】の調査記録簿等を他の調査機関に引き継がなければならない。

2　前項の規定により同項の調査記録簿等の引継ぎを受けた調査機関は、法務省令で定めるところにより、その調査記録簿等を保存しなければならない。

（法務大臣による電子公告調査の業務の実施）

第957条　法務大臣は、登録を受ける者がないとき、第950条の規定による電子公告調査の業務の全部又は一部の休止又は廃止の届出があったとき、第954条の規定により登録を取り消し、又は調査機関に対し電子公告調査の業務の全部若しくは一部の停止を命じたとき、調査機関が天災その他の事由によって電子公告調査の業務の全部又は一部を実施することが困難となったとき、その他必要があると認めるときは、当該電子公告調査の業務の全部又は一部を自ら行うことができる。

2　法務大臣が前項の規定により電子公告調査の業務の全部又は一部を自ら行う場合における電子公告調査の業務の引継ぎその他の必要な事項については、法務省令で定める。

3　第1項の規定により法務大臣が行う電子公告調査を求める者は、実費を勘案して政令で定める額の手数料を納付しなければならない。

（報告及び検査）

第958条　法務大臣は、この法律の施行に必要な限度において、調査機関に対し、その業務若しくは経理の状況に関し報告をさせ、又はその職員に、調査機関の事務所若しくは事業所に立ち入り、業務の状況若しくは帳簿、書類その他の物件を検査させることができる。

2　前項の規定により職員が立入検査をする場合には、その身分を示す証明書を携帯し、関係人にこれを提示しなければならない。

3　第1項の規定による立入検査の権限は、犯罪捜査のために認められた

【1】 以下この条において「調査記録簿等」という。
【2】 利害関係がある部分に限る。
【3】 電子公告関係規定において準用する場合を含む。

ものと解釈してはならない。

(公示)

第959条　法務大臣は、次に掲げる場合には、その旨を官報に公示しなければならない。

一　登録をしたとき。

二　第945条第1項の規定により登録が効力を失ったことを確認したとき。

三　第948条又は第950条の届出があったとき。

四　第954条の規定により登録を取り消し、又は電子公告調査の業務の全部若しくは一部の停止を命じたとき。

五　第957条第1項の規定により法務大臣が電子公告調査の業務の全部若しくは一部を自ら行うものとするとき、又は自ら行っていた電子公告調査の業務の全部若しくは一部を行わないこととするとき。

第8編　罰則

(取締役等の特別背任罪)

第960条　次に掲げる者が、自己若しくは第三者の利益を図り又は株式会社に損害を加える目的で、その任務に背く行為をし、当該株式会社に財産上の損害を加えたときは、10年以下の拘禁刑若しくは1000万円以下の罰金に処し、又はこれを併科する。

一　発起人

二　設立時取締役又は設立時監査役

三　取締役、会計参与、監査役又は執行役

四　民事保全法第56条に規定する仮処分命令により選任された取締役、監査役又は執行役の職務を代行する者

五　第346条第2項、第351条第2項又は第401条第3項【1】の規定により選任された一時取締役【2】、会計参与、監査役、代表取締役、委員【3】、執行役又は代表執行役の職務を行うべき者

六　支配人

七　事業に関するある種類又は特定の事項の委任を受けた使用人

八　検査役

2　次に掲げる者が、自己若しくは第三者の利益を図り又は清算株式会社に損害を加える目的で、その任務に背く行為をし、当該清算株式会社に財産上の損害を加えたときも、前項と同様とする。

一　清算株式会社の清算人

二　民事保全法第56条に規定する仮処分命令により選任された清算株式会社の清算人の職務を代行する者

三　第479条第4項において準用する第346条第2項又は第483条第6項において準用する第351条第2項の規定により選任された一時清算人又は代表清算人の職務を行うべき者

四　清算人代理

五　監督委員

六　調査委員

(代表社債権者等の特別背任罪)

第961条　代表社債権者又は決議執行者【4】が、自己若しくは第三者の利益を図り又は社債権者に損害を加える目的で、その任務に背く行為をし、

【1】　第403条第3項及び第420条第3項において準用する場合を含む。

【2】　監査等委員会設置会社にあっては、監査等委員である取締役又はそれ以外の取締役

【3】　指名委員会、監査委員会又は報酬委員会の委員をいう。

【4】　第737条第2項に規定する決議執行者をいう。以下同じ。

社債権者に財産上の損害を加えたときは、5年以下の拘禁刑若しくは500万円以下の罰金に処し、又はこれを併科する。

（未遂罪）

第962条 前2条の罪の未遂は、罰する。

（会社財産を危うくする罪）

第963条 第960条第1項第1号又は第2号に掲げる者が、第34条第1項若しくは第63条第1項の規定による払込み若しくは給付について、又は第28条各号に掲げる事項について、裁判所又は創立総会若しくは種類創立総会に対し、虚偽の申述を行い、又は事実を隠蔽したときは、5年以下の拘禁刑若しくは500万円以下の罰金に処し、又はこれを併科する。

2 第960条第1項第3号から第5号までに掲げる者が、第199条第1項第3号又は第236条第1項第3号に掲げる事項について、裁判所又は株主総会若しくは種類株主総会に対し、虚偽の申述を行い、又は事実を隠蔽したときも、前項と同様とする。

3 検査役が、第28条各号、第199条第1項第3号又は第236条第1項第3号に掲げる事項について、裁判所に対し、虚偽の申述を行い、又は事実を隠蔽したときも、第1項と同様とする。

4 第94条第1項の規定により選任された者が、第34条第1項若しくは第63条第1項の規定による払込み若しくは給付について、又は第28条各号に掲げる事項について、創立総会に対し、虚偽の申述を行い、又は事実を隠蔽したときも、第1項と同様とする。

5 第960条第1項第3号から第7号までに掲げる者が、次のいずれかに該当する場合にも、第1項と同様とする。

一 何人（なんぴと）の名義をもってするかを問わず、株式会社の計算において不正にその株式を取得したとき。

二 法令又は定款の規定に違反して、剰余金の配当をしたとき。

三 株式会社の目的の範囲外において、投機取引のために株式会社の財産を処分したとき。

（虚偽文書行使等の罪）

第964条 次に掲げる者が、株式、新株予約権、社債又は新株予約権付社債を引き受ける者の募集をするに当たり、会社の事業その他の事項に関する説明を記載した資料若しくは当該募集の広告その他の当該募集に関する文書であって重要な事項について虚偽の記載のあるものを行使し、又はこれらの書類の作成に代えて電磁的記録の作成がされている場合における当該電磁的記録であって重要な事項について虚偽の記録のあるものをその募集の事務の用に供したときは、5年以下の拘禁刑若しくは500万円以下の罰金に処し、又はこれを併科する。

一 第960条第1項第1号から第7号までに掲げる者

二 持分会社の業務を執行する社員

三 民事保全法第56条に規定する仮処分命令により選任された持分会社の業務を執行する社員の職務を代行する者

四 株式、新株予約権、社債又は新株予約権付社債を引き受ける者の募集の委託を受けた者

2 株式、新株予約権、社債又は新株予約権付社債の売出しを行う者が、その売出しに関する文書であって重要な事項について虚偽の記載のあるものを行使し、又は当該文書の作成

に代えて電磁的記録の作成がされている場合における当該電磁的記録であって重要な事項について虚偽の記録のあるものをその売出しの事務の用に供したときも、前項と同様とする。

（預合いの罪）

第965条　第960条第1項第1号から第7号までに掲げる者が、株式の発行に係る払込みを仮装するため預合いを行ったときは、5年以下の拘禁刑若しくは500万円以下の罰金に処し、又はこれを併科する。預合いに応じた者も、同様とする。

（株式の超過発行の罪）

第966条　次に掲げる者が、株式会社が発行することができる株式の総数を超えて株式を発行したときは、5年以下の拘禁刑又は500万円以下の罰金に処する。

一　発起人

二　設立時取締役又は設立時執行役

三　取締役、執行役又は清算株式会社の清算人

四　民事保全法第56条に規定する仮処分命令により選任された取締役、執行役又は清算株式会社の清算人の職務を代行する者

五　第346条第2項【1】又は第403条第3項において準用する第401条第3項の規定により選任された一時取締役【2】、執行役又は清算株式会社の清算人の職務を行うべき者

（取締役等の贈収賄罪）

第967条　次に掲げる者が、その職務に関し、不正の請託を受けて、財産上の利益を収受し、又はその要求若しくは約束をしたときは、5年以下の拘禁刑又は500万円以下の罰金に処する。

一　第960条第1項各号又は第2項各号に掲げる者

二　第961条に規定する者

三　会計監査人又は第346条第4項の規定により選任された一時会計監査人の職務を行うべき者

2　前項の利益を供与し、又はその申込み若しくは約束をした者は、3年以下の拘禁刑又は300万円以下の罰金に処する。

（株主等の権利の行使に関する贈収賄罪）

第968条　次に掲げる事項に関し、不正の請託を受けて、財産上の利益を収受し、又はその要求若しくは約束をした者は、5年以下の拘禁刑又は500万円以下の罰金に処する。

一　株主総会若しくは種類株主総会、創立総会若しくは種類創立総会、社債権者集会又は債権者集会における**発言又は議決権の行使**

二　第210条若しくは第247条、第297条第1項若しくは第4項、第303条第1項若しくは第2項、第304条、第305条第1項若しくは第306条第1項若しくは第2項【3】、第358条第1項、第360条第1項若しくは第2項【4】、第422条第1項若しくは第2項、第426条第7項、第433条第1項若しくは第479条第2項に規定する**株主の権利の行使**、第511条第1項若しくは第522条第1項に規定する**株主若しくは債権者の権利の行使**又は第547条第1項若しくは

【1】　第479条第4項において準用する場合を含む。

【2】　監査等委員会設置会社にあっては、監査等委員である取締役又はそれ以外の取締役

【3】　これらの規定を第325条において準用する場合を含む。

【4】　これらの規定を第482条第4項において準用する場合を含む。

第3項に規定する**債権者の権利の行使**

三　社債の総額【1】の10分の1以上に当たる社債を有する**社債権者の権利の行使**

四　第828条第1項、第829条から第831条まで、第833条第1項、第847条第3項若しくは第5項、第847条の2第6項若しくは第8項、第847条の3第7項若しくは第9項、第853条、第854条又は第858条に規定する**訴えの提起**【2】

五　第849条第1項の規定による**株主等の訴訟参加**

2　前項の利益を供与し、又はその申込み若しくは約束をした者も、同項と同様とする。

（没収及び追徴）

第969条　第967条第1項又は前条第1項の場合において、犯人の収受した利益は、没収する。その全部又は一部を没収することができないときは、その価額を追徴する。

（株主等の権利の行使に関する利益供与の罪）

第970条　第960条第1項第3号から第6号までに掲げる者又はその他の株式会社の使用人が、株主の権利、当該株式会社に係る適格旧株主【3】の権利又は当該株式会社の最終完全親会社等【4】の株主の権利の行使に関し、当該株式会社又はその子会社の計算において財産上の利益を供与したときは、3年以下の拘禁刑又は300万円以下の罰金に処する。

2　情を知って、前項の利益の供与を受け、又は第三者にこれを供与させた者も、同項と同様とする。

3　株主の権利、株式会社に係る適格旧株主の権利又は株式会社の最終完全親会社等の株主の権利の行使に関し、当該株式会社又はその子会社の計算において第1項の利益を自己又は第三者に供与することを同項に規定する者に要求した者も、同項と同様とする。

4　前2項の罪を犯した者が、その実行について第1項に規定する者に対し威迫の行為をしたときは、5年以下の拘禁刑又は500万円以下の罰金に処する。

5　前3項の罪を犯した者には、情状により、拘禁刑及び罰金を併科することができる。

6　第1項の罪を犯した者が自首したときは、その刑を減軽し、又は免除することができる。

（国外犯）

第971条　第960条から第963条まで、第965条、第966条、第967条第1項、第968条第1項及び前条第1項の罪は、日本国外においてこれらの罪を犯した者にも適用する。

2　第967条第2項、第968条第2項及び前条第2項から第4項までの罪は、刑法（明治40年法律第45号）第2条の例に従う。

（法人における罰則の適用）

第972条　第960条、第961条、第963条から第966条まで、第967条第1項又は第970条第1項に規定する者が法人であるときは、これらの規定及び第962条の規定は、その行為をした取締役、執行役その他業務を執行する役員又は支配人に対してそれぞれ適用する。

【1】　償還済みの額を除く。

【2】　株主等（第847条の4第2項に規定する株主等をいう。次号において同じ。）、株式会社の債権者又は新株予約権若しくは新株予約権付社債を有する者がするものに限る。

【3】　第847条の2第9項に規定する適格旧株主をいう。第3項において同じ。

【4】　第847条の3第1項に規定する最終完全親会社等をいう。第3項において同じ。

（業務停止命令違反の罪）

第973条　第954条の規定による電子公告調査【1】の業務の全部又は一部の停止の命令に違反した者は、1年以下の拘禁刑若しくは100万円以下の罰金に処し、又はこれを併科する。

（虚偽届出等の罪）

第974条　次のいずれかに該当する者は、30万円以下の罰金に処する。

一　第950条の規定による届出をせず、又は虚偽の届出をした者

二　第955条第1項の規定に違反して、調査記録簿等【2】に同項に規定する電子公告調査に関し法務省令で定めるものを記載せず、若しくは記録せず、若しくは虚偽の記載若しくは記録をし、又は同項若しくは第956条第2項の規定に違反して調査記録簿等を保存しなかった者

三　第958条第1項の規定による報告をせず、若しくは虚偽の報告をし、又は同項の規定による検査を拒み、妨げ、若しくは忌避した者

（両罰規定）

第975条　法人の代表者又は法人若しくは人の代理人、使用人その他の従業者が、その法人又は人の業務に関し、前2条の違反行為をしたときは、行為者を罰するほか、その法人又は人に対しても、各本条の罰金刑を科する。

（過料に処すべき行為）

第976条　発起人、設立時取締役、設立時監査役、設立時執行役、取締役、会計参与若しくはその職務を行うべき社員、監査役、執行役、会計監査人若しくはその職務を行うべき社員、清算人、清算人代理、持分会社の業務を執行する社員、民事保全法第56条に規定する仮処分命令により選任された取締役、監査役、執行役清算人若しくは持分会社の業務を執行する社員の職務を代行する者、第960条第1項第5号に規定する一時取締役、会計参与、監査役、代表取締役、委員、執行役若しくは代表執行役の職務を行うべき者、同条第2項第3号に規定する一時清算人若しくは代表清算人の職務を行うべき者、第967条第1項第3号に規定する一時会計監査人の職務を行うべき者、検査役、監督委員、調査委員、株主名簿管理人、社債原簿管理人、社債管理者、事務を承継する社債管理者、社債管理補助者、事務を承継する社債管理補助者、代表社債権者、決議執行者、外国会社の日本における代表者又は支配人は、次のいずれかに該当する場合には、100万円以下の過料に処する。ただし、その行為について刑を科すべきときは、この限りでない。

一　この法律の規定による登記をすることを怠ったとき。

二　この法律の規定による公告若しくは通知をすることを怠ったとき、又は不正の公告若しくは通知をしたとき。

三　この法律の規定による開示をすることを怠ったとき。

四　この法律の規定に違反して、正当な理由がないのに、書類若しくは電磁的記録に記録された事項を法務省令で定める方法により表示したものの閲覧若しくは謄写又は書類の謄本若しくは抄本の交付、電磁的記録に記録された事項を電磁的方法により提供すること若しくはその事項を記載した書面の交

【1】　第942条第1項に規定する電子公告調査をいう。以下同じ。

【2】　同項に規定する調査記録簿等をいう。以下この号において同じ。

付を拒んだとき。
五　この法律の規定による調査を妨げたとき。
六　官庁、株主総会若しくは種類株主総会、創立総会若しくは種類創立総会、社債権者集会又は債権者集会に対し、虚偽の申述を行い、又は事実を隠蔽したとき。
七　定款、株主名簿、株券喪失登録簿、新株予約権原簿、社債原簿、議事録、財産目録、会計帳簿、貸借対照表、損益計算書、事業報告、事務報告、第435条第2項若しくは第494条第1項の附属明細書、会計参与報告、監査報告、会計監査報告、決算報告又は第122条第1項、第149条第1項、第171条の2第1項、第173条の2第1項、第179条の5第1項、第179条の10第1項、第182条の2第1項、第182条の6第1項、第250条第1項、第270条第1項、第682条第1項、第695条第1項、第782条第1項、第791条第1項、第794条第1項、第801条第1項若しくは第2項、第803条第1項、第811条第1項、第815条第1項若しくは第2項、第816条の2第1項若しくは第816条の10第1項の書面若しくは電磁的記録に記載し、若しくは記録すべき事項を記載せず、若しくは記録せず、又は虚偽の記載若しくは記録をしたとき。
八　第31条第1項の規定、第74条第6項、第75条第3項、第76条第4項、第81条第2項若しくは第82条第2項【1】、第125条第1項、第171条の2第1項、第173条の2第2項、第179条の5第1項、第179条の10第2項、第182条の2第1項、第182条の6第2項、第231条第1項若しくは第252条第1項、第310条第6項、第311条第3項、第312条第4項、第318条第2項若しくは第3項若しくは第319条第2項【2】、第371条第1項【3】、第378条第1項、第394条第1項、第399条の11第1項、第413条第1項、第442条第1項若しくは第2項、第496条第1項、第684条第1項、第731条第2項、第782条第1項、第791条第2項、第794条第1項、第801条第3項、第803条第1項、第811条第2項、第815条第3項、第816条の2第1項又は第816条の10第2項の規定に違反して、帳簿又は書類若しくは電磁的記録を備え置かなかったとき。
九　正当な理由がないのに、株主総会若しくは種類株主総会又は創立総会若しくは種類創立総会において、株主又は設立時株主の求めた事項について説明をしなかったとき。
十　第135条第1項の規定に違反して株式を取得したとき、又は同条第3項の規定に違反して株式の処分をすることを怠ったとき。
十一　第178条第1項又は第2項の規定に違反して、株式の消却をしたとき。
十二　第197条第1項又は第2項の規定に違反して、株式の競売又は売却をしたとき。
十三　株式、新株予約権又は社債の発行の日前に株券、新株予約権証

【1】これらの規定を第86条において準用する場合を含む。
【2】これらの規定を第325条において準用する場合を含む。
【3】第490条第5項において準用する場合を含む。

券又は社債券を発行したとき。

十四　第215条第1項、第288条第1項又は第696条の規定に違反して、遅滞なく、株券、新株予約権証券又は社債券を発行しなかったとき。

十五　株券、新株予約権証券又は社債券に記載すべき事項を記載せず、又は虚偽の記載をしたとき。

十六　第225条第4項、第226条第2項、第227条又は第229条第2項の規定に違反して、株券喪失登録を抹消しなかったとき。

十七　第230条第1項の規定に違反して、株主名簿に記載し、又は記録したとき。

十八　第296条第1項の規定又は第307条第1項第1号【1】若しくは第359条第1項第1号の規定による裁判所の命令に違反して、株主総会を招集しなかったとき。

十八の二　第303条第1項又は第2項【2】の規定による請求があった場合において、その請求に係る事項を株主総会又は種類株主総会の目的としなかったとき。

十九　第325条の3第1項【3】の規定に違反して、電子提供措置をとらなかったとき。

十九の二　第327条の2の規定に違反して、社外取締役を選任しなかったとき。

十九の三　第331条第6項の規定に違反して、社外取締役を監査等委員である取締役の過半数に選任しなかったとき。

二十　第335条第3項の規定に違反して、社外監査役を監査役の半数以上に選任しなかったとき。

二十一　第343条第2項【4】又は第344条の2第2項【5】の規定による請求があった場合において、その請求に係る事項を株主総会若しくは種類株主総会の目的とせず、又はその請求に係る議案を株主総会若しくは種類株主総会に提出しなかったとき。

二十二　取締役【6】、会計参与、監査役、執行役又は会計監査人がこの法律又は定款で定めたその員数を欠くこととなった場合において、その選任【7】の手続をすることを怠ったとき。

二十三　第365条第2項【8】又は第430条の2第4項【9】の規定に違反して、取締役会又は清算人会に報告せず、又は虚偽の報告をしたとき。

二十四　第390条第3項の規定に違反して、常勤の監査役を選定しなかったとき。

二十五　第445条第3項若しくは第4項の規定に違反して資本準備金若しくは準備金を計上せず、又は第448条の規定に違反して準備金の額の減少をしたとき。

二十六　第449条第2項若しくは第5項、第627条第2項若しくは第

【1】　第325条において準用する場合を含む。

【2】　これらの規定を第325条において準用する場合を含む。

【3】　第325条の7において準用する場合を含む。

【4】　第347条第2項の規定により読み替えて適用する場合を含む。

【5】　第347条第1項の規定により読み替えて適用する場合を含む。

【6】　監査等委員会設置会社にあっては、監査等委員である取締役又はそれ以外の取締役

【7】　一時会計監査人の職務を行うべき者の選任を含む。

【8】　第419条第2項及び第489条第8項において準用する場合を含む。

【9】　同条第5項において準用する場合を含む。

5項、第635条第2項若しくは第5項、第670条第2項若しくは第5項、第779条第2項若しくは第5項【1】、第789条第2項若しくは第5項【2】、第799条第2項若しくは第5項【3】、第810条第2項若しくは第5項【4】、第816条の8第2項若しくは第5項又は第820条第1項若しくは第2項の規定に違反して、資本金若しくは準備金の額の減少、持分の払戻し、持分会社の財産の処分、組織変更、吸収合併、新設合併、吸収分割、新設分割、株式交換、株式移転、株式交付又は外国会社の日本における代表者の全員の退任をしたとき。

二十七　第484条第1項若しくは第656条第1項の規定に違反して破産手続開始の申立てを怠ったとき、又は第511条第2項の規定に違反して特別清算開始の申立てをすることを怠ったとき。

二十八　清算の結了を遅延させる目的で、第499条第1項、第660条第1項又は第670条第2項の期間を不当に定めたとき。

二十九　第500条第1項、第537条第1項又は第661条第1項の規定に違反して、債務の弁済をしたとき。

三十　第502条又は第664条の規定に違反して、清算株式会社又は清算持分会社の財産を分配したとき。

三十一　第535条第1項又は第536条第1項の規定に違反したとき。

三十二　第540条第1項若しくは第2項又は第542条第1項若しくは第2項の規定による保全処分に違反したとき。

三十三　第702条の規定に違反して社債を発行し、又は第714条第1項【5】の規定に違反して事務を承継する社債管理者若しくは社債管理補助者を定めなかったとき。

三十四　第827条第1項の規定による裁判所の命令に違反したとき。

三十五　第941条の規定に違反して、電子公告調査を求めなかったとき。

第977条　次のいずれかに該当する者は、100万円以下の過料に処する。

一　第946条第3項の規定に違反して、報告をせず、又は虚偽の報告をした者

二　第951条第1項の規定に違反して、財務諸表等【6】を備え置かず、又は財務諸表等に記載し、若しくは記録すべき事項を記載せず、若しくは記録せず、若しくは虚偽の記載若しくは記録をした者

三　正当な理由がないのに、第951条第2項各号又は第955条第2項各号に掲げる請求を拒んだ者

第978条　次のいずれかに該当する者は、100万円以下の過料に処する。

一　第6条第3項の規定に違反して、他の種類の会社であると誤認されるおそれのある文字をその商号中に用いた者

二　第7条の規定に違反して、会社であると誤認されるおそれのある文字をその名称又は商号中に使用した者

【1】　これらの規定を第781条第2項において準用する場合を含む。
【2】　これらの規定を第793条第2項において準用する場合を含む。
【3】　これらの規定を第802条第2項において準用する場合を含む。
【4】　これらの規定を第813条第2項において準用する場合を含む。
【5】　第714条の7において準用する場合を含む。
【6】　同項に規定する財務諸表等をいう。以下同じ。

三　第8条第1項の規定に違反して、他の会社【1】であると誤認されるおそれのある名称又は商号を使用した者

第**979**条　会社の成立前に当該会社の名義を使用して事業をした者は、会社の設立の登録免許税の額に相当する過料に処する。

2　第818条第1項又は第821条第1項の規定に違反して取引をした者も、前項と同様とする。

【1】　外国会社を含む。

民事訴訟法

法律番号：平成 8 年法律第 109 号
最終改正：令和 5 年法律第 28 号

目次

第 1 編　総則

第 1 章　通則

（趣旨）

第 1 条　民事訴訟に関する手続については、他の法令に定めるもののほか、この法律の定めるところによる。

（裁判所及び当事者の責務）

第 2 条　裁判所は、民事訴訟が公正かつ迅速に行われるように努め、当事者は、信義に従い誠実に民事訴訟を追行しなければならない。

（最高裁判所規則）

第 3 条　この法律に定めるもののほか、民事訴訟に関する手続に関し必要な事項は、最高裁判所規則で定める。

第 2 章　裁判所

第 1 節　日本の裁判所の管轄権

（被告の住所等による管轄権）

第 3 条の 2　裁判所は、人に対する訴えについて、その住所が日本国内にあるとき、住所がない場合又は住所が知れない場合にはその居所が日本国内にあるとき、居所がない場合又は居所が知れない場合には訴えの提起前に日本国内に住所を有していたとき【1】は、管轄権を有する。

2　裁判所は、大使、公使その他外国に在ってその国の裁判権からの免除を享有する日本人に対する訴えについて、前項の規定にかかわらず、管轄権を有する。

3　裁判所は、法人その他の社団又は財団に対する訴えについて、その主たる事務所又は営業所が日本国内にあるとき、事務所若しくは営業所がない場合又はその所在地が知れない場合には代表者その他の主たる業務担当者の住所が日本国内にあるときは、管轄権を有する。

（契約上の債務に関する訴え等の管轄権）

第3条の3　次の各号に掲げる訴えは、それぞれ当該各号に定めるときは、日本の裁判所に提起することができる。

一　契約上の債務の履行の請求を目的とする訴え又は契約上の債務に関して行われた事務管理若しくは生じた不当利得に係る請求、契約上の債務の不履行による損害賠償の請求その他契約上の債務に関する請求を目的とする訴え

⇨契約において定められた当該債務の履行地が日本国内にあるとき、又は契約において選択された地の法によれば当該債務の履行地が日本国内にあるとき。

二　手形又は小切手による金銭の支払の請求を目的とする訴え

⇨手形又は小切手の支払地が日本国内にあるとき。

三　財産権上の訴え

⇨請求の目的が日本国内にあるとき、又は当該訴えが金銭の支払を請求するものである場合には差し押さえることができる被告の財産が日本国内にあるとき【2】。

四　事務所又は営業所を有する者に対する訴えでその事務所又は営業所における業務に関するもの

⇨当該事務所又は営業所が日本国内にあるとき。

五　日本において事業を行う者【3】に対する訴え

⇨当該訴えがその者の日本における業務に関するものであるとき。

六　船舶債権その他船舶を担保とする債権に基づく訴え

⇨船舶が日本国内にあるとき。

七　会社その他の社団又は財団に関する訴えで次に掲げるもの

イ　会社その他の社団からの社員若しくは社員であった者に対する訴え、社員からの社員若しくは社員であった者に対する訴え又は社員であった者からの社員に対する訴えで、社員としての資格に基づくもの

ロ　社団又は財団からの役員又は役員であった者に対する訴えで役員としての資格に基づくもの

ハ　会社からの発起人若しくは発起人であった者又は検査役若しくは検査役であった者に対する訴えで発起人又は検査役としての資格に基づくもの

【1】　日本国内に最後に住所を有していた後に外国に住所を有していたときを除く。

【2】　その財産の価額が著しく低いときを除く。

【3】　日本において取引を継続してする外国会社（会社法（平成17年法律第86号）第2条第2号に規定する外国会社をいう。）を含む。

民事訴訟法

ニ　会社その他の社団の債権者からの社員又は社員であった者に対する訴えで社員としての資格に基づくもの
⇨社団又は財団が法人である場合にはそれが日本の法令により設立されたものであるとき、法人でない場合にはその主たる事務所又は営業所が日本国内にあるとき。

八　不法行為に関する訴え
⇨不法行為があった地が日本国内にあるとき【1】。

九　船舶の衝突その他海上の事故に基づく損害賠償の訴え
⇨損害を受けた船舶が最初に到達した地が日本国内にあるとき。

十　海難救助に関する訴え
⇨海難救助があった地又は救助された船舶が最初に到達した地が日本国内にあるとき。

十一　不動産に関する訴え
⇨不動産が日本国内にあるとき。

十二　相続権若しくは遺留分に関する訴え又は遺贈その他死亡によって効力を生ずべき行為に関する訴え
⇨相続開始の時における被相続人の住所が日本国内にあるとき、住所がない場合又は住所が知れない場合には相続開始の時における被相続人の居所が日本国内にあるとき、居所がない場合又は居所が知れない場合には被相続人が相続開始の前に日本国内に住所を有していたとき【2】。

【1】　外国で行われた加害行為の結果が日本国内で発生した場合において、日本国内におけるその結果の発生が通常予見することのできないものであったときを除く。

【2】　日本国内に最後に住所を有していた後に外国に住所を有していたときを除く。

十三　相続債権その他相続財産の負担に関する訴えで前号に掲げる訴えに該当しないもの
⇨同号に定めるとき。

(消費者契約及び労働関係に関する訴えの管轄権)

第3条の4　消費者【3】と事業者【4】との間で締結される契約【5】に関する消費者からの事業者に対する訴えは、訴えの提起の時又は消費者契約の締結の時における消費者の住所が日本国内にあるときは、日本の裁判所に提起することができる。

2　労働契約の存否その他の労働関係に関する事項について個々の労働者と事業主との間に生じた民事に関する紛争【6】に関する労働者からの事業主に対する訴えは、個別労働関係民事紛争に係る労働契約における労務の提供の地【7】が日本国内にあるときは、日本の裁判所に提起することができる。

3　消費者契約に関する事業者からの消費者に対する訴え及び個別労働関係民事紛争に関する事業主からの労働者に対する訴えについては、前条の規定は、適用しない。

(管轄権の専属)

第3条の5　会社法第7編第2章に規

く。

【3】　個人（事業として又は事業のために契約の当事者となる場合におけるものを除く。）をいう。以下同じ。

【4】　法人その他の社団又は財団及び事業として又は事業のために契約の当事者となる場合における個人をいう。以下同じ。

【5】　労働契約を除く。以下「**消費者契約**」という。

【6】　以下「**個別労働関係民事紛争**」という。

【7】　その地が定まっていない場合にあっては、労働者を雇い入れた事業所の所在地

定する訴え【1】、一般社団法人及び一般財団法人に関する法律（平成18年法律第48号）第6章第2節に規定する訴えその他これらの法令以外の日本の法令により設立された社団又は財団に関する訴えでこれらに準ずるものの管轄権は、日本の裁判所に専属する。

2　登記又は登録に関する訴えの管轄権は、登記又は登録をすべき地が日本国内にあるときは、日本の裁判所に専属する。

3　知的財産権【2】のうち設定の登録により発生するものの存否又は効力に関する訴えの管轄権は、その登録が日本においてされたものであるときは、日本の裁判所に専属する。

（併合請求における管轄権）

第3条の6　1の訴えで数個の請求をする場合において、日本の裁判所が1の請求について管轄権を有し、他の請求について管轄権を有しないときは、当該1の請求と他の請求との間に密接な関連があるときに限り、日本の裁判所にその訴えを提起することができる。ただし、数人からの又は数人に対する訴えについては、第38条前段に定める場合に限る。

（管轄権に関する合意）

第3条の7　当事者は、合意により、いずれの国の裁判所に訴えを提起することができるかについて定めることができる。

2　前項の合意は、一定の法律関係に基づく訴えに関し、かつ、書面でしなければ、その効力を生じない。

3　第1項の合意がその内容を記録した電磁的記録【3】によってされたときは、その合意は、書面によってされたものとみなして、前項の規定を適用する。

4　外国の裁判所にのみ訴えを提起することができる旨の合意は、その裁判所が法律上又は事実上裁判権を行うことができないときは、これを援用することができない。

5　将来において生ずる消費者契約に関する紛争を対象とする第1項の合意は、次に掲げる場合に限り、その効力を有する。

一　消費者契約の締結の時において消費者が住所を有していた国の裁判所に訴えを提起することができる旨の合意【4】であるとき。

二　消費者が当該合意に基づき合意された国の裁判所に訴えを提起したとき、又は事業者が日本若しくは外国の裁判所に訴えを提起した場合において、消費者が当該合意を援用したとき。

6　将来において生ずる個別労働関係民事紛争を対象とする第1項の合意は、次に掲げる場合に限り、その効力を有する。

一　労働契約の終了の時にされた合意であって、その時における労務の提供の地がある国の裁判所に訴えを提起することができる旨を定めたもの【5】であるとき。

【1】　同章第4節及び第6節に規定するものを除く。

【2】　知的財産基本法（平成14年法律第122号）第2条第2項に規定する知的財産権をいう。

【3】　電子的方式、磁気的方式その他人の知覚によっては認識することができない方式で作られる記録であって、電子計算機による情報処理の用に供されるものをいう。以下同じ。

【4】　その国の裁判所にのみ訴えを提起することができる旨の合意については、次号に掲げる場合を除き、その国以外の国の裁判所にも訴えを提起することを妨げない旨の合意とみなす。

【5】　その国の裁判所にのみ訴えを提起することができる旨の合意については、次

二　労働者が当該合意に基づき合意された国の裁判所に訴えを提起したとき、又は事業主が日本若しくは外国の裁判所に訴えを提起した場合において、労働者が当該合意を援用したとき。

（応訴による管轄権）

第3条の8　被告が日本の裁判所が管轄権を有しない旨の抗弁を提出しないで本案について弁論をし、又は弁論準備手続において申述をしたときは、裁判所は、管轄権を有する。

（特別の事情による訴えの却下）

第3条の9　裁判所は、訴えについて日本の裁判所が管轄権を有することとなる場合【1】においても、事案の性質、応訴による被告の負担の程度、証拠の所在地その他の事情を考慮して、日本の裁判所が審理及び裁判をすることが当事者間の衡平を害し、又は適正かつ迅速な審理の実現を妨げることとなる特別の事情があると認めるときは、その訴えの全部又は一部を却下することができる。

（管轄権が専属する場合の適用除外）

第3条の10　第3条の2から第3条の4まで及び第3条の6から前条までの規定は、訴えについて法令に日本の裁判所の管轄権の専属に関する定めがある場合には、適用しない。

（職権証拠調べ）

第3条の11　裁判所は、日本の裁判所の管轄権に関する事項について、職権で証拠調べをすることができる。

（管轄権の標準時）

第3条の12　日本の裁判所の管轄権は、訴えの提起の時を標準として定める。

第2節　管轄

（普通裁判籍による管轄）

第4条　訴えは、被告の普通裁判籍の所在地を管轄する裁判所の管轄に属する。

2　人の普通裁判籍は、住所により、日本国内に住所がないとき又は住所が知れないときは居所により、日本国内に居所がないとき又は居所が知れないときは最後の住所により定まる。

3　大使、公使その他外国に在ってその国の裁判権からの免除を享有する日本人が前項の規定により普通裁判籍を有しないときは、その者の普通裁判籍は、最高裁判所規則で定める地にあるものとする。

4　法人その他の社団又は財団の普通裁判籍は、その主たる事務所又は営業所により、事務所又は営業所がないときは代表者その他の主たる業務担当者の住所により定まる。

5　外国の社団又は財団の普通裁判籍は、前項の規定にかかわらず、日本における主たる事務所又は営業所により、日本国内に事務所又は営業所がないときは日本における代表者その他の主たる業務担当者の住所により定まる。

6　国の普通裁判籍は、訴訟について国を代表する官庁の所在地により定まる。

（財産権上の訴え等についての管轄）

第5条　次の各号に掲げる訴えは、それぞれ当該各号に定める地を管轄する裁判所に提起することができる。

一　財産権上の訴え

⇨義務履行地

二　手形又は小切手による金銭の支払の請求を目的とする訴え

号に掲げる場合を除き、その国以外の国の裁判所にも訴えを提起することを妨げない旨の合意とみなす。

【1】　日本の裁判所にのみ訴えを提起することができる旨の合意に基づき訴えが提起された場合を除く。

民事訴訟法

⇨手形又は小切手の支払地
三　船員に対する財産権上の訴え
⇨船舶の船籍の所在地
四　日本国内に住所【1】がない者又は住所が知れない者に対する財産権上の訴え
⇨請求若しくはその担保の目的又は差し押さえることができる被告の財産の所在地
五　事務所又は営業所を有する者に対する訴えでその事務所又は営業所における業務に関するもの
⇨当該事務所又は営業所の所在地
六　船舶所有者その他船舶を利用する者に対する船舶又は航海に関する訴え
⇨船舶の船籍の所在地
七　船舶債権その他船舶を担保とする債権に基づく訴え
⇨船舶の所在地
八　会社その他の社団又は財団に関する訴えで次に掲げるもの
イ　会社その他の社団からの社員若しくは社員であった者に対する訴え、社員からの社員若しくは社員であった者に対する訴え又は社員であった者からの社員に対する訴えで、社員としての資格に基づくもの
ロ　社団又は財団からの役員又は役員であった者に対する訴えで役員としての資格に基づくもの
ハ　会社からの発起人若しくは発起人であった者又は検査役若しくは検査役であった者に対する訴えで発起人又は検査役としての資格に基づくもの
ニ　会社その他の社団の債権者からの社員又は社員であった者に対する訴えで社員としての資格に基づくもの
⇨社団又は財団の普通裁判籍の所在地
九　不法行為に関する訴え
⇨不法行為があった地
十　船舶の衝突その他海上の事故に基づく損害賠償の訴え
⇨損害を受けた船舶が最初に到達した地
十一　海難救助に関する訴え
⇨海難救助があった地又は救助された船舶が最初に到達した地
十二　不動産に関する訴え
⇨不動産の所在地
十三　登記又は登録に関する訴え
⇨登記又は登録をすべき地
十四　相続権若しくは遺留分に関する訴え又は遺贈その他死亡によって効力を生ずべき行為に関する訴え
⇨相続開始の時における被相続人の普通裁判籍の所在地
十五　相続債権その他相続財産の負担に関する訴えで前号に掲げる訴えに該当しないもの
⇨同号に定める地

(特許権等に関する訴え等の管轄)

第6条　特許権、実用新案権、回路配置利用権又はプログラムの著作物についての著作者の権利に関する訴え【2】について、前2条の規定によれば次の各号に掲げる裁判所が管轄権を有すべき場合には、その訴えは、それぞれ当該各号に定める裁判所の管轄に専属する。
一　東京高等裁判所、名古屋高等裁判所、仙台高等裁判所又は札幌高等裁判所の管轄区域内に所在する地方裁判所
⇨東京地方裁判所

【1】　法人にあっては、事務所又は営業所。以下この号において同じ。
【2】　以下「特許権等に関する訴え」という。

二　大阪高等裁判所、広島高等裁判所、福岡高等裁判所又は高松高等裁判所の管轄区域内に所在する地方裁判所
⇨大阪地方裁判所

2　特許権等に関する訴えについて、前2条の規定により前項各号に掲げる裁判所の管轄区域内に所在する簡易裁判所が管轄権を有する場合には、それぞれ当該各号に定める裁判所にも、その訴えを提起することができる。

3　第1項第2号に定める裁判所が第1審としてした特許権等に関する訴えについての終局判決に対する控訴は、東京高等裁判所の管轄に専属する。ただし、第20条の2第1項の規定により移送された訴訟に係る訴えについての終局判決に対する控訴については、この限りでない。

（意匠権等に関する訴えの管轄）

第6条の2　意匠権、商標権、著作者の権利【1】、出版権、著作隣接権若しくは育成者権に関する訴え又は不正競争【2】による営業上の利益の侵害に係る訴えについて、第4条又は第5条の規定により次の各号に掲げる裁判所が管轄権を有する場合には、それぞれ当該各号に定める裁判所にも、その訴えを提起することができる。

一　前条第1項第1号に掲げる裁判所【3】
⇨東京地方裁判所

二　前条第1項第2号に掲げる裁判所【4】
⇨大阪地方裁判所

（併合請求における管轄）

第7条　1の訴えで数個の請求をする場合には、第4条から前条まで【5】の規定により1の請求について管轄権を有する裁判所にその訴えを提起することができる。ただし、数人からの又は数人に対する訴えについては、第38条前段に定める場合に限る。

（訴訟の目的の価額の算定）

第8条　裁判所法（昭和22年法律第59号）の規定により管轄が訴訟の目的の価額により定まるときは、その価額は、訴えで主張する利益によって算定する。

2　前項の価額を算定することができないとき、又は極めて困難であるときは、その価額は140万円を超えるものとみなす。

（併合請求の場合の価額の算定）

第9条　1の訴えで数個の請求をする場合には、その価額を合算したものを訴訟の目的の価額とする。ただし、その訴えで主張する利益が各請求について共通である場合におけるその各請求については、この限りでない。

2　果実、損害賠償、違約金又は費用の請求が訴訟の附帯の目的であるときは、その価額は、訴訟の目的の価額に算入しない。

（管轄裁判所の指定）

第10条　管轄裁判所が法律上又は事実上裁判権を行うことができないときは、その裁判所の直近上級の裁判所は、申立てにより、決定で、管轄裁判所を定める。

2　裁判所の管轄区域が明確でないため管轄裁判所が定まらないときは、関係のある裁判所に共通する直近上

【1】　プログラムの著作物についての著作者の権利を除く。
【2】　不正競争防止法（平成5年法律第47号）第2条第1項に規定する不正競争又は家畜遺伝資源に係る不正競争の防止に関する法律（令和2年法律第22号）第2条第3項に規定する不正競争をいう。
【3】　東京地方裁判所を除く。
【4】　大阪地方裁判所を除く。
【5】　第6条第3項を除く。

級の裁判所は、申立てにより、決定で、管轄裁判所を定める。
3　前2項の決定に対しては、不服を申し立てることができない。

（管轄裁判所の特例）
第10条の2　前節の規定により日本の裁判所が管轄権を有する訴えについて、この法律の他の規定又は他の法令の規定により管轄裁判所が定まらないときは、その訴えは、最高裁判所規則で定める地を管轄する裁判所の管轄に属する。

（管轄の合意）
第11条　当事者は、第1審に限り、合意により管轄裁判所を定めることができる。
2　前項の合意は、一定の法律関係に基づく訴えに関し、かつ、書面でしなければ、その効力を生じない。
3　第1項の合意がその内容を記録した電磁的記録によってされたときは、その合意は、書面によってされたものとみなして、前項の規定を適用する。

（応訴管轄）
第12条　被告が第1審裁判所において管轄違いの抗弁を提出しないで本案について弁論をし、又は弁論準備手続において申述をしたときは、その裁判所は、管轄権を有する。

（専属管轄の場合の適用除外等）
第13条　第4条第1項、第5条、第6条第2項、第6条の2、第7条及び前2条の規定は、訴えについて法令に専属管轄の定めがある場合には、適用しない。
2　特許権等に関する訴えについて、第7条又は前2条の規定によれば第6条第1項各号に定める裁判所が管轄権を有すべき場合には、前項の規定にかかわらず、第7条又は前2条の規定により、その裁判所は、管轄権を有する。

（職権証拠調べ）
第14条　裁判所は、管轄に関する事項について、職権で証拠調べをすることができる。

（管轄の標準時）
第15条　裁判所の管轄は、訴えの提起の時を標準として定める。

（管轄違いの場合の取扱い）
第16条　裁判所は、訴訟の全部又は一部がその管轄に属しないと認めるときは、申立てにより又は職権で、これを管轄裁判所に移送する。
2　地方裁判所は、訴訟がその管轄区域内の簡易裁判所の管轄に属する場合においても、相当と認めるときは、前項の規定にかかわらず、申立てにより又は職権で、訴訟の全部又は一部について自ら審理及び裁判をすることができる。ただし、訴訟がその簡易裁判所の専属管轄【1】に属する場合は、この限りでない。

（遅滞を避ける等のための移送）
第17条　第1審裁判所は、訴訟がその管轄に属する場合においても、当事者及び尋問を受けるべき証人の住所、使用すべき検証物の所在地その他の事情を考慮して、訴訟の著しい遅滞を避け、又は当事者間の衡平を図るため必要があると認めるときは、申立てにより又は職権で、訴訟の全部又は一部を他の管轄裁判所に移送することができる。

（簡易裁判所の裁量移送）
第18条　簡易裁判所は、訴訟がその管轄に属する場合においても、相当と認めるときは、申立てにより又は職権で、訴訟の全部又は一部をその所在地を管轄する地方裁判所に移送することができる。

【1】　当事者が第11条の規定により合意で定めたものを除く。

(必要的移送)

第19条　第1審裁判所は、訴訟がその管轄に属する場合においても、当事者の申立て及び相手方の同意があるときは、訴訟の全部又は一部を申立てに係る地方裁判所又は簡易裁判所に移送しなければならない。ただし、移送により著しく訴訟手続を遅滞させることとなるとき、又はその申立てが、簡易裁判所からその所在地を管轄する地方裁判所への移送の申立て以外のものであって、被告が本案について弁論をし、若しくは弁論準備手続において申述をした後にされたものであるときは、この限りでない。

2　簡易裁判所は、その管轄に属する不動産に関する訴訟につき被告の申立てがあるときは、訴訟の全部又は一部をその所在地を管轄する地方裁判所に移送しなければならない。ただし、その申立ての前に被告が本案について弁論をした場合は、この限りでない。

(専属管轄の場合の移送の制限)

第20条　前3条の規定は、訴訟がその係属する裁判所の専属管轄【1】に属する場合には、適用しない。

2　特許権等に関する訴えに係る訴訟について、第17条又は前条第1項の規定によれば第6条第1項各号に定める裁判所に移送すべき場合には、前項の規定にかかわらず、第17条又は前条第1項の規定を適用する。

(特許権等に関する訴え等に係る訴訟の移送)

第20条の2　第6条第1項各号に定める裁判所は、特許権等に関する訴えに係る訴訟が同項の規定によりその管轄に専属する場合においても、当該訴訟において審理すべき専門技術的事項を欠くことその他の事情により著しい損害又は遅滞を避けるため必要があると認めるときは、申立てにより又は職権で、訴訟の全部又は一部を第4条、第5条若しくは第11条の規定によれば管轄権を有すべき地方裁判所又は第19条第1項の規定によれば移送を受けるべき地方裁判所に移送することができる。

2　東京高等裁判所は、第6条第3項の控訴が提起された場合において、その控訴審において審理すべき専門技術的事項を欠くことその他の事情により著しい損害又は遅滞を避けるため必要があると認めるときは、申立てにより又は職権で、訴訟の全部又は一部を大阪高等裁判所に移送することができる。

(即時抗告)

第21条　移送の決定及び移送の申立てを却下した決定に対しては、即時抗告をすることができる。

(移送の裁判の拘束力等)

第22条　確定した移送の裁判は、移送を受けた裁判所を拘束する。

2　移送を受けた裁判所は、更に事件を他の裁判所に移送することができない。

3　移送の裁判が確定したときは、訴訟は、初めから移送を受けた裁判所に係属していたものとみなす。

第3節　裁判所職員の除斥及び忌避

(裁判官の除斥)

第23条　裁判官は、次に掲げる場合には、その職務の執行から除斥される。ただし、第6号に掲げる場合にあっては、他の裁判所の嘱託により受託裁判官としてその職務を行うことを妨げない。

一　裁判官又はその配偶者若しくは

【1】当事者が第11条の規定により合意で定めたものを除く。

配偶者であった者が、事件の当事者であるとき、又は事件について当事者と共同権利者、共同義務者若しくは償還義務者の関係にあるとき。

二　裁判官が当事者の4親等内の血族、3親等内の姻族若しくは同居の親族であるとき、又はあったとき。

三　裁判官が当事者の後見人、後見監督人、保佐人、保佐監督人、補助人又は補助監督人であるとき。

四　裁判官が事件について証人又は鑑定人となったとき。

五　裁判官が事件について当事者の代理人又は補佐人であるとき、又はあったとき。

六　裁判官が事件について仲裁判断に関与し、又は不服を申し立てられた前審の裁判に関与したとき。

2　前項に規定する除斥の原因があるときは、裁判所は、申立てにより又は職権で、除斥の裁判をする。

(裁判官の忌避)

第24条　裁判官について裁判の公正を妨げるべき事情があるときは、当事者は、その裁判官を忌避することができる。

2　当事者は、裁判官の面前において弁論をし、又は弁論準備手続において申述をしたときは、その裁判官を忌避することができない。ただし、忌避の原因があることを知らなかったとき、又は忌避の原因がその後に生じたときは、この限りでない。

(除斥又は忌避の裁判)

第25条　合議体の構成員である裁判官及び地方裁判所の1人の裁判官の除斥又は忌避についてはその裁判官の所属する裁判所が、簡易裁判所の裁判官の除斥又は忌避についてはその裁判所の所在地を管轄する地方裁判所が、決定で、裁判をする。

2　地方裁判所における前項の裁判は、合議体でする。

3　裁判官は、その除斥又は忌避についての裁判に関与することができない。

4　除斥又は忌避を理由があるとする決定に対しては、不服を申し立てることができない。

5　除斥又は忌避を理由がないとする決定に対しては、即時抗告をすることができる。

(訴訟手続の停止)

第26条　除斥又は忌避の申立てがあったときは、その申立てについての決定が確定するまで訴訟手続を停止しなければならない。ただし、急速を要する行為については、この限りでない。

(裁判所書記官への準用)

第27条　この節の規定は、裁判所書記官について準用する。この場合においては、裁判は、裁判所書記官の所属する裁判所がする。

第3章　当事者

第1節　当事者能力及び訴訟能力

(原則)

第28条　当事者能力、訴訟能力及び訴訟無能力者の法定代理は、この法律に特別の定めがある場合を除き、民法（明治29年法律第89号）その他の法令に従う。訴訟行為をするのに必要な授権についても、同様とする。

(法人でない社団等の当事者能力)

第29条　法人でない社団又は財団で代表者又は管理人の定めがあるものは、その名において訴え、又は訴えられることができる。

(選定当事者)

第30条　共同の利益を有する多数の

者で前条の規定に該当しないものは、その中から、全員のために原告又は被告となるべき1人又は数人を選定することができる。

2　訴訟の係属の後、前項の規定により原告又は被告となるべき者を選定したときは、他の当事者は、当然に訴訟から脱退する。

3　係属中の訴訟の原告又は被告と共同の利益を有する者で当事者でないものは、その原告又は被告を自己のためにも原告又は被告となるべき者として選定することができる。

4　第1項又は前項の規定により原告又は被告となるべき者を選定した者【1】は、その選定を取り消し、又は選定された当事者【2】を変更することができる。

5　選定当事者のうち死亡その他の事由によりその資格を喪失した者があるときは、他の選定当事者において全員のために訴訟行為をすることができる。

（未成年者及び成年被後見人の訴訟能力）

第31条　未成年者及び成年被後見人は、法定代理人によらなければ、訴訟行為をすることができない。ただし、未成年者が独立して法律行為をすることができる場合は、この限りでない。

（被保佐人、被補助人及び法定代理人の訴訟行為の特則）

第32条　被保佐人、被補助人【3】又は後見人その他の法定代理人が相手方の提起した訴え又は上訴について訴訟行為をするには、保佐人若しくは保佐監督人、補助人若しくは補助監督人又は後見監督人の同意その他の授権を要しない。

2　被保佐人、被補助人又は後見人その他の法定代理人が次に掲げる訴訟行為をするには、特別の授権がなければならない。

一　訴えの取下げ、和解、請求の放棄若しくは認諾又は第48条【4】の規定による脱退

二　控訴、上告又は第318条第1項の申立ての取下げ

三　第360条【5】の規定による異議の取下げ又はその取下げについての同意

（外国人の訴訟能力の特則）

第33条　外国人は、その本国法によれば訴訟能力を有しない場合であっても、日本法によれば訴訟能力を有すべきときは、訴訟能力者とみなす。

（訴訟能力等を欠く場合の措置等）

第34条　訴訟能力、法定代理権又は訴訟行為をするのに必要な授権を欠くときは、裁判所は、期間を定めて、その補正を命じなければならない。この場合において、遅滞のため損害を生ずるおそれがあるときは、裁判所は、一時訴訟行為をさせることができる。

2　訴訟能力、法定代理権又は訴訟行為をするのに必要な授権を欠く者がした訴訟行為は、これらを有するに至った当事者又は法定代理人の追認により、行為の時にさかのぼってその効力を生ずる。

3　前2項の規定は、選定当事者が訴訟行為をする場合について準用する。

【1】 以下「**選定者**」という。
【2】 以下「**選定当事者**」という。
【3】 訴訟行為をすることにつきその補助人の同意を得ることを要するものに限る。次項及び第40条第4項において同じ。
【4】 第50条第3項及び第51条において準用する場合を含む。
【5】 第367条第2項、第378条第2項及び第381条の7第2項において準用する場合を含む。

（特別代理人）

第35条　法定代理人がない場合又は法定代理人が代理権を行うことができない場合において、未成年者又は成年被後見人に対し訴訟行為をしようとする者は、遅滞のため損害を受けるおそれがあることを疎明して、受訴裁判所の裁判長に特別代理人の選任を申し立てることができる。

2　裁判所は、いつでも特別代理人を改任することができる。

3　特別代理人が訴訟行為をするには、後見人と同一の授権がなければならない。

（法定代理権の消滅の通知）

第36条　法定代理権の消滅は、本人又は代理人から相手方に通知しなければ、その効力を生じない。

2　前項の規定は、選定当事者の選定の取消し及び変更について準用する。

（法人の代表者等への準用）

第37条　この法律中法定代理及び法定代理人に関する規定は、法人の代表者及び法人でない社団又は財団でその名において訴え、又は訴えられることができるものの代表者又は管理人について準用する。

第2節　共同訴訟

（共同訴訟の要件）

第38条　訴訟の目的である権利又は義務が数人について共通であるとき、又は同一の事実上及び法律上の原因に基づくときは、その数人は、共同訴訟人として訴え、又は訴えられることができる。訴訟の目的である権利又は義務が同種であって事実上及び法律上同種の原因に基づくときも、同様とする。

（共同訴訟人の地位）

第39条　共同訴訟人の1人の訴訟行為、共同訴訟人の1人に対する相手方の訴訟行為及び共同訴訟人の1人について生じた事項は、他の共同訴訟人に影響を及ぼさない。

（必要的共同訴訟）

第40条　訴訟の目的が共同訴訟人の全員について合一にのみ確定すべき場合には、その1人の訴訟行為は、全員の利益においてのみその効力を生ずる。

2　前項に規定する場合には、共同訴訟人の1人に対する相手方の訴訟行為は、全員に対してその効力を生ずる。

3　第1項に規定する場合において、共同訴訟人の1人について訴訟手続の中断又は中止の原因があるときは、その中断又は中止は、全員についてその効力を生ずる。

4　第32条第1項の規定は、第1項に規定する場合において、共同訴訟人の1人が提起した上訴について他の共同訴訟人である被保佐人若しくは被補助人又は他の共同訴訟人の後見人その他の法定代理人のすべき訴訟行為について準用する。

（同時審判の申出がある共同訴訟）

第41条　共同被告の一方に対する訴訟の目的である権利と共同被告の他方に対する訴訟の目的である権利とが法律上併存し得ない関係にある場合において、原告の申出があったときは、弁論及び裁判は、分離しないでしなければならない。

2　前項の申出は、控訴審の口頭弁論の終結の時までにしなければならない。

3　第1項の場合において、各共同被告に係る控訴事件が同一の控訴裁判所に各別に係属するときは、弁論及び裁判は、併合してしなければならない。

第3節　訴訟参加

（補助参加）

第42条　訴訟の結果について利害関係を有する第三者は、当事者の一方を補助するため、その訴訟に参加することができる。

（補助参加の申出）

第43条　補助参加の申出は、参加の趣旨及び理由を明らかにして、補助参加により訴訟行為をすべき裁判所にしなければならない。

2　補助参加の申出は、補助参加人としてすることができる訴訟行為とともにすることができる。

（補助参加についての異議等）

第44条　当事者が補助参加について異議を述べたときは、裁判所は、補助参加の許否について、決定で、裁判をする。この場合においては、補助参加人は、参加の理由を疎明しなければならない。

2　前項の異議は、当事者がこれを述べないで弁論をし、又は弁論準備手続において申述をした後は、述べることができない。

3　第1項の裁判に対しては、即時抗告をすることができる。

（補助参加人の訴訟行為等）

第45条　補助参加人は、訴訟について、攻撃又は防御の方法の提出、異議の申立て、上訴の提起、再審の訴えの提起その他一切の訴訟行為をすることができる。ただし、補助参加の時における訴訟の程度に従いすることができないものは、この限りでない。

2　補助参加人の訴訟行為は、被参加人の訴訟行為と抵触するときは、その効力を有しない。

3　補助参加人は、補助参加について異議があった場合においても、補助参加を許さない裁判が確定するまでの間は、訴訟行為をすることができる。

4　補助参加人の訴訟行為は、補助参加を許さない裁判が確定した場合においても、当事者が援用したときは、その効力を有する。

5　次に掲げる請求に関する規定の適用については、補助参加人【1】を当事者とみなす。

一　非電磁的訴訟記録【2】の閲覧若しくは謄写、その正本、謄本若しくは抄本の交付又はその複製【3】の請求

二　電磁的訴訟記録【4】の閲覧若しくは複写又はその内容の全部若しくは一部を証明した書面の交付若しくはその内容の全部若しくは一部を証明した電磁的記録の提供【5】の請求

三　第91条の3に規定する訴訟に関する事項を証明した書面の交付又は当該事項を証明した電磁的記録の提供の請求

（補助参加人に対する裁判の効力）

第46条　補助参加に係る訴訟の裁判は、次に掲げる場合を除き、補助参加人に対してもその効力を有する。

一　前条第1項ただし書の規定により補助参加人が訴訟行為をすることができなかったとき。

【1】　当事者が前条第1項の異議を述べた場合において補助参加を許す裁判が確定したもの及び当事者が同条第2項の規定により異議を述べることができなくなったものに限る。

【2】　第91条第1項に規定する非電磁的訴訟記録をいう。

【3】　第92条第1項において「**非電磁的訴訟記録の閲覧等**」という。

【4】　第91条の2第1項に規定する電磁的訴訟記録をいう。

【5】　第92条第1項において「**電磁的訴訟記録の閲覧等**」という。

二　前条第２項の規定により補助参加人の訴訟行為が効力を有しなかったとき。

三　被参加人が補助参加人の訴訟行為を妨げたとき。

四　被参加人が補助参加人のすることができない訴訟行為を故意又は過失によってしなかったとき。

（独立当事者参加）

第47条　訴訟の結果によって権利が害されることを主張する第三者又は訴訟の目的の全部若しくは一部が自己の権利であることを主張する第三者は、その訴訟の当事者の双方又は一方を相手方として、当事者としてその訴訟に参加することができる。

2　前項の規定による参加の申出は、書面でしなければならない。

3　前項の書面は、当事者双方に送達しなければならない。

4　第40条第１項から第３項までの規定は第１項の訴訟の当事者及び同項の規定によりその訴訟に参加した者について、第43条の規定は同項の規定による参加の申出について準用する。

（訴訟脱退）

第48条　前条第１項の規定により自己の権利を主張するため訴訟に参加した者がある場合には、参加前の原告又は被告は、相手方の承諾を得て訴訟から脱退することができる。この場合において、判決は、脱退した当事者に対してもその効力を有する。

（権利承継人の訴訟参加の場合における時効の完成猶予等）

第49条　訴訟の係属中その訴訟の目的である権利の全部又は一部を譲り受けたことを主張する者が第47条第１項の規定により訴訟参加をしたときは、時効の完成猶予に関しては、当該訴訟の係属の初めに、裁判上の請求があったものとみなす。

2　前項に規定する場合には、その参加は、訴訟の係属の初めに遡って法律上の期間の遵守の効力を生ずる。

（義務承継人の訴訟引受け）

第50条　訴訟の係属中第三者がその訴訟の目的である義務の全部又は一部を承継したときは、裁判所は、当事者の申立てにより、決定で、その第三者に訴訟を引き受けさせることができる。

2　裁判所は、前項の決定をする場合には、当事者及び第三者を審尋しなければならない。

3　第41条第１項及び第３項並びに前２条の規定は、第１項の規定により訴訟を引き受けさせる決定があった場合について準用する。

（義務承継人の訴訟参加及び権利承継人の訴訟引受け）

第51条　第47条から第49条までの規定は訴訟の係属中その訴訟の目的である義務の全部又は一部を承継したことを主張する第三者の訴訟参加について、前条の規定は訴訟の係属中第三者がその訴訟の目的である権利の全部又は一部を譲り受けた場合について準用する。

（共同訴訟参加）

第52条　訴訟の目的が当事者の一方及び第三者について合一にのみ確定すべき場合には、その第三者は、共同訴訟人としてその訴訟に参加することができる。

2　第43条並びに第47条第２項及び第３項の規定は、前項の規定による参加の申出について準用する。

（訴訟告知）

第53条　当事者は、訴訟の係属中、参加することができる第三者にその訴訟の告知をすることができる。

2　訴訟告知を受けた者は、更に訴訟

告知をすることができる。

3　訴訟告知は、その理由及び訴訟の程度を記載した書面を裁判所に提出してしなければならない。

4　訴訟告知を受けた者が参加しなかった場合においても、第46条の規定の適用については、参加することができた時に参加したものとみなす。

第4節　訴訟代理人及び補佐人

（訴訟代理人の資格）

第54条　法令により裁判上の行為をすることができる代理人のほか、弁護士でなければ訴訟代理人となることができない。ただし、簡易裁判所においては、その許可を得て、弁護士でない者を訴訟代理人とすることができる。

2　前項の許可は、いつでも取り消すことができる。

（訴訟代理権の範囲）

第55条　訴訟代理人は、委任を受けた事件について、反訴、参加、強制執行、仮差押え及び仮処分に関する訴訟行為をし、かつ、弁済を受領することができる。

2　訴訟代理人は、次に掲げる事項については、特別の委任を受けなければならない。

一　反訴の提起

二　訴えの取下げ、和解、請求の放棄若しくは認諾又は第48条【1】の規定による脱退

三　控訴、上告若しくは第318条第1項の申立て又はこれらの取下げ

四　第360条【2】の規定による異議の取下げ又はその取下げについての同意

五　代理人の選任

3　訴訟代理権は、制限することができない。ただし、弁護士でない訴訟代理人については、この限りでない。

4　前3項の規定は、法令により裁判上の行為をすることができる代理人の権限を妨げない。

（個別代理）

第56条　訴訟代理人が数人あるときは、各自当事者を代理する。

2　当事者が前項の規定と異なる定めをしても、その効力を生じない。

（当事者による更正）

第57条　訴訟代理人の事実に関する陳述は、当事者が直ちに取り消し、又は更正したときは、その効力を生じない。

（訴訟代理権の不消滅）

第58条　訴訟代理権は、次に掲げる事由によっては、消滅しない。

一　当事者の死亡又は訴訟能力の喪失

二　当事者である法人の合併による消滅

三　当事者である受託者の信託に関する任務の終了

四　法定代理人の死亡、訴訟能力の喪失又は代理権の消滅若しくは変更

2　一定の資格を有する者で自己の名で他人のために訴訟の当事者となるものの訴訟代理人の代理権は、当事者の死亡その他の事由による資格の喪失によっては、消滅しない。

3　前項の規定は、選定当事者が死亡その他の事由により資格を喪失した場合について準用する。

（法定代理の規定の準用）

第59条　第34条第1項及び第2項並びに第36条第1項の規定は、訴訟代理について準用する。

【1】　第50条第3項及び第51条において準用する場合を含む。

【2】　第367条第2項、第378条第2項及び第381条の7第2項において準用する場合を含む。

（補佐人）

第60条　当事者又は訴訟代理人は、裁判所の許可を得て、補佐人とともに出頭することができる。

2　前項の許可は、いつでも取り消すことができる。

3　補佐人の陳述は、当事者又は訴訟代理人が直ちに取り消し、又は更正しないときは、当事者又は訴訟代理人が自らしたものとみなす。

第4章　訴訟費用

第1節　訴訟費用の負担

（訴訟費用の負担の原則）

第61条　訴訟費用は、敗訴の当事者の負担とする。

（不必要な行為があった場合等の負担）

第62条　裁判所は、事情により、勝訴の当事者に、その権利の伸張若しくは防御に必要でない行為によって生じた訴訟費用又は行為の時における訴訟の程度において相手方の権利の伸張若しくは防御に必要であった行為によって生じた訴訟費用の全部又は一部を負担させることができる。

（訴訟を遅滞させた場合の負担）

第63条　当事者が適切な時期に攻撃若しくは防御の方法を提出しないことにより、又は期日若しくは期間の不遵守その他当事者の責めに帰すべき事由により訴訟を遅滞させたときは、裁判所は、その当事者に、その勝訴の場合においても、遅滞によって生じた訴訟費用の全部又は一部を負担させることができる。

（一部敗訴の場合の負担）

第64条　一部敗訴の場合における各当事者の訴訟費用の負担は、裁判所が、その裁量で定める。ただし、事情により、当事者の一方に訴訟費用の全部を負担させることができる。

（共同訴訟の場合の負担）

第65条　共同訴訟人は、等しい割合で訴訟費用を負担する。ただし、裁判所は、事情により、共同訴訟人に連帯して訴訟費用を負担させ、又は他の方法により負担させることができる。

2　裁判所は、前項の規定にかかわらず、権利の伸張又は防御に必要でない行為をした当事者に、その行為によって生じた訴訟費用を負担させることができる。

（補助参加の場合の負担）

第66条　第61条から前条までの規定は、補助参加についての異議によって生じた訴訟費用の補助参加人とその異議を述べた当事者との間における負担の関係及び補助参加によって生じた訴訟費用の補助参加人と相手方との間における負担の関係について準用する。

（訴訟費用の負担の裁判）

第67条　裁判所は、事件を完結する裁判において、職権で、その審級における訴訟費用の全部について、その負担の裁判をしなければならない。ただし、事情により、事件の一部又は中間の争いに関する裁判において、その費用についての負担の裁判をすることができる。

2　上級の裁判所が本案の裁判を変更する場合には、訴訟の総費用について、その負担の裁判をしなければならない。事件の差戻し又は移送を受けた裁判所がその事件を完結する裁判をする場合も、同様とする。

（和解の場合の負担）

第68条　当事者が裁判所において和解をした場合において、和解の費用又は訴訟費用の負担について特別の定めをしなかったときは、その費用は、各自が負担する。

（法定代理人等の費用償還）

第69条 法定代理人、訴訟代理人、裁判所書記官又は執行官が故意又は重大な過失によって無益な訴訟費用を生じさせたときは、受訴裁判所は、申立てにより又は職権で、これらの者に対し、その費用額の償還を命ずることができる。

2 前項の規定は、法定代理人又は訴訟代理人として訴訟行為をした者が、その代理権又は訴訟行為をするのに必要な授権があることを証明することができず、かつ、追認を得ることができなかった場合において、その訴訟行為によって生じた訴訟費用について準用する。

3 第１項【1】の規定による決定に対しては、即時抗告をすることができる。

（無権代理人の費用負担）

第70条 前条第２項に規定する場合において、裁判所が訴えを却下したときは、訴訟費用は、代理人として訴訟行為をした者の負担とする。

（訴訟費用額の確定手続）

第71条 訴訟費用の負担の額は、その負担の裁判が執行力を生じた後に、申立てにより、第１審裁判所の裁判所書記官が定める。

2 前項の申立ては、訴訟費用の負担の裁判が確定した日から10年以内にしなければならない。

3 第１項の場合において、当事者双方が訴訟費用を負担するときは、最高裁判所規則で定める場合を除き、各当事者の負担すべき費用は、その対当額について相殺があったものとみなす。

4 第１項の申立てに関する処分は、相当と認める方法で告知することによって、その効力を生ずる。

【1】 前項において準用する場合を含む。

5 前項の処分に対する異議の申立ては、その告知を受けた日から１週間の不変期間内にしなければならない。

6 前項の異議の申立ては、執行停止の効力を有する。

7 裁判所は、第１項の規定による額を定める処分に対する異議の申立てを理由があると認める場合において、訴訟費用の負担の額を定めるべきときは、自らその額を定めなければならない。

8 第５項の異議の申立てについての決定に対しては、即時抗告をすることができる。

（和解の場合の費用額の確定手続）

第72条 当事者が裁判所において和解をした場合において、和解の費用又は訴訟費用の負担を定め、その額を定めなかったときは、その額は、申立てにより、第１審裁判所【2】の裁判所書記官が定める。この場合においては、前条第２項から第８項までの規定を準用する。

（訴訟が裁判及び和解によらないで完結した場合等の取扱い）

第73条 訴訟が裁判及び和解によらないで完結したときは、申立てにより、第１審裁判所は決定で訴訟費用の負担を命じ、その裁判所の裁判所書記官はその決定が執行力を生じた後にその負担の額を定めなければならない。補助参加の申出の取下げ又は補助参加についての異議の取下げがあった場合も、同様とする。

2 第61条から第66条まで及び第71条第８項の規定は**前項の申立てについての決定**について、同条第２項の規定は**前項の申立て**について、同条第３項及び第４項の規定は**前項の申立てに関する裁判所書記官の処**

【2】 第275条の和解にあっては、和解が成立した裁判所

民事訴訟法

分について、同条第5項から第8項までの規定はその処分に対する異議の申立てについて、それぞれ準用する。この場合において、同条第2項中「訴訟費用の負担の裁判が確定した」とあるのは、「訴訟が完結した」と読み替えるものとする。

（費用額の確定処分の更正）

第74条　第71条第1項、第72条又は前条第1項の規定による額を定める処分に計算違い、誤記その他これらに類する明白な誤りがあるときは、裁判所書記官は、申立てにより又は職権で、いつでもその処分を更正することができる。

2　第71条第4項から第6項まで及び第8項の規定は、前項の規定による更正の処分及びこれに対する異議の申立てについて準用する。

3　第1項に規定する額を定める処分に対し適法な異議の申立てがあったときは、前項の異議の申立ては、することができない。

第2節　訴訟費用の担保

（担保提供命令）

第75条　原告が日本国内に住所、事務所及び営業所を有しないときは、裁判所は、被告の申立てにより、決定で、訴訟費用の担保を立てるべきことを原告に命じなければならない。その担保に不足を生じたときも、同様とする。

2　前項の規定は、金銭の支払の請求の一部について争いがない場合において、その額が担保として十分であるときは、適用しない。

3　被告は、担保を立てるべき事由があることを知った後に本案について弁論をし、又は弁論準備手続において申述をしたときは、第1項の申立てをすることができない。

4　第1項の申立てをした被告は、原告が担保を立てるまで応訴を拒むことができる。

5　裁判所は、第1項の決定において、担保の額及び担保を立てるべき期間を定めなければならない。

6　担保の額は、被告が全審級において支出すべき訴訟費用の総額を標準として定める。

7　第1項の申立てについての決定に対しては、即時抗告をすることができる。

（担保提供の方法）

第76条　担保を立てるには、担保を立てるべきことを命じた裁判所の所在地を管轄する地方裁判所の管轄区域内の供託所に金銭又は裁判所が相当と認める有価証券【1】を供託する方法その他最高裁判所規則で定める方法によらなければならない。ただし、当事者が特別の契約をしたときは、その契約による。

（担保物に対する被告の権利）

第77条　被告は、訴訟費用に関し、前条の規定により供託した金銭又は有価証券について、他の債権者に先立ち弁済を受ける権利を有する。

（担保不提供の効果）

第78条　原告が担保を立てるべき期間内にこれを立てないときは、裁判所は、口頭弁論を経ないで、判決で、訴えを却下することができる。ただし、判決前に担保を立てたときは、この限りでない。

（担保の取消し）

第79条　担保を立てた者が担保の事由が消滅したことを証明したときは、裁判所は、申立てにより、担保の取消しの決定をしなければならない。

【1】　社債、株式等の振替に関する法律（平成13年法律第75号）第278条第1項に規定する振替債を含む。次条において同じ。

2　担保を立てた者が担保の取消しについて担保権利者の同意を得たことを証明したときも、前項と同様とする。

3　訴訟の完結後、裁判所書記官が、担保を立てた者の申立てにより、担保権利者に対し、一定の期間内にその権利を行使すべき旨を催告し、担保権利者がその行使をしないときは、担保の取消しについて担保権利者の同意があったものとみなす。

4　第1項及び第2項の規定による決定に対しては、即時抗告をすることができる。

（担保の変換）

第80条　裁判所は、担保を立てた者の申立てにより、決定で、その担保の変換を命ずることができる。ただし、その担保を契約によって他の担保に変換することを妨げない。

（他の法令による担保への準用）

第81条　第75条第4項、第5項及び第7項並びに第76条から前条までの規定は、他の法令により訴えの提起について立てるべき担保について準用する。

第3節　訴訟上の救助

（救助の付与）

第82条　訴訟の準備及び追行に必要な費用を支払う資力がない者又はその支払により生活に著しい支障を生ずる者に対しては、裁判所は、申立てにより、訴訟上の救助の決定をすることができる。ただし、勝訴の見込みがないとはいえないときに限る。

2　訴訟上の救助の決定は、審級ごとにする。

（救助の効力等）

第83条　訴訟上の救助の決定は、その定めるところに従い、訴訟及び強制執行について、次に掲げる効力を有する。

一　裁判費用並びに執行官の手数料及びその職務の執行に要する費用の支払の猶予

二　裁判所において付添いを命じた弁護士の報酬及び費用の支払の猶予

三　訴訟費用の担保の免除

2　訴訟上の救助の決定は、これを受けた者のためにのみその効力を有する。

3　裁判所は、訴訟の承継人に対し、決定で、猶予した費用の支払を命ずる。

（救助の決定の取消し）

第84条　訴訟上の救助の決定を受けた者が第82条第1項本文に規定する要件を欠くことが判明し、又はこれを欠くに至ったときは、訴訟記録の存する裁判所は、利害関係人の申立てにより又は職権で、決定により、いつでも訴訟上の救助の決定を取り消し、猶予した費用の支払を命ずることができる。

（猶予された費用等の取立方法）

第85条　訴訟上の救助の決定を受けた者に支払を猶予した費用は、これを負担することとされた相手方から直接に取り立てることができる。この場合において、弁護士又は執行官は、報酬又は手数料及び費用について、訴訟上の救助の決定を受けた者に代わり、第71条第1項、第72条又は第73条第1項の申立て及び強制執行をすることができる。

（即時抗告）

第86条　この節に規定する決定に対しては、即時抗告をすることができる。

第5章　訴訟手続

第1節　訴訟の審理等

（口頭弁論の必要性）

第87条　当事者は、訴訟について、裁判所において口頭弁論をしなければならない。ただし、決定で完結すべき事件については、裁判所が、口頭弁論をすべきか否かを定める。

2　前項ただし書の規定により口頭弁論をしない場合には、裁判所は、当事者を審尋することができる。

3　前2項の規定は、特別の定めがある場合には、適用しない。

（映像と音声の送受信による通話の方法による口頭弁論等）

第87条の2　裁判所は、相当と認めるときは、当事者の意見を聴いて、最高裁判所規則で定めるところにより、裁判所及び当事者双方が映像と音声の送受信により相手の状態を相互に認識しながら通話をすることができる方法によって、口頭弁論の期日における手続を行うことができる。

2　裁判所は、相当と認めるときは、当事者の意見を聴いて、最高裁判所規則で定めるところにより、裁判所及び当事者双方が音声の送受信により同時に通話をすることができる方法によって、審尋の期日における手続を行うことができる。

3　前2項の期日に出頭しないでその手続に関与した当事者は、その期日に出頭したものとみなす。

（受命裁判官による審尋）

第88条　裁判所は、審尋をする場合には、受命裁判官にこれを行わせることができる。

（和解の試み等）

第89条　裁判所は、訴訟がいかなる程度にあるかを問わず、和解を試み、又は受命裁判官若しくは受託裁判官に和解を試みさせることができる。

2　裁判所は、相当と認めるときは、当事者の意見を聴いて、最高裁判所規則で定めるところにより、裁判所及び当事者双方が音声の送受信により同時に通話をすることができる方法によって、和解の期日における手続を行うことができる。

3　前項の期日に出頭しないで同項の手続に関与した当事者は、その期日に出頭したものとみなす。

4　第148条、第150条、第154条及び第155条の規定は、和解の手続について準用する。

5　受命裁判官又は受託裁判官が和解の試みを行う場合には、第2項の規定並びに前項において準用する第148条、第154条及び第155条の規定による裁判所及び裁判長の職務は、その裁判官が行う。

（訴訟手続に関する異議権の喪失）

第90条　当事者が訴訟手続に関する規定の違反を知り、又は知ることができた場合において、遅滞なく異議を述べないときは、これを述べる権利を失う。ただし、放棄することができないものについては、この限りでない。

（非電磁的訴訟記録の閲覧等）

第91条　何人（なんぴと）も、裁判所書記官に対し、非電磁的訴訟記録【1】の閲覧を請求することができる。

2　公開を禁止した口頭弁論に係る非電磁的訴訟記録については、当事者及び利害関係を疎明した第三者に限り、前項の規定による請求をすることができる。非電磁的訴訟記録中第264条の和解条項案に係る部分、第

【1】　訴訟記録中次条第1項に規定する電磁的訴訟記録を除いた部分をいう。以下この条において同じ。

265条第1項の規定による和解条項の定めに係る部分及び第267条第1項に規定する和解【1】に係る部分についても、同様とする。

3　当事者及び利害関係を疎明した第三者は、裁判所書記官に対し、非電磁的訴訟記録の謄写又はその正本、謄本若しくは抄本の交付を請求することができる。

4　前項の規定は、非電磁的訴訟記録中の録音テープ又はビデオテープ【2】に関しては、適用しない。この場合において、これらの物について当事者又は利害関係を疎明した第三者の請求があるときは、裁判所書記官は、その複製を許さなければならない。

5　非電磁的訴訟記録の閲覧、謄写及び複製の請求は、非電磁的訴訟記録の保存又は裁判所の執務に支障があるときは、することができない。

（電磁的訴訟記録の閲覧等）

第91条の2　何人（なんぴと）も、裁判所書記官に対し、最高裁判所規則で定めるところにより、電磁的訴訟記録【3】の内容を最高裁判所規則で定める方法により表示したものの閲覧を請求することができる。

2　当事者及び利害関係を疎明した第三者は、裁判所書記官に対し、電磁的訴訟記録に記録されている事項について、最高裁判所規則で定めるところにより、最高裁判所規則で定める電子情報処理組織【4】を使用してその者の使用に係る電子計算機に備えられたファイルに記録する方法その他の最高裁判所規則で定める方法による複写を請求することができる。

3　当事者及び利害関係を疎明した第三者は、裁判所書記官に対し、最高裁判所規則で定めるところにより、電磁的訴訟記録に記録されている事項の全部若しくは一部を記載した書面であって裁判所書記官が最高裁判所規則で定める方法により当該書面の内容が電磁的訴訟記録に記録されている事項と同一であることを証明したものを交付し、又は当該事項の全部若しくは一部を記録した電磁的記録であって裁判所書記官が最高裁判所規則で定める方法により当該電磁的記録の内容が電磁的訴訟記録に記録されている事項と同一であることを証明したものを最高裁判所規則で定める電子情報処理組織を使用してその者の使用に係る電子計算機に備えられたファイルに記録する方法その他の最高裁判所規則で定める方法により提供することを請求することができる。

4　前条第2項及び第5項の規定は、第1項及び第2項の規定による電磁的訴訟記録に係る閲覧及び複写の請求について準用する。

（訴訟に関する事項の証明）

第91条の3　当事者及び利害関係を疎明した第三者は、裁判所書記官に対し、最高裁判所規則で定めるところにより、訴訟に関する事項を記載

【1】　口頭弁論の期日において成立したものを除く。

【2】　これらに準ずる方法により一定の事項を記録した物を含む。

【3】　訴訟記録中この法律その他の法令の規定により裁判所の使用に係る電子計算機（入出力装置を含む。以下同じ。）に備えられたファイル（次項及び第3項、次条並びに第109条の3第1項第2号を除き、以下単に「**ファイル**」という。）に記録された事項（第132条の7及び第133条の2第5項において「**ファイル記録事項**」という。）に係る部分をいう。以下同じ。

【4】　裁判所の使用に係る電子計算機と手続の相手方の使用に係る電子計算機とを電気通信回線で接続した電子情報処理組織をいう。以下同じ。

した書面であって裁判所書記官が最高裁判所規則で定める方法により当該事項を証明したものを交付し、又は当該事項を記録した電磁的記録であって裁判所書記官が最高裁判所規則で定める方法により当該事項を証明したものを最高裁判所規則で定める電子情報処理組織を使用してその者の使用に係る電子計算機に備えられたファイルに記録する方法その他の最高裁判所規則で定める方法により提供することを請求することができる。

（秘密保護のための閲覧等の制限）

第92条　次に掲げる事由につき疎明があった場合には、裁判所は、当該当事者の申立てにより、決定で、当該訴訟記録中当該秘密が記載され、又は記録された部分に係る訴訟記録の閲覧等【1】【2】の請求をすることができる者を当事者に限ることができる。

一　訴訟記録中に当事者の私生活についての重大な秘密が記載され、又は記録されており、かつ、第三者が秘密記載部分の閲覧等を行うことにより、その当事者が社会生活を営むのに著しい支障を生ずるおそれがあること。

二　訴訟記録中に当事者が保有する営業秘密【3】が記載され、又は記録されていること。

2　前項の申立てがあったときは、その申立てについての裁判が確定するまで、第三者は、秘密記載部分の閲覧等の請求をすることができない。

【1】　非電磁的訴訟記録の閲覧等又は電磁的訴訟記録の閲覧等をいう。第133条第3項において同じ。

【2】　以下この条において「**秘密記載部分の閲覧等**」という。

【3】　不正競争防止法第2条第6項に規定する営業秘密をいう。以下同じ。

3　秘密記載部分の閲覧等の請求をしようとする第三者は、訴訟記録の存する裁判所に対し、第1項に規定する要件を欠くこと又はこれを欠くに至ったことを理由として、同項の決定の取消しの申立てをすることができる。

4　第1項の申立てを却下した裁判及び前項の申立てについての裁判に対しては、即時抗告をすることができる。

5　第1項の決定を取り消す裁判は、確定しなければその効力を生じない。

6　第1項の申立て【4】があった場合において、当該申立て後に第三者がその訴訟への参加をしたときは、裁判所書記官は、当該申立てをした当事者に対し、その参加後直ちに、その参加があった旨を通知しなければならない。ただし、当該申立てを却下する裁判が確定したときは、この限りでない。

7　前項本文の場合において、裁判所書記官は、同項の規定による通知があった日から2週間を経過する日までの間、その参加をした者に第1項の申立てに係る秘密記載部分の閲覧等をさせてはならない。ただし、第133条の2第2項の申立てがされたときは、この限りでない。

8　前2項の規定は、第6項の参加をした者に第1項の申立てに係る秘密記載部分の閲覧等をさせることについて同項の申立てをした当事者の全ての同意があるときは、適用しない。

9　裁判所は、第1項の申立て【5】があった場合において、当該申立てに

【4】　同項第1号に掲げる事由があることを理由とするものに限る。次項及び第8項において同じ。

【5】　同項第2号に掲げる事由があることを理由とするものに限る。次項において同じ。

係る営業秘密がその訴訟の追行の目的以外の目的で使用され、又は当該営業秘密が開示されることにより、当該営業秘密に基づく当事者の事業活動に支障を生ずるおそれがあり、これを防止するため特に必要があると認めるときは、電磁的訴訟記録中当該営業秘密が記録された部分につき、その内容を書面に出力し、又はこれを他の記録媒体に記録するとともに、当該部分を電磁的訴訟記録から消去する措置その他の当該営業秘密の安全管理のために必要かつ適切なものとして最高裁判所規則で定める措置を講ずることができる。

10　前項の規定による電磁的訴訟記録から消去する措置が講じられた場合において、その後に第1項の申立てを却下する裁判が確定したとき、又は当該申立てに係る決定を取り消す裁判が確定したときは、裁判所書記官は、当該営業秘密が記載され、又は記録された部分をファイルに記録しなければならない。

第2節　専門委員等

第1款　専門委員

（専門委員の関与）

第92条の2　裁判所は、争点若しくは証拠の整理又は訴訟手続の進行に関し必要な事項の協議をするに当たり、訴訟関係を明瞭にし、又は訴訟手続の円滑な進行を図るため必要があると認めるときは、当事者の意見を聴いて、決定で、専門的な知見に基づく説明を聴くために専門委員を手続に関与させることができる。この場合において、専門委員の説明は、裁判長が書面により又は口頭弁論若しくは弁論準備手続の期日において口頭でさせなければならない。

2　専門委員は、前項の規定による書面による説明に代えて、最高裁判所規則で定めるところにより、当該書面に記載すべき事項を最高裁判所規則で定める電子情報処理組織を使用してファイルに記録する方法又は当該書面に記載すべき事項に係る電磁的記録を記録した記録媒体を提出する方法により説明を行うことができる。

3　裁判所は、証拠調べをするに当たり、訴訟関係又は証拠調べの結果の趣旨を明瞭にするため必要があると認めるときは、当事者の意見を聴いて、決定で、証拠調べの期日において専門的な知見に基づく説明を聴くために専門委員を手続に関与させることができる。この場合において、証人若しくは当事者本人の尋問又は鑑定人質問の期日において専門委員に説明をさせるときは、裁判長は、当事者の同意を得て、訴訟関係又は証拠調べの結果の趣旨を明瞭にするために必要な事項について専門委員が証人、当事者本人又は鑑定人に対し直接に問いを発することを許すことができる。

4　裁判所は、和解を試みるに当たり、必要があると認めるときは、当事者の同意を得て、決定で、当事者双方が立ち会うことができる和解を試みる期日において専門的な知見に基づく説明を聴くために専門委員を手続に関与させることができる。

（音声の送受信による通話の方法による専門委員の関与）

第92条の3　裁判所は、前条第1項、第3項及び第4項の規定により専門委員を手続に関与させる場合において、相当と認めるときは、当事者の意見を聴いて、同条第1項、第3項及び第4項の期日において、最高裁判所規則で定めるところにより、裁判所及び当事者双方が専門委員との間で音声の送受信により同時に通話をすることができる方法によって、専門委員に同条第1項、第3項及び第4項の説明又は発問をさせることができる。

（専門委員の関与の決定の取消し）

第92条の4　裁判所は、相当と認めるときは、申立てにより又は職権で、専門委員を手続に関与させる決定を取り消すことができる。ただし、当事者双方の申立てがあるときは、これを取り消さなければならない。

（専門委員の指定及び任免等）

第92条の5　専門委員の員数は、各事件について1人以上とする。

2　第92条の2の規定により手続に関与させる専門委員は、当事者の意見を聴いて、裁判所が各事件について指定する。

3　専門委員は、非常勤とし、その任免に関し必要な事項は、最高裁判所規則で定める。

4　専門委員には、別に法律で定めるところにより手当を支給し、並びに最高裁判所規則で定める額の旅費、日当及び宿泊料を支給する。

（専門委員の除斥及び忌避）

第92条の6　第23条から第25条まで【1】の規定は、専門委員について準用する。

2　専門委員について除斥又は忌避の申立てがあったときは、その専門委員は、その申立てについての決定が確定するまでその申立てがあった事件の手続に関与することができない。

（受命裁判官等の権限）

第92条の7　受命裁判官又は受託裁判官が第92条の2第1項、第3項及び第4項の手続を行う場合には、同条から第92条の4まで及び第92条の5第2項の規定による裁判所及び裁判長の職務は、その裁判官が行う。ただし、第92条の2第3項の手続を行う場合には、専門委員を手続に関与させる決定、その決定の取消し及び専門委員の指定は、受訴裁判所がする。

第2款　知的財産に関する事件における裁判所調査官の事務等

（知的財産に関する事件における裁判所調査官の事務）

第92条の8　裁判所は、必要があると認めるときは、高等裁判所又は地方裁判所において知的財産に関する事件の審理及び裁判に関して調査を行う裁判所調査官に、当該事件において次に掲げる事務を行わせることができる。この場合において、当該裁判所調査官は、裁判長の命を受けて、当該事務を行うものとする。

一　次に掲げる期日又は手続において、訴訟関係を明瞭にするため、事実上及び法律上の事項に関し、当事者に対して問いを発し、又は立証を促すこと。

イ　口頭弁論又は審尋の期日

ロ　争点又は証拠の整理を行うための手続

ハ　文書若しくは電磁的記録の提出義務又は検証の目的の提示義務の有無を判断するための手続

ニ　争点又は証拠の整理に係る事項その他訴訟手続の進行に関し必要な事項についての協議を行うための手続

二　証拠調べの期日において、証人、当事者本人又は鑑定人に対し直接に問いを発すること。

三　和解を試みる期日において、専

【1】　同条第2項を除く。

門的な知見に基づく説明をすること。
四　裁判官に対し、事件につき意見を述べること。

（知的財産に関する事件における裁判所調査官の除斥及び忌避）
第92条の9　第23条から第25条までの規定は、前条の事務を行う裁判所調査官について準用する。
2　前条の事務を行う裁判所調査官について除斥又は忌避の申立てがあったときは、その裁判所調査官は、その申立てについての決定が確定するまでその申立てがあった事件に関与することができない。

第3節　期日及び期間

（期日の指定及び変更）
第93条　期日の指定及び変更は、申立てにより又は職権で、裁判長が行う。
2　期日は、やむを得ない場合に限り、日曜日その他の一般の休日に指定することができる。
3　口頭弁論及び弁論準備手続の期日の変更は、顕著な事由がある場合に限り許す。ただし、最初の期日の変更は、当事者の合意がある場合にも許す。
4　前項の規定にかかわらず、弁論準備手続を経た口頭弁論の期日の変更は、やむを得ない事由がある場合でなければ、許すことができない。

（期日の呼出し）
第94条　期日の呼出しは、次の各号のいずれかに掲げる方法その他相当と認める方法によってする。
一　ファイルに記録された電子呼出状【1】を出頭すべき者に対して送達する方法
二　当該事件について出頭した者に対して期日の告知をする方法
2　裁判所書記官は、電子呼出状を作成したときは、最高裁判所規則で定めるところにより、これをファイルに記録しなければならない。
3　第1項各号に規定する方法以外の方法による期日の呼出しをしたときは、期日に出頭しない当事者、証人又は鑑定人に対し、法律上の制裁その他期日の不遵守による不利益を帰することができない。ただし、これらの者が期日の呼出しを受けた旨を記載した書面を提出したときは、この限りでない。

（期間の計算）
第95条　期間の計算については、民法の期間に関する規定に従う。
2　期間を定める裁判において始期を定めなかったときは、期間は、その裁判が効力を生じた時から進行を始める。
3　期間の末日が日曜日、土曜日、国民の祝日に関する法律（昭和23年法律第178号）に規定する休日、1月2日、1月3日又は12月29日から12月31日までの日に当たるときは、期間は、その翌日に満了する。

（期間の伸縮及び付加期間）
第96条　裁判所は、法定の期間又はその定めた期間を伸長し、又は短縮することができる。ただし、不変期間については、この限りでない。
2　不変期間については、裁判所は、遠隔の地に住所又は居所を有する者のために付加期間を定めることができる。

【1】　裁判所書記官が、最高裁判所規則で定めるところにより、裁判長が指定した期日に出頭すべき旨を告知するために出頭すべき者において出頭すべき日時及び場所を記録して作成した電磁的記録をいう。次項及び第256条第3項において同じ。

（訴訟行為の追完）

第97条 当事者が裁判所の使用に係る電子計算機の故障その他その責めに帰することができない事由により不変期間を遵守することができなかった場合には、その事由が消滅した後１週間以内に限り、不変期間内にすべき訴訟行為の追完をすることができる。ただし、外国に在る当事者については、この期間は、２月とする。

２ 前項の期間については、前条第１項本文の規定は、適用しない。

第４節 送達

第１款 総則

（職権送達の原則等）

第98条 送達は、特別の定めがある場合を除き、職権でする。

２ 送達に関する事務は、裁判所書記官が取り扱う。

（訴訟無能力者等に対する送達）

第99条 訴訟無能力者に対する送達は、その法定代理人にする。

２ 数人が共同して代理権を行うべき場合には、送達は、その１人にすれば足りる。

３ 刑事施設に収容されている者に対する送達は、刑事施設の長にする。

（送達報告書）

第100条 送達をした者は、書面を作成し、送達に関する事項を記載して、これを裁判所に提出しなければならない。

２ 前項の場合において、送達をした者は、同項の規定による書面の提出に代えて、最高裁判所規則で定めるところにより、当該書面に記載すべき事項を最高裁判所規則で定める電子情報処理組織を使用してファイルに記録し、又は当該書面に記載すべき事項に係る電磁的記録を記録した記録媒体を提出することができる。この場合において、当該送達をした者は、同項の書面を提出したものとみなす。

第２款 書類の送達

（送達実施機関）

第101条 書類の送達は、特別の定めがある場合を除き、郵便又は執行官によってする。

２ 郵便による送達にあっては、郵便の業務に従事する者を送達をする者とする。

（裁判所書記官による送達）

第102条 裁判所書記官は、その所属する裁判所の事件について出頭した者に対しては、自ら書類の送達をすることができる。

（交付送達の原則）

第102条の２ 書類の送達は、特別の定めがある場合を除き、送達を受けるべき者に送達すべき書類を交付してする。

（送達場所）

第103条 書類の送達は、送達を受けるべき者の住所、居所、営業所又は事務所【1】においてする。ただし、法定代理人に対する書類の送達は、本人の営業所又は事務所においてもすることができる。

２ 前項に定める場所が知れないとき、又はその場所において送達をするのに支障があるときは、書類の送達は、送達を受けるべき者が雇用、委任その他の法律上の行為に基づき就業する他人の住所等【2】においてすることができる。送達を受けるべき者【3】が就業場所において書類の送

【1】 以下この款において「住所等」という。

【2】 以下「就業場所」という。

【3】 次条第１項に規定する者を除く。

達を受ける旨の申述をしたときも、同様とする。

(送達場所等の届出)

第104条 当事者、法定代理人又は訴訟代理人は、書類の送達を受けるべき場所【1】を受訴裁判所に届け出なければならない。この場合においては、送達受取人をも届け出ることができる。

2 前項前段の規定による届出があった場合には、書類の送達は、前条の規定にかかわらず、その届出に係る場所においてする。

3 第1項前段の規定による届出をしない者で次の各号に掲げる送達を受けたものに対するその後の書類の送達は、前条の規定にかかわらず、それぞれ当該各号に定める場所においてする。

一 前条の規定による送達
⇨その送達をした場所

二 次条後段の規定による送達のうち郵便の業務に従事する者が日本郵便株式会社の営業所【2】においてするもの及び同項後段の規定による送達
⇨その送達において送達をすべき場所とされていた場所

三 第107条第1項第1号の規定による送達
⇨その送達において宛先とした場所

(出会送達)

第105条 前2条の規定にかかわらず、送達を受けるべき者で日本国内に住所等を有することが明らかでないもの【3】に対する書類の送達は、その者に出会った場所においてすることができる。日本国内に住所等を有することが明らかな者又は同項前段の規定による届出をした者が書類の送達を受けることを拒まないときも、同様とする。

(補充送達及び差置送達)

第106条 就業場所以外の書類の送達をすべき場所において送達を受けるべき者に出会わないときは、使用人その他の従業者又は同居者であって、書類の受領について相当のわきまえのあるものに書類を交付することができる。郵便の業務に従事する者が日本郵便株式会社の営業所において書類を交付すべきときも、同様とする。

2 就業場所【4】において送達を受けるべき者に出会わない場合において、第103条第2項の他人又はその法定代理人若しくは使用人その他の従業者であって、書類の受領について相当のわきまえのあるものが書類の交付を受けることを拒まないときは、これらの者に書類を交付することができる。

3 送達を受けるべき者又は第1項前段の規定により書類の交付を受けるべき者が正当な理由なくこれを受けることを拒んだときは、書類の送達をすべき場所に書類を差し置くことができる。

(書留郵便等に付する送達)

第107条 前条の規定により送達をすることができない場合【5】には、裁判所書記官は、次の各号に掲げる区分に応じ、それぞれ当該各号に定め

【1】 日本国内に限る。
【2】 郵便の業務を行うものに限る。第106条第1項後段において同じ。
【3】 前条第1項前段の規定による届出をした者を除く。
【4】 第104条第1項前段の規定による届出に係る場所が就業場所である場合を含む。
【5】 第109条の2の規定により送達をすることができる場合を除く。

る場所に宛てて、書類を書留郵便又は民間事業者による信書の送達に関する法律（平成14年法律第99号）第2条第6項に規定する一般信書便事業者若しくは同条第9項に規定する特定信書便事業者の提供する同条第2項に規定する信書便の役務のうち書留郵便に準ずるものとして最高裁判所規則で定めるもの【1】に付して発送することができる。

一　第103条の規定による送達をすべき場合
　⇨同条第1項に定める場所

二　第104条第2項の規定による送達をすべき場合
　⇨同項の場所

三　第104条第3項の規定による送達をすべき場合
　⇨同項の場所【2】

2　前項第2号又は第3号の規定により書類を書留郵便等に付して発送した場合には、その後に送達すべき書類は、同項第2号又は第3号に定める場所に宛てて、書留郵便等に付して発送することができる。

3　前2項の規定により書類を書留郵便等に付して発送した場合には、その発送の時に、送達があったものとみなす。

（外国における送達）

第108条　外国においてすべき書類の送達は、裁判長がその国の管轄官庁又はその国に駐在する日本の大使、公使若しくは領事に嘱託してする。

【1】　次項及び第3項において「書留郵便等」という。

【2】　その場所が就業場所である場合にあっては、訴訟記録に表れたその者の住所等

第3款　電磁的記録の送達

（電磁的記録に記録された事項を出力した書面による送達）

第109条　電磁的記録の送達は、特別の定めがある場合を除き、前款の定めるところにより、この法律その他の法令の規定によりファイルに記録された送達すべき電磁的記録【3】に記録されている事項を出力することにより作成した書面によってする。

（電子情報処理組織による送達）

第109条の2　電磁的記録の送達は、前条の規定にかかわらず、最高裁判所規則で定めるところにより、送達すべき電磁的記録に記録されている事項につき次条第1項第1号の閲覧又は同項第2号の記録をすることができる措置をとるとともに、送達を受けるべき者に対し、最高裁判所規則で定める電子情報処理組織を使用して当該措置がとられた旨の通知を発する方法によりすることができる。ただし、当該送達を受けるべき者が当該方法により送達を受ける旨の最高裁判所規則で定める方式による届出をしている場合に限る。

2　前項ただし書の届出をする場合には、最高裁判所規則で定めるところにより、同項本文の通知を受ける連絡先を受訴裁判所に届け出なければならない。この場合においては、送達受取人をも届け出ることができる。

3　第1項本文の通知は、前項の規定により届け出られた連絡先に宛てて発するものとする。

（電子情報処理組織による送達の効力発生の時期）

第109条の3　前条第1項の規定による送達は、次に掲げる時のいずれか

【3】　以下この節において単に「送達すべき電磁的記録」という。

早い時に、その効力を生ずる。
一　送達を受けるべき者が送達すべき電磁的記録に記録されている事項を最高裁判所規則で定める方法により表示をしたものの閲覧をした時
二　送達を受けるべき者が送達すべき電磁的記録に記録されている事項についてその使用に係る電子計算機に備えられたファイルへの記録をした時
三　前条第1項本文の通知が発せられた日から1週間を経過した時
2　送達を受けるべき者がその責めに帰することができない事由によって前項第1号の閲覧又は同項第2号の記録をすることができない期間は、同項第3号の期間に算入しない。

（電子情報処理組織による送達を受ける旨の届出をしなければならない者に関する特例）

第109条の4　第109条の2第1項ただし書の規定にかかわらず、第132条の11第1項各号に掲げる者に対する第109条の2第1項の規定による送達は、その者が同項ただし書の届出をしていない場合であってもすることができる。この場合においては、同項本文の通知を発することを要しない。
2　前項の規定により送達をする場合における前条の規定の適用については、同条第1項第3号中「通知が発せられた」とあるのは、「措置がとられた」とする。

第4款　公示送達

（公示送達の要件）

第110条　次に掲げる場合には、裁判所書記官は、申立てにより、公示送達をすることができる。
一　当事者の住所、居所その他送達をすべき場所が知れない場合【1】
二　第107条第1項の規定により送達をすることができない場合
三　外国においてすべき書類の送達について、第108条の規定によることができず、又はこれによっても送達をすることができないと認めるべき場合
四　第108条の規定により外国の管轄官庁に嘱託を発した後6月を経過してもその送達を証する書面の送付がない場合
2　前項の場合において、裁判所は、訴訟の遅滞を避けるため必要があると認めるときは、申立てがないときであっても、裁判所書記官に公示送達をすべきことを命ずることができる。
3　同一の当事者に対する2回目以降の公示送達は、職権でする。ただし、第1項第4号に掲げる場合は、この限りでない。

（公示送達の方法）

第111条　公示送達は、次の各号に掲げる区分に応じ、それぞれ当該各号に定める事項を最高裁判所規則で定める方法により不特定多数の者が閲覧することができる状態に置く措置をとるとともに、当該事項が記載された書面を裁判所の掲示場に掲示し、又は当該事項を裁判所に設置した電子計算機の映像面に表示したものの閲覧をすることができる状態に置く措置をとることによってする。
一　書類の公示送達　裁判所書記官が送達すべき書類を保管し、いつでも送達を受けるべき者に交付すべきこと。
二　電磁的記録の公示送達　裁判所書記官が、送達すべき電磁的記録

【1】第109条の2の規定により送達をすることができる場合を除く。

民事訴訟法

に記録された事項につき、いつでも送達を受けるべき者に第109条の書面を交付し、又は第109条の2第1項本文の規定による措置をとるとともに、同項本文の通知を発すべきこと。

（公示送達の効力発生の時期）

第112条　公示送達は、前条の規定による措置を開始した日から2週間を経過することによって、その効力を生ずる。ただし、第110条第3項の公示送達は、前条の規定による措置を開始した日の翌日にその効力を生ずる。

2　外国においてすべき送達についてした公示送達にあっては、前項の期間は、6週間とする。

3　前2項の期間は、短縮することができない。

（公示送達による意思表示の到達）

第113条　訴訟の当事者が相手方の所在を知ることができない場合において、相手方に対する公示送達がされた書類又は電磁的記録に、その相手方に対しその訴訟の目的である請求又は防御の方法に関する意思表示をする旨の記載又は記録があるときは、その意思表示は、第111条の規定による措置を開始した日から2週間を経過した時に、相手方に到達したものとみなす。この場合においては、民法第98条第3項ただし書の規定を準用する。

第5節　裁判

（既判力の範囲）

第114条　確定判決は、主文に包含するものに限り、既判力を有する。

2　相殺のために主張した請求の成立又は不成立の判断は、相殺をもって対抗した額について既判力を有する。

（確定判決等の効力が及ぶ者の範囲）

第115条　確定判決は、次に掲げる者に対してその効力を有する。

一　当事者

二　当事者が他人のために原告又は被告となった場合のその他人

三　前2号に掲げる者の口頭弁論終結後の承継人

四　前3号に掲げる者のために請求の目的物を所持する者

2　前項の規定は、仮執行の宣言について準用する。

（判決の確定時期）

第116条　判決は、控訴若しくは上告【1】の提起、第318条第1項の申立て又は第357条【2】、第378条第1項若しくは第381条の7第1項の規定による異議の申立てについて定めた期間の満了前には、確定しないものとする。

2　判決の確定は、前項の期間内にした控訴の提起、同項の上告の提起又は同項の申立てにより、遮断される。

（定期金による賠償を命じた確定判決の変更を求める訴え）

第117条　口頭弁論終結前に生じた損害につき定期金による賠償を命じた確定判決について、口頭弁論終結後に、後遺障害の程度、賃金水準その他の損害額の算定の基礎となった事情に著しい変更が生じた場合には、その判決の変更を求める訴えを提起することができる。ただし、その訴えの提起の日以後に支払期限が到来する定期金に係る部分に限る。

2　前項の訴えは、第1審裁判所の管轄に専属する。

【1】　第327条第1項（第380条第2項において準用する場合を含む。）の上告を除く。

【2】　第367条第2項において準用する場合を含む。

（外国裁判所の確定判決の効力）

第118条　外国裁判所の確定判決は、次に掲げる要件のすべてを具備する場合に限り、その効力を有する。

一　法令又は条約により外国裁判所の裁判権が認められること。

二　敗訴の被告が訴訟の開始に必要な呼出し若しくは命令の送達【1】を受けたこと又はこれを受けなかったが応訴したこと。

三　判決の内容及び訴訟手続が日本における公の秩序又は善良の風俗に反しないこと。

四　相互の保証があること。

（決定及び命令の告知）

第119条　決定及び命令は、相当と認める方法で告知することによって、その効力を生ずる。

（訴訟指揮に関する裁判の取消し）

第120条　訴訟の指揮に関する決定及び命令は、いつでも取り消すことができる。

（裁判所書記官の処分に対する異議）

第121条　裁判所書記官の処分に対する異議の申立てについては、その裁判所書記官の所属する裁判所が、決定で、裁判をする。

（判決に関する規定の準用）

第122条　決定及び命令には、その性質に反しない限り、判決に関する規定を準用する。

（判事補の権限）

第123条　判決以外の裁判は、判事補が単独ですることができる。

第6節　訴訟手続の中断及び中止

（訴訟手続の中断及び受継）

第124条　次の各号に掲げる事由があるときは、訴訟手続は、中断する。この場合においては、それぞれ当該各号に定める者は、訴訟手続を受け継がなければならない。

一　当事者の死亡

⇨相続人、相続財産の管理人、相続財産の清算人その他法令により訴訟を続行すべき者

二　当事者である法人の合併による消滅

⇨合併によって設立された法人又は合併後存続する法人

三　当事者の訴訟能力の喪失又は法定代理人の死亡若しくは代理権の消滅

⇨法定代理人又は訴訟能力を有するに至った当事者

四　次のイからハまでに掲げる者の信託に関する任務の終了

⇨当該イからハまでに定める者

イ　当事者である受託者

⇨新たな受託者又は信託財産管理者若しくは信託財産法人管理人

ロ　当事者である信託財産管理者又は信託財産法人管理人

⇨新たな受託者又は新たな信託財産管理者若しくは新たな信託財産法人管理人

ハ　当事者である信託管理人

⇨受益者又は新たな信託管理人

五　一定の資格を有する者で自己の名で他人のために訴訟の当事者となるものの死亡その他の事由による資格の喪失

⇨同一の資格を有する者

六　選定当事者の全員の死亡その他の事由による資格の喪失

⇨選定者の全員又は新たな選定当事者

2　前項の規定は、訴訟代理人がある間は、適用しない。

3　第1項第1号に掲げる事由がある場合においても、相続人は、相続の

民事訴訟法

【1】公示送達その他これに類する送達を除く。

放棄をすることができる間は、訴訟手続を受け継ぐことができない。

4　第1項第2号の規定は、合併をもって相手方に対抗することができない場合には、適用しない。

5　第1項第3号の法定代理人が保佐人又は補助人である場合にあっては、同号の規定は、次に掲げるときには、適用しない。

一　被保佐人又は被補助人が訴訟行為をすることについて保佐人又は補助人の同意を得ることを要しないとき。

二　被保佐人又は被補助人が前号に規定する同意を得ることを要する場合において、その同意を得ているとき。

第125条　所有者不明土地管理命令【1】が発せられたときは、当該所有者不明土地管理命令の対象とされた土地又は共有持分及び当該所有者不明土地管理命令の効力が及ぶ動産並びにその管理、処分その他の事由により所有者不明土地管理人【2】が得た財産【3】に関する訴訟手続で当該所有者不明土地等の所有者【4】を当事者とするものは、中断する。この場合においては、所有者不明土地管理人は、訴訟手続を受け継ぐことができる。

2　所有者不明土地管理命令が取り消されたときは、所有者不明土地管理人を当事者とする所有者不明土地等に関する訴訟手続は、中断する。この場合においては、所有者不明土地等の所有者は、訴訟手続を受け継がなければならない。

3　第1項の規定は所有者不明建物管理命令【5】が発せられた場合について、前項の規定は所有者不明建物管理命令が取り消された場合について準用する。

（相手方による受継の申立て）

第126条　訴訟手続の受継の申立ては、相手方もすることができる。

（受継の通知）

第127条　訴訟手続の受継の申立てがあった場合には、裁判所は、相手方に通知しなければならない。

（受継についての裁判）

第128条　訴訟手続の受継の申立てがあった場合には、裁判所は、職権で調査し、理由がないと認めるときは、決定で、その申立てを却下しなければならない。

2　第255条【6】の規定による第255条第1項に規定する電子判決書又は電子調書の送達後に中断した訴訟手続の受継の申立てがあった場合には、その判決をした裁判所は、その申立てについて裁判をしなければならない。

（職権による続行命令）

第129条　当事者が訴訟手続の受継の申立てをしない場合においても、裁判所は、職権で、訴訟手続の続行を命ずることができる。

（裁判所の職務執行不能による中止）

第130条　天災その他の事由によって裁判所が職務を行うことができない

【1】　民法第264条の2第1項に規定する所有者不明土地管理命令をいう。以下この項及び次項において同じ。

【2】　同条第4項に規定する所有者不明土地管理人をいう。以下この項及び次項において同じ。

【3】　以下この項及び次項において「**所有者不明土地等**」という。

【4】　その共有持分を有する者を含む。同項において同じ。

【5】　民法第264条の8第1項に規定する所有者不明建物管理命令をいう。以下この項において同じ。

【6】　第374条第2項において準用する場合を含む。以下この項において同じ。

ときは、訴訟手続は、その事由が消滅するまで中止する。

(当事者の故障による中止)

第131条 当事者が不定期間の故障により訴訟手続を続行することができないときは、裁判所は、決定で、その中止を命ずることができる。

2 裁判所は、前項の決定を取り消すことができる。

(中断及び中止の効果)

第132条 判決の言渡しは、訴訟手続の中断中であっても、することができる。

2 訴訟手続の中断又は中止があったときは、期間は、進行を停止する。この場合においては、訴訟手続の受継の通知又はその続行の時から、新たに全期間の進行を始める。

第6章 訴えの提起前における証拠収集の処分等

(訴えの提起前における照会)

第132条の2 訴えを提起しようとする者が訴えの被告となるべき者に対し訴えの提起を予告する通知【1】を書面でした場合には、その予告通知をした者【2】は、その予告通知を受けた者【3】に対し、その予告通知をした日から4月以内に限り、訴えの提起前に、訴えを提起した場合の主張又は立証を準備するために必要であることが明らかな事項について、相当の期間を定めて、書面により、又は被予告通知者の選択により書面若しくは電磁的方法【4】のいずれかにより回答するよう、書面により照会をすることができる。ただし、その照会が次の各号のいずれかに該当するときは、この限りでない。

一 第163条第1項各号のいずれかに該当する照会

二 相手方又は第三者の私生活についての秘密に関する事項についての照会であって、これに回答することにより、その相手方又は第三者が社会生活を営むのに支障を生ずるおそれがあるもの

三 相手方又は第三者の営業秘密に関する事項についての照会

2 前項第2号に規定する第三者の私生活についての秘密又は同項第3号に規定する第三者の営業秘密に関する事項についての照会については、相手方がこれに回答することをその第三者が承諾した場合には、これらの規定は、適用しない。

3 予告通知の書面には、提起しようとする訴えに係る請求の要旨及び紛争の要点を記載しなければならない。

4 予告通知をする者は、第1項の規定による書面による予告通知に代えて、当該予告通知を受ける者の承諾を得て、電磁的方法により予告通知をすることができる。この場合において、当該予告通知をする者は、同項の規定による書面による予告通知をしたものとみなす。

5 予告通知者は、第1項の規定による書面による照会に代えて、被予告通知者の承諾を得て、電磁的方法により照会をすることができる。

6 被予告通知者【5】は、同項の規定

【1】 以下この章において「予告通知」という。

【2】 以下この章において「予告通知者」という。

【3】 以下この章において「被予告通知者」という。

【4】 電子情報処理組織を使用する方法その他の情報通信の技術を利用する方法であって最高裁判所規則で定めるものをいう。以下同じ。

【5】 第1項の規定により書面又は電磁的方法のいずれかにより回答するよう照会を受けたものを除く。

による書面による回答に代えて、予告通知者の承諾を得て、電磁的方法により回答をすることができる。この場合において、被予告通知者は、同項の規定による書面による回答をしたものとみなす。

7　第1項の照会は、既にした予告通知と重複する予告通知に基づいては、することができない。

第132条の3　被予告通知者は、予告通知者に対し、当該予告通知者がした予告通知の書面に記載された前条第3項の請求の要旨及び紛争の要点に対する答弁の要旨を記載した書面でその予告通知に対する返答をしたときは、予告通知者に対し、その予告通知がされた日から4月以内に限り、訴えの提起前に、訴えを提起された場合の主張又は立証を準備するために必要であることが明らかな事項について、相当の期間を定めて、書面により、又は予告通知者の選択により書面若しくは電磁的方法のいずれかにより回答するよう、書面により照会をすることができる。

2　前条第1項ただし書、第2項及び第4項から第6項までの規定は、前項の場合について準用する。この場合において、同条第4項中「書面による予告通知」とあるのは「書面による返答」と、「電磁的方法により予告通知」とあるのは「電磁的方法により返答」と読み替えるものとする。

3　第1項の照会は、既にされた予告通知と重複する予告通知に対する返答に基づいては、することができない。

（訴えの提起前における証拠収集の処分）

第132条の4　裁判所は、予告通知者又は前条第1項の返答をした被予告通知者の申立てにより、当該予告通知に係る訴えが提起された場合の立証に必要であることが明らかな証拠となるべきものについて、申立人がこれを自ら収集することが困難であると認められるときは、その予告通知又は返答の相手方【1】の意見を聴いて、訴えの提起前に、その収集に係る次に掲げる処分をすることができる。ただし、その収集に要すべき時間又は嘱託を受けるべき者の負担が不相当なものとなることその他の事情により、相当でないと認めるときは、この限りでない。

一　文書【2】の所持者にその文書の送付を嘱託し、又は電磁的記録を利用する権限を有する者にその電磁的記録の送付を嘱託すること。

二　必要な調査を官庁若しくは公署、外国の官庁若しくは公署又は学校、商工会議所、取引所その他の団体【3】に嘱託すること。

三　専門的な知識経験を有する者にその専門的な知識経験に基づく意見の陳述を嘱託すること。

四　執行官に対し、物の形状、占有関係その他の現況について調査を命ずること。

2　前項の処分の申立ては、予告通知がされた日から4月の不変期間内にしなければならない。ただし、その期間の経過後にその申立てをすることについて相手方の同意があるときは、この限りでない。

3　第1項の処分の申立ては、既にした予告通知と重複する予告通知又はこれに対する返答に基づいては、することができない。

【1】　以下この章において単に「相手方」という。

【2】　第231条に規定する物件を含む。以下この章において同じ。

【3】　次条第1項第2号において「官公署等」という。

4　裁判所は、第1項の処分をした後において、同項ただし書に規定する事情により相当でないと認められるに至ったときは、その処分を取り消すことができる。

（証拠収集の処分の管轄裁判所等）

第132条の5　次の各号に掲げる処分の申立ては、それぞれ当該各号に定める地を管轄する地方裁判所にしなければならない。

一　前条第1項第1号の処分の申立て
⇨申立人若しくは相手方の普通裁判籍の所在地又は文書を所持する者若しくは電磁的記録を利用する権限を有する者の居所

二　前条第1項第2号の処分の申立て
⇨申立人若しくは相手方の普通裁判籍の所在地又は調査の嘱託を受けるべき官公署等の所在地

三　前条第1項第3号の処分の申立て
⇨申立人若しくは相手方の普通裁判籍の所在地又は特定の物につき意見の陳述の嘱託がされるべき場合における当該特定の物の所在地

四　前条第1項第4号の処分の申立て
⇨調査に係る物の所在地

2　第16条第1項、第21条及び第22条の規定は、前条第1項の処分の申立てに係る事件について準用する。

（証拠収集の処分の手続等）

第132条の6　裁判所は、第132条の4第1項第1号から第3号までの処分をする場合には、嘱託を受けた者が文書若しくは電磁的記録の送付、調査結果の報告又は意見の陳述をすべき期間を定めなければならない。

2　第132条の4第1項第2号の嘱託若しくは同項第4号の命令に係る調査結果の報告又は同項第3号の嘱託に係る意見の陳述は、書面でしなければならない。

3　第132条の4第1項第2号若しくは第3号の嘱託を受けた者又は同項第4号の命令を受けた者【1】は、前項の規定による書面による調査結果の報告又は意見の陳述に代えて、最高裁判所規則で定めるところにより、当該書面に記載すべき事項を最高裁判所規則で定める電子情報処理組織を使用してファイルに記録する方法又は当該事項に係る電磁的記録を記録した記録媒体を提出する方法による調査結果の報告又は意見の陳述を行うことができる。この場合において、当該嘱託等を受けた者は、同項の規定による書面による調査結果の報告又は意見の陳述をしたものとみなす。

4　裁判所は、第132条の4第1項の処分に基づいて文書若しくは電磁的記録の送付、調査結果の報告又は意見の陳述がされたときは、申立人及び相手方にその旨を通知しなければならない。この場合において、送付に係る文書若しくは電磁的記録を記録した記録媒体又は調査結果の報告若しくは意見の陳述に係る書面若しくは電磁的記録を記録した記録媒体については、第132条の13の規定は、適用しない。

5　裁判所は、次条の定める手続による申立人及び相手方の利用に供するため、前項に規定する通知を発した日から1月間、送付に係る文書若しくは電磁的記録又は調査結果の報告若しくは意見の陳述に係る書面若し

【1】以下この項において「嘱託等を受けた者」という。

くは電磁的記録を保管しなければならない。

6　第180条第1項の規定は**第132条の4第1項の処分**について、第184条第1項の規定は**第132条の4第1項第1号から第3号までの処分**について、第213条の規定は**同号の処分**について、第231条の3第2項の規定は**第132条の4第1項第1号の処分**について、それぞれ準用する。

（事件の記録の閲覧等）

第132条の7　第91条【1】の規定は**非電磁的証拠収集処分記録の閲覧等**【2】の**請求**について、第91条の2の規定は**電磁的証拠収集処分記録の閲覧等**【3】の**請求**について、第91条の3の規定は**第132条の4第1項の処分の申立てに係る事件に関する事項を証明した書面の交付又は当該事項を証明した電磁的記録の提供の請求**について、それぞれ準用する。この場合において、第91条第1項及び第91条の2第1項中「何人も」とあるのは「申立人及び相手方は」と、第91条第3項、第91条の2第2項及び第3項並びに第91条の3中「当事者及び利害関係を疎明した第三者」とあるのは「申立人及び相手方」と、第91条第4項中「当事者又は利害関係を疎明した第三者」とあるのは「申立人又は相手方」と読み替えるものとする。

（不服申立ての不許）

第132条の8　第132条の4第1項の処分の申立てについての裁判に対しては、不服を申し立てることができない。

（証拠収集の処分に係る裁判に関する費用の負担）

第132条の9　第132条の4第1項の処分の申立てについての裁判に関する費用は、申立人の負担とする。

第7章　電子情報処理組織による申立て等

（電子情報処理組織による申立て等）

第132条の10　民事訴訟に関する手続における申立てその他の申述【4】のうち、当該申立て等に関するこの法律その他の法令の規定により書面等【5】をもってするものとされているものであって、裁判所に対してするもの【6】については、当該法令の規定にかかわらず、最高裁判所規則で定めるところにより、最高裁判所規則で定める電子情報処理組織を使用して当該書面等に記載すべき事項をファイルに記録する方法により行うことができる。

2　前項の方法によりされた申立て等【7】については、当該申立て等を書面等をもってするものとして規定

【1】　第2項を除く。
【2】　第132条の4第1項の処分の申立てに係る事件の記録（ファイル記録事項に係る部分を除く。）の閲覧若しくは謄写、その正本、謄本若しくは抄本の交付又はその複製をいう。第133条第3項において同じ。
【3】　第132条の4第1項の処分の申立てに係る事件の記録中ファイル記録事項に係る部分の閲覧若しくは複写又はファイル記録事項の全部若しくは一部を証明した書面の交付若しくはファイル記録事項の全部若しくは一部を証明した電磁的記録の提供をいう。第133条第3項において同じ。
【4】　以下「**申立て等**」という。
【5】　書面、書類、文書、謄本、抄本、正本、副本、複本その他文字、図形等人の知覚によって認識することができる情報が記載された紙その他の有体物をいう。以下この章において同じ。
【6】　当該裁判所の裁判長、受命裁判官、受託裁判官又は裁判所書記官に対してするものを含む。
【7】　以下この条において「**電子情報処理組織を使用する申立て等**」という。

民事訴訟法

した申立て等に関する法令の規定に規定する書面等をもってされたものとみなして、当該法令その他の当該申立て等に関する法令の規定を適用する。

3　電子情報処理組織を使用する申立て等は、当該電子情報処理組織を使用する申立て等に係る事項がファイルに記録された時に、当該裁判所に到達したものとみなす。

4　第1項の場合において、当該申立て等に関する他の法令の規定により署名等【1】をすることとされているものについては、当該申立て等をする者は、当該法令の規定にかかわらず、当該署名等に代えて、最高裁判所規則で定めるところにより、氏名又は名称を明らかにする措置を講じなければならない。

5　電子情報処理組織を使用する申立て等がされたときは、当該電子情報処理組織を使用する申立て等に係る送達は、当該電子情報処理組織を使用する申立て等に係る法令の規定にかかわらず、当該電子情報処理組織を使用する申立て等によりファイルに記録された事項に係る電磁的記録の送達によってする。

6　前項の方法により行われた電子情報処理組織を使用する申立て等に係る送達については、当該電子情報処理組織を使用する申立て等に関する法令の規定に規定する送達の方法により行われたものとみなして、当該送達に関する法令その他の当該電子情報処理組織を使用する申立て等に関する法令の規定を適用する。

（電子情報処理組織による申立て等の特例）

第132条の11　次の各号に掲げる者は、それぞれ当該各号に定める事件の申立て等をするときは、前条第1項の方法により、これを行わなければならない。ただし、口頭ですることができる申立て等について、口頭でするときは、この限りでない。

一　訴訟代理人のうち委任を受けたもの【2】　当該委任を受けた事件

二　国の利害に関係のある訴訟についての法務大臣の権限等に関する法律（昭和22年法律第194号）第2条、第5条第1項、第6条第2項、第6条の2第4項若しくは第5項、第6条の3第4項若しくは第5項又は第7条第3項の規定による指定を受けた者　当該指定の対象となった事件

三　地方自治法（昭和22年法律第67号）第153条第1項の規定による委任を受けた職員　当該委任を受けた事件

2　前項各号に掲げる者は、第109条の2第1項ただし書の届出をしなければならない。

3　第1項の規定は、同項各号に掲げる者が裁判所の使用に係る電子計算機の故障その他その責めに帰することができない事由により、電子情報処理組織を使用する方法により申立て等を行うことができない場合には、適用しない。

（書面等による申立て等）

第132条の12　申立て等が書面等により行われたとき【3】は、裁判所書記官は、当該書面等に記載された事項【4】をファイルに記録しなければならない。ただし、当該事項をファ

【1】　署名、記名、押印その他氏名又は名称を書面等に記載することをいう。以下この項において同じ。

【2】　第54条第1項ただし書の許可を得て訴訟代理人となったものを除く。

【3】　前条第1項の規定に違反して行われたときを除く。

【4】　次の各号に掲げる場合における当該各号に定める事項を除く。

イルに記録することにつき困難な事情があるときは、この限りでない。

一　当該申立て等に係る書面等について、当該申立て等とともに第92条第1項の申立て【1】がされた場合において、当該書面等に記載された営業秘密がその訴訟の追行の目的以外の目的で使用され、又は当該営業秘密が開示されることにより、当該営業秘密に基づく当事者の事業活動に支障を生ずるおそれがあり、これを防止するため裁判所が特に必要があると認めるとき【2】　当該書面等に記載された営業秘密

二　書面等により第133条第2項の規定による届出があった場合　当該書面等に記載された事項

三　当該申立て等に係る書面等について、当該申立て等とともに第133条の2第2項の申立てがされた場合において、裁判所が必要があると認めるとき【3】　当該書面等に記載された同項に規定する秘匿事項記載部分

2　前項の規定によりその記載された事項がファイルに記録された書面等による申立て等に係る送達は、当該申立て等に係る法令の規定にかかわらず、同項の規定によりファイルに記録された事項に係る電磁的記録の送達をもって代えることができる。

3　前項の方法により行われた申立て等に係る送達については、当該申立て等に関する法令の規定に規定する送達の方法により行われたものとみなして、当該送達に関する法令その他の当該申立て等に関する法令の規定を適用する。

（書面等に記録された事項のファイルへの記録等）

第132条の13　裁判所書記官は、前条第1項に規定する申立て等に係る書面等のほか、民事訴訟に関する手続においてこの法律その他の法令の規定に基づき裁判所に提出された書面等又は電磁的記録を記録した記録媒体に記載され、又は記録されている事項【4】をファイルに記録しなければならない。ただし、当該事項をファイルに記録することにつき困難な事情があるときは、この限りでない。

一　当該書面等又は当該記録媒体について、これらの提出とともに第92条第1項の申立て【5】がされた場合において、当該書面等若しくは当該記録媒体に記載され、若しくは記録された営業秘密がその訴訟の追行の目的以外の目的で使用され、又は当該営業秘密が開示されることにより、当該営業秘密に基づく当事者の事業活動に支障を生ずるおそれがあり、これを防止するため裁判所が特に必要があると認めるとき【6】　当該書面等又は当該記録媒体に記載され、又は記録された営業秘密

二　当該記録媒体を提出する方法により次条第2項の規定による届出があった場合　当該記録媒体に記

【1】　同項第2号に掲げる事由があることを理由とするものに限る。
【2】　当該同項の申立てが却下されたとき又は当該同項の申立てに係る決定を取り消す裁判が確定したときを除く。
【3】　当該同項の申立てが却下されたとき又は当該同項の申立てに係る決定を取り消す裁判が確定したときを除く。
【4】　次の各号に掲げる場合における当該各号に定める事項を除く。
【5】　同項第2号に掲げる事由があることを理由とするものに限る。
【6】　当該申立てが却下されたとき又は当該申立てに係る決定を取り消す裁判が確定したときを除く。

録された事項

三　当該書面等又は当該記録媒体について、これらの提出とともに第133条の2第2項の申立てがされた場合において、裁判所が必要があると認めるとき【1】　当該書面等又は当該記録媒体に記載され、又は記録された同項に規定する秘匿事項記載部分

四　第133条の3第1項の規定による決定があった場合において、裁判所が必要があると認めるとき【2】　当該決定に係る書面等及び電磁的記録を記録した記録媒体に記載され、又は記録された事項

第8章　当事者に対する住所、氏名等の秘匿

（申立人の住所、氏名等の秘匿）

第133条　申立て等をする者又はその法定代理人の住所、居所その他その通常所在する場所【3】の全部又は一部が当事者に知られることによって当該申立て等をする者又は当該法定代理人が社会生活を営むのに著しい支障を生ずるおそれがあることにつき疎明があった場合には、裁判所は、申立てにより、決定で、住所等の全部又は一部を秘匿する旨の裁判をすることができる。申立て等をする者又はその法定代理人の氏名その他当該者を特定するに足りる事項【4】についても、同様とする。

2　前項の申立てをするときは、同項の申立て等をする者又はその法定代理人【5】の住所等又は氏名等【6】その他最高裁判所規則で定める事項を書面その他最高裁判所規則で定める方法により届け出なければならない。

3　第1項の申立てがあったときは、その申立てについての裁判が確定するまで、当該申立てに係る秘匿対象者以外の者は、訴訟記録等【7】中前項の規定による届出に係る部分【8】について訴訟記録等の閲覧等【9】の請求をすることができない。

4　第1項の申立てを却下した裁判に対しては、即時抗告をすることができる。

5　裁判所は、秘匿対象者の住所又は氏名について第1項の決定【10】をする場合には、当該秘匿決定において、当該秘匿対象者の住所又は氏名に代わる事項を定めなければならない。この場合において、その事項を当該事件並びにその事件についての反訴、参加、強制執行、仮差押え及び仮処分に関する手続において記載し、又は記録したときは、この法律その他の法令の規定の適用については、当該秘匿対象者の住所又は氏名を記載し、又は記録したものとみなす。

【1】　当該申立てが却下されたとき又は当該申立てに係る決定を取り消す裁判が確定したときを除く。

【2】　当該決定を取り消す裁判が確定したときを除く。

【3】　以下この項及び次項において「**住所等**」という。

【4】　次項において「**氏名等**」という。

【5】　以下この章において「**秘匿対象者**」という。

【6】　次条第2項において「**秘匿事項**」という。

【7】　訴訟記録又は第132条の4第1項の処分の申立てに係る事件の記録をいう。以下この章において同じ。

【8】　次条において「**秘匿事項届出部分**」という。

【9】　訴訟記録の閲覧等、非電磁的証拠収集処分記録の閲覧等又は電磁的証拠収集処分記録の閲覧等をいう。以下この章において同じ。

【10】　以下この章において「**秘匿決定**」という。

（秘匿決定があった場合における閲覧等の制限の特則）

第133条の2 秘匿決定があった場合には、秘匿事項届出部分に係る訴訟記録等の閲覧等の請求をすることができる者を当該秘匿決定に係る秘匿対象者に限る。

2 前項の場合において、裁判所は、申立てにより、決定で、訴訟記録等中秘匿事項届出部分以外のものであって秘匿事項又は秘匿事項を推知することができる事項が記載され、又は記録された部分【1】に係る訴訟記録等の閲覧等の請求をすることができる者を当該秘匿決定に係る秘匿対象者に限ることができる。

3 前項の申立てがあったときは、その申立てについての裁判が確定するまで、当該秘匿決定に係る秘匿対象者以外の者は、当該秘匿事項記載部分に係る訴訟記録等の閲覧等の請求をすることができない。

4 第2項の申立てを却下した裁判に対しては、即時抗告をすることができる。

5 裁判所は、第2項の申立てがあった場合において、必要があると認めるときは、電磁的訴訟記録等【2】中当該秘匿事項記載部分につき、その内容を書面に出力し、又はこれを他の記録媒体に記録するとともに、当該部分を電磁的訴訟記録等から消去する措置その他の当該秘匿事項記載部分の安全管理のために必要かつ適切なものとして最高裁判所規則で定める措置を講ずることができる。

6 前項の規定による電磁的訴訟記録等から消去する措置が講じられた場合において、その後に第2項の申立てを却下する裁判が確定したとき、又は当該申立てに係る決定を取り消す裁判が確定したときは、裁判所書記官は、当該秘匿事項記載部分をファイルに記録しなければならない。

【1】 以下この条において「**秘匿事項記載部分**」という。

【2】 電磁的訴訟記録又は第132条の4第1項の処分の申立てに係る事件の記録中ファイル記録事項に係る部分をいう。以下この項及び次項において同じ。

（送達をすべき場所等の調査嘱託があった場合における閲覧等の制限の特則）

第133条の3 裁判所は、当事者又はその法定代理人に対して送達をするため、その者の住所、居所その他送達をすべき場所についての調査を嘱託した場合において、当該嘱託に係る調査結果の報告が記載され、又は記録された書面又は電磁的記録が閲覧されることにより、当事者又はその法定代理人が社会生活を営むのに著しい支障を生ずるおそれがあることが明らかであると認めるときは、決定で、当該書面又は電磁的記録及びこれに基づいてされた送達に関する第100条の書面又は電磁的記録その他これに類する書面又は電磁的記録に係る訴訟記録等の閲覧等の請求をすることができる者を当該当事者又は当該法定代理人に限ることができる。当事者又はその法定代理人を特定するため、その者の氏名その他当該者を特定するに足りる事項についての調査を嘱託した場合についても、同様とする。

2 前条第5項及び第6項の規定は、前項の規定による決定があった場合について準用する。

（秘匿決定の取消し等）

第133条の4 秘匿決定、第133条の2第2項の決定又は前条第1項の決定【3】に係る者以外の者は、訴訟記録等の存する裁判所に対し、その要

【3】 次項及び第7項において「**秘匿決定等**」という。

民事訴訟法

件を欠くこと又はこれを欠くに至ったことを理由として、その決定の取消しの申立てをすることができる。
2　秘匿決定等に係る者以外の当事者は、秘匿決定等がある場合であっても、自己の攻撃又は防御に実質的な不利益を生ずるおそれがあるときは、訴訟記録等の存する裁判所の許可を得て、第133条の2第1項若しくは第2項又は前条第1項の規定により訴訟記録等の閲覧等の請求が制限される部分につきその請求をすることができる。
3　裁判所は、前項の規定による許可の申立てがあった場合において、その原因となる事実につき疎明があったときは、これを許可しなければならない。
4　裁判所は、第1項の取消し又は第2項の許可の裁判をするときは、次の各号に掲げる区分に従い、それぞれ当該各号に定める者の意見を聴かなければならない。
一　秘匿決定又は第133条の2第2項の決定に係る裁判をするとき　当該決定に係る秘匿対象者
二　前条の決定に係る裁判をするとき　当該決定に係る当事者又は法定代理人
5　第1項の取消しの申立てについての裁判及び第2項の許可の申立てについての裁判に対しては、即時抗告をすることができる。
6　第1項の取消し及び第2項の許可の裁判は、確定しなければその効力を生じない。
7　第2項の許可の裁判があったときは、その許可の申立てに係る当事者又はその法定代理人、訴訟代理人若しくは補佐人は、正当な理由なく、その許可により得られた情報を、当該手続の追行の目的以外の目的のために利用し、又は秘匿決定等に係る者以外の者に開示してはならない。

第2編　第1審の訴訟手続

第1章　訴え

（訴え提起の方式）
第134条　訴えの提起は、訴状を裁判所に提出してしなければならない。
2　訴状には、次に掲げる事項を記載しなければならない。
一　当事者及び法定代理人
二　請求の趣旨及び原因

（証書真否確認の訴え）
第134条の2　確認の訴えは、法律関係を証する書面の成立の真否を確定するためにも提起することができる。

（将来の給付の訴え）
第135条　将来の給付を求める訴えは、あらかじめその請求をする必要がある場合に限り、提起することができる。

（請求の併合）
第136条　数個の請求は、同種の訴訟手続による場合に限り、1の訴えですることができる。

（裁判長の訴状審査権）
第137条　訴状が第134条第2項の規定に違反する場合には、裁判長は、相当の期間を定め、その期間内に不備を補正すべきことを命じなければならない。
2　前項の場合において、原告が不備を補正しないときは、裁判長は、命令で、訴状を却下しなければならない。
3　前項の命令に対しては、即時抗告をすることができる。

（訴えの提起の手数料の納付がない場合の訴状却下）
第137条の2　民事訴訟費用等に関する法律（昭和46年法律第40号）の規定

に従い訴えの提起の手数料を納付しない場合には、裁判所書記官は、相当の期間を定め、その期間内に当該手数料を納付すべきことを命ずる処分をしなければならない。
2　前項の処分は、相当と認める方法で告知することによって、その効力を生ずる。
3　第1項の処分に対する異議の申立ては、その告知を受けた日から1週間の不変期間内にしなければならない。
4　前項の異議の申立ては、執行停止の効力を有する。
5　裁判所は、第3項の異議の申立てがあった場合において、第1項の処分において納付を命じた額を超える額の訴えの提起の手数料を納付すべきと認めるときは、相当の期間を定め、その期間内に当該額を納付すべきことを命じなければならない。
6　第1項又は前項の場合において、原告が納付を命じられた手数料を納付しないときは、裁判長は、命令で、訴状を却下しなければならない。
7　前項の命令に対しては、即時抗告をすることができる。ただし、即時抗告をした者が、その者において相当と認める訴訟の目的の価額に応じて算出される民事訴訟費用等に関する法律の規定による訴えの提起の手数料を納付しないときは、この限りでない。
8　前項ただし書の場合には、原裁判所は、その即時抗告を却下しなければならない。
9　前項の規定による決定に対しては、不服を申し立てることができない。

(訴状の送達)

第138条　訴状は、被告に送達しなければならない。
2　第137条の規定は、訴状の送達をすることができない場合[1]について準用する。

(口頭弁論期日の指定)

第139条　訴えの提起があったときは、裁判長は、口頭弁論の期日を指定し、当事者を呼び出さなければならない。

(口頭弁論を経ない訴えの却下)

第140条　訴えが不適法でその不備を補正することができないときは、裁判所は、口頭弁論を経ないで、判決で、訴えを却下することができる。

(呼出費用の予納がない場合の訴えの却下)

第141条　裁判所は、民事訴訟費用等に関する法律の規定に従い当事者に対する期日の呼出しに必要な費用の予納を相当の期間を定めて原告に命じた場合において、その予納がないときは、被告に異議がない場合に限り、決定で、訴えを却下することができる。
2　前項の決定に対しては、即時抗告をすることができる。

(重複する訴えの提起の禁止)

第142条　裁判所に係属する事件については、当事者は、更に訴えを提起することができない。

(訴えの変更)

第143条　原告は、請求の基礎に変更がない限り、口頭弁論の終結に至るまで、請求又は請求の原因を変更することができる。ただし、これにより著しく訴訟手続を遅滞させることとなるときは、この限りでない。
2　請求の変更は、書面でしなければならない。
3　前項の書面は、相手方に送達しなければならない。
4　裁判所は、請求又は請求の原因の変更を不当であると認めるときは、

【1】訴状の送達に必要な費用を予納しない場合を含む。

申立てにより又は職権で、その変更を許さない旨の決定をしなければならない。

（選定者に係る請求の追加）

第144条　第30条第3項の規定による原告となるべき者の選定があった場合には、その者は、口頭弁論の終結に至るまで、その選定者のために請求の追加をすることができる。

2　第30条第3項の規定による被告となるべき者の選定があった場合には、原告は、口頭弁論の終結に至るまで、その選定者に係る請求の追加をすることができる。

3　前条第1項ただし書及び第2項から第4項までの規定は、前2項の請求の追加について準用する。

（中間確認の訴え）

第145条　裁判が訴訟の進行中に争いとなっている法律関係の成立又は不成立に係るときは、当事者は、請求を拡張して、その法律関係の確認の判決を求めることができる。ただし、その確認の請求が他の裁判所の専属管轄【1】に属するときは、この限りでない。

2　前項の訴訟が係属する裁判所が第6条第1項各号に定める裁判所である場合において、前項の確認の請求が同条第1項の規定により他の裁判所の専属管轄に属するときは、前項ただし書の規定は、適用しない。

3　日本の裁判所が管轄権の専属に関する規定により第1項の確認の請求について管轄権を有しないときは、当事者は、同項の確認の判決を求めることができない。

4　第143条第2項及び第3項の規定は、第1項の規定による請求の拡張について準用する。

【1】　当事者が第11条の規定により合意で定めたものを除く。

（反訴）

第146条　被告は、本訴の目的である請求又は防御の方法と関連する請求を目的とする場合に限り、口頭弁論の終結に至るまで、本訴の係属する裁判所に反訴を提起することができる。ただし、次に掲げる場合は、この限りでない。

一　反訴の目的である請求が他の裁判所の専属管轄【2】に属するとき。

二　反訴の提起により著しく訴訟手続を遅滞させることとなるとき。

2　本訴の係属する裁判所が第6条第1項各号に定める裁判所である場合において、反訴の目的である請求が同項の規定により他の裁判所の専属管轄に属するときは、前項第1号の規定は、適用しない。

3　日本の裁判所が反訴の目的である請求について管轄権を有しない場合には、被告は、本訴の目的である請求又は防御の方法と密接に関連する請求を目的とする場合に限り、第1項の規定による反訴を提起することができる。ただし、日本の裁判所が管轄権の専属に関する規定により反訴の目的である請求について管轄権を有しないときは、この限りでない。

4　反訴については、訴えに関する規定による。

（裁判上の請求による時効の完成猶予等）

第147条　訴えが提起されたとき、又は第143条第2項【3】の書面が裁判所に提出されたときは、その時に時効の完成猶予又は法律上の期間の遵守のために必要な裁判上の請求があったものとする。

【2】　当事者が第11条の規定により合意で定めたものを除く。

【3】　第144条第3項及び第145条第4項において準用する場合を含む。

第2章　計画審理

（訴訟手続の計画的進行）

第147条の2　裁判所及び当事者は、適正かつ迅速な審理の実現のため、訴訟手続の計画的な進行を図らなければならない。

（審理の計画）

第147条の3　裁判所は、審理すべき事項が多数であり又は錯そうしているなど事件が複雑であることその他の事情によりその適正かつ迅速な審理を行うため必要があると認められるときは、当事者双方と協議をし、その結果を踏まえて審理の計画を定めなければならない。

2　前項の審理の計画においては、次に掲げる事項を定めなければならない。

一　争点及び証拠の整理を行う期間

二　証人及び当事者本人の尋問を行う期間

三　口頭弁論の終結及び判決の言渡しの予定時期

3　第1項の審理の計画においては、前項各号に掲げる事項のほか、特定の事項についての攻撃又は防御の方法を提出すべき期間その他の訴訟手続の計画的な進行上必要な事項を定めることができる。

4　裁判所は、審理の現状及び当事者の訴訟追行の状況その他の事情を考慮して必要があると認めるときは、当事者双方と協議をし、その結果を踏まえて第1項の審理の計画を変更することができる。

第3章　口頭弁論及びその準備

第1節　口頭弁論

（裁判長の訴訟指揮権）

第148条　口頭弁論は、裁判長が指揮する。

2　裁判長は、発言を許し、又はその命令に従わない者の発言を禁ずることができる。

（釈明権等）

第149条　裁判長は、口頭弁論の期日又は期日外において、訴訟関係を明瞭にするため、事実上及び法律上の事項に関し、当事者に対して問いを発し、又は立証を促すことができる。

2　陪席裁判官は、裁判長に告げて、前項に規定する処置をすることができる。

3　当事者は、口頭弁論の期日又は期日外において、裁判長に対して必要な発問を求めることができる。

4　裁判長又は陪席裁判官が、口頭弁論の期日外において、攻撃又は防御の方法に重要な変更を生じ得る事項について第1項又は第2項の規定による処置をしたときは、その内容を相手方に通知しなければならない。

（訴訟指揮等に対する異議）

第150条　当事者が、口頭弁論の指揮に関する裁判長の命令又は前条第1項若しくは第2項の規定による裁判長若しくは陪席裁判官の処置に対し、異議を述べたときは、裁判所は、決定で、その異議について裁判をする。

（釈明処分）

第151条　裁判所は、訴訟関係を明瞭にするため、次に掲げる処分をすることができる。

一　当事者本人又はその法定代理人に対し、口頭弁論の期日に出頭することを命ずること。

二　口頭弁論の期日において、当事者のため事務を処理し、又は補助する者で裁判所が相当と認めるものに陳述をさせること。

三　訴訟書類若しくは訴訟において引用した文書その他の物件で当事

者の所持するもの又は訴訟においてその記録された情報の内容を引用した電磁的記録で当事者が利用する権限を有するものを提出させること。

四　当事者又は第三者の提出した文書その他の物件を裁判所に留め置くこと。

五　検証をし、又は鑑定を命ずること。

六　調査を嘱託すること。

2　前項の規定による電磁的記録の提出は、最高裁判所規則で定めるところにより、電磁的記録を記録した記録媒体を提出する方法又は最高裁判所規則で定める電子情報処理組織を使用する方法により行う。

3　第1項の規定により提出された文書及び前項の規定により提出された電磁的記録については、第132条の13の規定は、適用しない。

4　第1項に規定する検証、鑑定及び調査の嘱託については、証拠調べに関する規定を準用する。

（口頭弁論の併合等）

第152条　裁判所は、口頭弁論の制限、分離若しくは併合を命じ、又はその命令を取り消すことができる。

2　裁判所は、当事者を異にする事件について口頭弁論の併合を命じた場合において、その前に尋問をした証人について、尋問の機会がなかった当事者が尋問の申出をしたときは、その尋問をしなければならない。

（口頭弁論の再開）

第153条　裁判所は、終結した口頭弁論の再開を命ずることができる。

（通訳人の立会い等）

第154条　口頭弁論に関与する者が日本語に通じないとき、又は耳が聞こえない者若しくは口がきけない者であるときは、通訳人を立ち会わせる。ただし、耳が聞こえない者又は口がきけない者には、文字で問い、又は陳述をさせることができる。

2　裁判所は、相当と認めるときは、当事者の意見を聴いて、最高裁判所規則で定めるところにより、裁判所及び当事者双方が通訳人との間で映像と音声の送受信により相手の状態を相互に認識しながら通話をすることができる方法によって、通訳人に通訳をさせることができる。この場合において、当該方法によることにつき困難な事情があるときは、裁判所及び当事者双方が通訳人との間で音声の送受信により同時に通話をすることができる方法によってすることができる。

3　鑑定人に関する規定は、通訳人について準用する。

（弁論能力を欠く者に対する措置）

第155条　裁判所は、訴訟関係を明瞭にするために必要な陳述をすることができない当事者、代理人又は補佐人の陳述を禁じ、口頭弁論の続行のため新たな期日を定めることができる。

2　前項の規定により陳述を禁じた場合において、必要があると認めるときは、裁判所は、弁護士の付添いを命ずることができる。

（攻撃防御方法の提出時期）

第156条　攻撃又は防御の方法は、訴訟の進行状況に応じ適切な時期に提出しなければならない。

（審理の計画が定められている場合の攻撃防御方法の提出期間）

第156条の2　第147条の3第1項の審理の計画に従った訴訟手続の進行上必要があると認めるときは、裁判長は、当事者の意見を聴いて、特定の事項についての攻撃又は防御の方法を提出すべき期間を定めることができる。

（時機に後れた攻撃防御方法の却下等）

第157条 当事者が故意又は重大な過失により時機に後れて提出した攻撃又は防御の方法については、これにより訴訟の完結を遅延させることとなると認めたときは、裁判所は、申立てにより又は職権で、却下の決定をすることができる。

2 攻撃又は防御の方法でその趣旨が明瞭でないものについて当事者が必要な釈明をせず、又は釈明をすべき期日に出頭しないときも、前項と同様とする。

（審理の計画が定められている場合の攻撃防御方法の却下）

第157条の2 第147条の3第3項又は第156条の2【1】の規定により特定の事項についての攻撃又は防御の方法を提出すべき期間が定められている場合において、当事者がその期間の経過後に提出した攻撃又は防御の方法については、これにより審理の計画に従った訴訟手続の進行に著しい支障を生ずるおそれがあると認めたときは、裁判所は、申立てにより又は職権で、却下の決定をすることができる。ただし、その当事者がその期間内に当該攻撃又は防御の方法を提出することができなかったことについて相当の理由があることを疎明したときは、この限りでない。

（訴状等の陳述の擬制）

第158条 原告又は被告が最初にすべき口頭弁論の期日に出頭せず、又は出頭したが本案の弁論をしないときは、裁判所は、その者が提出した訴状又は答弁書その他の準備書面に記載した事項を陳述したものとみなし、出頭した相手方に弁論をさせることができる。

（自白の擬制）

第159条 当事者が口頭弁論において相手方の主張した事実を争うことを明らかにしない場合には、その事実を自白したものとみなす。ただし、弁論の全趣旨により、その事実を争ったものと認めるべきときは、この限りでない。

2 相手方の主張した事実を知らない旨の陳述をした者は、その事実を争ったものと推定する。

3 第1項の規定は、当事者が口頭弁論の期日に出頭しない場合について準用する。ただし、その当事者が公示送達による呼出しを受けたものであるときは、この限りでない。

（口頭弁論に係る電子調書の作成等）

第160条 裁判所書記官は、口頭弁論について、期日ごとに、最高裁判所規則で定めるところにより、電子調書【2】を作成しなければならない。

2 裁判所書記官は、前項の規定により電子調書を作成したときは、最高裁判所規則で定めるところにより、これをファイルに記録しなければならない。

3 前項の規定によりファイルに記録された電子調書の内容に当事者その他の関係人が異議を述べたときは、最高裁判所規則で定めるところにより、その異議があった旨を明らかにする措置を講じなければならない。

4 口頭弁論の方式に関する規定の遵守は、第2項の規定によりファイルに記録された電子調書によってのみ証明することができる。ただし、当

【1】 第170条第5項において準用する場合を含む。

【2】 期日又は期日外における手続の方式、内容及び経過等の記録及び公証をするためにこの法律その他の法令の規定により裁判所書記官が作成する電磁的記録をいう。以下同じ。

該電子調書が滅失したときは、この限りでない。

（口頭弁論に係る電子調書の更正）

第160条の2 前条第2項の規定によりファイルに記録された電子調書の内容に計算違い、誤記その他これらに類する明白な誤りがあるときは、裁判所書記官は、申立てにより又は職権で、いつでも更正することができる。

2 前項の規定による更正の処分は、最高裁判所規則で定めるところにより、その旨をファイルに記録してしなければならない。

3 第71条第4項、第5項及び第8項の規定は、第1項の規定による更正の処分又は同項の申立てを却下する処分及びこれらに対する異議の申立てについて準用する。

第2節 準備書面等

（準備書面）

第161条 口頭弁論は、書面で準備しなければならない。

2 準備書面には、次に掲げる事項を記載する。

一 攻撃又は防御の方法

二 相手方の請求及び攻撃又は防御の方法に対する陳述

3 相手方が在廷していない口頭弁論においては、次の各号のいずれかに該当する準備書面に記載した事実でなければ、主張することができない。

一 相手方に送達された準備書面

二 相手方からその準備書面を受領した旨を記載した書面が提出された場合における当該準備書面

三 相手方が第91条の2第1項の規定により準備書面の閲覧をし、又は同条第2項の規定により準備書面の複写をした場合における当該準備書面

（準備書面等の提出期間）

第162条 裁判長は、答弁書若しくは特定の事項に関する主張を記載した準備書面の提出又は特定の事項に関する証拠の申出をすべき期間を定めることができる。

2 前項の規定により定めた期間の経過後に準備書面の提出又は証拠の申出をする当事者は、裁判所に対し、その期間を遵守することができなかった理由を説明しなければならない。

（当事者照会）

第163条 当事者は、訴訟の係属中、相手方に対し、主張又は立証を準備するために必要な事項について、相当の期間を定めて、書面により、又は相手方の選択により書面若しくは電磁的方法のいずれかにより回答するよう、書面により照会をすることができる。ただし、その照会が次の各号のいずれかに該当するときは、この限りでない。

一 具体的又は個別的でない照会

二 相手方を侮辱し、又は困惑させる照会

三 既にした照会と重複する照会

四 意見を求める照会

五 相手方が回答するために不相当な費用又は時間を要する照会

六 第196条又は第197条の規定により証言を拒絶することができる事項と同様の事項についての照会

2 当事者は、前項の規定による書面による照会に代えて、相手方の承諾を得て、電磁的方法により照会をすることができる。

3 相手方【1】は、同項の規定による書面による回答に代えて、当事者の承諾を得て、電磁的方法により回答

【1】 第1項の規定により書面又は電磁的方法のいずれかにより回答するよう照会を受けたものを除く。

をすることができる。

第3節　争点及び証拠の整理手続

第1款　準備的口頭弁論

（準備的口頭弁論の開始）

第164条　裁判所は、争点及び証拠の整理を行うため必要があると認めるときは、この款に定めるところにより、準備的口頭弁論を行うことができる。

（証明すべき事実の確認等）

第165条　裁判所は、準備的口頭弁論を終了するに当たり、その後の証拠調べにより証明すべき事実を当事者との間で確認するものとする。

2　裁判長は、相当と認めるときは、準備的口頭弁論を終了するに当たり、当事者に準備的口頭弁論における争点及び証拠の整理の結果を要約した書面を提出させることができる。

（当事者の不出頭等による終了）

第166条　当事者が期日に出頭せず、又は第162条第1項の規定により定められた期間内に準備書面の提出若しくは証拠の申出をしないときは、裁判所は、準備的口頭弁論を終了することができる。

（準備的口頭弁論終了後の攻撃防御方法の提出）

第167条　準備的口頭弁論の終了後に攻撃又は防御の方法を提出した当事者は、相手方の求めがあるときは、相手方に対し、準備的口頭弁論の終了前にこれを提出することができなかった理由を説明しなければならない。

第2款　弁論準備手続

（弁論準備手続の開始）

第168条　裁判所は、争点及び証拠の整理を行うため必要があると認めるときは、当事者の意見を聴いて、事件を弁論準備手続に付することができる。

（弁論準備手続の期日）

第169条　弁論準備手続は、当事者双方が立ち会うことができる期日において行う。

2　裁判所は、相当と認める者の傍聴を許すことができる。ただし、当事者が申し出た者については、手続を行うのに支障を生ずるおそれがあると認める場合を除き、その傍聴を許さなければならない。

（弁論準備手続における訴訟行為等）

第170条　裁判所は、当事者に準備書面を提出させることができる。

2　裁判所は、弁論準備手続の期日において、証拠の申出に関する裁判その他の口頭弁論の期日外においてすることができる裁判、文書【1】の証拠調べ、第231条の2第1項に規定する電磁的記録に記録された情報の内容に係る証拠調べ並びに第186条第2項、第205条第3項【2】、第215条第4項【3】及び第218条第3項の提示をすることができる。

3　裁判所は、相当と認めるときは、当事者の意見を聴いて、最高裁判所規則で定めるところにより、裁判所及び当事者双方が音声の送受信により同時に通話をすることができる方法によって、弁論準備手続の期日における手続を行うことができる。

4　前項の期日に出頭しないで同項の手続に関与した当事者は、その期日に出頭したものとみなす。

5　第148条から第151条まで、第

【1】　第231条に規定する物件を含む。

【2】　第278条第2項において準用する場合を含む。

【3】　第278条第2項において準用する場合を含む。

民事訴訟法

152条第1項、第153条から第159条まで、第162条、第165条及び第166条の規定は、弁論準備手続について準用する。

（受命裁判官による弁論準備手続）

第171条 裁判所は、受命裁判官に弁論準備手続を行わせることができる。

2 弁論準備手続を受命裁判官が行う場合には、前2条の規定による裁判所及び裁判長の職務【1】は、その裁判官が行う。ただし、同条第5項において準用する第150条の規定による異議についての裁判及び同項において準用する第157条の2の規定による却下についての裁判は、受訴裁判所がする。

3 弁論準備手続を行う受命裁判官は、第186条第1項の規定による調査の嘱託、鑑定の嘱託、文書【2】を提出してする書証の申出及び電磁的記録を提出してする証拠調べの申出並びに文書【3】及び電磁的記録の送付の嘱託についての裁判をすることができる。

（弁論準備手続に付する裁判の取消し）

第172条 裁判所は、相当と認めるときは、申立てにより又は職権で、弁論準備手続に付する裁判を取り消すことができる。ただし、当事者双方の申立てがあるときは、これを取り消さなければならない。

（弁論準備手続の結果の陳述）

第173条 当事者は、口頭弁論において、弁論準備手続の結果を陳述しなければならない。

（弁論準備手続終結後の攻撃防御方法の提出）

第174条 第167条の規定は、弁論準備手続の終結後に攻撃又は防御の方法を提出した当事者について準用する。

【1】 前条第2項に規定する裁判を除く。
【2】 第231条に規定する物件を含む。
【3】 第229条第2項及び第231条に規定する物件を含む。

第3款 書面による準備手続

（書面による準備手続の開始）

第175条 裁判所は、相当と認めるときは、当事者の意見を聴いて、事件を書面による準備手続【4】に付することができる。

（書面による準備手続の方法等）

第176条 裁判長は、書面による準備手続を行う場合には、第162条第1項に規定する期間を定めなければならない。

2 裁判所は、書面による準備手続を行う場合において、必要があると認めるときは、最高裁判所規則で定めるところにより、裁判所及び当事者双方が音声の送受信により同時に通話をすることができる方法によって、争点及び証拠の整理に関する事項その他口頭弁論の準備のため必要な事項について、当事者双方と協議をすることができる。この場合においては、協議の結果を裁判所書記官に記録させることができる。

3 第149条、第150条及び第165条第2項の規定は、書面による準備手続について準用する。

（受命裁判官による書面による準備手続）

第176条の2 裁判所は、受命裁判官に書面による準備手続を行わせることができる。

2 書面による準備手続を受命裁判官が行う場合には、前条の規定による裁判所及び裁判長の職務は、その裁判官が行う。ただし、同条第3項において準用する第150条の規定による異議についての裁判は、受訴裁判

【4】 当事者の出頭なしに準備書面の提出等により争点及び証拠の整理をする手続をいう。以下同じ。

所がする。

（証明すべき事実の確認）

第177条　裁判所は、書面による準備手続の終結後の口頭弁論の期日において、その後の証拠調べによって証明すべき事実を当事者との間で確認するものとする。

（書面による準備手続終結後の攻撃防御方法の提出）

第178条　書面による準備手続を終結した事件について、口頭弁論の期日において、第176条第3項において準用する第165条第2項の書面に記載した事項の陳述がされ、又は前条の規定による確認がされた後に攻撃又は防御の方法を提出した当事者は、相手方の求めがあるときは、相手方に対し、その陳述又は確認前にこれを提出することができなかった理由を説明しなければならない。

第4章　証拠

第1節　総則

（証明することを要しない事実）

第179条　裁判所において当事者が自白した事実及び顕著な事実は、証明することを要しない。

（証拠の申出）

第180条　証拠の申出は、証明すべき事実を特定してしなければならない。

2　証拠の申出は、期日前においてもすることができる。

（証拠調べを要しない場合）

第181条　裁判所は、当事者が申し出た証拠で必要でないと認めるものは、取り調べることを要しない。

2　証拠調べについて不定期間の障害があるときは、裁判所は、証拠調べをしないことができる。

（集中証拠調べ）

第182条　証人及び当事者本人の尋問は、できる限り、争点及び証拠の整理が終了した後に集中して行わなければならない。

（当事者の不出頭の場合の取扱い）

第183条　証拠調べは、当事者が期日に出頭しない場合においても、することができる。

（外国における証拠調べ）

第184条　外国においてすべき証拠調べは、その国の管轄官庁又はその国に駐在する日本の大使、公使若しくは領事に嘱託してしなければならない。

2　外国においてした証拠調べは、その国の法律に違反する場合であっても、この法律に違反しないときは、その効力を有する。

（裁判所外における証拠調べ）

第185条　裁判所は、相当と認めるときは、裁判所外において証拠調べをすることができる。この場合においては、合議体の構成員に命じ、又は地方裁判所若しくは簡易裁判所に嘱託して証拠調べをさせることができる。

2　前項に規定する嘱託により職務を行う受託裁判官は、他の地方裁判所又は簡易裁判所において証拠調べをすることを相当と認めるときは、更に証拠調べの嘱託をすることができる。

3　裁判所【1】は、相当と認めるときは、当事者の意見を聴いて、最高裁判所規則で定めるところにより、映像と音声の送受信により相手の状態を相互に認識しながら通話をすることができる方法によって、第1項の規定による証拠調べの手続を行うことができる。

【1】　第1項の規定により職務を行う受命裁判官及び前2項に規定する嘱託により職務を行う受託裁判官を含む。

（調査の嘱託）
第186条　裁判所は、必要な調査を官庁若しくは公署、外国の官庁若しくは公署又は学校、商工会議所、取引所その他の団体に嘱託することができる。
2　裁判所は、当事者に対し、前項の嘱託に係る調査の結果の提示をしなければならない。

（参考人等の審尋）
第187条　裁判所は、決定で完結すべき事件について、参考人又は当事者本人を審尋することができる。ただし、参考人については、当事者が申し出た者に限る。
2　前項の規定による審尋は、相手方がある事件については、当事者双方が立ち会うことができる審尋の期日においてしなければならない。
3　裁判所は、相当と認めるときは、最高裁判所規則で定めるところにより、映像と音声の送受信により相手の状態を相互に認識しながら通話をすることができる方法によって、参考人を審尋することができる。この場合において、当事者双方に異議がないときは、裁判所及び当事者双方と参考人とが音声の送受信により同時に通話をすることができる方法によって、参考人を審尋することができる。
4　前項の規定は、当事者本人を審尋する場合について準用する。

（疎明）
第188条　疎明は、即時に取り調べることができる証拠によってしなければならない。

（過料の裁判の執行）
第189条　この章の規定による過料の裁判は、検察官の命令で執行する。この命令は、執行力のある債務名義と同一の効力を有する。
2　過料の裁判の執行は、民事執行法（昭和54年法律第4号）その他強制執行の手続に関する法令の規定に従ってする。ただし、執行をする前に裁判の送達をすることを要しない。
3　刑事訴訟法（昭和23年法律第131号）第7編第2章【1】の規定は、過料の裁判の執行について準用する。この場合において、同条第1項中「者若しくは裁判の執行の対象となるもの」とあるのは「者」と、「裁判の執行の対象となるもの若しくは裁判」とあるのは「裁判」と読み替えるものとする。
4　過料の裁判の執行があった後に当該裁判【2】に対して即時抗告があった場合において、抗告裁判所が当該即時抗告を理由があると認めて原裁判を取り消して更に過料の裁判をしたときは、その金額の限度において当該過料の裁判の執行があったものとみなす。この場合において、原裁判の執行によって得た金額が当該過料の金額を超えるときは、その超過額は、これを還付しなければならない。

第2節　証人尋問

（証人義務）
第190条　裁判所は、特別の定めがある場合を除き、何人（なんぴと）でも証人として尋問することができる。

（公務員の尋問）
第191条　公務員又は公務員であった者を証人として職務上の秘密について尋問する場合には、裁判所は、当該監督官庁【3】の承認を得なければ

【1】　第511条及び第513条第6項から第8項までを除く。
【2】　以下この項において「原裁判」という。
【3】　衆議院若しくは参議院の議員又はその職にあった者についてはその院、内閣

ならない。

2　前項の承認は、公共の利益を害し、又は公務の遂行に著しい支障を生ずるおそれがある場合を除き、拒むことができない。

（不出頭に対する過料等）

第192条　証人が正当な理由なく出頭しないときは、裁判所は、決定で、これによって生じた訴訟費用の負担を命じ、かつ、10万円以下の過料に処する。

2　前項の決定に対しては、即時抗告をすることができる。

（不出頭に対する罰金等）

第193条　証人が正当な理由なく出頭しないときは、10万円以下の罰金又は拘留に処する。

2　前項の罪を犯した者には、情状により、罰金及び拘留を併科することができる。

（勾引）

第194条　裁判所は、正当な理由なく出頭しない証人の勾引を命ずることができる。

2　刑事訴訟法中勾引に関する規定は、前項の勾引について準用する。

（受命裁判官等による証人尋問）

第195条　裁判所は、次に掲げる場合に限り、受命裁判官又は受託裁判官に裁判所外で証人の尋問をさせることができる。

一　証人が受訴裁判所に出頭する義務がないとき、又は正当な理由により出頭することができないとき。

二　証人が受訴裁判所に出頭するについて不相当な費用又は時間を要するとき。

三　現場において証人を尋問することが事実を発見するために必要であるとき。

四　当事者に異議がないとき。

（証言拒絶権）

第196条　証言が証人又は証人と次に掲げる関係を有する者が刑事訴追を受け、又は有罪判決を受けるおそれがある事項に関するときは、証人は、証言を拒むことができる。証言がこれらの者の名誉を害すべき事項に関するときも、同様とする。

一　配偶者、4親等内の血族若しくは3親等内の姻族の関係にあり、又はあったこと。

二　後見人と被後見人の関係にあること。

第197条　次に掲げる場合には、証人は、証言を拒むことができる。

一　第191条第1項の場合

二　医師、歯科医師、薬剤師、医薬品販売業者、助産師、弁護士【1】、弁理士、弁護人、公証人、宗教、祈禱若しくは祭祀の職にある者又はこれらの職にあった者が職務上知り得た事実で黙秘すべきものについて尋問を受ける場合

三　技術又は職業の秘密に関する事項について尋問を受ける場合

2　前項の規定は、証人が黙秘の義務を免除された場合には、適用しない。

（証言拒絶の理由の疎明）

第198条　証言拒絶の理由は、疎明しなければならない。

（証言拒絶についての裁判）

第199条　第197条第1項第1号の場合を除き、証言拒絶の当否については、受訴裁判所が、当事者を審尋して、決定で、裁判をする。

2　前項の裁判に対しては、当事者及び証人は、即時抗告をすることができる。

（証言拒絶に対する制裁）

第200条　第192条及び第193条の規

総理大臣その他の国務大臣又はその職にあった者については内閣

【1】　外国法事務弁護士を含む。

定は、証言拒絶を理由がないとする裁判が確定した後に証人が正当な理由なく証言を拒む場合について準用する。

（宣誓）

第201条 証人には、特別の定めがある場合を除き、宣誓をさせなければならない。

2 16歳未満の者又は宣誓の趣旨を理解することができない者を証人として尋問する場合には、宣誓をさせることができない。

3 第196条の規定に該当する証人で証言拒絶の権利を行使しないものを尋問する場合には、宣誓をさせないことができる。

4 証人は、自己又は自己と第196条各号に掲げる関係を有する者に著しい利害関係のある事項について尋問を受けるときは、宣誓を拒むことができる。

5 第198条及び第199条の規定は証人が宣誓を拒む場合について、第192条及び第193条の規定は宣誓拒絶を理由がないとする裁判が確定した後に証人が正当な理由なく宣誓を拒む場合について準用する。

（尋問の順序）

第202条 証人の尋問は、その尋問の申出をした当事者、他の当事者、裁判長の順序でする。

2 裁判長は、適当と認めるときは、当事者の意見を聴いて、前項の順序を変更することができる。

3 当事者が前項の規定による変更について異議を述べたときは、裁判所は、決定で、その異議について裁判をする。

（書類等に基づく陳述の禁止）

第203条 証人は、書類その他の物に基づいて陳述することができない。ただし、裁判長の許可を受けたときは、この限りでない。

（付添い）

第203条の2 裁判長は、証人の年齢又は心身の状態その他の事情を考慮し、証人が尋問を受ける場合に著しく不安又は緊張を覚えるおそれがあると認めるときは、その不安又は緊張を緩和するのに適当であり、かつ、裁判長若しくは当事者の尋問若しくは証人の陳述を妨げ、又はその陳述の内容に不当な影響を与えるおそれがないと認める者を、その証人の陳述中、証人に付き添わせることができる。

2 前項の規定により証人に付き添うこととされた者は、その証人の陳述中、裁判長若しくは当事者の尋問若しくは証人の陳述を妨げ、又はその陳述の内容に不当な影響を与えるような言動をしてはならない。

3 当事者が、第1項の規定による裁判長の処置に対し、異議を述べたときは、裁判所は、決定で、その異議について裁判をする。

（遮へいの措置）

第203条の3 裁判長は、事案の性質、証人の年齢又は心身の状態、証人と当事者本人又はその法定代理人との関係【1】その他の事情により、証人が当事者本人又はその法定代理人の面前【2】において陳述するときは圧迫を受け精神の平穏を著しく害されるおそれがあると認める場合であって、相当と認めるときは、その当事者本人又は法定代理人とその証人との間で、一方から又は相互に相手の状態を認識することができないよう

【1】 証人がこれらの者が行った犯罪により害を被った者であることを含む。次条第2号において同じ。

【2】 同条に規定する方法による場合を含む。

にするための措置をとることができる。

2　裁判長は、事案の性質、証人が犯罪により害を被った者であること、証人の年齢、心身の状態又は名誉に対する影響その他の事情を考慮し、相当と認めるときは、傍聴人とその証人との間で、相互に相手の状態を認識することができないようにするための措置をとることができる。

3　前条第3項の規定は、前2項の規定による裁判長の処置について準用する。

（映像等の送受信による通話の方法による尋問）

第204条　裁判所は、次に掲げる場合であって、相当と認めるときは、最高裁判所規則で定めるところにより、映像と音声の送受信により相手の状態を相互に認識しながら通話をすることができる方法によって、証人の尋問をすることができる。

一　証人の住所、年齢又は心身の状態その他の事情により、証人が受訴裁判所に出頭することが困難であると認める場合

二　事案の性質、証人の年齢又は心身の状態、証人と当事者本人又はその法定代理人との関係その他の事情により、証人が裁判長及び当事者が証人を尋問するために在席する場所において陳述するときは圧迫を受け精神の平穏を著しく害されるおそれがあると認める場合

三　当事者に異議がない場合

（尋問に代わる書面の提出）

第205条　裁判所は、当事者に異議がない場合であって、相当と認めるときは、証人の尋問に代え、書面の提出をさせることができる。

2　証人は、前項の規定による書面の提出に代えて、最高裁判所規則で定めるところにより、当該書面に記載すべき事項を最高裁判所規則で定める電子情報処理組織を使用してファイルに記録し、又は当該書面に記載すべき事項に係る電磁的記録を記録した記録媒体を提出することができる。この場合において、当該証人は同項の書面を提出したものとみなす。

3　裁判所は、当事者に対し、第1項の書面に記載された事項又は前項の規定によりファイルに記録された事項若しくは同項の記録媒体に記録された事項の提示をしなければならない。

（受命裁判官等の権限）

第206条　受命裁判官又は受託裁判官が証人尋問をする場合には、裁判所及び裁判長の職務は、その裁判官が行う。ただし、第202条第3項の規定による異議についての裁判は、受訴裁判所がする。

第3節　当事者尋問

（当事者本人の尋問）

第207条　裁判所は、申立てにより又は職権で、当事者本人を尋問することができる。この場合においては、その当事者に宣誓をさせることができる。

2　証人及び当事者本人の尋問を行うときは、まず証人の尋問をする。ただし、適当と認めるときは、当事者の意見を聴いて、まず当事者本人の尋問をすることができる。

（不出頭等の効果）

第208条　当事者本人を尋問する場合において、その当事者が、正当な理由なく、出頭せず、又は宣誓若しくは陳述を拒んだときは、裁判所は、尋問事項に関する相手方の主張を真実と認めることができる。

（虚偽の陳述に対する過料）

第209条　宣誓した当事者が虚偽の陳述をしたときは、裁判所は、決定で、10万円以下の過料に処する。

2　前項の決定に対しては、即時抗告をすることができる。

3　第1項の場合において、虚偽の陳述をした当事者が訴訟の係属中その陳述が虚偽であることを認めたときは、裁判所は、事情により、同項の決定を取り消すことができる。

（証人尋問の規定の準用）

第210条　第195条、第201条第2項、第202条から第204条まで及び第206条の規定は、当事者本人の尋問について準用する。

（法定代理人の尋問）

第211条　この法律中当事者本人の尋問に関する規定は、訴訟において当事者を代表する法定代理人について準用する。ただし、当事者本人を尋問することを妨げない。

第4節　鑑定

（鑑定義務）

第212条　鑑定に必要な学識経験を有する者は、鑑定をする義務を負う。

2　第196条又は第201条第4項の規定により証言又は宣誓を拒むことができる者と同一の地位にある者及び同条第2項に規定する者は、鑑定人となることができない。

（鑑定人の指定）

第213条　鑑定人は、受訴裁判所、受命裁判官又は受託裁判官が指定する。

（忌避）

第214条　鑑定人について誠実に鑑定をすることを妨げるべき事情があるときは、当事者は、その鑑定人が鑑定事項について陳述をする前に、これを忌避することができる。鑑定人が陳述をした場合であっても、その後に、忌避の原因が生じ、又は当事者がその原因があることを知ったときは、同様とする。

2　忌避の申立ては、受訴裁判所、受命裁判官又は受託裁判官にしなければならない。

3　忌避を理由があるとする決定に対しては、不服を申し立てることができない。

4　忌避を理由がないとする決定に対しては、即時抗告をすることができる。

（鑑定人の陳述の方式等）

第215条　裁判長は、鑑定人に、書面又は口頭で、意見を述べさせることができる。

2　前項の鑑定人は、同項の規定により書面で意見を述べることに代えて、最高裁判所規則で定めるところにより、当該書面に記載すべき事項を最高裁判所規則で定める電子情報処理組織を使用してファイルに記録する方法又は当該書面に記載すべき事項に係る電磁的記録を記録した記録媒体を提出する方法により意見を述べることができる。この場合において、鑑定人は、同項の規定により書面で意見を述べたものとみなす。

3　裁判所は、鑑定人に意見を述べさせた場合において、当該意見の内容を明瞭にし、又はその根拠を確認するため必要があると認めるときは、申立てにより又は職権で、鑑定人に更に意見を述べさせることができる。

4　裁判所は、当事者に対し、第1項の書面に記載された事項又は第2項の規定によりファイルに記録された事項若しくは同項の記録媒体に記録された事項の提示をしなければならない。

（鑑定人質問）

第215条の2　裁判所は、鑑定人に口

頭で意見を述べさせる場合には、鑑定人が意見の陳述をした後に、鑑定人に対し質問をすることができる。
2 前項の質問は、裁判長、その鑑定の申出をした当事者、他の当事者の順序でする。
3 裁判長は、適当と認めるときは、当事者の意見を聴いて、前項の順序を変更することができる。
4 当事者が前項の規定による変更について異議を述べたときは、裁判所は、決定で、その異議について裁判をする。

(映像等の送受信による通話の方法による陳述)
第215条の3 裁判所は、鑑定人に口頭で意見を述べさせる場合において、相当と認めるときは、最高裁判所規則で定めるところにより、映像と音声の送受信により相手の状態を相互に認識しながら通話をすることができる方法によって、意見を述べさせることができる。
(受命裁判官等の権限)
第215条の4 受命裁判官又は受託裁判官が鑑定人に意見を述べさせる場合には、裁判所及び裁判長の職務は、その裁判官が行う。ただし、第215条の2第4項の規定による異議についての裁判は、受訴裁判所がする。
(証人尋問の規定の準用)
第216条 第191条の規定は**公務員又は公務員であった者に鑑定人として職務上の秘密について意見を述べさせる場合**について、第197条から第199条までの規定は**鑑定人が鑑定を拒む場合**について、第201条第1項の規定は**鑑定人に宣誓をさせる場合**について、第192条及び第193条の規定は**鑑定人が正当な理由なく出頭しない場合、鑑定人が宣誓を拒む場合及び鑑定拒絶を理由がないとする裁判が確定した後に鑑定人が正当な理由なく鑑定を拒む場合**について準用する。
(鑑定証人)
第217条 特別の学識経験により知り得た事実に関する尋問については、証人尋問に関する規定による。
(鑑定の嘱託)
第218条 裁判所は、必要があると認めるときは、官庁若しくは公署、外国の官庁若しくは公署又は相当の設備を有する法人に鑑定を嘱託することができる。この場合においては、宣誓に関する規定を除き、この節の規定を準用する。
2 前項の場合において、裁判所は、必要があると認めるときは、官庁、公署又は法人の指定した者に鑑定の結果を記載し、又は記録した書面又は電磁的記録の説明をさせることができる。
3 第1項の場合において、裁判所は、当事者に対し、同項の嘱託に係る鑑定の結果の提示をしなければならない。

第5節 書証

(書証の申出)
第219条 書証の申出は、文書を提出し、又は文書の所持者にその提出を命ずることを申し立ててしなければならない。
(文書提出義務)
第220条 次に掲げる場合には、文書の所持者は、その提出を拒むことができない。
一 当事者が訴訟において引用した文書を自ら所持するとき。
二 挙証者が文書の所持者に対しその引渡し又は閲覧を求めることができるとき。
三 文書が挙証者の利益のために作

成され、又は挙証者と文書の所持者との間の法律関係について作成されたとき。

四　前3号に掲げる場合のほか、文書が次に掲げるもののいずれにも該当しないとき。

イ　文書の所持者又は文書の所持者と第196条各号に掲げる関係を有する者についての同条に規定する事項が記載されている文書

ロ　公務員の職務上の秘密に関する文書でその提出により公共の利益を害し、又は公務の遂行に著しい支障を生ずるおそれがあるもの

ハ　第197条第1項第2号に規定する事実又は同項第3号に規定する事項で、黙秘の義務が免除されていないものが記載されている文書

ニ　専ら文書の所持者の利用に供するための文書【1】

ホ　刑事事件に係る訴訟に関する書類若しくは少年の保護事件の記録又はこれらの事件において押収されている文書

（文書提出命令の申立て）

第221条　文書提出命令の申立ては、次に掲げる事項を明らかにしてしなければならない。

一　文書の表示

二　文書の趣旨

三　文書の所持者

四　証明すべき事実

五　文書の提出義務の原因

2　前条第4号に掲げる場合であることを文書の提出義務の原因とする文書提出命令の申立ては、書証の申出を文書提出命令の申立てによってする必要がある場合でなければ、することができない。

（文書の特定のための手続）

第222条　文書提出命令の申立てをする場合において、前条第1項第1号又は第2号に掲げる事項を明らかにすることが著しく困難であるときは、その申立ての時においては、これらの事項に代えて、文書の所持者がその申立てに係る文書を識別することができる事項を明らかにすれば足りる。この場合においては、裁判所に対し、文書の所持者に当該文書についての同項第1号又は第2号に掲げる事項を明らかにすることを求めるよう申し出なければならない。

2　前項の規定による申出があったときは、裁判所は、文書提出命令の申立てに理由がないことが明らかな場合を除き、文書の所持者に対し、同項後段の事項を明らかにすることを求めることができる。

（文書提出命令等）

第223条　裁判所は、文書提出命令の申立てを理由があると認めるときは、決定で、文書の所持者に対し、その提出を命ずる。この場合において、文書に取り調べる必要がないと認める部分又は提出の義務があると認めることができない部分があるときは、その部分を除いて、提出を命ずることができる。

2　裁判所は、第三者に対して文書の提出を命じようとする場合には、その第三者を審尋しなければならない。

3　裁判所は、公務員の職務上の秘密に関する文書について第220条第4号に掲げる場合であることを文書の提出義務の原因とする文書提出命令の申立てがあった場合には、その申立てに理由がないことが明らかなと

【1】　国又は地方公共団体が所持する文書にあっては、公務員が組織的に用いるものを除く。

きを除き、当該文書が同号ロに掲げる文書に該当するかどうかについて、当該監督官庁【1】の意見を聴かなければならない。この場合において、当該監督官庁は、当該文書が同号ロに掲げる文書に該当する旨の意見を述べるときは、その理由を示さなければならない。

4　前項の場合において、当該監督官庁が当該文書の提出により次に掲げるおそれがあることを理由として当該文書が第 220 条第 4 号ロに掲げる文書に該当する旨の意見を述べたときは、裁判所は、その意見について相当の理由があると認めるに足りない場合に限り、文書の所持者に対し、その提出を命ずることができる。

一　国の安全が害されるおそれ、他国若しくは国際機関との信頼関係が損なわれるおそれ又は他国若しくは国際機関との交渉上不利益を被るおそれ

二　犯罪の予防、鎮圧又は捜査、公訴の維持、刑の執行その他の公共の安全と秩序の維持に支障を及ぼすおそれ

5　第 3 項前段の場合において、当該監督官庁は、当該文書の所持者以外の第三者の技術又は職業の秘密に関する事項に係る記載がされている文書について意見を述べようとするときは、第 220 条第 4 号ロに掲げる文書に該当する旨の意見を述べようとするときを除き、あらかじめ、当該第三者の意見を聴くものとする。

6　裁判所は、文書提出命令の申立てに係る文書が第 220 条第 4 号イからニまでに掲げる文書のいずれかに該当するかどうかの判断をするため必要があると認めるときは、文書の所持者にその提示をさせることができる。この場合においては、何人(なんぴと)も、その提示された文書の開示を求めることができない。

7　文書提出命令の申立てについての決定に対しては、即時抗告をすることができる。

(当事者が文書提出命令に従わない場合等の効果)

第 224 条　当事者が文書提出命令に従わないときは、裁判所は、当該文書の記載に関する相手方の主張を真実と認めることができる。

2　当事者が相手方の使用を妨げる目的で提出の義務がある文書を滅失させ、その他これを使用することができないようにしたときも、前項と同様とする。

3　前 2 項に規定する場合において、相手方が、当該文書の記載に関して具体的な主張をすること及び当該文書により証明すべき事実を他の証拠により証明することが著しく困難であるときは、裁判所は、その事実に関する相手方の主張を真実と認めることができる。

(第三者が文書提出命令に従わない場合の過料)

第 225 条　第三者が文書提出命令に従わないときは、裁判所は、決定で、20 万円以下の過料に処する。

2　前項の決定に対しては、即時抗告をすることができる。

(文書送付の嘱託)

第 226 条　書証の申出は、第 219 条の規定にかかわらず、文書の所持者にその文書の送付を嘱託することを申し立てですることができる。ただし、当事者が法令により文書の正本又は

【1】　衆議院又は参議院の議員の職務上の秘密に関する文書についてはその院、内閣総理大臣その他の国務大臣の職務上の秘密に関する文書については内閣。以下この条において同じ。

謄本の交付を求めることができる場合は、この限りでない。

（文書の留置等）

第227条 裁判所は、必要があると認めるときは、提出又は送付に係る文書を留め置くことができる。

2 提出又は送付に係る文書については、第132条の13の規定は、適用しない。

（文書の成立）

第228条 文書は、その成立が真正であることを証明しなければならない。

2 文書は、その方式及び趣旨により公務員が職務上作成したものと認めるべきときは、真正に成立した公文書と推定する。

3 公文書の成立の真否について疑いがあるときは、裁判所は、職権で、当該官庁又は公署に照会をすることができる。

4 私文書は、本人又はその代理人の署名又は押印があるときは、真正に成立したものと推定する。

5 第2項及び第3項の規定は、外国の官庁又は公署の作成に係るものと認めるべき文書について準用する。

（筆跡等の対照による証明）

第229条 文書の成立の真否は、筆跡又は印影の対照によっても、証明することができる。

2 第219条、第223条、第224条第1項及び第2項、第226条並びに第227条第1項の規定は、対照の用に供すべき筆跡又は印影を備える文書その他の物件の提出又は送付について準用する。

3 対照をするのに適当な相手方の筆跡がないときは、裁判所は、対照の用に供すべき文字の筆記を相手方に命ずることができる。

4 相手方が正当な理由なく前項の規定による決定に従わないときは、裁判所は、文書の成立の真否に関する挙証者の主張を真実と認めることができる。書体を変えて筆記したときも、同様とする。

5 第三者が正当な理由なく第2項において準用する第223条第1項の規定による提出の命令に従わないときは、裁判所は、決定で、10万円以下の過料に処する。

6 前項の決定に対しては、即時抗告をすることができる。

（文書の成立の真正を争った者に対する過料）

第230条 当事者又はその代理人が故意又は重大な過失により真実に反して文書の成立の真正を争ったときは、裁判所は、決定で、10万円以下の過料に処する。

2 前項の決定に対しては、即時抗告をすることができる。

3 第1項の場合において、文書の成立の真正を争った当事者又は代理人が訴訟の係属中その文書の成立が真正であることを認めたときは、裁判所は、事情により、同項の決定を取り消すことができる。

（文書に準ずる物件への準用）

第231条 この節の規定は、図面、写真、録音テープ、ビデオテープその他の情報を表すために作成された物件で文書でないものについて準用する。

第5節の2 電磁的記録に記録された情報の内容に係る証拠調べ

（電磁的記録に記録された情報の内容に係る証拠調べの申出）

第231条の2 電磁的記録に記録された情報の内容に係る証拠調べの申出は、当該電磁的記録を提出し、又は当該電磁的記録を利用する権限を有する者にその提出を命ずることを申し立てでしなければならない。

2　前項の規定による電磁的記録の提出は、最高裁判所規則で定めるところにより、電磁的記録を記録した記録媒体を提出する方法又は最高裁判所規則で定める電子情報処理組織を使用する方法により行う。

（書証の規定の準用等）

第231条の3　第220条から第228条まで【1】及び第230条の規定は、前条第1項の証拠調べについて準用する。この場合において、第220条、第221条第1項第3号、第222条、第223条第1項及び第4項から第6項まで並びに第226条中「文書の所持者」とあるのは「電磁的記録を利用する権限を有する者」と、第220条第1号中「文書を自ら所持する」とあるのは「電磁的記録を利用する権限を自ら有する」と、同条第2号中「引渡し」とあるのは「提供」と、同条第4号ニ中「所持する文書」とあるのは「利用する権限を有する電磁的記録」と、同号ホ中「書類」とあるのは「電磁的記録」と、「文書」とあるのは「記録媒体に記録された電磁的記録」と、第221条（見出しを含む。）、第222条、第223条の見出し、同条第1項、第3項、第6項及び第7項、第224条の見出し及び同条第1項並びに第225条の見出し及び同条第1項中「文書提出命令」とあるのは「電磁的記録提出命令」と、第224条第1項及び第3項中「文書の記載」とあるのは「電磁的記録に記録された情報の内容」と、第226条中「第219条」とあるのは「第231条の2第1項」と、同条ただし書中「文書の正本又は謄本の交付」とあるのは「電磁的記録に記録された情報の内容の全部を証明した書面の交付又は当該情報の内容の全部を証明した電磁的記録の提供」と、第227条中「文書」とあるのは「電磁的記録を記録した記録媒体」と、第228条第2項中「公文書」とあるのは「もの」と、同条第3項中「公文書」とあるのは「公務所又は公務員が作成すべき電磁的記録」と読み替えるものとする。

2　前項において準用する第223条第1項の命令に係る電磁的記録の提出及び前項において準用する第226条の嘱託に係る電磁的記録の送付は、最高裁判所規則で定めるところにより、当該電磁的記録を記録した記録媒体を提出し、若しくは送付し、又は最高裁判所規則で定める電子情報処理組織を使用する方法により行う。

第6節　検証

（検証の目的の提示等）

第232条　第219条、第223条、第224条、第226条及び第227条第1項の規定は、検証の目的の提示又は送付について準用する。

2　第三者が正当な理由なく前項において準用する第223条第1項の規定による提示の命令に従わないときは、裁判所は、決定で、20万円以下の過料に処する。

3　前項の決定に対しては、即時抗告をすることができる。

（映像等の送受信による方法による検証）

第232条の2　裁判所は、当事者に異議がない場合であって、相当と認めるときは、最高裁判所規則で定めるところにより、映像と音声の送受信により検証の目的の状態を認識することができる方法によって、検証をすることができる。

（検証の際の鑑定）

第233条　裁判所又は受命裁判官若し

【1】　同条第4項を除く。

くは受託裁判官は、検証をするに当たり、必要があると認めるときは、鑑定を命ずることができる。

第7節　証拠保全

(証拠保全)

第234条　裁判所は、あらかじめ証拠調べをしておかなければその証拠を使用することが困難となる事情があると認めるときは、申立てにより、この章の規定に従い、証拠調べをすることができる。

(管轄裁判所等)

第235条　訴えの提起後における証拠保全の申立ては、その証拠を使用すべき審級の裁判所にしなければならない。ただし、最初の口頭弁論の期日が指定され、又は事件が弁論準備手続若しくは書面による準備手続に付された後口頭弁論の終結に至るまでの間は、受訴裁判所にしなければならない。

2　訴えの提起前における証拠保全の申立ては、尋問を受けるべき者、文書を所持する者若しくは電磁的記録を利用する権限を有する者の居所又は検証物の所在地を管轄する地方裁判所又は簡易裁判所にしなければならない。

3　急迫の事情がある場合には、訴えの提起後であっても、前項の地方裁判所又は簡易裁判所に証拠保全の申立てをすることができる。

(相手方の指定ができない場合の取扱い)

第236条　証拠保全の申立ては、相手方を指定することができない場合においても、することができる。この場合においては、裁判所は、相手方となるべき者のために特別代理人を選任することができる。

(職権による証拠保全)

第237条　裁判所は、必要があると認めるときは、訴訟の係属中、職権で、証拠保全の決定をすることができる。

(不服申立ての不許)

第238条　証拠保全の決定に対しては、不服を申し立てることができない。

(受命裁判官による証拠調べ)

第239条　第235条第1項ただし書の場合には、裁判所は、受命裁判官に証拠調べをさせることができる。

(期日の呼出し)

第240条　証拠調べの期日には、申立人及び相手方を呼び出さなければならない。ただし、急速を要する場合は、この限りでない。

(証拠保全の費用)

第241条　証拠保全に関する費用は、訴訟費用の一部とする。

(口頭弁論における再尋問)

第242条　証拠保全の手続において尋問をした証人について、当事者が口頭弁論における尋問の申出をしたときは、裁判所は、その尋問をしなければならない。

第5章　判決

(終局判決)

第243条　裁判所は、訴訟が裁判をするのに熟したときは、終局判決をする。

2　裁判所は、訴訟の一部が裁判をするのに熟したときは、その一部について終局判決をすることができる。

3　前項の規定は、口頭弁論の併合を命じた数個の訴訟中その一が裁判をするのに熟した場合及び本訴又は反訴が裁判をするのに熟した場合について準用する。

第244条　裁判所は、当事者の双方又は一方が口頭弁論の期日に出頭せず、又は弁論をしないで退廷をした場合において、審理の現状及び当事者の訴訟追行の状況を考慮して相当と認めるときは、終局判決をすることができる。ただし、当事者の一方が口頭弁論の期日に出頭せず、又は弁論をしないで退廷をした場合には、出頭した相手方の申出があるときに限る。

（中間判決）

第245条 裁判所は、独立した攻撃又は防御の方法その他中間の争いについて、裁判をするのに熟したときは、中間判決をすることができる。請求の原因及び数額について争いがある場合におけるその原因についても、同様とする。

（判決事項）

第246条 裁判所は、当事者が申し立てていない事項について、判決をすることができない。

（自由心証主義）

第247条 裁判所は、判決をするに当たり、口頭弁論の全趣旨及び証拠調べの結果をしん酌して、自由な心証により、事実についての主張を真実と認めるべきか否かを判断する。

（損害額の認定）

第248条 損害が生じたことが認められる場合において、損害の性質上その額を立証することが極めて困難であるときは、裁判所は、口頭弁論の全趣旨及び証拠調べの結果に基づき、相当な損害額を認定することができる。

（直接主義）

第249条 判決は、その基本となる口頭弁論に関与した裁判官がする。

2　裁判官が代わった場合には、当事者は、従前の口頭弁論の結果を陳述しなければならない。

3　単独の裁判官が代わった場合又は合議体の裁判官の過半数が代わった場合において、その前に尋問をした証人について、当事者が更に尋問の申出をしたときは、裁判所は、その尋問をしなければならない。

（判決の発効）

第250条 判決は、言渡しによってその効力を生ずる。

（言渡期日）

第251条 判決の言渡しは、口頭弁論の終結の日から2月以内にしなければならない。ただし、事件が複雑であるときその他特別の事情があるときは、この限りでない。

2　判決の言渡しは、当事者が在廷しない場合においても、することができる。

（電子判決書）

第252条 裁判所は、判決の言渡しをするときは、最高裁判所規則で定めるところにより、次に掲げる事項を記録した電磁的記録【1】を作成しなければならない。

一　主文

二　事実

三　理由

四　口頭弁論の終結の日

五　当事者及び法定代理人

六　裁判所

2　前項の規定による事実の記録においては、請求を明らかにし、かつ、主文が正当であることを示すのに必要な主張を摘示しなければならない。

（言渡しの方式）

第253条 判決の言渡しは、前条第1項の規定により作成された電子判決書に基づいてする。

2　裁判所は、前項の規定により判決の言渡しをした場合には、最高裁判所規則で定めるところにより、言渡しに係る電子判決書をファイルに記録しなければならない。

【1】 以下「電子判決書」という。

（言渡しの方式の特則）

第254条　次に掲げる場合において、原告の請求を認容するときは、判決の言渡しは、前条の規定にかかわらず、電子判決書に基づかないですることができる。

一　被告が口頭弁論において原告の主張した事実を争わず、その他何らの防御の方法をも提出しない場合

二　被告が公示送達による呼出しを受けたにもかかわらず口頭弁論の期日に出頭しない場合【1】

2　裁判所は、前項の規定により判決の言渡しをしたときは、電子判決書の作成に代えて、裁判所書記官に、当事者及び法定代理人、主文、請求並びに理由の要旨を、判決の言渡しをした口頭弁論期日の電子調書に記録させなければならない。

（電子判決書等の送達）

第255条　電子判決書【2】又は前条第2項の規定により当事者及び法定代理人、主文、請求並びに理由の要旨が記録された電子調書【3】は、当事者に送達しなければならない。

2　前項に規定する送達は、次に掲げる方法のいずれかによってする。

一　電子判決書又は電子調書に記録されている事項を記載した書面であって裁判所書記官が最高裁判所規則で定める方法により当該書面の内容が当該電子判決書又は当該電子調書に記録されている事項と同一であることを証明したものの送達

二　第109条の2の規定による送達

（変更の判決）

第256条　裁判所は、判決に法令の違反があることを発見したときは、その言渡し後1週間以内に限り、変更の判決をすることができる。ただし、判決が確定したとき、又は判決を変更するため事件につき更に弁論をする必要があるときは、この限りでない。

2　変更の判決は、口頭弁論を経ないでする。

3　電子呼出状【4】により前項の判決の言渡期日の呼出しを行う場合においては、次の各号に掲げる送達の区分に応じ、それぞれ当該各号に定める時に、その送達があったものとみなす。

一　第109条の規定による送達　同条の規定により作成した書面を送達すべき場所に宛てて発した時

二　第109条の2の規定による送達　同条第1項本文の通知が発せられた時

（判決の更正決定）

第257条　判決に計算違い、誤記その他これらに類する明白な誤りがあるときは、裁判所は、申立てにより又は職権で、いつでも更正決定をすることができる。

2　前項の更正決定に対しては、即時抗告をすることができる。ただし、判決に対し適法な控訴があったときは、この限りでない。

3　第1項の申立てを不適法として却下した決定に対しては、即時抗告を

【1】　被告の提出した準備書面が口頭弁論において陳述されたものとみなされた場合を除く。

【2】　第253条第2項の規定によりファイルに記録されたものに限る。次項、第285条、第355条第2項、第357条、第378条第1項及び第381条の7第1項において同じ。

【3】　第160条第2項の規定によりファイルに記録されたものに限る。次項、第261条第5項、第285条、第357条及び第378条第1項において同じ。

【4】　第94条第2項の規定によりファイルに記録されたものに限る。

することができる。ただし、判決に対し適法な控訴があったときは、この限りでない。

（裁判の脱漏）

第258条 裁判所が請求の一部について裁判を脱漏したときは、訴訟は、その請求の部分については、なおその裁判所に係属する。

2 訴訟費用の負担の裁判を脱漏したときは、裁判所は、申立てにより又は職権で、その訴訟費用の負担について、決定で、裁判をする。この場合においては、第61条から第66条までの規定を準用する。

3 前項の決定に対しては、即時抗告をすることができる。

4 第2項の規定による訴訟費用の負担の裁判は、本案判決に対し適法な控訴があったときは、その効力を失う。この場合においては、控訴裁判所は、訴訟の総費用について、その負担の裁判をする。

（仮執行の宣言）

第259条 財産権上の請求に関する判決については、裁判所は、必要があると認めるときは、申立てにより又は職権で、担保を立てて、又は立てないで仮執行をすることができることを宣言することができる。

2 手形又は小切手による金銭の支払の請求及びこれに附帯する法定利率による損害賠償の請求に関する判決については、裁判所は、職権で、担保を立てないで仮執行をすることができることを宣言しなければならない。ただし、裁判所が相当と認めるときは、仮執行を担保を立てることに係らしめることができる。

3 裁判所は、申立てにより又は職権で、担保を立てて仮執行を免れることができることを宣言することができる。

4 仮執行の宣言は、判決の主文に掲げなければならない。前項の規定による宣言についても、同様とする。

5 仮執行の宣言の申立てについて裁判をしなかったとき、又は職権で仮執行の宣言をすべき場合においてこれをしなかったときは、裁判所は、申立てにより又は職権で、補充の決定をする。第3項の申立てについて裁判をしなかったときも、同様とする。

6 第76条、第77条、第79条及び第80条の規定は、第1項から第3項までの担保について準用する。

（仮執行の宣言の失効及び原状回復等）

第260条 仮執行の宣言は、その宣言又は本案判決を変更する判決の言渡しにより、変更の限度においてその効力を失う。

2 本案判決を変更する場合には、裁判所は、被告の申立てにより、その判決において、仮執行の宣言に基づき被告が給付したものの返還及び仮執行により又はこれを免れるために被告が受けた損害の賠償を原告に命じなければならない。

3 仮執行の宣言のみを変更したときは、後に本案判決を変更する判決について、前項の規定を適用する。

第6章 裁判によらない訴訟の完結

（訴えの取下げ）

第261条 訴えは、判決が確定するまで、その全部又は一部を取り下げることができる。

2 訴えの取下げは、相手方が本案について準備書面を提出し、弁論準備手続において申述をし、又は口頭弁論をした後にあっては、相手方の同意を得なければ、その効力を生じない。ただし、本訴の取下げがあった場合における反訴の取下げについては、この限りでない。

3　訴えの取下げは、書面でしなければならない。

4　前項の規定にかかわらず、口頭弁論、弁論準備手続又は和解の期日【1】において訴えの取下げをするときは、口頭ですることを妨げない。この場合において、裁判所書記官は、その期日の電子調書に訴えの取下げがされた旨を記録しなければならない。

5　第2項本文の場合において、訴えの取下げが書面でされたときはその書面を、訴えの取下げが口頭弁論等の期日において口頭でされたとき【2】は前項の規定により訴えの取下げがされた旨が記録された電子調書を相手方に送達しなければならない。

6　訴えの取下げの書面の送達を受けた日から2週間以内に相手方が異議を述べないときは、訴えの取下げに同意したものとみなす。訴えの取下げが口頭弁論等の期日において口頭でされた場合において、相手方がその期日に出頭したときは訴えの取下げがあった日から、相手方がその期日に出頭しなかったときは前項の規定による送達があった日から2週間以内に相手方が異議を述べないときも、同様とする。

（訴えの取下げの効果）

第262条　訴訟は、訴えの取下げがあった部分については、初めから係属していなかったものとみなす。

2　本案について終局判決があった後に訴えを取り下げた者は、同一の訴えを提起することができない。

（訴えの取下げの擬制）

第263条　当事者双方が、口頭弁論若しくは弁論準備手続の期日に出頭せず、又は弁論若しくは弁論準備手続における申述をしないで退廷若しくは退席をした場合において、1月以内に期日指定の申立てをしないときは、訴えの取下げがあったものとみなす。当事者双方が、連続して2回、口頭弁論若しくは弁論準備手続の期日に出頭せず、又は弁論若しくは弁論準備手続における申述をしないで退廷若しくは退席をしたときも、同様とする。

（和解条項案の書面による受諾）

第264条　当事者の一方が出頭することが困難であると認められる場合において、その当事者があらかじめ裁判所又は受命裁判官若しくは受託裁判官から提示された和解条項案を受諾する旨の書面を提出し、他の当事者が口頭弁論等の期日に出頭してその和解条項案を受諾したときは、当事者間に和解が調ったものとみなす。

2　当事者双方が出頭することが困難であると認められる場合において、当事者双方があらかじめ裁判所又は受命裁判官若しくは受託裁判官から和解が成立すべき日時を定めて提示された和解条項案を受諾する旨の書面を提出し、その日時が経過したときは、その日時に、当事者間に和解が調ったものとみなす。

（裁判所等が定める和解条項）

第265条　裁判所又は受命裁判官若しくは受託裁判官は、当事者の共同の申立てがあるときは、事件の解決のために適当な和解条項を定めることができる。

2　前項の申立ては、書面でしなければならない。この場合においては、

【1】以下この章において「**口頭弁論等の期日**」という。
【2】相手方がその期日に出頭したときを除く。

その書面に同項の和解条項に服する旨を記載しなければならない。

3　第１項の規定による和解条項の定めは、口頭弁論等の期日における告知その他相当と認める方法による告知によってする。

4　当事者は、前項の告知前に限り、第１項の申立てを取り下げることができる。この場合においては、相手方の同意を得ることを要しない。

5　第３項の告知が当事者双方にされたときは、当事者間に和解が調ったものとみなす。

（請求の放棄又は認諾）

第266条　請求の放棄又は認諾は、口頭弁論等の期日においてする。

2　請求の放棄又は認諾をする旨の書面を提出した当事者が口頭弁論等の期日に出頭しないときは、裁判所又は受命裁判官若しくは受託裁判官は、その旨の陳述をしたものとみなすことができる。

（和解等に係る電子調書の効力）

第267条　裁判所書記官が、和解又は請求の放棄若しくは認諾について電子調書を作成し、これをファイルに記録したときは、その記録は、確定判決と同一の効力を有する。

2　前項の規定によりファイルに記録された電子調書は、当事者に送達しなければならない。この場合においては、第255条第２項の規定を準用する。

（和解等に係る電子調書の更正決定）

第267条の２　前条第１項の規定によりファイルに記録された電子調書につきその内容に計算違い、誤記その他これらに類する明白な誤りがあるときは、裁判所は、申立てにより又は職権で、いつでも更正決定をすることができる。

2　前項の更正決定に対しては、即時抗告をすることができる。

3　第１項の申立てを不適法として却下した決定に対しては、即時抗告をすることができる。

第７章　大規模訴訟等に関する特則

（大規模訴訟に係る事件における受命裁判官による証人等の尋問）

第268条　裁判所は、大規模訴訟【1】に係る事件について、当事者に異議がないときは、受命裁判官に裁判所内で証人又は当事者本人の尋問をさせることができる。

（大規模訴訟に係る事件における合議体の構成）

第269条　地方裁判所においては、前条に規定する事件について、５人の裁判官の合議体で審理及び裁判をする旨の決定をその合議体ですることができる。

2　前項の場合には、判事補は、同時に３人以上合議体に加わり、又は裁判長となることができない。

（特許権等に関する訴えに係る事件における合議体の構成）

第269条の２　第６条第１項各号に定める裁判所においては、特許権等に関する訴えに係る事件について、５人の裁判官の合議体で審理及び裁判をする旨の決定をその合議体ですることができる。ただし、第20条の２第１項の規定により移送された訴訟に係る事件については、この限りでない。

2　前条第２項の規定は、前項の場合について準用する。

【1】　当事者が著しく多数で、かつ、尋問すべき証人又は当事者本人が著しく多数である訴訟をいう。

第8章　簡易裁判所の訴訟手続に関する特則

（手続の特色）

第270条　簡易裁判所においては、簡易な手続により迅速に紛争を解決するものとする。

（口頭による訴えの提起）

第271条　訴えは、口頭で提起することができる。

（訴えの提起において明らかにすべき事項）

第272条　訴えの提起においては、請求の原因に代えて、紛争の要点を明らかにすれば足りる。

（任意の出頭による訴えの提起等）

第273条　当事者双方は、任意に裁判所に出頭し、訴訟について口頭弁論をすることができる。この場合においては、訴えの提起は、口頭の陳述によってする。

（反訴の提起に基づく移送）

第274条　被告が反訴で地方裁判所の管轄に属する請求をした場合において、相手方の申立てがあるときは、簡易裁判所は、決定で、本訴及び反訴を地方裁判所に移送しなければならない。この場合においては、第22条の規定を準用する。

2　前項の決定に対しては、不服を申し立てることができない。

（訴え提起前の和解）

第275条　民事上の争いについては、当事者は、請求の趣旨及び原因並びに争いの実情を表示して、相手方の普通裁判籍の所在地を管轄する簡易裁判所に和解の申立てをすることができる。

2　前項の和解が調わない場合において、和解の期日に出頭した当事者双方の申立てがあるときは、裁判所は、直ちに訴訟の弁論を命ずる。この場合においては、和解の申立てをした者は、その申立てをした時に、訴えを提起したものとみなし、和解の費用は、訴訟費用の一部とする。

3　申立人又は相手方が第1項の和解の期日に出頭しないときは、裁判所は、和解が調わないものとみなすことができる。

4　第1項の和解については、第264条及び第265条の規定は、適用しない。

（和解に代わる決定）

第275条の2　金銭の支払の請求を目的とする訴えについては、裁判所は、被告が口頭弁論において原告の主張した事実を争わず、その他何らの防御の方法をも提出しない場合において、被告の資力その他の事情を考慮して相当であると認めるときは、原告の意見を聴いて、第3項の期間の経過時から5年を超えない範囲内において、当該請求に係る金銭の支払について、その時期の定め若しくは分割払の定めをし、又はこれと併せて、その時期の定めに従い支払をしたとき、若しくはその分割払の定めによる期限の利益を次項の規定による定めにより失うことなく支払をしたときは訴え提起後の遅延損害金の支払義務を免除する旨の定めをして、当該請求に係る金銭の支払を命ずる決定をすることができる。

2　前項の分割払の定めをするときは、被告が支払を怠った場合における期限の利益の喪失についての定めをしなければならない。

3　第1項の決定に対しては、当事者は、その決定の告知を受けた日から2週間の不変期間内に、その決定をした裁判所に異議を申し立てることができる。

4　前項の期間内に異議の申立てがあったときは、第1項の決定は、その効力を失う。

5　第3項の期間内に異議の申立てがないときは、第1項の決定は、裁判上の和解と同一の効力を有する。

（準備書面の省略等）

第276条　口頭弁論は、書面で準備することを要しない。

2　相手方が準備をしなければ陳述をすることができないと認めるべき事項は、前項の規定にかかわらず、書面で準備し、又は口頭弁論前直接に相手方に通知しなければならない。

3　前項に規定する事項は、相手方が在廷していない口頭弁論においては、次の各号のいずれかに該当する準備書面に記載し、又は同項の規定による通知をしたものでなければ、主張することができない。

一　相手方に送達された準備書面

二　相手方からその準備書面を受領した旨を記載した書面が提出された場合における当該準備書面

三　相手方が第91条の2第1項の規定により準備書面の閲覧をし、又は同条第2項の規定により準備書面の複写をした場合における当該準備書面

（続行期日における陳述の擬制）

第277条　第158条の規定は、原告又は被告が口頭弁論の続行の期日に出頭せず、又は出頭したが本案の弁論をしない場合について準用する。

（映像等の送受信による通話の方法による尋問）

第277条の2　裁判所は、相当と認めるときは、最高裁判所規則で定めるところにより、映像と音声の送受信により相手の状態を相互に認識しながら通話をすることができる方法によって、証人又は当事者本人の尋問をすることができる。

（尋問等に代わる書面の提出）

第278条　裁判所は、相当と認めるときは、証人若しくは当事者本人の尋問又は鑑定人の意見の陳述に代え、書面の提出をさせることができる。

2　第205条第2項及び第3項の規定は前項の規定による証人又は当事者本人の尋問に代わる書面の提出について、第215条第2項及び第4項の規定は前項の規定による鑑定人の意見の陳述に代わる書面の提出について、それぞれ準用する。

（司法委員）

第279条　裁判所は、必要があると認めるときは、和解を試みるについて司法委員に補助をさせ、又は司法委員を審理に立ち会わせて事件につきその意見を聴くことができる。

2　司法委員の員数は、各事件について1人以上とする。

3　司法委員は、毎年あらかじめ地方裁判所の選任した者の中から、事件ごとに裁判所が指定する。

4　前項の規定により選任される者の資格、員数その他同項の選任に関し必要な事項は、最高裁判所規則で定める。

5　司法委員には、最高裁判所規則で定める額の旅費、日当及び宿泊料を支給する。

（電子判決書の記録事項）

第280条　第252条第1項の規定により同項第2号の事実及び同項第3号の理由を記録する場合には、請求の趣旨及び原因の要旨、その原因の有無並びに請求を排斥する理由である抗弁の要旨を記録すれば足りる。

第3編　上訴

第1章　控訴

（控訴をすることができる判決等）

第281条　控訴は、地方裁判所が第1審としてした終局判決又は簡易裁判所の終局判決に対してすることができる。ただし、終局判決後、当事者双方が共に上告をする権利を留保して控訴をしない旨の合意をしたときは、この限りでない。

2　第11条第2項及び第3項の規定は、前項の合意について準用する。

（訴訟費用の負担の裁判に対する控訴の制限）

第282条　訴訟費用の負担の裁判に対しては、独立して控訴をすることができない。

（控訴裁判所の判断を受ける裁判）

第283条　終局判決前の裁判は、控訴裁判所の判断を受ける。ただし、不服を申し立てることができない裁判及び抗告により不服を申し立てることができる裁判は、この限りでない。

（控訴権の放棄）

第284条　控訴をする権利は、放棄することができる。

（控訴期間）

第285条　控訴は、電子判決書又は第254条第2項の規定により当事者及び法定代理人、主文、請求並びに理由の要旨が記録された電子調書の送達を受けた日から2週間の不変期間内に提起しなければならない。ただし、その期間前に提起した控訴の効力を妨げない。

（控訴提起の方式）

第286条　控訴の提起は、控訴状を第1審裁判所に提出してしなければならない。

2　控訴状には、次に掲げる事項を記載しなければならない。

一　当事者及び法定代理人

二　第1審判決の表示及びその判決に対して控訴をする旨

（第1審裁判所による控訴の却下）

第287条　控訴が不適法でその不備を補正することができないことが明らかであるときは、第1審裁判所は、決定で、控訴を却下しなければならない。

2　前項の決定に対しては、即時抗告をすることができる。

（裁判長の控訴状審査権等）

第288条　第137条の規定は控訴状が第286条第2項の規定に違反する場合について、第137条の2の規定は民事訴訟費用等に関する法律の規定に従い控訴の提起の手数料を納付しない場合について、それぞれ準用する。

（控訴状の送達）

第289条　控訴状は、被控訴人に送達しなければならない。

2　第137条の規定は、控訴状の送達をすることができない場合【1】について準用する。

（口頭弁論を経ない控訴の却下）

第290条　控訴が不適法でその不備を補正することができないときは、控訴裁判所は、口頭弁論を経ないで、判決で、控訴を却下することができる。

（呼出費用の予納がない場合の控訴の却下）

第291条　控訴裁判所は、民事訴訟費用等に関する法律の規定に従い当事者に対する期日の呼出しに必要な費用の予納を相当の期間を定めて控訴人に命じた場合において、その予納がないときは、決定で、控訴を却下することができる。

2　前項の決定に対しては、即時抗告

【1】　控訴状の送達に必要な費用を予納しない場合を含む。

をすることができる。

（控訴の取下げ）

第292条　控訴は、控訴審の終局判決があるまで、取り下げることができる。

2　第261条第3項及び第4項、第262条第1項並びに第263条の規定は、控訴の取下げについて準用する。

（附帯控訴）

第293条　被控訴人は、控訴権が消滅した後であっても、口頭弁論の終結に至るまで、附帯控訴をすることができる。

2　附帯控訴は、控訴の取下げがあったとき、又は不適法として控訴の却下があったときは、その効力を失う。ただし、控訴の要件を備えるものは、独立した控訴とみなす。

3　附帯控訴については、控訴に関する規定による。ただし、附帯控訴の提起は、附帯控訴状を控訴裁判所に提出してすることができる。

（第1審判決についての仮執行の宣言）

第294条　控訴裁判所は、第1審判決について不服の申立てがない部分に限り、申立てにより、決定で、仮執行の宣言をすることができる。

（仮執行に関する裁判に対する不服申立て）

第295条　仮執行に関する控訴審の裁判に対しては、不服を申し立てることができない。ただし、前条の申立てを却下する決定に対しては、即時抗告をすることができる。

（口頭弁論の範囲等）

第296条　口頭弁論は、当事者が第1審判決の変更を求める限度においてのみ、これをする。

2　当事者は、第1審における口頭弁論の結果を陳述しなければならない。

（第1審の訴訟手続の規定の準用）

第297条　前編第1章から第7章までの規定は、特別の定めがある場合を除き、控訴審の訴訟手続について準用する。ただし、第269条の規定は、この限りでない。

（第1審の訴訟行為の効力等）

第298条　第1審においてした訴訟行為は、控訴審においてもその効力を有する。

2　第167条の規定は、第1審において準備的口頭弁論を終了し、又は弁論準備手続を終結した事件につき控訴審で攻撃又は防御の方法を提出した当事者について、第178条の規定は、第1審において書面による準備手続を終結した事件につき同条の陳述又は確認がされた場合において控訴審で攻撃又は防御の方法を提出した当事者について準用する。

（第1審の管轄違いの主張の制限）

第299条　控訴審においては、当事者は、第1審裁判所が管轄権を有しないことを主張することができない。ただし、専属管轄【1】については、この限りでない。

2　前項の第1審裁判所が第6条第1項各号に定める裁判所である場合において、当該訴訟が同項の規定により他の裁判所の専属管轄に属するときは、前項ただし書の規定は、適用しない。

（反訴の提起等）

第300条　控訴審においては、反訴の提起は、相手方の同意がある場合に限り、することができる。

2　相手方が異議を述べないで反訴の本案について弁論をしたときは、反訴の提起に同意したものとみなす。

3　前2項の規定は、選定者に係る請求の追加について準用する。

（攻撃防御方法の提出等の期間）

第301条　裁判長は、当事者の意見を

【1】　当事者が第11条の規定により合意で定めたものを除く。

聴いて、攻撃若しくは防御の方法の提出、請求若しくは請求の原因の変更、反訴の提起又は選定者に係る請求の追加をすべき期間を定めることができる。

2　前項の規定により定められた期間の経過後に同項に規定する訴訟行為をする当事者は、裁判所に対し、その期間内にこれをすることができなかった理由を説明しなければならない。

（控訴棄却）

第302条　控訴裁判所は、第1審判決を相当とするときは、控訴を棄却しなければならない。

2　第1審判決がその理由によれば不当である場合においても、他の理由により正当であるときは、控訴を棄却しなければならない。

（控訴権の濫用に対する制裁）

第303条　控訴裁判所は、前条第1項の規定により控訴を棄却する場合において、控訴人が訴訟の完結を遅延させることのみを目的として控訴を提起したものと認めるときは、控訴人に対し、控訴の提起の手数料として納付すべき金額の10倍以下の金銭の納付を命ずることができる。

2　前項の規定による裁判は、判決の主文に掲げなければならない。

3　第1項の規定による裁判は、本案判決を変更する判決の言渡しにより、その効力を失う。

4　上告裁判所は、上告を棄却する場合においても、第1項の規定による裁判を変更することができる。

5　第189条の規定は、第1項の規定による裁判について準用する。

（第1審判決の取消し及び変更の範囲）

第304条　第1審判決の取消し及び変更は、不服申立ての限度においてのみ、これをすることができる。

（第1審判決が不当な場合の取消し）

第305条　控訴裁判所は、第1審判決を不当とするときは、これを取り消さなければならない。

（第1審の判決の手続が違法な場合の取消し）

第306条　第1審の判決の手続が法律に違反したときは、控訴裁判所は、第1審判決を取り消さなければならない。

（事件の差戻し）

第307条　控訴裁判所は、訴えを不適法として却下した第1審判決を取り消す場合には、事件を第1審裁判所に差し戻さなければならない。ただし、事件につき更に弁論をする必要がないときは、この限りでない。

第308条　前条本文に規定する場合のほか、控訴裁判所が第1審判決を取り消す場合において、事件につき更に弁論をする必要があるときは、これを第1審裁判所に差し戻すことができる。

2　第1審裁判所における訴訟手続が法律に違反したことを理由として事件を差し戻したときは、その訴訟手続は、これによって取り消されたものとみなす。

（第1審の管轄違いを理由とする移送）

第309条　控訴裁判所は、事件が管轄違いであることを理由として第1審判決を取り消すときは、判決で、事件を管轄裁判所に移送しなければならない。

（控訴審の判決における仮執行の宣言）

第310条　控訴裁判所は、金銭の支払の請求【1】に関する判決については、申立てがあるときは、不必要と認める場合を除き、担保を立てないで仮執行をすることができることを宣言しなければならない。ただし、控訴裁判所が相当と認めるときは、仮執

【1】　第259条第2項の請求を除く。

行を担保を立てることに係らしめることができる。

（特許権等に関する訴えに係る控訴事件における合議体の構成）

第310条の2 第6条第1項各号に定める裁判所が第1審としてした特許権等に関する訴えについての終局判決に対する控訴が提起された東京高等裁判所においては、当該控訴に係る事件について、5人の裁判官の合議体で審理及び裁判をする旨の決定をその合議体ですることができる。ただし、第20条の2第1項の規定により移送された訴訟に係る訴えについての終局判決に対する控訴に係る事件については、この限りでない。

第2章　上告

（上告裁判所）

第311条 上告は、高等裁判所が第2審又は第1審としてした終局判決に対しては最高裁判所に、地方裁判所が第2審としてした終局判決に対しては高等裁判所にすることができる。

2　第281条第1項ただし書の場合には、地方裁判所の判決に対しては最高裁判所に、簡易裁判所の判決に対しては高等裁判所に、直ちに上告をすることができる。

（上告の理由）

第312条 上告は、判決に憲法の解釈の誤りがあることその他憲法の違反があることを理由とするときに、することができる。

2　上告は、次に掲げる事由があることを理由とするときも、することができる。ただし、第4号に掲げる事由については、第34条第2項【1】の規定による追認があったときは、この限りでない。

一　法律に従って判決裁判所を構成しなかったこと。

二　法律により判決に関与することができない裁判官が判決に関与したこと。

二の二　日本の裁判所の管轄権の専属に関する規定に違反したこと。

三　専属管轄に関する規定に違反したこと【2】。

四　法定代理権、訴訟代理権又は代理人が訴訟行為をするのに必要な授権を欠いたこと。

五　口頭弁論の公開の規定に違反したこと。

六　判決に理由を付せず、又は理由に食違いがあること。

3　高等裁判所にする上告は、判決に影響を及ぼすことが明らかな法令の違反があることを理由とするときも、することができる。

（控訴の規定の準用）

第313条 前章の規定は、特別の定めがある場合を除き、上告及び上告審の訴訟手続について準用する。

（上告提起の方式等）

第314条 上告の提起は、上告状を原裁判所に提出してしなければならない。

2　前条において準用する第288条及び第289条第2項の規定による裁判長の職権は、原裁判所の裁判長が行う。

（上告の理由の記載）

第315条 上告状に上告の理由の記載がないときは、上告人は、最高裁判所規則で定める期間内に、上告理由書を原裁判所に提出しなければならない。

2　上告の理由は、最高裁判所規則で

【1】　第59条において準用する場合を含む。

【2】　第6条第1項各号に定める裁判所が第1審の終局判決をした場合において当該訴訟が同項の規定により他の裁判所の専属管轄に属するときを除く。

定める方式により記載しなければならない。

(原裁判所による上告の却下)

第316条 次の各号に該当することが明らかであるときは、原裁判所は、決定で、上告を却下しなければならない。

一 上告が不適法でその不備を補正することができないとき。

二 前条第1項の規定に違反して上告理由書を提出せず、又は上告の理由の記載が同条第2項の規定に違反しているとき。

2 前項の決定に対しては、即時抗告をすることができる。

(上告裁判所による上告の却下等)

第317条 前条第1項各号に掲げる場合には、上告裁判所は、決定で、上告を却下することができる。

2 上告裁判所である最高裁判所は、上告の理由が明らかに第312条第1項及び第2項に規定する事由に該当しない場合には、決定で、上告を棄却することができる。

(上告受理の申立て)

第318条 上告をすべき裁判所が最高裁判所である場合には、最高裁判所は、原判決に最高裁判所の判例【1】と相反する判断がある事件その他の法令の解釈に関する重要な事項を含むものと認められる事件について、申立てにより、決定で、上告審として事件を受理することができる。

2 前項の申立て【2】においては、第312条第1項及び第2項に規定する事由を理由とすることができない。

3 第1項の場合において、最高裁判所は、上告受理の申立ての理由中に重要でないと認めるものがあるときは、これを排除することができる。

4 第1項の決定があった場合には、上告があったものとみなす。この場合においては、第320条の規定の適用については、上告受理の申立ての理由中前項の規定により排除されたもの以外のものを上告の理由とみなす。

5 第313条から第315条まで及び第316条第1項の規定は、上告受理の申立てについて準用する。

(口頭弁論を経ない上告の棄却)

第319条 上告裁判所は、上告状、上告理由書、答弁書その他の書類により、上告を理由がないと認めるときは、口頭弁論を経ないで、判決で、上告を棄却することができる。

(調査の範囲)

第320条 上告裁判所は、上告の理由に基づき、不服の申立てがあった限度においてのみ調査をする。

(原判決の確定した事実の拘束)

第321条 原判決において適法に確定した事実は、上告裁判所を拘束する。

2 第311条第2項の規定による上告があった場合には、上告裁判所は、原判決における事実の確定が法律に違反したことを理由として、その判決を破棄することができない。

(職権調査事項についての適用除外)

第322条 前2条の規定は、裁判所が職権で調査すべき事項には、適用しない。

(仮執行の宣言)

第323条 上告裁判所は、原判決について不服の申立てがない部分に限り、申立てにより、決定で、仮執行の宣言をすることができる。

(最高裁判所への移送)

第324条 上告裁判所である高等裁判所は、最高裁判所規則で定める事由

【1】 これがない場合にあっては、大審院又は上告裁判所若しくは控訴裁判所である高等裁判所の判例

【2】 以下「上告受理の申立て」という。

があるときは、決定で、事件を最高裁判所に移送しなければならない。

（破棄差戻し等）

第325条 第312条第1項又は第2項に規定する事由があるときは、上告裁判所は、原判決を破棄し、次条の場合を除き、事件を原裁判所に差し戻し、又はこれと同等の他の裁判所に移送しなければならない。高等裁判所が上告裁判所である場合において、判決に影響を及ぼすことが明らかな法令の違反があるときも、同様とする。

2　上告裁判所である最高裁判所は、第312条第1項又は第2項に規定する事由がない場合であっても、判決に影響を及ぼすことが明らかな法令の違反があるときは、原判決を破棄し、次条の場合を除き、事件を原裁判所に差し戻し、又はこれと同等の他の裁判所に移送することができる。

3　前2項の規定により差戻し又は移送を受けた裁判所は、新たな口頭弁論に基づき裁判をしなければならない。この場合において、上告裁判所が破棄の理由とした事実上及び法律上の判断は、差戻し又は移送を受けた裁判所を拘束する。

4　原判決に関与した裁判官は、前項の裁判に関与することができない。

（破棄自判）

第326条 次に掲げる場合には、上告裁判所は、事件について裁判をしなければならない。

一　確定した事実について憲法その他の法令の適用を誤ったことを理由として判決を破棄する場合において、事件がその事実に基づき裁判をするのに熟するとき。

二　事件が裁判所の権限に属しないことを理由として判決を破棄するとき。

（特別上告）

第327条 高等裁判所が上告審としてした終局判決に対しては、その判決に憲法の解釈の誤りがあることその他憲法の違反があることを理由とするときに限り、最高裁判所に更に上告をすることができる。

2　前項の上告及びその上告審の訴訟手続には、その性質に反しない限り、第2審又は第1審の終局判決に対する上告及びその上告審の訴訟手続に関する規定を準用する。この場合において、第321条第1項中「原判決」とあるのは、「地方裁判所が第2審としてした終局判決（第311条第2項の規定による上告があった場合にあっては、簡易裁判所の終局判決）」と読み替えるものとする。

第3章　抗告

（抗告をすることができる裁判）

第328条 口頭弁論を経ないで訴訟手続に関する申立てを却下した決定又は命令に対しては、抗告をすることができる。

2　決定又は命令により裁判をすることができない事項について決定又は命令がされたときは、これに対して抗告をすることができる。

（受命裁判官等の裁判に対する不服申立て）

第329条 受命裁判官又は受託裁判官の裁判に対して不服がある当事者は、受訴裁判所に異議の申立てをすることができる。ただし、その裁判が受訴裁判所の裁判であるとした場合に抗告をすることができるものであるときに限る。

2　抗告は、前項の申立てについての裁判に対してすることができる。

3　最高裁判所又は高等裁判所が受訴裁判所である場合における第1項の規定の適用については、同項ただし書中「受訴裁判所」とあるのは、「地方裁判所」とする。

（再抗告）

第330条 抗告裁判所の決定に対しては、その決定に憲法の解釈の誤りがあることその他憲法の違反があること、又は決定に影響を及ぼすことが明らかな法令の違反があることを理由とするときに限り、更に抗告をすることができる。

（控訴又は上告の規定の準用）

第331条 抗告及び抗告裁判所の訴訟手続には、その性質に反しない限り、第1章の規定を準用する。ただし、前条の抗告及びこれに関する訴訟手続には、前章の規定中第2審又は第1審の終局判決に対する上告及びその上告審の訴訟手続に関する規定を準用する。

（即時抗告期間）

第332条 即時抗告は、裁判の告知を受けた日から1週間の不変期間内にしなければならない。

（原裁判所等による更正）

第333条 原裁判をした裁判所又は裁判長は、抗告を理由があると認めるときは、その裁判を更正しなければならない。

（原裁判の執行停止）

第334条 抗告は、即時抗告に限り、執行停止の効力を有する。

2 抗告裁判所又は原裁判をした裁判所若しくは裁判官は、抗告について決定があるまで、原裁判の執行の停止その他必要な処分を命ずることができる。

（口頭弁論に代わる審尋）

第335条 抗告裁判所は、抗告について口頭弁論をしない場合には、抗告人その他の利害関係人を審尋することができる。

（特別抗告）

第336条 地方裁判所及び簡易裁判所の決定及び命令で不服を申し立てることができないもの並びに高等裁判所の決定及び命令に対しては、その裁判に憲法の解釈の誤りがあることその他憲法の違反があることを理由とするときに、最高裁判所に特に抗告をすることができる。

2 前項の抗告は、裁判の告知を受けた日から5日の不変期間内にしなければならない。

3 第1項の抗告及びこれに関する訴訟手続には、その性質に反しない限り、第327条第1項の上告及びその上告審の訴訟手続に関する規定並びに第334条第2項の規定を準用する。

（許可抗告）

第337条 高等裁判所の決定及び命令【1】に対しては、前条第1項の規定による場合のほか、その高等裁判所が次項の規定により許可したときに限り、最高裁判所に特に抗告をすることができる。ただし、その裁判が地方裁判所の裁判であるとした場合に抗告をすることができるものであるときに限る。

2 前項の高等裁判所は、同項の裁判について、最高裁判所の判例【2】と相反する判断がある場合その他の法令の解釈に関する重要な事項を含むと認められる場合には、申立てにより、決定で、抗告を許可しなければならない。

3 前項の申立てにおいては、前条第1項に規定する事由を理由とすることはできない。

【1】 第330条の抗告及び次項の申立てについての決定及び命令を除く。

【2】 これがない場合にあっては、大審院又は上告裁判所若しくは抗告裁判所である高等裁判所の判例

民事訴訟法

4　第2項の規定による許可があった場合には、第1項の抗告があったものとみなす。

5　最高裁判所は、裁判に影響を及ぼすことが明らかな法令の違反があるときは、原裁判を破棄することができる。

6　第313条、第315条及び前条第2項の規定は**第2項の申立て**について、第318条第3項の規定は**第2項の規定による許可をする場合**について、同条第4項後段及び前条第3項の規定は**第2項の規定による許可があった場合**について準用する。

第4編　再審

（再審の事由）

第338条　次に掲げる事由がある場合には、確定した終局判決に対し、再審の訴えをもって、不服を申し立てることができる。ただし、当事者が控訴若しくは上告によりその事由を主張したとき、又はこれを知りながら主張しなかったときは、この限りでない。

一　法律に従って判決裁判所を構成しなかったこと。

二　法律により判決に関与することができない裁判官が判決に関与したこと。

三　法定代理権、訴訟代理権又は代理人が訴訟行為をするのに必要な授権を欠いたこと。

四　判決に関与した裁判官が事件について職務に関する罪を犯したこと。

五　刑事上罰すべき他人の行為により、自白をするに至ったこと又は判決に影響を及ぼすべき攻撃若しくは防御の方法を提出することを妨げられたこと。

六　判決の証拠となった文書その他の物件が偽造され若しくは変造されたものであったこと又は判決の証拠となった電磁的記録が不正に作られたものであったこと。

七　証人、鑑定人、通訳人又は宣誓した当事者若しくは法定代理人の虚偽の陳述が判決の証拠となったこと。

八　判決の基礎となった民事若しくは刑事の判決その他の裁判又は行政処分が後の裁判又は行政処分により変更されたこと。

九　判決に影響を及ぼすべき重要な事項について判断の遺脱があったこと。

十　不服の申立てに係る判決が前に確定した判決と抵触すること。

2　前項第4号から第7号までに掲げる事由がある場合においては、罰すべき行為について、有罪の判決若しくは過料の裁判が確定したとき、又は証拠がないという理由以外の理由により有罪の確定判決若しくは過料の確定裁判を得ることができないときに限り、再審の訴えを提起することができる。

3　控訴審において事件につき本案判決をしたときは、第1審の判決に対し再審の訴えを提起することができない。

第339条　判決の基本となる裁判について前条第1項に規定する事由がある場合【1】には、その裁判に対し独立した不服申立ての方法を定めているときにおいても、その事由を判決に対する再審の理由とすることができる。

（管轄裁判所）

第340条　再審の訴えは、不服の申立

【1】　同項第4号から第7号までに掲げる事由がある場合にあっては、同条第2項に規定する場合に限る。

てに係る判決をした裁判所の管轄に専属する。

2　審級を異にする裁判所が同一の事件についてした判決に対する再審の訴えは、上級の裁判所が併せて管轄する。

(再審の訴訟手続)

第341条　再審の訴訟手続には、その性質に反しない限り、各審級における訴訟手続に関する規定を準用する。

(再審期間)

第342条　再審の訴えは、当事者が判決の確定した後再審の事由を知った日から30日の不変期間内に提起しなければならない。

2　判決が確定した日【1】から5年を経過したときは、再審の訴えを提起することができない。

3　前2項の規定は、第338条第1項第3号に掲げる事由のうち代理権を欠いたこと及び同項第10号に掲げる事由を理由とする再審の訴えには、適用しない。

(再審の訴状の記載事項)

第343条　再審の訴状には、次に掲げる事項を記載しなければならない。

一　当事者及び法定代理人

二　不服の申立てに係る判決の表示及びその判決に対して再審を求める旨

三　不服の理由

(不服の理由の変更)

第344条　再審の訴えを提起した当事者は、不服の理由を変更することができる。

(再審の訴えの却下等)

第345条　裁判所は、再審の訴えが不適法である場合には、決定で、これを却下しなければならない。

【1】　再審の事由が判決の確定した後に生じた場合にあっては、その事由が発生した日

2　裁判所は、再審の事由がない場合には、決定で、再審の請求を棄却しなければならない。

3　前項の決定が確定したときは、同一の事由を不服の理由として、更に再審の訴えを提起することができない。

(再審開始の決定)

第346条　裁判所は、再審の事由がある場合には、再審開始の決定をしなければならない。

2　裁判所は、前項の決定をする場合には、相手方を審尋しなければならない。

(即時抗告)

第347条　第345条第1項及び第2項並びに前条第1項の決定に対しては、即時抗告をすることができる。

(本案の審理及び裁判)

第348条　裁判所は、再審開始の決定が確定した場合には、不服申立ての限度で、本案の審理及び裁判をする。

2　裁判所は、前項の場合において、判決を正当とするときは、再審の請求を棄却しなければならない。

3　裁判所は、前項の場合を除き、判決を取り消した上、更に裁判をしなければならない。

(決定又は命令に対する再審)

第349条　即時抗告をもって不服を申し立てることができる決定又は命令で確定したものに対しては、再審の申立てをすることができる。

2　第338条から前条までの規定は、前項の申立てについて準用する。

第5編　手形訴訟及び小切手訴訟に関する特則

(手形訴訟の要件)

第350条　手形による金銭の支払の請求及びこれに附帯する法定利率による損害賠償の請求を目的とする訴え

については、手形訴訟による審理及び裁判を求めることができる。

2　手形訴訟による審理及び裁判を求める旨の申述は、訴状に記載してしなければならない。

（反訴の禁止）

第351条　手形訴訟においては、反訴を提起することができない。

（証拠調べの制限）

第352条　手形訴訟においては、証拠調べは、書証及び電磁的記録に記録された情報の内容に係る証拠調べに限りすることができる。

2　文書の提出の命令若しくは送付の嘱託又は第231条の3第1項において準用する第223条に規定する命令若しくは同項において準用する第226条に規定する嘱託は、することができない。対照の用に供すべき筆跡又は印影を備える物件の提出の命令又は送付の嘱託についても、同様とする。

3　文書若しくは電磁的記録の成立の真否又は手形の提示に関する事実については、申立てにより、当事者本人を尋問することができる。

4　証拠調べの嘱託は、することができない。第186条第1項の規定による調査の嘱託についても、同様とする。

5　前各項の規定は、裁判所が職権で調査すべき事項には、適用しない。

（通常の手続への移行）

第353条　原告は、口頭弁論の終結に至るまで、被告の承諾を要しないで、訴訟を通常の手続に移行させる旨の申述をすることができる。

2　訴訟は、前項の申述があった時に、通常の手続に移行する。

3　前項の場合には、裁判所は、直ちに、被告に対し、訴訟が通常の手続に移行した旨の通知をしなければならない。ただし、第1項の申述が被告の出頭した期日において口頭でされたものであるときは、その通知をすることを要しない。

4　第2項の場合には、手形訴訟のため既に指定した期日は、通常の手続のために指定したものとみなす。

（口頭弁論の終結）

第354条　裁判所は、被告が口頭弁論において原告が主張した事実を争わず、その他何らの防御の方法をも提出しない場合には、前条第3項の規定による通知をする前であっても、口頭弁論を終結することができる。

（口頭弁論を経ない訴えの却下）

第355条　請求の全部又は一部が手形訴訟による審理及び裁判をすることができないものであるときは、裁判所は、口頭弁論を経ないで、判決で、訴えの全部又は一部を却下することができる。

2　前項の場合において、原告が電子判決書の送達を受けた日から2週間以内に同項の請求について通常の手続により訴えを提起したときは、第147条の規定の適用については、その訴えの提起は、前の訴えの提起の時にしたものとみなす。

（控訴の禁止）

第356条　手形訴訟の終局判決に対しては、控訴をすることができない。ただし、前条第1項の判決を除き、訴えを却下した判決に対しては、この限りでない。

（異議の申立て）

第357条　手形訴訟の終局判決に対しては、訴えを却下した判決を除き、電子判決書又は第254条第2項の規定により当事者及び法定代理人、主文、請求並びに理由の要旨が記録された電子調書の送達を受けた日から2週間の不変期間内に、その判決をした裁判所に異議を申し立てることができる。ただし、その期間前に申し立てた異議の効力を妨げない。

（異議申立権の放棄）

第358条 異議を申し立てる権利は、その申立て前に限り、放棄することができる。

（口頭弁論を経ない異議の却下）

第359条 異議が不適法でその不備を補正することができないときは、裁判所は、口頭弁論を経ないで、判決で、異議を却下することができる。

（異議の取下げ）

第360条 異議は、通常の手続による第1審の終局判決があるまで、取り下げることができる。

2 異議の取下げは、相手方の同意を得なければ、その効力を生じない。

3 第261条第3項から第6項まで、第262条第1項及び第263条の規定は、異議の取下げについて準用する。

（異議後の手続）

第361条 適法な異議があったときは、訴訟は、口頭弁論の終結前の程度に復する。この場合においては、通常の手続によりその審理及び裁判をする。

（異議後の判決）

第362条 前条の規定によってすべき判決が手形訴訟の判決と符合するときは、裁判所は、手形訴訟の判決を認可しなければならない。ただし、手形訴訟の判決の手続が法律に違反したものであるときは、この限りでない。

2 前項の規定により手形訴訟の判決を認可する場合を除き、前条の規定によってすべき判決においては、手形訴訟の判決を取り消さなければならない。

（異議後の判決における訴訟費用）

第363条 異議を却下し、又は手形訴訟においてした訴訟費用の負担の裁判を認可する場合には、裁判所は、異議の申立てがあった後の訴訟費用の負担について裁判をしなければならない。

2 第258条第4項の規定は、手形訴訟の判決に対し適法な異議の申立てがあった場合について準用する。

（事件の差戻し）

第364条 控訴裁判所は、異議を不適法として却下した第1審判決を取り消す場合には、事件を第1審裁判所に差し戻さなければならない。ただし、事件につき更に弁論をする必要がないときは、この限りでない。

（訴え提起前の和解の手続から手形訴訟への移行）

第365条 第275条第2項後段の規定により提起があったものとみなされる訴えについては、手形訴訟による審理及び裁判を求める旨の申述は、同項前段の申立ての際にしなければならない。

（督促手続から手形訴訟への移行）

第366条 第395条又は第398条第1項の規定により提起があったものとみなされる訴えについては、手形訴訟による審理及び裁判を求める旨の申述は、支払督促の申立ての際にしなければならない。

2 第391条第1項の規定による仮執行の宣言があったときは、前項の申述は、なかったものとみなす。

（小切手訴訟）

第367条 小切手による金銭の支払の請求及びこれに附帯する法定利率による損害賠償の請求を目的とする訴えについては、小切手訴訟による審理及び裁判を求めることができる。

2 第350条第2項及び第351条から前条までの規定は、小切手訴訟に関して準用する。

第6編　少額訴訟に関する特則

(少額訴訟の要件等)

第368条　簡易裁判所においては、訴訟の目的の価額が60万円以下の金銭の支払の請求を目的とする訴えについて、少額訴訟による審理及び裁判を求めることができる。ただし、同一の簡易裁判所において同一の年に最高裁判所規則で定める回数を超えてこれを求めることができない。

2　少額訴訟による審理及び裁判を求める旨の申述は、訴えの提起の際にしなければならない。

3　前項の申述をするには、当該訴えを提起する簡易裁判所においてその年に少額訴訟による審理及び裁判を求めた回数を届け出なければならない。

(反訴の禁止)

第369条　少額訴訟においては、反訴を提起することができない。

(1期日審理の原則)

第370条　少額訴訟においては、特別の事情がある場合を除き、最初にすべき口頭弁論の期日において、審理を完了しなければならない。

2　当事者は、前項の期日前又はその期日において、すべての攻撃又は防御の方法を提出しなければならない。ただし、口頭弁論が続行されたときは、この限りでない。

(証拠調べの制限)

第371条　証拠調べは、即時に取り調べることができる証拠に限りすることができる。

(証人等の尋問)

第372条　証人の尋問は、宣誓をさせないですることができる。

2　証人又は当事者本人の尋問は、裁判官が相当と認める順序でする。

3　裁判所は、相当と認めるときは、最高裁判所規則で定めるところにより、裁判所及び当事者双方と証人とが音声の送受信により同時に通話をすることができる方法によって、証人を尋問することができる。

(通常の手続への移行)

第373条　被告は、訴訟を通常の手続に移行させる旨の申述をすることができる。ただし、被告が最初にすべき口頭弁論の期日において弁論をし、又はその期日が終了した後は、この限りでない。

2　訴訟は、前項の申述があった時に、通常の手続に移行する。

3　次に掲げる場合には、裁判所は、訴訟を通常の手続により審理及び裁判をする旨の決定をしなければならない。

一　第368条第1項の規定に違反して少額訴訟による審理及び裁判を求めたとき。

二　第368条第3項の規定によってすべき届出を相当の期間を定めて命じた場合において、その届出がないとき。

三　公示送達によらなければ被告に対する最初にすべき口頭弁論の期日の呼出しをすることができないとき。

四　少額訴訟により審理及び裁判をするのを相当でないと認めるとき。

4　前項の決定に対しては、不服を申し立てることができない。

5　訴訟が通常の手続に移行したときは、少額訴訟のため既に指定した期日は、通常の手続のために指定したものとみなす。

(判決の言渡し)

第374条　判決の言渡しは、相当でないと認める場合を除き、口頭弁論の終結後直ちにする。

2　前項の場合には、判決の言渡しは、

電子判決書に基づかないですることができる。この場合においては、第254条第2項及び第255条の規定を準用する。

（判決による支払の猶予）

第375条 裁判所は、請求を認容する判決をする場合において、被告の資力その他の事情を考慮して特に必要があると認めるときは、判決の言渡しの日から3年を超えない範囲内において、認容する請求に係る金銭の支払について、その時期の定め若しくは分割払の定めをし、又はこれと併せて、その時期の定めに従い支払をしたとき、若しくはその分割払の定めによる期限の利益を次項の規定による定めにより失うことなく支払をしたときは訴え提起後の遅延損害金の支払義務を免除する旨の定めをすることができる。

2 前項の分割払の定めをするときは、被告が支払を怠った場合における期限の利益の喪失についての定めをしなければならない。

3 前2項の規定による定めに関する裁判に対しては、不服を申し立てることができない。

（仮執行の宣言）

第376条 請求を認容する判決については、裁判所は、職権で、担保を立てて、又は立てないで仮執行をすることができることを宣言しなければならない。

2 第76条、第77条、第79条及び第80条の規定は、前項の担保について準用する。

（控訴の禁止）

第377条 少額訴訟の終局判決に対しては、控訴をすることができない。

（異議）

第378条 少額訴訟の終局判決に対しては、電子判決書又は第254条第2項【1】の規定により当事者及び法定代理人、主文、請求並びに理由の要旨が記録された電子調書の送達を受けた日から2週間の不変期間内に、その判決をした裁判所に異議を申し立てることができる。ただし、その期間前に申し立てた異議の効力を妨げない。

2 第358条から第360条までの規定は、前項の異議について準用する。

（異議後の審理及び裁判）

第379条 適法な異議があったときは、訴訟は、口頭弁論の終結前の程度に復する。この場合においては、通常の手続によりその審理及び裁判をする。

2 第362条、第363条、第369条、第372条第2項及び第375条の規定は、前項の審理及び裁判について準用する。

（異議後の判決に対する不服申立て）

第380条 第378条第2項において準用する第359条又は前条第1項の規定によってした終局判決に対しては、控訴をすることができない。

2 第327条の規定は、前項の終局判決について準用する。

（過料）

第381条 少額訴訟による審理及び裁判を求めた者が第368条第3項の回数について虚偽の届出をしたときは、裁判所は、決定で、10万円以下の過料に処する。

2 前項の決定に対しては、即時抗告をすることができる。

3 第189条の規定は、第1項の規定による過料の裁判について準用する。

【1】 第374条第2項において準用する場合を含む。

第7編　法定審理期間訴訟手続に関する特則

（法定審理期間訴訟手続の要件）

第381条の2　当事者は、裁判所に対し、法定審理期間訴訟手続による審理及び裁判を求める旨の申出をすることができる。ただし、次に掲げる訴えに関しては、この限りでない。

一　消費者契約に関する訴え

二　個別労働関係民事紛争に関する訴え

2　当事者の双方が前項の申出をした場合には、裁判所は、事案の性質、訴訟追行による当事者の負担の程度その他の事情に鑑み、法定審理期間訴訟手続により審理及び裁判をすることが当事者間の衡平を害し、又は適正な審理の実現を妨げると認めるときを除き、訴訟を法定審理期間訴訟手続により審理及び裁判をする旨の決定をしなければならない。当事者の一方が同項の申出をした場合において、相手方がその法定審理期間訴訟手続による審理及び裁判をすることに同意したときも、同様とする。

3　第1項の申出及び前項後段の同意は、書面でしなければならない。ただし、口頭弁論又は弁論準備手続の期日においては、口頭ですることを妨げない。

4　訴訟が法定審理期間訴訟手続に移行したときは、通常の手続のために既に指定した期日は、法定審理期間訴訟手続のために指定したものとみなす。

（法定審理期間訴訟手続の審理）

第381条の3　前条第2項の決定があったときは、裁判長は、当該決定の日から2週間以内の間において口頭弁論又は弁論準備手続の期日を指定しなければならない。

2　裁判長は、前項の期日において、当該期日から6月以内の間において当該事件に係る口頭弁論を終結する期日を指定するとともに、口頭弁論を終結する日から1月以内の間において判決言渡しをする期日を指定しなければならない。

3　前条第2項の決定があったときは、当事者は、第1項の期日から5月【1】以内に、攻撃又は防御の方法を提出しなければならない。

4　裁判所は、前項の期間が満了するまでに、当事者双方との間で、争点及び証拠の整理の結果に基づいて、法定審理期間訴訟手続の判決において判断すべき事項を確認するものとする。

5　法定審理期間訴訟手続における証拠調べは、第1項の期日から6月【2】以内にしなければならない。

6　法定審理期間訴訟手続における期日の変更は、第93条第3項の規定にかかわらず、やむを得ない事由がある場合でなければ、許すことができない。

（通常の手続への移行）

第381条の4　次に掲げる場合には、裁判所は、訴訟を通常の手続により審理及び裁判をする旨の決定をしなければならない。

一　当事者の双方又は一方が訴訟を通常の手続に移行させる旨の申出をしたとき。

二　提出された攻撃又は防御の方法及び審理の現状に照らして法定審理期間訴訟手続により審理及び裁判をするのが困難であると認める

【1】　裁判所が当事者双方の意見を聴いて、これより短い期間を定めた場合には、その期間

【2】　裁判所が当事者双方の意見を聴いて、これより短い期間を定めた場合には、その期間

とき。

2　前項の決定に対しては、不服を申し立てることができない。

3　訴訟が通常の手続に移行したときは、法定審理期間訴訟手続のため既に指定した期日は、通常の手続のために指定したものとみなす。

(法定審理期間訴訟手続の電子判決書)

第381条の5　法定審理期間訴訟手続の電子判決書には、事実として、請求の趣旨及び原因並びにその他の攻撃又は防御の方法の要旨を記録するものとし、理由として、第381条の3第4項の規定により当事者双方との間で確認した事項に係る判断の内容を記録するものとする。

(控訴の禁止)

第381条の6　法定審理期間訴訟手続の終局判決に対しては、控訴をすることができない。ただし、訴えを却下した判決に対しては、この限りでない。

(異議)

第381条の7　法定審理期間訴訟手続の終局判決に対しては、訴えを却下した判決を除き、電子判決書の送達を受けた日から2週間の不変期間内に、その判決をした裁判所に異議を申し立てることができる。ただし、その期間前に申し立てた異議の効力を妨げない。

2　第358条から第360条まで及び第364条の規定は、前項の異議について準用する。

(異議後の審理及び裁判)

第381条の8　適法な異議があったときは、訴訟は、口頭弁論の終結前の程度に復する。この場合においては、通常の手続によりその審理及び裁判をする。

2　前項の異議の申立ては、執行停止の効力を有する。

3　裁判所は、異議後の判決があるまで、法定審理期間訴訟手続の終局判決の執行の停止その他必要な処分を命ずることができる。

4　第362条及び第363条の規定は、第1項の審理及び裁判について準用する。

第8編　督促手続

第1章　総則

(支払督促の要件)

第382条　金銭その他の代替物又は有価証券の一定の数量の給付を目的とする請求については、裁判所書記官は、債権者の申立てにより、支払督促を発することができる。ただし、日本において公示送達によらないでこれを送達することができる場合に限る。

(支払督促の申立て)

第383条　支払督促の申立ては、債務者の普通裁判籍の所在地を管轄する簡易裁判所の裁判所書記官に対してする。

2　次の各号に掲げる請求についての支払督促の申立ては、それぞれ当該各号に定める地を管轄する簡易裁判所の裁判所書記官に対してもすることができる。

一　事務所又は営業所を有する者に対する請求でその事務所又は営業所における業務に関するもの
⇨当該事務所又は営業所の所在地

二　手形又は小切手による金銭の支払の請求及びこれに附帯する請求
⇨手形又は小切手の支払地

(訴えに関する規定の準用)

第384条　支払督促の申立てには、その性質に反しない限り、訴えに関する規定を準用する。

（申立ての却下）

第385条　支払督促の申立てが第382条若しくは第383条の規定に違反するとき、又は申立ての趣旨から請求に理由がないことが明らかなときは、その申立てを却下しなければならない。請求の一部につき支払督促を発することができない場合におけるその一部についても、同様とする。

2　前項の規定による処分は、相当と認める方法で告知することによって、その効力を生ずる。

3　前項の処分に対する異議の申立ては、その告知を受けた日から1週間の不変期間内にしなければならない。

4　前項の異議の申立てについての裁判に対しては、不服を申し立てることができない。

（支払督促の発付等）

第386条　支払督促は、債務者を審尋しないで発する。

2　債務者は、支払督促に対し、これを発した裁判所書記官の所属する簡易裁判所に督促異議の申立てをすることができる。

（電子支払督促の記録事項）

第387条　裁判所書記官は、支払督促を発するときは、最高裁判所規則で定めるところにより、電子支払督促【1】を作成しなければならない。

一　第382条の給付を命ずる旨

二　請求の趣旨及び原因

三　当事者及び法定代理人

2　裁判所書記官は、前項の規定により電子支払督促を作成したときは、最高裁判所規則で定めるところにより、これをファイルに記録しなければならない。

（電子支払督促の送達）

第388条　電子支払督促【2】は、債務者に送達しなければならない。

2　支払督促の効力は、債務者に送達された時に生ずる。

3　債権者が申し出た場所に債務者の住所、居所、営業所若しくは事務所又は就業場所がないため、電子支払督促を送達することができないときは、裁判所書記官は、その旨を債権者に通知しなければならない。この場合において、債権者が通知を受けた日から2月の不変期間内にその申出に係る場所以外の送達をすべき場所の申出をしないときは、支払督促の申立てを取り下げたものとみなす。

（支払督促の更正）

第389条　第74条第1項及び第2項の規定は、支払督促について準用する。

2　仮執行の宣言後に適法な督促異議の申立てがあったときは、前項において準用する第74条第1項の規定による更正の処分に対する異議の申立ては、することができない。

（仮執行の宣言前の督促異議）

第390条　仮執行の宣言前に適法な督促異議の申立てがあったときは、支払督促は、その督促異議の限度で効力を失う。

（仮執行の宣言）

第391条　債務者が電子支払督促の送達を受けた日から2週間以内に督促異議の申立てをしないときは、裁判所書記官は、債権者の申立てにより、電子支払督促に手続の費用額を併せて記録して仮執行の宣言をしなければならない。ただし、その宣言前に

【1】　次に掲げる事項を記録し、かつ、債務者がその送達を受けた日から2週間以内に督促異議の申立てをしないときは債権者の申立てにより仮執行の宣言をする旨を併せて記録した電磁的記録をいう。以下この章において同じ。

【2】　前条第2項の規定によりファイルに記録されたものに限る。以下この章において同じ。

督促異議の申立てがあったときは、この限りでない。

2　仮執行の宣言は、最高裁判所規則で定めるところにより、電子支払督促に記録し、これを当事者に送達しなければならない。ただし、債権者の同意があるときは、当該債権者に対しては、当該記録をした電子支払督促に記録された事項を出力することにより作成した書面を送付することをもって、送達に代えることができる。

3　第385条第2項及び第3項の規定は、第1項の申立てを却下する処分及びこれに対する異議の申立てについて準用する。

4　前項の異議の申立てについての裁判に対しては、即時抗告をすることができる。

5　第260条及び第388条第2項の規定は、第1項の仮執行の宣言について準用する。

（期間の徒過による支払督促の失効）

第392条　債権者が仮執行の宣言の申立てをすることができる時から30日以内にその申立てをしないときは、支払督促は、その効力を失う。

（仮執行の宣言後の督促異議）

第393条　仮執行の宣言を付した電子支払督促の送達を受けた日から2週間の不変期間を経過したときは、債務者は、その支払督促に対し、督促異議の申立てをすることができない。

（督促異議の却下）

第394条　簡易裁判所は、督促異議を不適法であると認めるときは、督促異議に係る請求が地方裁判所の管轄に属する場合においても、決定で、その督促異議を却下しなければならない。

2　前項の決定に対しては、即時抗告をすることができる。

（督促異議の申立てによる訴訟への移行）

第395条　適法な督促異議の申立てがあったときは、督促異議に係る請求については、その目的の価額に従い、支払督促の申立ての時に、支払督促を発した裁判所書記官の所属する簡易裁判所又はその所在地を管轄する地方裁判所に訴えの提起があったものとみなす。この場合においては、督促手続の費用は、訴訟費用の一部とする。

（支払督促の効力）

第396条　仮執行の宣言を付した支払督促に対し督促異議の申立てがないとき、又は督促異議の申立てを却下する決定が確定したときは、支払督促は、確定判決と同一の効力を有する。

第2章　電子情報処理組織による督促手続の特則

（電子情報処理組織による支払督促の申立て）

第397条　この章の規定による督促手続を取り扱う裁判所として最高裁判所規則で定める簡易裁判所【1】の裁判所書記官に対しては、第383条の規定による場合のほか、同条に規定する簡易裁判所が別に最高裁判所規則で定める簡易裁判所である場合にも、最高裁判所規則で定めるところにより、最高裁判所規則で定める電子情報処理組織を使用する方法により支払督促の申立てをすることができる。

第398条　指定簡易裁判所の裁判所書記官に対してされた支払督促の申立てに係る督促手続における支払督促に対し適法な督促異議の申立てがあったときは、督促異議に係る請求については、その目的の価額に従い、

【1】　次条第1項及び第399条において「指定簡易裁判所」という。

当該支払督促の申立ての時に、第383条に規定する簡易裁判所で支払督促を発した裁判所書記官の所属するもの若しくは前条の別に最高裁判所規則で定める簡易裁判所又はその所在地を管轄する地方裁判所に訴えの提起があったものとみなす。

2　前項の場合において、同項に規定する簡易裁判所又は地方裁判所が2以上あるときは、督促異議に係る請求については、これらの裁判所中に第383条第1項に規定する簡易裁判所又はその所在地を管轄する地方裁判所がある場合にはその裁判所に、その裁判所がない場合には同条第2項第1号に定める地を管轄する簡易裁判所又はその所在地を管轄する地方裁判所に訴えの提起があったものとみなす。

3　前項の規定にかかわらず、債権者が、最高裁判所規則で定めるところにより、第1項に規定する簡易裁判所又は地方裁判所のうち、1の簡易裁判所又は地方裁判所を指定したときは、その裁判所に訴えの提起があったものとみなす。

（電子情報処理組織による送達の効力発生の時期）

第399条　第109条の3の規定にかかわらず、送達を受けるべき債権者の同意があるときは、指定簡易裁判所の裁判所書記官に対してされた支払督促の申立てに係る督促手続に関する第109条の2第1項の規定による送達は、同項の通知が当該債権者に対して発せられた時に、その効力を生ずる。

第400条から第402条まで　削除

第9編　執行停止

（執行停止の裁判）

第403条　次に掲げる場合には、裁判所は、申立てにより、決定で、担保を立てさせて、若しくは立てさせないで強制執行の一時の停止を命じ、又はこれとともに、担保を立てて強制執行の開始若しくは続行をすべき旨を命じ、若しくは担保を立てさせて既にした執行処分の取消しを命ずることができる。ただし、強制執行の開始又は続行をすべき旨の命令は、第3号から第6号までに掲げる場合に限り、することができる。

一　第327条第1項【1】の上告又は再審の訴えの提起があった場合において、不服の理由として主張した事情が法律上理由があるとみえ、事実上の点につき疎明があり、かつ、執行により償うことができない損害が生ずるおそれがあることにつき疎明があったとき。

二　仮執行の宣言を付した判決に対する上告の提起又は上告受理の申立てがあった場合において、原判決の破棄の原因となるべき事情及び執行により償うことができない損害を生ずるおそれがあることにつき疎明があったとき。

三　仮執行の宣言を付した判決に対する控訴の提起又は仮執行の宣言を付した支払督促に対する督促異議の申立て【2】があった場合において、原判決若しくは支払督促の取消し若しくは変更の原因となるべき事情がないとはいえないこと又は執行により著しい損害を生ずるおそれがあることにつき疎明があったとき。

四　手形又は小切手による金銭の支払の請求及びこれに附帯する法定

【1】　第380条第2項において準用する場合を含む。次条において同じ。

【2】　次号の控訴の提起及び督促異議の申立てを除く。

利率による損害賠償の請求について、仮執行の宣言を付した判決に対する控訴の提起又は仮執行の宣言を付した支払督促に対する督促異議の申立てがあった場合において、原判決又は支払督促の取消し又は変更の原因となるべき事情につき疎明があったとき。

五　仮執行の宣言を付した手形訴訟若しくは小切手訴訟の判決に対する異議の申立て又は仮執行の宣言を付した少額訴訟の判決に対する異議の申立てがあった場合において、原判決の取消し又は変更の原因となるべき事情につき疎明があったとき。

六　第117条第1項の訴えの提起があった場合において、変更のため主張した事情が法律上理由があるとみえ、かつ、事実上の点につき疎明があったとき。

2　前項に規定する申立てについての裁判に対しては、不服を申し立てることができない。

（原裁判所による裁判）

第404条　第327条第1項の上告の提起、仮執行の宣言を付した判決に対する上告の提起若しくは上告受理の申立て又は仮執行の宣言を付した判決に対する控訴の提起があった場合において、訴訟記録が原裁判所に存するときは、その裁判所が、前条第1項に規定する申立てについての裁判をする。

2　前項の規定は、仮執行の宣言を付した支払督促に対する督促異議の申立てがあった場合について準用する。

（担保の提供）

第405条　この編の規定により担保を立てる場合において、供託をするには、担保を立てるべきことを命じた裁判所又は執行裁判所の所在地を管轄する地方裁判所の管轄区域内の供託所にしなければならない。

2　第76条、第77条、第79条及び第80条の規定は、前項の担保について準用する。

刑　法

法律番号：明治 40 年法律第 45 号
最終改正：令和 5 年法律第 28 号

目次

第1編　総則

第1章　通則

（国内犯）

第1条　この法律は、日本国内において罪を犯したすべての者に適用する。

2　日本国外にある**日本船舶**又は**日本航空機**内において罪を犯した者についても、前項と同様とする。

（すべての者の国外犯）

第2条　この法律は、日本国外において次に掲げる罪を犯したすべての者に適用する。

一　削除

二　第77条から第79条まで（内乱、予備及び陰謀、内乱等幇助）の罪

三　第81条（外患誘致）、第82条（外患援助）、第87条（未遂罪）及び第88条（予備及び陰謀）の罪

四　第148条（通貨偽造及び行使等）の罪及びその未遂罪

五　第154条（詔書偽造等）、第155条（公文書偽造等）、第157条（公正証書原本不実記載等）、第158条（偽造公文書行使等）及び公務所又は公務員によって作られるべき電磁的記録に係る第161条の2（電磁的記録不正作出及び供用）の罪

六　第162条（有価証券偽造等）及び第163条（偽造有価証券行使等）の罪

七　第163条の2から第163条の5まで（支払用カード電磁的記録不正作出等、不正電磁的記録カード所持、支払用カード電磁的記録不正作出準備、未遂罪）の罪

八　第164条から第166条まで（御璽偽造及び不正使用等、公印偽造及び不正使用等、公記号偽造及び不正使用等）の罪並びに第164条第2項、第165条第2項及び第166条第2項の罪の未遂罪

（国民の国外犯）

第3条　この法律は、日本国外において次に掲げる罪を犯した日本国民に適用する。

一　第108条（現住建造物等放火）及び第109条第1項（非現住建造物等放火）の罪、これらの規定の例により処断すべき罪並びにこれらの罪の未遂罪

二　第119条（現住建造物等浸害）の罪

三　第159条から第161条まで（私文書偽造等、虚偽診断書等作成、偽造私文書等行使）及び前条第5号に規定する電磁的記録以外の電磁的記

録に係る第161条の2の罪
四　第167条(私印偽造及び不正使用等)の罪及び同条第2項の罪の未遂罪
五　第176条、第177条及び第179条から第181条まで(不同意わいせつ、不同意性交等、監護者わいせつ及び監護者性交等、未遂罪、不同意わいせつ等致死傷)並びに第184条(重婚)の罪
六　第198条(贈賄)の罪
七　第199条(殺人)の罪及びその未遂罪
八　第204条(傷害)及び第205条(傷害致死)の罪
九　第214条から第216条まで(業務上堕胎及び同致死傷、不同意堕胎、不同意堕胎致死傷)の罪
十　第218条(保護責任者遺棄等)の罪及び同条の罪に係る第219条(遺棄等致死傷)の罪
十一　第220条(逮捕及び監禁)及び第221条(逮捕等致死傷)の罪
十二　第224条から第228条まで(未成年者略取及び誘拐、営利目的等略取及び誘拐、身の代金目的略取等、所在国外移送目的略取及び誘拐、人身売買、被略取者等所在国外移送、被略取者引渡し等、未遂罪)の罪
十三　第230条(名誉毀損)の罪
十四　第235条から第236条まで(窃盗、不動産侵奪、強盗)、第238条から第240条まで(事後強盗、昏酔強盗、強盗致死傷)、第241条第1項及び第3項(強盗・不同意性交等及び同致死)並びに第243条(未遂罪)の罪
十五　第246条から第250条まで(詐欺、電子計算機使用詐欺、背任、準詐欺、恐喝、未遂罪)の罪
十六　第253条(業務上横領)の罪
十七　第256条第2項(盗品譲受け等)の罪

(国民以外の者の国外犯)

第3条の2　この法律は、日本国外において日本国民に対して次に掲げる罪を犯した日本国民以外の者に適用する。
一　第176条、第177条及び第179条から第181条まで(不同意わいせつ、不同意性交等、監護者わいせつ及び監護者性交等、未遂罪、不同意わいせつ等致死傷)の罪
二　第199条(殺人)の罪及びその未遂罪
三　第204条(傷害)及び第205条(傷害致死)の罪
四　第220条(逮捕及び監禁)及び第221条(逮捕等致死傷)の罪
五　第224条から第228条まで(未成年者略取及び誘拐、営利目的等略取及び誘拐、身の代金目的略取等、所在国外移送目的略取及び誘拐、人身売買、被略取者等所在国外移送、被略取者引渡し等、未遂罪)の罪
六　第236条(強盗)、第238条から第240条まで(事後強盗、昏酔強盗、強盗致死傷)並びに第241条第1項及び第3項(強盗・不同意性交等及び同致死)の罪並びにこれらの罪(同条第1項の罪を除く。)の未遂罪

(公務員の国外犯)

第4条　この法律は、日本国外において次に掲げる罪を犯した日本国の公務員に適用する。
一　第101条(看守者等による逃走援助)の罪及びその未遂罪
二　第156条(虚偽公文書作成等)の罪
三　第193条(公務員職権濫用)、第195条第2項(特別公務員暴行陵虐)及び第197条から第197条の4まで(収賄、受託収賄及び事前収賄、第三者供賄、加重収賄及び事後収賄、あっせん収賄)の罪並びに第195条第

2項の罪に係る第196条（特別公務員職権濫用等致死傷）の罪

（条約による国外犯）

第4条の2 第2条から前条までに規定するもののほか、この法律は、日本国外において、第2編の罪であって条約により日本国外において犯したときであっても罰すべきものとされているものを犯したすべての者に適用する。

（外国判決の効力）

第5条 **外国**において確定裁判を受けた者であっても、同一の行為について更に処罰することを妨げない。ただし、犯人が既に外国において言い渡された刑の全部又は一部の執行を受けたときは、刑の執行を減軽し、又は免除する。

（刑の変更）

第6条 犯罪後の法律によって**刑の変更**があったときは、その軽いものによる。

（定義）

第7条 この法律において「公務員」とは、国又は地方公共団体の職員その他法令により公務に従事する議員、委員その他の職員をいう。

2 この法律において「**公務所**」とは、官公庁その他公務員が職務を行う所をいう。

第7条の2 この法律において「電磁的記録」とは、電子的方式、磁気的方式その他人の知覚によっては認識することができない方式で作られる記録であって、電子計算機による情報処理の用に供されるものをいう。

（他の法令の罪に対する適用）

第8条 この編の規定は、他の法令の罪についても、適用する。ただし、その法令に特別の規定があるときは、この限りでない。

第2章　刑

（刑の種類）

第9条 死刑、拘禁刑、罰金、拘留及び科料を**主刑**とし、没収を**付加刑**とする。

（刑の軽重）

第10条 主刑の軽重は、前条に規定する順序による。

2 同種の刑は、長期の長いもの又は多額の多いものを重い刑とし、長期又は多額が同じであるときは、短期の長いもの又は寡額の多いものを重い刑とする。

3 2個以上の死刑又は長期若しくは多額及び短期若しくは寡額が同じである同種の刑は、犯情によってその軽重を定める。

（死刑）

第11条 死刑は、刑事施設内において、**絞首**して執行する。

2 死刑の言渡しを受けた者は、その執行に至るまで刑事施設に拘置する。

（拘禁刑）

第12条 拘禁刑は、無期及び有期とし、有期拘禁刑は、1月以上20年以下とする。

2 拘禁刑は、刑事施設に拘置する。

3 拘禁刑に処せられた者には、**改善更生**を図るため、必要な作業を行わせ、又は必要な指導を行うことができる。

第13条 削除

（有期拘禁刑の加減の限度）

第14条 死刑又は無期拘禁刑を減軽して有期拘禁刑とする場合においては、その長期を30年とする。

2 有期拘禁刑を加重する場合においては30年にまで上げることができ、これを減軽する場合においては1月未満に下げることができる。

（罰金）

第15条　罰金は、1万円以上とする。ただし、これを減軽する場合においては、1万円未満に下げることができる。

（拘留）

第16条　拘留は、1日以上30日未満とし、刑事施設に拘置する。

2　拘留に処せられた者には、**改善更生**を図るため、必要な作業を行わせ、又は必要な指導を行うことができる。

（科料）

第17条　科料は、1000円以上1万円未満とする。

（労役場留置）

第18条　罰金を完納することができない者は、1日以上2年以下の期間、**労役場に留置**する。

2　科料を完納することができない者は、1日以上30日以下の期間、労役場に留置する。

3　罰金を併科した場合又は罰金と科料とを併科した場合における留置の期間は、3年を超えることができない。科料を併科した場合における留置の期間は、60日を超えることができない。

4　罰金又は科料の言渡しをするときは、その言渡しとともに、罰金又は科料を完納することができない場合における留置の期間を定めて言い渡さなければならない。

5　罰金については裁判が確定した後30日以内、科料については裁判が確定した後10日以内は、本人の承諾がなければ留置の執行をすることができない。

6　罰金又は科料の一部を納付した者についての留置の日数は、その残額を留置1日の割合に相当する金額で除して得た日数【1】とする。

（没収）

第19条　次に掲げる物は、没収することができる。

一　犯罪行為を組成した物

二　犯罪行為の用に供し、又は供しようとした物

三　犯罪行為によって生じ、若しくはこれによって得た物又は犯罪行為の報酬として得た物

四　前号に掲げる物の対価として得た物

2　没収は、犯人以外の者に属しない物に限り、これをすることができる。ただし、犯人以外の者に属する物であっても、犯罪の後にその者が情を知って取得したものであるときは、これを没収することができる。

（追徴）

第19条の2　前条第1項第3号又は第4号に掲げる物の全部又は一部を没収することができないときは、その価額を追徴することができる。

（没収の制限）

第20条　拘留又は科料のみに当たる罪については、特別の規定がなければ、没収を科することができない。ただし、第19条第1項第1号に掲げる物の没収については、この限りでない。

（未決勾留日数の本刑算入）

第21条　未決勾留の日数は、その全部又は一部を本刑に算入することができる。

第3章　期間計算

（期間の計算）

第22条　月又は年によって期間を定めたときは、暦に従って計算する。

（刑期の計算）

第23条　刑期は、裁判が確定した日から起算する。

【1】　その日数に1日未満の端数を生じるときは、これを1日とする。

2　拘禁されていない日数は、裁判が確定した後であっても、刑期に算入しない。

（受刑等の初日及び釈放）

第24条　受刑の初日は、時間にかかわらず、1日として計算する。時効期間の初日についても、同様とする。

2　刑期が終了した場合における釈放は、その終了の日の翌日に行う。

第4章　刑の執行猶予

（刑の全部の執行猶予）

第25条　次に掲げる者が**3年以下の拘禁刑**又は**50万円以下の罰金**の言渡しを受けたときは、情状により、裁判が確定した日から**1年以上5年以下**の期間、その刑の全部の執行を猶予することができる。

一　前に拘禁刑以上の刑に処せられたことがない者

二　前に拘禁刑以上の刑に処せられたことがあっても、その執行を終わった日又はその執行の免除を得た日から5年以内に拘禁刑以上の刑に処せられたことがない者

2　前に拘禁刑に処せられたことがあってもその刑の全部の執行を猶予された者が2年以下の拘禁刑の言渡しを受け、情状に特に酌量すべきものがあるときも、前項と同様とする。ただし、この項本文の規定により刑の全部の執行を猶予されて、次条第1項の規定により保護観察に付せられ、その期間内に更に罪を犯した者については、この限りでない。

（刑の全部の執行猶予中の保護観察）

第25条の2　前条第1項の場合においては猶予の期間中保護観察に付することができ、同条第2項の場合においては猶予の期間中保護観察に付する。

2　前項の規定により付せられた保護観察は、行政官庁の処分によって仮に解除することができる。

3　前項の規定により保護観察を仮に解除されたときは、前条第2項ただし書及び第26条の2第2号の規定の適用については、その処分を取り消されるまでの間は、保護観察に付せられなかったものとみなす。

（刑の全部の執行猶予の必要的取消し）

第26条　次に掲げる場合においては、刑の全部の執行猶予の言渡しを取り消さなければならない。ただし、第3号の場合において、猶予の言渡しを受けた者が第25条第1項第2号に掲げる者であるとき、又は次条第3号に該当するときは、この限りでない。

一　猶予の期間内に更に罪を犯して拘禁刑以上の刑に処せられ、その刑の全部について執行猶予の言渡しがないとき。

二　猶予の言渡し前に犯した他の罪について拘禁刑以上の刑に処せられ、その刑の全部について執行猶予の言渡しがないとき。

三　猶予の言渡し前に他の罪について拘禁刑以上の刑に処せられたことが発覚したとき。

（刑の全部の執行猶予の裁量的取消し）

第26条の2　次に掲げる場合においては、刑の全部の執行猶予の言渡しを取り消すことができる。

一　猶予の期間内に更に罪を犯し、罰金に処せられたとき。

二　第25条の2第1項の規定により保護観察に付せられた者が遵守すべき事項を遵守せず、その情状が重いとき。

三　猶予の言渡し前に他の罪について拘禁刑に処せられ、その刑の全部の執行を猶予されたことが発覚したとき。

（刑の全部の執行猶予の取消しの場合における他の刑の執行猶予の取消し）

第26条の3 前2条の規定により拘禁刑の全部の執行猶予の言渡しを取り消したときは、執行猶予中の他の拘禁刑【1】についても、その猶予の言渡しを取り消さなければならない。

（刑の全部の執行猶予の猶予期間経過の効果）

第27条 刑の全部の執行猶予の言渡しを取り消されることなくその猶予の期間を経過したときは、刑の言渡しは、**効力**を失う。

2 前項の規定にかかわらず、刑の全部の執行猶予の期間内に更に犯した罪【2】について公訴の提起がされているときは、同項の刑の言渡しは、当該期間が経過した日から第4項又は第5項の規定によりこの項後段の規定による刑の全部の執行猶予の言渡しが取り消されることがなくなるまでの間【3】、引き続きその効力を有するものとする。この場合においては、当該刑については、当該効力継続期間はその全部の執行猶予の言渡しがされているものとみなす。

3 前項前段の規定にかかわらず、効力継続期間における次に掲げる規定の適用については、同項の刑の言渡しは、効力を失っているものとみなす。

一 第25条、第26条、第26条の2、次条第1項及び第3項、第27条の4【4】並びに第34条の2の規定

二 人の資格に関する法令の規定

4 第2項前段の場合において、当該罪について拘禁刑以上の刑に処せられ、その刑の全部について執行猶予の言渡しがないときは、同項後段の規定による刑の全部の執行猶予の言渡しを取り消さなければならない。ただし、当該罪が同項前段の猶予の期間の経過後に犯した罪と併合罪として処断された場合において、犯情その他の情状を考慮して相当でないと認めるときは、この限りでない。

5 第2項前段の場合において、当該罪について罰金に処せられたときは、同項後段の規定による刑の全部の執行猶予の言渡しを取り消すことができる。

6 前2項の規定により刑の全部の執行猶予の言渡しを取り消したときは、執行猶予中の他の拘禁刑についても、その猶予の言渡しを取り消さなければならない。

（刑の一部の執行猶予）

第27条の2 次に掲げる者が**3年以下の拘禁刑**の言渡しを受けた場合において、犯情の軽重及び犯人の境遇その他の情状を考慮して、再び犯罪をすることを防ぐために必要であり、かつ、相当であると認められるときは、**1年以上5年以下**の期間、その刑の一部の執行を猶予することができる。

一 前に拘禁刑以上の刑に処せられたことがない者

二 前に拘禁刑に処せられたことがあっても、その刑の全部の執行を猶予された者

三 前に拘禁刑以上の刑に処せられたことがあっても、その執行を終わった日又はその執行の免除を得た日から5年以内に拘禁刑以上の刑に処せられたことがない者

【1】 次条第2項後段又は第27条の7第2項後段の規定によりその執行を猶予されているものを除く。次条第6項、第27条の6及び第27条の7第6項において同じ。

【2】 罰金以上の刑に当たるものに限る。

【3】 以下この項及び次項において「**効力継続期間**」という。

【4】 第3号に係る部分に限る。

2　前項の規定によりその一部の執行を猶予された刑については、そのうち執行が猶予されなかった部分の期間を執行し、当該部分の期間の執行を終わった日又はその執行を受けることがなくなった日から、その猶予の期間を起算する。

3　前項の規定にかかわらず、その刑のうち執行が猶予されなかった部分の期間の執行を終わり、又はその執行を受けることがなくなった時において他に執行すべき拘禁刑があるときは、第1項の規定による猶予の期間は、その執行すべき拘禁刑の執行を終わった日又はその執行を受けることがなくなった日から起算する。

（刑の一部の執行猶予中の保護観察）

第27条の3　前条第1項の場合においては、猶予の期間中保護観察に付することができる。

2　前項の規定により付せられた保護観察は、行政官庁の処分によって仮に解除することができる。

3　前項の規定により保護観察を仮に解除されたときは、第27条の5第2号の規定の適用については、その処分を取り消されるまでの間は、保護観察に付せられなかったものとみなす。

（刑の一部の執行猶予の必要的取消し）

第27条の4　次に掲げる場合においては、刑の一部の執行猶予の言渡しを取り消さなければならない。ただし、第3号の場合において、猶予の言渡しを受けた者が第27条の2第1項第3号に掲げる者であるときは、この限りでない。

一　猶予の言渡し後に更に罪を犯し、拘禁刑以上の刑に処せられたとき。

二　猶予の言渡し前に犯した他の罪について拘禁刑以上の刑に処せられたとき。

三　猶予の言渡し前に他の罪について拘禁刑以上の刑に処せられ、その刑の全部について執行猶予の言渡しがないことが発覚したとき。

（刑の一部の執行猶予の裁量的取消し）

第27条の5　次に掲げる場合においては、刑の一部の執行猶予の言渡しを取り消すことができる。

一　猶予の言渡し後に更に罪を犯し、罰金に処せられたとき。

二　第27条の3第1項の規定により保護観察に付せられた者が遵守すべき事項を遵守しなかったとき。

（刑の一部の執行猶予の取消しの場合における他の刑の執行猶予の取消し）

第27条の6　前2条の規定により刑の一部の執行猶予の言渡しを取り消したときは、執行猶予中の他の拘禁刑についても、その猶予の言渡しを取り消さなければならない。

（刑の一部の執行猶予の猶予期間経過の効果）

第27条の7　刑の一部の執行猶予の言渡しを取り消されることなくその猶予の期間を経過したときは、その拘禁刑を執行が猶予されなかった部分の期間を刑期とする拘禁刑に減軽する。この場合においては、当該部分の期間の執行を終わった日又はその執行を受けることがなくなった日において、刑の執行を受け終わったものとする。

2　前項の規定にかかわらず、刑の一部の執行猶予の言渡し後その猶予の期間を経過するまでに更に犯した罪【1】について公訴の提起がされているときは、当該期間が経過した日から第4項又は第5項の規定によりこの項後段の規定による刑の一部の執行猶予の言渡しが取り消されることがなくなるまでの間【2】、前項前

【1】　罰金以上の刑に当たるものに限る。
【2】　以下この項及び次項において「効力

刑法

段の規定による減軽は、されないものとする。この場合においては、同項の刑については、当該効力継続期間は当該猶予された部分の刑の執行猶予の言渡しがされているものとみなす。

3　前項前段の規定にかかわらず、効力継続期間における次に掲げる規定の適用については、同項の刑は、第1項前段の規定による減軽がされ、同項後段に規定する日にその執行を受け終わったものとみなす。

一　第25条第1項【1】、第27条の2第1項【2】及び第3項、第27条の4、第27条の5、第34条の2並びに第56条第1項の規定

二　人の資格に関する法令の規定

4　第2項前段の場合において、当該罪について拘禁刑以上の刑に処せられたときは、同項後段の規定による刑の一部の執行猶予の言渡しを取り消さなければならない。ただし、当該罪が同項前段の猶予の期間の経過後に犯した罪と併合罪として処断された場合において、犯情その他の情状を考慮して相当でないと認めるときは、この限りでない。

5　第2項前段の場合において、当該罪について罰金に処せられたときは、同項後段の規定による刑の一部の執行猶予の言渡しを取り消すことができる。

6　前2項の規定により刑の一部の執行猶予の言渡しを取り消したときは、執行猶予中の他の拘禁刑についても、その猶予の言渡しを取り消さなければならない。

継続期間」という。

【1】　第2号に係る部分に限る。

【2】　第3号に係る部分に限る。

第5章　仮釈放

（仮釈放）

第28条　拘禁刑に処せられた者に改悛（しゅん）の状があるときは、有期刑についてはその刑期の3分の1を、無期刑については10年を経過した後、行政官庁の処分によって仮に釈放することができる。

（仮釈放の取消し等）

第29条　次に掲げる場合においては、仮釈放の処分を取り消すことができる。

一　仮釈放中に更に罪を犯し、罰金以上の刑に処せられたとき。

二　仮釈放前に犯した他の罪について罰金以上の刑に処せられたとき。

三　仮釈放前に他の罪について罰金以上の刑に処せられた者に対し、その刑の執行をすべきとき。

四　仮釈放中に遵守すべき事項を遵守しなかったとき。

2　刑の一部の執行猶予の言渡しを受け、その刑について仮釈放の処分を受けた場合において、当該仮釈放中に当該執行猶予の言渡しを取り消されたときは、その処分は、効力を失う。

3　仮釈放の処分を取り消したとき、又は前項の規定により仮釈放の処分が効力を失ったときは、釈放中の日数は、刑期に算入しない。

（仮出場）

第30条　拘留に処せられた者は、情状により、いつでも、行政官庁の処分によって仮に出場を許すことができる。

2　罰金又は科料を完納することができないため留置された者も、前項と同様とする。

刑法

第6章　刑の時効及び刑の消滅

（刑の時効）

第31条　刑[1]の言渡しを受けた者は、時効によりその執行の免除を得る。

（時効の期間）

第32条　時効は、刑の言渡しが確定した後、次の期間その執行を受けないことによって完成する。

一　無期拘禁刑については30年

二　10年以上の有期拘禁刑については20年

三　3年以上10年未満の拘禁刑については10年

四　3年未満の拘禁刑については5年

五　罰金については3年

六　拘留、科料及び没収については1年

（時効の停止）

第33条　時効は、法令により執行を猶予し、又は停止した期間内は、進行しない。

2　拘禁刑、罰金、拘留及び科料の時効は、刑の言渡しを受けた者が国外にいる場合には、その国外にいる期間は、進行しない。

（時効の中断）

第34条　拘禁刑及び拘留の時効は、刑の言渡しを受けた者をその執行のために拘束することによって中断する。

2　罰金、科料及び没収の時効は、執行行為をすることによって中断する。

（刑の消滅）

第34条の2　拘禁刑以上の刑の執行を終わり又はその執行の免除を得た者が罰金以上の刑に処せられないで10年を経過したときは、刑の言渡しは、効力を失う。罰金以下の刑の執行を終わり又はその執行の免除を得た者が罰金以上の刑に処せられないで5年を経過したときも、同様とする。

2　刑の免除の言渡しを受けた者が、その言渡しが確定した後、罰金以上の刑に処せられないで2年を経過したときは、刑の免除の言渡しは、効力を失う。

第7章　犯罪の不成立及び刑の減免

（正当行為）

第35条　法令又は正当な業務による行為は、罰しない。

（正当防衛）

第36条　急迫不正の侵害に対して、自己又は他人の権利を防衛するため、やむを得ずにした行為は、罰しない。

2　防衛の程度を超えた行為は、情状により、その刑を減軽し、又は免除することができる。

（緊急避難）

第37条　自己又は他人の生命、身体、自由又は財産に対する現在の危難を避けるため、やむを得ずにした行為は、これによって生じた害が避けようとした害の程度を超えなかった場合に限り、罰しない。ただし、その程度を超えた行為は、情状により、その刑を減軽し、又は免除することができる。

2　前項の規定は、業務上特別の義務がある者には、適用しない。

（故意）

第38条　罪を犯す意思がない行為は、罰しない。ただし、法律に特別の規定がある場合は、この限りでない。

2　重い罪に当たるべき行為をしたのに、行為の時にその重い罪に当たることとなる事実を知らなかった者は、その重い罪によって処断することはできない。

【1】　死刑を除く。

3　法律を知らなかったとしても、そのことによって、罪を犯す意思がなかったとすることはできない。ただし、情状により、その刑を減軽することができる。

（心神喪失及び心神耗弱）

第39条　**心神喪失者**の行為は、罰しない。

2　心神耗弱者の行為は、その刑を減軽する。

第40条　削除

（責任年齢）

第41条　**14歳**に満たない者の行為は、罰しない。

（自首等）

第42条　罪を犯した者が捜査機関に発覚する前に自首したときは、その刑を減軽することができる。

2　告訴がなければ公訴を提起することができない罪について、告訴をすることができる者に対して自己の犯罪事実を告げ、その措置にゆだねたときも、前項と同様とする。

第8章　未遂罪

（未遂減免）

第43条　犯罪の**実行に着手**してこれを**遂げなかった**者は、その刑を減軽することができる。ただし、**自己の意思により**犯罪を中止したときは、その刑を減軽し、又は免除する。

（未遂罪）

第44条　未遂を罰する場合は、各本条で定める。

第9章　併合罪

（併合罪）

第45条　確定裁判を経ていない2個以上の罪を**併合罪**とする。ある罪について拘禁刑以上の刑に処する確定裁判があったときは、その罪とその裁判が確定する前に犯した罪とに限り、併合罪とする。

（併科の制限）

第46条　併合罪のうちの1個の罪について死刑に処するときは、他の刑を科さない。ただし、没収は、この限りでない。

2　併合罪のうちの1個の罪について無期拘禁刑に処するときも、他の刑を科さない。ただし、罰金、科料及び没収は、この限りでない。

（有期拘禁刑の加重）

第47条　併合罪のうちの2個以上の罪について有期拘禁刑に処するときは、その最も重い罪について定めた刑の長期にその**2分の1**を加えたものを長期とする。ただし、それぞれの罪について定めた刑の長期の合計を超えることはできない。

（罰金の併科等）

第48条　罰金と他の刑とは、併科する。ただし、第46条第1項の場合は、この限りでない。

2　併合罪のうちの2個以上の罪について罰金に処するときは、それぞれの罪について定めた罰金の多額の合計以下で処断する。

（没収の付加）

第49条　併合罪のうちの重い罪について没収を科さない場合であっても、他の罪について没収の事由があるときは、これを付加することができる。

2　2個以上の没収は、併科する。

（余罪の処理）

第50条　併合罪のうちに既に確定裁判を経た罪とまだ確定裁判を経ていない罪とがあるときは、確定裁判を経ていない罪について更に処断する。

（併合罪に係る2個以上の刑の執行）

第51条　併合罪について2個以上の裁判があったときは、その刑を併せて執行する。ただし、死刑を執行すべきときは、没収を除き、他の刑を執行せず、無期拘禁刑を執行すべきときは、罰金、科料及び没収を除き、他の刑を執行しない。

2　前項の場合における有期拘禁刑の執行は、その最も重い罪について定めた刑の長期にその2分の1を加えたものを超えることができない。

(一部に大赦があった場合の措置)

第52条　併合罪について処断された者がその一部の罪につき大赦を受けたときは、他の罪について改めて刑を定める。

(拘留及び科料の併科)

第53条　拘留又は科料と他の刑とは、併科する。ただし、第46条の場合は、この限りでない。

2　2個以上の拘留又は科料は、併科する。

(1個の行為が2個以上の罪名に触れる場合等の処理)

第54条　**1個**の行為が**2個以上**の罪名に触れ、又は犯罪の**手段**若しくは**結果**である行為が**他の罪名**に触れるときは、その最も重い刑により処断する。

2　第49条第2項の規定は、前項の場合にも、適用する。

第55条　削除

第10章　累犯

(再犯)

第56条　拘禁刑に処せられた者がその執行を終わった日又はその執行の免除を得た日から5年以内に更に罪を犯した場合において、その者を有期拘禁刑に処するときは、**再犯**とする。

2　死刑に処せられた者がその執行の免除を得た日又は減刑により拘禁刑に減軽されてその執行を終わった日若しくはその執行の免除を得た日から5年以内に更に罪を犯した場合において、その者を有期拘禁刑に処するときも、前項と同様とする。

(再犯加重)

第57条　再犯の刑は、その罪について定めた拘禁刑の長期の**2倍以下**とする。

第58条　削除

(3犯以上の累犯)

第59条　3犯以上の者についても、再犯の例による。

第11章　共犯

(共同正犯)

第60条　2人以上**共同**して犯罪を実行した者は、すべて正犯とする。

(教唆)

第61条　人を**教唆**して犯罪を実行させた者には、正犯の刑を科する。

2　教唆者を教唆した者についても、前項と同様とする。

(幇(ほう)助)

第62条　正犯を**幇(ほう)助**した者は、従犯とする。

2　従犯を教唆した者には、従犯の刑を科する。

(従犯減軽)

第63条　従犯の刑は、正犯の刑を減軽する。

(教唆及び幇(ほう)助の処罰の制限)

第64条　拘留又は科料のみに処すべき罪の教唆者及び従犯は、特別の規定がなければ、罰しない。

(身分犯の共犯)

第65条　犯人の身分によって構成すべき犯罪行為に加功したときは、身分のない者であっても、共犯とする。

2　身分によって特に刑の軽重があるときは、身分のない者には通常の刑を科する。

第12章　酌量減軽

（酌量減軽）

第66条　犯罪の情状に酌量すべきものがあるときは、その刑を減軽することができる。

（法律上の加減と酌量減軽）

第67条　法律上刑を加重し、又は減軽する場合であっても、酌量減軽をすることができる。

第13章　加重減軽の方法

（法律上の減軽の方法）

第68条　法律上刑を減軽すべき1個又は2個以上の事由があるときは、次の例による。

一　死刑を減軽するときは、無期又は10年以上の拘禁刑とする。

二　無期拘禁刑を減軽するときは、7年以上の有期拘禁刑とする。

三　有期拘禁刑を減軽するときは、その長期及び短期の2分の1を減ずる。

四　罰金を減軽するときは、その多額及び寡額の2分の1を減ずる。

五　拘留を減軽するときは、その長期の2分の1を減ずる。

六　科料を減軽するときは、その多額の2分の1を減ずる。

（法律上の減軽と刑の選択）

第69条　法律上刑を減軽すべき場合において、各本条に2個以上の刑名があるときは、まず適用する刑を定めて、その刑を減軽する。

（端数の切捨て）

第70条　拘禁刑又は拘留を減軽することにより1日に満たない端数が生じたときは、これを切り捨てる。

（酌量減軽の方法）

第71条　酌量減軽をするときも、第68条及び前条の例による。

（加重減軽の順序）

第72条　同時に刑を加重し、又は減軽するときは、次の順序による。

一　再犯加重

二　法律上の減軽

三　併合罪の加重

四　酌量減軽

第2編　罪

第1章　削除

第73条から第76条まで　削除

第2章　内乱に関する罪

（内乱）

第77条　国の統治機構を破壊し、又はその領土において国権を排除して権力を行使し、その他憲法の定める統治の基本秩序を壊乱することを目的として暴動をした者は、内乱の罪とし、次の区別に従って処断する。

一　首謀者は、死刑又は無期拘禁刑に処する。

二　謀議に参与し、又は群衆を指揮した者は無期又は3年以上の拘禁刑に処し、その他諸般の職務に従事した者は1年以上10年以下の拘禁刑に処する。

三　付和随行し、その他単に暴動に参加した者は、3年以下の拘禁刑に処する。

2　前項の罪の未遂は、罰する。ただし、同項第3号に規定する者については、この限りでない。

（予備及び陰謀）

第78条　内乱の予備又は陰謀をした者は、1年以上10年以下の拘禁刑に処する。

（内乱等幇助）

第79条　兵器、資金若しくは食糧を供給し、又はその他の行為により、前2条の罪を幇助した者は、7年以

刑法

下の拘禁刑に処する。

(自首による刑の免除)

第80条　前2条の罪を犯した者であっても、暴動に至る前に自首したときは、その刑を免除する。

第3章　外患に関する罪

(外患誘致)

第81条　外国と通謀して日本国に対し武力を行使させた者は、死刑に処する。

(外患援助)

第82条　日本国に対して外国から武力の行使があったときに、これに加担して、その軍務に服し、その他これに軍事上の利益を与えた者は、死刑又は無期若しくは2年以上の拘禁刑に処する。

第83条から第86条まで　削除

(未遂罪)

第87条　第81条及び第82条の罪の未遂は、罰する。

(予備及び陰謀)

第88条　第81条又は第82条の罪の予備又は陰謀をした者は、1年以上10年以下の拘禁刑に処する。

第89条　削除

第4章　国交に関する罪

第90条及び第91条　削除

(外国国章損壊等)

第92条　外国に対して侮辱を加える目的で、その国の国旗その他の国章を損壊し、除去し、又は汚損した者は、2年以下の拘禁刑又は20万円以下の罰金に処する。

2　前項の罪は、外国政府の請求がなければ公訴を提起することができない。

(私戦予備及び陰謀)

第93条　外国に対して私的に戦闘行為をする目的で、その予備又は陰謀をした者は、3月以上5年以下の拘禁刑に処する。ただし、自首した者は、その刑を免除する。

(中立命令違反)

第94条　外国が交戦している際に、局外中立に関する命令に違反した者は、3年以下の拘禁刑又は50万円以下の罰金に処する。

第5章　公務の執行を妨害する罪

(公務執行妨害及び職務強要)

第95条　公務員が職務を執行するに当たり、これに対して暴行又は脅迫を加えた者は、3年以下の拘禁刑又は50万円以下の罰金に処する。

2　公務員に、ある処分をさせ、若しくはさせないため、又はその職を辞させるために、暴行又は脅迫を加えた者も、前項と同様とする。

(封印等破棄)

第96条　公務員が施した封印若しくは差押えの表示を損壊し、又はその他の方法によりその封印若しくは差押えの表示に係る命令若しくは処分を無効にした者は、3年以下の拘禁刑若しくは250万円以下の罰金に処し、又はこれを併科する。

(強制執行妨害目的財産損壊等)

第96条の2　強制執行を妨害する目的で、次の各号のいずれかに該当する行為をした者は、3年以下の拘禁刑若しくは250万円以下の罰金に処し、又はこれを併科する。情を知って、第3号に規定する譲渡又は権利の設定の相手方となった者も、同様とする。

一　強制執行を受け、若しくは受けるべき財産を隠匿し、損壊し、若しくはその譲渡を仮装し、又は債務の負担を仮装する行為

二　強制執行を受け、又は受けるべ

き財産について、その現状を改変して、価格を減損し、又は強制執行の費用を増大させる行為

三　金銭執行を受けるべき財産について、無償その他の不利益な条件で、譲渡をし、又は権利の設定をする行為

（強制執行行為妨害等）

第96条の3　偽計又は威力を用いて、立入り、占有者の確認その他の強制執行の行為を妨害した者は、3年以下の拘禁刑若しくは250万円以下の罰金に処し、又はこれを併科する。

2　強制執行の申立てをさせず又はその申立てを取り下げさせる目的で、申立権者又はその代理人に対して暴行又は脅迫を加えた者も、前項と同様とする。

（強制執行関係売却妨害）

第96条の4　偽計又は威力を用いて、強制執行において行われ、又は行われるべき売却の公正を害すべき行為をした者は、3年以下の拘禁刑若しくは250万円以下の罰金に処し、又はこれを併科する。

（加重封印等破棄等）

第96条の5　報酬を得、又は得させる目的で、人の債務に関して、第96条から前条までの罪を犯した者は、5年以下の拘禁刑若しくは500万円以下の罰金に処し、又はこれを併科する。

（公契約関係競売等妨害）

第96条の6　偽計又は威力を用いて、公の競売又は入札で契約を締結するためのものの公正を害すべき行為をした者は、3年以下の拘禁刑若しくは250万円以下の罰金に処し、又はこれを併科する。

2　公正な価格を害し又は不正な利益を得る目的で、談合した者も、前項と同様とする。

第6章　逃走の罪

（逃走）

第97条　法令により拘禁された者が逃走したときは、3年以下の拘禁刑に処する。

（加重逃走）

第98条　前条に規定する者が拘禁場若しくは拘束のための器具を損壊し、暴行若しくは脅迫をし、又は2人以上通謀して、逃走したときは、3月以上5年以下の拘禁刑に処する。

（被拘禁者奪取）

第99条　法令により拘禁された者を奪取した者は、3月以上5年以下の拘禁刑に処する。

（逃走援助）

第100条　法令により拘禁された者を逃走させる目的で、器具を提供し、その他逃走を容易にすべき行為をした者は、3年以下の拘禁刑に処する。

2　前項の目的で、暴行又は脅迫をした者は、3月以上5年以下の拘禁刑に処する。

（看守者等による逃走援助）

第101条　法令により拘禁された者を看守し又は護送する者がその拘禁された者を逃走させたときは、1年以上10年以下の拘禁刑に処する。

（未遂罪）

第102条　この章の罪の未遂は、罰する。

第7章　犯人蔵匿及び証拠隠滅の罪

（犯人蔵匿等）

第103条　罰金以上の刑に当たる罪を犯した者又は拘禁中に逃走した者を蔵匿し、又は隠避させた者は、3年以下の拘禁刑又は30万円以下の罰金に処する。

（証拠隠滅等）
第104条　他人の刑事事件に関する証拠を隠滅し、偽造し、若しくは変造し、又は偽造若しくは変造の証拠を使用した者は、3年以下の拘禁刑又は30万円以下の罰金に処する。

（親族による犯罪に関する特例）
第105条　前2条の罪については、犯人又は逃走した者の親族がこれらの者の利益のために犯したときは、その刑を免除することができる。

（証人等威迫）
第105条の2　自己若しくは他人の刑事事件の捜査若しくは審判に必要な知識を有すると認められる者又はその親族に対し、当該事件に関して、正当な理由がないのに面会を強請し、又は強談威迫の行為をした者は、2年以下の拘禁刑又は30万円以下の罰金に処する。

第8章　騒乱の罪

（騒乱）
第106条　多衆で集合して暴行又は脅迫をした者は、騒乱の罪とし、次の区別に従って処断する。
一　首謀者は、1年以上10年以下の拘禁刑に処する。
二　他人を指揮し、又は他人に率先して勢いを助けた者は、6月以上7年以下の拘禁刑に処する。
三　付和随行した者は、10万円以下の罰金に処する。

（多衆不解散）
第107条　暴行又は脅迫をするため多衆が集合した場合において、権限のある公務員から解散の命令を3回以上受けたにもかかわらず、なお解散しなかったときは、首謀者は3年以下の拘禁刑に処し、その他の者は10万円以下の罰金に処する。

第9章　放火及び失火の罪

（現住建造物等放火）
第108条　放火して、現に人が住居に使用し又は現に人がいる建造物、汽車、電車、艦船又は鉱坑を焼損した者は、死刑又は無期若しくは5年以上の拘禁刑に処する。

（非現住建造物等放火）
第109条　放火して、現に人が住居に使用せず、かつ、現に人がいない建造物、艦船又は鉱坑を焼損した者は、2年以上の有期拘禁刑に処する。
2　前項の物が自己の所有に係るときは、6月以上7年以下の拘禁刑に処する。ただし、公共の危険を生じなかったときは、罰しない。

（建造物等以外放火）
第110条　放火して、前2条に規定する物以外の物を焼損し、よって公共の危険を生じさせた者は、1年以上10年以下の拘禁刑に処する。
2　前項の物が自己の所有に係るときは、1年以下の拘禁刑又は10万円以下の罰金に処する。

（延焼）
第111条　第109条第2項又は前条第2項の罪を犯し、よって第108条又は第109条第1項に規定する物に延焼させたときは、3月以上10年以下の拘禁刑に処する。
2　前条第2項の罪を犯し、よって同条第1項に規定する物に延焼させたときは、3年以下の拘禁刑に処する。

（未遂罪）
第112条　第108条及び第109条第1項の罪の未遂は、罰する。

（予備）
第113条　第108条又は第109条第1項の罪を犯す目的で、その予備をした者は、2年以下の拘禁刑に処する。ただし、情状により、その刑を免除することができる。

(消火妨害)

第114条 火災の際に、消火用の物を隠匿し、若しくは損壊し、又はその他の方法により、消火を妨害した者は、1年以上10年以下の拘禁刑に処する。

(差押え等に係る自己の物に関する特例)

第115条 第109条第1項及び第110条第1項に規定する物が自己の所有に係るものであっても、差押えを受け、物権を負担し、賃貸し、配偶者居住権が設定され、又は保険に付したものである場合において、これを焼損したときは、他人の物を焼損した者の例による。

(失火)

第116条 失火により、第108条に規定する物又は他人の所有に係る第109条に規定する物を焼損した者は、50万円以下の罰金に処する。

2 失火により、第109条に規定する物であって自己の所有に係るもの又は第110条に規定する物を焼損し、よって公共の危険を生じさせた者も、前項と同様とする。

(激発物破裂)

第117条 火薬、ボイラーその他の激発すべき物を破裂させて、第108条に規定する物又は他人の所有に係る第109条に規定する物を損壊した者は、放火の例による。第109条に規定する物であって自己の所有に係るもの又は第110条に規定する物を損壊し、よって公共の危険を生じさせた者も、同様とする。

2 前項の行為が過失によるときは、失火の例による。

(業務上失火等)

第117条の2 第116条又は前条第1項の行為が業務上必要な注意を怠ったことによるとき、又は重大な過失によるときは、3年以下の拘禁刑又は150万円以下の罰金に処する。

(ガス漏出等及び同致死傷)

第118条 ガス、電気又は蒸気を漏出させ、流出させ、又は遮断し、よって人の生命、身体又は財産に危険を生じさせた者は、3年以下の拘禁刑又は10万円以下の罰金に処する。

2 ガス、電気又は蒸気を漏出させ、流出させ、又は遮断し、よって人を死傷させた者は、傷害の罪と比較して、重い刑により処断する。

第10章 出水及び水利に関する罪

(現住建造物等浸害)

第119条 出水させて、現に人が住居に使用し又は現に人がいる建造物、汽車、電車又は鉱坑を浸害した者は、死刑又は無期若しくは3年以上の拘禁刑に処する。

(非現住建造物等浸害)

第120条 出水させて、前条に規定する物以外の物を浸害し、よって公共の危険を生じさせた者は、1年以上10年以下の拘禁刑に処する。

2 浸害した物が自己の所有に係るときは、その物が差押えを受け、物権を負担し、賃貸し、配偶者居住権が設定され、又は保険に付したものである場合に限り、前項の例による。

(水防妨害)

第121条 水害の際に、水防用の物を隠匿し、若しくは損壊し、又はその他の方法により、水防を妨害した者は、1年以上10年以下の拘禁刑に処する。

(過失建造物等浸害)

第122条 過失により出水させて、第119条に規定する物を浸害した者又は第120条に規定する物を浸害し、よって公共の危険を生じさせた者は、

20万円以下の罰金に処する。

（水利妨害及び出水危険）

第123条　堤防を決壊させ、水門を破壊し、その他水利の妨害となるべき行為又は出水させるべき行為をした者は、2年以下の拘禁刑又は20万円以下の罰金に処する。

第11章　往来を妨害する罪

（往来妨害及び同致死傷）

第124条　陸路、水路又は橋を損壊し、又は閉塞して往来の妨害を生じさせた者は、2年以下の拘禁刑又は20万円以下の罰金に処する。

2　前項の罪を犯し、よって人を死傷させた者は、傷害の罪と比較して、重い刑により処断する。

（往来危険）

第125条　鉄道若しくはその標識を損壊し、又はその他の方法により、汽車又は電車の往来の危険を生じさせた者は、2年以上の有期拘禁刑に処する。

2　灯台若しくは浮標を損壊し、又はその他の方法により、艦船の往来の危険を生じさせた者も、前項と同様とする。

（汽車転覆等及び同致死）

第126条　現に人がいる汽車又は電車を転覆させ、又は破壊した者は、無期又は3年以上の拘禁刑に処する。

2　現に人がいる艦船を転覆させ、沈没させ、又は破壊した者も、前項と同様とする。

3　前2項の罪を犯し、よって人を死亡させた者は、死刑又は無期拘禁刑に処する。

（往来危険による汽車転覆等）

第127条　第125条の罪を犯し、よって汽車若しくは電車を転覆させ、若しくは破壊し、又は艦船を転覆させ、沈没させ、若しくは破壊した者も、前条の例による。

（未遂罪）

第128条　第124条第1項、第125条並びに第126条第1項及び第2項の罪の未遂は、罰する。

（過失往来危険）

第129条　過失により、汽車、電車若しくは艦船の往来の危険を生じさせ、又は汽車若しくは電車を転覆させ、若しくは破壊し、若しくは艦船を転覆させ、沈没させ、若しくは破壊した者は、30万円以下の罰金に処する。

2　その業務に従事する者が前項の罪を犯したときは、3年以下の拘禁刑又は50万円以下の罰金に処する。

第12章　住居を侵す罪

（住居侵入等）

第130条　正当な理由がないのに、人の住居若しくは人の看守する邸宅、建造物若しくは艦船に侵入し、又は要求を受けたにもかかわらずこれらの場所から退去しなかった者は、3年以下の拘禁刑又は10万円以下の罰金に処する。

第131条　削除

（未遂罪）

第132条　第130条の罪の未遂は、罰する。

第13章　秘密を侵す罪

（信書開封）

第133条　正当な理由がないのに、封をしてある信書を開けた者は、1年以下の拘禁刑又は20万円以下の罰金に処する。

（秘密漏示）

第134条　医師、薬剤師、医薬品販売業者、助産師、弁護士、弁護人、公証人又はこれらの職にあった者が、正当な理由がないのに、その業務上取り扱ったことについて知り得た人の秘密を漏らしたときは、6月以下の拘禁刑又は10万円以下の罰金に処する。

2　宗教、祈祷若しくは祭祀の職にある者又はこれらの職にあった者が、正当な理由がないのに、その業務上取り扱ったことについて知り得た人の秘密を漏らしたときも、前項と同様とする。

（親告罪）

第135条　この章の罪は、告訴がなければ公訴を提起することができない。

第14章　あへん煙に関する罪

（あへん煙輸入等）

第136条　あへん煙を輸入し、製造し、販売し、又は販売の目的で所持した者は、6月以上7年以下の拘禁刑に処する。

（あへん煙吸食器具輸入等）

第137条　あへん煙を吸食する器具を輸入し、製造し、販売し、又は販売の目的で所持した者は、3月以上5年以下の拘禁刑に処する。

（税関職員によるあへん煙輸入等）

第138条　税関職員が、あへん煙又はあへん煙を吸食するための器具を輸入し、又はこれらの輸入を許したときは、1年以上10年以下の拘禁刑に処する。

（あへん煙吸食及び場所提供）

第139条　あへん煙を吸食した者は、3年以下の拘禁刑に処する。

2　あへん煙の吸食のため建物又は室を提供して利益を図った者は、6月以上7年以下の拘禁刑に処する。

（あへん煙等所持）

第140条　あへん煙又はあへん煙を吸食するための器具を所持した者は、1年以下の拘禁刑に処する。

（未遂罪）

第141条　この章の罪の未遂は、罰する。

第15章　飲料水に関する罪

（浄水汚染）

第142条　人の飲料に供する浄水を汚染し、よって使用することができないようにした者は、6月以下の拘禁刑又は10万円以下の罰金に処する。

（水道汚染）

第143条　水道により公衆に供給する飲料の浄水又はその水源を汚染し、よって使用することができないようにした者は、6月以上7年以下の拘禁刑に処する。

（浄水毒物等混入）

第144条　人の飲料に供する浄水に毒物その他人の健康を害すべき物を混入した者は、3年以下の拘禁刑に処する。

（浄水汚染等致死傷）

第145条　前3条の罪を犯し、よって人を死傷させた者は、傷害の罪と比較して、重い刑により処断する。

（水道毒物等混入及び同致死）

第146条　水道により公衆に供給する飲料の浄水又はその水源に毒物その他人の健康を害すべき物を混入した者は、2年以上の有期拘禁刑に処する。よって人を死亡させた者は、死刑又は無期若しくは5年以上の拘禁刑に処する。

（水道損壊及び閉塞）

第147条　公衆の飲料に供する浄水の水道を損壊し、又は閉塞した者は、1年以上10年以下の拘禁刑に処する。

第16章　通貨偽造の罪

（通貨偽造及び行使等）

第148条　行使の目的で、通用する貨幣、紙幣又は銀行券を偽造し、又は変造した者は、無期又は3年以上の拘禁刑に処する。

2　偽造又は変造の貨幣、紙幣又は銀行券を行使し、又は行使の目的で人に交付し、若しくは輸入した者も、前項と同様とする。

(外国通貨偽造及び行使等)

第149条　行使の目的で、日本国内に流通している外国の貨幣、紙幣又は銀行券を偽造し、又は変造した者は、2年以上の有期拘禁刑に処する。

2　偽造又は変造の外国の貨幣、紙幣又は銀行券を行使し、又は行使の目的で人に交付し、若しくは輸入した者も、前項と同様とする。

(偽造通貨等収得)

第150条　行使の目的で、偽造又は変造の貨幣、紙幣又は銀行券を収得した者は、3年以下の拘禁刑に処する。

(未遂罪)

第151条　前3条の罪の未遂は、罰する。

(収得後知情行使等)

第152条　貨幣、紙幣又は銀行券を収得した後に、それが偽造又は変造のものであることを知って、これを行使し、又は行使の目的で人に交付した者は、その額面価格の3倍以下の罰金又は科料に処する。ただし、2000円以下にすることはできない。

(通貨偽造等準備)

第153条　貨幣、紙幣又は銀行券の偽造又は変造の用に供する目的で、器械又は原料を準備した者は、3月以上5年以下の拘禁刑に処する。

第17章　文書偽造の罪

(詔書偽造等)

第154条　行使の目的で、御璽、国璽若しくは御名を使用して詔書その他の文書を偽造し、又は偽造した御璽、国璽若しくは御名を使用して詔書その他の文書を偽造した者は、無期又は3年以上の拘禁刑に処する。

2　御璽若しくは国璽を押し又は御名を署した詔書その他の文書を変造した者も、前項と同様とする。

(公文書偽造等)

第155条　行使の目的で、公務所若しくは公務員の印章若しくは署名を使用して公務所若しくは公務員の作成すべき文書若しくは図画を偽造し、又は偽造した公務所若しくは公務員の印章若しくは署名を使用して公務所若しくは公務員の作成すべき文書若しくは図画を偽造した者は、1年以上10年以下の拘禁刑に処する。

2　公務所又は公務員が押印し又は署名した文書又は図画を変造した者も、前項と同様とする。

3　前2項に規定するもののほか、公務所若しくは公務員の作成すべき文書若しくは図画を偽造し、又は公務所若しくは公務員が作成した文書若しくは図画を変造した者は、3年以下の拘禁刑又は20万円以下の罰金に処する。

(虚偽公文書作成等)

第156条　公務員が、その職務に関し、行使の目的で、虚偽の文書若しくは図画を作成し、又は文書若しくは図画を変造したときは、印章又は署名の有無により区別して、前2条の例による。

(公正証書原本不実記載等)

第157条　公務員に対し虚偽の申立てをして、登記簿、戸籍簿その他の権利若しくは義務に関する公正証書の原本に不実の記載をさせ、又は権利若しくは義務に関する公正証書の原本として用いられる電磁的記録に不実の記録をさせた者は、5年以下の拘禁刑又は50万円以下の罰金に処する。

2　公務員に対し虚偽の申立てをして、免状、鑑札又は旅券に不実の記載をさせた者は、1年以下の拘禁刑又は20万円以下の罰金に処する。
3　前2項の罪の未遂は、罰する。

(偽造公文書行使等)

第158条　第154条から前条までの文書若しくは図画を行使し、又は前条第1項の電磁的記録を公正証書の原本としての用に供した者は、その文書若しくは図画を偽造し、若しくは変造し、虚偽の文書若しくは図画を作成し、又は不実の記載若しくは記録をさせた者と同一の刑に処する。
2　前項の罪の未遂は、罰する。

(私文書偽造等)

第159条　行使の目的で、他人の印章若しくは署名を使用して権利、義務若しくは事実証明に関する文書若しくは図画を偽造し、又は偽造した他人の印章若しくは署名を使用して権利、義務若しくは事実証明に関する文書若しくは図画を偽造した者は、3月以上5年以下の拘禁刑に処する。
2　他人が押印し又は署名した権利、義務又は事実証明に関する文書又は図画を変造した者も、前項と同様とする。
3　前2項に規定するもののほか、権利、義務又は事実証明に関する文書又は図画を偽造し、又は変造した者は、1年以下の拘禁刑又は10万円以下の罰金に処する。

(虚偽診断書等作成)

第160条　医師が公務所に提出すべき診断書、検案書又は死亡証書に虚偽の記載をしたときは、3年以下の拘禁刑又は30万円以下の罰金に処する。

(偽造私文書等行使)

第161条　前2条の文書又は図画を行使した者は、その文書若しくは図画を偽造し、若しくは変造し、又は虚偽の記載をした者と同一の刑に処する。
2　前項の罪の未遂は、罰する。

(電磁的記録不正作出及び供用)

第161条の2　人の事務処理を誤らせる目的で、その事務処理の用に供する権利、義務又は事実証明に関する電磁的記録を不正に作った者は、5年以下の拘禁刑又は50万円以下の罰金に処する。
2　前項の罪が公務所又は公務員により作られるべき電磁的記録に係るときは、10年以下の拘禁刑又は100万円以下の罰金に処する。
3　不正に作られた権利、義務又は事実証明に関する電磁的記録を、第1項の目的で、人の事務処理の用に供した者は、その電磁的記録を不正に作った者と同一の刑に処する。
4　前項の罪の未遂は、罰する。

第18章　有価証券偽造の罪

(有価証券偽造等)

第162条　行使の目的で、公債証書、官庁の証券、会社の株券その他の有価証券を偽造し、又は変造した者は、3月以上10年以下の拘禁刑に処する。
2　行使の目的で、有価証券に虚偽の記入をした者も、前項と同様とする。

(偽造有価証券行使等)

第163条　偽造若しくは変造の有価証券又は虚偽の記入がある有価証券を行使し、又は行使の目的で人に交付し、若しくは輸入した者は、3月以上10年以下の拘禁刑に処する。
2　前項の罪の未遂は、罰する。

第18章の2　支払用カード電磁的記録に関する罪

(支払用カード電磁的記録不正作出等)

第163条の2　人の財産上の事務処理を誤らせる目的で、その事務処理の用に供する電磁的記録であって、クレジットカードその他の代金又は料金の支払用のカードを構成するものを不正に作った者は、10年以下の拘禁刑又は100万円以下の罰金に処する。預貯金の引出用のカードを構成する電磁的記録を不正に作った者も、同様とする。

2　不正に作られた前項の電磁的記録を、同項の目的で、人の財産上の事務処理の用に供した者も、同項と同様とする。

3　不正に作られた第1項の電磁的記録をその構成部分とするカードを、同項の目的で、譲り渡し、貸し渡し、又は輸入した者も、同項と同様とする。

（不正電磁的記録カード所持）

第163条の3　前条第1項の目的で、同条第3項のカードを所持した者は、5年以下の拘禁刑又は50万円以下の罰金に処する。

（支払用カード電磁的記録不正作出準備）

第163条の4　第163条の2第1項の犯罪行為の用に供する目的で、同項の電磁的記録の情報を取得した者は、3年以下の拘禁刑又は50万円以下の罰金に処する。情を知って、その情報を提供した者も、同様とする。

2　不正に取得された第163条の2第1項の電磁的記録の情報を、前項の目的で保管した者も、同項と同様とする。

3　第1項の目的で、器械又は原料を準備した者も、同項と同様とする。

（未遂罪）

第163条の5　第163条の2及び前条第1項の罪の未遂は、罰する。

第19章　印章偽造の罪

（御璽偽造及び不正使用等）

第164条　行使の目的で、御璽、国璽又は御名を偽造した者は、2年以上の有期拘禁刑に処する。

2　御璽、国璽若しくは御名を不正に使用し、又は偽造した御璽、国璽若しくは御名を使用した者も、前項と同様とする。

（公印偽造及び不正使用等）

第165条　行使の目的で、公務所又は公務員の印章又は署名を偽造した者は、3月以上5年以下の拘禁刑に処する。

2　公務所若しくは公務員の印章若しくは署名を不正に使用し、又は偽造した公務所若しくは公務員の印章若しくは署名を使用した者も、前項と同様とする。

（公記号偽造及び不正使用等）

第166条　行使の目的で、公務所の記号を偽造した者は、3年以下の拘禁刑に処する。

2　公務所の記号を不正に使用し、又は偽造した公務所の記号を使用した者も、前項と同様とする。

（私印偽造及び不正使用等）

第167条　行使の目的で、他人の印章又は署名を偽造した者は、3年以下の拘禁刑に処する。

2　他人の印章若しくは署名を不正に使用し、又は偽造した印章若しくは署名を使用した者も、前項と同様とする。

（未遂罪）

第168条　第164条第2項、第165条第2項、第166条第2項及び前条第2項の罪の未遂は、罰する。

第19章の2　不正指令電磁的記録に関する罪

（不正指令電磁的記録作成等）

第168条の2　正当な理由がないのに、人の電子計算機における実行の用に供する目的で、次に掲げる電磁的記録その他の記録を作成し、又は提供した者は、3年以下の拘禁刑又は50万円以下の罰金に処する。

一　人が電子計算機を使用するに際してその意図に沿うべき動作をさせず、又はその意図に反する動作をさせるべき不正な指令を与える電磁的記録

二　前号に掲げるもののほか、同号の不正な指令を記述した電磁的記録その他の記録

2　正当な理由がないのに、前項第1号に掲げる電磁的記録を人の電子計算機における実行の用に供した者も、同項と同様とする。

3　前項の罪の未遂は、罰する。

（不正指令電磁的記録取得等）

第168条の3　正当な理由がないのに、前条第1項の目的で、同項各号に掲げる電磁的記録その他の記録を取得し、又は保管した者は、2年以下の拘禁刑又は30万円以下の罰金に処する。

第20章　偽証の罪

（偽証）

第169条　法律により宣誓した証人が虚偽の陳述をしたときは、3月以上10年以下の拘禁刑に処する。

（自白による刑の減免）

第170条　前条の罪を犯した者が、その証言をした事件について、その裁判が確定する前又は懲戒処分が行われる前に自白したときは、その刑を減軽し、又は免除することができる。

（虚偽鑑定等）

第171条　法律により宣誓した鑑定人、通訳人又は翻訳人が虚偽の鑑定、通訳又は翻訳をしたときは、前2条の例による。

第21章　虚偽告訴の罪

（虚偽告訴等）

第172条　人に刑事又は懲戒の処分を受けさせる目的で、虚偽の告訴、告発その他の申告をした者は、3月以上10年以下の拘禁刑に処する。

（自白による刑の減免）

第173条　前条の罪を犯した者が、その申告をした事件について、その裁判が確定する前又は懲戒処分が行われる前に自白したときは、その刑を減軽し、又は免除することができる。

第22章　わいせつ、不同意性交等及び重婚の罪

（公然わいせつ）

第174条　公然とわいせつな行為をした者は、6月以下の拘禁刑若しくは30万円以下の罰金又は拘留若しくは科料に処する。

（わいせつ物頒布等）

第175条　わいせつな文書、図画、電磁的記録に係る記録媒体その他の物を頒布し、又は公然と陳列した者は、2年以下の拘禁刑若しくは250万円以下の罰金若しくは科料に処し、又は拘禁刑及び罰金を併科する。電気通信の送信によりわいせつな電磁的記録その他の記録を頒布した者も、同様とする。

2　有償で頒布する目的で、前項の物を所持し、又は同項の電磁的記録を保管した者も、同項と同様とする。

（不同意わいせつ）

第176条　次に掲げる行為又は事由その他これらに類する行為又は事由により、同意しない意思を形成し、表明し若しくは全うすることが困難な状態にさせ又はその状態にあることに乗じて、わいせつな行為をした者は、婚姻関係の有無にかかわらず、

6月以上10年以下の拘禁刑に処する。

一　暴行若しくは脅迫を用いること又はそれらを受けたこと。

二　心身の障害を生じさせること又はそれがあること。

三　アルコール若しくは薬物を摂取させること又はそれらの影響があること。

四　睡眠その他の意識が明瞭でない状態にさせること又はその状態にあること。

五　同意しない意思を形成し、表明し又は全うするいとまがないこと。

六　予想と異なる事態に直面させて恐怖させ、若しくは驚愕させること又はその事態に直面して恐怖し、若しくは驚愕していること。

七　虐待に起因する心理的反応を生じさせること又はそれがあること。

八　経済的又は社会的関係上の地位に基づく影響力によって受ける不利益を憂慮させること又はそれを憂慮していること。

2　行為がわいせつなものではないとの誤信をさせ、若しくは行為をする者について人違いをさせ、又はそれらの誤信若しくは人違いをしていることに乗じて、わいせつな行為をした者も、前項と同様とする。

3　16歳未満の者に対し、わいせつな行為をした者【1】も、第1項と同様とする。

（不同意性交等）

第177条　前条第1項各号に掲げる行為又は事由その他これらに類する行為又は事由により、同意しない意思を形成し、表明し若しくは全うすることが困難な状態にさせ又はその状態にあることに乗じて、性交、肛門性交、口腔性交又は膣若しくは肛門に身体の一部【2】若しくは物を挿入する行為であってわいせつなもの【3】をした者は、婚姻関係の有無にかかわらず、5年以上の有期拘禁刑に処する。

2　行為がわいせつなものではないとの誤信をさせ、若しくは行為をする者について人違いをさせ、又はそれらの誤信若しくは人違いをしていることに乗じて、性交等をした者も、前項と同様とする。

3　16歳未満の者に対し、性交等をした者【4】も、第1項と同様とする。

第178条　削除

（監護者わいせつ及び監護者性交等）

第179条　18歳未満の者に対し、その者を現に監護する者であることによる影響力があることに乗じてわいせつな行為をした者は、第176条第1項の例による。

2　18歳未満の者に対し、その者を現に監護する者であることによる影響力があることに乗じて性交等をした者は、第177条第1項の例による。

（未遂罪）

第180条　第176条、第177条及び前条の罪の未遂は、罰する。

（不同意わいせつ等致死傷）

第181条　第176条若しくは第179条第1項の罪又はこれらの罪の未遂罪を犯し、よって人を死傷させた者は、無期又は3年以上の拘禁刑に処する。

2　第177条若しくは第179条第2項の罪又はこれらの罪の未遂罪を犯し、よって人を死傷させた者は、無期又は6年以上の拘禁刑に処する。

【1】　当該16歳未満の者が13歳以上である場合については、その者が生まれた日より5年以上前の日に生まれた者に限る。

【2】　陰茎を除く。

【3】　以下この条及び第179条第2項において「性交等」という。

【4】　当該16歳未満の者が13歳以上である場合については、その者が生まれた日より5年以上前の日に生まれた者に限る。

(16歳未満の者に対する面会要求等)
第182条　わいせつの目的で、16歳未満の者に対し、次の各号に掲げるいずれかの行為をした者【1】は、1年以下の拘禁刑又は50万円以下の罰金に処する。
一　威迫し、偽計を用い又は誘惑して面会を要求すること。
二　拒まれたにもかかわらず、反復して面会を要求すること。
三　金銭その他の利益を供与し、又はその申込み若しくは約束をして面会を要求すること。
2　前項の罪を犯し、よってわいせつの目的で当該16歳未満の者と面会をした者は、2年以下の拘禁刑又は100万円以下の罰金に処する。
3　16歳未満の者に対し、次の各号に掲げるいずれかの行為【2】を要求した者【3】は、1年以下の拘禁刑又は50万円以下の罰金に処する。
一　性交、肛門性交又は口腔性交をする姿態をとってその映像を送信すること。
二　前号に掲げるもののほか、膣又は肛門に身体の一部【4】又は物を挿入し又は挿入される姿態、性的な部位【5】を触り又は触られる姿態、性的な部位を露出した姿態その他の姿態をとってその映像を送信すること。

【1】　当該16歳未満の者が13歳以上である場合については、その者が生まれた日より5年以上前の日に生まれた者に限る。
【2】　第2号に掲げる行為については、当該行為をさせることがわいせつなものであるものに限る。
【3】　当該16歳未満の者が13歳以上である場合については、その者が生まれた日より5年以上前の日に生まれた者に限る。
【4】　陰茎を除く。
【5】　性器若しくは肛門若しくはこれらの周辺部、臀(でん)部又は胸部をいう。以下この号において同じ。

(淫行勧誘)
第183条　営利の目的で、淫行の常習のない女子を勧誘して姦(かん)淫させた者は、3年以下の拘禁刑又は30万円以下の罰金に処する。

(重婚)
第184条　配偶者のある者が重ねて婚姻をしたときは、2年以下の拘禁刑に処する。その相手方となって婚姻をした者も、同様とする。

第23章　賭(と)博及び富くじに関する罪

(賭(と)博)
第185条　賭(と)博をした者は、50万円以下の罰金又は科料に処する。ただし、一時の娯楽に供する物を賭(か)けたにとどまるときは、この限りでない。

(常習賭博及び賭博場開張等図利)
第186条　常習として賭博をした者は、3年以下の拘禁刑に処する。
2　賭博場を開張し、又は博徒を結合して利益を図った者は、3月以上5年以下の拘禁刑に処する。

(富くじ発売等)
第187条　富くじを発売した者は、2年以下の拘禁刑又は150万円以下の罰金に処する。
2　富くじ発売の取次ぎをした者は、1年以下の拘禁刑又は100万円以下の罰金に処する。
3　前2項に規定するもののほか、富くじを授受した者は、20万円以下の罰金又は科料に処する。

第24章　礼拝所及び墳墓に関する罪

(礼拝所不敬及び説教等妨害)
第188条　神祠(し)、仏堂、墓所その他の礼拝所に対し、公然と不敬な行為をした者は、6月以下の拘禁刑又は10万円以下の罰金に処する。

2　説教、礼拝又は葬式を妨害した者は、1年以下の拘禁刑又は10万円以下の罰金に処する。

（墳墓発掘）

第189条　墳墓を発掘した者は、2年以下の拘禁刑に処する。

（死体損壊等）

第190条　死体、遺骨、遺髪又は棺に納めてある物を損壊し、遺棄し、又は領得した者は、3年以下の拘禁刑に処する。

（墳墓発掘死体損壊等）

第191条　第189条の罪を犯して、死体、遺骨、遺髪又は棺に納めてある物を損壊し、遺棄し、又は領得した者は、3月以上5年以下の拘禁刑に処する。

（変死者密葬）

第192条　検視を経ないで変死者を葬った者は、10万円以下の罰金又は科料に処する。

第25章　汚職の罪

（公務員職権濫用）

第193条　公務員がその職権を濫用して、人に義務のないことを行わせ、又は権利の行使を妨害したときは、2年以下の拘禁刑に処する。

（特別公務員職権濫用）

第194条　裁判、検察若しくは警察の職務を行う者又はこれらの職務を補助する者がその職権を濫用して、人を逮捕し、又は監禁したときは、6月以上10年以下の拘禁刑に処する。

（特別公務員暴行陵虐）

第195条　裁判、検察若しくは警察の職務を行う者又はこれらの職務を補助する者が、その職務を行うに当たり、被告人、被疑者その他の者に対して暴行又は陵辱若しくは加虐の行為をしたときは、7年以下の拘禁刑に処する。

2　法令により拘禁された者を看守し又は護送する者がその拘禁された者に対して暴行又は陵辱若しくは加虐の行為をしたときも、前項と同様とする。

（特別公務員職権濫用等致死傷）

第196条　前2条の罪を犯し、よって人を死傷させた者は、傷害の罪と比較して、重い刑により処断する。

（収賄、受託収賄及び事前収賄）

第197条　公務員が、その職務に関し、賄賂を収受し、又はその要求若しくは約束をしたときは、5年以下の拘禁刑に処する。この場合において、請託を受けたときは、7年以下の拘禁刑に処する。

2　公務員になろうとする者が、その担当すべき職務に関し、請託を受けて、賄賂を収受し、又はその要求若しくは約束をしたときは、公務員となった場合において、5年以下の拘禁刑に処する。

（第三者供賄）

第197条の2　公務員が、その職務に関し、請託を受けて、第三者に賄賂を供与させ、又はその供与の要求若しくは約束をしたときは、5年以下の拘禁刑に処する。

（加重収賄及び事後収賄）

第197条の3　公務員が前2条の罪を犯し、よって不正な行為をし、又は相当の行為をしなかったときは、1年以上の有期拘禁刑に処する。

2　公務員が、その職務上不正な行為をしたこと又は相当の行為をしなかったことに関し、賄賂を収受し、若しくはその要求若しくは約束をし、又は第三者にこれを供与させ、若しくはその供与の要求若しくは約束をしたときも、前項と同様とする。

3　公務員であった者が、その在職中に請託を受けて職務上不正な行為をしたこと又は相当の行為をしなかったことに関し、賄賂を収受し、又はその要求若しくは約束をしたときは、5年以下の拘禁刑に処する。

（あっせん収賄）

第197条の4　公務員が請託を受け、他の公務員に職務上不正な行為をさせるように、又は相当の行為をさせないようにあっせんをすること又はしたことの報酬として、賄賂を収受し、又はその要求若しくは約束をしたときは、5年以下の拘禁刑に処する。

（没収及び追徴）

第197条の5　犯人又は情を知った第三者が収受した賄賂は、没収する。その全部又は一部を没収することができないときは、その価額を追徴する。

（贈賄）

第198条　第197条から第197条の4までに規定する賄賂を供与し、又はその申込み若しくは約束をした者は、3年以下の拘禁刑又は250万円以下の罰金に処する。

第26章　殺人の罪

（殺人）

第199条　人を殺した者は、死刑又は無期若しくは5年以上の拘禁刑に処する。

第200条　削除

（予備）

第201条　第199条の罪を犯す目的で、その予備をした者は、2年以下の拘禁刑に処する。ただし、情状により、その刑を免除することができる。

（自殺関与及び同意殺人）

第202条　人を教唆し若しくは幇（ほう）助して自殺させ、又は人をその嘱託を受け若しくはその承諾を得て殺した者は、6月以上7年以下の拘禁刑に処する。

（未遂罪）

第203条　第199条及び前条の罪の未遂は、罰する。

第27章　傷害の罪

（傷害）

第204条　人の身体を傷害した者は、15年以下の拘禁刑又は50万円以下の罰金に処する。

（傷害致死）

第205条　身体を傷害し、よって人を死亡させた者は、3年以上の有期拘禁刑に処する。

（現場助勢）

第206条　前2条の犯罪が行われるに当たり、現場において勢いを助けた者は、自ら人を傷害しなくても、1年以下の拘禁刑又は10万円以下の罰金若しくは科料に処する。

（同時傷害の特例）

第207条　2人以上で暴行を加えて人を傷害した場合において、それぞれの暴行による傷害の軽重を知ることができず、又はその傷害を生じさせた者を知ることができないときは、共同して実行した者でなくても、共犯の例による。

（暴行）

第208条　暴行を加えた者が人を傷害するに至らなかったときは、2年以下の拘禁刑若しくは30万円以下の罰金又は拘留若しくは科料に処する。

（凶器準備集合及び結集）

第208条の2　2人以上の者が他人の生命、身体又は財産に対し共同して害を加える目的で集合した場合において、凶器を準備して又はその準備があることを知って集合した者は、2年以下の拘禁刑又は30万円以下の罰金に処する。

2　前項の場合において、凶器を準備して又はその準備があることを知って人を集合させた者は、3年以下の拘禁刑に処する。

第28章　過失傷害の罪

(過失傷害)

第209条　過失により人を傷害した者は、30万円以下の罰金又は科料に処する。

2　前項の罪は、告訴がなければ公訴を提起することができない。

(過失致死)

第210条　過失により人を死亡させた者は、50万円以下の罰金に処する。

(業務上過失致死傷等)

第211条　業務上必要な注意を怠り、よって人を死傷させた者は、5年以下の拘禁刑又は100万円以下の罰金に処する。重大な過失により人を死傷させた者も、同様とする。

第29章　堕胎の罪

(堕胎)

第212条　妊娠中の女子が薬物を用い、又はその他の方法により、堕胎したときは、1年以下の拘禁刑に処する。

(同意堕胎及び同致死傷)

第213条　女子の嘱託を受け、又はその承諾を得て堕胎させた者は、2年以下の拘禁刑に処する。よって女子を死傷させた者は、3月以上5年以下の拘禁刑に処する。

(業務上堕胎及び同致死傷)

第214条　医師、助産師、薬剤師又は医薬品販売業者が女子の嘱託を受け、又はその承諾を得て堕胎させたときは、3月以上5年以下の拘禁刑に処する。よって女子を死傷させたときは、6月以上7年以下の拘禁刑に処する。

(不同意堕胎)

第215条　女子の嘱託を受けないで、又はその承諾を得ないで堕胎させた者は、6月以上7年以下の拘禁刑に処する。

2　前項の罪の未遂は、罰する。

(不同意堕胎致死傷)

第216条　前条の罪を犯し、よって女子を死傷させた者は、傷害の罪と比較して、重い刑により処断する。

第30章　遺棄の罪

(遺棄)

第217条　老年、幼年、身体障害又は疾病のために扶助を必要とする者を遺棄した者は、1年以下の拘禁刑に処する。

(保護責任者遺棄等)

第218条　老年者、幼年者、身体障害者又は病者を保護する責任のある者がこれらの者を遺棄し、又はその生存に必要な保護をしなかったときは、3月以上5年以下の拘禁刑に処する。

(遺棄等致死傷)

第219条　前2条の罪を犯し、よって人を死傷させた者は、傷害の罪と比較して、重い刑により処断する。

第31章　逮捕及び監禁の罪

(逮捕及び監禁)

第220条　不法に人を逮捕し、又は監禁した者は、3月以上7年以下の拘禁刑に処する。

(逮捕等致死傷)

第221条　前条の罪を犯し、よって人を死傷させた者は、傷害の罪と比較して、重い刑により処断する。

第32章　脅迫の罪

(脅迫)

第222条　生命、身体、自由、名誉又は財産に対し害を加える旨を告知して人を脅迫した者は、2年以下の拘禁刑又は30万円以下の罰金に処する。

2　親族の生命、身体、自由、名誉又は財産に対し害を加える旨を告知して人を脅迫した者も、前項と同様とする。

（強要）

第223条　生命、身体、自由、名誉若しくは財産に対し害を加える旨を告知して脅迫し、又は暴行を用いて、人に義務のないことを行わせ、又は権利の行使を妨害した者は、3年以下の拘禁刑に処する。

2　親族の生命、身体、自由、名誉又は財産に対し害を加える旨を告知して脅迫し、人に義務のないことを行わせ、又は権利の行使を妨害した者も、前項と同様とする。

3　前2項の罪の未遂は、罰する。

第33章　略取、誘拐及び人身売買の罪

（未成年者略取及び誘拐）

第224条　未成年者を略取し、又は誘拐した者は、3月以上7年以下の拘禁刑に処する。

（営利目的等略取及び誘拐）

第225条　営利、わいせつ、結婚又は生命若しくは身体に対する加害の目的で、人を略取し、又は誘拐した者は、1年以上10年以下の拘禁刑に処する。

（身の代金目的略取等）

第225条の2　近親者その他略取され又は誘拐された者の安否を憂慮する者の憂慮に乗じてその財物を交付させる目的で、人を略取し、又は誘拐した者は、無期又は3年以上の拘禁刑に処する。

2　人を略取し又は誘拐した者が近親者その他略取され又は誘拐された者の安否を憂慮する者の憂慮に乗じて、その財物を交付させ、又はこれを要求する行為をしたときも、前項と同様とする。

（所在国外移送目的略取及び誘拐）

第226条　所在国外に移送する目的で、人を略取し、又は誘拐した者は、2年以上の有期拘禁刑に処する。

（人身売買）

第226条の2　人を買い受けた者は、3月以上5年以下の拘禁刑に処する。

2　未成年者を買い受けた者は、3月以上7年以下の拘禁刑に処する。

3　営利、わいせつ、結婚又は生命若しくは身体に対する加害の目的で、人を買い受けた者は、1年以上10年以下の拘禁刑に処する。

4　人を売り渡した者も、前項と同様とする。

5　所在国外に移送する目的で、人を売買した者は、2年以上の有期拘禁刑に処する。

（被略取者等所在国外移送）

第226条の3　略取され、誘拐され、又は売買された者を所在国外に移送した者は、2年以上の有期拘禁刑に処する。

（被略取者引渡し等）

第227条　第224条、第225条又は前3条の罪を犯した者を幇（ほう）助する目的で、略取され、誘拐され、又は売買された者を引き渡し、収受し、輸送し、蔵匿し、又は隠避させた者は、3月以上5年以下の拘禁刑に処する。

2　第225条の2第1項の罪を犯した者を幇助する目的で、略取され又は誘拐された者を引き渡し、収受し、輸送し、蔵匿し、又は隠避させた者は、1年以上10年以下の拘禁刑に処する。

3　営利、わいせつ又は生命若しくは身体に対する加害の目的で、略取さ

れ、誘拐され、又は売買された者を引き渡し、収受し、輸送し、又は蔵匿した者は、6月以上7年以下の拘禁刑に処する。

4　第225条の2第1項の目的で、略取され又は誘拐された者を収受した者は、2年以上の有期拘禁刑に処する。略取され又は誘拐された者を収受した者が近親者その他略取され又は誘拐された者の安否を憂慮する者の憂慮に乗じて、その財物を交付させ、又はこれを要求する行為をしたときも、同様とする。

（未遂罪）

第228条　第224条、第225条、第225条の2第1項、第226条から第226条の3まで並びに前条第1項から第3項まで及び第4項前段の罪の未遂は、罰する。

（解放による刑の減軽）

第228条の2　第225条の2又は第227条第2項若しくは第4項の罪を犯した者が、公訴が提起される前に、略取され又は誘拐された者を安全な場所に解放したときは、その刑を減軽する。

（身の代金目的略取等予備）

第228条の3　第225条の2第1項の罪を犯す目的で、その予備をした者は、2年以下の拘禁刑に処する。ただし、実行に着手する前に自首した者は、その刑を減軽し、又は免除する。

（親告罪）

第229条　第224条の罪及び同条の罪を幇(ほう)助する目的で犯した第227条第1項の罪並びにこれらの罪の未遂罪は、告訴がなければ公訴を提起することができない。

第34章　名誉に対する罪

（名誉毀損）

第230条　公然と事実を摘示し、人の名誉を毀損した者は、その事実の有無にかかわらず、3年以下の拘禁刑又は50万円以下の罰金に処する。

2　死者の名誉を毀損した者は、虚偽の事実を摘示することによってした場合でなければ、罰しない。

（公共の利害に関する場合の特例）

第230条の2　前条第1項の行為が公共の利害に関する事実に係り、かつ、その目的が専ら公益を図ることにあったと認める場合には、事実の真否を判断し、真実であることの証明があったときは、これを罰しない。

2　前項の規定の適用については、公訴が提起されるに至っていない人の犯罪行為に関する事実は、公共の利害に関する事実とみなす。

3　前条第1項の行為が公務員又は公選による公務員の候補者に関する事実に係る場合には、事実の真否を判断し、真実であることの証明があったときは、これを罰しない。

（侮辱）

第231条　事実を摘示しなくても、公然と人を侮辱した者は、1年以下の拘禁刑若しくは30万円以下の罰金又は拘留若しくは科料に処する。

（親告罪）

第232条　この章の罪は、告訴がなければ公訴を提起することができない。

2　告訴をすることができる者が天皇、皇后、太皇太后、皇太后又は皇嗣であるときは内閣総理大臣が、外国の君主又は大統領であるときはその国の代表者がそれぞれ代わって告訴を行う。

第35章　信用及び業務に対する罪

（信用毀損及び業務妨害）

第233条　虚偽の風説を流布し、又は偽計を用いて、人の信用を毀損し、又はその業務を妨害した者は、3年以下の拘禁刑又は50万円以下の罰金に処する。

（威力業務妨害）

第234条　威力を用いて人の業務を妨害した者も、前条の例による。

（電子計算機損壊等業務妨害）

第234条の2　人の業務に使用する電子計算機若しくはその用に供する電磁的記録を損壊し、若しくは人の業務に使用する電子計算機に虚偽の情報若しくは不正な指令を与え、又はその他の方法により、電子計算機に使用目的に沿うべき動作をさせず、又は使用目的に反する動作をさせて、人の業務を妨害した者は、5年以下の拘禁刑又は100万円以下の罰金に処する。

2　前項の罪の未遂は、罰する。

第36章　窃盗及び強盗の罪

（窃盗）

第235条　他人の財物を窃取した者は、窃盗の罪とし、10年以下の拘禁刑又は50万円以下の罰金に処する。

（不動産侵奪）

第235条の2　他人の不動産を侵奪した者は、10年以下の拘禁刑に処する。

（強盗）

第236条　暴行又は脅迫を用いて他人の財物を強取した者は、強盗の罪とし、5年以上の有期拘禁刑に処する。

2　前項の方法により、財産上不法の利益を得、又は他人にこれを得させた者も、同項と同様とする。

（強盗予備）

第237条　強盗の罪を犯す目的で、その予備をした者は、2年以下の拘禁刑に処する。

（事後強盗）

第238条　窃盗が、財物を得てこれを取り返されることを防ぎ、逮捕を免れ、又は罪跡を隠滅するために、暴行又は脅迫をしたときは、強盗として論ずる。

（昏(こん)酔強盗）

第239条　人を昏(こん)酔させてその財物を盗取した者は、強盗として論ずる。

（強盗致死傷）

第240条　強盗が、人を負傷させたときは無期又は6年以上の拘禁刑に処し、死亡させたときは死刑又は無期拘禁刑に処する。

（強盗・不同意性交等及び同致死）

第241条　強盗の罪若しくはその未遂罪を犯した者が第177条の罪若しくはその未遂罪をも犯したとき、又は同条の罪若しくはその未遂罪を犯した者が強盗の罪若しくはその未遂罪をも犯したときは、無期又は7年以上の拘禁刑に処する。

2　前項の場合のうち、その犯した罪がいずれも未遂罪であるときは、人を死傷させたときを除き、その刑を減軽することができる。ただし、自己の意思によりいずれかの犯罪を中止したときは、その刑を減軽し、又は免除する。

3　第1項の罪に当たる行為により人を死亡させた者は、死刑又は無期拘禁刑に処する。

（他人の占有等に係る自己の財物）

第242条　自己の財物であっても、他人が占有し、又は公務所の命令により他人が看守するものであるときは、この章の罪については、他人の財物とみなす。

（未遂罪）

第243条　第235条から第236条まで、第238条から第240条まで及び第241条第3項の罪の未遂は、罰する。

（親族間の犯罪に関する特例）

第244条　配偶者、直系血族又は同居の親族との間で第235条の罪、第235条の2の罪又はこれらの罪の未遂罪を犯した者は、その刑を免除する。

2　前項に規定する親族以外の親族との間で犯した同項に規定する罪は、告訴がなければ公訴を提起することができない。

3　前2項の規定は、親族でない共犯については、適用しない。

（電気）

第245条　この章の罪については、電気は、財物とみなす。

第37章　詐欺及び恐喝の罪

（詐欺）

第246条　人を欺いて財物を交付させた者は、10年以下の拘禁刑に処する。

2　前項の方法により、財産上不法の利益を得、又は他人にこれを得させた者も、同項と同様とする。

（電子計算機使用詐欺）

第246条の2　前条に規定するもののほか、人の事務処理に使用する電子計算機に虚偽の情報若しくは不正な指令を与えて財産権の得喪若しくは変更に係る不実の電磁的記録を作り、又は財産権の得喪若しくは変更に係る虚偽の電磁的記録を人の事務処理の用に供して、財産上不法の利益を得、又は他人にこれを得させた者は、10年以下の拘禁刑に処する。

（背任）

第247条　他人のためにその事務を処理する者が、自己若しくは第三者の利益を図り又は本人に損害を加える目的で、その任務に背く行為をし、本人に財産上の損害を加えたときは、5年以下の拘禁刑又は50万円以下の罰金に処する。

（準詐欺）

第248条　未成年者の知慮浅薄又は人の心神耗弱に乗じて、その財物を交付させ、又は財産上不法の利益を得、若しくは他人にこれを得させた者は、10年以下の拘禁刑に処する。

（恐喝）

第249条　人を恐喝して財物を交付させた者は、10年以下の拘禁刑に処する。

2　前項の方法により、財産上不法の利益を得、又は他人にこれを得させた者も、同項と同様とする。

（未遂罪）

第250条　この章の罪の未遂は、罰する。

（準用）

第251条　第242条、第244条及び第245条の規定は、この章の罪について準用する。

第38章　横領の罪

（横領）

第252条　自己の占有する他人の物を横領した者は、5年以下の拘禁刑に処する。

2　自己の物であっても、公務所から保管を命ぜられた場合において、これを横領した者も、前項と同様とする。

（業務上横領）

第253条　業務上自己の占有する他人の物を横領した者は、10年以下の拘禁刑に処する。

（遺失物等横領）

第254条　遺失物、漂流物その他占有を離れた他人の物を横領した者は、1年以下の拘禁刑又は10万円以下の罰金若しくは科料に処する。

(準用)

第255条　第244条の規定は、この章の罪について準用する。

第39章　盗品等に関する罪

(盗品譲受け等)

第256条　盗品その他財産に対する罪に当たる行為によって領得された物を無償で譲り受けた者は、3年以下の拘禁刑に処する。

2　前項に規定する物を運搬し、保管し、若しくは有償で譲り受け、又はその有償の処分のあっせんをした者は、10年以下の拘禁刑及び50万円以下の罰金に処する。

(親族等の間の犯罪に関する特例)

第257条　配偶者との間又は直系血族、同居の親族若しくはこれらの者の配偶者との間で前条の罪を犯した者は、その刑を免除する。

2　前項の規定は、親族でない共犯については、適用しない。

第40章　毀棄及び隠匿の罪

(公用文書等毀棄)

第258条　公務所の用に供する文書又は電磁的記録を毀棄した者は、3月以上7年以下の拘禁刑に処する。

(私用文書等毀棄)

第259条　権利又は義務に関する他人の文書又は電磁的記録を毀棄した者は、5年以下の拘禁刑に処する。

(建造物等損壊及び同致死傷)

第260条　他人の建造物又は艦船を損壊した者は、5年以下の拘禁刑に処する。よって人を死傷させた者は、傷害の罪と比較して、重い刑により処断する。

(器物損壊等)

第261条　前3条に規定するもののほか、他人の物を損壊し、又は傷害した者は、3年以下の拘禁刑又は30万円以下の罰金若しくは科料に処する。

(自己の物の損壊等)

第262条　自己の物であっても、差押えを受け、物権を負担し、賃貸し、又は配偶者居住権が設定されたものを損壊し、又は傷害したときは、前3条の例による。

(境界損壊)

第262条の2　境界標を損壊し、移動し、若しくは除去し、又はその他の方法により、土地の境界を認識することができないようにした者は、5年以下の拘禁刑又は50万円以下の罰金に処する。

(信書隠匿)

第263条　他人の信書を隠匿した者は、6月以下の拘禁刑又は10万円以下の罰金若しくは科料に処する。

(親告罪)

第264条　第259条、第261条及び前条の罪は、告訴がなければ公訴を提起することができない。

刑事訴訟法

昭和 23 年法律第 131 号
最終改正：令和 5 年法律第 84 号

目次

第1編　総則

[本法の目的]

第1条　この法律は、刑事事件につき、公共の福祉の維持と個人の基本的人権の保障とを全うしつつ、事案の真相を明らかにし、刑罰法令を適正且つ迅速に適用実現することを目的とする。

第1章　裁判所の管轄

[土地管轄]

第2条　裁判所の土地管轄は、犯罪地又は被告人の住所、居所若しくは現在地による。

② 国外に在る日本船舶内で犯した罪については、前項に規定する地の外、その船舶の船籍の所在地又は犯罪後その船舶の寄泊した地による。

③ 国外に在る日本航空機内で犯した

罪については、第1項に規定する地の外、犯罪後その航空機の着陸【1】した地による。

［事物管轄を異にする関連事件の併合管轄］

第3条 事物管轄を異にする数個の事件が関連するときは、上級の裁判所は、併せてこれを管轄することができる。

② 高等裁判所の特別権限に属する事件と他の事件とが関連するときは、高等裁判所は、併せてこれを管轄することができる。

［事物管轄を異にする関連事件の分離移送］

第4条 事物管轄を異にする数個の関連事件が上級の裁判所に係属する場合において、併せて審判することを必要としないものがあるときは、上級の裁判所は、決定で管轄権を有する下級の裁判所にこれを移送することができる。

［関連事件の併合審判］

第5条 数個の関連事件が各別に上級の裁判所及び下級の裁判所に係属するときは、事物管轄にかかわらず、上級の裁判所は、決定で下級の裁判所の管轄に属する事件を併せて審判することができる。

② 高等裁判所の特別権限に属する事件が高等裁判所に係属し、これと関連する事件が下級の裁判所に係属するときは、高等裁判所は、決定で下級の裁判所の管轄に属する事件を併せて審判することができる。

［土地管轄を異にする関連事件の併合管轄］

第6条 土地管轄を異にする数個の事件が関連するときは、1個の事件につき管轄権を有する裁判所は、併せて他の事件を管轄することができる。但し、他の法律の規定により特定の裁判所の管轄に属する事件は、これを管轄することができない。

【1】 着水を含む。

［土地管轄を異にする関連事件の分離移送］

第7条 土地管轄を異にする数個の関連事件が同一裁判所に係属する場合において、併せて審判することを必要としないものがあるときは、その裁判所は、決定で管轄権を有する他の裁判所にこれを移送することができる。

［関連事件の併合審判］

第8条 数個の関連事件が各別に事物管轄を同じくする数個の裁判所に係属するときは、各裁判所は、検察官又は被告人の請求により、決定でこれを1の裁判所に併合することができる。

② 前項の場合において各裁判所の決定が一致しないときは、各裁判所に共通する直近上級の裁判所は、検察官又は被告人の請求により、決定で事件を1の裁判所に併合することができる。

［関連事件］

第9条 数個の事件は、左の場合に関連するものとする。

一 1人が数罪を犯したとき。

二 数人が共に同一又は別個の罪を犯したとき。

三 数人が通謀して各別に罪を犯したとき。

② 犯人蔵匿の罪、証憑湮滅（しょうひょういんめつ）の罪、偽証の罪、虚偽の鑑定通訳の罪及び贓物（ぞうぶつ）に関する罪とその本犯の罪とは、共に犯したものとみなす。

［同一事件と数個の訴訟係属］

第10条 同一事件が事物管轄を異にする数個の裁判所に係属するときは、上級の裁判所が、これを審判する。

② 上級の裁判所は、検察官又は被告人の請求により、決定で管轄権を有する下級の裁判所にその事件を審判させることができる。

[同一事件と数個の訴訟係属]

第11条 同一事件が事物管轄を同じくする数個の裁判所に係属するときは、最初に公訴を受けた裁判所が、これを審判する。

② 各裁判所に共通する直近上級の裁判所は、検察官又は被告人の請求により、決定で後に公訴を受けた裁判所にその事件を審判させることができる。

[管轄区域外の職務執行]

第12条 裁判所は、事実発見のため必要があるときは、管轄区域外で職務を行うことができる。

② 前項の規定は、受命裁判官にこれを準用する。

[管轄違いと訴訟手続の効力]

第13条 訴訟手続は、管轄違の理由によつては、その効力を失わない。

[管轄違いと要急処分]

第14条 裁判所は、管轄権を有しないときでも、急速を要する場合には、事実発見のため必要な処分をすることができる。

② 前項の規定は、受命裁判官にこれを準用する。

[管轄指定の請求]

第15条 検察官は、左の場合には、関係のある第1審裁判所に共通する直近上級の裁判所に管轄指定の請求をしなければならない。

一 裁判所の管轄区域が明らかでないため管轄裁判所が定まらないとき。

二 管轄違を言い渡した裁判が確定した事件について他に管轄裁判所がないとき。

[管轄指定の請求]

第16条 法律による管轄裁判所がないとき、又はこれを知ることができないときは、検事総長は、最高裁判所に管轄指定の請求をしなければならない。

[管轄移転の請求]

第17条 検察官は、左の場合には、直近上級の裁判所に管轄移転の請求をしなければならない。

一 管轄裁判所が法律上の理由又は特別の事情により裁判権を行うことができないとき。

二 地方の民心、訴訟の状況その他の事情により裁判の公平を維持することができない虞(おそれ)があるとき。

② 前項各号の場合には、被告人も管轄移転の請求をすることができる。

[管轄移転の請求]

第18条 犯罪の性質、地方の民心その他の事情により管轄裁判所が審判をするときは公安を害する虞(おそれ)があると認める場合には、検事総長は、最高裁判所に管轄移転の請求をしなければならない。

[事件の移送]

第19条 裁判所は、適当と認めるときは、検察官若しくは被告人の請求により又は職権で、決定を以て、その管轄に属する事件を事物管轄を同じくする他の管轄裁判所に移送することができる。

② 移送の決定は、被告事件につき証拠調を開始した後は、これをすることができない。

③ 移送の決定又は移送の請求を却下する決定に対しては、その決定により著しく利益を害される場合に限り、その事由を疎明して、即時抗告をすることができる。

第2章 裁判所職員の除斥及び忌避

[除斥の原因]

第20条 裁判官は、次に掲げる場合には、職務の執行から除斥される。

一 裁判官が被害者であるとき。

二　裁判官が被告人又は被害者の親族であるとき、又はあつたとき。
三　裁判官が被告人又は被害者の法定代理人、後見監督人、保佐人、保佐監督人、補助人又は補助監督人であるとき。
四　裁判官が事件について証人又は鑑定人となつたとき。
五　裁判官が事件について被告人の代理人、弁護人又は補佐人となつたとき。
六　裁判官が事件について検察官又は司法警察員の職務を行つたとき。
七　裁判官が事件について第266条第2号の決定、略式命令、前審の裁判、第398条乃至第400条、第412条若しくは第413条の規定により差し戻し、若しくは移送された場合における原判決又はこれらの裁判の基礎となつた取調べに関与したとき。ただし、受託裁判官として関与した場合は、この限りでない。

［忌避の原因、忌避申立権者］

第21条　裁判官が職務の執行から除斥されるべきとき、又は不公平な裁判をする虞があるときは、検察官又は被告人は、これを忌避することができる。

②　弁護人は、被告人のため忌避の申立をすることができる。但し、被告人の明示した意思に反することはできない。

［忌避申立ての時期］

第22条　事件について請求又は陳述をした後には、不公平な裁判をする虞があることを理由として裁判官を忌避することはできない。但し、忌避の原因があることを知らなかつたとき、又は忌避の原因がその後に生じたときは、この限りでない。

［忌避申立てに対する決定］

第23条　合議体の構成員である裁判官が忌避されたときは、その裁判官所属の裁判所が、決定をしなければならない。この場合において、その裁判所が地方裁判所であるときは、合議体で決定をしなければならない。

②　地方裁判所の1人の裁判官又は家庭裁判所の裁判官が忌避されたときはその裁判官所属の裁判所が、簡易裁判所の裁判官が忌避されたときは管轄地方裁判所が、合議体で決定をしなければならない。ただし、忌避された裁判官が忌避の申立てを理由があるものとするときは、その決定があつたものとみなす。

③　忌避された裁判官は、前2項の決定に関与することができない。

④　裁判所が忌避された裁判官の退去により決定をすることができないときは、直近上級の裁判所が、決定をしなければならない。

［忌避申立てに対する簡易却下手続］

第24条　訴訟を遅延させる目的のみでされたことの明らかな忌避の申立は、決定でこれを却下しなければならない。この場合には、前条第3項の規定を適用しない。第22条の規定に違反し、又は裁判所の規則で定める手続に違反してされた忌避の申立を却下する場合も、同様である。

②　前項の場合には、忌避された受命裁判官、地方裁判所の1人の裁判官又は家庭裁判所若しくは簡易裁判所の裁判官は、忌避の申立てを却下する裁判をすることができる。

［即時抗告］

第25条　忌避の申立を却下する決定に対しては、即時抗告をすることができる。

［裁判所書記官の除斥・忌避］

第26条　この章の規定は、第20条第

7号の規定を除いて、裁判所書記にこれを準用する。
② 決定は、裁判所書記所属の裁判所がこれをしなければならない。但し、第24条第1項の場合には、裁判所書記の附属する受命裁判官が、忌避の申立を却下する裁判をすることができる。

第3章 訴訟能力

[法人の訴訟行為]
第27条 被告人又は被疑者が法人であるときは、その代表者が、訴訟行為についてこれを代表する。
② 数人が共同して法人を代表する場合にも、訴訟行為については、各自が、これを代表する。

[意思無能力者の訴訟行為]
第28条 刑法（明治40年法律第45号）第39条又は第41条の規定を適用しない罪に当たる事件について、被告人又は被疑者が意思能力を有しないときは、その法定代理人【1】が、訴訟行為についてこれを代理する。

[特別代理人]
第29条 前2条の規定により被告人を代表し、又は代理する者がないときは、検察官の請求により又は職権で、特別代理人を選任しなければならない。
② 前2条の規定により被疑者を代表し、又は代理する者がない場合において、検察官、司法警察員又は利害関係人の請求があつたときも、前項と同様である。
③ 特別代理人は、被告人又は被疑者を代表し又は代理して訴訟行為をする者ができるまで、その任務を行う。

【1】 2人以上あるときは、各自。以下同じ。

第4章 弁護及び補佐

[弁護人の選任権者]
第30条 被告人又は被疑者は、何時でも弁護人を選任することができる。
② 被告人又は被疑者の法定代理人、保佐人、配偶者、直系の親族及び兄弟姉妹は、独立して弁護人を選任することができる。

[弁護人の資格、特別弁護人]
第31条 弁護人は、弁護士の中からこれを選任しなければならない。
② 簡易裁判所又は地方裁判所においては、裁判所の許可を得たときは、弁護士でない者を弁護人に選任することができる。ただし、地方裁判所においては、他に弁護士の中から選任された弁護人がある場合に限る。

[私選弁護人紹介手続]
第31条の2 弁護人を選任しようとする被告人又は被疑者は、弁護士会に対し、弁護人の選任の申出をすることができる。
② 弁護士会は、前項の申出を受けた場合は、速やかに、所属する弁護士の中から弁護人となろうとする者を紹介しなければならない。
③ 弁護士会は、前項の弁護人となろうとする者がないときは、当該申出をした者に対し、速やかに、その旨を通知しなければならない。同項の規定により紹介した弁護士が被告人又は被疑者がした弁護人の選任の申込みを拒んだときも、同様とする。

[選任の効力]
第32条 公訴の提起前にした弁護人の選任は、第1審においてもその効力を有する。
② 公訴の提起後における弁護人の選任は、審級ごとにこれをしなければならない。

［主任弁護人］

第33条　被告人に数人の弁護人があるときは、裁判所の規則で、主任弁護人を定めなければならない。

［主任弁護人の権限］

第34条　前条の規定による主任弁護人の権限については、裁判所の規則の定めるところによる。

［弁護人の数の制限］

第35条　裁判所は、裁判所の規則の定めるところにより、被告人又は被疑者の弁護人の数を制限することができる。但し、被告人の弁護人については、特別の事情のあるときに限る。

［請求による被告人の弁護人国選］

第36条　被告人が貧困その他の事由により弁護人を選任することができないときは、裁判所は、その請求により、被告人のため弁護人を附しなければならない。但し、被告人以外の者が選任した弁護人がある場合は、この限りでない。

［資力申告書］

第36条の2　この法律により弁護人を要する場合を除いて、被告人が前条の請求をするには、資力申告書【1】を提出しなければならない。

［私選手続の前置］

第36条の3　この法律により弁護人を要する場合を除いて、その資力が基準額【2】以上である被告人が第36条の請求をするには、あらかじめ、その請求をする裁判所の所在地を管轄する地方裁判所の管轄区域内に在る弁護士会に第31条の2第1項の申出をしていなければならない。

② 前項の規定により第31条の2第1項の申出を受けた弁護士会は、同条第3項の規定による通知をしたときは、前項の地方裁判所又は当該被告事件が係属する裁判所に対し、その旨を通知しなければならない。

［職権による被告人の弁護人国選］

第37条　左の場合に被告人に弁護人がないときは、裁判所は、職権で弁護人を附することができる。

一　被告人が未成年者であるとき。

二　被告人が年齢70年以上の者であるとき。

三　被告人が耳の聞えない者又は口のきけない者であるとき。

四　被告人が心神喪失者又は心神耗弱者である疑があるとき。

五　その他必要と認めるとき。

［請求による被疑者の国選弁護人］

第37条の2　被疑者に対して勾留状が発せられている場合において、被疑者が貧困その他の事由により弁護人を選任することができないときは、裁判官は、その請求により、被疑者のため弁護人を付さなければならない。ただし、被疑者以外の者が選任した弁護人がある場合又は被疑者が釈放された場合は、この限りでない。

② 前項の請求は、勾留を請求された被疑者も、これをすることができる。

［請求による被疑者国選弁護人の請求手続］

第37条の3　前条第1項の請求をするには、資力申告書を提出しなければならない。

② その資力が基準額以上である被疑者が前条第1項の請求をするには、あらかじめ、その勾留の請求を受けた裁判官の所属する裁判所の所在地を管轄する地方裁判所の管轄区域内に在る弁護士会に第31条の2第1

【1】　その者に属する現金、預金その他政令で定めるこれらに準ずる資産の合計額（以下「**資力**」という。）及びその内訳を申告する書面をいう。以下同じ。

【2】　標準的な必要生計費を勘案して一般に弁護人の報酬及び費用を賄うに足りる額として政令で定める額をいう。以下同じ。

項の申出をしていなければならない。
③　前項の規定により第31条の2第1項の申出を受けた弁護士会は、同条第3項の規定による通知をしたときは、前項の地方裁判所に対し、その旨を通知しなければならない。

[職権による被疑者の国選弁護人]

第37条の4　裁判官は、被疑者に対して勾留状が発せられ、かつ、これに弁護人がない場合において、精神上の障害その他の事由により弁護人を必要とするかどうかを判断することが困難である疑いがある被疑者について必要があると認めるときは、職権で弁護人を付することができる。ただし、被疑者が釈放された場合は、この限りでない。

[被疑者国選弁護人の人数]

第37条の5　裁判官は、死刑又は無期拘禁刑に当たる事件について第37条の2第1項又は前条の規定により弁護人を付する場合又は付した場合において、特に必要があると認めるときは、職権で更に弁護人1人を付することができる。ただし、被疑者が釈放された場合は、この限りでない。

[国選弁護人の資格・報酬等]

第38条　この法律の規定に基づいて裁判所若しくは裁判長又は裁判官が付すべき弁護人は、弁護士の中からこれを選任しなければならない。
②　前項の規定により選任された弁護人は、旅費、日当、宿泊料及び報酬を請求することができる。

[被疑者国選弁護人選任の失効]

第38条の2　裁判官による弁護人の選任は、被疑者がその選任に係る事件について釈放されたときは、その効力を失う。ただし、その釈放が勾留の執行停止によるときは、この限りでない。

[国選弁護人の解任]

第38条の3　裁判所は、次の各号のいずれかに該当すると認めるときは、裁判所若しくは裁判長又は裁判官が付した弁護人を解任することができる。
一　第30条の規定により弁護人が選任されたことその他の事由により弁護人を付する必要がなくなつたとき。
二　被告人と弁護人との利益が相反する状況にあり弁護人にその職務を継続させることが相当でないとき。
三　心身の故障その他の事由により、弁護人が職務を行うことができず、又は職務を行うことが困難となつたとき。
四　弁護人がその任務に著しく反したことによりその職務を継続させることが相当でないとき。
五　弁護人に対する暴行、脅迫その他の被告人の責めに帰すべき事由により弁護人にその職務を継続させることが相当でないとき。
②　弁護人を解任するには、あらかじめ、その意見を聴かなければならない。
③　弁護人を解任するに当たつては、被告人の権利を不当に制限することがないようにしなければならない。
④　公訴の提起前は、裁判官が付した弁護人の解任は、裁判官がこれを行う。この場合においては、前3項の規定を準用する。

[虚偽資力申告と過料]

第38条の4　裁判所又は裁判官の判断を誤らせる目的で、その資力について虚偽の記載のある資力申告書を提出した者は、10万円以下の過料に処する。

[被疑者・被告人との接見・授受]

第39条　身体の拘束を受けている被告人又は被疑者は、弁護人又は弁護人を選任することができる者の依頼により弁護人となろうとする者【1】と立会人なくして接見し、又は書類若しくは物の授受をすることができる。

② 前項の接見又は授受については、法令【2】で、被告人又は被疑者の逃亡、罪証の隠滅又は戒護に支障のある物の授受を防ぐため必要な措置を規定することができる。

③ 検察官、検察事務官又は司法警察職員【3】は、捜査のため必要があるときは、公訴の提起前に限り、第1項の接見又は授受に関し、その日時、場所及び時間を指定することができる。但し、その指定は、被疑者が防禦の準備をする権利を不当に制限するようなものであつてはならない。

[弁護人の書類・証拠物の閲覧謄写]

第40条　弁護人は、公訴の提起後は、裁判所において、訴訟に関する書類及び証拠物を閲覧し、且つ謄写することができる。但し、証拠物を謄写するについては、裁判長の許可を受けなければならない。

② 前項の規定にかかわらず、第157条の6第4項に規定する記録媒体は、謄写することができない。

[弁護人の独立行為権]

第41条　弁護人は、この法律に特別の定のある場合に限り、独立して訴訟行為をすることができる。

[補佐人]

第42条　被告人の法定代理人、保佐人、配偶者、直系の親族及び兄弟姉妹は、何時でも補佐人となることができる。

② 補佐人となるには、審級ごとにその旨を届け出なければならない。

③ 補佐人は、被告人の明示した意思に反しない限り、被告人がすることのできる訴訟行為をすることができる。但し、この法律に特別の定のある場合は、この限りでない。

第5章　裁判

[判決・決定・命令]

第43条　判決は、この法律に特別の定のある場合を除いては、口頭弁論に基いてこれをしなければならない。

② 決定又は命令は、口頭弁論に基いてこれをすることを要しない。

③ 決定又は命令をするについて必要がある場合には、事実の取調をすることができる。

④ 前項の取調は、合議体の構成員にこれをさせ、又は地方裁判所、家庭裁判所若しくは簡易裁判所の裁判官にこれを嘱託することができる。

[裁判の理由]

第44条　裁判には、理由を附しなければならない。

② 上訴を許さない決定又は命令には、理由を附することを要しない。但し、第428条第2項の規定により異議の申立をすることができる決定については、この限りでない。

[判事補の権限]

第45条　判決以外の裁判は、判事補が1人でこれをすることができる。

[裁判書等の謄抄本の請求]

第46条　被告人その他訴訟関係人は、自己の費用で、裁判書又は裁判を記載した調書の謄本又は抄本の交付を請求することができる。

【1】 弁護士でない者にあつては、第31条第2項の許可があつた後に限る。
【2】 裁判所の規則を含む。以下同じ。
【3】 司法警察員及び司法巡査をいう。以下同じ。

第6章　書類及び送達

[訴訟書類の公開禁止]

第47条　訴訟に関する書類は、公判の開廷前には、これを公にしてはならない。但し、公益上の必要その他の事由があつて、相当と認められる場合は、この限りでない。

[公判調書の作成・整理]

第48条　公判期日における訴訟手続については、公判調書を作成しなければならない。

②　公判調書には、裁判所の規則の定めるところにより、公判期日における審判に関する重要な事項を記載しなければならない。

③　公判調書は、各公判期日後速かに、遅くとも判決を宣告するまでにこれを整理しなければならない。ただし、判決を宣告する公判期日の調書は当該公判期日後7日以内に、公判期日から判決を宣告する日までの期間が10日に満たない場合における当該公判期日の調書は当該公判期日後10日以内【1】に、整理すれば足りる。

[被告人の公判調書閲覧権]

第49条　被告人に弁護人がないときは、公判調書は、裁判所の規則の定めるところにより、被告人も、これを閲覧することができる。被告人は、読むことができないとき、又は目の見えないときは、公判調書の朗読を求めることができる。

[公判調書未整理の場合の当事者の権利]

第50条　公判調書が次回の公判期日までに整理されなかつたときは、裁判所書記は、検察官、被告人又は弁護人の請求により、次回の公判期日において又はその期日までに、前回の公判期日における証人の供述の要旨を告げなければならない。この場合において、請求をした検察官、被告人又は弁護人が証人の供述の要旨の正確性につき異議を申し立てたときは、その旨を調書に記載しなければならない。

②　被告人及び弁護人の出頭なくして開廷した公判期日の公判調書が、次回の公判期日までに整理されなかつたときは、裁判所書記は、次回の公判期日において又はその期日までに、出頭した被告人又は弁護人に前回の公判期日における審理に関する重要な事項を告げなければならない。

[公判調書の記載に対する異議申立て]

第51条　検察官、被告人又は弁護人は、公判調書の記載の正確性につき異議を申し立てることができる。異議の申立があつたときは、その旨を調書に記載しなければならない。

②　前項の異議の申立ては、遅くとも当該審級における最終の公判期日後14日以内にこれをしなければならない。ただし、第48条第3項ただし書の規定により判決を宣告する公判期日後に整理された調書については、整理ができた日から14日以内にこれをすることができる。

[公判調書の証明力]

第52条　公判期日における訴訟手続で公判調書に記載されたものは、公判調書のみによつてこれを証明することができる。

[訴訟記録の閲覧]

第53条　何人(なんぴと)も、被告事件の終結後、訴訟記録を閲覧することができる。但し、訴訟記録の保存又は裁判所若しくは検察庁の事務に支障のあるときは、この限りでない。

②　弁論の公開を禁止した事件の訴訟記録又は一般の閲覧に適しないもの

【1】　判決を宣告する日までの期間が3日に満たないときは、当該判決を宣告する公判期日後7日以内

としてその閲覧が禁止された訴訟記録は、前項の規定にかかわらず、訴訟関係人又は閲覧につき正当な理由があつて特に訴訟記録の保管者の許可を受けた者でなければ、これを閲覧することができない。
③　日本国憲法第82条第2項但書に掲げる事件については、閲覧を禁止することはできない。
④　訴訟記録の保管及びその閲覧の手数料については、別に法律でこれを定める。

[行政情報公開法等・個人情報保護法・公文書管理法の適用除外]

第53条の2　訴訟に関する書類及び押収物については、行政機関の保有する情報の公開に関する法律（平成11年法律第42号）及び独立行政法人等の保有する情報の公開に関する法律（平成13年法律第140号）の規定は、適用しない。
②　訴訟に関する書類及び押収物に記録されている個人情報については、個人情報の保護に関する法律（平成15年法律第57号）第5章第4節の規定は、適用しない。
③　訴訟に関する書類については、公文書等の管理に関する法律（平成21年法律第66号）第2章の規定は、適用しない。この場合において、訴訟に関する書類についての同法第4章の規定の適用については、同法第14条第1項中「国の機関（行政機関を除く。以下この条において同じ。）」とあり、及び同法第16条第1項第3号中「国の機関（行政機関を除く。）」とあるのは、「国の機関」とする。
④　押収物については、公文書等の管理に関する法律の規定は、適用しない。

[送達]

第54条　書類の送達については、裁判所の規則に特別の定めのある場合を除いては、民事訴訟に関する法令の規定【1】を準用する。

第7章　期間

[期間の計算、初日不算入等]

第55条　期間の計算については、時で計算するものは、即時からこれを起算し、日、月又は年で計算するものは、初日を算入しない。但し、時効期間の初日は、時間を論じないで1日としてこれを計算する。
②　月及び年は、暦に従つてこれを計算する。
③　期間の末日が日曜日、土曜日、国民の祝日に関する法律（昭和23年法律第178号）に規定する休日、1月2日、1月3日又は12月29日から12月31日までの日に当たるときは、これを期間に算入しない。ただし、時効期間については、この限りでない。

[法定期間の延長]

第56条　法定の期間は、裁判所の規則の定めるところにより、訴訟行為をすべき者の住居又は事務所の所在地と裁判所又は検察庁の所在地との距離及び交通通信の便否に従い、これを延長することができる。
②　前項の規定は、宣告した裁判に対する上訴の提起期間には、これを適用しない。

第8章　被告人の召喚、勾引及び勾留

[召喚]

第57条　裁判所は、裁判所の規則で定める相当の猶予期間を置いて、被告人を召喚することができる。

【1】　民事訴訟法（平成8年法律第109号）第100条第2項並びに第1編第5章第4節第3款及び第4款の規定を除く。

[勾引]

第58条　裁判所は、次の場合には、被告人を勾引することができる。

一　被告人が定まつた住居を有しないとき。

二　被告人が、正当な理由がなく、召喚に応じないとき、又は応じないおそれがあるとき。

[勾引の効力]

第59条　勾引した被告人は、裁判所に引致した時から24時間以内にこれを釈放しなければならない。但し、その時間内に勾留状が発せられたときは、この限りでない。

[勾留の理由、勾留の期間]

第60条　裁判所は、被告人が罪を犯したことを疑うに足りる相当な理由がある場合で、左の各号の1にあたるときは、これを勾留することができる。

一　被告人が定まつた住居を有しないとき。

二　被告人が罪証を隠滅すると疑うに足りる相当な理由があるとき。

三　被告人が逃亡し又は逃亡すると疑うに足りる相当な理由があるとき。

②　勾留の期間は、公訴の提起があつた日から2箇月とする。特に継続の必要がある場合においては、具体的にその理由を附した決定で、1箇月ごとにこれを更新することができる。但し、第89条第1号、第3号、第4号又は第6号にあたる場合を除いては、更新は、1回に限るものとする。

③　30万円【1】以下の罰金、拘留又は科料に当たる事件については、被告人が定まつた住居を有しない場合に限り、第1項の規定を適用する。

[勾留質問]

第61条　被告人の勾留は、被告人に対し被告事件を告げこれに関する陳述を聴いた後でなければ、これをすることができない。但し、被告人が逃亡した場合は、この限りでない。

[令状]

第62条　被告人の召喚、勾引又は勾留は、召喚状、勾引状又は勾留状を発してこれをしなければならない。

[召喚状の方式]

第63条　召喚状には、被告人の氏名及び住居、罪名、出頭すべき年月日時及び場所並びに正当な理由がなく出頭しないときは勾引状を発することがある旨その他裁判所の規則で定める事項を記載し、裁判長又は受命裁判官が、これに記名押印しなければならない。

[勾引状・勾留状の方式]

第64条　勾引状又は勾留状には、被告人の氏名及び住居、罪名、公訴事実の要旨、引致すべき場所又は勾留すべき刑事施設、有効期間及びその期間経過後は執行に着手することができず令状はこれを返還しなければならない旨並びに発付の年月日その他裁判所の規則で定める事項を記載し、裁判長又は受命裁判官が、これに記名押印しなければならない。

②　被告人の氏名が明らかでないときは、人相、体格その他被告人を特定するに足りる事項で被告人を指示することができる。

③　被告人の住居が明らかでないときは、これを記載することを要しない。

[召喚の手続]

第65条　召喚状は、これを送達する。

②　被告人から期日に出頭する旨を記載した書面を差し出し、又は出頭し

【1】　刑法、暴力行為等処罰に関する法律（大正15年法律第60号）及び経済関係罰則の整備に関する法律（昭和19年法律第4号）の罪以外の罪については、当分の間、2万円

た被告人に対し口頭で次回の出頭を命じたときは、召喚状を送達した場合と同一の効力を有する。口頭で出頭を命じた場合には、その旨を調書に記載しなければならない。

③　裁判所に近接する刑事施設にいる被告人に対しては、刑事施設職員【1】に通知してこれを召喚することができる。この場合には、被告人が刑事施設職員から通知を受けた時に召喚状の送達があつたものとみなす。

[勾引の嘱託]

第66条　裁判所は、被告人の現在地の地方裁判所、家庭裁判所又は簡易裁判所の裁判官に被告人の勾引を嘱託することができる。

②　受託裁判官は、受託の権限を有する他の地方裁判所、家庭裁判所又は簡易裁判所の裁判官に転嘱することができる。

③　受託裁判官は、受託事項について権限を有しないときは、受託の権限を有する他の地方裁判所、家庭裁判所又は簡易裁判所の裁判官に嘱託を移送することができる。

④　嘱託又は移送を受けた裁判官は、勾引状を発しなければならない。

⑤　第64条の規定は、前項の勾引状についてこれを準用する。この場合においては、勾引状に嘱託によつてこれを発する旨を記載しなければならない。

[嘱託勾引の手続]

第67条　前条の場合には、嘱託によつて勾引状を発した裁判官は、被告人を引致した時から24時間以内にその人違(ひとちがい)でないかどうかを取り調べなければならない。

②　被告人が人違でないときは、速やかに且つ直接これを指定された裁判所に送致しなければならない。この場合には、嘱託によつて勾引状を発した裁判官は、被告人が指定された裁判所に到着すべき期間を定めなければならない。

③　前項の場合には、第59条の期間は、被告人が指定された裁判所に到着した時からこれを起算する。

[出頭命令・同行命令]

第68条　裁判所は、必要があるときは、指定の場所に被告人の出頭又は同行を命ずることができる。被告人が正当な理由がなくこれに応じないときは、その場所に勾引することができる。この場合には、第59条の期間は、被告人をその場所に引致した時からこれを起算する。

[急速を要する場合]

第69条　裁判長は、急速を要する場合には、第57条乃至(ないし)第62条、第65条、第66条及び前条に規定する処分をし、又は合議体の構成員にこれをさせることができる。

[勾引状・勾留状の執行者]

第70条　勾引状又は勾留状は、検察官の指揮によつて、検察事務官又は司法警察職員がこれを執行する。但し、急速を要する場合には、裁判長、受命裁判官又は地方裁判所、家庭裁判所若しくは簡易裁判所の裁判官は、その執行を指揮することができる。

②　刑事施設にいる被告人に対して発せられた勾留状は、検察官の指揮によつて、刑事施設職員がこれを執行する。

[管轄区域外における執行]

第71条　検察事務官又は司法警察職員は、必要があるときは、管轄区域外で、勾引状若しくは勾留状を執行し、又はその地の検察事務官若しくは司法警察職員にその執行を求める

【1】　刑事施設の長又はその指名する刑事施設の職員をいう。以下同じ。

ことができる。

[被告人の所在捜査、勾引状・勾留状の執行の嘱託]

第72条　被告人の現在地が判らないときは、裁判長は、検事長にその捜査及び勾引状又は勾留状の執行を嘱託することができる。

② 嘱託を受けた検事長は、その管内の検察官に捜査及び勾引状又は勾留状の執行の手続をさせなければならない。

[勾引状・勾留状の執行手続]

第73条　勾引状を執行するには、これを被告人に示した上、できる限り速やかに且つ直接、指定された裁判所その他の場所に引致しなければならない。第66条第4項の勾引状については、これを発した裁判官に引致しなければならない。

② 勾留状を執行するには、これを被告人に示した上、できる限り速やかに、かつ、直接、指定された刑事施設に引致しなければならない。

③ 勾引状又は勾留状を所持しないためこれを示すことができない場合において、急速を要するときは、前2項の規定にかかわらず、被告人に対し公訴事実の要旨及び令状が発せられている旨を告げて、その執行をすることができる。但し、令状は、できる限り速やかにこれを示さなければならない。

[護送中の仮留置]

第74条　勾引状又は勾留状の執行を受けた被告人を護送する場合において必要があるときは、仮に最寄りの刑事施設にこれを留置することができる。

[勾引された被告人の留置]

第75条　勾引状の執行を受けた被告人を引致した場合において必要があるときは、これを刑事施設に留置することができる。

[勾引された被告人に対する弁護人選任に関する告知と教示]

第76条　被告人を勾引したときは、直ちに被告人に対し、公訴事実の要旨及び弁護人を選任することができる旨並びに貧困その他の事由により自ら弁護人を選任することができないときは弁護人の選任を請求することができる旨を告げなければならない。ただし、被告人に弁護人があるときは、公訴事実の要旨を告げれば足りる。

② 前項の規定により弁護人を選任することができる旨を告げるに当たつては、弁護士、弁護士法人【1】又は弁護士会を指定して弁護人の選任を申し出ることができる旨及びその申出先を教示しなければならない。

③ 第1項の告知及び前項の教示は、合議体の構成員又は裁判所書記官にこれをさせることができる。

④ 第66条第4項の規定により勾引状を発した場合には、第1項の告知及び第2項の教示は、その勾引状を発した裁判官がこれをしなければならない。ただし、裁判所書記官にその告知及び教示をさせることができる。

[勾留するときの弁護人選任に関する告知と教示]

第77条　被告人を勾留するには、被告人に対し、弁護人を選任することができる旨及び貧困その他の事由により自ら弁護人を選任することができないときは弁護人の選任を請求することができる旨を告げなければならない。ただし、被告人に弁護人があるときは、この限りでない。

② 前項の規定により弁護人を選任す

【1】 弁護士・外国法事務弁護士共同法人を含む。以下同じ。

ることができる旨を告げるに当たつては、勾留された被告人は弁護士、弁護士法人又は弁護士会を指定して弁護人の選任を申し出ることができる旨及びその申出先を教示しなければならない。

③　第61条ただし書の場合には、被告人を勾留した後直ちに、第1項に規定する事項及び公訴事実の要旨を告げるとともに、前項に規定する事項を教示しなければならない。ただし、被告人に弁護人があるときは、公訴事実の要旨を告げれば足りる。

④　前条第3項の規定は、第1項の告知、第2項の教示並びに前項の告知及び教示についてこれを準用する。

[弁護人選任の申出]

第78条　勾引又は勾留された被告人は、裁判所又は刑事施設の長若しくはその代理者に弁護士、弁護士法人又は弁護士会を指定して弁護人の選任を申し出ることができる。ただし、被告人に弁護人があるときは、この限りでない。

②　前項の申出を受けた裁判所又は刑事施設の長若しくはその代理者は、直ちに被告人の指定した弁護士、弁護士法人又は弁護士会にその旨を通知しなければならない。被告人が2人以上の弁護士又は2以上の弁護士法人若しくは弁護士会を指定して前項の申出をしたときは、そのうちの1人の弁護士又は1の弁護士法人若しくは弁護士会にこれを通知すれば足りる。

[勾留と弁護人等への通知]

第79条　被告人を勾留したときは、直ちに弁護人にその旨を通知しなければならない。被告人に弁護人がないときは、被告人の法定代理人、保佐人、配偶者、直系の親族及び兄弟姉妹のうち被告人の指定する者1人にその旨を通知しなければならない。

[勾留と接見・授受]

第80条　勾留されている被告人は、第39条第1項に規定する者以外の者と、法令の範囲内で、接見し、又は書類若しくは物の授受をすることができる。勾引状により刑事施設に留置されている被告人も、同様である。

[接見等禁止]

第81条　裁判所は、逃亡し又は罪証を隠滅すると疑うに足りる相当な理由があるときは、検察官の請求により又は職権で、勾留されている被告人と第39条第1項に規定する者以外の者との接見を禁じ、又はこれと授受すべき書類その他の物を検閲し、その授受を禁じ、若しくはこれを差し押えることができる。但し、糧食の授受を禁じ、又はこれを差し押えることはできない。

[勾留理由開示の請求]

第82条　勾留されている被告人は、裁判所に勾留の理由の開示を請求することができる。

②　勾留されている被告人の弁護人、法定代理人、保佐人、配偶者、直系の親族、兄弟姉妹その他利害関係人も、前項の請求をすることができる。

③　前2項の請求は、保釈、勾留の執行停止若しくは勾留の取消があつたとき、又は勾留状の効力が消滅したときは、その効力を失う。

[勾留理由開示の手続]

第83条　勾留の理由の開示は、公開の法廷でこれをしなければならない。

②　法廷は、裁判官及び裁判所書記が列席してこれを開く。

③　被告人及びその弁護人が出頭しないときは、開廷することはできない。但し、被告人の出頭については、被告人が病気その他やむを得ない事由

によつて出頭することができず且つ被告人に異議がないとき、弁護人の出頭については、被告人に異議がないときは、この限りでない。

[勾留理由開示の方式]

第84条 法廷においては、裁判長は、勾留の理由を告げなければならない。

② 検察官又は被告人及び弁護人並びにこれらの者以外の請求者は、意見を述べることができる。但し、裁判長は、相当と認めるときは、意見の陳述に代え意見を記載した書面を差し出すべきことを命ずることができる。

[受命裁判官による開示]

第85条 勾留の理由の開示は、合議体の構成員にこれをさせることができる。

[勾留理由開示請求の競合]

第86条 同一の勾留について第82条の請求が2以上ある場合には、勾留の理由の開示は、最初の請求についてこれを行う。その他の請求は、勾留の理由の開示が終つた後、決定でこれを却下しなければならない。

[勾留の取消し]

第87条 勾留の理由又は勾留の必要がなくなつたときは、裁判所は、検察官、勾留されている被告人若しくはその弁護人、法定代理人、保佐人、配偶者、直系の親族若しくは兄弟姉妹の請求により、又は職権で、決定を以て勾留を取り消さなければならない。

② 第82条第3項の規定は、前項の請求についてこれを準用する。

[保釈の請求]

第88条 勾留されている被告人又はその弁護人、法定代理人、保佐人、配偶者、直系の親族若しくは兄弟姉妹は、保釈の請求をすることができる。

② 第82条第3項の規定は、前項の請求についてこれを準用する。

[必要的保釈と例外事由]

第89条 保釈の請求があつたときは、次の場合を除いては、これを許さなければならない。

一 被告人が死刑又は無期若しくは短期1年以上の拘禁刑に当たる罪を犯したものであるとき。

二 被告人が前に死刑又は無期若しくは長期10年を超える拘禁刑に当たる罪につき有罪の宣告を受けたことがあるとき。

三 被告人が常習として長期3年以上の拘禁刑に当たる罪を犯したものであるとき。

四 被告人が罪証を隠滅すると疑うに足りる相当な理由があるとき。

五 被告人が、被害者その他事件の審判に必要な知識を有すると認められる者若しくはその親族の身体若しくは財産に害を加え又はこれらの者を畏怖させる行為をすると疑うに足りる相当な理由があるとき。

六 被告人の氏名又は住居が分からないとき。

[裁量保釈と考慮事由]

第90条 裁判所は、保釈された場合に被告人が逃亡し又は罪証を隠滅するおそれの程度のほか、身体の拘束の継続により被告人が受ける健康上、経済上、社会生活上又は防御の準備上の不利益の程度その他の事情を考慮し、適当と認めるときは、職権で保釈を許すことができる。

[不当に長い勾留の取消し、保釈]

第91条 勾留による拘禁が不当に長くなつたときは、裁判所は、第88条に規定する者の請求により、又は職権で、決定を以て勾留を取り消し、又は保釈を許さなければならない。

② 第82条第3項の規定は、前項の請求についてこれを準用する。

[検察官の意見の聴取]

第92条 裁判所は、保釈を許す決定又は保釈の請求を却下する決定をするには、検察官の意見を聴かなければならない。

② 検察官の請求による場合を除いて、勾留を取り消す決定をするときも、前項と同様である。但し、急速を要する場合は、この限りでない。

[保釈保証金、保釈の条件]

第93条 保釈を許す場合には、保証金額を定めなければならない。

② 保証金額は、犯罪の性質及び情状、証拠の証明力並びに被告人の性格及び資産を考慮して、被告人の出頭を保証するに足りる相当な金額でなければならない。

③ 保釈を許す場合には、被告人の住居を制限し、その他適当と認める条件を付することができる。

④ 裁判所は、前項の規定により被告人の住居を制限する場合において、必要と認めるときは、裁判所の許可を受けないでその指定する期間を超えて当該住居を離れてはならない旨の条件を付することができる。

⑤ 前項の期間は、被告人の生活の状況その他の事情を考慮して指定する。

⑥ 第4項の許可をする場合には、同項の住居を離れることを必要とする理由その他の事情を考慮して、当該住居を離れることができる期間を指定しなければならない。

⑦ 裁判所は、必要と認めるときは、前項の期間を延長することができる。

⑧ 裁判所は、第4項の許可を受けた被告人について、同項の住居を離れることができる期間として指定された期間の終期まで当該住居を離れる必要がなくなつたと認めるときは、当該期間を短縮することができる。

[保証金納付の手続]

第94条 保釈を許す決定は、保証金の納付があつた後でなければ、これを執行することができない。

② 裁判所は、保釈請求者でない者に保証金を納めることを許すことができる。

③ 裁判所は、有価証券又は裁判所の適当と認める被告人以外の者の差し出した保証書を以て保証金に代えることを許すことができる。

[勾留の執行停止]

第95条 裁判所は、適当と認めるときは、決定で、勾留されている被告人を親族、保護団体その他の者に委託し、又は被告人の住居を制限して、勾留の執行を停止することができる。この場合においては、適当と認める条件を付することができる。

② 前項前段の決定をする場合には、勾留の執行停止をする期間を指定することができる。

③ 前項の期間を指定するに当たつては、その終期を日時をもつて指定するとともに、当該日時に出頭すべき場所を指定しなければならない。

④ 裁判所は、必要と認めるときは、第2項の期間を延長することができる。この場合においては、前項の規定を準用する。

⑤ 裁判所は、期間を指定されて勾留の執行停止をされた被告人について、当該期間の終期として指定された日時まで勾留の執行停止を継続する必要がなくなつたと認めるときは、当該期間を短縮することができる。この場合においては、第3項の規定を準用する。

⑥ 第93条第4項から第8項までの規定は、第1項前段の規定により被告人の住居を制限する場合について

準用する。

[指定場所不出頭の罪]

第95条の2 期間を指定されて勾留の執行停止をされた被告人が、正当な理由がなく、当該期間の終期として指定された日時に、出頭すべき場所として指定された場所に出頭しないときは、2年以下の拘禁刑に処する。

[住居不帰着等の罪]

第95条の3 裁判所の許可を受けないで指定された期間を超えて制限された住居を離れてはならない旨の条件を付されて保釈又は勾留の執行停止をされた被告人が、当該条件に係る住居を離れ、当該許可を受けないで、正当な理由がなく、当該期間を超えて当該住居に帰着しないときは、2年以下の拘禁刑に処する。

② 前項の被告人が、裁判所の許可を受けて同項の住居を離れ、正当な理由がなく、当該住居を離れることができる期間として指定された期間を超えて当該住居に帰着しないときも、同項と同様とする。

[逃亡防止事項等報告命令]

第95条の4 裁判所は、被告人の逃亡を防止し、又は公判期日への出頭を確保するため必要があると認めるときは、保釈を許す決定又は第95条第1項前段の決定を受けた被告人に対し、その住居、労働又は通学の状況、身分関係その他のその変更が被告人が逃亡すると疑うに足りる相当な理由の有無の判断に影響を及ぼす生活上又は身分上の事項として裁判所の定めるものについて、次に掲げるところに従つて報告をすることを命ずることができる。

一 裁判所の指定する時期に、当該時期における当該事項について報告をすること。

二 当該事項に変更が生じたときは、速やかに、その変更の内容について報告をすること。

② 裁判所は、前項の場合において、必要と認めるときは、同項の被告人に対し、同項の規定による報告を裁判所の指定する日時及び場所に出頭してすることを命ずることができる。

③ 裁判所は、第1項の規定による報告があつたときはその旨及びその報告の内容を、同項【1】の規定による報告がなかつたとき又は同項【2】の規定による報告がなかつたことを知つたときはその旨及びその状況を、それぞれ速やかに検察官に通知しなければならない。

[保釈、勾留の執行停止の取消し]

第96条 裁判所は、次の各号のいずれかに該当する場合には、検察官の請求により、又は職権で、決定で、保釈又は勾留の執行停止を取り消すことができる。

一 被告人が、召喚を受け正当な理由がなく出頭しないとき。

二 被告人が逃亡し又は逃亡すると疑うに足りる相当な理由があるとき。

三 被告人が罪証を隠滅し又は罪証を隠滅すると疑うに足りる相当な理由があるとき。

四 被告人が、被害者その他事件の審判に必要な知識を有すると認められる者若しくはその親族の身体若しくは財産に害を加え若しくは加えようとし、又はこれらの者を畏怖させる行為をしたとき。

五 被告人が、正当な理由がなく前条第1項の規定による報告をせず、又は虚偽の報告をしたとき。

六 被告人が住居の制限その他裁判

【1】 第1号に係る部分に限る。
【2】 第2号に係る部分に限る。

所の定めた条件に違反したとき。

② 前項の規定により保釈を取り消す場合には、裁判所は、決定で、保証金の全部又は一部を没取することができる。

③ 保釈を取り消された者が、第98条の2の規定による命令を受け正当な理由がなく出頭しないとき、又は逃亡したときも、前項と同様とする。

④ 拘禁刑以上の刑に処する判決【1】の宣告を受けた後、保釈又は勾留の執行停止をされている被告人が逃亡したときは、裁判所は、検察官の請求により、又は職権で、決定で、保釈又は勾留の執行停止を取り消さなければならない。

⑤ 前項の規定により保釈を取り消す場合には、裁判所は、決定で、保証金の全部又は一部を没取しなければならない。

⑥ 保釈を取り消された者が、第98条の2の規定による命令を受け正当な理由がなく出頭しない場合又は逃亡した場合において、その者が拘禁刑以上の刑に処する判決の宣告を受けた者であるときは、裁判所は、決定で、保証金の全部又は一部を没取しなければならない。ただし、第4項の規定により保釈を取り消された者が逃亡したときは、この限りでない。

⑦ 保釈された者が、拘禁刑以上の刑に処する判決又は拘留に処する判決の宣告を受けた後、第343条の2【2】の規定による命令を受け正当な理由がなく出頭しないとき又は逃亡したとき【3】は検察官の請求により又は職権で、刑の執行のため呼出しを受け正当な理由がなく出頭しないときは検察官の請求により、決定で、保証金の全部又は一部を没取しなければならない。

[上訴と勾留に関する処分]

第97条 上訴の提起期間内の事件でまだ上訴の提起がないものについて、勾留の期間を更新し、勾留を取り消し、又は保釈若しくは勾留の執行停止をし、若しくはこれを取り消すべき場合には、原裁判所が、その決定をしなければならない。

② 上訴中の事件で訴訟記録が上訴裁判所に到達していないものについて前項の決定をすべき裁判所は、裁判所の規則の定めるところによる。

③ 前2項の規定は、勾留の理由の開示をすべき場合にこれを準用する。

[保釈・勾留執行停止の取消し等の場合の収容手続]

第98条 保釈若しくは勾留の執行停止を取り消す決定があつたとき、又は勾留の執行停止の期間が満了したときは、検察事務官、司法警察職員又は刑事施設職員は、検察官の指揮により、勾留状の謄本及び保釈若しくは勾留の執行停止を取り消す決定の謄本又は期間を指定した勾留の執行停止の決定の謄本を被告人に示してこれを刑事施設に収容しなければならない。

② 前項の書面を所持しないためこれを示すことができない場合において、急速を要するときは、同項の規定にかかわらず、検察官の指揮により、被告人に対し保釈若しくは勾留の執行停止が取り消された旨又は勾留の執行停止の期間が満了した旨を告げ

【1】 拘禁刑の全部の執行猶予の言渡しをしないものに限る。以下同じ。

【2】 第404条（第414条において準用する場合を含む。第98条の17第1項第2号及び第4号において同じ。）において準用する場合を含む。

【3】 保釈されている場合及び保釈を取り消された後、逃亡した場合を除く。

刑事訴訟法

て、これを刑事施設に収容することができる。ただし、その書面は、できる限り速やかにこれを示さなければならない。

③　第71条の規定は、前2項の規定による収容についてこれを準用する。

[保釈等取消し後の出頭命令]

第98条の2　検察官は、保釈又は勾留の執行停止を取り消す決定があつた場合において、被告人が刑事施設に収容されていないときは、被告人に対し、指定する日時及び場所に出頭することを命ずることができる。

[保釈等取消し後の不出頭の罪]

第98条の3　保釈又は勾留の執行停止を取り消され、検察官から出頭を命ぜられた被告人が、正当な理由がなく、指定された日時及び場所に出頭しないときは、2年以下の拘禁刑に処する。

[監督者の選任と責務等]

第98条の4　裁判所は、保釈を許し、又は勾留の執行停止をする場合において、必要と認めるときは、適当と認める者を、その同意を得て監督者として選任することができる。

②　裁判所は、前項の同意を得るに当たつては、あらかじめ、監督者として選任する者に対し、次項及び第4項に規定する監督者の責務並びに第98条の8第2項、第98条の11及び第98条の18第3項の規定による監督保証金の没取の制度を理解させるために必要な事項を説明しなければならない。

③　監督者は、被告人の逃亡を防止し、及び公判期日への出頭を確保するために必要な監督をするものとする。

④　裁判所は、監督者に対し、次の各号に掲げる事項のいずれか又は全てを命ずるものとする。

一　被告人が召喚を受けたときその他この法律又は他の法律の規定により被告人が出頭しなければならないときは、その出頭すべき日時及び場所に、被告人と共に出頭すること。

二　被告人の住居、労働又は通学の状況、身分関係その他のその変更が被告人が逃亡すると疑うに足りる相当な理由の有無の判断に影響を及ぼす生活上又は身分上の事項として裁判所の定めるものについて、次に掲げるところに従つて報告をすること。

イ　裁判所の指定する時期に、当該時期における当該事項について報告をすること。

ロ　当該事項に変更が生じたときは、速やかに、その変更の内容について報告をすること。

[監督保証金]

第98条の5　監督者を選任する場合には、監督保証金額を定めなければならない。

②　監督保証金額は、監督者として選任する者の資産及び被告人との関係その他の事情を考慮して、前条第4項の規定により命ずる事項及び被告人の出頭を保証するに足りる相当な金額でなければならない。

[監督保証金の納付]

第98条の6　監督者を選任した場合には、保釈を許す決定は、第94条第1項の規定にかかわらず、保証金及び監督保証金の納付があつた後でなければ、執行することができない。

②　監督者を選任した場合には、第95条第1項前段の決定は、監督保証金の納付があつた後でなければ、執行することができない。

③　第94条第2項及び第3項の規定は、監督保証金の納付について準用する。この場合において、同条第2

項中「保釈請求者でない者」とあるのは「監督者でない者（被告人を除く。）」と、同条第3項中「被告人」とあるのは「被告人及び監督者」と読み替えるものとする。

[裁判所の通知義務]

第98条の7 裁判所は、監督者を選任した場合において、被告人の召喚がされたときその他この法律又は他の法律の規定により被告人が指定の日時及び場所に出頭しなければならないこととされたときは、速やかに、監督者に対し、その旨並びに当該日時及び場所を通知しなければならない。

② 裁判所は、第98条の4第4項【1】の規定による出頭があつたときはその旨を、同項【2】の規定による報告があつたときはその旨及びその報告の内容を、同項【3】の規定による出頭若しくは同項【4】の規定による報告がなかつたとき又は同項【5】の規定による報告がなかつたことを知つたときはその旨及びその状況を、それぞれ速やかに検察官に通知しなければならない。

[監督者解任事由等]

第98条の8 裁判所は、次の各号のいずれかに該当すると認めるときは、検察官の請求により、又は職権で、監督者を解任することができる。

一 監督者が、正当な理由がなく、第98条の4第4項の規定による命令に違反したとき。

二 心身の故障その他の事由により、監督者が第98条の4第4項の規定により命ぜられた事項をすることができない状態になつたとき。

三 監督者から解任の申出があつたとき。

② 前項【6】の規定により監督者を解任する場合には、裁判所は、決定で、監督保証金の全部又は一部を没取することができる。

[監督者の再選任]

第98条の9 裁判所は、監督者を解任した場合又は監督者が死亡した場合には、決定で、保釈又は勾留の執行停止を取り消さなければならない。

② 裁判所は、前項に規定する場合において、相当と認めるときは、次の各号に掲げる場合の区分に応じ、当該各号に定める措置をとることができる。この場合においては、同項の規定は、適用しない。

一 被告人が保釈されている場合　新たに適当と認める者を監督者として選任し、又は保証金額を増額すること。

二 被告人が勾留の執行停止をされている場合　新たに適当と認める者を監督者として選任すること。

③ 裁判所は、前項前段の規定により監督者を選任する場合には、監督保証金を納付すべき期限を指定しなければならない。

④ 裁判所は、やむを得ない事由があると認めるときは、前項の期限を延長することができる。

⑤ 裁判所は、第3項の期限までに監督保証金の納付がなかつたときは、監督者を解任しなければならない。

⑥ 裁判所は、第2項前段【7】の規定により監督者を選任する場合において、相当と認めるときは、保証金額を減額することができる。

【1】 第1号に係る部分に限る。
【2】 第2号に係る部分に限る。
【3】 第1号に係る部分に限る。
【4】 第2号イに係る部分に限る。
【5】 第2号ロに係る部分に限る。
【6】 第1号に係る部分に限る。
【7】 第1号に係る部分に限る。次項において同じ。

⑦　裁判所は、第2項前段の規定により保証金額を増額する場合には、増額分の保証金を納付すべき期限を指定しなければならない。この場合においては、第4項の規定を準用する。

⑧　第94条第2項及び第3項の規定は、前項に規定する場合における増額分の保証金の納付について準用する。この場合において、同条第2項中「保釈請求者」とあるのは、「被告人」と読み替えるものとする。

⑨　裁判所は、第7項の期限までに増額分の保証金の納付がなかつたときは、決定で、保釈を取り消さなければならない。

[監督者欠格事由の報告]

第98条の10　被告人は、第98条の8第1項第2号に該当すること又は監督者が死亡したことを知つたときは、速やかに、その旨を裁判所に届け出なければならない。

②　裁判所は、前項の規定による届出がなかつたときは、検察官の請求により、又は職権で、決定で、保釈又は勾留の執行停止を取り消すことができる。

③　前項の規定により保釈を取り消す場合には、裁判所は、決定で、保証金の全部又は一部を没取することができる。

[監督保証金の没取]

第98条の11　監督者が選任されている場合において、第96条第1項【1】の規定により保釈又は勾留の執行停止を取り消すときは、裁判所は、決定で、監督保証金の全部又は一部を没取することができる。

【1】　第1号、第2号及び第5号（第95条の4第2項の規定による出頭をしなかつたことにより適用される場合に限る。）に係る部分に限る。

[位置測定端末：装着命令]

第98条の12　裁判所は、保釈を許す場合において、被告人が国外に逃亡することを防止するため、その位置及び当該位置に係る時刻を把握する必要があると認めるときは、被告人に対し、位置測定端末【2】をその身体に装着することを命ずることができる。

②　裁判所は、前項の規定による命令【3】をするときは、飛行場又は港湾施設の周辺の区域その他の位置測定端末装着命令を受けた者が本邦から出国する際に立ち入ることとなる区域であつて、当該者が所在してはならない区域【4】を定めるものとする。

③　位置測定端末は、次に掲げる機能及び構造を有するものでなければならない。

一　位置測定のために必要な人工衛星信号等を受信する機能

二　次に掲げる事由の発生を検知する機能

イ　位置測定端末が装着された者の身体から離れたこと。

ロ　位置測定に関して行われる信号の送受信【5】であつて位置測定端末に係るものが途絶するおそれがある事由として裁判所の規則で定めるもの

ハ　ロに掲げる事由がなくなつた

【2】　人の身体に装着される電子計算機であつて、人工衛星から発射される信号その他これを補完する信号（第3項第1号において「**人工衛星信号等**」という。）を用いて行う当該電子計算機の位置及び当該位置に係る時刻の測定（以下「**位置測定**」という。）に用いられるものをいう。以下同じ。

【3】　以下「位置測定端末装着命令」という。

【4】　以下「所在禁止区域」という。

【5】　以下「位置測定通信」という。

こと。

ニ　イからハまでに掲げるもののほか、位置測定端末を装着された者の本邦からの出国を防止し、又はその位置を把握するために位置測定端末において検知すべき事由として裁判所の規則で定めるもの

三　前号に掲げる事由の発生が検知されたときは、直ちに、かつ、自動的に、位置測定端末を装着された者に当該事由の発生を知らせるとともに、第5項の閲覧設備において当該事由の発生を確認するために必要な信号を、直接に又は次項の位置測定設備を経由して、第5項の閲覧設備に送信する機能

四　人の身体に装着された場合において、その全部又は一部を損壊することなく当該人の身体から取り外すことを困難とする構造

五　前各号に掲げるもののほか、位置測定に関して必要な機能又は構造として裁判所の規則で定めるもの

④　位置測定においては、次に掲げる機能を有する電気通信設備であつて裁判所の規則で定めるもの【1】を使用するものとする。

一　次に掲げる事由の発生を検知する機能

イ　位置測定端末が所在禁止区域内に所在すること。

ロ　位置測定通信であつて位置測定設備に係るものが途絶するおそれがある事由として裁判所の規則で定めるもの

ハ　ロに掲げる事由がなくなつたこと。

ニ　イからハまでに掲げるもののほか、位置測定端末を装着された者の本邦からの出国を防止し又はその位置を把握するために位置測定設備において検知すべき事由として裁判所の規則で定めるもの

二　前号に掲げる事由の発生が検知されたときは、直ちに、かつ、自動的に、位置測定端末を装着された者に当該事由の発生を知らせるとともに、次項の閲覧設備において当該事由の発生を確認するために必要な信号を同項の閲覧設備に送信する機能

⑤　位置測定においては、裁判所が端末位置情報【2】を表示して閲覧すること及び第3項第3号又は前項第2号の信号を受信することにより次に掲げる事由の発生を確認することができる機能を有する電気通信設備【3】を使用するものとする。

一　第3項第2号イに掲げる事由

二　前項第1号イに掲げる事由

三　第3項第2号ロ又は前項第1号ロに掲げる事由

四　第3項第2号ハ又は前項第1号ハに掲げる事由

五　第3項第2号ニ又は前項第1号ニに掲げる事由

[位置測定端末：装着手続]

第98条の13　位置測定端末は、裁判所の指揮によつて、裁判所書記官その他の裁判所の職員が位置測定端末装着命令を受けた者の身体に装着するものとする。

②　位置測定端末装着命令がされたときは、保釈を許す決定は、前項の規定による位置測定端末の装着をした

【1】　第1号及び第98条の15第1項において「位置測定設備」という。

【2】　位置測定により得られた位置測定端末の位置及び当該位置に係る時刻に関する情報をいう。以下同じ。

【3】　以下「閲覧設備」という。

後でなければ、執行することができない。

[位置測定端末：装着者の遵守事項]

第98条の14 位置測定端末装着命令を受けた者は、次に掲げる事項を遵守しなければならない。

一 所在禁止区域内に所在しないこと。

二 位置測定端末を自己の身体に装着し続けること。

三 次に掲げる行為をしないこと。

イ 自己の身体に装着された位置測定端末を損壊する行為

ロ 位置測定通信に障害を与える行為

ハ イ及びロに掲げるもののほか、位置測定端末による位置測定端末装着命令を受けた者の位置の把握に支障を生じさせるおそれがある行為として裁判所の規則で定めるもの

四 裁判所の定める方法により、位置測定端末の充電その他の位置測定端末の機能の維持に必要な管理をすること。

五 自己の身体に装着された位置測定端末において位置測定通信のうち裁判所の規則で定めるものが行われていないことを知つたときは、遅滞なく、裁判所に対し、当該位置測定端末の損壊又は機能の障害の有無及び程度、電池の残量、自己の現在地その他の位置測定通信の回復に必要な措置を講ずるため必要な事項として裁判所の規則で定めるものを報告すること。

② 裁判所は、位置測定通信の回復その他の位置測定端末を用いて行う位置測定端末装着命令を受けた者の位置の把握に必要な措置を講ずるため必要があると認めるときは、当該者に対し、裁判所の指定する日時及び場所に出頭することを命ずることができる。

[位置測定端末：装着命令の一部解除]

第98条の15 裁判所は、やむを得ない理由により必要があると認めるときは、位置測定端末装着命令を受けた者に対し、期間を指定して、所在禁止区域内に所在することを許可することができる。この場合において、当該期間内に当該所在禁止区域内に所在することについては、前条第1項【1】の規定は、適用せず、裁判所は、位置測定設備による第98条の12第4項第1号イに掲げる事由の発生の検知を停止するものとする。

② 前項前段の期間は、その始期及び終期を日時をもつて指定しなければならない。

③ 裁判所は、必要と認めるときは、第1項前段の期間を延長することができる。

④ 裁判所は、第1項前段の規定による許可を受けた者について、所在禁止区域内に所在することができる期間の終期として指定された日時まで当該所在禁止区域内に所在する必要がなくなつたと認めるときは、当該期間を短縮することができる。

⑤ 第2項の規定は、前2項の規定による期間の延長又は短縮をする場合について準用する。この場合において、第2項中「始期及び終期」とあるのは、「終期」と読み替えるものとする。

⑥ 裁判所は、やむを得ない理由により必要があると認めるときは、位置測定端末装着命令を受けた者に対し、期間を指定して、位置測定端末を自己の身体に装着しないでいることを許可することができる。

⑦ 前項の規定による許可は、当該許

【1】 第1号に係る部分に限る。

可を受けた者の身体から位置測定端末を取り外した後でなければ、その効力を生じない。

⑧　第6項の規定による許可を受けた者の身体に装着された位置測定端末は、裁判所の指揮によつて、裁判所書記官その他の裁判所の職員が取り外すものとする。

⑨　前条第1項【1】の規定は、第6項の期間内は適用しない。

⑩　第6項の期間を指定するに当たつては、その終期を日時をもつて指定するとともに、当該日時において位置測定端末を装着するために出頭すべき場所を指定しなければならない。

⑪　裁判所は、必要と認めるときは、第6項の期間を延長することができる。この場合においては、前項の規定を準用する。

⑫　裁判所は、第6項の規定による許可を受けた者について、位置測定端末を自己の身体に装着しないでいることができる期間の終期として指定された日時まで位置測定端末を自己の身体に装着しないでいる必要がなくなつたと認めるときは、当該期間を短縮することができる。この場合においては、第10項の規定を準用する。

［位置測定端末：装着命令の取消し等］

第98条の16　位置測定端末を装着させる必要がなくなつたときは、裁判所は、検察官、位置測定端末装着命令を受けた者若しくは弁護人の請求により、又は職権で、決定で、位置測定端末装着命令を取り消さなければならない。この場合においては、できる限り速やかに、位置測定端末装着命令を取り消された者の身体から位置測定端末を取り外さなければならない。

②　前条第8項の規定は、前項後段の規定による位置測定端末の取り外しについて準用する。

［位置測定端末：装着命令の失効］

第98条の17　位置測定端末装着命令は、次に掲げる場合には、その効力を失う。

一　保釈が取り消された場合において、第98条第1項又は第2項の規定により刑事施設に収容されたとき。

二　拘禁刑以上の刑に処する判決の宣告があつた場合において、第343条第2項前段【2】において準用する第98条第1項又は第2項の規定により刑事施設に収容されたとき。

三　拘禁刑以上の刑に処する判決又は拘留に処する判決の宣告があつた場合において、当該判決に係る刑の執行が開始されたとき。

四　無罪、免訴、刑の免除、刑の全部の執行猶予、公訴棄却【3】、罰金若しくは科料の裁判又は勾留を取り消す裁判の告知があつたとき。

五　勾留状が効力を失つたとき【4】。

②　前項の規定により位置測定端末装着命令が効力を失つたときは、できる限り速やかに、位置測定端末装着命令が効力を失つた者の身体から位置測定端末を取り外さなければならない。

③　第98条の15第8項の規定は、前項の規定による位置測定端末の取り外しについて準用する。

【1】　第2号から第5号までに係る部分に限る。

【2】　第404条において準用する場合を含む。第98条の20第5項第2号において同じ。

【3】　第338条第4号（第404条において準用する場合を含む。）による場合を除く。

【4】　第3号の判決が確定した場合及び前号に掲げる場合を除く。

④　裁判所は、前項において準用する第98条の15第8項の規定にかかわらず、第2項の規定により刑事施設に収容された者の身体から位置測定端末を取り外すときは、刑事施設職員を指揮してこれをさせることができる。

［位置測定端末：装着者の保釈の取消し］

第98条の18　裁判所は、位置測定端末装着命令を受けた被告人が次の各号のいずれかに該当すると認めるときは、検察官の請求により、又は職権で、決定で、保釈を取り消すことができる。

一　第98条の15第1項前段の規定による許可を受けないで、正当な理由がなく、所在禁止区域内に所在したとき。

二　第98条の15第6項の規定による許可を受けないで、正当な理由がなく、位置測定端末を自己の身体から取り外し、又は装着しなかつたとき。

三　正当な理由がなく、第98条の14第1項第3号イからハまでのいずれかに掲げる行為をしたとき。

四　正当な理由がなく、第98条の14第1項【1】の規定による管理をしなかつたとき。

五　正当な理由がなく第98条の14第1項【2】の規定による報告をせず、又は虚偽の報告をしたとき。

六　第98条の14第2項の日時及び場所を指定され、正当な理由がなく、当該日時及び場所に出頭しないとき。

②　前項の規定により保釈を取り消す場合には、裁判所は、決定で、保証金の全部又は一部を没取することができる。

【1】　第4号に係る部分に限る。
【2】　第5号に係る部分に限る。

③　監督者が選任されている場合において、第1項【3】の規定により保釈を取り消すときは、裁判所は、決定で、監督保証金の全部又は一部を没取することができる。

［位置測定端末：装着者の勾引］

第98条の19　裁判所は、位置測定端末装着命令を受けた被告人について、次の各号のいずれかに該当すると認めるときは、検察官の請求により、又は職権で、当該被告人を勾引することができる。ただし、明らかに勾引の必要がないと認めるときは、この限りでない。

一　閲覧設備において第98条の12第5項第1号又は第2号に掲げる事由の発生を確認したとき。

二　閲覧設備において第98条の12第5項第3号に掲げる事由の発生を確認した後、裁判所の規則で定める時間を経過するまでの間に、同項第4号に掲げる事由の発生を確認することができず、かつ、第98条の14第1項【4】の規定による報告がなかつたとき。

［位置測定端末：位置情報の閲覧］

第98条の20　裁判所は、閲覧設備において第98条の12第5項第1号から第5号までのいずれかに掲げる事由の発生を確認したときは、直ちにその旨を検察官に通知しなければならない。

②　裁判所は、閲覧設備において第98条の12第5項第1号から第3号まで又は第5号のいずれかに掲げる

【3】　第2号（位置測定端末を自己の身体に装着しないでいることができる期間の終期として指定された日時に、当該日時において位置測定端末を装着するために出頭すべき場所として指定された場所に出頭しなかつたことにより適用される場合に限る。）及び第6号に係る部分に限る。
【4】　第5号に係る部分に限る。

事由の発生を確認したときは、当該事由の発生に係る位置測定端末の端末位置情報を表示して閲覧することができる。ただし、同項第3号に掲げる事由の発生を確認した場合にあつては当該事由の発生を検知する前のものに限り、同項第5号に掲げる事由の発生を確認した場合にあつては当該事由ごとに裁判所の規則で定める時前のものに限る。

③　検察官は、第1項の規定による通知を受けたときは、裁判所の許可を受けて、前項の規定の例により端末位置情報を表示して閲覧することができる。

④　裁判所が第66条第1項の規定により前条の規定による勾引を嘱託した場合においては、受託裁判官所属の裁判所の所在地を管轄する検察庁の検察官も、裁判所又は受託裁判官の許可を受けて、第2項の規定の例により端末位置情報を表示して閲覧することができる。

⑤　検察官、検察事務官又は司法警察職員【1】は、位置測定端末装着命令を受けた者について、次の各号のいずれかに該当する場合において、必要と認めるときは、裁判所【2】の許可を受けて、当該者に係る端末位置情報を表示して閲覧することができる。

一　勾引状を執行するとき。

二　第98条第1項又は第2項【3】の規定により刑事施設に収容するとき。

⑥　裁判所は、位置測定端末その他の位置測定の用に供される電気通信設備の保守点検、修理その他の管理のために必要な限度において、当該位置測定端末の端末位置情報を表示して閲覧し、又は当該管理のために必要と認める者に表示させて閲覧させることができる。

[位置測定端末：受任裁判官による閲覧]

第98条の21　裁判所は、自ら第98条の19各号に掲げる事由を把握することが困難であるときは、あらかじめ、同条の規定による勾引に関する権限を裁判所の規則で定める裁判所の裁判官に委任することができる。この場合において、裁判所は、当該勾引に関し、適当と認める条件を付することができる。

②　前項の規定による委任を受けた裁判官【4】は、第98条の19の規定による勾引に関し裁判所又は裁判長と同一の権限を有する。

③　次の各号に掲げる場合には、当該各号に定める者は、必要と認めるときは、受任裁判官【5】の許可を受けて、位置測定端末装着命令を受けた者に係る端末位置情報を表示して閲覧することができる。

一　勾引状を執行する場合　受任裁判官所属の裁判所に対応する検察庁の検察官若しくは検察事務官、当該検察庁の所在地において職務を行うことができる司法警察職員、当該執行を指揮する検察官又は当該執行をする検察事務官若しくは

【1】　前項に規定する場合にあつては、受託裁判官所属の裁判所の所在地を管轄する検察庁の検察官若しくは検察事務官又は当該検察庁の所在地において職務を行うことができる司法警察職員を含む。

【2】　同項に規定する場合にあつては、裁判所又は受託裁判官

【3】　これらの規定を第343条第2項前段において準用する場合を含む。次条第3項第2号において同じ。

【4】　以下この条において「受任裁判官」という。

【5】　受任裁判官が第66条第1項の規定により第98条の19の規定による勾引を嘱託した場合にあつては、受任裁判官又は受託裁判官

司法警察職員

二　第98条第1項又は第2項の規定により刑事施設に収容する場合　受任裁判官所属の裁判所に対応する検察庁の検察官若しくは検察事務官、当該検察庁の所在地において職務を行うことができる司法警察職員、当該収容を指揮する検察官又は当該収容をする検察事務官若しくは司法警察職員

④　受任裁判官は、前条第6項の規定による処分をすることができる。

[位置測定端末：位置情報の閲覧禁止]

第98条の22　端末位置情報の閲覧は、第98条の20第2項から第6項まで、前条第3項及び第4項並びに第489条の2の場合を除き、してはならない。

[位置測定端末：裁判長・受命裁判官の権限]

第98条の23　裁判長は、急速を要する場合には、第98条の19及び第98条の20の規定による処分をし、又は合議体の構成員にこれをさせることができる。

[位置測定端末：装着者の遵守条項違反の罪]

第98条の24　位置測定端末装着命令を受けた者が、次の各号のいずれかに該当するときは、1年以下の拘禁刑に処する。

一　第98条の15第1項前段の規定による許可を受けないで、正当な理由がなく、所在禁止区域内に所在したとき。

二　第98条の15第6項の規定による許可を受けないで、正当な理由がなく、位置測定端末を自己の身体から取り外し、又は装着しなかつたとき。

三　正当な理由がなく、第98条の14第1項第3号イからハまでのいずれかに掲げる行為をしたとき。

②　位置測定端末装着命令を受けた者が、次の各号のいずれかに該当するときは、6月以下の拘禁刑に処する。

一　正当な理由がなく第98条の14第1項【1】の規定による報告をせず、又は虚偽の報告をしたとき。

二　第98条の14第2項の日時及び場所を指定され、正当な理由がなく、当該日時及び場所に出頭しないとき。

第9章　押収及び捜索

[差押え・電気通信回線接続記録の複写・提出命令]

第99条　裁判所は、必要があるときは、証拠物又は没収すべき物と思料するものを差し押えることができる。但し、特別の定のある場合は、この限りでない。

②　差し押さえるべき物が電子計算機であるときは、当該電子計算機に電気通信回線で接続している記録媒体であつて、当該電子計算機で作成若しくは変更をした電磁的記録又は当該電子計算機で変更若しくは消去をすることができることとされている電磁的記録を保管するために使用されていると認めるに足りる状況にあるものから、その電磁的記録を当該電子計算機又は他の記録媒体に複写した上、当該電子計算機又は当該他の記録媒体を差し押さえることができる。

③　裁判所は、差し押えるべき物を指定し、所有者、所持者又は保管者にその物の提出を命ずることができる。

[記録命令付差押え]

第99条の2　裁判所は、必要があるときは、記録命令付差押え【2】をす

【1】　第5号に係る部分に限る。
【2】　電磁的記録を保管する者その他電磁的記録を利用する権限を有する者に命じて必要な電磁的記録を記録媒体に記

ることができる。

[郵便物等の押収]

第100条　裁判所は、被告人から発し、又は被告人に対して発した郵便物、信書便物又は電信に関する書類で法令の規定に基づき通信事務を取り扱う者が保管し、又は所持するものを差し押え、又は提出させることができる。

②　前項の規定に該当しない郵便物、信書便物又は電信に関する書類で法令の規定に基づき通信事務を取り扱う者が保管し、又は所持するものは、被告事件に関係があると認めるに足りる状況のあるものに限り、これを差し押え、又は提出させることができる。

③　前2項の規定による処分をしたときは、その旨を発信人又は受信人に通知しなければならない。但し、通知によつて審理が妨げられる虞(おそれ)がある場合は、この限りでない。

[領置]

第101条　被告人その他の者が遺留した物又は所有者、所持者若しくは保管者が任意に提出した物は、これを領置することができる。

[捜索]

第102条　裁判所は、必要があるときは、被告人の身体、物又は住居その他の場所に就き、捜索をすることができる。

②　被告人以外の者の身体、物又は住居その他の場所については、押収すべき物の存在を認めるに足りる状況のある場合に限り、捜索をすることができる。

[押収と公務上の秘密]

第103条　公務員又は公務員であつた者が保管し、又は所持する物について、本人又は当該公務所から職務上の秘密に関するものであることを申し立てたときは、当該監督官庁の承諾がなければ、押収をすることはできない。但し、当該監督官庁は、国の重大な利益を害する場合を除いては、承諾を拒むことができない。

[押収と公務上の秘密]

第104条　左に掲げる者が前条の申立をしたときは、第1号に掲げる者についてはその院、第2号に掲げる者については内閣の承諾がなければ、押収をすることはできない。

一　衆議院若しくは参議院の議員又はその職に在つた者

二　内閣総理大臣その他の国務大臣又はその職に在つた者

②　前項の場合において、衆議院、参議院又は内閣は、国の重大な利益を害する場合を除いては、承諾を拒むことができない。

[押収と業務上の秘密]

第105条　医師、歯科医師、助産師、看護師、弁護士【1】、弁理士、公証人、宗教の職に在る者又はこれらの職に在つた者は、業務上委託を受けたため、保管し、又は所持する物で他人の秘密に関するものについては、押収を拒むことができる。但し、本人が承諾した場合、押収の拒絶が被告人のためのみにする権利の濫用と認められる場合【2】その他裁判所の規則で定める事由がある場合は、この限りでない。

[差押状・記録命令付差押状・捜索状]

第106条　公判廷外における差押え、記録命令付差押え又は捜索は、差押状、記録命令付差押状又は捜索状を発してこれをしなければならない。

録させ、又は印刷させた上、当該記録媒体を差し押さえることをいう。以下同じ。

【1】　外国法事務弁護士を含む。

【2】　被告人が本人である場合を除く。

［差押状・記録命令付差押状・捜索状の記載事項］

第107条 差押状、記録命令付差押状又は捜索状には、被告人の氏名、罪名、差し押さえるべき物、記録させ若しくは印刷させるべき電磁的記録及びこれを記録させ若しくは印刷させるべき者又は捜索すべき場所、身体若しくは物、有効期間及びその期間経過後は執行に着手することができず令状はこれを返還しなければならない旨並びに発付の年月日その他裁判所の規則で定める事項を記載し、裁判長が、これに記名押印しなければならない。

② 第99条第2項の規定による処分をするときは、前項の差押状に、同項に規定する事項のほか、差し押さえるべき電子計算機に電気通信回線で接続している記録媒体であつて、その電磁的記録を複写すべきものの範囲を記載しなければならない。

③ 第64条第2項の規定は、第1項の差押状、記録命令付差押状又は捜索状についてこれを準用する。

［差押状・記録命令付差押状・捜索状の執行］

第108条 差押状、記録命令付差押状又は捜索状は、検察官の指揮によつて、検察事務官又は司法警察職員がこれを執行する。ただし、裁判所が被告人の保護のため必要があると認めるときは、裁判長は、裁判所書記官又は司法警察職員にその執行を命ずることができる。

② 裁判所は、差押状、記録命令付差押状又は捜索状の執行に関し、その執行をする者に対し書面で適当と認める指示をすることができる。

③ 前項の指示は、合議体の構成員にこれをさせることができる。

④ 第71条の規定は、差押状、記録命令付差押状又は捜索状の執行についてこれを準用する。

［執行の補助］

第109条 検察事務官又は裁判所書記官は、差押状、記録命令付差押状又は捜索状の執行について必要があるときは、司法警察職員に補助を求めることができる。

［令状の呈示］

第110条 差押状、記録命令付差押状又は捜索状は、処分を受ける者にこれを示さなければならない。

［電磁的記録の複写等］

第110条の2 差し押さえるべき物が電磁的記録に係る記録媒体であるときは、差押状の執行をする者は、その差押えに代えて次に掲げる処分をすることができる。公判廷で差押えをする場合も、同様である。

一 差し押さえるべき記録媒体に記録された電磁的記録を他の記録媒体に複写し、印刷し、又は移転した上、当該他の記録媒体を差し押さえること。

二 差押えを受ける者に差し押さえるべき記録媒体に記録された電磁的記録を他の記録媒体に複写させ、印刷させ、又は移転させた上、当該他の記録媒体を差し押さえること。

［令状と押収物に関する必要な処分］

第111条 差押状、記録命令付差押状又は捜索状の執行については、錠をはずし、封を開き、その他必要な処分をすることができる。公判廷で差押え、記録命令付差押え又は捜索をする場合も、同様である。

② 前項の処分は、押収物についても、これをすることができる。

［処分を受ける者への協力要請］

第111条の2 差し押さえるべき物が電磁的記録に係る記録媒体であるときは、差押状又は捜索状の執行をする者は、処分を受ける者に対し、電子計算機の操作その他の必要な協力を求めることができる。公判廷で差押え又は捜索をする場合も、同様である。

[執行中の出入禁止]

第112条　差押状、記録命令付差押状又は捜索状の執行中は、何人(なんぴと)に対しても、許可を得ないでその場所に出入りすることを禁止することができる。

② 前項の禁止に従わない者は、これを退去させ、又は執行が終わるまでこれに看守者を付することができる。

[当事者の立会い]

第113条　検察官、被告人又は弁護人は、差押状、記録命令付差押状又は捜索状の執行に立ち会うことができる。ただし、身体の拘束を受けている被告人は、この限りでない。

② 差押状、記録命令付差押状又は捜索状の執行をする者は、あらかじめ、執行の日時及び場所を前項の規定により立ち会うことができる者に通知しなければならない。ただし、これらの者があらかじめ裁判所に立ち会わない意思を明示した場合及び急速を要する場合は、この限りでない。

③ 裁判所は、差押状又は捜索状の執行について必要があるときは、被告人をこれに立ち会わせることができる。

[責任者の立会い]

第114条　公務所内で差押状、記録命令付差押状又は捜索状の執行をするときは、その長又はこれに代わるべき者に通知してその処分に立ち会わせなければならない。

② 前項の規定による場合を除いて、人の住居又は人の看守する邸宅、建造物若しくは船舶内で差押状、記録命令付差押状又は捜索状の執行をするときは、住居主若しくは看守者又はこれらの者に代わるべき者をこれに立ち会わせなければならない。これらの者を立ち会わせることができないときは、隣人又は地方公共団体の職員を立ち会わせなければならない。

[女子の身体捜索と成年女子立会い]

第115条　女子の身体について捜索状の執行をする場合には、成年の女子をこれに立ち会わせなければならない。但し、急速を要する場合は、この限りでない。

[夜間執行の禁止]

第116条　日出前、日没後には、令状に夜間でも執行することができる旨の記載がなければ、差押状、記録命令付差押状又は捜索状の執行のため、人の住居又は人の看守する邸宅、建造物若しくは船舶内に入ることはできない。

② 日没前に差押状、記録命令付差押状又は捜索状の執行に着手したときは、日没後でも、その処分を継続することができる。

[夜間執行を許す場所]

第117条　次に掲げる場所で差押状、記録命令付差押状又は捜索状の執行をするについては、前条第1項に規定する制限によることを要しない。

一　賭博、富くじ又は風俗を害する行為に常用されるものと認められる場所

二　旅館、飲食店その他夜間でも公衆が出入りすることができる場所。ただし、公開した時間内に限る。

[執行の中止と必要な処置]

第118条　差押状、記録命令付差押状又は捜索状の執行を中止する場合において必要があるときは、執行が終わるまでその場所を閉鎖し、又は看守者を置くことができる。

[捜索証明書の交付]

第119条　捜索をした場合において証拠物又は没収すべきものがないときは、捜索を受けた者の請求により、その旨の証明書を交付しなければならない。

[押収品目録交付書の交付]

第120条　押収をした場合には、その目録を作り、所有者、所持者若しくは保管者【1】又はこれらの者に代わるべき者に、これを交付しなければならない。

[押収物の保管・廃棄]

第121条　運搬又は保管に不便な押収物については、看守者を置き、又は所有者その他の者に、その承諾を得て、これを保管させることができる。

② 危険を生ずる虞（おそれ）がある押収物は、これを廃棄することができる。

③ 前2項の処分は、裁判所が特別の指示をした場合を除いては、差押状の執行をした者も、これをすることができる。

[押収物の売却、代価の保管]

第122条　没収することができる押収物で滅失若しくは破損の虞（おそれ）があるもの又は保管に不便なものについては、これを売却してその代価を保管することができる。

[押収物の還付・仮還付、電磁的記録の交付・複写]

第123条　押収物で留置の必要がないものは、被告事件の終結を待たないで、決定でこれを還付しなければならない。

② 押収物は、所有者、所持者、保管者又は差出人の請求により、決定で仮にこれを還付することができる。

③ 押収物が第110条の2の規定により電磁的記録を移転し、又は移転させた上差し押さえた記録媒体で留置の必要がないものである場合において、差押えを受けた者と当該記録媒体の所有者、所持者又は保管者とが異なるときは、被告事件の終結を待たないで、決定で、当該差押えを受けた者に対し、当該記録媒体を交付し、又は当該電磁的記録の複写を許さなければならない。

④ 前3項の決定をするについては、検察官及び被告人又は弁護人の意見を聴かなければならない。

[押収贓物の被害者還付]

第124条　押収した贓物（ぞうぶつ）で留置の必要がないものは、被害者に還付すべき理由が明らかなときに限り、被告事件の終結を待たないで、検察官及び被告人又は弁護人の意見を聴き、決定でこれを被害者に還付しなければならない。

② 前項の規定は、民事訴訟の手続に従い、利害関係人がその権利を主張することを妨げない。

[受命裁判官・受託裁判官]

第125条　押収又は捜索は、合議体の構成員にこれをさせ、又はこれをすべき地の地方裁判所、家庭裁判所若しくは簡易裁判所の裁判官にこれを嘱託することができる。

② 受託裁判官は、受託の権限を有する他の地方裁判所、家庭裁判所又は簡易裁判所の裁判官に転嘱することができる。

③ 受託裁判官は、受託事項について権限を有しないときは、受託の権限を有する他の地方裁判所、家庭裁判所又は簡易裁判所の裁判官に嘱託を移送することができる。

④ 受命裁判官又は受託裁判官がする押収又は捜索については、裁判所がする押収又は捜索に関する規定を準用する。但し、第100条第3項の通

【1】 第110条の2の規定による処分を受けた者を含む。

知は、裁判所がこれをしなければならない。

[勾引状・勾留状の執行と被告人の捜索]

第126条 検察事務官又は司法警察職員は、勾引状又は勾留状を執行する場合において必要があるときは、人の住居又は人の看守する邸宅、建造物若しくは船舶内に入り、被告人の捜索をすることができる。この場合には、捜索状は、これを必要としない。

[準用規定]

第127条 第111条、第112条、第114条及び第118条の規定は、前条の規定により検察事務官又は司法警察職員がする捜索についてこれを準用する。但し、急速を要する場合は、第114条第2項の規定によることを要しない。

第10章 検証

[検証]

第128条 裁判所は、事実発見のため必要があるときは、検証することができる。

[検証上必要な処分]

第129条 検証については、身体の検査、死体の解剖、墳墓の発掘、物の破壊その他必要な処分をすることができる。

[夜間の検証]

第130条 日出前、日没後には、住居主若しくは看守者又はこれらの者に代るべき者の承諾がなければ、検証のため、人の住居又は人の看守する邸宅、建造物若しくは船舶内に入ることはできない。但し、日出後では検証の目的を達することができない虞(おそれ)がある場合は、この限りでない。

② 日没前検証に着手したときは、日没後でもその処分を継続することができる。

③ 第117条に規定する場所については、第1項に規定する制限によることを要しない。

[身体検査上の注意]

第131条 身体の検査については、これを受ける者の性別、健康状態その他の事情を考慮した上、特にその方法に注意し、その者の名誉を害しないように注意しなければならない。

② 女子の身体を検査する場合には、医師又は成年の女子をこれに立ち会わせなければならない。

[身体検査のための召喚]

第132条 裁判所は、身体の検査のため、被告人以外の者を裁判所又は指定の場所に召喚することができる。

[不出頭者と過料・費用賠償]

第133条 前条の規定により召喚を受けた者が正当な理由がなく出頭しないときは、決定で、10万円以下の過料に処し、かつ、出頭しないために生じた費用の賠償を命ずることができる。

② 前項の決定に対しては、即時抗告をすることができる。

[不出頭罪]

第134条 第132条の規定により召喚を受け正当な理由がなく出頭しない者は、10万円以下の罰金又は拘留に処する。

② 前項の罪を犯した者には、情状により、罰金及び拘留を併科することができる。

[不出頭と再度の召喚・勾引]

第135条 第132条の規定による召喚に応じない者は、更にこれを召喚し、又はこれを勾引することができる。

[準用規定]

第136条 第62条、第63条及び第65条の規定は、**第132条及び前条の規定による召喚**について、第62条、第64条、第66条、第67条、

第70条、第71条及び第73条第1項の規定は、前条の規定による勾引についてこれを準用する。

[身体検査の拒否と過料・費用賠償]

第137条　被告人又は被告人以外の者が正当な理由がなく身体の検査を拒んだときは、決定で、10万円以下の過料に処し、かつ、その拒絶により生じた費用の賠償を命ずることができる。

② 前項の決定に対しては、即時抗告をすることができる。

[身体検査拒否罪]

第138条　正当な理由がなく身体の検査を拒んだ者は、10万円以下の罰金又は拘留に処する。

② 前項の罪を犯した者には、情状により、罰金及び拘留を併科することができる。

[身体検査の直接強制]

第139条　裁判所は、身体の検査を拒む者を過料に処し、又はこれに刑を科しても、その効果がないと認めるときは、そのまま、身体の検査を行うことができる。

[身体検査の強制についての注意]

第140条　裁判所は、第137条の規定により過料を科し、又は前条の規定により身体の検査をするにあたつては、あらかじめ、検察官の意見を聴き、且つ、身体の検査を受ける者の異議の理由を知るため適当な努力をしなければならない。

[検証の補助]

第141条　検証をするについて必要があるときは、司法警察職員に補助をさせることができる。

[準用規定]

第142条　第111条の2から第114条まで、第118条及び第125条の規定は、検証についてこれを準用する。

第11章　証人尋問

[証人の資格]

第143条　裁判所は、この法律に特別の定のある場合を除いては、何人(なんぴと)でも証人としてこれを尋問することができる。

[証人の召喚]

第143条の2　裁判所は、裁判所の規則で定める相当の猶予期間を置いて、証人を召喚することができる。

[公務上秘密と証人資格]

第144条　公務員又は公務員であつた者が知り得た事実について、本人又は当該公務所から職務上の秘密に関するものであることを申し立てたときは、当該監督官庁の承諾がなければ証人としてこれを尋問することはできない。但し、当該監督官庁は、国の重大な利益を害する場合を除いては、承諾を拒むことができない。

[公務上秘密と証人資格]

第145条　左に掲げる者が前条の申立をしたときは、第1号に掲げる者についてはその院、第2号に掲げる者については内閣の承諾がなければ、証人としてこれを尋問することはできない。

一　衆議院若しくは参議院の議員又はその職に在つた者

二　内閣総理大臣その他の国務大臣又はその職に在つた者

② 前項の場合において、衆議院、参議院又は内閣は、国の重大な利益を害する場合を除いては、承諾を拒むことができない。

[自己の刑事責任と証言拒絶権]

第146条　何人(なんぴと)も、自己が刑事訴追を受け、又は有罪判決を受ける虞(おそれ)のある証言を拒むことができる。

[近親者等の刑事責任と証言拒絶権]

第147条　何人(なんぴと)も、左に掲げる者が刑事訴追を受け、又は有罪判決を受ける虞のある証言を拒むことができる。
一　自己の配偶者、3親等内の血族若しくは2親等内の姻族又は自己とこれらの親族関係があつた者
二　自己の後見人、後見監督人又は保佐人
三　自己を後見人、後見監督人又は保佐人とする者

[近親者等の刑事責任と証言拒絶権の例外]

第148条　共犯又は共同被告人の1人又は数人に対し前条の関係がある者でも、他の共犯又は共同被告人のみに関する事項については、証言を拒むことはできない。

[業務上秘密に関する証言拒絶権]

第149条　医師、歯科医師、助産師、看護師、弁護士【1】、弁理士、公証人、宗教の職に在る者又はこれらの職に在つた者は、業務上委託を受けたため知り得た事実で他人の秘密に関するものについては、証言を拒むことができる。但し、本人が承諾した場合、証言の拒絶が被告人のためのみにする権利の濫用と認められる場合【2】その他裁判所の規則で定める事由がある場合は、この限りでない。

[出頭義務違反と過料・費用賠償]

第150条　召喚を受けた証人が正当な理由がなく出頭しないときは、決定で、10万円以下の過料に処し、かつ、出頭しないために生じた費用の賠償を命ずることができる。
②　前項の決定に対しては、即時抗告をすることができる。

[不出頭罪]

第151条　証人として召喚を受け正当な理由がなく出頭しない者は、1年以下の拘禁刑又は30万円以下の罰金に処する。

【1】　外国法事務弁護士を含む。
【2】　被告人が本人である場合を除く。

[不出頭証人の勾引]

第152条　裁判所は、証人が、正当な理由がなく、召喚に応じないとき、又は応じないおそれがあるときは、その証人を勾引することができる。

[準用規定]

第153条　第62条、第63条及び第65条の規定は、**証人の召喚**について、第62条、第64条、第66条、第67条、第70条、第71条及び第73条第1項の規定は、**証人の勾引**についてこれを準用する。

[証人の留置]

第153条の2　勾引状の執行を受けた証人を護送する場合又は引致した場合において必要があるときは、一時最寄の警察署その他の適当な場所にこれを留置することができる。

[宣誓]

第154条　証人には、この法律に特別の定のある場合を除いて、宣誓をさせなければならない。

[宣誓無能力]

第155条　宣誓の趣旨を理解することができない者は、宣誓をさせないで、これを尋問しなければならない。
②　前項に掲げる者が宣誓をしたときでも、その供述は、証言としての効力を妨げられない。

[推測事項の供述]

第156条　証人には、その実験した事実により推測した事項を供述させることができる。
②　前項の供述は、鑑定に属するものでも、証言としての効力を妨げられない。

[当事者の立会権・尋問権]

第157条　検察官、被告人又は弁護人は、証人の尋問に立ち会うことができる。
②　証人尋問の日時及び場所は、あらかじめ、前項の規定により尋問に立

ち会うことができる者にこれを通知しなければならない。但し、これらの者があらかじめ裁判所に立ち会わない意思を明示したときは、この限りでない。

③　第1項に規定する者は、証人の尋問に立ち会つたときは、裁判長に告げて、その証人を尋問することができる。

[刑事免責の事前決定]

第157条の2　検察官は、証人が刑事訴追を受け、又は有罪判決を受けるおそれのある事項についての尋問を予定している場合であつて、当該事項についての証言の重要性、関係する犯罪の軽重及び情状その他の事情を考慮し、必要と認めるときは、あらかじめ、裁判所に対し、当該証人尋問を次に掲げる条件により行うことを請求することができる。

一　尋問に応じてした供述及びこれに基づいて得られた証拠は、証人が当該証人尋問においてした行為が第161条又は刑法第169条の罪に当たる場合に当該行為に係るこれらの罪に係る事件において用いるときを除き、証人の刑事事件において、これらを証人に不利益な証拠とすることができないこと。

二　第146条の規定にかかわらず、自己が刑事訴追を受け、又は有罪判決を受けるおそれのある証言を拒むことができないこと。

②　裁判所は、前項の請求を受けたときは、その証人に尋問すべき事項に証人が刑事訴追を受け、又は有罪判決を受けるおそれのある事項が含まれないと明らかに認められる場合を除き、当該証人尋問を同項各号に掲げる条件により行う旨の決定をするものとする。

[証言拒否後の刑事免責決定]

第157条の3　検察官は、証人が刑事訴追を受け、又は有罪判決を受けるおそれのある事項について証言を拒んだと認める場合であつて、当該事項についての証言の重要性、関係する犯罪の軽重及び情状その他の事情を考慮し、必要と認めるときは、裁判所に対し、それ以後の当該証人尋問を前条第1項各号に掲げる条件により行うことを請求することができる。

②　裁判所は、前項の請求を受けたときは、その証人が証言を拒んでいないと認められる場合又はその証人に尋問すべき事項に証人が刑事訴追を受け、若しくは有罪判決を受けるおそれのある事項が含まれないと明らかに認められる場合を除き、それ以後の当該証人尋問を前条第1項各号に掲げる条件により行う旨の決定をするものとする。

[証人の付添人]

第157条の4　裁判所は、証人を尋問する場合において、証人の年齢、心身の状態その他の事情を考慮し、証人が著しく不安又は緊張を覚えるおそれがあると認めるときは、検察官及び被告人又は弁護人の意見を聴き、その不安又は緊張を緩和するのに適当であり、かつ、裁判官若しくは訴訟関係人の尋問若しくは証人の供述を妨げ、又はその供述の内容に不当な影響を与えるおそれがないと認める者を、その証人の供述中、証人に付き添わせることができる。

②　前項の規定により証人に付き添うこととされた者は、その証人の供述中、裁判官若しくは訴訟関係人の尋問若しくは証人の供述を妨げ、又はその供述の内容に不当な影響を与えるような言動をしてはならない。

［証人と被告人・傍聴人との間の遮蔽措置］

第157条の5 裁判所は、証人を尋問する場合において、犯罪の性質、証人の年齢、心身の状態、被告人との関係その他の事情により、証人が被告人の面前【1】において供述するときは圧迫を受け精神の平穏を著しく害されるおそれがあると認める場合であつて、相当と認めるときは、検察官及び被告人又は弁護人の意見を聴き、被告人とその証人との間で、一方から又は相互に相手の状態を認識することができないようにするための措置を採ることができる。ただし、被告人から証人の状態を認識することができないようにするための措置については、弁護人が出頭している場合に限り、採ることができる。

② 裁判所は、証人を尋問する場合において、犯罪の性質、証人の年齢、心身の状態、名誉に対する影響その他の事情を考慮し、相当と認めるときは、検察官及び被告人又は弁護人の意見を聴き、傍聴人とその証人との間で、相互に相手の状態を認識することができないようにするための措置を採ることができる。

［ビデオリンクによる同一構内・裁判所外尋問］

第157条の6 裁判所は、次に掲げる者を証人として尋問する場合において、相当と認めるときは、検察官及び被告人又は弁護人の意見を聴き、裁判官及び訴訟関係人が証人を尋問するために在席する場所以外の場所であつて、同一構内【2】にあるものにその証人を在席させ、映像と音声の送受信により相手の状態を相互に認識しながら通話をすることができる方法によつて、尋問することができる。

一 刑法第176条、第177条、第179条、第181条若しくは第182条の罪、同法第225条若しくは第226条の2第3項の罪【3】、同法第227条第1項【4】若しくは第3項【5】の罪若しくは同法第241条第1項若しくは第3項の罪又はこれらの罪の未遂罪の被害者

二 児童福祉法（昭和22年法律第164号）第60条第1項の罪若しくは同法第34条第1項第9号に係る同法第60条第2項の罪、児童買春、児童ポルノに係る行為等の規制及び処罰並びに児童の保護等に関する法律（平成11年法律第52号）第4条から第8条までの罪又は性的な姿態を撮影する行為等の処罰及び押収物に記録された性的な姿態の影像に係る電磁的記録の消去等に関する法律（令和5年法律第67号）第2条から第6条までの罪の被害者

三 前2号に掲げる者のほか、犯罪の性質、証人の年齢、心身の状態、被告人との関係その他の事情により、裁判官及び訴訟関係人が証人を尋問するために在席する場所において供述するときは圧迫を受け精神の平穏を著しく害されるおそれがあると認められる者

② 裁判所は、証人を尋問する場合において、次に掲げる場合であつて、相当と認めるときは、検察官及び被告人又は弁護人の意見を聴き、同一

【1】 次条第1項及び第2項に規定する方法による場合を含む。

【2】 これらの者が在席する場所と同一の構内をいう。次項において同じ。

【3】 わいせつ又は結婚の目的に係る部分に限る。以下この号において同じ。

【4】 同法第225条又は第226条の2第3項の罪を犯した者を幇助する目的に係る部分に限る。

【5】 わいせつの目的に係る部分に限る。

構内以外にある場所であつて裁判所の規則で定めるものに証人を在席させ、映像と音声の送受信により相手の状態を相互に認識しながら通話をすることができる方法によつて、尋問することができる。

一　犯罪の性質、証人の年齢、心身の状態、被告人との関係その他の事情により、証人が同一構内に出頭するときは精神の平穏を著しく害されるおそれがあると認めるとき。

二　同一構内への出頭に伴う移動に際し、証人の身体若しくは財産に害を加え又は証人を畏怖させ若しくは困惑させる行為がなされるおそれがあると認めるとき。

三　同一構内への出頭後の移動に際し尾行その他の方法で証人の住居、勤務先その他その通常所在する場所が特定されることにより、証人若しくはその親族の身体若しくは財産に害を加え又はこれらの者を畏怖させ若しくは困惑させる行為がなされるおそれがあると認めるとき。

四　証人が遠隔地に居住し、その年齢、職業、健康状態その他の事情により、同一構内に出頭することが著しく困難であると認めるとき。

③　前２項に規定する方法により証人尋問を行う場合【1】において、裁判所は、その証人が後の刑事手続において同一の事実につき再び証人として供述を求められることがあると思料する場合であつて、証人の同意があるときは、検察官及び被告人又は弁護人の意見を聴き、その証人の尋問及び供述並びにその状況を記録媒体【2】に記録することができる。

④　前項の規定により証人の尋問及び供述並びにその状況を記録した記録媒体は、訴訟記録に添付して調書の一部とするものとする。

［裁判所外・現在場所での証人尋問］

第158条　裁判所は、証人の重要性、年齢、職業、健康状態その他の事情と事案の軽重とを考慮した上、検察官及び被告人又は弁護人の意見を聴き、必要と認めるときは、裁判所外にこれを召喚し、又はその現在場所でこれを尋問することができる。

②　前項の場合には、裁判所は、あらかじめ、検察官、被告人及び弁護人に、尋問事項を知る機会を与えなければならない。

③　検察官、被告人又は弁護人は、前項の尋問事項に附加して、必要な事項の尋問を請求することができる。

［尋問に立ち会わなかった当事者の権利］

第159条　裁判所は、検察官、被告人又は弁護人が前条の証人尋問に立ち会わなかつたときは、立ち会わなかつた者に、証人の供述の内容を知る機会を与えなければならない。

②　前項の証人の供述が被告人に予期しなかつた著しい不利益なものである場合には、被告人又は弁護人は、更に必要な事項の尋問を請求することができる。

③　裁判所は、前項の請求を理由がないものと認めるときは、これを却下することができる。

［宣誓・証言の拒絶と過料・費用賠償］

第160条　証人が正当な理由がなく宣誓又は証言を拒んだときは、決定で、10万円以下の過料に処し、かつ、その拒絶により生じた費用の賠償を命ずることができる。

②　前項の決定に対しては、即時抗告をすることができる。

【1】　前項第４号の規定による場合を除く。
【2】　映像及び音声を同時に記録することができるものに限る。

刑事訴訟法

[宣誓証言拒否罪]
第161条　正当な理由がなく宣誓又は証言を拒んだ者は、1年以下の拘禁刑又は30万円以下の罰金に処する。

[同行命令・勾引]
第162条　裁判所は、必要があるときは、決定で指定の場所に証人の同行を命ずることができる。証人が正当な理由がなく同行に応じないときは、これを勾引することができる。

[受命裁判官・受託裁判官]
第163条　裁判所外で証人を尋問すべきときは、合議体の構成員にこれをさせ、又は証人の現在地の地方裁判所、家庭裁判所若しくは簡易裁判所の裁判官にこれを嘱託することができる。

②　受託裁判官は、受託の権限を有する他の地方裁判所、家庭裁判所又は簡易裁判所の裁判官に転嘱することができる。

③　受託裁判官は、受託事項について権限を有しないときは、受託の権限を有する他の地方裁判所、家庭裁判所又は簡易裁判所の裁判官に嘱託を移送することができる。

④　受命裁判官又は受託裁判官は、証人の尋問に関し、裁判所又は裁判長に属する処分をすることができる。但し、第150条及び第160条の決定は、裁判所もこれをすることができる。

⑤　第158条第2項及び第3項並びに第159条に規定する手続は、前項の規定にかかわらず、裁判所がこれをしなければならない。

[証人の旅費・日当・宿泊料]
第164条　証人は、旅費、日当及び宿泊料を請求することができる。但し、正当な理由がなく宣誓又は証言を拒んだ者は、この限りでない。

②　証人は、あらかじめ旅費、日当又は宿泊料の支給を受けた場合において、正当な理由がなく、出頭せず又は宣誓若しくは証言を拒んだときはその支給を受けた費用を返納しなければならない。

第12章　鑑定

[鑑定]
第165条　裁判所は、学識経験のある者に鑑定を命ずることができる。

[宣誓]
第166条　鑑定人には、宣誓をさせなければならない。

[鑑定留置]
第167条　被告人の心神又は身体に関する鑑定をさせるについて必要があるときは、裁判所は、期間を定め、病院その他の相当な場所に被告人を留置することができる。

②　前項の留置は、鑑定留置状を発してこれをしなければならない。

③　第1項の留置につき必要があるときは、裁判所は、被告人を収容すべき病院その他の場所の管理者の申出により、又は職権で、司法警察職員に被告人の看守を命ずることができる。

④　裁判所は、必要があるときは、留置の期間を延長し又は短縮することができる。

⑤　勾留に関する規定は、この法律に特別の定のある場合を除いては、第1項の留置についてこれを準用する。但し、保釈に関する規定は、この限りでない。

⑥　第1項の留置は、未決勾留日数の算入については、これを勾留とみなす。

[鑑定留置と勾留の執行停止]
第167条の2　勾留中の被告人に対し鑑定留置状が執行されたときは、被告人が留置されている間、勾留は、

その執行を停止されたものとする。
② 前項の場合において、前条第1項の処分が取り消され又は留置の期間が満了したときは、第98条の規定を準用する。

[鑑定上必要な処分]
第168条 鑑定人は、鑑定について必要がある場合には、裁判所の許可を受けて、人の住居若しくは人の看守する邸宅、建造物若しくは船舶内に入り、身体を検査し、死体を解剖し、墳墓を発掘し、又は物を破壊することができる。
② 裁判所は、前項の許可をするには、被告人の氏名、罪名及び立ち入るべき場所、検査すべき身体、解剖すべき死体、発掘すべき墳墓又は破壊すべき物並びに鑑定人の氏名その他裁判所の規則で定める事項を記載した許可状を発して、これをしなければならない。
③ 裁判所は、身体の検査に関し、適当と認める条件を附することができる。
④ 鑑定人は、第1項の処分を受ける者に許可状を示さなければならない。
⑤ 前3項の規定は、鑑定人が公判廷でする第1項の処分については、これを適用しない。
⑥ 第131条、第137条、第138条及び第140条の規定は、鑑定人の第1項の規定によつてする身体の検査についてこれを準用する。

[受命裁判官]
第169条 裁判所は、合議体の構成員に鑑定について必要な処分をさせることができる。但し、第167条第1項に規定する処分については、この限りでない。

[当事者の立会い]
第170条 検察官及び弁護人は、鑑定に立ち会うことができる。この場合には、第157条第2項の規定を準用する。

[準用規定]
第171条 前章の規定は、勾引に関する規定を除いて、鑑定についてこれを準用する。

[裁判官に対する身体検査の請求]
第172条 身体の検査を受ける者が、鑑定人の第168条第1項の規定によつてする身体の検査を拒んだ場合には、鑑定人は、裁判官にその者の身体の検査を請求することができる。
② 前項の請求を受けた裁判官は、第10章の規定に準じ身体の検査をすることができる。

[鑑定料等請求権]
第173条 鑑定人は、旅費、日当及び宿泊料の外、鑑定料を請求し、及び鑑定に必要な費用の支払又は償還を受けることができる。
② 鑑定人は、あらかじめ鑑定に必要な費用の支払を受けた場合において、正当な理由がなく、出頭せず又は宣誓若しくは鑑定を拒んだときは、その支払を受けた費用を返納しなければならない。

[鑑定証人]
第174条 特別の知識によつて知り得た過去の事実に関する尋問については、この章の規定によらないで、前章の規定を適用する。

第13章 通訳及び翻訳

[通訳]
第175条 国語に通じない者に陳述をさせる場合には、通訳人に通訳をさせなければならない。

[通訳]
第176条 耳の聞えない者又は口のきけない者に陳述をさせる場合には、通訳人に通訳をさせることができる。

［翻訳］

第177条　国語でない文字又は符号は、これを翻訳させることができる。

［準用規定］

第178条　前章の規定は、通訳及び翻訳についてこれを準用する。

第14章　証拠保全

［防御のための強制処分による証拠保全］

第179条　被告人、被疑者又は弁護人は、あらかじめ証拠を保全しておかなければその証拠を使用することが困難な事情があるときは、第1回の公判期日前に限り、裁判官に押収、捜索、検証、証人の尋問又は鑑定の処分を請求することができる。

②　前項の請求を受けた裁判官は、その処分に関し、裁判所又は裁判長と同一の権限を有する。

［当事者の書類・証拠物閲覧謄写権］

第180条　検察官及び弁護人は、裁判所において、前条第1項の処分に関する書類及び証拠物を閲覧し、且つ謄写することができる。但し、弁護人が証拠物の謄写をするについては、裁判官の許可を受けなければならない。

②　前項の規定にかかわらず、第157条の6第4項に規定する記録媒体は、謄写することができない。

③　被告人又は被疑者は、裁判官の許可を受け、裁判所において、第1項の書類及び証拠物を閲覧することができる。ただし、被告人又は被疑者に弁護人があるときは、この限りでない。

第15章　訴訟費用

［被告人の負担］

第181条　刑の言渡をしたときは、被告人に訴訟費用の全部又は一部を負担させなければならない。但し、被告人が貧困のため訴訟費用を納付することのできないことが明らかであるときは、この限りでない。

②　被告人の責に帰すべき事由によつて生じた費用は、刑の言渡をしない場合にも、被告人にこれを負担させることができる。

③　検察官のみが上訴を申し立てた場合において、上訴が棄却されたとき、又は上訴の取下げがあつたときは、上訴に関する訴訟費用は、これを被告人に負担させることができない。ただし、被告人の責めに帰すべき事由によつて生じた費用については、この限りでない。

④　公訴が提起されなかつた場合において、被疑者の責めに帰すべき事由により生じた費用があるときは、被疑者にこれを負担させることができる。

［共犯人の連帯負担］

第182条　共犯の訴訟費用は、共犯人に、連帯して、これを負担させることができる。

［告訴人等の負担］

第183条　告訴、告発又は請求により公訴の提起があつた事件について被告人が無罪又は免訴の裁判を受けた場合において、告訴人、告発人又は請求人に故意又は重大な過失があつたときは、その者に訴訟費用を負担させることができる。

②　告訴、告発又は請求があつた事件について公訴が提起されなかつた場合において、告訴人、告発人又は請求人に故意又は重大な過失があつたときも、前項と同様とする。

［上訴等を取り下げた者の負担］

第184条　検察官以外の者が上訴又は再審若しくは正式裁判の請求を取り下げた場合には、その者に上訴、再審又は正式裁判に関する費用を負担させることができる。

[被告人負担の裁判]

第185条 裁判によつて訴訟手続が終了する場合において、被告人に訴訟費用を負担させるときは、職権でその裁判をしなければならない。この裁判に対しては、本案の裁判について上訴があつたときに限り、不服を申し立てることができる。

[第三者負担の裁判]

第186条 裁判によつて訴訟手続が終了する場合において、被告人以外の者に訴訟費用を負担させるときは、職権で別にその決定をしなければならない。この決定に対しては、即時抗告をすることができる。

[裁判によらないで訴訟手続が終了する場合]

第187条 裁判によらないで訴訟手続が終了する場合において、訴訟費用を負担させるときは、最終に事件の係属した裁判所が、職権でその決定をしなければならない。この決定に対しては、即時抗告をすることができる。

[公訴不提起と訴訟費用負担]

第187条の2 公訴が提起されなかつた場合において、訴訟費用を負担させるときは、検察官の請求により、裁判所が決定をもつてこれを行う。この決定に対しては、即時抗告をすることができる。

[負担額の算定]

第188条 訴訟費用の負担を命ずる裁判にその額を表示しないときは、執行の指揮をすべき検察官が、これを算定する。

第16章 費用の補償

[無罪判決と費用の補償]

第188条の2 無罪の判決が確定したときは、国は、当該事件の被告人であつた者に対し、その裁判に要した費用の補償をする。ただし、被告人であつた者の責めに帰すべき事由によつて生じた費用については、補償をしないことができる。

② 被告人であつた者が、捜査又は審判を誤らせる目的で、虚偽の自白をし、又は他の有罪の証拠を作ることにより、公訴の提起を受けるに至つたものと認められるときは、前項の補償の全部又は一部をしないことができる。

③ 第188条の5第1項の規定による補償の請求がされている場合には、第188条の4の規定により補償される費用については、第1項の補償をしない。

[費用補償の手続]

第188条の3 前条第1項の補償は、被告人であつた者の請求により、無罪の判決をした裁判所が、決定をもつてこれを行う。

② 前項の請求は、無罪の判決が確定した後6箇月以内にこれをしなければならない。

③ 補償に関する決定に対しては、即時抗告をすることができる。

[検察官上訴と費用の補償]

第188条の4 検察官のみが上訴をした場合において、上訴が棄却され又は取り下げられて当該上訴に係る原裁判が確定したときは、これによつて無罪の判決が確定した場合を除き、国は、当該事件の被告人又は被告人であつた者に対し、上訴によりその審級において生じた費用の補償をする。ただし、被告人又は被告人であつた者の責めに帰すべき事由によつて生じた費用については、補償をしないことができる。

[上訴費用補償の手続]

第188条の5 前条の補償は、被告人又は被告人であつた者の請求により、当該上訴裁判所であつた最高裁判所又は高等裁判所が、決定をもつてこれを行う。

② 前項の請求は、当該上訴に係る原裁判が確定した後2箇月以内にこれをしなければならない。

③ 補償に関する決定で高等裁判所がしたものに対しては、第428条第2項の異議の申立てをすることができる。この場合には、即時抗告に関する規定をも準用する。

[補償の範囲]

第188条の6 第188条の2第1項又は第188条の4の規定により補償される費用の範囲は、被告人若しくは被告人であつた者又はそれらの者の弁護人であつた者が公判準備及び公判期日に出頭するに要した旅費、日当及び宿泊料並びに弁護人であつた者に対する報酬に限るものとし、その額に関しては、刑事訴訟費用に関する法律の規定中、被告人又は被告人であつた者については証人、弁護人であつた者については弁護人に関する規定を準用する。

② 裁判所は、公判準備又は公判期日に出頭した弁護人が2人以上あつたときは、事件の性質、審理の状況その他の事情を考慮して、前項の弁護人であつた者の旅費、日当及び宿泊料を主任弁護人その他一部の弁護人に係るものに限ることができる。

[刑事補償法の例]

第188条の7 補償の請求その他補償に関する手続、補償と他の法律による損害賠償との関係、補償を受ける権利の譲渡又は差押え及び被告人又は被告人であつた者の相続人に対する補償については、この法律に特別の定めがある場合のほか、刑事補償法（昭和25年法律第1号）第1条に規定する補償の例による。

第2編 第1審

第1章 捜査

[一般司法警察職員の捜査権]

第189条 警察官は、それぞれ、他の法律又は国家公安委員会若しくは都道府県公安委員会の定めるところにより、司法警察職員として職務を行う。

② 司法警察職員は、犯罪があると思料するときは、犯人及び証拠を捜査するものとする。

[特別司法警察職員]

第190条 森林、鉄道その他特別の事項について司法警察職員として職務を行うべき者及びその職務の範囲は、別に法律でこれを定める。

[検察官・検察事務官の捜査権]

第191条 検察官は、必要と認めるときは、自ら犯罪を捜査することができる。

② 検察事務官は、検察官の指揮を受け、捜査をしなければならない。

[捜査上の協力]

第192条 検察官と都道府県公安委員会及び司法警察職員とは、捜査に関し、互に協力しなければならない。

[検察官の司法警察職員に対する指示・指揮]

第193条 検察官は、その管轄区域により、司法警察職員に対し、その捜査に関し、必要な一般的指示をすることができる。この場合における指示は、捜査を適正にし、その他公訴の遂行を全うするために必要な事項に関する一般的な準則を定めることによつて行うものとする。

② 検察官は、その管轄区域により、司法警察職員に対し、捜査の協力を求めるため必要な一般的指揮をすることができる。

③ 検察官は、自ら犯罪を捜査する場

合において必要があるときは、司法警察職員を指揮して捜査の補助をさせることができる。

④ 前3項の場合において、司法警察職員は、検察官の指示又は指揮に従わなければならない。

[司法警察職員に対する懲戒罷免の訴追]

第194条 検事総長、検事長又は検事正は、司法警察職員が正当な理由がなく検察官の指示又は指揮に従わない場合において必要と認めるときは、警察官たる司法警察職員については、国家公安委員会又は都道府県公安委員会に、警察官たる者以外の司法警察職員については、その者を懲戒し又は罷免する権限を有する者に、それぞれ懲戒又は罷免の訴追をすることができる。

② 国家公安委員会、都道府県公安委員会又は警察官たる者以外の司法警察職員を懲戒し若しくは罷免する権限を有する者は、前項の訴追が理由のあるものと認めるときは、別に法律の定めるところにより、訴追を受けた者を懲戒し又は罷免しなければならない。

[検察官・検察事務官の管轄区域外における職務執行]

第195条 検察官及び検察事務官は、捜査のため必要があるときは、管轄区域外で職務を行うことができる。

[捜査上の注意]

第196条 検察官、検察事務官及び司法警察職員並びに弁護人その他職務上捜査に関係のある者は、被疑者その他の者の名誉を害しないように注意し、且つ、捜査の妨げとならないように注意しなければならない。

[捜査に必要な取調べ、照会、通信履歴保管命令等]

第197条 捜査については、その目的を達するため必要な取調をすることができる。但し、強制の処分は、この法律に特別の定のある場合でなければ、これをすることができない。

② 捜査については、公務所又は公私の団体に照会して必要な事項の報告を求めることができる。

③ 検察官、検察事務官又は司法警察員は、差押え又は記録命令付差押えをするため必要があるときは、電気通信を行うための設備を他人の通信の用に供する事業を営む者又は自己の業務のために不特定若しくは多数の者の通信を媒介することのできる電気通信を行うための設備を設置している者に対し、その業務上記録している電気通信の送信元、送信先、通信日時その他の通信履歴の電磁的記録のうち必要なものを特定し、30日を超えない期間を定めて、これを消去しないよう、書面で求めることができる。この場合において、当該電磁的記録について差押え又は記録命令付差押えをする必要がないと認めるに至つたときは、当該求めを取り消さなければならない。

④ 前項の規定により消去しないよう求める期間については、特に必要があるときは、30日を超えない範囲内で延長することができる。ただし、消去しないよう求める期間は、通じて60日を超えることができない。

⑤ 第2項又は第3項の規定による求めを行う場合において、必要があるときは、みだりにこれらに関する事項を漏らさないよう求めることができる。

[被疑者の出頭要求・取調べ]

第198条 検察官、検察事務官又は司法警察職員は、犯罪の捜査をするについて必要があるときは、被疑者の出頭を求め、これを取り調べることができる。但し、被疑者は、逮捕又は勾留されている場合を除いては、出頭を拒み、又は出頭後、何時でも退去することができる。
② 前項の取調に際しては、被疑者に対し、あらかじめ、自己の意思に反して供述をする必要がない旨を告げなければならない。
③ 被疑者の供述は、これを調書に録取することができる。
④ 前項の調書は、これを被疑者に閲覧させ、又は読み聞かせて、誤(あやまり)がないかどうかを問い、被疑者が増減変更の申立をしたときは、その供述を調書に記載しなければならない。
⑤ 被疑者が、調書に誤のないことを申し立てたときは、これに署名押印することを求めることができる。但し、これを拒絶した場合は、この限りでない。

[逮捕状による逮捕]

第199条 検察官、検察事務官又は司法警察職員は、被疑者が罪を犯したことを疑うに足りる相当な理由があるときは、裁判官のあらかじめ発する逮捕状により、これを逮捕することができる。ただし、30万円【1】以下の罰金、拘留又は科料に当たる罪については、被疑者が定まつた住居を有しない場合又は正当な理由がなく前条の規定による出頭の求めに応じない場合に限る。
② 裁判官は、被疑者が罪を犯したことを疑うに足りる相当な理由があると認めるときは、検察官又は司法警察員【2】の請求により、前項の逮捕状を発する。ただし、明らかに逮捕の必要がないと認めるときは、この限りでない。
③ 検察官又は司法警察員は、第1項の逮捕状を請求する場合において、同一の犯罪事実についてその被疑者に対し前に逮捕状の請求又はその発付があつたときは、その旨を裁判所に通知しなければならない。

[逮捕状の方式]

第200条 逮捕状には、被疑者の氏名及び住居、罪名、被疑事実の要旨、引致すべき官公署その他の場所、有効期間及びその期間経過後は逮捕をすることができず令状はこれを返還しなければならない旨並びに発付の年月日その他裁判所の規則で定める事項を記載し、裁判官が、これに記名押印しなければならない。
② 第64条第2項及び第3項の規定は、逮捕状についてこれを準用する。

[逮捕状による逮捕の手続]

第201条 逮捕状により被疑者を逮捕するには、逮捕状を被疑者に示さなければならない。
② 第73条第3項の規定は、逮捕状により被疑者を逮捕する場合にこれを準用する。

[逮捕状の個人特定事項秘匿手続]

第201条の2 検察官又は司法警察員は、次に掲げる者の個人特定事項【3】について、必要と認めるときは、第199条第2項本文の請求と同時に、裁判官に対し、被疑者に示すものとして、当該個人特定事項の記載がない逮捕状の抄本その他の逮捕状に代わるものの交付を請求することができる。
一 次に掲げる事件の被害者
イ 刑法第176条、第177条、第

【1】 刑法、暴力行為等処罰に関する法律及び経済関係罰則の整備に関する法律の罪以外の罪については、当分の間、2万円
【2】 警察官たる司法警察員については、国家公安委員会又は都道府県公安委員会が指定する警部以上の者に限る。次項及び第201条の2第1項において同じ。
【3】 氏名及び住所その他の個人を特定させることとなる事項をいう。以下同じ。

179条、第181条若しくは第182条の罪、同法第225条若しくは第226条の2第3項の罪【1】、同法第227条第1項【2】若しくは第3項【3】の罪若しくは同法第241条第1項若しくは第3項の罪又はこれらの罪の未遂罪に係る事件

ロ　児童福祉法第60条第1項の罪若しくは同法第34条第1項第9号に係る同法第60条第2項の罪、児童買春、児童ポルノに係る行為等の規制及び処罰並びに児童の保護等に関する法律第4条から第8条までの罪又は性的な姿態を撮影する行為等の処罰及び押収物に記録された性的な姿態の影像に係る電磁的記録の消去等に関する法律第2条から第6条までの罪に係る事件

ハ　イ及びロに掲げる事件のほか、犯行の態様、被害の状況その他の事情により、被害者の個人特定事項が被疑者に知られることにより次に掲げるおそれがあると認められる事件

⑴　被害者等【4】の名誉又は社会生活の平穏が著しく害されるおそれ

⑵　⑴に掲げるもののほか、被害者若しくはその親族の身体若しくは財産に害を加え又はこれらの者を畏怖させ若しくは困惑させる行為がなされるおそれ

二　前号に掲げる者のほか、個人特定事項が被疑者に知られることにより次に掲げるおそれがあると認められる者

イ　その者の名誉又は社会生活の平穏が著しく害されるおそれ

ロ　イに掲げるもののほか、その者若しくはその親族の身体若しくは財産に害を加え又はこれらの者を畏怖させ若しくは困惑させる行為がなされるおそれ

② 裁判官は、前項の規定による請求を受けた場合において、第199条第2項の規定により逮捕状を発するときは、これと同時に、被疑者に示すものとして、当該請求に係る個人特定事項を明らかにしない方法により被疑事実の要旨を記載した逮捕状の抄本その他の逮捕状に代わるものを交付するものとする。ただし、当該請求に係る者が前項第1号又は第2号に掲げる者に該当しないことが明らかなときは、この限りでない。

③ 前項の規定による逮捕状に代わるものの交付があつたときは、前条第1項の規定にかかわらず、逮捕状により被疑者を逮捕するに当たり、当該逮捕状に代わるものを被疑者に示すことができる。

④ 第2項の規定による逮捕状に代わるものの交付があつた場合において、当該逮捕状に代わるものを所持しないためこれを示すことができない場合であつて、急速を要するときは、前条第1項の規定及び同条第2項において準用する第73条第3項の規定にかかわらず、被疑者に対し、逮捕状に記載された個人特定事項のうち当該逮捕状に代わるものに記載がないものを明らかにしない方法によ

【1】わいせつ又は結婚の目的に係る部分に限る。以下このイにおいて同じ。
【2】同法第225条又は第226条の2第3項の罪を犯した者を幇助する目的に係る部分に限る。
【3】わいせつの目的に係る部分に限る。
【4】被害者又は被害者が死亡した場合若しくはその心身に重大な故障がある場合におけるその配偶者、直系の親族若しくは兄弟姉妹をいう。以下同じ。

り被疑事実の要旨を告げるとともに、逮捕状が発せられている旨を告げて、逮捕状により被疑者を逮捕することができる。ただし、当該逮捕状に代わるものは、できる限り速やかに示さなければならない。

[検察官・司法警察員への引致]

第202条 検察事務官又は司法巡査が逮捕状により被疑者を逮捕したときは、直ちに、検察事務官はこれを検察官に、司法巡査はこれを司法警察員に引致しなければならない。

[司法警察員の弁解録取等、検察官送致の時間制限、弁護人選任権告知、国選弁護手続の教示等]

第203条 司法警察員は、逮捕状により被疑者を逮捕したとき、又は逮捕状により逮捕された被疑者を受け取つたときは、直ちに犯罪事実の要旨及び弁護人を選任することができる旨を告げた上、弁解の機会を与え、留置の必要がないと思料するときは直ちにこれを釈放し、留置の必要があると思料するときは被疑者が身体を拘束された時から48時間以内に書類及び証拠物とともにこれを検察官に送致する手続をしなければならない。

② 前項の場合において、被疑者に弁護人の有無を尋ね、弁護人があるときは、弁護人を選任することができる旨は、これを告げることを要しない。

③ 司法警察員は、第1項の規定により弁護人を選任することができる旨を告げるに当たつては、被疑者に対し、弁護士、弁護士法人又は弁護士会を指定して弁護人の選任を申し出ることができる旨及びその申出先を教示しなければならない。

④ 司法警察員は、第1項の規定により弁護人を選任することができる旨を告げるに当たつては、被疑者に対し、引き続き勾留を請求された場合において貧困その他の事由により自ら弁護人を選任することができないときは裁判官に対して弁護人の選任を請求することができる旨並びに裁判官に対して弁護人の選任を請求するには資力申告書を提出しなければならない旨及びその資力が基準額以上であるときは、あらかじめ、弁護士会【1】に弁護人の選任の申出をしていなければならない旨を教示しなければならない。

⑤ 第1項の時間の制限内に送致の手続をしないときは、直ちに被疑者を釈放しなければならない。

[検察官の弁解録取等、勾留請求の時間制限、弁護人選任権告知、国選弁護手続の教示]

第204条 検察官は、逮捕状により被疑者を逮捕したとき、又は逮捕状により逮捕された被疑者【2】を受け取つたときは、直ちに犯罪事実の要旨及び弁護人を選任することができる旨を告げた上、弁解の機会を与え、留置の必要がないと思料するときは直ちにこれを釈放し、留置の必要があると思料するときは被疑者が身体を拘束された時から48時間以内に裁判官に被疑者の勾留を請求しなければならない。但し、その時間の制限内に公訴を提起したときは、勾留の請求をすることを要しない。

② 検察官は、前項の規定により弁護人を選任することができる旨を告げるに当たつては、被疑者に対し、弁護士、弁護士法人又は弁護士会を指

【1】 第37条の3第2項の規定により第31条の2第1項の申出をすべき弁護士会をいう。

【2】 前条の規定により送致された被疑者を除く。

刑事訴訟法

定して弁護人の選任を申し出ることができる旨及びその申出先を教示しなければならない。

③　検察官は、第1項の規定により弁護人を選任することができる旨を告げるに当たつては、被疑者に対し、引き続き勾留を請求された場合において貧困その他の事由により自ら弁護人を選任することができないときは裁判官に対して弁護人の選任を請求することができる旨並びに裁判官に対して弁護人の選任を請求するには資力申告書を提出しなければならない旨及びその資力が基準額以上であるときは、あらかじめ、弁護士会【1】に弁護人の選任の申出をしていなければならない旨を教示しなければならない。

④　第1項の時間の制限内に勾留の請求又は公訴の提起をしないときは、直ちに被疑者を釈放しなければならない。

⑤　前条第2項の規定は、第1項の場合にこれを準用する。

［送致後の検察官の弁解録取等、勾留請求の時間制限］

第205条　検察官は、第203条の規定により送致された被疑者を受け取つたときは、弁解の機会を与え、留置の必要がないと思料するときは直ちにこれを釈放し、留置の必要があると思料するときは被疑者を受け取つた時から24時間以内に裁判官に被疑者の勾留を請求しなければならない。

②　前項の時間の制限は、被疑者が身体を拘束された時から72時間を超えることができない。

③　前2項の時間の制限内に公訴を提起したときは、勾留の請求をすることを要しない。

④　第1項及び第2項の時間の制限内に勾留の請求又は公訴の提起をしないときは、直ちに被疑者を釈放しなければならない。

［制限時間遵守不能の場合の処置］

第206条　検察官又は司法警察員がやむを得ない事情によつて前3条の時間の制限に従うことができなかつたときは、検察官は、裁判官にその事由を疎明して、被疑者の勾留を請求することができる。

②　前項の請求を受けた裁判官は、その遅延がやむを得ない事由に基く正当なものであると認める場合でなければ、勾留状を発することができない。

［被疑者の勾留、弁護人選任権の告知、国選弁護手続の教示］

第207条　前3条の規定による勾留の請求を受けた裁判官は、その処分に関し裁判所又は裁判長と同一の権限を有する。但し、保釈については、この限りでない。

②　前項の裁判官は、勾留を請求された被疑者に被疑事件を告げる際に、被疑者に対し、弁護人を選任することができる旨及び貧困その他の事由により自ら弁護人を選任することができないときは弁護人の選任を請求することができる旨を告げなければならない。ただし、被疑者に弁護人があるときは、この限りでない。

③　前項の規定により弁護人を選任することができる旨を告げるに当たつては、勾留された被疑者は弁護士、弁護士法人又は弁護士会を指定して弁護人の選任を申し出ることができる旨及びその申出先を教示しなければならない。

④　第2項の規定により弁護人の選任

【1】第37条の3第2項の規定により第31条の2第1項の申出をすべき弁護士会をいう。

を請求することができる旨を告げるに当たつては、弁護人の選任を請求するには資力申告書を提出しなければならない旨及びその資力が基準額以上であるときは、あらかじめ、弁護士会【1】に弁護人の選任の申出をしていなければならない旨を教示しなければならない。

⑤　裁判官は、第1項の勾留の請求を受けたときは、速やかに勾留状を発しなければならない。ただし、勾留の理由がないと認めるとき、及び前条第2項の規定により勾留状を発することができないときは、勾留状を発しないで、直ちに被疑者の釈放を命じなければならない。

[勾留状の個人特定事項秘匿手続]

第207条の2　検察官は、第201条の2第1項第1号又は第2号に掲げる者の個人特定事項について、必要と認めるときは、前条第1項の勾留の請求と同時に、裁判官に対し、勾留を請求された被疑者に被疑事件を告げるに当たつては当該個人特定事項を明らかにしない方法によること及び被疑者に示すものとして当該個人特定事項の記載がない勾留状の抄本その他の勾留状に代わるものを交付することを請求することができる。

②　裁判官は、前項の規定による請求を受けたときは、勾留を請求された被疑者に被疑事件を告げるに当たつては、当該請求に係る個人特定事項を明らかにしない方法によるとともに、前条第5項本文の規定により勾留状を発するときは、これと同時に、被疑者に示すものとして、当該個人特定事項を明らかにしない方法により被疑事実の要旨を記載した勾留状の抄本その他の勾留状に代わるものを交付するものとする。ただし、当該請求に係る者が第201条の2第1項第1号又は第2号に掲げる者に該当しないことが明らかなときは、この限りでない。

[個人特定事項の被疑者への通知]

第207条の3　裁判官は、前条第2項の規定による措置をとつた場合において、次の各号のいずれかに該当すると認めるときは、被疑者又は弁護人の請求により、当該措置に係る個人特定事項の全部又は一部を被疑者に通知する旨の裁判をしなければならない。

一　イ又はロに掲げる個人特定事項の区分に応じ、当該イ又はロに定める場合であるとき。

　イ　被害者の個人特定事項　当該措置に係る事件に係る罪が第201条の2第1項第1号イ及びロに規定するものに該当せず、かつ、当該措置に係る事件が同号ハに掲げるものに該当しないとき。

　ロ　被害者以外の者の個人特定事項　当該措置に係る者が第201条の2第1項第2号に掲げる者に該当しないとき。

二　当該措置により被疑者の防御に実質的な不利益を生ずるおそれがあるとき。

②　裁判官は、前項の請求について裁判をするときは、検察官の意見を聴かなければならない。

③　裁判官は、第1項の裁判【2】をしたときは、速やかに、検察官に対し、被疑者に示すものとして、当該個人

【1】　第37条の3第2項の規定により第31条の2第1項の申出をすべき弁護士会をいう。

【2】　前条第2項の規定による措置に係る個人特定事項の一部を被疑者に通知する旨のものに限る。

特定事項【1】を明らかにしない方法により被疑事実の要旨を記載した勾留状の抄本その他の勾留状に代わるものを交付するものとする。

④　第70条第1項本文及び第2項の規定は、第1項の裁判の執行について準用する。

⑤　第1項の裁判を執行するには、前条第2項の規定による措置に係る個人特定事項の全部について当該裁判があつた場合にあつては勾留状を、当該個人特定事項の一部について当該裁判があつた場合にあつては第3項の勾留状に代わるものを、被疑者に示さなければならない。

[勾留期間、期間の延長]

第208条　第207条の規定により被疑者を勾留した事件につき、勾留の請求をした日から10日以内に公訴を提起しないときは、検察官は、直ちに被疑者を釈放しなければならない。

②　裁判官は、やむを得ない事由があると認めるときは、検察官の請求により、前項の期間を延長することができる。この期間の延長は、通じて10日を超えることができない。

[勾留期間の再延長]

第208条の2　裁判官は、刑法第2編第2章乃至（ないし）第4章又は第8章の罪にあたる事件については、検察官の請求により、前条第2項の規定により延長された期間を更に延長することができる。この期間の延長は、通じて5日を超えることができない。

[勾留執行停止者の不出頭の罪]

第208条の3　期間を指定されて勾留の執行停止をされた被疑者が、正当な理由がなく、当該期間の終期として指定された日時に、出頭すべき場所として指定された場所に出頭しないときは、2年以下の拘禁刑に処する。

[勾留執行停止者の住居離脱・不帰着の罪]

第208条の4　裁判所の許可を受けないで指定された期間を超えて制限された住居を離れてはならない旨の条件を付されて勾留の執行停止をされた被疑者が、当該条件に係る住居を離れ、当該許可を受けないで、正当な理由がなく、当該期間を超えて当該住居に帰着しないときは、2年以下の拘禁刑に処する。

②　前項の被疑者が、裁判所の許可を受けて同項の住居を離れ、正当な理由がなく、当該住居を離れることができる期間として指定された期間を超えて当該住居に帰着しないときも、同項と同様とする。

[勾留執行停止取消し後の不出頭の罪]

第208条の5　勾留の執行停止を取り消され、検察官から出頭を命ぜられた被疑者が、正当な理由がなく、指定された日時及び場所に出頭しないときは、2年以下の拘禁刑に処する。

[準用規定]

第209条　第74条、第75条及び第78条の規定は、逮捕状による逮捕についてこれを準用する。

[緊急逮捕]

第210条　検察官、検察事務官又は司法警察職員は、死刑又は無期若しくは長期3年以上の拘禁刑に当たる罪を犯したことを疑うに足りる十分な理由がある場合で、急速を要し、裁判官の逮捕状を求めることができないときは、その理由を告げて被疑者を逮捕することができる。この場合には、直ちに裁判官の逮捕状を求める手続をしなければならない。逮捕状が発せられないときは、直ちに被疑者を釈放しなければならない。

②　第200条の規定は、前項の逮捕状

【1】　当該裁判により通知することとされたものを除く。

についてこれを準用する。

[準用規定]

第211条　前条の規定により被疑者が逮捕された場合には、第199条の規定により被疑者が逮捕された場合に関する規定を準用する。

[現行犯人・準現行犯人の要件]

第212条　現に罪を行い、又は現に罪を行い終つた者を現行犯人とする。

② 左の各号の1にあたる者が、罪を行い終つてから間がないと明らかに認められるときは、これを現行犯人とみなす。

一　犯人として追呼(ついこ)されているとき。

二　贓物(ぞうぶつ)又は明らかに犯罪の用に供したと思われる兇器その他の物を所持しているとき。

三　身体又は被服に犯罪の顕著な証跡があるとき。

四　誰何(すいか)されて逃走しようとするとき。

[現行犯逮捕の手続]

第213条　現行犯人は、何人(なんぴと)でも、逮捕状なくしてこれを逮捕することができる。

[私人による現行犯逮捕]

第214条　検察官、検察事務官及び司法警察職員以外の者は、現行犯人を逮捕したときは、直ちにこれを地方検察庁若しくは区検察庁の検察官又は司法警察職員に引き渡さなければならない。

[現行犯人を受け取った司法巡査の手続]

第215条　司法巡査は、現行犯人を受け取つたときは、速やかにこれを司法警察員に引致しなければならない。

② 司法巡査は、犯人を受け取つた場合には、逮捕者の氏名、住居及び逮捕の事由を聴き取らなければならない。必要があるときは、逮捕者に対しともに官公署に行くことを求めることができる。

[準用規定]

第216条　現行犯人が逮捕された場合には、第199条の規定により被疑者が逮捕された場合に関する規定を準用する。

[軽微事件と現行犯逮捕]

第217条　30万円【1】以下の罰金、拘留又は科料に当たる罪の現行犯については、犯人の住居若しくは氏名が明らかでない場合又は犯人が逃亡するおそれがある場合に限り、第213条から前条までの規定を適用する。

[令状による差押え・捜索・記録命令付捜索・検証・身体検査、通信回線接続記録の複写等]

第218条　検察官、検察事務官又は司法警察職員は、犯罪の捜査をするについて必要があるときは、裁判官の発する令状により、差押え、記録命令付差押え、捜索又は検証をすることができる。この場合において、身体の検査は、身体検査令状によらなければならない。

② 差し押さえるべき物が電子計算機であるときは、当該電子計算機に電気通信回線で接続している記録媒体であつて、当該電子計算機で作成若しくは変更をした電磁的記録又は当該電子計算機で変更若しくは消去をすることができることとされている電磁的記録を保管するために使用されていると認めるに足りる状況にあるものから、その電磁的記録を当該電子計算機又は他の記録媒体に複写した上、当該電子計算機又は当該他の記録媒体を差し押さえることができる。

③ 身体の拘束を受けている被疑者の

【1】 刑法、暴力行為等処罰に関する法律及び経済関係罰則の整備に関する法律の罪以外の罪については、当分の間、2万円

指紋若しくは足型を採取し、身長若しくは体重を測定し、又は写真を撮影するには、被疑者を裸にしない限り、第1項の令状によることを要しない。

④　第1項の令状は、検察官、検察事務官又は司法警察員の請求により、これを発する。

⑤　検察官、検察事務官又は司法警察員は、身体検査令状の請求をするには、身体の検査を必要とする理由及び身体の検査を受ける者の性別、健康状態その他裁判所の規則で定める事項を示さなければならない。

⑥　裁判官は、身体の検査に関し、適当と認める条件を附することができる。

[差押え等の令状の方式]

第219条　前条の令状には、被疑者若しくは被告人の氏名、罪名、差し押さえるべき物、記録させ若しくは印刷させるべき電磁的記録及びこれを記録させ若しくは印刷させるべき者、捜索すべき場所、身体若しくは物、検証すべき場所若しくは物又は検査すべき身体及び身体の検査に関する条件、有効期間及びその期間経過後は差押え、記録命令付差押え、捜索又は検証に着手することができず令状はこれを返還しなければならない旨並びに発付の年月日その他裁判所の規則で定める事項を記載し、裁判官が、これに記名押印しなければならない。

②　前条第2項の場合には、同条の令状に、前項に規定する事項のほか、差し押さえるべき電子計算機に電気通信回線で接続している記録媒体であつて、その電磁的記録を複写すべきものの範囲を記載しなければならない。

③　第64条第2項の規定は、前条の令状についてこれを準用する。

[令状によらない差押え・捜索・検証]

第220条　検察官、検察事務官又は司法警察職員は、第199条の規定により被疑者を逮捕する場合又は現行犯人を逮捕する場合において必要があるときは、左の処分をすることができる。第210条の規定により被疑者を逮捕する場合において必要があるときも、同様である。

一　人の住居又は人の看守する邸宅、建造物若しくは船舶内に入り被疑者の捜索をすること。

二　逮捕の現場で差押、捜索又は検証をすること。

②　前項後段の場合において逮捕状が得られなかつたときは、差押物は、直ちにこれを還付しなければならない。第123条第3項の規定は、この場合についてこれを準用する。

③　第1項の処分をするには、令状は、これを必要としない。

④　第1項第2号及び前項の規定は、検察事務官又は司法警察職員が勾引状又は勾留状を執行する場合にこれを準用する。被疑者に対して発せられた勾引状又は勾留状を執行する場合には、第1項第1号の規定をも準用する。

[領置]

第221条　検察官、検察事務官又は司法警察職員は、被疑者その他の者が遺留した物又は所有者、所持者若しくは保管者が任意に提出した物は、これを領置することができる。

[準用規定等]

第222条　第99条第1項、第100条、第102条から第105条まで、第110条から第112条まで、第114条、第115条及び第118条から第124条までの規定は、**検察官、検察事務官又は司法警察職員が第218条、第220**

条及び前条の規定によつてする押収又は捜索について、第110条、第111条の2、第112条、第114条、第118条、第129条、第131条及び第137条から第140条までの規定は、検察官、検察事務官又は司法警察職員が第218条又は第220条の規定によつてする検証についてこれを準用する。ただし、司法巡査は、第122条から第124条までに規定する処分をすることができない。

② 第220条の規定により被疑者を捜索する場合において急速を要するときは、第114条第2項の規定によることを要しない。

③ 第116条及び第117条の規定は、検察官、検察事務官又は司法警察職員が第218条の規定によつてする差押え、記録命令付差押え又は捜索について、これを準用する。

④ 日出前、日没後には、令状に夜間でも検証をすることができる旨の記載がなければ、検察官、検察事務官又は司法警察職員は、第218条の規定によつてする検証のため、人の住居又は人の看守する邸宅、建造物若しくは船舶内に入ることができない。但し、第117条に規定する場所については、この限りでない。

⑤ 日没前検証に着手したときは、日没後でもその処分を継続することができる。

⑥ 検察官、検察事務官又は司法警察職員は、第218条の規定により差押、捜索又は検証をするについて必要があるときは、被疑者をこれに立ち会わせることができる。

⑦ 第1項の規定により、身体の検査を拒んだ者を過料に処し、又はこれに賠償を命ずべきときは、裁判所にその処分を請求しなければならない。

[電気通信の傍受を行う強制の処分]

第222条の2 通信の当事者のいずれの同意も得ないで電気通信の傍受を行う強制の処分については、別に法律で定めるところによる。

[第三者の任意出頭・取調べ、鑑定等の嘱託]

第223条 検察官、検察事務官又は司法警察職員は、犯罪の捜査をするについて必要があるときは、被疑者以外の者の出頭を求め、これを取り調べ、又はこれに鑑定、通訳若しくは翻訳を嘱託することができる。

② 第198条第1項但書及び第3項乃(ない)至(し)第5項の規定は、前項の場合にこれを準用する。

[鑑定留置の請求]

第224条 前条第1項の規定により鑑定を嘱託する場合において第167条第1項に規定する処分を必要とするときは、検察官、検察事務官又は司法警察員は、裁判官にその処分を請求しなければならない。

② 裁判官は、前項の請求を相当と認めるときは、第167条の場合に準じてその処分をしなければならない。この場合には、第167条の2の規定を準用する。

③ 第207条の2及び第207条の3の規定は、第1項の請求について準用する。この場合において、第207条の2中「勾留を」とあるのは「第167条第1項に規定する処分を」と、同条並びに第207条の3第3項及び第5項中「勾留状」とあるのは「鑑定留置状」と、第207条の2第2項中「前条第5項本文の規定により」とあるのは「第224条第2項前段の規定により第167条の場合に準じて」と読み替えるものとする。

[勾留状代用書面]

第224条の2 第207条の2第2項の規定による勾留状に代わるものの交

刑事訴訟法

付があつた場合における前条第2項後段において準用する第167条の2第2項において準用する第98条の規定の適用については、同条第1項中「勾留状の謄本」とあるのは、「第207条の2第2項本文の勾留状に代わるもの」とする。

[鑑定受託者と必要な処分]

第225条 第223条第1項の規定による鑑定の嘱託を受けた者は、裁判官の許可を受けて、第168条第1項に規定する処分をすることができる。

② 前項の許可の請求は、検察官、検察事務官又は司法警察員からこれをしなければならない。

③ 裁判官は、前項の請求を相当と認めるときは、許可状を発しなければならない。

④ 第168条第2項乃至第4項及び第6項の規定は、前項の許可状についてこれを準用する。

[捜査のための証人尋問]

第226条 犯罪の捜査に欠くことのできない知識を有すると明らかに認められる者が、第223条第1項の規定による取調に対して、出頭又は供述を拒んだ場合には、第1回の公判期日前に限り、検察官は、裁判官にその者の証人尋問を請求することができる。

[捜査のための証人尋問]

第227条 第223条第1項の規定による検察官、検察事務官又は司法警察職員の取調べに際して任意の供述をした者が、公判期日においては前にした供述と異なる供述をするおそれがあり、かつ、その者の供述が犯罪の証明に欠くことができないと認められる場合には、第1回の公判期日前に限り、検察官は、裁判官にその者の証人尋問を請求することができる。

② 前項の請求をするには、検察官は、証人尋問を必要とする理由及びそれが犯罪の証明に欠くことができないものであることを疎明しなければならない。

[捜査のための証人尋問における裁判官の権限]

第228条 前2条の請求を受けた裁判官は、証人の尋問に関し、裁判所又は裁判長と同一の権限を有する。

② 裁判官は、捜査に支障を生ずる虞がないと認めるときは、被告人、被疑者又は弁護人を前項の尋問に立ち会わせることができる。

[検視]

第229条 変死者又は変死の疑のある死体があるときは、その所在地を管轄する地方検察庁又は区検察庁の検察官は、検視をしなければならない。

② 検察官は、検察事務官又は司法警察員に前項の処分をさせることができる。

[告訴権者]

第230条 犯罪により害を被つた者は、告訴をすることができる。

[告訴権者]

第231条 被害者の法定代理人は、独立して告訴をすることができる。

② 被害者が死亡したときは、その配偶者、直系の親族又は兄弟姉妹は、告訴をすることができる。但し、被害者の明示した意思に反することはできない。

[告訴権者]

第232条 被害者の法定代理人が被疑者であるとき、被疑者の配偶者であるとき、又は被疑者の4親等内の血族若しくは3親等内の姻族であるときは、被害者の親族は、独立して告訴をすることができる。

[告訴権者]

第233条 死者の名誉を毀損した罪に

ついては、死者の親族又は子孫は、告訴をすることができる。

② 名誉を毀損した罪について被害者が告訴をしないで死亡したときも、前項と同様である。但し、被害者の明示した意思に反することはできない。

[告訴権者の指定]

第234条 親告罪について告訴をすることができる者がない場合には、検察官は、利害関係人の申立により告訴をすることができる者を指定することができる。

[親告罪の告訴期間]

第235条 親告罪の告訴は、犯人を知つた日から6箇月を経過したときは、これをすることができない。ただし、刑法第232条第2項の規定により外国の代表者が行う告訴及び日本国に派遣された外国の使節に対する同法第230条又は第231条の罪につきその使節が行う告訴については、この限りでない。

[告訴期間の独立]

第236条 告訴をすることができる者が数人ある場合には、1人の期間の徒過は、他の者に対しその効力を及ぼさない。

[告訴の取消し]

第237条 告訴は、公訴の提起があるまでこれを取り消すことができる。

② 告訴の取消をした者は、更に告訴をすることができない。

③ 前2項の規定は、請求を待つて受理すべき事件についての請求についてこれを準用する。

[告訴の不可分]

第238条 親告罪について共犯の1人又は数人に対してした告訴又はその取消は、他の共犯に対しても、その効力を生ずる。

② 前項の規定は、告発又は請求を待つて受理すべき事件についての告発若しくは請求又はその取消についてこれを準用する。

[告発]

第239条 何人(なんぴと)でも、犯罪があると思料するときは、告発をすることができる。

② 官吏又は公吏は、その職務を行うことにより犯罪があると思料するときは、告発をしなければならない。

[代理人による告訴・告訴取消し]

第240条 告訴は、代理人によりこれをすることができる。告訴の取消についても、同様である。

[告訴・告発の方式]

第241条 告訴又は告発は、書面又は口頭で検察官又は司法警察員にこれをしなければならない。

② 検察官又は司法警察員は、口頭による告訴又は告発を受けたときは調書を作らなければならない。

[告訴・告発を受けた司法警察員の手続]

第242条 司法警察員は、告訴又は告発を受けたときは、速やかにこれに関する書類及び証拠物を検察官に送付しなければならない。

[準用規定]

第243条 前2条の規定は、告訴又は告発の取消についてこれを準用する。

[外国代表者等の告訴の特別方式]

第244条 刑法第232条第2項の規定により外国の代表者が行う告訴又はその取消は、第241条及び前条の規定にかかわらず、外務大臣にこれをすることができる。日本国に派遣された外国の使節に対する刑法第230条又は第231条の罪につきその使節が行う告訴又はその取消も、同様である。

[自首]

第245条 第241条及び第242条の規定は、自首についてこれを準用する。

[司法警察員の事件送致]

第246条 司法警察員は、犯罪の捜査をしたときは、この法律に特別の定のある場合を除いては、速やかに書類及び証拠物とともに事件を検察官に送致しなければならない。但し、検察官が指定した事件については、この限りでない。

第2章 公訴

[国家訴追主義]

第247条 公訴は、検察官がこれを行う。

[起訴便宜主義]

第248条 犯人の性格、年齢及び境遇、犯罪の軽重及び情状並びに犯罪後の情況により訴追を必要としないときは、公訴を提起しないことができる。

[公訴の効力の人的範囲]

第249条 公訴は、検察官の指定した被告人以外の者にその効力を及ぼさない。

[公訴時効の期間]

第250条 時効は、人を死亡させた罪であつて拘禁刑に当たるものについては、次に掲げる期間を経過することによつて完成する。

一 無期拘禁刑に当たる罪については30年

二 長期20年の拘禁刑に当たる罪については20年

三 前2号に掲げる罪以外の罪については10年

② 時効は、人を死亡させた罪であつて拘禁刑以上の刑に当たるもの以外の罪については、次に掲げる期間を経過することによつて完成する。

一 死刑に当たる罪については25年

二 無期拘禁刑に当たる罪については15年

三 長期15年以上の拘禁刑に当たる罪については10年

四 長期15年未満の拘禁刑に当たる罪については7年

五 長期10年未満の拘禁刑に当たる罪については5年

六 長期5年未満の拘禁刑又は罰金に当たる罪については3年

七 拘留又は科料に当たる罪については1年

③ 前項の規定にかかわらず、次の各号に掲げる罪についての時効は、当該各号に定める期間を経過することによつて完成する。

一 刑法第181条の罪【1】若しくは同法第241条第1項の罪又は盗犯等の防止及び処分に関する法律(昭和5年法律第9号)第4条の罪【2】 20年

二 刑法第177条若しくは第179条第2項の罪又はこれらの罪の未遂罪 15年

三 刑法第176条若しくは第179条第1項の罪若しくはこれらの罪の未遂罪又は児童福祉法第60条第1項の罪【3】 12年

④ 前2項の規定にかかわらず、前項各号に掲げる罪について、その被害者が犯罪行為が終わつた時に18歳未満である場合における時効は、当該各号に定める期間に当該犯罪行為が終わつた時から当該被害者が18歳に達する日までの期間に相当する期間を加算した期間を経過することによつて完成する。

[時効期間の基準となる刑]

第251条 2以上の主刑を併科し、又は2以上の主刑中その1を科すべき罪については、その重い刑に従つて、

【1】 人を負傷させたときに限る。
【2】 同項の罪に係る部分に限る。
【3】 自己を相手方として淫行をさせる行為に係るものに限る。

前条の規定を適用する。

[時効期間の基準となる刑]

第252条　刑法により刑を加重し、又は減軽すべき場合には、加重し、又は減軽しない刑に従つて、第250条の規定を適用する。

[時効期間の起算点]

第253条　時効は、犯罪行為が終つた時から進行する。

② 共犯の場合には、最終の行為が終つた時から、すべての共犯に対して時効の期間を起算する。

[時効の停止]

第254条　時効は、当該事件についてした公訴の提起によつてその進行を停止し、管轄違又は公訴棄却の裁判が確定した時からその進行を始める。

② 共犯の1人に対してした公訴の提起による時効の停止は、他の共犯に対してその効力を有する。この場合において、停止した時効は、当該事件についてした裁判が確定した時からその進行を始める。

[時効の停止]

第255条　犯人が国外にいる場合又は犯人が逃げ隠れているため有効に起訴状の謄本の送達若しくは略式命令の告知ができなかつた場合には、時効は、その国外にいる期間又は逃げ隠れている期間その進行を停止する。

② 犯人が国外にいること又は犯人が逃げ隠れているため有効に起訴状の謄本の送達若しくは略式命令の告知ができなかつたことの証明に必要な事項は、裁判所の規則でこれを定める。

[起訴状、訴因、罰条、予断排除]

第256条　公訴の提起は、起訴状を提出してこれをしなければならない。

② 起訴状には、左の事項を記載しなければならない。

一　被告人の氏名その他被告人を特定するに足りる事項

二　公訴事実

三　罪名

③ 公訴事実は、訴因を明示してこれを記載しなければならない。訴因を明示するには、できる限り日時、場所及び方法を以て罪となるべき事実を特定してこれをしなければならない。

④ 罪名は、適用すべき罰条を示してこれを記載しなければならない。但し、罰条の記載の誤は、被告人の防禦に実質的な不利益を生ずる虞がない限り、公訴提起の効力に影響を及ぼさない。

⑤ 数個の訴因及び罰条は、予備的に又は択一的にこれを記載することができる。

⑥ 起訴状には、裁判官に事件につき予断を生ぜしめる虞のある書類その他の物を添附し、又はその内容を引用してはならない。

[起訴状謄本の提出]

第256条の2　検察官は、公訴の提起と同時に、被告人に送達するものとして、起訴状の謄本を裁判所に提出しなければならない。ただし、やむを得ない事情があるときは、公訴の提起後速やかにこれを提出すれば足りる。

[公訴の取消し]

第257条　公訴は、第1審の判決があるまでこれを取り消すことができる。

[他管送致]

第258条　検察官は、事件がその所属検察庁の対応する裁判所の管轄に属しないものと思料するときは、書類及び証拠物とともにその事件を管轄裁判所に対応する検察庁の検察官に送致しなければならない。

[被疑者に対する不起訴処分の告知]

第259条　検察官は、事件につき公訴

を提起しない処分をした場合において、被疑者の請求があるときは、速やかにその旨をこれに告げなければならない。

[告訴人等に対する不起訴処分等の通知]

第260条 検察官は、告訴、告発又は請求のあつた事件について、公訴を提起し、又はこれを提起しない処分をしたときは、速やかにその旨を告訴人、告発人又は請求人に通知しなければならない。公訴を取り消し、又は事件を他の検察庁の検察官に送致したときも、同様である。

[告訴人等に対する不起訴理由の告知]

第261条 検察官は、告訴、告発又は請求のあつた事件について公訴を提起しない処分をした場合において、告訴人、告発人又は請求人の請求があるときは、速やかに告訴人、告発人又は請求人にその理由を告げなければならない。

[準起訴手続、付審判の請求]

第262条 刑法第193条から第196条まで又は破壊活動防止法（昭和27年法律第240号）第45条若しくは無差別大量殺人行為を行った団体の規制に関する法律（平成11年法律第147号）第42条若しくは第43条の罪について告訴又は告発をした者は、検察官の公訴を提起しない処分に不服があるときは、その検察官所属の検察庁の所在地を管轄する地方裁判所に事件を裁判所の審判に付することを請求することができる。

② 前項の請求は、第260条の通知を受けた日から7日以内に、請求書を公訴を提起しない処分をした検察官に差し出してこれをしなければならない。

[請求の取下げ]

第263条 前条第1項の請求は、第266条の決定があるまでこれを取り下げることができる。

② 前項の取下をした者は、その事件について更に前条第1項の請求をすることができない。

[公訴提起の義務]

第264条 検察官は、第262条第1項の請求を理由があるものと認めるときは、公訴を提起しなければならない。

[準起訴手続の審判]

第265条 第262条第1項の請求についての審理及び裁判は、合議体でこれをしなければならない。

② 裁判所は、必要があるときは、合議体の構成員に事実の取調をさせ、又は地方裁判所若しくは簡易裁判所の裁判官にこれを嘱託することができる。この場合には、受命裁判官及び受託裁判官は、裁判所又は裁判長と同一の権限を有する。

[請求に対する決定]

第266条 裁判所は、第262条第1項の請求を受けたときは、左の区別に従い、決定をしなければならない。

一 請求が法令上の方式に違反し、若しくは請求権の消滅後にされたものであるとき、又は請求が理由のないときは、請求を棄却する。

二 請求が理由のあるときは、事件を管轄地方裁判所の審判に付する。

[公訴提起の擬制]

第267条 前条第2号の決定があつたときは、その事件について公訴の提起があつたものとみなす。

[決定の通知]

第267条の2 裁判所は、第266条第2号の決定をした場合において、同一の事件について、検察審査会法（昭和23年法律第147号）第2条第1項第1号に規定する審査を行う検察審査会又は同法第41条の6第1項の起訴議決をした検察審査会【1】があるときは、これに当該決定をした旨を通知しなければならない。

［公訴の維持と指定弁護士］

第268条　裁判所は、第266条第2号の規定により事件がその裁判所の審判に付されたときは、その事件について公訴の維持にあたる者を弁護士の中から指定しなければならない。

② 前項の指定を受けた弁護士は、事件について公訴を維持するため、裁判の確定に至るまで検察官の職務を行う。但し、検察事務官及び司法警察職員に対する捜査の指揮は、検察官に嘱託してこれをしなければならない。

③ 前項の規定により検察官の職務を行う弁護士は、これを法令により公務に従事する職員とみなす。

④ 裁判所は、第1項の指定を受けた弁護士がその職務を行うに適さないと認めるときその他特別の事情があるときは、何時でもその指定を取り消すことができる。

⑤ 第1項の指定を受けた弁護士には、政令で定める額の手当を給する。

［請求者に対する費用賠償の決定］

第269条　裁判所は、第262条第1項の請求を棄却する場合又はその請求の取下があつた場合には、決定で、請求者に、その請求に関する手続によつて生じた費用の全部又は一部の賠償を命ずることができる。この決定に対しては、即時抗告をすることができる。

［検察官の書類・証拠物の閲覧謄写］

第270条　検察官は、公訴の提起後は、訴訟に関する書類及び証拠物を閲覧し、且つ謄写することができる。

【1】 同法第41条の9第1項の規定により公訴の提起及びその維持に当たる者が指定された後は、その者

② 前項の規定にかかわらず、第157条の6第4項に規定する記録媒体は、謄写することができない。

第3章　公判

第1節　公判準備及び公判手続

［起訴状謄本の送達、不送達と起訴の失効］

第271条　裁判所は、公訴の提起があつたときは、遅滞なく起訴状の謄本を被告人に送達しなければならない。

② 公訴の提起があつた日から2箇月以内に起訴状の謄本が送達されないときは、公訴の提起は、さかのぼつてその効力を失う。

［起訴状抄本等送達措置］

第271条の2　検察官は、起訴状に記載された次に掲げる者の個人特定事項について、必要と認めるときは、裁判所に対し、前条第1項の規定による起訴状の謄本の送達により当該個人特定事項が被告人に知られないようにするための措置をとることを求めることができる。

一　次に掲げる事件の被害者

イ　刑法第176条、第177条、第179条、第181条若しくは第182条の罪、同法第225条若しくは第226条の2第3項の罪【2】、同法第227条第1項【3】若しくは第3項【4】の罪若しくは同法第241条第1項若しくは第3項の罪又はこれらの罪の未遂罪に係る事件

ロ　児童福祉法第60条第1項の罪若しくは同法第34条第1項第9号に係る同法第60条第2

【2】 わいせつ又は結婚の目的に係る部分に限る。以下このイにおいて同じ。

【3】 同法第225条又は第226条の2第3項の罪を犯した者を幇助する目的に係る部分に限る。

【4】 わいせつの目的に係る部分に限る。

刑事訴訟法

項の罪、児童買春、児童ポルノに係る行為等の規制及び処罰並びに児童の保護等に関する法律第4条から第8条までの罪又は性的な姿態を撮影する行為等の処罰及び押収物に記録された性的な姿態の影像に係る電磁的記録の消去等に関する法律第2条から第6条までの罪に係る事件

ハ　イ及びロに掲げる事件のほか、犯行の態様、被害の状況その他の事情により、被害者の個人特定事項が被告人に知られることにより次に掲げるおそれがあると認められる事件

(1)　被害者等の名誉又は社会生活の平穏が著しく害されるおそれ

(2)　(1)に掲げるもののほか、被害者若しくはその親族の身体若しくは財産に害を加え又はこれらの者を畏怖させ若しくは困惑させる行為がなされるおそれ

二　前号に掲げる者のほか、個人特定事項が被告人に知られることにより次に掲げるおそれがあると認められる者

イ　その者の名誉又は社会生活の平穏が著しく害されるおそれ

ロ　イに掲げるもののほか、その者若しくはその親族の身体若しくは財産に害を加え又はこれらの者を畏怖させ若しくは困惑させる行為がなされるおそれ

②　前項の規定による求めは、公訴の提起において、裁判所に対し、起訴状とともに、被告人に送達するものとして、当該求めに係る個人特定事項の記載がない起訴状の抄本その他の起訴状の謄本に代わるもの【1】を提出して行わなければならない。

③　前項の場合には、起訴状抄本等については、その公訴事実を第256条第3項に規定する公訴事実とみなして、同項の規定を適用する。この場合において、同項中「できる限り日時、場所及び方法を以て罪となるべき事実」とあるのは、「罪となるべき事実」とする。

④　裁判所は、第2項の規定による起訴状抄本等の提出があつたときは、前条第1項の規定にかかわらず、遅滞なく起訴状抄本等を被告人に送達しなければならない。この場合において、第255条及び前条第2項中「起訴状の謄本」とあるのは、「起訴状抄本等」とする。

[弁護人に対する起訴状謄本・抄本送達措置]

第271条の3　検察官は、前条第2項の規定により起訴状抄本等を提出する場合において、被告人に弁護人があるときは、裁判所に対し、弁護人に送達するものとして、起訴状の謄本を提出しなければならない。

②　裁判所は、前項の規定による起訴状の謄本の提出があつたときは、遅滞なく、弁護人に対し、起訴状に記載された個人特定事項のうち起訴状抄本等に記載がないものを被告人に知らせてはならない旨の条件を付して起訴状の謄本を送達しなければならない。

③　検察官は、第1項に規定する場合において、前項の規定による措置によつては、前条第1項第1号ハ(1)若しくは第2号イに規定する名誉若しくは社会生活の平穏が著しく害されること又は同項第1号ハ(2)若しくは第2号ロに規定する行為を防止できないおそれがあると認めるときは、裁判所に対し、起訴状の謄本に代えて弁護人に送達するものとして、起

【1】　以下「起訴状抄本等」という。

訴状抄本等を提出することができる。
④　裁判所は、前項の規定による起訴状抄本等の提出があつたときは、遅滞なく、弁護人に対し、起訴状抄本等を送達しなければならない。

［弁護人に対する起訴状謄本・抄本送達措置］

第271条の4　裁判所は、第271条の2第2項の規定による起訴状抄本等の提出があつた後に弁護人が選任されたときは、速やかに、検察官にその旨を通知しなければならない。
②　検察官は、前項の規定による通知を受けたときは、速やかに、裁判所に対し、弁護人に送達するものとして、起訴状の謄本を提出しなければならない。
③　裁判所は、前項の規定による起訴状の謄本の提出があつたときは、遅滞なく、弁護人に対し、起訴状に記載された個人特定事項のうち起訴状抄本等に記載がないものを被告人に知らせてはならない旨の条件を付して起訴状の謄本を送達しなければならない。
④　検察官は、第2項に規定する場合において、前項の規定による措置によつては、第271条の2第1項第1号ハ(1)若しくは第2号イに規定する名誉若しくは社会生活の平穏が著しく害されること又は同項第1号ハ(2)若しくは第2号ロに規定する行為を防止できないおそれがあると認めるときは、裁判所に対し、起訴状の謄本に代えて弁護人に送達するものとして、起訴状抄本等を提出することができる。
⑤　裁判所は、前項の規定による起訴状抄本等の提出があつたときは、遅滞なく、弁護人に対し、起訴状抄本等を送達しなければならない。

［個人特定事項の被告人への通知］

第271条の5　裁判所は、第271条の2第4項の規定による措置をとつた場合において、次の各号のいずれかに該当すると認めるときは、被告人又は弁護人の請求により、当該措置に係る個人特定事項の全部又は一部を被告人に通知する旨の決定をしなければならない。
一　イ又はロに掲げる個人特定事項の区分に応じ、当該イ又はロに定める場合であるとき。
イ　被害者の個人特定事項　当該措置に係る事件に係る罪が第271条の2第1項第1号イ及びロに規定するものに該当せず、かつ、当該措置に係る事件が同号ハに掲げるものに該当しないとき。
ロ　被害者以外の者の個人特定事項　当該措置に係る者が第271条の2第1項第2号に掲げる者に該当しないとき。
二　当該措置により被告人の防御に実質的な不利益を生ずるおそれがあるとき。
②　裁判所は、第271条の3第4項又は前条第5項の規定による措置をとつた場合において、次の各号のいずれかに該当すると認めるときは、被告人又は弁護人の請求により、弁護人に対し、当該措置に係る個人特定事項を被告人に知らせてはならない旨の条件を付して当該個人特定事項の全部又は一部を通知する旨の決定をしなければならない。
一　第271条の3第2項又は前条第3項の規定による措置によつて、第271条の2第1項第1号ハ(1)及び第2号イに規定する名誉又は社会生活の平穏が著しく害されること並びに同項第1号ハ(2)及び第2号ロに規定する行為を防止できるとき。

二　当該措置により被告人の防御に実質的な不利益を生ずるおそれがあるとき。

③　裁判所は、前2項の請求について決定をするときは、検察官の意見を聴かなければならない。

④　第1項又は第2項の決定に係る通知は、裁判所が、当該決定により通知することとした個人特定事項を記載した書面によりするものとする。

⑤　第1項又は第2項の請求についてした決定に対しては、即時抗告をすることができる。

[弁護人による書類・証拠物の閲覧謄写と被告人への告知制限]

第271条の6　裁判所は、第271条の3第1項又は第271条の4第2項の規定による起訴状の謄本の提出があつた事件について、起訴状に記載された個人特定事項のうち起訴状抄本等に記載がないもの【1】が第271条の2第1項第1号又は第2号に掲げる者のものに該当すると認める場合において、検察官及び弁護人の意見を聴き、相当と認めるときは、弁護人が第40条第1項の規定により訴訟に関する書類又は証拠物を閲覧し又は謄写するに当たり、これらに記載され又は記録されている当該個人特定事項を被告人に知らせてはならない旨の条件を付し、又は被告人に知らせる時期若しくは方法を指定することができる。ただし、当該個人特定事項に係る者の供述の証明力の判断に資するような被告人その他の関係者との利害関係の有無を確かめることができなくなるときその他の被告人の防御に実質的な不利益を生ずるおそれがあるときは、この限りでない。

②　裁判所は、第271条の3第3項又は第271条の4第4項の規定による起訴状抄本等の提出があつた事件について、起訴状に記載された個人特定事項のうち起訴状抄本等に記載がないものが第271条の2第1項第1号又は第2号に掲げる者のものに該当すると認める場合において、検察官及び弁護人の意見を聴き、相当と認めるときは、弁護人が第40条第1項の規定により訴訟に関する書類又は証拠物を閲覧し又は謄写するについて、これらのうち当該個人特定事項が記載され若しくは記録されている部分の閲覧若しくは謄写を禁じ、又は当該個人特定事項を被告人に知らせてはならない旨の条件を付し、若しくは被告人に知らせる時期若しくは方法を指定することができる。ただし、当該個人特定事項に係る者の供述の証明力の判断に資するような被告人その他の関係者との利害関係の有無を確かめることができなくなるときその他の被告人の防御に実質的な不利益を生ずるおそれがあるときは、この限りでない。

③　裁判所は、第1項本文に規定する事件について、起訴状に記載された個人特定事項のうち起訴状抄本等に記載がないものが第271条の2第1項第1号又は第2号に掲げる者のものに該当すると認める場合において、弁護人から第46条の規定による請求があつた場合であつて、検察官及び弁護人の意見を聴き、相当と認めるときは、弁護人に裁判書又は裁判を記載した調書の謄本又は抄本を交付するに当たり、これらに記載されている当該個人特定事項を被告人に知らせてはならない旨の条件を付し、又は被告人に知らせる時期若しくは

【1】　前条第1項の決定により通知することとされたものを除く。以下この条及び第271条の8第1項において同じ。

刑事訴訟法

方法を指定することができる。ただし、当該個人特定事項に係る者の供述の証明力の判断に資するような被告人その他の関係者との利害関係の有無を確かめることができなくなるときその他の被告人の防御に実質的な不利益を生ずるおそれがあるときは、この限りでない。

④　裁判所は、第2項本文に規定する事件について、起訴状に記載された個人特定事項のうち起訴状抄本等に記載がないものが第271条の2第1項第1号又は第2号に掲げる者のものに該当すると認める場合において、弁護人から第46条の規定による請求があつた場合であつて、検察官及び弁護人の意見を聴き、相当と認めるときは、裁判書若しくは裁判を記載した調書の抄本であつて当該個人特定事項の記載がないものを交付し、又は弁護人に裁判書若しくは裁判を記載した調書の謄本若しくは抄本を交付するに当たり、当該個人特定事項を被告人に知らせてはならない旨の条件を付し、若しくは被告人に知らせる時期若しくは方法を指定することができる。ただし、当該個人特定事項に係る者の供述の証明力の判断に資するような被告人その他の関係者との利害関係の有無を確かめることができなくなるときその他の被告人の防御に実質的な不利益を生ずるおそれがあるときは、この限りでない。

⑤　裁判所は、第271条の2第2項の規定による起訴状抄本等の提出があつた事件について、起訴状に記載された個人特定事項のうち起訴状抄本等に記載がないものが同条第1項第1号又は第2号に掲げる者のものに該当すると認める場合において、被告人その他訴訟関係人【1】から第46条の規定による請求があつた場合であつて、検察官及び当該請求をした被告人その他訴訟関係人の意見を聴き、相当と認めるときは、裁判書又は裁判を記載した調書の抄本であつて当該個人特定事項の記載がないものを交付することができる。ただし、当該個人特定事項に係る者の供述の証明力の判断に資するような被告人その他の関係者との利害関係の有無を確かめることができなくなるときその他の被告人の防御に実質的な不利益を生ずるおそれがあるときは、この限りでない。

⑥　裁判所は、前項本文に規定する事件について、起訴状に記載された個人特定事項のうち起訴状抄本等に記載がないものが第271条の2第1項第1号又は第2号に掲げる者のものに該当すると認める場合において、検察官及び被告人の意見を聴き、相当と認めるときは、被告人が第49条の規定により公判調書を閲覧し又はその朗読を求めるについて、このうち当該個人特定事項が記載され若しくは記録されている部分の閲覧を禁じ、又は当該部分の朗読の求めを拒むことができる。ただし、当該個人特定事項に係る者の供述の証明力の判断に資するような被告人その他の関係者との利害関係の有無を確かめることができなくなるときその他の被告人の防御に実質的な不利益を生ずるおそれがあるときは、この限りでない。

[弁護人による告知禁止違反に対する処置請求]

第271条の7　裁判所は、第271条の3第2項、第271条の4第3項、第271条の5第2項若しくは前条第1

【1】　検察官及び弁護人を除く。

項から第４項までの規定により付した条件に弁護人が違反したとき、又は同条第１項から第４項までの規定による時期若しくは方法の指定に弁護人が従わなかつたときは、弁護士である弁護人については当該弁護士の所属する弁護士会又は日本弁護士連合会に通知し、適当な処置をとるべきことを請求することができる。

② 前項の規定による請求を受けた者は、そのとつた処置をその請求をした裁判所に通知しなければならない。

［勾留手続と個人特定事項の秘匿］

第271条の8 裁判所【1】は、第271条の2第2項の規定による起訴状抄本等の提出があつた事件について、起訴状に記載された個人特定事項のうち起訴状抄本等に記載がないものが同条第１項第１号又は第２号に掲げる者のものに該当すると認める場合において、相当と認めるときは、次に掲げる措置をとることができる。

一 当該個人特定事項を明らかにしない方法により第61条の規定による被告事件の告知をすること。

二 勾引状又は勾留状を発する場合において、これと同時に、被告人に示すものとして、当該個人特定事項を明らかにしない方法により公訴事実の要旨を記載した勾引状の抄本その他の勾引状に代わるもの又は勾留状の抄本その他の勾留状に代わるものを交付すること。

三 当該個人特定事項を明らかにしない方法により第76条第１項の規定による公訴事実の要旨の告知をし、又はこれをさせること。

四 当該個人特定事項を明らかにしない方法により第77条第３項の規定による公訴事実の要旨の告知をし、又はこれをさせること。

五 当該個人特定事項を明らかにしない方法により第280条第２項の規定による被告事件の告知をすること。

② 前項【2】の規定による勾引状に代わるものの交付があつた場合における第73条第１項及び第３項の規定の適用については、同条第１項前段中「これ」とあり、同条第３項中「勾引状又は勾留状」とあり、及び同項ただし書中「令状」とあるのは「第271条の8第１項第２号の勾引状に代わるもの」と、同項中「公訴事実の要旨及び」とあるのは「勾引状に記載された個人特定事項のうち第271条の8第１項第２号の勾引状に代わるものに記載がないものを明らかにしない方法により公訴事実の要旨を告げるとともに、」とする。

③ 第１項【3】の規定による勾留状に代わるものの交付があつた場合における第73条第２項及び第３項の規定の適用については、同条第２項中「これ」とあり、同条第３項中「勾引状又は勾留状」とあり、及び同項ただし書中「令状」とあるのは「第271条の8第１項第２号の勾留状に代わるもの」と、同項中「公訴事実の要旨及び」とあるのは「勾留状に記載された個人特定事項のうち第271条の8第１項第２号の勾留状に代わるものに記載がないものを明らかにしない方法により公訴事実の要旨を告げるとともに、」とする。

④ 裁判長又は合議体の構成員は、第

【1】 第１号及び第４号にあつては裁判長及び合議体の構成員を、第２号及び第３号にあつては第66条第４項の裁判官並びに裁判長及び合議体の構成員を含み、第５号にあつては裁判官とする。

【2】 第２号に係る部分に限る。

【3】 第２号に係る部分に限る。

1項【1】の規定による勾留状に代わるものの交付があつた場合又は第207条の2第2項の規定による勾留状に代わるものの交付があつた場合において、勾留状に記載された個人特定事項のうちこれらの勾留状に代わるものに記載がないもの【2】が第271条の2第1項第1号又は第2号に掲げる者のものに該当すると認める場合であつて、検察官及び弁護人の意見を聴き、相当と認めるときは、勾留の理由の開示をするに当たり、当該個人特定事項を明らかにしない方法により被告事件を告げることができる。

⑤　第1項【3】の規定による勾留状に代わるものの交付があつた場合又は第207条の2第2項の規定による勾留状に代わるものの交付があつた場合における第98条の規定の適用については、同条第1項中「勾留状の謄本」とあるのは、「第271条の8第1項第2号の勾留状に代わるもの又は第207条の2第2項本文の勾留状に代わるもの」とする。

⑥　前項の規定は、第1項【4】の規定による勾留状に代わるものの交付があつた場合又は第207条の2第2項の規定による勾留状に代わるものの交付があつた場合であつて、第167条の2第2項に規定するときにおける同項において準用する第98条の規定の適用について準用する。

[弁護人選任権等の告知]

第272条　裁判所は、公訴の提起があつたときは、遅滞なく被告人に対し、弁護人を選任することができる旨及び貧困その他の事由により弁護人を選任することができないときは弁護人の選任を請求することができる旨を知らせなければならない。但し、被告人に弁護人があるときは、この限りでない。

②　裁判所は、この法律により弁護人を要する場合を除いて、前項の規定により弁護人の選任を請求することができる旨を知らせるに当たつては、弁護人の選任を請求するには資力申告書を提出しなければならない旨及びその資力が基準額以上であるときは、あらかじめ、弁護士会【5】に弁護人の選任の申出をしていなければならない旨を教示しなければならない。

[公判期日の指定・通知、被告人の召喚]

第273条　裁判長は、公判期日を定めなければならない。

②　公判期日には、被告人を召喚しなければならない。

③　公判期日は、これを検察官、弁護人及び補佐人に通知しなければならない。

[召喚状送達の擬制]

第274条　裁判所の構内にいる被告人に対し公判期日を通知したときは、召喚状の送達があつた場合と同一の効力を有する。

[猶予期間]

第275条　第1回の公判期日と被告人に対する召喚状の送達との間には、裁判所の規則で定める猶予期間を置かなければならない。

[公判期日の変更]

第276条　裁判所は、検察官、被告人若しくは弁護人の請求により又は職権で、公判期日を変更することがで

【1】　第2号に係る部分に限る。
【2】　第271条の5第1項の決定又は第207条の3第1項の裁判により通知することとされたものを除く。
【3】　第2号に係る部分に限る。
【4】　第2号に係る部分に限る。
【5】　第36条の3第1項の規定により第31条の2第1項の申出をすべき弁護士会をいう。

きる。

② 公判期日を変更するには、裁判所の規則の定めるところにより、あらかじめ、検察官及び被告人又は弁護人の意見を聴かなければならない。但し、急速を要する場合は、この限りでない。

③ 前項但書の場合には、変更後の公判期日において、まず、検察官及び被告人又は弁護人に対し、異議を申し立てる機会を与えなければならない。

［不当な期日変更に対する救済］

第277条 裁判所がその権限を濫用して公判期日を変更したときは、訴訟関係人は、最高裁判所の規則又は訓令の定めるところにより、司法行政監督上の措置を求めることができる。

［不出頭と診断書の提出］

第278条 公判期日に召喚を受けた者が病気その他の事由によつて出頭することができないときは、裁判所の規則の定めるところにより、医師の診断書その他の資料を提出しなければならない。

［公判期日不出頭の罪］

第278条の2 保釈又は勾留の執行停止をされた被告人が、召喚を受け正当な理由がなく公判期日に出頭しないときは、2年以下の拘禁刑に処する。

［在廷命令］

第278条の3 裁判所は、必要と認めるときは、検察官又は弁護人に対し、公判準備又は公判期日に出頭し、かつ、これらの手続が行われている間在席し又は在廷することを命ずることができる。

② 裁判長は、急速を要する場合には、前項に規定する命令をし、又は合議体の構成員にこれをさせることができる。

③ 前2項の規定による命令を受けた検察官又は弁護人が正当な理由がなくこれに従わないときは、決定で、10万円以下の過料に処し、かつ、その命令に従わないために生じた費用の賠償を命ずることができる。

④ 前項の決定に対しては、即時抗告をすることができる。

⑤ 裁判所は、第3項の決定をしたときは、検察官については当該検察官を指揮監督する権限を有する者に、弁護士である弁護人については当該弁護士の所属する弁護士会又は日本弁護士連合会に通知し、適当な処置をとるべきことを請求しなければならない。

⑥ 前項の規定による請求を受けた者は、そのとつた処置を裁判所に通知しなければならない。

［公務所等に対する照会］

第279条 裁判所は、検察官、被告人若しくは弁護人の請求により又は職権で、公務所又は公私の団体に照会して必要な事項の報告を求めることができる。

［裁判官による勾留に関する処分］

第280条 公訴の提起があつた後第1回の公判期日までは、勾留に関する処分は、裁判官がこれを行う。

② 第199条若しくは第210条の規定により逮捕され、又は現行犯人として逮捕された被疑者でまだ勾留されていないものについて第204条又は第205条の時間の制限内に公訴の提起があつた場合には、裁判官は、速やかに、被告事件を告げ、これに関する陳述を聴き、勾留状を発しないときは、直ちにその釈放を命じなければならない。

③ 前2項の裁判官は、その処分に関し、裁判所又は裁判長と同一の権限を有する。

[公判期日外の証人尋問]

第281条 証人については、裁判所は、第158条に掲げる事項を考慮した上、検察官及び被告人又は弁護人の意見を聴き必要と認めるときに限り、公判期日外においてこれを尋問することができる。

[被告人の退席]

第281条の2 裁判所は、公判期日外における証人尋問に被告人が立ち会つた場合において、証人が被告人の面前【1】においては圧迫を受け充分な供述をすることができないと認めるときは、弁護人が立ち会つている場合に限り、検察官及び弁護人の意見を聴き、その証人の供述中被告人を退席させることができる。この場合には、供述終了後被告人に証言の要旨を告知し、その証人を尋問する機会を与えなければならない。

[開示証拠の適正管理等]

第281条の3 弁護人は、検察官において被告事件の審理の準備のために閲覧又は謄写の機会を与えた証拠に係る複製等【2】を適正に管理し、その保管をみだりに他人にゆだねてはならない。

[開示証拠の目的外使用禁止等]

第281条の4 被告人若しくは弁護人【3】又はこれらであつた者は、検察官において被告事件の審理の準備のために閲覧又は謄写の機会を与えた証拠に係る複製等を、次に掲げる手続又はその準備に使用する目的以外の目的で、人に交付し、又は提示し、若しくは電気通信回線を通じて提供してはならない。

一　当該被告事件の審理その他の当該被告事件に係る裁判のための審理

二　当該被告事件に関する次に掲げる手続

イ　第1編第16章の規定による費用の補償の手続

ロ　第349条第1項の請求があつた場合の手続

ハ　第350条の請求があつた場合の手続

ニ　上訴権回復の請求の手続

ホ　再審の請求の手続

ヘ　非常上告の手続

ト　第500条第1項の申立ての手続

チ　第502条の申立ての手続

リ　刑事補償法の規定による補償の請求の手続

② 前項の規定に違反した場合の措置については、被告人の防御権を踏まえ、複製等の内容、行為の目的及び態様、関係人の名誉、その私生活又は業務の平穏を害されているかどうか、当該複製等に係る証拠が公判期日において取り調べられたものであるかどうか、その取調べの方法その他の事情を考慮するものとする。

[開示証拠目的外使用の罰則]

第281条の5 被告人又は被告人であつた者が、検察官において被告事件の審理の準備のために閲覧又は謄写の機会を与えた証拠に係る複製等を、前条第1項各号に掲げる手続又はその準備に使用する目的以外の目的で、人に交付し、又は提示し、若しくは電気通信回線を通じて提供したときは、1年以下の拘禁刑又は50万円以下の罰金に処する。

【1】 第157条の5第1項に規定する措置を採る場合並びに第157条の6第1項及び第2項に規定する方法による場合を含む。

【2】 複製その他証拠の全部又は一部をそのまま記録した物及び書面をいう。以下同じ。

【3】 第440条に規定する弁護人を含む。

② 弁護人【1】又は弁護人であつた者が、検察官において被告事件の審理の準備のために閲覧又は謄写の機会を与えた証拠に係る複製等を、対価として財産上の利益その他の利益を得る目的で、人に交付し、又は提示し、若しくは電気通信回線を通じて提供したときも、前項と同様とする。

[連日開廷・継続審理]

第281条の6 裁判所は、審理に2日以上を要する事件については、できる限り、連日開廷し、継続して審理を行わなければならない。

② 訴訟関係人は、期日を厳守し、審理に支障を来さないようにしなければならない。

[公判廷]

第282条 公判期日における取調は、公判廷でこれを行う。

② 公判廷は、裁判官及び裁判所書記が列席し、且つ検察官が出席してこれを開く。

[法人と代理人の出頭]

第283条 被告人が法人である場合には、代理人を出頭させることができる。

[軽微事件と出頭]

第284条 50万円【2】以下の罰金又は科料に当たる事件については、被告人は、公判期日に出頭することを要しない。ただし、被告人は、代理人を出頭させることができる。

[出頭義務とその免除]

第285条 拘留に当たる事件の被告人は、判決の宣告をする場合には、公判期日に出頭しなければならない。その他の場合には、裁判所は、被告人の出頭がその権利の保護のため重要でないと認めるときは、被告人に対し公判期日に出頭しないことを許すことができる。

② 長期3年以下の拘禁刑又は50万円【3】を超える罰金に当たる事件の被告人は、第291条の手続をする場合及び判決の宣告をする場合には、公判期日に出頭しなければならない。その他の場合には、前項後段の例による。

[被告人出頭の原則]

第286条 前3条に規定する場合の外、被告人が公判期日に出頭しないときは、開廷することはできない。

[出頭拒否と公判手続]

第286条の2 被告人が出頭しなければ開廷することができない場合において、勾留されている被告人が、公判期日に召喚を受け、正当な理由がなく出頭を拒否し、刑事施設職員による引致を著しく困難にしたときは、裁判所は、被告人が出頭しないでも、その期日の公判手続を行うことができる。

[公判廷における不拘束]

第287条 公判廷においては、被告人の身体を拘束してはならない。但し、被告人が暴力を振い又は逃亡を企てた場合は、この限りでない。

② 被告人の身体を拘束しない場合にも、これに看守者を附することができる。

[被告人の在廷義務、法廷警察権]

第288条 被告人は、裁判長の許可がなければ、退廷することができない。

② 裁判長は、被告人を在廷させるため、又は法廷の秩序を維持するため

【1】 第440条に規定する弁護人を含む。以下この項において同じ。

【2】 刑法、暴力行為等処罰に関する法律及び経済関係罰則の整備に関する法律の罪以外の罪については、当分の間、5万円

【3】 刑法、暴力行為等処罰に関する法律及び経済関係罰則の整備に関する法律の罪以外の罪については、当分の間、5万円

相当な処分をすることができる。

［必要的弁護］

第289条 死刑又は無期若しくは長期3年を超える拘禁刑に当たる事件を審理する場合には、弁護人がなければ開廷することはできない。

② 弁護人がなければ開廷することができない場合において、弁護人が出頭しないとき若しくは在廷しなくなつたとき、又は弁護人がないときは、裁判長は、職権で弁護人を付さなければならない。

③ 弁護人がなければ開廷することができない場合において、弁護人が出頭しないおそれがあるときは、裁判所は、職権で弁護人を付することができる。

［任意的国選弁護］

第290条 第37条各号の場合に弁護人が出頭しないときは、裁判所は、職権で弁護人を附することができる。

［被害者等特定事項の非公開］

第290条の2 裁判所は、次に掲げる事件を取り扱う場合において、当該事件の被害者等若しくは当該被害者の法定代理人又はこれらの者から委託を受けた弁護士から申出があるときは、被告人又は弁護人の意見を聴き、相当と認めるときは、被害者特定事項【1】を公開の法廷で明らかにしない旨の決定をすることができる。

一 刑法第176条、第177条、第179条、第181条若しくは第182条の罪、同法第225条若しくは第226条の2第3項の罪【2】、同法第227条第1項【3】若しくは第3項【4】の罪若しくは同法第241条第1項若しくは第3項の罪又はこれらの罪の未遂罪に係る事件

二 児童福祉法第60条第1項の罪若しくは同法第34条第1項第9号に係る同法第60条第2項の罪、児童買春、児童ポルノに係る行為等の規制及び処罰並びに児童の保護等に関する法律第4条から第8条までの罪又は性的な姿態を撮影する行為等の処罰及び押収物に記録された性的な姿態の影像に係る電磁的記録の消去等に関する法律第2条から第6条までの罪に係る事件

三 前2号に掲げる事件のほか、犯行の態様、被害の状況その他の事情により、被害者特定事項が公開の法廷で明らかにされることにより被害者等の名誉又は社会生活の平穏が著しく害されるおそれがあると認められる事件

② 前項の申出は、あらかじめ、検察官にしなければならない。この場合において、検察官は、意見を付して、これを裁判所に通知するものとする。

③ 裁判所は、第1項に定めるもののほか、犯行の態様、被害の状況その他の事情により、被害者特定事項が公開の法廷で明らかにされることにより被害者若しくはその親族の身体若しくは財産に害を加え又はこれらの者を畏怖させ若しくは困惑させる行為がなされるおそれがあると認められる事件を取り扱う場合において、検察官及び被告人又は弁護人の意見を聴き、相当と認めるときは、被害者特定事項を公開の法廷で明らかにしない旨の決定をすることができる。

④ 裁判所は、第1項又は前項の決定

【1】 氏名及び住所その他の当該事件の被害者を特定させることとなる事項をいう。以下同じ。

【2】 わいせつ又は結婚の目的に係る部分に限る。以下この号において同じ。

【3】 同法第225条又は第226条の2第3項の罪を犯した者を幇助する目的に係る部分に限る。

【4】 わいせつの目的に係る部分に限る。

刑事訴訟法

をした事件について、被害者特定事項を公開の法廷で明らかにしないことが相当でないと認めるに至つたとき、第312条の規定により罰条が撤回若しくは変更されたため第1項第1号若しくは第2号に掲げる事件に該当しなくなつたとき又は同項第3号に掲げる事件若しくは前項に規定する事件に該当しないと認めるに至つたときは、決定で、第1項又は前項の決定を取り消さなければならない。

［証人等特定事項の非公開］

第290条の3 裁判所は、次に掲げる場合において、証人、鑑定人、通訳人、翻訳人又は供述録取書等【1】の供述者【2】から申出があるときは、検察官及び被告人又は弁護人の意見を聴き、相当と認めるときは、証人等特定事項【3】を公開の法廷で明らかにしない旨の決定をすることができる。

一　証人等特定事項が公開の法廷で明らかにされることにより証人等若しくはその親族の身体若しくは財産に害を加え又はこれらの者を畏怖させ若しくは困惑させる行為がなされるおそれがあると認めるとき。

二　前号に掲げる場合のほか、証人等特定事項が公開の法廷で明らかにされることにより証人等の名誉又は社会生活の平穏が著しく害されるおそれがあると認めるとき。

②　裁判所は、前項の決定をした事件について、証人等特定事項を公開の法廷で明らかにしないことが相当でないと認めるに至つたときは、決定で、同項の決定を取り消さなければならない。

［冒頭手続］

第291条 検察官は、まず、起訴状を朗読しなければならない。

②　第290条の2第1項又は第3項の決定があつたときは、前項の起訴状の朗読は、被害者特定事項を明らかにしない方法でこれを行うものとする。この場合においては、検察官は、被告人に起訴状を示さなければならない。

③　前条第1項の決定があつた場合における第1項の起訴状の朗読についても、前項と同様とする。この場合において、同項中「被害者特定事項」とあるのは、「証人等特定事項」とする。

④　第271条の2第4項の規定による措置がとられた場合においては、第2項後段【4】の規定は、当該措置に係る個人特定事項の全部又は一部について第271条の5第1項の決定があつた場合に限り、適用する。この場合において、第2項後段中「起訴状」とあるのは、「第271条の2第4項の規定による措置に係る個人特定事項の全部について第271条の5第1項の決定があつた場合にあつては起訴状を、第271条の2第4項の規定による措置に係る個人特定事項の一部について当該決定があつた場合にあつては起訴状抄本等及び第271条の5第4項に規定する書

【1】供述書、供述を録取した書面で供述者の署名若しくは押印のあるもの又は映像若しくは音声を記録することができる記録媒体であつて供述を記録したものをいう。以下同じ。

【2】以下この項において「証人等」という。

【3】氏名及び住所その他の当該証人等を特定させることとなる事項をいう。以下同じ。

【4】前項前段の規定により第2項後段と同様とすることとされる場合を含む。以下この項において同じ。

面」とする。

⑤ 裁判長は、第1項の起訴状の朗読が終わつた後、被告人に対し、終始沈黙し、又は個々の質問に対し陳述を拒むことができる旨その他裁判所の規則で定める被告人の権利を保護するため必要な事項を告げた上、被告人及び弁護人に対し、被告事件について陳述する機会を与えなければならない。

[簡易公判手続の決定]

第291条の2 被告人が、前条第5項の手続に際し、起訴状に記載された訴因について有罪である旨を陳述したときは、裁判所は、検察官、被告人及び弁護人の意見を聴き、有罪である旨の陳述のあつた訴因に限り、簡易公判手続によつて審判をする旨の決定をすることができる。ただし、死刑又は無期若しくは短期1年以上の拘禁刑に当たる事件については、この限りでない。

[決定の取消し]

第291条の3 裁判所は、前条の決定があつた事件が簡易公判手続によることができないものであり、又はこれによることが相当でないものであると認めるときは、その決定を取り消さなければならない。

[証拠調べ]

第292条 証拠調べは、第291条の手続が終つた後、これを行う。ただし、次節第1款に定める公判前整理手続において争点及び証拠の整理のために行う手続については、この限りでない。

[被害者等の意見陳述]

第292条の2 裁判所は、被害者等又は当該被害者の法定代理人から、被害に関する心情その他の被告事件に関する意見の陳述の申出があるときは、公判期日において、その意見を陳述させるものとする。

② 前項の規定による意見の陳述の申出は、あらかじめ、検察官にしなければならない。この場合において、検察官は、意見を付して、これを裁判所に通知するものとする。

③ 裁判長又は陪席の裁判官は、被害者等又は当該被害者の法定代理人が意見を陳述した後、その趣旨を明確にするため、これらの者に質問することができる。

④ 訴訟関係人は、被害者等又は当該被害者の法定代理人が意見を陳述した後、その趣旨を明確にするため、裁判長に告げて、これらの者に質問することができる。

⑤ 裁判長は、被害者等若しくは当該被害者の法定代理人の意見の陳述又は訴訟関係人の被害者等若しくは当該被害者の法定代理人に対する質問が既にした陳述若しくは質問と重複するとき、又は事件に関係のない事項にわたるときその他相当でないときは、これを制限することができる。

⑥ 第157条の4、第157条の5並びに第157条の6第1項及び第2項の規定は、第1項の規定による意見の陳述について準用する。

⑦ 裁判所は、審理の状況その他の事情を考慮して、相当でないと認めるときは、意見の陳述に代え意見を記載した書面を提出させ、又は意見の陳述をさせないことができる。

⑧ 前項の規定により書面が提出された場合には、裁判長は、公判期日において、その旨を明らかにしなければならない。この場合において、裁判長は、相当と認めるときは、その書面を朗読し、又はその要旨を告げることができる。

⑨ 第1項の規定による陳述又は第7項の規定による書面は、犯罪事実の

認定のための証拠とすることができない。

［最終弁論］

第293条　証拠調が終つた後、検察官は、事実及び法律の適用について意見を陳述しなければならない。

② 被告人及び弁護人は、意見を陳述することができる。

［訴訟指揮権］

第294条　公判期日における訴訟の指揮は、裁判長がこれを行う。

［尋問・陳述の制限］

第295条　裁判長は、訴訟関係人のする尋問又は陳述が既にした尋問若しくは陳述と重複するとき、又は事件に関係のない事項にわたるときその他相当でないときは、訴訟関係人の本質的な権利を害しない限り、これを制限することができる。訴訟関係人の被告人に対する供述を求める行為についても同様である。

② 裁判長は、証人、鑑定人、通訳人又は翻訳人を尋問する場合において、証人、鑑定人、通訳人若しくは翻訳人若しくはこれらの親族の身体若しくは財産に害を加え又はこれらの者を畏怖させ若しくは困惑させる行為がなされるおそれがあり、これらの者の住居、勤務先その他その通常所在する場所が特定される事項が明らかにされたならば証人、鑑定人、通訳人又は翻訳人が十分な供述をすることができないと認めるときは、当該事項についての尋問を制限することができる。ただし、検察官のする尋問を制限することにより犯罪の証明に重大な支障を生ずるおそれがあるとき、又は被告人若しくは弁護人のする尋問を制限することにより被告人の防御に実質的な不利益を生ずるおそれがあるときは、この限りでない。

③ 裁判長は、第290条の2第1項又は第3項の決定があつた場合において、訴訟関係人のする尋問又は陳述が被害者特定事項にわたるときは、これを制限することにより、犯罪の証明に重大な支障を生ずるおそれがある場合又は被告人の防御に実質的な不利益を生ずるおそれがある場合を除き、当該尋問又は陳述を制限することができる。訴訟関係人の被告人に対する供述を求める行為についても、同様とする。

④ 第290条の3第1項の決定があつた場合における訴訟関係人のする尋問若しくは陳述又は訴訟関係人の被告人に対する供述を求める行為についても、前項と同様とする。この場合において、同項中「被害者特定事項」とあるのは、「証人等特定事項」とする。

⑤ 裁判所は、前各項の規定による命令を受けた検察官又は弁護士である弁護人がこれに従わなかつた場合には、検察官については当該検察官を指揮監督する権限を有する者に、弁護士である弁護人については当該弁護士の所属する弁護士会又は日本弁護士連合会に通知し、適当な処置をとるべきことを請求することができる。

⑥ 前項の規定による請求を受けた者は、そのとつた処置を裁判所に通知しなければならない。

［検察官の冒頭陳述］

第296条　証拠調のはじめに、検察官は、証拠により証明すべき事実を明らかにしなければならない。但し、証拠とすることができず、又は証拠としてその取調を請求する意思のない資料に基いて、裁判所に事件について偏見又は予断を生ぜしめる虞（おそれ）のある事項を述べることはできない。

［証拠調べの範囲・順序・方法の予定とその変更］

第297条　裁判所は、検察官及び被告人又は弁護人の意見を聴き、証拠調の範囲、順序及び方法を定めることができる。

② 前項の手続は、合議体の構成員にこれをさせることができる。

③ 裁判所は、適当と認めるときは、何時でも、検察官及び被告人又は弁護人の意見を聴き、第1項の規定により定めた証拠調の範囲、順序又は方法を変更することができる。

［証拠調べの請求、職権による証拠調べ］

第298条　検察官、被告人又は弁護人は、証拠調を請求することができる。

② 裁判所は、必要と認めるときは、職権で証拠調をすることができる。

［証人等の氏名等開示と証拠等の閲覧］

第299条　検察官、被告人又は弁護人が証人、鑑定人、通訳人又は翻訳人の尋問を請求するについては、あらかじめ、相手方に対し、その氏名及び住居を知る機会を与えなければならない。証拠書類又は証拠物の取調を請求するについては、あらかじめ、相手方にこれを閲覧する機会を与えなければならない。但し、相手方に異議のないときは、この限りでない。

② 裁判所が職権で証拠調の決定をするについては、検察官及び被告人又は弁護人の意見を聴かなければならない。

［証人等の安全配慮］

第299条の2　検察官又は弁護人は、前条第1項の規定により証人、鑑定人、通訳人若しくは翻訳人の氏名及び住居を知る機会を与え又は証拠書類若しくは証拠物を閲覧する機会を与えるに当たり、証人、鑑定人、通訳人若しくは翻訳人若しくは証拠書類若しくは証拠物にその氏名が記載され若しくは記録されている者若しくはこれらの親族の身体若しくは財産に害を加え又はこれらの者を畏怖させ若しくは困惑させる行為がなされるおそれがあると認めるときは、相手方に対し、その旨を告げ、これらの者の住居、勤務先その他その通常所在する場所が特定される事項が、犯罪の証明若しくは犯罪の捜査又は被告人の防御に関し必要がある場合を除き、関係者【1】に知られないようにすることその他これらの者の安全が脅かされることがないように配慮することを求めることができる。

［検察官による被害者特定事項の秘匿措置］

第299条の3　検察官は、第299条第1項の規定により証人の氏名及び住居を知る機会を与え又は証拠書類若しくは証拠物を閲覧する機会を与えるに当たり、被害者特定事項が明らかにされることにより、被害者等の名誉若しくは社会生活の平穏が著しく害されるおそれがあると認めるとき、又は被害者若しくはその親族の身体若しくは財産に害を加え若しくはこれらの者を畏怖させ若しくは困惑させる行為がなされるおそれがあると認めるときは、弁護人に対し、その旨を告げ、被害者特定事項が、被告人の防御に関し必要がある場合を除き、被告人その他の者に知られないようにすることを求めることができる。ただし、第271条の2第2項の規定により起訴状抄本等を提出した場合を除き、被告人に知られないようにすることを求めることについては、被害者特定事項のうち起訴状に記載された事項以外のものに限る。

【1】 被告人を含む。

刑事訴訟法

［検察官による証人等の氏名・住居の秘匿等の措置］

第299条の4 検察官は、第299条第1項の規定により証人、鑑定人、通訳人又は翻訳人の氏名及び住居を知る機会を与えるべき場合において、その者若しくはその親族の身体若しくは財産に害を加え又はこれらの者を畏怖させ若しくは困惑させる行為がなされるおそれがあると認めるときは、弁護人に対し、当該氏名及び住居を知る機会を与えた上で、当該氏名又は住居を被告人に知らせてはならない旨の条件を付し、又は被告人に知らせる時期若しくは方法を指定することができる。ただし、その証人、鑑定人、通訳人又は翻訳人の供述の証明力の判断に資するような被告人その他の関係者との利害関係の有無を確かめることができなくなるときその他の被告人の防御に実質的な不利益を生ずるおそれがあるときは、この限りでない。

② 第299条第1項の規定により証人の氏名及び住居を知る機会を与えるべき場合において、第271条の2第2項の規定により起訴状抄本等を提出した場合又は第312条の2第2項の規定により訴因変更等請求書面抄本等【1】を提出した場合【2】であつて、当該氏名又は住居が起訴状に記載された個人特定事項のうち起訴状抄本等に記載がないもの又は訴因変更等請求書面【3】に記載された個人特定事項のうち訴因変更等請求書面抄本等に記載がないもの【4】に該当し、かつ、第271条の2第1項第1号又は第2号に掲げる者のものに該当すると認めるときも、前項と同様とする。この場合において、同項ただし書中「証人、鑑定人、通訳人又は翻訳人」とあるのは、「証人」とする。

③ 検察官は、第1項本文の場合において、同項本文の規定による措置によつては同項本文に規定する行為を防止できないおそれがあると認めるとき【5】は、その証人、鑑定人、通訳人又は翻訳人の供述の証明力の判断に資するような被告人その他の関係者との利害関係の有無を確かめることができなくなる場合その他の被告人の防御に実質的な不利益を生ずるおそれがある場合を除き、被告人及び弁護人に対し、その証人、鑑定人、通訳人又は翻訳人の氏名又は住居を知る機会を与えないことができる。この場合において、被告人又は弁護人に対し、氏名にあつてはこれに代わる呼称を、住居にあつてはこれに代わる連絡先を知る機会を与えなければならない。

④ 第299条第1項の規定により証人の氏名及び住居を知る機会を与えるべき場合において、第271条の3第3項又は第271条の4第4項【6】の規定により起訴状抄本等又は訴因変更等請求書面抄本等を提出した場

【1】 同項に規定する訴因変更等請求書面抄本等をいう。以下この条及び次条第2項第1号において同じ。

【2】 第312条第1項の請求を却下する決定があつた場合を除く。第7項において同じ。

【3】 第312条第4項に規定する訴因変更等請求書面をいう。以下この条及び同号において同じ。

【4】 いずれも第271条の5第1項（第312条の2第4項において読み替えて準用する場合を含む。）の決定により通知することとされたものを除く。第7項及び同号において同じ。

【5】 被告人に弁護人がないときを含む。

【6】 これらの規定を第312条の2第4項において準用する場合を含む。第9項において同じ。

刑事訴訟法

合【1】であつて、当該氏名又は住居が起訴状に記載された個人特定事項のうち起訴状抄本等に記載がないもの又は訴因変更等請求書面に記載された個人特定事項のうち訴因変更等請求書面抄本等に記載がないもの【2】に該当し、かつ、第271条の2第1項第1号又は第2号に掲げる者のものに該当すると認めるときも、前項と同様とする。この場合において、同項中「証人、鑑定人、通訳人又は翻訳人の供述」とあるのは「証人の供述」と、「その証人、鑑定人、通訳人又は翻訳人の氏名」とあるのは「当該氏名」とする。

⑤　第2項前段に規定する場合において、被告人に弁護人がないときも、第3項と同様とする。この場合において、同項中「証人、鑑定人、通訳人又は翻訳人の供述」とあるのは「証人の供述」と、「その証人、鑑定人、通訳人又は翻訳人の氏名」とあるのは「当該氏名」とする。

⑥　検察官は、第299条第1項の規定により証拠書類又は証拠物を閲覧する機会を与えるべき場合において、証拠書類若しくは証拠物に氏名若しくは住居が記載され若しくは記録されている者であつて検察官が証人、鑑定人、通訳人若しくは翻訳人として尋問を請求するもの若しくは供述録取書等の供述者【3】若しくは検察官請求証人等の親族の身体若しくは財産に害を加え又はこれらの者を畏怖させ若しくは困惑させる行為がなされるおそれがあると認めるときは、弁護人に対し、証拠書類又は証拠物を閲覧する機会を与えた上で、その検察官請求証人等の氏名又は住居を被告人に知らせてはならない旨の条件を付し、又は被告人に知らせる時期若しくは方法を指定することができる。ただし、その検察官請求証人等の供述の証明力の判断に資するような被告人その他の関係者との利害関係の有無を確かめることができなくなるときその他の被告人の防御に実質的な不利益を生ずるおそれがあるときは、この限りでない。

⑦　第299条第1項の規定により証拠書類又は証拠物を閲覧する機会を与えるべき場合において、第271条の2第2項の規定により起訴状抄本等を提出した場合又は第312条の2第2項の規定により訴因変更等請求書面抄本等を提出した場合であつて、起訴状に記載された個人特定事項のうち起訴状抄本等に記載がないもの又は訴因変更等請求書面に記載された個人特定事項のうち訴因変更等請求書面抄本等に記載がないものが第271条の2第1項第1号又は第2号に掲げる者のものに該当すると認めるときも、前項と同様とする。この場合において、同項中「その検察官請求証人等の氏名又は住居」とあるのは「これらに記載され又は記録されているこれらの個人特定事項」と、同項ただし書中「その検察官請求証人等」とあるのは「これらの個人特定事項に係る証人」とする。

⑧　検察官は、第6項本文の場合において、同項本文の規定による措置によつては同項本文に規定する行為を防止できないおそれがあると認める

【1】　第312条第1項の請求を却下する決定があつた場合を除く。第9項において同じ。
【2】　いずれも第271条の5第1項又は第2項（これらの規定を第312条の2第4項において準用する場合を含む。）の決定により通知することとされたものを除く。第9項において同じ。
【3】　以下この項及び第8項において「検察官請求証人等」という。

とき【1】は、その検察官請求証人等の供述の証明力の判断に資するような被告人その他の関係者との利害関係の有無を確かめることができなくなる場合その他の被告人の防御に実質的な不利益を生ずるおそれがある場合を除き、被告人及び弁護人に対し、証拠書類又は証拠物のうちその検察官請求証人等の氏名又は住居が記載され又は記録されている部分について閲覧する機会を与えないことができる。この場合において、被告人又は弁護人に対し、氏名にあつてはこれに代わる呼称を、住居にあつてはこれに代わる連絡先を知る機会を与えなければならない。

⑨　第299条第1項の規定により証拠書類又は証拠物を閲覧する機会を与えるべき場合において、第271条の3第3項又は第271条の4第4項の規定により起訴状抄本等又は訴因変更等請求書面抄本等を提出した場合であつて、起訴状に記載された個人特定事項のうち起訴状抄本等に記載がないもの又は訴因変更等請求書面に記載された個人特定事項のうち訴因変更等請求書面抄本等に記載がないものが第271条の2第1項第1号又は第2号に掲げる者のものに該当すると認めるときも、前項と同様とする。この場合において、同項中「その検察官請求証人等の供述」とあるのは「これらの個人特定事項に係る証人の供述」と、「その検察官請求証人等の氏名又は住居」とあるのは「これらの個人特定事項」とする。

⑩　第7項前段に規定する場合において、被告人に弁護人がないときも、第8項と同様とする。この場合において、同項中「その検察官請求証人等の供述」とあるのは「これらの個人特定事項に係る証人の供述」と、「その検察官請求証人等の氏名又は住居」とあるのは「これらの個人特定事項」とする。

⑪　検察官は、前各項の規定による措置をとつたときは、速やかに、裁判所にその旨を通知しなければならない。

【1】被告人に弁護人がないときを含む。

［裁判所による秘匿等の取消措置］

第299条の5　裁判所は、検察官が前条第1項、第3項、第6項又は第8項の規定による措置をとつた場合において、次の各号のいずれかに該当すると認めるときは、被告人又は弁護人の請求により、決定で、当該措置の全部又は一部を取り消さなければならない。

一　当該措置に係る者若しくはその親族の身体若しくは財産に害を加え又はこれらの者を畏怖させ若しくは困惑させる行為がなされるおそれがないとき。

二　当該措置により、当該措置に係る者の供述の証明力の判断に資するような被告人その他の関係者との利害関係の有無を確かめることができなくなるときその他の被告人の防御に実質的な不利益を生ずるおそれがあるとき。

三　検察官のとつた措置が前条第3項又は第8項の規定によるものである場合において、同条第1項本文又は第6項本文の規定による措置によつて第1号に規定する行為を防止できるとき。

②　検察官が前条第2項、第4項、第5項、第7項、第9項又は第10項の規定による措置をとつた場合において、次の各号のいずれかに該当すると認めるときも、前項と同様とする。

一　当該措置に係る氏名若しくは住

居又は個人特定事項が起訴状に記載された個人特定事項のうち起訴状抄本等に記載がないもの又は訴因変更等請求書面に記載された個人特定事項のうち訴因変更等請求書面抄本等に記載がないもの【1】に該当しないとき。

二　イ又はロに掲げる個人特定事項の区分に応じ、当該イ又はロに定める場合であるとき。

イ　被害者の個人特定事項　当該措置に係る事件に係る罪が第271条の2第1項第1号イ及びロに規定するものに該当せず、かつ、当該措置に係る事件が同号ハに掲げるものに該当しないとき。

ロ　被害者以外の者の個人特定事項　当該措置に係る者が第271条の2第1項第2号に掲げる者に該当しないとき。

三　検察官のとつた措置が前条第4項、第5項、第9項又は第10項の規定によるものである場合において、当該措置に係る個人特定事項が第271条の5第2項【2】の決定により通知することとされたものに該当するとき。

四　当該措置により、当該措置に係る者の供述の証明力の判断に資するような被告人その他の関係者との利害関係の有無を確かめることができなくなるときその他の被告人の防御に実質的な不利益を生ずるおそれがあるとき。

五　検察官のとつた措置が前条第4項、第5項、第9項又は第10項の規定によるものである場合において、同条第2項又は第7項の規定による措置によつて第271条の2第1項第1号ハ(1)及び第2号イに規定する名誉又は社会生活の平穏が著しく害されること並びに同項第1号ハ(2)及び第2号ロに規定する行為を防止できるとき。

③　裁判所は、第1項第2号又は第3号に該当すると認めて検察官がとつた措置の全部又は一部を取り消す場合において、同項第1号に規定する行為がなされるおそれがあると認めるときは、弁護人に対し、当該措置に係る者の氏名又は住居を被告人に知らせてはならない旨の条件を付し、又は被告人に知らせる時期若しくは方法を指定することができる。ただし、当該条件を付し、又は当該時期若しくは方法の指定をすることにより、当該措置に係る者の供述の証明力の判断に資するような被告人その他の関係者との利害関係の有無を確かめることができなくなるときその他の被告人の防御に実質的な不利益を生ずるおそれがあるときは、この限りでない。

④　第2項第3号から第5号までに該当すると認めて検察官がとつた措置の全部又は一部を取り消す場合において、第271条の2第1項第1号ハ(1)若しくは第2号イに規定する名誉若しくは社会生活の平穏が著しく害されるおそれ又は同項第1号ハ(2)若しくは第2号ロに規定する行為がなされるおそれがあると認めるときも、前項と同様とする。この場合において、同項中「者の氏名又は住居」とあるのは、「個人特定事項」とする。

⑤　裁判所は、第1項又は第2項の請求について決定をするときは、検察官の意見を聴かなければならない。

【1】　第312条第1項の請求を却下する決定があつた場合における当該請求に係るものを除く。

【2】　第312条の2第4項において準用する場合を含む。

⑥　第1項又は第2項の請求についてした決定【1】に対しては、即時抗告をすることができる。

［裁判記録閲覧・謄写と秘匿等の措置］

第299条の6　裁判所は、検察官がとつた第299条の4第1項若しくは第6項の規定による措置に係る者若しくは裁判所がとつた前条第3項の規定による措置に係る者若しくはこれらの親族の身体若しくは財産に害を加え又はこれらの者を畏怖させ若しくは困惑させる行為がなされるおそれがあると認める場合において、検察官及び弁護人の意見を聴き、相当と認めるときは、弁護人が第40条第1項の規定により訴訟に関する書類又は証拠物を閲覧し又は謄写するに当たり、これらに記載され又は記録されている当該措置に係る者の氏名又は住居を被告人に知らせてはならない旨の条件を付し、又は被告人に知らせる時期若しくは方法を指定することができる。ただし、当該措置に係る者の供述の証明力の判断に資するような被告人その他の関係者との利害関係の有無を確かめることができなくなるときその他の被告人の防御に実質的な不利益を生ずるおそれがあるときは、この限りでない。

②　裁判所は、検察官がとつた第299条の4第3項若しくは第8項の規定による措置に係る者若しくはその親族の身体若しくは財産に害を加え又はこれらの者を畏怖させ若しくは困惑させる行為がなされるおそれがあると認める場合において、検察官及び弁護人の意見を聴き、相当と認めるときは、弁護人が第40条第1項の規定により訴訟に関する書類又は証拠物を閲覧し又は謄写するについて、これらのうち当該措置に係る者の氏名若しくは住居が記載され若しくは記録されている部分の閲覧若しくは謄写を禁じ、又は当該氏名若しくは住居を被告人に知らせてはならない旨の条件を付し、若しくは被告人に知らせる時期若しくは方法を指定することができる。ただし、当該措置に係る者の供述の証明力の判断に資するような被告人その他の関係者との利害関係の有無を確かめることができなくなるときその他の被告人の防御に実質的な不利益を生ずるおそれがあるときは、この限りでない。

③　裁判所は、検察官がとつた第299条の4第1項若しくは第6項の規定による措置に係る者若しくは裁判所がとつた前条第3項の規定による措置に係る者若しくはこれらの親族の身体若しくは財産に害を加え又はこれらの者を畏怖させ若しくは困惑させる行為がなされるおそれがあると認める場合において、弁護人から第46条の規定による請求があつた場合であつて、検察官及び弁護人の意見を聴き、相当と認めるときは、弁護人に裁判書又は裁判を記載した調書の謄本又は抄本を交付するに当たり、これらに記載されている当該措置に係る者の氏名又は住居を被告人に知らせてはならない旨の条件を付し、又は被告人に知らせる時期若しくは方法を指定することができる。ただし、当該措置に係る者の供述の証明力の判断に資するような被告人その他の関係者との利害関係の有無を確かめることができなくなるときその他の被告人の防御に実質的な不利益を生ずるおそれがあるときは、この限りでない。

【1】　第3項又は第4項の規定により条件を付し、又は時期若しくは方法を指定する裁判を含む。

④　裁判所は、検察官がとつた第 299 条の 4 第 3 項若しくは第 8 項の規定による措置に係る者若しくはその親族の身体若しくは財産に害を加え又はこれらの者を畏怖させ若しくは困惑させる行為がなされるおそれがあると認める場合において、弁護人から第 46 条の規定による請求があつた場合であつて、検察官及び弁護人の意見を聴き、相当と認めるときは、裁判書若しくは裁判を記載した調書の抄本であつて当該措置に係る者の氏名若しくは住居の記載がないものを交付し、又は弁護人に裁判書若しくは裁判を記載した調書の謄本若しくは抄本を交付するに当たり、当該氏名若しくは住居を被告人に知らせてはならない旨の条件を付し、若しくは被告人に知らせる時期若しくは方法を指定することができる。ただし、当該措置に係る者の供述の証明力の判断に資するような被告人その他の関係者との利害関係の有無を確かめることができなくなるときその他の被告人の防御に実質的な不利益を生ずるおそれがあるときは、この限りでない。

⑤　裁判所は、検察官がとつた第 299 条の 4 第 1 項、第 3 項、第 6 項若しくは第 8 項の規定による措置に係る者若しくは裁判所がとつた前条第 3 項の規定による措置に係る者若しくはこれらの親族の身体若しくは財産に害を加え又はこれらの者を畏怖させ若しくは困惑させる行為がなされるおそれがあると認める場合において、被告人その他訴訟関係人【1】から第 46 条の規定による請求があつた場合であつて、検察官及び当該請求をした被告人その他訴訟関係人の意見を聴き、相当と認めるときは、裁判書又は裁判を記載した調書の抄本であつて当該措置に係る者の氏名又は住居の記載がないものを交付することができる。ただし、当該措置に係る者の供述の証明力の判断に資するような被告人その他の関係者との利害関係の有無を確かめることができなくなるときその他の被告人の防御に実質的な不利益を生ずるおそれがあるときは、この限りでない。

⑥　裁判所は、検察官がとつた第 299 条の 4 第 1 項、第 3 項、第 6 項若しくは第 8 項の規定による措置に係る者若しくは裁判所がとつた前条第 3 項の規定による措置に係る者若しくはこれらの親族の身体若しくは財産に害を加え又はこれらの者を畏怖させ若しくは困惑させる行為がなされるおそれがあると認める場合において、検察官及び被告人の意見を聴き、相当と認めるときは、被告人が第 49 条の規定により公判調書を閲覧し又はその朗読を求めるについて、このうち当該措置に係る者の氏名若しくは住居が記載され若しくは記録されている部分の閲覧を禁じ、又は当該部分の朗読の求めを拒むことができる。ただし、当該措置に係る者の供述の証明力の判断に資するような被告人その他の関係者との利害関係の有無を確かめることができなくなるときその他の被告人の防御に実質的な不利益を生ずるおそれがあるときは、この限りでない。

[弁護士会等への処置請求]

第 299 条の 7　検察官は、第 299 条の 4 第 1 項、第 2 項、第 6 項若しくは第 7 項の規定により付した条件に弁護人が違反したとき、又はこれらの規定による時期若しくは方法の指定に弁護人が従わなかつたときは、弁護士である弁護人については当該弁

【1】　検察官及び弁護人を除く。

護士の所属する弁護士会又は日本弁護士連合会に通知し、適当な処置をとるべきことを請求することができる。

② 裁判所は、第299条の5第3項若しくは第4項若しくは前条第1項から第4項までの規定により付した条件に弁護人が違反したとき、又はこれらの規定による時期若しくは方法の指定に弁護人が従わなかつたときは、弁護士である弁護人については当該弁護士の所属する弁護士会又は日本弁護士連合会に通知し、適当な処置をとるべきことを請求することができる。

③ 前2項の規定による請求を受けた者は、そのとつた処置をその請求をした検察官又は裁判所に通知しなければならない。

[証拠調請求の義務]

第300条 第321条第1項第2号後段の規定により証拠とすることができる書面については、検察官は、必ずその取調を請求しなければならない。

[自白の取調請求の時期]

第301条 第322条及び第324条第1項の規定により証拠とすることができる被告人の供述が自白である場合には、犯罪事実に関する他の証拠が取り調べられた後でなければ、その取調を請求することはできない。

[被疑者取調べ等記録媒体取調べ請求義務、被疑者取調べ等録音録画義務]

第301条の2 次に掲げる事件については、検察官は、第322条第1項の規定により証拠とすることができる書面であつて、当該事件についての第198条第1項の規定による取調べ【1】又は第203条第1項、第204条第1項若しくは第205条第1項【2】の弁解の機会に際して作成され、かつ、被告人に不利益な事実の承認を内容とするものの取調べを請求した場合において、被告人又は弁護人が、その取調べの請求に関し、その承認が任意にされたものでない疑いがあることを理由として異議を述べたときは、その承認が任意にされたものであることを証明するため、当該書面が作成された取調べ又は弁解の機会の開始から終了に至るまでの間における被告人の供述及びその状況を第4項の規定により記録した記録媒体の取調べを請求しなければならない。ただし、同項各号のいずれかに該当することにより同項の規定による記録が行われなかつたことその他やむを得ない事情によつて当該記録媒体が存在しないときは、この限りでない。

一 死刑又は無期拘禁刑に当たる罪に係る事件

二 短期1年以上の拘禁刑に当たる罪であつて故意の犯罪行為により被害者を死亡させたものに係る事件

三 司法警察員が送致し又は送付した事件以外の事件【3】

② 検察官が前項の規定に違反して同項に規定する記録媒体の取調べを請求しないときは、裁判所は、決定で、同項に規定する書面の取調べの請求を却下しなければならない。

③ 前2項の規定は、第1項各号に掲げる事件について、第324条第1項において準用する第322条第1項の規定により証拠とすることができる

【1】 逮捕又は勾留されている被疑者の取調べに限る。第3項において同じ。

【2】 第211条及び第216条においてこれらの規定を準用する場合を含む。第3項において同じ。

【3】 前2号に掲げるものを除く。

被告人以外の者の供述であつて、当該事件についての第198条第1項の規定による取調べ又は第203条第1項、第204条第1項若しくは第205条第1項の弁解の機会に際してされた被告人の供述【1】をその内容とするものを証拠とすることに関し、被告人又は弁護人が、その承認が任意にされたものでない疑いがあることを理由として異議を述べた場合にこれを準用する。

④ 検察官又は検察事務官は、第1項各号に掲げる事件【2】について、逮捕若しくは勾留されている被疑者を第198条第1項の規定により取り調べるとき又は被疑者に対し第204条第1項若しくは第205条第1項【3】の規定により弁解の機会を与えるときは、次の各号のいずれかに該当する場合を除き、被疑者の供述及びその状況を録音及び録画を同時に行う方法により記録媒体に記録しておかなければならない。司法警察職員が、第1項第1号又は第2号に掲げる事件について、逮捕若しくは勾留されている被疑者を第198条第1項の規定により取り調べるとき又は被疑者に対し第203条第1項【4】の規定により弁解の機会を与えるときも、同様とする。

一 記録に必要な機器の故障その他のやむを得ない事情により、記録をすることができないとき。

二 被疑者が記録を拒んだことその他の被疑者の言動により、記録をしたならば被疑者が十分な供述をすることができないと認めるとき

三 当該事件が暴力団員による不当な行為の防止等に関する法律（平成3年法律第77号）第3条の規定により都道府県公安委員会の指定を受けた暴力団の構成員による犯罪に係るものであると認めるとき。

四 前2号に掲げるもののほか、犯罪の性質、関係者の言動、被疑者がその構成員である団体の性格その他の事情に照らし、被疑者の供述及びその状況が明らかにされた場合には被疑者若しくはその親族の身体若しくは財産に害を加え又はこれらの者を畏怖させ若しくは困惑させる行為がなされるおそれがあることにより、記録をしたならば被疑者が十分な供述をすることができないと認めるとき。

【1】 被告人に不利益な事実の承認を内容とするものに限る。

【2】 同項第3号に掲げる事件のうち、関連する事件が送致され又は送付されているものであつて、司法警察員が現に捜査していることその他の事情に照らして司法警察員が送致し又は送付することが見込まれるものを除く。

【3】 第211条及び第216条においてこれらの規定を準用する場合を含む。

【4】 第211条及び第216条において準用する場合を含む。

［捜査記録の一部についての証拠調べの請求］

第302条 第321条乃至第323条又は第326条の規定により証拠とすることができる書面が捜査記録の一部であるときは、検察官は、できる限り他の部分と分離してその取調を請求しなければならない。

［公判準備の結果の必要的証拠調べ］

第303条 公判準備においてした証人その他の者の尋問、検証、押収及び捜索の結果を記載した書面並びに押収した物については、裁判所は、公判期日において証拠書類又は証拠物としてこれを取り調べなければならない。

［尋問：証人等人的証拠の取調方式］

第304条 証人、鑑定人、通訳人又は翻訳人は、裁判長又は陪席の裁判官が、まず、これを尋問する。

② 検察官、被告人又は弁護人は、前項の尋問が終つた後、裁判長に告げて、その証人、鑑定人、通訳人又は翻訳人を尋問することができる。この場合において、その証人、鑑定人、通訳人又は翻訳人の取調が、検察官、被告人又は弁護人の請求にかかるものであるときは、請求をした者が、先に尋問する。

③ 裁判所は、適当と認めるときは、検察官及び被告人又は弁護人の意見を聴き、前2項の尋問の順序を変更することができる。

［被告人の退廷］

第304条の2 裁判所は、証人を尋問する場合において、証人が被告人の面前【1】においては圧迫を受け充分な供述をすることができないと認めるときは、弁護人が出頭している場合に限り、検察官及び弁護人の意見を聴き、その証人の供述中被告人を退廷させることができる。この場合には、供述終了後被告人を入廷させ、これに証言の要旨を告知し、その証人を尋問する機会を与えなければならない。

［証拠書類の朗読・記録媒体の再生］

第305条 検察官、被告人又は弁護人の請求により、証拠書類の取調べをするについては、裁判長は、その取調べを請求した者にこれを朗読させなければならない。ただし、裁判長は、自らこれを朗読し、又は陪席の裁判官若しくは裁判所書記官にこれを朗読させることができる。

② 裁判所が職権で証拠書類の取調べをするについては、裁判長は、自らその書類を朗読し、又は陪席の裁判官若しくは裁判所書記官にこれを朗読させなければならない。

③ 第290条の2第1項又は第3項の決定があつたときは、前2項の規定による証拠書類の朗読は、被害者特定事項を明らかにしない方法でこれを行うものとする。

④ 第290条の3第1項の決定があつた場合における第1項又は第2項の規定による証拠書類の朗読についても、前項と同様とする。この場合において、同項中「被害者特定事項」とあるのは、「証人等特定事項」とする。

⑤ 第157条の6第4項の規定により記録媒体がその一部とされた調書の取調べについては、第1項又は第2項の規定による朗読に代えて、当該記録媒体を再生するものとする。ただし、裁判長は、検察官及び被告人又は弁護人の意見を聴き、相当と認めるときは、当該記録媒体の再生に代えて、当該調書の取調べを請求した者、陪席の裁判官若しくは裁判所書記官に当該調書に記録された供述の内容を告げさせ、又は自らこれを告げることができる。

⑥ 裁判所は、前項の規定により第157条の6第4項に規定する記録媒体を再生する場合において、必要と認めるときは、検察官及び被告人又は弁護人の意見を聴き、第157条の5に規定する措置を採ることができる。

［展示：証拠物の取調方式］

第306条 検察官、被告人又は弁護人の請求により、証拠物の取調をするについては、裁判長は、請求をした者をしてこれを示させなければならない。但し、裁判長は、自らこれを示し、又は陪席の裁判官若しくは裁判所書記にこれを示させることがで

【1】 第157条の5第1項に規定する措置を採る場合並びに第157条の6第1項及び第2項に規定する方法による場合を含む。

きる。

② 裁判所が職権で証拠物の取調をするについては、裁判長は、自らこれを訴訟関係人に示し、又は陪席の裁判官若しくは裁判所書記にこれを示させなければならない。

[書面の意義が証拠となる場合の取調方式]

第307条 証拠物中書面の意義が証拠となるものの取調をするについては、前条の規定による外、第305条の規定による。

[簡易公判手続]

第307条の2 第291条の2の決定があつた事件については、第296条、第297条、第300条乃至(ないし)第302条及び第304条乃至前条の規定は、これを適用せず、証拠調は、公判期日において、適当と認める方法でこれを行うことができる。

[証明力を争う権利]

第308条 裁判所は、検察官及び被告人又は弁護人に対し、証拠の証明力を争うために必要とする適当な機会を与えなければならない。

[異議申立て：1項異議・2項異議]

第309条 検察官、被告人又は弁護人は、証拠調に関し異議を申し立てることができる。

② 検察官、被告人又は弁護人は、前項に規定する場合の外、裁判長の処分に対して異議を申し立てることができる。

③ 裁判所は、前2項の申立について決定をしなければならない。

[証拠調べを終わった証拠の提出]

第310条 証拠調を終つた証拠書類又は証拠物は、遅滞なくこれを裁判所に提出しなければならない。但し、裁判所の許可を得たときは、原本に代え、その謄本を提出することができる。

[被告人の黙秘権・供述拒否権、被告人質問]

第311条 被告人は、終始沈黙し、又は個々の質問に対し、供述を拒むことができる。

② 被告人が任意に供述をする場合には、裁判長は、何時でも必要とする事項につき被告人の供述を求めることができる。

③ 陪席の裁判官、検察官、弁護人、共同被告人又はその弁護人は、裁判長に告げて、前項の供述を求めることができる。

[訴因等の変更]

第312条 裁判所は、検察官の請求があるときは、公訴事実の同一性を害しない限度において、起訴状に記載された訴因又は罰条の追加、撤回又は変更を許さなければならない。

② 裁判所は、審理の経過に鑑み適当と認めるときは、訴因又は罰条を追加又は変更すべきことを命ずることができる。

③ 第1項の請求は、書面を提出してしなければならない。

④ 検察官は、第1項の請求と同時に、被告人に送達するものとして、前項の書面【1】の謄本を裁判所に提出しなければならない。

⑤ 裁判所は、前項の規定による訴因変更等請求書面の謄本の提出があつたときは、遅滞なくこれを被告人に送達しなければならない。

⑥ 第3項の規定にかかわらず、被告人が在廷する公判廷においては、第1項の請求は、口頭ですることができる。この場合においては、第4項の規定は、適用しない。

⑦ 裁判所は、訴因又は罰条の追加又は変更により被告人の防御に実質的な不利益を生ずるおそれがあると認めるときは、被告人又は弁護人の請

【1】 以下「訴因変更等請求書面」という。

求により、決定で、被告人に十分な防御の準備をさせるため必要な期間公判手続を停止しなければならない。

[訴因変更等に伴う個人特定事項秘匿]

第312条の2 検察官は、訴因変更等請求書面に記載された第271条の2第1項第1号又は第2号に掲げる者の個人特定事項について、必要と認めるときは、裁判所に対し、前条第5項の規定による訴因変更等請求書面の謄本の送達により当該個人特定事項が被告人に知られないようにするための措置をとることを求めることができる。

② 前項の規定による求めは、裁判所に対し、訴因変更等請求書面とともに、被告人に送達するものとして、当該求めに係る個人特定事項の記載がない訴因変更等請求書面の抄本その他の訴因変更等請求書面の謄本に代わるもの【1】を提出して行わなければならない。

③ 裁判所は、前項の規定による訴因変更等請求書面抄本等の提出があつたときは、前条第5項の規定にかかわらず、遅滞なく訴因変更等請求書面抄本等を被告人に送達しなければならない。

④ 第271条の3から第271条の8までの規定は、第2項の規定による訴因変更等請求書面抄本等の提出がある場合について準用する。この場合において、第271条の3第3項中「前条第1項第1号ハ(1)」とあるのは「第271条の2第1項第1号ハ(1)」と、第271条の5第1項中「第271条の2第4項」とあるのは「第312条の2第3項」と、第271条の6第5項及び第271条の8第1項中「同条第1項第1号」とあるのは「第271条の2第1項第1号」と読み替えるものとする。

【1】 以下この条において「訴因変更等請求書面抄本等」という。

[弁論の分離・併合・再開]

第313条 裁判所は、適当と認めるときは、検察官、被告人若しくは弁護人の請求により又は職権で、決定を以て、弁論を分離し若しくは併合し、又は終結した弁論を再開することができる。

② 裁判所は、被告人の権利を保護するため必要があるときは、裁判所の規則の定めるところにより、決定を以て弁論を分離しなければならない。

[国選弁護人選任の効力]

第313条の2 この法律の規定に基づいて裁判所若しくは裁判長又は裁判官が付した弁護人の選任は、弁論が併合された事件についてもその効力を有する。ただし、裁判所がこれと異なる決定をしたときは、この限りでない。

② 前項ただし書の決定をするには、あらかじめ、検察官及び被告人又は弁護人の意見を聴かなければならない。

[公判手続の停止]

第314条 被告人が心神喪失の状態に在るときは、検察官及び弁護人の意見を聴き、決定で、その状態の続いている間公判手続を停止しなければならない。但し、無罪、免訴、刑の免除又は公訴棄却の裁判をすべきことが明らかな場合には、被告人の出頭を待たないで、直ちにその裁判をすることができる。

② 被告人が病気のため出頭することができないときは、検察官及び弁護人の意見を聴き、決定で、出頭することができるまで公判手続を停止しなければならない。但し、第284条及び第285条の規定により代理人を出頭させた場合は、この限りでない。

③ 犯罪事実の存否の証明に欠くことのできない証人が病気のため公判期日に出頭することができないときは、公判期日外においてその取調をするのを適当と認める場合の外、決定で、出頭することができるまで公判手続を停止しなければならない。
④ 前3項の規定により公判手続を停止するには、医師の意見を聴かなければならない。

[公判手続の更新]

第315条 開廷後裁判官がかわつたときは、公判手続を更新しなければならない。但し、判決の宣告をする場合は、この限りでない。

[公判手続の更新]

第315条の2 第291条の2の決定が取り消されたときは、公判手続を更新しなければならない。但し、検察官及び被告人又は弁護人に異議がないときは、この限りでない。

[合議制事件と1人の裁判官のした手続の効力]

第316条 地方裁判所において1人の裁判官のした訴訟手続は、被告事件が合議体で審判すべきものであつた場合にも、その効力を失わない。

第2節 争点及び証拠の整理手続

第1款 公判前整理手続

第1目 通則

[公判前整理手続の決定]

第316条の2 裁判所は、充実した公判の審理を継続的、計画的かつ迅速に行うため必要があると認めるときは、検察官、被告人若しくは弁護人の請求により又は職権で、第1回公判期日前に、決定で、事件の争点及び証拠を整理するための公判準備として、事件を公判前整理手続に付することができる。
② 前項の決定又は同項の請求を却下する決定をするには、裁判所の規則の定めるところにより、あらかじめ、検察官及び被告人又は弁護人の意見を聴かなければならない。
③ 公判前整理手続は、この款に定めるところにより、訴訟関係人を出頭させて陳述させ、又は訴訟関係人に書面を提出させる方法により、行うものとする。

[公判前整理手続の目的]

第316条の3 裁判所は、充実した公判の審理を継続的、計画的かつ迅速に行うことができるよう、公判前整理手続において、十分な準備が行われるようにするとともに、できる限り早期にこれを終結させるように努めなければならない。
② 訴訟関係人は、充実した公判の審理を継続的、計画的かつ迅速に行うことができるよう、公判前整理手続において、相互に協力するとともに、その実施に関し、裁判所に進んで協力しなければならない。

[必要的弁護]

第316条の4 公判前整理手続においては、被告人に弁護人がなければその手続を行うことができない。
② 公判前整理手続において被告人に弁護人がないときは、裁判長は、職権で弁護人を付さなければならない。

[公判前整理手続の内容]

第316条の5 公判前整理手続においては、次に掲げる事項を行うことができる。
一 訴因又は罰条を明確にさせること。
二 訴因又は罰条の追加、撤回又は変更を許すこと。
三 第271条の5第1項又は第2

項【1】の請求について決定をすること。
四　公判期日においてすることを予定している主張を明らかにさせて事件の争点を整理すること。
五　証拠調べの請求をさせること。
六　前号の請求に係る証拠について、その立証趣旨、尋問事項等を明らかにさせること。
七　証拠調べの請求に関する意見【2】を確かめること。
八　証拠調べをする決定又は証拠調べの請求を却下する決定をすること。
九　証拠調べをする決定をした証拠について、その取調べの順序及び方法を定めること。
十　証拠調べに関する異議の申立てに対して決定をすること。
十一　第3目の定めるところにより証拠開示に関する裁定をすること。
十二　第316条の33第1項の規定による被告事件の手続への参加の申出に対する決定又は当該決定を取り消す決定をすること。
十三　公判期日を定め、又は変更することその他公判手続の進行上必要な事項を定めること。

[期日指定]

第316条の6　裁判長は、訴訟関係人を出頭させて公判前整理手続をするときは、公判前整理手続期日を定めなければならない。
②　公判前整理手続期日は、これを検察官、被告人及び弁護人に通知しなければならない。
③　裁判長は、検察官、被告人若しくは弁護人の請求により又は職権で、公判前整理手続期日を変更することができる。この場合においては、裁判所の規則の定めるところにより、あらかじめ、検察官及び被告人又は弁護人の意見を聴かなければならない。

[公判前整理手続の出席者]

第316条の7　公判前整理手続期日に検察官又は弁護人が出頭しないときは、その期日の手続を行うことができない。

[職権による弁護人選任]

第316条の8　弁護人が公判前整理手続期日に出頭しないとき、又は在席しなくなつたときは、裁判長は、職権で弁護人を付さなければならない。
②　弁護人が公判前整理手続期日に出頭しないおそれがあるときは、裁判所は、職権で弁護人を付することができる。

[被告人の出席]

第316条の9　被告人は、公判前整理手続期日に出頭することができる。
②　裁判所は、必要と認めるときは、被告人に対し、公判前整理手続期日に出頭することを求めることができる。
③　裁判長は、被告人を出頭させて公判前整理手続をする場合には、被告人が出頭する最初の公判前整理手続期日において、まず、被告人に対し、終始沈黙し、又は個々の質問に対し陳述を拒むことができる旨を告知しなければならない。

[質問等による被告人の意思確認]

第316条の10　裁判所は、弁護人の陳述又は弁護人が提出する書面について被告人の意思を確かめる必要があると認めるときは、公判前整理手続期日において被告人に対し質問を発し、及び弁護人に対し被告人と連署した書面の提出を求めることができ

【1】　これらの規定を第312条の2第4項において準用する場合を含む。
【2】　証拠書類について第326条の同意をするかどうかの意見を含む。

きる。

［受命裁判官］

第316条の11　裁判所は、合議体の構成員に命じ、公判前整理手続【1】をさせることができる。この場合において、受命裁判官は、裁判所又は裁判長と同一の権限を有する。

［裁判所書記官の立会い、調書作成］

第316条の12　公判前整理手続期日には、裁判所書記官を立ち会わせなければならない。

② 公判前整理手続期日における手続については、裁判所の規則の定めるところにより、公判前整理手続調書を作成しなければならない。

第2目　争点及び証拠の整理

［証明予定事実記載書面の提出］

第316条の13　検察官は、事件が公判前整理手続に付されたときは、その証明予定事実【2】を記載した書面を、裁判所に提出し、及び被告人又は弁護人に送付しなければならない。この場合においては、当該書面には、証拠とすることができず、又は証拠としてその取調べを請求する意思のない資料に基づいて、裁判所に事件について偏見又は予断を生じさせるおそれのある事項を記載することができない。

② 検察官は、前項の証明予定事実を証明するために用いる証拠の取調べを請求しなければならない。

③ 前項の規定により証拠の取調べを請求するについては、第299条第1項の規定は適用しない。

④ 裁判所は、検察官及び被告人又は弁護人の意見を聴いた上で、第1項の書面の提出及び送付並びに第2項の請求の期限を定めるものとする。

［検察官請求証拠の開示、証拠一覧表の交付］

第316条の14　検察官は、前条第2項の規定により取調べを請求した証拠【3】については、速やかに、被告人又は弁護人に対し、次の各号に掲げる証拠の区分に応じ、当該各号に定める方法による開示をしなければならない。

一　証拠書類又は証拠物　当該証拠書類又は証拠物を閲覧する機会【4】を与えること。

二　証人、鑑定人、通訳人又は翻訳人　その氏名及び住居を知る機会を与え、かつ、その者の供述録取書等のうち、その者が公判期日において供述すると思料する内容が明らかになるもの【5】を閲覧する機会【6】を与えること。

② 検察官は、前項の規定による証拠の開示をした後、被告人又は弁護人から請求があつたときは、速やかに、被告人又は弁護人に対し、検察官が保管する証拠の一覧表の交付をしなければならない。

③ 前項の一覧表には、次の各号に掲げる証拠の区分に応じ、証拠ごとに、当該各号に定める事項を記載しなければならない。

一　証拠物　品名及び数量

二　供述を録取した書面で供述者の

【1】 第316条の5第2号、第3号、第8号及び第10号から第12号までの決定を除く。

【2】 公判期日において証拠により証明しようとする事実をいう。以下同じ。

【3】 以下「検察官請求証拠」という。

【4】 弁護人に対しては、閲覧し、かつ、謄写する機会

【5】 当該供述録取書等が存在しないとき、又はこれを閲覧させることが相当でないと認めるときにあつては、その者が公判期日において供述すると思料する内容の要旨を記載した書面

【6】 弁護人に対しては、閲覧し、かつ、謄写する機会

署名又は押印のあるもの　当該書面の標目、作成の年月日及び供述者の氏名
三　証拠書類【1】　当該証拠書類の標目、作成の年月日及び作成者の氏名
④　前項の規定にかかわらず、検察官は、同項の規定により第2項の1覧表に記載すべき事項であつて、これを記載することにより次に掲げるおそれがあると認めるものは、同項の一覧表に記載しないことができる。
一　人の身体若しくは財産に害を加え又は人を畏怖させ若しくは困惑させる行為がなされるおそれ
二　人の名誉又は社会生活の平穏が著しく害されるおそれ
三　犯罪の証明又は犯罪の捜査に支障を生ずるおそれ
⑤　検察官は、第2項の規定により一覧表の交付をした後、証拠を新たに保管するに至つたときは、速やかに、被告人又は弁護人に対し、当該新たに保管するに至つた証拠の一覧表の交付をしなければならない。この場合においては、前2項の規定を準用する。

[請求による類型証拠の開示]

第316条の15　検察官は、前条第1項の規定による開示をした証拠以外の証拠であつて、次の各号に掲げる証拠の類型のいずれかに該当し、かつ、特定の検察官請求証拠の証明力を判断するために重要であると認められるものについて、被告人又は弁護人から開示の請求があつた場合において、その重要性の程度その他の被告人の防御の準備のために当該開示をすることの必要性の程度並びに当該開示によつて生じるおそれのある弊害の内容及び程度を考慮し、相当と認めるときは、速やかに、同項第1号に定める方法による開示をしなければならない。この場合において、検察官は、必要と認めるときは、開示の時期若しくは方法を指定し、又は条件を付することができる。
一　証拠物
二　第321条第2項に規定する裁判所又は裁判官の検証の結果を記載した書面
三　第321条第3項に規定する書面又はこれに準ずる書面
四　第321条第4項に規定する書面又はこれに準ずる書面
五　次に掲げる者の供述録取書等
イ　検察官が証人として尋問を請求した者
ロ　検察官が取調べを請求した供述録取書等の供述者であつて、当該供述録取書等が第326条の同意がされない場合には、検察官が証人として尋問を請求することを予定しているもの
六　前号に掲げるもののほか、被告人以外の者の供述録取書等であつて、検察官が特定の検察官請求証拠により直接証明しようとする事実の有無に関する供述を内容とするもの
七　被告人の供述録取書等
八　取調べ状況の記録に関する準則に基づき、検察官、検察事務官又は司法警察職員が職務上作成することを義務付けられている書面であつて、身体の拘束を受けている者の取調べに関し、その年月日、時間、場所その他の取調べの状況を記録したもの【2】

【1】　前号に掲げるものを除く。

【2】　被告人又はその共犯として身体を拘束され若しくは公訴を提起された者であつて第5号イ若しくはロに掲げるものに係るものに限る。

九　検察官請求証拠である証拠物の押収手続記録書面【1】

②　前項の規定による開示をすべき証拠物の押収手続記録書面【2】について、被告人又は弁護人から開示の請求があつた場合において、当該証拠物により特定の検察官請求証拠の証明力を判断するために当該開示をすることの必要性の程度並びに当該開示によつて生じるおそれのある弊害の内容及び程度を考慮し、相当と認めるときも、同項と同様とする。

③　被告人又は弁護人は、前2項の開示の請求をするときは、次の各号に掲げる開示の請求の区分に応じ、当該各号に定める事項を明らかにしなければならない。

一　第1項の開示の請求　次に掲げる事項

イ　第1項各号に掲げる証拠の類型及び開示の請求に係る証拠を識別するに足りる事項

ロ　事案の内容、特定の検察官請求証拠に対応する証明予定事実、開示の請求に係る証拠と当該検察官請求証拠との関係その他の事情に照らし、当該開示の請求に係る証拠が当該検察官請求証拠の証明力を判断するために重要であることその他の被告人の防御の準備のために当該開示が必要である理由

二　前項の開示の請求　次に掲げる事項

イ　開示の請求に係る押収手続記録書面を識別するに足りる事項

ロ　第1項の規定による開示をすべき証拠物と特定の検察官請求証拠との関係その他の事情に照らし、当該証拠物により当該検察官請求証拠の証明力を判断するために当該開示が必要である理由

【1】　押収手続の記録に関する準則に基づき、検察官、検察事務官又は司法警察職員が職務上作成することを義務付けられている書面であつて、証拠物の押収に関し、その押収者、押収の年月日、押収場所その他の押収の状況を記録したものをいう。次項及び第3項第2号イにおいて同じ。

【2】　前条第1項又は前項の規定による開示をしたものを除く。

［被告人・弁護人の証拠意見］

第316条の16　被告人又は弁護人は、第316条の13第1項の書面の送付を受け、かつ、第316条の14第1項並びに前条第1項及び第2項の規定による開示をすべき証拠の開示を受けたときは、検察官請求証拠について、第326条の同意をするかどうか又はその取調べの請求に関し異議がないかどうかの意見を明らかにしなければならない。

②　裁判所は、検察官及び被告人又は弁護人の意見を聴いた上で、前項の意見を明らかにすべき期限を定めることができる。

［被告人・弁護人の主張明示］

第316条の17　被告人又は弁護人は、第316条の13第1項の書面の送付を受け、かつ、第316条の14第1項並びに第316条の15第1項及び第2項の規定による開示をすべき証拠の開示を受けた場合において、その証明予定事実その他の公判期日においてすることを予定している事実上及び法律上の主張があるときは、裁判所及び検察官に対し、これを明らかにしなければならない。この場合においては、第316条の13第1項後段の規定を準用する。

②　被告人又は弁護人は、前項の証明予定事実があるときは、これを証明するために用いる証拠の取調べを請

求しなければならない。この場合においては、第316条の13第3項の規定を準用する。

③　裁判所は、検察官及び被告人又は弁護人の意見を聴いた上で、第1項の主張を明らかにすべき期限及び前項の請求の期限を定めることができる。

[被告人・弁護人の請求証拠の開示]

第316条の18　被告人又は弁護人は、前条第2項の規定により取調べを請求した証拠については、速やかに、検察官に対し、次の各号に掲げる証拠の区分に応じ、当該各号に定める方法による開示をしなければならない。

一　証拠書類又は証拠物　当該証拠書類又は証拠物を閲覧し、かつ、謄写する機会を与えること。

二　証人、鑑定人、通訳人又は翻訳人　その氏名及び住居を知る機会を与え、かつ、その者の供述録取書等のうち、その者が公判期日において供述すると思料する内容が明らかになるもの【1】を閲覧し、かつ、謄写する機会を与えること。

[検察官の証拠意見]

第316条の19　検察官は、前条の規定による開示をすべき証拠の開示を受けたときは、第316条の17第2項の規定により被告人又は弁護人が取調べを請求した証拠について、第326条の同意をするかどうか又はその取調べの請求に関し異議がないかどうかの意見を明らかにしなければならない。

②　裁判所は、検察官及び被告人又は弁護人の意見を聴いた上で、前項の意見を明らかにすべき期限を定めることができる。

[主張関連証拠の開示]

第316条の20　検察官は、第316条の14第1項並びに第316条の15第1項及び第2項の規定による開示をした証拠以外の証拠であつて、第316条の17第1項の主張に関連すると認められるものについて、被告人又は弁護人から開示の請求があつた場合において、その関連性の程度その他の被告人の防御の準備のために当該開示をすることの必要性の程度並びに当該開示によつて生じるおそれのある弊害の内容及び程度を考慮し、相当と認めるときは、速やかに、第316条の14第1項第1号に定める方法による開示をしなければならない。この場合において、検察官は、必要と認めるときは、開示の時期若しくは方法を指定し、又は条件を付することができる。

②　被告人又は弁護人は、前項の開示の請求をするときは、次に掲げる事項を明らかにしなければならない。

一　開示の請求に係る証拠を識別するに足りる事項

二　第316条の17第1項の主張と開示の請求に係る証拠との関連性その他の被告人の防御の準備のために当該開示が必要である理由

[検察官の証明予定事実の追加・変更等]

第316条の21　検察官は、第316条の13から前条まで【2】に規定する手続が終わつた後、その証明予定事実を追加し又は変更する必要があると認めるときは、速やかに、その追加し又は変更すべき証明予定事実を記載した書面を、裁判所に提出し、及び被告人又は弁護人に送付しなけれ

【1】　当該供述録取書等が存在しないとき、又はこれを閲覧させることが相当でないと認めるときにあつては、その者が公判期日において供述すると思料する内容の要旨を記載した書面

【2】　第316条の14第5項を除く。

ばならない。この場合においては、第316条の13第1項後段の規定を準用する。

② 検察官は、その証明予定事実を証明するために用いる証拠の取調べの請求を追加する必要があると認めるときは、速やかに、その追加すべき証拠の取調べを請求しなければならない。この場合においては、第316条の13第3項の規定を準用する。

③ 裁判所は、検察官及び被告人又は弁護人の意見を聴いた上で、第1項の書面の提出及び送付並びに前項の請求の期限を定めることができる。

④ 第316条の14第1項、第316条の15及び第316条の16の規定は、第2項の規定により検察官が取調べを請求した証拠についてこれを準用する。

[被告人・弁護人の主張の追加・変更等]

第316条の22 被告人又は弁護人は、第316条の13から第316条の20まで【1】に規定する手続が終わつた後、第316条の17第1項の主張を追加し又は変更する必要があると認めるときは、速やかに、裁判所及び検察官に対し、その追加し又は変更すべき主張を明らかにしなければならない。この場合においては、第316条の13第1項後段の規定を準用する。

② 被告人又は弁護人は、その証明予定事実を証明するために用いる証拠の取調べの請求を追加する必要があると認めるときは、速やかに、その追加すべき証拠の取調べを請求しなければならない。この場合においては、第316条の13第3項の規定を準用する。

③ 裁判所は、検察官及び被告人又は弁護人の意見を聴いた上で、第1項の主張を明らかにすべき期限及び前項の請求の期限を定めることができる。

④ 第316条の18及び第316条の19の規定は、第2項の規定により被告人又は弁護人が取調べを請求した証拠についてこれを準用する。

⑤ 第316条の20の規定は、第1項の追加し又は変更すべき主張に関連すると認められる証拠についてこれを準用する。

[証人等の安全配慮規定の準用]

第316条の23 第299条の2及び第299条の3の規定は、検察官又は弁護人がこの目の規定による証拠の開示をする場合についてこれを準用する。

② 第299条の4の規定は、検察官が第316条の14第1項【2】の規定による証拠の開示をすべき場合についてこれを準用する。

③ 第299条の5から第299条の7までの規定は、検察官が前項において準用する第299条の4第1項から第10項までの規定による措置をとつた場合についてこれを準用する。

[争点と証拠整理結果の確認]

第316条の24 裁判所は、公判前整理手続を終了するに当たり、検察官及び被告人又は弁護人との間で、事件の争点及び証拠の整理の結果を確認しなければならない。

第3目 証拠開示に関する裁定

[証拠開示の時期・方法の指定等]

第316条の25 裁判所は、証拠の開示の必要性の程度並びに証拠の開示によつて生じるおそれのある弊害の内容及び程度その他の事情を考慮して、必要と認めるときは、第316条

【1】 第316条の14第5項を除く。

【2】 第316条の21第4項において準用する場合を含む。

の14第1項【1】の規定による開示をすべき証拠については検察官の請求により、第316条の18【2】の規定による開示をすべき証拠については被告人又は弁護人の請求により、決定で、当該証拠の開示の時期若しくは方法を指定し、又は条件を付することができる。

② 裁判所は、前項の請求について決定をするときは、相手方の意見を聴かなければならない。

③ 第1項の請求についてした決定に対しては、即時抗告をすることができる。

［証拠開示命令］

第316条の26 裁判所は、検察官が第316条の14第1項若しくは第316条の15第1項若しくは第2項【3】若しくは第316条の20第1項【4】の規定による開示をすべき証拠を開示していないと認めるとき、又は被告人若しくは弁護人が第316条の18【5】の規定による開示をすべき証拠を開示していないと認めるときは、相手方の請求により、決定で、当該証拠の開示を命じなければならない。この場合において、裁判所は、開示の時期若しくは方法を指定し、又は条件を付することができる。

② 裁判所は、前項の請求について決定をするときは、相手方の意見を聴かなければならない。

③ 第1項の請求についてした決定に対しては、即時抗告をすることができる。

［証拠と証拠標目一覧表の提示命令］

第316条の27 裁判所は、第316条の25第1項又は前条第1項の請求について決定をするに当たり、必要があると認めるときは、検察官、被告人又は弁護人に対し、当該請求に係る証拠の提示を命ずることができる。この場合においては、裁判所は、何人（なんぴと）にも、当該証拠の閲覧又は謄写をさせることができない。

② 裁判所は、被告人又は弁護人がする前条第1項の請求について決定をするに当たり、必要があると認めるときは、検察官に対し、その保管する証拠であつて、裁判所の指定する範囲に属するものの標目を記載した一覧表の提示を命ずることができる。この場合においては、裁判所は、何人にも、当該一覧表の閲覧又は謄写をさせることができない。

③ 第1項の規定は第316条の25第3項又は前条第3項の即時抗告が係属する抗告裁判所について、前項の規定は同条第3項の即時抗告が係属する抗告裁判所について、それぞれ準用する。

第2款 期日間整理手続

［期日間整理手続］

第316条の28 裁判所は、審理の経過に鑑み必要と認めるときは、検察官、被告人若しくは弁護人の請求により又は職権で、第1回公判期日後に、決定で、事件の争点及び証拠を整理するための公判準備として、事件を期日間整理手続に付することができる。

② 期日間整理手続については、前款【6】

【1】 第316条の21第4項において準用する場合を含む。
【2】 第316条の22第4項において準用する場合を含む。
【3】 第316条の21第4項においてこれらの規定を準用する場合を含む。
【4】 第316条の22第5項において準用する場合を含む。
【5】 第316条の22第4項において準用する場合を含む。

【6】 第316条の2第1項及び第316条の9第3項を除く。

の規定を準用する。この場合において、検察官、被告人又は弁護人が前項の決定前に取調べを請求している証拠については、期日間整理手続において取調べを請求した証拠とみなし、第316条の6から第316条の10まで及び第316条の12中「公判前整理手続期日」とあるのは「期日間整理手続期日」と、同条第2項中「公判前整理手続調書」とあるのは「期日間整理手続調書」と読み替えるものとする。

第3款　公判手続の特例

[必要的弁護]
第316条の29　公判前整理手続又は期日間整理手続に付された事件を審理する場合には、第289条第1項に規定する事件に該当しないときであつても、弁護人がなければ開廷することはできない。

[被告人・弁護人の冒頭陳述]
第316条の30　公判前整理手続に付された事件については、被告人又は弁護人は、証拠により証明すべき事実その他の事実上及び法律上の主張があるときは、第296条の手続に引き続き、これを明らかにしなければならない。この場合においては、同条ただし書の規定を準用する。

[公判前及び期日間整理手続の結果の顕出]
第316条の31　公判前整理手続に付された事件については、裁判所は、裁判所の規則の定めるところにより、前条の手続が終わつた後、公判期日において、当該公判前整理手続の結果を明らかにしなければならない。

② 期日間整理手続に付された事件については、裁判所は、裁判所の規則の定めるところにより、その手続が終わつた後、公判期日において、当該期日間整理手続の結果を明らかにしなければならない。

[証拠調べ請求の制限]
第316条の32　公判前整理手続又は期日間整理手続に付された事件については、検察官及び被告人又は弁護人は、第298条第1項の規定にかかわらず、やむを得ない事由によつて公判前整理手続又は期日間整理手続において請求することができなかつたものを除き、当該公判前整理手続又は期日間整理手続が終わつた後には、証拠調べを請求することができない。

② 前項の規定は、裁判所が、必要と認めるときに、職権で証拠調べをすることを妨げるものではない。

第3節　被害者参加

[被害者等の手続参加]
第316条の33　裁判所は、次に掲げる罪に係る被告事件の被害者等若しくは当該被害者の法定代理人又はこれらの者から委託を受けた弁護士から、被告事件の手続への参加の申出があるときは、被告人又は弁護人の意見を聴き、犯罪の性質、被告人との関係その他の事情を考慮し、相当と認めるときは、決定で、当該被害者等又は当該被害者の法定代理人の被告事件の手続への参加を許すものとする。

一　故意の犯罪行為により人を死傷させた罪

二　刑法第176条、第177条、第179条、第211条、第220条又は第224条から第227条までの罪

三　前号に掲げる罪のほか、その犯罪行為にこれらの罪の犯罪行為を含む罪【1】

四　自動車の運転により人を死傷させる行為等の処罰に関する法律

【1】 第1号に掲げる罪を除く。

（平成25年法律第86号）第4条、第5条又は第6条第3項若しくは第4項の罪
五　第1号から第3号までに掲げる罪の未遂罪
② 前項の申出は、あらかじめ、検察官にしなければならない。この場合において、検察官は、意見を付して、これを裁判所に通知するものとする。
③ 裁判所は、第1項の規定により被告事件の手続への参加を許された者【1】が当該被告事件の被害者等若しくは当該被害者の法定代理人に該当せず若しくは該当しなくなつたことが明らかになつたとき、又は第312条の規定により罰条が撤回若しくは変更されたため当該被告事件が同項各号に掲げる罪に係るものに該当しなくなつたときは、決定で、同項の決定を取り消さなければならない。犯罪の性質、被告人との関係その他の事情を考慮して被告事件の手続への参加を認めることが相当でないと認めるに至つたときも、同様とする。

[被害者参加人・委託弁護士の公判期日出席等]

第316条の34 被害者参加人又はその委託を受けた弁護士は、公判期日に出席することができる。
② 公判期日は、これを被害者参加人に通知しなければならない。
③ 裁判所は、被害者参加人又はその委託を受けた弁護士が多数である場合において、必要があると認めるときは、これらの者の全員又はその一部に対し、その中から、公判期日に出席する代表者を選定するよう求めることができる。
④ 裁判所は、審理の状況、被害者参加人又はその委託を受けた弁護士の数その他の事情を考慮して、相当でないと認めるときは、公判期日の全部又は一部への出席を許さないことができる。
⑤ 前各項の規定は、公判準備において証人の尋問又は検証が行われる場合について準用する。

【1】 以下「被害者参加人」という。

[検察官に対する意見陳述等]

第316条の35 被害者参加人又はその委託を受けた弁護士は、検察官に対し、当該被告事件についてのこの法律の規定による検察官の権限の行使に関し、意見を述べることができる。この場合において、検察官は、当該権限を行使し又は行使しないこととしたときは、必要に応じ、当該意見を述べた者に対し、その理由を説明しなければならない。

[情状事項に関する証人尋問]

第316条の36 裁判所は、証人を尋問する場合において、被害者参加人又はその委託を受けた弁護士から、その者がその証人を尋問することの申出があるときは、被告人又は弁護人の意見を聴き、審理の状況、申出に係る尋問事項の内容、申出をした者の数その他の事情を考慮し、相当と認めるときは、情状に関する事項【2】についての証人の供述の証明力を争うために必要な事項について、申出をした者がその証人を尋問することを許すものとする。
② 前項の申出は、検察官の尋問が終わつた後【3】直ちに、尋問事項を明らかにして、検察官にしなければならない。この場合において、検察官は、当該事項について自ら尋問する場合を除き、意見を付して、これを裁判所に通知するものとする。

【2】 犯罪事実に関するものを除く。
【3】 検察官の尋問がないときは、被告人又は弁護人の尋問が終わつた後

③　裁判長は、第295条第1項から第4項までに規定する場合のほか、被害者参加人又はその委託を受けた弁護士のする尋問が第1項に規定する事項以外の事項にわたるときは、これを制限することができる。

[意見陳述のための被告人質問]

第316条の37　裁判所は、被害者参加人又はその委託を受けた弁護士から、その者が被告人に対して第311条第2項の供述を求めるための質問を発することの申出があるときは、被告人又は弁護人の意見を聴き、被害者参加人又はその委託を受けた弁護士がこの法律の規定による意見の陳述をするために必要があると認める場合であつて、審理の状況、申出に係る質問をする事項の内容、申出をした者の数その他の事情を考慮し、相当と認めるときは、申出をした者が被告人に対してその質問を発することを許すものとする。

②　前項の申出は、あらかじめ、質問をする事項を明らかにして、検察官にしなければならない。この場合において、検察官は、当該事項について自ら供述を求める場合を除き、意見を付して、これを裁判所に通知するものとする。

③　裁判長は、第295条第1項、第3項及び第4項に規定する場合のほか、被害者参加人又はその委託を受けた弁護士のする質問が第1項に規定する意見の陳述をするために必要がある事項に関係のない事項にわたるときは、これを制限することができる。

[事実・法律適用に関する意見陳述]

第316条の38　裁判所は、被害者参加人又はその委託を受けた弁護士から、事実又は法律の適用について意見を陳述することの申出がある場合において、審理の状況、申出をした者の数その他の事情を考慮し、相当と認めるときは、公判期日において、第293条第1項の規定による検察官の意見の陳述の後に、訴因として特定された事実の範囲内で、申出をした者がその意見を陳述することを許すものとする。

②　前項の申出は、あらかじめ、陳述する意見の要旨を明らかにして、検察官にしなければならない。この場合において、検察官は、意見を付して、これを裁判所に通知するものとする。

③　裁判長は、第295条第1項、第3項及び第4項に規定する場合のほか、被害者参加人又はその委託を受けた弁護士の意見の陳述が第1項に規定する範囲を超えるときは、これを制限することができる。

④　第1項の規定による陳述は、証拠とはならないものとする。

[被害者参加人の付添人、遮蔽措置等]

第316条の39　裁判所は、被害者参加人が第316条の34第1項【1】の規定により公判期日又は公判準備に出席する場合において、被害者参加人の年齢、心身の状態その他の事情を考慮し、被害者参加人が著しく不安又は緊張を覚えるおそれがあると認めるときは、検察官及び被告人又は弁護人の意見を聴き、その不安又は緊張を緩和するのに適当であり、かつ、裁判官若しくは訴訟関係人の尋問若しくは被告人に対する供述を求める行為若しくは訴訟関係人がする陳述を妨げ、又はその陳述の内容に不当な影響を与えるおそれがないと認める者を、被害者参加人に付き添わせることができる。

②　前項の規定により被害者参加人に

【1】　同条第5項において準用する場合を含む。第4項において同じ。

付き添うこととされた者は、裁判官若しくは訴訟関係人の尋問若しくは被告人に対する供述を求める行為若しくは訴訟関係人がする陳述を妨げ、又はその陳述の内容に不当な影響を与えるような言動をしてはならない。

③ 裁判所は、第1項の規定により被害者参加人に付き添うこととされた者が、裁判官若しくは訴訟関係人の尋問若しくは被告人に対する供述を求める行為若しくは訴訟関係人がする陳述を妨げ、又はその陳述の内容に不当な影響を与えるおそれがあると認めるに至つたときその他その者を被害者参加人に付き添わせることが相当でないと認めるに至つたときは、決定で、同項の決定を取り消すことができる。

④ 裁判所は、被害者参加人が第316条の34第1項の規定により公判期日又は公判準備に出席する場合において、犯罪の性質、被害者参加人の年齢、心身の状態、被告人との関係その他の事情により、被害者参加人が被告人の面前において在席、尋問、質問又は陳述をするときは圧迫を受け精神の平穏を著しく害されるおそれがあると認める場合であつて、相当と認めるときは、検察官及び被告人又は弁護人の意見を聴き、弁護人が出頭している場合に限り、被告人とその被害者参加人との間で、被告人から被害者参加人の状態を認識することができないようにするための措置を採ることができる。

⑤ 裁判所は、被害者参加人が第316条の34第1項の規定により公判期日に出席する場合において、犯罪の性質、被害者参加人の年齢、心身の状態、名誉に対する影響その他の事情を考慮し、相当と認めるときは、検察官及び被告人又は弁護人の意見を聴き、傍聴人とその被害者参加人との間で、相互に相手の状態を認識することができないようにするための措置を採ることができる。

第4節　証拠

［証拠裁判主義］

第317条　事実の認定は、証拠による。

［自由心証主義］

第318条　証拠の証明力は、裁判官の自由な判断に委ねる。

［自白の証拠能力・証明力］

第319条　強制、拷問又は脅迫による自白、不当に長く抑留又は拘禁された後の自白その他任意にされたものでない疑のある自白は、これを証拠とすることができない。

② 被告人は、公判廷における自白であると否とを問わず、その自白が自己に不利益な唯一の証拠である場合には、有罪とされない。

③ 前2項の自白には、起訴された犯罪について有罪であることを自認する場合を含む。

［伝聞証拠排除の原則］

第320条　第321条乃至(ないし)第328条に規定する場合を除いては、公判期日における供述に代えて書面を証拠とし、又は公判期日外における他の者の供述を内容とする供述を証拠とすることはできない。

② 第291条の2の決定があつた事件の証拠については、前項の規定は、これを適用しない。但し、検察官、被告人又は弁護人が証拠とすることに異議を述べたものについては、この限りでない。

［被告人以外の者の供述書面の証拠能力］

第321条　被告人以外の者が作成した供述書又はその者の供述を録取した書面で供述者の署名若しくは押印のあるものは、次に掲げる場合に限り、これを証拠とすることができる。

一　裁判官の面前【1】における供述を録取した書面については、その供述者が死亡、精神若しくは身体の故障、所在不明若しくは国外にいるため公判準備若しくは公判期日において供述することができないとき、又は供述者が公判準備若しくは公判期日において前の供述と異なつた供述をしたとき。

二　検察官の面前における供述を録取した書面については、その供述者が死亡、精神若しくは身体の故障、所在不明若しくは国外にいるため公判準備若しくは公判期日において供述することができないとき、又は公判準備若しくは公判期日において前の供述と相反するか若しくは実質的に異なつた供述をしたとき。ただし、公判準備又は公判期日における供述よりも前の供述を信用すべき特別の情況の存するときに限る。

三　前2号に掲げる書面以外の書面については、供述者が死亡、精神若しくは身体の故障、所在不明又は国外にいるため公判準備又は公判期日において供述することができず、かつ、その供述が犯罪事実の存否の証明に欠くことができないものであるとき。ただし、その供述が特に信用すべき情況の下にされたものであるときに限る。

②　被告人以外の者の公判準備若しくは公判期日における供述を録取した書面又は裁判所若しくは裁判官の検証の結果を記載した書面は、前項の規定にかかわらず、これを証拠とすることができる。

③　検察官、検察事務官又は司法警察職員の検証の結果を記載した書面は、その供述者が公判期日において証人として尋問を受け、その真正に作成されたものであることを供述したときは、第1項の規定にかかわらず、これを証拠とすることができる。

④　鑑定の経過及び結果を記載した書面で鑑定人の作成したものについても、前項と同様である。

【1】　第157条の6第1項及び第2項に規定する方法による場合を含む。

［ビデオリンク方式による証人尋問の記録媒体の扱い］

第321条の2　被告事件の公判準備若しくは公判期日における手続以外の刑事手続又は他の事件の刑事手続において第157条の6第1項又は第2項に規定する方法によりされた証人の尋問及び供述並びにその状況を記録した記録媒体がその一部とされた調書は、前条第1項の規定にかかわらず、証拠とすることができる。この場合において、裁判所は、その調書を取り調べた後、訴訟関係人に対し、その供述者を証人として尋問する機会を与えなければならない。

②　前項の規定により調書を取り調べる場合においては、第305条第5項ただし書の規定は、適用しない。

③　第1項の規定により取り調べられた調書に記録された証人の供述は、第295条第1項前段並びに前条第1項第1号及び第2号の適用については、被告事件の公判期日においてされたものとみなす。

［被害者供述等の録音録画記録の証拠能力］

第321条の3　第1号に掲げる者の供述及びその状況を録音及び録画を同時に行う方法により記録した記録媒体【2】は、その供述が第2号に掲げる措置が特に採られた情況の下にさ

【2】　その供述がされた聴取の開始から終了に至るまでの間における供述及びその状況を記録したものに限る。

れたものであると認める場合であつて、聴取に至るまでの情況その他の事情を考慮し相当と認めるときは、第321条第1項の規定にかかわらず、証拠とすることができる。この場合において、裁判所は、その記録媒体を取り調べた後、訴訟関係人に対し、その供述者を証人として尋問する機会を与えなければならない。

一　次に掲げる者

イ　刑法第176条、第177条、第179条、第181条若しくは第182条の罪、同法第225条若しくは第226条の2第3項の罪【1】、同法第227条第1項【2】若しくは第3項【3】の罪若しくは同法第241条第1項若しくは第3項の罪又はこれらの罪の未遂罪の被害者

ロ　児童福祉法第60条第1項の罪若しくは同法第34条第1項第9号に係る同法第60条第2項の罪、児童買春、児童ポルノに係る行為等の規制及び処罰並びに児童の保護等に関する法律第4条から第8条までの罪又は性的な姿態を撮影する行為等の処罰及び押収物に記録された性的な姿態の影像に係る電磁的記録の消去等に関する法律第2条から第6条までの罪の被害者

ハ　イ及びロに掲げる者のほか、犯罪の性質、供述者の年齢、心身の状態、被告人との関係その他の事情により、更に公判準備又は公判期日において供述するときは精神の平穏を著しく害されるおそれがあると認められる者

二　次に掲げる措置

イ　供述者の年齢、心身の状態その他の特性に応じ、供述者の不安又は緊張を緩和することその他の供述者が十分な供述をするために必要な措置

ロ　供述者の年齢、心身の状態その他の特性に応じ、誘導をできる限り避けることその他の供述の内容に不当な影響を与えないようにするために必要な措置

②　前項の規定により取り調べられた記録媒体に記録された供述者の供述は、第295条第1項前段の規定の適用については、被告事件の公判期日においてされたものとみなす。

[被告人の供述書面の証拠能力]

第322条　被告人が作成した供述書又は被告人の供述を録取した書面で被告人の署名若しくは押印のあるものは、その供述が被告人に不利益な事実の承認を内容とするものであるとき、又は特に信用すべき情況の下にされたものであるときに限り、これを証拠とすることができる。但し、被告人に不利益な事実の承認を内容とする書面は、その承認が自白でない場合においても、第319条の規定に準じ、任意にされたものでない疑があると認めるときは、これを証拠とすることができない。

②　被告人の公判準備又は公判期日における供述を録取した書面は、その供述が任意にされたものであると認めるときに限り、これを証拠とすることができる。

[公務文書、業務文書、特信文書]

第323条　第321条から前条までに掲げる書面以外の書面は、次に掲げるものに限り、これを証拠とすること

【1】　わいせつ又は結婚の目的に係る部分に限る。以下このイにおいて同じ。
【2】　同法第225条又は第226条の2第3項の罪を犯した者を幇(ほう)助する目的に係る部分に限る。
【3】　わいせつの目的に係る部分に限る。

刑事訴訟法

ができる。

一　戸籍謄本、公正証書謄本その他公務員【1】がその職務上証明することができる事実についてその公務員の作成した書面

二　商業帳簿、航海日誌その他業務の通常の過程において作成された書面

三　前2号に掲げるもののほか特に信用すべき情況の下に作成された書面

[伝聞供述の証拠能力]

第324条　被告人以外の者の公判準備又は公判期日における供述で被告人の供述をその内容とするものについては、第322条の規定を準用する。

②　被告人以外の者の公判準備又は公判期日における供述で被告人以外の者の供述をその内容とするものについては、第321条第1項第3号の規定を準用する。

[供述の任意性の調査]

第325条　裁判所は、第321条から前条までの規定により証拠とすることができる書面又は供述であつても、あらかじめ、その書面に記載された供述又は公判準備若しくは公判期日における供述の内容となつた他の者の供述が任意にされたものかどうかを調査した後でなければ、これを証拠とすることができない。

[当事者の同意と書面・供述の証拠能力]

第326条　検察官及び被告人が証拠とすることに同意した書面又は供述は、その書面が作成され又は供述のされたときの情況を考慮し相当と認めるときに限り、第321条乃至前条の規定にかかわらず、これを証拠とすることができる。

②　被告人が出頭しないでも証拠調を行うことができる場合において、被告人が出頭しないときは、前項の同意があつたものとみなす。但し、代理人又は弁護人が出頭したときは、この限りでない。

[合意書面の証拠能力]

第327条　裁判所は、検察官及び被告人又は弁護人が合意の上、文書の内容又は公判期日に出頭すれば供述することが予想されるその供述の内容を書面に記載して提出したときは、その文書又は供述すべき者を取り調べないでも、その書面を証拠とすることができる。この場合においても、その書面の証明力を争うことを妨げない。

[証明力を争うための証拠]

第328条　第321条乃至第324条の規定により証拠とすることができない書面又は供述であつても、公判準備又は公判期日における被告人、証人その他の者の供述の証明力を争うためには、これを証拠とすることができる。

第5節　公判の裁判

[管轄違いの判決]

第329条　被告事件が裁判所の管轄に属しないときは、判決で管轄違の言渡をしなければならない。但し、第266条第2号の規定により地方裁判所の審判に付された事件については、管轄違の言渡をすることはできない。

[管轄違い言渡しの例外]

第330条　高等裁判所は、その特別権限に属する事件として公訴の提起があつた場合において、その事件が下級の裁判所の管轄に属するものと認めるときは、前条の規定にかかわらず、決定で管轄裁判所にこれを移送しなければならない。

[管轄違い言渡しの例外]

第331条　裁判所は、被告人の申立が

【1】　外国の公務員を含む。

なければ、土地管轄について、管轄違の言渡をすることができない。

② 管轄違の申立は、被告事件につき証拠調を開始した後は、これをすることができない。

[地方裁判所への移送]

第332条 簡易裁判所は、地方裁判所において審判するのを相当と認めるときは、決定で管轄地方裁判所にこれを移送しなければならない。

[刑の言渡し、執行猶予の言渡し]

第333条 被告事件について犯罪の証明があつたときは、第334条の場合を除いては、判決で刑の言渡をしなければならない。

② 刑の執行猶予は、刑の言渡しと同時に、判決でその言渡しをしなければならない。猶予の期間中保護観察に付する場合も、同様とする。

[刑の免除の判決]

第334条 被告事件について刑を免除するときは、判決でその旨の言渡をしなければならない。

[有罪の判決]

第335条 有罪の言渡をするには、罪となるべき事実、証拠の標目及び法令の適用を示さなければならない。

② 法律上犯罪の成立を妨げる理由又は刑の加重減免の理由となる事実が主張されたときは、これに対する判断を示さなければならない。

[無罪の判決]

第336条 被告事件が罪とならないとき、又は被告事件について犯罪の証明がないときは、判決で無罪の言渡をしなければならない。

[免訴の判決]

第337条 左の場合には、判決で免訴の言渡をしなければならない。

一 確定判決を経たとき。

二 犯罪後の法令により刑が廃止されたとき。

三 大赦があつたとき。

四 時効が完成したとき。

[公訴棄却の判決]

第338条 左の場合には、判決で公訴を棄却しなければならない。

一 被告人に対して裁判権を有しないとき。

二 第340条の規定に違反して公訴が提起されたとき。

三 公訴の提起があつた事件について、更に同一裁判所に公訴が提起されたとき。

四 公訴提起の手続がその規定に違反したため無効であるとき。

[公訴棄却の決定]

第339条 左の場合には、決定で公訴を棄却しなければならない。

一 第271条第2項の規定により公訴の提起がその効力を失つたとき。

二 起訴状に記載された事実が真実であつても、何らの罪となるべき事実を包含していないとき。

三 公訴が取り消されたとき。

四 被告人が死亡し、又は被告人たる法人が存続しなくなつたとき。

五 第10条又は第11条の規定により審判してはならないとき。

② 前項の決定に対しては、即時抗告をすることができる。

[公訴取消し後の再起訴]

第340条 公訴の取消による公訴棄却の決定が確定したときは、公訴の取消後犯罪事実につきあらたに重要な証拠を発見した場合に限り、同一事件について更に公訴を提起することができる。

[被告人の陳述を聴かない判決]

第341条 被告人が陳述をせず、許可を受けないで退廷し、又は秩序維持のため裁判長から退廷を命ぜられたときは、その陳述を聴かないで判決をすることができる。

［判決の宣告］

第342条 判決は、公判廷において、宣告によりこれを告知する。

［出国禁止］

第342条の2 拘禁刑以上の刑に処する判決の宣告を受けた者は、裁判所の許可を受けなければ本邦から出国してはならない。

［出国許可請求］

第342条の3 拘禁刑以上の刑に処する判決の宣告を受けた者又はその弁護人、法定代理人、保佐人、配偶者、直系の親族若しくは兄弟姉妹は、前条の許可の請求をすることができる。

［出国許可手続］

第342条の4 裁判所は、前条の請求があつた場合において、本邦から出国することを許すべき特別の事情があると認めるときは、決定で、国外にいることができる期間を指定して、第342条の2の許可をすることができる。ただし、出入国管理及び難民認定法【1】第40条【2】に規定する収容令書若しくは入管法第51条に規定する退去強制令書の発付を受けている者又は入管法第44条の2第7項に規定する被監理者については、この限りでない。

② 裁判所は、前項本文に規定する特別の事情の有無を判断するに当たつては、第342条の2の許可がされた場合に拘禁刑以上の刑に処する判決の宣告を受けた者が同項の規定により指定する期間内に本邦に帰国せず又は上陸しないこととなるおそれの程度のほか、本邦から出国することができないことによりその者が受ける不利益の程度その他の事情を考慮するものとする。

③ 裁判所は、前条の請求について決定をするときは、検察官の意見を聴かなければならない。

④ 裁判所は、必要と認めるときは、第1項本文の期間を延長することができる。

⑤ 裁判所は、第342条の2の許可を受けた者について、国外にいることができる期間として指定された期間【3】の終期まで国外にいる必要がなくなつたと認めるときは、当該指定期間を短縮することができる。

［帰国等保証金額］

第342条の5 裁判所は、第342条の2の許可をする場合には、帰国等保証金額を定めなければならない。ただし、保釈を許す決定を受けた被告人について、同条の許可をするときは、この限りでない。

② 帰国等保証金額は、宣告された判決に係る刑名及び刑期、当該判決の宣告を受けた者の性格、生活の本拠及び資産、その者が外国人である場合にあつてはその在留資格【4】の内容その他の事情を考慮して、その者が前条第1項の規定により指定される期間内に本邦に帰国し又は上陸することを保証するに足りる相当な金額でなければならない。

③ 裁判所は、第342条の2の許可をする場合には、その許可を受ける者の渡航先を制限し、その他適当と認める条件を付することができる。

［帰国等保証金納付の手続］

第342条の6 第342条の2の許可は、帰国等保証金額が定められたときは、帰国等保証金の納付があつた時にその効力を生ずる。

【1】 昭和26年政令第319号。以下「**入管法**」という。

【2】 入管法第44条の4第4項において準用する場合を含む。

【3】 以下「**指定期間**」という。

【4】 入管法第2条の2第1項に規定する在留資格をいう。

刑事訴訟法

② 第94条第2項及び第3項の規定は、帰国等保証金の納付について準用する。この場合において、同条第2項中「保釈請求者」とあるのは「第342条の3の請求をした者」と、同条第3項中「被告人」とあるのは「拘禁刑以上の刑に処する判決の宣告を受けた者」と読み替えるものとする。

[出国許可取消し]

第342条の7 裁判所は、第342条の2の許可を受けた者が、入管法第40条に規定する収容令書若しくは入管法第51条に規定する退去強制令書の発付又は入管法第44条の2第7項に規定する監理措置決定を受けたときは、決定で、当該許可を取り消さなければならない。

② 裁判所は、次の各号のいずれかに該当すると認めるときは、検察官の請求により、又は職権で、決定で、第342条の2の許可を取り消すことができる。

一 第342条の2の許可を受けた者が、正当な理由がなく、指定期間内に本邦に帰国せず又は上陸しないと疑うに足りる相当な理由があるとき。

二 第342条の2の許可を受けた者が渡航先の制限その他裁判所の定めた条件に違反したとき。

③ 前項の規定により第342条の2の許可を取り消す場合には、裁判所は、決定で、帰国等保証金【1】の全部又は一部を没取することができる。

④ 第342条の2の許可を受けた者が、正当な理由がなく、指定期間内に本邦に帰国せず又は上陸しなかつたときは、裁判所は、検察官の請求により、又は職権で、決定で、帰国等保証金の全部又は一部を没取することができる。

[出国条件違反に対する裁判所の措置等]

第342条の8 裁判所は、拘禁刑以上の刑に処する判決の宣告を受けた被告人が第342条の2の許可を受けないで本邦から出国し若しくは出国しようとしたとき、同条の許可を受けた被告人について前条第2項の規定により当該許可が取り消されたとき、又は第342条の2の許可を受けた被告人が正当な理由がなく指定期間内に本邦に帰国せず若しくは上陸しなかつたときは、検察官の請求により、又は職権で、次の各号に掲げる場合の区分に応じ、当該各号に定める決定をすることができる。

一 当該被告人について勾留状が発せられていない場合 勾留する決定

二 当該被告人が保釈されている場合 保釈を取り消す決定

三 当該被告人が勾留の執行停止をされている場合 勾留の執行停止を取り消す決定

② 前項【2】の規定により保釈を取り消す場合には、裁判所は、決定で、保証金の全部又は一部を没取することができる。

[拘禁刑以上の刑の宣告と保釈等の失効]

第343条 拘禁刑以上の刑に処する判決の宣告があつたときは、保釈又は勾留の執行停止は、その効力を失う。

② 前項の場合には、新たに保釈又は勾留の執行停止の決定がないときに限り、第98条及び第271条の8第5項【3】の規定を準用する。この場合において、第271条の8第5項中

【1】 第94条第1項の保証金が納付されている場合にあつては、当該保証金。次項において同じ。

【2】 第2号に係る部分に限る。

【3】 第312条の2第4項において準用する場合を含む。以下この項において同じ。

刑事訴訟法

「第１項（」とあるのは、「第271条の８第１項（」と読み替えるものとする。

［保釈・執行停止失効後の出頭命令］

第343条の2　検察官は、拘禁刑以上の刑に処する判決の宣告により保釈又は勾留の執行停止がその効力を失つた場合において、被告人が刑事施設に収容されていないときは、被告人に対し、指定する日時及び場所に出頭することを命ずることができる。

［保釈・執行停止失効後の出頭命令：不出頭の罪］

第343条の3　前条の規定による命令を受けた被告人が、正当な理由がなく、指定された日時及び場所に出頭しないときは、2年以下の拘禁刑に処する。

［拘禁刑以上の刑の宣告後の権利保釈の不適用］

第344条　拘禁刑以上の刑に処する判決の宣告があつた後は、第60条第2項ただし書及び第89条の規定は、これを適用しない。

②　拘禁刑以上の刑に処する判決の宣告があつた後は、第90条の規定による保釈を許すには、同条に規定する不利益その他の不利益の程度が著しく高い場合でなければならない。ただし、保釈された場合に被告人が逃亡するおそれの程度が高くないと認めるに足りる相当な理由があるときは、この限りでない。

［勾留状の失効］

第345条　無罪、免訴、刑の免除、刑の全部の執行猶予、公訴棄却【1】、罰金又は科料の裁判の告知があつたときは、勾留状は、その効力を失う。

［罰金裁判後の出国禁止命令］

第345条の2　裁判所は、罰金の裁判【2】の告知を受けた被告人について、当該裁判の確定後に罰金を完納することができないこととなるおそれがあると認めるときは、勾留状を発する場合を除き、検察官の請求により、又は職権で、決定で、裁判所の許可を受けなければ本邦から出国してはならないことを命ずるものとする。

②　前項の被告人について、保釈を許し、又は勾留の執行停止をする場合において、罰金の裁判の確定後に罰金を完納することができないこととなるおそれがあると認めるときも、同項と同様とする。

［罰金裁判後の出国禁止命令：出国許可準用規定］

第345条の3　第342条の3から第342条の8までの規定は、前条の許可について準用する。この場合において、次の表の上欄に掲げる規定中同表の中欄に掲げる字句は、それぞれ同表の下欄に掲げる字句に読み替えるものとする。

〔原規定〕	第342条の3、第342条の4第2項、第342条の6第2項及び第342条の8第1項
〔読替前〕	拘禁刑以上の刑に処する判決の宣告
〔原規定〕	第342条の5第2項
〔読替前〕	当該判決の宣告
〔読替後〕	第345条の2の規定による決定
〔原規定〕	第342条の5第2項
〔読替前〕	宣告された判決に係る刑名及び刑期
〔読替後〕	告知された裁判に係る罰金の金額及び罰金を完納することができない場合における留置の期間
〔原規定〕	第342条の6第2項

【1】　第338条第4号による場合を除く。

【2】　その刑の執行猶予の言渡しをしないものに限る。以下同じ。

〔読替前〕	第342条の3
〔読替後〕	第345条の3において読み替えて準用する第342条の3
〔原規定〕	第342条の8第1項
〔読替前〕	とき、
〔読替後〕	場合、
〔読替前〕	ときは
〔読替後〕	場合において、当該決定に係る罰金の裁判の確定後に罰金を完納することができないこととなるおそれがあると認めるときは

[罰金裁判後の出国禁止命令：出国禁止命令の取消し]

第345条の4 裁判所は、第345条の2の規定による決定の理由がなくなつたと認めるときは、検察官、当該決定を受けた者若しくはその弁護人、法定代理人、保佐人、配偶者、直系の親族若しくは兄弟姉妹の請求により、又は職権で、決定で、当該決定を取り消さなければならない。

② 裁判所は、検察官の請求による場合を除いて、前項の規定による決定をするときは、あらかじめ、検察官の意見を聴かなければならない。

[没収の言渡しのない押収物]

第346条 押収した物について、没収の言渡がないときは、押収を解く言渡があつたものとする。

[押収物還付の言渡し]

第347条 押収した贓物（ぞうぶつ）で被害者に還付すべき理由が明らかなものは、これを被害者に還付する言渡をしなければならない。

② 贓物の対価として得た物について、被害者から交付の請求があつたときは、前項の例による。

③ 仮に還付した物について、別段の言渡がないときは、還付の言渡があつたものとする。

④ 前3項の規定は、民事訴訟の手続に従い、利害関係人がその権利を主張することを妨げない。

[仮納付の裁判]

第348条 裁判所は、罰金、科料又は追徴を言い渡す場合において、判決の確定を待つてはその執行をすることができず、又はその執行をするのに著しい困難を生ずる虞（おそれ）があると認めるときは、検察官の請求により又は職権で、被告人に対し、仮に罰金、科料又は追徴に相当する金額を納付すべきことを命ずることができる。

② 仮納付の裁判は、刑の言渡と同時に、判決でその言渡をしなければならない。

③ 仮納付の裁判は、直ちにこれを執行することができる。

[刑の執行猶予取消しの請求]

第349条 刑の執行猶予の言渡しを取り消すべき場合には、検察官は、刑の言渡しを受けた者の現在地又は最後の住所地を管轄する地方裁判所、家庭裁判所又は簡易裁判所に対しその請求をしなければならない。

② 刑法第26条の2第2号又は第27条の5第2号の規定により刑の執行猶予の言渡しを取り消すべき場合には、前項の請求は、保護観察所の長の申出に基づいてこれをしなければならない。

③ 刑法第27条第4項若しくは第5項又は第27条の7第4項若しくは第5項の規定により刑の執行猶予の言渡しを取り消すべき場合には、第1項の請求は、同法第27条第2項前段に規定する刑の全部の執行猶予の期間内又は同法第27条の7第2項前段に規定する刑の一部の執行猶予の言渡し後その猶予の期間を経過するまでに更に犯した罪であつて当該請求の理由に係るものについて罰金以上の刑に処する裁判が確定した

日から2箇月を経過した後は、これをすることができない。

[刑の執行猶予取消請求に対する決定]

第349条の2　前条の請求があつたときは、裁判所は、猶予の言渡を受けた者又はその代理人の意見を聴いて決定をしなければならない。

② 前項の場合において、その請求が刑法第26条の2第2号又は第27条の5第2号の規定による猶予の言渡しの取消しを求めるものであつて、猶予の言渡しを受けた者の請求があるときは、口頭弁論を経なければならない。

③ 第1項の決定をするについて口頭弁論を経る場合には、猶予の言渡を受けた者は、弁護人を選任することができる。

④ 第1項の決定をするについて口頭弁論を経る場合には、検察官は、裁判所の許可を得て、保護観察官に意見を述べさせることができる。

⑤ 第1項の決定に対しては、即時抗告をすることができる。

[併合罪中大赦を受けない罪について刑を定める手続]

第350条　刑法第52条の規定により刑を定むべき場合には、検察官は、その犯罪事実について最終の判決をした裁判所にその請求をしなければならない。この場合には、前条第1項及び第5項の規定を準用する。

第4章　証拠収集等への協力及び訴追に関する合意

第1節　合意及び協議の手続

[他人の刑事事件への協力のための合意]

第350条の2　検察官は、特定犯罪に係る事件の被疑者又は被告人が特定犯罪に係る他人の刑事事件【1】について1又は2以上の第1号に掲げる行為をすることにより得られる証拠の重要性、関係する犯罪の軽重及び情状、当該関係する犯罪の関連性の程度その他の事情を考慮して、必要と認めるときは、被疑者又は被告人との間で、被疑者又は被告人が当該他人の刑事事件について1又は2以上の同号に掲げる行為をし、かつ、検察官が被疑者又は被告人の当該事件について1又は2以上の第2号に掲げる行為をすることを内容とする合意をすることができる。

一　次に掲げる行為

イ　第198条第1項又は第223条第1項の規定による検察官、検察事務官又は司法警察職員の取調べに際して真実の供述をすること。

ロ　証人として尋問を受ける場合において真実の供述をすること。

ハ　検察官、検察事務官又は司法警察職員による証拠の収集に関し、証拠の提出その他の必要な協力をすること【2】。

二　次に掲げる行為

イ　公訴を提起しないこと。

ロ　公訴を取り消すこと。

ハ　特定の訴因及び罰条により公訴を提起し、又はこれを維持すること。

ニ　特定の訴因若しくは罰条の追加若しくは撤回又は特定の訴因若しくは罰条への変更を請求すること。

ホ　第293条第1項の規定による意見の陳述において、被告人に特定の刑を科すべき旨の意見を陳述すること。

へ　即決裁判手続の申立てをすること。

【1】　以下単に「他人の刑事事件」という。

【2】　イ及びロに掲げるものを除く。

ト　略式命令の請求をすること。

② 前項に規定する「特定犯罪」とは、次に掲げる罪【1】をいう。

一　刑法第96条から第96条の6まで若しくは第155条の罪、同条の例により処断すべき罪、同法第157条の罪、同法第158条の罪【2】又は同法第159条から第163条の5まで、第197条から第197条の4まで、第198条、第246条から第250条まで若しくは第252条から第254条までの罪

二　組織的な犯罪の処罰及び犯罪収益の規制等に関する法律【3】第3条第1項第1号から第4号まで、第13号若しくは第14号に掲げる罪に係る同条の罪、同項第13号若しくは第14号に掲げる罪に係る同条の罪の未遂罪又は組織的犯罪処罰法第10条若しくは第11条の罪

三　前2号に掲げるもののほか、租税に関する法律、私的独占の禁止及び公正取引の確保に関する法律（昭和22年法律第54号）又は金融商品取引法（昭和23年法律第25号）の罪その他の財政経済関係犯罪として政令で定めるもの

四　次に掲げる法律の罪

イ　爆発物取締罰則（明治17年太政官布告第32号）

ロ　大麻草の栽培の規制に関する法律（昭和23年法律第124号）

ハ　覚醒剤取締法（昭和26年法律第252号）

ニ　麻薬及び向精神薬取締法（昭和28年法律第14号）

ホ　武器等製造法（昭和28年法律第145号）

ヘ　あへん法（昭和29年法律第71号）

ト　銃砲刀剣類所持等取締法（昭和33年法律第6号）

チ　国際的な協力の下に規制薬物に係る不正行為を助長する行為等の防止を図るための麻薬及び向精神薬取締法等の特例等に関する法律（平成3年法律第94号）

五　刑法第103条、第104条若しくは第105条の2の罪又は組織的犯罪処罰法第7条の罪【4】若しくは組織的犯罪処罰法第7条の2の罪【5】

③ 第1項の合意には、被疑者若しくは被告人がする同項第1号に掲げる行為又は検察官がする同項第2号に掲げる行為に付随する事項その他の合意の目的を達するため必要な事項をその内容として含めることができる。

[合意のための弁護人の必要的同意]

第350条の3　前条第1項の合意をするには、弁護人の同意がなければならない。

② 前条第1項の合意は、検察官、被疑者又は被告人及び弁護人が連署した書面により、その内容を明らかにしてするものとする。

[合意のための協議の当事者]

第350条の4　第350条の2第1項の合意をするため必要な協議は、検察官と被疑者又は被告人及び弁護人との間で行うものとする。ただし、被疑者又は被告人及び弁護人に異議がないときは、協議の一部を弁護人の

【1】 死刑又は無期拘禁刑に当たるものを除く。
【2】 同法第155条の罪、同条の例により処断すべき罪又は同法第157条第1項若しくは第2項の罪に係るものに限る。
【3】 平成11年法律第136号。以下「組織的犯罪処罰法」という。
【4】 同条第1項第1号から第3号までに掲げる者に係るものに限る。
【5】 いずれも前各号に掲げる罪を本犯の罪とするものに限る。

みとの間で行うことができる。

[協議における供述の取扱い]

第350条の5　前条の協議において、検察官は、被疑者又は被告人に対し、他人の刑事事件について供述を求めることができる。この場合においては、第198条第2項の規定を準用する。

②　被疑者又は被告人が前条の協議においてした供述は、第350条の2第1項の合意が成立しなかつたときは、これを証拠とすることができない。

③　前項の規定は、被疑者又は被告人が当該協議においてした行為が刑法第103条、第104条若しくは第172条の罪又は組織的犯罪処罰法第7条第1項第1号若しくは第2号に掲げる者に係る同条の罪に当たる場合において、これらの罪に係る事件において用いるときは、これを適用しない。

[合意協議前の検察官と司法警察員の協議]

第350条の6　検察官は、司法警察員が送致し若しくは送付した事件又は司法警察員が現に捜査していると認める事件について、その被疑者との間で第350条の4の協議を行おうとするときは、あらかじめ、司法警察員と協議しなければならない。

②　検察官は、第350条の4の協議に係る他人の刑事事件について司法警察員が現に捜査していることその他の事情を考慮して、当該他人の刑事事件の捜査のため必要と認めるときは、前条第1項の規定により供述を求めることその他の当該協議における必要な行為を司法警察員にさせることができる。この場合において、司法警察員は、検察官の個別の授権の範囲内で、検察官が第350条の2第1項の合意の内容とすることを提案する同項第2号に掲げる行為の内容の提示をすることができる。

第2節　公判手続の特例

[合意内容書面・合意離脱書面の必要的証拠調べ請求]

第350条の7　検察官は、被疑者との間でした第350条の2第1項の合意がある場合において、当該合意に係る被疑者の事件について公訴を提起したときは、第291条の手続が終わつた後【1】遅滞なく、証拠として第350条の3第2項の書面【2】の取調べを請求しなければならない。被告事件について、公訴の提起後に被告人との間で第350条の2第1項の合意をしたときも、同様とする。

②　前項の規定により合意内容書面の取調べを請求する場合において、当該合意の当事者が第350条の10第2項の規定により当該合意から離脱する旨の告知をしているときは、検察官は、あわせて、同項の書面の取調べを請求しなければならない。

③　第1項の規定により合意内容書面の取調べを請求した後に、当該合意の当事者が第350条の10第2項の規定により当該合意から離脱する旨の告知をしたときは、検察官は、遅滞なく、同項の書面の取調べを請求しなければならない。

[合意内容書面・合意離脱書面の必要的証拠調べ請求]

第350条の8　被告人以外の者の供述録取書等であつて、その者が第350条の2第1項の合意に基づいて作成したもの又は同項の合意に基づいてされた供述を録取し若しくは記録したものについて、検察官、被告人若しくは弁護人が取調べを請求し、又

【1】　事件が公判前整理手続に付された場合にあつては、その時後

【2】　以下「合意内容書面」という。

は裁判所が職権でこれを取り調べることとしたときは、検察官は、遅滞なく、合意内容書面の取調べを請求しなければならない。この場合においては、前条第2項及び第3項の規定を準用する。

[合意内容書面・合意離脱書面の必要的証拠調べ請求]

第350条の9　検察官、被告人若しくは弁護人が証人尋問を請求し、又は裁判所が職権で証人尋問を行うこととした場合において、その証人となるべき者との間で当該証人尋問についてした第350条の2第1項の合意があるときは、検察官は、遅滞なく、合意内容書面の取調べを請求しなければならない。この場合においては、第350条の7第3項の規定を準用する。

第3節　合意の終了

[合意からの離脱、書面による告知]

第350条の10　次の各号に掲げる事由があるときは、当該各号に定める者は、第350条の2第1項の合意から離脱することができる。

一　第350条の2第1項の合意の当事者が当該合意に違反したとき　その相手方

二　次に掲げる事由　被告人

イ　検察官が第350条の2第1項第2号ニに係る同項の合意に基づいて訴因又は罰条の追加、撤回又は変更を請求した場合において、裁判所がこれを許さなかつたとき。

ロ　検察官が第350条の2第1項第2号ホに係る同項の合意に基づいて第293条第1項の規定による意見の陳述において被告人に特定の刑を科すべき旨の意見を陳述した事件について、裁判所がその刑より重い刑の言渡しをしたとき。

ハ　検察官が第350条の2第1項第2号へに係る同項の合意に基づいて即決裁判手続の申立てをした事件について、裁判所がこれを却下する決定【1】をし、又は第350条の25第1項第3号若しくは第4号に該当すること【2】となつたことを理由として第350条の22の決定を取り消したとき。

ニ　検察官が第350条の2第1項第2号トに係る同項の合意に基づいて略式命令の請求をした事件について、裁判所が第463条第1項若しくは第2項の規定により通常の規定に従い審判をすることとし、又は検察官が第465条第1項の規定により正式裁判の請求をしたとき。

三　次に掲げる事由　検察官

イ　被疑者又は被告人が第350条の4の協議においてした他人の刑事事件についての供述の内容が真実でないことが明らかになつたとき。

ロ　第1号に掲げるもののほか、被疑者若しくは被告人が第350条の2第1項の合意に基づいてした供述の内容が真実でないこと又は被疑者若しくは被告人が同項の合意に基づいて提出した証拠が偽造若しくは変造されたものであることが明らかになつ

【1】　第350条の22第3号又は第4号に掲げる場合に該当することを理由とするものに限る。

【2】　同号については、被告人が起訴状に記載された訴因について有罪である旨の陳述と相反するか又は実質的に異なつた供述をしたことにより同号に該当する場合を除く。

たとき。

② 前項の規定による離脱は、その理由を記載した書面により、当該離脱に係る合意の相手方に対し、当該合意から離脱する旨の告知をして行うものとする。

[検察審査会の議決による合意の失効]

第350条の11 検察官が第350条の2第1項第2号イに係る同項の合意に基づいて公訴を提起しない処分をした事件について、検察審査会法第39条の5第1項第1号若しくは第2号の議決又は同法第41条の6第1項の起訴議決があつたときは、当該合意は、その効力を失う。

[合意の失効と合意由来証拠等の証拠使用禁止]

第350条の12 前条の場合には、当該議決に係る事件について公訴が提起されたときにおいても、被告人が第350条の4の協議においてした供述及び当該合意に基づいてした被告人の行為により得られた証拠並びにこれらに基づいて得られた証拠は、当該被告人の刑事事件において、これらを証拠とすることができない。

② 前項の規定は、次に掲げる場合には、これを適用しない。

一 前条に規定する議決の前に被告人がした行為が、当該合意に違反するものであつたことが明らかになり、又は第350条の10第1項第3号イ若しくはロに掲げる事由に該当することとなつたとき。

二 被告人が当該合意に基づくものとしてした行為又は当該協議においてした行為が第350条の15第1項の罪、刑法第103条、第104条、第169条若しくは第172条の罪又は組織的犯罪処罰法第7条第1項第1号若しくは第2号に掲げる者に係る同条の罪に当たる場合において、これらの罪に係る事件において用いるとき。

三 証拠とすることについて被告人に異議がないとき。

第4節 合意の履行の確保

[合意違反の公訴提起等と公訴棄却判決]

第350条の13 検察官が第350条の2第1項第2号イからニまで、ヘ又はトに係る同項の合意【1】に違反して、公訴を提起し、公訴を取り消さず、異なる訴因及び罰条により公訴を提起し、訴因若しくは罰条の追加、撤回若しくは変更を請求することなく若しくは異なる訴因若しくは罰条の追加若しくは撤回若しくは異なる訴因若しくは罰条への変更を請求して公訴を維持し、又は即決裁判手続の申立て若しくは略式命令の請求を同時にすることなく公訴を提起したときは、判決で当該公訴を棄却しなければならない。

② 検察官が第350条の2第1項第2号ハに係る同項の合意【2】に違反して訴因又は罰条の追加又は変更を請求したときは、裁判所は、第312条第1項の規定にかかわらず、これを許してはならない。

[検察官の合意違反と証拠使用禁止]

第350条の14 検察官が第350条の2第1項の合意に違反したときは、被告人が第350条の4の協議においてした供述及び当該合意に基づいてした被告人の行為により得られた証拠は、これらを証拠とすることができない。

② 前項の規定は、当該被告人の刑事

【1】 同号ハに係るものについては、特定の訴因及び罰条により公訴を提起する旨のものに限る。

【2】 特定の訴因及び罰条により公訴を維持する旨のものに限る。

事件の証拠とすることについて当該被告人に異議がない場合及び当該被告人以外の者の刑事事件の証拠とすることについてその者に異議がない場合には、これを適用しない。

［被疑者・被告人の合意違反と虚偽供述等処罰罪］

第350条の15 第350条の2第1項の合意に違反して、検察官、検察事務官又は司法警察職員に対し、虚偽の供述をし又は偽造若しくは変造の証拠を提出した者は、5年以下の拘禁刑に処する。

② 前項の罪を犯した者が、当該合意に係る他人の刑事事件の裁判が確定する前であつて、かつ、当該合意に係る自己の刑事事件の裁判が確定する前に自白したときは、その刑を減軽し、又は免除することができる。

第5章　即決裁判手続

第1節　即決裁判手続の申立て

［即決裁判の申立手続］

第350条の16 検察官は、公訴を提起しようとする事件について、事案が明白であり、かつ、軽微であること、証拠調べが速やかに終わると見込まれることその他の事情を考慮し、相当と認めるときは、公訴の提起と同時に、書面により即決裁判手続の申立てをすることができる。ただし、死刑又は無期若しくは短期1年以上の拘禁刑に当たる事件については、この限りでない。

② 前項の申立ては、即決裁判手続によることについての被疑者の同意がなければ、これをすることができない。

③ 検察官は、被疑者に対し、前項の同意をするかどうかの確認を求めるときは、これを書面でしなければならない。この場合において、検察官は、被疑者に対し、即決裁判手続を理解させるために必要な事項〔1〕を説明し、通常の規定に従い審判を受けることができる旨を告げなければならない。

④ 被疑者に弁護人がある場合には、第1項の申立ては、被疑者が第2項の同意をするほか、弁護人が即決裁判手続によることについて同意をし又はその意見を留保しているときに限り、これをすることができる。

⑤ 被疑者が第2項の同意をし、及び弁護人が前項の同意をし又はその意見を留保するときは、書面でその旨を明らかにしなければならない。

⑥ 第1項の書面には、前項の書面を添付しなければならない。

［同意手続と国選弁護人の選任］

第350条の17 前条第3項の確認を求められた被疑者が即決裁判手続によることについて同意をするかどうかを明らかにしようとする場合において、被疑者が貧困その他の事由により弁護人を選任することができないときは、裁判官は、その請求により、被疑者のため弁護人を付さなければならない。ただし、被疑者以外の者が選任した弁護人がある場合は、この限りでない。

② 第37条の3の規定は、前項の請求をする場合についてこれを準用する。

第2節　公判準備及び公判手続の特例

［国選弁護人の職権選任］

第350条の18 即決裁判手続の申立てがあつた場合において、被告人に

〔1〕 被疑者に弁護人がないときは、次条の規定により弁護人を選任することができる旨を含む。

弁護人がないときは、裁判長は、できる限り速やかに、職権で弁護人を付さなければならない。

［迅速な証拠開示］

第350条の19　検察官は、即決裁判手続の申立てをした事件について、被告人又は弁護人に対し、第299条第1項の規定により証拠書類を閲覧する機会その他の同項に規定する機会を与えるべき場合には、できる限り速やかに、その機会を与えなければならない。

［同意の確認手続］

第350条の20　裁判所は、即決裁判手続の申立てがあつた事件について、弁護人が即決裁判手続によることについてその意見を留保しているとき、又は即決裁判手続の申立てがあつた後に弁護人が選任されたときは、弁護人に対し、できる限り速やかに、即決裁判手続によることについて同意をするかどうかの確認を求めなければならない。

②　弁護人は、前項の同意をするときは、書面でその旨を明らかにしなければならない。

［公判期日の指定］

第350条の21　裁判長は、即決裁判手続の申立てがあつたときは、検察官及び被告人又は弁護人の意見を聴いた上で、その申立て後【1】、できる限り早い時期の公判期日を定めなければならない。

［即決裁判手続の決定］

第350条の22　裁判所は、即決裁判手続の申立てがあつた事件について、第291条第5項の手続に際し、被告人が起訴状に記載された訴因について有罪である旨の陳述をしたときは、次に掲げる場合を除き、即決裁判手続によつて審判をする旨の決定をしなければならない。

一　第350条の16第2項又は第4項の同意が撤回されたとき。

二　第350条の20第1項に規定する場合において、同項の同意がされなかつたとき、又はその同意が撤回されたとき。

三　前2号に掲げるもののほか、当該事件が即決裁判手続によることができないものであると認めるとき。

四　当該事件が即決裁判手続によることが相当でないものであると認めるとき。

［必要的弁護］

第350条の23　前条の手続を行う公判期日及び即決裁判手続による公判期日については、弁護人がないときは、これを開くことができない。

［手続の簡略化］

第350条の24　第350条の22の決定のための審理及び即決裁判手続による審判については、第284条、第285条、第296条、第297条、第300条から第302条まで及び第304条から第307条までの規定は、これを適用しない。

②　即決裁判手続による証拠調べは、公判期日において、適当と認める方法でこれを行うことができる。

［即決裁判手続の取消し］

第350条の25　裁判所は、第350条の22の決定があつた事件について、次の各号のいずれかに該当することとなつた場合には、当該決定を取り消さなければならない。

一　判決の言渡し前に、被告人又は弁護人が即決裁判手続によることについての同意を撤回したとき。

二　判決の言渡し前に、被告人が起訴状に記載された訴因について有

【1】　前条第1項に規定する場合においては、同項の同意があつた後

刑事訴訟法

罪である旨の陳述を撤回したとき。
三　前2号に掲げるもののほか、当該事件が即決裁判手続によることができないものであると認めるとき。
四　当該事件が即決裁判手続によることが相当でないものであると認めるとき。
② 前項の規定により第350条の22の決定が取り消されたときは、公判手続を更新しなければならない。ただし、検察官及び被告人又は弁護人に異議がないときは、この限りでない。

[即決裁判申立却下後再度の公訴提起と340条適用除外]

第350条の26　即決裁判手続の申立てを却下する決定【1】があつた事件について、当該決定後、証拠調べが行われることなく公訴が取り消された場合において、公訴の取消しによる公訴棄却の決定が確定したときは、第340条の規定にかかわらず、同一事件について更に公訴を提起することができる。前条第1項第1号、第2号又は第4号のいずれかに該当すること【2】となつたことを理由として第350条の22の決定が取り消された事件について、当該取消しの決定後、証拠調べが行われることなく公訴が取り消された場合において、公訴の取消しによる公訴棄却の決定が確定したときも、同様とする。

【1】 第350条の22第3号又は第4号に掲げる場合に該当することを理由とするものを除く。
【2】 同号については、被告人が起訴状に記載された訴因について有罪である旨の陳述と相反するか又は実質的に異なつた供述をしたことにより同号に該当する場合に限る。

第3節　証拠の特例

[伝聞不適用]

第350条の27　第350条の22の決定があつた事件の証拠については、第320条第1項の規定は、これを適用しない。ただし、検察官、被告人又は弁護人が証拠とすることに異議を述べたものについては、この限りでない。

第4節　公判の裁判の特例

[即日判決の原則]

第350条の28　裁判所は、第350条の22の決定があつた事件については、できる限り、即日判決の言渡しをしなければならない。

[必要的刑の執行猶予]

第350条の29　即決裁判手続において拘禁刑の言渡しをする場合には、その刑の全部の執行猶予の言渡しをしなければならない。

第3編　上訴

第1章　通則

[検察官・被告人の上訴権]

第351条　検察官又は被告人は、上訴をすることができる。
② 第266条第2号の規定により裁判所の審判に付された事件と他の事件とが併合して審判され、1個の裁判があつた場合には、第268条第2項の規定により検察官の職務を行う弁護士及び当該他の事件の検察官は、その裁判に対し各々(おのおの)独立して上訴をすることができる。

[検察官・被告人以外の者の抗告権]

第352条　検察官又は被告人以外の者で決定を受けたものは、抗告をすることができる。

[被告人の法定代理人等の上訴]

第353条　被告人の法定代理人又は保佐人は、被告人のため上訴をすることができる。

[勾留に関する上訴権者]

第354条　勾留に対しては、勾留の理由の開示があつたときは、その開示の請求をした者も、被告人のため上訴をすることができる。その上訴を棄却する決定に対しても、同様である。

[原審弁護人等の上訴]

第355条　原審における代理人又は弁護人は、被告人のため上訴をすることができる。

[上訴と被告人の意思]

第356条　前3条の上訴は、被告人の明示した意思に反してこれをすることができない。

[一部上訴]

第357条　上訴は、裁判の一部に対してこれをすることができる。部分を限らないで上訴をしたときは、裁判の全部に対してしたものとみなす。

[上訴提起期間]

第358条　上訴の提起期間は、裁判が告知された日から進行する。

[上訴の放棄・取下げ]

第359条　検察官、被告人又は第352条に規定する者は、上訴の放棄又は取下をすることができる。

[上訴の放棄・取下げ]

第360条　第353条又は第354条に規定する者は、書面による被告人の同意を得て、上訴の放棄又は取下をすることができる。

[上訴放棄の制限]

第360条の2　死刑又は無期拘禁刑に処する判決に対する上訴は、前2条の規定にかかわらず、これを放棄することができない。

[上訴放棄の方式]

第360条の3　上訴放棄の申立は、書面でこれをしなければならない。

[上訴の放棄・取下げの効果]

第361条　上訴の放棄又は取下をした者は、その事件について更に上訴をすることができない。上訴の放棄又は取下に同意をした被告人も、同様である。

[上訴権の回復]

第362条　第351条乃至（ないし）第355条の規定により上訴をすることができる者は、自己又は代人の責に帰することができない事由によつて上訴の提起期間内に上訴をすることができなかつたときは、原裁判所に上訴権回復の請求をすることができる。

[上訴権の回復]

第363条　上訴権回復の請求は、事由が止んだ日から上訴の提起期間に相当する期間内にこれをしなければならない。

② 上訴権回復の請求をする者は、その請求と同時に上訴の申立をしなければならない。

[上訴権の回復]

第364条　上訴権回復の請求についてした決定に対しては、即時抗告をすることができる。

[上訴権の回復]

第365条　上訴権回復の請求があつたときは、原裁判所は、前条の決定をするまで裁判の執行を停止する決定をすることができる。この場合には、被告人に対し勾留状を発することができる。

[収容中の被告人の上訴申立方法]

第366条　刑事施設にいる被告人が上訴の提起期間内に上訴の申立書を刑事施設の長又はその代理者に差し出したときは、上訴の提起期間内に上訴をしたものとみなす。

② 被告人が自ら申立書を作ることができないときは、刑事施設の長又はその代理者は、これを代書し、又は所属の職員にこれをさせなければならない。

[収容中の被告人の上訴の放棄等の方法]

第367条 前条の規定は、刑事施設にいる被告人が上訴の放棄若しくは取下げ又は上訴権回復の請求をする場合にこれを準用する。

第368条から第371条まで 削除

第2章 控訴

[控訴のできる判決]

第372条 控訴は、地方裁判所又は簡易裁判所がした第1審の判決に対してこれをすることができる。

[控訴提起期間]

第373条 控訴の提起期間は、14日とする。

[控訴提起の方式と控訴申立書]

第374条 控訴をするには、申立書を第1審裁判所に差し出さなければならない。

[第1審裁判所による控訴棄却の決定]

第375条 控訴の申立が明らかに控訴権の消滅後にされたものであるときは、第1審裁判所は、決定でこれを棄却しなければならない。この決定に対しては、即時抗告をすることができる。

[控訴趣意書]

第376条 控訴申立人は、裁判所の規則で定める期間内に控訴趣意書を控訴裁判所に差し出さなければならない。

② 控訴趣意書には、この法律又は裁判所の規則の定めるところにより、必要な疎明資料又は検察官若しくは弁護人の保証書を添附しなければならない。

[絶対的控訴理由]

第377条 左の事由があることを理由として控訴の申立をした場合には、控訴趣意書に、その事由があることの充分な証明をすることができる旨の検察官又は弁護人の保証書を添附しなければならない。

一 法律に従つて判決裁判所を構成しなかつたこと。

二 法令により判決に関与することができない裁判官が判決に関与したこと。

三 審判の公開に関する規定に違反したこと。

[絶対的控訴理由]

第378条 左の事由があることを理由として控訴の申立をした場合には、控訴趣意書に、訴訟記録及び原裁判所において取り調べた証拠に現われている事実であつてその事由があることを信ずるに足りるものを援用しなければならない。

一 不法に管轄又は管轄違を認めたこと。

二 不法に、公訴を受理し、又はこれを棄却したこと。

三 審判の請求を受けた事件について判決をせず、又は審判の請求を受けない事件について判決をしたこと。

四 判決に理由を附せず、又は理由にくいちがいがあること。

[控訴理由：訴訟手続の法令違反]

第379条 前2条の場合を除いて、訴訟手続に法令の違反があつてその違反が判決に影響を及ぼすことが明らかであることを理由として控訴の申立をした場合には、控訴趣意書に、訴訟記録及び原裁判所において取り調べた証拠に現われている事実であつて明らかに判決に影響を及ぼすべき法令の違反があることを信ずるに足りるものを援用しなければならない。

[控訴理由：法令適用の誤り]

第380条　法令の適用に誤(あやまり)があつてその誤が判決に影響を及ぼすことが明らかであることを理由として控訴の申立をした場合には、控訴趣意書に、その誤及びその誤が明らかに判決に影響を及ぼすべきことを示さなければならない。

[控訴理由：量刑不当]

第381条　刑の量定が不当であることを理由として控訴の申立をした場合には、控訴趣意書に、訴訟記録及び原裁判所において取り調べた証拠に現われている事実であつて刑の量定が不当であることを信ずるに足りるものを援用しなければならない。

[控訴理由：事実誤認]

第382条　事実の誤認があつてその誤認が判決に影響を及ぼすことが明らかであることを理由として控訴の申立をした場合には、控訴趣意書に、訴訟記録及び原裁判所において取り調べた証拠に現われている事実であつて明らかに判決に影響を及ぼすべき誤認があることを信ずるに足りるものを援用しなければならない。

[控訴理由：量刑不当・事実誤認に関する特則]

第382条の2　やむを得ない事由によつて第1審の弁論終結前に取調を請求することができなかつた証拠によつて証明することのできる事実であつて前2条に規定する控訴申立の理由があることを信ずるに足りるものは、訴訟記録及び原裁判所において取り調べた証拠に現われている事実以外の事実であつても、控訴趣意書にこれを援用することができる。

② 第1審の弁論終結後判決前に生じた事実であつて前2条に規定する控訴申立の理由があることを信ずるに足りるものについても、前項と同様である。

③ 前2項の場合には、控訴趣意書にその事実を疎明する資料を添附しなければならない。第1項の場合にはやむを得ない事由によつてその証拠の取調を請求することができなかつた旨を疎明する資料をも添附しなければならない。

[控訴理由：再審事由等]

第383条　左の事由があることを理由として控訴の申立をした場合には、控訴趣意書に、その事由があることを疎明する資料を添附しなければならない。

一　再審の請求をすることができる場合にあたる事由があること。

二　判決があつた後に刑の廃止若しくは変更又は大赦があつたこと。

[控訴申立理由の制限]

第384条　控訴の申立は、第377条乃(ない)至(し)第382条及び前条に規定する事由があることを理由とするときに限り、これをすることができる。

[控訴裁判所による控訴棄却決定]

第385条　控訴の申立が法令上の方式に違反し、又は控訴権の消滅後にされたものであることが明らかなときは、控訴裁判所は、決定でこれを棄却しなければならない。

② 前項の決定に対しては、第428条第2項の異議の申立をすることができる。この場合には、即時抗告に関する規定をも準用する。

[控訴裁判所による控訴棄却決定]

第386条　左の場合には、控訴裁判所は、決定で控訴を棄却しなければならない。

一　第376条第1項に定める期間内に控訴趣意書を差し出さないとき。

二　控訴趣意書がこの法律若しくは

裁判所の規則で定める方式に違反しているとき、又は控訴趣意書にこの法律若しくは裁判所の規則の定めるところに従い必要な疎明資料若しくは保証書を添附しないとき。

三　控訴趣意書に記載された控訴の申立の理由が、明らかに第377条乃至第382条及び第383条に規定する事由に該当しないとき。

② 前条第2項の規定は、前項の決定についてこれを準用する。

[弁護人の資格]

第387条 控訴審では、弁護士以外の者を弁護人に選任することはできない。

[弁論能力]

第388条 控訴審では、被告人のためにする弁論は、弁護人でなければ、これをすることができない。

[弁論の基礎]

第389条 公判期日には、検察官及び弁護人は、控訴趣意書に基いて弁論をしなければならない。

[被告人の出頭]

第390条 控訴審においては、被告人は、公判期日に出頭することを要しない。ただし、裁判所は、50万円【1】以下の罰金又は科料に当たる事件以外の事件について、被告人の出頭がその権利の保護のため重要であると認めるときは、被告人の出頭を命ずることができる。

[控訴審での判決宣告期日への出頭命令]

第390条の2 前条の規定にかかわらず、控訴裁判所は、拘禁刑以上の刑に当たる罪で起訴されている被告人であつて、保釈又は勾留の執行停止をされているものについては、判決を宣告する公判期日への出頭を命じなければならない。ただし、重い疾病又は傷害その他やむを得ない事由により被告人が当該公判期日に出頭することが困難であると認めるときは、この限りでない。

[弁護人不出頭等と判決]

第391条 弁護人が出頭しないとき、又は弁護人の選任がないときは、この法律により弁護人を要する場合又は決定で弁護人を附した場合を除いては、検察官の陳述を聴いて判決をすることができる。

[調査の範囲]

第392条 控訴裁判所は、控訴趣意書に包含された事項は、これを調査しなければならない。

② 控訴裁判所は、控訴趣意書に包含されない事項であつても、第377条乃至第382条及び第383条に規定する事由に関しては、職権で調査をすることができる。

[事実の取調べ・弁論]

第393条 控訴裁判所は、前条の調査をするについて必要があるときは、検察官、被告人若しくは弁護人の請求により又は職権で事実の取調をすることができる。但し、第382条の2の疎明があつたものについては、刑の量定の不当又は判決に影響を及ぼすべき事実の誤認を証明するために欠くことのできない場合に限り、これを取り調べなければならない。

② 控訴裁判所は、必要があると認めるときは、職権で、第1審判決後の刑の量定に影響を及ぼすべき情状につき取調をすることができる。

③ 前2項の取調は、合議体の構成員にこれをさせ、又は地方裁判所、家庭裁判所若しくは簡易裁判所の裁判官にこれを嘱託することができる。

【1】 刑法、暴力行為等処罰に関する法律及び経済関係罰則の整備に関する法律の罪以外の罪については、当分の間、5万円

この場合には、受命裁判官及び受託裁判官は、裁判所又は裁判長と同一の権限を有する。

④　第1項又は第2項の規定による取調をしたときは、検察官及び弁護人は、その結果に基いて弁論をすることができる。

[第1審の証拠の証拠能力]

第394条　第1審において証拠とすることができた証拠は、控訴審においても、これを証拠とすることができる。

[控訴棄却の判決]

第395条　控訴の申立が法令上の方式に違反し、又は控訴権の消滅後にされたものであるときは、判決で控訴を棄却しなければならない。

[控訴棄却の判決]

第396条　第377条乃至第382条及び第383条に規定する事由がないときは、判決で控訴を棄却しなければならない。

[原判決破棄の判決]

第397条　第377条乃至第382条及び第383条に規定する事由があるときは、判決で原判決を破棄しなければならない。

②　第393条第2項の規定による取調の結果、原判決を破棄しなければ明らかに正義に反すると認めるときは、判決で原判決を破棄することができる。

[破棄差戻し]

第398条　不法に、管轄違を言い渡し、又は公訴を棄却したことを理由として原判決を破棄するときは、判決で事件を原裁判所に差し戻さなければならない。

[破棄移送・自判]

第399条　不法に管轄を認めたことを理由として原判決を破棄するときは、判決で事件を管轄第1審裁判所に移送しなければならない。但し、控訴裁判所は、その事件について第1審の管轄権を有するときは、第1審として審判をしなければならない。

[破棄差戻移送・自判]

第400条　前2条に規定する理由以外の理由によつて原判決を破棄するときは、判決で、事件を原裁判所に差し戻し、又は原裁判所と同等の他の裁判所に移送しなければならない。但し、控訴裁判所は、訴訟記録並びに原裁判所及び控訴裁判所において取り調べた証拠によつて、直ちに判決をすることができるものと認めるときは、被告事件について更に判決をすることができる。

[共通破棄]

第401条　被告人の利益のため原判決を破棄する場合において、破棄の理由が控訴をした共同被告人に共通であるときは、その共同被告人のためにも原判決を破棄しなければならない。

[不利益変更の禁止]

第402条　被告人が控訴をし、又は被告人のため控訴をした事件については、原判決の刑より重い刑を言い渡すことはできない。

[控訴審での被告人不出頭と判決宣告の制限]

第402条の2　控訴裁判所は、拘禁刑以上の刑に当たる罪で起訴されている被告人であつて、保釈又は勾留の執行停止をされているものが判決を宣告する公判期日に出頭しないときは、次に掲げる判決以外の判決を宣告することができない。ただし、第390条の2ただし書に規定する場合であつて、刑の執行のためその者を収容するのに困難を生ずるおそれがないと認めるときは、この限りでない。

一　無罪、免訴、刑の免除、公訴棄

却又は管轄違いの言渡しをした原判決に対する控訴を棄却する判決
二　事件を原裁判所に差し戻し、又は管轄裁判所に移送する判決
三　無罪、免訴、刑の免除又は公訴棄却の言渡しをする判決
② 拘禁刑以上の刑に当たる罪で起訴されている被告人であつて、保釈又は勾留の執行停止を取り消されたものが勾留されていないときも、前項本文と同様とする。ただし、被告人が逃亡していることにより勾留することが困難であると見込まれる場合において、次に掲げる判決について、速やかに宣告する必要があると認めるときは、この限りでない。
一　公職選挙法（昭和25年法律第100号）第253条の2第1項に規定する刑事事件について、有罪の言渡し【1】をする判決又は有罪の言渡しをした原判決に対する控訴を棄却する判決
二　組織的犯罪処罰法第13条第3項の規定による犯罪被害財産の没収若しくは組織的犯罪処罰法第16条第2項の規定による犯罪被害財産の価額の追徴の言渡しをする判決又はこれらの言渡しをした原判決に対する控訴を棄却する判決

[公訴棄却の決定]

第403条　原裁判所が不法に公訴棄却の決定をしなかつたときは、決定で公訴を棄却しなければならない。
② 第385条第2項の規定は、前項の決定についてこれを準用する。

[即決裁判手続と控訴理由、破棄理由の制限]

第403条の2　即決裁判手続においてされた判決に対する控訴の申立ては、第384条の規定にかかわらず、当該判決の言渡しにおいて示された罪となるべき事実について第382条に規定する事由があることを理由としては、これをすることができない。
② 原裁判所が即決裁判手続によつて判決をした事件については、第397条第1項の規定にかかわらず、控訴裁判所は、当該判決の言渡しにおいて示された罪となるべき事実について第382条に規定する事由があることを理由としては、原判決を破棄することができない。

【1】刑の免除の言渡しを除く。以下この号において同じ。

[出国禁止規定の適用除外]

第403条の3　拘禁刑以上の刑に処する判決の宣告を受けた被告人について、次に掲げる裁判の告知があつたときは、当該被告人に対しては、第342条の2の規定は、適用しない。
一　拘禁刑以上の刑に処する原判決を破棄する判決
二　拘禁刑以上の刑に処する原判決に係る被告事件についての公訴を棄却する決定
② 前項第1号に掲げる判決の宣告があつた場合【2】には、第342条の8第1項【3】の規定による決定に係る勾留状は、その効力を失う。
③ 拘禁刑以上の刑に処する判決に対する控訴が棄却されたときは、第342条の2【4】の許可は、その効力を失う。

[罰金裁判に伴う出国禁止決定の失効]

第403条の4　次に掲げる裁判の告知があつたときは、第345条の2【5】

【2】第400条ただし書の規定により更に第345条に規定する裁判をした場合を除く。
【3】第1号に係る部分に限り、第404条において準用する場合を含む。
【4】第404条において準用する場合を含む。
【5】次条において準用する場合を含む。以下この項において同じ。

の規定による決定は、その効力を失う。

一　第345条の2の規定による決定に係る罰金の原判決を破棄する判決

二　第345条の2の規定による決定に係る罰金の原判決に係る被告事件についての公訴を棄却する決定

② 前項第1号に掲げる判決の宣告があつた場合【1】には、第345条の3【2】において読み替えて準用する第342条の8第1項【3】の規定による決定に係る勾留状は、その効力を失う。

[準用規定]

第404条　第2編中公判に関する規定は、この法律に特別の定のある場合を除いては、控訴の審判についてこれを準用する。

第3章　上告

[上告のできる判決、上告申立理由]

第405条　高等裁判所がした第1審又は第2審の判決に対しては、左の事由があることを理由として上告の申立をすることができる。

一　憲法の違反があること又は憲法の解釈に誤（あやまり）があること。

二　最高裁判所の判例と相反する判断をしたこと。

三　最高裁判所の判例がない場合に、大審院若しくは上告裁判所たる高等裁判所の判例又はこの法律施行後の控訴裁判所たる高等裁判所の判例と相反する判断をしたこと。

[上告審としての事件受理]

第406条　最高裁判所は、前条の規定により上告をすることができる場合以外の場合であつても、法令の解釈に関する重要な事項を含むものと認められる事件については、その判決確定前に限り、裁判所の規則の定めるところにより、自ら上告審としてその事件を受理することができる。

[上告趣意書]

第407条　上告趣意書には、裁判所の規則の定めるところにより、上告の申立の理由を明示しなければならない。

[弁論を経ない上告棄却の判決]

第408条　上告裁判所は、上告趣意書その他の書類によつて、上告の申立の理由がないことが明らかであると認めるときは、弁論を経ないで、判決で上告を棄却することができる。

[被告人の召喚不要]

第409条　上告審においては、公判期日に被告人を召喚することを要しない。

[上告理由による原判決破棄]

第410条　上告裁判所は、第405条各号に規定する事由があるときは、判決で原判決を破棄しなければならない。但し、判決に影響を及ぼさないことが明らかな場合は、この限りでない。

② 第405条第2号又は第3号に規定する事由のみがある場合において、上告裁判所がその判例を変更して原判決を維持するのを相当とするときは、前項の規定は、これを適用しない。

[著反正義事由による職権破棄]

第411条　上告裁判所は、第405条各号に規定する事由がない場合であつても、左の事由があつて原判決を破棄しなければ著しく正義に反すると認めるときは、判決で原判決を破棄することができる。

【1】第400条ただし書の規定により更に第345条に規定する裁判をした場合を除く。

【2】次条において準用する場合を含む。

【3】第1号に係る部分に限る。

一　判決に影響を及ぼすべき法令の違反があること。
二　刑の量定が甚しく不当であること。
三　判決に影響を及ぼすべき重大な事実の誤認があること。
四　再審の請求をすることができる場合にあたる事由があること。
五　判決があつた後に刑の廃止若しくは変更又は大赦があつたこと。

[破棄移送]

第412条　不法に管轄を認めたことを理由として原判決を破棄するときは、判決で事件を管轄控訴裁判所又は管轄第1審裁判所に移送しなければならない。

[破棄差戻し・移送、自判]

第413条　前条に規定する理由以外の理由によつて原判決を破棄するときは、判決で、事件を原裁判所若しくは第1審裁判所に差し戻し、又はこれらと同等の他の裁判所に移送しなければならない。但し、上告裁判所は、訴訟記録並びに原裁判所及び第1審裁判所において取り調べた証拠によつて、直ちに判決をすることができるものと認めるときは、被告事件について更に判決をすることができる。

[即決裁判手続と上告審の特例]

第413条の2　第1審裁判所が即決裁判手続によつて判決をした事件については、第411条の規定にかかわらず、上告裁判所は、当該判決の言渡しにおいて示された罪となるべき事実について同条第3号に規定する事由があることを理由としては、原判決を破棄することができない。

[準用規定]

第414条　前章の規定は、この法律に特別の定のある場合を除いては、上告の審判についてこれを準用する。

[訂正の判決]

第415条　上告裁判所は、その判決の内容に誤（あやまり）のあることを発見したときは、検察官、被告人又は弁護人の申立により、判決でこれを訂正することができる。
② 前項の申立は、判決の宣告があつた日から10日以内にこれをしなければならない。
③ 上告裁判所は、適当と認めるときは、第1項に規定する者の申立により、前項の期間を延長することができる。

[訂正の判決]

第416条　訂正の判決は、弁論を経ないでもこれをすることができる。

[訂正申立ての棄却]

第417条　上告裁判所は、訂正の判決をしないときは、速やかに決定で申立を棄却しなければならない。
② 訂正の判決に対しては、第415条第1項の申立をすることはできない。

[上告審判決の確定の時期]

第418条　上告裁判所の判決は、宣告があつた日から第415条の期間を経過したとき、又はその期間内に同条第1項の申立があつた場合には訂正の判決若しくは申立を棄却する決定があつたときに、確定する。

第4章　抗告

[裁判所のした決定に対する抗告]

第419条　抗告は、特に即時抗告をすることができる旨の規定がある場合の外、裁判所のした決定に対してこれをすることができる。但し、この法律に特別の定のある場合は、この限りでない。

[判決前の決定に対する抗告の可否]

第420条　裁判所の管轄又は訴訟手続に関し判決前にした決定に対しては、この法律に特に即時抗告をすることができる旨の規定がある場合を除いては、抗告をすることはできない。
② 前項の規定は、勾留、保釈、押収又は押収物の還付に関する決定及び鑑定のためにする留置に関する決定については、これを適用しない。
③ 勾留に対しては、前項の規定にかかわらず、犯罪の嫌疑がないことを理由として抗告をすることはできない。

[通常抗告の時期]

第421条 抗告は、即時抗告を除いては、何時でもこれをすることができる。但し、原決定を取り消しても実益がないようになつたときは、この限りでない。

[即時抗告の提起期間]

第422条 即時抗告の提起期間は、3日とする。

[抗告の手続]

第423条 抗告をするには、申立書を原裁判所に差し出さなければならない。
② 原裁判所は、抗告を理由があるものと認めるときは、決定を更正しなければならない。抗告の全部又は一部を理由がないと認めるときは、申立書を受け取つた日から3日以内に意見書を添えて、これを抗告裁判所に送付しなければならない。

[通常抗告と執行停止]

第424条 抗告は、即時抗告を除いては、裁判の執行を停止する効力を有しない。但し、原裁判所は、決定で、抗告の裁判があるまで執行を停止することができる。
② 抗告裁判所は、決定で裁判の執行を停止することができる。

[即時抗告の執行停止の効力]

第425条 即時抗告の提起期間内及びその申立があつたときは、裁判の執行は、停止される。

[抗告に対する決定]

第426条 抗告の手続がその規定に違反したとき、又は抗告が理由のないときは、決定で抗告を棄却しなければならない。
② 抗告が理由のあるときは、決定で原決定を取り消し、必要がある場合には、更に裁判をしなければならない。

[再抗告の禁止]

第427条 抗告裁判所の決定に対しては、抗告をすることはできない。

[高裁の決定に対する抗告の禁止、抗告に代わる異議申立て]

第428条 高等裁判所の決定に対しては、抗告をすることはできない。
② 即時抗告をすることができる旨の規定がある決定並びに第419条及び第420条の規定により抗告をすることができる決定で高等裁判所がしたものに対しては、その高等裁判所に異議の申立をすることができる。
③ 前項の異議の申立に関しては、抗告に関する規定を準用する。即時抗告をすることができる旨の規定がある決定に対する異議の申立に関しては、即時抗告に関する規定をも準用する。

[裁判官の裁判に対する準抗告]

第429条 裁判官が次に掲げる裁判をした場合において、不服がある者は、簡易裁判所の裁判官がした裁判に対しては管轄地方裁判所に、その他の裁判官がした裁判に対してはその裁判官所属の裁判所にその裁判の取消し又は変更を請求することができる。
一 忌避の申立てを却下する裁判
二 勾留、保釈、押収又は押収物の還付に関する裁判
三 鑑定のため留置を命ずる裁判
四 証人、鑑定人、通訳人又は翻訳人に対して過料又は費用の賠償を

命ずる裁判

五　身体の検査を受ける者に対して過料又は費用の賠償を命ずる裁判

② 第420条第3項の規定は、前項の請求についてこれを準用する。

③ 第207条の2第2項【1】の規定による措置に関する裁判に対しては、当該措置に係る者が第201条の2第1項第1号又は第2号に掲げる者に該当しないことを理由として第1項の請求をすることができない。

④ 第1項の請求を受けた地方裁判所又は家庭裁判所は、合議体で決定をしなければならない。

⑤ 第1項第4号又は第5号の裁判の取消し又は変更の請求は、その裁判のあつた日から3日以内にしなければならない。

⑥ 前項の請求期間内及びその請求があつたときは、裁判の執行は、停止される。

[捜査機関の処分等に対する準抗告]

第430条　検察官又は検察事務官のした第39条第3項の処分又は押収若しくは押収物の還付に関する処分に不服がある者は、その検察官又は検察事務官が所属する検察庁の対応する裁判所にその処分の取消又は変更を請求することができる。

② 司法警察職員のした前項の処分に不服がある者は、司法警察職員の職務執行地を管轄する地方裁判所又は簡易裁判所にその処分の取消又は変更を請求することができる。

③ 前2項の請求については、行政事件訴訟に関する法令の規定は、これを適用しない。

[準抗告の手続]

第431条　前2条の請求をするには、請求書を管轄裁判所に差し出さなければならない。

[準用規定]

第432条　第424条、第426条及び第427条の規定は、第429条及び第430条の請求があつた場合にこれを準用する。

[特別抗告]

第433条　この法律により不服を申し立てることができない決定又は命令に対しては、第405条に規定する事由があることを理由とする場合に限り、最高裁判所に特に抗告をすることができる。

② 前項の抗告の提起期間は、5日とする。

[準用規定]

第434条　第423条、第424条及び第426条の規定は、この法律に特別の定のある場合を除いては、前条第1項の抗告についてこれを準用する。

第4編　再審

[再審請求の理由]

第435条　再審の請求は、左の場合において、有罪の言渡をした確定判決に対して、その言渡を受けた者の利益のために、これをすることができる。

一　原判決の証拠となつた証拠書類又は証拠物が確定判決により偽造又は変造であつたことが証明されたとき。

二　原判決の証拠となつた証言、鑑定、通訳又は翻訳が確定判決により虚偽であつたことが証明されたとき。

三　有罪の言渡を受けた者を誣告(ぶこく)した罪が確定判決により証明されたとき。但し、誣告により有罪の言渡を受けたときに限る。

四　原判決の証拠となつた裁判が確定裁判により変更されたとき。

【1】 第224条第3項において読み替えて準用する場合を含む。

五　特許権、実用新案権、意匠権又は商標権を害した罪により有罪の言渡をした事件について、その権利の無効の審決が確定したとき、又は無効の判決があつたとき。

六　有罪の言渡を受けた者に対して無罪若しくは免訴を言い渡し、刑の言渡を受けた者に対して刑の免除を言い渡し、又は原判決において認めた罪より軽い罪を認めるべき明らかな証拠をあらたに発見したとき。

七　原判決に関与した裁判官、原判決の証拠となつた証拠書類の作成に関与した裁判官又は原判決の証拠となつた書面を作成し若しくは供述をした検察官、検察事務官若しくは司法警察職員が被告事件について職務に関する罪を犯したことが確定判決により証明されたとき。但し、原判決をする前に裁判官、検察官、検察事務官又は司法警察職員に対して公訴の提起があつた場合には、原判決をした裁判所がその事実を知らなかつたときに限る。

[再審請求の理由]

第436条　再審の請求は、左の場合において、控訴又は上告を棄却した確定判決に対して、その言渡を受けた者の利益のために、これをすることができる。

一　前条第1号又は第2号に規定する事由があるとき。

二　原判決又はその証拠となつた証拠書類の作成に関与した裁判官について前条第7号に規定する事由があるとき。

②　第1審の確定判決に対して再審の請求をした事件について再審の判決があつた後は、控訴棄却の判決に対しては、再審の請求をすることはできない。

③　第1審又は第2審の確定判決に対して再審の請求をした事件について再審の判決があつた後は、上告棄却の判決に対しては、再審の請求をすることはできない。

[確定判決に代わる証明]

第437条　前2条の規定に従い、確定判決により犯罪が証明されたことを再審の請求の理由とすべき場合において、その確定判決を得ることができないときは、その事実を証明して再審の請求をすることができる。但し、証拠がないという理由によつて確定判決を得ることができないときは、この限りでない。

[再審請求の管轄]

第438条　再審の請求は、原判決をした裁判所がこれを管轄する。

[再審請求権者]

第439条　再審の請求は、左の者がこれをすることができる。

一　検察官

二　有罪の言渡を受けた者

三　有罪の言渡を受けた者の法定代理人及び保佐人

四　有罪の言渡を受けた者が死亡し、又は心神喪失の状態に在る場合には、その配偶者、直系の親族及び兄弟姉妹

②　第435条第7号又は第436条第1項第2号に規定する事由による再審の請求は、有罪の言渡を受けた者がその罪を犯させた場合には、検察官でなければこれをすることができない。

[弁護人の選任]

第440条　検察官以外の者は、再審の請求をする場合には、弁護人を選任することができる。

②　前項の規定による弁護人の選任は、再審の判決があるまでその効力を有

する。

［再審請求の時期］

第441条　再審の請求は、刑の執行が終り、又はその執行を受けることがないようになつたときでも、これをすることができる。

［再審請求と執行停止］

第442条　再審の請求は、刑の執行を停止する効力を有しない。但し、管轄裁判所に対応する検察庁の検察官は、再審の請求についての裁判があるまで刑の執行を停止することができる。

［再審請求の取下げ］

第443条　再審の請求は、これを取り下げることができる。

②　再審の請求を取り下げた者は、同一の理由によつては、更に再審の請求をすることができない。

［被収容者に関する特則］

第444条　第366条の規定は、再審の請求及びその取下についてこれを準用する。

［事実の取調べ］

第445条　再審の請求を受けた裁判所は、必要があるときは、合議体の構成員に再審の請求の理由について、事実の取調をさせ、又は地方裁判所、家庭裁判所若しくは簡易裁判所の裁判官にこれを嘱託することができる。この場合には、受命裁判官及び受託裁判官は、裁判所又は裁判長と同一の権限を有する。

［請求棄却の決定］

第446条　再審の請求が法令上の方式に違反し、又は請求権の消滅後にされたものであるときは、決定でこれを棄却しなければならない。

［請求棄却の決定］

第447条　再審の請求が理由のないときは、決定でこれを棄却しなければならない。

②　前項の決定があつたときは、何人（なんぴと）も、同一の理由によつては、更に再審の請求をすることはできない。

［再審開始の決定］

第448条　再審の請求が理由のあるときは、再審開始の決定をしなければならない。

②　再審開始の決定をしたときは、決定で刑の執行を停止することができる。

［再審請求の競合と請求棄却の決定］

第449条　控訴を棄却した確定判決とその判決によつて確定した第1審の判決とに対して再審の請求があつた場合において、第1審裁判所が再審の判決をしたときは、控訴裁判所は、決定で再審の請求を棄却しなければならない。

②　第1審又は第2審の判決に対する上告を棄却した判決とその判決によつて確定した第1審又は第2審の判決とに対して再審の請求があつた場合において、第1審裁判所又は控訴裁判所が再審の判決をしたときは、上告裁判所は、決定で再審の請求を棄却しなければならない。

［即時抗告］

第450条　第446条、第447条第1項、第448条第1項又は前条第1項の決定に対しては、即時抗告をすることができる。

［再審の審判］

第451条　裁判所は、再審開始の決定が確定した事件については、第449条の場合を除いては、その審級に従い、更に審判をしなければならない。

②　左の場合には、第314条第1項本文及び第339条第1項第4号の規定は、前項の審判にこれを適用しない。

一　死亡者又は回復の見込がない心神喪失者のために再審の請求がされたとき。

二　有罪の言渡を受けた者が、再審の判決がある前に、死亡し、又は心神喪失の状態に陥りその回復の見込がないとき。

③　前項の場合には、被告人の出頭がなくても、審判をすることができる。但し、弁護人が出頭しなければ開廷することはできない。

④　第2項の場合において、再審の請求をした者が弁護人を選任しないときは、裁判長は、職権で弁護人を附しなければならない。

[不利益変更の禁止]

第452条　再審においては、原判決の刑より重い刑を言い渡すことはできない。

[無罪判決の公示]

第453条　再審において無罪の言渡をしたときは、官報及び新聞紙に掲載して、その判決を公示しなければならない。

第5編　非常上告

[非常上告理由]

第454条　検事総長は、判決が確定した後その事件の審判が法令に違反したことを発見したときは、最高裁判所に非常上告をすることができる。

[申立ての方式]

第455条　非常上告をするには、その理由を記載した申立書を最高裁判所に差し出さなければならない。

[公判期日における陳述]

第456条　公判期日には、検察官は、申立書に基いて陳述をしなければならない。

[棄却の判決]

第457条　非常上告が理由のないときは、判決でこれを棄却しなければならない。

[破棄の判決]

第458条　非常上告が理由のあるときは、左の区別に従い、判決をしなければならない。

一　原判決が法令に違反したときは、その違反した部分を破棄する。但し、原判決が被告人のため不利益であるときは、これを破棄して、被告事件について更に判決をする。

二　訴訟手続が法令に違反したときは、その違反した手続を破棄する。

[破棄判決の効力]

第459条　非常上告の判決は、前条第1号但書の規定によりされたものを除いては、その効力を被告人に及ぼさない。

[調査の範囲、事実の取調べ]

第460条　裁判所は、申立書に包含された事項に限り、調査をしなければならない。

②　裁判所は、裁判所の管轄、公訴の受理及び訴訟手続に関しては、事実の取調をすることができる。この場合には、第393条第3項の規定を準用する。

第6編　略式手続

[略式命令]

第461条　簡易裁判所は、検察官の請求により、その管轄に属する事件について、公判前、略式命令で、100万円以下の罰金又は科料を科することができる。この場合には、刑の執行猶予をし、没収を科し、その他付随の処分をすることができる。

[略式命令請求と異議の有無の確認]

第461条の2　検察官は、略式命令の請求に際し、被疑者に対し、あらかじめ、略式手続を理解させるために必要な事項を説明し、通常の規定に従い審判を受けることができる旨を告げた上、略式手続によることについて異議がないかどうかを確めなければならない。

② 被疑者は、略式手続によることについて異議がないときは、書面でその旨を明らかにしなければならない。

[略式命令請求の方式]

第462条 略式命令の請求は、公訴の提起と同時に、書面でこれをしなければならない。

② 前項の書面には、前条第2項の書面を添附しなければならない。

[合意内容書面・合意離脱告知書面の提出]

第462条の2 検察官は、略式命令の請求をする場合において、その事件について被告人との間でした第350条の2第1項の合意があるときは、当該請求と同時に、合意内容書面を裁判所に差し出さなければならない。

② 前項の規定により合意内容書面を裁判所に差し出した後、裁判所が略式命令をする前に、当該合意の当事者が第350条の10第2項の規定により当該合意から離脱する旨の告知をしたときは、検察官は、遅滞なく、同項の書面をその裁判所に差し出さなければならない。

[通常の審判]

第463条 第462条の請求があつた場合において、その事件が略式命令をすることができないものであり、又はこれをすることが相当でないものであると思料するときは、通常の規定に従い、審判をしなければならない。

② 検察官が、第461条の2に定める手続をせず、又は第462条第2項に違反して略式命令を請求したときも、前項と同様である。

③ 裁判所は、前2項の規定により通常の規定に従い審判をするときは、直ちに検察官にその旨を通知しなければならない。

④ 検察官は、前項の規定による通知を受けたときは、速やかに、裁判所に対し、被告人に送達するものとして、起訴状の謄本を提出しなければならない。

⑤ 第1項及び第2項の場合には、第271条及び第271条の2の規定の適用があるものとする。この場合において、第271条第1項中「公訴の提起」とあるのは「第463条第4項の規定による起訴状の謄本の提出」と、同条第2項中「公訴の提起が」とあるのは「第463条第3項の規定による通知が」と、第271条の2第2項中「公訴の提起において、裁判所に対し、起訴状とともに」とあるのは「第463条第3項の規定による通知を受けた後速やかに、裁判所に対し」とする。

⑥ 前項において読み替えて適用する第271条の2第2項の規定による起訴状抄本等の提出は、第338条【1】の規定の適用については、公訴の提起においてされたものとみなす。

[公訴提起の失効]

第463条の2 前条の場合を除いて、略式命令の請求があつた日から4箇月以内に略式命令が被告人に告知されないときは、公訴の提起は、さかのぼつてその効力を失う。

② 前項の場合には、裁判所は、決定で、公訴を棄却しなければならない。略式命令が既に検察官に告知されているときは、略式命令を取り消した上、その決定をしなければならない。

③ 前項の決定に対しては、即時抗告をすることができる。

[略式命令の方式]

第464条 略式命令には、罪となるべき事実、適用した法令、科すべき刑及び附随の処分並びに略式命令の告知があつた日から14日以内に正式裁判の請求をすることができる旨を

【1】 第4号に係る部分に限る。

示さなければならない。

[正式裁判の請求]

第465条　略式命令を受けた者又は検察官は、その告知を受けた日から14日以内に正式裁判の請求をすることができる。

② 正式裁判の請求は、略式命令をした裁判所に、書面でこれをしなければならない。正式裁判の請求があつたときは、裁判所は、速やかにその旨を検察官又は略式命令を受けた者に通知しなければならない。

[正式裁判請求の取下げ]

第466条　正式裁判の請求は、第1審の判決があるまでこれを取り下げることができる。

[上訴に関する規定の準用]

第467条　第353条、第355条乃至第357条、第359条、第360条及び第361条乃至第365条の規定は、正式裁判の請求又はその取下についてこれを準用する。

[正式裁判請求の棄却、通常の審判]

第468条　正式裁判の請求が法令上の方式に違反し、又は請求権の消滅後にされたものであるときは、決定でこれを棄却しなければならない。この決定に対しては、即時抗告をすることができる。

② 正式裁判の請求を適法とするときは、通常の規定に従い、審判をしなければならない。

③ 前項の場合においては、略式命令に拘束されない。

④ 検察官は、第2項の規定により通常の規定に従い審判をすることとされた場合において、起訴状に記載された第271条の2第1項第1号又は第2号に掲げる者の個人特定事項について、必要と認めるときは、裁判所に対し、当該個人特定事項が被告人に知られないようにするための措置をとることを求めることができる。

⑤ 前項の規定による求めは、第271条の2第1項の規定による求めとみなして、同条第2項の規定を適用する。この場合において、同項中「公訴の提起において、裁判所に対し、起訴状とともに」とあるのは、「速やかに、裁判所に対し」とする。

⑥ 第463条第6項の規定は、前項において読み替えて適用する第271条の2第2項の規定による起訴状抄本等の提出について準用する。

[略式命令の失効]

第469条　正式裁判の請求により判決をしたときは、略式命令は、その効力を失う。

② 略式命令が効力を失つたときは、第345条の2の規定による決定及び第345条の3において読み替えて準用する第342条の8第1項【1】の規定による決定に係る勾留状は、その効力を失う。

[略式命令の効力]

第470条　略式命令は、正式裁判の請求期間の経過又はその請求の取下により、確定判決と同一の効力を生ずる。正式裁判の請求を棄却する裁判が確定したときも、同様である。

第7編　裁判の執行

第1章　裁判の執行の手続

[裁判の執行力]

第471条　裁判は、この法律に特別の定のある場合を除いては、確定した後これを執行する。

[執行の指揮]

第472条　裁判の執行は、その裁判をした裁判所に対応する検察庁の検察官がこれを指揮する。但し、第70条第1項但書の場合、第108条第1

【1】 第1号に係る部分に限る。

項但書の場合その他その性質上裁判所又は裁判官が指揮すべき場合は、この限りでない。
② 上訴の裁判又は上訴の取下により下級の裁判所の裁判を執行する場合には、上訴裁判所に対応する検察庁の検察官がこれを指揮する。但し、訴訟記録が下級の裁判所又はその裁判所に対応する検察庁に在るときは、その裁判所に対応する検察庁の検察官が、これを指揮する。

[執行指揮の方式]

第473条 裁判の執行の指揮は、書面でこれをし、これに裁判書又は裁判を記載した調書の謄本又は抄本を添えなければならない。但し、刑の執行を指揮する場合を除いては、裁判書の原本、謄本若しくは抄本又は裁判を記載した調書の謄本若しくは抄本に認印して、これをすることができる。

[刑の執行の順序]

第474条 2以上の主刑の執行は、罰金及び科料を除いては、その重いものを先にする。但し、検察官は、重い刑の執行を停止して、他の刑の執行をさせることができる。

[死刑の執行命令]

第475条 死刑の執行は、法務大臣の命令による。
② 前項の命令は、判決確定の日から6箇月以内にこれをしなければならない。但し、上訴権回復若しくは再審の請求、非常上告又は恩赦の出願若しくは申出がされその手続が終了するまでの期間及び共同被告人であつた者に対する判決が確定するまでの期間は、これをその期間に算入しない。

[死刑の執行命令]

第476条 法務大臣が死刑の執行を命じたときは、5日以内にその執行をしなければならない。

[死刑の執行の立会い]

第477条 死刑は、検察官、検察事務官及び刑事施設の長又はその代理者の立会いの上、これを執行しなければならない。
② 検察官又は刑事施設の長の許可を受けた者でなければ、刑場に入ることはできない。

[死刑執行始末書]

第478条 死刑の執行に立ち会つた検察事務官は、執行始末書を作り、検察官及び刑事施設の長又はその代理者とともに、これに署名押印しなければならない。

[死刑執行の停止]

第479条 死刑の言渡を受けた者が心神喪失の状態に在るときは、法務大臣の命令によつて執行を停止する。
② 死刑の言渡を受けた女子が懐胎しているときは、法務大臣の命令によつて執行を停止する。
③ 前2項の規定により死刑の執行を停止した場合には、心神喪失の状態が回復した後又は出産の後に法務大臣の命令がなければ、執行することはできない。
④ 第475条第2項の規定は、前項の命令についてこれを準用する。この場合において、判決確定の日とあるのは、心神喪失の状態が回復した日又は出産の日と読み替えるものとする。

[拘禁刑等執行に伴う出国禁止規定の不適用]

第479条の2 拘禁刑以上の刑に処する判決の宣告を受けた者について、刑法第11条第2項の規定による拘置若しくは拘禁刑の執行が開始されたとき、又は当該判決に係る刑の執行を受けることがなくなつたときは、当該者に対しては、第342条の

2【1】の規定は、適用しない。

［自由刑の執行停止］

第480条 拘禁刑又は拘留の言渡しを受けた者が心神喪失の状態にあるときは、刑の言渡しをした裁判所に対応する検察庁の検察官又は刑の言渡しを受けた者の現在地を管轄する地方検察庁の検察官の指揮によつて、その状態が回復するまで執行を停止する。

［自由刑の執行停止］

第481条 前条の規定により刑の執行を停止した場合には、検察官は、刑の言渡を受けた者を監護義務者又は地方公共団体の長に引き渡し、病院その他の適当な場所に入れさせなければならない。

② 刑の執行を停止された者は、前項の処分があるまでこれを刑事施設に留置し、その期間を刑期に算入する。

［自由刑の裁量的執行停止］

第482条 拘禁刑又は拘留の言渡しを受けた者について次に掲げる事由があるときは、刑の言渡しをした裁判所に対応する検察庁の検察官又は刑の言渡しを受けた者の現在地を管轄する地方検察庁の検察官の指揮によつて執行を停止することができる。

一 刑の執行によつて、著しく健康を害するとき、又は生命を保つことのできないおそれがあるとき。

二 年齢70年以上であるとき。

三 受胎後150日以上であるとき。

四 出産後60日を経過しないとき。

五 刑の執行によつて回復することのできない不利益を生ずるおそれがあるとき。

六 祖父母又は父母が年齢70年以上又は重病若しくは不具で、他にこれを保護する親族がないとき。

七 子又は孫が幼年で、他にこれを保護する親族がないとき。

八 その他重大な事由があるとき。

［訴訟費用負担の裁判の執行停止］

第483条 第500条に規定する申立の期間内及びその申立があつたときは訴訟費用の負担を命ずる裁判の執行は、その申立についての裁判が確定するまで停止される。

［拘禁刑確定後の出国禁止等に関する規定の読替え］

第483条の2 拘禁刑以上の刑に処する判決が確定した後における第342条の2から第342条の7まで【2】の規定の適用については、次の表の上欄に掲げる規定中同表の中欄に掲げる字句は、それぞれ同表の下欄に掲げる字句とし、第342条の5第1項ただし書の規定は、適用しない。

原規定	読替前	読替後
第342条の2、第342条の4、第342条の5第1項及び第3項、第342条の6第2項において読み替えて準用する第94条第2項並びに第342条の7第1項及び第3項	裁判所	拘禁刑以上の刑に処する判決の言渡しをした裁判所
第342条の3	その弁護人、	その
第342条の6第2項	第342条の3	第483条の2において読み替えて適用する第342条の3（第404条（第414条において準用する場合を含む。）において準用する場合を含む。）

【1】 第404条（第414条において準用する場合を含む。以下この章において同じ。）において準用する場合を含む。第485条の2において同じ。

【2】 これらの規定を第404条において準用する場合を含む。以下この条において同じ。

〔原規定〕	第342条の6第2項において読み替えて準用する第94条第3項
〔読替前〕	裁判所は
〔読替後〕	拘禁刑以上の刑に処する判決の言渡しをした裁判所は
〔読替前〕	裁判所の
〔読替後〕	その裁判所の
〔原規定〕	第342条の7第1項
〔読替前〕	第342条の2
〔読替後〕	第342条の2（第404条（第414条において準用する場合を含む。）において準用する場合を含む。以下この条において同じ。）
〔原規定〕	第342条の7第2項
〔読替前〕	裁判所は
〔読替後〕	拘禁刑以上の刑に処する判決の言渡しをした裁判所は
〔原規定〕	第342条の7第2項第2号
〔読替前〕	裁判所
〔読替後〕	当該許可をした裁判所
〔原規定〕	第342条の7第4項
〔読替前〕	裁判所は、検察官の請求により、又は職権で
〔読替後〕	拘禁刑以上の刑に処する判決の言渡しをした裁判所は、検察官の請求により

[執行のための呼出し]

第484条　死刑、拘禁刑又は拘留の言渡しを受けた者が拘禁されていないときは、検察官は、執行のため、出頭すべき日時及び場所を指定してこれを呼び出さなければならない。呼出しに応じないときは、収容状を発しなければならない。

[刑執行のための呼出不出頭の罪]

第484条の2　前条前段の規定による呼出しを受けた者が、正当な理由がなく、指定された日時及び場所に出頭しないときは、2年以下の拘禁刑に処する。

[収容状の発付]

第485条　死刑、拘禁刑又は拘留の言渡しを受けた者が逃亡したとき、又は逃亡するおそれがあるときは、検察官は、直ちに収容状を発し、又は司法警察員にこれを発せしめることができる。

[収容状の発付]

第485条の2　拘禁刑以上の刑に処する判決の宣告を受けた者が次の各号のいずれかに該当するときは、検察官は、当該判決が確定した後、直ちに収容状を発付し、又は司法警察員にこれを発付させることができる。

一　第342条の2の許可を受けないで本邦から出国し又は出国しようとしたとき。

二　第342条の2の許可が取り消されたとき。

三　第342条の2の許可を受け、正当な理由がなく、指定期間内に本邦に帰国せず又は上陸しなかつたとき。

[検事長に対する収容請求]

第486条　死刑、拘禁刑又は拘留の言渡しを受けた者の現在地が分からないときは、検察官は、検事長にその者の刑事施設への収容を請求することができる。

②　請求を受けた検事長は、その管内の検察官に収容状を発せしめなければならない。

[収容状の方式]

第487条　収容状には、刑の言渡しを受けた者の氏名、住居、年齢、刑名、刑期その他収容に必要な事項を記載し、検察官又は司法警察員が、これに記名押印しなければならない。

[収容状の効力]

第488条　収容状は、勾引状と同一の効力を有する。

［収容状の執行］

第489条　収容状の執行については、勾引状の執行に関する規定を準用する。

［拘禁刑確定後の位置測定端末装着者に関する手続］

第489条の2　拘禁刑以上の刑に処する判決又は拘留に処する判決が確定した後における第98条の12から第98条の17まで及び第98条の20の規定の適用については、第98条の12第5項、第98条の14第1項第4号及び第2項、第98条の15第1項、第3項、第4項、第6項、第11項及び第12項、第98条の16第1項、第98条の17第4項並びに第98条の20第1項、第3項及び第6項中「裁判所」とあるのは「拘禁刑以上の刑に処する判決又は拘留に処する判決の言渡しをした裁判所」と、第98条の13第1項及び第98条の15第8項中「裁判所の指揮」とあるのは「拘禁刑以上の刑に処する判決又は拘留に処する判決の言渡しをした裁判所の指揮」と、第98条の14第1項第5号中「裁判所に」とあるのは「拘禁刑以上の刑に処する判決又は拘留に処する判決の言渡しをした裁判所に」とし、第98条の12第1項及び第2項並びに第98条の20第2項、第4項及び第5項の規定は、適用しない。

② 収容状の執行を指揮する検察官又はその執行をする検察事務官若しくは司法警察職員は、位置測定端末装着命令を受けた者について、収容状の執行をする場合において、必要と認めるときは、拘禁刑以上の刑に処する判決又は拘留に処する判決の言渡しをした裁判所の許可を受けて、当該者に係る端末位置情報を表示して閲覧することができる。

③ 拘禁刑以上の刑に処する判決又は拘留に処する判決の言渡しをした裁判所は、自ら第98条の20第1項の規定による通知をすることが困難であるときは、あらかじめ、当該通知及び端末位置情報の閲覧の許可に関する権限を裁判所の規則で定める裁判所の裁判官に委任することができる。この場合においては、次に掲げる者は、必要と認めるときは、委任を受けた裁判官の許可を受けて、前項の規定による端末位置情報の閲覧をすることができる。

一　委任を受けた裁判官所属の裁判所に対応する検察庁の検察官若しくは検察事務官又は当該検察庁の所在地において職務を行うことができる司法警察職員

二　収容状の執行を指揮する検察官又は当該執行をする検察事務官若しくは司法警察職員

［財産刑等の執行］

第490条　罰金、科料、没収、追徴、過料、没取、訴訟費用、費用賠償又は仮納付の裁判は、検察官の命令によつてこれを執行する。この命令は、執行力のある債務名義と同一の効力を有する。

② 前項の裁判の執行は、民事執行法（昭和54年法律第4号）その他強制執行の手続に関する法令の規定に従つてする。ただし、執行前に裁判の送達をすることを要しない。

［相続財産に対する執行］

第491条　没収又は租税その他の公課若しくは専売に関する法令の規定により言い渡した罰金若しくは追徴は、刑の言渡を受けた者が判決の確定した後死亡した場合には、相続財産についてこれを執行することができる。

［合併後の法人に対する執行］

第492条　法人に対して罰金、科料、

没収又は追徴を言い渡した場合に、その法人が判決の確定した後合併によつて消滅したときは、合併の後存続する法人又は合併によつて設立された法人に対して執行することができる。

[罰金額仮納付に伴う勾留状失効等]

第492条の2 罰金に相当する金額について仮納付の裁判の執行があつたときは、第345条の2【1】の規定による決定及び第345条の3【2】において読み替えて準用する第342条の8第1項【3】の規定による決定に係る勾留状は、その効力を失う。

[仮納付の執行の調整]

第493条 第1審と第2審とにおいて、仮納付の裁判があつた場合に、第1審の仮納付の裁判について既に執行があつたときは、その執行は、これを第2審の仮納付の裁判で納付を命ぜられた金額の限度において、第2審の仮納付の裁判についての執行とみなす。

② 前項の場合において、第1審の仮納付の裁判の執行によつて得た金額が第2審の仮納付の裁判で納付を命ぜられた金額を超えるときは、その超過額は、これを還付しなければならない。

[仮納付の執行と本刑の執行]

第494条 仮納付の裁判の執行があつた後に、罰金、科料又は追徴の裁判が確定したときは、その金額の限度において刑の執行があつたものとみなす。

【1】 第404条において準用する場合を含む。第494条の3、第494条の5(第3号を除く。)、第494条の6、第494条の8第1項、第494条の12第1項及び第494条の14において同じ。

【2】 第404条において準用する場合を含む。第494条の2において同じ。

【3】 第1号に係る部分に限る。

② 前項の場合において、仮納付の裁判の執行によつて得た金額が罰金、科料又は追徴の金額を超えるときは、その超過額は、これを還付しなければならない。

[罰金裁判確定後の出国許可申請に関する適用規定の扱い]

第494条の2 罰金の裁判が確定した後における第345条の3において準用する第342条の3から第342条の7までの規定及び第345条の4【4】の規定の適用については、次の表の上欄に掲げる規定中同表の中欄に掲げる字句は、それぞれ同表の下欄に掲げる字句とし、第345条の3において準用する第342条の5第1項ただし書の規定は、適用しない。

原規定	読替前	読替後
第345条の3において読み替えて準用する第342条の3及び第342条の4第2項	第345条の2の規定	第345条の2(第404条(第414条において準用する場合を含む。)において準用する場合を含む。)の規定
第345条の3において読み替えて準用する第342条の3及び第345条の4第1項	その弁護人、	その
第345条の3において準用する第342条の4並びに第342条の5第1項及び第3項並びに第345条の3において読み替えて準用する第342条の6第2項において読み替えて準用する第94条第2項	裁判所	第345条の2(第404条(第414条において準用する場合を含む。)において準用する場合を含む。)の規定に

【4】 これらの規定を第404条において準用する場合を含む。以下この条において同じ。

による決定をした裁判所

〔原規定〕第345条の3において読み替えて準用する第342条の5第2項及び第342条の6第2項
〔読替前〕第345条の2
〔読替後〕第345条の2（第404条（第414条において準用する場合を含む。）において準用する場合を含む。）

〔原規定〕第345条の3において読み替えて準用する第342条の6第2項
〔読替前〕第345条の3
〔読替後〕第494条の2において読み替えて適用する第345条の3（第404条（第414条において準用する場合を含む。）において準用する場合を含む。）

〔原規定〕第345条の3において読み替えて準用する第342条の6第2項において読み替えて準用する第94条第3項
〔読替前〕裁判所は
〔読替後〕第345条の2（第404条（第414条において準用する場合を含む。）において準用する場合を含む。）の規定による決定をした裁判所は
〔読替前〕裁判所の
〔読替後〕その裁判所の

〔原規定〕第345条の3において準用する第342条の7第1項及び第345条の4第1項
〔読替前〕裁判所
〔読替後〕第345条の2（第404条（第414条において準用する場合を含む。）において準用する場合を含む。以下この条において同じ。）の規定による決定をした裁判所

〔原規定〕第345条の3において準用する第342条の7第2項
〔読替前〕裁判所は
〔読替後〕第345条の2の規定による決定をした裁判所は

〔原規定〕第345条の3において準用する第342条の7第2項第2号
〔読替前〕裁判所
〔読替後〕当該許可をした裁判所

〔原規定〕第345条の3において準用する第342条の7第3項及び第345条の4第2項
〔読替前〕裁判所
〔読替後〕第345条の2の規定による決定をした裁判所

〔原規定〕第345条の3において準用する第342条の7第4項
〔読替前〕裁判所は、検察官の請求により、又は職権で
〔読替後〕第345条の2の規定による決定をした裁判所は、検察官の請求により

［罰金裁判確定後の出国禁止命令］

第494条の3 罰金の裁判を告知した裁判所は、当該裁判が確定した者について、罰金を完納することができないおそれがあると認めるとき【1】は、拘置状を発する場合を除き、検察官の請求により、決定で、裁判所の許可を受けなければ本邦から出国してはならないことを命ずるものとする。

［罰金裁判確定後の出国禁止命令：準用規定等］

第494条の4 第342条の3から第342条の7まで【2】の規定は前条の許可について、第345条の4の規定は前条の規定による決定について、それぞれ準用する。この場合において、次の表の上欄に掲げる規定中同表の中欄に掲げる字句は、それぞれ同表の下欄に掲げる字句に読み替えるものとする。

〔原規定〕第342条の3、第342条の4

【1】 その者が受けた第345条の2の規定による決定が効力を失つていないときを除く。
【2】 第342条の5第1項ただし書を除く。

第2項及び第342条の6第2項
〔読替前〕拘禁刑以上の刑に処する判決の宣告

〔原規定〕第342条の5第2項
〔読替前〕当該判決の宣告
〔読替後〕第494条の3の規定による決定

〔原規定〕第342条の3及び第345条の4第1項
〔読替前〕その弁護人、
〔読替後〕その

〔原規定〕第342条の4、第342条の5第1項及び第3項、第342条の6第2項において読み替えて準用する第94条第2項、第342条の7第1項及び第3項並びに第345条の4
〔読替前〕裁判所
〔読替後〕第494条の3の規定による決定をした裁判所

〔原規定〕第342条の5第2項
〔読替前〕宣告された判決に係る刑名及び刑期
〔読替後〕告知された裁判に係る罰金の金額及び罰金を完納することができない場合における留置の期間

〔原規定〕第342条の6第2項
〔読替前〕第342条の3
〔読替後〕第494条の4において読み替えて準用する第342条の3

〔原規定〕第342条の6第2項において読み替えて準用する第94条第3項
〔読替前〕裁判所は
〔読替後〕第494条の3の規定による決定をした裁判所は
〔読替前〕裁判所の
〔読替後〕その裁判所の

〔原規定〕第342条の7第2項
〔読替前〕裁判所は
〔読替後〕第494条の3の規定による決定をした裁判所は

〔原規定〕第342条の7第2項第2号
〔読替前〕裁判所
〔読替後〕当該許可をした裁判所

〔原規定〕第342条の7第4項
〔読替前〕裁判所は、検察官の請求により、又は職権で
〔読替後〕第494条の3の規定による決定をした裁判所は、検察官の請求により

［罰金裁判確定者に対する拘置］

第494条の5　第345条の2又は第494条の3の規定による決定をした裁判所は、罰金の裁判が確定した者で、次の各号のいずれかに該当するものについて、罰金を完納することができないこととなるおそれがあると認めるときは、検察官の請求により、当該裁判が確定した後30日を経過するまでの間、その者を刑事施設に拘置することができる。

一　第345条の2又は第494条の3の規定による決定を受けた者であつて、裁判所の許可を受けないで本邦から出国し又は出国しようとしたもの
二　第345条の2又は第494条の3の許可を取り消された者
三　正当な理由がなく、指定期間内に本邦に帰国せず又は上陸しなかつた者
四　前3号に掲げる者のほか、第345条の2又は第494条の3の規定による決定を受けた者であつて、逃亡し又は逃亡すると疑うに足りる相当な理由があるもの

［罰金裁判確定者に対する拘置：拘置手続］

第494条の6　前条の規定による拘置は、第345条の2又は第494条の3の規定による決定を受けた者に対し理由を告げこれに関する陳述を聴いた後でなければ、することができな

い。ただし、その者が逃亡した場合は、この限りでない。

[罰金裁判確定者に対する拘置：拘置状の発付]

第494条の7 第494条の5の規定による拘置は、拘置状を発してしなければならない。

② 第64条、第70条【1】、第71条、第72条、第73条第2項及び第3項並びに第74条の規定【2】は、拘置状について準用する。この場合において、次の表の上欄に掲げる規定中同表の中欄に掲げる字句は、それぞれ同表の下欄に掲げる字句に読み替えるものとする。

〔原規定〕	第64条第1項及び第3項、第70条第2項、第72条第1項、第73条第2項及び第3項並びに第74条
〔読替前〕	被告人
〔読替後〕	第345条の2（第404条（第414条において準用する場合を含む。）において準用する場合を含む。）又は第494条の3の規定による決定を受けた者
〔原規定〕	第64条第1項
〔読替前〕	罪名、公訴事実の要旨
〔読替後〕	罰金の裁判を告知した裁判所、当該裁判が確定した日、当該裁判に係る罰金の金額、罰金を完納することができない場合における留置の期間
〔読替前〕	勾留すべき
〔読替後〕	拘置すべき
〔読替前〕	裁判長又は受命裁判官
〔読替後〕	裁判長
〔原規定〕	第64条第2項
〔読替前〕	被告人の
〔読替後〕	第345条の2（第404条（第414条において準用する場合を含む。）において準用する場合を含む。）又は第494条の3の規定による決定を受けた者の
〔読替前〕	被告人を
〔読替後〕	その者を
〔原規定〕	第73条第3項
〔読替前〕	公訴事実の要旨
〔読替後〕	罰金が完納されていない旨

[罰金裁判確定後の拘置と関係者への通知]

第494条の8 第345条の2又は第494条の3の規定による決定を受けた者を拘置したときは、その法定代理人、保佐人、配偶者、直系の親族及び兄弟姉妹のうちその決定を受けた者の指定する者1人にその旨を通知しなければならない。

② 第69条、第82条から第87条まで、第92条第2項及び第95条の規定並びに第96条第1項【3】、第98条及び第98条の2の規定【4】は、第494条の5の規定による拘置について準用する。この場合において、次の表の上欄に掲げる規定中同表の中欄に掲げる字句は、それぞれ同表の下欄に掲げる字句に読み替えるものとする。

〔原規定〕	第69条
〔読替前〕	第57条乃至第62条、第65条、第66条及び前条
〔読替後〕	第494条の5から第494条の7まで及び第494条の12第1項
〔原規定〕	第82条第1項及び第2項、第87条第1項並びに第95条第5項
〔読替前〕	被告人
〔読替後〕	者
〔原規定〕	第82条第1項、第87条第1

【1】 第1項ただし書を除く。
【2】 これらの規定のうち勾留に関する部分に限る。
【3】 第2号及び第6号に係る部分に限る。
【4】 これらの規定のうち勾留の執行停止に関する部分に限る。

項、第95条第1項、第4項及び第5項並びに第96条第1項
〔読替前〕裁判所
〔読替後〕第494条の5の規定による拘置をした裁判所

〔原規定〕第82条第2項及び第87条第1項
〔読替前〕弁護人、法定代理人
〔読替後〕法定代理人

〔原規定〕第83条第3項
〔読替前〕被告人及びその弁護人
〔読替後〕拘置されている者

〔原規定〕第83条第3項ただし書
〔読替前〕被告人の
〔読替後〕その者の
〔読替前〕被告人が
〔読替後〕その者が
〔読替前〕被告人に異議がないとき、弁護人の出頭については、被告人に異議がないとき
〔読替後〕その者に異議がないとき

〔原規定〕第84条第2項
〔読替前〕被告人及び弁護人並びにこれらの
〔読替後〕拘置されている者及びその

〔原規定〕第92条第2項
〔読替前〕も、前項と同様である
〔読替後〕は、検察官の意見を聴かなければならない

〔原規定〕第95条第1項
〔読替前〕被告人を
〔読替後〕者を
〔読替前〕被告人の
〔読替後〕拘置されている者の

〔原規定〕第95条第6項
〔読替前〕被告人
〔読替後〕拘置の執行停止をされる者

〔原規定〕第96条第1項第2号及び第6号
〔読替前〕被告人
〔読替後〕拘置の執行停止をされている者

〔原規定〕第98条第1項及び第2項
〔読替前〕被告人
〔読替後〕拘置の執行停止を取り消された者又は拘置の執行停止の期間が満了した者

〔原規定〕第98条の2
〔読替前〕被告人が
〔読替後〕拘置の執行停止を取り消された者が
〔読替前〕被告人に
〔読替後〕その者に

[拘置の執行停止者の不出頭の罪]

第494条の9 期間を指定されて拘置の執行停止をされた者が、正当な理由がなく、当該期間の終期として指定された日時に、出頭すべき場所として指定された場所に出頭しないときは、2年以下の拘禁刑に処する。

[拘置執行停止者の住居不帰着の罪]

第494条の10 第494条の5の規定による拘置をした裁判所の許可を受けないで指定された期間を超えて制限された住居を離れてはならない旨の条件を付されて拘置の執行停止をされた者が、当該条件に係る住居を離れ、当該許可を受けないで、正当な理由がなく、当該期間を超えて当該住居に帰着しないときは、2年以下の拘禁刑に処する。

② 前項の者が、第494条の5の規定による拘置をした裁判所の許可を受けて同項の住居を離れ、正当な理由がなく、当該住居を離れることができる期間として指定された期間を超えて当該住居に帰着しないときも、同項と同様とする。

[拘置の執行停止後の不出頭の罪]

第494条の11 拘置の執行停止を取り消され、検察官から出頭を命ぜられた者が、正当な理由がなく、指定された日時及び場所に出頭しないと

きは、2年以下の拘禁刑に処する。

［罰金裁判確定者に対する拘置のための告知・聴聞手続等］

第494条の12　第345条の2又は第494条の3の規定による決定をした裁判所は、第494条の6に規定する手続のため必要があると認めるときは、検察官の請求により、又は職権で、決定で、当該第345条の2又は第494条の3の規定による決定を受けた者に対し、指定する日時及び場所に出頭することを命ずることができる。

② 前項の規定による決定をした裁判所は、当該決定を受けた者が、正当な理由がなく、これに応じないとき、又は応じないおそれがあるときは、その者を同項の規定により指定した場所に勾引することができる。

③ 第59条、第62条、第64条、第66条、第67条、第69条、第70条第1項、第71条、第72条、第73条第1項及び第3項、第74条並びに第75条の規定【1】は、前項の規定による勾引について準用する。この場合において、次の表の上欄に掲げる規定中同表の中欄に掲げる字句は、それぞれ同表の下欄に掲げる字句に読み替えるものとする。

〔原規定〕第59条、第62条、第64条第1項及び第3項、第67条第1項及び第3項、第72条第1項、第73条第1項及び第3項、第74条並びに第75条
〔読替前〕被告人
〔読替後〕第345条の2（第404条（第414条において準用する場合を含む。）において準用する場合を含む。）又は第494条の3の規定による決定を受けた者

〔原規定〕第59条
〔読替前〕裁判所
〔読替後〕指定した場所

〔原規定〕第59条ただし書
〔読替前〕勾留状
〔読替後〕拘置状

〔原規定〕第64条第1項
〔読替前〕罪名、公訴事実の要旨
〔読替後〕罰金の裁判を告知した裁判所、当該裁判が確定した日、当該裁判に係る罰金の金額、罰金を完納することができない場合における留置の期間
〔読替前〕裁判長又は受命裁判官
〔読替後〕裁判長

〔原規定〕第64条第2項
〔読替前〕被告人の
〔読替後〕第345条の2（第404条（第414条において準用する場合を含む。）において準用する場合を含む。）又は第494条の3の規定による決定を受けた者の
〔読替前〕被告人を
〔読替後〕その者を

〔原規定〕第66条第1項
〔読替前〕裁判所は
〔読替後〕第494条の12第1項の規定による決定をした裁判所は
〔読替前〕被告人の現在地
〔読替後〕第345条の2（第404条（第414条において準用する場合を含む。）において準用する場合を含む。）又は第494条の3の規定による決定を受けた者の現在地
〔読替前〕被告人の勾引
〔読替後〕その者の勾引

〔原規定〕第67条第2項
〔読替前〕被告人が人違
〔読替後〕第345条の2（第404条（第414条において準用する場合を含む。）において準用する場合を含む。）又は第494条の3の規定による決定を受

【1】これらの規定のうち勾引に関する部分に限る。

刑事訴訟法

けた者が人違 〔読替前〕被告人が指定された 〔読替後〕その者が指定された
〔原規定〕第69条 〔読替前〕第57条乃至第62条、第65条、第66条及び前条 〔読替後〕第59条、第62条、第66条及び第494条の12第2項
〔原規定〕第73条第3項 〔読替前〕公訴事実の要旨 〔読替後〕罰金が完納されていない旨

[拘置日数の罰金換算率]

第494条の13 拘置の日数は、その1日を、刑法第18条第6項に規定する留置1日の割合に相当する金額に換算し、全部本刑に算入する。

[出国禁止命令・拘置状の失効]

第494条の14 次の各号のいずれかに該当するときは、第345条の2又は第494条の3の規定による決定及び拘置状は、その効力を失う。

一 罰金が完納されたとき。

二 罰金について労役場留置の執行が開始されたとき。

三 拘置の日数が罰金の金額【1】を刑法第18条第6項に規定する留置1日の割合に相当する金額で除して得た日数【2】を超えることとなつたとき。

四 罰金の執行を受けることがなくなつたとき。

[未決勾留日数の法定通算]

第495条 上訴の提起期間中の未決勾留の日数は、上訴申立後の未決勾留の日数を除き、全部これを本刑に通算する。

② 上訴申立後の未決勾留の日数は、左の場合には、全部これを本刑に通算する。

一 検察官が上訴を申し立てたとき。

二 検察官以外の者が上訴を申し立てた場合においてその上訴審において原判決が破棄されたとき。

③ 前2項の規定による通算については、未決勾留の1日を刑期の1日又は金額の4000円に折算する。

④ 上訴裁判所が原判決を破棄した後の未決勾留は、上訴中の未決勾留日数に準じて、これを通算する。

[没収物の処分]

第496条 没収物は、検察官がこれを処分しなければならない。

[没収物の交付]

第497条 没収を執行した後3箇月以内に、権利を有する者が没収物の交付を請求したときは、検察官は、破壊し、又は廃棄すべき物を除いては、これを交付しなければならない。

② 没収物を処分した後前項の請求があつた場合には、検察官は、公売によつて得た代価を交付しなければならない。

[偽造・変造部分の表示]

第498条 偽造し、又は変造された物を返還する場合には、偽造又は変造の部分をその物に表示しなければならない。

② 偽造し、又は変造された物が押収されていないときは、これを提出させて、前項に規定する手続をしなければならない。但し、その物が公務所に属するときは、偽造又は変造の部分を公務所に通知して相当な処分をさせなければならない。

[不正作成等の電磁的記録消去等の処分]

第498条の2 不正に作られた電磁的

【1】 未決勾留の日数が罰金に算入され若しくは通算された場合又は罰金の一部が納付された場合にあつては、当該金額から算入又は通算がされた金額及び納付された罰金の金額の合計額を控除した残額

【2】 その日数に1日未満の端数を生じるときは、これを1日とする。

記録又は没収された電磁的記録に係る記録媒体を返還し、又は交付する場合には、当該電磁的記録を消去し、又は当該電磁的記録が不正に利用されないようにする処分をしなければならない。

② 不正に作られた電磁的記録に係る記録媒体が公務所に属する場合において、当該電磁的記録に係る記録媒体が押収されていないときは、不正に作られた部分を公務所に通知して相当な処分をさせなければならない。

[還付不能物の公告]

第499条 押収物の還付を受けるべき者の所在が判らないため、又はその他の事由によつて、その物を還付することができない場合には、検察官は、その旨を政令で定める方法によつて公告しなければならない。

② 第222条第1項において準用する第123条第1項若しくは第124条第1項の規定又は第220条第2項の規定により押収物を還付しようとするときも、前項と同様とする。この場合において、同項中「検察官」とあるのは、「検察官又は司法警察員」とする。

③ 前2項の規定による公告をした日から6箇月以内に還付の請求がないときは、その物は、国庫に帰属する。

④ 前項の期間内でも、価値のない物は、これを廃棄し、保管に不便な物は、これを公売してその代価を保管することができる。

[準用規定]

第499条の2 前条第1項の規定は第123条第3項の規定による交付又は複写について、前条第2項の規定は第220条第2項及び第222条第1項において準用する第123条第3項の規定による交付又は複写について、それぞれ準用する。

② 前項において準用する前条第1項又は第2項の規定による公告をした日から6箇月以内に前項の交付又は複写の請求がないときは、その交付をし、又は複写をさせることを要しない。

[訴訟費用執行免除の申立て]

第500条 訴訟費用の負担を命ぜられた者は、貧困のためこれを完納することができないときは、裁判所の規則の定めるところにより、訴訟費用の全部又は一部について、その裁判の執行の免除の申立をすることができる。

② 前項の申立は、訴訟費用の負担を命ずる裁判が確定した後20日以内にこれをしなければならない。

[訴訟費用概算額の予納]

第500条の2 被告人又は被疑者は、検察官に訴訟費用の概算額の予納をすることができる。

[予納金の充当]

第500条の3 検察官は、訴訟費用の裁判を執行する場合において、前条の規定による予納がされた金額があるときは、その予納がされた金額から当該訴訟費用の額に相当する金額を控除し、当該金額を当該訴訟費用の納付に充てる。

② 前項の規定により予納がされた金額から訴訟費用の額に相当する金額を控除して残余があるときは、その残余の額は、その予納をした者の請求により返還する。

[予納金の返還]

第500条の4 次の各号のいずれかに該当する場合には、第500条の2の規定による予納がされた金額は、その予納をした者の請求により返還する。

一 第38条の2の規定により弁護人の選任が効力を失つたとき。

二　訴訟手続が終了する場合において、被告人に訴訟費用の負担を命ずる裁判がなされなかつたとき。

三　訴訟費用の負担を命ぜられた者が、訴訟費用の全部について、その裁判の執行の免除を受けたとき。

[裁判の解釈を求める申立て]

第501条　刑の言渡を受けた者は、裁判の解釈について疑があるときは、言渡をした裁判所に裁判の解釈を求める申立をすることができる。

[執行に関する異議の申立て]

第502条　裁判の執行を受ける者又はその法定代理人若しくは保佐人は、執行に関し検察官のした処分【1】を不当とするときは、言渡しをした裁判所に異議の申立てをすることができる。

[申立ての取下げ]

第503条　第500条及び前2条の申立ては、決定があるまでこれを取り下げることができる。

②　第366条の規定は、第500条及び前2条の申立て及びその取下げについてこれを準用する。

[即時抗告]

第504条　第500条、第501条及び第502条の申立てについてした決定に対しては、即時抗告をすることができる。

[労役場留置の執行]

第505条　罰金又は科料を完納することができない場合における労役場留置の執行については、刑の執行に関する規定を準用する。

[執行費用の負担]

第506条　第490条第1項の裁判の執行の費用は、執行を受ける者の負担とし、民事執行法その他強制執行の手続に関する法令の規定に従い、執行と同時にこれを取り立てなければならない。

【1】　次章の規定によるものを除く。

第2章　裁判の執行に関する調査

[検察官等の管轄区域外裁判執行調査]

第507条　検察官及び検察事務官は、裁判の執行に関する調査のため必要があるときは、管轄区域外で職務を行うことができる。

[裁判の執行に関する調査、照会]

第508条　検察官又は裁判所若しくは裁判官は、裁判の執行に関して、その目的を達するため必要な調査をすることができる。ただし、強制の処分は、この法律に特別の定めがある場合でなければ、これをすることができない。

②　検察官又は裁判所若しくは裁判官は、裁判の執行に関しては、公務所又は公私の団体に照会して必要な事項の報告を求めることができる。

[裁判執行のための検察官による強制処分]

第509条　検察官は、裁判の執行に関して必要があると認めるときは、裁判官の発する令状により、差押え、記録命令付差押え、捜索又は検証をすることができる。この場合において、身体の検査は、身体検査令状によらなければならない。

②　差し押さえるべき物が電子計算機であるときは、当該電子計算機に電気通信回線で接続している記録媒体であつて、当該電子計算機で作成若しくは変更をした電磁的記録又は当該電子計算機で変更若しくは消去をすることができることとされている電磁的記録を保管するために使用されていると認めるに足りる状況にあるものから、その電磁的記録を当該電子計算機又は他の記録媒体に複写した上、当該電子計算機又は当該他の記録媒体を差し押さえることがで

きる。

③　第１項の令状は、検察官の請求により、これを発する。

④　検察官は、第１項の身体検査令状の請求をするには、身体の検査を必要とする理由及び身体の検査を受ける者の性別、健康状態その他裁判所の規則で定める事項を示さなければならない。

⑤　裁判官は、身体の検査に関し、適当と認める条件を付することができる。

［裁判執行のための検察官による強制処分：令状の方式］

第510条　前条第１項の令状には、裁判の執行を受ける者の氏名、差し押さえるべき物、記録させ若しくは印刷させるべき電磁的記録及びこれを記録させ若しくは印刷させるべき者、捜索すべき場所、身体若しくは物、検証すべき場所若しくは物又は検査すべき身体及び身体の検査に関する条件、有効期間及びその期間経過後は差押え、記録命令付差押え、捜索又は検証に着手することができず令状はこれを返還しなければならない旨並びに発付の年月日その他裁判所の規則で定める事項を記載し、裁判官が、これに記名押印しなければならない。

②　前条第２項の場合には、同条第１項の令状に、前項に規定する事項のほか、差し押さえるべき電子計算機に電気通信回線で接続している記録媒体であつて、その電磁的記録を複写すべきものの範囲を記載しなければならない。

③　第64条第２項の規定は、前条第１項の令状について準用する。この場合において、第64条第２項中「被告人の」とあるのは「裁判の執行を受ける者の」と、「被告人を」とあるのは「その者を」と読み替えるものとする。

［裁判執行のための裁判所・裁判官による強制処分］

第511条　裁判所又は裁判官は、裁判の執行に関して必要があると認めるときは、令状を発して、差押え、記録命令付差押え、捜索又は検証をすることができる。この場合において、身体の検査は、身体検査令状によらなければならない。

②　差し押さえるべき物が電子計算機であるときは、当該電子計算機に電気通信回線で接続している記録媒体であつて、当該電子計算機で作成若しくは変更をした電磁的記録又は当該電子計算機で変更若しくは消去をすることができることとされている電磁的記録を保管するために使用されていると認めるに足りる状況にあるものから、その電磁的記録を当該電子計算機又は他の記録媒体に複写した上、当該電子計算機又は当該他の記録媒体を差し押さえることができる。

③　前条の規定は、第１項の令状について準用する。この場合において、同条第１項中「裁判官」とあるのは「裁判長又は裁判官」と、同条第２項中「前条第２項」とあるのは「次条第２項」と読み替えるものとする。

［領置］

第512条　検察官又は裁判所若しくは裁判官は、裁判の執行を受ける者その他の者が遺留した物又は所有者、所持者若しくは保管者が任意に提出した物は、これを領置することができる。

［裁判執行のための強制処分に関する準用規定］

第513条　第99条第１項、第100条、第102条から第105条まで、第110

条、第110条の2前段、第111条第1項前段及び第2項、第111条の2前段、第112条、第114条、第115条、第118条から第120条まで、第121条第1項及び第2項、第123条第1項から第3項まで並びに第222条第6項の規定は、**検察官が第509条及び前条の規定によつてする押収又は捜索**について、第110条、第111条の2前段、第112条、第114条、第118条、第129条、第131条、第137条から第140条まで及び第222条第4項から第7項までの規定は、**検察官が第509条の規定によつてする検証**について、それぞれ準用する。この場合において、第99条第1項中「証拠物又は没収すべき物」とあり、及び第119条中「証拠物又は没収すべきもの」とあるのは「裁判の執行を受ける者若しくは裁判の執行の対象となるものの所在若しくは状況に関する資料、裁判の執行を受ける者の資産に関する資料、裁判の執行の対象となるもの若しくは裁判の執行を受ける者の財産を管理するために使用されている物又は第490条第2項の規定によりその規定に従うこととされる民事執行法その他強制執行の手続に関する法令の規定により金銭の支払を目的とする債権についての強制執行の目的となる物若しくはそれ以外の物であつて当該強制執行の手続において執行官による取上げの対象となるべきもの」と、第100条第1項、第102条、第105条ただし書及び第137条第1項中「被告人」とあり、並びに第222条第6項中「被疑者」とあるのは「裁判の執行を受ける者」と、第100条第2項並びに第123条第1項及び第3項中「被告事件」とあり、並びに第100条第3項ただし書中「審理」とあるのは「裁判の執行」と、第222条第7項中「第1項」とあるのは「第513条第1項において読み替えて準用する第137条第1項」と読み替えるものとする。

② 第116条及び第117条の規定は、検察官が第509条の規定によつてする差押え、記録命令付差押え又は捜索について準用する。

③ 検察官は、第490条第2項の規定によりその規定に従うこととされる民事執行法その他強制執行の手続に関する法令の規定による手続において必要があると認めるときは、執行官に押収物を提出することができる。

④ 前項の規定による提出をしたときは、押収を解く処分があつたものとする。この場合において、当該押収物は、還付することを要しない。

⑤ 前2項の規定は、民事訴訟の手続に従い、利害関係人がその権利を主張することを妨げない。

⑥ 第99条第1項、第100条、第102条から第105条まで、第108条第1項から第3項まで、第109条、第110条、第110条の2前段、第111条第1項前段及び第2項、第111条の2前段、第112条、第113条第3項、第114条、第115条、第118条から第121条まで、第123条第1項から第3項まで並びに第125条の規定は、**裁判所又は裁判官が前2条の規定によつてする押収又は捜索**について、第108条第1項から第3項まで、第109条、第110条、第111条の2前段、第112条、第113条第3項、第114条、第118条、第125条第1項から第3項まで及び第4項本文、第129条、第131条、第137条から第140条まで並びに第222条第4項及び第5項の規定は、**裁判所又は裁判官が第511条の規**

定によつてする検証について、それぞれ準用する。この場合において、第99条第1項中「証拠物又は没収すべき物」とあり、及び第119条中「証拠物又は没収すべきもの」とあるのは「裁判の執行を受ける者若しくは裁判の執行の対象となるものの所在若しくは状況に関する資料又は裁判の執行の対象となるものを管理するために使用されている物」と、第100条第1項、第102条、第105条ただし書、第108条第1項ただし書、第113条第3項及び第137条第1項中「被告人」とあるのは「裁判の執行を受ける者」と、第100条第2項並びに第123条第1項及び第3項中「被告事件」とあり、並びに第100条第3項ただし書中「審理」とあるのは「裁判の執行」と、第125条第4項ただし書中「裁判所」とあるのは「裁判所又は第513条第6項において準用する第1項の規定による嘱託をした裁判官」と、第222条第4項中「検察官、検察事務官又は司法警察職員」とあるのは「検証状を執行する者」と読み替えるものとする。

⑦ 第116条及び第117条の規定は、裁判所又は裁判官が第511条の規定によつてする差押え、記録命令付差押え又は捜索について準用する。

⑧ 第71条の規定は、第511条第1項の令状の執行について準用する。

⑨ 第499条第1項、第3項及び第4項の規定は、第1項及び第6項において読み替えて準用する第123条第1項の規定による押収物の還付について準用する。この場合において、第499条第3項中「前2項」とあるのは、「第513条第9項において準用する第1項」と読み替えるものとする。

⑩ 第499条第1項の規定は、第1項及び第6項において読み替えて準用する第123条第3項の規定による交付又は複写について準用する。

⑪ 前項において準用する第499条第1項の規定による公告をした日から6箇月以内に前項の交付又は複写の請求がないときは、その交付をし、又は複写をさせることを要しない。

[裁判執行に関する任意出頭質問・鑑定・通訳・翻訳の嘱託]

第514条 検察官又は裁判所若しくは裁判官は、裁判の執行に関して必要があると認めるときは、裁判の執行を受ける者その他の者の出頭を求め、質問をし、又は裁判の執行を受ける者以外の者に鑑定、通訳若しくは翻訳を嘱託することができる。

[裁判執行に関する任意出頭質問・鑑定・通訳・翻訳の嘱託：鑑定処分の手続]

第515条 前条の規定による鑑定の嘱託を受けた者は、裁判官の許可を受けて、第168条第1項に規定する処分をすることができる。

② 検察官が前条の規定による鑑定の嘱託をした場合においては、前項の許可の請求は、検察官からこれをしなければならない。

③ 裁判官は、前項の請求を相当と認めるとき、又は裁判所若しくは裁判官が鑑定を嘱託した場合において第1項の許可をするときは、許可状を発しなければならない。

④ 第131条、第137条、第138条、第140条及び第168条第2項から第4項までの規定は、第1項の許可及び前項の許可状について準用する。この場合において、第137条第1項中「被告人」とあるのは「裁判の執行を受ける者」と、第168条第2項中「被告人の氏名、罪名」とあるのは「裁判の執行を受ける者の氏名」

と読み替えるものとする。

[裁判執行調査に関する検察事務官の権限]

第516条　検察官は、検察事務官に第508条第1項本文の調査又は同条第2項、第509条、第512条若しくは第514条の処分をさせることができる。

装丁　やぶはな あきお

ケータイ Assist 六法　学習初日から読める「1冊目」の法令集

2024年4月20日　第1刷発行

編　者　三省堂編修所
発行者　株式会社 三省堂
代表者　瀧本多加志
印刷者　三省堂印刷株式会社
発行所　株式会社 三省堂
〒102-8371　東京都千代田区麴町五丁目7番地2
電　話　(03) 3230-9411
https://www.sanseido.co.jp/

<ケータイアシスト六法・880pp.>

落丁本・乱丁本はお取り替えいたします。
本書の内容に関するお問い合わせは、弊社ホームページの「お問い合わせ」フォーム（https://www.sanseido.co.jp/support/）にて承ります。

ISBN978-4-385-15621-7